Mussolini

Coleção Globo Livros
História

A Revolução de 1989: a queda do império soviético, Victor Sebestyen
A história perdida de Eva Braun, Angela Lambert
O Expresso Berlim-Bagdá, Sean McMeekin
Napoleão, André Maurois
Diário de Berlim ocupada: 1945-1948, Ruth Andreas-Friedrich
O conde Ciano: sombra de Mussolini, Ray Moseley
Churchill e três americanos em Londres, Lynne Olson
Declínio e queda do império otomano, Alan Palmer
Churchill, o jovem titã, Michael Shelden
Depois da rainha Victoria, Edward VII, André Maurois
A vida de George F. Kennan, John Lewis Gaddis
Lênin: um retrato íntimo, Victor Sebestyen
Napoleão: a fuga de Elba, Norman MacKenzie
História secreta da rendição japonesa de 1945, Lester Brooks
Roosevelt & Lindbergh: aqueles dias raivosos, Lynne Olson

R. J. B. Bosworth

Mussolini
A biografia definitiva

Tradução: Heitor Aquino Ferreira

GLOBOLIVROS

Copyright © Richard Bosworth 2010
Copyright ©2023 by Editora Globo S.A.

Todos os direitos reservados. Nenhuma parte desta edição pode ser utilizada ou reproduzida — em qualquer meio ou forma, seja mecânico ou eletrônico, fotocópia, gravação etc. — nem apropriada ou estocada em sistema de banco de dados sem a expressa autorização da editora.

Texto fixado conforme as regras do Acordo Ortográfico da Língua Portuguesa (Decreto Legislativo nº 54, de 1995).

Título original: Mussolini

Editora responsável: Amanda Orlando
Assistente editorial: Isis Batista
Tradução de prefácio e introduções: Fal Azevedo
Tradução de notas e bibliografia: Wendy Campos
Preparação: Denise Schittine
Revisão: Mariana Donner, Bruna Brezolini, Bianca Marimba e Laize Oliveira
Diagramação e capa: Douglas Kenji Watanabe

1ª edição, 2023

CIP-BRASIL. CATALOGAÇÃO NA PUBLICAÇÃO
SINDICATO NACIONAL DOS EDITORES DE LIVROS, RJ

B758m

Bosworth, R. J. B.
    Mussolini: a biografia definitiva/ R. J. B. Bosworth; tradução Heitor Aquino Ferreira. – 1ª ed. – Rio de Janeiro: Globo Livros, 2023.
    648 p.; 15,5 x 23 cm. (Globo Livros: história)

    Tradução de: Mussolini
    ISBN 978-65-5987-082-0

    1. Mussolini, Benito, 1883-1945. 2. Chefes de Estado – Itália – Biografia. 3. Fascismo – Itália – História. Itália – Política e governo – 1922-1945. I. Ferreira, Heitor Aquino. II. Título. III. Série.

22-81564
CDD: 945.091092
CDU: 929:32

Meri Gleice Rodrigues de Souza – Bibliotecária – CRB-7/6439

Direitos exclusivos de edição em língua portuguesa para o Brasil adquiridos por Editora Globo S. A.
Rua Marquês de Pombal, 25 — 20230-240 — Rio de Janeiro — RJ
www.globolivros.com.br

Sumário

Prefácio 7
Introdução à primeira edição (2002) 15
Introdução à nova edição (2010) 29

1. As Fúrias e Benito Mussolini, 1944-1945 37
2. Primeiro de sua turma: os Mussolini e o jovem Benito, 1883-1902 63
3. Emigrante e socialista, 1902-1910 85
4. A luta de classes, 1910-1914 109
5. Guerra e revolução, 1914-1919 135
6. Os primeiros meses do fascismo, 1919-1920 161
7. A ascensão fascista ao poder, 1920-1922 185
8. No governo, 1922-1924 213
9. A imposição da ditadura, 1924-1925 241
10. O homem da Providência, 1926-1929 267
11. Mussolini em sua pompa, 1929-1932 293
12. O desafio de Adolf Hitler, 1932-1934 319
13. Império na Etiópia, 1935-1936 345
14. Crise na Europa, 1936-1938 371
15. A aproximação de uma Segunda Guerra Mundial, 1938-1939 399
16. Ignóbil "segundo" da Alemanha, 1939-1941 427

17. Primeira queda e ressurreição efêmera, 1942-1943 455
18. O fantasma de Benito Mussolini, 1945-2010 485

Notas 509
Bibliografia... 601

Prefácio

Tobruk tomada pelos australianos, "um povo que não significa nada na história do mundo".[1] Assim, em janeiro de 1941, de seu retiro dourado na *Casa Italiana* anexa à Universidade de Columbia, Giuseppe Prezzolini, patrono intelectual do jovem Mussolini, escreveu com desgosto sobre o esforço de guerra fascista italiano. Suas palavras podem ser lidas como um desalento para qualquer australiano que com ousadia busque entender a história italiana moderna, especialmente se tentar produzir um retrato do Duce, Benito Mussolini, líder da Itália de 1922 a 1945.

No entanto, desde a década de 1960, tem sido minha sina escrever sobre a história italiana e, em muitos sentidos, minha obra de vida se resume a esta nova biografia.

Como meu nome indica, sou um australiano anglo-saxão, com poucas conexões com a Itália. Mesmo assim, quando, na adolescência, comecei a ler a biblioteca de meus pais, encontrei, entre os livros, *Minha autobiografia*, de Benito Mussolini.[2] Talvez meu pai (que de 1933 a 1938 foi químico pesquisador nos laboratórios Cavendish e possuidor de inclinações políticas vagamente esquerdistas) o tenha comprado em 1935, motivado pela notoriedade conquistada pelo Duce com a invasão da Etiópia pela Itália. Meu pai morreu confuso, de problemas cardíacos, antes que eu tivesse idade suficiente para discutir esses assuntos com ele.

Minha mãe, entretanto, lembrou mais tarde que eles haviam passado férias em Veneza em novembro de 1935 (dada a campanha de sanções contra a

Itália e a reação italiana indignada a ela, não era um momento ideal para tal viagem). Acrescentou que os imponderáveis habitantes locais haviam cuspido em meu pai (cabelo louro, olhos azuis, "aparência inglesa") e o insultado como um "cão inglês" quando os dois foram passear na *calli*, abandonando sua análise política por ali.

Das férias que eles tiraram na Alemanha nazista em 1936 e 1937, ela se lembrava com mais prazer. A cerveja e os bolos de então eram bons e as caminhadas, excelentes.

Morávamos em um subúrbio de classe média alta de Sydney, e os imigrantes italianos, que, na minha infância, chegavam à Austrália em centenas de milhares, permaneceram por muitos anos bem além do meu alcance. Embora eu fosse fascinado por história desde a infância, nada ainda me destinava à carreira de historiador da Itália.

Quando, como estudante de graduação, fui para a Universidade de Sydney em 1961, conheci a Europa entreguerras, pois meu professor mais estimulante foi Ernest Bramsted, biógrafo de Goebbels e um dos poucos judeus intelectuais fugidos do nazismo a encontrar refúgio na Austrália. Bramsted garantiu que, em 1966, quando fui fazer doutorado em Cambridge e trabalhar com Harry Hinsley, minha pesquisa se concentrasse nas relações internacionais do século XX.

Como muitos outros estudantes de pesquisa naquela década de "história diplomática antiquada", comecei a estudar um pequeno aspecto relacionado ao início da Primeira Guerra Mundial.

A regra dos cinquenta anos permitia a abertura dos arquivos sobre o assunto, e os doutorandos foram orientados a usar o novo material, com a implicação de que cada um estava cimentando uma pedrinha no mosaico que acabaria por mostrar por que teria havido guerra em 1914 (e em outras ocasiões). Na maioria das vezes, por acaso, entre o grupo de alunos de Hinsley, recebi a tarefa de avaliar a política britânica em relação à Itália. Com todo o decoro acadêmico, viajei para o Arquivo Público Britânico, que na época ainda era localizado em Chancery Lane, e comecei a ler a respeito do tráfego diplomático entre Londres e Roma.

Apenas para o caso de os "documentos" não serem o início e o fim do conhecimento histórico, Hinsley, de sua maneira genial, sugeriu que eu me beneficiaria de alguns meses em Roma, mesmo que meu tema histórico fosse "britânico", não "europeu". Assim, em setembro de 1967, eu e minha esposa

Michal chegamos a Roma, cheios de confiança juvenil, um italiano bastante inadequado e uma carta de apresentação a Mario Toscano, naquele momento o historiador diplomático mais importante da Itália.

Ele era uma figura grandiosa demais para gastar tempo com um visitante tão humilde, mas incentivou seu assistente, Giustino Filippone Thaulero, a zelar por nossas vidas. Durante quatro meses deliciosos, descobrimos a *Biblioteca di storia moderna e contemporanea*, outras bibliotecas e muito mais, apaixonando-nos por Roma, para nós destinada a ser a Cidade Eterna. Claro, li principalmente sobre a Itália liberal, mas por fim fiquei tentado a aprender mais sobre Mussolini e o fascismo. Na época, me embrenhei nas memórias (altamente duvidosas e escritas com muita ajuda) de seu ordenança Quintino Navarra, *Memorie del cameriere di Mussolini*, e em outras obras tão atrevidas quanto.

Minha vida havia chegado a um momento decisivo. Ainda que eu tenha escrito minha tese de Cambridge sobre o tema que propusera em meu pré-projeto, "política externa britânica em relação à Itália de 1902 a 1915", decidi me tornar um italianista.

Quando, em 1969, voltei a Sydney como um jovem conferencista, estava determinado a escrever a história italiana. Eu tinha encontrado uma desculpa para visitar a Itália todos os anos, muitas vezes durante as longas férias australianas, ou seja, durante o inverno europeu, sempre uma excelente época para estar na Itália, já que os italianos estão lá, os arquivos estão abertos e os turistas são poucos. Esta biografia de Mussolini pode ter sido escrita em três anos desde que assinei meu contrato, em 1998, mas também reflete o trabalho desenvolvido por toda uma geração. Esse lado de longo prazo do meu estudo significa que acumulei trinta anos de dívidas com muitos historiadores, muitos arquivos e muitas bibliotecas. Não posso citar uma a uma, porém uma ocasião deve ser registrada.

Era 22 de dezembro de 1970. Pela primeira vez, eu havia me aventurado no Archivio Centrale dello Stato (ACS), instalado em um prédio no bairro-modelo fascista do EUR (eu já havia trabalhado nos arquivos do Ministério das Relações Exteriores, no lado oposto de Roma, mas similarmente alojado em um edifício fascista, com o monumental Foro dell'Impero, então renomeado como Foro Italico, nas proximidades). No ACS, eu estava lendo o conteúdo de uma pasta empoeirada de papéis sobre a Itália liberal, em meio ao murmúrio de conversas e à fumaça de cigarro que distingue os arquivos italianos de alguns outros. De repente, o trabalho acadêmico parou.

Todos — estudantes, professores, arquivistas, pesquisadores — se dirigiram a uma mesa posta com taças de espumante e fatias de panetone. Um homem, que mais tarde descobri ser o diretor, Costanze Casucci, fez um discurso celebrando a todos nós, enfatizando a natureza coletiva do esforço intelectual e desejando-nos felicidades no Natal. Nessa pequena cerimônia encontrei expressa a humanidade nas humanidades, e nunca abandonei minha esperança nela.

Se o ACS ainda é meu lugar especial para um dia de pesquisa arquivística, minha biblioteca favorita é a Oriani, em Ravena, com sua esplêndida coleção do que poderia ser chamado de Fascistiana, com Dante Bolognesi e sua simpática equipe. Lá fiz grande parte da leitura fundamental para esta biografia.

O inferno, ao contrário, é a Biblioteca Nazionale em Roma. Sua recente e cara readequação tecnológica a deixou como um lugar cuja missão secreta deve ser garantir que nenhum livro seja lido dentro de suas paredes.

Ao reconhecer minhas dívidas, é mais difícil destacar colegas na maravilhosa disciplina da história. Tantas pessoas, acadêmicos, estudantes ou apenas amigos com interesses históricos ajudaram a preservar minha paixão como historiador. Eles escreveram livros que eu gostaria de ter assinado e adorei ler. Eles pensaram de maneiras que aspiro igualar e com as quais tentei aprender. Eles me deram acolhimento físico, intelectual e espiritual.

Alguns até se esforçaram generosamente para polir meu estilo de escrita e aprimorar meus argumentos. Qualquer lista é desagradável, mas entre aqueles que eu gostaria de agradecer especialmente estão o falecido Roger Absalom, Loretta Baldassar, Tony Barker, Ruth Ben-Ghiat, Judy Berman, Martin Blinkhorn, Judy Bolton, Edmund Bosworth, Mary Bosworth, o falecido Frank Broeze, o falecido Tony Cahill, Paul Corner, Trish Crawford, Gianfranco Cresciani, Patrizia Dogliani, Nick Doumanis, Christopher Duggan, Giuseppe Finaldi, Sheila Fitzpatrick, Frances Flanagan, Oscar Gaspari, Dick Geary, Anthony Gerbino, o falecido Grahame Harrison, os Harvey, Marianne Hicks, Reto Hofmann, Ernie Jones, Judith Keene, David Lowenthal, Philippa Maddern, Muriel Mahony, Fabio Malusà, Ben Mercer, os Minellis, Jonathan Morris, Peter Monteath, Michael Ondaatje, Luisa Passerini, Ros Pesman, Lorenzo Polizzotto, David Ritter, Gino Rizzo, Keith Robbins, Giovanna Rosselli, Deryck Schreuder, Enrico Serra, Glenda Sluga, Ed Smith, Jonathan Steinberg, Rob Stuart, Luciano Tosi, Wasim, Graham White e Shane White.

Sou também devedor de várias instituições — St. John's College e Clare Hall, Cambridge, Balliol College, Oxford, a British School em Roma, a Academia

Italiana de Columbia (onde procurei não ser muito rude com o fantasma de Prezzolini) — que me receberam como visitante. Enquanto prosseguiu a devastação das humanidades na Austrália pelos fãs do racionalismo econômico, recebi uma bolsa confortável por meio do Conselho de Pesquisa Nacional, que me isentou de lecionar por dois semestres durante a pesquisa e composição deste livro. A escrita, que ocorreu principalmente durante o verão australiano de 2000-2001, foi um momento de alegria especial.

Pode haver algo melhor do que acordar todas as manhãs na interminável série de dias brilhantemente ensolarados de Perth para ir ao computador e descobrir que uma antiga técnica de pesquisa fornece a informação de que se necessita e que o mistério da criação literária de alguma forma produz as palavras? Estarei em maus lençóis até encontrar um novo livro tão desafiador para escrever quanto este.

Alguns leitores podem se surpreender com a gentileza desses sentimentos, já que em alguns lugares sou notório por ter travado batalhas acadêmicas sobre a interpretação da história italiana com vontade (da distante Austrália, uma perícia em historiografia muitas vezes foi mais fácil de conseguir do que um conhecimento de história arquivística).

Como a Itália republicana experimentou várias dificuldades de esperança esquerdista nos anos 1960 e 1970 e de retorno direitista nos anos 1980 e 1990, este último processo culminando em maio de 2001 com a ascensão de Silvio Berlusconi ao cargo de primeiro-ministro, era impossível estudar a história italiana sem algum senso de política. Até os últimos anos, era evidente que a história, e especialmente a interpretação acerca de Mussolini e seu regime, suas causas, curso e consequências, ainda importavam para um grande número de italianos.

Afinal, na minha era de inocência, quando publiquei uma longa, mas crítica, monografia sobre a política externa italiana antes de 1914, vi Rosario Romeo, a principal historiadora conservadora da Itália, criticando-me em um artigo de jornal como um "odiador da Itália", alguém que poderia estar avaliando melhor sua própria herança de "Botany Bay" do que se intrometendo em discussões sobre o liberalismo italiano.[3]

Em nosso tempo de "fim da história" (seja qual for o poder remanescente em potencial dos fundamentalismos irracionais), quando as ideologias e suas metanarrativas nascidas do Iluminismo e sua crença na perfeição humana por meio do conhecimento racional e da ação social parecem naufragar e o mercado domina tudo, e quando a esquerda italiana procura encontrar uma "terceira via" em uma Aliança da Oliveira e com novos agrupamentos políticos chamados Margarida ou Girassol, luto contra uma profunda alienação.

Nessas circunstâncias, foi ainda mais apropriado quando, algum tempo entre a assinatura do contrato deste livro e a redação do manuscrito, fui diagnosticado com os mesmos problemas cardíacos que mataram meu pai. Como a tecnologia avançou, eu, como tantos homens na casa dos cinquenta, fisiologicamente ultrapassei a ponte e agora vivo com a sensação de minha boa sorte, em comparação ao azar de meu pai. Como alguém que se apega às ideias e aos ideais políticos aprendidos na década de 1960 (e que remontam a 1789), resta-me o paradoxo da gratidão pelo progresso científico misturada ao desdém e o medo pela ideologia hegemônica do momento, contornado, mas com efeito oposto, tanto no meu corpo quanto na minha alma.

Vou deixar os leitores decidirem se algum desses eventos e atitudes podem ser rastreados, ou valem a pena ser rastreados, em minha prosa. Devo admitir que tentei ver Mussolini até certo ponto com "os olhos da piedade".[4] Os leitores, acredito, descobrirão que o considero um valentão, um covarde e um fracassado, e que a escrita da biografia não me converteu em adorador do Duce ou do fascismo. Não obstante, Mussolini, ao contrário do que continua a ser a compreensão recebida de seu "amigo" Adolf Hitler, era, estou convencido, um homem não muito diferente de vários outros. Em sua crassa vanglória, seu espantoso sexismo e racismo, seus inumeráveis pecados de omissão e comissão, seu triste darwinismo, lá se foram para a graça da humanidade vários italianos de sua geração, e para lá, com ou sem tal graça, vão muitos de nós.

Devo realizar ainda dois agradecimentos finais. O primeiro é a Christopher Wheeler, o mais sensível e encorajador dos editores. O segundo vai para Mike, cuja contribuição para a sutileza, alcance e felicidade de minha vida é infinita e a quem este livro é dedicado.

"Mussolini é o único responsável pelos grandes feitos do regime. No entanto, ele não é o fiador de todos os empreendimentos individuais, todas as iniciativas e todas as diferentes ideias que devem crescer e florescer em torno do fascismo."
— Crítica Fascista, vii, 15 de setembro de 1929 (editorial)

"Ainda que dificilmente pareça possível que Mussolini sozinho tenha sido responsável pela elaboração de todas as principais políticas, parece que ele é essencialmente a personificação da ditadura. Externamente, é o autocrata inspirado que manipula seus fantoches e recebe crédito por tudo. Na prática, porém, o governo é exercido coletivamente por alguns administradores importantes, incluindo Mussolini e seus conselheiros oficiais e não oficiais. Seu único princípio orientador básico e constante é que seu domínio seja preservado."
— C. T. Schmidt, professor de economia na Universidade de Columbia, *The Corporate State in Action: Italy Under Fascism*, Londres: Left Book Club, 1939, p. 78.

"Churchill não era apenas um Mussolini transformado pela sociedade inglesa, ainda que não tão exagerado?"
— G. Bottai, *Vent'anni e un giorno*, (24 de julho de 1943), Milão, 1977, p. 27.

"Não é possível fazer um retrato de Mussolini sem desenhar também um retrato do povo italiano. Suas qualidades e seus defeitos não são seus, mas sim as qualidades e os defeitos de todos os italianos."
— C. Malaparte, *Muss il grande imbecille*, Milão, 1999, p. 67.
(O às vezes radical fascista, depois comunista e por fim maoísta, escritor Curzio Malaparte expressou essa mesma opinião no verão de 1943.)

Introdução à primeira edição (2002)

Qual político europeu da primeira metade do século XX poderia ser confiável para ler as obras filosóficas e literárias de seus compatriotas e enviar aos autores notas de crítica e congratulações?[1] Quem, em um momento de profunda crise e apesar de seus evidentes problemas de saúde, mantinha em sua mesa uma cópia das obras de Sócrates e Platão, anotada de próprio punho?[2] Quem declarou publicamente que amava as árvores e questionou ansiosamente a burocracia sobre os danos causados pelas tempestades ao meio ambiente? Quem, durante as refeições, enquanto esteve entrincheirado no poder, conduzia conversas fascinado com a tarefa de identificar seus antecedentes intelectuais?[3] Quem disse que admirava os historiadores por seu profissionalismo e sua recusa em se curvar à moda[4] e defendia que a linha do seu partido fosse "indulgente para com os professores"?[5] Quem parecia quase sempre disposto a conceder uma entrevista e, ao fazê-lo, ficava especialmente satisfeito com a perspectiva de falar sobre ideias políticas e filosóficas contemporâneas? Quem deixou mais de 44 volumes de suas obras catalogadas?

Quem afirmou com um pouco de verdade que o dinheiro nunca sujava suas mãos?[6] Quem poderia conduzir uma conversa em três línguas além da sua?[7] Quem foi calorosamente solícito com sua filha, quando, depois de seu casamento e em sua primeira gravidez, ela foi morar no exterior e escrevia regularmente e pessoalmente para ela,[8] mesmo que de vez em quando apenas para relatar o prazer familiar pelas vitórias da seleção nacional de futebol?[9] A resposta um tanto surpreendente para todas essas perguntas é Benito Mussolini, Duce do fascismo italiano e ditador da Itália de 1922 (ou 1925) a 1945 (ou 1943). Os primeiros biógrafos de língua inglesa e muitos contemporâneos concluíram que, em essência, Mussolini era tanto um patife quanto um tolo. Como disse o muito apropriado cavalheiro inglês Anthony Eden, com um grau de veneno que um cavalheiro às vezes vomita, "Mussolini é, temo, o gângster completo, e sua palavra não significa nada".[10] Crueldade, incompetência — essas eram as palavras mais associadas a Mussolini, e o pintaram mais como uma figura de diversão do que do pavor reservado a seus companheiros ditadores, Hitler e Stalin. Estes últimos eram temíveis tiranos totalitários. Mussolini, embora tenha sido ele quem primeiro anunciou a intenção de construir um "Estado totalitário", era apenas um "César Mafioso",[11] não mais que um bufão.[12]

Isso, de fato, ele era. Os leitores desta nova biografia podem muito bem concluir. No entanto, ao iniciar as páginas deste livro, eles devem ser advertidos de que a longa tradição de uma leitura crítica da carreira do Duce carrega mais do que um pequeno preconceito racial anglo-saxão em relação às raças consideradas por eles "menores" e "fora da lei", especialmente aos "sulistas", "mediterrâneos". Suposições sobre fracasso, superficialidade e criminalidade têm sido uma parte regular do discurso em língua inglesa sobre Mussolini, quase como se sugerisse que essas falhas são desconhecidas fora da Itália. A avaliação comum de que Mussolini "não era mais do que de terceira categoria"[13] poderia parecer sugerir que em outras terras mais felizes, mais setentrionais e anglo-saxônicas, os governantes foram, são e sempre serão homens e mulheres de primeira classe.

Na Itália, essas expressões de superioridade sem esforço foram recebidas com certo desconforto. É verdade que, durante uma geração, a esquerda italiana, ligada de uma forma ou de outra ao Partido Comunista (que gozava de contínuo crescimento no país até o fim da década de 1970), forjou sua identidade no "mito da Resistência". Por esta leitura da história do século xx, a Itália, de 1922 a 1945, caiu sob um desgoverno vicioso. A ditadura de Mussolini, diz o argumento, puniu a grande maioria do povo italiano durante sua geração de poder, e sua aliança com o mal supremo da Alemanha nazista era natural e inevitável. O mesmo aconteceu com o envolvimento na guerra apocalíptica e no genocídio. Fascismo e nazismo, Mussolini e Hitler, deveriam ser melhor compreendidos através do "modelo de fascismo", que trouxe à luz as múltiplas semelhanças entre os dois regimes e seus líderes "carismáticos". Era um modelo que tinha e tem muito a ser dito a seu favor. No entanto, para a esquerda italiana do pós-guerra, essa interpretação teve seu maior uso na política contemporânea. Poderia ajudar a controlar a ganância dos ricos, o sexismo dos homens, o fascínio de um nacionalismo revivido. Poderia privilegiar a classe trabalhadora, os sindicatos, o humanismo social, aqueles grupos, instituições e ideias aos quais o fascismo se opôs e reprimiu.

Naturalmente, havia muitos italianos que desaprovavam as suposições esquerdistas sobre seu mundo e que de forma alguma concordavam com a condenação de todos os aspectos do passado fascista. A partir de meados da década de 1960, os que vieram a ser chamados de "anti-antifascistas" encontraram seu campeão em Renzo De Felice, o extraordinariamente pertinaz biógrafo de Mussolini. Giorgio Pini e Duilio Susmel, dois ex-fascistas, já haviam escrito em 1950 um estudo de quatro volumes sobre o Duce que lhe é muito simpático (e continua útil aos estudiosos). Contudo, no que acabou sendo uma biografia de sete livros, que ultrapassou 6 mil páginas e foi publicada entre 1965 e 1997, o último volume postumamente, De Felice forneceu um relato massivamente detalhado da vida de Mussolini. De Felice era o epítome do historiador "rato de arquivo", para usar o termo hostil de Stalin. Ele leu em profundidade os documentos do governo normalmente encontrados no Archivio Centrale dello Stato em Roma — tais arquivos estão alojados em um prédio planejado para a Esposizione Universale Romana (Exposição Universal de Roma), que deveria comemorar as duas décadas de governo fascista em 1942. Como ficou claro que De Felice não era tão hostil ao Duce quanto à cultura da esquerda, o biógrafo e ex-funcionário do Duce também agiu como um ímã para os fascistas sobreviventes que regularmente lhe davam acesso a suas agendas e a seus diários. Quando considerou a pesquisa terminada, De Felice organizou sua publicação. Tanto em sua prosa, embora sinuosa e confusa, quanto em seus esforços editoriais, De Felice deixou uma herança notável, que nenhum biógrafo posterior de Mussolini pode ignorar.

Como intérprete de Mussolini, De Felice precisa ser lido com cautela. Especialmente nos últimos volumes, ele frequentemente procurou desculpar o Duce, e tornou-se selvagemente desdenhoso do que ele gostava de chamar de "superficialidade jornalística da vulgata antifascista"[14], mesmo quando incluía uma ênfase altamente contestável na política "progressista" de Mussolini e lamentava sua má sorte em não ter convertido Hitler à verdade de que o epicentro da Segunda Guerra Mundial não estava na frente russa, mas no Mediterrâneo.

Pouco antes da morte de De Felice, sua versão do passado tornou-se a semente de uma nova direita italiana em ascensão. Ele foi elogiado pelos membros supostamente "pós-fascistas" da Aliança Nacional, liderados por Gianfranco Fini, um homem que continuou afirmando que Mussolini foi o maior estadista do século XX, e por Silvio Berlusconi. Este bilionário supera os próprios esforços de Mussolini para ser um jornalista na política, oferecendo, em vez disso, o espectro assustador de um magnata da mídia na política. Na Itália contemporânea, Berlusconi é notícia de muitas maneiras.

Do meu distante refúgio australiano, assisto a esses eventos com o mesmo desconforto rabugento com que vejo a maior parte da política contemporânea. Seria grosseiro da minha parte, no entanto, não reconhecer minha dívida com a biografia de De Felice. Minhas notas de rodapé certamente trazem referências regulares às suas páginas para detalhes e informações. E, no entanto, neste estudo, meus modelos mais influentes não foram extraídos das biografias anglo-saxônicas nem italianas de Mussolini (nem do novo e longo estudo do historiador francês Pierre Milza).[15] Minha aproximação com Mussolini é condicionada pela minha leitura da história europeia mais geral.

Quando Christopher Wheeler gentilmente levantou comigo a possibilidade de ensaiar uma nova análise do Duce, fiquei em dúvida. Eu nunca tinha escrito uma biografia antes. Considerava-me, e ainda me considero, mais um historiador "estruturalista" ou "funcionalista", ansioso por explorar as "raízes sociais" da política, do que um "intencionalista", convencido de que os Grandes Homens são realmente grandes, os dínamos de seus tempos. Meu interesse sobrevivente nessas questões mostra que fui influenciado pela literatura da década de 1980 sobre a Alemanha nazista. Pelo menos na Austrália, todos os que ensinam história europeia do século XX giram, até certo ponto, ao redor da figura de Adolf Hitler. Por 35 anos, contrabandeei um pouco de história italiana para cursos em que os alunos se matriculavam graças ao terror e ao glamour da Alemanha nazista. Da minha imersão na historiografia sobre a Alemanha, eu sabia que havia debates fascinantes sobre Hitler ser ou não um ditador "fraco", sobre quais poderiam ter sido os limites de seu poder, a originalidade ou banalidade de suas ideias, e sobre até que ponto a prática nazista era uma imposição "de cima" ou algo que brotava naturalmente "de baixo". Como também tive que ensinar a história da União Soviética, fui incentivado a consultar o belo trabalho de Sheila Fitzpatrick[16] e outros sobre questões não muito diferentes da história da URSS e especialmente o funcionamento de seu suposto Estado "totalitário" em meio à complexidade e ambiguidade da sociedade de todas as Rússias.

Portanto, iniciei minha pesquisa enfatizando que localizaria Mussolini em sua sociedade, começando com um ceticismo básico sobre o "Grande Homem" e a ideia liberal (mas também fascista) de que todo indivíduo é potencialmente livre para seguir sua vontade. "Meu" Mussolini, eu tinha certeza (enquanto tentava bloquear quaisquer ambições tolas de me tornar um "Grande Biógrafo"), contaria tanto as ideias generalizadas sobre a sociedade italiana quanto sobre os pecadilhos individuais de um determinado ser humano.

No entanto, para me preparar para minha tarefa, automaticamente olhei para as biografias recentes dos principais políticos do século xx. Duas especialmente me impressionaram. A primeira foi o relato detalhado de Paul Preston sobre o general Franco, com sua análise sutil de como o poder foi exercido na Espanha durante o longo período franquista. Entre os temas que anotei para comparação com Mussolini estava a ênfase de Preston no "pragmatismo inescrutável" do Caudilho, sua "evasão ao compromisso e [...] gosto pelo impreciso".[17] Franco, Preston me disse, não se esqueceu de praticar a ofuscação, para melhor confundir os historiadores posteriores — "ao longo de sua vida, ele reescreveu regularmente sua própria história de vida". Assim, alguns Francos aparecem em seu registro do passado. (Eu me perguntava quantos Mussolinis eu poderia, então, precisar conhecer.) Mesmo assim, pelo menos de acordo com Preston, existia um verdadeiro ator histórico. Os "poderes de Franco eram comparáveis aos de Hitler e maiores que os de Mussolini".[18] Protegido por sua "capacidade de calibrar quase instantaneamente a fraqueza e/ou o preço de um homem", Franco, argumentou Preston, usou seu poder por quatro décadas "com habilidade consumada, atacando decisivamente seus inimigos diretos, mas mantendo a lealdade daqueles dentro da coalizão nacionalista com astúcia e uma percepção perspicaz da fraqueza humana digna de um homem que aprendeu sua política entre as tribos do Marrocos".[19] Tínhamos então um ditador forte, por mais cegamente cruel que fosse seu tratamento aos inimigos e por mais implacavelmente estéril que sua visão do mundo se tornasse. De acordo com Preston, os comentários mais reveladores de Franco foram expressos em 1954, quando ele informou ao pretendente ao trono Bourbon, Don Juan: "Eu nunca depositei minha total confiança em ninguém", e essa cautela judiciosa significava que, para ele, "A Espanha [era] fácil de governar".[20] Preston, refleti, tinha concluído que realmente havia um Grande Homem (Mau) na Espanha de Franco, que exerceu alegre e brutalmente o livre-arbítrio.

Um pouco castigado em minhas suposições e predileções, voltei-me então para a magnífica nova biografia de Hitler, de Ian Kershaw — havia tardes agradáveis em que podia abandonar o trabalho de construir minha própria prosa sobre Mussolini e ler o segundo volume do estudo de Kershaw, que chegou à Austrália no fim de 2000.[21] Mas quando eu estava planejando minha biografia, foi a introdução ao primeiro volume de Kershaw que achei mais interessante. Kershaw me disse que, ao arcar com o fardo da biografia, ele veio da direção "errada".[22] Seu próprio trabalho estava enraizado na história social (e eu sabia também que ele havia escrito muito sobre historiografia). Ele estava associado a membros daquela escola funcionalista ou estruturalista que passou uma geração em debate com intencionalistas que pensavam que Hitler era o ator histórico supremo de sua época. Eles acreditavam na "Guerra de Hitler", no "Holocausto de Hitler" e na "Revolução de Hitler". Chegaram até a contemplar Hitler como um "Deus psicopata".[23] Kershaw e seus amigos, por outro lado, exploraram a relação entre o povo alemão e o domínio nazista e examinaram até que ponto o nazismo conquistou o "consenso" dos alemães.

A formação intelectual de Kershaw era uma preocupação. Outro era o fato de que Hitler parecia não ter tido uma vida privada real (exceto aquela suposta pelos psico-historiadores). O Franco de Preston regozijou-se com a esposa e a filha, jogou golfe, foi pescar e deteriorou-se com a doença de Parkinson. Mas era mais difícil entrar no mundo privado de Hitler, se é que ele existia. No caso do Führer, lamentou Kershaw, "não houve recuo para uma esfera fora do político, para uma existência mais remota que condicionasse seus reflexos públicos.[24] Em aparente contradição, Hitler, quando atuava como executivo, era especialmente inconstante, errático em seu comparecimento ao escritório, complacente com seu "temperamento artístico" e sua devoção ao estilo de vida boêmio. Ele pode ou não ter pensado que a Alemanha era fácil de governar, mas, frequentemente, não parecia se importar em fazer isso.

O poder na Alemanha nazista estava centrado no Führer. Isso não podia ser negado, mas Kershaw explicou que esse poder "derivava apenas em parte do próprio Hitler". Em maior medida, era um produto social — uma criação de expectativas e motivações sociais investidas em Hitler por seus seguidores. "Uma história de Hitler", continuou Kershaw, "deve ser, portanto, uma história de seu poder — como ele chegou a obtê-lo, qual era seu caráter, como o exerceu, por que foi autorizado a expandi-lo para quebrar todas as barreiras institucionais, por que a resistência a esse poder era tão fraca."[25] Ao lidar com essas questões, concluiu Kershaw, as ideias weberianas sobre carisma ofereciam a melhor ferramenta conceitual, mas, advertiu ele, o analista histórico deve estar tão sintonizado com a sociedade alemã quanto com o próprio Hitler.[26] Para Kershaw, as frases-chave em toda a história do regime nazista foram aquelas cunhadas por Werner Willikens, um burocrático prussiano especialista em agricultura que, ao contrário do Führer, podia ser encontrado com segurança em sua mesa. Em fevereiro de 1934, Willikens escreveu:

> Todo mundo com oportunidade de observá-lo sabe que o Führer só pode com grande dificuldade ordenar de cima tudo o que pretende realizar mais cedo ou mais tarde. Em contrapartida, até agora cada um trabalhou melhor em seu lugar na nova Alemanha se, por assim dizer, trabalhar para o Führer [...]. É dever de cada pessoa tentar, no espírito do Führer, trabalhar para ele.[27]

Aqui, então, estava o que Kershaw considerava um novo tipo de poder,[28] sob a influência do qual os alemães procuravam expressar a palavra antes mesmo que ela fosse falada. Eles o fizeram em uma névoa de confusão, equívoco, interesse próprio e fanatismo. A Alemanha nazista era "um estado altamente moderno, sem nenhum órgão central de coordenação e com um chefe de governo [carismático] em grande parte desvinculado da máquina do governo".[29]

Do trabalho de Kershaw surgiu uma série de questões aplicáveis a Mussolini. O Duce claramente não era uma réplica exata do Führer. Assim como Franco, ele tinha uma vida privada, uma esposa e cinco filhos legítimos, muitas amantes, uma carreira de sucesso antes de 1914 — ele ainda não tinha trinta anos e já era o editor do jornal nacional-socialista *Avanti!* — e doenças, principalmente à medida que envelheceu e seu cabelo se tornou grisalho. Como primeiro-ministro, na maioria das vezes era um executivo cuidadoso, que ocupava regularmente sua mesa, lia conscientemente os documentos colocados diante dele, aceitava as formalidades do cargo (uma das mais irônicas era a visita quinzenal ao palácio real para consultar o rei Vítor Emanuel III, o monarca que, durante toda a ditadura fascista, permaneceu chefe de Estado constitucional). Havia muitas evidências de que Mussolini sabia como administrar e manipular homens (e mulheres). Seu governo foi apoiado por uma comitiva leal e em grande parte constante, mantida na linha por uma combinação de intimidação e adulações, cada um aceitando que seria regularmente repreendido, mas também teriam a oportunidade de corrupção e uma chance na guerra executiva endêmica e interna que era o equivalente italiano ao "darwinismo institucional" que os historiadores discerniram na Alemanha nazista. Em outras palavras, ficava claro que Mussolini estava sempre ansioso por governar e ser visto governando.

No entanto, uma vez que Mussolini se tornou primeiro-ministro em 1922 e depois ditador em 1925, os paralelos com Hitler vieram à tona. Apesar de seus aspectos burocráticos, grande parte da governança de Mussolini foi carismática. De fato, ele havia sido apontado como portador de carisma antes de 1914. Por quê? Mussolini exalava liderança nativamente? Ele a inscreveu em si mesmo? Ou outros forjaram seu caráter como Duce? O carisma mudou com o tempo? Se foi afligido em tempos problemáticos como em 1921 e 1924 e depois desapareceu no nada durante os desastres da Segunda Guerra Mundial, como e por que essas flutuações aconteceram? Havia outro Mussolini, mais pessoal e "humano", em algum lugar separado do carismático Duce? Como, além disso, funcionava a governança carismática na Itália? Teria ele "revolucionado" a sociedade italiana? (Muitos historiadores culturalistas do fascismo me asseguravam que o povo italiano havia se tornado genuinamente militante do governo de Mussolini, universalmente pronto para marchar como soldados fascistas.) Seriam os italianos, homens e mulheres, realmente crentes em seu Duce? Certamente todos os livros publicados sob o regime me asseguravam que a revolução era para valer e que os italianos haviam sido drasticamente modernizados pela boa sorte de ter Mussolini para governá-los. Eles também trabalharam em prol de seu Duce. A Itália de Mussolini era uma réplica do que Kershaw mostrou acontecer na Alemanha nazista?

Uma série de questões nutriu meu ceticismo em relação a essa interpretação direta de uma "revolução" fascista, liderada sem restrições por um Duce carismático. Minha primeira formação foi na história da Itália liberal e eu entendia o suficiente sobre a retórica e a prática daquela sociedade, especialmente entre a geração da Associação Nacionalista (fundada em 1910), para ficar incomodado ao saber da originalidade tanto do fascista estrangeiro quanto da política colonial e do discurso mais solto que a acompanha sobre a "nova Roma" e seu *mare nostrum*. Achei difícil acreditar que Mussolini, pelo menos nas relações internacionais do fascismo, tivesse sido especialmente "original".

Depois havia o problema da Segunda Guerra Mundial especificamente da Itália. Em relação a esse conflito, não fui conquistado pelos argumentos revisionistas de De Felice e alguns de seus admiradores de língua inglesa que queriam contrariar a conclusão estabelecida de que a guerra fascista foi um desastre. Em vez disso, mantive a opinião de que, sob o "teste" de um segundo conflito, o regime de Mussolini se saiu pior do que seu predecessor liberal. A Itália liberal dificilmente era um lugar onde Estado e sociedade se conciliassem e, no entanto, de 1915 a 1918, uma dura guerra foi travada até a vitória, que se mostrou impossível depois de 1940, para grande desconforto de Mussolini, dadas suas repetidas alusões a esse paralelo. Essa comparação era tão reveladora que tornava difícil negar que a fala de Mussolini sobre um estado genuinamente "totalitário" e seu povo revolucionado fosse, pelo menos depois de 1940, bombástica.

As atitudes e o comportamento de Mussolini e da maioria de seus capangas eram marcantes em outro aspecto. Mesmo o mais breve conhecimento do próprio Mussolini, de seu cinismo, da grosseria de sua suposição darwinista de que não existia sociedade, de sua misantropia, de seu desejo um tanto temeroso de ser deixado em paz, de sua eterna condenação mordaz de todos ao seu redor, da exibição de sua "selvageria", demonstrou que ele não era um crente cego. O que quer que fosse, Mussolini não era nenhum Hitler impelido por um credo a agir de uma maneira e apenas de uma maneira. E sua comitiva? Seria seu genro e, por um bom tempo, um delfim em potencial, Galeazzo Ciano, um fanático fascista, esse homem que trotava para o campo de golfe para sua dose diária de fofocas e bons momentos? Ciano parecia mais o típico playboy burguês (ou, no melhor jargão moderno, um yuppie), cujas frases inflexivelmente fascistas dificilmente deveriam ser levadas a sério. E os "caras durões", como Roberto Farinacci, ou a esposa de Mussolini, Rachele, eram fascistas "reais"? Mais uma vez, sim, e não parecia essa ser a única resposta possível. Sem dúvida, de certa forma, o Duce dependia deles, com seu desejo taciturno de que a ordem social fosse revertida. Eles (e Nicola Bombacci, o ex-comunista e ex-anarquista que reapareceu na vida do Duce em 1943-1945) convenceram Mussolini de que, apesar do cisma do partido socialista em 1914, ele manteve algum contato com as "verdadeiras pessoas". A palavra "metade" é importante aqui. Farinacci e Rachele equilibraram Ciano, o rei e o resto da elite, mas sua própria grosseria, sua estupidez, a natureza palpável de seu compromisso com a violência verbal (e sua própria versão de corrupção), os excluiu como titulares de cargos apresentáveis em um mundo de compromissos e acordos que Mussolini acreditava que inevitavelmente constituíam "políticas".

Foi uma inadequação significativa da parte deles. Quando Mussolini admitia, como às vezes fazia, que talvez nem sempre entendesse de economia, ou estivesse totalmente em contato com a sociedade, ou compreendesse inteiramente a cultura, ele sempre afirmava que era o mestre das "políticas". Para alcançar esse domínio sutil, ele deixou de lado sua própria mundanidade original e superou a época de sua vida quando era apenas mais um Farinacci. Às vezes, é claro, ele agia direta e obstinadamente por vontade própria (certamente persistiu na conquista da Etiópia, por exemplo, contra a maioria dos conselhos e, uma década antes, era igualmente teimoso em sua busca por uma alta valorização da lira no mercado cambial internacional). Porém, mais frequentemente, ele falsificou, esperou, "planejou" (sempre dentro de um prazo elástico) e assistiu a eventos, buscando vantagens "táticas" de curto prazo. "Totalitário" parecia, e parece, uma palavra inadequada para descrever as nuances desse comportamento.

Igualmente preocupante era o conceito *defeliciano* de um fascismo possuidor de duas almas opostas, o "movimento do fascismo" radical e o "regime do fascismo" conservador. Ciano pode ter sido no fundo apenas mais um jovem conservador europeu, Farinacci pode ter querido incendiar os palácios, mas a manutenção de um relacionamento de Mussolini com ambos indica que sua versão do fascismo não era dividida entre moderação e revolução, mas construída a partir dessas duas partes e dependente delas, apesar de sua evidente contradição. Mussolini, em sua preferência pela tática sobre a estratégia, em sua parcialidade em se limitar a meras "políticas", optou por não escolher entre esta ou aquela definição "final" de fascismo (ou de sua própria personalidade). O ponto fundamental sobre Mussolini e seu regime é que ele era, e tinha que ser, conservador e radical. A ameaça da aliança alemã, presente antes de 1939, mas avassaladora depois de outubro de 1940, era precisamente que ela exigia uma definição clara do fascismo, uma estratégia global, não um conjunto de táticas; uma resposta, não uma gama de políticas. O modelo mussoliniano contribuiu em algo para a ascensão nazista ao poder, mas, no cargo e como vizinho, o nazismo era muito poderoso, muito exigente, ao mesmo tempo muito semelhante e muito estrangeiro. Como entidade independente, o fascismo não resistiu à sua comparação.

Então, havia grandes dúvidas sobre alguns relatos da "Itália de Mussolini". Contudo, meu ceticismo final foi tirado menos da história do que do meu conhecimento da Itália republicana, nascido das visitas que tive a sorte de fazer todos os anos desde 1967 ou do meu encontro com imigrantes italianos na Austrália. Especialmente dos italianos australianos, ouvi com bastante frequência a expressão de uma admiração residual por Mussolini (um assunto intrigante que merece análise), mas também estava ciente de um mundo mutável e ambíguo não muito abaixo da superfície de qualquer Itália australiana. Ali, as "Itálias" eram aparentes em toda parte, e não apenas a nação oficial encarnada naqueles funcionários um tanto desafortunados enviados pela República para representá-la no novo mundo ou pelos líderes locais da Igreja Católica "romana". Aqui também estava a família em todo seu poder e contradição.

Esses italianos que conheço, que sobreviveram à geração da ditadura e da guerra, eram pessoas que preservavam a diferença. Eu poderia até sentimentalizá-los como seres humanos menos impressionados com os gritos de homogeneidade, recorrentes em movimentos como o *One Australia*, do que muitos de meus concidadãos. Não foram assim também os povos da Itália sob o fascismo? Não foi também Mussolini um homem que encarnou sua região e sua família tanto quanto sua nação e sua ideologia? Eu estava disposto, é claro, a reconhecer que alguns processos de modernização e homogeneização estavam ocorrendo na Itália do entreguerras. Afinal, eles estavam acontecendo em todos os outros lugares. Mas, eu me perguntava, até que ponto os italianos que vivenciaram o fascismo procuraram manipulá-lo em seu próprio benefício, concebê-lo à sua maneira? Eles foram realmente um povo que havia tentado "trabalhar para seu Duce"?, perguntei novamente. De Felice e outros afirmaram que havia um tipo de "consenso" na Itália, pelo menos até o fiasco da invasão da Grécia, em outubro de 1940. A aprovação de Mussolini e sua imagem significava que os italianos tentaram fazer sua vontade antes mesmo de saber qual era, afirma Kershaw, como aconteceu com Hitler e a Alemanha? Talvez. No entanto, me pareceu que, mais frequentemente, Mussolini, o "detentor do poder", trabalhou para os italianos. Mesmo enquanto se queixava da fraqueza da humanidade (e, por implicação, amaldiçoava sua própria fraqueza e retrocesso), ele tentava ser popular e complacente.[30] Era ao mesmo tempo um carismático ditador fascista e um político cínico e resoluto, perscrutando a obscuridade do futuro para encontrar um presente aceitável, ansioso para não ser mostrado como um fracasso, esperançoso de passar por outro dia.

No entanto, é claro que ele falhou, em quase todos os sentidos da palavra. O pensamento *tout comprendre, tout pardonner** é sedutor, mas continuo sendo

---

* "Entenda tudo, perdoe tudo." (N. T.)

um biógrafo antifascista. "Meu" Mussolini não deve ser celebrado como um fascista, um ditador, um senhor da guerra ou um homem. Este César revivido não merece triunfos romanos históricos. Ele era cruel (mas não o mais cruel). Ele realmente não modernizou a Itália (talvez isso não seja uma coisa totalmente ruim). Seu fascismo não abriu, em nenhum sentido sério, um terceiro caminho para o futuro entre o capitalismo liberal e o socialismo de Estado. Ele pode ter adotado a palavra "totalitário", mas sua Itália não entrou em harmonia, nem se livrou de suposições antigas sobre a utilidade e onipresença de patronos, clientes e familiares. Seus esforços tardios de autarquia, ou nacionalismo econômico, fracassaram por muitas razões, mas uma delas foi que a Itália turística, emigrante e católica nunca poderia renunciar completamente ao cosmopolitismo. Seu império na África era do tipo antiquado, em ruínas, dispendioso, familiar ao século XIX e muito diferente do império racial que Hitler e seus nazistas pensavam que estavam destinados a construir no Oriente sobre as cinzas da URSS e da Europa judaica. O próprio racismo de Mussolini existia, mas era inconsistente, errático, "não científico", sem o rigor que poderia tê-lo tornado um bom recruta para a SS.

Em suma, em um grau considerável, Mussolini nem mesmo ditava, mas, pelo contrário, era arrastado por um destino que começou com ambição e esperança nas províncias e continuou sendo ele o "primeiro de sua classe" na periferia, que o levou dali para uma glória ofuscante, mas frágil, e que terminou em uma morte esquálida e merecida. Malaparte pode ter exagerado e negado sua própria cumplicidade e a de seus colegas intelectuais ao rotular Mussolini de "grande imbecil", mas ele estava certo ao declarar que, em muitos sentidos, Mussolini encarnava a sociedade italiana após a (des)unificação nacional no Risorgimento. Como homem e "pensador" fascista, Mussolini estava convencido de que possuía absoluto livre-arbítrio. Mas, nessa disputa, como em muitos outros assuntos, ele estava errado.

Um cuidado — o primeiro capítulo deste livro começa a história em janeiro de 1944 e prossegue até sua (aparente) conclusão: a morte do Duce em abril de 1945. Os leitores que preferem que as biografias sejam sequenciais devem ir diretamente para o Capítulo 2. Porém, sabendo que esse biógrafo não acredita nem no livre-arbítrio absoluto nem no determinismo absoluto, uma das falhas mais óbvias da biografia é a suposição, feita com muita facilidade, de que o personagem que está sendo descrito sempre foi destinado a terminar como terminou. A realidade é, claro, diferente. Em meus primeiros capítulos, farei uma pausa de tempos em tempos para pensar, como se faz numa história virtual, sobre um Duce ainda apenas parcialmente construído. Pontos cruciais em que a história pode ou não se transformar existem em todas as nossas vidas, e certamente existiram na vida imperfeita de Benito Mussolini. Ele pode ter sido ditador da Itália por uma geração, mas ele mesmo não construiu sua carreira (nem obteve muita satisfação pessoal com isso).

Introdução à nova edição (2010)

Não é necessário um empurrão de Jacques Derrida para perceber que a relação entre os autores e seus textos é irônica. Certamente, para esta edição revisada de minha biografia de Mussolini, tomei a tarefa de reexaminar minhas palavras. Tarefa ao mesmo tempo prazerosa e perturbadora. Existem algumas questões que são simples e óbvias. Assim, corrigi alguns erros. Em um de seus últimos momentos de malícia otimista antes de sua morte, Mussolini saboreou a ideia de deixar o que chamou de "minas sociais" para flutuar prejudicialmente na Itália do pós-guerra. Se ele conseguiu ou não, é uma questão abordada no último capítulo da minha biografia. Mas certamente os erros factuais são a ameaça equivalente na prosa de um historiador, difícil, se não impossível, de eliminar inteiramente, mas sempre passíveis de correção com entusiasmo e uma cara envergonhada quando o autor é alertado para eles.

Da mesma forma, atualizei o texto onde os anos intermediários trouxeram novas evidências significativas o suficiente para exigir sua presença. Um exemplo no caso de Mussolini é a pesquisa sobre seu casamento bígamo com Ida Dalser e o tratamento dado pelo irmão dele, Arnaldo, a Dalser a seu filho, Benito Albino, até morrerem escondidos do mundo e cruelmente confinados em hospitais psiquiátricos. A este respeito e de forma mais geral, retrabalhei a bibliografia do livro para adicionar material novo e importante sobre esses e outros aspectos da vida do Duce.

Por fim, e especialmente no último capítulo, levei a história do mito e da reputação de Mussolini até 2010. Esta nota é curiosa e salutar. Antes de se aventurar a revisá-lo aqui, o autor deve reconhecer que qualquer livro de história, como qualquer outro texto, terá ressonância de seu tempo de composição. A ambição do historiador profissional de ser totalmente empírico e meramente relatar o que realmente aconteceu está sempre destinada a ser frustrada.

Meu *Mussolini* foi escrito em 2000-2001 e traz uma marca óbvia dessa época, da vitória do neoconservadorismo nos Estados Unidos (na sequência do que já havia ocorrido em minha casa na Austrália) e da formação do segundo governo Berlusconi na Itália. Começavam os processos que, em março de 2003, levariam à invasão do Iraque por uma aliança de neoconservadores e imperialistas liberais, personificada por Tony Blair, primeiro-ministro da Grã-Bretanha.

A retórica dessa campanha fez uso de paralelos históricos do período entreguerras. Como o estudioso (conservador) americano Stanley Payne havia aconselhado em 1995, Saddam Hussein "chegou mais perto do que qualquer outro ditador" de alcançar uma viciosa "reprodução do Terceiro Reich". Payne concordou com o retrato do ditador iraquiano feito por George H. W. Bush, em 1990, como "o Hitler do nosso tempo".[1] Mas eu estava descontente com essa equação fácil e com a linha mais geral, concedida por Samuel Huntington, exigindo que o "Ocidente", tendo vencido a Guerra Fria, deveria renovar a batalha contra um mal que logo seria chamado de *fundamentalismo*.[2]

Já em meus outros trabalhos, eu me mostrara alerta às frequentes tentativas dos políticos de usar "a longa Segunda Guerra Mundial" para fins improvisados e imediatos.[3] Quanto mais eu trabalhava em *Mussolini*, mais tinha certeza de que, por mais cruel e destrutiva que fosse sua ditadura, ele não era uma simples réplica italiana do Führer. Hitler, o fanático, em sua própria mente "científico", antissemita e anticomunista, pode muito bem ter sido um fundamentalista. Mas Mussolini não era.

Ao tentar explicar essa visão, ao optar por uma "interpretação" do Duce (como E. H. Carr apontou há muito tempo, interpretações e não fatos são o que realmente importa no trabalho histórico), minha tarefa foi delicada. Já uma década depois da queda do Muro de Berlim e o consequente colapso da ordem política e cultural da República Italiana no pós-guerra, havia sinais alarmantes na Itália de uma perversa admiração persistente ou renovada pelo ditador. Em pouco tempo, um jornalista inglês, Nicholas Farrell, produziria um relato rival ao meu com o afrontoso título *Mussolini: a New Life*, no qual ele expressava alguma esperança na ressurreição do Duce.[4] Foi em uma conversa com Farrell que Berlusconi afirmou que Mussolini nunca havia matado ninguém.[5] E, a cada ano que passava, os revisionistas se tornavam mais ousados em pregar que a ditadura era, considerando todas as coisas e especialmente comparada com o que poderia ter acontecido se o comunismo tivesse conquistado o poder nacional na Itália, um momento feliz na vida italiana.[6]

A última coisa que eu pretendia era me juntar a esses revisionistas em sua posição. Afinal, acredito que, no esquema da ciência política para entender o período entreguerras, o modelo de fascismo que propõe grandes paralelos entre fascismo e nazismo conserva bastante de seu poder explicativo. Além disso, como é sublinhado no meu primeiro capítulo, o mais básico de todos os pontos sobre a ditadura de Mussolini é que ela causou a morte prematura de pelo menos um milhão de pessoas.

Claramente, deve ser atribuído a ele um lugar de destaque na lista negra do século XX. No entanto, a "ditadura italiana", como conscientemente rotulei o regime em um livro anterior,[7] não foi produto de um homem perverso.

Pelo contrário, em grande parte, surgiu dos pontos fortes e fracos da história nacional da Itália desde o Risorgimento. Como ressalto na biografia, grandes estruturas políticas, culturais, econômicas e sociais (de poder e influência) garantiram que o Duce "trabalhasse para os italianos". A situação de Mussolini não era aquela que Ian Kershaw enfatizou sobre Hitler, em que o Führer podia contar com os alemães "trabalhando para ele".

Ao explorar a personalidade de Mussolini, seu poder, seus efeitos e suas limitações, convenci-me de que o Duce não era apenas o primeiro ditador moderno, mas também muito melhor do que Hitler, o personagem contra o qual medimos os muitos tiranos que dominaram tantos países na Europa entre as guerras e no mundo em desenvolvimento, então e depois. Paralelamente, de maneira mais complexa, Mussolini também teve alguma comparação com Stalin e seus epígonos na Europa Oriental que, em um aparente oximoro, governaram como comunistas nacionais. Deixando de lado este último assunto, muito complexo para ser brevemente revisto aqui, deixe-me sublinhar algumas das diferenças mais óbvias entre Mussolini e Hitler. O Führer alemão era de fato um homem sozinho, apesar do casamento de última hora com sua amante, Eva Braun. Hitler era uma pessoa que carecia de uma vida privada que poderia ser entendida como "normal". Mesmo que eu continue preocupado que a sentença, endossada por Kershaw, de que Hitler era "louco" constitua uma alteridade perigosa e, portanto, deprimente e intelectualmente derrotista, é claro que o ditador italiano, apesar de toda a sua "maldade", continua sendo uma figura humana familiar, alguém que não pode ser considerado louco. Este Duce era um homem italiano, que aspirava construir um nome nas províncias, e de uma origem de classe relativamente humilde. Ele tinha uma esposa formidável e cinco filhos legítimos bastante irritantes. Mussolini foi um patriarca que teve de lidar com uma última amante ainda mais irritante, que obsessivamente registrava todas as suas "traições", enquanto esperava ser tocada algumas vezes ou mais por dia.[8] Em toda sua vida privada e em parte pública, esse ditador replicou muitos hábitos e enfrentou muitos problemas do dia a dia de seus companheiros. Enquanto Hitler acreditava fundamental e literalmente na ciência racista, Mussolini pode muitas vezes parecer linha-dura e certamente defendia regularmente o assassinato. No entanto, da mesma maneira, ele permaneceu capaz de ser cético, cínico, realizar análises intelectuais, ter dúvidas, cair em contradição, sentir-se confuso, perplexo, taciturno, todas as posições que a "ciência" dos "terríveis simplificadores" condena e refuta. Fosse o que fosse, Mussolini não era um "outro", irreconhecivelmente distinto dos políticos e executivos contemporâneos ou mesmo atuais.

A raça é o índice mais revelador para separar o Führer e o Duce, embora essa pesquisa precise ser realizada com o maior cuidado. Como Peter Novick argumentou corajosamente, o Holocausto, nas últimas décadas, expandiu-se para se tornar um parâmetro de ética para muitos comportamentos políticos.[9] É hoje o teste decisivo essencial para julgar a Segunda Guerra Mundial e, de fato, a experiência europeia da era pós-guerra.[10] A profunda marca da terrível matança científica e industrializada dos judeus na memória moderna é formalizada na data de 27 de janeiro, um tanto ironicamente a data em que o Exército Vermelho "libertou" Auschwitz em 1945, escolhida como "Dia do Holocausto" em vários países, incluindo, desde de 2001, a Itália. Como fica claro nesta biografia, a Itália fascista aderiu à perseguição aos judeus e, em 1938, Mussolini iniciou pessoalmente o processo legislativo para expulsá-los da Itália. Ao contrário de algumas lendas, altas doses de antissemitismo espreitavam na sociedade italiana, fosse na Igreja Católica, entre os fascistas admiradores da Alemanha ou mais amplamente. Nem o ditador ou seu povo eram inocentes no sofrimento dos judeus italianos. Eles foram particularmente culpados sob a República de Salò quando aquele regime fraco e violento foi instalado depois de setembro de 1943. Se uma história virtual pode ser imaginada em que os nazistas venceram a Segunda Guerra Mundial, então seu aliado italiano teria necessariamente se juntado a outras tentativas de extirpar os judeus em todo o mundo; o fascismo não deve de fato ser exonerado do horror de Auschwitz.

No entanto, não se pode concluir que os italianos ou o próprio Mussolini fossem carrascos voluntários da maneira que acontecia na Alemanha nazista. O antissemitismo fascista italiano raramente era fundamentalista. Além disso, a ligação crucial do judaico-bolchevismo não foi feita de forma confiável. Apesar de Mussolini ter subido ao poder com o objetivo primeiro de destruir o marxismo italiano, a partir de 1922 seu regime geralmente seguiu uma linha realista em relação à URSS. Por fim, juntou-se ao seu guia nazista na Operação Barbarossa, mas quase contra a vontade. Não demorou muito para que Mussolini mostrasse que não entendia seu parceiro quando em várias ocasiões ele insistiu para que Hitler fizesse um acordo de paz no Leste para enfrentar o inimigo "real", as forças anglo-americanas no Oeste. Refletindo essa distinção de propósito racial e ideológico dentro do Eixo, quando uma contagem de corpos é feita, os piores campos de extermínio da ditadura italiana não estavam na Itália contra os judeus, mas na Líbia, na Etiópia e nos Balcãs. A matança foi dirigida contra árabes, negros e "eslavos". Uma das características mais preocupantes da política e da cultura italiana contemporânea é a maneira como os pós-fascistas estão dispostos a aceitar a culpa pela parte italiana no Holocausto, recusando qualquer avaliação crítica séria do restante dos assassinatos e da tirania fascista. A pesquisa acadêmica sobre o antissemitismo italiano se torna cada vez mais detalhada. Falta uma exploração séria das raízes da versão italiana assassina do orientalismo, da obsessão racial negra/branca ou do preconceito antieslavo. Ninguém, que eu saiba, contemplou a triste ironia e as perigosas implicações na aceitação pelo mais nobre dos homens modernos, Primo Levi, do termo *muselmann* (muçulmano) para definir aqueles judeus em Auschwitz que avançaram para a morte sem protestar.[11]

Ao revisar a matança fascista, outro ponto estrutural precisa ser apontado. Em seu ataque à URSS e sua devoção ao assassinato dos judeus, a ditadura de Hitler foi impulsionada tanto pelo ditador quanto por um misto de racismo e nacionalismo determinado a trazer alemães dispersos até o Volga para o Reich alemão. A intenção racial dos nazistas de eliminar todo o "sangue" estrangeiro daquela área, bem como dentro da Alemanha, não contradizia a nação. Mas a maior parte do imperialismo de Mussolini era de um tipo diferente, parte "moderno" e fascista, parte tradicional e italiano, e duvidosamente integrado aos impérios informais dos povos da Itália espalhados por Nova York e Buenos Aires. No uso de bombardeios terroristas, armas químicas e na conversa fiada sobre genocídio (este último sempre sem a eficiência do planejamento nazista), Mussolini e seu regime eram atacados em parte como os "primeiros aliados" da Alemanha de Hitler e em parte como uma sociedade europeia que esperava, por meio da expansão imperialista tardia na África, alcançar a liderança entre Grã-Bretanha, França, Bélgica, Portugal, entre outros países. Como um homem branco pronto para aceitar a morte de seus "inferiores raciais", Mussolini carregava uma herança tanto de Hitler quanto de Cecil Rhodes, do rei Leopoldo dos Belgas e de Jean-Baptiste Marchand.

Como, então, foi recebido meu apelo para que Mussolini fosse inserido no contexto da história italiana e europeia? Suavemente é a resposta, mesmo que Mattia Feltri, no jornal neoconservador italiano *Libero*, exibisse algo das limitações do que a liberdade significa em tais círculos ao alertar que um livro, escrito por alguém que o autor decidiu ser um "comunista australiano", lamentavelmente incluiu críticas a Silvio Berlusconi, proprietário da Mondadori, a editora da tradução italiana do meu livro, bem como uma condenação injustificada de Mussolini.[12] A essa altura, Feltri talvez esteja encontrando conforto no tratado *Liberal Fascism*, de seu colega neoconservador americano, Jonah Goldberg. Goldberg aparentemente acredita que a ideologia de Mussolini teve sua expressão mais reveladora em uma linhagem que ia de Woodrow Wilson a Franklin Roosevelt, de JFK a Hillary Clinton (escrevendo em 2007, Goldberg parece ter apostado erroneamente em quem ganharia a indicação do Partido Democrata dos EUA para presidente).[13]

Se a bobagem neoconservadora deve ser ignorada como tal e minha atenção se volta para o mundo da erudição séria, então devo admitir que minha versão de Mussolini e sua época permanece contestada. Para alguns de meus colegas, sou muito relativista em minha abordagem do Duce. Na opinião deles, subestimo sua determinação em fazer guerra e causar devastação.[14] Subestimo a sinceridade e/ou a profundidade de suas ideias.[15] Confundo a força de tensão de seu desejo e realização em trazer a revolução cultural ou antropológica às mentes e almas italianas.[16]

Enquanto a democracia sobreviver, a história é e deve ser um debate. Certamente a disputa deve continuar enquanto o passado mantém-se ressonante no presente, e a história da vida e das ideias de Mussolini o faz, tanto na Itália quanto, de maneiras díspares, no mundo todo. Nessas circunstâncias, dificilmente posso esperar que qualquer edição desta biografia seja o golpe decisivo que converterá tudo à minha linha de pensamento. No entanto, uma questão deve ser enfatizada. Em algum lugar neste debate sobre o passado fascista se intromete uma diferença sobre o presente e especialmente um desacordo sobre o que pode constituir o fundamentalismo, bem como sobre a perfeição de "nossa" própria virtude. Talvez o melhor exemplo a esse respeito possa ser extraído do extremamente detalhado *O experimento totalitário na Europa do século XX: entendendo a pobreza da grande política* (2006), do americano David Roberts. Neste livro, Roberts argumenta que a Alemanha de Hitler, a URSS de Stalin e a Itália de Mussolini precisam ser enquadradas como regimes que se esforçaram em um nível visceral para "fazer história". Em outras palavras, eles estavam determinados a converter as pessoas que governavam em novos homens e novas mulheres. Eles desejavam profundamente ser engenheiros de almas humanas. O salário de sua arrogância, Roberts diz, foi pago no horror do Holocausto, do gulag e da guerra, e eles entraram com mais determinação nesses horrores por causa de um nervosismo que acompanhava cada novo mergulho em águas anteriormente desconhecidas.[17]

Acho o argumento interessante, ainda que exagerado, talvez a resposta típica de um historiador sociopolítico focado na infinita variedade da experiência humana e desconfiado das ambições monotemáticas dos construtores de modelos. Ainda outra questão me parece crucial. Quando Roberts publicou seu livro, o governo de George W. Bush nos Estados Unidos dava pouca importância ao seu objetivo de mudar a história do Oriente Médio. Sua esperança era que isso pudesse ser alcançado por meio de algumas bombas certeiras e destruidoras de bunkers e pela eliminação física do ditador perverso (ou bandido, na prosa inefável de Bush), Saddam Hussein. Danos colaterais, admitia-se, poderiam ocorrer e se tornariam enormes, mas ainda era uma suposta ninharia dada a magnitude da ambição de reconstruir os povos do Iraque, Irã e outros em novos homens e mulheres. Mas Roberts não mostrou nenhum sinal de querer adicionar seus compatriotas à lista de falsificadores iludidos da história.

Ao detectar assim a arrogância contemporânea, não estou tentando lançar um argumento absurdo de que Bush, Cheney e seus amigos e aliados eram fascistas renascidos. O que estou dizendo é que o debate internacional sobre quão sério e profundo pode ter sido o fundamentalismo de Mussolini remete ao nosso próprio tempo. Minha imagem de um Mussolini como um tirano "comum" acautela contra uma afirmação muito usual de que nossos inimigos atuais são "os outros", "loucos", irrevogavelmente determinados na guerra e no genocídio, cada um deles um novo Hitler, impossíveis de apaziguar, líderes com os quais nenhum diálogo é possível. Para reiterar, Mussolini foi um ditador cuja supressão de muitas liberdades políticas e sociais e cuja prontidão para se entregar à guerra agressiva tiveram um alto custo tanto para os italianos quanto para muitas outras pessoas. Em sua crueldade e egoísmo pessoais, e apesar de sua evidente inquietação com a conclusão de que um líder para ser um líder deve sempre arrasar ou ser arrasado, Mussolini não merece a nostalgia que muitos italianos lhe concedem na Itália berlusconiana contemporânea. No entanto, em sua mistura de qualidades, em seus fracassos e sucessos, em suas evidentes inadequações, sua raiva, sua tolice, sua vaidade intelectual, seu sexismo, seu preconceito racial, sua esperança na autoridade, seu provincianismo, Mussolini compartilhava pecados que eram — e são — não só dele. Seu regime se gabava de que, no fascismo, estava desenvolvendo a "ideologia do século xx". O que acontecia era que Mussolini estava se tornando um modelo para os muitos ditadores do mundo do século xx. À medida que tentamos resistir a eles e conter nossas próprias tentações de tomar decisões executivas peremptórias ou admirar aqueles que o fazem, a vida de Mussolini ainda vale a pena ser lida e contemplada.

1
As Fúrias e Benito Mussolini, 1944-1945

Existem muitos livros sobre a era fascista com títulos magníficos, mas o melhor é *Quando il nonno fece fucilare papà* [Quando vovô mandou fuzilar papai], livro de memórias de Fabrizio Ciano, de valor insignificante.[1] O acontecimento que descreve ocorreu às 9h20 de 11 de janeiro de 1944. A execução fora decidida perto da entrada de Verona, cidade do norte da Itália que por muitos séculos controlara o acesso ao passo do Brennero e, portanto, era a encruzilhada dos mundos germânico e latino. Cinco chefes fascistas considerados culpados por trair o Duce, o grande líder da Itália fascista Benito Mussolini, foram executados por um pelotão de fuzilamento composto por jovens italianos e sob a pressão de três observadores da ss.[2] Entre os condenados, o mais proeminente era Galeazzo Ciano, conde de Cortellazzo,[3] genro do Duce. Quando uma câmera foi acionada para gravar a morte para um público exultante, Ciano voltou o rosto para seus executores, e foi mais grandioso nesse derradeiro gesto do que tinha sido na maioria de seus atos. Seis meses antes, em 24 e 25 de julho de 1943, com as forças aliadas demolindo as desmoralizadas defesas italianas na Sicília e começando a visar à Itália continental, Ciano e outros dezoito membros do Grande Conselho Fascista tinham votado contra a continuação de Mussolini como comandante do esforço de guerra italiano. Foi por causa dessa "traição" que Ciano, Emilio De Bono, Luciano Gottardi, Giovanni Marinelli e Carlo Pareschi tiveram que, então, pagar o preço.

Seu sangue, assim disseram, foi exigido como promessa da nova *Repubblica Sociale Italiana* (RSI — República Social Italiana) que, desde setembro de 1943, fora estabelecida para assegurar algum tipo de governo fascista no norte da Itália. Como admitira o Duce em um momento de fraqueza, a questão era "política", e não jurídica.[4]

Ciano se casara com Edda, filha mais velha do ditador, em luxuosa cerimônia realizada no dia 24 de abril de 1930. Era filho de Costanzo Ciano, então ministro das Comunicações do fascismo, oficial da Marinha, herói de guerra e homem rico, cujas especulações financeiras permitiram que ele e sua família obtivessem grandes lucros.[5] Nos anos logo após o casamento, Galeazzo Ciano se tornou o jovem mais promissor do regime fascista, provável sucessor do Duce, em seguida diplomata inexperiente na China, ministro da Cultura Popular, ministro de Relações Exteriores e, por fim, a partir de fevereiro de 1943, embaixador junto à Santa Sé. Naqueles dias, Ciano era o "queridinho". Era mais fácil encontrá-lo em um elegante resort à beira-mar ou no bar do clube de golfe de Acquasanta, em Roma, em que os fairways acompanhavam o aqueduto que no passado trazia água para o primeiro Império Romano, do que em sua mesa de trabalho. Conhecera Edda no Acquasanta.[6] Ciano era adorado pelas *contessine*, pelas jovens aristocratas da Cidade Eterna, e circulavam rumores de que as levava para a cama com frequência maior do que o Duce, apesar do reconhecido currículo de conquistas sexuais de Mussolini.[7]

Às vezes Ciano usava a camisa negra fascista e os intimidantes complementos dos trajes do fanático esquadrão *Disperata* (na verdade não integrava o esquadrão e sua inscrição no Partido tinha sido retroativa).[8] Tentava discursar tão bem quanto os melhores oradores (apesar da voz fina).[9] Nessas ocasiões se declarava defensor da "revolução fascista" e seu fiel servidor. Na verdade, Ciano também foi o tipo de fascista que em 4 de novembro de 1939, depois de participar da pomposa cerimônia que comemora o Dia Vittorio Veneto, aniversário da vitória italiana na Primeira Guerra Mundial, foi para o clube de golfe, onde confidenciou a Giuseppe Bottai, Alessandro Pavolini e Ettore Muti, líderes fascistas e seus amigos, que esperava firmemente que a Inglaterra, e não a Alemanha nazi, vencesse a guerra. A Inglaterra, explicou com clareza, merecia vencer porque seu triunfo significaria "a hegemonia do golfe, do uísque e da boa vida".[10]

Não obstante, por mais que Ciano fosse frívolo, Bottai votou com ele em 25 de julho e, em janeiro de 1944, estava na clandestinidade, à espera de uma oportunidade para se alistar na Legião Estrangeira Francesa.[11] Muti estava morto, fuzilado em agosto de 1943 por elementos do governo do rei quando tentava escapar à prisão.[12] Pavolini, por outro lado, apoiara a República de Salò, quando a RSI foi proclamada na cidade à beira do lago de Garda, onde estava instalada a maior parte dos ministérios. De acordo com um historiador complacente, a razão fundamental para sua opção foi a admiração pelo Duce.[13] Não há dúvida de que, em janeiro de 1944, Pavolini, oriundo de Florença, com o mesmo passado social e cultural de Ciano, tinha se transformado em um "superfascista"[14] e proclamava em alto e bom som que seu amigo de outros tempos devia pagar com a vida.[15]

Alguém da família, entretanto, tentou se opor a essas vinganças. O casamento de Ciano com Edda pode ter sido "aberto", e o casal pode ter se deixado envolver com jogo, bebida e até cocaína,[16] mas, durante a crise de 1943-1944, ela se mostrou absolutamente fiel ao marido, pai de seus dois filhos, o esposo ao qual ainda se referia carinhosamente como Gallo.[17] Edda reagiu violentamente e criticou o pai, acusando-o de falta de espírito de família, crueldade e fraqueza. Diante da filha pela qual sempre demonstrara afeição maior do que a dedicada aos outros filhos, o Duce baixou a cabeça, mas não modificou o destino de Ciano. Outra pessoa que o visitou disse que parecia "cansado e abatido". O tempo todo o Duce de Salò apertava o estômago para atenuar a dor que sentia e passava o dedo pelo colarinho como se tivesse dificuldade para respirar.[18]

Edda nada conseguiu ao apelar, histérica, para Rachele Guidi, sua mãe, que havia muito tempo desprezava Ciano, o superprivilegiado *signorino*, tão afetado que gostava de jogar golfe.[19] Apesar de ter passado vinte anos como consorte do governante da Itália, Rachele construíra uma imagem de mulher do povo. Assim, além de parecer a típica dona de casa e de revelar frugalidade e bom senso, era fiel ao marido, que, bem sabia, tinha sido traído em 1943. Fortalecendo sua determinação em demonstrar lealdade, nutria inveja e rancor em relação à alta sociedade e uma brutal aceitação de que a morte deve chegar um dia e que os traidores prestarão contas com o destino. A "durona" da família fazia questão de que acreditassem que nunca chorava.[20] Fascistas como Pavolini, que, por algum motivo, se aliaram à República de Salò, concordavam com Rachele. Goffredo Coppola, reitor da Universidade de Bolonha, expressou sua opinião quando escreveu que o novo regime devia se basear no sangue e esquecer o apego defendido em "rabinos, maçons e mulheres".[21]

Não há dúvida de que os aliados alemães e os defensores de Salò aplaudiram estas opiniões. Tinham motivos especiais para condenar Ciano. Afinal, na primavera de 1939 o então ministro do Exterior manifestara seu ceticismo quanto à nova ordem nazi e só tardia e relutantemente aceitara a entrada da Itália na guerra. Os alemães desconfiavam de Ciano, e seus seguidores que tinham caído nas mãos da RSI haviam sido executados. Deviam morrer como punição para o que tinham feito, mas também para compensar o humilhante e desprezível fracasso do esforço de guerra italiano até então. Em outras palavras, precisavam ser liquidados porque o regime fascista, o sistema para o qual fora criada a palavra *totalitarismo*, em que "tudo seria pelo Estado, nada contra o Estado, nada fora do Estado", se revelara falso e sem sentido. Embora ninguém afirme abertamente (e a questão não tem sido muito abordada na atual historiografia italiana),[22] Ciano foi fuzilado representando Benito Mussolini, o totalitário fracassado, o fracassado ditador fascista, o fracassado líder da nação, o fracassado defensor da nova ordem nazifascista.

Em 1944, os que culpavam Mussolini por todos os desastres não mencionaram os pecados e limitações do ditador porque a propaganda da República de Salò se preocupava em mostrar um novo Mussolini, capaz de enfrentar novos e terríveis tempos. Ainda hoje alguns historiadores[23] afirmam que, após setembro de 1943, Mussolini corajosamente se apresentou como defensor dos italianos diante da fúria de seus aliados alemães e do horror de uma guerra que nunca terminava. O Mussolini de carne e osso, que morou constrangido na Villa Feltrinelli, em Gargnano, sempre esteve muito longe da figura de um herói. Estava doente, esgotado, deprimido. Sua família brigava à sua volta. Vittorio, o frouxo e pretensioso filho mais velho, considerado até pelo pai um "idiota", ultimamente vinha manifestando interesse pela alta política.[24] Vittorio era ajudado pelo primo Vito.[25] Muitos outros parentes distantes fervilhavam na região — duzentos — como relatou um historiador.[26] Um observador comentou sardonicamente que Mussolini adorava sua família, mas preferia que ela não invadisse seu espaço de trabalho.[27] Todavia, para todos que reprovavam o Duce, o fascismo foi revelando, em sua agonia e através dos diversos Mussolinis e Guidis, que a família era uma instituição que não tinha se submetido ao controle "totalitário".

Em seu isolamento, Rachele devia ficar imaginando se o seu Benito já não era um homem comum, mas logo esquecia o assunto, impressionando os visitantes com sua atividade e aptidão doméstica. Disse a um funcionário do governo que o problema de seu marido era acreditar em todos com quem falava, enquanto ela não acreditava em ninguém.[28] Sempre que tinha oportunidade acusava o marido de ter um caso com Clara Petacci,[29] a cabeça de vento e sempre presente última amante que, depois de breve experiência na prisão em agosto-setembro de 1943,[30] tinha passado a morar nas proximidades, na mansão conhecida como *Villa delle Orsoline*, construída para freiras que lá tinham morado outrora. E também havia Edda, que apareceu para uma última visita em 26 de dezembro de 1943. A moça afirmava com veemência que a guerra estava perdida e que todos estavam totalmente iludidos, que não podia permitir que Galeazzo fosse sacrificado em tais circunstâncias.[31] Em seguida, partiu para a Suíça. Nunca mais veria o pai, nunca mais trocaria uma só palavra educada com ele e se declarava orgulhosa por ser mulher de "um traidor e ladrão".[32] Apenas os filhos mais novos de Rachele, Romano e Anna Maria, esta vítima de poliomielite na infância e sempre preocupada com os tristes efeitos da doença, não eram fonte de aborrecimentos. O segundo filho, Bruno, estava morto, vítima de acidente aéreo durante a guerra.[33] A viúva de Bruno, Gina Ruberti, completava o círculo familiar na Villa Feltrinelli e contava com a simpatia do Duce, que talvez preferisse admirar a forma ostensiva como criticava afirmações de que o Eixo ainda podia vencer a guerra.[34]

Em janeiro de 1944, Mussolini tentou fugir das vistas de todos, sobretudo de si mesmo, profundamente covarde, sabendo perfeitamente que Ciano caminhava para a morte em seu lugar. Na noite anterior à execução, o Duce, deliberada e covardemente, fugiu à responsabilidade de conceder o perdão que sua posição permitia. Não agiu porque sabia que os alemães nazistas e os fascistas fanáticos estavam sedentos do sangue de alguém, mesmo que fosse o do marido de sua filha. Também é provável que tenha achado que, uma vez concretizado o sacrifício, eles perdoariam ou pelo menos ignorariam seus próprios erros. Sem dúvida, estas considerações o inquietaram ainda mais depois do acontecimento, o levando a extrair de um visitante amigo todos os detalhes de como seu genro e seus colegas do passado tinham morrido. Em seguida, sem prejudicar seus próprios interesses, poderia, demonstrando complacência, afirmar que eles não mereciam aquela sorte.[35] De forma ainda mais patética, Mussolini tentou culpar outros por sua recusa pessoal a intervir, assinalando tristemente que passara a noite de 10 de janeiro em claro (passara o dia de Ano-Novo na cama, com febre e dor de estômago).[36] Somente a malevolência dos outros tinha impedido que todos os pedidos de perdão tivessem chegado a seus ouvidos, sempre dispostos a acolhê-los.[37] Quanto à mãe de Ciano, se satisfez em lhe enviar uma carta em que destacava sua própria solidão.[38] Quando Edda o contestou afirmando que não estava convencida de sua história de sofrimento, ele declarou para quem quisesse ouvir e com monumental egoísmo que "meu destino é ser traído por alguém, inclusive minha própria filha".[39] Em março de 1945 ele ainda comentava o "sofrimento terrivelmente longo" que vinha experimentando desde a morte de Ciano.[40] Em sua auto-obsessão, Mussolini tentou bloquear a realidade do desastre em que, havia algum tempo, tinha mergulhado o fascismo e a Itália, se recusando a ver as Fúrias* que desabavam sobre ele.

Dizendo a um interlocutor o que desejava ouvir, como costumava fazer, Mussolini alegou na tarde da execução de seu genro que "agora que as cabeças começaram a rolar, não podemos deixar que coisa alguma bloqueie nosso caminho para que possamos chegar à conclusão natural".[41] Realmente a história da Itália entre janeiro de 1944 e abril de 1945 foi amarga, época em que a parte norte da península foi atormentada tanto pela passagem da frente de combate da Segunda Guerra Mundial como também por uma sucessão de disputas civis e massacres, que não cessaram até alguns meses após o término formal do conflito. Ao contrário, o sul, já "libertado" e sob o controle do Governo Militar Aliado e de um governo leal à monarquia Savoia, vivia sob a tirania mais generosa das tradicionais desigualdades de classe, gênero e características regionais, e convivia com o humilhante abismo existente entre a pobreza italiana e o poder dos libertadores anglo-saxônicos.[42]

Nos dias atuais ficou comum na Itália, pelo menos em certos círculos, pregarem a necessidade de perdoar e esquecer os pecados cometidos pela República Socialista. Na época, pode-se assegurar, os italianos,[43] inclusive alguns historiadores de destaque da geração seguinte,[44] preferiram defender Mussolini por razões que merecem compreensão e respeito. Durante uma "guerra civil",[45] em que ambos os lados se afirmavam donos da virtude, muitos italianos acreditavam que a honra e o compromisso com a nação estavam mais bem representados por Salò do que pelos invasores aliados, democratas liberais (e seus amigos comunistas).

Quanto a fazer as pazes com o passado, tudo bem. Não há dúvida de que é bom confessar nossos pecados e reconhecer nossas inevitáveis e inúmeras

---

* As Fúrias são as deusas romanas da vingança. (N. T.)

transgressões. Além disso, também convém destacar que a RSI era uma aliada-
-fantoche da Alemanha nazista, justamente quando o mais tenebroso Estado moderno continuava a exterminar judeus da Europa e prometia — de certo modo
para invocar a vitória quando, em 1944, já se desenhava a derrota — esmagar
todos os seus inimigos ideológicos e raciais. Quando suas forças triunfaram na
Guerra Civil Espanhola, Franco, metade fascista, massacrou 100 mil ou mais
súditos, condenou outros 300 mil ao exílio permanente, permitiu que muitos outros morressem de fome e reprimiu qualquer tipo de liberdade ao longo
de toda uma geração.[46] Será que uma vitória do nazismo na Segunda Guerra
Mundial acarretaria as mesmas consequências? Será que também Mussolini
chegaria a uma série de monstruosas "conclusões lógicas", não importando
quais fossem suas "verdadeiras" intenções? Quando se descobre que um intelectual como Giovanni Gentile, tão amplamente respeitado, escreveu em janeiro
de 1944 sobre a necessidade urgente de a Itália resgatar sua alma na pessoa do
Duce, líder que reerguera o pavilhão nacional, acrescentando um apelo para
que os antifascistas fossem "punidos inexoravelmente",[47] suas palavras não podem ser separadas do contexto de um mundo envolvido em uma guerra visceral.
Tampouco podem ser vistas fora do contexto as de seu colega Ardengo Soffici,
que a despeito de sua conhecida busca de fundos e status ao longo de duas
décadas de fascismo,[48] agora investia contra a "pústula" da corrupção, que de
alguma forma prosperara no corpo do fascismo, mas que devia ser extirpada
dura e completamente, para "eliminar a derradeira gota de sangue corrupto".[49]
É possível supor que Gentile, Soffici e os demais intelectuais que se aliaram à
RSI estivessem defendendo — e soubessem que estavam — um terrível fim para
seus adversários políticos. Talvez acreditassem que ao se chegar à paz fosse,
enfim, possível impor condições atualmente não mencionadas, mas, ao insistir
nesse cinismo tradicional, não conseguiram ocultar a natureza do aliado nazista
com o qual tinham se comprometido, literalmente, até a morte.

Não há dúvida de que até a primavera de 1945 o número de partisans
envolvidos na luta era relativamente pequeno e seus objetivos não eram sempre legítimos, sobretudo nesse período.[50] Também não há dúvida de que a
Resistência abrigava assassinos em suas fileiras. Tampouco há dúvida de que
os bombardeiros anglo-americanos tinham sido cruéis ao atacarem cidades
italianas, e as tropas aliadas tinham se comportado de forma errática com o
povo italiano libertado.[51] Por fim, não há dúvida de que, em última análise, em
1945 não prevalecia o bem. Ademais, a vitória do adversário, inclusive a de um

Mussolini restaurado no poder, resultaria em dias sombrios para a Europa, o mundo e a Itália.

Mussolini não imaginava o cenário que se instauraria em 1944-1945 e as dificuldades decorrentes. Afinal, nem em 1940 e tampouco em 1935, quando a Itália invadiu a Etiópia, ele pensara nas consequências de uma guerra. Agora, como ditador-títere, sua prioridade maior após a execução de seu genro e de outros ex-companheiros era sobreviver. O território sob seu suposto controle continuava encolhendo, a despeito da lentidão do avanço aliado nos ásperos Apeninos. Nápoles caíra em 1º de outubro de 1943, Roma foi tomada em seguida, em 4 de junho de 1944, e Florença, em 1º de agosto. Questão tão grave quanto esta era definir o grau de autonomia que os alemães ainda concediam à RSI. As fronteiras nacionais da Itália também foram vítimas dos germânicos. Assunto recorrente era saber qual a intenção dos alemães quanto a Trieste e o Trentino, territórios sob o domínio do Império Habsburgo antes de 1918 e que, desde setembro de 1943, tinham retornado ao controle de um governo "temporário" alemão. Havia razões para Mussolini reclamar presunçosamente com os alemães porque não o consultavam e exigir que um governo italiano dirigisse italianos.[52] Na prática, Hitler era o único entre os líderes alemães favorável a certo grau de resgate da autoridade de Mussolini sobre o que restava da Itália fascista. Goebbels, ao contrário, mais realista a propósito da "recuperação do controle alemão" sobre territórios que "eles" outrora tinham dominado, pressionou para obter a concessão de toda a Veneza para o Reich.[53] Havia muito tempo que o ministro da propaganda nazi registrava em seu diário aquilo em que ele e seus companheiros acreditavam: "O fascismo e a república socialista-fascista são tão impotentes que se torna praticamente sem sentido considerar quem está ocupando os diversos cargos ministeriais no gabinete de Mussolini".[54] Para a grande maioria dos líderes nazistas, Mussolini era cada vez mais uma marionete e menos um ditador.

Foi nesse clima de desprezo alemão que, em abril de 1944, Mussolini se dirigiu para o castelo em Klessheim, perto de Salzburgo, para mais uma reunião com o Führer, a décima sexta. Embora o marechal Rodolfo Graziani, comandante formal das forças de Salò, notasse que o Duce estava nervoso e vacilante, na abertura das discussões em 22 de abril, Mussolini sustentou que seus colaboradores estavam estabelecendo um real governo na Itália.[55] Mesmo sem convencer, foi assertivo em uma série de outros assuntos, inclusive ao abordar a necessidade de melhorar as condições dos prisioneiros de guerra e operários imigrantes italianos, desde setembro de 1943 virtualmente detidos como trabalhadores escravos na Alemanha.[56] Do mesmo modo, procurou saber se Hitler poderia esclarecer as verdadeiras intenções alemãs em Trieste e em outras áreas fronteiriças. "O fortalecimento da República Italiana", argumentou em tom de súplica, "interessava à Alemanha."[57] Vendo Hitler estranhamente calado, Mussolini voltou a bater na tecla que, à medida que a guerra prosseguia, se tornava uma obsessão estratégica. A Inglaterra, declarou, era o verdadeiro inimigo do Eixo. Não seria possível convencer a URSS a aceitar suas velhas fronteiras para que todo o esforço de guerra se voltasse contra o Ocidente?[58]

Voltando a ventilar a ideia de um pacto com Stalin, Mussolini estava denunciando a superficialidade de seu próprio compromisso com os ideais anticomunistas e racistas do Eixo. Ao mesmo tempo, ele demonstrava uma evidente falta de compreensão do fanatismo com que estes assuntos dominavam a mente de Hitler e dos demais líderes nazistas alemães. Em 1944, a Alemanha estava travando na frente oriental sua verdadeira batalha, a mais vital e fundamentalista de todas as travadas na Segunda Guerra Mundial. Ver um líder italiano esperar e desejar, na defesa de interesses menores de seu país, que os nazistas abandonassem a campanha no leste foi uma profunda decepção.

Não obstante, apesar de seu fraco desempenho, mais uma vez Mussolini conseguiu convencer o Führer, pelo menos até certo ponto. Outros alemães presentes comentaram entre si a fraqueza de Mussolini como negociador e o compararam, desfavoravelmente, com o primeiro-ministro francês do regime de Vichy, Pierre Laval.[59] Entretanto, após discussões técnicas sobre formas de intensificar a resistência militar italiana e alguns comentários sinuosos de Hitler sobre a natureza "incoerente" da aliança aliada e a certeza da vitória do Eixo, o líder alemão ressuscitou sua antiga admiração pelo Duce. Decidiu, como declarou com toda franqueza, não alimentar outras ligações na Itália. De uma vez por todas, "só confiaria" em Mussolini.[60]

Como sinal de recuperação de seu prestígio, permitiram que o Duce visitasse um campo onde as tropas italianas de San Marco estavam sendo treinadas com a ajuda alemã.[61] Mussolini foi recebido entusiasticamente e, ainda que por breve tempo, seu moral pode ter se elevado. Contudo, no que ele próprio chamou de "um diálogo quase socrático", publicado logo após seu retorno à Itália, o Duce pôde avaliar melhor sua análise sobre o futuro provável. A guerra, assinalou em vulgar comparação, "é um grande teste comparativo para os povos". Nela, nem sempre uma nação tem que vencer. "É possível perder bem e é possível vencer mal."[62] Sempre que inspecionava o front, o otimismo de Mussolini murchava.

Em Klessheim, Mussolini insistiu para que Roma, "centro espiritual da Itália", fosse defendida até o fim.[63] Em julho, quando o Führer e o Duce se preparavam para uma última reunião, a Cidade Eterna já tinha sido tomada, acontecimento que levou Mussolini a pateticamente perguntar a um colega fascista se isso significava que o povo de Roma já o esquecera.[64] Em 1944 era difícil encontrar na Itália uma multidão que o aclamasse. Assim, *en route* de trem rumo ao quartel-general de Hitler na Prússia Oriental, o Duce só parou para saudar soldados que estavam sendo treinados pelos instrutores nazistas. Tentou encorajar aqueles jovens (e a si mesmo) com uma manifestação racista que aos ouvidos de um nazi não pareceria realmente legítima. "Roma", declarou, "que em trinta séculos de história nunca viu africanos, exceto quando agrilhoados aos carros romanos de seus cônsules vitoriosos, agora vê seus muros profanados por essa raça bárbara e miserável." "Os inimigos de diversas cores" da Itália precisavam reconhecer que ainda não tinham alcançado a vitória final e que as tropas da RSI, como aquelas às quais Mussolini estava se dirigindo, seriam oponentes realmente difíceis de vencer.[65]

Fossem ou não estas palavras capazes de elevar o moral dos que o escutavam e dele próprio, ao insistirem na repetida, mas nem sempre acolhida, advertência de que o verdadeiro inimigo era a América, antigo paraíso procurado por gerações de imigrantes italianos, a questão continua sendo objeto de especulação. Pelo menos seu discurso atingiu mais o alvo do que o de Graziani, que evocou as legiões do general Varus, destruídas por Arminius no ano 9 da era cristã, sem atentar para o fato de que se tratava de uma guerra em que "alemães" tinham exterminado "italianos".[66]

Viajar de trem pela Europa nazista no verão de 1944 era um mau negócio, e a delegação foi repetidamente retardada por ataques aéreos e dificuldades no trajeto. Assim, os italianos não ficaram surpresos quando descobriram, perto de Rastenburg, que a composição tinha entrado em um desvio e lá permanecido por uma hora sem indicação alguma do que estava acontecendo. Quando o trem finalmente chegou ao destino e Mussolini desembarcou, o Führer, enrolado em um cobertor, estendeu o braço esquerdo, e não o direito, para saudá-lo.[67] Mussolini chegara depois da tentativa de assassinato de Hitler por Claus von Stauffenberg e pelo que restou da Alemanha conservadora (que alimentava a ambição de, pela diplomacia, unir as potências ocidentais em gigantesca luta contra o comunismo eslavo, ou seja, exatamente o contrário do objetivo da desejada guerra de Mussolini).

Nessas circunstâncias, ficou impossível haver alguma conversa mais séria entre os dois desgastados ditadores, mas os intérpretes presentes descreveram para a posteridade a cena na sala onde a bomba explodira, em que os dois velhos parecem estar esperando Godot: Hitler sentado em um caixote virado ao contrário e Mussolini, em um frágil banquinho.[68] Surpreendentemente, Hitler estava mais interessado em contar o que tinha acontecido, as mortes terríveis, assustadoras, de seus fracassados assassinos e em salientar que tinha escapado por obra da providência divina, que o preservara para a vitória final. Mussolini resmungou algumas banalidades demonstrando espanto e tristeza, embora intimamente estivesse satisfeito ao ver o líder alemão de crista baixa. "Não estamos sozinhos quando se trata de traição", disse a um jornalista fascista ao regressar da Prússia Oriental.[69] Realmente os dois ditadores fizeram um derradeiro e superficial esforço para rever a situação no front. Hitler insistiu que Florença, cidade de *seus sonhos*,[70] fosse defendida e mantida. Mussolini, mais uma vez, pediu que algumas tropas italianas retidas na Alemanha fossem enviadas para o sul. Desatento, Hitler concordou de imediato.[71] Essa pequena concessão do Führer liquidou a possibilidade de alguma tentativa da RSI para preservar uma política exterior,[72] embora, ao voltar para a Itália, Mussolini ainda visse muitas razões para viver às turras com o embaixador alemão Rudolf Rahn.

Cinco meses antes Mussolini tinha sido visto muito animado em um encontro com seu anjo da guarda alemão. Nessa ocasião deixou evidente o prazer em poder dizer a Rahn o que o alemão não queria ouvir. "Há muitos industriais italianos", assinalou o Duce, "que estão esperando os anglo-saxões de braços abertos." Muitos outros, acrescentou, eram responsáveis pelo abandono italiano da aliança com a Alemanha em 8 de setembro.[73] Era hora, concluiu, de esses ramos da sociedade serem enfrentados e enquadrados. Era hora de transformar em realidade a palavra *social* da República Social e firmar a RSI em uma base popular e "revolucionária" sob a forma evocada antes de 25 de julho de 1943, mas, desde então, tão frequentemente ignorada.

Foram meses em que houve muita conversa sobre "socialização", quando Mussolini evocou com entusiasmo o fascismo de 1919, em que seus programas continham planos radicais para levar a sociedade ao igualitarismo. Afinal, Mussolini tinha crescido como socialista e agora, em certa medida, repetia o vocabulário de sua juventude,[74] apoiando os companheiros que falavam em conduzir a Itália para a esquerda de alguma forma.[75] Bruno Spampanato, jornalista, que estivera ao lado de Mussolini desde a década de 1920 e durante os anos 1930, flertando com a ideia de buscar uma acomodação ideológica entre o fascismo e o stalinismo,[76] mais tarde argumentou: "Socialização não se improvisa. Deve ser alcançada com toda seriedade, mas pela via legal e de modo objetivo".[77]

Na época em que defendeu essa ideia, Spampanato estava interessado em fundamentar o fascismo em uma história legítima e em criar um espaço político para o neofascismo após a guerra. Nos dias da RSI, a própria linha de pensamento de Mussolini sobre uma revolução social era inconstante, tal como acontecera em 1919-1920. De qualquer forma, seu poder e sua independência do controle alemão eram muito frágeis para lhe permitir aspirar a uma política radical realmente genuína. Ao contrário, como tantas vezes ocorreu em sua vida, Mussolini ia e vinha, um dia procurando acalmar um interlocutor e, no dia seguinte, tentando agradar a outro. Assim, para alguns integrantes dessa nova elite, ele afirmava que planos para mudança social vinham depois da necessidade de garantir o retorno à normalidade, com o objetivo de pôr fim à violência e resgatar a honra da nação.[78] Em outras oportunidades, se precipitava na busca da socialização, pelo menos para provocar os alemães, que desdenhavam da retórica anticapitalista envolvida.[79] Notando a contradição embutida na promessa de uma sociedade mobilizada e igualitária, ele orientou seus auxiliares a não alistar como membros do Partido quem dirigia operações financeiras na república.[80] Talvez os verdadeiros sentimentos do Duce a propósito destes esforços para que a RSI conquistasse "um lugar na história" fossem melhor resumidos no amargo comentário que fez em agosto de 1944: "O tamanho da ingenuidade que pode ser encontrada em qualquer homem, de qualquer classe ou nível de inteligência, é realmente extraordinário". Em qualquer disputa, acrescentou, "sempre as mentiras vencem as verdades".[81] Não é surpresa o fato de, pouco mais tarde, ter ficado evidente a falsidade de sua afirmação, quando declarou para uma audiência de seguidores fascistas que a socialização da RSI encarnava uma versão "humana, italiana e exequível" de socialismo que, de algum modo, inibe o nivelamento social.[82]

Por trás dessa retórica e dos uniformes — Mussolini exigia o uso de uniformes para evitar a crescente "negligência democrática-social"[83] — a RSI demonstrava estar à beira não de uma revolução social, mas da anarquia. A questão das Forças Armadas nunca foi totalmente resolvida com a criação de uma milícia do Partido, a *Guardia Nazionale Repubblicana* (GNR), sob o comando de Renato Ricci, que colidia com o desejo do marechal Graziani de criar uma força armada tradicional, "nacional" e "apolítica".[84] Somente em agosto de 1944 a GNR foi finalmente absorvida pelo Exército.[85] Mesmo então continuaram surgindo outros grupos armados. Com o apoio do secretário do Partido Pavolini, envolvido em disputa pessoal com Guido Buffarini Guidi, ministro do Interior, os efetivos de voluntários das *Brigate Nere* [Brigadas negras] se multiplicaram, teoricamente reproduzindo as "esquadras" dos dias confusos da ascensão do fascismo ao poder. Justamente nessa época, muitas vezes elas encarnaram o espírito local e traduziram o poder de um chefe local. Recorrendo à violência, eram igualmente indisciplinadas e capazes de intimidar, ameaçando derrubar o próprio Mussolini. O mais famoso chefe semi-independente foi o príncipe Junio Valerio Borghese, comandante dos assim chamados *X Mas* (força militar independente),[86] e herói da Marinha. Borghese não hesitou em afirmar que o carisma do Duce estava afundado no passado[87] (os homens de Gargnano, anunciava aos quatro ventos, não passavam de "folclore").[88] Seguia uma espécie de política exterior que buscava proteção junto à liderança nazista, cuja intervenção conseguiu tirá-lo da cadeia depois de sua prisão em janeiro de 1944. Durante os primeiros meses de 1945, Mussolini ainda estava perturbado, pensando que Borghese podia tentar montar um golpe e quis neutralizar seu poder o promovendo a chefe do Estado-Maior geral de sua praticamente inexistente Marinha de Salò (e mantendo uma relação secreta de seus muitos adultérios).[89] Na mesma época, os jornalistas junto à RSI tinham dificuldade para identificar uma unanimidade ideológica. Ao contrário, viam uma disputa e uns conspirando contra os outros.[90] A manifestação mais sincera de Mussolini sobre a questão das Forças Armadas, a ordem pública e a opinião da imprensa surgiu quando ele lamentou a morte daquele que por tanto tempo fora seu chefe de polícia (não ligado a partido), Arturo Bocchini, em 1940 — "É impossível governar sem um chefe de polícia", murmurou tristemente o Duce.[91]

Enquanto isso, os italianos enfrentavam o terror gerado não só pelos alemães, mas também por eles próprios. Em março de 1944, uma bomba colocada pelos partisans na via Rasella, em Roma, explodiu perto do palácio onde Mussolini morara, matando mais de trinta soldados alemães. Em retaliação, os alemães massacraram 335 homens (inclusive 77 judeus), reunidos aleatoriamente, nas fossas Ardeatinas perto da via Appia. Em junho, a Divisão Hermann Goering, mais uma vez reagindo a um ataque partisan, massacrou mais de duzentos que se retiravam no Val di Chiana, na Toscana.[92] Em setembro, o *paese* de Marzabotto, nas vizinhanças de Bolonha, também foi visitado para receber merecido castigo. Nas cidades os alemães também adotaram a tática do terror. Em Milão, a exibição pública de corpos na piazzale Loreto gerou protesto de Mussolini, que deplorou junto a Rahn o dano que tais atos causavam ao moral do povo.[93] Nos territórios fronteiriços de Trieste e Alto Adige, presentes "nacionais" conquistados pela Itália na Primeira Guerra Mundial, a administração alemã de então dava todas as indicações do desejo de impor um governo alemão se a paz nazista fosse implantada na região (o comandante da ss, Odilo Globocnik, removido da brutal atividade de exterminar judeus, via em Trieste seu futuro potencial).

Ao longo de toda a sua vida e certamente desde que se tornara fascista, Mussolini pregara a violência que, agora, se voltava contra ele e seus seguidores. Havia um monte de fascistas fanáticos que matavam com a mesma disposição dos alemães (como também havia muitos descrentes no fascismo que simplesmente acompanhavam a catástrofe que afligia a Itália). Os erros do governo de Salò tinham um lado mais mundano. Em 1944, os estoques de alimentos eram escassos, a inflação era galopante e o novo governo se mostrava tão ineficiente quanto o anterior, ao impor um plano de racionamento tão injusto quanto suspeito.[94] Desviando os olhos da catástrofe que o cercava, Mussolini se concentrou em uma tentativa de se justificar. Em junho-julho publicou no jornal de Milão *Corriere della Sera* um relato altamente tendencioso sobre sua queda em julho de 1943.[95] Se seu desejo era escrever a história, na verdade deixou a impressão de que o que mais queria era salvar sua reputação.

Não obstante, no fim de 1944 Mussolini tentou uma derradeira concentração popular em que sua oratória pudesse assombrar e entusiasmar o povo, como no passado ele sabia fazer. Deixando para trás a paisagem cinzenta dos lagos, voltou a Milão e falou no Teatro Lirico. Comentou a traição do rei Vítor Emanuel III e de seu primeiro-ministro, o marechal Pietro Badoglio, e o decisivo efeito que, nos acontecimentos de julho-setembro de 1943, produziu sobre o povo italiano, cujos melhores representantes tinham, apesar de tudo, reconhecido a necessidade de lutar ombro a ombro com os aliados alemães e japoneses. A guerra, declarou, ainda não estava perdida. O pacto entre a plutocracia e o bolchevismo logo seria rompido. Ele quis reavivar o espírito do fascismo dos primeiros dias e falou seriamente sobre socialização, embora fosse cuidadoso ao se referir aos anos dourados do regime que, conforme destacou, foram vividos entre 1927 e 1935. Novamente se referiu a Mazzini como o profeta daqueles tempos. A nova ordem asseguraria uma Europa unida em que os italianos "poderiam se sentir italianos porque eram europeus e se sentir europeus porque eram italianos". Era esse amálgama que garantiria a solidez da resistência ao internacionalismo socialista e ao universalismo judeu-maçônico, a "monstruosa" miscelânea de seus inimigos.[96] Não importavam as frustrações do passado, a RSI encontraria uma "terceira via".

Tanto o Duce quanto os que o ouviam se deixaram iludir por essas palavras e pela agradável lembrança de tempos mais felizes, quando se podia falar em guerra sem necessariamente se envolver em uma. Porém, o ambiente de tristeza não demorou a ressurgir. Mussolini vinha tentando ser um executivo trabalhador e, aos olhos de amigos, parecia um governante competente, "escrupuloso, diligente e atencioso" com seus auxiliares.[97] Do mesmo modo, naqueles dias foi capaz de demonstrar a habilidade e a dedicação de bom funcionário público, indispensável em qualquer governo.[98] Todavia, no exercício de seu cargo, ao que parece seu toque mágico desapareceu. Até um observador amigo achou que ele parecia um advogado de província ou um médico das maltratadas vizinhanças de seu escritório em Gargnano, longe do que fora no esplendor da *Sala del Mappamondo*, seu espetacular gabinete de trabalho no Palazzo Venezia, em Roma, entre 1929 e 1943.[99] Reclamava de estar entediado com o que restara de seu cargo (e estava, sem dúvida, aborrecido consigo mesmo).[100] O irrealismo de sua posição ficou evidente nas bizarras tentativas de elaborar uma nova, mas tardia, Constituição. A propósito desta questão, Mussolini chegou a considerar se devia servir por um máximo de dois períodos de sete anos ou dois de cinco anos.[101] Estaria sonhando de olhos abertos com sua reputação, caso tivesse desistido de seu governo em 1936, quando as tropas italianas entraram triunfalmente em Addis Abeba?

De certa forma ciente de que chegara o momento de rever sua própria vida, ainda concedeu uma última e eloquente entrevista, quando falou sobre a profissão como jornalista e lembrou que "criar um jornal gera a mesma alegria da maternidade".[102] Filosofou em alguns momentos. Sempre preferira gatos a cachorros, afirmou, talvez pensando em Hitler, na cadela Blondi e sua "vida de cão".[103] Cometera muitos erros, confessou o Duce, mas apenas quando obedecera à razão em vez de se deixar guiar por seus instintos.[104] Agora, se tornara um prisioneiro, um joguete nas mãos do destino. Mas não temia a morte, ao contrário, ela chegaria como uma amiga.[105] Diante de um observador estrangeiro audacioso declarou que acreditava pouco ou nada na doutrina fascista, mas apenas na bondade do povo italiano.[106] Diante de um italiano, porém, ele insistia em afirmar que o fascismo ainda seria reconhecido como *a grande ideia* do século XX e a história acabaria mostrando que estava com a razão.[107] Só entrara na guerra, agora insinuava, para conter os alemães, embora sabendo que os Estados Unidos emergiriam como a nação dominante.[108] Às vezes também alegava que sempre fora um socialista de coração, que apenas soubera adaptar o pensamento socialista à realidade e, para tanto, inventara o Estado Corporativo.[109] Com visível desconforto, continuou negando que tivesse sido responsável pelo assassinato do deputado socialista Giacomo Matteotti em 1924.[110] Seu trabalho fora prejudicado por "uma úlcera capaz de derrubar um boi", mas o pior acontecimento em sua vida foi a morte de seu irmão Arnaldo, um italiano à moda antiga, incorruptível, inteligente, sereno, humano, um farol para o povo. Quanto a muitas outras pessoas que encontrara em sua longa carreira, em poucas viu razões para respeitá-las. O egoísmo, sobretudo, era "a lei soberana". Homens pertenciam ao reino animal. Feriam, matavam e se iludiam ao falar de suas próprias almas.

Cada vez mais formal e amargo, Mussolini caminhava para o fim de uma forma que podia ser vista como a quintessência da banalidade, comparada com o terror e o morticínio que afligiram os povos da Itália e da Europa durante os últimos dias de uma guerra que ele muito ajudara a desencadear. Fazendo uma comparação absolutamente previsível e particularmente inadequada, em 15 de abril Mussolini disse para um velho admirador: "Estou sendo crucificado por meu destino".[111] No dia seguinte, o Duce declarou na última reunião do conselho do governo que se mudaria para Milão, mas por pouco tempo, antes de seguir para Valtellina, onde Pavolini e sua *Brigate Nere* estavam se concentrando.[112] Acrescentou, sem convicção, que pela última vez "ia para os braços do povo".[113] Em 18 de abril, sem consultar seus aliados nazistas, irritados com essa possibilidade,[114] partiu para sua derradeira visita a Milão (embora, tendo em vista o destino que teria seu cadáver, talvez essa jornada pudesse ser mais precisamente rotulada como a penúltima). Em Milão, em busca de um ambiente mais apropriado, foi residir na prefeitura, onde ainda sobrevivia certo arremedo de governo. Nessa época, sofria muito com a insônia. Como já ocorrera em outras oportunidades em sua vida, Mussolini era traído pelos nervos e, apático em relação a tudo que o cercava, mal comia.[115] Mesmo que mecanicamente ainda afirmasse que a guerra era uma "grande tragédia", que se compunha não de cinco, mas de seis, sete ou oito atos,[116] há muito tempo já tinha aceitado que estava perdida. Convencido disto, começou a última semana de sua vida reduzido ao papel de sonâmbulo político.

Desde setembro de 1943 Mussolini costumava falar, de tempos em tempos, sobre a heroica resistência final de seu regime caso a guerra se voltasse contra o nazifascismo. Em fevereiro de 1945 ficou especulando se Trieste, com sua antiga fama de prêmio ao nacionalismo italiano durante a Primeira Guerra Mundial, a última cidadela da *italianità* contra o mar de eslavos (e germânicos), não deveria ser o lugar da resistência final. Porém, os alemães nazistas, muito mais inclinados a pensar que Trieste devia voltar para o Reich, impediram essa ideia.[117] Assim, sua escolha passou a ser Valtellina, um vale alpino na fronteira com a Suíça para o qual Mussolini, ainda jovem, emigrara duas vezes, além de ser perto de Milão, embora não gozasse de fama nacional. Como disse Mussolini a Graziani, outro que sempre gostava do que ouvia do Duce, "O fascismo deve morrer heroicamente".[118]

Na verdade, não havia planos para um esforço militar sério em Valtellina,[119] e o Duce tampouco pretendia dar um fim grandioso à sua vida. Como comentou Spampanato: "Muito se fala em resistência, mas não vejo como nem onde".[120] Mussolini não contribuía para amenizar a confusão. Pelo contrário, em 24 de abril admitiu com certo alívio: "Não há ordens, não posso mais expedir ordens". Há momentos na vida, afirmou, em que você pode ser apenas um espectador. Seus amigos devem se concentrar na lembrança do que fizeram e não ficar se lamentando pelo que vem pela frente.[121] Ao ouvir isso, Spampanato, pelo menos segundo o que relatou, se inclinou para frente e beijou a mão de seu líder.[122]

Momentos como este, de solene fidelidade, foram passageiros. Novamente Mussolini não deixou passar a oportunidade de botar a culpa nos outros. Os alemães, disse para quem quisesse ouvir, o tinham traído, tal como já tinham feito tantas vezes antes,[123] com a implícita insinuação de que não quisera a aliança nazifascista e a guerra. Ou talvez a responsabilidade coubesse tanto aos alemães quanto ao povo italiano? Todos o tinham enganado.[124]

Enquanto isso, Mussolini tentava entrar em contato com a Resistência antifascista, particularmente disposto a conversar com representantes do Partido Socialista, ao qual pertencera antes da Primeira Guerra Mundial. A esperança de um derradeiro acordo que lhe permitisse barganhar com seus rivais tomou conta de sua mente política. Foi acertada uma reunião para as três da tarde de 25 de abril, a ser realizada no palácio de Ildefonso Schuster, cardeal-arcebispo de Milão.[125] Schuster, patriota e anticomunista, tinha conquistado proeminência na hierarquia católica ao apoiar o regime de Mussolini. Elogiara a organização de meninos do regime, a *Balilla*, porque proporcionava "educação sadia, cristã e italiana".[126] A Marcha sobre Roma, conforme sua avaliação, salvara a nação do bolchevismo, abrindo caminho para o Tratado de Latrão, um conjunto de acordos firmados pela Igreja e pelo Estado em 1929.[127] Schuster tinha comemorado a guerra imperial fascista como oportunidade para "abrir as portas da Etiópia para a fé católica e a civilização romana".[128] Em 1937, Schuster chegara a abençoar uma reunião da *Scuola di Mistica Fascista Sandro Mussolini* [Escola Sandro Mussolini de Mística Fascista], cujo nome pomposo homenageava o filho do católico Arnaldo.[129] Somente a guinada sofrida pelo regime em 1938, quando se voltou para o racismo, levou Schuster a duvidar da superioridade do fascismo sobre outras ideologias no moderno mundo pecador.[130] Esperando, com razão, uma recepção confortadora, Mussolini chegou ao palácio episcopal na hora marcada. Entretanto, os líderes da Resistência estavam atrasados. O cardeal e o Duce tiveram uma hora para conversar.

Schuster fez um maravilhoso relato ao recordar o último acordo feito por Mussolini com um membro da hierarquia da Igreja Católica Romana.[131] Recordou ter recebido o Duce e agradecido seu "sacrifício" e sua disposição para passar "uma vida de expiação em prisão no estrangeiro para salvar o que restava da Itália de sua ruína final", palavras que devem ter servido apenas para agravar a tristeza de Mussolini.[132] A Igreja, acrescentou Schuster, jamais esqueceria o que o Duce fizera em favor do Tratado de Latrão. Lamentável o que Mussolini fizera consigo mesmo ao admitir ser tão mal assessorado por alguns de seus líderes partidários (o cardeal era antigo inimigo do fascista radical Roberto Farinacci,[133] e em 1931 alertara Arnaldo sobre sua crueldade).[134] Depois de alguns comentários iniciais, o cardeal notou que seu interlocutor estava deprimido e pouco falava. Como deveria fazer um clérigo caridoso, ofereceu a Mussolini um pequeno copo de *rosolio* e um biscoito doce. A conversa continuou travada e Schuster perguntou se o Duce tinha visto sua mais recente publicação sobre a vida de São Benedito. Mussolini teve que confessar que não tinha lido a importante obra. Sempre atencioso, Schuster reforçou o que disse oferecendo o último exemplar de que dispunha ao Duce, insistindo que o livro o ajudaria a entender que "seu calvário significa uma expiação de seus pecados perante Deus, sempre justo e misericordioso". Diante do que Schuster considerou um ato de gratidão, Mussolini, mais uma vez sem encontrar palavras, apertou as mãos do cardeal.[135]

A alusão a São Benedito permitiu que a conversa derivasse para o triste destino de Monte Cassino e o mosteiro onde o santo encontrara o rei lombardo, Totila. Os dois sabiam que em 1944 o célebre monumento fora reduzido a cinzas pelos invasores anglo-americanos (Schuster nunca deixou de condenar os bombardeios dos Aliados).[136] Com ambos se entusiasmando um pouco ao verem da mesma forma as maldades dos outros, Schuster, cada vez mais interessado na salvação da alma imortal de Mussolini, ventilou a história de como um padre de Ponza, onde o Duce estivera confinado por breve tempo em agosto de 1943, procurou uma forma de "reavivar" o sentimento religioso de Mussolini. O Duce, um tanto desconfortável diante das intensas manobras da conversa do cardeal e de suas tentativas de penetrar em seus mais íntimos pensamentos, respondeu cuidadosamente que "refletira bastante" ao ler um exemplar de a *Vida de Cristo*, que lhe fora presenteado. Schuster não insistiu no assunto, mas, novamente, de modo casual, aproveitou a oportunidade para lembrar ao fracassado ditador a história de que Napoleão encontrara Deus na ilha de Santa Helena.[137]

Pelo menos para fugir das insistentes sondagens sobre seu estado de espírito e das assustadoras suposições sobre o destino que o aguardava como prisioneiro e exilado, Mussolini declarou que no dia seguinte dissolveria as Forças Armadas da RSI e se retiraria com 3 mil homens para Valtellina, para um breve e derradeiro combate. Em seguida, se renderia. Schuster interrompeu seu relato para sagazmente comentar que Mussolini conseguiria reunir apenas trezentos homens para acompanhá-lo, e o Duce tristemente teve que concordar que provavelmente essa previsão se confirmaria. Ciente de que assestara novo golpe na debilitada autoconfiança de Mussolini, Schuster levou a conversa de volta para assuntos religiosos, questionando seu visitante a respeito do rito ambrosiano e mais tarde se declarando espantado por descobrir que nenhum responsável pelos destinos da Igreja italiana dominava os detalhes dessa questão fundamental. Percebendo que sua atitude estava criando mais um embaraço entre eles, Schuster achou mais seguro se ater à opinião de que a ortodoxia oriental não podia ser vista como a "verdadeira Igreja de Cristo", a católica.[138]

O princípio de uma discussão, que prometia um acordo entre os dois homens a respeito dos pecados dos eslavos e dos comunistas, foi interrompido pela chegada, afinal, dos negociadores da Resistência. Em sua presença, Schuster manteve um discreto silêncio, mas não pôde deixar de ouvir Mussolini dizer que só acreditava na história antiga, uma vez que a moderna era distorcida pela "paixão". Também se lembrava de o Duce reclamar que os "alemães sempre nos trataram como escravos e no fim nos traíram". Quando a reunião chegou ao fim e Mussolini se preparava para sair, o cardeal lembrou-se de lhe entregar a última cópia da *Storia di San Benedetto* [História de São Benedito], para que o Duce, na pressa e em meio à confusão, não esquecesse o precioso presente.[139]

Não importa o que pensasse sobre as tentativas do cardeal-arcebispo para resgatar e salvar sua alma, Mussolini mais uma vez mudou de direção. Pouco discutiu com os representantes do antifascismo e preferiu se concentrar nos erros dos alemães. Notícias recentemente chegadas informaram que o general Karl Wolff, da SS alemã, às cinco da tarde concordara com a cessação das hostilidades com as forças aliadas. Diante de perspectiva tão iminente, as negociações foram interrompidas, embora Mussolini prometesse aos representantes da Resistência que dentro de uma hora lhes transmitiria novas notícias. Entretanto, ao voltar para a prefeitura, se preparou para fugir com seus auxiliares imediatos para cidade de Como, perto da fronteira suíça. Foi um *sauve qui peut* [salve-se quem puder] comparável ao que aconteceu com o governo real depois de 8 de setembro de 1943, quando Vítor Emanuel III e Pietro Badoglio abandonaram Roma, e o povo italiano ficou à mercê dos invasores alemães e dos fascistas que resolveram se aliar à RSI.

Durante as 36 horas em Como, a já comprometida autoridade da República de Salò ficou reduzida a zero. Vivendo uma crise final, Mussolini e seus assessores não conseguiam decidir se seria melhor ir para Valtellina ou buscar o amparo dos suíços. Antes do amanhecer da manhã de 27 de abril se dirigiram para a margem oeste do lago de Como, mas sem definir se rumavam para o tão alardeado reduto fascista ou para a fronteira. Rachele e os filhos mais jovens foram abandonados em Como. Mussolini enviou para a mulher uma derradeira e patética carta implorando "seu perdão por todo o mal que involuntariamente lhe causei. Você sabe que foi a única mulher que realmente amei. Neste momento crucial, juro por Deus e pelo nosso Bruno".[140]

Apesar de seus clamores de infinito amor por Rachele, no comboio estavam Claretta Petacci e seu irmão, um vigarista, (mal disfarçados como cônsul espanhol e esposa).[141] Diversos outros líderes *repubblichino* fascistas, inclusive Pavolini, deixaram Como no comboio. Lá também estava Nicola Bombacci, companheiro constante do Duce nos últimos dias. Tinham se encontrado pela primeira vez em 1910, quando Bombacci era um jornalista socialista em Cesena, cidade na Emília-Romanha junto à ferrovia que vinha de Forli, onde Mussolini trabalhava. Bombacci se opusera à Primeira Guerra Mundial e, em janeiro de 1921, se aliara ao Partido Comunista Italiano, recentemente criado. Todavia, aos poucos se reconciliou com a ditadura fascista, apoiou o país na questão da Etiópia e recebeu subsídios para sua atividade como jornalista.[142] Depois de setembro de 1943 ganhou espaço no séquito que acompanhava Mussolini e passou a ser visto com frequência na Villa Feltrinelli. Também conquistou reconhecimento popular ao insistir que a nova forma de fascismo era legítima em seu compromisso com a socialização.[143] Nos últimos e mais complicados tempos, quase ficou amigo do Duce,[144] que sempre insistia em afirmar que não queria amigos, que não precisava de amizades. A presença de Bombacci no momento que parecia final dava a entender que via a possibilidade da sobrevivência de um Mussolini cujas raízes, que remontavam aos conflitos e ódios sociais na Romanha, nunca tinham sido totalmente destruídas.

Entretanto, no comboio também se percebia outro aspecto particularmente simbólico, menos fácil de ser explicado pelos nostálgicos posteriores a 1945. A coluna de carros fascistas estava reforçada por soldados nazis que se retiravam da Itália, amontoados em dois carros blindados sob o comando do tenente Schallmayer, da Luftwaffe, que esperavam, de uma ou outra forma, atravessar o passo e chegar ao mundo alemão. Para melhor se disfarçar, Mussolini decidiu viajar sozinho, tendo ao lado apenas alguns aliados. Usava um de seus sobretudos e um capacete alemão para esconder suas feições, tão conhecidas. Na cabine do caminhão se embrulhou em um cobertor para se proteger do frio da primavera. Os partisans estavam ativos na área rural do lago de Como e próxima à Suíça. Na tarde de 26 de abril, sob chuva torrencial, a 52ª Brigada Garibaldi tinha bloqueado a estrada que contornava o lago logo ao norte do *paese* ironicamente chamado Musso, e ao sul do vilarejo Dongo, um pouco maior. Em Puncett, onde a encosta do morro se debruça íngreme na direção do lago, os partisans tinham atravessado o tronco de uma grande árvore na estrada e colocado alguns entulhos, e ficaram esperando para ver quem tentava passar.[145] Dezoito meses antes, quando pela primeira vez se instalara em Gargnano, Mussolini tinha comentado com amargor: "Lagos são um meio-termo entre o rio e o mar, e não gosto de meios-termos".[146] Acertara no presságio. Seu destino era morrer à margem de um lago.

Às seis e meia da manhã seguinte circulou entre os partisans a notícia de que uma coluna inimiga se aproximava. Depois de breve troca de tiros em que uma bala perdida dos nazistas matou um homem inocente que trabalhava com mármore na área acima da estrada, os alemães pediram para conversar.[147] Inicialmente Schallmayer tentou resolver a situação, mas os partisans tinham pedido reforço e já sabiam que Bombacci, Goffredo Coppola, Mezzasoma e Ruggero Romano tinham tentado, sem resultado, conseguir abrigo com o padre de Musso. No início da tarde, quando Schallmayer aceitou a condição de que todos os italianos deviam se render, os partisans identificaram Francesco Barracu, o fanático subsecretário da RSI, e desconfiaram que podia haver mais fascistas no comboio.[148]

Às três da tarde, a coluna começou a avançar lentamente porque, para permitir a passagem, cada viajante precisava apresentar seus documentos. Foi então que um tal de Giuseppe Negri chamou o chefe dos partisans, Urbano Lazzaro, e disse automaticamente no dialeto local, zombando dos esforços fascistas para homogeneizar o idioma nacional: *"Gh'é che el crapun!"* [Encontramos o Cabeção]. Lazzaro, incrédulo, teve a atenção voltada para uma figura encolhida na escuridão, no fundo do caminhão. Os alemães insistiram afirmando que o homem era um deles, deitado porque estava bêbado. Porém, ao puxar o cobertor, Lazzaro logo percebeu de quem se tratava. *"Camerata"*, começou (usando o termo fascista para *camarada*), "Excelência", *"Cavalier* Benito Mussolini". Somente quando fez esta última referência ouviu uma resposta. Lazzaro retirou o capacete e o Duce foi desmascarado.[149] "Seu rosto parecia de cera e seu olhar, apático, um tanto cego. Notei em suas feições cansaço total, mas não medo", lembrou Lazzaro mais tarde. "Mussolini parecia completamente apático, espiritualmente morto."[150] Após ser desarmado — portava uma metralhadora e uma pistola que não tentou usar — Mussolini foi formalmente preso e levado para a província de Dongo. Passou a noite seguinte, a última, em um acampamento em Dongo. A visita final das Fúrias à sua vida seria mais prosaica do que as diversas formas dramáticas de rendição que o carismático Duce previra.

Os outros prisioneiros também foram levados para Dongo. Os Petacci, que não falavam espanhol, não conseguiram comprovar sua imunidade diplomática. Pavolini tentara fugir, mas foi apanhado e ferido por estilhaços, e agora parecia apavorado diante de seu iminente destino.[151] À noite, em Milão, Sandro Pertini, chefe do Comitê da Libertação Nacional (*Comitato di Liberazione Nazionale*; CLN) e mais tarde presidente da república italiana entre 1978 e

1985, anunciou que o Duce tinha sido capturado. Pertini sequer tentou esconder sua opinião, a mesma de seus companheiros da CLN, de que Mussolini devia ser fuzilado "como um cão raivoso".[152]

Até hoje prevalece uma controvérsia um tanto sem sentido sobre as últimas 24 horas de vida de Mussolini. Um dos tópicos é o destino de uma pasta de couro com documentos que Mussolini carregava quando foi parado pelos garibaldianos da 52ª Brigada (ao que parece ninguém perguntou se continha um exemplar meio amassado de *Storia di San Benedetto*, de I. Schuster). Há muitas versões sobre o conteúdo de documentos do governo que, tudo indicava, teriam sido guardados até o fim pelo Duce. Há quem afirme que continha cartas que comprometiam Churchill e outros personagens que desejavam uma aproximação com o fascismo após a guerra.[153] Exceto para aqueles que adoram teorias da conspiração, com ou sem o apoio de provas, essa especulação parece realmente sem sentido.[154] Há quem discuta o momento em que ocorreram e a natureza dos acontecimentos de 27 e 28 de abril. A história oficial conta que Mussolini e Petacci foram fuzilados na tarde de 28 de abril às 16h10, ao lado da via XXIV Maggio (ironicamente o dia em que, em 1915, a Itália entrou na Primeira Guerra Mundial), bem próximo à pequena localidade San Giulino di Mezzegra. Os amantes tinham sido reunidos naquela manhã em uma casa de camponês próxima, usada pelos partisans. Logo depois, chegaram alguns comunistas com ordens de Milão para aplicar ao Duce uma justiça sumária. Inicialmente Mussolini achou que Walter Audisio, comandante do pelotão de fuzilamento, o libertaria. Petacci, usando sapatos pretos de pelica com salto muito alto, tivera dificuldade para subir no modesto Fiat 1100 de Audisio. Todavia, ao desembarcar no portão da Villa Belmonte, local da execução, o Duce "obedeceu às ordens com a docilidade de um cordeiro".[155] Quando os fuzis dispararam a primeira rajada, Mussolini, assim afirmou Audisio, tremia de medo, "aquele medo animal que você sente diante do inevitável".[156] Finalmente o Duce caiu, crivado de balas.

Existem muitas versões alternativas. Alguns afirmam que, na verdade, ele foi fuzilado mais cedo, provavelmente antes do meio-dia e em diferentes circunstâncias. Já estavam mortos quando foram atingidos pelas balas em Mezzegra, em uma simulada execução coletiva. O político e jornalista neofascista Giorgio Pisanò insistiu em afirmar que os dois morreram separados e que os comunistas e seus amigos partisans montaram uma mistificação da história verdadeira, que considera uma típica e abominável teoria comunista.[157]

Há também uma teoria romântica segundo a qual Mussolini se ergueu em defesa de Claretta, que estava sob ameaça de ser violentada por seus captores. Como um bom cavalheiro até o fim, ele teria sido morto a tiros na luta que se seguiu.[158] Segundo esta versão, ela foi morta mais tarde, fora do que tinha sido planejado e porque não havia alternativa. O principal problema desta teoria é carecer de comprovação e o fato de seus mais ardorosos defensores terem todos os motivos para defender uma morte heroica de Mussolini.

Vale a pena lembrar que, naquele momento, a morte de Mussolini não foi a única a perturbar a Itália. Em Dongo, os partisans tinham acabado de fuzilar quinze dos detidos em Puncett e em suas vizinhanças, inclusive Pavolini, Bombacci e Zerbino (último ministro do Interior da RSI). Aos corpos que foram levados para Milão e expostos para o público, se juntaram os de outros oito camaradas, entre eles Achille Starace, secretário do Partido Fascista na década de 1930. Segundo um levantamento não oficial de duas décadas de tirania e cinco anos de guerra mundial, que começou a ser feito antes do fim do conflito e prosseguiu nos meses seguintes, o total de mortos foi estimado em quase 12 mil.[159] A guerra propriamente dita, para a qual Mussolini empurrou a Itália tão afoitamente em junho de 1940, embora com o apoio da opinião da elite do país, custara à Itália mais de 400 mil vidas, às quais devem ser acrescentadas as daqueles que os próprios italianos tinham matado ou mutilado durante o conflito e em suas campanhas imperiais na Etiópia, na Líbia e na Guerra Civil Espanhola. Uma visão ainda mais importante é a proporcionada pelo complexo de batalhas que compõem a guerra que na história ficou conhecida como Segunda Guerra Mundial, acontecimento visto pela história através do significado terrível de *Auschwitz* e, após agosto de 1945, *Hiroshima*, termos que expressam o mergulho da humanidade em um abismo, provavelmente o derradeiro.

Consciente dessas questões, este historiador não lamenta a morte de Benito Mussolini, ou tenta romancear as circunstâncias que a cercaram (ou exagerar suas peculiaridades). Tudo indica que psicológica, moral e politicamente o ditador já estava morto muito antes de sua vida chegar ao fim com as rajadas de tiros. Ainda assim, um aspecto desses macabros eventos realmente merece reflexão. O legado de Mussolini, tanto em Mezzegra quanto nos acontecimentos que ocorreriam em Milão, narrados mais adiante neste livro, é em boa parte considerado "normal" e "tradicional". O ditador fracassado, fugindo sabe-se lá para onde, tinha sido apanhado e morto como um rato por seu próprio povo, para vingar seus crimes e imperfeições. Muito diferente foi o fim de

Hitler, que cometeu suicídio em meio ao bombardeio e ao fogo em seu abrigo, escondido nos subterrâneos de Berlim e sem ver os sofrimentos terríveis da população da cidade e as intermináveis agressões dos que a tinham conquistado. Diferente, também, da morte de Stalin, que expirou após um derrame cerebral sofrido quando estava em sua *dacha*, um objeto de terror que permaneceu vivo depois de sua morte para seu povo e seus fiéis seguidores. Estes seus adeptos se reuniram nervosamente pela última vez em torno de seu leito de morte para verificar se seu chefe estava realmente morto e se seria seguro anunciar o fato, mais cedo ou mais tarde. O ato final das vidas de Hitler e Stalin está ligado ao horror de uma pretensa modernidade que acabara em ruínas (e a seus status na história como grandes homens, ainda que demoníacos).

Não foi somente a morte de Mussolini. A do fascismo também foi banhada em sangue. Em sua ascensão ao poder durante a consolidação do regime fascista e através de suas tão retrógradas políticas internas para a Líbia e a Etiópia, por ocasião da mediação que tentou na Guerra Civil Espanhola e depois, em especial, na Segunda Guerra Mundial, a ditadura de Mussolini na Itália deve ter mandado para o túmulo pelo menos um milhão de pessoas, talvez mais. É um registro cruel e demonstra que esta biografia é intencionalmente antifascista. Porém, devo admitir, sem dúvida, que no catálogo de crimes, loucuras e tragédias da humanidade que tanto se expandiu ao longo do século xx, Mussolini ocupa um lugar relativamente secundário, e talvez seja o menos importante tirano-assassino entre os que tanto desfiguraram a Europa entre as guerras. Foi um dos que melhor refletiu sua nação, classe ou gênero, embora, tanto Hitler quanto Stalin também possam ser efetivamente analisados por meio do "estruturalismo" e não do "intencionalismo", para usar um jargão da historiografia. Muito provavelmente, o livre-arbítrio de Stalin e Hitler foi muitas vezes cerceado e confinado pelas sociedades em que atuavam, como foi o de Mussolini. Minha missão, porém, é escrever a biografia de Mussolini e não a dos mais famosos ditadores contemporâneos. Devo, portanto, contar a história desde o princípio, partindo do nascimento relativamente humilde, até certo ponto, de uma criança em uma Itália que, na verdade, tinha apenas uma geração de existência, e indagar o quanto seria notável o menino recém-nascido, Benito Mussolini.

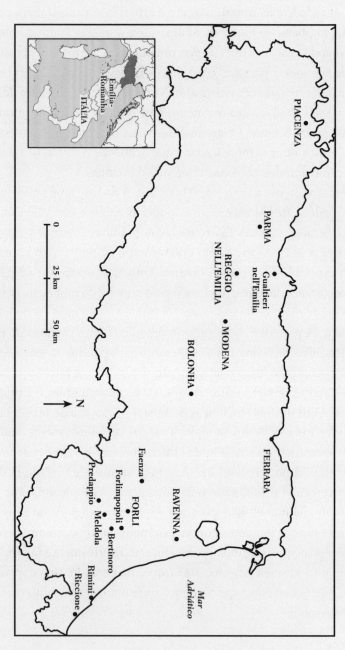

Mapa 1: Emília-Romanha

2
Primeiro de sua turma: os Mussolini e o jovem Benito, 1883-1902

Às duas da tarde de 29 de julho de 1883, um domingo, nasceu o filho de Alessandro Mussolini e Rosa Maltoni. O feliz evento aconteceu na aldeia de Dovia, um amontoado de casas no pequeno distrito administrativo de Predappio, no sopé dos Apeninos Romagnole, dominando a estrada que ligava Forli, a capital da província, à Toscana.[1] Com o verão do norte da Itália atingindo o pico, os camponeses locais estavam certamente preocupados com a próxima colheita, mas um entusiasta dos húngaros mais tarde declarou que, talvez para traduzir a importância desse nascimento e sua relevância para a nação, na hora em que a criança veio ao mundo, um trovão partiu a águia de duas cabeças dos Habsburgos no palácio Schönbrunn, em Viena, e a jogou ao solo.[2] Em 30 de julho a criança foi batizada com o nome Benito Amilcare Andrea Mussolini na igreja local de San Cassiano, em estilo românico. Hoje em dia um turista pode localizar a igreja (muito "restaurada" na era fascista) e comprar um cartão-postal da fonte batismal onde a água benta foi um dia aspergida sobre o futuro Duce.

Todavia, assim como o jovem Mussolini muitas vezes afirmou ser uma típica mistura de fúria e ambição, como Dovia não era Predappio, Predappio não era Forli, Forli não era Bolonha, Bolonha não era Milão ou Roma e nenhuma dessas grandes cidades italianas era Paris, a eterna metrópole de seus sonhos, os Mussolini tinham certa projeção na vizinhança imediata. Podem não ter sido *signori*, mas jamais seriam vistos como o estrato mais baixo da sociedade, com o qual não queriam ser confundidos. O autor de uma das numerosas hagiografias preparadas sob a eventual ditadura fascista se esforçou para mostrar que os Mussolini tinham origem nobre. Anunciou que um certo "Malsomini" se mudara da Bolonha para Veneza em 996. A partir de então, sua família prosperou socialmente, desempenhando uma série de papéis importantes na comunidade, particularmente na medicina. Dela saíram alguns santos padres, e a família sempre revelou "nobreza moral e cívica", ou pelo menos é o que afirma o zeloso e respeitoso pesquisador da história da família Mussolini.[3] O casamento com alguém da nobreza finalmente permitiu à família ostentar o título de conde. Em algum ponto da década de 1560, o nobre Mussolini deixou Veneza e retornou a suas origens na Romanha. Vem então um intervalo, embora um admirador do Duce afirmasse que um Mussolini alcançara "alguma fama" como compositor na Londres do século XVIII,[4] e um especialista italiano trouxesse à tona uma prova que considera irrefutável de que os Mussolini eram de legítima descendência romana. Outros amigos e inimigos do ditador de vez em quando juravam que ele era "realmente" sérvio, turco da Macedônia, argentino e até judeu polonês.[5]

No fim dos anos 1920, quando o ditador tomou conhecimento de que estavam fazendo uma pesquisa condescendente sobre seus ancestrais, manifestou publicamente sua indiferença, desestimulando quem a conduzia a estender seus estudos até o passado mais recente. Em um mundo que se modernizava, uma herança nobre era demais para o gosto do Duce. Entretanto, sua modéstia tinha limites. Em julho de 1943, Egidio Ortona, jovem diplomata, visitando *Rocca delle Caminate*, o castelo restaurado perto de Predappio que a população agradecida doara para a família Mussolini, notou uma árvore genealógica bem visível em uma parede.[6] Ortona não entrou em detalhes sobre essa lista de descendentes da família e talvez tenha apenas registrado historicamente o fato de os Mussolini virem de uma família de pequenos proprietários rurais que durante os séculos XVII e XVIII ganhavam a vida nas montanhas do interior do território fronteiriço com a Romanha governada pelo Vaticano e a independente Toscana. De modo geral, parecem ter trabalhado em porções de terra pertencentes a pessoas de maior projeção no local, como a família Calboli, da nobreza. Entre eles estavam um tal de Francesco e um Jacobus Antonius Mussolini.[7] No século XIX a família tinha sido forçada a se mudar para mais perto da planície do rio Pó, certamente em busca de trabalho remunerado e talvez impelida pelo apelo cultural dos florescentes centros urbanos como Bolonha e Forli. O primeiro Mussolini com presença histórica foi Luigi, avô de Benito. Pessoas do local se lembram dele como alguém de personalidade, homem que ficava se pavoneando na praça central da cidade envergando o uniforme da Guarda Nacional, que usara pela primeira vez durante os distúrbios políticos de 1847-1849. Dizia-se que gostava de se gabar por ter passado pelas prisões do rei-papa Pio IX, fato condenável para quem durante algum tempo fora educado em um seminário.[8] Em assuntos menos importantes, Luigi Mussolini foi um fracasso, embora, forçado pela necessidade econômica, tivesse que vender suas terras para o irmão Pietro e mais tarde se ver obrigado, a partir de então, a se sustentar como mão de obra contratada[9] trabalhando em terras arrendadas. Luigi morreu em janeiro de 1908, já senil, em seu *paese*. Portanto, de certa forma os Mussolini foram declinando de status social, e as personalidades, tanto de Alessandro quanto de Benito, muito deveram ao imperioso desejo de ambos de resgatar o respeito e a fortuna da família.

"Benito Amilcare Andrea" — um biógrafo servil mais tarde afirmaria que o Duce dispensava seu sobrenome porque, ao pé da letra, ele era "Ben-ito [bem enviado] para o Firmamento da Glória, sua figura brilhando refulgente entre as estrelas de primeira grandeza",[10] mas, na verdade, os nomes das crianças tinham outro significado. As tradições familiares dos camponeses italianos indicavam que o menino devia ter o mesmo nome de seu avô Luigi, mas o nome Benito foi escolhido em homenagem a Benito Juarez, o revolucionário mexicano que derrubou e executou o imperador de Habsburgo, Maximiliano. Na animosidade assim declarada à dinastia "germânica" expulsa durante o Risorgimento, mas ainda presente em Trieste e Trentino, havia um toque de patriotismo, mas Alessandro insistiu em acrescentar os dois outros nomes, cada um evocando um "socialista" local de destaque: Amilcare, em referência a Amilcare Cipriani, e Andrea, a Andrea Costa. O batismo do bebê Benito realmente refletiu uma espécie de compromisso histórico entre a fidelidade católica da mãe, Rosa, e o anticlericalismo e o espírito revolucionário e populista de Alessandro.

Durante o regime fascista, foi muito explorado o fato de, por certo tempo, Alessandro ter trabalhado como ferreiro. Dizia-se que o pai forjava o ferro e o filho enrijecia o povo.[11] Mais importante foi o fato de, em 1883, o pai de Mussolini já ser um famoso "socialista" local.[12] Nascido em 11 de novembro de 1854 em uma fazenda em terras ainda em propriedade de seu pai, ele se envolveu, ainda adolescente, em distúrbios políticos locais e, em 1876, foi representante oficial do *paese* de Predappio e da vizinha Meldola no *Congresso de Grupos Socialistas da Emília-Romanha*. Essa reunião de "subversivos" foi realizada em Bolonha, a elegante capital da região, cheia de colunas históricas e cujas "cultura" e "história" sem dúvida causaram profunda impressão em um provinciano como Alessandro. Bem antes de se casar, Alessandro Mussolini já se orgulhava de ser seguidor e até amigo de Costa e Cipriani. Estes dois homens foram figuras-chave na organização do socialismo italiano. Em 1882, Andrea Costa se tornara o primeiro "socialista" italiano a ser eleito para o Parlamento. Alessandro Mussolini ajudou em sua campanha e, como se propalava, foi responsável direto pela mobilização de milhares de adeptos em Predappio e nas redondezas, conseguindo votos que foram vitais para a eleição.[13]

Tanto Costa quanto Cipriani eram mais ativistas do que marxistas intelectuais. Cipriani lutara ao lado de Garibaldi em Aspromonte, se juntara à rebelião grega contra o jugo turco em Creta e se aliara à Comuna de Paris. Nesta última atividade, sua punição foi ser enviado como prisioneiro para a Nova Caledônia. Era mais um anarquista do que um socialista "legalista" ortodoxo, cuja característica era combinar a generosidade de espírito com o gosto por insurreições mal preparadas: Mikhail Bakunin exerceu mais influência sobre o incipiente socialismo italiano do que Karl Marx. Pelo menos no começo de sua carreira, Costa também fez da revolução a plataforma principal de sua ideologia política. De forma até certo ponto irônica para um homem cujo nome ressurgiria na pessoa daquele que mais tarde seria um líder fascista, o Duce, em 1874, Costa declarou que seu objetivo político era "a destruição do Estado em todas as suas expressões econômica, política, religiosa [...] a abolição dos exércitos, bancos e cultos".[14] Mais tarde ficou mais ortodoxo, e ganhou fama pela elegância com que se vestia e pelos cuidados com sua aparência.[15] Exerceu importante influência na criação de um Partido Socialista Italiano em 1892. Tanto Costa quanto Cipriani foram, por definição, internacionalistas que acreditavam, constrangidos, na utopia da fraternidade entre os homens e, ao menos em teoria, de modo geral desprezavam os interesses subalternos do Estado Italiano e da nação.

Alessandro Mussolini nunca levou suas pretensões ao nível nacional, mas realmente se transformou em uma figura política de destaque em sua região. Em 1878 atraiu a atenção da polícia como revolucionário potencialmente perigoso. Em maio de 1880 foi formalmente advertido por causa de suas ameaças à propriedade e às pessoas.[16] No fim da época como ativista, admitiu que tinha publicado pelo menos vinte artigos na imprensa local, tarefa nada desprezível para um homem de modesto aproveitamento escolar.[17] De acordo com a biografia escrita durante o regime de seu filho, ficou famoso por "recriminar todo tipo de vício e corrupção" em sua vizinhança.[18] Não obstante, em 1889 moderou seu ardor revolucionário para aderir a um acordo pelo qual os socialistas se aliaram aos liberais a fim de derrubar o governo clerical de Predappio. Depois dessa data, Alessandro desempenhou diversas funções no conselho da cidade, chegando, finalmente, a vice-prefeito, algumas vezes em governos compostos unicamente por socialistas, outras, em coalizões. Em 1891 já tinha um bom discurso para ir a Milão, quando levou consigo o filho mais velho. Nessa ocasião conseguiu comprar uma moderna debulhadora para sua cidade. Juntando ideologia com senso prático, patrocinou a criação de uma cooperativa em Predappio que durou até 1898.[19] Em seu currículo também consta ter comemorado a chegada do telégrafo, estimulado a criação de uma banda da cidade, pressionado para a concessão de subsídios para a satisfação de necessidades médicas dos pobres locais e, o mais surpreendente, em 1900 ter lamentado formalmente o assassinato do rei Umberto I. O monarca, declarou, no fundo era um "cavalheiro".[20]

Todavia, ser socialista em uma Itália liberal tinha certos riscos e, em 1902, depois de um distúrbio do qual não participou diretamente, Alessandro Mussolini foi preso e assim permaneceu por seis meses, "injustamente", como salientou seu biógrafo.[21] O avô, o pai e o filho Benito experimentariam temporadas na prisão por razões políticas, demonstrando uma constante vontade de se rebelar que deve ter sido relativamente rara na sociedade italiana. A prisão parece ter afetado tanto a saúde quanto o ânimo de Alessandro Mussolini. Questões familiares e a morte de sua esposa Rosa em fevereiro de 1905 podem tê-lo desencorajado ainda mais a exercer o ativismo político. Ou teria mudado sua opinião sobre a sociedade? Nos anos que antecederam sua morte, Rosa recebera uma herança, permitindo uma elevação de padrão de vida e de status da família. Como lembrou Edvige, irmã de Mussolini, o fato levou os camponeses da área a se dirigirem humildemente a Alessandro como *Signor padrone*.[22] A partir de 1908, a família arrendou um pedaço de terra à margem do rio Rabbi por 490 liras ao ano.[23]

Depois de ficar viúvo, Alessandro Mussolini deixou Predappio e foi trabalhar como dono de hospedaria nas vizinhanças de Forli, se afastando deliberadamente, segundo tudo indica, da localidade que fora a base de seu poder político. Lá viveu com uma camponesa viúva, Anna Lombardi (retomara seu nome de solteira), que ele cortejara em sua juventude. A nova família incluiu as cinco filhas de Anna, uma delas a adolescente Rachele Guidi. Esta Rachele viria a ser a companheira socialista de Benito e, mais adiante, sua esposa com aprovação da Igreja. Outro problema de Alessandro deve ter sido a bebida. Um dos primeiros grupos que integrou se autodenominava *Società dei bevitori* (Clube dos beberrões), com o orgulhoso lema que exaltava a intenção de seus membros de "viver trabalhando e morrer lutando".[24] Os inimigos políticos de seu filho não tinham dúvida de que Alessandro foi alcoólatra na velhice, embora observadores mais complacentes atribuam seus problemas de saúde à artrite.[25] Seja qual for o motivo, Alessandro Mussolini morreu em novembro de 1910, aos 56 anos de idade,[26] na sua taverna que tinha o nome patriótico *Il Bersagliere* (de certa forma ignorando o socialismo internacionalista). A maioria dos Mussolini não teve vida longa.[27] Pouco antes de sua morte, o dono da *Il Bersagliere* ficava constrangido ao ver o filho mais velho trabalhando como garçom quando não estava dando aulas em escolas, uma cena que o desagradava: "Que situação terrível! Um professor... um homem bem instruído, obrigado a trabalhar como simples garçom".[28] Não importa o quanto fora intenso seu ardor revolucionário, na velhice Alessandro Mussolini, dono de propriedade e pequeno negociante, estava moderando sua crença no princípio da igualdade e tomando consciência das complexas diferenças de classe e de status inerentes à condição humana, especialmente na imaginação dos mais abastados.

O fato é que as contradições políticas sempre acompanharam os Mussolini. Um membro da família que exerceu muita influência foi Rosa Maltoni, esposa de Alessandro e mãe do Duce. Durante o regime fascista, Rosa Mussolini era conhecida como *La Madre*, constituindo para seus filhos e particularmente para Benito "a mais bela visão de seu passado, visão que perdura em um eterno presente".[29] Seu passado e sua visão do mundo não eram os mesmos de seu marido. Rosa Maltoni nasceu em 22 de abril de 1858, filha de um homem que mais tarde um biógrafo cerimoniosamente qualificou como um veterinário que humildemente fez tudo que podia para medicar os rebanhos e levar algum conhecimento sobre medicina aos camponeses locais de uma aldeia a três quilômetros de Forli. Também possuía um pedaço de terra. Enquanto todas as irmãs Guidi, com exceção de Rachele, não tinham instrução,[30] a família de Rosa Maltoni pertencia a um nível social que a levou a receber alguma educação escolar. Em 1876, aos dezoito anos, ela recebeu um diploma que lhe permitiu lecionar no ensino fundamental. Seu biógrafo fascista destacou sua dedicação "à mais nobre missão então acessível a uma mulher".[31] No ano seguinte foi designada para a Varano, a escola para as poucas famílias de Dovia, com um salário de cinquenta liras por mês, insignificante, mas mais do que um camponês e, mais ainda, uma camponesa, poderia almejar. Algumas informações sobre a escola (a família de Mussolini vivia em dois cômodos contíguos à escola) podem ser vistas em uma carta que Rosa Maltoni escreveu para o Conselho de Predappio em 1894 pedindo que fossem consertadas as janelas da sala em que dava aula porque a neve e o vento castigavam ela e seus alunos.[32]

Foi em Dovia que Rosa Maltoni — para decepção de seus pais, que lamentaram o casamento de sua talentosa filha "com alguém de nível inferior" — conheceu Alessandro Mussolini. Naquela pequena comunidade eles eram, provavelmente, as poucas pessoas que podiam ser chamadas de "intelectuais". Em janeiro de 1882 o casal se uniu em matrimônio surpreendentemente realizado em uma cerimônia religiosa havia muito tempo evitada por seu filho mais velho e que a retórica revolucionária de Alessandro Mussolini costumava rejeitar. Rosa Maltoni era conhecida por sua religiosidade.[33] Logo começou a levar seu querido Benito a todos os eventos religiosos, que o permitiram, mais tarde e sempre que necessário, afirmar que o catolicismo tinha sido "a fé de minha infância"[34] (mesmo que, em outras ocasiões, confessasse que odiava o cheiro de incenso dos crentes, o gotejar das velas e o som grave e monótono do órgão).[35] Posteriormente um biógrafo afirmou que o jovem Duce adorava ler a Bíblia, pelo menos para poder saborear a sonoridade dos nomes mencionados no *Levítico* e no *Livro dos números*.[36] Como adulto, sua inteligência e sua compreensão também foram muitas vezes amparadas por algum trabalho escrito e pela confiança (frustrada) na precisão matemática.

A religiosidade de Rosa Maltoni era do tipo tradicional e acompanhada por firme vontade. Seu método pedagógico seguia o mesmo padrão. Em 1900, explicou para seus superiores:

> Ao ensinar geografia, sigo o método tradicional e evito a formalidade de guardar nomes complexos que servem apenas para sobrecarregar a mente com coisas abstratas e, portanto, inúteis. Esses conceitos perduram por algum tempo na mente dos alunos, mas logo desaparecem. A respeito da história, ressalto os pontos de vista envolvidos, procurando sobretudo robustecer o caráter das crianças e, ao mesmo tempo, fortalecer sua firmeza e determinação.

Como era de seu feitio, acrescentou que as aulas seriam mais eficientes se a luz com que podiam contar em sala de aula não fosse tão fraca e instável.[37]

Em certa ocasião, alguém mais entusiasmado afirmou que Mussolini e Samuel Smiles, que pregava o trabalho árduo e a autoajuda, tinham muito em comum.[38] Entretanto, na família Mussolini, Rosa era a mais óbvia "vitoriana", que acreditava firmemente no "aperfeiçoamento". Era uma boa professora, mas, apesar disso, não sabia se autopromover e se contentou em ser simplesmente uma figura local, em vez de ser mais amplamente admirada do que seu marido. Morreu aos 46 anos, depois de tanto se sacrificar pela família. Seu esforço e sua dedicação, além do prestígio dos Mussolini, ficaram evidentes por ocasião de seu funeral, que foi acompanhado por uma multidão de mais de mil pessoas.[39]

Na década de 1930 os propagandistas fascistas gostavam de lembrar que:

> [...] sempre que podia (o Duce) exaltava a mulher italiana, que ele bem conhecera pelo que aprendera com sua mãe e agora sabia por intermédio de sua mulher, ambas típicas personificações da mulher nacional, que passaram suas vidas em silêncio, restritas ao núcleo familiar.[40]

Outro biógrafo, mais crédulo, lembrou como Rosa dera um pequeno coelhinho branco para seu bebê Benito, ao qual ele ficou muito ligado e que esfregava seu nariz cor-de-rosa e quente no futuro Duce.[41] Frequentemente autores precipitados como esse acrescentaram que, evocando acontecimentos da infância e da adolescência que podiam ser interpretados como presságios, Mussolini tinha absorvido de forma quase mística o espírito do mundo feminino italiano, a ponto de poder, de alguma forma, manifestar essa essência em sua plena masculinidade.[42] Um biógrafo ainda mais entusiasmado foi, entretanto, arrogante:

> Alessandro Mussolini e Rosa Maltoni fizeram apenas o papel de José e Maria em relação a Cristo. Foram instrumentos de Deus e da história, com a missão de zelar por um dos maiores messias da nação. Na verdade, o maior.[43]

Este último autor, porém, fez um resumo obviamente preconceituoso da influência dos pais no ditador. Em vez de serem simplesmente vigilantes, pai e mãe transferiram muitas atitudes, ideais e hábitos para seu filho, e parte da confusão e do ecletismo de suas ideias refletiram, por sua vez, as diferenças que realmente existiram na visão que os pais de Mussolini tinham do mundo.

Completando a família e ocupando os cômodos ao lado do prédio da escola Varano havia dois irmãos. Um deles era uma menina, a caçula Edvige, nascida em 10 de novembro de 1888, que raramente se intrometia publicamente na vida do irmão mais velho, mas que assumiria o papel de supervisora dos filhos do Duce, como se esperava de uma tia, respeitada por eles por agir sempre com habilidade e bom senso (embora criticada por ser obesa).[44] Muito mais presente era o filho do meio, Arnaldo, nascido em 11 de janeiro de 1885, e, portanto, menos de dezoito meses mais novo que Benito. Por muitos anos os dois meninos, como tantos outros de seu país e de suas turmas de escola, dormiam juntos na mesma cama de ferro (que se dizia ter sido construída por seu pai e, como revelam fotos, era ornamentada com *putti* e uvas).[45] Ao longo de suas vidas, os irmãos foram muito próximos, até a morte prematura de Arnaldo, aos 46 anos (mesma idade de sua mãe ao morrer), em 21 de dezembro de 1931. Embora Arnaldo costumasse se apresentar humildemente como "Mussolini, o menor",[46] muitas vezes foi um instrumento de extrema importância para seu irmão mais velho. Já adultos, por muitos anos eles se falavam diariamente por telefone, às dez da noite.[47] Provavelmente Arnaldo foi a única pessoa em quem Mussolini sempre confiou. Não há dúvida de que, por outro lado, o filho mais velho de Mussolini, Vittorio, sabia perfeitamente que, apesar da intensidade de seu respeito como filho, nunca conquistou a total confiança do pai.[48]

Tal como Benito Amilcare Andrea, Arnaldo recebeu do pai um nome revolucionário, talvez até de maior expressão, refletindo o progresso de Alessandro Mussolini em experiência política, status mundial e ambição. Arnaldo de Bréscia foi um herege rigoroso, avesso à hierarquia do século XII e enforcado pela Igreja sob acusação de rebelião. Na Itália do século XIX ele fora lembrado nos círculos anticlericais como até certo ponto um improvável "apóstolo da liberdade civil".[49] Deixando de lado o desejo revelado na escolha do nome, a fim de buscar inspiração e conexão com a história, outra indicação da ascensão dos Mussolini na escala social pode ter sido o fato de Arnaldo não ter sido amamentado por Rosa, e sim por uma ama de leite camponesa. Ao escrever uma grandiloquente biografia de seu irmão, o Duce relembrou essa questão com um sentimento de culpa, revelando o inevitável destino que levou o Grande Mussolini a sempre preponderar sobre seu irmão mais moço.[50] Apesar da desejada ressonância de seu nome, Arnaldo cresceu como uma criança religiosa, tendo em seu *curriculum vitae* uma educação que demonstrava claramente a influência materna, mas também com traços da presença do pai. Bem mais gorducho que o irmão mais velho e nos anos 1920 já ofegante e demonstrando saúde precária, Arnaldo tinha uma testa mais pronunciada do que a de Benito, embora seu queixo duplo e projetado o marcasse tanto quanto Mussolini.

Em 1902 Arnaldo concluiu a universidade e se dedicou às questões agrícolas. Portanto, podia se intitular "dr. Mussolini" e assim o fez.[51] Por algum tempo acompanhou o irmão ao emigrarem para a Suíça, onde trabalhou como operário e jardineiro. No fim de 1905, voltou para casa por causa da morte e do funeral de sua mãe — para sua decepção, não chegou a tempo de abraçá-la em vida — e se empregou como professor de diversos assuntos ligados à agricultura, primeiro em Cesena e depois no francamente católico Vêneto. Casou em 1909 e foi pai de três filhos na década seguinte. Sua esposa, Augusta Bondanini, vinha de uma família proprietária de terras e de nível social bem superior ao dos Mussolini. Era três anos mais velha que seu marido e a situação do casal parecia, em parte, reproduzir a relação que Benito manteria com sua amante de tanto tempo, Margherita Sarfatti, e com Ida Dalser, a "outra mulher" de sua vida bígama.[52] Em 1914, deixou de dar aulas como professor para trabalhar na administração local, desempenhando a função de secretário comunitário. Todavia, em consequência da Batalha de Caporetto, Morsano, o município de Friuli em que trabalhava, caiu em mãos austríacas. Em 1918, foi convocado (não se apresentara como voluntário) pelo Exército italiano. Pouco depois, foi enviado para a escola de formação de oficiais, tendo em vista seu nível educacional e social. Terminou seu tranquilo período na guerra como segundo-tenente, bem acima do cabo Benito Mussolini.[53]

Não se importando com a garantia que lhe proporcionava servir ao Exército, Arnaldo Mussolini nunca questionou o fato de a hierarquia dentro da família ser mais importante do que a do país e logo passou a ajudar o irmão mais velho, tanto na causa do fascismo quanto em assuntos mais mundanos. Seu irmão mais velho lembrava que Arnaldo passava mais tempo tomando conta da família de Benito do que ele próprio, o Duce.[54] Um grande defensor do fascismo acrescentou que Arnaldo se tornou uma sombra sempre presente, mas que "não tolhia as iniciativas pessoais" do Duce, o "Grande Irmão".[55] Outro argumentou ingenuamente que somente Benito Mussolini compreendia melhor o povo italiano do que Arnaldo, o mestre dos mestres.[56] O fato é que outro fator que identificava Arnaldo era sua religiosidade. Tratava-se de um Mussolini cuja orientação era marcadamente religiosa. O irmão de sua mulher era padre e acabou batizando os filhos do Mussolini mais velho.[57] Analistas ainda discutem a legitimidade da propensão do fascismo para a revolução social e espiritual. Vale a pena recordar que a mentalidade de Arnaldo Mussolini certamente respeitava o *status quo* da Igreja e talvez do Estado. Mussolini, o Menor, não era um revolucionário. Em Predappio e em suas redondezas, ele seria lembrado como "o bom Mussolini".[58] Seu irmão mais velho, ao contrário, ficou conhecido como "*e màt*", o mau Mussolini.[59]

A propaganda fascista sempre fez questão de proclamar que Mussolini era "um homem do povo e que, portanto, tinha as mesmas aspirações do povo".[60] Claro que o passado familiar de Mussolini era peculiar e não se pode generalizar afirmando que era o mesmo dos italianos de todas as classes, todas as regiões e todos os tempos. Mesmo assim, qualquer interpretação da personalidade e da mente do Duce facilmente identificará reflexos de sua família e do *piccolo mondo* daquela parte da Romanha em que ele nasceu.

Quando Arnaldo e Benito se envolviam em conversas familiares, como faziam irmãos italianos, falavam automaticamente em dialeto.[61] Essa preferência linguística faz lembrar o quanto era novo e frágil o Estado-Nação italiano onde nasceram os dois irmãos.[62] Em 1883, a moderna Itália existia havia menos de uma geração. Sua capital fora instalada em Roma havia pouco mais de uma década. Do mesmo modo, o moderno idioma italiano fora criado recentemente. Hoje em dia os historiadores linguísticos defendem que, no momento da unificação, em 1860, somente 2,5% dos italianos (cerca de 600 mil pessoas) falavam o idioma nacional com desenvoltura e prazer.[63]

Os nacionalistas, então e mais tarde, admitiram que a unificação era lógica e afirmaram estar orgulhosamente seguros de que a *italianità* era um atributo primordial, que representava a identidade eterna da estirpe racial da península. Porém, a realidade era outra. Apesar da jactância dos propagandistas sobre a natureza eterna de Roma e da glória fulgurante da Renascença, a Itália liberal era um estado frágil. Internacionalmente, se pedia que a nação desempenhasse o assustador papel de "última das grandes potências".[64] Cerca de quatorze meses antes do nascimento de Mussolini, diplomatas italianos levaram o país a se aliar à Alemanha Imperial e à Áustria dos Habsburgos na Tríplice Aliança, pacto no mínimo estranho, já que os irredentistas italianos alegavam espalhafatosamente que o Risorgimento, ou seja, a unificação nacional, estaria incompleto enquanto a Áustria continuasse governando Trieste e o Trentino. Como se vivia os dias do imperialismo, refletiram os homens do governo, talvez o ardor irredentista pudesse ser abrandado e as tensões na Europa transferidas para a

África e para o mundo exterior. Em 1883, Sidney Sonnino, político conservador que se dizia moralizador, exigiu um "futuro colonial grandioso"[65] para a Itália e o ministro do Exterior do país, Pasquale Stanislao Mancini, napolitano, se engajou ativamente no processo de planejamento de uma conquista imperial para o país. Em janeiro de 1885, despachou um batalhão de *Bersaglieri* para ocupar o porto de Massaua, no mar Vermelho, inaugurando a presença italiana como nação na região que se tornaria a colônia da Eritreia. De seu interior acenava o imenso, vulnerável e medieval reino da Etiópia. Talvez a Itália pudesse, também lá, alcançar a Glória, o Deus e o Ouro de um moderno império, mostrando para os italianos que era melhor ser aliado da Áustria e da Alemanha do que seus inimigos.

Quanto aos Mussolini, esses arroubos internacionais pouco influíam no dia a dia de suas vidas. Os problemas internos da Itália liberal lhes interessavam mais diretamente. Questão essencial era o relacionamento entre a Igreja e o Estado. O conde Cavour e seus amigos liberais tinham transformado o anticlericalismo no item mais importante de sua plataforma no programa de "modernização", e a Itália havia se unificado contra a vontade e em prejuízo do Vaticano do papa Pio IX (1846-1878). Nos anos 1880, o papado estava nas mãos de Leão XIII, que morreu em 1903. Por ocasião das eleições, ele surgiu como um idoso reacionário ultrapassado e, mesmo quando sua política se mostrou mais ambiciosa do que se esperava — em 1891 publicou a encíclica *Rerum Novarum* [Sobre coisas novas], cujo próprio título certamente prometia novidades e talvez modernidade —, não ficou claro se a Igreja estava conspirando para derrubar o regime liberal herege e ateu que usurpara o governo em Roma.

Em 1883 o primeiro-ministro da Itália era o prudente Agostino Depretis, lombardo liberal e maçom, que ficara conhecido por defender o *trasformismo*, ou seja, a eliminação de ideologias na política por meio de um governo de centro, afastando seus adversários "extremistas" de direita e de esquerda e adotando um processo contínuo de coalizão. Para tal fim, ele foi o líder ideal, capaz de oferecer aos membros da Câmara dos Deputados recompensas e benefícios (que alguns moralistas entenderam como "corrupção") para atraí-los para a maioria governamental. O legado de Depretis durou bastante tempo — aos olhos de muitos, a Itália republicana depois de 1946 continuou em plena "transformação" enquanto durou o governo democrata-cristão —, mas também enfrentou críticas e desafios ao longo da década de 1880. A Itália começara com um eleitorado pequeno e facilmente manipulável, composto por apenas 2% da população do país.

Em janeiro de 1882, Depretis reconheceu a mudança social que, vinda da Europa mais industrializada, se propagara pelo norte da península italiana, e aceitou uma reforma eleitoral. O voto foi estendido a 7% da população. Exigindo que o eleitor soubesse ler, Depretis conseguiu manter esse número baixo, em um país em que a maioria do campesinato continuava obstinadamente analfabeta.

Um eleitorado desse tamanho ainda podia ser "manobrado" na forma tradicional, como provaram sucessivos primeiros-ministros: Depretis nos anos 1880, Francesco Crispi na década de 1890 e Giovanni Giolitti na era que ganhou seu nome, de 1903 a 1914. Não obstante, a partir dos anos 1880 todos os políticos italianos se revelaram obrigatoriamente preocupados com a "questão social", isto é, com o que fazer com a grande massa popular que permanecia fora do sistema político. A questão básica da política italiana até a Primeira Guerra Mundial e pouco além foi procurar saber como essas massas poderiam, com segurança, ser "nacionalizadas" e, assim, transformadas em italianos leais.

Aparentemente, a nação liberal tinha dois inimigos, cada um interessado em criar seu próprio partido moderno e de massa. Como já foi assinalado, um era composto pelos católicos que almejavam restaurar o poder temporal dos papas e criar uma democracia católica, tal como esboçado na *Rerum Novarum*. O segundo era constituído pelos "socialistas", por gente como Andrea Costa e Alessandro Mussolini, que pregavam uma revolução política e, ainda mais insuportável, social. Como as duas facções poderiam ser acomodadas em um sistema aceitável sem descambar para o caos e sem impor a renúncia das classes mais abastadas a suas fortunas, terras e competências? Será que seriam necessárias medidas drásticas? Afinal, já em 1876 Marco Minghetti, financista liberal lombardo, comentou a eventual necessidade de um *"fascio* (união) de todas as forças conservadoras" congregadas contra as "ideias dos socialistas".[66]

Na história da evolução do socialismo italiano, a Emília-Romanha, região que se estende do vale do Pó ao Adriático, sempre foi de extrema importância. De fato, em 1881 Andrea Costa tinha fundado o Partido Socialista Revolucionário Romagnole, primeiro passo em sua caminhada do anarquismo para um Estado socialista plenamente organizado na Itália. Os propagandistas do fascismo seguidamente destacavam o traço *romagnole* do Duce e sua família. Alessandro, o ferreiro, era mostrado como "um corajoso e humilde filho da Romanha, confiável e audacioso como sua terra".[67] Benito era descrito como "um instrumento da verdadeira alma da Romanha",[68] e, nos dias sombrios de 1942, houve um esforço para impressionar o povo com fotos do Duce e sua

Romanha, onde — então surgia a solene explicação — os Mussolini vinham labutando arduamente por mais de três séculos.[69]

Qual a implicação de palavras tão grandiloquentes? Em parte, a resposta a esta pergunta está no passado. Durante os séculos XVI e XVII, as crises dinásticas nos diversos ducados cederam ao Vaticano o governo dos territórios que se estendiam desde o divisor de águas dos Apeninos até o rio Pó. Todavia, de certo modo essas terras continuavam se estendendo até "além das montanhas". As diferenças climáticas eram acentuadas, com os nevoeiros do vale do Pó pairando sobre a planície durante os meses do inverno, de forma inimaginável na ensolarada Roma. Diante da fragilidade de um Estado moderno recente — e havia poucos mais fracos e mais erráticos do que o papado — a população de cidades como Ferrara e Bolonha conservava um forte senso de identidade urbana e um ressentimento contra o incompetente e cruel governo de Roma, considerado "estrangeiro". Portanto, os *romagnoles* eram vistos como dissidentes. O anarquismo progrediu durante algum tempo na região, enquanto o republicanismo continuou florescendo durante toda a era liberal.

Entretanto, o progresso econômico e cultural permitiu que o "socialismo", como ideologia moderna, prosperasse no solo mais fértil da Romanha. O compromisso com a Revolução sensibilizou os intelectuais urbanos em muitas *città*, palavra que na maioria das vezes se aplicava mais a povoados, localidades com população de cerca de 10 mil habitantes, do que às demais cidades da região. Não é de admirar que Benito Mussolini fizesse um aprendizado político durante certo período editando o apropriadamente intitulado *La Lotta di Classe* [A Luta de Classes] em Forlì e, enquanto lá permaneceu, se empenhasse para chegar a Bolonha. Em 1900, um historiador da região reparou que Bolonha se tornara "a admitida, embora não oficial, capital agrícola da Itália",[70] e, como consequência, rival da capital industrial Turim, da capital financeira Milão e da capital administrativa (e ilusória) Roma. Obviamente, nessa época os intelectuais de Bolonha se esforçavam para se distinguir de seus rivais em Turim, Milão e Roma (e Forlì).

Contudo, o socialismo *romagnole* conseguiu algo incomum ao penetrar também no campesinato com intensidade capaz de surpreender o Karl Marx dos primeiros dias, que, em tom de desprezo, tinha declarado que um camponês se distinguia de outro como uma batata de outra. A agricultura do vale do Pó sentiu o impacto do capitalismo tanto quanto todas as outras regiões da Itália. Desde os anos 1880 o interior *romagnole* sofria com a crise econômica.

Antigos meeiros tinham ascendido ou, mais frequentemente, descido na escala social, conforme o modo como a produção agrícola era administrada mediante acordo entre os proprietários da terra (muitas vezes companhias anônimas) e os trabalhadores diaristas. Como disse um moderno historiador: "Cultivar a terra nas planícies de Bolonha e, em menor grau, nos contrafortes das montanhas se transformou cada vez mais em uma indústria como qualquer outra".[71] Nesse mundo, a mensagem socialista sobre o constante empobrecimento das classes trabalhadoras e sobre o inevitável conflito entre a burguesia e o proletariado, entre o capital e o trabalho, fazia sentido. Em 1901 Bolonha viu a unificação dos grupos rurais então existentes no *Federterra* (*Federazione nazionale fra i lavoratori della terra*), sólido sindicato de camponeses que em um ano chegou a congregar quase 250 mil membros.[72]

Em outras palavras, à medida que o velho século avançava, tanto na cidade quanto no campo, qualquer "novo personagem" da Romanha provavelmente afirmaria ser socialista, e o jovem Mussolini fez exatamente isso. Em Primeiro de Maio (Dia do Trabalho) de 1903, o jovem de dezenove anos publicou um envolvente soneto em homenagem a Gracchus Babeuf (equivocadamente escrito por Mussolini como Baboeuf), o "pioneiro do comunismo" que tinha organizado a fracassada "conspiração dos iguais" em Paris, em 1796. O primeiro nome de Babeuf repercutiu como um brado pela "revolução" agrária, tal como fora corajosamente evocada na clássica república romana, mas Benito Mussolini logo ignorou essa repercussão. Em vez disso, o poeta preferiu exaltar os dias grandiosos, porém tristes, da Revolução em Paris, da traição de Termidor, da equivocada conspiração dos padres e do sorriso de Babeuf no momento de sua morte. "Por seus olhos de moribundo", escreveu Benito, que ainda não encarnara plenamente o Duce, "passou o lampejo da ideia socialista, a visão dos séculos futuros."[73] No século em que vivia, Mussolini sonhava com novas revoltas nas quais pudesse ser o farol. Mas como Benito Amilcare Andrea, jovem e inibido revolucionário e intelectual, chegou a esse estágio de sua vida?

A formação de Benito quando criança foi inevitavelmente tratada nos tempos de sua ditadura como verdadeiro mito, quando uma interminável torrente de autores servis ressaltaram sua excepcionalidade e genialidade, a fim de provar que o Duce "sempre fora o Duce",[74] e que, desde o berço, quiçá antes, agira "como um verdadeiro romano".[75] Um amigo da família que se tornou escritor a serviço do Estado fascista proclamou: "Desde a infância Benito Mussolini deu inconfundíveis sinais de sua grande paixão pelo estudo e pela meditação espiritual".[76] Essa afirmação é de difícil interpretação e não pode ser levada plenamente a sério. Pelo contrário, a história dos primeiros dias de Mussolini, ainda bebê, é intrigante sob o ponto de vista psicológico. Só depois de completar três anos o futuro orador aprendeu a falar. Este atraso na evolução da criança preocupou tanto seus pais que o levaram a Forli ao longo de um ano inteiro para ser examinado por um médico otorrinolaringologista, tendo que fazer essa viagem provavelmente custosa (que uma família de camponeses não era capaz de pagar ou sequer imaginar). Sabe-se que o médico disse a Rosa: "Não se preocupe, minha senhora, logo ele falará até demais".[77] Um psicólogo moderno talvez ficasse mais preocupado temendo que um atraso nessa evolução sugerisse que ele não se sentia bem em casa e, em consequência, ficasse avaliando se Rosa e Alessandro realmente viviam em harmonia. Afinal, mesmo o obituário francamente socialista do pai de Mussolini reconheceu que Alessandro não fora tão bem-sucedido na vida.[78]

Apesar disso tudo, o jovem Benito não cresceu de forma que pudesse ser considerada excepcional para o nível de sua família e de sua região. A lenda salientaria sua "impetuosidade", sobretudo para demonstrar seu inato atributo de liderança. A imagem fascista do menino Mussolini se concentrou mais no fato de ele ter chefiado um bando de moleques em suas ousadas incursões às fazendas locais e no menino-filósofo, que fazia seus planos à sombra de um velho carvalho logo ao lado de San Cassiano (antifascistas vingativos o cortaram depois de 1945),[79] ou junto às regiões alagadas de Rabbi, a comuna na província de Trento.[80] Mussolini pode até ser visto declarando, em absoluto clichê, que esses foram os anos mais felizes de sua vida.[81]

A única pista real sobre o verdadeiro e incomum comportamento do menino Mussolini surgiu quando o garoto, aos nove anos de idade, depois de alguma discussão na família, foi enviado como aluno interno para o colégio salesiano em Faenza, uma grande escola para os padrões da época, com duzentos alunos, desde os seis anos até a adolescência. Faenza era a próxima cidade, *città*, logo após Forli na ferrovia que ia para Bolonha. Mais uma vez, foi uma escolha que traduzia a ambição dos Mussolini, mas com Rosa exercendo a maior influência. Benito afirmou que uma "beata" da poderosa família local Zoli falara com sua mãe sobre a possibilidade de enviar seu querido filho para essa escola.[82] Benito sobreviveu aos padres católicos durante dois anos, mas em visível e crescente desconforto. Havia o problema da religião e, quase sempre inseparável deste, a questão de classe. Certamente em Dovia, e provavelmente em Predappio, os Mussolini eram *gente per bene* [pessoas respeitáveis]. Porém, os respeitados cidadãos de Faenza, *città* com uma ponte de ferro que para o povo do interior era maravilhosa,[83] não aceitavam com facilidade seres inferiores, vindos do mundo bárbaro que existia além de seus portões. Mussolini sofria ao lembrar que, entre os salesianos, ele se sentia humilhado ao ser colocado em uma terceira e última prioridade, situação que era realçada nas aulas, durante as refeições, nos uniformes e nos dormitórios. Em resumo, ao que tudo indica, os padres católicos se lembravam maldosamente da reputação de Alessandro, o pai blasfemador de seu aluno, esquecendo a religiosidade de sua mãe. Em seus atos conscientes e inconscientes, fizeram do jovem Mussolini alvo de sua antipatia e perseguição, embora, após certa recalcitrância ostensiva, ele tivesse feito a primeira comunhão com uma aura de santidade que por pouco tempo pousou sobre ele e, conforme declarou, a partir de então a comida do colégio melhorou.[84]

O desfecho do conflito entre o garoto e os professores talvez fosse inevitável. Por ocasião de uma briguinha comum entre alunos, Mussolini, com onze anos ainda incompletos, sacou uma faca e feriu um colega de turma na mão. Seguiu-se tremenda discussão e um furioso salesiano disse para o futuro Duce que ele tinha uma alma negra como fuligem, e Benito foi posto para passar a noite com os cães do colégio (embora um professor mais caridoso acabasse o livrando desse castigo assustador).[85] Considerado violento e incontrolável, Mussolini foi, algum tempo depois, expulso do colégio, circunstância que mais adiante se tornou objeto de relatos biográficos fascistas, antifascistas e sensacionalistas, ficando como matéria ao alcance de qualquer analista disposto a provar que o futuro Duce tinha um só caminho a seguir.

A dificuldade para se chegar a uma conclusão definitiva sobre o tempo que ele passou em Faenza é que, ao fim das férias de verão em 1894, quando foi transferido para o colégio estadual em Forlimpopoli,[86] outra *città* na planície da Romanha, embora menos famosa, Mussolini se transformou em uma espécie de aluno modelo (apesar de algumas dificuldades por causa de outro incidente envolvendo facadas). No *Collegio Giosuè Carducci*, cujo nome homenageava o renomado poeta liberal (e patriota extremado) italiano, naquela época dirigido por Valfredo Carducci, irmão do poeta, Benito foi devidamente aprovado nos exames (às vezes com alguma dificuldade), a fim de ser matriculado no verão de 1901. Um relatório escolar desse tempo mostra que ele tinha desempenho melhor em pedagogia, linguagem e literatura, e "moral", e pior em agricultura e matemática.[87] Também começou a desenvolver interesse por música, que duraria a vida inteira, e chegou a pensar em seguir carreira como músico profissional. Seu objetivo, como afirmou na época, era compor uma música que reproduzisse "todo o movimento do universo".[88] Em 1899 Mussolini participou de um Festival da árvore, realizado em Bertinoro, elegante cidade nas montanhas, e foi fotografado tocando corneta.[89] Não foi por acaso que, no futuro, o político veio a recordar seus dias em Forlimpopoli.[90] Realmente, o colégio lhe proporcionou a primeira oportunidade para expor seu nome perante um público maior. No princípio de 1901, Mussolini foi escolhido para representar o colégio em uma solenidade comemorativa da morte de Giuseppe Verdi, às vezes considerado herói do Risorgimento e, sem dúvida, compositor de fama universal. O jornal socialista de âmbito nacional *Avanti!* publicou o evento em notícia de três colunas, se referindo ao orador como "camarada estudante Mussolini",[91] enquanto o diário *Il Resto del Carlino*, de Bolonha, ressaltava o "discurso muito aplaudido", embora mencionasse que o menino que discursara era "Benito Mussolino".[92] A despeito do eloquente feito, poucos meses mais tarde o tesoureiro do colégio não deixou de enviar para o prefeito local uma conta não paga de 22 liras e 68 centavos, com um pedido para exigir o pagamento pelos Mussolini.[93]

A descrição feita por um companheiro de escola do Duce e publicada na década de 1930 o mostra como um menino orgulhoso e geralmente taciturno que procurava se destacar dos demais alunos pelo gosto por roupas pretas (inclusive gravata) e pela aparência pálida, embora fosse conhecido como dançarino vibrante e desinibido. Ainda estudante, se gabava de ter perdido a virgindade em um bordel de Forli por cinquenta *centesimi*, acontecimento que, como declarou, despertava tanto culpa quanto tesão. Dizia a seus amigos que era um grande poeta, mas sempre acabava rasgando o que escrevia.[94] Gostava de se fazer conhecer por seus pensamentos profundos.[95] No bolso guardava seu talismã pessoal, um medalhão com a imagem de Karl Marx.[96] Os olhos proeminentes de Mussolini foram ficando mais expressivos a cada dia que passava. Começou a cultivar um pequeno bigode, que manteve até o fim da Primeira Guerra Mundial (embora não fosse tão exuberante quanto o de seu pai). Possuía excelente memória e transformou o estudo obrigatório de Dante (o poeta religioso medieval que se tornou principal símbolo cultural da nação italiana e do idioma nacional) em arma para seu próprio uso. Assim, segundo se dizia, adorava caminhar pelas ruas escuras e silenciosas de Forlimpopoli tarde da noite, declamando as estrofes do *Inferno* e do *Purgatório*. Era como se agredisse os muros das casas ao longo de seu caminho. Adorava, em especial, o estilo provocador de Dante.[97]

Quando terminou o tempo de estudante, Benito Mussolini era um rapaz inteligente, inflamado, ambicioso, às vezes violento (como a sociedade que o cercava), desfavorecido sob muitos aspectos, mas determinado e feliz por viver em tempos em que seus talentos particulares começavam a ganhar importância. Sob diversos ângulos ele podia ser definido como "primeiro de sua turma", embora não fosse o único político na história a merecer este epíteto. Como poderia achar uma forma de tirar proveito de suas evidentes qualidades, aplacar sua veemência e ambição, e passar de simplesmente o primeiro de seu pequeno grupo para o protagonismo em alguma faceta dessa vida que realmente importasse? Como encontrar o caminho para chegar a esse mundo grandioso?

Ser professor seria a resposta? Nos últimos meses como estudante, Mussolini já ajudava os professores como monitor, principalmente, segundo se dizia, de história. Em 1901, parecia ter herdado a vocação de sua mãe (como foi, por certo tempo, a de Arnaldo). Ser professor em uma escola, pelo menos em nível mais alto, poderia proporcionar considerável respeito na sociedade italiana da Belle Époque. O clima que cercava essa profissão ficou patente em uma cerimônia realizada no fim do ano letivo em maio de 1910, em Forlimpopoli, quando foi homenageado Valfredo Carducci, "irmão do poeta", que acabara de completar vinte anos de serviço em seu colégio, detalhe inevitavelmente ressaltado. Benito Mussolini, que recebera o pomposo título de correspondente em Forlì do *Avanti!*, jornal diário nacional-socialista, descreveu o acontecimento. O prefeito, escreveu, tinha presidido a solenidade em que Carducci recebeu de presente um relógio de ouro e um pergaminho comemorativo. Ex-alunos vindos de todas as regiões se juntaram a seu ex-professor em um banquete, depois em uma recepção e finalmente em um concerto realizado no elegante *Teatro Comunale*, com a renda revertida para o asilo local para marinheiros desamparados.[98] Claro que boa parte do tempo foi reservada para discursos e brindes.

Será que, na década anterior, o jovem que então acabava de se formar poderia imaginar que um dia alcançaria tal honra? Em dezembro de 1901, Mussolini publicou no suplemento da revista dos professores o que parece ter sido seu primeiro trabalho, um notável artigo sobre a questão russa.[99] Durante boa parte da década seguinte seu mais usual emprego foi como professor. A julgar por suas memórias sobre essa época, esperava que aquela que acabaria sendo sua companheira se referisse a ele como *professore*, prática que vigorou até o nascimento de seu quarto filho.[100] Porém, o jovem Mussolini tinha outro importante compromisso a cumprir — a política. O dilema permaneceu: como combinar as duas vocações?

A solução para esse dilema foi local. O jovem Benito, "recém-formado" e agarrado ao diploma, procurou emprego como secretário da *comune* Predappio, depois de ter tentado, sem sucesso, conseguir um cargo como professor.[101] Sua solicitação de emprego foi estudada seriamente. O conselho votou a matéria e Alessandro se retirou voluntaria e conscientemente da sala durante a votação. Todavia, Benito era um candidato muito jovem e inexperiente, e foi rejeitado em 10 de abril.[102] Afinal, seu destino era ser professor em alguma escola. Sabe-se que Alessandro disse ao filho para não se sentir decepcionado e buscar seu destino mundo afora. Nessa ocasião, também sugeriu que o filho se transformasse no "Crispi de amanhã".[103] Em fevereiro de 1902, Mussolini deixou a casa dos pais para assumir o cargo de professor temporário em uma pequena escola em Pieve Saliceto, uma *frazione* de Gualtieri na Emília-Romanha, ainda dentro do cinturão vermelho da Itália, mas a mais de cem quilômetros de casa, onde, assim se pensava, a *raccomandazione* [recomendação pessoal] de Alessandro tinha peso. Mais tarde Mussolini admitiu que nos dias iniciais como professor não se desempenhou muito bem e botou a culpa em sua reação à influência do clero que, em sua opinião, usava os livros-texto para intimidar, mesmo em uma *comune* socialista, e explicou como fracassara na tentativa de incentivar a iniciativa de seus alunos.[104] Também houve quem dissesse que, em Gualtieri, passava muito tempo bebendo e jogando cartas na *Osteria della fratellanza* (o "pub" da fraternidade).[105] Além disso, Mussolini encarava a disciplina segundo uma visão anarquista que era rejeitada pelos pais da localidade. Em junho soube que seu contrato não tinha sido renovado, embora a razão tivesse menos a ver com seu radicalismo pedagógico e mais com o escândalo público causado pelo caso de adultério em que se envolveu com a mulher de um soldado local.[106]

De qualquer modo, o jovem professor já pensava em se livrar dos laços que o uniam ao pequeno mundo do vale do Pó. Em maio de 1901 requereu passaporte e o conseguiu graças à boa situação financeira de sua família e à reputação de bons cidadãos de seus membros. Como informou a um amigo quando voltou para casa no começo de junho, logo estaria morando "não mais na terra de Dante, mas na de Guilherme Tell".[107] Em 9 de julho de 1902, o professor Benito Mussolini, da escola de ensino fundamental, partiu para a fronteira com a Suíça. Sua mãe lhe assegurara fundos para a viagem, o equivalente a quase um mês de salário. Ele alegou que a única pessoa de quem se despediu em Gualtieri Emilia foi "sua mulher", que nunca mais veria. Segundo o que ele próprio conta, certa vez a ferira com uma faca no braço durante uma briga e provavelmente ela deve ter ficado contente por poder voltar para seu marido.[108] No vagaroso trem, Mussolini leu em um jornal que seu pai tinha sido preso, mas a crise familiar não o demoveu da decisão de sacudir a poeira da Itália de sua vida.[109] Como milhões de italianos nas décadas anteriores a 1914 — o trem em que viajava, como recordou mais tarde, estava cheio de italianos tentando sair do país[110] — Mussolini decidiu emigrar. Comemoraria seu 19º aniversário no estrangeiro.

3
Emigrante e socialista, 1902-1910

Ao cruzar a fronteira com a Suíça, Mussolini estava seguindo um caminho já muito percorrido. Na década entre 1896 e 1905, mais de 4 milhões de italianos tinham emigrado, e durante os dez anos seguintes esse total subiu para 6 milhões.[1] Inicialmente os emigrantes vinham, em geral, do norte da Itália e se espalhavam por toda a Europa. Entretanto, no princípio do novo século começou uma onda de emigrantes vindos do sul, tendo os Estados Unidos e a América Latina como destinos preferidos. Além disso, continuava a partida maciça para Suíça, França, Alemanha e Áustria. Em 1902, por exemplo, Mussolini foi um dos 50.233 compatriotas (homens, em grande maioria) que migraram para a República Helvética.[2] No fim da década, Mussolini também passou algum tempo no Trentino austríaco, quando chegou a pensar em partir para os Estados Unidos ou para Madagascar, uma escolha bastante improvável.[3] Em 1903 disse para um amigo que alimentava a ideia de viajar para a África por vinte anos a fim de fugir do serviço militar nacional.[4] Em 1910 ele e Rachele conversaram sobre a possibilidade de irem juntos para a América e só a abandonaram quando ficou evidente que Rachele estava esperando um filho.[5]

Em geral os emigrantes italianos eram jovens e do sexo masculino. Entre 1896 e 1905 o número de homens que deixavam o país era cinco vezes o de mulheres.[6] Os que partiam se viam geralmente na condição de "temporários" ou "aves de arribação", trabalhando arduamente e enfrentando a exploração, mas não apenas de seus compatriotas que tinham emigrado antes e que conheciam as peculiaridades e os costumes de suas novas pátrias, podendo usá-los em seu próprio benefício. Se conseguisse fugir dessas armadilhas ou superá-las, o emigrante poderia pensar em voltar para casa mais experiente e rico. Com frequência, como ocorreu com Mussolini, os italianos iam e voltavam várias vezes, como o espírito de aventura, que precisavam ter, exigia. Para muitos, o período como emigrante era uma oportunidade para aprendizagem, ou melhor, um período de recrutamento militar, em que muita coisa que acontecia, era cruel e difícil de prever, em que a vida além-fronteiras constituía um rito de iniciação, um serviço necessário que finalmente permitia ao emigrante amadurecer, fazer um pé de meia e ficar livre para retornar à família e a seu *paese*. A emigração era, no fundo, um ato típico dos italianos e, portanto, característico de massas sem sentimento de nacionalidade, que se comportavam como se a moderna nação italiana fosse irrelevante para suas esperanças e medos.

Se naqueles tempos de desespero o ideal de emancipação financeira e espiritual era o que movia muitos emigrantes, a história de cada um deles tinha suas peculiaridades. Experiência no exterior servia principalmente para distinguir os sexos e fortalecer o patriarcado tradicional. Com o jovem Mussolini aconteceu justamente essa confirmação de hábitos e crenças. Ainda mais notável era a questão de identidade, de interesse político em estados que se modernizavam, fossem os países que recebiam os emigrantes, fosse a própria Itália. Neste ponto, havia a curiosa e irônica possibilidade de o ato de migração, que apesar da aparente aceitação de que o Estado-Nação não podia garantir o sustento imediato e tampouco oportunidades futuras, permitir uma verdadeira nacionalização das massas. Por definição, emigração envolve estatística, esse processo de tabulação e consultas tão importante para os estados modernos. Os emigrantes podiam deixar terras italianas e seus *paesi*, mas tanto a sociedade que os recebia quanto os representantes do governo italiano com quem entravam em contato a eles se referiam como os "italianos". O mesmo aconteceu com outros povos com quem conviveram. Nem sempre eram tão simples as questões envolvendo identidade. Algumas vezes a palavra *latinos* soava quase como se ainda fossem súditos da Roma Imperial. Com maior frequência, associações de assistência social e clubes "italianos" se diziam vinculados à determinada região, cidade ou aldeia, e seus membros permaneciam ligados por uma clássica "cadeia" emigrante a seu pessoal na Itália. Assim, a palavra *Itália* não podia ser expurgada do vocabulário de um emigrante. Na verdade, como comentou um deles, somente quando foi para a América Latina teve a consciência de que era italiano.[7]

Um grande número de figuras importantes do regime fascista compartilhou essa ânsia por uma identidade nacional. Uma delas foi Edmondo Rossoni, por algum tempo chefe do sindicato fascista. Nascido em 1884 e, portanto, um ano mais novo que Mussolini, e oriundo de um *paese* da província de Ferrara, não muito longe de Predappio, Rossoni emigrou para os Estados Unidos depois de um desentendimento com a polícia italiana por causa de seu ativismo trabalhista. Em 1912, se tornou, nos Estados Unidos, uma espécie de nacionalista, insistindo em um sindicato exclusivamente italiano como a melhor forma para derrotar os chefes capitalistas e progredir em sua própria carreira.[8] Outro emigrante italiano nos Estados Unidos foi Amerigo Dumini, que ficou famoso em 1924 como líder do grupo fascista que matou o deputado socialista moderado Giacomo Matteotti, mergulhando o regime fascista num escândalo que teve repercussão popular. Na verdade, Dumini foi da segunda geração de emigrantes, nascido em St. Louis em 1896, mas que voltou para ser educado na Itália. A partir de então, passou a adotar um vocabulário nacionalista (embora nunca deixasse de aproveitar boas oportunidades), durante a Primeira Guerra Mundial e quando serviu no Exército italiano.[9]

Inicialmente a experiência de Mussolini como emigrante não pareceu seguir o mesmo caminho. Benito Mussolini era socialista. Em um dos breves artigos com que orgulhosamente contribuía para um jornal local, seu próprio pai acusou o Estado italiano pela lamentável iniciativa de induzir seus cidadãos a saírem do país. De acordo com Alessandro, nove famílias, englobando cinquenta pessoas, tinham acabado de deixar Dovia rumo ao Brasil, a caminho do sofrimento e, quem sabe, da morte. A febre amarela, alertou Alessandro, assolava os trópicos.[10] Da mesma forma, desde aquela época a teoria marxista descrevia a emigração como um processo de exploração internacional por meio do qual a burguesia diminuía salários e aviltava condições de trabalho, nos próprios países e no exterior. Realmente, a Emília-Romanha, justamente porque era "vermelha", foi uma região onde houve pouca emigração. Para os marxistas absolutamente conscientes, o emigrante era uma espécie de traidor e fura-greves que, em vez de abandonar o aconchego familiar, deveria permanecer onde podia lutar contra os patrões com mais conhecimento e eficácia.

Em sua cabeça, Mussolini não estava indo para a Suíça transgredindo regras do socialismo. Ao contrário, sua emigração era uma forma de exílio, uma aventura de um jovem em busca da própria afirmação, mas, ao mesmo tempo, uma manifestação de desprezo pela Itália, que não o considerara merecedor de um emprego que valesse a pena. Em seu novo domicílio, Mussolini estava firmemente decidido a permanecer leal às redes socialistas, que lhe ofereceram um lar longe de seu verdadeiro lar. Poucas semanas após a chegada à Suíça, ele já escrevia com certa regularidade para um jornal intitulado *L'Avvenire dei Lavoratori* [O Futuro dos Trabalhadores]. Mussolini declarou para um amigo que tinha sido nomeado coeditor do jornal ao lado de um advogado de Lausanne, Tito Barboni (na verdade editor do jornal e secretário do Partido Socialista Italiano na Suíça)[11]. Mussolini não ocupou a cadeira de editor, mas se revelou articulista contumaz, um jornalista nato, que contribuiu com nove artigos em menos de seis meses, tempo de sua primeira permanência na Suíça.

A propósito, a emigração de Mussolini foi a de um "intelectual". Em 1902, as instituições da Itália liberal estavam sendo visivelmente desafiadas por muitos dos "melhores e mais brilhantes" representantes da nova geração, e essa situação perdurou até, pelo menos, a entrada do país na Primeira Guerra Mundial, em maio de 1915. Na virada do século, sociólogos que criticavam a situação registraram que, na Itália, havia 0,74 advogados para mil habitantes, enquanto na bem governada e disciplinada Prússia a relação era de 0,12 para mil.[12] Em 1900, 27 dos 32 membros socialistas do Parlamento se diziam *professore*,[13] significando que tinham se formado em algum curso e podiam lecionar em escolas. Guido Fusinato, conservador pessimista que periodicamente se preocupava tentando encontrar uma forma de a Itália nacionalizar a massa popular, tirou daquele registro uma lição óbvia e investiu contra a:

> [...] nova forma de *intellectual proletariat*, ainda mais desprezível e ameaçador do que o proletariado econômico, no qual os partidos políticos extremistas recrutavam muitos de seus membros mais ativos, inteligentes e questionáveis.[14]

Claro que Mussolini nem era um advogado formado em uma universidade, mas exigia ser chamado de *professore*, reivindicando ousadamente os direitos e deveres de um intelectual, dizendo-se ativo, lúcido e pronto para a "revolução". Em sua própria visão, seu mundo era vasto. Realmente, em seu artigo inicial para o *L'Avvenire dei Lavoratori*, comparou o desalento da então burguesia europeia diante do desmoronamento do campanile de Veneza (na verdade, como agressivamente escreveu Mussolini, o antigo monumento era de "gosto artístico muito questionável") com a tolerância diante do massacre de armênios no Império Otomano. Com violência, os curdos, acrescentou com um característico toque de malícia, tinham amarrado mulheres armênias e cometido atos de inacreditável ferocidade contra elas. Perguntou retoricamente se a civilização seria capaz de se pronunciar contra tais perversidades e indicava a resposta:

> O desaparecimento da tirania de uma única classe social, que conta com privilégios econômicos e impõe sua vontade sobre as outras, sinalizará o fim do fanatismo e do ódio social. Então, todos os homens estarão unidos e fraternalmente solidários.[15]

Assim, desde cedo o "prof. Mussolini" se gabava de ter opinião sobre todos os assuntos. Alegava fazer parte dos hoje assim chamados "círculos intelectuais", descaradamente determinado a obrigar os outros a notarem sua presença. Sua educação podia ter sido limitada, mas sua insolência não tinha limite. Entretanto, bem antes de completar 21 anos, Mussolini, embora na verdade fosse inexperiente, se colocava agressivamente como um intelectual entre intelectuais. Como um contemporâneo registrou com perspicácia, ele tratava "todos os outros intelectuais como inimigos e rivais".[16]

Mas o que significava ser intelectual?[17] Um dos temas de debates sobre esse período de emigração para a Suíça é saber se, em 1904, Mussolini assistiu ou não às palestras de Vilfredo Pareto na Universidade de Lausanne. Pareto foi importante como intelectual de renome mundial e por seu entendimento do que chamava "elites criativas", ou seja, homens que se distinguiam por seu dinamismo e força de vontade, sempre destinados a liderar, conceito que finalmente foi visto como antecedente da ideologia fascista. Sob o regime fascista, a versão oficial era de que Mussolini estudara com Pareto, embora houvesse quem discordasse, mas com certeza ele não se submetera a exame algum.[18] Talvez o comparecimento às aulas, o grau de atenção e o nível de compreensão do estudante não importassem muito, a não ser para ressaltar que o ex-professor de escola continuava absorvendo o mundo mental que o cercava, por mais que continuasse incerto o conhecimento de pormenores de suas ideias.

Realmente o conflito entre o Mussolini exilado intelectual e o Mussolini emigrante econômico é um incômodo sempre presente em qualquer relato de sua vida na Suíça. Foi um período que mais tarde seria lembrado como aquele em que Mussolini às vezes teve que dormir no banco de um parque e precisou aceitar um emprego instável na construção civil, em um açougue ou como vendedor de vinho (embora muitas vezes conseguisse empregos melhores como escrevente em algum escritório e pelo menos um de seus contemporâneos notasse que suas mãos, supostamente de operário, continuavam macias e brancas).[19] Pode ser que naquela época tivesse passado fome e dificuldade para encontrar onde pudesse se lavar. Mussolini lembrou uma ocasião em que um de seus primeiros patrões reclamou que seu empregado estava bem-vestido demais.[20] Tinha dívidas que não pagava com facilidade, tanto com amigos na Romanha quanto com pessoas de suas novas relações. Esteve doente, provavelmente em consequência da solidão do exílio e da falta de familiaridade com o ambiente em que vivia, e surgiram rumores, que duraram até depois de sua morte, de que em algum momento tinha contraído sífilis.[21] Mais tarde, elementos contrários ao fascismo declararam que ele chegou a roubar em certa ocasião, quando se propalou, provavelmente uma afirmação falsa, que Mussolini tinha roubado o relógio de um amigo.[22] Também houve um caso de amor até certo ponto exótico com uma estudante de medicina polonesa. Em 1903, teve um caso mais sexual do que romântico com uma divorciada em Lausanne, mas, como ele explicou para um amigo, apenas "para satisfazer a carne, e não a alma".[23] Por fim, aconteceu, de outubro a dezembro de 1903, uma apressada viagem para casa, depois de receber a notícia de que sua mãe, Rosa, estava doente. A visita de retorno se transformou em oportunidade para rever velhos amigos (e começar a perceber que o mundo em sua terra natal seguia em ritmo diferente daquele da emigração).[24] O tempo que passou com a família também serviu para Mussolini, quando retornou para o exterior, incluir seu irmão Arnaldo, então com dezoito anos, em sua jornada como emigrante.[25] Não foram escolhas fáceis. As reviravoltas desta história, as alternativas entre tropeços e esperanças, os laços nunca rompidos com a família, a casa e com o *paese*, incomodamente misturados ao encantamento com um novo mundo, produziram uma gama de sensações que se tornaram habituais para outros jovens emigrantes daquela época.

Certamente, nenhum desses outros emigrantes se tornou ditador da Itália e, portanto, por mais cético que se precise ser a respeito de sua autoestima e por mais que se mostrasse interessado em aparecer ao lado dos assim chamados "malandros do intelectualismo",[26] Mussolini começava a desenvolver um acervo de ideias e um padrão de ações. Para esse emigrante, o socialismo, pelo menos verbalmente, estava no centro de seu ser. Ao regressar para ficar ao lado do leito de sua mãe, Mussolini explicou para um colega de escola, acrescentando cores dramáticas: "No fim de novembro vou fazer novamente minha bagagem e partir mais uma vez rumo ao desconhecido. O movimento (socialista) se transformou em necessidade básica para mim. Se parar, simplesmente morro".[27] Outras pessoas também começaram a perceber sua importância. Quando o jornal liberal *La Tribuna*, de Roma, publicou, em abril de 1904, uma reportagem sobre um de seus choques com a polícia, ele foi descrito como o *grande duce* [líder principal] do grupo socialista local.[28] Quais eram os elementos que compunham o socialismo daquele jovem, essa ideologia que ele defendia e que alimentava sua crença?

O traço mais marcante e sempre presente no sistema de crenças do jovem Mussolini era o então chamado "maximalismo",* o compromisso com uma revolução do tipo que, uma geração antes, Costa e Cipriani tinham defendido. Em contrapartida, frequentemente Mussolini manifestava seu desdém pela prudência "reformista" defendida por moderados como Filippo Turati, cofundador do Partido Socialista em 1892 e agora membro da Câmara dos Deputados. A respeitabilidade e o senso de responsabilidade de Turati não sensibilizavam o enérgico jovem revolucionário. Para ele, as autoridades do Estado eram seus inimigos naturais.

Não causou surpresa descobrir que, entre as experiências de Mussolini na Suíça, estavam problemas com a polícia, "detenção, prisão e expulsão" de um cantão para outro e, em certa ocasião, após dez dias confinado em uma cela, foi mandado para o outro lado da fronteira no lago Como.[29] Lá ele tinha comprado normalmente uma passagem de trem de volta para Lugano, mas, novamente convocado para se explicar perante as forças da lei e da ordem, preferiu se refugiar na casa da família Barboni e de outros amigos socialistas. Os primeiros artigos que escreveu para o *L'Avvenire dei Lavoratori* acompanhavam sua linha de pensamento:

> Não existe fórmula simples. Só podemos esperar que o Partido retorne a seus métodos originais de luta e se volte com espírito resoluto contra a ordem constituída, sem jamais sujar suas mãos [...] com acordos políticos ou financeiros.[30]

---

* Os socialistas maximalistas eram aqueles que acreditavam na luta armada. (N. T.)

Mussolini era um ativista e, em seu próprio entendimento, um purista que, com justa razão, exaltava os nomes de Cipriani e do jovem Costa. Em seus poemas, cantou solenes obituários dos companheiros mortos, invocando vingança contra seus perseguidores.[31] Era republicano. Em um jornal de nome *Il Proletario* [O Proletário], ridicularizou os reis, defendendo que deveriam ser derrubados.[32] Para ele, os parlamentos também eram organizações burlescas, que os homens probos um dia destruiriam. Os socialistas moderados que tentavam fazê-los funcionar no interesse do proletariado estavam se iludindo.[33]

Mussolini era, sobretudo, anticlerical. No fim da década escreveu *A amante do cardeal*, uma história romântica em que a Igreja era mostrada como lugar de luxúria, hipocrisia e assassinato.[34] Em 1910 sentimentos como este estavam arraigados em sua mente. Seu primeiro Natal fora de casa serviu como incentivo para escrever um artigo para o *L'Avvenire dei Lavoratori* em que um futuro amigo ou aliado da Igreja Católica comentava a distância existente entre o sofrimento de Cristo e o egoísmo e a corrupção de seus representantes na Terra, pessoas que Ele teria "amaldiçoado e castigado" se tivesse oportunidade.[35] Alguns meses mais tarde, a imaginação de Mussolini ficou mais sinistra quando ele resolveu fazer comentários moralizadores sobre os "horrores dos claustros".[36] Em contrapartida, relatou com ingênuo entusiasmo que em torno de Dovia os batismos socialistas estavam progredindo e brevemente substituiriam a cerimônia religiosa.[37]

Seus discursos eram marcados por temas e atitudes semelhantes (ele afirmava que os domingos eram sempre dedicados ao treinamento de discursos)[38]. O profundo anticlericalismo que herdara de seu pai acabou provocando um debate público realizado na *Maison du Peuple*, em Lausanne, em 25 de março de 1904, entre Mussolini e um pastor protestante de nome Alfredo Taglialatela. Desde os primeiros momentos de sua peroração, Mussolini encontrou forma de mencionar Bruno, Leibniz, Robespierre, Bacon, Galileu e um punhado de outros pensadores do passado.[39] Entretanto, precocidade intelectual não era tudo. Dizia-se que o futuro Duce defendia seus argumentos presunçosamente diante de uma mesa e fazia uma contagem regressiva de cinco minutos,[40] desafiando o Todo-Poderoso a se manifestar. Deus ignorava o jovem espalhafatoso e blasfemo.

Socialistas mais inteligentes já defendiam que assuntos de religião deviam ser deixados por conta das pessoas e que a tradição dos *mangiapreti* (ao pé da letra "devoradores de padres") estava ficando anacrônica. Mussolini descreveu publicamente tal moderação como forma de ganhar tempo e se esquivar do problema, e, pior, se confrontou com o mais velho e mais experiente reformista Émile Vandervelde, que acabou sendo ministro do Exterior da Bélgica. Certamente a forma cortante com que o jovem socialista atacava a Igreja e Deus tinha um lado problemático. Como um verdadeiro intelectual pode ter pensamentos tão grosseiros? Poderia um socialista preocupado com o bem-estar do povo ser tão truculento quando aborda crenças acolhidas por tanta gente? Será que o anticlericalismo, com seu convenientemente invisível inimigo (pelo menos no que diz respeito a Deus), muitas vezes não estaria ocultando a ambição, mascarando um compromisso apenas superficial com liberdade e igualdade? Essas eram as perguntas que alimentavam as discussões entre os socialistas sobre qual deveria ser a linha mestra do Partido a respeito das relações entre a Igreja e o Estado, como também entre indivíduos e suas preferências religiosas.

Se o anticlericalismo já era um problema para os teóricos do socialismo, havia outro ainda maior envolvendo a nação. O dogma marxista sugeria que o socialismo era, por definição, internacionalista e defendia que seu triunfo significaria liberdade para os trabalhadores de todo o mundo. Porém, com o correr dos anos, a nação ficou mais consciente de que o formato político moderno e as culturas nacionais estavam enraizados nos povos da Europa, não apenas no leite das mães que amamentavam seus filhos, mas também na educação imposta por cada Estado como passo obrigatório para ingresso na modernidade. Foi o tempo em que os camponeses (e também alguns operários) estavam "se tornando franceses",[41] alemães ou de outras nacionalidades. Nesses tempos, os socialistas declaravam que estavam remando contra a maré, condenavam o jingoísmo, subestimavam os rivais nacionalistas e até se reuniam periodicamente em assembleias que diziam solenemente serem "internacionais". Nessas reuniões prometiam reagir contra qualquer tentativa burguesa de recorrer à guerra com uma greve geral. Em dias melhores, trabalhadores não matarão trabalhadores. Entretanto, não muito distante da superfície do pensamento e das práticas socialistas, a corrente nacionalista se agitava e prosperava. Em pouco tempo seu poder varreria do mapa a liderança do Partido Democrata Social alemão, o maior e mais sofisticado do mundo, cujos parlamentares tinham votado unanimemente pela concessão de recursos para o governo nacional (e imperial) da Alemanha no início de agosto de 1914. Como o jovem Mussolini definiria sua própria posição nessa questão nacional?

A resposta é, com alguma dose de ingenuidade, certo interesse pessoal e algumas incoerências. Em teoria, como já foi comentado, Mussolini era um ardoroso internacionalista. Não obstante, a despeito da ortodoxia marxista e do fato de o processo de nacionalização das massas ser mais frágil na Itália do que em outros países mais ao norte, a consciência da identidade italiana estava implícita em seus atos e palavras. Em seu tempo de estudante, Mussolini se deixara entusiasmar durante um mês inteiro pela crise nacional resultante do fracasso dos planos de grandeza da Itália Imperial do primeiro-ministro Crispi depois que os etíopes puseram as forças italianas para correr na Batalha de Adowa.[42] Em vez de reagir e vingar a derrota como outros países europeus tinham feito em outras regiões da África, os italianos se retiraram penosamente, humilhados pelo imperador local, Menelik II.

Mussolini também conhecia bem a nação Suíça. Por mais socialista que fosse, nos contatos com os socialistas locais, fossem suíços ou exilados vindos da Itália, falava italiano. O idioma era uma questão fundamental. "Estudei francês na escola", dizia ingenuamente Mussolini, "mas não entendo a língua (como era falada nos círculos que frequentava na Suíça), já que meus ouvidos não estão acostumados com o som de um idioma estrangeiro."[43] Pelo menos de acordo com o que contava, seu francês falado logo melhorou e, ao longo de toda sua vida, muitas vezes leu livros em francês com uma curiosa combinação de prazer e raiva. Estava sempre disposto a reclamar que os franceses não estavam à altura da grandeza do seu antigo professor dessa língua. Certo toque estrangeiro ainda pairava sobre a Suíça não italiana e até depreciava os suíços que não falavam esse idioma. A Suíça era um país naturalmente aberto para reformas. Os suíços, reclamava Mussolini, eram acomodados demais com sua forma de vida para se engajarem em uma verdadeira revolução.[44] Não eram companheiros genuínos.

Sentindo-se desconfortável na condição de suíço italiano, Mussolini procurou consolo no exílio intelectual. Afinal, a Suíça era o lar de muita gente, inclusive Lenin, que tinha fugido da polícia em seus países de origem e, em vizinhanças relativamente liberais, podia se concentrar na organização de revoluções e tentar triunfar nas endêmicas disputas entre facções, recorrentes na vida de intelectuais expatriados. Ao regressar, aproveitou o tempo livre ao lado da mãe para traduzir um trabalho do príncipe anarquista Piotr Alekseievitch Kropotkin e se esforçou para marcar sua presença entre os exilados dissidentes.[45] De volta à Suíça e com firme determinação, começou a se movimentar nos círculos do socialista maximalista italiano Giacinto Menotti Serrati e sua amiga russa, a exilada Angelica Balabanoff, produto da nobreza sulista da Rússia.

Mussolini trabalhou com a Balabanoff — ainda que ela acabasse o denunciando por traição à causa socialista[46] e amargamente o rotulasse como "um Hireling, um Judas e um... Caim"[47] — em outra ambiciosa tradução que fez do alemão de obra do renomado teórico Karl Kautsky.[48] Balabanoff também aproveitou a oportunidade para introduzir Mussolini nos fundamentos da filosofia por meio de uma espécie de prática de "estímulo e resposta", método de memorização pela repetição. Quando ela pronunciava o nome Fichte, ele devia responder "tese, antítese, síntese"; Balabanoff: "Hegel", Mussolini: "ser, não ser, se tornar"; Balabanoff: "Marx", Mussolini: "necessidade, trabalho, luta de classe".[49] Posteriormente sua instrutora comentou, com certa malícia e muita perspicácia:

> Ele se achava um "intelectual", um líder, e o contraste entre essa visão que tinha de si mesmo e a realidade da vida diária o levaram a exagerar em autocomiseração e em um sentimento de injustiça pessoal.[50]

Em seguida Mussolini começou a estudar o sindicalismo, variante do socialismo que prosperou na Itália na década que antecedeu a eclosão da Primeira Guerra Mundial. Passou os olhos por trabalhos de Georges Sorel, o alienado funcionário francês que tinha se transformado em famoso teórico dessas ideias e também das que falavam sobre o poder do "mito" e, portanto, via a possibilidade de conduzir facilmente as massas para ações violentas não só por meio de emprego inteligente de palavras, como também explorando seus reais sofrimentos.[51] A mente de Mussolini ainda era muito maleável. Sua ambição de progredir de alguma forma e em algum lugar, tanto cultural quanto socialmente, era evidente demais e dificultava sua aceitação como pupilo nesta ou naquela escola de pensamento. Não obstante, em seu último ano na Suíça, acrescentou o sindicalismo aos conceitos que a partir de então abririam um caminho em sua mente e, com estímulo adequado, ele sairia repetindo à vontade.

Subitamente, nos últimos meses de 1904, sua experiência suíça chegou ao fim. Deixando Arnaldo por conta própria em Berna, outra vez voltou para casa. Até hoje o motivo não está muito claro. A saúde de sua mãe não tinha melhorado e sem dúvida o amor filial (Rosa continuava enviando generosos subsídios para seu filho mais velho que emigrara) contribuiu para sua decisão. A outra explicação é mais política. Com a possibilidade de seu regresso ser contemplado com a anistia para quem fugira do serviço militar, Mussolini tinha decidido aceitar a convocação para o Exército italiano. No passado ele comentara sobre a possibilidade de partir para terras distantes a fim de evitar a convocação e, em março de 1904, tinha ignorado a convocação para se apresentar em Bolonha, onde foi condenado em "ausência" por um tribunal militar, por ter se esquivado ao dever para com a nação.[52] Agora, com a facilidade apontada, ele espantou seu antipatriotismo e seu antimilitarismo para servir como *bersagliere* e, assim, ingressar em uma organização de elite do Exército italiano, à qual serviu com disciplina e até prazer.

Mais uma vez seus atos não podiam ser vistos com surpresa. O Exército conseguia atrair os conscritos, talvez como "escola de nacionalidade" e, com certeza, como instituição que fortalecia os valores masculinos (legitimados pela violência que não raramente atingia as camadas da sociedade italiana, fossem as mais pobres, fossem as mais ricas). Não importa os motivos, Mussolini continuou no serviço militar por quase dois anos, embora, logo no início, tivesse recebido generosamente dois meses de licença para estar ao lado da mãe em seu leito de morte.[53] Tinha sido chamado em uma carta que lhe enviara Temistocle Zoli, afirmando que Rosa tinha contraído meningite. Sua agonia durou menos de uma semana.[54] Contam que Benito se ajoelhou pedindo perdão por sua desobediência e sua bênção. Sua mãe não podia falar, mas o reconheceu pelo capacete diferente, peça do uniforme que ela afagou "repetidamente".[55] Quando ela morreu, segundo dizem, Mussolini se sentiu totalmente perdido e disse tristonho: "O único ser vivo que realmente amei, que esteve sempre próximo de mim e chorou por mim".[56] Tentou ser estoico, mas:

> Nesta hora de dor, me rendo diante da implacável lei que rege a vida humana. Gostaria de encontrar conforto perante essa fatalidade, mas as mais consoladoras doutrinas não são capazes de preencher o vazio que sinto, deixado pela perda irreparável de um ser amado.[57]

Mais piegas, o biógrafo fascista de Rosa descreveu o sacrifício da morte da matriarca comparando-o a um pacto pelo qual a mãe confiava seu filho à Itália e continuava sendo, para todos seus filhos, "a mais bela visão de seu passado, uma visão que perdura em um eterno presente".[58]

Na época se comentou que, antes do retorno de Mussolini da Suíça, Rosa tinha escrito para o filho insistindo para que sossegasse e, por algum tempo, seu radicalismo pareceu ter diminuído. Uma semana depois da morte da mãe, ele escreveu para seu comandante manifestando seu desejo patriótico de, como soldado, ajudar a preparar a nação para enfrentar uma possível invasão dos "bárbaros do Norte".[59] Quando, em setembro de 1906, terminou seu tempo de serviço militar, retomou o trabalho como professor. Em novembro de 1907 subiu de nível e passou a ensinar francês em uma escola do nível médio depois de ser aprovado em um exame na Universidade de Bolonha, embora, ainda rebelde, tivesse, segundo se dizia, provocado consternação entre os professores ao entrar na sala de provas fumando e com ar meio debochado.[60] Em outros aspectos, finalmente sua vida parecia menos fútil. Na condição de chefe de família, acolheu de bom grado o casamento de sua irmã Edvige com o dono de uma pequena loja no centro de Premilcuore, localidade próxima.[61] Demonstrou maior interesse do que no passado pelo rendimento financeiro da posse de terras pela família. Aos olhos de alguns, estava se saindo bem como professor. Em julho de 1908, quando deixou sua função em Oneglia, na Ligúria, em sua despedida foi homenageado com um banquete público.[62]

Contudo, Mussolini não era um tipo que se pudesse considerar respeitável. Era difícil renunciar à *vie de bohème*. Sua vida sexual continuava desorganizada e, quando foi dar aulas em Tolmezzo, perto da fronteira norte da Itália, correram rumores de que havia um filho ilegítimo recentemente falecido.[63] Foi a única vez em sua vida em que Mussolini se excedeu na bebida (como lembraram seus inimigos).[64] Continuou sendo um ativista socialista (e anticlerical), embora por breve tempo o número dos artigos que publicava tivesse diminuído. Seu gosto pela oratória, não. O jornal local de Udine, por exemplo, logo passou a descrever os feitos do exaltado *maestro* revolucionário "Bussolini". Esse extremista socialista tinha feito de improviso um entusiasmado discurso de 45 minutos sobre o mártir e herege Giordano Bruno. O discurso foi tão inspirador que, ao final, os camaradas cantaram o hino dos trabalhadores e encerraram a apresentação no lado de fora da casa do padre local manifestando sua admiração por Bruno e o eterno apoio aos contemporâneos franceses que também combatiam o clero.[65]

Em Oneglia, Mussolini encontrou mais um motivo para retomar a carreira política. A escola onde trabalhava era particular e católica, e ele morava na cidade com os dois irmãos do revolucionário Giacinto Menotti Serrati. Lucio Serrati editava o jornal semanal local, *La Lima*, e Mussolini logo voltou a publicar em suas páginas artigos sobre os mais diversos assuntos. Ainda podia ser um tanto provinciano, como, por exemplo, quando lamentou a morte de Edmondo De Amicis, autor do manual patriótico *Cuore*, do qual se lembrava como seu livro favorito na juventude (como tinha sido para todos os bons italianos).[66]

Entretanto, Mussolini revelou cruamente seus pontos de vista políticos em um artigo publicado na Páscoa (não foi muito apreciado por seus patrões), condenando as comemorações cristãs e afirmando que são assuntos absolutamente indiferentes para os genuínos trabalhadores. Só os "idiotas", acrescentou, acreditam nas histórias da Bíblia.[67] Como era típico dele, logo se preocupou em defender os "intelectuais". Não eram eles que criavam dificuldades para o socialismo. O problema era "os que se proclamavam socialistas sem realmente saberem por quê".[68] Porém, seu artigo mais ambicioso para o *La Lima* foi uma longa apreciação sobre Marx no 25º aniversário de sua morte. Nesse artigo, Mussolini enalteceu o pai do socialismo como ativista, como alguém que foi simultaneamente "científico" e realista. Marx, escreveu com fervor, demonstrara de forma conclusiva que "uma classe jamais abrirá mão de seus privilégios a não ser que seja forçada a fazê-lo". Marx provara, sem margem para dúvida, que "a luta final será violenta e catastrófica" porque os capitalistas com certeza não se renderão sem lutar furiosamente.[69]

A mensagem que Mussolini extraía de suas próprias palavras dizia que dar aulas era menos atraente do que fazer política. Seu contrato durou pouco tempo em Oneglia, como já acontecera em Tolmezzo, e novamente começou a pensar em fazer algo melhor. Como tantos outros jovens nessa situação, lembrou-se de seus possíveis patrões e muito cuidadosamente consultou Giacinto Serrati se considerava viável editar um jornal em Mântua e, se fosse o caso, pedia a Serrati para ajudá-lo.[70] Inicialmente não obteve sucesso. Mais uma vez foi mandado de volta para casa, onde foi anunciar para os leitores do *La Lima* que o espírito revolucionário estava, em seu entendimento, tomando conta da Romanha.[71] Uma greve, alguns discursos retumbantes e uma briga resultaram em detenção, prisão e libertação após recurso.[72] Após esses acontecimentos e então morando na casa de Alessandro, na periferia de Forli, Mussolini voltou-se para a cultura, escrevendo um artigo sobre a poesia de Klopstock no jornal do sindicato, o *Pagine Libere*, e outro defendendo Nietzsche na revista cultural da região, *Il Pensiero Romagnolo*. Nesta última, concluiu que Nietzsche era realmente uma positiva força intelectual e que seus trabalhos eram um "hino à vida".[73] Em aparente contradição, que compartilhava com outros nacionalistas populares como o poeta francês Charles Maurras, usou as páginas do *Il Pensiero Romagnolo* para homenagear a prosa em dialeto local, que, segundo ele, representava "nosso povo" e defendia "nosso perfil étnico e espiritual".[74]

Enquanto seus leitores digeriam essa insólita ideia, Mussolini, então com 25 anos, encontrava a melhor atividade que tivera até então. Seus patrões, Serrati e Balabanoff, o tinham indicado para secretário da organização socialista no Trentino, governado pela Áustria, e para editor do jornal local do Partido. Em 22 de janeiro de 1909 os leitores do *L'Avvenire dei Lavoratori* foram convidados para dar as boas-vindas ao novo companheiro,

> Benito Mussolini, que, além de ser um reconhecido lutador, é um ardoroso agente de propaganda, especializado na questão do anticlericalismo. É um jovem culto e, para o bem de nosso movimento, domina completamente a língua alemã.[75]

Seu mais erudito biógrafo italiano foi mais breve:

> Psicologicamente Mussolini foi para Trento, como já fizera em outros empregos, com espírito de aventura e em busca de novidades, mas também, é preciso reconhecer, para fazer frente às suas despesas.[76]

Ao descrever pela primeira vez sua vida em Trento, que no passado fora berço da Contrarreforma, Mussolini salientou que agora era uma cidade com 30 mil habitantes, das mais diversas origens. Como disse, seu trabalho não era muito exigente. Tinha que fazer uma série de discursos, mas muitas vezes em cervejarias, e não em locais mais apropriados como gostaria, já que renunciara à antiga queda pelo álcool (e, realmente, de acordo com um amigo maldoso, tinha se tornado um hipocondríaco).[77] Na cidade, três jornais competiam: um socialista, um católico e o nacionalista *Il Popolo*, órgão fundado por Cesare Battisti, considerado mais tarde "mártir da nação italiana na guerra". Geralmente os jornais usavam suas páginas para se insultarem mutuamente, como notou Mussolini em tom desaprovador, embora ele próprio não excluísse a possibilidade de trabalhar para Battisti (e logo estava escrevendo para *Il Popolo* e para um semanário de Battisti, o *Vita Trentina*). Os socialistas locais, acrescentou, não confiavam em sua fidelidade e não aceitavam sua personalidade. Para preencher o tempo, escrevia contos "no estilo de Poe".[78] Também distribuía anúncios pela cidade se apresentando como professor de francês e garantindo "um método rápido e seguro". Em compensação, a vida em Trento tinha suas vantagens. Uma delas é que a polícia interferia menos do que na Itália. Além disso, ele sempre podia passar algum tempo na biblioteca da cidade (que ficava aberta das nove da manhã às dez da noite e assinava quarenta jornais diários e oitenta revistas nas quatro principais línguas europeias), muito melhor do que em Forli, "cidade atrasada, de vendedores de porcos e alfafa".[79]

Trent, ou Trento, usando o nome italiano, era, afinal, o maior centro urbano em que Mussolini já vivera. Também era o mais consciente de possuir cultura e história, já que passara a ser, após 1918, a capital do Tirol do Sul (ou Alto Ádige, como os patriotas italianos exigiam que fosse chamado). Era um lugar com uma importância que Predappio, Oneglia e Tolmezzo e muito menos Forli tinham. Embora dentro do perímetro de acontecimentos que envolveram a Áustria, a relevância da cidade era realçada pela política de então. O Império Habsburgo Austro-Húngaro era o ponto de encontro das ideias da Belle Époque europeia. Os principais adeptos do "socialismo austríaco", como Otto Bauer e Karl Renner, buscavam uma linha de pensamento que respondesse ao grande dilema do marxismo, como se adaptar ao Estado moderno, à nação moderna. No amplo cenário intelectual, personalidades como Klimt, Schönberg e Freud permitiam que a capital austríaca rivalizasse com Paris como epicentro cultural da Europa.[80] Por meio de seu populista e manobrável antissemitismo, Karl Lueger, prefeito de Viena, agia como pioneiro de uma espécie de modernidade, conquistando a admiração de Adolf Hitler (nascido em 1889) e que em 1909 estava no ponto mais baixo de sua carreira como artista fracassado.[81] Hitler e Mussolini ainda não sabiam da existência um do outro. Se então já se conhecessem, é quase certo que teriam menosprezado a cultura, a personalidade e a orientação política daquele que mais tarde seria seu aliado.

Embora com o passar do tempo os debates de Viena chegassem atenuados à provinciana Trento, a cidade vivia o dilema fundamental da questão de organização do Estado. A fronteira entre os mundos que falavam alemão e italiano ficava em algum ponto indefinido do sul do Tirol, ou seja, onde o dialeto na casa de um camponês tinha por base o idioma alemão, enquanto, na de outro, havia raízes latinas. Como, então, essa fronteira linguística devia ser politicamente tratada? Devia, por exemplo, coincidir com a fronteira entre os estados? Os "irredentistas" italianos (que queriam "recuperar" a *terre irredente*, isto é, as terras italianas não devolvidas) tinham demonstrado a importância de Trento ao erigir na cidade uma estátua de Dante Alighieri, ícone da então chamada "terceira Itália". Até o mais consciente e respeitável burguês italiano esperava o sucesso da campanha recorrendo a Dante, que proclamavam ser "inspiração e comprometimento para seu grande mentor Duce".[82] Se essa tese nacionalista "étnica" fosse aceita, como sobreviveria todo o multinacional Império Habsburgo? Quais as implicações de a Itália e a Áustria-Hungria serem, então, aliadas na Tríplice Aliança? Como os socialistas (obviamente) e os católicos poderiam conciliar a questão de nacionalidade com outros objetivos políticos, uma vez que a democracia cristã e o socialismo cristão começavam a florescer na Áustria e o futuro primeiro-ministro social-democrata da Itália após a Segunda Guerra Mundial, Alcide De Gasperi, começava a carreira política atraindo a fúria de Mussolini por seu clericalismo?[83] Mussolini ficou apenas oito meses em Trento, mas esse período foi rico para suas observações e, com a atrevida disposição para manifestar sua opinião sobre qualquer coisa, participou de inúmeros debates que sacudiram o natural marasmo da cidade.

Durante os meses seguintes Mussolini disparou uma série de artigos sobre este ou aquele assunto, e o único real problema para analistas posteriores foi harmonizar o que ele disse em diferentes ocasiões. Não esqueceu sua posição anticlerical e levou além do habitual a sua tendência a blasfemar quando escreveu, com gritante cinismo, que "era bom apostar que muitos católicos e um bocado de padres preferem um bom bife ao corpo de Cristo".[84] Esquecendo o tempo que passara servindo ao Exército, retomou a postura de crítico do militarismo, "esse monstruoso polvo com milhares de tentáculos repugnantes que não param de sugar o sangue e a energia do povo".[85]

Pregava o socialismo. Como explicou no editorial do *L'Avvenire dei Lavoratori* com frases que, apesar de todas suas objeções à religião, faziam lembrar os sermões que ouvira de sua mãe:

> O socialismo significa o engrandecimento e a purificação da consciência do indivíduo e sua realização resultará de uma longa série de esforços. Todos, do profissional de qualquer carreira ao trabalhador, podem colocar uma pedra nesse edifício, tornando realidade, dia após dia, a causa socialista e, assim, preparar a derrubada da atual sociedade.[86]

Na realidade, ser socialista era mais difícil do que parecia, uma vez que os conflitos entre facções e as cisões continuavam tumultuando a base do movimento. Certa vez Mussolini disse que era sindicalista, mas em 1907, seguidores desse ideal, como Sergio Panunzio e Angelo Oliviero Olivetti, já tinham repudiado a tendência que dominava o Partido Socialista.[87] Então, Mussolini tinha decidido que não era mais sindicalista, em parte temendo e em parte desejando que o sindicalismo demonstrasse ser o caminho para o futuro.[88] Afinal, explicou, Georges

Sorel era um destacado filósofo, mas de difícil compreensão. Tentando entender essa lógica, Mussolini percebeu, desconcertado, que ela podia ser comparada ao esforço para identificar a melodia em uma composição musical de Wagner. De qualquer modo, valia a pena insistir nessa tarefa.[89] Roberto Michels, mais um que comentou o papel das elites na evolução histórica, também merecia ser considerado.[90] Claro que Mussolini valorizava Marx, mas o pai do socialismo tinha em Charles Darwin alguém de igual importância. Cada um pregava a "luta contra a tradição, a autoridade e o dogma".[91] De qualquer forma, talvez houvesse mais do que apenas Marx para ser evocado. O mais envolvente, declarou Mussolini, era o jovem Marx, que estava "acima de todos os homens de ação" e afirmava que "atualmente não basta estudar o mundo, é preciso mudá-lo".[92]

Se descrever exatamente a linha socialista já enfrentava algumas armadilhas, outra questão que não podia ser ignorada em Trento era a das diferenças nacionais. A respeito deste tema, a cabeça de Mussolini também mudava continuamente. Mostrando sua devoção ao socialismo, fazia lembrar aqueles marxistas internacionalistas, comprometidos com a salvação dos trabalhadores de todo o mundo. Patriotismo era um "fetiche" manipulado pela burguesia. O verdadeiro proletariado, disse para os que ouviam seus discursos, era "antipatriota por definição e necessidade".[93] Todavia, era difícil conservar essa pureza sem mácula. Quando seus camaradas alemães tiveram que lidar com os italianos, nem sempre foram compreensivos. Os socialistas alemães estavam evidentemente contaminados pelo nacionalismo, como escreveu Mussolini, acrescentando que os alemães, como um todo, subestimavam a contribuição dos emigrantes italianos para o universo dos trabalhadores na Europa Central.[94] A quase nacionalista e racista rejeição ao nacionalismo e racismo alemães continuaram sendo a questão primordial,[95] mas outras generalizações, igualmente ambíguas, surgiam com frequência em suas falas. "Eslavos", com suas "civilizações e almas", gostavam de "tragédia".[96] Os italianos também eram "céticos" e "fatalistas", como os "outros povos do Sul".[97] Entretanto, havia nos italianos um lado potencialmente positivo. Quando o aviador francês Louis Blériot sobrevoou o canal da Mancha, aos olhos de Mussolini isso pareceu um triunfo da "coragem e do gênio latinos", e também comprovava o infinito potencial científico do homem moderno, uma bênção que rejeitava a luta fratricida e conduzia para a vitória final sobre "a natureza, a vida e o universo".[98]

O outro grande tema dos trabalhos de Mussolini e mais um fator complicador em sua noção de socialismo era a permanente inclinação por intelectuais e sua dificuldade para destacar um personagem no mundo da intelectualidade. Ao mesmo tempo que mantinha as ligações com Battisti, se correspondia com Giuseppe Prezzolini, editor do jornal florentino *La Voce*. Prezzolini, filho do prefeito, vinha de classe e nível cultural bem superiores aos de Mussolini, embora nos últimos tempos ele fosse um jornalista cuja linha política nunca tinha encontrado um objetivo ideológico. Não foi à toa que escreveu sobre sua vida sob o título *O italiano inútil*.[99] Em 1909, *La Voce* gozava de grande prestígio entre os dissidentes mais jovens que, como Mussolini definiu, viam Giolitti, primeiro-ministro da Itália, com seu liberalismo, como "irremediavelmente medíocre", um "anacronismo" e uma "vergonha nacional".[100] Mussolini fez uma assinatura do *La Voce* e, para demonstrar sua ligação com o jornal, publicamente estimulou outras pessoas a fazerem o mesmo. Prezzolini, declarou, era um intelectual "de coragem", virtude que faltava na maioria de seus contemporâneos.[101]

A correspondência de Mussolini com o editor do *La Voce* foi analisada com certa complacência. Começa lamentando o fato "de a vida intelectual" de Trento ser "tristemente desanimadora". Quando se dispunha a fazer comentários mais sérios, tentava explicar as peculiaridades da política local a seu patrão eventual: os italianos do Trentino sem dúvida gostam da ideia de alguma autonomia, mas raramente são a favor da anexação à Itália, admitia com honestidade e discernimento. Também Trieste não era "completamente italiana" e tampouco destinada a ser "totalmente eslava" para sempre.[102] Entretanto, o que ele mais admirava no *La Voce*, como finalmente explicou, era a meta de Prezzolini: "faça a Itália conhecida pelos italianos".[103] "Criar uma alma 'italiana'", disse fascinado para Prezzolini, "é uma soberba missão."[104]

Afinal, detalhou Mussolini em seu artigo, estava claro que os socialistas também "não abandonavam com facilidade sua língua e sua cultura, as tradições da terra em que tinham nascido e à qual pertenciam". Só renegavam a "pátria burguesa". "O fato de amar sua própria nacionalidade não os obrigava a odiar as outras. Ao contrário, o desenvolvimento harmônico e a fraternidade de todas as nações era o ideal socialista."[105]

Para alguns analistas esses comentários significam que, por volta de 1909, Mussolini tinha se transformado em socialista nacionalista. Porém, é um erro interpretar muito literalmente suas opiniões e considerar definitivo o caminho que parecia tomar. Na correspondência com Prezzolini ele buscava uma visão mais ampla e tentava visivelmente ser convincente e, ao mesmo tempo, respeitoso e agradável. O que suas palavras na verdade traduziam era seu ardente desejo de ultrapassar os limites de Trento e chegar a lugares mais excitantes e importantes, talvez Florença, quiçá Milão, quem sabe Roma. Movido por essa maldisfarçada ambição, Mussolini não confinava seu mundo à Itália. Na verdade, quando sonhava com um futuro glorioso, o melhor destino continuava sendo Paris, cidade que exaltou com frases características em um de seus últimos artigos no *L'Avvenire dei Lavoratori*:

> Um imenso cadinho de paixões, ódios e amores, uma metrópole onde em uma arena relativamente pequena, são travadas batalhas que decidem o destino do mundo; onde os homens, nessa luta, multiplicam por cem sua energia; onde se engrandecem em seus sacrifícios e desprezam seus defeitos.

Era a cidade que continha em si mesma o "universo".[106] Enquanto a maior ambição de Mussolini era ser exaltado como um "verdadeiro intelectual" em Paris, em 1909 o "futurista" Filippo Tommaso Marinetti lançou no *Le Figaro*[107] o manifesto de seu movimento, às vezes considerado nacionalista.

Porém, não estava sendo fácil descobrir o caminho para o sucesso. Mais uma vez o limite de permanência em seu emprego foi curto. Tendo em vista seus comentários anteriores sobre a discutível honestidade e a omissão da polícia dos Habsburgo, a conduta do notório "subversivo" Mussolini vinha sendo observada desde sua chegada a Trento. No verão de 1909 as autoridades decidiram expulsá-lo, e a busca por um pretexto surgiu quando a visita do imperador Francisco José à vizinha Innsbruck disparou um alerta total. Em 29 de agosto atribuíram um roubo misterioso a Mussolini, a despeito da falta de provas de seu envolvimento. Fizeram uma busca em sua casa e confiscaram seus trabalhos. Mussolini foi novamente detido e levado para a prisão, em Rovereto, sob a ameaça de expulsão. Em 24 de setembro foi julgado, mas, para desagrado da polícia, inocentado. Enquanto ainda estava preso, Mussolini fez uma curta greve de fome, mas, dois dias mais tarde, as autoridades austríacas resolveram a questão o mandando para o outro lado da fronteira. Voltou para o restaurante de seu pai, em Forli, onde pouco ficou, enquanto gozava a fama alimentada pela brutalidade de sua expulsão.[108] Em março de 1910 a questão ainda foi alvo de protesto de membros socialistas do Parlamento em Roma.[109]

Para Mussolini, as coisas estavam ficando difíceis. Lá estava ele, novamente desempregado, mais uma vez no meio dos criadores de porcos de Forli, longe do mundo intelectual e político europeu de Trento e com um futuro sem dúvida incerto. Seis semanas depois de seu regresso ele já pensava em nova emigração, desta vez para um ponto mais distante. Escreveu para um amigo que esperava que o acompanhasse:

> Estou cansado da Itália, cansado deste mundo (quero dizer o Velho Mundo, e não [acrescentou pomposamente] o *lacrimarum valle*). Quero alguma coisa nova. Quer me acompanhar e, assim espero, me ajudar a encontrar meu destino?[110]

Um contemporâneo seu lembrava de Mussolini como um homem que parecia mais velho do que realmente era, descuidado com sua aparência, usando uma gravata preta informal sempre esvoaçante e uma maltratada "barba de três dias", prematuramente calvo, de modo que sua cabeça brilhante contrastava estranhamente com seu queixo negro. Seus críticos chamavam a atenção para seu hábito de ficar revirando os olhos que soltavam centelhas, fazendo lembrar o retrato de um anarquista querendo se vingar de injustiça social sofrida.[111]

Talvez essa imagem artificialmente construída aumentasse seu sex appeal. O fato é que Mussolini arranjou uma nova mulher com quem compartilharia sua vida. Em um de seus longos artigos para o *L'Avvenire dei Lavoratori*, Mussolini falara sobre amor, alertando contra o sentimentalismo e pregando a necessidade de "uma nova legislação, uma nova moralidade, uma nova religião", que derrubasse a tirania da respeitabilidade burguesa e católica.[112] Os hábitos sexuais de Mussolini continuaram sendo boêmios, ou "latinos", durante toda sua vida. Um comentarista admitiu que ele dormiu com mais de quatrocentas mulheres.[113] Obviamente muitas eram apenas amantes, que duravam mais ou menos tempo, e havia inúmeros filhos ilegítimos. Houve um relacionamento mais duradouro com Rachele Guidi, formalizado em casamento no devido tempo, primeiramente aprovado pelo Estado e depois abençoado pela Igreja, que resultou em cinco filhos legítimos. Rachele Guidi, ainda com menos de vinte anos, em 1º de setembro de 1910, deu à luz Edda, a filha mais velha de Mussolini. Como afirmou Mussolini no ano seguinte, Rachele era *la mia compagna* (minha companheira).[114]

Embora circulem muitas histórias a respeito desse relacionamento, na verdade o casal se encontrou pela primeira vez na sala de aula da escola de Rosa, onde Mussolini substituía sua mãe. A jovem estudante Rachele, como tantas outras, ficou impressionada com o novo e jovem professor cujos olhos "soltavam centelhas".[115] Por seu lado, Benito Mussolini sentiu-se atraído pelos olhos azuis e pelos cabelos louros da aluna, ignorando seu corpo malfeito e o obviamente modesto nível intelectual. Cerca de sete anos mais nova do que o Duce e por muito tempo se dirigindo a ele como *lei*, a terceira pessoa formal usada para se tratar com superiores, em vez da forma coloquial *tu*,[116] Rachele tinha origem mais pobre do que Mussolini, era mais próxima do campesinato. Na verdade, sob diversos aspectos, foi surpreendente o fato de seu relacionamento com o ambicioso Mussolini não ter contribuído para elevá-la a um nível social mais alto, já que a ligação pessoal com o Duce poderia favorecê-la em posses, status e ligações. Como mulher do ditador, nem sempre aparecia e tampouco se mostrava preocupada com isso. Continuou a viver com Benito aparecendo de forma até certo ponto esporádica, como comumente faziam as esposas de políticos. Ao contrário do que acontecia com Hitler e talvez com Stalin, sem mencionar outros líderes políticos, Mussolini levava uma "vida doméstica normal", ou, pelo menos, do mesmo tipo da vivida por milhões de seus contemporâneos. À sua própria maneira, nunca cessou de estimar Rachele e de vê-la como um elo com o "verdadeiro mundo" do "povo".

Benito e Rachele começaram a viver juntos no começo de 1910, e ela deve ter ficado grávida nessa mesma época. Alguns meses antes Mussolini afirmara que ela era sua "noiva", escrevendo que estava preocupado com sua dignidade enquanto ela residia com pai e mãe na hospedaria *Bersagliere*.[117] Questões de "honra e vergonha", tão valorizadas na região do Mediterrâneo, sempre tinham sido importantes para a família Mussolini. No fim de 1909, para não ter que suportar o envelhecimento de Alessandro, Rachele se mudou para a casa de uma irmã casada. Quando finalmente Mussolini resolveu levá-la para morar com ele em seu minúsculo apartamento em Forli, os dois tiveram que andar quilômetros sob chuva porque, como comentou mais tarde, depois de 1945, Rachele ainda não sabia exatamente para que servia o guarda-chuva. Em sua cabeça essas geringonças faziam parte do estilo de vida da burguesia extravagante e esbanjadora, e não de gente como os Guidi.[118]

A vida do casal era modesta. Rachele nunca esqueceu sua decepção com o hábito de seu companheiro de gastar dinheiro com livros,[119] mas Mussolini tinha um emprego que mais uma vez oferecia a oportunidade que os italianos costumam chamar *sistemazione* [um trabalho fixo]. Em 9 de janeiro de 1910 ele começou a trabalhar como editor de um jornal socialista semanal de Forli com quatro páginas, função que acomodava com a secretaria da seção local do Partido Socialista.[120] Com sua conotação marxista, o jornal tinha o nome *La Lotta di Classe* [A Luta de Classes]. Ao aceitar essa função como chefe administrativo e cultural do socialismo de Forli, Mussolini se sentiu em casa. Com seu talento e iniciativa, o futuro acenava com a possibilidade de se tornar uma pessoa de destaque em Forli, certamente um intelectual local, talvez um membro potencial do Parlamento (em toda a história do Partido Liberal muitos políticos tinham prosperado na carreira desta forma) e, muito provavelmente, se tornaria um homem influente. Seu compromisso com a Revolução poderia fazer parte desses projetos, mas outras ideologias mais recentes "evoluíam" à medida que o tempo passava. No princípio de 1910 tudo indicava que Mussolini logo estaria zombando da forma como outrora se anunciava tão decididamente revolucionário. Agora, ao contrário, tinha cultivado uma barriguinha, adquirido um fraque e conquistado um grupo de adeptos que o admiravam e importunavam. Como ele próprio alegou em precoce relato de sua brilhante carreira, finalmente ele se considerava perfeitamente qualificado. Desde que deixou Forlimpopoli, absorvera "cultura", adquirira "conhecimento global" e dominara um "conjunto de idiomas modernos"; transformou-se em vários sentidos num homem do mundo. Apenas uma questão se interpunha no caminho da história de Mussolini: "Sou uma pessoa inquieta, de temperamento mau", escreveu sobre si mesmo.[121] Forli não bastava para satisfazê-lo. Benito Mussolini queria ir mais além, rapidamente, e chegar o mais alto possível naquelas províncias adormecidas.

4
A LUTA DE CLASSES, 1910-1914

DURANTE O REGIME FASCISTA MUSSOLINI AFIRMOU SER "filho da última geração de camponeses".[1] Essa presunção estava longe da verdade (embora talvez fizesse sentido caso se referisse a Rachele e sua família).[2] Não há dúvida de que em janeiro de 1910 a última coisa em que Mussolini poderia estar pensando era representar uma relação natural com a terra. De volta a Forli, seu interesse se concentrava sobretudo em causar impacto intelectual e, assim, promover seus ideais revolucionários e sua própria pessoa. Não havia razão em especial para separar essas questões, e os historiadores que tentam fazê-lo muitas vezes incidem no anacronismo, tentando descrever um legítimo chefe fascista (se é que essa pessoa realmente existiu), se antecipando aos acontecimentos. Em 1910, o caminho de vida que Mussolini imaginava continuava eclético. Antes de assumir a edição do *La Lotta di Classe*, tinha, por exemplo, se candidatado, sem sucesso, a um emprego no *Il Resto del Carlino*, famoso diário liberal-conservador de Bolonha,[3] que logo passou a acusar, afirmando ser "uma fábrica de mentiras".[4] Se tivesse conseguido aquele emprego, provavelmente estaria procurando motivos para moderar seu socialismo. Em Forli, porém, era fácil se identificar com a Revolução, mas era difícil encontrar uma alternativa para um jovem ambicioso, de seu nível social e com sua bagagem educacional.

Benito Mussolini, editor do *La Lotta di Classe* e, portanto, chefe socialista de Forli, ainda não completara 27 anos e quase explodia de energia — política, intelectual e sexual. Contemporâneos lembram o quanto ele gostava de ir para a cama às três ou quatro da madrugada, mas sempre aparecia na praça de Forli às oito da manhã, esperando a chegada dos jornais do grande mundo que existia fora dos muros da cidade. Na verdade, ele próprio redigia o jornal de quatro páginas que editava, já que era o único correspondente sério do *La Lotta di Classe*, além de administrar a seção socialista local, que não chegava a ser uma atividade capaz de ocupar todo o tempo de um homem como ele. Mussolini passava parte do dia encostado no quiosque do *Fratelli Damerini*, popular vendedor de jornais e de "todos os livros novos sobre arte, ciência, economia e filosofia". Sempre que um novo trabalho chegava ao conhecimento do público, Mussolini lá estava para devorá-lo.[5] Às onze da noite sentava, com todo aparato, no café local e começava a escrever seus artigos para a edição seguinte do *La Lotta di Classe*, ficando famoso pelas réplicas mordazes que ridicularizavam os erros dos outros.[6] As pessoas começaram a notar que Mussolini era um homem de olhos arregalados e, se você se submetesse a seu olhar dominador e truculento, ele era capaz de escravizá-lo. Seus lábios grossos também demonstravam segurança e controle, pelo menos é o que diziam seus admiradores. Em resumo, todos concordavam que Mussolini irradiava poder, e mesmo hoje se pode admitir que ele exalava uma "sensação especial de premência", tinha uma "fenomenal capacidade de julgamento" e era "um jornalista nato".[7] Segundo alguns depoimentos, era o Duce em construção,[8] embora tal hipérbole também pudesse ser aplicada na época em que era apenas um ambicioso rapaz do interior, com seu destino ainda indefinido.

Inicialmente, depois de seu regresso do Trentino, ele não passava de uma figura secundária, tanto no mundo do socialismo *romagnole*[9] quanto na política dessa região. Em Forli o movimento republicano era pelo menos tão forte quanto o socialista (e Mussolini logo aprendeu a identificar a influência de um político quando ele era saudado como "o Duce dos republicanos locais").[10] Nesse cenário de anonimato relativo e fragilidade, a tarefa de Mussolini era lutar em todas as frentes possíveis contra a burguesia e a ordem estabelecida, mas também, claro, contra os republicanos e, sem dúvida, contra qualquer membro do movimento socialista que duvidasse de seus ideais e métodos. Talvez o anticlericalismo fosse um tema em que ainda valesse a pena insistir. Assinando modestamente seus artigos como "Um Verdadeiro Herege", Mussolini logo passou a contar para seus leitores o lamentável caso do livre-pensador Francisco Ferrer, executado alguns meses antes na Espanha, onde a Inquisição, afirmava

Mussolini, ainda reinava soberana.[11] Em fevereiro de 1910 ele também festejou, exultante, a vitória obtida na justiça quando foi inocentado em um caso levantado contra ele em dezembro do ano anterior. Desempregado naquele momento, tinha organizado uma turbulenta manifestação de repúdio na igreja local depois de ter sido anunciado que o polêmico padre Agostino Gemelli estava pensando em doutrinar os fiéis sobre as virtudes das curas em Lourdes que, segundo ele, iam além da ciência.[12]

Todavia, o anticlericalismo estava saindo de moda, e até Mussolini reconheceu esse fato. Seus editoriais passaram a cobrir outros assuntos. Como líder socialista, precisava, por exemplo, assumir a missão de registrar a história do Partido e, para tanto, foi necessário escrever um pesaroso obituário de Andrea Costa. Alguns meses mais tarde, ele teve que demonstrar seu talento ao escrever o do próprio pai.[13] Circulou um rumor sentimental de que, junto ao túmulo do pai, ele jurara eterna fidelidade ao socialismo.[14] Mesmo assim, o emprego lhe trazia alguns aborrecimentos. Em um típico artigo elaborado menos de um mês após assumir a editoria, Mussolini escreveu impiedosamente sobre o nível de cultura geral em Forli e especialmente o que predominava nos meios socialistas. Ao entrar em uma sala com socialistas em Forli se podia encontrar camaradas jogando *briscola* (um jogo de cartas) e se comportando muito mal diante de um obrigatório retrato que mostrava um Karl Marx carrancudo. A cidade não podia se gabar de possuir uma só livraria decente, reclamava Mussolini, embora elogiasse o quiosque de Damerini. Naqueles dias, era preciso ficar garimpando livros promiscuamente expostos em meio a cartões-postais e perfumes. Afinal, qual a utilidade de livros em Forli?, refletia Mussolini com tristeza. Como poderiam ser apreciados criteriosamente? O pessoal local mal lia jornais sérios, e havia somente quatro assinaturas do *La Voce* e nenhuma do sindicalista *Pagine Libere*. Em sua cidade "o povo corrompia o cérebro em bares, bailes, bordéis e esportes". "Em Forli", concluiu Mussolini acidamente, "o interesse intelectual sempre vem por último."[15] O Mussolini que todas as tardes tentava brilhar na praça estava absolutamente descontente. Como encontrar a fórmula para ficar mais satisfeito?

A resposta era redobrar a retórica revolucionária e ser reconhecido não apenas em Forli, mas em toda a região e até mais além. Um passado *romagnole* poderia ajudar a ir além dos limites da Romanha. Na primeira vez em que fez um discurso como delegado no congresso nacional do Partido, em Milão, Mussolini fez questão de se apresentar como algo novo e ser visto como mensageiro da "absoluta intransigência" da região do país que representava.[16] Espírito *romagnole* significava a presença de um homem disposto a dizer francamente que "o Parlamento italiano era profunda e irremediavelmente corrupto".[17] Também significava um espírito espartano que não temia reformistas repressores, onde quer que estivessem. Falou de forma agressiva quando um de seus líderes, Leonida Bissolati, concordou, em março de 1911, com uma reunião com o rei Vítor Emanuel no Quirinal, o palácio real em Roma, para indicar quem devia integrar o novo governo.[18] Além disso, Mussolini atacava rudemente os membros mais nobres de seu próprio partido, como, por exemplo, os advogados, que eram, como os oficiais do Exército e os sacerdotes, conforme escreveu Mussolini em tom evocativo, "os gafanhotos que atacam o corpo de uma jovem nação e solapam suas melhores energias". Dizia que também não se podia confiar em "advogados e padres", porque "precisavam mentir para viver". Jamais seriam verdadeiros socialistas.[19] Do mesmo modo, os maçons não eram bons companheiros e sua onipresença em Milão tornava a vizinha Ravena um local potencialmente mais compatível para um futuro congresso socialista.[20] A única vulnerabilidade visível no socialismo contemporâneo, salientou, estava em seus seguidores, e não em suas ideias. Frequentemente voltava a este tema da imperfeição humana. Os verdadeiros socialistas, afirmava, logo percebiam que a luta entre a burguesia e o proletariado era realmente visceral e, portanto, precisava ser levada à sua expressão máxima — a "revolução total".[21]

Era um mundo cuja monotonia, apesar de seu desprezo pela vida local, Mussolini não podia evitar. Por exemplo, seu jornal publicou uma entusiasmada reportagem (provavelmente redigida pelo próprio Mussolini) sobre a visita que ele fez em maio de 1910 a Predappio, certamente atendendo a um convite, mas também para fortalecer sua base doméstica. Falou longamente sobre o tema "O socialista e o movimento trabalhista". Foi um grande dia. O gênio de Mussolini brilhou e Predappio podia se orgulhar dele. Uma "grande" multidão se reuniu para ouvi-lo, "englobando gente de ambos os sexos e de todos os níveis da sociedade". Não ficaram desapontados. O orador, "cujo nome era tão querido pelos trabalhadores", superou todas as expectativas em um discurso de quase duas horas, com:

> [...] palavras convincentes e cortantes — com verdadeira paixão oratória — capazes de entusiasmar os muitos ouvintes que várias vezes o interromperam

com vibrantes brados de aprovação e o saudaram ao fim do discurso com uma onda de aplausos que durou vários minutos.

O evento, concluiu o redator ansiosamente, terminou com uma "verdadeira comemoração intelectual". Todo o povo da cidade esperava que Benito Mussolini logo voltasse para mais um discurso em Predappio.[22]

Ser tratado como celebridade pelo pessoal de sua cidade deve ter sido gratificante. Todavia, embora sem cortar os laços com sua base — nunca os cortou totalmente —, Mussolini continuava mirando além de Predappio e Forli, imaginando objetivos mais amplos a serem conquistados. Haveria tais perspectivas na editoria do *Avanti!*, jornal do Partido, mas sem maior repercussão? É o que reclamava Mussolini com uma mistura de desagrado e interesse pessoal, em consequência das paixões partidárias e da fraqueza editorial. Começou a defender nas modestas páginas do *La Lotta di Classe* uma solução drástica para os socialistas do país. Tirem o jornal de Roma — essa cidade não tem uma verdadeira classe trabalhadora e é parasita por definição (não importa o que dissessem defensores posteriores do fascismo, a alma de Mussolini ainda não era totalmente romana). A assim chamada "cidade eterna", ele afirmou com palavras bem conhecidas por todos seus inimigos do sistema liberal de Giolitti, estava cheia de "proprietárias vulgares, rapazes engomadinhos, prostitutas, padres e burocratas". No lado de fora, lamentou, famílias do Agro Pontino ainda lutavam para sobreviver em cabanas de palha, como se fossem seres primitivos vindos de fora da Europa civilizada. E, não sendo em Roma, onde ficaria o jornal? Talvez em Milão, mas esta era a cidade do mercado de ações e da preponderância dos negócios. Florença? A qualidade dos jornais lá publicados era pobre demais. Não, o melhor lugar para um jornal socialista era Bolonha, a capital da Emília-Romanha. Lá o *Avanti!* poderia se colocar no "centro da vida proletária da nação, bem perto das terras vermelhas da Romanha, onde milhares e milhares de socialistas esperavam, dispostos a qualquer sacrifício".[23] Se o *Avanti!* fosse editado em Bolonha, refletia Mussolini em seus pensamentos íntimos, um jovem e agressivo jornalista de Forli, que já fora recusado quando pediu um emprego em *Il Resto del Carlino*, ligado às instituições, poderia conseguir um cargo na magnífica capital regional.

Mussolini estava construindo a própria imagem, a de um "extremista", de um paladino do socialismo *romagnole*. Como recordou com certo prazer em maio de 1911, ao rever seu trabalho na editoria do *La Lotta di Classe*, tinha desenvolvido uma eficiente campanha não só contra os republicanos, mas também contra o clero, os anarquistas, os sindicalistas e as principais correntes do próprio Partido Socialista. "Fiquei satisfeito com essa ampla liberdade para criticar, assim encontro uma completa autojustificação."[24] Gabava-se de a circulação de seu jornal ter chegado a 1,6 mil cópias, sendo cerca de mil por meio de assinaturas. Em sua maioria, afirmava com orgulho, seus fiéis leitores eram "legítimos trabalhadores". Além disso, todos os domingos ele saía pregando a ladainha socialista em Forli e nas localidades menores da província, a cujas praças e seções do Partido chegava com algum esforço depois de percorrer estradas poeirentas.[25] Muitas vezes passava a noite em hotéis das províncias. Foi em um deles que conheceu Leandro Arpinati, que um dia viria a ser o líder fascista de Bolonha.[26]

Pode-se afirmar que em 1911 ele trabalhava bastante e com eficiência, segundo o julgamento dele próprio e de outras pessoas. Adorava sua filhinha e continuava vivendo com Rachele. O tempo em que estava empregado no *La Lotta di Classe* já tinha ultrapassado o dos empregos anteriores e desfrutava sua vida com o prazer e as perspectivas que tinham faltado no passado. Talvez já fosse hora de atenuar sua conhecida rudeza nas relações com o mundo e ser mais alegre e bem-humorado. Assim, passou a discorrer em seu jornal sobre a forma como os *romagnoles* adoravam a retórica, a violência e sua própria campanile (campanário). Não gostavam de emigrar e admitiam que seu *paese* era o centro do mundo.[27] Possivelmente achava que estava sendo irônico, mas esse artigo encerra uma mensagem ambígua, meio hostil, meio amistosa, mas que dizia muito sobre si mesmo. Mussolini estava se acostumando a ser uma pessoa importante em Forli.

Sua prosa, tão peculiar, continuou sendo brusca, sarcástica, grosseira. Sorel, que ele já admirara, mas cuja orientação política se movera para a direita, agora era acusado de ser o "mercenário que saqueava as prateleiras das bibliotecas", um dissimulado admirador do *ancien régime*, um inimigo da República Francesa, da democracia e do socialismo.[28] Os intelectuais que tinham se reunido em Florença e formado a *Associazione Nazionalista Italiana* (Associação Nacionalista Italiana — ANI) e há não muito tempo tinham se tornado aliados fundamentais da causa fascista, agora eram os que bajulavam a monarquia, o Exército e exaltavam a guerra, "três palavras, três instituições, três disparates". Admitindo a aproximação que tentava com Prezzolini e seus colegas do *La Voce*, que viam com bons olhos os nacionalistas, Mussolini reconheceu que em certa época tinha simpatizado com o nacionalismo interno e com a ideia de "um movimento democrático e cultural voltado para o progresso, a unificação e a reafirmação do povo italiano". Agora, porém, não mais. Seu socialismo era forte demais para simples flertes.[29] Ademais, havia lugares piores do que a Itália, teve que admitir, como, por exemplo, os distantes Estados Unidos.

> Havia o voraz instinto de propriedade da burguesia americana que não admitia limites, não tinha escrúpulos e não compartilhava os temores e a covardia de nossa burguesia. (Os americanos) são violentos, tirânicos, malfeitores. Se necessário, simplesmente mancham as mãos com o sangue proletário. Não possuem senso de humanidade. Só estão interessados na exploração.[30]

Por outro lado, não rompeu definitivamente com Prezzolini. Na verdade, em março-abril de 1911, Mussolini humildemente pediu ao editor do *La Voce* um adiantamento de seus direitos pela redação do artigo "Trentino visto por um socialista", que devia ser publicado em Florença com o patrocínio de Prezzolini (e com referência à colaboração de Mussolini na elaboração do texto). A morte de seu pai, alegou Mussolini, tinha causado certa dificuldade financeira temporária.[31] Mais uma vez havia a possibilidade de, sob a turbulenta superfície de sua retórica, Mussolini estar afagando sua identidade italiana e colocando limites implícitos em sua devoção ao socialismo internacionalista e revolucionário.

Mussolini, um baluarte do Partido Socialista? Mussolini, um patriota intelectual? Mussolini, personagem muito famoso? Cada uma dessas alternativas permanecia viva em seu pensamento. Só não era possível a perspectiva de Mussolini se contentar em ficar na província. Sua incessante busca de uma linha extremista, com os benefícios que poderiam resultar desse esforço, não tinha terminado. Mesmo que em teoria atenuasse algumas de suas heresias do passado, em termos práticos ele estava esticando sua lealdade socialista até o ponto de ruptura. Em abril de 1911, por sua iniciativa, a seção de Forli se declarou independente da organização nacional do Partido. Mussolini justificou essa decisão sob o característico e sincero título "Ousar: Não estamos falando em erguer um novo estandarte político, mas em defender a antiga bandeira socialista daqueles que se embrulharam em suas dobras". Representavam o comprometimento e a corrupção de um ideal. Por outro lado, ele e seu *fascio*, escreveu, talvez usando pela primeira vez esta palavra, mas sem o significado que acabou adquirindo, representavam a dignidade.[32]

Entretanto, nesse caminho rumo a uma cisão total, Mussolini estava adiante de seu tempo (ou atrás, uma vez que as ações da seção de Forli, com a hipótese ventilada de uma eventual República Socialista de Forli, poderiam ser interpretadas como um arroubo do "provincianismo"). Seus amigos maximalistas do Partido logo se empenharam em negociar o retorno de Mussolini a suas fileiras.[33] Afinal, no verão de 1911 havia muitos problemas enfrentados pela Itália interna e externamente e eram essas preocupações, com seus reflexos na Romanha, que contribuiriam para assegurar a reputação de Mussolini no Partido e, ao longo dos dezoito meses seguintes, o transformar, aos olhos de alguns, no homem do futuro.

Os anos 1911-1912 foram um divisor de águas para a Itália liberal de Giolitti. O início do século xx tinha sido bom para o sistema político que, de 1898 a 1900, sob a quase ditadura do general Luigi Pelloux, parecia à beira do colapso. O assassinato do rei Umberto I por um emigrante anarquista que retornara dos Estados Unidos tinha sinalizado não uma reação, mas, ao contrário, uma abertura do regime liberal para os grupos sociais que estavam surgindo. Sob o competente governo de Giolitti (primeiro-ministro em 1903-1905, 1906-1909 e de 1911 a março de 1914), a economia da maior parte do país prosperou e socialistas moderados como Filippo Turati reconheceram que a Itália também era um país "progressista". No "triângulo industrial" do norte, onde floresciam as fábricas de Turim, os bancos de Milão e o porto de Gênova, a Itália rapidamente se aproximava da modernidade que no passado era privilégio de países mais ricos e poderosos como a Inglaterra, a Alemanha e a França. Diante do desenvolvimento, esperado e real, as comemorações que o governo planejara para celebrar, em 1911, o 50º aniversário do Risorgimento pareciam quase justificadas. O tão "refulgente" monumento branco a Vítor Emanuel em Roma, ao lado do clássico Capitólio, atestando a herança da civilização latina, foi inaugurado em meio a vibrantes aplausos, embora, em março daquele ano, Claudio Treves, editor do *Avanti!*, ainda tivesse certa relutância em relação ao que os verdadeiros socialistas ridicularizavam como o *monumentissimo*.[34]

O tom melancólico de Treves revelava a previsível constatação de que o crescimento econômico e o desenvolvimento social poucas vezes têm uma simples consequência. Em 1911, Giolitti, que havia pouco tempo reassumira o cargo de primeiro-ministro, enfrentava uma série de dilemas de interesse para a própria existência da Itália como Estado-Nação liberal. Havia uma divisão entre duas partes do país. O que fazer com o Sul, tão distante e que mal se beneficiara das vantagens do crescimento econômico? O que fazer com os numerosos bolsões de pobreza e "atraso"? Em um mundo perigoso, de rígidos sistemas de alianças no interior da Europa e pomposo imperialismo fora do continente, o que fazer para preservar e melhorar a posição da Itália e elevá-la, pelo menos, à condição de uma das grandes potências? Ademais, o que fazer ou o que podia ser feito para nacionalizar o povo italiano, ou, para ser mais preciso, os povos da península e, portanto, os itálicos? Como convencê-los de que a Itália formal também era a deles? Como poderiam, sobretudo aqueles dissidentes — socialistas de todas as correntes, católicos, nacionalistas, intelectuais — cada vez mais violentos em seus ataques à imperfeição e até à "corrupção" liberal, serem "transferidos" para o sistema atual sem revolução, guerra ou tirania?

Para se garantir, Giolitti adotou uma ambiciosa estratégia para lidar com questões tão relevantes. No exterior, planejou se apossar da Cirenaica e da Tripolitânia, controladas pelos turcos. Esses territórios poderiam receber o clássico nome Líbia e, apesar da pobreza extrema na região, apaziguaria os nacionalistas e elevaria o prestígio da Itália em todo o mundo. Internamente, Giolitti combinou o bem-estar (nacionalização do regime de previdência) com ampla expansão do eleitorado. Quando houve votação em 1913, cerca de 65% dos homens adultos italianos tiveram o direito de depositar seu voto. Na teoria essa combinação parecia brilhante e o liberalismo, o sistema mais inteligente. Todavia, foi um verdadeiro desastre e assinalou o começo da agonia da Itália liberal. Entre os que festejaram os problemas enfrentados pelo primeiro-ministro e simultaneamente conquistaram destaque nacional estava Benito Mussolini.

Alguns socialistas se sensibilizaram com a proposta de Giolitti, e os casos de Bissolati e Turati comprovam. Eram personalidades de projeção nacional e, como Giolitti, viam as questões sob uma perspectiva nacional. Para socialistas mais modestos, na verdade para a maioria dos membros do Partido, os problemas eram vistos de forma diferente e não pareciam de importância tão grande. Na Romanha, por exemplo, o relativo crescimento econômico na década de Giolitti tinha ressaltado a caracterização da luta de classes. A modernização da agricultura simplificara as outrora complicadas disparidades entre os diversos tipos de camponeses — grandes e pequenos proprietários de terras, meeiros com terras arrendadas de alguma forma e diaristas. Cada vez mais a vida na área rural da Bolonha e de Forli originava conflitos entre proprietários de terras mais ricos e camponeses que lutavam para sobreviver. Não era raro a terra cair em mãos de companhias de responsabilidade limitada, cujos anônimos donos moravam longe, em Milão ou Roma, e cujos interesses eram defendidos por gerentes remunerados, provavelmente mais desumanos e gananciosos do que seus patrões. O grande sindicato dos camponeses, o *Federterra*, por outro lado, continuava crescendo, atraindo principalmente novos membros pertencentes à camada dos camponeses mais pobres, os trabalhadores assalariados. Meeiros, muitas vezes em relativo declínio econômico quando atingidos pelas pressões do capitalismo, também eram quase sempre socialistas. Claro que também havia certo número de trabalhadores urbanos e "intelectuais" do tipo de Mussolini. Compunham uma coalizão difícil.

Todavia, o radicalismo dos intelectuais e a lealdade socialista do campesinato foram, naqueles dias, fortalecidos pelo fato de os proprietários de terras, como os industriais que em 1910 tinham criado a organização "guarda-chuva" dos empregadores — a *Confindustria*[35] —, estarem formando associações para defender e expandir meticulosamente seus próprios interesses. Em abril de 1911 o Congresso Agrário Nacional realizado em Bolonha exigiu que o governo rejeitasse as políticas do primeiro-ministro que procuravam acalmar as massas, optando por privilegiar:

> [...] a solidariedade que mantém unidos todos aqueles que, em diferentes áreas de atividade, contribuem para a produção e para o enriquecimento do país, justamente quando os princípios básicos de liberdade e justiça são ameaçados pela subversão.[36]

No Parlamento, Giolitti podia agir com moderação e defender comprometimento e "união nacional", mas, na prática, as províncias estavam mais inflexíveis. Os ricos pareciam estar cada vez mais ricos e arrogantes, e os pobres, cada vez mais pobres, porém mais assertivos.

Era um clima ideal para a retórica extremista e a ambição pessoal de Benito Mussolini. Havia anos que ele apoiava as greves e outras "ações sociais" em sua região. Agora, subitamente, ele podia atuar em nível nacional. O estopim para esse agravamento da situação foi, como ficou cada vez mais evidente no verão de 1911 com a sucessão de comemorações de datas patrióticas, a intenção de Giolitti de atacar Trípoli. Navios italianos zarparam para seus destinos antes que um diplomata italiano apresentasse aos turcos uma declaração formal de guerra, que aconteceu em 29 de setembro.

Na visão dos teóricos socialistas, essa guerra injusta, colonialista e imperial exigia a realização de uma greve geral e o máximo de resistência por parte da classe trabalhadora. Mussolini, que escrevia sem poupar ninguém, foi o homem certo para botar fogo na questão. Em seu primeiro artigo sobre a questão da Líbia para o *La Lotta di Classe*, publicado em 23 de setembro, condenou a "loucura falsamente heroica dos profissionais fomentadores de guerras", ou seja, os nacionalistas, cujo chefe, o ideólogo Enrico Corradini, havia algum tempo defendia a descarada proposta antimarxista de que a Itália devia ser um "país de proletários" capazes de evitar a luta de classes e se concentrar na luta contra França e Inglaterra, nações plutocráticas.[37] Mussolini ainda não tinha certeza se Giolitti estava brincando com os ridículos e nocivos belicistas, mas, se houvesse guerra, escreveu com estardalhaço: "o proletariado italiano deve estar pronto para desencadear a greve geral".[38]

Quando chegou a Forli a notícia de que o governo estava realmente disposto a agir, Mussolini mostrou que também estava. Em 25 de setembro, por insistência sua, a seção local do Partido aprovou a greve por unanimidade. Galvanizados pelos discursos de Mussolini e de outros líderes locais, em 25 de setembro membros socialistas sabotaram a linha ferroviária de retorno para Meldola, bloqueando os trens que transportavam tropas e repelindo os ataques de cavalaria que tentaram impedi-los. Como explicou um entusiasmado Mussolini no relato que fez sobre os incidentes para o *La Lotta di Classe*: "O proletariado de Forli deu um magnífico exemplo. A greve geral foi um sucesso absoluto". O reformismo, comentou em tom de desprezo, demonstrou sua covardia e irrelevância ao nada fazer para impedir que o governo seguisse seu miserável rumo. Os verdadeiros socialistas, fortalecidos pela "nova mentalidade revolucionária", mostraram aos camaradas que devemos continuar repelindo a guerra. O que foi a grande Revolução Francesa, acrescentou Mussolini, tomando-a como paralelo familiar e tocante, embora historicamente impreciso, se não uma greve geral que durou anos? Os que são contra a greve, sejam sorelianos, sindicalistas (muitos deles agora defensores da agressão à Líbia), membros socialistas do Parlamento, sindicalistas ortodoxos da *Confederazione Generale del Lavoro* [Confederação Geral do Trabalho] e reformistas de outras naturezas, devem ser descartados.[39] O mesmo deve acontecer com membros do clero e seus amigos reacionários.[40] Era a hora da verdade. Poderia ser a hora da "revolução".

Não demorou a acontecer uma firme resposta do governo à tentativa de fomentar revolta. Em 14 de outubro Mussolini e seus parceiros, como o jovem Pietro Nenni, que na década de 1960 viria a ser ministro do Exterior socialista da Itália, foram presos. Alguém que viveu naquela época sugere que ainda eram observadas algumas formalidades. A polícia localizou Mussolini bebendo café em um local que costumava frequentar. "Professor Mussolini?", perguntaram polidamente. "Deve nos acompanhar à delegacia." Então Mussolini perguntou se poderia terminar seu café e respeitosamente lhe disseram que sim.[41] Somente então foi conduzido para a prisão. Em 18 de novembro o professor Mussolini foi julgado em Forli, quando se defendeu de maneira soberba como se fosse um herói, "e não um malfeitor ou criminoso comum, mas um homem de ideias e consciência, um agitador e soldado da fé", que simplesmente exigia das instituições do rei respeito e justiça.[42] Os assistentes ficaram impressionados com sua retórica, mas o tribunal não se sensibilizou e o condenou a um ano de prisão. Mediante recurso, em 12 de março de 1912 foi libertado, satisfeito e vendo o vertiginoso crescimento de seu status.[43] No *La Lotta di Classe*, cujos leitores foram mantidos a par do sacrifício de seu líder, o autor de um artigo anônimo publicado em janeiro se mostrou impressionado com o poder dos olhos de Mussolini (como sempre "inquietos, profundos e inflamados") e com sua inteligência, suas palavras e seu espírito. Possuía uma inteligência como a de Sócrates. Era "o líder".[44] *La Soffitta*, jornal socialista de Roma, também exaltou sua personalidade. Mussolini, escreveu um correspondente do jornal, tendo em vista sua cultura, sem dúvida se tornou "um dos mais envolventes e expressivos" membros de seu Partido.[45] Também o *Avanti!* publicou elogiosa notícia sobre o evento:

> O camarada Mussolini foi libertado da prisão esta manhã, mais socialista que nunca. Nós o encontramos na modesta casa em que mora com sua adorada família e pudemos conversar um pouco com ele. Desta vez, não sofreu fisicamente na prisão. Chegou um grande número de telegramas de congratulações vindos de toda a Itália.[46]

Ao que parece Mussolini merecia o banquete que lhe foi oferecido pelos membros do Partido em Forli no confortável *Albergo Vittoria*, conhecido por seu bem escolhido nome.[47] Ao contrário do pai, Mussolini despontou no cenário político nacional por meio não só do poder de convencimento de seus atos, mas também pela transparência de sua ideologia.

Após o banquete, Mussolini cuidou rapidamente de difundir e explorar seus recentes ganhos políticos. Agora desfrutando o título de "correspondente do *Avanti!* em Forli", anunciou para seus leitores a decisão de apresentar o *La Lotta di Classe* em tamanho maior e quase dobrando o número para 2,8 mil exemplares, de forma a transformá-lo em "um dos melhores e mais lidos jornais da Romanha".[48] Também ampliou sua ambição intelectual começando a escrever um longo ensaio sobre o teólogo protestante tcheco Jan Huss. Embora amparado por comprovações contidas em um apêndice, *Giovanni Huss il veridico* [Jan Huss, o que diz a verdade],[49] o trabalho, publicado em 1913 e objeto de curiosidade, demonstrou que Mussolini podia ser outras coisas, mas não era um historiador. Como surpreendentemente seu autor confessou logo na introdução, as bibliotecas italianas tinham poucos livros sobre Huss e ele próprio não estava entre os poucos italianos que podiam ler tcheco.[50] Em grande parte do livro nota-se o retorno ligeiramente generoso aos dias de Mussolini como *mangiapreti*. Escreveu novamente sobre a inclinação para o sexo em conventos e sobre conspiração e crime papal, embora elogiasse Huss como nacionalista tcheco que resistia à hegemonia "alemã". Segundo Mussolini, o precursor do protestantismo foi quase transformado em pai do Risorgimento.[51]

Felizmente para Mussolini, sua carreira não dependia de divagações desse tipo. Vantagens concretas estavam a caminho. Em 7 de julho de 1912, representantes de toda a Itália se reuniram em Reggio da Emília, a oeste de Bolonha, para o 13º Congresso do Partido Socialista.[52] Foi um momento infeliz para os reformistas. No ano anterior, em Milão, tinham mantido tudo sob controle. Porém, a crise em torno da guerra na Líbia elevou as tensões e converteram Reggio em bastião da revolução. Quando se levantou para falar em 8 de julho, Mussolini, ainda sob a aura de suas heroicas façanhas nos nove meses anteriores, sentiu-se perfeitamente à vontade.

Seu discurso foi um sucesso. Com premeditada intransigência, Mussolini sinalizou para os seguidores do Partido e para o mundo que, mais do que como jovem editor de Forli, ele devia ser reconhecido como destacada figura política. O orador começou com um ataque radical ao Parlamento (e aos parlamentares socialistas), amparado em conveniente citação de Marx. A Itália, proclamou Mussolini, era um país onde "a cretinice parlamentar tinha chegado... aos mais humilhantes níveis". As reformas eleitorais de Giolitti não passavam de uma manobra para manter Parlamento funcionando, mas essa instituição era "absolutamente desnecessária" para os verdadeiros socialistas. O currículo de quase todos os eleitos para a Câmara dos Deputados sob a legenda do Partido era lamentável. Somente Turati (que tentava um acordo entre as facções favoráveis à guerra e que Mussolini ainda não pretendia antagonizar) continuara sendo um legítimo socialista, como demonstrara, por exemplo, ao manifestar a total rejeição do proletariado italiano à guerra.

A solução do problema era simples: expulsar os principais reformistas, Leonida Bissolati, Ivanoe Bonomi, Angelo Cabrini e Guido Podrecca. Em março, um trabalhador da construção civil em Roma tinha disparado um tiro no rei ("Vittorio Savoy", como Mussolini insolentemente o chamava, sem dúvida lembrando-se de "Louis Capet" em 1792 e talvez alimentando a ideia de que alguém o visse como um novo Marat).[53] Bissolati e seus companheiros tinham reprovado publicamente o ataque a Vítor Emanuel. Mussolini, porém, embora não quisesse ser cruel com outro ser humano, declarava ser preciso admitir que "ser vítima desse ato fazia parte da condição de rei". As pessoas de coração mole, prosseguiu, sem dúvida alegariam que a batalha devia se concentrar em ideias, e não em homens. Mas isso não bastava. Conversa de intelectuais tinha limites. Houve um tempo em que era "lógico e humano" acusar pessoas. "Mas precisamos julgar não uma ideia, mas determinados atos que precisam obedecer às normas do Partido, normas que não fomos nós que estabelecemos", declarou Mussolini se arvorando em tribuna do povo. E acrescentou em uma metáfora que assinalava o sinistro papel a desempenhar nas tragédias do século xx:[54]

> O Partido Socialista se vê na obrigação de realizar expurgos porque é um organismo vivo. Existem anticorpos socialistas,[55] tanto quanto anticorpos fisiológicos, de acordo com o que foi descoberto por Metchnikoff. Se não soubermos nos defender, os elementos impuros desintegrarão o Partido da mesma forma com que germes nocivos circulam em nosso sangue [...] e destroem o organismo humano.

Em resumo, os partidos políticos italianos modernos devem se concentrar apenas em um assunto, a necessidade de eliminar o já caótico e incoerente sistema liberal, "atacando-o por todos os lados". Era por isso que se tornava necessário um partido "numeroso e compacto". Era a razão pela qual ele tinha sua própria lista de "banimentos", concluiu Mussolini com uma de suas clássicas referências que os italianos achavam tão difícil evitar. Os verdadeiros socialistas não querem seguir os reformistas, "nem agora, nem amanhã, nem nunca".[56]

Para os delegados do Partido o discurso foi maravilhoso, visto como "científico" e populista ao mesmo tempo, combinação que Mussolini sempre gostava de fazer (com referências a Cervantes e a Marx, e acusando Bissolati de copiar muita coisa de Sorel). No clima daquele momento, os revolucionários de Forli se sentiram realizados. Os deputados atacados foram afastados (e criaram seu próprio Partido Reformista, uma cisão do Socialista). Costantino Lazzari, amigo do antigo patrão de Mussolini, Giacinto Serrati, passou a ser secretário do Partido, enquanto Angelica Balabanoff e o próprio Mussolini foram eleitos para o diretório. Além disso, os acontecimentos de Reggio Emilia tiveram grande repercussão. O exilado Lenin[57] escreveu no *Pravda* externando a satisfação que sentiu ao ver italianos seguindo "o caminho correto". Amilcare Cipriani, velho agitador, destacou Mussolini nas páginas do *L'Humanité*: "Seu comprometimento com a revolução", declarou Cipriani, "é como o meu".[58] Os reflexos do sucesso não foram apenas verbais. O *Avanti!*, agora concordavam os extremistas do Partido, não podia continuar tendo Treves como editor e devia se integrar ao círculo revolucionário. Precisava de um jornalista arrebatado, dinâmico, firme. Ali estava a oportunidade, apesar de Mussolini, algumas semanas após seu regresso de Reggio Emilia, ter se candidatado timidamente a outro emprego como professor.[59]

Não foi a última vez que jornalismo e política mostraram ser sua vocação. Logo depois foi anunciado que Mussolini era a escolha da facção vitoriosa para ocupar a editoria do diário socialista. Em outubro de 1912, ele fortaleceu sua posição percorrendo a Puglia em sua primeira visita a uma região do sul da Itália. Nessa área discursou várias vezes e escreveu entusiasmado sobre as perspectivas de adesão de camponeses à causa socialista, "gente que está ansiosa por trabalho. Em outras palavras, pessoas especiais, e não apenas povo em geral".[60] Em 1º de dezembro de 1912, a mais de seis meses de completar trinta anos, Mussolini assumiu a editoria do *Avanti!* e se mudou com sua família para Milão, onde o jornal era publicado desde 1911.[61] Rachele e Edda, ainda bebê, foram para um modesto apartamento na via Castel Morrone e levaram consigo Anna Guidi, que ficara sozinha depois da morte de Alessandro. A família aumentada lutou para encontrar um local cujo aluguel anual fosse de mil liras.[62]

Bafejada pela sorte, a constante ascensão de Benito Mussolini prosseguiu em velocidade alucinante. Comentou em seu primeiro editorial o orgulho e a emoção por ter se tornado o porta-voz "do patrimônio moral e material dos socialistas italianos". "Depois do congresso de Reggia Emilia, o grupo vitorioso tinha o dever de assumir total responsabilidade por sua gestão perante o Partido e o proletariado em geral", explicou. Claro que ouviria as opiniões de todas as alas do Partido, mas não abriria mão de sua postura "mais revolucionária". "Prometemos solenemente mostrar aos filósofos da reação burguesa, aos blocos de partidos oponentes e aos débeis instrumentos do governo Savoia que a vitalidade do socialismo italiano é ilimitada."[63]

Ali estava o Mussolini militante e legítimo, disposto a qualquer sacrifício por seu ideal. Ao escrever como anônimo *L'homme qui cherche*, ele afirmara para os leitores do jornal *La Folla* [A Multidão] que jornalistas de partidos não deviam pensar em si mesmos para subir na carreira, mas em se engajar nas batalhas. (Paolo Valera, editor desse "semanário ilustrado", lembrava-se de seu correspondente como alguém com "olhos que soltavam centelhas" e vivia com Rachele, "uma boa dona de casa que encarava sua penúria com tranquilidade".)[64] Não obstante, mais uma vez as coisas não eram tão simples quanto pareciam. No mesmo artigo que publicou no *La Folla*, Mussolini revelou curiosa insegurança: "Sou primitivo. Também em meu socialismo. Ando para lá e para cá na atual sociedade de mercado como um exilado. Não sou *homem de negócios* [sic]. Não gosto de negócios".[65] Nietzsche, disse para os leitores do *Avanti!* na mesma época, era um nome que os socialistas não podiam esquecer.[66] De modo geral, Mussolini estava sempre disposto a argumentar que "é a fé que move montanhas porque dá a ilusão de que as montanhas podem se mover. A ilusão é, talvez, a única realidade da vida".[67] O quanto um socialista podia e devia ser "heroico, idealista e antimaterialista?", perguntava Mussolini a si mesmo.

A insegurança e a inquietação intelectual e pessoal de Mussolini ficaram patentes em uma carta que enviou para Prezzolini logo depois do congresso em Reggio Emilia. Suas frases merecem ser examinadas com cuidado porque, ao redigi-las, Mussolini esperava agradar o destinatário da carta. Como confessou, estava "um pouco *dépaysé* entre os revolucionários" (obviamente o uso da *mot juste* em francês para demonstrar sua sofisticação). "Claro que minha concepção *religious* [sic] de socialismo está longe do pensamento revolucionário filisteu de muitos amigos meus." Ao dizer isso de forma tão crua, talvez esperando que Prezzolini ainda quisesse ser seu "amigo" e patrão, Mussolini pensava na "necessidade de arrumar melhor minhas ideias e torná-las mais objetivas", mesmo compreendendo que o atual conflito com os reformistas não passava de "um episódio na luta pela vida" entre o Partido e os integrantes de suas organizações mais preocupados com remuneração e condições de trabalho.[68] "Às vezes", explicou em outra carta para Prezzolini, "tenho a sensação de estar pregando no deserto".[69] Um darwiniano? Um nietzschiano? Um blanquista? Um leitor do *La Voce*? Um sindicalista? Um jornalista que podia transformar qualquer coisa em um bom artigo?[70] Desempenhar ao mesmo tempo os papéis de intelectual e de ativista não estava sendo fácil, agora que Mussolini gozava de fama cada vez maior, tinha maior importância imediata e habilidade mais acentuada para ver ou imaginar oportunidades pessoais.

Transformar ideologia em ação era um problema, sociabilidade era outro e sexo, um terceiro, principalmente porque Mussolini estava inserido no grande mundo de Milão. As metrópoles ofereciam inúmeros atrativos e havia muitas lições a serem aprendidas. Como editor do *Avanti!*, Mussolini ingressou na prestigiosa *Associazione Lombarda dei Giornalisti*, clube local de jornalistas, fundado em 1890. Nas reuniões ele tentava se manter mais *low profile*, embora um novo colega comentasse ironicamente a "embaraçosa" inconveniência de seu laconismo. Mussolini, lembrou esse colega, costumava falar entredentes, de uma forma difícil de ouvir e ficava grosseiro e furioso quando contrariado.[71] Na maior parte das vezes, porém, o novo editor se esforçava para se enquadrar no clube. Já tinha abandonado o extravagante chapéu de abas largas que usara no passado e o substituíra por um chapéu-coco. Mussolini também não se sentia à vontade sendo visto na *Galleria*, o mais famoso e procurado ponto de reuniões de Milão, preferindo frequentar os bares e os restaurantes menos caros da cidade, sobretudo se houvesse alguém para pagar a conta.[72]

Os homens com quem Mussolini se associava com certa dificuldade não eram como seus companheiros de Predappio e Forli. As mulheres de Milão eram ainda mais diferentes. Uma delas, muito famosa, era Margherita Sarfatti, crítica de arte do *Avanti!*, nascida em 1880, casada, judia e que se apresentava como feminista e mulher moderna. Seu marido era um advogado socialista (e sionista). Seu pai tinha sido um retrógrado representante do clero no conselho de Veneza. A linha política de Sarfatti era potencialmente tão elástica quanto a de Mussolini. A relação entre os dois[73] durou até a aprovação da legislação racial fascista que levou Sarfatti a se refugiar (com a cooperação de Mussolini) em Nova York. Antes, ela já escrevera uma calorosa biografia do Duce,[74] e embora seu papel na política e sua influência sobre seu amante não possam ser exagerados, ela conquistaria certo destaque na orientação cultural do regime.

Entretanto, o caso amoroso de Mussolini com Leda Rafanelli foi mais emblemático. Mulher que ostentava estar em busca das diferenças entre anarquismo e "arabismo", escritora, autora de romances, jornalista e ativista, levava uma vida de mulher moderna, exibindo firmeza e convicção superiores às de Sarfatti.[75] Um maço de cartas extraordinariamente reveladoras escritas pelo mais tarde Duce para ela sobreviveu a tentativas de destruição durante o regime[76] e uma nova versão com o relato de Rafanelli sobre essa relação foi publicada mais tarde.[77] Como Sarfatti, Rafanelli tinha nascido em 1880 (em Pistoia, na Toscana) e também era um pouco mais velha do que Mussolini (dez anos mais velha que Rachele). Com vinte anos, passara três meses no Egito e tudo indica que teve um caso com o pintor futurista Carlo Carrà.[78] Voltando para a Itália, logo conquistou fama, emitindo opiniões variadas que iam desde a denúncia das práticas lascivas no clero, especialmente as relacionadas a menores de idade, à oposição ao racismo, vendo os negros como autênticos integrantes da sociedade, e endossando o amor livre, embora acreditando que o máximo de liberdade estava no mundo muçulmano. No lado mais convencional, defendia que os "homens do povo" fossem afastados da bebida e dos bordéis, e que as "mulheres do povo" não se esquecessem da maternidade, que não renunciassem a ela. Para adular as pessoas comuns, declarou ela, uma elite consciente e avançada devia construir o "quarto estado", condenando aqueles que viessem a trair a causa dos trabalhadores para beneficiar a burguesia.[79]

Todavia, embora durante toda a vida Mussolini fosse um convicto patriarca, ao chegar a Milão logo se convenceu de que tinha encontrado em Rafanelli sua alma gêmea. Impressionada com o discurso inflamado que ele fizera perante a Comuna de Paris, Leda Rafanelli se apresentou a ele. O ego de Mussolini também foi mais tarde inflado quando, em um artigo escrito no semanário anarquista *La Libertà*, ela o exaltou como o "socialista dos tempos heroicos, um homem que tem sensibilidade, que ainda acredita instintivamente em seguir um caminho corajoso e poderoso. É um verdadeiro homem".[80] Em um romance que escreveu mais tarde, Rafanelli descreve um jovem jornalista "com grandes olhos negros e um olhar ligeiramente insano". Muitas vezes se recolhendo em um silêncio nervoso, ele era simpático, embora de certa forma ríspido, mas sempre pouco à vontade, logo vencido pelo ativo perfume daquela mulher. Naquele homem, ambição e sensualidade competiam de forma terrível. Com 25 anos, ele parecia estar dominado por conflitos internos. O casamento com uma jovem e bonita loura não o tinha satisfeito. Tampouco a música e a atividade como escritor, embora o "jornalismo agisse sobre ele como uma lâmpada elétrica que atrai uma mariposa à noite". Sua ardorosa juventude exigia desesperadamente que fosse notado, admirado, mas, por alguma razão, essa alegria parecia nunca chegar. Somente o encanto de uma mulher com alguma ligação com o Oriente seria capaz de conduzi-lo pelos caminhos encantados que levam à felicidade.[81]

Essa era a visão literária que Mussolini tinha sobre sua amiga enquanto tentava fazer com que Milão acordasse e notasse sua admiradora, manifestando, de sua parte, o encanto que sentia diante da nova mulher. O primeiro problema era como poderiam se encontrar. Não podiam fazê-lo na redação do jornal, onde Mussolini nunca estava sozinho. No café, sempre cheio, também não era possível. A melhor solução era na casa dela. Ele podia estar lá às três da tarde das terças-feiras (ao que parece Mussolini conservava o hábito italiano de dedicar a manhã ao trabalho formal e a tarde a outros assuntos). "Você me compreendeu", escreveu Mussolini, usando um lugar-comum de amantes, "de forma diferente dos outros. Sinto que está nascendo alguma coisa entre nós... ou estarei me enganando? Seja direta. Espere por mim. Vou esperar por você, sentindo uma estranha emoção."[82]

Dias depois voltou a escrever:

> Ontem passei três maravilhosas horas com você. Você falou sobre todos e tudo. Temos as mesmas simpatias e antipatias, na política, na filosofia, a respeito do tempo. Gostamos da solidão. Você prefere buscá-la na África. Eu, nas multidões turbulentas das cidades. O objetivo é o mesmo. Para mim seu pequeno salão foi uma revelação. Não é como os outros. Você me deu a ilusão de estar no misterioso e maravilhoso Oriente, com seus perfumes fortes, suas loucuras e seus sonhos fascinantes.[83]

Mussolini, provinciano, com a poeira de Damerini ainda sem ter sido totalmente varrida de suas roupas, ao que parece estava fascinado, pelo menos naquele momento.

> A seu lado me sinto a milhas de Milão, do jornalismo, da política, do Ocidente, da Itália, da Europa... Vamos ler juntos Nietzsche e o *Corão*. Ouça. Estou livre todas as tardes. Diga-me quando posso ir e aí estarei, pontual e discretamente.[84]

Todavia, encontrar o caminho do amor, se é isso que os dois estavam imaginando, era complicado. A vida de Mussolini era mais atarefada do que ele sugerira e logo estava se desculpando por ter que ir a Roma, ou a Zurique, ou mesmo por estar adoentado. Contudo, quando se encontravam, era como estar no céu: "Sinto-me dez anos mais novo, capaz de cometer qualquer tipo de loucura". Na companhia de Leda, ele se rendia a um "sentimento que tento, mas não quero definir... É melhor deixar minha vida por conta do destino".[85]

E assim prosseguiu a história. Ela cometeu um erro ao aparecer em uma de suas reuniões e ele lamentou não a ter recebido publicamente nessa ocasião. Será que ele poderia resolver o desentendimento com um ramo de flores? Ele deixara a casa dela à meia-noite bêbado de paixão, "meus nervos deliciosamente trêmulos, meu coração batendo forte como nunca, minha cabeça tumultuada" e bebeu um grande copo de absinto para se acalmar.[86] Viveu momentos muito difíceis quando precisou escrever dizendo que sentia falta de Leda: "Meia-noite. Sinto-me como se estivesse flutuando, cheio de desejo e nostalgia. Gostaria de lhe passar um pouco da eletricidade que corre por minhas veias. Quem sabe a razão?". Mas, então, vinham os problemas habituais. Precisava se ausentar por alguns dias. Era o mês de julho. "Estou levando minha família, duas pessoas, para a costa". Mas estaria de volta no sábado. "Misteriosa como um árabe" e solitária com suas lembranças, será que ela escreveria?[87]

As coisas ficaram complicadas. De acordo com uma autoridade, Rafanelli logo se relacionou com um tunisiano, "um beato", e não estava disposta a ficar submetida à condição de mulher de Mussolini.[88] Este, por sua vez, ficou imaginando se o amor que viviam não era "mórbido". Já ficara vagando inutilmente em uma praça à espera dela: "Você me faz sentir como se fosse novamente um menino ingênuo, impaciente, um idiota".[89] Quando ela declarou que o caso deles estava encerrado, ele aceitou o fato como "obra do destino", prometeu devolver as cartas dela e pediu melodramaticamente que queimasse as suas.[90] Porém, em fevereiro de 1914, quando ela escreveu novamente, Mussolini declarou que ficara inebriado pelo perfume de seu papel de carta: "Você sabe bem o poder mágico e estranho de um perfume, o seu perfume, sobre mim. É tão penetrante, fascinante, estranho, distante!". "Você me oferece *o que não consigo encontrar em nenhum outro lugar* [sic]: um momento de paz, de repouso. Algo totalmente diferente." Prometeu ardentemente esperar por ela sete vezes, sete anos. Nesse ínterim, se desligou ouvindo *Tristão e Isolda* pela primeira vez, acreditando que o contato com Leda o deixava em estado de espírito para entrar em comunhão com Wagner.[91]

As brigas continuaram. Apesar da habilidade da Rafanelli no "jogo espiritual", Mussolini temia que ela nunca entendesse como ele realmente era: "Sou quem sou. Também uso uma máscara para me proteger de olhares indiscretos. Porém, sob essa máscara está meu verdadeiro eu, que vem se afastando de você porque você não quer me deter".[92] Todavia, ainda estava disposto a ter um novo encontro: "Querida Leda, você possui algo que me seduz, me fascina, me domina". Às duas da madrugada ele podia estar inalando seu perfume, e a lembrança dela o levava a escrever uma derradeira nota antes de voltar para casa.[93] Novamente, às duas da madrugada, ele ficava pensando em desafiá-la para outra rodada de discussões sobre filosofia. Queria ser um homem moderno que podia, portanto, ser enriquecido pelo gosto extraordinário e pelos magníficos momentos de loucura, descobertas e progresso no "arabismo" de Leda. Seu encanto especial o deixava feliz, mesmo quando não entendia exatamente o que ela queria dizer. "Porém, acima de tudo," prosseguiu, "você me atrai porque — com dedicação realmente notável — conseguiu fazer de sua vida uma deliciosa ilusão." O comprometimento de Mussolini era ao mesmo tempo admirável e sedutor. Afinal, ele não era hipócrita e queria que ela compreendesse.[94]

Para sorte de Leda e de "B.", como ele assinava, a guerra, a Primeira Guerra Mundial, estava chegando. Ela era contra e escreveu se opondo ao conflito. Ele não estava tão seguro. Alegou que intelectuais de destaque como Livio Ciardi e Filippo Corridoni estavam se movimentando a favor da entrada da Itália na guerra, "uma doença contagiosa que não poupava ninguém". Diante do desafio revolucionário, o proletariado parecia "desatento, confuso, distante".[95] Mussolini enfrentava sério dilema e a escolha que fizesse poderia jogar por terra seus sonhos de amor boêmio e "vagabondage" *avant-garde* e intelectual.[96] Não estava escrito que Leda continuaria sendo dele.

Então, o que aconteceu com o caso amoroso? Já maduro, Mussolini estava muito mais voltado para proclamar que aquilo que o homem fazia abaixo da cintura já não interessava a ninguém, que não a si mesmo.[97] Não obstante, as cartas trocadas com Rafanelli não podem ser desprezadas. Sem dúvida, muito do palavreado usado por Mussolini era convencional e, sob o sentimento sincero, estava o desejo de conquista sexual e até um pouco mais. Entretanto, as cartas revelam a personalidade do Mussolini que acabara de chegar a Milão. Era o homem da província buscando *sistemazione* em uma grande cidade, homem que jamais imaginara que mulheres tinham cérebro. Agora, era o chefe socialista meio esperançoso, meio atemorizado, que aspirava quase dolorosamente ser reconhecido como verdadeiro intelectual, como romântico debochado, como amante soturno, que suspirava ansiando pelo vasto mundo do amor e do intelecto, mas que vivia uma vida monótona com Rachele, Edda e os outros filhos, e que seguiria o rumo da política. Nenhuma das outras mulheres que teve o estimulou e frustrou tanto quanto Leda Rafanelli.

A vida em Milão era uma sucessão de problemas. Tendo em vista a precária situação financeira de Mussolini, a mudança para uma grande cidade tinha ficado muito cara. Existe uma curiosa correspondência com Cesare Berti, seu amigo de Forli, com quem Mussolini conseguira um empréstimo de cem liras para ajudar no pagamento da viagem de trem, do aluguel e da mobília, mas a dívida não foi paga até outubro de 1913.[98] Mussolini alegou para Berti em março desse ano: "Aqui, trabalho como um mouro. Vivo solitário. Me atacam de todos os lados: padres, sindicalistas, todos, enfim".[99] Em resumo, acrescentou alguns meses mais tarde, seu radical gosto por polêmicas o tinha transformado no "homem mais odiado da Itália" (frase muito repetida quando se referia a si mesmo).[100]

Solidão, animosidade, audácia e agressiva determinação para defender a igualdade, embora na prática tratasse os outros como se fossem inferiores. Essas eram as atitudes usuais de um homem que crescera certo de que estava destinado a ser algum tipo de líder. Foi bem-sucedido no *Avanti!*. A despeito de algumas recriminações, foi um empresário realmente competente e obstinado. Em março de 1913, recorrendo a uma série de demissões e hábeis alianças, eliminara todos os que se opunham à sua editoria. Simultaneamente, conseguira dobrar e redobrar a circulação do jornal. Justamente antes da eclosão da Primeira Guerra Mundial chegou aos cem mil exemplares. Aperfeiçoou a tecnologia do *Avanti!* e reduziu seu déficit.[101] Também estava sempre disposto a afirmar francamente que tudo no jornal se devia a seu trabalho. Como disse a um colega:

> Sou o único e total responsável pelo jornal, perante os socialistas e o público. Além disso, sem preferências ou antipatias pessoais, conduzo todo o trabalho do grupo editorial simplesmente satisfazendo os interesses do jornal.[102]

Para Mussolini não foi difícil assumir a função executiva. Incansável e determinado, foi realmente "um dos maiores jornalistas de seu tempo",[103] ainda que melhor no lado destrutivo de sua profissão do que no construtivo. Assim, pode-se imaginar que, permanecendo em Forli, Mussolini se destacaria como um notável personagem local, mas provavelmente, mesmo sem a Primeira Guerra, ele teria progredido na profissão, ganhando fama como formador de opinião de tipo bem conhecido na Inglaterra daqueles dias, ao lado de lorde Northcliffe e lorde Rothermere, e como os atuais Rupert Murdoch e Silvio Berlusconi.

Porém, publicar um jornal não era suficiente para Mussolini. Estava ansioso por demonstrar sua habilidade em outras áreas. O trabalho como editor do diário socialista nacional exigia, por exemplo, que comentasse assuntos de política exterior que preocupavam as instituições na Europa pré-1914. Se o tema era o custo da guerra na Líbia (Mussolini achava que a aventura imperial tinha se revelado um "grotesco" desperdício de dinheiro),[104] a expansão da indústria armamentista,[105] pormenores dos eventos nos Balcãs,[106] ou até o programa colonial francês na Argélia,[107] Mussolini era capaz de sacar uma frase e acrescentar uma opinião inteligente e categórica.

Do mesmo modo, sabia abrir caminho, pelo menos até certo ponto, entre as altamente competitivas correntes do socialismo italiano, agindo às vezes como amigo dos sindicalistas e outras vezes os criticando. Procurava demonstrar sua franqueza e sua inteligência apresentando uma série de palestras públicas sobre a cultura socialista nas quais, eventualmente, personalidades tão distintas quanto Gaetano Salvemini e Giuseppe Prezzolini também falavam. Tinham como alvo inicialmente os trabalhadores milaneses, que Mussolini tentava familiarizar com pensadores que iam de Platão e Campanella a Babeuf.[108] Essas palestras foram depois apresentadas em Rovigo e Florença, nesta última assistida por uma audiência de mais de 3 mil pessoas.[109] Entre 1913 e 1914, Mussolini arranjou tempo para publicar um jornal de conteúdo teórico, dirigido não às massas, mas aos intelectuais como ele. Tinha o título otimista *Utopia*.[110] Embora proclamasse orgulhosamente em sua manchete principal que representava o socialismo revolucionário italiano, o jornal se comportava, em grande parte, como herança da Revolução Francesa, apresentando nas primeiras edições artigos traduzidos de Jules Guesde e Auguste Blanqui.[111]

Em seu editorial Mussolini explicou que *Utopia* tinha sido criado não pelo Partido, mas para ele. Queria, como explicou, ser um membro útil para o Partido. Fez uma reflexão: na raiz das divergências entre facções havia uma "inveja de ideias", uma vez que "nas ideias, como nas mulheres, quanto mais você as ama, mais elas o fazem sofrer".[112] Mais ou menos na mesma época disse a Alceste De Ambris: "Sou, sem dúvida, um sectário. Tenho uma alma tacanha, mesquinha, mal-humorada. Sou assim e não me envergonho... hoje, amanhã, nunca".[113] Porém, nas páginas do *Utopia* se transformava em um quase anarquista e publicava trabalhos de sindicalistas como Sergio Panunzio e Agostino Lanzillo, de dissidentes liberais como Mario Missiroli e de amigos como Margherita Sarfatti. O Mussolini que então emergiu foi novamente o *professore,* lidando com uma grande variedade de ideias e, por meio delas, tentando impressionar. Não foi sem motivo que outro editorial do *Utopia* agradavelmente registrou o fato de o jornal ter sido mencionado por Prezzolini nas páginas do *La Voce*. Como de hábito, Mussolini passou para o estilo respeitoso ao escrever sobre os intelectuais que o superavam culturalmente: "Estou sensibilizado pelo elogio de quem eu estimo intelectual e moralmente, ainda que peculiaridades políticas e ideológicas nos separem".[114]

Na verdade, o *Utopia* nunca obteve pleno sucesso. Seus exemplares apareciam erraticamente. Seu objetivo ideológico era visivelmente prejudicado pela empáfia de seu editor. Não obstante, é preciso admitir que Mussolini estava revelando uma gama de talentos. Era, por exemplo, um orador sempre brilhante e convincente. Podia ter fracassado em 1913 em sua primeira tentativa para entrar no Parlamento. Nessa ocasião, em Forli, foi fragorosamente derrotado pelo republicano local,[115] mas quem duvidaria que ele acabaria conseguindo um assento na Assembleia Nacional? Certamente ele ensaiava incansavelmente sua oratória, normalmente a favor do Partido. Na maioria das vezes, defendia a revolução, embora, como sempre, sua versão do desejado acontecimento fosse mais passional do que explícita. Em março de 1914, por exemplo, pareceu claramente provinciano ao falar em Milão:

> Sou um defensor convicto do governo local justamente porque sou um revolucionário socialista e, portanto, contra o Estado. A municipalidade é o último bastião com que conta o cidadão para se opor à crescente interferência do Estado.[116]

Mais tarde, um amigo próximo comentou o cuidado com que Mussolini se preparava para qualquer discurso ou reunião. Embora transpirando espontaneidade, cuidava antecipadamente de elaborar suas frases, dominando perfeitamente tanto o texto quanto suas emoções.[117] Não se sabe quando essas precauções se tornaram um hábito, mas é possível supor que, desde que se declarara socialista, tenha desenvolvido essa habilidade. Ao mesmo tempo, ficou cada vez mais acostumado com os aplausos e as aclamações que sua oratória causava. Observava os outros, pelo menos a forma como suas imagens e seus "carismas" o influenciavam. Depois de 1922, confessou que, como executivo e ditador, tinha aprendido muito não só com a postura e a linguagem corporal de seus interlocutores, mas também com o que diziam.[118] Certamente esperava transmitir suas ideias tanto implícita quanto explicitamente. Mais tarde, seguidores de Mussolini salientariam seu "inigualável e incomparável" domínio dos gestos,[119] enquanto um defensor do fascismo que ficara cego na guerra afirmaria o quanto ficava encantado simplesmente ouvindo a fala articulada do Duce. Para quem o ouvisse com atenção, Mussolini tinha "mais do que uma voz, ou melhor, variava o timbre e o tom de sua fala" — do suave e intimista ao estridentemente poderoso — "reafirmando a pluralidade, a multiplicidade de sua alma".[120]

Durante o regime fascista, o carisma de Mussolini obviamente era inquestionável e ilimitado, mas, mesmo enquanto foi editor do *Avanti!*, esse carisma já estava se desenvolvendo e certamente ele tinha consciência disso. O termo *Duce* pode ter surgido ao sabor do vocabulário da época — em março de 1914 a palavra chegou a ser usada para se referir ao estudadamente simples primeiro-ministro Giolitti (embora o objetivo fosse sarcástico).[121] De qualquer modo, a forma como o termo *Duce* começou a identificar Mussolini é significativo. Não importando a força e o conteúdo de sua retórica a respeito de revolução e socialismo, foi a personalidade de Mussolini que mais impressionou seus contemporâneos. Em 1914 muitos italianos buscavam um "líder" que emergisse em meio à confusão e corrupção que surgiam de todos os lados. Embora ainda restrito a um pequeno grupo, Mussolini estava ficando conhecido como possível candidato ao papel de líder. Seu indiscutível dinamismo, sua insaciável ambição, sua rapidez de raciocínio, sua insolência se recusando a se curvar diante dos imprevistos, seu atrevimento, tudo isso contribuía para torná-lo um jovem que fazia a diferença politicamente, sobretudo se o Novo Mundo fosse, de alguma forma, dependente das massas.

Um ano mais tarde, com a Itália em guerra e Mussolini não mais um socialista, Torquato Nanni, velho amigo de Predappio, a pedido de Prezzolini elaborou a primeira de muitas biografias elogiosas do Duce. Em frases diretas e claras, talvez mais do que as habitualmente usadas por Mussolini em seus discursos,[122] Nanni descreveu uma "força da natureza", "o homem de ação por excelência", que "impedira que o proletariado italiano prosseguisse sendo um rebanho de ovelhas obedientes".[123] A julgar pelo que acreditava Nanni, e além dele Prezzolini e o establishment dos intelectuais, Mussolini já era visto com potencial para ser o Duce.

Na verdade, não se sabe exatamente se o trabalho de Nanni, quando publicado, atraiu muitos leitores e se o texto causou impacto. Em 1915 a ascensão de Benito Mussolini foi influenciada pelos eventos da época. Além disso, bem antes da entrada da Itália na guerra havia razões para se supor que as fulminantes vitórias de Mussolini entre 1912 e 1913 estavam perdendo substância. É verdade que, no congresso realizado em Ancona em abril de 1914, o Partido Socialista tinha confirmado a predominância da facção revolucionária, fortalecendo a posição pessoal de Mussolini tanto no *Avanti!* como no quadro executivo do Partido. Entretanto, também estava se tornando evidente que os revolucionários eram extremamente vagos em política de longo prazo e basicamente não tinham ideia alguma sobre como implementar sua revolução e sobre suas consequências.

Pouco depois eclodiram greves e distúrbios generalizados, principalmente na Romanha, na que foi chamada Semana Vermelha. Como era de se prever, os editoriais de Mussolini exigiram ações mais drásticas, acossando o governo e suas tropas quando tentavam restabelecer a ordem.[124] Porém, o descontentamento popular foi espontâneo e realmente surpreendeu Mussolini e o resto do grupo que então liderava o Partido.[125] Ficaram evidentes as impropriedades da preparação e as graves falhas cometidas, tanto no plano tático quanto no estratégico. Entre junho e julho de 1914, havia uma série de razões para acreditar que nos meses seguintes os socialistas moderados estariam em vantagem.

Na verdade, outros eventos ainda mais extraordinários decidiriam o destino das facções socialistas. Em 28 de junho de 1914 o arquiduque Francisco Ferdinando de Habsburgo-Este e sua morganática esposa foram assassinados em Sarajevo. Suas mortes assinalaram o fim da Europa da Belle Époque e o começo da Primeira Guerra Mundial. Três anos antes, o sindicalista *romagnole* Angelo Oliviero Olivetti, descendente de família pró-Risorgimento de Ravena, tinha lamentado, em frases oportunas, que a sociedade que o cercava na Itália estava "morrendo, ansiando por uma tragédia".[126] Logo depois, italianos e outros povos europeus seriam despertados por tragédias capazes de satisfazer todo tipo imaginável de ansiedade.

5
Guerra e revolução, 1914-1919

A ECLOSÃO DA PRIMEIRA GUERRA MUNDIAL gerou graves problemas para o governo e as instituições italianas. Em 3 de agosto de 1914, finalmente foi feito o anúncio público informando que a Itália, então dividida entre o compromisso decorrente de ser membro da Tríplice Aliança com a Alemanha e a Áustria-Hungria, e a "tradicional amizade" com a França e a Inglaterra, optara pela neutralidade. Considerando a fraqueza militar do país, além de seu comparativamente frágil poder econômico e industrial, ficar fora do conflito foi uma decisão inteligente. Entretanto, foi uma escolha que agravou as numerosas fissuras nas bases políticas e sociais do regime liberal.

A esmagadora maioria dos italianos apoiou a neutralidade.[1] Incluía políticos de destaque como Giolitti, o rei, importantes setores do Exército, grandes empresários, a maçonaria, a maior parte da burocracia do Estado, a maioria dos socialistas, muitos católicos, inclusive o novo papa Bento XV, a maior parte do campesinato e quase todas as mulheres italianas. As opiniões de alguns desses grupos e pessoas diferiam quanto ao "se" e "quando" seria razoável aceitar a entrada do país no conflito e até Giolitti, cuja carreira seria mais tarde abalada por acusações de neutralidade covarde, ficaria satisfeito se pudesse ver a presença italiana no lado vencedor, mas só quando ficasse claro quem triunfaria. Entretanto, naquele momento ele não quis apressar o passo. Com um bom senso raro nos europeus daquela época, muitos setores da população italiana não se deixaram dominar pela "ilusão de uma guerra de curta duração" e resistiram às previsões de que o conflito estaria encerrado no Natal.

O fato, porém, é que a ampla diversidade dos que se opunham à prematura entrada da Itália na guerra não fez diferença. A favor do comprometimento imediato havia dois grupos importantes. Primeiro, o próprio governo. Era um governo minoritário, mais conservador do que o chefiado por Giolitti e liderado pelo advogado e acadêmico sulista Antonio Salandra. Este governo, para o qual se previa curta duração, deveu boa parte de seu perfil ao moralista toscano Sidney Sonnino, que se tornou primeiro-ministro depois de novembro de 1914. Por mais de uma geração, Sonnino vinha aliando o apelo por maior disciplina interna (dando fim à transigência e à ambiguidade de Giolitti) à preferência pelo expansionismo no exterior. A guerra ofereceu ampla oportunidade para Salandra e Sonnino. Agora poderiam "fritar os liberais", reduzir a maioria parlamentar de Giolitti que já durava tanto tempo e, como pretensiosamente pensaram, "entrar para a história".[2]

Embora não visse com simpatia o governo, outra força poderosa apoiava essa linha. Era composta pelos intelectuais, sobretudo os da nova geração, cujas ideias tendiam a ser ao mesmo tempo expansionistas e inegociáveis, mas estavam de acordo ao reconhecer que constituíam um novo e promissor grupo de personalidades, sem os quais a Itália não prosperaria e não se transformaria em um Estado saudável e "moderno". Enquanto decorria o *intervento* (período de tempo), a negociação da Itália, oscilando entre as Potências Centrais e a Tríplice Aliança, foi ficando cada vez mais complicada, e os intelectuais italianos exigiram que se pusesse fim à hesitação. Entre eles, estava o razoavelmente proeminente Benito Mussolini.

Renzo De Felice comentara, uma geração antes, que, depois do fracasso da Semana Vermelha e pouco antes do começo da crise de julho, Mussolini ficara de olho no futuro. "Somente Mussolini", escreveu De Felice, "compreendeu que estava começando uma nova era e que o socialismo estava defasado no tempo."[3] Então, nos meses seguintes, Mussolini se tornou o socialista em sintonia com a nação.[4] É uma afirmação curiosa tratando-se de um historiador, uma vez que era evidente que a Itália estava sendo manipulada, ou "cantada" para ir à guerra por uma pequena minoria de sua população. De qualquer modo, os fatos mostram que Mussolini, como a maioria de seus contemporâneos, demorou a perceber as consequências da crise de julho. Como bom jornalista, logo no dia seguinte ao acontecimento noticiou o assassinato em

Sarajevo. Além disso, a gravidade do evento exigiu que comentasse seu significado. A morte de Francisco Ferdinando, argumentou, mostrava que o conflito entre os Habsburgos e o "mundo eslavo" era profundo. Os Balcãs estavam sendo destruídos por uma "explosão de ódios nacionais". Como aprendera com suas próprias experiências passadas no Trentino, o governo austríaco era "odioso e odiado". Todavia, Mussolini tampouco exaltou o nacionalismo sérvio, concluindo seu artigo de forma bombástica, comentando que o assassinato do arquiduque era "um episódio doloroso, mas compreensível, da luta entre o nacionalismo e o poder central, que vem a ser, ao mesmo tempo, o poder e a ruína dessa atormentada nação (Áustria-Hungria)".[5]

Durante o mês seguinte, nada acrescentou a seu comentário, embora visse a ousadia grega como parte de um assustador cenário geral, que não passava despercebido para outros jornalistas que achavam que os Balcãs podiam "explodir" a qualquer momento.[6] A maior preocupação de Mussolini continuava sendo o setor interno, ao tentar ver um lado positivo da Semana Vermelha e, após rever os acontecimentos, declarar que a "revolução" local era iminente: "A Itália precisa de uma revolução e a terá".[7] Somente depois do ultimato imposto pela Áustria à Sérvia, ele voltou a dirigir sua atenção para o cenário internacional. Qualquer guerra, comentou então, estaria atendendo aos desejos do "grupo militarista da Áustria". Apesar da reconhecida hostilidade ao regime Habsburgo, Mussolini continuou afirmando que temia a existência de cláusulas secretas na Tríplice Aliança e insistiu para que a Itália adotasse uma postura de estrita neutralidade em relação ao conflito. O proletariado italiano não deveria derramar uma só gota de sangue por uma causa que não lhe dizia respeito. A orientação socialista no sentido de uma negociação diplomática devia estar alinhada com a ideia de "nem um homem, nem um centavo" para a guerra.[8]

Durante as semanas iniciais de agosto, quando soaram os primeiros alarmes nos Balcãs sinalizando a extensão do conflito pela Europa, a tendência de Mussolini foi deixar de atribuir a responsabilidade ao governo da Áustria e apontar para a culpa da Alemanha Imperial. Considerou a violação da Bélgica um evento lamentável que poderia unir "toda a Europa" contra o "bloco germânico". A Alemanha, acrescentou, estava se comportando de forma sem precedentes. Por meio do "banditismo" e "agredindo a Bélgica, estava deixando claro seu projeto, seu objetivo e sua índole". "O militarismo prussiano e o pangermanismo" têm um passado triste. Desde 1870, a Alemanha vem agindo como uma espécie de "marginal montando emboscadas ao longo do caminho da civilização europeia".[9] Foram palavras fortes, e não havia dúvidas de que refletiam uma reação emocional e genuína de Mussolini contra as Potências Centrais e a favor da França. Coisas que "supunha", mas preferia não mencionar, como a bagagem cultural de muitos italianos, embora nem todos de esquerda, o levaram a se precaver contra a Áustria, acusada de ser a tirana do Risorgimento, e a admirar a França, "a irmã latina", como era normalmente chamada, com sincera e até certo ponto invejosa afeição.

Na verdade, pelas palavras de Mussolini não se podia antever muito o que sucederia no futuro. Até o fim de agosto ele temeu que os pormenores da Tríplice Aliança pudessem empurrar o governo italiano para a guerra ao lado das Potências Centrais.[10] Quando ficou claro que o governo estava flertando com o outro lado, Mussolini escreveu em diversas ocasiões defendendo a linha oficial socialista que pregava a "neutralidade absoluta". A guerra, como preconizava o dogma do Partido, só beneficiaria a burguesia. "O proletariado não está disposto a lutar uma guerra de agressão e conquista após a qual continuará sendo tão pobre e explorado quanto antes."[11] Não obstante, no fundo de sua mente ainda havia dificuldade para apoiar essa posição. A ocupação alemã de Bruxelas foi brutal, relatou com toda franqueza. Estava convencido de que as tropas alemãs tinham assassinado reféns e usado balas dum-dum. Talvez fosse vantajoso ficar no lado da Tríplice Entente, mas será que seria preciso ter os italianos no front, e a neutralidade da Itália já não era uma ajuda suficiente? Trieste poderia ser etnicamente italiana, mas a cidade estava cercada por eslavos, e a solução mais razoável para seu futuro seria, provavelmente, sua internacionalização.[12] A cabeça de Mussolini estava sempre girando loucamente, e o novo conflito só serviu para reforçar essa tendência. Porém, por trás de suas palavras dispersas, ele começou a perceber que a guerra oferecia uma oportunidade, uma chance para destruir a velha ordem, a possibilidade de pensar em uma nova.

Com todas essas heresias martelando em sua mente, em setembro de 1914 a adesão de Mussolini à linha oficial do Partido começou a perigar, embora ainda acreditasse que o apoio do Partido à neutralidade fosse claudicante.[13] Aos poucos, ele começou a admitir abertamente sua simpatia pela causa da Tríplice Entente. Também conhecia a forma como alguns intelectuais notáveis, muitos deles com posições políticas de certa forma esquerdistas, tinham começado a fazer campanha pela entrada da Itália na guerra contra as Potências

Centrais. Prezzolini e o *La Voce*, o sulista radical democrata e historiador Gaetano Salvemini e seu jornal *L'Unità*, sindicalistas como De Ambris e Corridoni,[14] seu velho editor Cesare Battisti — um após outro —, todos aliavam a ideia de guerra à modernidade. Os intelectuais dissidentes estavam apresentando o conflito como uma oportunidade para romper os corruptos e desgastados elos que ligavam o país à era de Giolitti e construir um futuro em que o povo fosse mais feliz (e seus próprios talentos fossem mais reconhecidos). Como o professor Mussolini poderia resistir à tentação dessa causa?

Assim, ele começou a se afastar gradualmente da ortodoxia socialista. Em 13 de setembro anunciou que decidira publicar um artigo de Sergio Panunzio no *Avanti!* porque, afinal, "seria ridículo e antiliberal condenar ao silêncio" aqueles que apoiavam a entrada da Itália na guerra (embora tivesse analisado criteriosamente os argumentos de Panunzio a fim de provar que ele estava errado).[15] Em 30 de setembro, redigiu um editorial focalizando as preferências sentimentais do proletariado italiano que, como ele próprio, simpatizava com a causa da Entente, mas negava veementemente que esse sentimento fosse capaz de converter os trabalhadores em "fomentadores de guerras".[16] Cinco dias antes, escrevera em caráter particular para Amadeo Bordiga, engenheiro e intelectual de Nápoles que viria a chefiar o Partido Comunista italiano, explicando que via sua neutralidade e seu reformismo como uma combinação terrível e maldita. A ideia de permanecer em cima do muro diante de acontecimentos importantes, temia Mussolini, era típica dos que "se alienavam da história".[17] Afinal, estava profundamente enraizado na mente marxista o conceito de "locomotiva da história", a crença de que a sociedade estava se transformando e que o seguidor perspicaz da doutrina precisava ser capaz de identificar corretamente seu curso e a hora certa de agir. Na cabeça de Mussolini as tensões estavam certamente aumentando e chegando a um ponto de ruptura entre a passividade da neutralidade e o dinamismo da intervenção.

Foi assim que em 18 de outubro publicou um categórico artigo no *Avanti!*, cujo título era "Da neutralidade absoluta a uma neutralidade ativa e útil". A paciência de Mussolini, habitualmente precária, se esgotou. A política adotada pelo Partido Socialista era "conciliadora", justamente por ser muito "negativa". Mussolini explicou com palavras que refletiam sua personalidade:

> Mas um partido que deseja entrar para a história e, tanto quanto lhe for permitido, fazer história, não pode se submeter, sob pena de cometer suicídio,

> a uma linha dependente de um dogma indiscutível ou de uma norma eterna, apartado da absoluta necessidade (de mudança) no tempo e no espaço.[18]

Na verdade, a política de neutralidade já favorecia a Entente e era fortalecida por "uma profunda hostilidade contra a Áustria e a Alemanha".[19] Do mesmo modo, era evidentemente absurdo a Itália ficar fora do conflito quando o resto da Europa dele participava. Socialistas da França, da Bélgica e da Inglaterra já tinham reconhecido que se tratava de um "problema nacional".[20] Como poderiam os italianos pensar de forma diferente?

Buscando uma referência irrefutável, Mussolini terminou citando Marx. O pai do socialismo, lembrou, deixara uma mensagem que dizia: "Quem ousa desenvolver um programa definido para o futuro é considerado reacionário".[21] A neutralidade absoluta, concluiu, era, por definição, "retrógrada" e "paralisante".

> Temos o privilégio de viver o momento mais dramático da história mundial. Podemos — como homens e socialistas — continuar impassíveis diante de monumental drama humano? Ou preferimos, de uma ou de outra forma, ser protagonistas?

Concluiu afirmando que seria um desastre para a preservação da linha de pensamento do Partido se esse passo significasse a destruição de seu espírito.[22]

Obviamente esse editorial causou sensação, pelo menos entre os socialistas e os amigos de Mussolini.[23] As opiniões inconformistas que emitira de modo algum eram isoladas, e outros socialistas já tinham revelado posições semelhantes, especialmente aqueles que se consideravam intelectuais. Até Antonio Gramsci, mais adiante mártir comunista durante o regime fascista, se convenceu.[24] Giuseppe Prezzolini, que não era socialista, mas homem honrado e admirado por Mussolini, se apressou em cumprimentar o antigo assinante do *La Voce*.[25] Esse editorial teve outras consequências. Em 19 de outubro a cúpula executiva do Partido Socialista se reuniu em Bolonha. Houve acalorada discussão, com Mussolini enfatizando que a opinião que emitira se baseava em princípios que adotava, reiterando que encarava os ataques que sofria dentro do Partido como "simplesmente ridículos". Entretanto, a divisão que provocou foi grande demais, e ele renunciou à função de editor do *Avanti!*.[26]

Como o processo burocrático era lento, passou-se mais um mês até Mussolini ser formalmente expulso do Partido Socialista. Suas palavras na derradeira defesa foram dramáticas.

Vocês me odeiam porque ainda me amam... Não importa o que venha a acontecer, não vão me esquecer. Doze anos de minha vida são, ou devem ser, suficientes para comprovar minha crença no socialismo. O socialismo está em meu sangue.

Ainda era, garantiu, o inimigo da burguesia. Quando o futuro mostrar que estou certo sobre a guerra, profetizou, "vocês me verão novamente a seu lado".[27]

Claro que Mussolini não foi o único dissidente a deixar o Partido Socialista, principalmente durante o trauma causado pela Primeira Guerra Mundial. Em muitos países, o grande conflito exigiu que fosse feita uma escolha entre os ideais do socialismo internacionalista e os interesses da nação. Tampouco Mussolini foi o único desertor, ou "vira-casaca", como eles eram frequente e eufonicamente chamados, que acabou descobrindo que uma briga, que naqueles dias parecia ser complexa, mas fácil de resolver, na verdade terminaria com uma carreira socialista. Inseguros e frágeis, os partidos socialistas tendiam para o ódio. Também não era difícil imaginar que, tomados pelo ódio, o primeiro golpe seria assestado contra os dissidentes. Chamar de "vira-casaca" era o mesmo que chamar de venal, de Judas, comprado e vendido pelos numerosos inimigos ricos e poderosos do socialismo. Assim, enquanto a imprensa intervencionista comemorava a conversão de Mussolini ao nacionalismo e importantes jornais burgueses como o *Corriere della Sera* e o *Il Secolo* noticiavam o fato e procuravam entrevistar o novo nacionalista,[28] uma frase maldosa começou a circular entre os socialistas fiéis ao Partido: *Chi paga?* [Quem está pagando?].[29]

No caso de Mussolini, havia motivo para se fazer essa pergunta. Em 10 de novembro, em entrevista que concedera ao *Il Resto del Carlino*, jornal bolonhês de propriedade de pessoas envolvidas em negócios de açúcar e chefiado por Filippo Naldi, ele disse que tinha uma revelação a fazer. Declarou, com a costumeira truculência, que estava disposto a se retirar para a "vida privada". Não obstante, com o apoio do francófilo Cipriani e outros intervencionistas de esquerda, ele estava lançando um jornal para defender sua causa. Em alusão mais a Mazzini do que a Marx, seu título seria *Il Popolo d'Italia* [O Povo da Itália].[30] A manchete principal do primeiro exemplar mencionava dois slogans, um deles de Blanqui, "Quem age com firmeza tem pão à mesa"; e outro de Napoleão, "Revolução é uma ideia que se encontrou com as baionetas".[31] *Il Popolo d'Italia* logo se tornaria, a partir de outubro de 1922, o órgão oficial do regime fascista.

Embora algumas provas ainda sejam questionadas, está claro que em outubro (se não antes) Mussolini já estava empenhado em um jogo duplo.[32] Mantinha ligação com Filippo Naldi, notório defensor dos interesses da elite rural local e que já mantivera conversa com os mais altos círculos do governo, inclusive o aristocrata ministro do exterior, Antonino di San Giuliano.[33] Naldi era conhecido pelos contatos que tinha. Contemporâneos seus ressaltaram a extravagância de seu estilo de vida e a forma como conduzia seu jornal, oscilando entre o colapso iminente por dívidas contraídas e súbitos surtos de prosperidade, dias de fartura que Naldi comemorava com "rios de champanhe".[34] Beneficiado por essas negociatas, Mussolini conseguia os recursos para tocar o novo jornal. Naldi também prometeu que a procedência desse generoso presente seria mantida em segredo, de modo que era "dinheiro que posso aceitar", como mencionou Mussolini.[35] Os dois tinham se encontrado para acertar o negócio no Hotel Venezia de Milão, onde Mussolini impressionou um observador, "pela face pálida e pelos olhos negros e brilhantes como os de uma boneca de porcelana".[36]

Posteriormente Naldi e Mussolini foram à Suíça em busca de recursos do serviço secreto francês. Nessas viagens puderam observar certas diferenças de classe. O sofisticado Naldi ficou, como sempre fazia, no melhor hotel. Mussolini, ao contrário, dividiu um quarto em um hotel mais modesto com um jornalista conhecido seu, Mario Girardon. Naldi foi bastante generoso e convidou os dois para uma noite final de comida, bebida e dança, logicamente com prostitutas, de modo que se pode supor que algum dinheiro deve ter circulado, ou pelo menos promessas nesse sentido. Em meio a esses eventos, Girardon, depois de começar sem sucesso uma discussão das ideias de Sorel, concluiu que "Mussolini não gostava de se envolver com particularidades doutrinárias. Quando ele gosta de uma teoria, a aceita de cabo a rabo e tenta vendê-la para o público". Voltando ao quarto de hotel, ele notou que a cueca de Mussolini estava rasgada, os punhos da camisa amarrotados e que parecia estar com raiva quando se barbeava. Sozinhos no quarto de hotel, Girardon pôde reparar que Mussolini tinha pés enormes.[37]

Como interpretar essa complexa história de suborno? No passado Mussolini nunca parecera ser uma pessoa gananciosa, embora pedisse dinheiro de quem pudesse lhe emprestar e gastava em seu próprio benefício e prazer. Tampouco foi corrupto mais tarde, durante o regime fascista, como foi o general Franco como ditador da Espanha,[38] ou como foram muitos outros políticos italianos fascistas, embora não fosse tão altruísta quanto a propaganda oficial gostava de apresentá-lo. Ao aceitar o dinheiro que então lhe era oferecido — inclusive subsídios recebidos da embaixada francesa[39] e, após 1917, também dos ingleses[40] —, Mussolini estava transgredindo, sem escrúpulo algum, os princípios aceitos pelo movimento socialista. Estava ignorando as acusações de Leda Rafanelli e de outros camaradas que condenavam os efeitos contagiosos do ouro dos chefes. Portanto, ele estava garantindo que, quaisquer que fossem suas promessas revolucionárias, ele nunca voltaria atrás. Se a ortodoxia socialista o abandonasse, ele reassumiria sua condição de professor Mussolini, ou seja, de intelectual independente com ideias que, afirmava arrogante e pretensiosamente, tinha a certeza de que alguém pagaria para publicar.

A posição em que se encontrava Mussolini no fim de 1914 era precária. Os grandes e poderosos não estavam precisando dele. Podemos encontrar uma magnífica apreciação sobre esse fato nas páginas do diário de Ferdinando Martini, então ministro das Colônias, um liberal toscano que fora governador da Eritreia (onde imprudentemente facilitara a eliminação da população local) e que mais tarde tentara sem sucesso escrever letras para as músicas de Giacomo Puccini.[41] Martini pertencia ao *grand-monde*. Em 10 de outubro de 1914 ele sabia, provavelmente por conversas com Naldi, que Mussolini, embora ainda relutando em apoiar abertamente a guerra, afirmara que "se a guerra fosse inevitável, os socialistas deviam cumprir seu dever".[42] Pouco antes do Natal, Martini tivera outro encontro com um então irritado Naldi. Este último explicou que dera dinheiro a Mussolini sabendo que o ex-editor do *Avanti!* atrairia um grande grupo de esquerdistas do Norte para a causa nacionalista. Entretanto, observou Naldi, ele não poderia bancar sozinho o ônus financeiro dessa tarefa. Assim, resolveram falar com um advogado de Bolonha que estivera com o membro local do Parlamento, Luigi Fera. Este, por sua vez, prometeu pedir ao ministro Vittorio Emanuele Orlando para convencer o primeiro-ministro Salandra a assumir o negócio. Porém, em algum ponto o patrocínio e o interesse sumiram. Em consequência, Naldi pediu a Martini para ele próprio intervir, já que precisavam levantar urgentemente um total de 25 mil liras.[43] Obviamente Mussolini pôde comemorar os recursos que conseguiu e usá-los da melhor forma possível para defender sua causa. Contudo, também ficou evidente que havia um longo caminho a percorrer nessa história do patrocínio, cujas regras todos os italianos bem compreendiam. Sua posição ainda estava longe da necessária a um líder nacional em potencial.

Ao que parece, após o pedido de Naldi, Martini ficou animado. Continuou de olho em Mussolini e, em 1916, o via como "exagerado" e até "maluco", lembrando da extensão de anexações territoriais que ele então preconizava para a

Itália no Adriático. A utilidade de Mussolini, salientou Martini, era no plano interno.[44] Carlo Sforza, outro membro legítimo da elite italiana, um dos poucos que, depois de 1922, se recusou a aceitar a imposição do fascismo, escreveu que a chave para entender o caráter de Mussolini estava em vê-lo como "um autodidata, sempre se julgando um pouco acima dos outros".[45] Esse comentário e a atitude de Martini mostram como Mussolini, ao deixar o movimento socialista, se aventurou em mares em que ainda não estava preparado para navegar. A despeito das mágoas e da ubiquidade que caracterizavam os conflitos entre as facções de um Partido, o socialismo oferecia a seus membros satisfação, senso de pertencimento, um lugar no mundo, um caminho para o futuro e motivos para otimismo. Essas vantagens serviram como consolo quando a distância que separava socialmente um Martini ou um Sforza de Mussolini ficou realmente muito grande. Um contemporâneo lembrou de Mussolini, em outubro-novembro de 1914, chegando pálido a importantes reuniões e tremendo de raiva.[46] Tinha razões para estar aborrecido. Ao optar pela guerra, Mussolini dera um passo perigoso, que em 1914 dificilmente o faria feliz e lhe traria tranquilidade, e que poderia ser motivo para, a partir de então, ter que substituir a esperança por uma incerteza cada vez maior sobre o significado de sua vida. Os amigos esquerdistas que circulavam à sua volta e o ajudaram a escrever os primeiros artigos do jornal — Sandro Giuliani, Ugo Marchetti, Alessandro Chiavolini, Nicola Bonservizi, Ottavio Dinale, Margherita Sarfatti e Manlio Morgagni — nunca saíram de seu coração,[47] mas talvez sua duradoura "amizade" fosse alimentada mais pela consciência da camaradagem perdida do que por sentimentos positivos. Parte do desprezo que Mussolini revelava cada vez mais por seus mais chegados parceiros poderia perfeitamente ser consequência de saber, sem dúvida, que muitos deles também eram "vira-casacas".

O que dizer, então, da linha editorial do *Il Popolo d'Italia*? Em 15 de novembro Mussolini declarou que, "em uma época como a atual, de leilão geral de ideias", os destinos do socialismo europeu dependiam do resultado da guerra. Seus adversários, vivendo um vazio intelectual, ficaram surpresos. Mussolini aproveitou e apelou "para os jovens da Itália, os jovens nas escolas e nas fábricas, os jovens em idade e em espírito, os jovens daquela geração cujo destino era fazer história". Provocou-os com a "palavra temida e fascinante: *guerra*".[48] Em um segundo editorial procurou ser mais incisivo. Era do máximo interesse do proletariado que a guerra terminasse rapidamente. Nesta frase vemos, com clareza, a "ilusão da guerra de curta duração" de Mussolini. Se isso não acontecesse, os ódios recíprocos penetrariam profundamente nas sociedades. A Alemanha precisava ser derrotada e a influência da Rússia na Entente, reduzida. Era preciso agir, já. "Desnacionalizar o proletariado é um erro; desumanizar é um crime." E era isso que uma política de neutralidade absoluta realmente propunha.[49]

Entretanto, Mussolini também dedicou muitas colunas de seu pequeno jornal a polêmicas estritamente pessoais. Reclamou amargamente dos que o tinham expulsado do Partido. Foram eles que começaram a briga, alegou decididamente.[50] De qualquer modo, ele era bom de briga. Como disse para um antigo amigo de Oneglia, encontrou conforto pessoal e sabedoria no lema: "olho por olho, dente por dente".[51] Seus inimigos o "tinham apunhalado pelas costas". Eram "o pior tipo de covardes", não passavam de uma *canaille*.[52] A propósito, disse que os ex-camaradas de Forlì eram particularmente culpados. "Desequilibrados" e "canibais", poderiam estar falando em detê-lo, mas fracassariam e, de qualquer forma: "Sou o que sempre fui: um soldado tenaz e abnegado de todas as causas que defendem a liberdade e a justiça social".[53] Mais cedo ou mais tarde venceria seus adversários.[54] "Enquanto eu tiver uma pena nas mãos e um revólver no bolso, como poderei ter medo de alguém?", perguntava melodramaticamente aos provavelmente espantados leitores do diário conservador *Il Giornale d'Italia*, ao qual deu uma entrevista.[55] Na verdade, não se tratava apenas de uma questão retórica. Duelos continuavam sendo uma prática aceita no mundo político-intelectual do qual Mussolini sofregamente participava. Andrea Costa já tinha se envolvido em um duelo, e o republicano Felice Cavallotti morrera em seu 33º "conflito de honra".[56] Embora *Il Popolo d'Italia* tentasse condenar o duelo ao estilo alemão nas universidades,[57] Mussolini tinha o temperamento exato para aderir à versão mediterrânea desse jogo de rapazes. Sua expulsão das fileiras socialistas removeu o único obstáculo que o impedia de lutar. Em fevereiro de 1915 se envolveu em três "assaltos" com Lino Merlino e em março, aguentou oito com Claudio Treves, seu antecessor no *Avanti!*. Mussolini foi ferido uma vez no duelo de espadas. Treves, três vezes, em um duelo que, segundo se disse, ocorreu com invulgar vigor e violência, mas o confronto terminou em cavalheiresca "reconciliação".[58] Falando sobre algo mais agradável, contemporâneos notaram que, depois de outubro de 1914, Mussolini passou a jantar em locais mais sofisticados e a se permitir hábitos mais caros, como cavalgar e, eventualmente, dirigir carros.[59]

Quando não estava desfrutando as delícias da vida burguesa, Mussolini procurava atrair seus amigos para sua causa. Conheceu um novo parceiro, Dino Grandi, estudante de advocacia adepto de Mazzini e eventualmente jornalista do *Il Resto del Carlino*.[60] No princípio de dezembro de 1914, Mussolini já estava defendendo a criação dos assim chamados *Fasci d'azione rivoluzionaria* [grupos revolucionários].[61] Em 6 de janeiro de 1915, *Il Popolo d'Italia* publicou um projeto de estatuto para os membros dessas organizações. Não seria um partido, salientou Mussolini na forma que passou a caracterizar suas falas, mas "uma livre associação de subversivos de todos os pontos de vista acadêmicos e políticos" e que seria republicano.[62] O secretário dos *Fasci*, como foram chamados, era o calabrês Michele Bianchi (que também seria o secretário do Partido Fascista). No diretório estavam o contato sindicalista de Mussolini, Alceste De Ambris, e Giovanni Marinelli, que uma década mais tarde viria a ser outro personagem proeminente, desde o começo do fascismo.

Os *Fasci*, explicou Mussolini, tinham por objetivo convencer os "trabalhadores" de que somente a intervenção poderia levar à "revolução social", porque tal ação uniria a Itália à França, "berço de cem revoluções", "libertaria a Inglaterra" e a "grandiosa e heroica" Bélgica.[63] Mussolini também explicou a forma como o então já conhecido como "movimento fascista" poderia ajudar a disseminar internacionalmente "os ideais subversivos revolucionários e anticonstitucionais", justamente porque não estava limitado "pelas regras e pela rigidez de um partido".[64]

Entretanto, esse entusiasmo verbal conquistou poucos adeptos e, com o passar dos meses, os problemas de Mussolini aumentaram. Nas discussões sobre a oportunidade e se a Itália devia ou não intervir, *Il Popolo d'Italia* não conseguia encontrar espaço político e intelectual. Os leitores do jornal foram informados que os recursos financeiros estavam se esgotando.[65] Em 15 de março, Mussolini confessou a Prezzolini que o jornal contava com apenas 1,6 mil assinantes e a grande maioria tinha pagado somente um mês, e não um ano.[66] Estava difícil explicar como a guerra poderia introduzir o "povo italiano" no processo histórico. Mussolini repetia os argumentos didaticamente justos de Prezzolini, que apregoava que vencer uma guerra significava para uma nação o mesmo que ser aprovado em um exame.[67] Porém, "o povo" não pareceu se impressionar, e a maior parte da população, como a maioria do Parlamento, continuou preferindo a neutralidade a outras alternativas.

Nessas circunstâncias, a personalidade de Mussolini despertou sua raiva contra o aparente declínio do entusiasmo pela entrada na guerra. Antes dos assim chamados "dias radiantes de maio" de 1915, quando tudo indicava que era o momento para o retorno de Giolitti ao governo e as multidões nacionalistas eram incentivadas a se mobilizarem em Roma e outras cidades contra o terrível evento, as palavras de Mussolini se destacaram por seu extremismo. Em seu jornal, recomendou: "atirem, e, digo claramente, *atirem* nas costas de uma dúzia de deputados". O "Parlamento", prosseguiu, era a "pústula nociva que envenena o sangue da nação. Deve ser varrido do mapa".[68] Se não apoiar a guerra, a monarquia também "deve pagar".[69] A Prezzolini, que nunca se opusera a sua selvageria verbal, Mussolini sugeriu que a melhor forma de lidar com Giolitti era com "cinco balas de revólver no abdômen".[70] Na "primeira grande guerra do povo italiano", insistiu, a nação deve adotar uma política de "olho por olho, dente por dente". Os alemães queriam "exterminar" os italianos, mas, "a uma guerra de extermínio devemos responder com nossa própria guerra de extermínio".[71]

Não importando a natureza do nacionalismo de Mussolini antes de outubro de 1914, o fato é que agora ele enunciava as frases nacionalistas com muita facilidade. Os suíços de origem alemã dominavam a Suíça e eram "prussianos" de coração, e os italianos não deviam se esquecer disso.[72] Todos os estrangeiros eram levados a ver os italianos como "músicos errantes, vendedores de estatuetas, bandidos calabreses". Mas, em vez disso, devem se curvar diante da "nova, grandiosa Itália".[73] Ainda sensível aos ataques que sofria dos socialistas, se negava a admitir que se tornara imperialista. Seu herói de então era o formidável unificador de povos, Giuseppe Garibaldi, mencionado no *Il Popolo d'Italia* como "o Duce".[74] Mussolini não via motivo para a Itália não se apossar do Ticino, da Córsega e de Malta, embora não explicasse a razão, a não ser afirmando que, "como todos os princípios, os que regem a nacionalidade não devem ser entendidos e praticados em sentido 'irrestrito'". Na Dalmácia, queria reagir à "eslavinização" das indiscutivelmente italianas cidades de Zara (Zadar), Spalato (Split) e Ragusa (Dubrovnik), mas ainda admitia algum tipo de acordo com a Sérvia para resolver essa questão.[75] Trentino e Trieste, porém, eram outra história. Afinal, eram geográfica, histórica e moralmente italianos.[76]

Não há dúvida de que naquela época Mussolini acreditava no que defendia, por mais questionável que possa parecer hoje em dia. Entretanto, se realmente pensava, como declarou, que ainda se mantinha ao lado da revolução, estava brincando com a sorte. Em 24 de maio de 1915, dia em que finalmente a Itália declarou guerra à Áustria-Hungria, Mussolini escreveu em seu jornal que, para ele e todos os italianos, "a Itália possui personalidade histórica, está viva, possuidora de espírito imortal".[77] Mussolini pode não ter se filiado à Associação Nacionalista, socialmente reacionária, mas o evangelho que estava pregando, com seu resíduo social revolucionário, estava tão longe do internacionalismo e materialismo socialista quanto possível.

No fim de maio de 1915 a Itália estava em guerra, uma guerra muito peculiar, uma vez que o governo Salandra-Sonnino tentava restringir o conflito somente à Áustria, mas as hostilidades acabaram, finalmente, se estendendo à Alemanha em agosto de 1916.[78] As peculiaridades do esforço de guerra italiano nem sempre foram bem compreendidas pelos não italianos, que havia muito tempo tendiam à repudiar a campanha, ou a supor que o que era verdadeiro para a frente ocidental também deveria ser para a "secundária frente italiana". Militarmente, a guerra italiana foi travada principalmente na região montanhosa,[79] embora a fragorosa derrota em Caporetto, em outubro-novembro de 1917 — praticamente coincidindo com a Revolução Bolchevique na Rússia — levasse tropas austro-germânicas até a planície no norte do país, que se estende até Milão.[80] Entre 23 e 26 de outubro desse ano os exércitos das Potências Centrais fizeram cerca de 300 mil prisioneiros de guerra italianos.[81] Entre os soldados do estado italiano forçados a fugir para o Sul estava Arnaldo Mussolini.[82] Finalmente, entretanto, as forças italianas, apoiadas por seus aliados, conseguiram manter a linha do rio Piave a leste de Veneza e, nos meses seguintes, gradualmente forçar as tropas das Potências Centrais a recuar, antes da "vitória" final, se assim podemos dizer, em Vittorio Veneto. Em 4 de novembro de 1918, uma semana antes do fim do conflito na frente ocidental, as forças austríacas se renderam.

Nessa ocasião, mais de 5 milhões de italianos tinham servido às forças armadas, mais ou menos o mesmo número de votantes nas eleições de 1913.[83] Durante toda a guerra, morreu mais de meio milhão de italianos, quase o mesmo número de incapacitados, os *mutilati*, para usar o termo italiano. Como já ocorrera no passado, a pior parte da campanha ficou com os camponeses, o grupo social que, antes de 1915, era menos ligado à nação. Em 1919, cerca de 63% dos órfãos de guerra vinham de famílias campesinas, e o professor Salandra estabeleceu um precedente, garantindo que nenhum de seus três filhos servisse na linha de frente.[84]

Como aconteceu com outros países envolvidos na guerra e suas sociedades, o conflito foi muito exigente na frente interna italiana. Em 1919, um famoso soldado salientou que, durante a guerra, "na verdade ninguém governava a Itália",[85] e obviamente não surgiu alguém que se equivalesse a Hindenburg, Clemenceau ou Lloyd George e se projetasse. Nenhum general ou político dominou o país, e o poder continuou difusamente distribuído pelas diversas elites: política, militar, industrial, proprietários de terra, maçonaria e burocracia do governo. Ademais, as exigências do esforço de guerra influíram na sociedade italiana como nunca acontecera antes. Muitos se deram bem. Com o governo do país desembolsando em três anos e meio de guerra, entre 1915 e 1918, mais do que despendera em cinquenta anos de governo normal desde o Risorgimento, o período presenciou maciço aumento da burocracia, dos lucros de uma indústria que mantinha íntimas e produtivas relações com o Estado, e do tamanho da classe trabalhadora. Muitos trabalhadores escaparam da convocação porque, em face de suas habilitações nas fábricas, não podiam ser substituídos. Em consequência, quase sempre a classe teve uma experiência de guerra diferente da vivida pelos camponeses.

Em novembro de 1918 a Itália emergiu de sua aventura militar com uma vitória ambígua. As subsequentes negociações de paz em Versalhes, onde o ministro do Exterior, Sonnino, se revelou particularmente avesso aos ideais e à hipocrisia da "nova diplomacia" wilsoniana, logo demonstraram que o fato de participar da guerra não modificara a posição da Itália como a menos importante das grandes potências. Além disso, a sociedade italiana ficara radicalmente insegura com o esforço de guerra. Em 1919 havia uma necessidade ainda mais urgente do que em 1914 de encontrar uma forma de vincular as massas ao sistema do Estado. O amplo abismo que separava políticos da sociedade ficou ainda mais pronunciado com os acontecimentos do último ano do conflito. Entre 1915 e a derrota em Caporetto, sucessivos governos, para não mencionar os reacionários e desumanos generais monarquistas, tentaram conduzir uma guerra que tinha características peculiares. Como disse Salandra com sua habitual rudeza: sua Itália estava lutando por seu *sacro egoismo* (egoísmo sagrado), ou seja, pela preservação e pelo fortalecimento dos interesses das elites dominantes. Antes de outubro de 1917, essas elites pouco fizeram para explicar e justificar os eventos da época para as massas. Ao contrário do que ocorreu em todos os outros países envolvidos no conflito, depois das maquinações entre abril e maio de 1915, a Itália entrou no conflito sem nenhuma forma de *union sacrée* — pelo contrário, a maioria da população resistia, pelo menos passivamente, ao envolvimento na guerra.

Com o engajamento da Itália no conflito, a necessidade de combater em uma guerra moderna atenuou esse abismo, com soldados, suas famílias e aqueles novos grupos sociais que se beneficiaram economicamente e em status com a guerra sendo levados a se envolver conjuntamente no esforço nacional. Depois de maio de 1915, a maioria parlamentar que Giolitti preservara no passado tinha encolhido, favorecendo grupos liberais mais conservadores. O infeliz rei Vítor Emanuel III teve que se acostumar a ser chamado de *Il Re Soldato*, apesar de sua pequena estatura e atitudes simples. Todavia, uma real disposição para fazer a propaganda pela guerra e proclamar que todos os italianos pertenciam à mesma nação só ocorreu nos últimos doze meses do conflito. Alguém que levou Mussolini a aderir a essa causa foi Roberto Farinacci, que já fora um reformista socialista, mas então se dizia internacionalista e soldado. Chamado de volta do front para retomar seu trabalho como ferroviário habilidoso, começou a atuar como correspondente do *Il Popolo d'Italia* na cidade onde vivia, Cremona.[86] Logo depois, se convenceu de que Caporetto tinha sido o ponto de ruptura entre a "velha e a nova Itália".[87] Como revela seu caso, no fim da guerra o processo de nacionalização continuava com frescor e vigor quando muitas vezes havia desaparecido em outros estados que participaram do conflito. Ao mesmo tempo, os efeitos da propaganda pela nacionalização continuaram circunscritos. Nem todos os italianos estavam dispostos a abrir mão de suas individualidades em favor do Estado. Ao contrário, em 1919 boa parte da vida italiana girava em torno de uma discussão sobre o significado da guerra e suas implicações para o futuro.

A participação de Mussolini na Primeira Guerra Mundial pode ser vista sob dois ângulos, o militar e o político. Embora não fosse voluntário,[88] ele atendeu à convocação. Em 2 de setembro de 1915 comemorou seu ingresso no Exército em um artigo que escreveu para seu jornal[89] (que a partir de então ficou sob a responsabilidade de Manlio Morgagni).[90] A história do Mussolini soldado se tornou parte essencial da construção fascista do Duce, talvez o componente mais importante. Como frisou um eloquente defensor do fascismo, cada "legionário" do novo Estado fascista era tanto rigidamente disciplinado quanto vibrantemente apaixonado porque, nas fileiras do fascismo, sua personalidade se encontrava com a do grande legionário Mussolini, cujo espírito era onipresente e, assim, se transformou no "formador, incentivador e guia infalível" de todos os soldados.[91]

Elemento-chave para tiradas bombásticas como essa foi o diário de guerra de Mussolini, orgulhosamente liberado em 1923 pela Imperia, editora oficial do Partido Fascista, e reverentemente lido pelos colegiais italianos e, a partir de então, pelos seguidores do fascismo.[92] Tinha sido inicialmente apresentado em capítulos pelo *Il Popolo d'Italia* entre 1915 e 1917. Quanto mais se lê, mais difícil fica percorrer suas páginas sem encontrar uma referência ao mito posterior do Duce que, até então, ainda não tinha sido totalmente desenvolvido. Não obstante, o diário contém informações importantes, tanto intencionais quanto involuntárias. O *bersagliere* Mussolini acreditava, como soldado, no que via na prática, revelando suas opiniões em frases lapidares. Estava contente servindo no front: "É tempo de guerra. Então, vamos à guerra".[93] "A vida nas trincheiras era natural, primitiva", às vezes até monótona. "A chuva e as moscas são os principais inimigos dos soldados italianos. Os canhões vêm em seguida."[94]

A guerra, explicava, é "sombria", exigindo "resignação, paciência e tenacidade", aceita por todos os verdadeiros soldados "como dever que você não questiona". Em tempo de guerra, a política é simples. Ele afirmou nunca ter escutado menção à neutralidade ou intervenção. Soldados camponeses que vinham de distantes localidades provavelmente não entendiam tais palavras difíceis com as quais não estavam acostumados.[95] Achava que os emigrantes que tinham voltado para o país, especialmente vindos dos Estados Unidos, eram os melhores soldados (embora não lembrasse que seu poder e comprometimento decorriam do fato de terem sido nacionalizados e/ou democratizados no exterior).[96] Os aldeões perto do front de Isonzo, ao contrário, viam a guerra com desconfiança. "Esses eslovenos não gostam de nós", assinalou Mussolini, enquanto depreciava o *paese* Caporetto como "uma pequena e desprezível cidade eslovena."[97] A tecnologia e a eficiência eram satisfatórias, mas as mulas eram os mais úteis auxiliares do Exército italiano.[98] Lá nas elevações da frente alpina (sua posição às vezes estava a quase 2 mil metros de altitude), onde os soldados tinham que combater em encostas de até 80% de inclinação e só podiam se mover se ajudando por meio de cordas, ele teve oportunidade para admirar o cenário e refletir sobre seus atrativos.[99]

Falou relativamente pouco sobre questões envolvendo postos e graduações, que surgem com frequência em outros diários de guerra. No começo de seu tempo de serviço reclamou que um coronel não conseguia motivar a tropa porque insistia em falar com seus subordinados como se fossem colegiais e não, homens.[100] Também lembrou a suspeita entre os soldados na linha de frente de que, por meio de manobras de uma "camorra" de cabos, as melhores rações eram roubadas antes de chegarem a eles.[101] Em seu jornal, ele foi exaltado por sua tremenda habilidade para fazer chegar a seus companheiros nas trincheiras copiosos suprimentos de chocolate e sardinhas, sempre que conseguia ter acesso ao depósito de suprimentos.[102] Todavia, de modo geral não fez críticas à existência de barreiras entre as fileiras e preferia acomodá-las a proceder como fizera ao comentar as diferenças de classe e status nos mundos civil e intelectual. Havia momentos de vaidade, e ele gostava de ser saudado como "o jornalista intervencionista Benito Mussolini". Tinha que reconhecer, entretanto, que era o único soldado de sua brigada que lia os jornais que chegavam esporadicamente, vindos da planície. A neve e o frio intenso eram o que mais interessava a seus camaradas.[103]

Algumas vezes foi quase respeitoso, algo realmente raro nas manifestações de Mussolini. Em 23 de fevereiro de 1917 ele foi ferido por estilhaços de uma granada que explodiu prematuramente em um exercício atrás da linha de frente. Um ilustre biógrafo declarou que o projétil tinha por endereço seu coração, mas foi bloqueado por um livro que Mussolini carregava,[104] enquanto seu jornal afirmava que ele tivera uma febre de 40,2 graus.[105] Todavia, os críticos sustentam que o verdadeiro problema tinha sido a "neurossífilis", como revelou a "inflamação do tecido do osso da canela direita de Mussolini". Afirmam que a questão foi mantida em sigilo graças aos esforços conjuntos de um médico amigo de Leonida Bissolati — que atuou como protetor político do soldado — e do rei. Não resta dúvida de que, entre abril e agosto de 1917, Mussolini passou um período surpreendentemente longo hospitalizado na Cruz Vermelha em Milão. Contudo, a questão da sífilis permanece sem comprovação, diante dos testemunhos dos médicos americano e alemão e de pesquisadores italianos em 1925, todos afirmando que Mussolini nunca teve essa doença.[106] No que diz respeito à propaganda que surgiu posteriormente, um evento de grande importância aconteceu quando Mussolini, por força de seu ferimento, foi apresentado ao rei Vítor Emanuel III,[107] que fez uma visita oficial ao hospital militar em Ronchi. Conversaram sobre banalidades, e as conversas foram reproduzidas durante o regime fascista em tom solene e sugestivo:

— Como está, Mussolini?
— Não muito bem, majestade.
— Vamos, Mussolini, enfrente a imobilidade e a dor como você é capaz.
— Obrigado, majestade.

Em resumo, o diário de guerra de Mussolini ganhou relevância depois que seu autor se tornou ditador. Claro que o Mussolini soldado foi um patriota. Emocionou-se quando cruzou a fronteira do Trentino pela qual, certa vez, tinha sido impiedosamente despachado pelas autoridades austríacas. Em certa ocasião, exaltou a guerra como o cadinho de regionalismos em que se forjava uma Itália genuinamente unida.[108] Paralelamente, a guerra serviu para reafirmar sua voluntariedade, sua crença no triunfo da vontade: "O vencedor será o mais determinado a vencer. Será o que dispuser de maiores reservas de poder mental e espírito de decisão".[109] Claro que não era fácil conciliar tais atitudes com o Mussolini do pré-guerra, que defendia o materialismo socialista. Contudo, não se podia distinguir nas diferentes frentes de combate da Primeira Guerra Mundial uma crença específica ou um determinado conjunto de valores. Sob diversos aspectos, Mussolini era um soldado como qualquer outro.

Essa tranquilidade, tantas vezes repelida no passado pelo impulsivo Duce, estava se repetindo em sua própria casa. Em 16 de dezembro de 1915, depois de um surto de tifo que lhe valeu uma permanência em um hospital (e duas visitas fraternais de seu irmão mais novo Arnaldo),[110] seguido por período de licença em casa, Mussolini se casou formalmente com Rachele Guidi em cerimônia civil. Nove meses depois, em 27 de setembro de 1916, ela deu à luz um menino, que recebeu um nome apropriado para o momento, Vittorio. Um segundo filho, com o nome convencional Bruno, nasceria em 22 de abril de 1918. A irmã de Mussolini, Edvige, viveu algum tempo com Rachele, durante a gravidez de Bruno.[111] Como sempre liberado das obrigações domésticas, Mussolini teve tempo para "tocar algumas composições de Liszt" com sua jovem e favorita filha Edda, agora legitimada pelo casamento dos pais.[112]

Foi bom resolver essas questões familiares porque, em 11 de novembro de 1915, Mussolini foi pai de mais um filho fora do casamento cujo nome, Benito Albino[113], foi escolhido pela mãe. A infeliz criança era filha de Ida, a Irene Dalser, do Trentino, dona por certo tempo de um salão de beleza em Milão com o nome pomposo *Salone Orientale d'Igiene e Bellezza Mademoiselle Ida*. Ao que parece ela conheceu Mussolini no *Avanti!* em fevereiro de 1913 e continuou com ele quando trabalhava no *Il Popolo d'Italia*. Vendeu seu salão de beleza em novembro de 1914 para ajudar no lançamento do jornal. Dalser nascera em agosto de 1880 e, como Margherita Sarfatti e Leda Rafanelli, era um pouco mais velha do que seu amante. Comparado com o de Rachele, seu status conjugal foi suficientemente aceito pelo oficial comandante de Mussolini, que enviou um relatório sobre a doença do *bersagliere* para Ida, e não para Rachele. Existem indicações de que Ida e Mussolini tinham celebrado alguma forma de casamento religioso no fim de 1914.[114] O fato é que Mussolini realmente reconheceu essa ligação e pagou uma pensão a Ida a partir de julho de 1916, segundo tudo indica, de duzentas liras por mês.

Entretanto, essa bigamia errática — dizem que Dalser levara o bebê Benito para Mussolini ver em 17 de dezembro, dia seguinte ao casamento com Rachele — não poderia ser reconhecida publicamente por um ditador austero. Nos anos 1920, agindo como muitas vezes fez por intermédio de Arnaldo, Mussolini também proveu recursos que renderiam 5% para cobrir despesas com Benito Albino, embora não se preocupasse em ver a criança.[115] Entretanto, na disputa pela afeição de Mussolini, a guerra ofereceu a Rachele a oportunidade para vencer sua concorrente, à qual com desprezo se referia como *la matta* [a louca], ironicamente usando em sua rival o apelido que muitas pessoas costumavam aplicar a seu marido. Após 1922, a palavra viria a adquirir significado mais sinistro para Ida Dalser e o jovem Benito Albino. Mais uma vez Arnaldo Mussolini foi usado para separar mãe e filho a partir de 1924 e, em 1926, para confinar Dalser em um asilo para loucos em Pergine, perto de Trento, onde ela foi fortemente drogada, embora continuasse escrevendo febrilmente para Mussolini. Ela fugiu do asilo em julho de 1935 e foi viver isolada em San Clemente, na lagoa de Veneza, onde morreu em 3 dezembro de 1937. Não foi melhor o destino de seu filho, que também morreu em um asilo para dementes, no seu caso em Limbiate, perto de Milão, em 26 de agosto de 1942. Fora enviado para lá em agosto de 1935 depois de ser urgentemente repatriado das forças navais italianas no leste da África.

O sucesso de Rachele no matrimônio não impediu Mussolini de ter outros amores. De acordo com seus biógrafos, Mussolini continuou apaixonado por Margherita Sarfatti, que resolvera suas incertezas iniciais sobre a guerra e se tornara uma patriota. O filho mais velho de Sarfatti, Roberto, morreu na guerra como herói, e seu sacrifício fortaleceu a afinidade política entre Sarfatti e Mussolini.[116] Não importa a feição oficial desse relacionamento, ficou claro que Rachele seria a esposa legítima de Mussolini e a pessoa que cuidaria da casa. Aos olhos patriarcais e mediterrâneos, podiam existir outras mulheres, mas a guerra serviu para confirmar que havia apenas uma Rachele.

Talvez sua vida doméstica estivesse ficando menos boêmia, mas, sob outros aspectos, o grande conflito complicou a vida de Mussolini. Em 1914, entre os socialistas, ele surgira como uma estrela. Porém, a entrada da Itália na Primeira Guerra Mundial, por mais que fosse desejada por Mussolini, na verdade reduziu sua influência política e sua autoridade. Durante o *intervento* e depois, nos primeiros anos de operações militares, ele não conseguiu competir com figuras grandiosas como Gabriele d'Annunzio, o exuberante poeta que se autoproclamava o maior amante do mundo, o rico homem de sociedade Filippo Marinetti, que viria a chefiar os futuristas, e uma série de nacionalistas da época, que iam de filósofos como Enrico Corradini ao jornalista e membro do Parlamento Luigi Federzoni. Comparado com essas personalidades, Mussolini parecia um rapazola no meio de um grupo de agitadores, vindo de uma classe bem inferior à daquelas figuras e com uma cultura que naturalmente desprezavam. Na opinião de muitas dessas pessoas, Mussolini continuava sendo um provinciano tosco. Não surpreendeu o fato de as autoridades militares, acreditando que ele não superara seu passado subversivo, decidirem não o mandar frequentar o curso de formação de oficiais.[117] Acreditavam presunçosamente que seu nível e sua cultura o tornavam mais apto para funções de sargento.

O *Il Popolo d'Italia* também não andou bem enquanto Mussolini esteve no front. Nas semanas que antecederam sua partida, ele planejara violentos ataques aos socialistas (mesmo Marx e Engels, alegava agora, no fundo eram nacionalistas alemães),[118] afirmando com espalhafato que a produção venceria a guerra: "Trabalhar e combater, eis a fórmula secreta da vitória".[119] A atual guerra, declarou, é uma guerra do povo. Os italianos devem ter a mesma motivação para vencê-la dos soldados revolucionários franceses que lutaram em Valmy em 1792.[120] Todavia, depois que ele deixou a editoria do jornal, a energia retórica do *Il Popolo d'Italia* desapareceu. Seus substitutos não tinham a paixão de Mussolini e tampouco sua competência gerencial e jornalística. Em vez de aumentar a venda do jornal, seu gerente Morgagni, segundo se dizia, desperdiçava tempo e dinheiro pagando furtivamente as contas de Ida Dalser no hotel e em outras despesas extraordinárias.[121] Ao mesmo tempo, os *Fasci d'azione rivoluzionaria* estavam perdendo expressão, embora Mussolini escrevesse da frente de batalha sobre sua sempre importante finalidade, sobretudo agora, quando estava no fim a era dos "partidos estáticos".[122] Em 1917 o jornal mergulhou em uma crise financeira e por algum tempo sobreviveu graças a Cesare

Goldmann, um empresário milanês de origem judia. Depois desse ano também recebeu a ajuda da Ansaldo, empresa de construção naval e gigante industrial.[123]

Todavia, o ferimento de Mussolini e sua hospitalização aconteceram em um momento de certa forma oportuno. Os jornalistas do *Il Popolo d'Italia* comentaram muito o sacrifício de seu diretor. Como disseram, ele era o Duce, herdeiro de Garibaldi e, se esse título não fosse suficientemente expressivo, ele também foi rotulado como "O Inspirador", "O Incentivador" e "Nosso".[124] Outras pessoas de seu círculo asseguraram que ele sabia defender uma causa como ninguém.[125] Essas exageradas bajulações pareceram justificadas porque, tão logo Mussolini reassumiu a editoria em junho de 1917, o jornal rapidamente recuperou o impulso inicial. Agora ele afirmava que a guerra travada pelos italianos devia ser considerada uma "guerra total". Embora a censura fosse severa, Mussolini, com sua habitual ousadia, começou a pôr em risco sua própria posição ao exigir um verdadeiro governo, que fosse sobretudo audacioso e capaz de lutar com determinação contra "os alemães", os alemães imperiais em especial.[126] Gente como "sua santidade o papa Pilatos xv", pseudodefensor da paz, deve ser repelida.[127] Mais e melhor propaganda era necessária para assegurar a crucial "saúde moral" do Exército e, assim, garantir que tivesse alma. Impulso ainda maior era indispensável para dar "conteúdo 'social' ao esforço de guerra".[128] De modo geral, sua linguagem era dura, mas, em certa ocasião, Mussolini deixou escapar uma percepção utópica. Foi quando imaginou um mundo pós-guerra onde o amor substituiria o ódio, o ócio e a destruição. Com a volta da paz, comentou sucintamente, não mais ocorreriam "convulsões" e, ao contrário, haveria "uma 'détente' de corpo e alma".[129]

A Batalha de Caporetto acabou com esses felizes devaneios. As mais alarmantes advertências que Mussolini fizera no passado se justificaram quando a Itália se viu à beira da derrota completa. Diante dessa ameaça, ele declarou, deve haver uma resistência total, "a nação deve ser o Exército e o Exército, a nação".[130] Os italianos devem revelar a nobreza de sua estirpe e marchar no ritmo de "um só coração".[131] Socialistas e outros traidores devem ser tratados com respeito e misericórdia.[132] A frivolidade, os concertos de orquestras, as peças de teatro, as corridas de cavalos devem acabar, e os bares devem ser fechados. Todo o povo deve ser militarizado e observar a disciplina dos soldados.[133] Tampouco os camponeses devem ser esquecidos. "Para salvá-los, a nação deve lhes assegurar terras", escreveu enfaticamente.[134] O país devia ser entregue a quem lutasse por ele.[135] Em resumo, alegou que a Itália:

[...] precisa de um novo governo. Um homem que, quando for preciso, tenha o toque delicado de um artista e a mão pesada de um guerreiro. Um homem sensível e determinado. Um homem que conheça e ame seu povo, que seja capaz de dirigi-lo e submetê-lo, inclusive com violência, se preciso for.

Sob um dirigente como esse — e é fácil imaginar em quem ele pensava para esse cargo — a Itália pode se engajar em "uma guerra e se concentrar exclusivamente no conflito". Finalmente, mencionava, um "governo que seja sutil e saiba se adaptar às circunstâncias e situações". O caminho a seguir era simples: "para os simplórios e desinformados, a propaganda; para a *canaille*, chumbo".[136]

Para muitos as opiniões de Mussolini ainda pareciam muito extremadas (e seu interesse próprio era, como de hábito, óbvio), mas não destoavam do que se pensava na época. Talvez De Felice tenha exagerado um pouco quando afirmou que Caporetto tinha transformado o agitador Mussolini em político.[137] Entretanto, não há dúvida de que o último ano do conflito foi lutado em um novo clima, como uma espécie de "guerra do povo". Esse fato novo abriu espaço para um homem do nível de Mussolini e com sua cultura. Em dezembro de 1917, mais de 150 deputados e 90 senadores (inclusive Salandra) se juntaram em um *Fascio parlamentare di difesa nazionale* [União parlamentar de defesa nacional], mais uma vez usando a palavra que estava se tornando comum no linguajar político. Mussolini saudou os "152 deputados fascistas" em um artigo que escreveu em janeiro de 1918.[138] O novo primeiro-ministro, o liberal moderado Orlando, também tentava sensibilizar populistas e nacionalistas, defendendo o expansionismo no exterior e a reforma social no plano interno, acenando com a concessão de terras aos "heroicos" soldados camponeses do país. Talvez Mussolini não fosse mais marxista, mas novamente o curso da história parecia estar seguindo seu caminho.

Vez ou outra ele se descrevia como um "socialista", mas quase sempre eram meras frases de efeito. Seu socialismo só poderia ser "antimarxista" e "nacional",[139] conforme declarou, uma vez que "negar os interesses da pátria significa negar sua própria mãe".[140] Sua antiga antipatia pelos capitalistas americanos agora estava esquecida, ao saudar a chegada dos soldados do "Novo Mundo", que vinham com o entusiasmo e a energia da "nova linhagem" (*razza*) e sob a liderança de "Woodrow Wilson, o sábio", um líder inigualável que mostrara o quanto a causa da Entente era sagrada.[141] Mussolini ainda ansiava por uma "ditadura" que, segundo ele, poderia perfeitamente ser tanto "democrática" quanto "reacionária". "Somente uma ditadura é capaz de arrancar os homens do que estão fazendo e usá-los da melhor maneira possível." Seu candidato para o cargo era, como mencionou em maio de 1918, Wilson, o "nobre", "impetuoso e decidido".[142] Quando falava, Wilson era como um Moisés moderno, transportando os europeus para um mundo melhor.[143] Em janeiro de 1919, ao argumentar que "o imperialismo é a regra eterna e imutável da vida", Mussolini estava saudando o "império de Wilson" que, como escreveu liricamente, não tinha limites porque representava "necessidades, esperanças e fé da alma humana".[144] Declarou em seu jornal que Wilson era "o grandioso Duce dos povos".[145]

Em contrapartida, se dizia chocado com o que estava acontecendo na Rússia. A ignomínia do Tratado de Brest-Litovsk era exatamente o que o socialismo oficial poderia oferecer à Itália.[146] Leninismo significava autocracia, crueldade, terror e caos,[147] o fracasso do "socialismo".[148] Como disse, depois do fim da guerra os socialistas soviéticos não passavam de assassinos.[149] Se tivessem chance, fariam na Itália o mesmo que estavam fazendo na Rússia.

Todavia, ainda era possível encontrar um resíduo da dialética na mente de Mussolini. No fim de 1917 ele explicara claramente que defendia a *trincerocrazia* (regime dos que já tinham experiência nas trincheiras). "A Itália", declarou, estava se dividindo em dois grandes grupos, "o dos que lá estiveram na guerra e o dos que não tinham combatido; dos que trabalhavam e o dos parasitas."[150] Produzir era o que mais interessava (e não, como pensara no passado, pagamento e condições de trabalho). Um governo eficiente mobilizaria com facilidade 100 mil mulheres para substituir os homens, então presos a suas funções nas fábricas.[151] Em agosto de 1918, o subtítulo do *Il Popolo d'Italia* foi mudado de jornal "socialista" para "dos soldados (*combattenti*) e produtores", e o editorial de Mussolini alardeou que estava nascendo um povo realmente internacional.[152]

Não obstante, em certos assuntos a linha de Mussolini ainda dava guinadas inesperadas. A propósito das ambições na Dalmácia, ainda não era totalmente nacionalista, mas, em abril de 1918 deu a entender, com o que lhe restava de otimismo, que "valores morais" podiam se sobrepor aos "territoriais".[153] Também acolheu a proposta de concessão de mais autonomia à Índia, falando com entusiasmo o que pensava sobre a política inglesa do "passo a passo".[154] A propósito da Liga das Nações, cujas orientações estavam sendo elaboradas, ele foi mais cético. Considerava que a base conceitual dessa organização não se enquadrava na *forma mentis* italiana.[155] Como era sua característica, preferia o realismo ao idealismo. "A 'vontade de dominar'", afirmou, "era a lei fundamental da vida no Universo, desde suas formas mais rudimentares às mais elevadas."[156] Afinal, o homem era regido por "uma bestialidade divina".[157] Darwin pesava mais em sua mente do que jamais Marx conseguira.

Em 11 de novembro de 1918, para surpresa geral foram suspensas as hostilidades na frente ocidental, evento que, sem dúvida, não fora previsto por Mussolini e pelos dirigentes italianos. Logicamente o *Il Popolo d'Italia* comemorou a vitória da Entente. A queda do império de Napoleão e do Império Romano, escreveu Mussolini em uma referência que pode ter parecido surpreendentemente negativa e emocional, não se comparavam com sua grandeza. Acrescentou:

> Agora chega a nos deixar tontos. Toda a terra parece estremecer. Todos os continentes foram sacudidos pela mesma crise. Não existe uma só região do planeta [...] que não tenha sido abalada pelo ciclone. Na velha Europa, os homens desapareceram, os sistemas foram arruinados, as instituições entraram em colapso.[158]

Citando Dante, Mussolini comentou a perspectiva de o "trabalho" ser "redimido".[159] Será que a paz seria capaz de assegurar a verdadeira "revolução" que ele tanto exaltara?

Claro que na verdade o fim da guerra podia gerar outro impasse para Mussolini. Com o fim da luta, o que significava, agora, o intervencionismo de esquerda? Mais importante ainda, como poderia um homem, que tinha sido o primeiro de sua relativamente modesta classe social, conquistar o respeito e a influência em um mundo que provavelmente retornaria às mãos das velhas elites e seus filhos? Tudo bem que Mussolini, ainda francófilo, se comparasse a Georges Clemenceau, o Tigre francês, o Arquiteto da Vitória, um jacobino que virara nacionalista.[160] O problema é que outros poderiam não aceitar com facilidade esse paralelo. Para conquistar o respeito que julgava merecer, era preciso desenvolver mais trabalho político e, para tanto, em 14 de novembro de 1918 Mussolini já tentava organizar uma reunião de pessoas que conhecia bem e nessa ocasião afirmou: "Se, de certa forma, a guerra foi nossa, o pós-guerra também deve nos pertencer", declarou confiante.[161] Podiam ser chamados *Fasci per la Costituente* [Fascistas por uma Assembleia Constituinte].[162] Lembrou, usando novas palavras, que seu jornal tinha sido "vigoroso, à moda romana". Mantivera vivos seus "profundos ódios e amores" e estava pronto para a futura batalha, para a futura vitória.[163] Podia se converter em um "importante jornal de ideias, notícias e informação".[164]

O que ainda não era possível definir era quem se aliaria a Mussolini e com que propósito. As políticas sociais que ele defendia assumiam ares radicais. Mas o que pensariam os esquerdistas de seus comentários de fevereiro de 1919, quando afirmou que "o *padrone* (o 'chefe', o 'patrão') não existe mais", porque a guerra demonstrou que os italianos devem trabalhar e produzir juntos. Além disso, o professor Mussolini ainda enfrentava muitos competidores nas caóticas fileiras do radicalismo não socialista, antissocialista e pró-guerra. Futuristas, sindicalistas, "democratas", a *Associazione Nazionale dei Combattenti* (principal organização que congregava os veteranos de guerra),[165] nacionalistas, Gabriele d'Annunzio e muitos outros achavam que o futuro lhes pertencia, convictos de que eles e seus grupos tinham desempenhado papel crucial na recente vitória da Itália e agora sabiam como tirar proveito de sua participação no conflito.

Nos primeiros meses de 1919 o mundo político e intelectual estava em ebulição. Porém, duas palavras contribuíram para proporcionar certo grau de encorajamento a Mussolini, sugerindo que seria possível uma abordagem comum. Eram a palavra óbvia, *nacional*, e a menos familiar, mas cada vez mais polarizadora, *fascio*. Em fevereiro de 1919, cerca de vinte *Fasci di Combattimento* (grupos italianos de combate que congregavam ex-combatentes) tinham surgido em lugares que iam desde Veneza e Milão a Ferrara e Florença, a Nápoles, Messina e Cagliari.[166] Em 23 de março Mussolini convocou seus adeptos e um grupo heterogêneo de ex-intervencionistas para uma reunião em Milão.[167] Entre eles estavam Chiavolini, Roberto Farinacci e Marinelli, aos quais se juntaram Umberto Pasella, Mario Giampaoli, Corrado Pavolini, Cesare Rossi, Mario Gioda, Ferruccio Vecchi, Marinetti e muitos outros.[168] Todos viriam a desempenhar algum papel, nesta ou naquela função, na ditadura fascista. Reuniram-se em um prédio que dominava a piazza San Sepolcro para elaborar um programa visando à organização nacional dos *Fasci di Combattimento*. Estava surgindo oficialmente o movimento fascista.

Mussolini aos catorze anos.

O soldado ferido Mussolini.

Mussolini, em novembro de 1922, logo após a nomeação como primeiro-ministro.

Mussolini, em maio de 1923, na primeira sessão de Conferência da Aliança Nacional para o Voto Feminino.

Rachele e Edvige Mussolini, a esposa e a irmã do Duce, em Predappio, 1925.

Mussolini como esgrimista.

Mussolini, em abril de 1926, a caminho da Líbia, com o esparadrapo ainda no nariz após a tentativa de assassinato cometida por Violet Gibson.

Rocca delle Caminate, o castelo de Mussolini em Predappio.

Edda Mussolini em seu casamento com Galeazzo Ciano, na adorável primavera de 1930.

Mussolini (com o cabelo visivelmente embranquecido) e o primeiro-ministro britânico Ramsay MacDonald, em março de 1933.

Mussolini cumprimentando as Escoltas de Roma para Meninos Fascistas, junho de 1934.

Mussolini com Hitler (vestindo um sobretudo) em 1934.

Mussolini discursando em 1935.

A estátua de Mussolini esculpida nas proximidades de Adowa, Etiópia.

Mussolini na Líbia, em 1937.

O secretário-geral Starace discursando em Addis Abeba, 1937.

Mussolini nadando em 1937.

Mussolini em sua mesa.

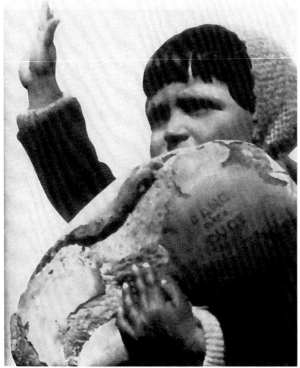

Uma criança da Romanha saúda o Duce.

Galeazzo Ciano entregando seu filho Fabrizio às escoltas fascistas.

Mussolini mostrando ao primeiro-ministro britânico, Neville Chamberlain, a coleção de armas no Palazzo Venezia.

Mussolini visitando a Universidade de Roma em 1942.

Mussolini cumprimentando seu filho Vittorio na Alemanha, em setembro de 1943.

Mussolini em seu último discurso em Milão, em dezembro de 1944.

Cadáver de Mussolini, fotografado deitado quase em cima do corpo de sua amante, segurando um *gagliardetto* fascista.

Os cadáveres de Mussolini e sua amante, Claretta Petacci, pendurados de cabeça para baixo na piazzale Loreto, em Milão.

A cripta de Mussolini em Predappio.

6
Os primeiros meses do fascismo, 1919-1920

Nos primeiros anos de paz, Benito Mussolini se viu em outra encruzilhada. Estava com 35 anos, era pai de três filhos legítimos e proprietário-editor de um jornal que causara sensação em Milão, a cidade mais importante do país. Conquistara a fama de jornalista competente e administrador eficiente. Era conhecido por trabalhar arduamente e jogar pesado. Um colega do *Il Popolo d'Italia*, que logo deixaria o jornal, lembrava como o editor adorava se enfurnar em seu escritório tomando café e ameaçando atirar em quem o interrompesse, alegação que passa certo grau de credibilidade ao fato de Mussolini, porta-voz dos ex-combatentes, andar sempre armado. Trabalhava furiosamente, sem precisar consultar arquivos ou anotações. "Tudo que lia entrava nas células de seu cérebro e lá ficava." Qualquer jornalista subalterno ousado o bastante para passar pela porta de seu escritório era logo acusado de só produzir lixo, conclusão à qual Mussolini normalmente chegava mesmo sem ter examinado o artigo proposto. Ele próprio podia escrever em qualquer lugar, e seus artigos eram normalmente elaborados tanto em um teatro ou em um café em meio a amigos fofocando, quanto em seu escritório. Esse Mussolini era muito dado a mudanças de humor, era "terrivelmente sentimental", um homem que aliava a "ferocidade de um tirano" às "hesitações de uma criança". Em resumo, era uma pessoa que "nunca resistia a uma tentação". Também podia rir de deslizes tipográficos (outro jornalista lembrou de seu riso fácil[1] e muitos exaltaram sua "genialidade"). Brincava dizendo que seus filhos cometiam os mesmos erros "tipográficos" de um homem capaz. Acrescentava que, entre suas criações, o jornal era "seu filho perfeito".[2] Como gostavam de salientar os propagandistas do regime, como editor Mussolini fazia valer seu conhecimento das pessoas: "Jornalismo", disse, "me faz entender o material humano de que é feita a política".[3]

Em relatório oficial da polícia, que não chegava a ser desfavorável, dirigido em junho de 1919 ao novo primeiro-ministro, o economista conceituado, embora sem imaginação, Francesco Saverio Nitti, ampliou essa imagem ao observar que Mussolini tinha uma constituição robusta. Seu dia começava tarde, normalmente só saía de casa por volta de meio-dia.[4] Porém, depois que saía de casa só costumava retornar depois das três da manhã. Considerando a época, era valentão e viril,[5] embora suas conquistas sexuais e vitórias em duelos hoje em dia possam ser consideradas brincadeiras de rapazes. Estivera na guerra e, no mínimo, não passara vergonha. Suas experiências na linha de frente permitiram que alegasse ser o representante dos militares italianos e, sob certos aspectos, realmente fez isso. Era capaz de falar sobre diversos assuntos, na maioria das vezes em um tom francamente populista e, ao mesmo tempo, tentando revelar profundidade intelectual. Não importa qual fosse a audiência, sabia manifestar opiniões, faladas e escritas, sobre tópicos que iam de assuntos externos até política na cidade de Milão. Brilhava em todas as oportunidades em que podia falar. Sua "emotividade" e "impulsividade" tornavam suas palavras arrebatadoras. Mesmo lhe faltando a *gravitas* de um grande orador. E o relatório prosseguia, Mussolini era "basicamente sentimental e, sob esse aspecto, essa qualidade despertava muita simpatia e conquistava muitos amigos". Ao mesmo tempo, era um implacável e atroz criador de polêmicas nos debates que naturalmente caracterizavam a política italiana, sobretudo quando envolviam intelectuais. Agitador, filósofo, líder partidário e de facções, procurava dominar todos esses campos e conseguia dar conta de todos eles. Era liberal com os recursos que chegavam a suas mãos, continuou o relatório, mas certamente não era pessoalmente apegado. Quando passou a apoiar a guerra, talvez complacentemente como admitiu o relatório, não o fez como resultado de corrupção, mas porque essa atitude realmente correspondia a seus ideais. Mussolini era fiel a seus amigos, não interessando qual fosse a causa. Por outro lado, sabia odiar seus inimigos. Muito inteligente, sabia avaliar os homens e rapidamente identificar seus pontos fortes e suas fraquezas.[6]

Mapa 2: Itália Entreguerras

Nessa longa avaliação, Nitti está querendo dizer que, segundo a tradição da Itália liberal, Mussolini era um político à espera de uma oportunidade. Como frisou o relatório da polícia para o primeiro-ministro, o editor do *Il Popolo d'Italia* era "profundamente ambicioso" e "nem sempre se prendia a suas convicções e seus ideais. Acima de tudo, não se contentava em ser o segundo em nenhuma organização ou sociedade".[7] De Felice e seus seguidores[8] costumam argumentar, com motivos obviamente relevantes naquela época, que o Mussolini aqui comentado ainda pertencia à esquerda (e sempre preservou o conteúdo socialista de suas ideias). Porém concentrando sua atenção na suposta ideologia de Mussolini, ignoram padrões de conduta conhecidos em toda a história italiana. Vejamos, por exemplo, o caso de Francesco Crispi, figura emblemática principalmente porque os defensores do fascismo adoravam apontá-lo como precursor do Duce.[9] No auge de seu sucesso na década de 1890, Crispi aliava uma política interna conservadora, na qual não quis se queimar chamando o Exército para atirar em camponeses que protestavam, ao imperialismo no campo externo (mesmo que acabasse em lágrimas como na Batalha de Adowa). Após essa derrota, a carreira de Crispi foi por água abaixo. Mais importante, porém, é o fato de ter começado sua vida política na década de 1850 como advogado provinciano na Sicília, comprometido com a derrubada por via "revolucionária" do regime Bourbon. Em outras palavras, foi um rapaz ambicioso vindo de longe dos centros de poder e a favor da *revolução*, termo que, mais do que qualquer outra coisa, podia assegurar sua própria ascensão. Depois de 1860, na sociedade de uma Itália unificada, continuou se considerando esquerdista. Entretanto, a necessidade que sentia de acomodação social — sua intensa vida sexual era cara — e os processos normais de *transformismo* o empurraram firmemente para a direita, onde havia maiores compensações e oportunidades.

O caso de Crispi é peculiar, mas não deixa de ser, em linhas gerais, um exemplo da história de muitos políticos italianos, tanto na era liberal quanto na republicana, após 1946. No princípio de 1919, havia inúmeras razões para imaginar que Mussolini seguiria o mesmo caminho de "transformação". Seu estilo de vida era esbanjador. Acabara de levar sua família para um apartamento mais confortável no Foro Buonaparte, na região central da cidade, e era fascinado por carros velozes (em outubro de 1919 teve sorte ao sobreviver a uma colisão na malfadada Faenza).[10] Em 1921 viria a ser o orgulhoso dono de um carro esporte Alfa[11] de quatro cilindros. Continuava tendo lições de esgrima para poder duelar. Sonhava em voar.[12] Sustentar a família saía caro. Houve despesas médicas em outubro de 1918 quando ele e Rachele ficaram doentes com a gripe espanhola, ela com maior gravidade.[13] No ano seguinte, o bebê Bruno quase morreu de difteria.[14] Falava-se que sua amante Margherita Sarfatti estava pagando as contas. Afinal era rica o bastante para pagá-las. À beira dos quarenta anos, talvez tivesse essa disposição generosa. Com ou sem seu auxílio, mas adotando hábitos mais requintados, Mussolini começou a cultivar uma imagem mais agradável, tirando o bigode, usando camisas de colarinho e, de modo geral, tentando ser mais elegante.

Essas questões pessoais pareciam ter certa conotação política. Havia uma razão ponderável para nem Mussolini e tampouco a Itália terem retomado a vida como era antes de 1915: a Primeira Guerra Mundial, com todas as implicações que já causara e viria a causar. Crispi mudara de posição no emaranhado das facções e dos interesses políticos. Viveu na época em que o voto era privilégio de não mais de 7% dos homens adultos e a grande maioria da população vivia basicamente impedida de exercer qualquer influência no exercício público do poder. Antes de 1914 esse velho mundo já caminhava para uma crise, e a guerra serviu para confirmar que os antigos sistemas não funcionavam mais. O *dopoguerra*, ou pós-guerra, passara a ser a "era das massas", em que a política não era mais elaborada em acordos nos bastidores. Ao contrário, era exposta enfaticamente para um público que precisava de um partido capaz de organizar as massas e a hegemonia cultural de uma ideologia de massas. Enquanto Mussolini se esforçava para mostrar claramente que esperava ser convocado para a "transformação", ele e seus superiores sociais perceberam uma realidade: a "nova" política do pós-guerra envolveria, de alguma forma, o "homem do povo".

Na verdade, o ambiente pesado dos acordos de bastidores foi morrendo aos poucos durante o fascismo (tal como acontece em nosso mundo). Entretanto, em termos de apresentação e representação — ou seja, o marketing político, sob o ponto de vista do povo e das elites financeira e intelectual —, em 1919 se tornara necessário anunciar que a política refletia a vontade do povo e se baseava em suas necessidades. Mais ainda, em qualquer tentativa de elaboração de um programa confiável e de construção de uma história atual, o significado da Primeira Guerra Mundial pesava muito. Todos os políticos precisavam assumir uma posição definida sobre a guerra.

Nesse ponto, Mussolini teve sorte. É fácil compreender que ele estava certo ao prever o desenrolar e a natureza do conflito. Apostara que Itália, França e Inglaterra venceriam, e assim aconteceu com a Entente, com a tardia ajuda dos

Estados Unidos e a simultânea defecção da Rússia por causa da revolução. Os socialistas, que ele tinha abandonado, tentaram adotar uma linha digna de "nem apoio nem sabotagem" em relação ao esforço de guerra nacional, mas sua política foi sutil e virtuosa demais para ser explicada e discutida. Na era pós-guerra, o socialismo só poderia prosperar se a entrada da Itália no conflito fosse vista por todos os italianos como um desastre. Muito esforço humano fora despendido nos combates, de modo que tal renúncia à história, por mais convincente que fosse intelectualmente, dificilmente sensibilizaria a maioria do povo italiano. Em 1919 as forças que lutavam contra o socialismo podiam confiar naturalmente no eleitorado que guardava lembranças positivas da guerra.

Na verdade, o impacto causado pela guerra foi muito mais complicado do que pode parecer à primeira vista. Afinal, a Itália, Estado-Nação, terminou sendo o vitorioso não confiável do conflito. De fato, o ministro do Exterior Sonnino e o primeiro-ministro Orlando estavam deixando escapar seus objetivos durante as negociações de paz em Versalhes e tinham fracassado drasticamente na tentativa de se tornarem "wilsonianos" eles próprios e seu país.[15] A Itália começou a ser conhecida por ter o status ironicamente chamado de "perdedor honorário" no cenário internacional e na política do pós-guerra. Por mais que se considerassem os sacrifícios feitos durante a guerra, a Itália era mais uma vez vista como não mais do que a menor das grandes potências, e talvez nem isso. No começo de 1919, Mussolini também podia ser visto como alguém que pessoalmente tinha enxergado a derrota se insinuando pelas garras da vitória. Afinal, quem era o eleitorado e quem manobrava seu poder? As velhas elites e seus camaradas mais jovens da Associação Nacionalista achavam que as habilidades de Mussolini tinham sido úteis durante a guerra, sobretudo logo após Caporetto, quando os líderes italianos precisavam de toda ajuda que pudessem conseguir para despertar a consciência nacional e fortalecer a determinação para combater. Mussolini tinha sido um excelente arauto de sua causa. Mas essa causa tinha futuro? E como poderia ser conciliada com o provincianismo de Mussolini, com suas evidentes limitações de rapaz de Predappio que fora apenas o primeiro da turma? Mussolini não fora o único defensor do esforço de guerra nacionalista italiano. Como ele poderia negar, agora, a precedência da expressão intelectual e social de D'Annunzio, de Corradini, de Salvemini e muitos outros com potencial político, mas que, por mais que estivessem divididos, também esperavam que o novo período de paz exaltasse suas carreiras como patriotas do tempo de guerra?

Se esse era o problema de Mussolini no "andar de cima", ele também enfrentava claras dificuldades no "andar de baixo". Quando precisasse se conectar com as massas de nível inferior ao seu, que ideias poderia explorar? Não se tratava da maioria do povo italiano, que vivia um processo que mais uma vez se via fortalecido pela participação do país na Primeira Guerra Mundial, mas agora estaria comprometido com os socialistas ou com os católicos? Em 18 de janeiro de 1919, estes últimos tinham publicado um manifesto anunciando a criação de um partido de massa, o *Partito Popolare Italiano*, o PPI, que seria chefiado, paradoxalmente, por um padre radical siciliano, Luigi Sturzo. O PPI e o sempre anticlerical Benito Mussolini tinham poucas razões para se aliarem, ao mesmo tempo em que os ódios recíprocos do tempo de guerra continuavam sendo uma barreira impenetrável contra o retorno de Mussolini ao socialismo. Quando chegaram os delegados para a reunião de criação dos *Fasci di Combattimento* no prédio que dominava a piazza San Sepolcro, Mussolini deve ter ficado imaginando, um tanto desconsolado, como ele poderia, naquelas circunstâncias, conquistar um espaço em que suas ambições como político pudessem se concretizar. Na verdade, naquele momento e na maior parte de 1919, havia bons motivos para acreditar que o tempo o estava enterrando. Em poucas palavras, estaria ele a ponto de descobrir que, afinal, "perdera" sua Primeira Guerra Mundial?

Não obstante, sua ressurreição estava à vista, logo adiante. Apenas três anos e meio depois ele aceitou a indicação para primeiro-ministro, o mais jovem que a Itália já tivera. Durante esse breve período o leque de ideias defendidas pelos *Fasci di Combattimento* foi sacramentado em um programa político fidedigno. Obviamente, o líder indispensável dos *Fasci*, o único chefe político de expressão nacional aceitável, foi Benito Mussolini. Ele, e ninguém mais, poderia assumir o papel de Duce. Como, então, a fragilidade e a vulnerabilidade de março de 1919 puderam desaguar no triunfo político de 28 de outubro de 1922?

Nas *Obras completas* de Mussolini, reunidas e publicadas por seus admiradores nos anos 1950, a reunião de San Sepolcro é descrita entusiasticamente como "o verdadeiro nascimento do fascismo".[16] Todavia, esta afirmação simplifica a complexa situação em que se encontrava a nova direita italiana na primavera de 1919. Diante da ameaça de uma Segunda Guerra Mundial, Mussolini, com cinismo tipicamente brutal, desprezou aqueles que o tinham apoiado em Milão, ao considerá-los homens de "qualidade duvidosa".[17] Contudo, na época o próprio Mussolini obviamente era apenas um figurante. Entre os então atuantes, mais famosos e ativos do que Mussolini, estavam Ferruccio Vecchi e Filippo Tommaso Marinetti. Vecchi era o líder do chamado *arditismo civile*, ou seja, um grupo empenhado em marcar a presença em tempo de paz dos ideais dos dias de guerra dos *arditi*, ou tropas de choque, então dispensados das Forças Armadas do país. Vecchi também era dono do jornal *L'Ardito*, visto, tal como o *Il Popolo d'Italia* de Mussolini, como "mais uma publicação antibolchevique".[18] Seu movimento tinha traços superficiais de uma ideologia. Vecchi falava em confiança na juventude, em um compromisso com o serviço militar obrigatório e um exército popular, além de um esforço para reformar o sistema educacional que inteligentemente dividiria o dia escolar em três horas de aulas formais e outras três de prática de esportes e ginástica.[19] Outra de suas ideias era ainda mais idiossincrática. Vecchi considerava Milão "a cidade sagrada da *italianità*" e, talvez para se afastar dos nacionalistas baseados em Florença, ousou se opor à adoração a Dante Alighieri, espontaneamente aceito como o primeiro poeta a vislumbrar o caminho para um futuro glorioso do país. Para Vecchi, Garibaldi, homem de ação e não só de palavras (e que não era florentino), "era melhor poeta do que Dante".[20] Afirmou que, a fim de impor sua vontade política, os seguidores do *arditismo civile* deviam adotar o lema "primeiro a pátria, depois a família, em seguida nós mesmos e, por fim, o interesse internacional". Muito mais passionais, os *arditi* também anunciavam sua total oposição ao socialismo, ao clericalismo e a todas as formas de passividade da classe média (*borghesmi*).[21]

Ao lado do programa vinha um ritual. Os italianos, basicamente atentos ao Vaticano e a suas obras, raramente deixavam de lembrar que seus ideais eram alimentados por um impulso religioso que se revelava naturalmente no ritual praticado. Assim, em tempo de paz, os *arditi* usavam a mesma camisa negra que os distinguira na guerra. Do mesmo modo, cultivaram um canto *A noi* (que pode ser mais precisamente traduzido como "A Itália nos pertence"), querendo ressaltar sua união e a fidelidade à causa.[22] Nem sempre Vecchi soube ser cuidadoso na promoção de seus ideais. Um crítico impiedoso lembrou que os *arditi* vagavam pelos bares de Milão chamando a atenção com suas camisas negras, mas sem um objetivo definido, falando até se embebedar e calar a boca.[23] Em contrapartida, um ex-capelão das Forças Armadas, mais complacente, escreveu louvando vigorosamente o cavalheirismo generoso e a disposição para lutar até a morte dos *arditi* contra os inimigos "bárbaros", tanto dentro quanto fora do país.[24] Outro admirador comentou a forma como os *arditi* personificavam "o caráter imutável da estirpe nacional", exalando o *élan* vital italiano diante da maciça opressão germânica. Na linha de frente, tinham se engajado intrepidamente na "prática da guerra". Na paz, exigiam "um mínimo de disciplina, nada de burocracia e uma hierarquia mais flexível". Vigorosos em todos os sentidos, combinavam ideias, perfeição e ação. Constituíam uma nova aristocracia, eram inimigos dos traidores, onde quer que se escondessem.[25]

Em fevereiro de 1919, embora ainda achando que os futuristas eram muito boquirrotos e estavam se afastando da massa de ex-combatentes em geral,[26] Vecchi se reuniu oficialmente com Marinetti para discutir formas de construção de uma base mais prática para aquela miscelânea de ideias. Marinetti era apenas um membro da *intelligentsia* local, pessoa de nível reconhecidamente médio. Também era homem de muitas contradições, crítico revolucionário do embotamento e da monotonia que caracterizavam a burguesia, cuja família morava em uma sofisticada mansão em uma das mais valorizadas ruas de Milão.[27] Era pertinaz defensor da falocracia e do fim do casamento. A partir de 1919 foi viver com uma mulher muito mais jovem e que o dominava, com quem se casou quatro anos mais tarde.[28] Era também o veemente patriota que nunca abandonara a esperança de conquistar amplo reconhecimento em Paris. Aos olhos de muita gente, a determinação de Marinetti para estender qualquer matéria além de sua conclusão lógica e seu intenso desejo burguês de acabar com a burguesia não o ajudou na construção de uma figura política confiável. Dificilmente conseguiria apoio popular com o tipo de artigo que escreveu no começo de 1919, quando comentou que a consequência mais positiva da guerra poderia ser o súbito aparecimento de homens do mundo inteiro e de "todas as raças [...] que se contentassem com um coito tumultuado e rápido com uma única mulher". Conseguiu, dessa forma, subverter publicamente a família tradicional.[29] Tampouco sua exigência de que o papado fosse expulso de Roma a fim de "libertar a Itália da mentalidade católica" reunia condições para ser aceita como diretriz geral.[30] Isso fez com que Mussolini, por sua vez, declarasse que Marinetti era um "autêntico palhaço", alguém que devia ser repelido e descartado.[31] Tendo em vista os caprichos do chefe futurista, não causou surpresa encontrar um acólito do movimento que em Roma sugerisse que Mussolini, e não Marinetti, fosse o "novo homem" com quem o movimento sonhava e queria "venerar".[32]

Não obstante, entre os irrequietos membros da *intelligentsia* de Milão — pessoas que concordavam, ou diziam que concordavam quando Marinetti afirmava que "nossa raça suplanta amplamente todas as outras em número de talentos que produz" — esse personagem Marinetti mantinha grande prestígio. Em 15 de abril ele e Vecchi transformaram algumas de suas palavras em ações. Após uma reunião em uma das elegantes *pasticcerie* na *Galleria* de Milão, revelaram seu pendor para "jornalistas agressivos".[33] Partiram para a sede do socialista *Avanti!* que ficava ali perto e saquearam o local, em um evento que acabou mitologizado como "a primeira vitória do fascismo".[34] Mussolini não participou desse ato agressivo. Entretanto, em 17 de abril ele tentou tirar proveito do fato em todos os sentidos, explicando, em entrevista para o *Il Giornale d'Italia*, que embora o ataque tivesse sido espontâneo, ele aceitava "toda a responsabilidade moral pelo episódio".[35] Os crédulos leitores que tomaram conhecimento dessas palavras ficaram com a impressão de que Mussolini estava insinuando que poderia novamente ser um aliado útil das elites sociais italianas, perspectiva que foi reforçada quando a polícia pouco se interessou em punir os agressores dos jornalistas antinacionalistas. A imprensa socialista também tentou capitalizar em cima do episódio, preferindo acusar o "vira-casaca" Mussolini e não os mais excêntricos Vecchi e Marinetti, embora, ao fazê-lo, fortalecesse a continuidade da presença política de Mussolini.

Na verdade, havia dúvidas quanto à verdadeira posição política de Mussolini. Se por trás de seu palavreado, Vecchi e Marinetti pertenciam a algum tipo de esquerdismo, entre os parceiros de Mussolini havia os que, naqueles meses, prefeririam falar em revolução social, como se realmente estivessem pensando nisso. O primeiro secretário dos *Fasci di Combattimento* foi Attilio Longoni, da Força Aérea, que já fora ferroviário e sindicalista. Seu substituto mais operoso a partir de setembro de 1919 foi outro sindicalista, Umberto Pasella.[36] Dois dias após a reunião de San Sepolcro, o próprio Mussolini anunciou que chegara a "hora do sindicalismo". Acrescentou que era uma ideologia capaz de encontrar um caminho entre a luta de classes e a colaboração entre classes.[37] Como tinha declarado Angelo Oliviero Olivetti, defensor mais sutil dessa crença, os sindicalistas poderiam encontrar sua própria identidade de classe dentro da nação, em vez de se oporem à ideia.[38] Logo adiante Mussolini considerou desnecessário ser absolutamente preciso ideologicamente, uma vez que o movimento fascista era um "antipartido, sem estatuto e sem regras". Ainda não apresentava solução para questões como a da monarquia, da Igreja e do socialismo, além de outros assuntos. Em abril de 1919 circularam rumores de que Mussolini fizera sondagens visando a um possível retorno a seu antigo partido.[39] Os fascistas eram pessoas práticas que identificavam com realismo suas escolhas e as selecionavam a priori.[40]

Claro que existe outra forma de descrever essa posição, dizendo que era confusa e oportunista. Sem dúvida, depois de um exame bem objetivo do conjunto de ideias de Mussolini — o jornalista continuava lançando artigos truculentos no *Il Popolo d'Italia* —, se pode dizer que foi uma iniciativa arriscada. Também era verdade que uma área que nos últimos dez anos Mussolini aprendera a conhecer bem era a de assuntos exteriores. Quem era capaz de entender essas questões conquistava a fama indispensável a qualquer líder que aspirasse ser reconhecido fora desse mundo de monotonia. Os leitores do jornal notavam a forma como Mussolini atacava a Inglaterra, "a nação mais rica e burguesa do mundo".[41] Irlanda e Egito, exigia ele, deviam ser libertados. Malta devia ser italiana.[42] Woodrow Wilson, que tanto admirara poucos meses antes, agora era criticado como fundamentalmente "antieuropeu" e "antilatino" e, na melhor das hipóteses, um professor confuso.[43] A assinatura final do Tratado de Versalhes, alertou Mussolini no começo de junho, não assinalava o fim da história. Não importa o que tinha sido decidido em Paris, os italianos não podem abrir mão da herança resultante da decisão de intervir em 1915. Ao contrário, deve lembrar com orgulho que o grande conflito foi a primeira guerra travada por "*todos* os italianos unidos" desde a queda do Império Romano.[44] O porto de Fiume, (ou Rijeka) no nordeste do Adriático, não podia ser abandonado. A despeito do que desejam o novo Reino dos Sérvios, Croatas e Eslovenos, e a "plutocracia internacional", Fiume deve continuar sendo italiano.[45]

Naquela época, esta última referência não foi o único indício de antissemitismo nas palavras de Mussolini, um antissemitismo que, embora não muito mencionado na Itália, podia ser identificado mais abertamente nas páginas do *La Vita Italiana*. Este jornal era editado por "dott" Giovanni Preziosi, um padre expulso do sacerdócio que se gabava de ter entre seus colaboradores regulares o economista Maffeo Pantaleoni, os executivos Oscar Sinigaglia e Dante Ferraris (ambos judeus convictos), o nacionalista Corradini, o filósofo Pareto e muitos outros intelectuais e políticos de influência e nível superiores aos de Mussolini.[46] Em uma das vezes em que condenou o "leninismo" na Rússia, Mussolini fez uso de palavras pronunciadas por Preziosi: "Oitenta por cento" da liderança bolchevique, frisou Mussolini, são judeus que, com suas tramas secretas, estão na verdade a serviço dos banqueiros judeus de Londres e Nova York. "Uma raça", salientou Mussolini com palavras que voltaria a usar depois de 1938, "não trai a própria raça."[47]

Comentaristas preocupados em sustentar que o fascismo, como o nazismo, estava sempre comprometido com "uma guerra contra os judeus", destacam o significado dessas palavras.[48] Provavelmente traduzem a habilidade camaleônica de Mussolini para assumir a cor e o tom do discurso que o cerca. Realmente, jamais denunciara essas "conspirações judias" ao escrever defendendo os jovens revolucionários judeus da Hungria, onde suas diretrizes podiam ser interpretadas como abandono da revolução social e tentativa patriótica de defender seu país contra um exército romeno invasor.[49] Mussolini tampouco foi constante em manifestações de desagrado com financistas e empresários. Seu primeiro artigo sobre o novo governo atacou Nitti, mas elogiou o papel assumido por Dante Ferraris, presidente da *Confindustria*, a grande associação comercial, além de usual e generoso colaborador com as causas nacionais. Ferraris, escreveu Mussolini prazerosamente, era um *self-made man* [sic], homem de ação comprometido com a salvação da Itália da desintegração social e, simultaneamente, com a modernização da indústria e dos industriais italianos.[50] Como se quisesse comprovar seu interesse por esse novo mundo, em um dia da primavera de 1920 Mussolini enfrentou o desafio de pisar na bolsa de valores de Milão com um jornalista amigo, que teve dificuldade para explicar as complicadas transações que lá aconteciam.[51]

A despeito da amplitude e da pretensão de seu comentário sobre a situação mundial, as frases mais usuais de Mussolini eram agressivamente voltadas para uma questão de interesse mais interno — castigar o Partido Socialista, então na moda. Os socialistas, assinalou Mussolini como habitualmente fazia, tinham levado a Itália à guerra civil em 1914, conflito que ainda não terminara. Explicou que não se tratava de uma luta entre ricos e pobres como gostavam de afirmar os socialistas, mas entre forças "nacionalistas" e "antinacionalistas". Uma disputa não de natureza econômica, mas de mentalidades.[52] Esse enfrentamento não era de ordem material, mas espiritual.

Em outras palavras, apesar de seu anseio por reconhecimento social, Mussolini estava no auge verbal de sua hostilidade contra o socialismo. Entretanto, à medida que as discussões foram ficando mais calorosas, a iniciativa na condução dessa disputa aparentemente ficou nas mãos dos socialistas, e não nas de Mussolini, que, em agosto de 1919, viu-se novamente obrigado a dirigir melancólicos apelos para obter novas assinaturas a fim de salvar o *Il Popolo d'Italia* do colapso.[53] Embora não cessassem de anunciar que Mussolini era um "vira-casaca" que podia ser comprado e vendido, um mercenário indigno a serviço dos patrões,[54] o movimento socialista tinha em mente mais do que simplesmente Mussolini. O governo de Nitti estava veiculando o slogan "produza mais, consuma menos"[55] em uma Itália que estava drasticamente abalada pelos problemas de adaptar a economia de guerra, a sociedade e a política a tempos de paz. Será que, como esperavam os socialistas e temiam seus inimigos, teria chegado a hora da revolução, justamente quando os versos de uma canção da época anunciavam ousadamente, "Devemos fazer o que estão fazendo na Rússia. Quem não trabalha não come"?[56] Choviam novos membros nos sindicatos socialistas e, embora em julho fracassasse uma greve muito anunciada a favor da Rússia (duramente criticada por Mussolini e seus amigos),[57] na eleição que seria realizada em novembro a votação nos socialistas prometia ser alta. Tudo na medida para os *fasci* apresentarem programas radicais com a imposição de pesados impostos a quem se aproveitara da guerra, redução da idade mínima para votar, voto feminino, jornada diária de trabalho de oito horas, extinção do Senado[58] e muitas outras questões próprias da causa esquerdista (e até renovando a antiga e atraente tese da apreensão de bens eclesiásticos).[59] Porém, eram os socialistas que no outono/inverno de 1919 pareciam estar surfando a onda da história e podiam até ridicularizar os pequenos e divididos *Fasci di Combattimento*. Um historiador contou dezesseis grupos rivais que, no começo de 1919, usavam a palavra *fascio* para se descreverem.[60] Iam de anarquistas a irrequietos universitários burgueses que nada tinham em comum com os "fascistas", a não ser o nome do grupo.

É bem verdade que em agosto de 1919 Mussolini de alguma forma conseguiu recursos para lançar um novo jornal, o *Il Fascio*, cujo objetivo era ajudar a dar uma nova cara para o movimento, pois, nessa época, os *Fasci di Combattimento* estavam se tornando os mais conhecidos entre os grupos que se digladiavam. Embora o "fascismo" fosse seu foco, ainda era difícil para seus seguidores identificar um amplo espaço político no qual pudessem agir na Itália do pós-guerra. Entretanto, um acontecimento daria nova feição à crise italiana após o conflito e, em longo prazo, abriria uma excelente oportunidade para Benito Mussolini. Em 12 de setembro de 1919, o poeta Gabriele D'Annunzio, saudado por Vecchi como o "grande Duce",[61] conduziu um grupo estimado em mil seguidores fanáticos (o mesmo número dos que tinham acompanhado Garibaldi na Sicília), para se apossar de Fiume, uma modesta cidade de 49 mil habitantes, que tinha se transformado bombasticamente em grande causa nacional. D'Annunzio instalou em Fiume o que chamou uma "ditadura sentimental",[62] comprometida com a defesa da *italianit*à da cidade contra todos os forasteiros. Também flertava com a revolução social ao colaborar com o sindicalista Alceste De Ambris na elaboração da *Carta del Carnaro*, documento destinado a ganhar realce como precursor do corporativismo fascista.[63] De Ambris logo romperia com o fascismo ao se referir amargamente ao "monstruoso egoísmo" de Mussolini e a suas "astuciosas artimanhas políticas", que levaram o fascismo para uma "involução reacionária" e o transformaram em instrumento dos proprietários de terras que traíram Fiume.[64] Alheio a essas disputas, D'Annunzio, com seu característico refinamento, procurou novas técnicas de propaganda para conquistar o apoio do povo da cidade. De acordo com alguns historiadores, o poeta era um pioneiro do novo mundo fascista que estava a caminho.[65]

Em retrospecto se pode dizer que D'Annunzio aparentemente era uma figura política pelo menos tão improvável quanto Marinetti. Os dois poetas se desgostavam cordialmente e cada um depreciava a forma como o rival empregava as palavras. Se Marinetti (nascido em 1876) tentava ser firme e exaltava o surgimento do sistema, D'Annunzio (nascido em 1863), ficara famoso pela luxúria e pelo conteúdo pornográfico de seus temas. Os dois conciliavam seus compromissos com uma Itália Grande com o amor que nutriam por Paris. D'Annunzio, que desfrutava maior reputação internacional, vivera longos períodos na França. Não obstante, também apoiara a participação da Itália na guerra, se destacando em manifestações intervencionistas e, durante o conflito, realizando incursões que ficaram bem conhecidas, principalmente um intrépido ataque aéreo a Viena em 9 de agosto de 1918. Apesar da ambiguidade de seu passado e de seu estilo de vida naqueles dias, D'Annunzio se identificara com a nova causa nacionalista e era visto por muita gente, inclusive por ele próprio, como um líder nacional confiável.

Não surpreendeu o fato de Mussolini não apoiar D'Annunzio e seu pequeno estado livre. Os antecedentes sociais e culturais dos dois líderes eram frontalmente distintos. Não obstante, naquele momento e depois, Mussolini tentou utilizar em seu benefício todas as manchetes empregadas por D'Annunzio para aproveitar e estimular as possíveis fontes de apoio a seus próprios objetivos. Uma versão que se tornou comum depois de 1922 exaltou a forma como Mussolini e D'Annunzio trabalharam juntos durante a ocupação de Fiume, estabelecendo as linhas gerais de uma nova política interna e externa. Na prática, porém, Mussolini revelou pouco desejo de se juntar ao poeta em Fiume, pois tinha razões para temer que lá seu carisma burguês ficasse ofuscado pela sombra do poeta e fosse definitivamente arruinado. O duvidoso apoio de Mussolini no caso de Fiume foi apenas retórico. Em *Il Popolo d'Italia*, elogiou a ocupação de Fiume como uma iniciativa grandiosa que exprimia a revolta contra "a plutocrática coalizão ocidental", em que só havia "tubarões".[66] O "pseudocomunista" Nitti, acrescentou Mussolini, embrutecido pela mentalidade que se podia esperar de um sulista, jamais chegaria a compreender a grandeza do ato.[67] Mussolini chegou a fazer uma visita a Fiume em 7 de outubro, mas a viagem tinha por objetivo anunciar o primeiro congresso nacional dos *Fasci di Combattimento*, uma reunião que Mussolini chamou de *adunata*, ou convocação — um termo que passaria a ser usualmente conhecido na terminologia militar. Com a eficiente ajuda de Pasella, que não escondia seu descontentamento com as tolices de D'Annunzio, o congresso foi convocado para 9 e 10 de outubro em Florença. Era lá que Mussolini, e não D'Annunzio, poderia marcar presença no mundo da nova política. Em palavreado deliberadamente ainda pouco transparente, Mussolini aproveitou a ocasião para proclamar o surgimento de um grupo que "não era republicano, não era socialista, nem democrático e tampouco conservador ou nacionalista", mas era jovem e acreditava na causa defendida na guerra. Estava destinado a se unir em torno de "uma síntese de todos os aspectos negativos e positivos", especialmente por meio das campanhas de seus membros contra Nitti, *Sua Indecenza Cagoia* [Sua Indecência, o Saco de Merda].[68]

Em vez de jogar todas as fichas em Fiume, Mussolini voltou sua atenção para as eleições nacionais que se aproximavam e nas quais pretendia ser candidato em Milão. Em artigos e discursos tentou conquistar apoio, e quando cantou o hino "Giovinezza" dos *arditi* diante dos correligionários inspecionados, estava pensando justamente nesse objetivo.[69] Continuou frisando que filosoficamente "não alimentava preconceitos" e ressaltando sua disposição para resolver praticamente os problemas da Itália, tal como devia fazer um soldado. "Somente os inteligentes e de vontade forte", declarou, "têm o direito de decidir os destinos do país."[70] Cada vez mais ostensivamente Mussolini fez questão de salientar o afastamento de seu passado socialista e a vontade de se ajustar aos objetivos sociais aos quais outrora se opusera.

De imediato, poucos deram ouvidos a ele. No dia da eleição, Mussolini obteve menos de 5 mil votos de seu eleitorado. Os partidos contrários à guerra, socialistas e o PPI foram, ao contrário, os grandes vencedores, conseguindo mais da metade dos 508 assentos da Câmara dos Deputados. Somente os socialistas conquistaram 156 e, em 19 de novembro, o *Avanti!* proclamou: "Nasceu a Itália da revolução".[71] Quem desejava salvar a velha ordem social e também tinha sido a favor da participação da Itália na Primeira Guerra Mundial tinha motivos para se sentir decepcionado, embora D'Annunzio continuasse em Fiume. Lá o poeta também parecia estar cedendo a um novo tipo de radicalismo, afirmando que Fiume era "a cidade da vida",[72] uma concessão na retórica revolucionária que deixou desolados seus amigos de outrora, os destacados homens de negócios, como Oscar Sinigaglia. Também houve quem reparasse que os "legionários" de D'Annunzio, como ele pomposamente os chamava, em particular os aviadores, às vezes buscavam se refugiar na cocaína, droga que estava se tornando comum no *beau monde* do pós-guerra.[73]

Quem se negou a se curvar diante do que parecia ser uma nova realidade foi Benito Mussolini, embora no fim de 1919 seções dos *fasci* continuassem existindo precariamente em Milão, Turim, Veneza, Cremona, Bolonha e Trieste.[74] Ousadamente ele encobriu seu fracasso eleitoral como uma "afirmação política", "nem uma vitória nem uma derrota".[75] Quanto aos socialistas, previu que eles não comemorariam para sempre. Nas eleições francesas seus camaradas tinham se saído muito mal. Na Itália, havia um enorme abismo entre o voto socialista e a penetração ideológica nas massas. A "mania de golpe" não duraria, e a revolução socialista estava longe de se completar.[76] "Há vitórias tão acachapantes quanto derrotas", concluiu Mussolini,[77] enquanto sondava com otimismo a direita em busca de algum espaço político.

Resumindo, sua empreitada foi interrompida quando, após as eleições e por ordem de Nitti, ele foi preso com Vecchi e Marinetti. A polícia tinha descoberto um depósito de armas que Mussolini e seus amigos mantinham ilegalmente. Entretanto, quase de imediato e mais uma vez por intervenção ministerial, os defensores dos *fasci* foram libertados e Nitti ignorou a proposta do prefeito de Milão para que a posse de armas fosse motivo para processo.[78] Atacado por muitos inimigos, Nitti tinha aparentemente resolvido que sua classe de liberal não aconselhava cortar relações com Mussolini, que, dessa forma, continuou a se aproveitar das possibilidades que sua "transformação" proporcionava. Embora derrotado nas urnas, Mussolini não fora expulso do cenário político.

Realmente, mal acabara a excitação eleitoral e logo surgiram comentários de que Mussolini era o homem ideal para acompanhar o industrial Ettore Conti[79] em uma viagem oficial ao Cáucaso, onde, segundo se imaginava, o país receberia uma delegação e os mencheviques locais deveriam acolher com simpatia um personagem como ele. Nas páginas do *La Vita Italiana*, Sinigaglia disse a um leitor nacionalista que as possibilidades de negócios eram muito boas, mas acusou Nitti de não levar adiante as negociações com essa parte do ex-império russo.[80] A missão foi adiada. Em fevereiro de 1920, Mussolini, com estardalhaço e insolência, explicou que não estava indo a Baku porque concluíra que seria impatriótico sair da Itália enquanto a questão de Fiume continuasse sem solução.[81] Claro que jamais sonhara em jantar com o desprezível *cagoia*.

O abandono dos negócios com o Cáucaso significava que, a despeito das incertezas da situação política então vigente, os *fasci* estavam realmente conquistando novos adeptos. Entre eles estava Vincenzo Fani Ciotti, um doentio escritor de classe média (vivia a maior parte do tempo na Riviera) que escrevia sob o pseudônimo Volt. Fani Ciotti tinha um passado nacionalista ortodoxo e mantinha ligação com os futuristas. Porém, quando se aliou a Mussolini, via-se como "integralista", que aprovava "monarquia, religião, hierarquia, harmonia disciplinada entre indivíduos e classes, solidariedade geral progredindo ao longo do tempo, hereditariedade, família, seleção racial, domínio, império".[82] Como declarou, a sociedade que mais admirava era a japonesa.[83] Toda a história, argumentava, era dominada pelos aristocratas e, portanto, Mussolini era "o Duce de uma aristocracia ainda por surgir".[84] Obviamente Fani Ciotti era o tipo de fascista que achava difícil tolerar a postura esnobe de Marinetti e Vecchi e que via pouco futuro nas insistentes incursões de Mussolini no sindicalismo populista.

No fim de 1919 diversos fatores empurravam Mussolini para a direita. O filho de Alessandro poderia guardar ressentimentos maldisfarçados contra seus superiores na sociedade, e sua mulher Rachele, à sua maneira não menos radical, costumava endossar essa hostilidade nas conversas em família. Mussolini, porém, estava engajado em um rumo político sobretudo antissocialista. Não foi por acaso que na mensagem de ano-novo para seus leitores em 1920 defendeu "um retorno ao individualismo", soando quase como se Mussolini estivesse se preparando para adotar uma forma atualizada de entrar para a história.[85] Seus amigos e, portanto, ele também, estavam decididos a esmagar o movimento socialista, politicamente e na sociedade civil. Em 1920 a determinação se consolidou e se disseminou, e o "fascismo", apesar de ainda ter conotação sobretudo local em sua base e organização, começou a revelar os primeiros sinais de ressonância e objetivos nacionais.

Mais tarde o ministro fascista Raffaello Riccardi recordou os primeiros dias do fascismo na região de Marche. Em sua cidade, Senigallia, ao norte de Ancona, na costa do Adriático — área de tradições republicanas, mas onde a classe média deplorava a violência socialista e a falta de patriotismo —, os adeptos do fascismo começaram a se reunir em 1920 no *Circolo*

Cittadino, um clube para os cidadãos mais respeitáveis. Realmente, uma juventude realizadora surgiu naquela que Riccardi descreveu como a mais valorosa das cidades com habitantes da classe média, onde um de seus clubes de bilhar serviria como local em que poderia ser erguida a bandeira do jovem movimento antissocialista. Um ex-membro dos *arditi* tinha roubado uma saia da loja de sua mãe, e a "esquadra", como o grupo se intitulava, nela escreveu a apropriada frase latina *custodes et ultores* (guardas e vingadores).[86] Quando as ambições e as atividades do grupo social aumentaram, Riccardi foi escolhido para viajar a Milão a fim de se encontrar com Mussolini e estabelecer ligação entre as organizações local e a nacional. Encontrou o Duce de cara amarrada em seu escritório enquanto passava os olhos por um jornal e foi ignorado até poder explicar que era um fascista do Marche que desejava adquirir armas. Em resposta, Mussolini rabiscou em um pedaço de papel um endereço que em seguida assinou, e prontamente voltou à leitura. Riccardi percebeu a movimentação dos olhos de seu futuro Duce e saiu imediatamente para apanhar duas malas de revólveres e granadas.[87] Ao pessoal da província que buscava ganhar prestígio, Mussolini podia oferecer carisma, contatos, aprovação implacável da violência e capacidade para dispor de armas onde fossem necessárias.

Em algumas regiões do norte da Itália estavam começando a ocorrer, aos poucos, eventos semelhantes e até mais expressivos. Em Trieste, cidade onde bandos de antieslavistas atuavam desde o regime Habsburgo,[88] Francesco Giunta e seus parceiros se uniram para esmagar qualquer oposição que encontrassem por parte de "eslavos" e "comunistas".[89] No vale do Pó e na Toscana, adversários do socialismo estavam cada vez mais inquietos, denunciando o que para eles era uma tirania local violenta, em que as classes mais pobres ameaçavam subverter toda a "civilização". No sul do país, na Puglia, ressurgiram as lembranças das esquadras que, durante os primeiros anos do século, costumavam desafiar o poder dos proprietários locais de terra em algumas cidades.[90] Em março de 1920, Mussolini admitiu que, pessoalmente, não se importava ao ser rotulado como reacionário: "O título até nos agrada porque, presentemente, em meio à orgia de palavras revolucionárias, ser reacionário é sinal de nobreza... para um movimento de minorias como o nosso", embora, de forma talvez apologética, também aproveitasse a ocasião para reiterar seu inabalável compromisso com uma série de reformas sociais.[91] Ao mesmo tempo, voltou a salientar a liberdade individual em sua causa retórica. Declarou que o estado se transformara em um "moloch",* ao tentar ser "banqueiro, credor, gerente de salão de jogos, marinheiro, bandido, segurador, carteiro, ferroviário, empresário, industrial, professor, dono de loja de fumo, juiz, carcereiro e coletor de impostos".[92] Essas escaramuças verbais foram se sucedendo, e o conflito de Mussolini com o socialismo oficial ficou visceral. Depois de um incidente que resultou em assassinato na piazzale Loreto, em Milão, praça que viria a desempenhar papel importante em sua história, Mussolini escreveu que a barbárie socialista tinha superado a das tribos primitivas e dos "canibais". "Os que lincham os outros" comentou em tom de ameaça, "não representam o futuro, mas a era do homem primitivo (época mais saudável do que a do homem civilizado)."[93]

No segundo congresso fascista realizado em 24 de maio, data relevante para o país por ser o quinto aniversário da entrada da Itália na guerra, Mussolini concentrou seu fogo nos socialistas, a quem continuou acusando de serem "anti-italianos". Agora ele recuava abertamente de muitos de seus antigos ideais. O poder implícito do Vaticano não podia e não devia ser ignorado. Embora pessoalmente reconhecesse que considerava irrelevante ter uma religião, o catolicismo podia ser um aliado da nação e contribuir para acelerar a expansão de seu poder. Também a monarquia não devia ser inconsequentemente atacada. Ao contrário, a eventual criação de uma república poderia ser adiada para época mais apropriada. Até a máquina do governo, que condenara frontalmente apenas um mês antes, tinha um lado bom que poderia ser fortalecido por meio de um aumento salarial dos funcionários.[94] Ouvir as palavras de Mussolini era uma nova diretriz dos *fasci*, que tinham se voltado abertamente para a direita.[95] A rejeição a essa nova linha levou velhos aliados, como Marinetti e Vecchi, a não renovarem seus registros no Partido, já que os futuristas viam com especial desagrado Mussolini bajulando a Igreja.[96]

Enquanto os *fasci* buscavam uma posição política atualizada, o governo de Nitti entrava em seus tristes e derradeiros dias. A questão de Fiume se arrastava. O socialismo tomara conta de todas as áreas urbanas e rurais do norte da Itália, onde os camponeses mais pobres conseguiram melhorar os contratos de trabalho com muitos proprietários de terras. Antigas e complexas realidades que envolviam as classes campesinas pareciam passar por uma revisão revolucionária, e as áreas rurais já não reconheciam a supremacia das cidades como

---

* Um deus dos amonitas. Um demônio na tradição cristã e cabalística. (N. T.)

centros de honestidade e ordem. O *Popolari* estava ficando igualmente radical, e os sindicatos católicos chegavam a reivindicar melhoria salarial e de condições de trabalho, assim como os socialistas. Com a economia claudicando, o custo de vida subiu vertiginosamente a um nível quatro vezes mais alto do que o de 1913. Um sindicato exigiu 30% de aumento, com grande repercussão. Fracassando nessa área de conhecimento especializado, Nitti renunciou em 9 de junho de 1920. Seu substituto foi Giovanni Giolitti, político astucioso e de renome antes de 1914, mas que agora já se aproximava dos oitenta anos e, segundo a perspectiva nacionalista, durante a guerra já causara danos irreparáveis ao país com seu neutralismo.

O incêndio causado pela crise social continuou se alastrando. Em agosto-setembro, antes de assumir oficialmente o cargo de primeiro-ministro, Giolitti enfrentou o difícil problema da "ocupação das fábricas", iniciativa que, assim julgavam os revolucionários, redundaria em agravamento natural da violência social no auge do verão. Em Turim e Milão, o Fiom (Federação Italiana dos Operários Metalúrgicos) e os intelectuais revolucionários como Antonio Gramsci estavam a ponto de transformar em realidade a retórica da revolução social. Quando as fábricas foram caindo sucessivamente sob seu controle, pelo menos meio milhão de operários estava associado à sua causa. Estavam tão unidos que um industrial emblemático e moderno como Giovanni Agnelli, da Fiat, concordou com certo grau de controle pelos trabalhadores. Diante dessa sucessão de acontecimentos inesperados, Giovanni procedeu com sua característica (e convenientemente cortês) prudência, telegrafando para o prefeito de Milão em 11 de setembro e advertindo: "É preciso fazer com que os industriais compreendam que nenhum governo italiano recorrerá à força e provocará uma revolução apenas para economizar dinheiro".[97] Também se sabe que o primeiro-ministro pressionou bancos italianos para retirar o apoio aos industriais mais radicais e, em aparente acordo com seu amigo piemontês Agnelli, se pronunciou a favor de os operários obterem melhores condições de trabalho.[98]

Como sempre, pelo menos a curto prazo, Giolitti mostrou ser um mestre em tática. Sua crença de que a tormenta social acabaria se esgotando e que um golpe bolchevique não era iminente se mostrou correta. Em 25 de setembro as ocupações já tinham terminado. Não tinha acontecido, e não aconteceria, uma revolução esquerdista. Entretanto, Giolitti não previu outro problema. Em pouco mais de dois anos haveria uma revolta direitista, quando proprietários de terras, industriais, nacionalistas e quem guardava lembranças positivas da guerra se uniriam para repelir o fantasma do comunismo italiano e se vingarem dos que, em 1920, estiveram na iminência de assumir o poder. Essa campanha vitoriosa foi liderada por Mussolini, que, durante os meses de crise, continuara comentando normalmente os acontecimentos, deixando transparecer sua simpatia com os pobres, mas sempre terminando com a rejeição aos ideais e iniciativas dos socialistas. "A luta de classes", frisou, poderia funcionar perfeitamente em alguma utopia, mas não na Itália, que precisava aumentar urgentemente sua produção.[99] Os fascistas enfatizaram as coisas práticas como nunca, embora "nossos princípios continuem sendo: defender o esforço de guerra nacional, fortalecer a vitória obtida, opor-se com firmeza à repetição da revolução na Rússia, tão apreciada por nossos compatriotas socialistas". "Somos realmente uma minoria", prosseguiu Mussolini, em palavras que inseriu em um dos lemas do regime, mas "um milhão de ovelhas sempre serão dispersas pelo rugido de um leão."[100] Todos os outros partidos antissocialistas, previu Mussolini quando começou a ocupação das fábricas, estão fadados a desaparecer porque não podem e não ousariam agir com a coragem de um leão. Ao contrário, seus membros passarão a ser *fascisti,* mesmo que apenas como forma temporária de conquistar um objetivo colimado.[101] O melhor exemplo desse desfecho, acrescentou Mussolini um mês mais tarde, já podia ser comprovado na Venezia Giulia, onde uma "reação" nacional contra "eslavos" e um louvável "imperialismo" na política externa podiam andar de mãos dadas com o sindicalismo antissocialista e assegurar a produção e a colaboração no campo interno.[102] Havia muito tempo Mussolini já se via como líder. Agora, começava a perceber a massa de potenciais seguidores, ricos e influentes.

Quando o sol começou a brilhar sobre seus projetos, conseguiu encontrar algum tempo para relaxar. Naquele verão/outono marcado pelo descontentamento italiano, Mussolini se ocupava não apenas como editor e debatedor, mas sua vida ganhara novas cores com um novo passatempo que se enquadrava perfeitamente em uma nova visão política: voar. O jovem socialista, que comemorara a conquista de Louis Blériot ao atravessar voando o canal da Mancha, agora tinha sua oportunidade para cruzar os ares. O entusiasmo pelos voos vinha tomando conta de seu pensamento até que, em agosto de 1919, imaginou um futuro paradisíaco em que a tirania das distâncias pudesse ser superada tanto quanto as diferenças entre povos. Nessa ocasião, ele refletiu romanticamente, "todas as almas se fundirão em uma única".[103] Na virada do ano-novo seguinte, ele se desculpou com D'Annunzio pelo que poderia ter parecido uma desatenção com os acontecimentos em Fiume e explicou que estava pensando em realizar um *raid* a Tóquio, e a preparação para uma possível viagem de volta ao mundo estava tomando boa parte de seu tempo.[104] Seis meses depois, quando esse voo realmente aconteceu sem ele, Mussolini não deixou de fazer um comentário emocionado sobre o fato. "Um clarão verde, branco e vermelho, bem italiano, permanece brilhando nos céus", declarou solene, "sinalizando a grandeza da Itália." "Voar", completou, é "o maior poema dos tempos modernos", um equivalente contemporâneo da *Divina Comédia* de Dante.[105]

Mussolini não foi o único a explorar essas visões sonhadoras. Voar, sobretudo no tempo em que os aviões tinham a carlinga aberta e exposta à intempérie, pareceu para muitos um exemplo de "modernismo reacionário" e interessou a uma nova direita que surgia em todo o mundo e que incluía Hermann Göring, Charles Lindbergh e diversos italianos amigos de Mussolini.[106] Entre estes últimos estava Giuseppe Bottai, que entrara para o movimento fascista depois de passar pelo nacionalismo e pelo futurismo, ajudado pela chefia que exerceu, a partir de 1921, do Clube Romano de Aviadores Fascistas,[107] além de Ferrarese Alpino, antissocialista e nacionalista, e Italo Balbo (cuja irmã recebera o nome de Trieste Maria).[108] Balbo, que mais tarde seria o ministro fascista da aviação, além de piloto comandante de voos intercontinentais que foram objeto de intensa propaganda, em 1911, quando tinha quinze anos, manteve fogueiras acesas para orientar a rota de aviadores que audaciosamente competiram em uma corrida de ida e volta entre Bolonha e Veneza, patrocinada por Naldi e *Il Resto del Carlino*.[109] Em 1921 Balbo foi um dos mais ativos e importantes esquadristas fascistas. As ideias de voar e derrotar os socialistas caminhavam lado a lado porque, depois da Primeira Guerra Mundial, os propagandistas tinham a certeza de que a coragem individual indispensável para conquistar o ar era fundamentalmente "antimarxista".[110] O darwinismo também entrou rapidamente para o vocabulário aéreo, assim como o nacionalismo, apesar das ideias otimistas de Mussolini sobre uma humanidade unida. A Itália, como Mussolini costumava argumentar, deve ter como objetivo conquistar a supremacia aérea, e os idiotas que discordam ou que, como Nitti, estão sendo sovinas quanto a seu custo, devem ser descartados.[111] A partir de agosto de 1919, *Il Popolo d'Italia* passou a publicar uma seção de aeronáutica que devia agir em favor da causa da aviação e ressaltar a modernidade e o otimismo tecnológico dos *fasci*. Mussolini passou a se autodescrever como "fanático por voar"[112] e pelo menos em uma ocasião surpreendeu ao aparecer em uma reunião dos *fasci* em trajes de aviador.[113]

Seu interesse não era meramente teórico nem visava somente à propaganda. Em julho de 1920, Mussolini encontrou tempo em seus afazeres normais para começar lições de voo em um aeródromo em Arcore, nas vizinhanças de Monza, a nordeste de Milão. "O professor Mussolini chegava", lembrou seu instrutor, com a roupa típica de editor: "terno escuro, chapéu-coco, polainas cinza."[114] Em voos posteriores ele aproveitou a oportunidade para levar Rachele, os meninos e Edda para um passeio à tarde. Em certa ocasião ele estava apressado porque tinha programado um duelo para logo depois da sessão de voo.[115] Durante o ano seguinte Mussolini completou dezoito voos com a duração de quase sete horas e meia. Em março de 1921, sobreviveu a uma queda no litoral com apenas alguns arranhões no rosto e uma torção de joelho. Voar ainda era, sem dúvida, uma atividade certamente perigosa, embora o instrutor de Mussolini anunciasse que em seus voos recreativos "todos os passageiros estavam segurados".[116] Em consequência de seu sucesso como piloto, em maio de 1921 Mussolini e um judeu fascista seu conhecido, Aldo Finzi, foram agraciados com o título de "primeiros pilotos membros do Parlamento" pela *Gazetta dell'Aviazone*.[117] Ao longo de toda a sua vida Mussolini cultivou lembranças realmente boas de suas experiências daqueles dias. Voar mostrava alguma coisa visceralmente fascista ou mussoliniana sobre o homem que cruzava os céus desafiando os próprios deuses. Houve vezes em que Mussolini, já como ditador, assumiu o controle do avião em que estava. Seus contemporâneos notaram como durante os dias sombrios da República de Salò ele se livrava de sua habitual melancolia sempre que tinha a oportunidade de pilotar o avião em que viajava.[118] Digna de nota foi a ocasião em que insistiu em pilotar o avião em que também estava Hitler, que empalideceu, vendo o quanto era ridícula e perigosa a bravata latina.[119] O que realmente preocupava Mussolini antes e depois de 1922 nada tinha a ver com voar. Em 1920-1921, carlinga aberta, desafiava as intempéries e aqueles marxistas idiotas que se apegavam a interesses materiais em terra e juravam abatê-lo, enquanto ele conquistava inexoravelmente o ar e pensava na conquista do poder na Itália.

7
A ASCENSÃO FASCISTA AO PODER, 1920-1922

HISTORIADORES "INTENCIONALISTAS",* cujas ideias os biógrafos costumam acatar, gostam muito de discutir o que os ditadores impõem em suas ordens. Os homens se engrandecem exercendo o livre-arbítrio. São eles que mobilizam e abalam suas sociedades. Cesare Rossi, um dos primeiros seguidores de Mussolini, que rompeu com o movimento e a partir de então seguiu um ambíguo caminho pessoal no mundo sombrio dos serviços secretos,[1] tentou se contrapor a essa linha de pensamento. Quase todas as manifestações que melhor caracterizam o fascismo, assinalou Rossi, vinham "de baixo": o uso da saudação romana que começou em Verona; a homenagem solene aos que tombaram em Módena; ajoelhar-se em um enterro em Florença; o emprego de óleo de rícino contra os antifascistas em Ferrara; o uso de caminhões para realizar incursões punitivas nas áreas rurais de Bolonha; o *Balilla*, movimento escoteiro fascista de meninos em Piacenza. "Gestos, costumes, ritos que então se espalharam", explicou, "germinaram espontaneamente." Por questão de imitação, foram adotados pelo Partido e por todo o movimento fascista.

---

* Intencionalistas são os que defenderam que o Holocausto e as perseguições aos judeus faziam parte de um plano engendrado pelo próprio Hitler. A eles se opunham os funcionalistas, que atribuíam o fato ao trabalho de subordinados do Führer sem o conhecimento dos seus superiores. (N. T.)

A esta lista podemos acrescentar o uso da camisa negra, o canto do hino do Partido, a "Giovinezza", e do lema *A noi* — tudo originário dos *arditi*. Boa parte do cenário do regime foi criado por D'Annunzio em Fiume ou, mais vagamente, pelos futuristas. Logo após a guerra, a palavra *fascio* era bem conhecida em toda a Itália, enquanto o termo *Duce* de forma alguma estava restrito a Mussolini. Em resumo, o que os historiadores daquela época costumavam chamar liturgia do fascismo, instrumento para expor sua mensagem, não se restringia a Mussolini.

Todavia, a individualidade e a inventividade de Mussolini não se limitavam às manobras que fazia. Certamente nenhum relato da ascensão do fascismo e de Mussolini ao poder no período entre o fim de 1920 e outubro de 1922 faz supor que ambos trabalhavam naturalmente em harmonia. Ao contrário, as relações do Duce com seu movimento oscilavam e havia dificuldade para preservar a unidade, na medida em que os interesses próprios de cada parte continuavam introduzindo muitos fatores que faziam prever uma separação. Durante esses meses, tão cruciais para a história política da Itália, Mussolini foi progressivamente se tornando *o* Duce, embora não estivesse claro o que isso resultaria nos campos político e social.

Enquanto isso, o primeiro-ministro Giolitti trabalhava em seu ritmo habitual e com o propósito de sempre. Um item que causava preocupação constante era a política exterior e, acreditava Giolitti, a atitude de D'Annunzio em Fiume e uma série de outros problemas nos Balcãs precisavam ser solucionados de vez. Em agosto de 1920 encontrou um pretexto para evacuar as tropas italianas que estavam na Albânia, onde tinham desembarcado pela primeira vez no dia de Natal de 1914, sem que a importância da presença do país nessa pobre e instável terra fosse esclarecida. A retirada facilitou novas negociações com o Reino dos Sérvios, Croatas e Eslovenos e, em 12 de novembro, foi assinado o Tratado de Rapallo. Suas cláusulas demarcaram as fronteiras entre o novo estado iugoslavo e a Itália no Adriático. D'Annunzio e Fiume tinham sido ignorados, e na véspera do Natal o Exército italiano se movimentou contra a maltrapilha força que restara na cidade. Algumas baixas foram suficientes para liquidar a resistência, e D'Annunzio, que andara bradando aos quatro ventos "*Fiume o morte*" (Fiume ou a morte), encontrou uma terceira alternativa e voou de volta para a Itália em 18 de janeiro de 1921. Esse Duce, como costumavam chamá-lo seus admiradores, podia possuir um "certo encanto" e um palavreado sedutor,[2] mas lhe faltava capacidade de resistir.

Mussolini permaneceu como mero observador desses acontecimentos, consciente de que seu rival estava sendo enfraquecido e humilhado, se não eliminando totalmente a possibilidade de vir a ser um líder da nova direita. É verdade que mais tarde, em 1921, uma crise no movimento fascista reviveria propostas de chefes locais como Balbo e Grandi, agora com escritórios de advocacia em Bolonha,[3] para que D'Annunzio liderasse o movimento fascista.[4] O nome de D'Annunzio também ressurgiu na disputa pela proeminência política em outubro de 1922,[5] embora o poeta na época estivesse incapacitado por lesões que sofrera em uma queda da janela do palácio.[6] Em todas essas situações Mussolini empregou a tática certa para conter o fascínio que o oponente despertava. Depois de 1922, D'Annunzio se recolheu ao Vittoriale, palácio perto de Salò, onde podia dar vazão à sua alma sincrética, se regozijar por sua promoção a príncipe di Montenevoso e renunciar a qualquer tipo de influência política.[7] Enquanto o carisma de D'Annunzio murchava, o de Mussolini crescia.

Em 1920, enquanto ainda persistia a ocupação de Fiume, a posição de Mussolini era bastante objetiva. Concentrou seus comentários em assuntos exteriores, ciente de que não podia se permitir parecer tão indiferente à aventura de D'Annunzio quanto na verdade era. A retórica de Mussolini em relação à política externa foi direta e agressiva. Fiume devia ser anexada. Versalhes, revisto.[8] A Itália deve ter a coragem para aspirar a uma "política mundial".[9] A "geração jovem" deve ser "imperialista"[10] e somente a Itália seria capaz de oferecer alguma esperança aos albaneses de Valona (Vlorë). Sem a presença italiana o povo local voltaria a se arrastar na poeira que cercava suas "choupanas primitivas".[11] Tal como fizera um ano antes, Mussolini chegou a fazer incursões no vocabulário antissemita ao expor seu entendimento de quem deveria constituir uma nação e contradizer seu recente entusiasmo pela liberdade individual. "A Itália", destacou, "não reconhece o antissemitismo e acreditamos que jamais reconhecerá." Entretanto, continuou, o sionismo estava começando a ameaçar sua tradição de tolerância. Até então, de modo geral, os judeus italianos se mantinham fiéis à disposição de derramar seu sangue "por nossa adorada terra natal" e provavelmente seriam suficientemente competentes para fazê-lo. Se não fossem, previu Mussolini, o antissemitismo começaria a prosperar "em uma terra em que nunca existira".[12]

Como interpretar estas últimas observações? Apesar de suas usuais contradições, Mussolini estava certo ao assinalar que realmente havia um antissemitismo latente na Itália, sobretudo na direita católica, e que um leve preconceito se mantinha à espreita na mente de muitos italianos. O *La Vita Italiana*, que estava se transformando na "cozinha" particular de Mussolini, continuava denunciando o "internacionalismo judeu". Em agosto de 1920, em artigo particularmente cáustico, o editor Preziosi declarou que David Lloyd George era de origem judia. Embora o fato em si não fosse muito perturbador, Preziosi prosseguiu detalhando a história dos *Protocolos dos sábios de Sião* que, naquele momento, circulavam amplamente fora da Itália e aos quais o *Times* de Londres, por exemplo, dava crédito total. No que interessava a Preziosi, os *Protocolos* justificavam sua opinião de que os revolucionários, de Marx a Trótski, trabalhavam em íntima ligação com banqueiros e corretores das bolsas, de Nova York a Varsóvia, todos de olho na Itália.[13] Aparentemente Mussolini nunca se entusiasmou muito com Preziosi. Segundo o que teria dito a um amigo, o ex-padre tinha mau-olhado.[14] O que o antissemitismo de Mussolini mais refletia era a combinação de um desejo consciente de não se manter longe da direita — se os círculos nacionalistas tendiam para o antissemitismo, Mussolini devia seguir o mesmo caminho — e a tendência que se tornaria mais familiar, embora menos consciente, para repetir ideias e atitudes que o cercavam, especialmente se fossem de indignação.[15] No tempo da ditadura, sua posição também foi muitas vezes influenciada pelas opiniões de seu último interlocutor. Não há dúvida de que o antissemitismo de Mussolini, se realmente havia, ficou acomodado no fundo de sua mente enquanto o Duce manteve seu caso amoroso com Margherita Sarfatti e sua amizade com Aldo Finzi e recebeu grande número de judeus nacionalistas e socialmente conservadores que apoiavam o crescente movimento fascista.

Do mesmo modo, a maioria das observações de Mussolini sobre assuntos exteriores provavelmente não deviam ser tomadas a sério ou de forma literal, mas assim foram interpretadas por críticos ansiosos em provar que, do princípio ao fim, "Mussolini significava guerra". A intenção inicial de suas palavras era a mesma de quando, no *Avanti!* e até no *La Lotta di Classe*, no tempo de seu passado socialista, ele se esforçava para projetar seu nome e demonstrar conhecimento do mundo em geral. Políticos de estatura nacional precisavam ter opiniões sobre questões internacionais. Em consequência, ele não podia perder a chance de manifestar opiniões sobre a posição da Itália nas mesas da diplomacia. Em tais circunstâncias, ninguém poderia se surpreender ao saber que, a despeito de seu palavreado veementemente nacionalista, na verdade Mussolini aceitara a negociação de Giolitti em Rapallo[16] e rapidamente se adaptara à nova situação nos Balcãs. Sem fazer alarde, entrou em contato com Giolitti no princípio de outubro de 1920, e a troca de ideias continuou com Alfredo Lusignoli, prefeito de Milão. Mussolini chegou a se encontrar com Sforza, ministro do Exterior, e tudo indica que lhe assegurou que seu apoio a D'Annunzio tinha limites.[17] A Itália, escreveu depois em clara mudança de tom, necessitava urgentemente de paz. Somente "malucos e criminosos" rejeitavam esta verdade e Mussolini aproveitou a oportunidade para repreender severamente membros da Associação Nacionalista em Roma que, conforme declarou, estavam obcecados pela soberania em todas as minúsculas ilhas no norte do Adriático. Era anacronicamente "imperialista", escreveu em tom de desprezo. Em contrapartida, seus companheiros fascistas eram simplesmente firmes "expansionistas".[18] A linha de Mussolini em política exterior, esperava que Giolitti e Sforza soubessem compreender, podia fazer guinadas repentinas.

Não importa o que Mussolini dissesse sobre a situação internacional, o fato é que suas verdadeiras preocupações estavam voltadas para o campo interno. Trieste e Venezia Giulia, onde cresciam a cada dia a intensidade e o sucesso do "fascismo da fronteira", significavam a junção de dois mundos. Em junho de 1920 Mussolini já estava proclamando nesses territórios recentemente anexados que não haveria concessões na vitória étnica e política conquistada na guerra. Em frases que seus seguidores locais adoravam, insistia para que os italianos de pensamento direitista "fizessem uma *limpeza* [sic] radical em Trieste". (Uma metáfora, considerando o terrível futuro da região). Até então a cidade não tinha sido inteiramente anexada, mas precisava ser, por meio de um processo de depuração étnica e de classes que permitisse o expurgo dos socialistas internacionalistas e dos "eslavos".[19] Em setembro Mussolini proferiu importante discurso em Trieste evocando a "glória de Roma" no passado e afirmando que a supremacia italiana já era evidente na tecnologia hidrelétrica e em muitos outros campos. "Todos os homens modernos", acrescentou com ostentação, mais uma vez vestindo a beca do "professor Mussolini", liam Cervantes, Shakespeare, Goethe e Tolstói. Mas Dante ainda era o melhor. Generosamente enriquecidos pelo passado e pelo presente, os italianos podiam tirar do pensamento seus socialistas e os bolcheviques russos, cujo regime soviético era, na verdade, "uma ditadura de um punhado de intelectuais" que nada tinha em comum com os "legítimos trabalhadores".[20]

Mais tarde, naquele mesmo dia, quando telegrafou para a redação do *Il Popolo d'Italia* para transmitir as notícias, Mussolini elogiou fartamente o "maravilhoso" movimento fascista local. Em toda a Venezia Giulia, declarou com satisfação, os *fasci* dominavam a política local e o terreno se mostrava "francamente favorável [...] à evolução do fascismo". Para horror de seus rivais socialistas e católicos, sindicatos e associações fascistas surgiam por toda parte. A clara vantagem conquistada pelos *fasci* sobre seus rivais se devia em grande parte à "luta nacional", à afirmação da italianidade perante a "megalomania iugoslava" e "o ódio racial eslavo". As diferenças étnicas tinham aspectos estimulantes que tornavam mais fácil controlá-las do que as diferenças de classe.

> Seria bom se os fascistas da Venezia Giulia significassem o começo de um grande movimento de renovação nacional e a constituição da vanguarda generosa e firme de uma Itália com a qual todos sonhamos e para a qual nos preparamos.[21]

Nada falou sobre a questão de fascistas das províncias terem contado com o franco apoio dos representantes locais do governo que tinham, por exemplo, fechado os olhos quando, em julho, os fascistas incendiaram o Hotel Balkan, um reduto esloveno.[22] No fundo, Exército, Polícia e os prefeitos concordavam com os *fasci* ao sustentarem que, na defesa da etnia italiana, a violência podia ser admitida. Não se opuseram quando Francesco Giunta considerou saudável a violência fascista, levando em conta que o governo nacional "tinha se omitido" nos territórios recentemente anexados à Itália no norte e no leste do país.[23]

Mas, e a violência na questão de classes? O fracasso na ocupação das fábricas trouxera à superfície um componente social que, desde antes de setembro de 1920, traduzia o ressentimento diante dos ganhos socialistas, fossem políticos, econômicos ou culturais. Agora, esses "fascistas rurais", particularmente os baseados no vale do Pó, na Toscana e na Úmbria, estavam tornando o fascismo mais presente e talvez mais influente sobre as massas. Era nessas áreas que, naquele momento, o socialismo se mostrava poderoso e até irresistível, e se ampliava a agricultura moderna, cada vez mais impiedosa e competitiva nas relações entre as classes. Até o liberal Luigi Albertini, editor do *Corriere della Sera*, defendia uma "reação sagrada" naquelas regiões.[24] Entre as elites italianas estava tão disseminada a simpatia pelo movimento contra os socialistas que seria uma tolice pensar que Mussolini exercia o controle direto dos "cruzados" que se reuniam em Florença, Módena e outras cidades. Sua tarefa, ao contrário, era preparar a onda política resultante e, assim, preservar a condição de líder dos movimentos que ainda eram, em sua maioria, estritamente locais, ou de uma série de movimentos dessa natureza. Se em Trieste falava como nacionalista convicto, em outras regiões devia parecer ainda mais ardoroso inimigo do socialismo rural e de tudo que ele causava.

Nessas regiões onde o fascismo prosperava, os exemplos de Bolonha e Ferrara foram emblemáticos. Nesses dois centros históricos da planície do Pó, o fascismo logo lançou profundas raízes. Nesta última cidade, como explicam estudos de caso, o socialismo se deixou destruir por seu próprio sucesso. A região já fora foco do unionismo e de violência social antes de 1914.[25] A despeito de um progresso momentâneo de uma "terceira via" defendida pelo sindicalista calabrês Michele Bianchi, ativo naquela área,[26] foi surgindo um enfrentamento entre as camadas mais pobres do campesinato local, os *braccianti*, ou seja, trabalhadores diaristas e sem terras próprias, e os proprietários de terras. Assim, a crise ressurgiu no pós-guerra, pior do que a anterior. Para agravar o problema, havia os outros camponeses que tradicionalmente tinham consciência das diferenças de status entre suas famílias e as dos *braccianti*. O socialismo, principalmente o representado pelo *Federterra*, sindicato dos camponeses, tentou englobar as duas camadas. Em agosto de 1920 o *Federterra* contava com 74 mil associados somente na província de Ferrara, a mais alta participação em toda a Itália (Bolonha vinha em seguida com 73 mil).[27] Todavia, essa massa, pouco instruída em princípios e práticas sindicais, estava dominada por divergências potenciais.

Em 1919 o fascismo mal surgira em Ferrara apresentando o sindicalismo como seu principal programa, embora um futurista local e *ardito*, Olao Gaggioli, já tivesse participado como representante de sua cidade na reunião da piazza San Sepolcro.[28] Entretanto, no fim de 1919 o *fascio* de Ferrara desmoronou. Ressurgiu no fim de 1920, com Gaggioli defendendo franca e violenta reação contra os "assaltantes" socialistas. Os fascistas de Gaggioli eram ricos e "modernos" o bastante para reunir uns caminhões e, partindo de Ferrara, realizar ataques a localidades socialistas na área rural. Os socialistas locais tinham sido intransigentes na teoria e na prática, chocando os proprietários de terras com greves na época do plantio e novamente na da colheita. No princípio de 1921 o poder socialista entrou em crise diante dos fascistas, mais bem armados e implacáveis, e também por causa das divisões sociais que permaneciam sem solução entre os socialistas. A grande questão passou a ser a natureza do fascismo local, quando tomou corpo uma competição entre Gaggioli e o mais socialmente respeitado Italo Balbo, que, então e depois, se relacionou bem com a importante comunidade judaica de Ferrara.[29] Também fermentava uma disputa entre a organização local do movimento e seu quartel-general em Milão, que se esforçava ao máximo para limitar a quase completa autonomia do fascismo ferrarense e para exigir uma contribuição financeira de um movimento visivelmente promissor.[30] A autoridade do competente, ambicioso e cínico Balbo[31] continuou se expandindo, tanto quanto a estrutura dos sindicatos fascistas, às vezes integrados por membros reunidos e compelidos pela força das armas, mas, de qualquer forma, obrigados a assegurar alguma justiça social e não somente a intimidar os grandes proprietários de terras. Os fascistas de tendência mais esquerdista, porém, começaram a se sentir excluídos dos benefícios e da possibilidade de exercer influência. Assim, Gaggioli e seus amigos abandonaram o movimento. No verão de 1921, Balbo abandonou seu foco em questões exclusivamente ferrarenses e voltou-se para uma "política externa". Suas esquadras passaram a atuar com seus caminhões nas províncias fronteiriças de Veneza e Ravena. Em 10 de setembro de 1921, a famosa "marcha" de 3 mil esquadristas para Ravena foi programada para patrioticamente coincidir com a construção de um monumento onde, segundo se afirmava, o poeta Dante tinha sido sepultado, e foi a oportunidade para um brutal expurgo dos "vermelhos" da cidade. Para demonstrar sua determinação, os homens de Balbo comemoraram a vitória sobre os socialistas desfilando solenemente diante do túmulo do poeta e os acusando de não serem patriotas.[32] Em fevereiro de 1922 Balbo exigiu abertamente que as incursões fascistas fossem mais além e "tomassem conta da nação".[33]

A história se repetiu em Bolonha. Lá também houvera a ameaça de uma crise social em 1914, embora a tendência do socialismo fosse convenientemente reformista. Dante Ferraris, atendendo aos interesses dos produtores de açúcar e dos fabricantes de armas, era localmente influente nas causas direitistas que asseguravam recursos para o jornal da Associação Nacionalista, *L'Idea Nazionale*.[34] O conflito social se agravara no pós-guerra, especialmente quando os socialistas conquistaram 64% dos votos na cidade de Bolonha nas eleições de novembro de 1919. *Il Resto del Carlino* comentou com razão que os verdadeiros perdedores tinham sido os moderados. Como assinalou o jornal, a moderação já não seria uma atitude política convincente.[35] Até entrar em vigor o resultado da eleição, os *fasci* eram lamentavelmente fracos. Em agosto de 1919 contavam com quinze membros que eram a favor de um programa radical, e em dezembro esse número estava reduzido a seis.[36] No ano seguinte, entretanto, o movimento passou a ser conduzido pelo ativista Leandro Arpinati, velho amigo de Mussolini, que se jactava de ter sido anarquista e depois intervencionista, mas que agora preferia se entender com as elites locais.[37] Em novembro de 1920, um ataque armado ao Palazzo d'Accursio, sede do governo socialista da cidade, deixou claro o tipo de negócio que o movimento fascista tinha em mente. A violência assassina utilizada foi endossada no editorial de Mussolini, que escreveu: "Essa é a realidade. O Partido Socialista é um exército russo acampado na Itália. Os fascistas lançaram uma guerra de guerrilha contra esse exército estrangeiro e vão conduzi-la com excepcional seriedade".[38] Com esse apoio, o fascismo bolonhês começou a prosperar, estimulado pelos proprietários de terras da província e pelos interesses comerciais urbanos, apesar da origem humilde de Arpinati — ele tinha anunciado que depois de seu casamento em junho de 1921, em sua casa ainda não havia cozinha e sua mulher cozinhava em um fogão portátil[39] —, o que, de certa forma, conteve a tendência conservadora do movimento. Repetiram-se atritos entre Arpinati, que, em seu jornal significativamente intitulado *L'Assalto*, não cessava de alegar que herdara suas ideias de Andrea Costa[40] e Grandi, socialmente mais respeitado.

A situação variava na região da Emília-Romanha. Na vizinha Reggio Emilia não tinham ocorrido conflitos de classe desde que Ottavio Corgini, fundador do movimento fascista na província, passou a ser também presidente da Câmara de Agricultura de Reggio.[41] Em contrapartida, em Forli, província onde nascera Mussolini, o movimento era fraco, a despeito da inauguração de uma magnífica sede junto ao rio Rubicão em abril de 1921. Os *signorini* fascistas chegaram de carro e passaram a proferir discursos enfadonhos para a assembleia de camponeses que pareciam confusos diante daquela experiência. Forlimpopoli e Predappio só teriam uma seção do Partido em setembro de 1922.[42]

Observadores contrários ao fascismo que acompanhavam os fascistas, especialmente na cidade de Bolonha, reconheciam que o conservadorismo social do movimento, mesmo admitindo que ele atraía "quem gostava de andar armado" e demonstrava certa heterogeneidade social e ideológica, mais parecia uma "convulsão da classe média"[43] do que uma revolução. Como frisou um ex-republicano fascista desiludido no outono de 1921:

> Cada região, cada província, possui seu próprio fascismo. Quase sempre de natureza rural na Emília, nacionalista e conservador no Vêneto, irredentista e agressivo contra eslavos e alemães nos territórios da fronteira no leste e no norte, impulsionado em muitas pequenas cidades por vinganças pessoais ou interesses locais contrariados. Valendo-se de sua organização sindical e seus bandos de assassinos, na verdade está beneficiando o segmento mais rico da sociedade.[44]

Seu programa parecia ter matizes distintos, mas a batalha conduzida pelo fascismo estava fundamentalmente voltada para vencer a luta de classes contra os socialistas.[45]

No sul dessas regiões, a crise social não era tão aguda, e os interesses da elite dirigente tampouco estavam muito ameaçados, de modo que poucas vezes atraiu a atenção de Mussolini. Na região de Abruzzo, por exemplo, o fascismo custou a progredir. Mesmo assim, em 1920 Giacomo Acerbo, que viria a ser ministro no regime fascista, surgiu como chefe local, papel que seria confirmado nas eleições de abril de 1921. Acerbo (nascido em 1888) provinha de distinta família burguesa local e, antes de 1914, se aventurara na política como adepto de Giolitti. Tinha sido favorável à entrada na guerra e dela participara com distinção. Um de seus irmãos, capitão da famosa Brigada Sassari, perdeu a vida na frente de combate. Após 1918 Acerbo integrou a *Associazione Nazionale dei Combattenti* (ANC), de linha política duvidosa, e se projetou como líder incontestável do movimento em Téramo, capital da província.[46] No passado admirador de D'Annunzio, que nascera em Pescara, capital regional de Abruzzo, Acerbo passara a defender com ardor o nacionalismo e um relativo conservadorismo social. Hostilizava os membros da ANC que conversavam imprudentemente sobre negociações com os socialistas. Em fevereiro de 1921, Acerbo se esforçava para assegurar que sua pressão pelo fascismo conservador afastasse a facção mais radical, ainda forte em L'Aquila, centro provincial rival (onde começava sua ascensão Adelchi Serena, secretário do Partido).[47] Os proprietários de terra locais tinham decidido apoiar a causa de Acerbo e, segundo foi dito, foram recebidos com aplausos quando Acerbo organizou a "marcha" rumo a Vasto, então um baluarte socialista.[48] Em 1922, Acerbo era amplamente conhecido como o "novo homem" de Abruzzo, embora um historiador cético pudesse questionar a novidade de suas ideias. Depois de 1922, muitos sistemas e estruturas que outrora tinham sido conhecidos como giolittismo voltaram a ganhar destaque no que veio a se transformar em feudo fascista.[49]

Ainda mais ao sul, na Sicília, o fascismo praticamente não existia. Não obstante, em 1919, nessa região o príncipe Pietro Lanza di Scalea, membro da nobreza local e que viria a ser ministro das Colônias no regime fascista (e, segundo se comentava, chefe da Máfia),[50] defendeu a necessidade de um *partito economico*, destinado a "defender ao máximo" o sistema vigente de qualquer ameaça social.[51] Nesses anos e no ano seguinte houve algumas ocupações de terras e outros sinais de radicalismo social em partes da Sicília, com a marcante presença local do PPI católico. Entretanto, nas eleições de novembro de 1919, ao contrário do que sucedeu no Norte, o antigo bloco liberal se manteve no poder. Durante esse período, alguns fascistas partidários de Mussolini apareceram em Palermo sob a liderança de um sindicalista revolucionário, mas não conseguiram ir adiante e logo sua organização desapareceu.[52] Por ocasião das eleições de 1921, um fascismo de natureza diferente marcou presença, liderado por um advogado, Gennaro Villelli, de Messina, e um arqueólogo e professor de Palermo, Biagio Pace, que mais tarde seria um destacado defensor do imperialismo fascista.[53] Não obstante, ainda era um movimento débil e dividido. A violência social em defesa da elite existente foi deixada nas mãos da "máfia"[54], em um cenário em que os socialistas não estavam exagerando quando afirmaram que "basta ser socialista para saber que talvez não acorde na manhã seguinte".[55] A versão siciliana de liberalismo nunca deixou de usar a violência em defesa da ordem social.

Na primavera de 1921 o fascismo, nesta ou naquela versão, era um fenômeno em ascensão, enquanto a onda socialista perdia força em todas as localidades. Em maio, os fascistas já controlavam a maior parte da Venezia Giulia e o vale do Pó. Em Mântua, um grupo de estudantes chamado *Terza Italia* juntou-se a ex-combatentes mais nacionalistas que tinham aderido ao fascismo.[56] Do mesmo modo, os *fasci* tinham assumido o comando das províncias piemontesas de Alexandria e Novara, como também da Toscana — onde, segundo se sabia, na província de Arezzo, esquadras motorizadas saíam para realizar "incursões" que duravam até cinco dias[57] —, da Úmbria e até da Puglia.[58] As baixas causadas por essa ofensiva foram as seguintes: entre janeiro e abril, um total oficial de 105 mortos e 431 feridos; de abril a maio, mais 102 mortos e 388 feridos.[59] Ganhou destaque o saque em Empoli, cidade industrial a oeste de Florença, onde, em 1º de março, escorraçaram os socialistas locais bradando: "Ou saem de Empoli ou ficarão aqui para sempre".[60]

À medida que o conflito social foi se agravando, a missão de Mussolini como líder do multifacetado movimento fascista foi se complicando. Com sua energia e determinação, o pessoal das províncias poderia insistir em suas operações quase militares, mas não podiam esquecer a obediência devida a quem tinha carisma, disposição e contatos para ser seu Duce. Ao mesmo tempo, os políticos do grande mundo, especialmente Giolitti, deviam se lembrar de Mussolini em seus planos e diretrizes. Mussolini precisava falar em diferentes tons. Precisava pensar simultânea e mais seriamente na institucionalização do que, afinal, ainda era apenas um "movimento" e não um partido, e no financiamento necessário. Em outubro de 1920, o jornal burguês *Gazzetta Ferrarese*, interpretando ideias que refletiam o pensamento da elite liberal, manifestou a esperança em um "homem" que pudesse assumir o controle da nação: "Se esse homem aparecer, receberá unânime aprovação nacional".[61] Mussolini precisava assegurar que ele, e não Balbo ou algum outro chefe esquadrista, ou pior, Giolitti ou algum político mais antigo, fosse o personagem mais amplamente reconhecido como disposto, decidido e capaz de assumir esse papel.

Havia muitas razões para que a linha ideológica de Mussolini continuasse oscilando. Ele comemorou o novo ano com mais uma de suas incursões no liberalismo econômico. O Estado italiano tinha crescido demais, escreveu com palavras que devem ter soado como música para os industriais que desejavam apoiar financeiramente seu movimento. "Todas as iniciativas estatais têm resultado em desastre", declarou, mais uma vez demonstrando sua aparentemente impecável posição liberal em matéria econômica. Não havia dúvida de que o Estado devia controlar muitas coisas, mas os negócios econômicos não estavam entre elas. O fascismo certamente defendia o fortalecimento do "Estado político", mas, ao mesmo tempo, defendia a "gradual desmobilização do Estado econômico".[62] Ele e seus seguidores também concordavam em estimular a divisão no movimento socialista. No congresso de Livorno, em janeiro de 1921, surgiu o *Partito Comunista d'Italia*, em meio a eventos que mostraram que a esquerda italiana, em consequência dos ataques fascistas,[63] tinha mergulhado em novo clima de hesitação e confusão. Nem mesmo a forma sarcástica como o ideólogo comunista Antonio Gramsci depreciou o movimento de Mussolini ao afirmar que era composto por "gente irresponsável", que "fabrica notícias, mas não faz história", conseguia esconder a deterioração da esquerda italiana.[64]

Os problemas na área rural também mereciam ser comentados. Os *fasci*, como explicou Mussolini, estavam, em última análise, realmente comprometidos com uma solução em que as terras pudessem ser adquiridas por quem nelas trabalhava. Contudo, qualquer iniciativa no sentido de alcançar mais igualdade social viria lentamente. Só poderia ser obtida com a concordância da nação e, assim, sem causar dano à economia.[65] Enquanto isso, os ataques ao socialismo no campo deviam continuar, não porque o movimento fascista fosse intrinsecamente violento, mas "por necessidade cirúrgica". O "cavalheirismo", assinalou Mussolini com convicção, nunca seria abandonado em sua participação na política.[66]

Entretanto, a questão-chave eram as eleições convocadas por Giolitti para maio.[67] Nosso projeto, anunciou Mussolini "sem falsa modéstia", era "governar a nação", cujas políticas "precisavam garantir o moral e a grandeza material do povo italiano". Os fascistas, mais uma vez explicou o Duce, rejeitavam o dogmatismo ideológico:

> Nós nos permitimos o luxo de sermos aristocratas e democratas, conservadores e progressistas, reacionários e revolucionários, aceitando a lei e indo além dela, de acordo com as circunstâncias de momento, lugar e ambiente; em uma palavra, de acordo com a "história" em que devemos viver e agir.[68]

Quem não ficou aborrecido com o tom dessas palavras foi Giolitti. O primeiro-ministro, um tanto perturbado diante da política voltada para as massas no Novo Mundo do pós-guerra, decidira jogar suas fichas em um indefinido "Bloco Nacional", no qual candidatos fascistas seriam bem-vindos. Mussolini não se opôs, explicando em tom filosófico que "a vida dos que não querem vivê-la em alguma remota e isolada torre de marfim precisa manter certas ligações, certos acordos e, por que não dizer a terrível palavra, um certo meio-termo". De qualquer forma, acrescentou, um Bloco Nacional, estimulado pela presença dos fascistas, logo estaria marchando na cadência fascista e com *éclat* (brilho) fascista. Não mais seriam *giolittianos* no antigo sentido da palavra. Nem os esquadristas da Itália central e tampouco os nacionalistas do fascismo da fronteira precisavam se preocupar com o "excelente" acordo que fora alcançado.[69]

Giolitti também estava confiante e disse para Carlo Sforza que os fascistas eram como "fogos de artifício: fazem muito barulho, mas só deixam fumaça para trás".[70] A confiança não se justificava. Os dias de Giolitti controlando a política estavam chegando ao fim. Na verdade, nas eleições os divididos socialistas perderam 20% de seus assentos na Câmara dos Deputados. A partir de então, pelo menos 35 fascistas assumiram seus cargos em Roma (menos contraditório deve ter sido o fato de dezesseis deles serem advogados)[71] e emitiram incômoda nota parlamentar. Entre eles estava o "professor Benito Mussolini", na plenitude de uma "transformação" que, ficou perfeitamente claro, não era a que Giolitti desejava. Tão logo foi eleito, Mussolini anunciou que os fascistas se reuniriam na extrema direita da Câmara e se associariam à oposição. Como tantas vezes já acontecera, Mussolini estava tentando passar mais do que uma simples mensagem. Ainda "tendendo a ser republicanos", seus fascistas não queriam ser confundidos com os membros da Associação Nacionalista que, sempre carecendo de uma base junto às massas, contava com apenas dez membros na composição da nova Câmara. Os fascistas, declarou Mussolini, constituíam uma aristocracia em pensamento e realizações e, com toda sua grandeza, se mantinham distantes dos nacionalistas classistas. Os fascistas, e somente os fascistas, estavam comandando o movimento vencedor da nova direita.[72] A burguesia complacente, acrescentou agressivamente, era inimiga do movimento tanto quanto os socialistas. O fascismo, amparado por uma genuína base popular, também tinha "chumbo e fogo" prontos para eles.[73] Afinal, logo passou a salientar, Mussolini não via com agrado o Parlamento, a forma de dispor seus membros, suas regras sobre discursos. Com seus costumes que, por conveniência, cultivavam o cavalheirismo, estimulava muita "conversa fiada". Melhor se fosse uma tribuna onde um "sujeito firme" pudesse externar vivamente seu pensamento.[74] Os fascistas entraram no recinto tradicional do poder nacional alardeando seu desrespeito. Como eram oriundos do mundo da caserna na recente guerra, Mussolini insistiu para que no Parlamento se comportassem como se fossem um pelotão "unido, organizado e disciplinado", determinado a agir mais do que falar.[75] Se as velhas elites pensavam em acolher o fascismo em seu seio, teria que ser nos termos fascistas. A veste de guerreiro não podia ser despida. As pantufas deviam ser abandonadas de vez (continuou sendo uma figura odiosa da retórica fascista que se referia à sutileza burguesa, embora Mussolini, como comentaram seus contemporâneos, dormisse de cueca, como se fosse um genuíno trabalhador, já que não tinha pijamas).[76]

Na verdade, a posição de Mussolini não era tão inflexível e tampouco poderosa como ele anunciava. No passado, muitas vezes ele condenara com veemência a corrupção e as imperfeições na capital do país. Como membro do Parlamento, porém, (embora protegido por velhos líderes que tinham dificuldade para pronunciar seu nome),[77] ele alimentava sólida esperança de que no futuro pudesse colher ainda mais vantagens. Entrementes, fixou residência no elegante Hotel des Princes na piazza di Spagna e começou a frequentar alguns dos muitos pontos maravilhosos de Roma.[78] Às contradições pessoais acrescentou algumas políticas. Na verdade, os novos parlamentares fascistas e o movimento como um todo positivamente não estavam em sintonia. Logo após sua vitória, os *fasci* entraram em crise. O problema levou seis meses para ser resolvido e durante esse período finalmente ficou claro que era um novo partido. Um novo tipo de partido estava realmente surgindo sob a batuta de Benito Mussolini, seu único e confiável Duce.

Mais uma vez ficou evidente que o radicalismo e a intransigência das palavras de Mussolini eram apenas parte de sua maneira de ser. Havia alguma coisa a ser lida nas entrelinhas. Novamente distante de Giolitti, cujo governo caiu em 27 de junho, Mussolini, entretanto, não renunciou à ideia de encontrar novos amigos e aliados para suas legiões fascistas. O moderado Ivanoe Bonomi era o novo primeiro-ministro. Durante a campanha eleitoral ele elogiara a "jovem exuberância" do fascismo, exaltando a forma como o movimento ajudara o "renascimento do espírito nacional".[79] Todavia, ao mesmo tempo, Bonomi exigia o fim da violência. Em 21 de julho, em Sarzana, na Ligúria, em aparente indicação de uma nova disposição de conter os excessos fascistas, a polícia repeliu uma esquadra que chegara da Toscana pretendendo atacar violentamente os esquerdistas locais. Assim, comprometendo seu governo com uma política que aplicava a letra da lei, Bonomi estava deixando claro que o nível de violência na "realidade italiana" atingira um nível intolerável e que desejava algum tipo de ajuste entre o fascismo e o socialismo.

Apesar da veemência de suas palavras desde outubro de 1914 e da violência dos atos fascistas nos últimos meses, Mussolini não considerou essa providência surpreendente ou inaceitável. Sentindo a direção em que o vento soprava, durante os quinze dias anteriores a 21 de julho conversou pública e privadamente sobre a conveniência de um "acordo de paz" com os socialistas.[80] Na noite em que ocorreram os eventos de Sarzana, o conselho nacional dos *fasci* se reuniu em Roma e se envolveu em acalorado e confuso debate. Todavia, a linha de pensamento de Mussolini era bem clara. Pelo menos por enquanto a violência fascista tinha ido longe demais. Como comentou em editorial de 24 de julho em seu jornal, muitas pessoas que tinham aderido recentemente ao movimento estavam interpretando o fascismo de forma insolente e pessoal, o convertendo em "uma organização baseada na violência pelo simples prazer de ser violento". Esses recém-chegados mal orientados precisavam ser expulsos e os que permanecessem deveriam aceitar uma disciplina que, como frisou, os obrigaria a se curvar diante da vontade de seu líder, em todas as ocasiões.[81]

Muitos fascistas se assustaram com essa súbita mudança de direção no rumo político. Roberto Farinacci, então *ras* (palavra etíope para chefe de tribo, que passara a ser utilizada na Itália) de Cremona, acabara de criar tumulto no vestiário da Câmara dos Deputados ao agredir um deputado comunista que no passado se opusera à guerra.[82] Destinado a ser figura de destaque no regime, de modo geral, e embora nunca reconhecesse estar sob a influência de

Mussolini, Farinacci, então e posteriormente, foi intransigente ao máximo, se vangloriando perante a direita de ser igual ou quase igual a seu chefe. Sem querer se envolver com "bolcheviques", em 23 de julho resolveu renunciar à sua posição no diretório nacional. Foi acompanhado, entre outros, pelo economista Maffeo Pantaleoni, que, no *La Vita Italiana*, condenou abertamente a ideia de negociação com "assaltantes sociais" da órbita de Nitti, iniciativa que, em seu entendimento, trairia o idealismo dos intelectuais e estudantes que tinham afluído em grande número para servir sob a bandeira fascista. Será que Mussolini, dominado pela obsessão de seu jornal, teria sido vítima da influência maligna dos judeus?[83] Os verdadeiros crentes no fascismo, que sonhavam com sua cruzada sendo conduzida por uma milícia armada, impulsionada pela vontade divina e revigorada por um profundo senso religioso, enfrentariam, como parecia, problemas com o "pacto de pacificação", que se chocava com aquilo em que acreditavam.

As coisas foram se precipitando. Em 2 de agosto foi assinado o acordo com os socialistas e seu sindicato, a *Confederazione Generale del Lavoro*. As palavras de Mussolini na manhã seguinte no *Il Popolo d'Italia* mostraram que ele não tinha se abalado com a consternação geral diante da mudança que provocara na orientação das iniciativas fascistas. O tratado foi assinado e considerado "histórico". Preservava a nação, cujo interesse devia sempre prevalecer sobre as "facções". Além disso, a promessa de paz social deixava o fascismo com uma "infinidade" de outras tarefas a cumprir (embora Mussolini, talvez prudentemente, não especificasse quais). De qualquer modo, Mussolini adotou um tom personalista. "Se o fascismo não me seguir, ninguém poderá me obrigar a seguir o fascismo." Prosseguiu com firmeza:

> O homem que fundara e liderara o movimento, que nele empregara todas as suas energias, tem o direito, depois de analisar milhares de questões locais, de fazer um resumo geral de todo o cenário político e moral. Tem o direito de observar, do alto da montanha, todo o horizonte e ver um mundo que não se restringe a Bolonha, Veneza, Cuneo, mas que abrange toda a Itália, a Europa e o mundo.[84]

O fascismo, concluiu, não sobreviveria nem prosperaria sem um legítimo líder nacional.

Com essa audaciosa afirmação sobre o quanto se considerava indispensável, Mussolini estava tentando afastar os que rejeitavam sua linha. Não obteve sucesso de imediato. O famoso e filosófico "pai do novo nacionalismo", Enrico Corradini, embora admitindo que "esses *fasci*" tinham conquistado certa projeção psicológica nos últimos meses, aproveitou a ocasião para insistir que o "problema" básico da Itália continuava sendo a construção de um Estado poderoso. A juventude dos *fasci*, com o que herdara dos tempos de guerra, tinha se transformado em uma espécie de "milícia". Entretanto, empreender uma cruzada não era o mesmo que fazer política. O Estado Nacional deve conduzir os destinos do país e, ele próprio, eliminar o socialismo. Enquanto isso, prosseguiu com firmeza, a situação tinha sido agravada pelo "pacto de pacificação", a partir do momento em que a sagrada disputa pelos que julgavam encarnar a nação e os que pensavam de forma contrária tinha se transformado em um "esporte" que poderia se tornar um vício ou ser deixado de lado, conforme o gosto dos participantes.[85]

No interior do movimento fascista surgiram ideias semelhantes. Mussolini foi ferozmente atacado por Grandi, de Bolonha, e Pietro Marsich, de Veneza. Este último era um intervencionista de esquerda que seguira um caminho sinuoso na política veneziana.[86] Lá, a chave para qualquer iniciativa dependia da autoridade cada vez maior de Giuseppe Volpi,[87] um homem de negócios, eventualmente giolittiano, que durante a guerra, no que interessava aos nacionalistas, fora perigosamente ligado a banqueiros alemães. Volpi acabara de ser nomeado governador da Tripolitânia por Giovanni Amendola, ministro das Colônias e democrata, mas mais tarde seria ministro das Finanças do regime fascista, conde de Misurata, chefe da *Confindustria*, reconhecido como "doge" de Veneza e homem calorosamente saudado como "amigo" por Mussolini.[88] Provocado pela disputa com o politicamente sinuoso Volpi, Marsich tentou personificar o legítimo radicalismo fascista e teve a ousadia de declarar que "não estamos dispostos a sacrificar o fascismo por causa de Mussolini".[89] Grandi também não chegava a ser um miliciano fascista adorado. Porém, era ambicioso, competente e de boa aparência, apesar de sua juventude (nascera em 1895), e já projetava uma carreira notável para si mesmo. Para Grandi, era o momento de defender a Emília como verdadeiro "berço" do fascismo e, portanto, esperar que confiassem nele de uma forma que não seria possível na refinada Milão.[90] Em 16 de agosto organizou em Bolonha uma reunião de fascistas contrários a Mussolini. Muitos membros mais humildes do *fasci* aproveitaram a oportunidade para manifestar seus interesses locais. Mario Piazzesi, jovem toscano, quis, obviamente, uma liderança exercida por "Florença, a minha

Florença, sempre na frente, sempre a primeira" a recusar qualquer tipo de negociação com os "abomináveis" socialistas.[91]

Reagindo a essa borbulha de tendência semianarquista em pequenos universos fora dos eixos, com ideias de unidade e grandeza nacionais — Piazzesi adorava Florença porque desprezava Roma[92] —, em 18 de agosto Mussolini apresentou sua renúncia ao comitê executivo dos *Fasci di Combattimento*. Não podia mais aguentar, escreveu, a onda de indisciplina provinciana que fora desencadeada pelo "pacto de pacificação". Declarou que preferia ser "um simples seguidor do *fascio* em Milão".[93] O movimento fascista teria que ir adiante sem seu "carisma", que, na verdade, alguns de seus colegas dos *fasci* estavam a ponto de dispensar.[94]

O afastamento de Mussolini foi uma manobra tática. Menos de uma semana após a renúncia e agora ressaltando sua imutável dedicação à defesa dos *fasci* contra seus inimigos de esquerda e direita, Mussolini afirmou que era hora de transformar o movimento em um partido plenamente organizado e disciplinado, que pudesse se orgulhar de ter "alma" e um "programa".[95] Ao longo dos três meses seguintes ele realçou decididamente seu papel no novo grupo, agora bem-organizado.[96]

No princípio de novembro estava pronto para marcar seu "retorno". Houve uma reunião do Partido em Roma, capital emblemática do poder político nacional, onde o fascismo local continuava fraco (Mussolini se preparou psicologicamente para o evento travando mais um duelo de grande repercussão popular, tendo Finzi como seu acompanhante no duelo).[97] Quando foi aberta a reunião em Roma, admitia-se que Mussolini contava apenas com um terço dos delegados em quem podia realmente confiar.[98] Entretanto, já fizera sondagens junto a Grandi, homem que ele via, com razão, acolher com simpatia uma versão fascista aristocrática. Ofereceu a Grandi uma função de destaque em um novo jornal doutrinário, *Gerarchia*, que seria lançado em janeiro seguinte, provavelmente financiado por Margherita Sarfatti, que seria sua editora *de facto*.[99] Mussolini, também ficou combinado, se encarregaria de assegurar o futuro do jovem fascista. À medida que o congresso avançou, o *ras* fracassou na tentativa de unir o Partido e estabelecer uma política. Em 8 de novembro Mussolini, Grandi e Marsich aproveitaram a oportunidade e assumiram o controle, aplaudidos pelos entusiasmados delegados. (Os fascistas venezianos, porém, não se deixaram comprar, mas não teriam futuro no fascismo. Discordaram de Grandi e deixaram o Partido em fevereiro seguinte).[100] Para conseguir esse acordo, Mussolini teve que abandonar o "pacto de pacificação", embora taticamente retardasse por uma semana seu afastamento.[101] Em sua opinião, essa jogada valia a pena. Conflitos entre o líder e seu movimento sempre fizeram parte das idas e vindas sob a superfície da história do fascismo, mas, sob diversos aspectos, Mussolini obteve uma vitória final sobre o *ras*. O fascismo não daria certo sem seu Duce, e Mussolini sabia muito bem que era imensamente superior a qualquer rival dentro do Partido e, mesmo que nunca desaparecessem suspeitas contra ele, seus membros não passavam de um séquito que precisava de Mussolini mais do que ele precisava deles.

Durante os meses de relativo afastamento, Mussolini continuou tentando elaborar um programa ideal para o Partido em fase de organização. Como nunca, seus pensamentos variavam amplamente. O fascismo devia refletir o sentido primordial e eterno da nação. Diante de tamanha grandeza histórica, os indivíduos eram apenas "entes transitórios". O Estado devia estar a serviço da nação. O fascismo resgataria esse conceito, tanto quanto defendia a herança e a memória da Primeira Guerra Mundial. No momento, o Partido se mantinha neutro a propósito da questão de monarquia ou república, mas pretendia criar um *Consiglio Tecnico Nazionale* (Conselho Técnico Nacional) para agir em paralelo com o Parlamento e servir como alternativa para a prolixidade que caracterizava essa casa. Os emigrantes teriam direito ao voto. No campo da economia, a produção teria prioridade.[102] Em certas ocasiões poderia surgir a necessidade de proteção do Estado à indústria, mas Mussolini, ainda aperfeiçoando seus contatos com as áreas de negócios e finanças, reafirmou para os que o ouviam em Roma que, "no que diz respeito à economia, somos liberais porque acreditamos que a economia nacional não pode ficar submetida a organizações burocráticas, corporativistas ou governamentais".[103]

Todavia, naquelas circunstâncias não restava dúvida de que a verdadeira chave para resolver a questão estava no próprio Partido. Se queriam que o fascismo vencesse batalhas, era indispensável haver disciplina.[104] A adoção de terminologia militar e militante, muito natural nos tempos do pós-guerra, ficou mais institucionalizada. Em discurso para a Câmara em dezembro, Mussolini provocou seus oponentes de outros partidos ao afirmar que agora o estilo militar era obrigatório para todos.[105] Para assegurar que estava no comando, Mussolini se esforçou para ter em torno de si auxiliares confiáveis e obedientes. No lugar do demasiadamente independente Pasella, assumiu a função de secretário do

Partido Michele Bianchi, seu colega no *Avanti!* e admirador de longa data do Duce.[106] Em agosto Mussolini já o encarregara de elaborar um pensamento nitidamente fascista (e, por consequência, que não fosse complexo ou discutível demais). "Soldados que combatem sabendo qual é sua causa", advertira Mussolini com certa ostentação, "são sempre os melhores."[107] Sob as ordens de Bianchi ficaram três subsecretários, Achille Starace, Attilio Teruzzi e Giuseppe Bastianini, cada um deles com longa carreira durante a ditadura. Starace[108] e Teruzzi[109] eram vistos com antipatia pela maior parte dos que entravam em contato com eles, embora fossem conhecidos como homens de Mussolini. O administrador do Partido era Giovanni Marinelli, homem que aliava eficiência burocrática à habilidade para gerenciar as finanças pessoais de Mussolini. Também tinha a fama (que seria confirmada em 1944) de ser covarde, hipocondríaco e corrupto.[110] Sem contar Mussolini, o único membro do Parlamento que participaria do diretório do Partido seria o agora amansado Grandi. A equipe estava sendo organizada.

Paralelamente, estava sendo criado um método de trabalho. As esquadras ficavam subordinadas às seções locais do Partido e eram inspecionadas à moda militar por um inspetor-geral itinerante. Grupos de mulheres fascistas — nove delas estiveram presentes na reunião da piazza San Sepolcro,[111] embora um setor fascista feminino não decolasse nos meses seguintes — foram submetidos a um controle maior. As primeiras mulheres fascistas tendiam a ligar seu feminismo à causa de Mussolini, mas no fim de 1921 a organização começou a manifestar dúvidas quanto à libertação feminina.[112] Nas universidades italianas, onde a esmagadora maioria dos estudantes era da classe média, o fascismo era popular e, em fevereiro de 1922, o novo partido procurou impor sua disciplina por meio de uma federação nacional de grupos estudantis, com sede administrativa em Bolonha.[113]

Para tornar essa estrutura mais eficaz, surgiram palavras e expressões cujo significado continua sendo motivo de muitas discussões. O historiador Emilio Gentile, por exemplo, argumenta que o agora disciplinado movimento possuía uma característica militar, mítica e religiosa que o distinguia totalmente de seus concorrentes. O fascismo, diz Gentile, personificava um "estado de espírito".[114] Seus adeptos acreditavam piamente em uma "religião política", eram favoráveis a uma "liturgia" fascista e determinados a nacionalizar, ou melhor, a fascistizar as massas.[115] De acordo com Gentile, um membro do Partido estava convicto quando declarava que sua arma era:

> [...] o amor fiel e imanente de um fascista [...] muito mais do que o amor por uma mulher. Mulheres falam demais e nunca resolvem nada [...] A pistola Browning. É a única coisa que um fascista ama com amor quase carnal. Quando nada mais existe em que o fascista possa confiar, a pistola Browning é sua única e eterna crença. E basta.

Afinal, "para nós a guerra nunca terminou. Simplesmente substituímos os inimigos externos pelos internos".[116]

No dia a dia da política comum, contudo, tais atitudes eram difíceis de preservar, sobretudo depois de o regime se instalar e começar a rotina governamental. Realmente, em 1921-1922 já havia motivos para duvidar da fascistização do espírito fascista. Muitos fascistas, naqueles dias e mais tarde, abriram espaço em suas missões para interesses pessoais e, eventualmente, para questionarem a si próprios. De todos os italianos, Mussolini era o menos crédulo. Via o fascismo, como qualquer outra coisa, segundo uma visão prática e não por um prisma fundamentalista ou sacralizado.

Na verdade, prosseguiu a campanha de natureza quase militar contra os esquerdistas e os não italianos. O governo de Bonomi constatou que sua estratégia tinha sido comprometida pelo colapso do "pacto de pacificação" e não havia como consertá-la. No começo do ano-novo, perturbado por uma crise econômica exacerbada pela quebra do *Banca Italiana di Sconto*, Bonomi renunciou. Seu governo foi substituído em 26 de fevereiro por outra coalizão, desta vez chefiada por Luigi Facta, piemontês vinculado a Giolitti. Todos perceberam que se tratava de um governo temporário. A firmeza oficial que se fizera presente em Sarzana agora não passava de memória distante e, no verão de 1922, na maior parte do norte da Itália as esquadras fascistas atuavam com a habitual violência, sem permissão ou objeções de prefeitos, Polícia e Exército. No fim de julho, Italo Balbo liderou uma incursão punitiva, como a de Sherman na Geórgia, na própria região natal de Mussolini. Passou por Rimini, Sant'Angelo, Savignano, Cesena e Bertinoro, "destruindo e incendiando as casas dos 'vermelhos' e os locais onde os socialistas e comunistas se reuniam". Gabou-se em seu diário:

> Foi uma noite de terror. Nossa passagem ficou marcada por colunas de fumaça e fogo. Toda a planície da Romanha até as montanhas foi alvo das furiosas represálias dos fascistas, determinados a liquidar o terror vermelho.

Embora, na prática, admitiu Balbo, houvesse poucas evidências de resistência esquerdista.[117] No outono os fascistas fizeram algo semelhante na região de Trentino-Alto Ádige. Quem não aceitava a total italianização sofria as consequências. Mais uma vez o governo ficou assistindo e nada fez para conter os agressores.

Em setembro as esquadras chegaram a Terni e Civitavecchia, a curta distância de Roma. O ataque à capital parecia iminente. No movimento fascista, Balbo, Farinacci e até Bianchi aumentaram a pressão por ação violenta.[118] Considerando a amplitude do controle fascista no interior da Itália, será que a tomada do poder nacional seria viável "antes mesmo de acontecer", como asseverou mais tarde um fascista de Trieste?[119] Seria fácil transformar as vitórias fascistas na "Itália real" em ocupação do poder na "Itália legal"?

Para responder essas perguntas é necessário compreender a forma como Mussolini reagia às exigências cada vez mais impacientes da "turma de baixo". O acordo acertado em novembro de 1921 estabeleceu que os fascistas das províncias continuariam saudando Mussolini como seu Duce. Mas para Mussolini essas saudações não bastavam. Exigia de seus seguidores respeito e devoção irrestritos. Em setembro de 1922 uma reportagem do jornalista Emilio Settimelli, um ex-futurista, revelou claramente a linha desejada pelo líder fascista. As palavras usadas para descrever o Duce foram, na verdade, exageradas (embora não atingissem o fervor que se tornou habitual depois da tomada do poder). Mussolini demonstrou um "poder prodigiosamente variado", escreveu Settimelli. Talvez fosse verdade que as linhas nos cantos de seus olhos dessem uma pista de seu "sutil senso de ironia" e também podiam ser imaginadas como se fossem um sorriso, mas, mesmo assim, seu rosto deixava transparecer um homem sempre solitário. O mesmo sucedia com seu modo de caminhar, seus passos rápidos, apressados, refletindo a profundidade de seu comprometimento com suas ideias e seu compromisso com a recuperação do vigor italiano. Era um homem, pelo menos na visão de Settimelli, se transformando em um deus.[120]

Todavia, o mundo real continuava existindo, e nele os esquadristas foram longe demais. O diário de Balbo, embora publicado durante o regime fascista, lembra que no verão de 1922[121] Mussolini tentou dissuadi-lo de precipitar as ações. Na época, nos bastidores circularam rumores de uma possibilidade de rompimento entre Mussolini e o mais intransigente dos *ras*.[122] A fim de conter esse conflito latente, Mussolini precisava preservar seus contatos com os núcleos da autoridade oficial. De fato, a ligação com o poder nacional continuava sendo a base para o carisma que devia ser atribuído ao Duce. Em seus artigos, discursos e atos, Mussolini precisava deixar bem claro que ele era o fascista que fazia a diferença, que compreendia Roma, a Itália, a Europa e o mundo. Se essa compreensão fracassasse, se ele fosse visto como um idiota ou imbecil, perderia a credibilidade tanto com os fascistas do país em geral quanto com as elites que ainda governavam a Itália. Precisava vencer todos os enfrentamentos políticos em que se envolvesse.

Por conseguinte, precisava marcar posição a respeito de muitos assuntos e sempre de forma veemente e "revolucionária", mas, ao mesmo tempo, deixando aberta a porta para uma possível negociação e um acordo. Tinha que levar em conta o Vaticano, pois Bento XV, comprometido com a direita por causa de suas dúvidas sobre a participação da Itália na guerra, falecera em 22 de janeiro. A morte de Bento levou Mussolini a refletir sobre a herança romana no papado[123] e, assim, lembrar que seria possível uma amizade com a Igreja, apesar de seu velho anticlericalismo e das mais recentes discordâncias, que frequentemente vinham à tona, com o *Popolari* e seus elementos mais radicais. Farinacci, em Cremona, era um *mangiapreti* da velha escola que não conseguia conter seu inconformismo com a intromissão do clero na vida civil.[124] À medida que Farinacci e seus companheiros fossem capazes de se controlar, seria possível obter vantagens diante da possibilidade de o novo papa, o ex-arcebispo de Milão Achille Ratti, que adotou o título Pio XI, ser tolerante com o "lado bom" do fascismo. Vindo de família de proprietários de terra na Lombardia, era firmemente contrário ao bolchevismo e suas consequências. Pio XI tinha uma personalidade autoritária, e o que os defensores do papa mais exaltavam nele era o amor à "disciplina e ao trabalho" — tudo isso trazia uma comparação com as qualidades e a imagem do próprio Mussolini.[125] Mussolini percebeu esse paralelo e o leque de ideias que viria com o novo papa. Envolvia uma questão de imperecível e irrestrito carisma. O fascismo tinha muito a aprender com essa nova experiência.[126] Por mais surpreendente que possa parecer, Mussolini passou a ser bem-visto nas reservadas salas onde se reuniam os conselhos do Vaticano.

Era indispensável continuar comentando assuntos exteriores. O *Gerarchia* poderia ser um instrumento útil para análises pormenorizadas dessas questões.[127] Em março de 1922, Mussolini se sentiu em condições de deixar de lado preocupações com assuntos internos e participar de uma muito comentada missão de reconhecimento na Alemanha onde conheceu, entre outros, Walter Rathenau. Este homem público alemão, judeu, foi assassinado meses depois pela direita alemã, acontecimento que Mussolini afirmou que previra, mas sem apresentar prova.[128] Nessa ocasião Mussolini deu uma leve indicação de um antissemitismo latente e não foi fácil declarar que o fascismo nada tinha em comum com o sanguinário espírito vingativo da extrema direita alemã.[129] Ao mesmo tempo, afirmou estar convicto de que o sistema da República de Weimar era "absoluta e historicamente estranho para a alma do povo alemão".[130] Como turista, também achou pobre a qualidade do teatro alemão e a arquitetura do palácio de Reichstag, inferior e mais feia do que a de Montecitório, sede do Parlamento em Roma.[131] Dessa maneira, suas palavras anunciavam, de diversas formas, que ele era um homem do mundo.

De volta para casa (que comemorou com um novo duelo no qual, com sua costumeira e impulsiva agressividade, feriu gravemente seu adversário),[132] Mussolini continuou a sondar o cenário internacional em busca de vantagens. Na arena diplomática insistiu para que a Itália buscasse mais visibilidade, mostrando aos ingleses, por exemplo, que sabiam produzir mais do que simplesmente *gelato*. "A Itália," acrescentou em frase que copiou dos nacionalistas, "é uma nação madura e não pode ser tratada como criança".[133] A Áustria, ao contrário, precisava do apoio italiano,[134] tanto quanto o regime de Kemal Atatürk na Turquia, onde os italianos precisavam se opor à "descontrolada megalomania do imperialismo grego".[135] Em um artigo após o outro, os leitores de Mussolini no *Il Popolo d'Italia* e todo o mudo político estavam sendo convocados para apreciar a mudança do chefe fascista em matéria de informações e ideias.

Mais importante, havia a elite do país, que ele procurava agradar e pressionar. Em fevereiro de 1922 a palavra *Duce* permanecia suficientemente emblemática para Mussolini aplicá-la com a intenção de lisonjear o industrial Gino Olivetti.[136] Todavia, os verdadeiros alvos da retórica de Mussolini eram outros políticos. Ele se movimentava no mundo político com desembaraço e capacidade de agir com truculência cada vez maior. Um fraco governo de Luigi Facta era sucedido por outro, mas os "homens importantes" da política do país continuavam os mesmos que tinham se destacado durante a guerra. Estava cada vez mais visível que o grande conflito continuava influindo na maioria dos acontecimentos na Itália, além de também oferecer a oportunidade para que Mussolini pudesse aspirar chegar ao topo como líder e lá pudesse permanecer. No verão de 1922, surgiram rumores de que Salandra, Orlando e até Giolitti estavam na iminência de reaparecer. Ouvindo tais rumores, os velhos chefes se prepararam para encarar o problema, aperfeiçoaram suas estratégias e procuraram frustrar seus possíveis oponentes antes que ficassem muito fortes. Em relação a Salandra, o mais à direita, Mussolini, por meio de intermediários, foi cortês e cauteloso[137] e, com sua tática, conseguiu que o ex-primeiro-ministro se declarasse "fascista honorário".[138] Em julho fez ligação com Orlando por intermédio de Acerbo, mas naquele momento a negociação fracassou, embora somente depois de o líder siciliano aventar a possibilidade de fazer Mussolini seu ministro do Exterior em um hipotético novo governo.[139] Não há dúvida de que o mundo político estava digerindo o prestígio que agora o rapaz de Predappio evidentemente merecia. Faltava ver se ele conseguiria provar que era *um* homem do futuro, ou, mais que isso, *o* homem do futuro.

O interlocutor essencial continuou sendo Giolitti. Apesar de sua idade, ainda se via como salvador da pátria e, por sua vez, era considerado por Mussolini seu oponente mais perigoso. No começo de outubro o Duce disse a um amigo que "ou o detemos agora, ou ele e seus companheiros vão nos deter amanhã".[140] A vontade de ver Giolitti fora de seu caminho, entretanto, não impediu que Mussolini conversasse amistosamente com um intermediário sobre seu desejo de que o velho liberal reassumisse as rédeas do poder, especialmente se isso significasse esvaziar o conspirador Orlando.[141] Era tão ampla a habilidade de Mussolini e tão ilimitada sua ousadia que o nacionalista Luigi Federzoni, outro com quem prosseguiam delicadas negociações, comparava a habilidade de barganha de Mussolini com a de Giolitti. Realmente, concluiu, Mussolini tinha potencial para superar seu velho mestre.[142]

Naquele momento estava se desenhando o cenário para a Marcha sobre Roma, que mais tarde o regime gostava de chamar a "Revolução Fascista".[143] A propósito dessa causa, os porta-vozes do Partido já defendiam a necessidade de uma "ditadura" (embora não estivesse claro se seria apenas uma medida de curto prazo e caráter emergencial como fora a clássica República Romana).[144] Em 24 de outubro, uma reunião do Partido foi realizada em Nápoles. O Sul continuava em grande parte indiferente ao avanço fascista em outras regiões. O *ras* exigiu a imediata Marcha sobre Roma e, na manhã de 28 de agosto, partidários armados estavam sendo mobilizados. Em diversas situações durante os meses anteriores, Mussolini não tinha excluído a possibilidade de um *coup de main* fascista.[145] Em setembro afirmara que "nosso programa é simples. Queremos governar a Itália",[146] embora acompanhasse seu comentário com observações convenientes sobre a ingenuidade das massas,[147] atributo que podia ser perfeitamente aplicado aos fascistas da área rural e ao resto do povo italiano.

Nos dias seguintes, em Nápoles, Mussolini não se opôs a seu incansável e importuno *ras*. Porém, deixou claro que era sua missão administrar a situação, exercendo um controle que seria mais eficiente no mundo político e não no social. Mais tarde o regime fascista mostrou o quanto era importante a Marcha sobre Roma ficar conhecida como uma revolução. Em outubro de 1922, houve uma mudança no governo que resultou tanto de negociações quanto de violência ostensiva. Na arena da alta política, sem considerar os próprios políticos, o Exército e a monarquia eram forças a serem consideradas. Em 14 de outubro Mussolini disparou uma advertência para Pietro Badoglio, renomado general (apesar de sua reputação ter sido manchada em Caporetto), que, segundo se dizia, exigia imediata ação militar contra os fascistas. Uma iniciativa nesse sentido, escreveu Mussolini, precipitaria um "massacre em grande escala", embora, logicamente, tivesse a certeza de que seu Partido e o Exército, que tinham tantas coisas a compartilhar, nunca entrariam em choque.[148] E quanto a Vítor Emanuel III, o *re soldato*? Para ele, o melhor era pressioná-lo insinuando que seu primo, o duque de Aosta, era mais alto, melhor soldado e seria um rei mais valoroso.[149] O rei, como todos os outros personagens, tinha suas fraquezas e podia ser pressionado, intimidado e chantageado para aceitar a presença dos fascistas no governo.

A fórmula funcionou perfeitamente, embora os fascistas dispostos a marchar estivessem pobremente armados e fossem facilmente dispersados pelo começo das chuvas de outono e pela falta de bons mapas. Enquanto estavam em fase de organização e anunciavam com ostentação que seria um movimento em pinça partindo de Perugia e outros centros importantes ao norte de Roma, Mussolini permanecia propositalmente em seu baluarte em Milão, deixando o telefone fora do gancho três noites seguidas, enquanto aparecia ostensivamente no teatro, assim demonstrando que nada era capaz de perturbá-lo. Os principais políticos ficavam de olho um no outro, mas não conseguiam se unir. Salandra, Orlando e Giolitti, cada um ficava esperando seu próprio retorno ao cargo de primeiro-ministro, mas também garantiam preferir que o cargo fosse confiado ao jovem Mussolini, e não a um velho e odiado rival. Estranhamente, os chefes de Estado-Maior das Forças Armadas alertaram o monarca que suas forças eram leais, mas que era melhor não testar essa lealdade.[150] O Vaticano lavou as mãos. Facta mal esboçou um esforço para impor a lei marcial. Na manhã de 29 de outubro, Mussolini recebeu o crucial telefonema com um convite para formar um governo de coalizão. Seu comunicado para a imprensa foi enfático:

estava a caminho da capital "envergando sua camisa negra, como fascista que era", e contava com o apoio de 300 mil homens, "organizados e prontos para obedecer às minhas ordens".[151] Sem se apressar, às 8h30 tomou o *diretissimo* Milão-Roma, recusando humilde e moderadamente a sugestão para que usasse um trem que seria alugado para aquela ocasião. Quatorze horas mais tarde chegou a Roma, onde alguns fascistas mal-arranjados estavam organizando seu desfile da vitória e tentando mobilizar todas as zonas de trabalhadores que conseguiam localizar na capital. Em 31 de outubro, aos 39 anos, Mussolini assumiu o cargo, como o mais jovem primeiro-ministro que a Itália já tivera. A grande maioria do povo que realmente importava na Itália, exceto os inimigos políticos imediatos, recebeu bem a notícia. Todavia, Gaetano Salvemini, historiador e jornalista que fora amigo de Mussolini na juventude, escreveu no dia 29 para um amigo em Paris que seu país estava "à beira da loucura".[152] Mais condescendente, Margherita Sarfatti imaginou que seu amante e seus companheiros fascistas agora podiam "resgatar a nobreza do povo italiano".[153] Nenhum dos dois estava inteiramente errado.

8
No governo, 1922-1924

COMENTAVA-SE QUE, AO SE APRESENTAR AO REI Vítor Emanuel para receber a missão de formar um novo governo, Mussolini teria declarado: "Senhor, eu lhe trago a Itália de Vittorio Veneto". Apesar de ter sido muito repetido mais tarde pelos defensores do regime fascista[1] e pelo próprio Mussolini,[2] esse comentário na verdade não existiu. Em conversas privadas Mussolini o considerou "o tipo de asneira que surge em reuniões de estudantes".[3] Também não era verdade que a Primeira Guerra Mundial tivesse aberto as portas para a ascensão de Mussolini, tal como o historiador Ian Kershaw julgava ter acontecido no caso de Hitler. Sem o conflito, o mais tarde Führer provavelmente continuaria sendo um joão-ninguém.[4] Ao contrário de seu colega alemão, Mussolini já era bem conhecido antes de 1914 e, em alguma narrativa que omitisse a guerra, estaria seguindo a carreira ideológica, jornalística ou política. No fim de outubro de 1922 chegou ao governo em uma Itália que emergia da Primeira Guerra Mundial. Os fascistas e seu Duce personificavam o conflito sob diversos aspectos. Havia, por exemplo, as ambições imperiais que os corações das elites dirigentes manifestaram depois de 1915, quando pais liberais passaram o bastão para seus filhos nacionalistas. A nova geração se dispunha a mudar o aparente destino da Itália como a menos importante das grandes potências. A política exterior fascista poderia, consequentemente, admitir agressões de uma forma capaz de empalidecer alguns liberais, e não havia como negar a continuidade de suas ambições na Etiópia, no *mare nostrum* (que assim fora chamado bem antes de 1918), nos Balcãs, no Mediterrâneo Oriental e no governo da Líbia. Ainda mais importante, o fascismo encarnava uma nova forma de brutalidade, uma determinação viril para matar e mutilar, uma obsessão por armas mortíferas, uma "camaradagem" impiedosa, todos esses atributos e atitudes aprendidos e aperfeiçoados na frente de combate e capazes de levar a uma nova forma de barbárie que chegou a ser identificada como indiscutível antecedente de Auschwitz.[5] Ao longo da ascensão do fascismo, Mussolini nunca se afastou da violência, se empenhando no duelo com o máximo rigor e, até quase o amargo fim, concordando com os insultos ultrajantes, a dose de óleo de rícino enfiada goela abaixo, o fogo ateado à redação de um jornal ou de um local de reuniões de camponeses, a compra de armas e granadas, o emprego de esquadras motorizadas e uniformizadas, o massacre de inimigos. Logo estaria presidindo a glorificação de 3 mil mártires fascistas, alegadamente assassinados ao longo do processo de tomada do poder. Pesquisas acadêmicas mais recentes reduzem para somente 425, menos de um terço das vítimas socialistas, comunistas, católicas e outras mais.[6]

Como se quisesse ser visto como patrocinador e praticante da selvageria política, pouco antes da Marcha sobre Roma, Mussolini designou para seu guarda-costas pessoal o "gorila", Albino Volpi,[7] um matador impiedoso que mais tarde estaria entre os assassinos de Giacomo Matteotti. Na cabeça de Mussolini, como igualmente na de muitos elementos de seu séquito e de seus muitos seguidores, a aprovação pública da violência e a aceitação permanente de sua utilidade eram exatamente as manifestações que tornavam um homem mais homem. Consta que, depois de chegar a Roma, Mussolini telefonou para seu irmão agradecendo humildemente o sucesso alcançado e as bênçãos divinas que o devoto Arnaldo pedira a Deus.[8] Em seguida, teria saído presunçosamente para tomar café junto a pessoas de destaque na elegante *Pasticceria Latour*.[9] Talvez estivesse tentando, quem sabe aconselhado por Margherita Sarfatti, abrir caminho nos salões sociais e artísticos da capital (logo depois ele já estava saudando os espectadores dos espetáculos e afirmando que "não se governa sem arte e artistas"),[10] e se consolando com as manifestações amorosas de Margherita.[11] Todavia, o primeiro-ministro era um homem duro, *un animale poco socievole* [um animal pouco sociável], como ele próprio gostava de se definir,[12] uma pessoa, como assinalou um contemporâneo seu, à qual faltava a mínima disposição para ser questionado ou reprimido pela lei.[13] Na juventude

Mussolini manifestara sua atração pelas ideias de Marx e Darwin. Em 1922, seu pensamento estava dominado pela filosofia deste último. Seu darwinismo, como para muitas outras pessoas, era de um tipo amargo. Repetidamente Mussolini mostraria ser o mais preparado do mundo, mas suas vitórias nunca seriam fáceis e, no fim das contas, poderiam revelar que cada um de seus triunfos tinha sido apenas passageiro e que o fim seria terrível. Como o rei Ricardo III de Shakespeare, Benito Mussolini colocara sua vida em um molde e teria que enfrentar os azares da sorte, sempre acreditando que, em algum lugar, em algum momento e de alguma forma o destino trabalharia contra ele.

Historiadores contemporâneos da linha culturalista, na tentativa de fazer uma descrição superficial do "fascinante fascismo", com todo o *élan* e os "ardis" de sua propaganda, ocultam o rancor (e um temor nervoso) que existia no coração do fascismo e de seu Duce. Muitos fascistas não passavam de produto dos liberais do Risorgimento. Sofreram as terríveis experiências da Primeira Guerra Mundial e estavam destinados a nunca mais recuperar o "conforto" que beneficiara os segmentos mais favorecidos da sociedade na Belle Époque. Seus pais deviam falar como se aquele mundo afável e complacente pudesse se estender a toda a sociedade. Embora na época existissem fascistas yuppies que desejavam se aproveitar da situação, Mussolini e seu regime foram sob medida para um período de mobilização: a convocação das esquadras, a marcha, a batalha, a eliminação de inimigos que, paradoxalmente, nunca deixaram de constituir ameaça, e a permanente disposição para mais um conflito, mais um teste. Quando começaram a governar, os fascistas deixaram claro que a "ordem" a vigorar na Itália sob sua égide seria impaciente e até frenética, uma ordem em que, ironicamente, todos os sucessos viriam a se revelar tão vazios e incertos quanto os de Vittorio Veneto.

A ascensão do fascismo ao poder carregou consigo a mácula de mais de 3 mil mortes[14] (na Marcha sobre Roma foram oficialmente três, mas um historiador recente fala em 22 somente naqueles dias),[15] números até modestos diante dos horrores que ocorreriam no século XX, mas, naquela época, um alto custo a ser pago. As baixas nos últimos dois anos e a forma ambígua — em parte golpe, em parte manipulação — como o poder foi conquistado impuseram ao novo governo uma urgente necessidade de se justificar. E quais seriam as intenções de Mussolini, agora que se tornara primeiro-ministro? A resposta de forma alguma estava clara. Tratava-se de um político que, a despeito de sua juventude, tinha seguido um caminho sinuoso até o Palazzo

Chigi. Escrevera (e falara) fartamente. Dezoito dos 36 volumes da edição básica de sua *Opera omnia* [Obras completas] engloba artigos e declarações anteriores a outubro de 1922. Entretanto, não elaborara uma só obra sobre filosofia política, nenhuma que se comparasse a *Mein Kampf* [Minha luta] ou ao *O livro secreto de Hitler* (embora a influência na trajetória de Hitler após 1933 e a originalidade das ideias desse trabalho ainda sejam discutidas pelos historiadores). Talvez as esquadras já tivessem desenvolvido um lado místico e seus integrantes adotassem a mentalidade fascista, como afirmam alguns historiadores. Talvez se motivassem e entusiasmassem genuinamente com a liturgia do cerimonial fascista. O próprio Mussolini, porém, era o menos místico de todos. Balbo registrou em seu diário que, quando se reuniram em Milão em 6 de outubro, o Duce tinha conseguido que suas almas "vibrassem em uníssono" e que Mussolini tinha sido convincente com a lucidez com que via o futuro.[16] A respeito desse futuro, contudo, Balbo nada falou. Outros contemporâneos mais críticos perceberam a flutuação das ideias de Mussolini e a forma como procurava evitar se aprofundar nas conversas,[17] se desculpando e dizendo que detalhes ficavam por conta dos especialistas. Sob esse aspecto, identificavam um líder mais interessado em impor sua vontade do que em harmonizar atitudes e orientações.[18] Tratava-se de um político mais empenhado em parecer saber do que em realmente saber.

Rapidamente Mussolini adotou um estilo de governo que refletia seu senso de dever e poder, com uma conotação até certo ponto de coisa antiga. Com uma caneta, tinta preta e mão muito firme, ao longo de sua ditadura escreveu a maioria de seus discursos, além de muitas cartas e telegramas.[19] Sem esquecer as lições que aprendera em seus dias de socialismo, de que assuntos complexos podem ser compactados em poucas palavras, listava sucintamente os assuntos que julgava necessário solucionar. Essas "ordens" resumidas exalavam um ar agradavelmente militar, na medida para um ditador que chefiava um regime militante. Não obstante, alguém de seu tempo achou que Mussolini dirigia a Itália como se fosse o *Il Popolo d'Italia*. Vendo seus ministros como subeditores, reservava para si mesmo a tarefa de impor o tom geral e construir as manchetes.[20] À feição para quem gostava de apregoar a organização "matemática" de sua vida, Mussolini tinha seu dia marcado por uma interminável sucessão de visitantes, que raramente dispensava em menos de quinze minutos, tempo visivelmente assinalado em um pequeno relógio sobre sua mesa. Algumas audiências eram concedidas a ministros e autoridades mais importantes, mas apenas algumas eram concedidas a fascistas comuns ou a estrangeiros, que nunca relutavam em desfrutar alguns dias felizes em Roma.

Para os italianos em particular, obter acesso ao Duce era questão de prestígio e de demonstrar autoridade, além da possibilidade de ganho financeiro.[21] Por sua vez, de modo geral Mussolini parecia ficar satisfeito com as visitas e sempre procurava aparentar conhecimento sobre a vida e as crenças de seu interlocutor. Tratava-se de uma necessidade inexorável, mas que Mussolini sabia perfeitamente satisfazer, mesmo que a inevitável superficialidade de seu "conhecimento" reduzisse sua capacidade de dominar totalmente assuntos mais ligados ao governo. Havia muita coisa no papel de Mussolini como líder que prenunciava um mundo em que os chefes políticos se transformavam em verdadeiros caixeiros-viajantes, mais preocupados em mostrar boa imagem e impressionar do que em buscar uma compreensão mais profunda da sociedade.

Começando a explorar as vizinhanças do gabinete do primeiro-ministro e se acostumando à vida na capital que no passado muitas vezes depreciara, Mussolini tinha muitas razões para acreditar que suas lutas ainda não tinham terminado e se perguntava se o fato de ter sido o primeiro de sua classe em Predappio era qualificação suficiente para enfrentar as múltiplas armadilhas políticas e sociais da Roma "eterna". A vida privada de Mussolini continuou desorganizada. A simples sobrevivência demandava um dispêndio de energia mental e sexual que logo cobrou seu preço. E havia também o dia a dia do trabalho. Além disso, havia o fato de a ascensão fascista ter sido mais acidental do que planejada. Talvez fosse fascista demais para agora recuar. Não há dúvida de que durante os primeiros dias após a Marcha sobre Roma Mussolini governou a Itália do que foi chamado de "acampamento luxuoso" no Hotel Savoia, na via Ludovisi, perto dos jardins Borghese.[22] De lá ele tentava definir uma linha política para este ou aquele setor do governo. Também de lá, de modo talvez mais autoritário, Alessandro Chiavolini, seu secretário particular, buscava formas de se livrar dos intrometidos e aproveitadores, e administrar com eficiência os fundos secretos do governo, que tinham sido tão úteis para Giolitti e agora estavam à disposição da causa fascista.[23]

Era realmente incalculável a quantidade de pessoas batendo na porta dos fascistas em busca de favores. Não importava o tipo de revolução representado pelo fascismo, um grupo de clientes impertinentes estava sempre pronto para aplaudi-lo. Para dar um exemplo, em 18 de dezembro de 1922 Renato Citarelli, inexperiente engenheiro da Calábria, se aproximou do Duce e a relação que estabeleceram resultou, alguns anos mais tarde, em sua indicação para o consulado em Perth, na Austrália Ocidental, a posição talvez mais modesta em todo o serviço diplomático do país, mas, de qualquer modo, um posto no exterior. Citarelli foi um daqueles cuja carreira prosperou graças ao afastamento de diplomatas mais antigos no assim chamado "massacre dos inocentes" e deve sua ascensão à ingenuidade do fascismo. Em Perth, foi um extremista que cuspia fogo, sempre disposto a exaltar Mussolini ("Ele é o único responsável por nossa recuperação e nossa grandeza") em todos os momentos e sempre com fervor sem limites.[24] Talvez nessa época Citarelli acreditasse no que dizia e seu espírito estivesse misticamente dominado pelo credo fascista. Entretanto, sua primeira carta para Mussolini levanta algumas dúvidas, pois está cheia de menções a fatos e situações próprias da vida do italiano comum, especialmente do sul da Itália.

A manifestação de Citarelli começava, insinuantemente, tentando agradar, ressaltando sua absoluta fé "no extraordinário discernimento de sua excelência, graças à nobre intuição de seu predestinado espírito". Aos sentimentos ele acrescentava fatos. Citarelli era filho de um médico calabrês que morrera ainda jovem, deixando sua família em precária situação financeira. Citarelli combatera valorosamente durante dois anos de guerra e perdera dois irmãos heroicamente no front. Acabrunhado e retraído, depois da guerra mudou-se para Turim a fim de estudar engenharia e lá se associou ao fascista local, Cesare De Vecchi (desde 1933, recebeu o direito de orgulhosamente acrescentar di Val a seu nome). Juntos, conduziram ataques esquadristas contra os "vermelhos" em Casale e Vercelli. Depois que essas incursões punitivas atingiram seus objetivos, Citarelli voltou para seus estudos. Durante essa época, admitiu, a pobreza o levara a se aproximar de Giolitti em busca de algum cargo bem remunerado, mas o velho político, provavelmente com outras preocupações, não foi além de meras promessas. Não foram suficientes para evitar que duas irmãs menores de Citarelli tivessem que morar em acomodações precárias em uma *pensione* barata. Em consequência, e ele reconhecia francamente, estava transferindo suas esperanças para Mussolini. Não era membro do Partido, mas teve que admitir que "como uma criança, aprendi uma religião, a da pátria". Sua devoção à Itália admitia "qualquer sacrifício", "até a morte". Tinha apenas 24 anos, assinalou concluindo, mas já tinha sofrido muito. Então, por que não procurar o Duce que tanto admirava e que, mais prosaicamente, poderia lhe conseguir um cargo em que pudesse oferecer "meu trabalho, minha habilidade, minha paixão, minha vida à adorada e abençoada" Itália?[25]

De outubro de 1922 a dezembro de 1923 o número de membros do partido fascista subiu de 300 mil para 780 mil, sendo que a maioria dos novos membros vinha particularmente do Sul.[26] Muitos dos novos fascistas tinham motivos e visões do mundo semelhantes às de Citarelli. Em sua mentalidade, o fascismo no poder significava benefícios, vantagens pessoais, algo tanto atraente quanto grandioso. Em 1926, o uso de *raccomandazioni* [cartas de recomendação] foi oficialmente banido,[27] mas na prática continuou sendo largamente utilizado na Itália fascista. Na verdade, se sabe que, uma vez no poder, o Duce passou a receber diariamente cerca de 1,5 mil cartas pedindo favores e apoio.[28]

Aprendendo rapidamente o que significava ser o distribuidor de favores, em dezembro de 1922 Mussolini transferiu sua base para o Grand Hotel, o cinco estrelas que ficava logo depois da esquina de Santa Maria della Vittoria, a basílica barroca onde está a estátua feita por Bernini que mostra Santa Teresa arrebatada, em êxtase, como verdadeira devota de Deus e da mulher. O possível impacto causado pela famosa estátua de Bernini no primeiro-ministro e em sua interpretação do êxtase fascista foi passageiro. Em março de 1923, aproveitando os bons ofícios do barão Alberto Fassini, homem de muitos contatos que conhecia bem os caminhos e os atalhos em Roma,[29] Mussolini novamente se mudou, desta vez para um apartamento de solteiro no Palazzo Tritone, na via Rasella.[30] Era um lugar curioso, porque a via Rasella começa na via Milano e passa pelo *Traforo*, ou túnel, que competentes engenheiros do tempo da Itália liberal tinham cavado sob o palácio real, o *Quirinale*. Era como se o "revolucionário" primeiro-ministro concordasse em morar no portão do palácio, impressão reforçada pelo fato de Fassini ser *persona grata* nos círculos da realeza (que também não estava livre da busca de vantagens) e intermediário lógico entre Vítor Emanuel III e o Duce.[31] Se essa rede de relacionamentos parecia complicada, o conforto da pessoa Mussolini ficava mais diretamente nas mãos do zelador Cesare Carocci, figura com tradição de ser temível, que combinava ampla autoridade na "área feminina" com absoluta deferência pessoal com seu patrão.[32]

Rachele, Edda, Vittorio e Bruno ficaram no apartamento em Milão, na via Pagano, e a sogra Anna aumentava a família. Entretanto, logo depois de Mussolini se tornar primeiro-ministro, ele dispôs de meios e acesso a crédito suficientes para comprar *Villa Carpena*, uma propriedade nas vizinhanças de Forlimpopoli. Deve ter ficado encantado só em pensar que a humilhante cessão de seu avô das terras da família agora estava vingada. *Villa Carpena* era a propriedade típica dos *signori*, embora a família Mussolini só fosse residir nessa propriedade em março de 1925.[33] Naquela época e mesmo depois, raramente Mussolini era visto com a versão italiana de traje de nobre rural, mas Rachele assumiu de bom grado o papel e a fama de mulher de respeito em Forlimpopoli e no resto da Romanha. No que dizia respeito ao exercício do poder local e de influência, para não falar em estilo pessoal, imagem e vocabulário, Rachele se tornou uma *signora*.

Em Milão, na via Massena, perto da via Pagano, ficava o apartamento de Arnaldo Mussolini, com esposa e filhos. A ascensão de Benito Mussolini resultou na notoriedade de seu irmão mais jovem. Longe da movimentada e imprevisível Roma, Mussolini precisava urgentemente de um *uomo di fiducia* [alguém realmente confiável] para supervisionar a rotina diária de *Il Popolo d'Italia*, que sempre lhe trouxera muitas satisfações e agora podia fortalecer sua influência, caso se visse na contingência de voltar à oposição. Se o poder de Mussolini, como ele esperava, fosse duradouro, o jornal poderia funcionar como núcleo da propaganda e das "informações" do regime fascista. Mussolini necessitava de um homem de confiança em Milão. A forma como age uma família italiana, as eventuais limitações do que veio a ser conhecido como Estado totalitário e a desconfiança básica de Mussolini em relação a seus companheiros fascistas ficam bem evidentes quando é lembrado o fato de Arnaldo, que fora empregado na área contábil do *Il Popolo d'Italia* desde a desmobilização em 1919, agora assumir a editoria do jornal.[34] Jornalismo à parte, em todos os assuntos que não convinha deixar chegar ao conhecimento público ou comentar, Arnaldo agia como representante e amigo de Mussolini. Como confidenciou o Duce com palavras típicas a um jornalista americano: "Tenho profunda afeição por meu irmão. Na verdade, ele está muito gordo, mas não é culpa dele. Entre tantas pessoas, é a ele que recorro quando preciso de dedicação irrestrita e total abnegação".[35]

O irmão mais jovem era indispensável e, apesar de aparentemente ter atingido o mais alto nível de status social e cultural, continuou sendo pessoa de fácil relacionamento, sempre pronta para sacrificar a própria vida pelo irmão mais velho. Quando Arnaldo morreu subitamente em 1931, Vito, seu filho adolescente, assumiu oficialmente a editoria do *Il Popolo d'Italia*. Não houve surpresa quando Vito Mussolini, inexpressivo e despreparado, não foi bem-sucedido. Para dizer a verdade, raramente aparecia no trabalho.[36] Enquanto ele "amadurecia", o jornal foi posto, até 1936, "temporariamente" sob as ordens de Sandro Giuliani e, após essa data, de Giorgio Pini, jornalista profissional.[37] Quanto a outras questões menos convencionais, a partir de 1931 Mussolini teve que assumi-las, em um mundo cada vez mais complexo e traiçoeiro, sem a presença de seu irmão.

Se por um lado esses assuntos particulares exigiam um mínimo de atenção, logicamente o novo governo era a principal preocupação de Mussolini. O governo que ele organizara tinha um equilíbrio delicado. Ele próprio acumulava as pastas de primeiro-ministro, ministro de Relações Exteriores e ministro do Interior. Esta última, conforme Giolitti organizara, comandava as prefeituras e a Polícia, e, portanto, controlava as áreas sigilosas mais importantes da administração do país, os fundos que não constavam do orçamento, o acesso a grampos telefônicos e a competência para ações clandestinas. Com exceção do período 1924-1926 e da República de Salò, Mussolini manteve esse ministério em suas mãos até o fim do regime. Não o confiaria nem mesmo a um irmão.

A propósito dos fascistas, Acerbo serviu como subsecretário do primeiro-ministro e Finzi, como subsecretário do Ministério do Interior. Todos os subordinados a Mussolini eram amigos. Nenhum era um *ras* combativo. Nem Balbo, nem Grandi, nem Farinacci, nem Bianchi e nenhum dos membros mais conhecidos do grupo dirigente tinha sido, até então, alçado ao nível ministerial. Inicialmente Michele Terzaghi[38] e mais tarde, depois que seu comprometimento com a maçonaria foi tão ruidosamente explorado, Giuseppe Caradonna, um *ras* da Puglia, assumiu a aparentemente modesta função de subsecretário nos Correios. Sem dúvida, os ocupantes desses cargos sabiam que se tratava de áreas tradicionalmente sujeitas a corrupção, onde corria muito dinheiro e contratos eram recusados ou assinados, onde havia boas posições para um fascista, especialmente se não acreditasse piamente em Deus e no homem (a propósito, Caradonna sofrera para alertar Mussolini que nenhum governo, nem mesmo "revolucionário", podia excluir a presença de representantes do Sul).[39]

Também vale lembrar que diversos cargos foram ocupados por homens da elite da época, mas que ainda não eram fascistas. Porém, certamente desejavam ser companheiros de viagem do vitorioso movimento e de seu bem-sucedido líder. Talvez Mussolini tivesse dito a Balbo, ouvinte atento, que, na devida hora, pretendia conversar com os "velhos tios do liberalismo",[40] mas que, por enquanto, estava satisfeito trabalhando com quem cooperasse com ele. Giovanni Gentile, um dos dois mais notáveis filósofos e intelectual com merecido renome internacional, assumiu o Ministério da Educação, pensando em tornar realidade sua crença em um Estado forte e bem estruturado. Os dois ministérios militares, da Guerra e da Marinha, ficaram com o general Armando Diaz, comandante italiano no fim do grande conflito (embora uma doença logo tenha provocado seu afastamento para uma despreocupada e confortável aposentadoria em Capri),[41] e com Paolo Thaon di Revel, o mais antigo militar da Marinha em 1917-1918.

Luigi Federzoni, principal membro nacionalista no Parlamento, foi nomeado ministro das Colônias, cargo duplamente importante. Desde sua criação em 1910, a Associação Nacionalista era a mais ardorosa defensora do expansionismo italiano. O próprio Federzoni fora incansável defensor da presença do poder italiano no Adriático, no Egeu e em todo o Mediterrâneo. Também alimentava uma preocupação paranoica com o alegado domínio alemão sobre a cultura e as finanças da Itália.[42] A civilização, proclamava secamente, só poderia prosperar se o poder da Itália chegasse à sua máxima expressão.[43] Os nacionalistas eram a favor de uma política interna essencialmente conservadora, descrentes na existência de algum traço de virtude nas massas e céticos quanto ao populismo fascista. Durante as semanas que antecederam a Marcha sobre Roma, a liderança da ANI fez saber que suas esquadras paramilitares *sempre pronti* estavam prontas para combater os fascistas, tão logo o rei as convocasse para defender as instituições do país. Mussolini registrou essa ameaça e em sua memória ficou alimentando sua aversão àqueles gozadores da alta sociedade que dispunham de expressão política e poder.

Apesar do conflito latente, depois de 28 de outubro o acordo entre Mussolini e a ANI foi rapidamente alcançado. Federzoni aproveitou a ocasião para proclamar a imorredoura "amizade" dos nacionalistas pela causa "mussoliniana" e um apoio incondicional que, como afirmou dubiamente, significava gratidão pela "lealdade" do Duce a eles.[44] Em fevereiro de 1923, o jurista nacionalista Alfredo Rocco, que em 1925 seria ministro da Justiça, redigiu uma série de cláusulas pelas quais a ANI aceitava sua absorção pelo *Partito Nazionale Fascista* (PNF).[45] A partir de então, os nacionalistas seriam a elite do regime fascista, mas o líder comunista Palmiro Togliatti sustentou que tanto o movimento absorvera o fascismo quanto vice-versa.[46] Seu argumento era até certo ponto convincente, embora Mussolini sempre que possível continuasse zombando da arrogância e do esnobismo dos nacionalistas e, como era sua característica, confidenciando a um amigo que Federzoni era o tipo de homem que vestia um terno escuro antes de sair para comprar um rolo de papel higiênico.[47]

O mundo dos negócios se tranquilizou com a nomeação do economista Alberto De' Stefani para ministro das Finanças, cargo que desde fevereiro de 1923 englobava o Tesouro, anteriormente autônomo. De' Stefani era fascista, mas sua extraordinária personalidade e sua confiança nas negociações com os círculos mais intelectuais[48] o faziam notavelmente independente.[49] Suas posições em economia eram bastante ortodoxas, e logo começou a pressionar seu chefe para não permitir que os jornalistas ficassem bisbilhotando assuntos financeiros e sugerindo que era melhor a população em geral apertar os cintos, em vez de confiar na ajuda do Estado.[50] Também propôs com firmeza cortes nos gastos militares. Preocupado com seu conselho, o Duce falou na Câmara sobre seu comprometimento "a qualquer custo" com o orçamento. A história, acrescentou com suas típicas palavras, ensinava que a austeridade financeira salvava nações.[51] Com De' Stefani no cargo, o fascismo estava endossando a corrente que achava que o que era bom para a Fiat, para os bancos e, até para o capital internacional, era bom para a Itália. Em 1924, Mussolini sabiamente disse a um correspondente estrangeiro do *Chicago Daily* que ele e seu governo estavam comprometidos "com a máxima liberdade econômica",[52] e, mais tarde, naquele mesmo ano, De' Stefani, para alegria dos mercados, anunciou que o orçamento nacional estava superavitário.[53] Nessa época, talvez Mussolini estivesse empenhado em eliminar ideais liberais nos mundos político e cultural, mas também estava muito cauteloso quanto ao mundo da economia, fosse por causa de sua natural compreensão como bom chefe de família, fosse por sua constatação de que o dinheiro exigia respeito tanto de um liberal quanto de um fascista.

O ministro do Trabalho e Bem-estar era Stefano Cavazzoni, outra escolha inteligente. Cavazzoni era membro da ala conservadora do PPI e, em abril de 1923, pressionou o congresso do partido para seguir sua orientação e aceitar a colaboração com Mussolini, proposta influenciada pelo tratamento benevolente dispensado pelos fascistas ao Banco di Roma do Vaticano, em dificuldades desde outubro de 1922, mas recuperado graças à ajuda oficial e extraoficial do governo. Outros setores católicos conservadores também revelavam certa simpatia por uma ditadura, pois, como alegavam, um ditador podia assumir responsabilidades e era alguém em quem se podia confiar para conter a onda ameaçadora do bolchevismo e da maçonaria. Também defendiam que o homem pecador não estava moralmente pronto para a democracia.[54] Provavelmente Pio XI não discordava dessas ideias e, embora por algum tempo continuasse insistindo obstinadamente na sobrevivência de seu partido, em julho de 1923 Luigi Sturzo renunciou ao cargo. A partir de então, o PPI, sem a bênção do Vaticano, caminhou para sua dissolução em 1926.

Mas, e o Partido Fascista? Como seus integrantes viam os acontecimentos em Roma e qual era a política de Mussolini para com seus apoiadores que, sabia bem, provavelmente fariam exigências, tendiam para a indisciplina e seriam contrários a uma volta à normalidade? Em 5 de novembro as respostas ficaram claras quando Mussolini telegrafou para seus prefeitos e para a Polícia recomendando firmemente que cessasse a violência social, que "causa massacres e envergonha a nação". Embora alegassem motivações ideológicas, os verdadeiros motivos de muitos participantes das escaramuças dos domingos eram, na verdade, "mesquinhas paixões pessoais e locais".[55] Estava na hora de resgatar a autoridade do Estado Nacional perante tanto os inimigos dos fascistas quanto os próprios fascistas. Até Gaetano Salvemini, o mais purista dos antifascistas, admitiu que "Mussolini não é tão louco quanto as hordas de jovens fascistas", ou como D'Annunzio, "o mais louco de todos", que, como fez questão de salientar, Salvemini ainda temia que tentasse derrubar o Duce com um "projeto superfascista".[56]

Salvemini não estava entendendo a situação política com o discernimento e a precisão que o momento exigia, mas valia a pena indagar se as orientações para esfriar a crise social deviam partir das autoridades, se deviam ser amplamente aprovadas pelos fascistas das províncias, ou, quem sabe, pelo próprio Mussolini. Na maior parte dos assuntos o Duce continuava falando com duas ou mais vozes. Em seu discurso inicial na Câmara dos Deputados, declarou sem meias-palavras que "a revolução tem seus direitos". Ele e seu Partido tinham esmagado seus oponentes e, se quisesse, poderia mostrar o que essa supremacia significava:

> [...] transformando esta Câmara emudecida e melancólica em um quartel de minhas legiões [...] Eu poderia fechar o Parlamento e instaurar um governo exclusivamente fascista. Eu poderia fazer isso, mas, pelo menos por enquanto, não quero.[57]

Porém suas palavras não caminhavam apenas nessa direção. Por ocasião da morte de Sidney Sonnino, líder moral do conservadorismo italiano, o novo primeiro-ministro fez um pronunciamento absolutamente apropriado quando afirmou que "os interesses da pátria transcendem todos os outros".[58] Do mesmo modo, era ostensivamente respeitoso quando se referia à Igreja. Declarou que sua alma era, ao contrário do que podia parecer, "profundamente religiosa". A religião católica constituía uma "força fundamental que devia ser respeitada e defendida".[59] Devoto da Igreja, respeitoso com o rei, em muitas ocasiões cortês com o establishment do país,[60] mas, sem deixar de ser o Duce fascista da camisa negra, Mussolini deixava suas opções em aberto. Ao afirmar repetidamente para alguns fascistas das províncias: "Sou o fiador da vontade da melhor juventude italiana, sou o fiador do sofrimento de milhares de mortos, sou o fiador da grande luta pelos ideais e pelo poder que faz fervilhar nossa geração mais jovem",[61] não estava claro se estava tentando refrear ou liberar as paixões políticas de seus ouvintes.

Deixando as palavras de lado, os fatos mostravam que a revolução estava sendo institucionalizada. Antes de outubro, Mussolini falava sobre a criação de um órgão paralelo ao Parlamento, inteiramente autônomo. Tal organização, argumentara, seria mais eficiente e menos disposta a falatórios vazios do que a Câmara e o Senado. Em 15 de dezembro ficou evidente o que ele queria dizer quando a imprensa foi informada que o *Gran Consiglio* [Grande Conselho do Fascismo] tinha se reunido (no apartamento particular do Duce no Grand Hotel).[62] Ao mesmo tempo, o Gabinete comum continuava se reunindo (no fim do mês, já realizara doze sessões),[63] e Mussolini começava seu desempenho como primeiro-ministro "como se fosse uma catapulta".[64] No curso da atividade administrativa, entretanto, nenhuma tentativa foi feita para definir as relações entre o Gabinete e o Grande Conselho. Tudo que se sabia era que na lista de membros do conselho estavam nomes importantes do movimento fascista tão notadamente ausentes no Gabinete. Os quadrúnviros que tinham liderado a Marcha sobre Roma, Italo Balbo, Cesare De Vecchi, Michele Bianchi, Emilio De Bono (chefe de Polícia a partir de novembro de 1922) lá estavam. Como também Edmondo Rossoni, líder dos sindicatos fascistas, Nicola Sansanelli, figura inexpressiva que logo substituiria Bianchi como secretário do PNF, Giuseppe Bastianini e Attilio Teruzzi. Aldo Finzi redigia as minutas. Ele, Massimo Rocca e Cesare Rossi, elemento de ligação com a imprensa, foram os únicos que não tiveram longas e destacadas carreiras durante a ditadura. Também estavam presentes na segunda reunião do conselho, em janeiro de 1923, Dino Grandi, Achille Starace, Francesco Giunta, Piero Pisenti e muitos outros. A equipe estava sendo constituída. Os companheiros fiéis estavam definindo seus papéis e o Grande Conselho do Fascismo começou a desafiar o que restava das instituições liberais à medida que discutia e decidia questões importantes.

Os primeiros atos do conselho realmente tinham todo jeito de revolucionários. Os líderes do Partido andavam preocupados com a "melhor forma de emprego das organizações fascistas militarizadas". A solução foi a criação da *Milizia per la Sicurezza Nazionale*, que logo se transformaria em *Milizia Volontaria per la Sicurezza Nazionale*, ou MVSN [Milícia Voluntária pela Segurança Nacional].[65] Essa organização serviria para canalizar a energia fascista e ficar em condições de reagir caso os antifascistas se opusessem seriamente ao novo governo. Estava evidente que a forma como os fascistas encaravam a lei e os processos legais não era a que os liberais publicamente esperavam. Como ficou decidido na segunda reunião do conselho, a MVSN seria "essencialmente fascista", com o firme objetivo de defender resolutamente a "revolução de outubro".[66] A MVSN seria a guarda revolucionária.

Todavia, mais uma vez as coisas não estavam tão claras quanto pareciam. Entre as duas primeiras reuniões do Grande Conselho, Mussolini enfrentou uma crise em suas relações com o Partido. Nos três dias que antecederam o Natal de 1922, esquadras fascistas irromperam em Turim, cidade da Fiat, da família Agnelli, de boa parte da indústria e do jornal de Gramsci, o *L'Ordine Nuovo*, cuja redação foi saqueada. Também era a cidade onde havia uma universidade em que as ideias marxistas exerciam considerável influência e uma classe trabalhista com elevada autoestima. Tratava-se de uma cidadela antifascista que não se entregara após a Marcha sobre Roma. Os fascistas de Turim, chefiados pelo quadrunvirato De Vecchi, se vingaram brutalmente, à custa de uma dúzia de vidas e muito escândalo.[67] Uma análise desse evento revela duas nítidas singularidades. A iniciativa para os assassinatos e incêndios ateados foi local. De modo algum a ordem partiu de Mussolini. Na verdade, no primeiro dia da "ação" ele escreveu para De Vecchi reclamando dos rumores que circulavam afirmando que o líder piemontês estava reivindicando a responsabilidade pela Marcha sobre Roma e lembrou que De Vecchi sabia muito bem que: "Eu a planejei. Eu quis que acontecesse e a impus".[68] De Vecchi respondeu de imediato, negando tudo e afirmando enfaticamente: "Eu sou seu subordinado e você é o chefe".[69] Entretanto, suas ações em Turim mostraram que sua lealdade e deferência não eram absolutas e que estava na verdade procurando formas de pressionar seu líder para reconhecer sua importância e seu mérito.

Entretanto, o mundo de De Vecchi não girava apenas em torno de Mussolini. Naquelas complexas circunstâncias, ele tinha outros inimigos imediatos. O fascismo de Turim, como em outras regiões do país, vivia agitado por disputas entre facções locais. De modo geral, colocavam os fascistas *petit bourgeois* e radicais contra os mais conservadores e socialmente dignos colegas. Em Nápoles, por exemplo, o carismático e intransigentemente radical Aurelio Padovani, que se projetara como líder fascista em 1921 e fora por algum tempo membro do Grande Conselho, em 1923 foi desafiado por forças sob o comando de Paolo Greco, um ex-nacionalista com muitas amizades entre os negociantes locais. Logo ficou claro que Greco contava com o apoio de Mussolini[70] e, depois de muitos avanços e recuos, Padovani abdicou de seu papel político (e, em 1926, também da vida, quando caiu misteriosamente da sacada de sua casa).[71]

Disputas semelhantes ocorriam em todas as cidades, maiores ou menores. Assim, em Turim a autoridade de De Vecchi era confrontada pela de Pietro Gorgolini e Mario Gioda (este último, fundador do *fascio* de Turim em 1919 e ex-anarquista), que ainda defendiam os ideais radicais da piazza San Sepolcro. De Vecchi, ao contrário, era um monarquista com amigos entre os nacionalistas, no Exército e na Igreja.[72] Era de se esperar que a incursão contra a classe trabalhadora de Turim fosse obra dos radicais. Na verdade, porém, aconteceu justamente o contrário. De Vecchi e seus homens, responsáveis pelos assassinatos, foram obviamente criticados por Gorgolini e Gioda por causa da selvageria de suas ações. Antifascistas de Turim podiam ter sido derrotados, mas outros fascistas se opuseram à forma como isso acontecera. As consequências foram complicadas. Em maio de 1923 Mussolini se sentiu com poder suficiente para afastar De Vecchi de sua posição no governo e o fez com seu costumeiro autoritarismo.[73] A partir de então fora do governo, De Vecchi preservou suas amizades e em outubro de 1923 foi nomeado governador da Somália, cargo distante onde se esperava que não fosse um estorvo.[74] Seu destino, porém, não anulou a influência de De Vecchi em Turim. Viria a ser um destacado líder fascista durante o regime (mesmo quando Mussolini impunha sua decisão com indescritível brutalidade).[75] Gioda, ao contrário, deixou o partido em 1924. Aconteceu outro efeito paradoxal. Turim continuou sendo a mesma durante todos os anos de fascismo. Seus cidadãos se viam como turineses, e o regime "totalitário" do fascismo nunca subjugou a tendência dos trabalhadores para a preservação do velho entusiasmo pelo socialismo e pela democracia.[76] Turim se tornara fascista à sua própria maneira, que certamente não fora exatamente a planejada por Mussolini. Turim viria a se revelar uma cidade que relutava com veemência a qualquer expectativa que significasse "trabalhar em favor de seu Duce".

Os massacres de Turim, por sua vez, reforçam o argumento que, em curto prazo, a criação da MVSN foi no mínimo uma tentativa de acalmar os fascistas e, ao mesmo tempo, levar adiante a revolução.[77] Realmente, em junho de 1923, Mussolini se gabou perante atentos ouvintes no Senado de que as mais difíceis questões solucionadas por seu governo até então tinham sido o "problema do esquadrismo" e a resistência das "esquadras" à "autoridade do Estado".[78] Os *ras* locais não se deixaram impressionar com tais declarações e muitos deles continuaram desconfiando que a MVSN era uma organização criada para centralizar e controlar.[79] Claro que foi útil ao absorver as esquadras *sempre pronti* dos nacionalistas, embora o Exército, sem surpresa, criticasse a criação de um órgão que poderia comprometer sua própria autoridade. De forma ainda mais enfática, os antifascistas viam as esquadras, fosse qual fosse sua feição, como exemplo típico da tirania fascista. Parecia que Mussolini estava buscando meios para governar o país de modo mais drástico do que seus antecessores. Em 1923, porém, não estava claro se ele realmente estava conseguindo construir uma ponte entre a Itália "legal" e a Itália "real".

Embora suas maiores preocupações estivessem voltadas para os assuntos internos, Mussolini não podia evitar os problemas externos. Nos dois primeiros meses no cargo viajou para a Suíça e Londres, a fim de participar de negociações sobre indenizações e outros assuntos remanescentes da guerra. Mesmo antes de deixar Milão para assumir o cargo em Roma, em 29 de outubro ele expediu um comunicado para a imprensa com uma mensagem até certo ponto inócua, anunciando que seu governo seguiria uma política exterior "baseada em dignidade e evitando hesitações e ameaças".[80] Uma vez nomeado primeiro-ministro, valendo-se de expressões comumente usadas em círculos nacionalistas, Mussolini afirmou que "a Itália deseja ser tratada pelas grandes nações do mundo como irmã, e não como serviçal". Seu primeiro discurso na Câmara dos Deputados teve uma peculiaridade: foi entusiasmado e frio ao mesmo tempo. O Duce prometeu que o novo governo aceitaria todos os tratados como era obrigação do país, muito embora, acrescentou com firmeza, "a revolução tenha seus direitos" tanto interna quanto externamente. De qualquer modo, prometeu que a política da Itália seria rigorosamente realista, baseada no princípio de *do ut des* [dar para receber].[81]

O jornal *The Times* de Londres, naquela época o órgão da imprensa internacional de maior repercussão, comentara que os "fascistas", embora fossem uma organização de origem confusa, "cuja violência pode degenerar facilmente em excessos", representavam, não obstante, um retorno aos velhos e inovadores ideais do liberalismo italiano.[82] Diante disso, Mussolini ficou imaginando como a Inglaterra conservadora reagiria a um apelo da "Itália conservadora", como definia seu governo.[83] O *Times*, como muitos observadores estrangeiros, estava pronto e ansioso para acreditar que o fascismo possuía tanto um lado "bom" quanto um "ruim" e esperava que Mussolini personificasse o primeiro, receando que a diplomacia italiana "enlouquecesse".[84] Os temores do jornal eram compartilhados pelo mundo diplomático. Entretanto, as ameaças iniciais de Mussolini de seguir uma política exterior revolucionária, se era realmente o que ele pretendia, logo perderam força. Um segundo discurso em fevereiro de 1923 sobre a situação internacional defendeu, em tom de estadista, que "em política exterior é impossível haver originalidade".[85] Sir Ronald Graham, embaixador inglês, imediatamente informou que Mussolini era "um estadista de excepcional habilidade e iniciativa",[86] embora "com tendência para a impaciência e a violência". Entretanto, acrescentou, Mussolini também "reage rapidamente (à realidade) e parece querer aprender com a experiência". Seu governo fascista estava se saindo bem interna e externamente.[87] Havia dias em que ele tinha rompantes de "ira incontrolável". Sob certos aspectos, o Duce era "um homem estranho e ultimamente vinha provocando alguns comentários por dirigir em Roma sua motocicleta com *sidecar* com um filhote de leão, já bem crescido, ao lado". Contudo, alertou Graham, "os italianos parecem gostar disso" e, depois de seus rompantes, Mussolini logo se acalmava, recuperava a sensatez e agia como qualquer outro cavalheiro.[88] Para os observadores internacionais, a domesticação de Benito Mussolini e a adaptação necessária para transformá-lo em "um de nós" não parecia ser tarefa difícil.

As desconfianças iniciais nos círculos diplomáticos foram logo superadas. O serviço diplomático italiano estava profundamente dominado pelos ideais da ANI. Ao mesmo tempo, havia autoridades que habitualmente desconfiavam do populismo fascista e viam com ironia a esquisitice provinciana do novo líder do país. Algumas delas encontraram tempo para ensinar ao Duce noções da etiqueta oficial.[89] Muitos comentários posteriores exageraram o conflito entre Mussolini e seus auxiliares do corpo diplomático. Na verdade, durante todo o ano 1940 surgiram muito mais provas de convergência de seus pontos de vista do que de profundas discordâncias. A revolução fascista não esteve tão fora de sintonia com as verdadeiras pretensões de uma diplomacia para o novo governo a ponto de causar algum desconforto em especial. Somente uma figura de destaque renunciou — Carlo Sforza, em outubro de 1922, que deixou de ser ministro do Exterior para ser embaixador em Paris[90] — e, nos níveis menores do ministério, houve apenas um caso de divergência pública.[91] Os diplomatas, como os demais funcionários, foram fiéis aos clássicos princípios da burocracia que recomendam calma aparente, dissimulação e protelação. Acreditavam que a agitação fascista não duraria muito, as coisas apenas mudavam e permaneciam as mesmas. Como explicou pacientemente o experiente Giacomo De Martino, escolhendo as palavras para que contivessem variadas mensagens, o senso de alarme eventualmente sentido pelos círculos da elite da Inglaterra, onde servira como embaixador, tinha diminuído à medida que o governo fascista se consolidava. A City em particular, acrescentou significativamente, estava disposta a aprovar a experiência fascista.[92] O encarregado de negócios em Washington concordava.[93] Se suas palavras fossem levadas em conta, esses assessores estariam contribuindo para que houvesse uma pressão suave sobre o novo primeiro-ministro por meio de um aconselhamento realista e capaz de indicar onde estava o poder e a melhor forma de utilizá-lo, no caso de uma nação com modesta projeção internacional como a Itália. Como um de seus companheiros assinalou em suas memórias, o melhor primeiro-ministro seria aquele que procedesse como San Gennaro, de Nápoles, que concordava em só aparecer uma vez por ano e continuava sendo um mistério no resto do tempo.[94] Mas será que a Itália fascista realmente se "acomodaria"? Ou Mussolini resolveria remar contra a maré? Nos primeiros meses de 1923 os comentaristas no país e no estrangeiro estavam em dúvida se era o fascismo ou a Itália, se era a crença ideológica ou o interesse nacional, que melhor definia a forma como o novo governo via o mundo em geral.

Era difícil evitar manifestações de nacionalismo e Mussolini não era o único italiano que ansiava por uma presença grandiosa do país no cenário mundial. O historiador Gioacchino Volpe, intelectual e pilar do regime, escreveu em *Gerarchia*, por exemplo, que os corsos "representam nossa estirpe em sua mais simples expressão" e esperava que os franceses se lembrassem de que "a história da Córsega também é nossa história".[95] Margherita Sarfatti foi a Túnis, onde a maioria dos imigrantes europeus era de italianos. O relato que elaborou em novembro de 1923, com prefácio redigido por seu amante sob o pomposo pseudônimo Latinus, defendeu a preservação e o fortalecimento da *italianità* dos italianos que lá estavam, mesmo admitindo que os franceses eram bons administradores e não evitasse a conclusão orientalista, um verdadeiro clichê, de que os árabes eram "no fundo, umas crianças grandes".[96]

As relações da Itália com as grandes potências era outra questão importante. Mas, e quanto aos estados menos importantes? Entre estes, o que mais perturbava era a Grécia, país frequentemente censurado pelos círculos nacionalistas. Uma das primeiras mensagens que Mussolini recebeu sobre a situação internacional o convenceu a em hipótese alguma ceder em sua determinação de manter as ilhas do Dodecaneso, ocupadas pela Itália desde 1912 e objeto de longas negociações internacionais,[97] longe do controle grego. Os gregos, disseram a Mussolini, eram um povo incapaz de manifestar gratidão. A Itália, superior à Grécia, devia tratá-los com a firmeza de um bom mentor.[98]

No resto dos Balcãs, na África e no mundo em torno dessas regiões poderiam surgir problemas para um governo nacionalista. Eram tão amplas as preocupações internacionais que, em 28 de agosto de 1923, Mussolini alertou mais uma vez os prefeitos, que já advertira para que assegurassem sua precedência sobre os líderes locais do PNF em todas as questões envolvendo a hierarquia local,[99] para conterem os exageros de entusiasmo dos fascistas. "Os problemas mais delicados no cenário internacional", explicou o primeiro-ministro, "neste momento estão vindo à superfície".[100] Estava a caminho uma crise em larga escala entre Itália e Grécia.

Até então tinham sido poucas as intervenções de Mussolini em assuntos exteriores e, a despeito de eventuais lampejos, poucas vezes se afastara do padrão italiano. Porém, em 28 de agosto Mussolini telegrafou para seu embaixador em Atenas, que tinha o empolado nome Giulio Cesare Montagna, exigindo "imediata e exemplar punição" de quem, no dia anterior, tinha cometido um "bárbaro massacre"[101] na fronteira greco-albanesa. Um general italiano, Enrico Tellini, que chefiava uma comissão interaliada de vigilância da fronteira, estava entre os mortos.[102] Os gregos atribuíram os acontecimentos aos bandidos, mas Montagna insinuou que o governo grego de então tinha financiado os assassinos. Para piorar as coisas, em 29 de agosto Mussolini deu ordem para que a esquadra italiana se preparasse para ocupar a ilha de Corfu, a menos que os gregos satisfizessem, em vinte horas, um duro rol de exigências. Tais demandas envolviam medidas humilhantes, como o comparecimento do governo grego no funeral na Igreja Católica romana em Atenas, onde todos os ministros deveriam saudar a bandeira italiana, e o imediato pagamento de uma vultosa indenização de 50 milhões de liras.[103] A resposta dos gregos foi conciliatória, mas a sorte estava lançada e, em 31 de agosto, tropas italianas desembarcaram em Corfu. Na confusão do desembarque, a ilha foi bombardeada sem aviso prévio. A Itália fascista estava marcando presença no cenário internacional com o que parecia uma reprodução dos ataques esquadristas, tão brutalmente desfechados contra inimigos socialistas e outros adversários no plano interno.

Até então, a "violência saudável", como os fascistas gostavam de defini-la, tinha praticamente eliminado a oposição. No mundo diplomático, porém, as coisas eram mais complexas do que nas províncias italianas. Uma vez ocupada Corfu, não ficou claro o que aconteceria em seguida, e Mussolini logo se preocupou em acionar seus diplomatas para difundir a estranha advertência de que sua nação estava empenhada em uma invasão "pacífica e temporária".[104] Até Giovanni Giuriati, um dos inúmeros fascistas notáveis e mais respeitados na sociedade, que viria a ser secretário do PNF, logo propôs a Mussolini aproveitar a oportunidade para retirar a Itália da Liga das Nações e proclamar que a revolução não estava disposta a sofrer o jugo do controle internacional.[105] Em contrapartida, alguns diplomatas de carreira estavam profundamente preocupados com a precipitação que caracterizou a ação e aborrecidos com a dificuldade de prever o que poderia acontecer em seguida. Um dos que teve essa preocupação foi o experiente siciliano Salvatore Contarini, secretário-geral do Ministério do Exterior, que, para fugir do calor, no verão deixara a capital e fora desfrutar o clima mais agradável da ilha de Ischia.

Ademais, Mussolini logo percebeu que não estava lidando somente com a Grécia. Na Inglaterra, na França e por toda parte a feição radical da iniciativa italiana fez lembrar não apenas os ataques esquadristas, mas também o malfadado ultimato austríaco à Sérvia em 1914. A ocupação de Corfu por decisão unilateral foi interpretada como um desafio italiano dirigido diretamente à recém-formada Liga das Nações, com suas ainda não testadas promessas de paz a serem asseguradas por meio de segurança coletiva. Surgiram muitas preocupações, sobretudo na imprensa, e o jornal *Times* de Londres comentou, em magistral editorial, que a queda do fascismo poderia ser ruim para a Itália, mas o colapso da Liga seria ruim para a Europa.[106] Mussolini reclamou furioso com seu atônito embaixador em Londres que a "totalmente inaceitável campanha da imprensa inglesa" poderia causar danos permanentes para as relações entre as duas potências.[107] Muitos historiadores, convencidos de que fascismo de qualquer natureza significa guerra, concordam que a "Europa estava vendo um tipo de diplomacia pronta para alcançar seu apogeu de forma absolutamente cínica na década seguinte".[108] "Talvez mais do que qualquer outra pessoa", assinalaram, "Mussolini era responsável pelo colapso da Liga. O ataque à Etiópia (em 1935) seria o clímax do processo de desgaste iniciado em Corfu."[109]

Entretanto, havia alguns problemas ligados à alegação de que o pequeno arrebatamento do Duce tinha sido um "ato isolado". Tudo levava a crer que a opinião da elite italiana apoiava o tratamento firme que Mussolini dispensava aos gregos.[110] O jornal de maior expressão na Itália, o ainda liberal *Corriere della Sera*, sob a direção do famoso editor Luigi Albertini, apoiava plenamente o governo e criticou, por exemplo, a reação inglesa. Em geral, defendia que a Itália estava agindo com "moderação" e "abnegação" diante dos cruelmente agressivos gregos.[111] Antonio Salandra, conservador que levara a Itália à Primeira Guerra Mundial e agora era representante do país na Liga, em Genebra, também endossou a decisão de Mussolini, elogiando um governo que queria fortalecer o prestígio nacional.[112] Thaon di Revel, comandante da Marinha, havia meses planejava uma ação contra os gregos, uma vez que a disputa pela soberania sobre as ilhas do Dodecaneso continuava em ebulição. De fato, em 1º de agosto Thaon lembrou a Mussolini que uma guerra naval e total com a Grécia podia alcançar "um máximo de benefícios com um mínimo de riscos". Repetindo o que diziam os nacionalistas, insinuou que não demoraria muito tempo para que o Adriático se transformasse em "um lago italiano".[113] De acordo com suas memórias, Antonio Foschini, comandante que tinha desembarcado em Corfu, estava ciente de que trabalhava muito mais sob as ordens de Thaon do que do Duce, que nunca conhecera.[114]

Em outras palavras, o incidente de Corfu comprovou solidamente a tese de Togliatti de que, pelo menos no que se refere à política internacional, o regime fascista tendia a seguir a mesma linha dos nacionalistas.[115] Mussolini estava agindo de acordo com seus desejos e hábitos. Para dizer a verdade, nem sua crítica à indefinição e confusão da Liga das Nações divergia do que pensavam os conservadores em países como a Inglaterra e a França. Na imprensa inglesa, o *Morning Post*, o *Daily Mail* e até o *Observer* citavam a *realpolitik* para justificar suas opiniões sobre as iniciativas italianas e rejeitavam a possibilidade de seu país ser levado a desempenhar o papel de "polícia internacional". A "forma viril" como Mussolini dirigia seu país, disseram, devia ser aplaudida.[116] Em janeiro, até o *Headway,* jornal de simpatizantes da nova diplomacia, afirmou que

Mussolini representava "algo mais do que o fascismo".[117] Mussolini não foi o único europeu que, nas décadas de 1920 e 1930, duvidou da eficácia da Liga das Nações.

De qualquer modo, a crise de Corfu estava se transformando em uma curta tormenta de verão. Em 12 de setembro Thaon alertou seu chefe que, se os acontecimentos levassem a um enfrentamento com a Royal Navy inglesa no Mediterrâneo, a esquadra italiana sobreviveria por apenas "48 horas".[118] Quinze dias mais tarde terminou a ocupação de Corfu e o conflito entre Itália e Grécia foi colocado em segundo plano pela comunidade internacional. Por enquanto a Liga estava sendo preservada e mais uma vez a Itália mostrou que era a menos importante das grandes potências. Por outro lado, tudo indicava que o prestígio de Mussolini não fora abalado pela crise de Corfu. Na verdade, em 23 de setembro ele foi informado por seu serviço secreto que o embaixador inglês em Roma, sir Ronald Graham, rejeitara a percepção de que as ações do Duce tinham sido muito "impulsivas". Ao contrário, Graham informara seus superiores na Inglaterra que Mussolini revelara possuir um "vigor" sem limites. O frio realismo de Mussolini indicava que as relações com a Itália poderiam, a partir de então, se basear em rigorosa avaliação de ganhos e perdas.[119] Graham não era o único estrangeiro que admirava Mussolini. Em novembro de 1922 chegaram a Roma informações sobre um tal Hitler, líder dos "fascistas" da Baviera, que ficara impressionado com os mais recentes acontecimentos na Itália e estava ansioso por estabelecer melhores relações com o novo governo.[120] Mussolini demonstrou algum interesse em um movimento alemão possivelmente fraterno, mas o fracasso do Putsch da Cervejaria em novembro de 1923 o convenceu de que por enquanto Hitler e seus parceiros não passavam de "fanfarrões".[121] Na época, o mais curioso simpatizante das políticas de Mussolini era o general espanhol Miguel Primo de Rivera, que ficou muito impressionado ao visitar Roma dois meses após seu *pronunciamiento* em setembro de 1923. "Sua imagem", disse para o Duce, "não é a de um italiano comum, o senhor é o apóstolo da campanha mundial contra a dissolução e a anarquia [...] o fascismo é um fenômeno universal que deve conquistar todas as nações [...] o fascismo é um verdadeiro evangelho."[122] Como recompensa, Primo foi saudado por seu rei Afonso XIII como "mon petit Mussolini",[123] epíteto que de certa forma era uma faca de dois gumes.

Tudo bem que bajulasse o líder italiano, mas o fato é que os diplomatas estrangeiros também perceberam ser importante que a ebulição em torno do incidente de Corfu, uma vez superada, não se repetisse, pelo menos em curto prazo. Nos anos 1920 a política exterior da Itália oscilou de vez em quando, mas não voltou a assustar o mundo. Ao contrário, sempre fora prioritário para Mussolini assegurar o êxito do fascismo no campo interno e construir um regime capaz de governar a Itália.

A propósito, a primeira preocupação do Duce tinha sido de ordem prática, uma questão que fortaleceu a tendência de muitos contemporâneos seus de vê-lo como um novo Giolitti.[124] Mussolini queria convocar eleições. Afinal, ele ainda era o líder de 35 deputados fascistas na Câmara. Agora era preciso consolidar um amplo apoio capaz de assegurar que em um futuro previsível ele seria politicamente indispensável, tal como Giolitti fora de 1901 a 1915. Dois métodos podiam ser utilizados, um legal e outro mais abertamente fascista e revolucionário. Giacomo Acerbo, respeitado fascista de Abruzzo, trabalhando em um plano inicial preparado por seu companheiro, o sulista Michele Bianchi, redigira o texto de uma lei que provocou intensa controvérsia no Parlamento durante o verão e o outono de 1923. Criava uma recompensa em termos de assentos a serem atribuídos ao partido de maior votação e com mais de 25% do total de votos, permitindo, portanto, a criação de uma sólida maioria em um sistema multipartidário. A esquerda, com grande maioria, se opôs à medida, como também o fez Farinacci, um dos fascistas mais intransigentes, embora por motivos diferentes. Todavia, Giolitti, Salandra, Orlando, *Il Corriere della Sera* e, por conseguinte, o Vaticano e o rei, endossaram, todos eles, o projeto,[125] em meio à complacente retórica conservadora sobre a unificação da nação e reafirmação da autoridade do executivo. Em novembro a "lei Acerbo" foi aprovada no Senado em uma única sessão. Em janeiro, com a sanção do rei Vítor Emanuel III, o Parlamento foi dissolvido. As eleições foram marcadas para 6 de abril.

Sem dúvida era uma medida constitucional, mas, e quanto ao Partido Fascista e suas atividades fora de Roma? A violência social não cessara. O assassinato do padre católico esquerdista Giovanni Minzoni perto de Ferrara, em agosto de 1923, fora consequência de mais uma ação dos esquadristas. Em copiosa correspondência com Mussolini, Farinacci, que conquistara a fama de ser o mais fascista dos fascistas, continuou defendendo mais intransigência e condenando a permanência em algum cargo de quem fosse ligado à velha administração.[126] O *ras* de Cremona prosseguiu sendo um zeloso "defensor dos métodos cirúrgicos" contra quem se revelasse indeciso quanto ao fascismo e à vitória da revolução.[127]

Embora não fosse muito elevado o nível de sofisticação ideológica de Farinacci, o fascismo continuava tentando se afirmar intelectualmente. Em junho de 1923, Giuseppe Bottai (nascido em 1895), romano e ex-nacionalista que vivia sob a influência de Mussolini desde que o conhecera em 1919,[128] anunciou com espalhafato a edição do primeiro exemplar de uma revista intitulada *Critica Fascista* e se gabando de que seu editorial apresentava um quadro de honra de fascistas e simpatizantes do fascismo, citando Acerbo, Balbo, Bastianini, Bianchi, Corradini, Federzoni, Forges Davanzati, Gentile, Giunta, Grandi, E. M. Gray, Sergio Panunzio, Rocca, Rocco, Cesare Rossi e Rossoni. Em seu primeiro editorial explicou a necessidade de consolidação da "revolução" por meio da "implantação de certos valores políticos e espirituais". A marca do nacionalismo era muito forte. Corradini escreveu um artigo inicial explicando "a natureza histórica das doutrinas políticas". Forges Davanzati, outro nacionalista que já se esforçara para elevar o moral popular depois da derrota de Caporetto, argumentou que o fascismo não devia ser encarado como "estando no governo", mas como "tendo se transformado em governo". Depois de esmagar os "partidos" derrotados, encarnava uma nova geração, fortalecida por "todas as melhores forças" da sociedade italiana. Panunzio, pensador (sulista) do sindicalismo, acrescentou que o socialismo estava totalmente derrotado e que o fascismo fincara raízes em seus próprios sindicatos, assegurando que o Estado e o próprio fascismo estavam se tornando um só.[129]

Havia, portanto, um rol de questões a serem discutidas não só durante o regime, mas também pela historiografia posterior a 1945. No segundo número da *Critica Fascista*, o próprio Mussolini escreveu uma introdução manifestando sua alegria diante de críticas civilizadas. Lá estava mais uma vez o "professor Mussolini", demonstrando satisfação por ver que o fascismo podia ser intelectualmente produtivo e manifestando sua alegria quando Bottai declarou que o fascismo era "acima de tudo intelectual".[130] O fascismo, frisou Mussolini, devia ser "educativo", ou para nada serviria.[131] Nos meses seguintes Bottai e outros insistiram em suas exigências de que a revolução não permanecesse passiva. O fascismo, escreveu Bottai, é como "o despertar de uma religião que chegou a um ponto em que deve se organizar e construir seus templos".[132] No Grande Conselho também se discutia que era "missão histórica" do regime organizar "uma nova classe dirigente para a nação" e se louvava o espírito guerreiro que ainda prevalecia na MVSN, mas sempre lembrando prudentemente que "qualquer tentativa de separar Mussolini do fascismo era absurda e sem sentido".[133]

Porém, Bottai não deixava de ser respeitoso. Quando se sentiam independentes, os líderes locais do Partido cometiam erros. Deviam compreender que seu Duce era:

> [...] um homem poderoso e compreensivo, que não esquecera e não esqueceria que a lei não é um instrumento para convencer ou controlar o povo, mas, ao contrário, é uma síntese dessas duas coisas [...] e quanto ao que interessa a nós fascistas, só há uma forma de ser um genuíno seguidor de Mussolini, é viver de modo inteligente a vida do Partido.

Resistindo ao canto da sereia dos que se mostravam "descontentes, desiludidos, incapazes e envergonhados", os fascistas deviam tentar voluntariamente compartilhar "as lutas e preocupações do chefe".[134] Mantendo esse programa e sua atitude mental, Bottai, de certa forma um eterno adolescente, passaria duas gerações trabalhando em prol de seu Duce. Todavia, persiste a pergunta: quantos italianos estavam dispostos a entregar suas almas a Mussolini, como fazia Bottai?

Manifestações de lealdade e devoção também não serviam para corrigir a profunda hipocrisia com que Mussolini encarava a vida. Enquanto estavam em curso as eleições, ele publicou no *Gerarchia* uma apreciação sobre Maquiavel. Afirmou que tinha acabado de reler a coleção de obras do escritor florentino, embora — acrescentou modestamente — não se aprofundasse em literatura com base em fontes secundárias na Itália e no exterior. Mussolini declarou que Maquiavel estava mais vivo que nunca. O pessimismo sobre a natureza humana era eterno em seu entendimento. Simplesmente não se podia confiar nas pessoas para, voluntariamente, "obedecer à lei, pagar seus impostos e servir na guerra". Nenhuma sociedade bem-organizada pode pretender que seus membros preponderem. A cínica percepção de Maquiavel expõe a insensatez dos sonhos do Iluminismo (e do pensamento político de Mussolini antes de 1914).[135]

Embora pensamentos sombrios sobre a natureza humana não pudessem ser eliminados totalmente de sua mente, naqueles dias as coisas estavam correndo bem para o Duce. Ao se dirigir a seguidores fiéis do Partido em janeiro de 1924, Mussolini os advertiu contra a disseminação de ideias de que um líder pode ser levado para lá ou para cá em função de bons ou maus conselheiros. Ele, ao contrário, levando uma vida que não se podia considerar "em grupo", tomava suas decisões na solidão de seu espírito, quase sempre tarde da noite. Todas as manhãs cinco ou seis assessores vinham fazer um resumo para deixá-lo a par do que estava acontecendo na Itália. Ele os ouvia e tomava suas próprias decisões.[136] O que se contava sobre seu carisma e sua "brutalidade" continuava conquistando adeptos. Em todo o país, homens da elite se apressaram na tentativa de integrar a *listone* [grande lista], quando estava para ser apresentada a lista de candidatos do governo. Arnaldo Mussolini salientou para o irmão, com sabedoria e um toque tipicamente nortista, que ao sul de Roma a *listone* devia acolher de bom grado a velha elite, já que as "personalidades", e não os partidos, faziam a diferença.[137] Como o governo podia confiar nas "maiores personalidades", a campanha eleitoral ocorreu com relativa tranquilidade e, eticamente, Mussolini mais uma vez orientou os prefeitos a conter a violência, fosse qual fosse a facção do espectro político que a originara.[138]

O resultado foi uma grande vitória. A *listone* dispensou o apoio dos dispositivos da lei Acerbo, uma vez que o governo conquistou mais de metade dos votos no norte da Itália, 76% no centro e 81,5% no sul, onde, dezoito meses antes, o fascismo mal existia. Nunca acontecera em toda a história italiana, desde 1861, triunfo tão retumbante. Além disso, após as eleições, Mussolini saiu em busca de um consenso e considerou, com toda frieza, a ideia de um acordo com os socialistas moderados. Poderiam o líder reformista Filippo Turati e o líder sindicalista Ludovico D'Aragona, se solicitados, "concordar" em integrar uma coalizão nacional, um governo de união?[139]

Alguns esquerdistas continuaram resistindo firmemente à onda fascista. Entre eles estava Giacomo Matteotti, reformista particularmente odiado pelos fascistas por causa de sua posição social, de suas raízes na região — sua família em Rovigo era dona de um banco local[140] — e por ter repelido veementemente a opção nacionalista na Primeira Guerra Mundial. Matteotti também mantinha excelentes contatos internacionais e em abril de 1924 viajou para Londres, onde se reuniu com líderes trabalhistas. Em 30 de maio, de regresso à Itália, fez um pronunciamento na Câmara condenando o que afirmou serem eleições fraudadas, em nível de cínica violência que podia ser comparado ao que ocorria no México, sem considerar o fato de tal declaração insultar os mexicanos.[141] Mais preocupante, circulavam rumores de que Matteotti juntara provas de corrupção fascista. Grandes subornos tinham sido pagos pela Sinclair Oil, companhia americana que mantinha excelentes ligações com importantes banqueiros como Samuel Guggenheim, John Pierpont Morgan e Andrew Mellon a fim de controlar a distribuição de petróleo na Itália.[142] Também corriam notícias sobre tráfico ilícito de armas. Falava-se que Arnaldo Mussolini estava envolvido em alguns desses negócios,[143] assim como outras pessoas próximas a Mussolini, inclusive Finzi, fascista muito rico da Polesine e, portanto, vizinho da região de origem de Matteotti.[144] Ainda que não fosse condenado por sua violência, será que o fascismo cairia sob o peso da corrupção no Partido?

Isso não aconteceu. Em 10 de junho correu a surpreendente notícia de que Matteotti tinha sido raptado. Homens armados o tinham agarrado enquanto caminhava perto de sua casa à margem do Tibre e o colocado à força dentro de um carro que saiu em disparada. O chefe da esquadra envolvida era Amerigo Dumini. Nascido em 1896, filho de um casal que emigrara para St. Louis, Missouri, Dumini mantinha excelentes contatos que levavam até o Duce. Matteotti fora sequestrado e não voltaria dessa jornada. Nenhuma outra notícia sobre petróleo ou possíveis escândalos teve maior repercussão na imprensa. Porém, o rapto de Matteotti ameaçava demolir o edifício que Mussolini tão hábil e decididamente tentava construir desde outubro de 1922. Será que a coalizão sobreviveria não apenas nas províncias, mas também nas ruas da capital, onde o sangue parecia manchar as mãos do próprio primeiro-ministro e onde esquadristas cantavam "vamos fazer um monte de pequenas salsichas com a carne de Matteotti"? À espera de notícias sobre o destino do marido, o cabelo da mulher de Matteotti ficou branco, e seu prematuro envelhecimento não pôde ser evitado pelo telefonema de Mussolini em que o Duce, covarde ou calculadamente, manifestou sua esperança de que o marido da sofrida senhora logo fosse encontrado vivo. Um assassinato de tão ampla repercussão seria capaz de destruir o fascismo e causar a desgraça do breve regime de Mussolini?[145]

9
A IMPOSIÇÃO DA DITADURA, 1924-1925

No começo de junho de 1924, depois de se consolidar como o "novo homem" da política no pós-guerra, Mussolini parecia estar se escudando em uma nova forma de poder. Adquirira o gosto por governar um país e revelava entusiasmo e habilidade para manter a coalizão que o apoiava e até para expandi-la. Tinha sido cuidadoso ao agradar aos velhos liberais e colocou seus representantes mais notáveis na *listone* das eleições.[1] Hábil e implacável, continuou a conter a "energia" do fascismo nas províncias, deplorando a violência "sem sentido",[2] contudo, sem rejeitar a intimidação de seus oponentes políticos que tinham sobrevivido. "Ordem", a ordem fascista que costumava proclamar, se transformou em questão fundamental em toda a ação. Sem ela, o valor da lira poderia cair[3] e o país seria incapaz de assegurar uma posição compatível no mundo. Desde outubro de 1922, Mussolini conseguiu êxito na tentativa de se revelar tanto o Duce fascista, comandante da milícia atuante, como o estadista em potencial, colocando Roma bem acima de mesquinhas questões locais. Graças à sua retumbante vitória eleitoral, conquistara uma forte posição política, além do imaginado por Giolitti ou Crispi, por Agostino Depretis ou o conde de Cavour. Tratava-se, realmente, de uma pessoa que, se quisesse, podia se tornar um "ditador parlamentar" com poucos riscos ou ameaças emboscando seu caminho. Em menos de dois anos, Benito Mussolini se transformara no político italiano de quem todos ouviriam falar, tanto no país quanto no exterior.

Será que Mussolini sabia para onde estava indo? Já teria decidido ser um ditador fascista? Alguns analistas dizem que sim.[4] Sua personalidade certamente continuava sendo dominadora, e o hábil relacionamento com seu partido permitia entender que ou era reconhecido como líder incontestável, ou o movimento fascista estava limitado às províncias e ele precisava encontrar outro veículo para obter poder. Além disso, nunca escondera seu desprezo pela prática parlamentar, embora o zelo com que se aplicara à administração das eleições indicasse que ainda não deixara de considerar a Câmara um símbolo da autoridade. Mais importante, Mussolini se distinguia de seus antecessores ao compreender que, mesmo em uma Itália relativamente atrasada, para ser bem-sucedido um político precisava de instrumentos e de uma retórica que lhe assegurassem o apoio de uma parcela significativa da população à sua causa. Gaetano Salvemini, democrata decepcionado, teria declarado com tristeza que apenas cerca de 100 mil italianos realmente se preocupavam com a nação[5] e, na verdade, muitos camponeses, homens e mulheres, eram politizados na forma mais marginalizada possível e podiam regredir com facilidade aos modelos do mundo político e social da pré-modernidade. Contudo, Mussolini tinha reconhecido, depois da mobilização que acontecera durante a Primeira Guerra Mundial, que todos os italianos precisavam ser orientados politicamente. Como nunca no passado, precisavam acreditar que pertenciam a uma nação-estado. De uma forma ou de outra, como primeiro-ministro ou como ditador, Mussolini pretendia insistir na "nacionalização das massas".[6]

Os historiadores precisam ser cuidadosos. Ao examinar os fatos em retrospecto sempre há o risco de ignorar confusões e concessões da vida real, identificando padrões e imposições locais onde não existem. É discutível se Mussolini sabia que estava marchando para um regime "totalitário", como logo passaria a ser chamado, e que seu destino era implantar uma religião secular cuja mais óbvia característica seria sua própria deificação. O Mussolini que gostava de agir radicalmente estava parecendo um político maquiavélico capaz de obter sucesso ao negociar com todas as partes. Não foi sem razão que, após a vitória eleitoral, circulassem rumores de que ele estava revivendo ideias manifestadas três anos antes, por ocasião do pacto de pacificação que fora abandonado,[7] e que era possível a adesão de alguns socialistas ao governo.[8] Em junho de 1924 Mussolini ainda se empenhava em conciliar os papéis de primeiro-ministro de uma coalizão de governo com o de Duce fascista.

O rapto e o assassinato de Matteotti marcaram a maior crise da vida de Mussolini. Seria o responsável pelo assassinato? O biógrafo italiano De Felice afirma que não, pelo menos não diretamente.[9] Mauro Canali, historiador que mais recentemente comentou o evento, discorda e culpa diretamente o Duce.[10] Na opinião de Canali havia uma *ceka* criada em 1923 para ser uma "organização criminosa secreta sob as ordens de Mussolini".[11] Sua criação assinalou o começo do terrorismo totalitário de Estado, mesmo que o assassinato de Matteotti tivesse por objetivo silenciá-lo mais por causa do escândalo do petróleo do que como um ataque ao "antifascismo".

Os pormenores da argumentação de Canali são impressionantes, mas talvez a acusação a Mussolini continue "sem comprovação", usando o apropriado conceito legal escocês. Não há dúvida de que muitas vezes Mussolini perdoara e estimulara violência e assassinatos, e que odiava Matteotti.[12] Também está claro que a esquadra comandada por Dumini planejara seu ataque com conhecimento prévio dos mais altos escalões do Partido Fascista e com a ajuda direta de figuras como Marinelli, Finzi, Cesare Rossi e Filippo Filippelli, editor do *Il Corriere Italiano* e principal ligação de Arnaldo Mussolini com o mundo financeiro.[13] Na noite de 9 para 10 de junho, Dumini e seus companheiros estacionaram o carro, que Filippelli lhes conseguira, no *cortile* do Palazzo Chigi, alegando que o *cavalier* Dumini era assistente de Rossi e estava envolvido em importante negócio em Roma.[14] O processo legal depois do acontecimento foi montado de modo a evitar uma investigação mais profunda e, embora Dumini e outros integrantes da esquadra fossem para a cadeia, na verdade não receberam a punição que mereciam.

Entretanto, algumas perguntas ficaram sem resposta. Tanto Dumini quanto seu verdugo, o sanguinário Albino Volpi, eram amplamente citados em arquivos do gabinete particular do Duce. O conteúdo é curioso, cada um, diretamente ou por meio de familiares ou amigos, tinha escrito para o ditador combinando respeitosa devoção com claro indício de chantagem. Por exemplo, em maio de 1929, Asmara Norchi Volpi pediu a interferência de Mussolini para conseguir que seu marido obtivesse a licença para uma banca no novo mercado em Milão, alegando o que ela chamou circunstâncias econômicas precárias da família de Volpi e o "merecimento" que Albino Volpi conquistara (e estaria sempre pronto para conquistar) pela causa de "sua excelência e do fascismo".[15] Cinco anos mais tarde, os negócios continuavam correndo mal com os Volpi, e um amigo lembrou para Mussolini a "fé, a coragem e a devoção de Volpi ao

Duce", enquanto o próprio Volpi assegurava ao ditador que pouco fizera, a não ser invocar bênçãos para ele, às pessoas que amava e sua família.[16]

Ainda mais estranha era a correspondência revelando que, em 1939, Dumini conseguira subsídios do regime que dados oficiais indicam ter ultrapassado 2,37 milhões de liras.[17] Em suas cartas para o Duce, Dumini costumava perguntar: "Como pode sua excelência esquecer que nos anos de perigo Amerigo Dumini abraçou o projeto?".[18] Enquanto explorava seu chefe, Dumini seguidamente ficava filosofando a respeito do mundo darwiniano que poderia lhe permitir, felizmente, "ver o fim de nossos sofrimentos e a eliminação daqueles que procuram em vão arruinar a mim e a toda a minha família", gente maldosa que habita e conspira nas fileiras do Partido e em toda parte.[19] Em outras palavras, Dumini se via muito mais como um aproveitador do que um abnegado legionário do credo fascista. Essa impressão se confirmou em carta escrita pela mãe de Dumini para Mussolini reclamando que o confinamento de seu filho em Longobucco, na Calábria, era intolerável, uma vez que se tratava de um *paese* lá no sul, "lugar para bestas selvagens, em face do clima, do isolamento, da alimentação e do alojamento".[20] Os Dumini estavam longe de admitir que qualquer cidadezinha no sul também fazia parte da nação fascista e sabiam perfeitamente que quem assumia o papel de chefe tinha deveres a cumprir para com seu subordinado.

Portanto, a correspondência com os assassinos de Matteotti oferece excelente evidência da persistente identificação entre o chefão e seu subordinado em um estado que se gabava de ser totalitário. Mas como comprovar a culpa de Mussolini no assassinato em questão? As mensagens são confusas. Em outros regimes, Dumini, Volpi e os demais certamente não teriam sobrevivido à inoportunidade de seus atos. Pouca gente acharia uma boa ideia chantagear Hitler ou Stalin. Comparando com a "noite das facas longas" na Alemanha nazi, para não falar nos expurgos determinados por Stalin na URSS ou na implacável perseguição de republicanos na Espanha de Franco, o assassinato de Matteotti foi uma bagunça, coisa de amador. Quando Matteotti foi jogado dentro do carro, o *portiere* local anotou o número da placa,[21] permitindo que o veículo fosse imediatamente localizado. A esquadra estaria querendo realmente matar o socialista ou será que sua intenção era simplesmente lhe dar uma surra? Se o objetivo era matá-lo, os assassinos foram extraordinariamente incompetentes ao se livrarem do corpo, que foi deixado à margem de uma estrada que ligava Roma às colinas de Sabina. Pelo que se sabe, ficaram apenas circulando sem destino com seu Lancia até acabar o combustível, quando abriram uma cova rasa a apenas 150 metros da estrada.[22] Não tomaram providência alguma para evitar perguntas ou buscar respostas para encarar as inevitáveis repercussões e reclamações consequentes do desaparecimento do deputado, que persistiram até a descoberta do cadáver no dia 16 de agosto. Em 12 de junho, a decisão de prender Dumini, tomada com grande apreensão por causa do temor de que a linha de responsabilidade acabasse levando a Mussolini, foi mais um salto no escuro, que certamente não estava nos planos antes do acontecimento. Por fim, Mussolini foi afastado da culpa por meio de assistência financeira para a viúva e filhos de Matteotti.[23] Talvez isso soasse como evidência de culpa, mas não de que tivesse sido uma ação tão cruel e desumana como aquelas mais tarde consumadas por outros ditadores. Um ditador com um lampejo de compaixão no coração ao tratar tanto com seus correligionários quanto com suas vítimas — se esse era o caso de Mussolini — é figura rara no cruel cenário da história do século XX.

De qualquer modo, em curto prazo a maior importância do assassinato de Matteotti para Mussolini ficou na forma como este administrou politicamente o acontecimento. Depois de hesitações iniciais (tanto Rachele, sua mulher, quanto Margherita Sarfatti fizeram todo o possível para elevar seu moral),[24] Mussolini enfrentou o problema e, à beira do desastre, corrigiu o rumo das coisas a fim de se reafirmar como líder nacional. Três forças se interpunham em seu caminho, cada uma constituindo grave ameaça potencial. Como se comportariam as velhas elites, aparentemente comprometidas com os valores liberais e a lei, diante do possível envolvimento do primeiro-ministro em um assassinato? E como a oposição mais radical poderia aproveitar ocasião tão propícia para o antifascismo? E qual seria, por fim, a atitude dos fascistas das províncias? Será que não se aproveitariam do assassinato de um socialista para levar adiante a revolução e apressá-la, a fim de liquidar logo seus inimigos, se necessário se livrando do Duce e favorecendo francamente os *ras* fascistas?

O rei, o papa, o Exército, os homens de negócios, as elites da sociedade política e civil da Itália, além de muitos observadores estrangeiros de renome[25] praticamente não criaram problemas. Suas atitudes diante da crise foram bem resumidas em um editorial do *The Times*, de Londres, que comentou que "homicídios são mais comuns [...] (na Itália e em seus círculos políticos) do que em outros países mais civilizados".[26] Não obstante, o jornal não condenou formalmente o assassinato e se referiu com duras palavras aos "desordeiros do interior" e aos "agitadores das cidades que cometem crimes alegando que estão servindo à causa fascista". Os editoriais do *The Times* chegaram a admitir que Mussolini poderia ter "provocado, ele próprio, a ânsia de vingança".[27] Entretanto, o editor do jornal continuou acreditando na boa-fé do primeiro-ministro tendo em vista sua vitória sobre o "bolchevismo" e admitindo que seria "terrível ter que aceitar" sua queda.[28]

O *Osservatore Romano* do Vaticano também estava disposto a perdoar e esquecer, e argumentava, evocando a conhecida parábola: "Quem não tem pecado que atire a primeira pedra".[29] A monarquia concordava. Alguns meses antes Vítor Emanuel III louvara a "capacidade de trabalho de Mussolini e sua extraordinária habilidade para assimilar informações", aplaudindo a forma como derrotara os "golpes baixos dos partidos".[30] Após as eleições, o discurso do rei na Câmara fugiu do modelo habitual para saudar o triunfo "da geração vitoriosa (na guerra) que agora controlava o governo".[31] Durante toda a crise de Matteotti, Vítor Emanuel resistiu aos apelos dos que pediam o afastamento de Mussolini com base no conveniente argumento de que o Duce continuaria "cego e surdo", até perder a maioria no Parlamento. Ao mesmo tempo anotava em seu diário que também Salandra continuava apoiando o chefe fascista.[32] O comando do Exército, que não gostava dos compromissos ideológicos da MVSN, de seu amadorismo e da ameaça que constituía para as prerrogativas da própria força, aproveitou a ocasião da crise para suprir a milícia do Partido com mais de cem mil fuzis que sobraram da guerra, confirmando que preferia Mussolini a outras opções.[33] Alguns líderes empresariais lamentaram o assassinato, enquanto Gino Olivetti defendia o desatino que colocou em poucas palavras: "a bandeira negra não deve ser melhor do que a vermelha".[34] Entretanto, a maioria dos industriais italianos, por outro lado, lembrava o velho bordão de que a política é um negócio sujo e adotava a linha que satisfazia seus interesses, defendendo que chegara a hora de se concentrar nos lucros e deixar para os outros a decisão sobre as grandes questões políticas.[35] Essa decisão foi suavizada em setembro quando Mussolini elevou a participação desse grupo no Senado.[36] Até o filósofo e historiador liberal Benedetto Croce se pronunciou a favor "dos melhores elementos do fascismo", evitando fazer campanha contra Mussolini.[37]

Na verdade, além do embaraço e do desconforto inicialmente revelados por Mussolini na Câmara em 11 e 13 de junho — o Duce falou vagamente em "diabólicas" conspirações contra sua pessoa[38] — as primeiras notícias sobre o assassinato tinham deixado muitos liberais preocupados. O mercado de ações ficou momentaneamente abalado.[39] Todavia, logo a crise se transformou de assunto legal ou de tolerância com a violência social em conflito entre o fascismo e o antifascismo. Nessa disputa, as elites da velha Itália sabiam perfeitamente seu lugar.

Foi a esquerda democrática e socialista que, com o apoio do que restava do *Popolari*, dificultou a escolha. Em 13 de junho algumas centenas de deputados abandonaram o recinto da Câmara bradando que o governo era inconstitucional. Mencionando clássicos paralelos que ironicamente tinham compartilhado com Mussolini, os antifascistas se autointitularam a Secessão Aventina, copiando o que, em outra época, o povo tinha feito na Roma republicana. Enquanto o rei, o Exército e o papa hesitavam, os tribunos da esquerda optavam pela retidão e pela decência, mas suas virtudes não os livrariam da derrota.

Mussolini sabia como contorná-los. Em 17 de junho, anunciou que o ex-nacionalista Luigi Federzoni assumiria o Ministério do Interior, responsável pela observância da Constituição na Itália. Foi uma escolha brilhante.[40] O respeito que Federzoni infundia dissipou as incertezas que restassem sobre o fascismo e seu líder, e que, naquele momento, incomodavam os membros da velha elite. A deferência de Federzoni, visível na facilidade com que o ANI acolheu a fusão de seu movimento com o Partido Fascista Nacional, demonstrou que ele não estava disposto a contrariar a vontade do Duce.

De uma forma ou outra, os antifascistas de Aventina acabaram concluindo que sua atitude de desaprovação e desânimo estava sendo infrutífera. A passagem do tempo conspirava contra eles, permitindo que inúmeras dissensões viessem à tona. Em novembro de 1924 o líder comunista Gramsci chegara à socialista e desanimadora conclusão de que o fascismo e a democracia liberal "na prática" eram a mesma coisa. Os anos das agressões esquadristas tinham reduzido a classe trabalhadora a uma "massa desconexa, fragmentada e dispersa", sem vigor e tampouco objetivo. O Partido Comunista Italiano, reclamou, não tinha diretriz ou método que lhe permitisse exercer o controle dos acontecimentos.[41] Socialistas mais moderados estavam espantados com a intransigência comunista, e seus apelos para se unirem a qualquer custo caíram em ouvidos moucos.[42] O democrata Giovanni Amendola se recolheu a uma intransigência própria ao decidir que "nós, a classe média educada, somos a última esperança da Itália",[43] posição mal calculada caso pretendesse conquistar aqueles convencidos de que estavam satisfazendo operários e camponeses. No *Corriere della Sera*, Luigi Albertini tinha encerrado seu namoro anterior com o fascismo e tentava brava, mas tardiamente, reafirmar os valores liberais. Entretanto, embora a circulação do jornal aumentasse, seu editor na verdade não apresentou sugestão alguma para solucionar a crise política.[44] Entre os católicos, Sturzo e De Gasperi avaliavam se seria possível suspender a condenação à aliança com a esquerda socialista, mas membros mais influentes da Igreja declararam que a aventura aventina tinha sido um "grave erro".[45] Durante os dias sombrios do regime, os antifascistas argumentaram que a experiência aventina ajudara a forjar a compreensão política de que, nas circunstâncias vividas em 1924, estava evidente que eles pouco ameaçavam a autoridade de Mussolini.

Os fascistas eram mais impetuosos. Naqueles dias, Farinacci atuou como um típico representante do fascismo. Em seu jornal *Cremona Nuova*, demonstrou sua inflexível intransigência. Em 14 junho alertou que haveria problemas se o Partido nas províncias acreditasse que os líderes os estavam traindo.[46] Tudo bem que Mussolini fizesse discursos de estadista em Roma, mas o fascismo não podia ceder quanto ao "pleno reconhecimento dos direitos dos vencedores sobre os vencidos".[47] Mussolini precisava construir um país forte e fascista e fazê-lo sem hesitação, sem arrependimento.[48]

O tom de Mussolini variava bastante, mas ele fazia questão de dizer a seus ouvintes o que eles queriam ouvir. Depois de superar a hesitação inicial, ele orientou seus prefeitos a mantê-lo exatamente informado a respeito do extremismo fascista, embora ao mesmo tempo organizasse comícios fascistas para combater a oposição e qualquer tentativa de reviver a "subversão".[49] Enquanto continuava culpando dissidentes fascistas pela morte de Matteotti e negando qualquer responsabilidade pessoal — o ato, escreveu no *Il Popollo d'Italia*, foi "bárbaro, inútil, antifascista e, sob o ponto de vista político, antimussoliniano"[50] —, o Duce aproveitou a nomeação de Federzoni para garantir à Câmara dos Deputados que defendia a "legalidade" e a "conciliação nacional". Não obstante, acrescentou em tom truculento, não pensava em "abdicar dos princípios que temos o sacrossanto dever de defender a qualquer custo".[51] Perante o Grande Conselho seu recado foi semelhante. Agora os nacionalistas tinham se misturado totalmente aos demais e, afinal, o "fascismo" era, de certa forma, composto de "ex-s" de um ou outro tipo. A "conversão da Itália ao fascismo", prosseguiu, "deve acontecer, mas não se pode acelerar seu ritmo".[52]

Enquanto as semanas passavam e seu governo sobrevivia, Mussolini aumentava os esforços para conquistar a elite liberal. A nova Itália, declarou, defendia a paz interna e externa, mas uma paz baseada "na dignidade, no orgulho e em um senso de disciplina".[53] A colaboração entre o fascismo e o liberalismo era "possível, desejável e poderia proporcionar férteis resultados". O fascismo transcendia a época do porrete e do óleo de rícino. Era hora de ser mais humilde.

> Se um dia o país se cansar de mim, sairei sem bater a porta e com a consciência tranquila, já que assuntos tão importantes e complexos em todos os campos, desde os ligados a bancos até os de política exterior, têm sido enfrentados e resolvidos.[54]

Para alguém como Farinacci, essas palavras sedutoras aumentaram a importância de compreender que sua própria retórica devia evitar todo tipo de "ameaça e intimidação". "Você deve agitar não apenas um ramo de oliva, mas um bosque inteiro de oliveiras", advertiu Mussolini.[55]

Porém, um segundo assassinato transferiu a crise para outra área. Em 12 de setembro o deputado fascista e unionista Armando Casalini foi morto em uma rua de Roma. Dizia-se que sangue precisava ser vingado com sangue. Farinacci reagiu imediatamente ao declarar que "chegava" e exigiu que Amendola, Albertini, Sturzo e Turati cobrassem o preço por qualquer sacrifício fascista. Fascistas como ele, um verdadeiro fascista, não podiam mais tolerar e ficar de mãos atadas. A vingança cabe a eles.[56] "A terra de Dante e Mazzini não pode ficar entregue a Lenin"[57], alegou, convocando o fascismo das províncias para apoiá-lo.

Pelo menos publicamente Mussolini resistiu à pressão que continuou crescendo em apoio a uma "segunda onda" de esquadrismo. Em 4 de outubro, foi cuidadoso ao declarar, com muita prudência, deferência e obviamente respeito pelos chefes militares, que "no dia em que o Exército se insubordinasse a nação correria perigo mortal".[58] Em meio a essas manobras, aproveitou um momento para fazer comentários agradáveis sobre poetas e intelectuais na Universidade Bocconi, em Milão (e humildemente comentou sua própria falta de oportunidade no meio acadêmico até então).[59] Prosseguiu em sua peregrinação oficial comparecendo ao Touring Club Italiano, reduto nacionalista da burguesia milanesa.[60] Foi extremamente digno ao lamentar a morte de Giacomo Puccini, cuja música, afirmou, proporcionara à nação "genuína e refulgente glória".[61] Em muitas cidadezinhas do norte do país ele também discursou, sem se esquecer de louvar as virtudes tipicamente locais.[62] Todavia, nada fez de concreto. Na verdade, em 11 de novembro voltou a garantir na Câmara que o racismo estava em declínio, assim como "a ilegalidade fascista, que não é mais tolerada e, mais que isso, é severamente punida". Algumas semanas mais tarde, disse em tom de brincadeira no Senado que, à oposição, com tantos matizes de antifascistas, devia ser acrescentada uma "Aventina fascista".[63]

Afinal, alguma coisa acabaria acontecendo. Em dezembro, Farinacci não era o único a se mostrar cada vez mais impaciente para desencadear uma ofensiva fascista.[64] O processo legal para apurar o caso Matteotti chegara a De Bono e Finzi,[65] e ressurgira a ameaça de responsabilizarem o próprio Mussolini.[66] Também havia rumores sobre franca divergência no gabinete quando De'Stefani pediu permissão para renunciar e diversos ministros ex-liberais e nacionalistas, inclusive Federzoni, ficaram nervosos e inquietos.[67] Entre os fascistas, cresceu a insatisfação por causa da situação de Federzoni como ministro do Interior e das intermináveis prevaricações de Mussolini. Embora ainda pudesse se livrar de potenciais concorrentes lembrando a seu líder que na Itália podia haver "apenas um mito", o do Duce,[68] Farinacci insistia que estava na hora de tocar a campainha de alarme para a ofensiva.[69] Curzio Suckert, fascista radical da Toscana e mais conhecido por seu pseudônimo Curzio Malaparte, foi ousado ao atacar o próprio Duce e lembrá-lo "que não fora Mussolini quem tinha conduzido os fascistas ao primeiro-ministro, mas os fascistas é que o tinham levado ao poder". Agora era hora de "Mussolini se curvar diante da vontade revolucionária (dos fascistas das províncias) ou renunciar, ainda que por breve período, ao mandato revolucionário que lhe fora confiado".[70]

A pressão chegou a um ponto de ruptura. Em 30 de dezembro de 1924 Mussolini orientou os prefeitos a convencerem os deputados que retornariam a suas regiões durante o período natalino de que era absolutamente necessário estarem presentes no Parlamento em 3 de janeiro, quando o primeiro-ministro faria importante pronunciamento.[71] O Duce procurou publicamente demonstrar que estava tranquilo. Em 2 de janeiro circulou a história de que um visitante se reuniu com o Duce às nove da manhã para discutirem a elegância e a relevância da prosa de Dante. Mussolini afirmou que se obrigara a ler um "Canto" todas as manhãs e ficou evidente que a passada de olhos que costumava fazer no texto das obras do "maior poeta da nação" influenciara as frases do discurso que tencionava proferir no dia seguinte.[72] Entretanto, embora ficasse preocupado com a possível reação negativa do rei, do Exército, da velha elite e de fascistas de diversas nuances,[73] não restou dúvida de que ele se convencera da necessidade de se definir de uma vez por todas e solucionar a crise.

Quando falou perante a Câmara, suas palavras foram eloquentes. A oposição na "Aventina" foi condenada como sendo "uma secessão anticonstitucional", com objetivo "inaceitavelmente revolucionário". O próprio Mussolini era homem de "inteligência moderada, muita coragem e absoluto desprezo por vantagens financeiras". Se estivesse realmente querendo criar uma *ceka*, o teria feito com todo entusiasmo. De qualquer modo, não importa o que planejara e tramara em junho, agora "declaro, na presença desta assembleia e perante o povo italiano, que eu, somente eu, assumo a responsabilidade política, moral e histórica por tudo que vem acontecendo".

> Se as explosões de violência resultaram de um clima particularmente histórico, político e moral, eu assumo a responsabilidade, porque fui eu quem criou esse clima histórico, político e moral por meio de uma propaganda que tem funcionado desde os dias do *Intervento* até hoje.

"Quando duas forças irreconciliáveis se chocam", declarou solenemente, "a única solução é a força."[74] Um rival notou que, quando Mussolini se calou, Farinacci atravessou ostensivamente o recinto da Câmara para ser o primeiro a apertar a mão do Duce.[75] Em 3 de janeiro de 1925 a questão Matteotti foi resolvida e Benito Mussolini se proclamou ditador fascista da Itália.

Após as palavras vieram os atos. Em 12 de janeiro o rei aprovou o novo gabinete. Naquele momento e ao longo dos meses seguintes foi afastada a maior parte dos liberais. Em agosto Mussolini passou a ser ao mesmo tempo primeiro-ministro, ministro do Exterior, ministro da Guerra, ministro da Marinha e ministro da Aviação. Mais tarde também se tornou ministro das Corporações (1926-1929), ministro das Colônias (1928-1929) e ministro de Obras Públicas (1929). Em novembro de 1926 reassumiu sua posição de ministro do Interior. Há um lado curioso nesse rol de cargos. Ser um mandachuva não é a forma mais óbvia de consolidar poder pessoal. A esse respeito, certamente Hitler, Stalin e Franco nunca seguiram o caminho de Mussolini. Inevitavelmente os inúmeros vice-ministros de Mussolini conduziam a maior parte das atividades do dia a dia. Lá estavam os fascistas, nas pessoas de Dino Grandi, vice-ministro do Exterior a partir de maio de 1925, Balbo, vice-ministro da Aviação a partir de novembro de 1926, Teruzzi, Bianchi e Arpinati, se sucedendo como vice-ministros do Interior (Bianchi, por algum tempo, também no Ministério de Obras Públicas), Giunta como vice-primeiro-ministro, Bottai no Ministério das Corporações e Fulvio Suvich, Alessandro Lessona, Dino Alfieri e De Bono, que se livrara do problema Matteotti, como vice-ministros neste ou naquele ministério. A partir de 1925, De' Stefani foi substituído no Ministério das Finanças por Giuseppe Volpi, ex-giolottiano, ex-neutralista, ex-alvo dos nacionalistas, ex-governador da Tripolitânia, indicado para o cargo por Amendola nos dias de prestígio liberal, mas, a partir de outubro de 1922, dedicado seguidor do fascismo. Com a objetividade ideológica que muitas vezes caracteriza uma ditadura, Volpi, que só passou a ter a identidade fascista em julho de 1923 (mas se gabava de desde 1922 de ter trabalhado na diretoria de 46 companhias), conseguiu ter sua adesão ao Partido registrada como tendo ocorrido antes, em janeiro de 1921.[76] Lessona, mais tarde ministro das Colônias, ganhou experiência acompanhando a forma como Mussolini conduziu a questão quando o político albanês, presidente desde 1925, em 1928 se proclamou rei Zog I[77] e, como recompensa por sua habilidade em suborno e diplomacia, paralelamente construiu uma ilegítima história partidária.[78]

Paralelamente às novas nomeações para o governo ocorreram mudanças na direção do Partido Fascista. Desde agosto de 1924 os problemas resultantes da questão Matteotti se refletiam na direção do Partido, levando à criação de um comitê com vinte membros para cuidar da crítica situação. Entretanto, em 12 de fevereiro de 1925 Mussolini nomeou Farinacci secretário único do PNF. Já fora anunciado que o Partido sofreria um expurgo de corruptos e desinteressados, de *arrivistes* e descrentes. Mussolini recomendou ao novo secretário que as disputas locais deveriam permanecer locais, sem abalar o "prestígio do fascismo e o trabalho realizado pelo governo".[79] Nesse esforço para impor disciplina no Partido, Mussolini escolheu, como logo se pôde ver, um ladrão para caçar outro ladrão, ao optar por um adversário potencial, cuja venalidade e outras fraquezas permitiam que fosse facilmente controlado, para ocupar posição-chave no regime.[80] Foi uma tática que Mussolini repetiria. Com o expurgo veio uma expansão. Sob a direção de Farinacci o número de membros do Partido, que caíra para menos de 600 mil na segunda metade de 1924, subiu para 938 mil em 1926.[81] Os quadros do PNF foram novamente abertos para quem fosse suficientemente esperto para perceber as vantagens que desfrutaria sendo membro do Partido, além de ficar sob a liderança do Duce, que pretendia permanecer por muito tempo no cargo.

As relações entre Mussolini e Farinacci são muito interessantes sob o ângulo da psicologia, lançando luz sobre o governo fascista e seu líder. Farinacci era um exemplo típico de extremista aprovado por revolucionários de diversos matizes, como Malaparte e o fanático antissemita Giovanni Preziosi e seu jornal *La Vita Italiana*.[82] Farinacci, ex-ferroviário socialista, alardeava sua grosseria populista e afirmava nunca se sentir tão feliz como quando reprovava uma fidelidade incondicional e ridicularizava qualquer manifestação de educação e decência. Sua trajetória no fascismo — até quase o fim do regime foi figura de destaque — o tornou, na época, um firme defensor da aliança com o nazismo e um racista dos pés à cabeça.[83] Farinacci parecia mais um valentão do Tammany Hall, de Nova York, do que um fanático ideológico.[84] Não era um Himmler nem um Goebbels, apesar de seu papel proeminente na imprensa fascista e de sua ousadia ao defender publicamente Dumini e os assassinos de Matteotti.[85] É difícil vê-lo realmente acreditando em qualquer coisa a não ser no próprio Roberto Farinacci, sempre disposto a se opor a quem tentasse bloquear seu caminho rumo à riqueza e à fama.

Mussolini, com quem ele mantinha frequente e calorosa correspondência, bem compreendia seu vazio ideológico, sobretudo porque, com o tempo, ficou absolutamente evidente que compartilhava esse vazio. Mussolini aguentava, e talvez até apreciasse, as habituais alfinetadas de Farinacci sobre esta ou aquela diferença entre a teoria e a prática do fascismo (e suas usuais declarações de que era um fascista que falava a verdade), tanto quanto gostava das ocasionais conversas com sua esposa, igualmente "pé no chão". Sozinho no círculo de companheiros de Mussolini, Farinacci confessava que via o Duce como um "irmão" e "amigo".[86] Para o caso de a fraternal amizade chegar ao fim, Mussolini guardava como um tesouro em seus arquivos pessoais provas capazes de conter Farinacci. O rude e escorregadio chefe de Cremona tinha plagiado diretamente a tese que lhe valera o direito a uma bem remunerada carreira como advogado,[87] alterando o título do trabalho de outra pessoa e o copiando palavra por palavra. O Duce acrescentou uma nota afirmando que, legalmente, o ato de Farinacci era passível de condenação a seis meses de cadeia, "de acordo com o estabelecido em todas as universidades do reino onde são realizadas provas universitárias".[88]

PNF à parte, outros vetores sociais precisavam ser ajustados às exigências de uma genuína ditadura. Embora a crucial indicação só viesse a ocorrer em maio de 1925, Mussolini rapidamente voltou sua atenção para a área militar, sabendo perfeitamente que, em qualquer sociedade, o os canhões ditam o poder. O impasse de Isonzo e a derrota de Caporetto tinham deixado profundas marcas nas Forças Armadas. Os especialistas em pós-guerra estavam francamente divididos sobre como tornar as Forças Armadas mais modernas e eficientes. Os radicais defendiam uma *nation armée* (*nazione armata*) populista, ainda que a tese fosse muito vaga e não entrasse em detalhes. Grande número de generais (eram 176 em 1914 e 556 em 1919)[89] eram mais cautelosos a propósito de mudanças porque não queriam, sobretudo, aceitar a redução de seu status e de sua influência. Durante a ascensão fascista ao poder, os debates no Exército se concentraram em questões de pagamento e das condições gerais de vida dos oficiais. A falta de decisão a respeito de assuntos tão desinteressantes ficou marcada pela sequência de nomeações de quatro sucessivos ministros da Guerra durante o ano 1922.[90] No mínimo, a liderança do Exército foi muito tolerante com a maioria dos ataques fascistas à ex-"derrotista" esquerda nas províncias. Em 31 de outubro o jornal do Exército, *L'Esercito Italiano*, saudou "nossa revolução", embora explicando que o fascismo triunfara "justamente porque (essa revolução) nada tinha de realmente novo para mostrar ao povo italiano".[91]

Entre 1922 e 1925 Armando Diaz conduziu uma reestruturação das forças terrestres, mas de natureza muito conservadora, principalmente porque De' Stefani reduziu drasticamente o orçamento de defesa.[92] Não obstante, encontraram dinheiro para aumentar a remuneração dos oficiais, a dos generais em especial, e em novembro de 1924 foi criado o novo posto de marechal (reproduzindo o sistema napoleônico da França a fim de, assim, evitar a "desonra" de ter status inferior em reuniões internacionais).[93] Em 1924 o frouxo tradicionalismo de Diaz foi intensamente atacado, principalmente por generais rivais como Antonino Di Giorgio e Gaetano Giardino. As relações com a MVSN continuaram delicadas.

Mussolini, o ditador, desatou o emaranhado de nós górdios. Sua escolha para o cargo de chefe do Estado-Maior geral foi Pietro Badoglio, que já ocupara esse posto nos governos de Nitti e Giolitti, entre 1919 e 1921. Um dos que por mais tempo permaneceu no governo do regime, Badoglio seguiu nessa função até o desastroso fracasso militar na Grécia no outono de 1940. Badoglio vinha de uma família *petit bourgeois* piemontesa com antecedentes impecáveis que o credenciaram a receber o nobre título de duque de Adis Abeba. Seu pai e seu avô tinham sido prefeitos de cidades da região de Piemonte.[94] Acusado por muitos de ser responsável direto pelo fracasso de Caporetto,[95] de resistir fortemente à implementação de ampla investigação sobre o planejamento, a logística e a situação moral do Exército naquela ocasião,[96] Badoglio era um monarquista que, na iminência da Marcha sobre Roma, não escondeu sua disposição para abrir fogo sobre os fascistas se assim lhe determinassem.[97] Não obstante, prontamente aceitou o governo fascista e, talvez astuciosamente, em 1923 escolheu o *Cremona Nuova* para manifestar sua admiração pelos efeitos "saudáveis" do novo regime.[98] Isso não queria dizer que passara a defender uma reforma militar radical, ao contrário. A nomeação de Badoglio para chefe do Estado-Maior geral sinalizava um Exército capaz de passar tranquilidade, cuja principal preocupação seria cuidar de si mesmo (enquanto Badoglio raramente deixava passar oportunidade para uma venalidade pessoal).[99]

Sabendo que Badoglio era mais ambicioso do que aparentava, Mussolini limitou sua ação nomeando para o novo cargo de vice-chefe do Estado-Maior geral Francesco Saverio Grazioli, general francamente a favor do fascismo, mas que era reconhecidamente volúvel e não confiável, e que seria odiado por Badoglio. A liberdade para intervir pessoalmente no Ministério da Guerra tornou esse esquema perfeito. Como definiu Giorgio Rochat, brilhante historiador militar, as manobras de Mussolini tinham resultado em "um Exército com oficiais demais, soldados de menos, reservas de material inadequadas, estrutura ultrapassada, de administração muito custosa e excessivamente ambicioso". Além disso, considerando o fato de a imprensa fascista ter silenciado a antifascista, era fácil evitar críticas.[100] Rochat nem precisou acrescentar que esse Exército seria leal a Mussolini, a não ser que houvesse um completo desastre, embora, em última análise, visse com mais simpatia o rei a as velhas instituições do país do que o Partido Fascista e sua pretendida "revolução". Em 1925, seus mais expressivos chefes achavam, com justa razão, que tinham atraído o Duce para sua própria causa.

Como logo ficou claro, o assassinato de Matteotti, os fatos subsequentes, o turbulento caminho que levara à aceitação da ditadura e a torrente de novas nomeações tiveram um custo para Mussolini. Às quatro da madrugada de 15 de fevereiro, apenas três dias depois de confiar o PNF a Farinacci, o Duce, que até então parecia tão saudável, intrépido, ousado, inflexível, animado, o homem cujo carisma tinha realmente sido construído segundo um perfil de implacável coragem, subitamente adoeceu. O problema foi sério. Em seu apartamento na via Rasella, vomitou sangue e um empregado chamou urgentemente médicos para assisti-lo.[101] Diagnosticaram uma úlcera, o aconselharam a manter repouso e a fazer uma mudança na dieta. Mussolini saiu de circulação por várias semanas e surgiram rumores cuidadosamente acompanhados pela polícia de que ele estava gravemente doente e que Federzoni conversara com

Salandra e Giolitti a respeito de um triunvirato que substituiria o Duce e, simultaneamente, afastaria a ameaça representada pelo trio fascista Farinacci, De Vecchi e Giunta.[102] Mesmo depois de sua recuperação, Mussolini continuou comendo pouca carne e bebendo moderadamente. Mais tarde um colega de escola de um de seus filhos lembrou que o Duce era muito enfático ao defender o poder curativo do iogurte consumido no almoço.[103] Jornalistas que eram seus admiradores e iam visitá-lo, mulheres em especial, ouviam histórias contadas por Mussolini sobre suas preferências por frutas e verduras, além de sua oportuna abstinência de carne, vinho e café (mas não de mulheres).[104] Ele também encontrou tempo para enviar para a filha adolescente Edda um recorte de jornal com um artigo intitulado "Nicotina faz você ficar feia e prejudica sua saúde". Durante a guerra, admitia, fumara "muitos cigarros". Mas isso só serviu para agravar sua úlcera e o catarro de todos os dias. "Na vida, você paga por tudo que faz", concluiu com paternal dogmatismo.[105]

Na primavera de 1925 os médicos aventaram a possibilidade de operá-lo, mas Mussolini se recusou a aceitar essa solução. A questão ficou encoberta. Provavelmente nem mesmo Rachele foi plenamente informada sobre o verdadeiro estado da saúde do marido.[106] Nessa fase do casamento os contatos entre os dois eram esporádicos, e Edda, sua filha, mais tarde declarou que por certo tempo sua mãe se consolou com um amante em Forli,[107] afirmação que, se verdadeira, não deve ter contribuído para aliviar a tensão na vida do Duce. Para as pessoas mais observadoras a quem concedia entrevistas, Mussolini poderia parecer "muito nervoso",[108] mas sua imagem pública não podia ser maculada por uma admissão de fraqueza sob qualquer aspecto. Ele acabara de publicar no *Gerarchia* um "elogio a seus mais fiéis seguidores" no qual atribuía a vitória sobre os dissidentes aventinos e fascistas a si mesmo. A obediência em suas hostes, exigiu, devia se repetir nas milícias fascistas das quais ele, e somente ele, era o comandante.[109] A partir de 1925, Mussolini o homem e "Mussolini" o mito, seu inconfundível instrumento de carisma e talvez de poder, em última análise, o Duce, começaram a seguir caminhos distintos.

Nessa época se sabia que Rachele se mudara com os filhos de Mussolini para a *Villa Carpena* e que sua mãe Anna morrera. Tinham sido alguns meses bem difíceis para esse ramo da família, já que no ano anterior Rachele perdera duas irmãs. Pina, de 35 anos, fora vítima de câncer e deixara sete filhos, e Giovanna, então mãe de quatorze, morreu durante um parto.[110] Em 28 de dezembro, quando Benito e Rachele finalmente se casaram na Igreja e batizaram os três filhos que já tinham (nas duas ocasiões a cerimônia foi realizada por dom Colombo Bondanini, cunhado de Arnaldo Mussolini, e, no rito mais formal de cerimônia de primeira comunhão, a celebração foi conduzida por um cardeal),[111] houve repercussões políticas, porque começaram a circular rumores sobre um acordo entre a Igreja Católica e o Estado fascista italiano. Porém, outra razão para o casamento pode ter sido a consciência da fragilidade da vida que Mussolini começara a sentir.

Para falar a verdade, a extensa família sabia bem as vantagens de ser parente de Benito Mussolini. Também sabia como fazer tráfico de influência e uso do clientelismo. Existe um documento bem característico, de 1927, em que Arpinati, chefe fascista da região, escreveu para as autoridades municipais de Predappio comentando que:

> [...] o Duce está literalmente atolado em pedidos de ajuda feitos por seus parentes. O negócio está ficando inconveniente e até imoral. Basta dar uma olhada em Predappio. Faça uma rápida e completa busca na documentação dos arquivos da comunidade e de batismo e distribua por igual a soma encontrada. Verá que são 60 mil liras em promissórias bancárias. O Duce ficará profundamente grato pelo serviço que estarão prestando a ele e à imagem da revolução fascista.[112]

Um historiador mal-intencionado listou 334 parentes que, em 1943, tinham conseguido ajuda do governo valendo-se dos laços que os ligavam a Mussolini, sendo 105 da parte da família de Rachele e 229 do lado de Benito.[113] Essas questões sensacionalistas permaneceram oficialmente secretas, embora houvesse quem certamente delas tivesse conhecimento, sobretudo na Romanha. Achavam que o mundo era assim mesmo e se conformavam.

Mussolini ficava cada vez mais respeitado pelo público. O Duce não estava livre das fofocas sobre o que acontecia em sua casa em Carpena.[114] Romano Mussolini, com prenome que evocava o império (por sinal pessoa absolutamente vulgar), nasceu em setembro de 1927 e Anna Maria, em setembro de 1929 (cada um supostamente concebido durante as férias natalinas do ano anterior). Praticamente sozinhos em meio à liderança fascista,[115] os Mussolini faziam a sua parte para acelerar o crescimento demográfico no país (e certamente para satisfazer o catolicismo). Ademais, logo depois da eclosão da crise Matteotti, Edda Mussolini foi transferida de uma escola secundária em Milão para o mais prestigiado educandário da Itália para moças, o colégio *Santissima Annunziata*, em Poggio Imperiale, perto de Florença.[116] Entretanto, circularam rumores de que ela superava em loucuras suas colegas de classe, todas elas moças da aristocracia.[117] Em 1928 foi enviada em uma viagem à Índia.[118] Logo estaria precisando de um marido (e candidatos à sua mão tinham perfil, perspectivas de vida e conotação política examinados pela polícia). Por recomendação de seu pai, toda a sua correspondência era aberta e examinada antes de ser entregue.[119]

Os irmãos de Edda, a caminho da adolescência, às vezes eram fotografados ao lado do pai por ocasião de um piquenique ou em alguma atividade de lazer da família. Na verdade, Mussolini foi um pai distante, lembrado como alguém que preferia alisar o gato da família a afagar seus próprios filhos.[120] Como forma de reação, Vittorio e Bruno se tornaram jovens inexpressivos, incapazes de se afirmarem como líderes na nova classe dirigente. Nas raras vezes em que aparecia em casa, o Duce preferia fazer suas refeições sozinho. Seus contemporâneos contam que a família Mussolini não tinha o hábito de conversar.[121] Talvez as dores no estômago, que depois de 1925 vez ou outra reapareciam, reforçassem a conhecida aversão de Mussolini à maioria das formas de contato físico.[122] A partir daquele ano, sempre houve momentos em que Mussolini apertava fortemente o baixo abdômen para amenizar a dor.[123] Talvez, o sofrimento psicológico reprimido, a tensão causada por uma possível sensação de impotência, uma permanente revolta ou frustração, a desagradável dieta e a sequência de alimentos sem gosto que era obrigado a digerir, na verdade estavam levando o Duce, apesar de sua retórica revolucionária, a "ser essencialmente cético".[124] Em algum ponto sob aquela aura de pompa e circunstância existia um vazio que persistia e aumentava.

A vida privada de Mussolini pode ter sido banal sob diversos ângulos, mas, ao longo de todos aqueles anos, a construção e o fortalecimento de seu carisma progrediram rapidamente. Já em 1923 Arpinati pensara em receber o Duce, por ocasião de sua visita a Bolonha, ao som da marcha triunfal de *Aída*.[125] Não havia limites para manifestar a grandeza do líder.[126] A celebração do Ano Santo (*L'Anno Santo*) em 1925 lembrava aos turistas que o próprio Mussolini era um dos personagens a ser visitado. Como observou um jornalista americano:

> Quem vai a Roma quer ter um encontro com Mussolini. Vê-lo faz parte de viagens longamente planejadas à Cidade Eterna, tal como visitar as ruínas ou caminhar pelos locais por onde tinham passado os heróis da antiguidade.[127]

Começou a ser ouvido o "slogan" inventado pelo jornalista Leo Longanesi, recomendado por Arnaldo ao Duce, *Mussolini ha sempre ragione* [Mussolini tem sempre razão].[128] A partir de então e de forma um tanto irônica, Roma hospedava tanto um infalível papa quanto um infalível Duce. Como consequência dessa adoração, um Mussolini imaginário começou a penetrar na mente das pessoas e a se tornar personagem de seus sonhos. Um propagandista do fascismo afirmou que os aldeões tinham certeza de terem visto Mussolini, um Papai Noel para o ano inteiro, passando uma noite ou outra por suas casas dirigindo um carro ou uma motocicleta.[129] Vigilante, onipresente e inconfundível, este Mussolini estava se transformando em santo ou deus.

E não era só pela cabeça de gente humilde que essa ideia passava. Os políticos aprenderam a ser cada vez mais servis. Giuseppe Bottai, que admitia ser ele próprio o membro mais intelectual da liderança fascista,[130] mais uma vez manifestou sua "infinita crença em suas (de Mussolini) ideias e seus métodos". Ele e seus amigos sabiam que trabalhavam "no fascismo, para o fascismo e, sobretudo, para *Você*, que reconhecemos como chefe espiritual de nossa geração". Bottai salientava as virtudes de Mussolini diante da "crônica revolta" dos membros menos importantes do Partido, como Farinacci.[131] Federzoni foi outro que expressou sua "infinita e pessoal devoção" ao se dirigir ao Duce. Seu líder devia cuidar da saúde, "pois não se trata somente de sua saúde, mas da de todos nós. É do interesse de todo o povo italiano".[132] Até Farinacci admitia que "mais do que todos nós, você tem grandes tarefas a cumprir. Sua vida não lhe pertence, mas a todo o povo italiano".[133] Por outro lado, a tônica da correspondência de Farinacci com Mussolini não era tão francamente respeitosa. Quando o Duce reagiu irritado a uma advertência de Farinacci por causa de seu hábito de arriscar a vida pilotando aviões, Farinacci respondeu sarcasticamente: "De agora em diante, vou mudar de linha e sempre recomendar que voe e, se não quiser, que pelo menos dirija seu carro a 150 quilômetros por hora".[134]

Na construção do Duce, o esporte, que combinava virilidade e modernidade, foi um tema recorrente, embora, na prática, em muitas regiões da península ainda não houvesse quadras, campos e outros espaços para atividades de lazer.[135] Embora o esporte parecesse *made in England*, um comentarista observou que o próprio Duce era um completo esportista "em ideias, disciplina e ações".[136] Garantiam para os leitores que, em um dia comum, ele se levantava às sete, tomava um banho frio, bebia um copo de leite e saía para cavalgar por uma hora, montando seu cavalo "como um legítimo caubói".[137] Terminado o exercício seguia para a esgrima. Preferia a arma mais brutal e máscula, o sabre. Determinado, dentes cerrados, combatia com um "estilo absolutamente pessoal, marcado por fintas inteligentes, súbitos contra-ataques e golpes que surpreendiam o adversário, lançados pelo Duce como se fosse um castigo de Deus".[138] Analogamente, era nadador obstinado e, havia pouco tempo, dissera a um jornalista americano que gostaria de ter tempo para praticar futebol, tênis e até golfe.[139] Não surpreende o fato de o primeiro exemplar do jornal *Lo Sport Fascista*, de 1928, ter saudado o "Duce como aviador, esgrimista e cavaleiro, o mais destacado esportista da Itália".[140]

Acompanhando as notícias sobre seu gosto pelo esporte, vinham as fotografias. Nos anos 1920 um observador já comentara que Mussolini tinha se tornado o homem mais fotografado da história.[141] Suas imagens foram distribuídas para o povo italiano através da imprensa ou em cartões-postais. Bem antes de 1922 os italianos já tinham se acostumado a colecionar imagens de inúmeros santos da península como lembrança de uma visita ou como ato de fé. Foram cerca de 30 milhões de fotos do Duce que começaram a circular[142] em 2,5 mil diferentes poses, um curioso exemplo de sacralização e comercialização de uma vida política. Em 1926, uma jovem admiradora de quatorze anos, Claretta Petacci, filha do médico do papa, colocou muitas dessas fotos nas paredes de seu quarto,[143] impelida pelos mesmos motivos que, algumas décadas mais tarde, levaram gente da geração posterior a colecionar fotos de estrelas de cinema ou jogadores de futebol. A jovem Petacci era tão obcecada pelas fotos na parede que escreveu pessoalmente para seu Duce, anexando algumas estrofes de poesia de sua autoria.[144] Naquele ano, os leitores mais assíduos também tomaram conhecimento de um padre que, combinando catolicismo e hierarquia papal, concluíra que Mussolini era uma espécie de são Francisco de Assis renascido.[145]

Um aspecto notável e humanizador na imagem de Mussolini, assunto ao qual agora estamos acostumados, mas que era novidade na época, era sua pública e fotografada expulsão de secreções corporais. Mussolini suava, sacudia a água depois de nadar e tirava a camisa quando ia esquiar (ou ajudar na colheita) de modo inimaginável para a maioria dos políticos contemporâneos. Seu corpo deixava mensagens para posteriormente confortar e estimular seus fiéis seguidores.[146] Hitler, Stalin, Lenin, Baldwin, Chamberlain, Roosevelt, Blum e Franco não eram personalidades "visíveis" dessa forma. Menos expansivos do que o Duce, agiam timidamente e com reserva em relação a seus corpos.

Do mesmo modo, as alegadas proezas sexuais de Mussolini,[147] por mais que naquela época fossem limitadas por causa de sua doença, nunca foram negadas pelo regime, por contribuírem positivamente para seu carisma e sua imagem. Afinal, tratava-se de fluidos mais pessoais que podiam ser "compartilhados" com seu povo. Se a propaganda estava endeusando Mussolini e a ditadura seguia em frente, batendo na tecla de que o Duce era "granítico",[148] um "homem solitário",[149] necessariamente sem amigos[150] e superior às emoções comuns, por outro lado a faceta humana continuava se manifestando pela onipresença de seu corpo. Era uma mistura idiossincrática do divino com o profano, que, tudo indica, foi explicada em uma carta enviada para Mussolini por uma admiradora adolescente. Ela confidenciou que tinha acabado de receber a primeira comunhão e que, quando isso aconteceu, ela se sentiu tomada pela esperança de "receber" Jesus e Mussolini. "Vocês dois estarão em minha língua, repousarão em meu peito e continuarão em meu pobre coração. Como será maravilhoso!"[151] Transubstanciação, sexo oral e ato sexual comum estavam misturados na mente da moça. Na verdade, é o que mais tarde seria chamado sex appeal. Depois essa imagem chegou a se estender às esposas de políticos estrangeiros. Clementine Churchill, que conheceu o Duce em março de 1926, o achou "muito simples e natural, muito digno [...] (com) pele de um moreno dourado, olhos faiscantes que você pode ver, mas não é capaz de 'encarar', em resumo, um dos mais belos homens de nossos tempos". Ela adorou levar como lembrança uma fotografia assinada pelo Duce.[152] Lady Asquith manifestou mais sucintamente sua admiração pelos "músculos" e pela "extraordinária vitalidade" de Mussolini,[153] (que diferença em relação a seu marido!). Lady Ivy Chamberlain, esposa e posteriormente viúva de sir Austen, era sua ardorosa fã, ao que parece muito contente por ter recebido de presente o distintivo do Partido Fascista.[154] Segundo se dizia, lady Sybil Graham, esposa do embaixador inglês,[155] também era fascinada pelo Duce. Ao longo da década seguinte, muitas viúvas ricas alimentaram o sonho de tomar chá com Mussolini.

Embora muito exagerado, o carisma do Duce nunca foi questionado. Afinal, a Itália continuava sendo uma monarquia. Como era de se esperar, havia tentativas de vender a imagem do rei Vítor Emanuel III, apesar de sua pequena estatura. Maldosamente Margherita Sarfatti lembrava dele como um rei sentado no trono cujos pés nunca tocavam o solo.[156] Parcimônia e simplicidade eram os principais componentes do tremendo esforço de propaganda em prol do rei. De qualquer modo, surgiram algumas brincadeiras a propósito do "rei fascista", principalmente por ocasião do jubileu de seu reinado em junho de 1925.[157] Vítor Emanuel, acreditavam alguns responsáveis por sua propaganda, devia ser "o melhor guardião da vontade nacional", o "primeiro soldado da Itália".[158] O mais conhecido livro escolar que surgiu durante o regime, o *Il balilla Vittorio* [O escoteiro Vítor], do ex-nacionalista Roberto Forges Davanzati, logicamente viu o herói de seu livro como um reflexo do Duce,[159] mas Vítor era o nome do rei e, portanto, o autor também não deixou de homenageá-lo.[160]

Quando foi a Roma para conhecer a grande capital do império, "Vítor" tinha outra visita importante e obrigatória a fazer, ir ao Vaticano. O papa Pio XI competia com ele na questão de carisma[161] e até gostava de se mostrar *sportivo*. Seus admiradores nunca esqueceram que seu gosto pelas escaladas nos Alpes permitira que fosse conhecido como o *Pontefice alpinista* [o papa alpinista].[162] A longa permanência do papa no cargo, alimentada pelo complexo cenário do catolicismo moderno, teve como consequência uma permanente participação, embora muitas vezes esquecida ou subestimada, na história da construção da *mentalité* na Itália fascista. A propaganda podia assegurar que Mussolini era o nome que estava nos lábios de todos, mas o papa, seus cardeais e bispos, seus santos e mártires preservavam um lugar sagrado no coração de muitos italianos. Em 1928, a jactância de um jornalista fascista ao dizer que o culto a Mussolini estava, então, profundamente enraizado no povo italiano,[163] tinha um lado equivocado. Como o foco do culto detinha o selo da Igreja, as crenças íntimas desse povo não renunciavam à religiosidade. Como disse alegremente um padre fascista: "O imperialismo italiano está começando a reconhecer... que a única e verdadeira força viva em Roma é o catolicismo".[164]

De tempos em tempos surgiam sinais de que cada vez menos fascistas poderiam ser aproveitados em função de seu carisma. Mussolini não estava sozinho como tema de uma torrente de biografias, embora o aparecimento de tais obras muitas vezes prenunciasse problemas com os superambiciosos *ras*. Giampaoli[165] e Arpinati[166] terminaram na cadeia pouco tempo depois de seus seguidores exaltarem suas virtudes.

As discussões sobre a disciplina interna do PNF não terminaram com o discurso de 3 de janeiro de 1925. Pelo menos naqueles dias Mussolini se concentrou na repressão aos antifascistas. Talvez tivesse se afastado formalmente de qualquer reincidência da violência esquadrista e reagiu com firmeza quando, por exemplo, Farinacci endossou abertamente o assassinato de Matteotti. O Duce reprovou suas afirmações e declarou que o fascismo estava conquistando suas vitórias a despeito da questão Matteotti e não em consequência dela.[167] Porém, esta defesa da legalidade não impediu que acontecesse o brutal e por fim fatal espancamento de Giovanni Amendola em julho de 1925, repetindo o que já ocorrera com Piero Gobetti, "liberal socialista" mais jovem, em setembro de 1924. Um dos que conseguiu fugir para o exterior como única forma de escapar dos ataques fascistas[168] foi o historiador Gaetano Salvemini, que partiu no verão de 1925.[169] Naquela oportunidade e, na verdade, em todas as ocasiões, Mussolini ficava satisfeito ao saber que a vida estava ficando difícil para seus oponentes.[170] Nitti e Sforza também estavam no exílio, se somando aos poucos liberais que preferiram optar pela liberdade a se submeter à opção fascista.

A repressão aos adversários caminhou de mãos dadas com a construção do Estado fascista. E não foi trabalho apenas de Mussolini. Alfredo Rocco, ministro da justiça e ex-nacionalista, foi uma figura-chave do elenco reacionário.[171] O acordo do Palazzo Vidoni de 2 de outubro de 1925 representou o triunfo de sua proposta de política social. Graças a suas sucintas cláusulas os sindicatos fascistas substituíram o que restara de seus rivais socialistas e católicos e foram reconhecidos como "únicos representantes dos trabalhadores" pela *Confindustria*. Esta grande entidade dos negócios tinha sido fundada em 1910 e presidida até 1934 por Gino Olivetti, oriundo de conhecida família piemontesa e judia de empresários. Em troca, a Confederação das Corporações Fascistas reconheceu a predominância dos empregadores que dirigiam a *Confindustria*.[172] Na prática, não é preciso dizer, os industriais retiveram grande liberdade de ação. Qualquer ideia de que estava nascendo um sistema equilibrado e imparcial de arbitragem era falsa, embora Mussolini tomasse o cuidado de se afastar, em certa medida, dos presidentes de empresas e bancos italianos.

Outro setor que exigiu atenção imediata foi a imprensa. Em 1923 o importante diário *Il Secolo* aderira à causa fascista depois de receber uma subvenção do governo.[173] Agora crescia a pressão para outros jornais passarem a defender a unidade que o fascismo tencionava impor. Mussolini, o jornalista, queria se certificar de que ninguém em seu governo tivesse liberdade para escrever as mesmas frases que ele próprio tão bem utilizara. Em 4 de novembro de 1925, por ocasião da comemoração do triunfo em Vittorio Veneto, Tito Zaniboni, deputado socialista, e um general da reserva, Luigi Capello, foram presos e acusados de tramar o assassinato de Mussolini (a polícia acompanhara seus planos desde o começo).[174] Em tais circunstâncias, a vontade de acabar com a liberdade de imprensa acabou ficando irresistível. No mês seguinte a rica família Crespi, proprietária do *Corriere della Sera*, o mais conhecido jornal da Itália, curvou-se diante dos reiterados pedidos para afastar seu editor Luigi Albertini, um liberal.[175] Outros jornais fizeram o mesmo ao serem recompensados com a promessa de subsídio do governo para ajudá-los em suas reestruturações.[176] Foram pressionados por uma nova lei de imprensa que transformou o jornalismo em atividade supervisionada pelo Estado. Como explicou Mussolini em pronunciamento de 11 de dezembro, quando analisou a situação trabalhista: "Considero a Itália uma nação em permanente situação de guerra. Já disse e repito que os próximos cinco ou dez anos serão decisivos para o destino de nosso povo".[177]

Desde a crise de Corfu a situação interna era tão fluida que Mussolini dedicava pouco tempo aos assuntos exteriores. De modo geral, deixava a diplomacia nas mãos dos especialistas do Ministério do Exterior, mas sempre atento a qualquer sinal de antifascismo por parte dos diplomatas.[178] Tinha consciência dos danos que as palavras de Farinacci acarretavam para a posição da Itália no plano internacional.[179] Com sua experiência, não permitiu que a ideologia atrapalhasse as relações anglo-italianas depois que o líder trabalhista (e pacifista durante a guerra) Ramsay MacDonald se tornou primeiro-ministro da Inglaterra na primavera de 1924.[180] Mussolini fora igualmente realista nas relações com a URSS. Apesar da anunciada intenção fascista de eliminar o comunismo no país e os repetidos ataques de Mussolini à política bolchevista na Rússia, o tratado de comércio assinado em 7 de fevereiro de 1924 tinha restaurado as relações formais entre os dois estados "revolucionários" rivais. A partir de então, a diplomacia da Itália fascista praticamente não fez tentativa alguma para lançar uma cruzada internacional contra o Estado soviético.[181]

A atividade diplomática mais importante em que a Itália se empenhou em 1925 foi a preparação do Tratado de Locarno, assinado em 1º de dezembro. Por esse acordo, a Alemanha foi readmitida na comunidade das nações e, em troca, prometeu aceitar as fronteiras internacionais estabelecidas no fim da Primeira Guerra Mundial. Não havia garantia para suas fronteiras no leste e tampouco no sul (como afirmou um historiador que acompanhou esses eventos, Locarno nada fez para evitar que a *Anschluss* [anexação austro-germânica] continuasse sendo o maior dos problemas da Itália.).[182] Durante as negociações de Locarno, Mussolini se permitiu eventuais preciosismos retóricos (mas frisou com firmeza que, em sua opinião, a *Anschluss* era intolerável e assinalaria o "ressurgimento da guerra").[183] Basicamente, entretanto, nada fez para deixar claro que sua Itália não deixaria de cumprir o que estava estabelecido na política exterior da menos importante das grandes potências. Somente quando se pronunciou ao voltar para a Itália deu a entender que poderia acontecer alguma coisa diferente na diplomacia fascista, por exemplo, ao sugerir que a guerra nunca tinha acabado. Como assinalou no mesmo discurso de 11 de dezembro, desta vez empregando uma metáfora esportiva bem característica, "na política às vezes é preciso suportar os golpes como se estivesse dentro de um ringue. O importante é não ser nocauteado, e nós não seremos".[184] O que realmente quis dizer com essa dura afirmação ficou para ser definido posteriormente.

Por enquanto, o regime fascista não assustava as chancelarias da Europa em que Mussolini era visto como um italiano típico com suas explosões emocionais, mas não como um líder com ambições difíceis de controlar. Também no campo interno, a grande maioria dos intelectuais, como igualmente o restante da elite, aceitava o regime e começavam a buscar vantagens. O mais influente era o filósofo Giovanni Gentile, que, depois de terminar seu mandato como ministro da Educação, passou a integrar um Comitê dos Dezoito que tinha a missão de rever a Constituição à luz dos acontecimentos mais recentes.[185] Em abril, Gentile publicou um manifesto defendendo a ordem fascista. Suas cláusulas irritaram profundamente os puristas liberais e levaram Benedetto Croce a redigir "O manifesto dos intelectuais antifascistas" em 1º de maio e em seguida se recolher a um confortável exílio em seu próprio país, no palácio de sua família em Nápoles, onde passou a pregar os ideais liberais para estudantes que o visitavam e admiravam. Outros intelectuais, menos puristas, viam a política como as pessoas em geral, procurando imediatamente uma forma de chegar a uma compensadora relação protetor-protegido.[186]

Foi nessa época que Gentile começou a exaltar a concepção *total* de vida do fascismo, e *total* era a palavra que ganhava proeminência no vocabulário fascista. Em 22 de junho, em pronunciamento no congresso do PNF em Roma, Mussolini anunciou sua decisão de "fascistizar a nação". "Nossa resoluta vontade totalitária", prosseguiu, "será seguida com resolução ainda maior... Fascistas, hoje nosso primeiro lema é: perfeição no ideal e intransigência na prática. A segunda decisão é: todo poder ao fascismo."[187] Essas palavras ainda não tinham sido lapidadas como exigia a "história". Não obstante, Mussolini estava anunciando que a determinação fascista construiria um "estado totalitário", um novo sistema em que as pessoas estariam a serviço da nação unida e em que as classes seriam suprimidas. Em 8 de outubro de 1925, nas vizinhanças iluminadas do *La Scala*, a ópera da cidade, o Duce empregou palavras ainda mais duras na comemoração do terceiro aniversário da Marcha sobre Roma. O fascismo, proclamou com palavras que os propagandistas do regime usariam repetidamente a partir de então, estava empenhado em instalar um regime em que "tudo seria em prol do Estado, nada fora do Estado e ninguém contra o Estado".[188]

10
O HOMEM DA PROVIDÊNCIA, 1926-1929

EM JULHO DE 1925, AO RESPONDER AS CONGRATULAÇÕES enviadas por Rachele pelo seu aniversário, Mussolini curiosamente comentou que, aos 42 anos, se sentia "ao mesmo tempo muito jovem e muito velho".[1] Essa ambivalência sobre o significado da vida não chegava a ser surpresa, já que a amplitude das atividades fascistas e as pretensões do regime se somavam. Logicamente essa soma exigia muito de Mussolini. A afirmação disseminada pela propaganda para o *Balilla*, o grupo de escoteiros do Partido, de que ele trabalhava invariavelmente de quatorze a dezesseis horas todos os dias[2] não deve ser levada a sério. Entretanto seu principal biógrafo italiano garantiu que Mussolini cumpria suas tarefas políticas "dez ou mais horas por dia"[3] e, sem dúvida, nunca teve, como Hitler, prazer em conversas inúteis. Um colega mais jovem lembrou que "sua alegria era ficar examinando documentos oficiais: a cronologia exata, a síntese bem-feita, os detalhes importantes, as referências essenciais — eram as coisas que mais lhe agradavam". Não gostava de improvisar, de falar sem necessidade antes de se sentir bem-informado, preferindo ter em sua mesa de trabalho um informe sigiloso sobre o que deveria acontecer na próxima reunião.[4] Sabia que um ditador totalitário precisava ter, ou pelo menos aparentar, conhecimento sobre todos os assuntos. Quando Farinacci sugeriu que, radicado em Roma, Mussolini não poderia mais saber o que estava acontecendo no interior das províncias, sentiu-se ofendido.[5] Particularmente nos anos em que surgiu o sistema fascista, nenhum assunto era suficientemente pequeno para deixar de interessar ao ditador. Mussolini lembrou que, em janeiro de 1926, tinha recomendado oficialmente que os jornais evitassem histórias sobre suicídios e crimes porque essas reportagens eram péssimos exemplos para "os fracos e despreparados".[6]

Intimidar a imprensa era uma das formas de implantar uma ditadura totalitária. Entre 1926 e 1929 Mussolini tentou, com maior ou menor sucesso, submeter trabalho, capital, campesinato (e, portanto, o sul do país) e o Partido Fascista à sua vontade. Fez um acordo com a Igreja Católica e, por mais prudente que fosse na prática de sua política exterior, se gabava de que a Itália estava se transformando em "uma potência mundial, ou seja, com interesses que não se limitavam a setores ou continentes".[7] A novidade em suas ambições estava em sua pretensão de conquistar corações e mentes de seus súditos e, assim, consolidar o fascismo como uma religião política. Enquanto o significado da palavra *totalitarismo* se ampliava depois de ser usada pela primeira vez em maio de 1923 no *Il Mondo*, de Amendola, quando traduzia apenas o desejo de obter esmagadora vitória eleitoral,[8] Mussolini, pelo menos por certo tempo, desejou estabelecer um relacionamento natural com o povo italiano. Apesar de toda a hipocrisia que, de certo modo contra sua vontade, contaminava seu coração, ele esperava, nas circunstâncias de então, ser um novo tipo de revolucionário e encontrar uma fórmula política que superasse o socialismo de sua juventude e de tantos inimigos antifascistas.

Contudo, seus ideais, se realmente se tratava de ideais, não eram fáceis de alcançar. A pedra fundamental do novo Estado fascista foi a repressão. A propósito, os eventos ajudaram a justificar o rigor no controle sobre a Itália. Foi a oportunidade para Mussolini pôr em prática a tática que, com Farinacci, elegera como preferida: "assumir a iniciativa subitamente e atacar nossos adversários nos momentos em que estiverem mais dominados por discórdias e pânico".[9] Ao assassinato planejado por Zaniboni e Capello em novembro de 1925 seguiram-se outros atentados contra a vida do Duce. Às onze horas da manhã de 7 de abril de 1926, uma irlandesa da alta sociedade, Violet Gibson,[10] atirou em Mussolini quando ele saía do saguão do *Campidoglio* no centro histórico de Roma onde, ironicamente, ele acabara de abrir um congresso internacional de cirurgiões. A bala apenas raspou o nariz do alvo e Mussolini aproveitou para explorar o acontecimento a seu favor, sendo fotografado logo após trabalhando com um pequeno curativo no rosto para lembrar que estivera a ponto de morrer. Às quatro e meia daquela tarde, ainda com o curativo, Mussolini já estava discursando em uma reunião com dirigentes do Partido e funcionários do governo. Em dramática peroração, empregou um dos lemas do regime, insistindo na necessidade de todos de "viver perigosamente". "Afirmo para vocês, velhos soldados: se eu avançar, siga-me; se eu recuar, mate-me; se eu morrer, me vingue."[11] Quando, mais tarde naquela noite, uma multidão se reuniu à frente do Palazzo Chigi, Mussolini apareceu na sacada e declarou: "Pertenço à geração de vocês. Quero dizer, sou da nova geração de italianos, que nunca se deixa abater diante dos acontecimentos, que, pelo contrário, segue firmemente pelo caminho que o destino lhe impôs".[12] Com emoção não tanto espartana, Arnaldo ligou de Milão em lágrimas. Seu telefone estava grampeado e os policiais se lembravam do fato. Mussolini, sempre duro, disse ao irmão para ficar tranquilo e que o atentado só o afetara por alguns instantes. Arnaldo, como de costume, aproveitou a ocasião para agradecer a Deus por ter salvado a vida do Duce.[13]

Miss Gibson foi considerada mentalmente perturbada, imediatamente expulsa do país e mandada de volta para a Inglaterra, cujos diplomatas intercederam em seu favor[14] (embora os jornais fascistas aproveitassem a oportunidade para um comentário xenófobo, e o *La Vita Italiana* investisse contra a "mulher-demônio estrangeira").[15] Entretanto, a terceira tentativa de assassinato exigiu medidas mais diretas das autoridades fascistas. Em 11 de setembro, Gino Lucetti,[16] anarquista que regressara de um período como emigrante na França, jogou uma bomba na direção de Mussolini quando o Duce se dirigia para a *Porta Pia*, rumo a seu local de trabalho. Mussolini não foi ferido, mas oito pessoas próximas foram. A repercussão desse atentado resultou na nomeação de um novo chefe de polícia, Arturo Bocchini, dos quadros da prefeitura. Antes que ele dominasse plenamente suas funções, em 31 de outubro Anteo Zamboni, um adolescente de família de anarquistas, tentou alvejar o Duce quando ele dirigia pelas ruas de Bolonha. Zamboni foi linchado no próprio local por fascistas furiosos e continuou circulando uma controvérsia sobre a questão. Havia quem dissesse que Zamboni não era o verdadeiro autor e que o assassinato tinha sido planejado nos círculos de fascistas dissidentes de Bolonha, cujo *ras*, Arpinati, acabou ficando em maus lençóis perante o Estado fascista.[17]

Porém, o que houve de realmente importante na questão Zamboni foi a reação de Mussolini. Ele assumiu o controle da repressão exercida pelo Estado e em 6 de novembro tirou o moderado Federzoni do Ministério do Interior, que retornou para suas próprias mãos, e insistiu em algumas alterações nas leis. Embora a legislação de então tivesse sido redigida por Federzoni e Rocco, ambos mais ex-nacionalistas do que fascistas fanáticos, chegara a hora de banir oficialmente partidos, sindicatos e associações da oposição, transformando a Itália em um Estado de partido único. Os secessionistas aventinos, que permaneciam no limbo desde janeiro de 1925, finalmente ficaram sem seus assentos no Parlamento. A abolição da pena de morte na Europa, em que o Grão-Ducado da Toscana e a então Itália Unificada foram pioneiros, foi revalidada para crimes políticos. Em 25 de novembro foi instituído o Tribunal Especial para Defesa do Estado (*Tribuna speciale per la difesa dello stato*) com nítida conotação partidária, já que a maioria dos juízes pertencia à MVSN. A emigração clandestina foi reprimida com mais rigor. Acabaram os dias em que Salvemini podia atravessar clandestinamente o Passo do Pequeno São Bernardo enquanto os guardas almoçavam,[18] pelo menos em teoria.[19] A Itália estava a caminho de se tornar uma fortaleza fascista.

Um componente ideológico que passou a influenciar essas decisões foi a nomeação de Bocchini para chefe de polícia. Tratava-se de um homem que, até sua morte, em 1940, pareceu para alguns "o oculto e extremamente poderoso ditador do ditador".[20] O passado de Bocchini era de um burocrata sulista, um clássico personagem da história italiana após o Risorgimento. Nasceu em 1880 (o mesmo ano de Margherita Sarfatti e Leda Rafanelli, que também tinham influenciado fortemente o Duce), em San Giorgio del Sannio, província de Benevento, nas montanhas a leste de Nápoles.[21] Depois de se formar em advocacia em 1903, entrou para o funcionalismo do Estado. Era filho de um proprietário de terras e tinha muitos irmãos que se viam com a prerrogativa de exercer a influência local. Assumido o cargo, se tornou chefão da região de Benevento e se dizia que nenhuma iniciativa desenvolvimentista acontecia sem sua aprovação e seu benefício.[22] Depois de 1922, sua carreira progrediu rapidamente quando foi nomeado prefeito sucessivamente de Bréscia, Bolonha[23] e Gênova. Nesses cargos ficou conhecido como a pessoa que reprimia dissidentes fascistas com a mesma firmeza com que lidava com qualquer outro adversário do governo. Em 1926, seu nome ficou realmente bem conhecido, inicialmente por Federzoni, e logo também passou a ser bem-visto por Augusto Turati, o *ras* de Bréscia que em março substituiu Farinacci como secretário do PNF.[24]

Ao longo de sua carreira Bocchini não passou de um fanático crente na revolução fascista. Conhecido por seu apetite libertino, ria ao afirmar que era fascista apenas em seu currículo.[25] Um observador alemão se lembrou dele "se deliciando com lagostas, ostras, frango e vinho da Borgonha".[26] Morreu em

20 de novembro de 1940 depois de suculento jantar no Albergo Ambasciatore, em Roma, e um encontro amoroso com Maria Letizia De Lieto Vollaro, de 25 anos, de família da nobreza de Benevento. A família da moça criou uma grande confusão em torno do incidente e quis participar da rica herança de Bocchini, alegando ter havido um precipitado casamento de Maria Letizia com um moribundo chefe de polícia.[27] Bocchini mal tentava disfarçar a maneira como tradicionalmente praticava a corrupção, esperando retribuições compensadoras de quem recorria à sua influência e pedia favores.[28] Também tirava proveito do acesso que tinha ao orçamento da polícia secreta, que controlava como se fosse seu. Mussolini, complacente, não exigia verificação dessas despesas.[29] Bocchini também era um *furbo* [esperto] pela regularidade com que, apesar da retórica fascista sobre unificação nacional, empregava policiais do Sul para acompanhar as atividades dos antifascistas do Norte.[30] Do mesmo modo, nada fez para mudar os hábitos de seus subordinados mais novos de grampear telefones de dirigentes fascistas, inclusive de Mussolini e de seu irmão (e, mais tarde, de sua amante).[31]

Era um fascista sem muita fé, que mais lembrava um Scarpia do que um Heinrich Himmler. No fim da década de 1930, as polícias fascista e nazista se encontravam com frequência e Bocchini pôde, sem dificuldade, consolidar seu relacionamento com Himmler, mesmo que, em caráter particular, zombasse da "hiena" nazi.[32] Mas teve que emudecer quando, em fevereiro de 1938, por ocasião de seu 58º aniversário, recebeu de presente de seu colega alemão "um pedaço de um velho carvalho considerado sagrado por Wotan,* descoberto em um pântano do Norte".[33] Entretanto, o solene comparecimento de Himmler e Heydrich a seu funeral pode ter lhe proporcionado um momento de patifaria póstuma, principalmente porque fazia parte do grupo que orbitava em torno de Ciano, ministro do Exterior que temia as implicações de uma aliança com a Alemanha e queria retardar a entrada na guerra.[34] Nos anos 1930 Bocchini também foi rival de Achille Starace, secretário do Partido,[35] cuja ardorosa crença (por autointeresse) no fascismo e na revolução deve ter lhe parecido brincadeira. Sua atitude pode ter sido acentuada pelo fato de Starace ser oriundo de Galípoli, bem mais ao sul, lugar que, Bocchini sabia muito bem, era mais rústico do que Benevento. Em resumo, Bocchini era um italiano vindo de um mundo em que "tráfico de influência era parte inseparável da vida em todas as camadas

---

* Odin, deus nórdico dos raios e dos trovões. (N. T.)

da sociedade, mesmo em um Estado moderno"[36] e personificava exatamente o inverso do que se esperava do "novo homem fascista". Personificava muito mais as estruturas dos itálicos do que representava a revolução fascista.

Mais importante, ele se dava muito bem com o Duce, que o via quase todos os dias. Na verdade, foi sua colaboração que permitiu a Mussolini ouvir o elogio de um historiador antifascista que considerou Bocchini um dos melhores chefes de polícia da história.[37] Em maio de 1937, em seu pronunciamento no dia em que comemorava sua ascensão ao poder, talvez o mais expressivo que já fez, Mussolini manifestou publicamente sua satisfação com as reformas que Bocchini até então empreendera na polícia. "Os policiais", perguntou Mussolini com certa dose de humildade, para espanto de respeitosa audiência fascista, "historicamente não têm precedência sobre os professores?"[38] A polícia reorganizada, elogiou, estava vencendo a batalha contra o crime, fosse o organizado ou o do dia a dia. Tinha derrotado o antifascismo. Era um modelo de inteligência.[39] Mussolini prosseguiu elogiando Bocchini em sua companhia decididamente cínica. Quando o fascismo dava seus últimos suspiros, Mussolini afirmou que a debilidade final do regime se deveu à morte prematura de Bocchini.[40] O chefe de polícia não era o tipo de homem que pode ser apontado retoricamente como exemplo de carisma, e a simpatia de Mussolini por Bocchini demonstra que o Duce também sabia que as realizações muitas vezes são mais importantes do que palavras e imagens.

Uma das criações daqueles dias foi a Polícia Secreta, a Ovra, cujo nome foi escolhido por causa de sua sinistra ressonância e não porque significasse alguma coisa. Sem dúvida alguma Bocchini foi muito eficiente no acompanhamento e eliminação de qualquer conspiração contra seu chefe e organizou os arquivos de mais de 130 mil italianos.[41] Seu serviço de espionagem penetrou até no Vaticano, onde monsenhor Enrico Pucci, assistente pessoal do papa Pio XI, era pago para ser seu agente.[42] Bocchini obteve sucesso ainda maior no que um pós-modernista chamou "controle das palavras", patrocinando a difusão de uma imagem quase sempre convincente do "abastardamento" do antifascismo. Simultaneamente, cada vez mais se infiltrava nos focos de resistência política com seus próprios agentes, disseminando o medo, a desconfiança e autocomiseração que, quase sempre, davam a tônica da vida no exílio. A censura à imprensa garantia que a geração mais jovem de italianos sequer conhecesse o nome dos antifascistas que fugiram para o exterior ou viviam em *confino*.[43] Bocchini obteve sucesso no trabalho de sua polícia apesar de, quando comparado com outros regimes autoritários, mesmo nas sociedades de hoje, o efetivo de sua Ovra ter sido relativamente pequeno, cerca de 375 pessoas em 1940.[44] Sem dúvida, esse efetivo deixa perceber a verdadeira mesquinhez da classe política da Itália e a superficialidade da aceitação do fascismo, do antifascismo ou de alguma ideologia moderna como religião política pela grande maioria do povo italiano.

Igualmente paradoxal foi o sistema de punição conhecido como o *confino*, usado com frequência e herdado dos liberais, mas agora ampliado. Por esse sistema os dissidentes políticos (diversos deles fascistas) eram transferidos de suas casas para algum lugarejo remoto, quase sempre no sul do país (principalmente nas ilhas Lipari, Tremiti[45] e Ponza), onde, como todos sabiam, faltava educação e, portanto, não havia nacionalização das massas. Inúmeros dissidentes políticos informaram que seus carcereiros automaticamente se referiam a eles como *professori*, ou *commendatori*, seres estranhos de uma classe imprevisível e culta que, por algum motivo, tinham caído em desgraça em um sistema igualmente imprevisível.[46] Ironicamente, se comentava que membros menos importantes do Estado-Maior de Mussolini viam de forma semelhante o que lá acontecia.[47]

O êxito do sistema policial montado por Bocchini, que contava com pleno apoio de Mussolini, permitiu que o Tribunal Especial fosse relativamente complacente na aplicação da pena de morte. Entre 1927 e 1943 o regime exarou 42 sentenças de morte por crimes políticos, das quais 31 foram executadas, 22 delas durante a Segunda Guerra Mundial. O grupo mais insistentemente perseguido foi o dos eslovenos na fronteira nordeste. Um padre podia ser enviado para o *confino* meramente pela suspeita de ter celebrado a missa em idioma esloveno.[48] Em 1927 Mussolini viveu verdadeira paranoia a propósito de uma "ameaça eslava" e chegou a determinar que Giuseppe Volpi verificasse se havia planos para repelir qualquer invasão militar partida daquela direção.[49] Ao todo, o Tribunal Especial conduziu 13.547 processos e impôs 27.742 anos de prisão.[50] A esses totais precisam ser adicionadas as dezenas de milhares de pessoas que foram submetidas ao *confino*, detidas em suas casas ou mantidas sob vigilância.[51]

Depois de 1945, o mais famoso mártir alvo do fascismo foi o historiador comunista Antonio Gramsci,[52] julgado pelo Tribunal Especial em 1927 e visado por Mussolini, que influenciou os juízes para condená-lo a vinte anos de prisão.[53] Muito doente, Gramsci sobreviveu dez anos, antes de morrer em 27 de abril de 1937, poucos dias após deixar a prisão. Tinha 46 anos de idade. Para muitos, o destino de Gramsci foi consequência do ataque generalizado lançado por Mussolini contra a classe trabalhadora, seus representantes e suas organizações.

No entendimento de marxistas e de seus simpatizantes, o fascismo não podia ser analisado sem a premissa de que Mussolini se tornara instrumento da burguesia.[54] Para o Duce, essa acusação é realmente amarga, se lembrarmos de sua militância socialista na juventude, que ele sempre procurou negar. Retoricamente, se pode reconhecer que de tempos em tempos ele reprovava a indecisão e a indolência da burguesia, gente que, em seu entendimento, adorava copiar os modos dos franceses, ingleses e americanos, e, ao mesmo tempo, não aceitava a influência de suas raízes plantadas na alma e no solo italianos.[55] De forma análoga, sustentava que o fascismo, com seus sindicatos e organizações, não tencionava abandonar a classe trabalhadora, mas desde que não infringisse o direito de propriedade e o interesse nacional, que sempre estaria disposto a defender.[56]

Os sindicalistas nunca deixaram de desempenhar um papel de relevo na elite dirigente do fascismo, e sua contínua presença encorajou alguns a declararem que o regime de Mussolini sempre se caracterizou por um lado socialmente mais radical do que o de Hitler.[57] De 1922 a 1928 o líder do sindicalismo fascista foi Edmondo Rossoni, um antigo companheiro *romagnole* do Duce. A experiência de Rossoni como emigrante não foi vivida na Suíça ou na Áustria, mas nos Estados Unidos, em meio à evidente pobreza e exploração que o levaram a concluir que os sindicatos precisavam aceitar o Estado-Nação. Intervencionista e revolucionário, em 1921 Rossoni aderiu ao movimento fascista. Após a Marcha sobre Roma, foi designado secretário-geral da *Confederazione delle Corporazioni Fasciste* [Confederação das Corporações Fascistas]. Em novembro de 1926, com a dissolução das organizações marxistas e católicas rivais que tinham sobrevivido, esse órgão foi renomeado *Confederazione Nazionale dei Sindacati Fascisti* [Confederação Nacional dos Sindicatos Fascistas]. O regime, como foi anunciado, se dispunha a apoiar quem gerasse riqueza para o país. O fascismo, disse Mussolini para um jornalista inglês que o visitou, era "um método e não um fim; se preferir, é uma autocracia com traços democráticos".[58]

Talvez amparado pelo populismo de seu chefe, Rossoni continuou pressionando em favor dos direitos dos trabalhadores. Entretanto, não via com bons olhos o fato de a maior parte da lei de arbitragem então criada ter sido redigida pelo reacionário Rocco.[59] Não estava convencido de que o banimento simultâneo de greves e locautes fosse uma prova da imparcialidade do regime em questões de classe.[60] Ficou ainda mais cético quando Mussolini começou a falar na criação de um "estado corporativo". O Duce assumiu o Ministério das Corporações em julho de 1926.[61] Nesse sistema, a representação parlamentar funcionava através das corporações, órgãos em que os representantes do capital e do trabalho exerciam direitos iguais, com dedicação total à causa da nação e do fascismo.[62] Nem mesmo a tão anunciada redação da Carta Trabalhista em abril de 1927 defendendo a total liberdade de "organização profissional e sindical" reconciliou Rossoni com a nova estrutura do Estado Fascista.[63]

Mussolini desempenhava um papel de menor importância na estrutura desse estado, deixando a questão do debate para seu preocupado (além de obediente e confiável) subsecretário do Ministério das Corporações, Bottai, além de Rossoni e Rocco.[64] Bottai foi o que mais rapidamente concluiu qual era o verdadeiro objetivo e publicou na *Critica Fascista* o artigo de um jovem fascista incentivando todos os italianos a "imitar" o modo de vida de Mussolini. "Conhecer e compreender Mussolini a fundo e obedecê-lo conscientemente", aconselhava aos leitores, "significa entender a grande causa do fascismo da melhor forma possível. Somente a total devoção ao Duce será capaz de apressar a marcha do fascismo."[65] Bottai deve ter pensado que a Carta Trabalhista equivalia à confirmação do objetivo social do fascismo e encarnava "a supremacia do princípio ético na ordem econômica",[66] mas Rossoni, ao contrário, via a redução do poder dos trabalhadores e o favorecimento dos empregadores. Nenhum fraseado exaltando a sedução mística exercida pelo Duce conseguia disfarçar esse fato. Quando recebeu seu exemplar, Renzo de Felice concordou que a Carta pouco fez para melhorar as condições de vida dos trabalhadores italianos. Na verdade, sua única consequência foi fortalecer a autoridade de Mussolini.[67]

Uma consequência desses eventos foi a queda de Rossoni, que, em novembro de 1928, viu seu cargo de chefe dos sindicatos fascistas ser abolido (foi substituído pelos sete chefes de corporações: indústria, agricultura, comércio, transporte, bancos, profissionais e artistas, marinheiros e aeroviários). Esse ajuste na organização das questões trabalhistas aconteceu em meio a rumores de que Rossoni ousara falar a respeito da queda do Duce.[68] Não há dúvida de que Mussolini começou a organizar um arquivo sobre os atos de possível corrupção de seu velho amigo, que incluíam negócios com terras em nome de seus pais ou tios e promiscuidade, além de registrar no arquivo o rumor de que sua desajeitada esposa tinha sido prostituta em Roma.[69] Esses problemas não impediram que Rossoni voltasse a ocupar um cargo ministerial. De janeiro de 1935 a outubro de 1939 foi ministro da Agricultura e das Florestas, destino de certa forma irônico para um líder trabalhista. Naquela época, era visto como sarcástico observador das frentes de trabalho nazistas e ainda era um convicto "fascista de esquerda", embora, depois de aprender as lições dos sete anos no ostracismo, tivesse dificuldade para deixar claro que era, acima de tudo, um "mussoliniano".[70] Durante todo o regime, o sindicalismo fez parte do vocabulário do Duce e de outros fascistas, permanecendo como objetivo de um imaginário futuro revolucionário, embora, na prática, nunca deixasse de ser mais um conceito intelectual do que uma realidade social.

Não resta dúvida de que, durante a construção do *stato totalitário*, não apenas o trabalhismo, como também a indústria e as finanças, sentiram as consequências do poder de Mussolini. Até 1926 o Duce pouco fez para desafiar o poder do mundo empresarial. Tinha procurado sondar as reclamações dos fascistas mais engajados a propósito da conduta dos setores mais ricos da sociedade, que reprovaram abertamente Farinacci quando ele atacou o egoísmo dos bancos ou fez outras declarações que geraram preocupações financeiras.[71] Na maior parte das ocasiões, Mussolini defendeu a abordagem ortodoxa de De' Stefani e Volpi nos assuntos econômicos, salientando com satisfação que "seu bom senso de camponês" o fazia naturalmente disposto a ser cuidadoso para não ser complacente demais nas despesas governamentais.[72]

Um aspecto especial da política econômica fascista tinha sido a solicitação de empréstimos no estrangeiro para ajudar a recuperação da economia italiana depois da guerra, feita por Mussolini e seus representantes. Obtiveram muito êxito nos Estados Unidos, subitamente alçados em 1918 à condição de maior fonte de capital do mundo. Em maio de 1923 Mussolini se reunira com Thomas William Lamont, o novo sócio majoritário do Morgan Bank[73] e, apesar de algumas dificuldades durante a questão Matteotti, seus contatos continuaram. Após sua nomeação para ministro das Finanças, Volpi, que se gabava de possuir larga experiência nos meandros das finanças internacionais, viajou para os Estados Unidos em outubro-novembro de 1925 em busca de novos empréstimos, como também de uma solução melhor para os intermináveis débitos italianos nos Estados Unidos, à espera dos pagamentos das reparações de guerra por parte da Alemanha.[74] Tudo correu bem, e a Itália subiu para o segundo lugar na lista de beneficiários de créditos dos Estados Unidos entre 1924 e 1929, atrás apenas da Alemanha. O acesso a recursos financeiros fora do país também ajudou a preservar o valor da lira, tratada pelo Duce como um talismã para o prestígio internacional da Itália.[75]

Para assegurar a feliz parceria com Morgan e outros banqueiros americanos, no verão de 1926 Volpi se dispôs a novamente visitar os Estados

Unidos. Entretanto, em 8 de agosto recebeu abruptamente um memorando de Mussolini com uma orientação e uma carta anexa explicando:

> As anotações que seguem são fruto não propriamente de estudos profundos sobre o problema que vem nos intranquilizando há tantos meses, mas muito mais o resultado de intuição. No que me diz respeito, (esta intuição) é quase sempre infalível.[76]

Volpi, muito astuto, deve ter empalidecido diante da crua explicação de seu Duce sobre sua forma de pensar. Ao ler, descobriu que a grande questão já não era tanto conseguir outros empréstimos, mas estabilizar o valor da lira. Agora a moeda italiana era não apenas um talismã no coração do fascismo dentro e fora do país. O tom de Mussolini foi dramático. "O destino do regime depende do destino da lira", escreveu enfaticamente. "É preciso, portanto, considerar a batalha da lira absolutamente decisiva." Como "totalitários", os italianos estão "sozinhos" em um mundo corrupto. Não devem baixar a cabeça diante do "jugo dourado dos anglo-saxões". Ao contrário, deve se manter com os dois pés no chão e "agir segundo os padrões fascistas, ou seja, com muita audácia e ampla visão". O valor da moeda não era tanto uma questão econômica, mas de ordem psicológica. A Itália deve ser forte o bastante para chegar à vitória graças à sua determinação.[77] Dez dias mais tarde Mussolini tornou pública a questão em um discurso que fez em Pesaro, anunciando a "batalha" e declarando que:

> [...] o regime fascista, desde seu chefe até o mais humilde seguidor, está pronto para se sacrificar como for necessário para que nossa lira, símbolo de nossa nação, de nossa riqueza, de nossa força, de nossos sacrifícios, de nossas lágrimas, de nosso sangue, seja defendida, e assim será.[78]

Parecia que na cabeça do Duce a moeda se transformara na própria encarnação da Itália e do fascismo.

Nos dezesseis meses seguintes Mussolini se recusou a abandonar essa linha de pensamento, e em dezembro de 1927 fixou oficialmente o valor da moeda italiana em dezenove liras para cada dólar americano e 92,46 para a libra inglesa, além de novamente vincular a moeda ao padrão-ouro.[79] Muitas pessoas que comentaram a medida, entre elas Volpi,[80] acharam que a lira tinha sido supervalorizada, mas Mussolini insistiu na linha-dura anti-inflacionária, talvez esperando causar impressão em seus amigos banqueiros americanos com seu rigor e determinação.[81] A. S. Benni, porta-voz dos mais competentes industriais da Itália, preconizou o reajuste ao novo valor conseguindo do Duce uma redução de salários da grande maioria dos trabalhadores italianos.[82] Os que até então não tinham se submetido à repressão fascista ficaram calados diante do aumento do desemprego que, de acordo com os dados oficiais, triplicou entre 1926 e 1928.[83]

Será que o regime fascista era apenas uma nova forma de fazer negócios? Uma das mais frequentes alegações de admiradores de Mussolini foi o fato de ele estar presidindo uma "ditadura desenvolvimentista", comprometida com a "modernização" da Itália.[84] Porém, as razões que ampararam essa opinião entre 1926 e 1929 eram confusas. A centralização da gestão da moeda italiana no Banco d'Italia em julho de 1926 e a eliminação do direito do Banco di Napoli e do Banco di Sicilia de imprimir notas, que assegurava a sobrevivência desses bancos, foram, sem dúvida, atos que traduziram um controle governamental mais rigoroso. Contudo, praticamente ao mesmo tempo, o regime cedeu diante da pressão dos representantes dos pequenos comerciantes, muitos deles fascistas importantes, e criou um sistema de licenciamento que protegia os varejistas contra retaliações dos supermercados e de outras organizações modernas de vendas.[85] No que dizia respeito às diretrizes econômicas, uma linha adotada por Mussolini parecia modernizadora, outra quase tradicional.

Caso típico foi o do *Banca Nazionale del Lavoro e della Cooperazione*, criado pela fusão das antigas cooperativas em maio de 1927 e destinado a desempenhar um papel importante durante o regime fascista, interna e externamente. Neste último caso, levou a bandeira nacional ao império etíope e à Espanha durante a guerra civil neste país, além de acompanhar o Eixo na Nova Ordem Europeia.[86] Em 1925 as cooperativas tinham sido retiradas das mãos de Paolo Terruzzi, radical fascista milanês até então prestigiado por Mussolini, e ficaram sob a direção de Arturo Osio. Embora seu passado no *Popolari* católico parecesse paradoxal,[87] Osio era esperto o bastante para saber que, ao tratar com o pessoal de cima, a proteção de Farinacci poderia se sobrepor à hostilidade de Volpi.[88] A partir de 1926, Osio passou a ter encontros regulares com Mussolini,[89] e foi por orientação direta do Duce que uniu os destinos das cooperativas e as transformou em um moderno banco, que sobreviveria ao fascismo. Osio consolidou sua ligação com Farinacci[90] e também contou com a proteção de Bottai, Rossoni, Ciano e Thaon di Revel, embora, quando perguntado, afirmasse modestamente que a missão de sua vida era simplesmente fazer seu banco prosperar. Em janeiro de 1942 foi subitamente afastado de seu cargo por Mussolini em meio a rumores, precipitados como logo se viu, de que era alvo da animosidade da família Petacci.[91] Na vitória e na derrota, Osio foi mais um notável servidor do regime fascista que conhecia muito bem tanto o relacionamento chefe-subordinado quanto ideologia, e gostava de manipular cada uma dessas questões de acordo com seus próprios objetivos.

Em outubro de 1929, justamente quando a economia italiana dava os primeiros sinais de recuperação dos efeitos deflacionários da sobrevalorização da lira, o mundo foi abalado pela quebra de Wall Street. Durante os anos 1930 Mussolini adotou nova política para combater a Grande Depressão e o terremoto financeiro que atingiu também a Itália. Porém, após a agitação causada pela intervenção de 1926-1927, ele demonstrava pouco interesse pelos problemas econômicos do país. Na verdade, Angelo Mosconi, que substituíra Volpi[92] como ministro das Finanças em julho de 1928, se recordava de Mussolini como executivo calmo e sensato que sempre escutava um conselho franco e tornava fácil para um ministro seguir políticas prudentes e saudáveis.[93] Embora permanecesse atento a qualquer assunto que pudesse acarretar danos para o prestígio da nação — Giuseppe Belluzzo, ministro da Economia nacional, foi publicamente constrangido a se retratar de imprudente declaração que a Itália carecia de matérias-primas[94] —, o Duce atenuava sua autoridade sobre banqueiros e industriais e deixava os especialistas executando as tarefas que lhes cabiam. Era o método que usava habitualmente.

Nessas circunstâncias, os empresários italianos tinham muitos motivos para aplaudir o governo de Mussolini. Mas o que estaria o Duce fazendo pela agricultura, ainda o setor que mais oferecia empregos aos italianos? O aumento do número de italianos pobres e doentes era prova marcante das limitações da pretensão fascista de modernizar a Itália, principalmente no interior. No conjunto dos países europeus a Itália estava em 18º lugar em consumo de calorias, talvez o mais sintomático índice de bem-estar de um povo.[95] As condições mais miseráveis eram encontradas na Itália rural. O que podia ser feito para corrigi-las?

Uma resposta para esta pergunta veio por palavras. Em 1924 Mussolini afirmara para seu Partido que "a população italiana era predominantemente rural [...] os fascistas do interior eram mais firmes e a milícia rural, mais disciplinada".[96] Em junho do ano seguinte declarou em tom curiosamente militar: "Iniciei formalmente a campanha pela batalha do grão e já organizei um Estado-Maior para conduzi-la".[97] A partir de então defendeu seguidamente a "ruralização" da Itália. Como ressaltou no discurso do dia em que se comemorava a ascensão ao poder, cidades e industrialização causavam esterilidade espiritual e fisiológica e somente o progresso da agricultura poderia realmente preparar a Itália para se tornar um império.[98]

De fato, a Itália rural, com seu ritmo característico e suas diversidades regionais, se adaptara ao regime de Mussolini. Em junho de 1921 o prefeito de uma cidade da Calábria predisse que o fascismo, como "genuíno socialismo", "por muitos anos" não conseguiria criar raízes porque as condições sociais locais eram muito estranhas para partidos de massa.[99] Depois de outubro de 1928 vieram as disputas, geralmente entre pequenos grupos de fascistas da velha guarda e outros que aderiram mais tarde, agitando o meio rural, tal como estava acontecendo em todo o país. Em Catanzaro, um prefeito de visão mais ampla percebeu que o *fascio* que surgira na cidade era composto por ex--membros dos velhos partidos dirigentes, que agora vestiam a camisa negra.[100] Suas observações foram repetidas por um antropologista americano que estava na Itália completando um trabalho de campo em uma pequena cidade da Sicília em 1928. Ele disse que todo mundo procurava em seus discursos de rotina mencionar "os nomes de maior repercussão" na política nacional. Fascismo, totalitarismo, corporativismo e sindicalismo eram termos ainda totalmente estranhos. Quando membros das elites locais os usavam, era para auferir vantagens para sua "facção", tendo em vista que os camponeses, tanto quanto era possível lembrar, sempre viveram divididos em facções.[101] Os camponeses estavam sempre dispostos a responder para quem perguntasse que Mussolini era "um santo que veio do paraíso".[102] Em referendo de 1929, votaram unanimemente a favor do regime, marchando ao som das marchas tocadas pela banda da cidade, que promiscuamente misturava a "Giovinezza" com o hino nacional, a "Marcia Reale".[103] Porém, o Duce e o papa pouco interfeririam na vida rotineira dos camponeses, que dependia do potencial agrícola das terras e do poder dos proprietários de terra. A ignorância e o ceticismo dos camponeses a propósito do grande mundo que os cercava eram tais que acreditavam que até Garibaldi, visto como um Deus, só tivera duas opções, *culera o leve* (a cólera ou o alistamento).[104] Por mais que tivesse realizado nessas localidades no sul do país, o fascismo não fora capaz de provocar uma revolução social, nem sequer de permitir a possibilidade de se pensar nela.

Os líderes fascistas do sul do país pareciam igualmente dispostos a macular sua pureza ideológica e adotar hábitos e atitudes do passado, achando mais familiares as práticas recomendadas por Bocchini do que as preconizadas por alguém como Starace. Em setembro de 1924, Acerbo, por exemplo, escreveu para Mussolini reclamando das misteriosas tramas a seu respeito que surgiam sempre que ia a Roma. Perguntou, de forma um tanto ingênua, se uma conspiração seria a razão para um primo distante que morava em Abruzzo ter sua carreira encerrada ao ser afastado de seu cargo no Partido. "Depois da repercussão do triunfo de meus inimigos e dos inimigos do regime, não posso voltar a Abruzzo", afirmou pesaroso. Será que Mussolini poderia intervir? Caso contrário, "sem mim, Abruzzo vai mergulhar no caos, ou pior."[105]

Mussolini providenciou o apoio necessário e Acerbo permaneceu como líder fascista na região até o fim dos anos 1930, continuando a transmitir "recomendações" a seu chefe, que acreditava quando ele dizia: "sempre fui e sempre serei seu devotado soldado, pronto para cumprir qualquer missão"[106] (desde que, quis dizer, seu poder regional não fosse abalado e Mussolini continuasse sendo um chefe generoso). Do mesmo modo, em 1924 Michele Bianchi pediu o apoio de Mussolini para repelir rumores maldosos que o mostravam como mulherengo e, segundo acreditava, estavam sendo espalhados por rivais anônimos do Partido. Seria uma "ingratidão", acrescentou em tom de chantagem — a crise de Matteotti estava no auge — se essa hostilidade não fosse reprimida. "Lembre-se, Duce, que sempre estive a seu lado, nunca movido por algum interesse pessoal, especialmente nos momentos mais difíceis e tristes" da tomada do poder. Por que Mussolini não o tratava como se deve tratar um verdadeiro amigo?[107] Mais uma vez o pedido de Bianchi obteve o sucesso desejado e ele se consolidou como figura de destaque do regime, embora Mussolini mantivesse em seus arquivos cada vez mais volumosos os registros sobre os casos amorosos de seu protegido, entre eles a informação de que Bianchi incentivava sua aristocrata amante calabresa a marcar entrevistas com o pessoal local mediante pagamentos substanciais.[108] Por outro lado, Acerbo, Bianchi[109] e outros fascistas do Sul tinham seus próprios protegidos que os abordavam tal como eles se dirigiam ao Duce.

A sobrevivência da imagem do Sul tradicional certamente não fazia parte da imagem que o fascismo fazia de si mesmo e tampouco correspondia à linha do Partido que defendia o controle absoluto exercido por Mussolini. Ao contrário, outra característica da construção do Estado totalitário era a "batalha contra a máfia", no passado um símbolo notório da fraqueza e da inconsistência do governo liberal. Nesse conflito, o representante de Mussolini era Cesare Mori, outro membro do governo que, como Bocchini e Badoglio, não tinha conexão especial alguma com o Partido Fascista. Embora tivesse o cuidado de assinalar que trabalhava "em nome e por vontade do Duce",[110] Mori teve permissão para publicar um relato de sua carreira entre 1925 e 1929 em que não foi muito modesto ao se referir a seu "triunfo". Salientou particularmente que a máfia, em vez de ser uma única e vasta organização criminosa, era mais uma "mórbida" atitude mental que no devido tempo seria superada pelo espírito superior do fascismo.[111] Os historiadores têm sido céticos sobre o propalado triunfo fascista. Ao contrário, notaram a forma como Mori realmente defendia o poder da velha classe de proprietários de terras[112] e a facilidade com que a Sicília mergulhava no atraso. Era sabido que, nos anos 1930, "em algumas cidades o *fascio* só abria nos feriados públicos".[113] Nessa década, seguindo o padrão estabelecido por seus antecessores liberais, Mussolini eliminou a Sicília de seus itinerários habituais. Depois de visitas sucessivas em 1923 e 1924, só voltou em 1937, para falar vagamente sobre a conversão da ilha em um paraíso agrícola.[114] Na verdade, sua política estava mais orientada para a pacificação da região do que para incutir em seus habitantes um élan modernizador e uma nacionalização revolucionária. O castigo pelo fracasso desse esforço de mobilização veio no verão de 1943, quando os sicilianos receberam os americanos praticamente sem considerá-los estrangeiros e muito mais como sedutoramente mais valiosos do que seus governantes italianos. Os sicilianos desprezaram o governo de Mussolini sem pensar duas vezes (embora, nos anos após a guerra, o neofascismo se desenvolvesse e firmasse uma base popular na ilha).

Outro grupo cujo destino estava sendo definido naqueles anos foi o das mulheres italianas. O passado do fascismo na questão de gênero era confuso, desde quando o primeiro *fascio* feminino foi organizado em Monza, em março de 1920.[115] Os programas iniciais dos *Fasci di Combattimento* deram alguma atenção à questão do voto das mulheres.[116] Ascendendo ao poder, Mussolini anunciou, em maio de 1923, que não havia obstáculo impedindo o sufrágio feminino e propôs que isso fosse adotado pela primeira vez nas eleições administrativas.[117] Chegou a permitir a admissão de mulheres para desempenhar funções na MVSN.[118]

Entretanto, na hora das decisões, logo surgiram problemas para o feminismo fascista.[119] Mussolini era um líder que defendia o patriarcado. As mulheres não conquistaram o direito de votar nas eleições locais porque elas foram abolidas. Como parte do novo esforço de repressão, em 1926 os prefeitos eleitos foram substituídos em toda a Itália pelos assim chamados *podestà*.[120] É justo reconhecer que o regime ampliou programas de bem-estar para mulheres e criou em 1925 a *Opera nazionale per la maternità ed infanzia* (ONMI, Agência Nacional para a Maternidade e Infância).[121] As realizações dessa organização estavam vinculadas aos objetivos do fascismo, uma vez que em seu discurso no dia da comemoração da ascensão ao poder Mussolini tinha colocado o crescimento demográfico no centro dos programas do regime. "É necessário zelar pelo destino da raça com toda seriedade. É necessário torná-la mais saudável, começando com tudo que envolve mães e crianças." Eram, então, apenas 40 milhões de italianos, alertou Mussolini. Como competir com "90 milhões" de alemães e "200 milhões" de eslavos? Se a Itália pretendesse mostrar sua força perante o mundo, sua população devia crescer para "60 milhões" até 1950. "Impérios" só sobreviviam e prosperavam quando eram demograficamente férteis.[122] Para simbolizar que a reprodução precisava ser estimulada, em 19 de dezembro Mussolini criou um "imposto de solteiro". Cinco anos mais tarde passaram a ser considerados ilegais atos homossexuais entre homens adultos.[123] Como disse Turatti: "A família é a célula básica do Estado, da nação e do povo. É provavelmente a única salvaguarda, a única trincheira contra a corrosão resultante das forças amorais e imorais que cercam as forças sociais."[124] Em um mundo fascista, a não ser quando participasse de desfiles,[125] a mulher devia se confinar à cozinha e ao quarto de dormir.

Com o passar dos anos, a misoginia pessoal de Mussolini se agravou. "O amor", disse para um jovem admirador, só pode ser passageiro e não pode ser visto como um guia razoável de vida.[126] As mulheres têm o mesmo costume dos padres, quando oferecemos um dedo logo querem o braço inteiro.[127] Homens fortes devem evitar sua influência, já que "às mulheres cabe um papel passivo. Ela é analítica, em vez de sintética. Ao longo de séculos de civilização por acaso houve um dia alguma mulher arquiteta?", perguntou retoricamente a alguém que o entrevistava.[128] A influência da Sarfatti foi diminuindo e Mussolini não dava sinais de desejar a companhia de mulheres inteligentes. À medida que foi envelhecendo procurou ser cada vez mais um "homem de verdade".

Enquanto isso o regime fascista atuava mais agressivamente do que no passado para controlar a educação de meninos e meninas. Em dezembro de 1925 o uso da saudação "romana" foi tornado obrigatório nas escolas e, em outubro de 1926, Pietro Fedele, ministro da Educação, proclamou dia de comemoração nacional o aniversário da Marcha sobre Roma.[129] Em 1928 foi decretado que os livros escolares deveriam ser submetidos a estrito controle do Estado (embora a comissão então encarregada da supervisão só se reunisse em 1939).[130] Nas páginas semioficiais do *Gierarchia*, o ex-nacionalista Roberto Cantalupo manifestou sua opinião de que a missão do fascismo era criar uma nova "classe dirigente",[131] e durante os anos 1930 esse assunto passou a ser vital nos debates fascistas. Não obstante, o que então mais importava era a opinião de Mussolini. Não causou surpresa o fato de em janeiro de 1928, ao receber um lisonjeiro trabalho sobre seu pensamento político redigido pelo vice-ministro da Educação, Emilio Bodrero, mais um fascista com passado nacionalista, o Duce ter respondido de imediato.

> O trabalho era interessante e estava basicamente correto. Poderia ter acrescentado que não possuo cultura geral e muito menos abrangente. Ao contrário, minha cultura é *sistemática* sob todos os aspectos, justamente porque está a meu serviço e não eu a serviço dela. Os meios e não os fins. Um braço e não um adorno.[132]

A despeito de tal bravata, talvez quem pensasse no assunto pudesse achar estranhas suas declarações sobre cultura. Por exemplo, o que estava fazendo o construtor da nação italiana e o fascista que preconizava a hierarquia ao se declarar admirador da Alemanha, da Revolução Francesa e de Beethoven, o maior de todos os compositores, cuja música era capaz de deixar um homem em transe?[133]

O cenário principal de potencial questionamento da arrogante autoridade do Duce continuava sendo o Partido Fascista, e não foi surpresa vê-lo moderando essa autoridade como parte da construção de um estado "totalitário". Um passo nesse sentido foi o afastamento de Farinacci, substituído como secretário do PNF por Augusto Turati em 30 de março de 1926. Farinacci, que infelizmente não desprezava o fato de ser conhecido em Cremona, sua cidade de origem, como "o único duce verdadeiro",[134] certamente não ficou satisfeito por ter sido afastado. A partir de então, sentiu-se livre para bombardear Mussolini com acusações a seu sucessor[135] e a outros fascistas notáveis como Balbo, Federzoni e até Arnaldo Mussolini, vendo seguidamente conspirações e manobras fraudulentas contra a probidade fascista.[136] De tempos em tempos Mussolini explodia e respondia às alfinetadas de Farinacci:

> Todos que vivem na Itália e fora dela sabem, como você também, que o regime sobrevive e vence as tremendas batalhas que surgem à sua frente porque estou vivo e trabalhando como um mouro, dezesseis horas por dia (por esse

> regime). [...] Problemas dentro do Partido resultam em grande parte de sua atitude espiritualmente indisciplinada, de suas tentativas de se eternizar em uma posição como se fosse o verdadeiro salvador do Partido e da forma com que incessantemente lança vagas e generalizadas acusações nunca acompanhadas de provas.

Muitos de seus amigos falam demais, insistiu Mussolini. Farinacci devia se reconciliar imediatamente com Federzoni e Balbo, e aceitar Turati na secretaria do Partido. Não havia razão para ficar andando por aí como se fosse um "antipapa esperando ser convocado".[137]

Turati sempre fora e continuou sendo amigo próximo de Arnaldo Mussolini e, quando realizou novo expurgo de membros do Partido, o secretário defendeu os partidários socialmente mais conservadores do regime. Em seus pronunciamentos prometeu um novo critério para julgar italianos que bebiam muito ou dançavam o charleston e outros "ritmos de negros".[138] Sua visão da construção da história também era conservadora. Ambos, ele e o Partido, personificavam o espírito que imperava nas trincheiras no tempo da guerra. Conheciam bem o que eram ordem e disciplina.[139] A Carta Trabalhista, fez questão de frisar, deixava bem clara a absoluta contradição entre "Roma e Moscou".[140] Embora se manifestando naquele momento em tom menos ameaçador, sugeriu que o fascismo deveria governar "tanto pela força de um sorriso quanto pela força do punho", na certeza de que o regime continuaria em frente unificando o Estado, a nação e a raça.[141] Desenvolvendo um sistema educacional que combinaria esporte e uma herança positiva da guerra, o ensino fascista forjaria uma "nova classe dirigente".[142]

Porém, a principal missão de Turati era disciplinar o Partido e fazer com que seus membros aceitassem que Mussolini governasse sozinho a Itália. Os fascistas não deveriam se colocar acima de tudo. Precisavam reconhecer que também eram servidores do Estado. Portanto, quando surgissem pequenas rixas entre os *ras* e representantes do Estado, a precedência deveria ser concedida a estes últimos e não aos membros do Partido.[143] Afinal, o Duce não dissera firmemente a Farinacci que "Ou ninguém fala ou falo eu, porque sei como falar melhor do que ninguém."?[144] Turati entendeu a razão de ter sido escolhido por Mussolini para secretário do Partido. Sabia que sua missão era assegurar que Mussolini fosse admitido por todos como "o ditador acima do Partido".[145]

Em Milão, Mario Giampaoli foi o caso mais famoso de imposição da disciplina fascista. Na capital financeira da Itália, Giampaoli comandava as forças do fascismo radical, publicando um jornal mensal intitulado *1919*, que simbolizava seu compromisso com o impulso revolucionário dos primeiros anos do movimento. Embora se esforçasse para salientar que Mussolini era "o maior gênio da época", o jornal ousou dizer que os fascistas também eram imprescindíveis.[146] Em 1926 Giampaoli já estava em choque com Arnaldo Mussolini, que temia que Farinacci se aliasse a ele visando a uma recuperação de influência do ex-secretário.[147] Ao longo do ano seguinte uma série de pecados foram atribuídos ao *ras* de Milão, que era sexual e financeiramente corrupto. Vivia com três mulheres, e com uma das quais se casara às pressas em 1926 para legitimar um filho. Nessa época aceitou doações de um milhão de liras pressionando os industriais locais. Conquistou o apoio de velhos esquadristas por meio de seus discursos populistas e aparentando cultura (apesar de lhe faltar qualificações formais; começara trabalhando como carteiro).[148] Perdeu um grande montante no jogo e extorquia dinheiro de um grupo que explorava a prostituição. Pretendia criar sua própria guarda pretoriana e não se importava se Milão estava dividida entre seus seguidores e os do irmão do Duce.[149] Conseguiu se indispor com os intelectuais, as classes profissionais de Milão e até com a burguesia local.[150] Quando essa lista de erros capitais chegou à mesa de Mussolini, uma só consequência poderia resultar. Giampaoli foi expulso do PNF e o *1919* foi extinto. Os vitoriosos em Milão foram Arnaldo Mussolini, Turati e o recém-chegado Achille Starace, preparado pelos outros dois para desalojar Giampaoli.[151] O *ras* derrotado de Milão não foi totalmente apagado dos anais do fascismo. Manteve correspondência com Mussolini afirmando que sua retidão fora ofendida e pedindo a seu Duce para voltar a protegê-lo. Em 1938 Giampaoli acreditava que somente as maquinações dos judeus estavam impedindo sua feliz *sistemazione* em Nápoles[152] e em 1940, com os efeitos estimulantes do começo da guerra, foi reintegrado ao Partido.[153] A polícia continuou a vigiá-lo e notou que mantinha seu extravagante estilo de vida e inescrupulosa exploração dos contatos de que dispunha.[154] Sobreviveu uma carta de maio de 1943 em que Giampaoli pedia para ser readmitido como *federale* e chefe do Partido em Milão. Assegurou a seu adorado Duce que logo resolveria o problema dos questionamentos relacionados com seu comportamento moral.[155]

Como seria de se esperar, a correspondência mais crítica e preocupante era a de Farinacci, que nunca aceitou a promoção de Turati e também não gostava das hipocrisias de Arnaldo Mussolini. Com sua infalível habilidade para criticar os ajustes e adaptações feitas por Mussolini, mas que seu chefe preferia não discutir, Farinacci não deixava de se referir ao passado anticlerical do Duce. Segundo a versão de testemunhas fascistas, escreveu que um cardeal preocupado com as questões sociais estivera em Cremona pregando religião e castidade aos trabalhadores, mesmo sabendo que na cidade de Farinacci renunciar ao sexo era "tão difícil quanto um burro voar". Será que o ilustre prelado não poderia ser despachado para uma missão no exterior?, perguntou Farinacci em tom irônico. "Se não estou enganado, existem 1,3 bilhão de habitantes na Terra, dos quais 300 milhões são católicos. Por que não levar Deus e o paraíso a 1 milhão de não católicos?"[156] Entretanto, Farinacci concentrava seu poder de fogo principalmente nos conhecidos inimigos que tinha no PNF. Dizia que o rotulavam injustamente como inimigo do Duce e não paravam de conspirar contra ele, seus amigos e seguidores; que essas insinuações maldosas o transformavam em "um anarquista fascista", embora o círculo de seus companheiros fosse composto por "genuínos fascistas".[157] Mussolini precisava admitir que um verdadeiro fascista "nunca tinha medo de dizer a verdade a seu chefe".[158]

Farinacci via o mundo como um lugar onde os interesses estavam em permanente conflito com as pessoas. O Partido Fascista devia fazer declarações incisivas sobre a unidade nacional e ideológica e até proclamar que os italianos deveriam servir cegamente ao Estado totalitário. Todavia, em sua mentalidade fascista os conflitos circulavam e se ampliavam, e Farinacci bem sabia que quem quisesse dominar a sociedade teria que estar sempre atento a amigos e inimigos do momento.[159] Ao mesmo tempo, embora ficasse muitas vezes aborrecido com ele, Mussolini nunca rompeu relações com Farinacci. O *ras* de Cremona tinha muito do passado impiedoso e radical de Mussolini para ser ignorado ou rejeitado.

O conceito de "darwinismo institucional" tinha se revelado muito útil para a compreensão dos processos de governo na Alemanha nazista, proporcionando evidências importantes de ativismo político acontecendo naturalmente, ou, pelo menos, sem a orientação imediata do ditador. Nas brigas entre Turati, Farinacci, Giampaoli e Starace se podia perceber que a sombra dos conflitos darwinianos e maquiavélicos também pairava sobre a Itália. Afinal, esses quatro chefes fascistas estavam sempre se engajando em uma luta constante entre si, mas sem a interferência direta de Mussolini. Tudo indica que na elite (e talvez em toda a sociedade) essas atividades nunca cessaram. Relatos existentes sobre a carreira de fascistas identificam claramente quem os defendia e quem os combatia.[160] A capacidade de interpretar as intermináveis mudanças de direção de alianças e oportunidades em um mundo dominado por interesses individuais continuou fazendo parte da condição humana durante o governo de Mussolini. É evidente que as contradições de uma ditadura, a distância entre o que o ditador declara e o que pode fazer, o sigilo e a opacidade do processo decisório e a natureza de um governo carismático fortaleciam a crença no darwinismo, embora um historiador cético possa acrescentar que tais atitudes e padrões de comportamento não são desconhecidos nas supostas democracias e prosperam principalmente em nosso mundo contemporâneo, "sem ideologias".

A hipocrisia sempre esteve presente na cabeça do Duce durante o regime fascista, e ao longo de todo o período em que esteve à frente do governo, Mussolini raramente perdia oportunidade para agradar as autoridades da Igreja. Talvez seja verdade que em 1925 foi com disfarçado sorriso ao repreender formalmente Farinacci por causa do intolerável recrudescimento do esquadrismo durante *L'Anno Santo*.[161] Entretanto, qualquer líder italiano, especialmente se estivesse comprometido com a nacionalização das massas, logicamente tinha consciência da presença do Vaticano em solo italiano, e um totalitário legítimo provavelmente gostaria de se livrar dele. Certamente a questão das relações e entre a Igreja e o Estado estava no cerne do Risorgimento. O Estado liberal tinha sido criado por meio da limitação do território do papa, incluindo a supostamente sagrada Doação de Constantino. Por outro lado, os princípios modernizadores do liberalismo tinham sido condenados pelo papa Pio IX em *Syllabus of Errors* (1864). Nas cinco décadas seguintes, resolver de alguma forma a "questão romana" foi tema relevante para qualquer político italiano que desejasse ficar marcado pela participação em um marco histórico.

Durante a guerra e nos anos seguintes, Orlando e Nitti tinham tentado uma acomodação com a Igreja, mas foram impedidos pelo rei Vítor Emanuel III, cuja personalidade desconfiada o levara a vida inteira a ver a religião com ceticismo.[162] Quando o fascismo assumiu o poder, Mussolini rapidamente mascarou seu anticlericalismo e fez o possível para conter a propagação de tais ideias dentro do PNF. Uma das primeiras campanhas do regime fascista teve como objetivo acabar com a maçonaria, desde 1789 encarada pela Igreja como sua inimiga implacável. A vitória sobre o "socialismo ateu" deu à hierarquia da Igreja razão ainda maior para aplaudir o novo sistema que estava se estabelecendo na Itália. Do mesmo modo, os mais conservadores simpatizantes do fascismo agora podiam lutar para que Mussolini "reconhecesse ostensivamente os valores religiosos" e aceitasse a presença divina na "questão nacional". O fascismo, diziam, era um aliado natural da Igreja Católica que, não por acaso, era romana.[163]

Em maio de 1926 começaram conversas sérias entre o regime e a Igreja, quando Mussolini autorizou Rocco a se reunir com o cardeal Pietro Gasparri, secretário de estado do papa, afirmando que a separação entre Igreja e Estado era tão absurda quanto separar espírito e matéria.[164] Em agosto, passou a participar das negociações Francesco Pacelli, advogado e irmão do mais tarde Pio XII e membro de uma família com cerradas ligações com o Banco di Roma, propriedade do Vaticano e máquina geradora de recursos na Itália fascista. Sua presença foi mais uma prova do papel desempenhado pelos irmãos do ditador, tendo em vista que Arnaldo foi um dos mais destacados partidários do clero no grupo que mais de perto assessorava o Duce.[165] Com as bênçãos do irmão, em novembro de 1926 chegaram ao texto de um acordo.

Entretanto houve um atraso na assinatura, e esse atraso se prolongou quando Pio XI ficou aborrecido ao tomar conhecimento da política fascista para a educação. A criação da *Balilla* foi rejeitada pela Igreja, pois significava a existência de uma organização totalitária e resultava na extinção dos grupos de jovens católicos com os quais competia. No âmbito da liderança fascista, Gentile, Balbo e Farinacci (por diversos motivos) tentaram desacelerar a tão rápida acomodação com o Vaticano, enquanto o rei e os senadores que tinham sobrevivido, como Croce e Albertini, faziam a mesma recomendação.[166] Em 1928, porém, as negociações foram retomadas e as discussões chegaram ao clímax em janeiro de 1929. As cláusulas finais — principalmente as que impunham compensações financeiras a serem concedidas à Igreja para compensá-la por suas perdas territoriais no passado — foram aprovadas por Mussolini, que se juntara à equipe negociadora. Realmente se tratava de matéria tão importante que merecia sua orientação direta. Noite após noite ele trabalhou horas seguidas. A leitura final do acordo, que ocorreu em 31 de janeiro, o ocupou das nove da noite até uma e quinze da tarde do dia seguinte.[167] Finalmente foi aprovado, inclusive o cumprimento das disposições financeiras. Ironicamente, a continuidade do passado liberal típico do fascismo ficou assegurada quando dois antigos servidores de Giolitti, Bernardino Nogara, encarregado dos negócios bancários do Vaticano,[168] e Bonaldo Stringher, presidente do Banco d'Italia, ficaram responsáveis pela definição dos métodos e canais de pagamento.[169]

Estava tudo pronto para ser anunciado ao público e deveria ser uma comunicação muito animadora, já que as negociações tinham sido mantidas em segredo. Em 11 de fevereiro de 1929, em imponente cerimônia realizada no Palazzo Laterano, Mussolini assinou os diversos protocolos. A Cidade do Vaticano se tornou um enclave totalmente independente dentro da cidade de Roma e seus cidadãos estavam isentos de observância da lei fascista. Em troca, a Igreja reconhecia que o acordo territorial do Risorgimento era definitivo. Outras cláusulas restauraram a autoridade católica sobre os casamentos, a educação religiosa obrigatória e permitiram ao Vaticano impor medidas disciplinadoras a padres dissidentes. De modo geral os historiadores concluíram que o Vaticano tinha sido firme na negociação do Tratado de Latrão e, sob muitos aspectos, vira fortalecido seu poder na vida italiana.[170]

Para Mussolini, entretanto, tratava-se de questões que podiam ser deixadas para a história. Para ele, as vantagens em curto prazo eram gigantescas. Seu irmão Arnaldo qualificou o acordo como "absolutamente maravilhoso" ao pensar no povo italiano podendo conciliar a inspiração diária do catolicismo com o Estado-Nação.[171] Paralelamente, em sua prédica o papa Pio XI elogiou fartamente o Duce, afirmando que era "o homem que a providência nos enviou". O jornal do papa, *L'Osservatore Romano*, aplaudiu o pacto que permitiu que "a Itália fosse restituída a Deus e Deus, à Itália".[172] A revista jesuíta, *Civiltà Cattolica*, em março de 1929 admitiu que o fascismo encarnava "a restauração de uma sociedade cristã".[173] Em 1932 o papa Pio XI chegou a se pronunciar a favor do que chamou "totalitarismo católico".[174] Jornalistas católicos aplaudiram Mussolini e o papa Pio XI como "os dois mais importantes homens da Itália moderna".[175] Uma pesquisa conduzida pela polícia para saber a opinião dos italianos também reconheceu "a vitória sem paralelo do talento do Duce," embora os judeus tivessem ficado um tanto intranquilos diante das implicações potencialmente negativas da conciliação.[176] No exterior houve semelhante aprovação, sobretudo nos círculos simpáticos à causa da Igreja. O porta-voz do catolicismo na Inglaterra, *The Tablet*, exaltou o generoso e obstinado Mussolini, que se revelara um "gigante intelectual" ao derrotar os italianos que desejavam uma "Igreja achincalhada em um Estado ateu".[177] O *The Times* também elogiou a concordata como "realmente uma ótima notícia", prova de que Mussolini era "muito audacioso e um grande estadista",[178] embora o *The Economist* fosse mais cético e alegasse que uma aliança entre duas autocracias não chegava a ser surpreendente.[179] Embora os não católicos logo voltassem suas atenções para outros assuntos, a imprensa católica e a opinião pública em geral não tinham se esquecido do Tratado de Latrão. A maioria dos comentaristas católicos queria perdoar Mussolini, sobretudo por causa de "sua" decisão no caso da "questão romana". Foi nos dias conturbados de março de 1942 que Mussolini procurou elevar o moral do povo autorizando Carlo Biggini, mais tarde ministro da República de Salò, a elaborar um amplo documentário relatando um evento que, acreditava-se, ainda contava com a aprovação "unânime" do povo italiano. Biggini sabia perfeitamente as palavras que dele eram esperadas. O contexto em que surgiu a Concordata italiana era, como disse Biggini, o de uma época em que Mussolini "fora (sem dúvida) de direita".[180] Certamente muitos católicos fora da Itália ficaram impressionados com o acordo. Em setembro de 1943 o arcebispo australiano de Melbourne, Daniel Mannix, descreveu Mussolini como "o maior homem vivo de nossos tempos", chefe do "melhor governo que a Itália já teve".[181] Aos olhos dos católicos, o acordo com a Igreja o transformou para sempre no homem da Providência. Não admira que um historiador, reexaminando o Estado italiano de 1929, afirmasse que o ditador podia, então, se orgulhar de desfrutar uma aprovação maior do que nunca no passado.[182]

Na verdade, ironias abundam no Tratado de Latrão. O "revolucionário" Mussolini chegara a um acordo com a mais poderosa força da sociedade italiana. O Duce, que se gabava de seu poder absoluto e de infinito carisma, tinha reconhecido como iguais aos seus (e quiçá maiores) o poder e o carisma personificados pelo papa. No fundo, talvez Mussolini preservasse o ateísmo de sua juventude (misturado com certo grau de superstição típica do homem do interior, que, apesar dos questionamentos sobre o ente divino, admitia que Deus podia existir). Todavia, a despeito de eventualmente entrar em choque com o destino, a ditadura de Mussolini não deveria e não poderia atacar a cidadela do catolicismo.

Tais pensamentos críticos não podiam, obviamente, ser manifestados publicamente. Em 1929, a bandeira tricolor da Itália, com seu verde, branco e vermelho simbolizando a refulgente glória nacional do regime fascista, tremulava no mastro em *Rocca delle Caminate,* castelo medieval em Predappio restaurado e evidentemente falso,[183] presenteado dois anos antes ao Duce e sua família por uma população agradecida. Podia ser visto de toda a vizinhança e até da costa do Adriático.[184] As economias da família Mussolini, em particular, tinham prosperado graças a lucros com royalties e outros negócios. Em 1926 Arnaldo estava temeroso diante das dívidas que podiam afundar o *Il Popolo d'Italia*.[185] Entretanto, sugiram apoiadores e o jornal foi um eficiente instrumento do regime totalitário. Ademais, ao patrimônio da propriedade em Carpena e do castelo em Caminate foi acrescentada uma casa de praia em Riccione, resort *romagnole* que o Duce visitava com frequência no verão. Embora censurasse excessiva ostentação pública,[186] Mussolini passou a ser um grande proprietário. Como que a indicar seu novo status, após seu sucesso na questão do Tratado de Latrão Mussolini deixou o local onde morava no Palazzo Tittoni e mudou-se para Villa Torlonia, opulento palácio do século XVII na via Nomentana, depois da Porta Pia e da muralha Aureliana. Os proprietários do lugar possuíam terras em diversas regiões da Itália, mas não eram defensores da revolução social e com certeza não esperavam que seu novo inquilino, a quem ofereceram generoso aluguel, compreendesse seu mundo, seus termos e suas condições. Em 15 de novembro de 1929, Rachele e os filhos se mudaram para o novo lar palaciano com amplos jardins, permitindo que os Mussolini parecessem, mais do que nunca e embora apenas na superfície, uma legítima família católica. Para reafirmar na capital sua autoridade, Rachele dispensou Cesira Carocci, governanta de seu marido desde 1923 (embora a perda do emprego fosse atenuada, bem à maneira fascista, quando uma pensão foi concedida a Carocci e em 1944 ela ainda fosse lembrada o bastante para receber um subsídio extra para tempos de necessidade).[187] Mussolini podia mandar em Roma, mas em casa, à maneira tradicional, sua mulher não abria mão de seu poder no lar. Fora longo o caminho desde Predappio, mas agora Mussolini contava com o apoio dos príncipes, da Igreja e do Estado. O único contratempo que o homem da Providência poderia sofrer seria a potencial possibilidade de as negociações e os acordos, ao contrário do que sucedera com os que envolveram Bocchini, Badoglio, Osio e outros, estarem transformando a revolução fascista e talvez o poder do Duce em simples miragem.

11
Mussolini em sua pompa, 1929-1932

A VITORIOSA NEGOCIAÇÃO COM A IGREJA CATÓLICA deixou a impressão de que Mussolini chegara ao auge do poder. Com o colapso de Wall Street em outubro de 1929, outros políticos viam suas carreiras ameaçadas e o futuro sombrio, enquanto a imagem de Mussolini brilhava em toda a Itália e mundo afora. Com paciência e habilidade tinham sido celebrados acordos com todos os segmentos da velha elite pré-fascista. O papa e o rei, industriais e proprietários de terras, Exército, Polícia e funcionalismo, a grande maioria de intelectuais (com exceção de uns poucos dissidentes recalcitrantes, a maior parte deles vivendo no exterior e alvo de perseguição), todos pareciam maravilhados por poder trabalhar com o Duce. O mesmo acontecia com governos estrangeiros cujos assessores, durante aqueles anos de glória de Mussolini, cada vez mais recomendavam que fosse estudado o modelo italiano. Os economistas, cada vez mais desanimados com sua incapacidade para enfrentar as consequências da Grande Depressão em suas próprias sociedades, se dispunham a acreditar que o fascismo vacinaria a Itália contra o desemprego e a derrubada dos preços e da produção que estavam acontecendo em todo o mundo. Como argumentou Paul Einzig no *Financial Times* depois de uma visita à Itália em 1932:

> A nação italiana passou a ser disciplinada além do que se poderia esperar e [...] desenvolveu uma mentalidade que coloca a cooperação geral e o bem comum acima de interesses pessoais.

O Estado corporativo, defendeu, merece ser atentamente reexaminado, pois a autoridade de Mussolini fez com que fosse respeitado. Foi "um assombroso fenômeno de psicologia de massas". E concluiu: "O poder e a habilidade para governar do Duce não têm limites".[1]

Em sua gestão como secretário, Augusto Turati conseguiu disciplinar e enquadrar devidamente o Partido Fascista, outrora tão agressivo. Convém reconhecer que alguns fascistas de relevo mantinham as intermináveis brigas entre si. Como explicou Mussolini com sua verve característica, o problema das revoluções são os revolucionários que a elas sobrevivem.[2] Entretanto, fazer uso cínico dessa mordacidade era uma iniciativa muito perspicaz porque nenhum dos chefes do Partido ousava questionar o papel e o carisma do Duce. Mussolini se afirmava no regime fascista, ou assim parecia acontecer, como governante possuidor de todos os atributos imperiais. Não seguira o exemplo de Ahmet Zogu, que se proclamara rei Zog I na tutelada Albânia. O Duce não gostava de ser comparado a Napoleão Bonaparte[3] (que, de acordo com comentaristas nacionalistas, embora fosse corso, "na verdade" era italiano).[4] Os biógrafos mais subservientes acrescentaram que Mussolini não podia ser comparado apenas com um imperador[5] porque, afinal, era o amálgama de todos os mais importantes imperadores que já tinham existido.[6] Como se desejasse confirmar tais avaliações, em 1928-1929 Mussolini encontrou tempo para colaborar com o dramaturgo Giovacchino Forzano no texto de uma peça sobre Napoleão[7] e autorizou que seu nome constasse como coautor quando a peça foi encenada no exterior (e fez sucesso em Budapeste).[8] O Napoleão de Forzano-Mussolini foi um grande homem, presciente e herói, mas marcado pelo destino para ser traído:

> Quando eu me for, verão que serei difamado pelas línguas mais sórdidas da França. Pelos homens que fiz obter sucesso, pelos homens em quem incuti grandeza, pelos homens que tirei da miséria — não há desonra por aviltarem meu nome.[9]

Se esta passagem serve para saber o que se passava na cabeça do Duce, também sugere que havia um lado sombrio que ainda não desaparecera. Não obstante, por enquanto os maus pressentimentos ficavam facilmente confinados nos pensamentos íntimos de Mussolini. Cenas em que aparecia no cinema nessa época mostram um líder versátil em expressões e gestos, sempre disposto a sorrir. Visualmente o Duce era um homem encantador e destemido. Em 1929, o povo italiano também parecia contente e tranquilo e, com poucas exceções, plenamente satisfeito com a ditadura. A propaganda mostrava que estava sendo persuadido a colocar o fascismo no centro de seus interesses. Por outro lado, análises históricas demonstram que o catolicismo, a família, o *paese* e o regionalismo, as redes de protetores-protegidos, as atitudes generosas e muitas outras consagradas estruturas da história dos itálicos estavam na verdade afastando a população de uma religiosidade fascista mais intensa. Não obstante, as massas estavam, sem sombra de dúvida, tranquilas e submissas. No referendo de 24 de março, apoiaram de forma esmagadora o regime e suas políticas, principalmente quanto aos acordos celebrados com a Igreja. Mais de 8,5 milhões de italianos votaram sim, apoiando o regime. Apenas 135 mil votaram contra e 8.092 inutilizaram seus votos.[10]

Como reflexo dessa aceitação de sua inquestionável pompa, em 16 de setembro de 1929 Mussolini transferiu seu gabinete do Palazzo Chigi para o Palazzo Venezia. Lá se instalou na Sala del Mappamondo, em estilo renascentista, construída para os papas no século xv e recentemente restaurada. O aposento media dezoito metros por quinze, com um teto de doze metros de altura.[11] O ressoar dos passos evocava o passado quando os visitantes percorriam timidamente a grande distância entre a porta de entrada e a mesa do Duce (muitas vezes em desordem). O coração de Roma estava justamente ao lado do palácio. Lá estavam o Campidoglio dos tempos clássicos e o monumento a Vítor Emanuel, símbolo das ambições da era liberal. Da sacada do Palazzo Venezia, de onde Mussolini passou a proferir seus mais significativos e populistas discursos, se podia ver com facilidade o Coliseu, graças à implacável renovação urbana promovida pelo fascismo, que livrou a cidade de seus exageros medievais.[12] A nova e ampla avenida que passava pelos clássicos fóruns e levava à grande arena recebeu o nome via dell'Impero. Era um cenário em que ecos da primeira e segunda gerações de itálicos ressoavam para os da terceira (embora um insolente e autoconfiante jovem fascista que ignorasse os guardas "displicentes" e entrasse no gabinete do Duce percebesse que, como tantas outras pessoas, Mussolini tinha uma foto de seus pais sobre a mesa, além de algumas dele próprio tocando violino e uma de seu "magnífico gato angorá" em outros cantos do aposento).[13]

A historiadora Luisa Passerini comentou que o primeiro objetivo das numerosas pessoas que visitavam Mussolini era realizar seus sonhos.[14] Todavia, seria mais preciso afirmar que o Duce inspirava tanto sonhos quanto temor. A Sala del Mappamondo era intimidante, como se a austeridade dos anos 1920, com cenas do Antigo Império e da Roma republicana, tivesse sido escorraçada por um desejo bizantino de afastar o ditador de seus súditos.[15] Mussolini se transformara de um Coriolano, um Gracchi ou um Júlio César[16] em um Constantino ou Justiniano, um semideus cujo brilho cegava os insignificantes seres humanos comuns. A essa imponência se sobrepunha o que se falava sobre o carisma do Duce. Cada vez mais se dizia que era solitário e assim devia ser. Durante a década de 1920, vez ou outra o Duce reclamou desse isolamento[17] e nos anos 1930, conforme se comentava, isso se tornou componente natural de sua personalidade. Em abril de 1932 ele disse para um admirador:

> É preciso aceitar a solidão [...] Um chefe não pode ter alguém que a ele se nivele. Nem amigos. Não tem o direito ao humilde consolo de poder trocar confidências. Não pode abrir seu coração. Nunca.[18]

Nessa época Mussolini se recusava francamente a visitar famílias de seus ministros fascistas ou ser por eles visitado. A vida social não lhe agradava.[19] Inúmeras fotografias impregnavam essa nova imagem "granítica" na mente de qualquer observador. Em meados da década de 1930, um Duce sério, firme, lábios finos e cabeça raspada, quando não coberta por um capacete militar, era a imagem do ditador vista por toda parte. Sem dúvida a calvície era uma razão para cobrir a cabeça (como também o fato de o pouco cabelo que lhe restava estar embranquecendo),[20] mas, agora, a imagem do Mussolini soldado de aço, do Mussolini máquina humana, substituía a mais variada do passado.

Será que nos anos de tranquilidade desde o Tratado de Latrão até o *Decennale*, décimo aniversário da Marcha sobre Roma, Mussolini realmente assumira o poder total? Será que agora, livre de qualquer oposição mais séria, o ditador era o homem destinado a traçar o destino da Itália e até pensar em transformar o mundo? Estaria definida desta forma a estrutura da autoridade e do processo decisório na Itália fascista? O fascismo, como frisou um historiador com surpreendente ironia, agora "estava comprovando ser um sistema totalitário absolutamente sólido?".[21] Afinal, nem todo mundo estava acreditando inteiramente no que via. Em 1927, um policial informou que Aldo Lusignoli tinha reclamado com seus amigos da onipresença policial no Estado fascista. A rotineira interferência da polícia superava "a atuação dos Bourbon e dos austríacos" antes do Risorgimento. "Mas para que a repressão?", perguntava Lusignoli. Se quisesse, Mussolini poderia acabar com a violência e a corrupção nos meios fascistas e repelir as críticas. Lusignoli afirmou:

> Porém, considerando sua mentalidade e seu medo inato dos mais poderosos, não acredito — e nunca acreditarei — que sua excelência Mussolini seja capaz de afastar seus amigos, aqueles que o transformaram em mito a fim de poder evitar que todo o prédio desmoronasse.[22]

Turati, subitamente afastado do cargo de secretário do PNF em outubro de 1930 por causa de rumores de que era homossexual e pedófilo (manchando sua imagem oficial de homem de espartana incorruptibilidade),[23] de modo geral concordava. Após 1945, escreveu que se lembrava de um Duce com "medo de suas próprias imperfeições". Frisou que, ao abordar um problema, Mussolini aparentava serenidade, forma de melhor esconder o muitas vezes justificado temor de se deixar dominar por seus subordinados durante as discussões.[24] Tullio Cianetti, fascista da Úmbria com entusiástica participação na ascensão do movimento sindicalista fascista, abordou a questão de forma diferente. Comentou o efeito revigorante de cada um dos discursos do Duce. Os problemas surgiam só depois que passava a euforia. Como seriam concretizadas as ideias tão bombasticamente anunciadas? Surgiam os atritos, já que ninguém sabia como responder,[25] a não ser repetindo algum bordão sobre o "gradualismo de Mussolini", expressão atraente para descrever a inércia que na verdade se escondia sob as afirmações retóricas.[26]

As palavras de Lusignoli, Turati e Cianetti levantaram indagações muito intrigantes, algumas delas presentes na historiografia de outras ditaduras. Como o Duce governava? Quais os limites, se é que existiam, do poder de Mussolini?[27] Seria ele, de algum modo, um "ditador fraco"? As características principais do regime fascista eram impostas "de cima para baixo" ou "de baixo para cima"? Mussolini realmente governava a Itália como a propaganda anunciava com tanto estrépito, ou na verdade era a Itália que o controlava?

Um campo em que se pode avaliar essas questões é o das relações exteriores. Desde o começo de sua carreira, Mussolini manifestou claramente seu desejo de ser um "homem importante", proclamando seu conhecimento em relações internacionais. Do mesmo modo, comentaristas contemporâneos e posteriores insistem em falar no "Império Romano de Mussolini"[28] e nas "guerras de Mussolini". Entre os historiadores atuais, MacGregor Knox tem sido particularmente incisivo ao ligar o Duce e o Führer em um "destino comum" que considera natural. Em sua opinião, no período entre as guerras cada um dirigiu sua própria versão do que hoje em dia chamamos um estado belicoso. Ademais, segundo Knox, em 1926 o programa de iniciativas ofensivas de

Mussolini "definia todos os detalhes essenciais"[29] e, como afirma o historiador, mesmo antes desse ano "uma guerra, uma guerra realmente ampla, constituía, desde o princípio, a essência do projeto de Mussolini".[30]

Outros historiadores se mostram menos convencidos, e Ennio Di Nolfo assinalou que Mussolini "apoiou sagazmente a revisão do Tratado de Versalhes, mas na verdade não a desejava".[31] Seus contemporâneos revelam as mesmas dúvidas. O ministro do Exterior da Inglaterra, Austen Chamberlain, que manteve frequentes contatos com o Duce, relatou: "Duvido muito que Mussolini saiba exatamente o que esperar de suas relações com a França".[32] A um discurso inflamado feito na Itália se seguia uma conduta muito mais racional no mundo da diplomacia. Apesar de toda a retórica de Mussolini, a Itália fascista enviou representantes maleáveis para integrar muitos comitês da Liga das Nações, e os delegados italianos, por sua vez, não eram tratados por seus colegas como pessoas dominadas por um fanatismo ideológico.[33] A Itália fascista chegou, inclusive, a assinar o Pacto "de Paz" Kellogg-Briand em 1928, embora, em discurso proferido na Câmara dos Deputados, Mussolini provocasse risos de seus ouvintes ao depreciar esse acordo como "tão sublime que deveria ser chamado transcendental".[34] Apesar disso, ele admitiu enquanto o pacto era negociado que não fazia sentido rejeitar ponto algum do acordo.[35]

No cerne de qualquer tentativa de definir a diplomacia de Mussolini nesta ou naquela situação, está uma questão filosófica típica da história. Como interpretar uma contradição entre palavras e fatos? Vejamos, por exemplo, a questão do pessoal. Quando se trata de cargos no Ministério do Exterior, a conduta de Mussolini parece mais radical do que a adotada no Exército e na Polícia. Começou em 1926, quando declarou que esse era o "ano napoleônico" do fascismo. "A partir de hoje", prometeu, a Itália "começará a conquistar uma posição moral e material de destaque no cenário mundial", aumentando cada vez mais seu poder.[36] Aparentemente fiel à sua palavra, em setembro concordou com o afastamento de Contarini de sua posição como secretário-geral do Ministério do Exterior[37] e, a partir de 1927, para impedir que seu sucessor seguisse sua linha moderada, não houve mais nomeações para secretário-geral. No regime fascista, ficou claro que os políticos controlariam o ministério e não seus próprios funcionários.

Em 1928, Mussolini e seu ambicioso subsecretário Dino Grandi levaram adiante seu intento e obrigaram um grupo de diplomatas mais antigos a se aposentar prematuramente e simultaneamente mudaram as regras para ingresso no ministério, a fim de permitir uma "convocação fascista".[38] Muito se falou sobre este expurgo no quadro de diplomatas (houve outro em 1932), principalmente porque depois de 1945 esse esforço conseguiu encobrir até que ponto a política exterior de Mussolini ao longo de seu regime foi atípica e elogiada pela maior parte da elite nacional. Convém ter em mente a realidade de então. Mussolini não foi o primeiro a não nomear um secretário-geral. Crispi fizera o mesmo em 1888.[39] Tampouco os ministros liberais do passado tinham deixado de favorecer seus companheiros neófitos no meio diplomático, que se mantinham devidamente fiéis a certas crenças ideológicas. Em 1914 o serviço diplomático italiano estava fortemente influenciado pelas pretensões não declaradas dos proprietários de terras do Sul que ocupavam numerosos cargos. Enquanto isso, se esperava que os diplomatas mais jovens aprovassem as ideias da nova Associação Nacionalista para conseguir que a Grande Itália, de alguma forma, pudesse ser mundialmente reconhecida. É bem verdade que essa ideologia tendia a se limitar às práticas e aos costumes do ministério. Manifestar abertamente uma paixão era inevitavelmente malvisto naquele lugar. Não obstante, foi o que aconteceu nos quadros da diplomacia italiana depois de 1928. Com eventuais exceções, era impossível distinguir as atitudes da "leva fascista" das adotadas por seus colegas que continuavam no serviço desde os dias liberais. Do mesmo modo, alguns apoiaram Salò, mas nem todos foram excluídos de suas carreiras diplomáticas depois de 1945.[40] Um que em 1943 optou pela monarquia foi Franco Farinacci, filho do *ras* de Cremona, até então vice-cônsul em lugares ideologicamente aceitáveis, como Hamburgo e Sevilha.[41] Aposentou-se do serviço diplomático italiano somente em 1973.[42]

Outro caso bastante elucidativo foi o de Grandi, promovido a ministro do Exterior em setembro de 1929, cargo em que se manteve até julho de 1932, e, em seguida, até 1939, foi embaixador em Londres.[43] Embora sua origem social sempre servisse para mostrá-lo como pessoa respeitável, Grandi fez carreira como fascista radical e foi um dos líderes da oposição a Mussolini no acordo de pacificação com os socialistas em 1921. Também fora um dos primeiros a repudiar a Liga das Nações ao considerá-la não mais do que uma coalizão de países ricos vitoriosos e a exigir uma revisão do Tratado de Versalhes.[44] Em 1922, todavia, Grandi tinha uma visão mais moderada do mundo. Era do tipo que se adaptava com facilidade à função, sobretudo quando se lembrava de elogiar seu Duce como "um estadista genial dotado de um instinto simplesmente sobrenatural".[45] Mussolini, afirmou, era "a síntese da existência do Estado", "infalível em seu realismo".[46] Simpático, afável e educado, Grandi era um homem que a diplomacia internacional compreendia, estimava e acreditava (corretamente) poder seduzir.[47]

Se a presença do pessoal de Mussolini no Ministério do Exterior não significava completo rompimento da continuidade do governo, o que dizer da política de então? Os fascistas tinham interesse especial em determinadas áreas, muitas delas herdadas de seus antecessores liberais. Continuavam de olho grande na África Oriental e em suas vizinhanças, tal como ocorrera, com resultados variados,[48] na década de 1880. Mussolini podia declarar que, entre todas as grandes potências, a Itália era a que tinha maior interesse no Iêmen.[49] Podia sonhar em obter mais vantagens na Etiópia.[50] Mas o fato é que nenhuma ação decisiva foi efetuada e o Duce aprovou a ascensão do *ras* Tafari, que se tornou o imperador Haile Selassie I, ao assinar um tratado de amizade entre os dois estados em 1928.[51] Nessa região do mundo Mussolini continuava ao sabor da corrente. Um diplomata que serviu em Addis Abeba lembra do encontro de despedida com o Duce, marcado por gentilezas e trivialidades, mas que terminou sem que Mussolini expedisse novas instruções nem mesmo sugerisse uma revisão da diretriz do governo.[52]

Em 1931, a Etiópia voltou a chamar atenção em Roma quando o primeiro-ministro francês Pierre Laval levantou, junto a Grandi, a possibilidade de a Itália lá obter alguma "recompensa".[53] A iniciativa de Laval foi apreciada em detalhes por Raffaele Guariglia, diplomata de carreira e primeiro ministro do Exterior depois da fase fascista, após julho de 1943.[54] Apesar de seu passado tradicional, Guariglia ficou maravilhado com a forma como a "geração de Mussolini" conseguiu apagar a "mácula" da Batalha de Adowa dos arquivos nacionais. A Etiópia, ele avisou, era:

> o único reduto demográfico e econômico ainda à nossa disposição. Para lá penetrar, precisaremos de dinheiro e, para nos apossarmos da região, provavelmente de uma guerra. Mas nada se consegue neste mundo sem esforço e competição. Se quisermos possuir um império, teremos que encontrar um meio de conquistá-lo.

Entretanto, alertou, quando a Itália se envolvesse em alguma iniciativa na África, seu líder não pode esquecer o interesse fundamental da nação, "a única grave e talvez mortal ameaça a nosso país". O estrategicamente ameaçador evento era a *Anschluss*, ou seja, a anexação da Áustria pela Alemanha. Guariglia também aconselhou um fortalecimento das ligações italianas com a França a fim de conter o avanço alemão.[55] Em momento algum Mussolini se envolveu nessa discussão, exceto como leitor passivo dos documentos oficiais. A Etiópia não era importante o bastante para se transformar em problema para seu interesse pessoal.

Em vez de uma pretendida incursão na África, a questão diplomática que exigiu atenção imediata durante o governo fascista foi a relação da Itália com o novo Estado em sua fronteira nordeste, que veio a ser chamado de Iugoslávia. Os eventos que aconteceram durante a década de 1990 podem ter feito com que a atitude política do fascismo pareça mais a de um país belicoso do que a de um adivinho da probidade hoje preconizada pela Otan. Todavia, Mussolini, a despeito de aprovar publicamente o Tratado de Rapallo, nunca deixou de se intrometer na irritante política interna de seu vizinho. Os diplomatas italianos não protestaram contra suas intrigas e preferiram dar continuidade ao que a Itália dos tempos liberais fizera desde que a Albânia começou sua conturbada existência em 1913. O apoio da Itália ao rei Zog[56] se alimentara do sentimento anti-iugoslavo, e Mussolini, paralelamente, subsidiou[57] e estimulou as forças "muçulmanas" em Kosovo.[58] Em outubro de 1926, subitamente sugeriu a Badoglio que a Itália devia conduzir uma invasão em larga escala da Iugoslávia.[59] Seria essa ideia um exemplo do que os contemporâneos viram como uma "intuição" do Duce? Contudo, embora Mussolini pressionasse afirmando secamente que "não havia um minuto a perder", a questão não progrediu, pelo menos nos anos 1920.

Ainda mais nocivo para a consolidação de uma Iugoslávia unida foi o fato de a Itália incentivar o separatismo croata por intermédio de Ante Pavelić, político nacionalista e mais tarde fascista assassino.[60] Quando a Iugoslávia optou por uma Constituição mais autoritária (e sérvia) em 1929, os dissidentes croatas receberam asilo e treinamento militar na Itália, contando com o apoio do ex-nacionalista Roberto Forges Davanzati[61] e subsídio mensal de 70 mil liras do fundo secreto do Ministério do Exterior italiano.[62] Em fevereiro de 1929, Pavelić lançou, ao lado de um interlocutor italiano (que não foi Mussolini), a ideia de planejar o assassinato de Alexandre, rei da Iugoslávia.[63] Naquele momento, os italianos nada responderam e se limitaram a registrar a proposta. Grandi, tolerante, comentou que o entusiasmo croata não devia ser confundido com o legítimo "instinto revolucionário" do fascismo italiano.[64] Em resumo, a Itália fascista era um mau vizinho para a Iugoslávia, mas não havia, então, qualquer conspiração cuidadosa e consistente para imediata derrubada do Estado iugoslavo. Também não existem provas sólidas de que as ideias de Mussolini nessa área fossem originais ou exercessem particular influência. Para muitos italianos, a questão iugoslava estava indissoluvelmente ligada à questão demográfica da Venezia Giulia e à determinação nacionalista de eliminar as minorias "eslavas" que lá viviam. Mussolini mal quebrou a tradição quando, em abril de 1929, deu ordem ao prefeito de Trieste para garantir que "nenhum jornal eslavo" circulasse pelas ruas da cidade que se dizia italiana, mas, na verdade, era multilíngue.[65]

E como o cenário internacional via a imagem do regime de Mussolini no plano ideológico? A implantação da ditadura e a subsequente criação do Estado totalitário motivaram um debate sobre a posição que o fascismo poderia ocupar na história mundial. Colaboradores da *Critica Fascista* e de outros jornais estavam atentos aos comentários de estrangeiros sobre o que acontecia na Itália. George Valois e seu *Faisceau*, na França;[66] a ditadura de Miguel Primo de Rivera, na Espanha;[67] o paramilitar *Heimwehr*, na Áustria;[68] os direitistas na Lituânia,[69] os fascistas no Japão, na Albânia e na Grã-Bretanha[70] (e os ingleses pró-fascistas que viviam na Itália)[71] e o primeiro-ministro australiano cujo governo segundo se dizia se tornara fascista[72] — todos tinham suas realizações mencionadas e elogiadas nas páginas da imprensa italiana como prova evidente do que habitualmente se dizia serem "manifestações universais do fascismo".[73] Estava disseminada a crença de que a mensagem fascista podia atravessar fronteiras, embora Margherita Sarfatti sentimentalmente tentasse explicar que o avanço fascista resultaria em "um imperialismo pacífico por meio de ampla troca de ideias e profunda revolução espiritual".[74] Não obstante, apesar de todas essas indicações de expansionismo ideológico, ao discursar na Câmara dos Deputados em março de 1928 Mussolini declarou com firmeza que o fascismo "não era matéria de exportação".[75]

Como interpretar essa declaração? A única conclusão sensata é que Mussolini e o resto da elite dirigente ainda não tinham compreendido o significado da unanimidade de uma ditadura na menos expressiva das grandes potências. Afinal, no exato momento em que Mussolini afirmava que o fascismo servia apenas para os italianos, seu irmão declarava que o modelo italiano de governo revelava características que justificavam sua exportação. Em março de 1928, Arnaldo anunciou que o fascismo era universal no sentido de que representava um novo tipo de civilização consequente da guerra e contrário à "insipidez" dos anglo-saxões e à "barbárie" dos bolcheviques russos.[76] Arnaldo também apoiou Berto Ricci, um jovem fascista de tendência filosófica e radical que queria fazer o regime avançar com mais rapidez para constituir um império e implantar o fascismo em todo o mundo.[77] Em janeiro de 1931 Ricci começou a editar um jornal intitulado *L'Universale* para disseminar suas ideias. No ano seguinte o governo fascista passou a ver com bons olhos a possibilidade de uma Internacional Fascista,[78] embora, naquela época, a ascensão de Hitler e dos nazistas na Alemanha tornasse improvável que "fascistas" estrangeiros mais ambiciosos preferissem se ligar a Roma do que a Berlim em busca de apoio intelectual e financeiro. Talvez a posição mais confusa fosse a de Sarfatti, que, em 1932, declarou que "Mussolini tinha assumido a *liderança* mundial em nome da Itália, mas estava empenhado em missão ainda mais complexa, ou seja, defender a civilização ocidental ameaçada pela raça branca".[79] Fica ao sabor da especulação se sua posição refletia ou não alguma confusão na mente de seu amante.

Entretanto, não resta dúvida de que Arnaldo Mussolini era contraditório. De seu centro de poder em Milão, via com simpatia a chegada do Rotary na Itália e aceitou ser membro dessa organização.[80] O internacionalismo liberal do Rotary deu origem a algumas reações fascistas, mas, em 1929, Alessandro Pavolini teve o cuidado de explicar o correto pensamento fascista:

> A propósito de organizações e associações internacionais como o Rotary, que surgiu de uma mentalidade incompatível com nosso entendimento como fascista (por exemplo, a mentalidade de democratas, pacifistas, protestantes e judeus), o regime tem seguido, de forma geral, a política de se fazer presente. Simplesmente se fez representar por pessoas de seus próprios quadros.[81]

A história do Pacto Kellogg-Briand e da Liga das Nações estava se repetindo. Os porta-vozes fascistas continuavam ressaltando o teor radical de sua ditadura na Itália, mas, pelo menos por enquanto, procurando se comprometer com as grandes potências no campo externo e, em certo grau, se adaptar a seus padrões. Mussolini não dava sinal de se opor a tal sutileza tática.

A mesma posição estava presente nas políticas do regime que diziam respeito a desarmamento, tema crucial na Europa entre 1929 e 1932. No fundo, Mussolini sem dúvida alguma via a situação como a "tragicomédia" que certa vez descreveu para Austen Chamberlain (que não deve ter discordado).[82] Contudo, embora não se pronunciasse ostensivamente no sentido de que a

Itália participasse, ou parecesse participar, de qualquer negociação sobre desarmamento,[83] não retirou os representantes italianos de Genebra. Seguiu uma linha ambígua, demonstrando que aprovava o capcioso conselho de Grandi, que sugerira que o continuado fracasso na Liga das Nações tornaria mais fácil convencer os italianos a aceitar "novos sacrifícios" de um eventual rearmamento[84] (embora fossem mínimos os indícios de que realmente estivesse acontecendo uma modernização do material bélico italiano e Badoglio alertasse que assumir o risco de uma guerra em duas frentes contra França e Iugoslávia significaria "nosso suicídio".)[85] De fato, em outubro de 1930, Mussolini disse para os membros do Partido:

> A Itália se desarmará se todos fizerem o mesmo [...] Entretanto, convém deixar claro que nos armaremos material e espiritualmente para nos defendermos, mas não para atacarmos. A Itália fascista jamais começará uma guerra.[86]

É improvável que cláusulas discutidas à exaustão em Genebra fossem a primeira preocupação de Mussolini. Na verdade, ele manifestou com mais clareza suas verdadeiras preocupações quando censurou Grandi por escrever diretamente para Farinacci que, em consequência, publicou um artigo em seu jornal *Il Regime Fascista* elogiando Grandi.[87] O Duce parecia perguntar a si mesmo: haveria uma sombra de motim no curso do processo e a construção de um carisma que rivalizasse com o seu? Em sua mente, todos os caminhos percorridos por seus subordinados conduziam a ele próprio, Mussolini. Ele era o líder, atento para a mínima possibilidade de insatisfação ou dúvida. Fulvio Suvich, fascista de Trieste promovido a subsecretário quando Mussolini assumiu o Ministério do Exterior em julho de 1932, ouvira em diversas ocasiões o Duce declarar: "Os fascistas não vão gostar disso".[88] Até a ascensão de Hitler e dos nazistas, para Mussolini, preocupar-se com sua imagem, defender seu carisma e administrar o PNF continuavam sendo assuntos mais importantes do que traçar uma nova política exterior independente.[89] O Duce precisava tomar conta e examinar cuidadosamente o cenário diplomático, além de avaliar o que havia de mais importante nos textos dos telegramas e mensagens que passavam em grande número por sua mesa, principalmente porque a falta de um secretário-geral reduzia a possibilidade de uma avaliação profissional competente das informações antes que saíssem do ministério. De vez em quando, embora com mais frequência à medida que escoavam os anos 1930, ele precisava organizar uma lista de prioridades a serem observadas nesta e naquela área. Em 1932, porém, a diplomacia italiana sob sua ditadura continuava sendo mais italiana do que nunca. No que dizia respeito a assuntos exteriores, Mussolini mais administrava um sistema do que definia uma nova política por sua livre vontade.

Uma área de atuação internacional que parecia contrariar esta conclusão foi a da emigração. Após os primeiros dez anos no poder, nessa área o fascismo parecia ter feito a diferença. Enquanto antes de 1914 os italianos abandonavam seu país em ritmo que se aproximava de um milhão por ano (levando os nacionalistas a deplorar uma "hemorragia de sangue perdido"),[90] em 1934 o número dos que saíam do país diminuíra para 68.461.[91] Confirmando o que parecia ser uma reviravolta drástica na política da Itália, em 1927 Grandi anunciou que a palavra *emigrante* tinha sido riscada do vocabulário italiano. Paralelamente, o imperialismo revivido nos anos 1930 buscava sua justificativa no fator demográfico.[92] Como os italianos eram um "povo prolífico", ao contrário dos franceses e alguns vizinhos, este argumento implicava a necessidade de o país ser compensado com ganhos territoriais. Por trás dessa retórica estava uma nova burocracia, notadamente os assim chamados *fasci all'estero* [fascistas no exterior]. Baseados na estrutura liberal dos *Instituti coloniali italiani* [Institutos Coloniais Italianos] que, contudo, nunca funcionaram com eficiência, os *fasci all'estero* se comprometeram a disseminar os ideais fascistas e da *italianità* entre os italianos que residiam no exterior. Generosos recursos permitiram que a partir de junho de 1925 publicassem um jornal coerentemente intitulado *Il Legionario* [O Legionário], recheado de histórias de grandeza nacional e propagando o ideal de um império "heroico e sagrado".[93] Segundo alguns relatos, os *fasci all'estero* se tornaram mais uma peça na estrutura de uma sociedade genuinamente fascista e totalitária.[94] Será que o interesse combinado de bem-estar e grandeza nacional também explicam por que, após 1945, as memórias de Mussolini serem melhor recebidas nas comunidades de emigrantes italianos do que na própria Itália?[95]

Talvez. Mas é difícil aceitar que os *fasci all'estero* tivessem transformado o mundo. Na prática, a política migratória de Mussolini e de seu regime foi mais reativa do que inédita. Em 1923, Mussolini estivera a ponto de admitir que a emigração era "uma necessidade psicológica do povo italiano". Em 1924, afirmara perante o Senado que "não se pode e não se deve pensar em guerras para conquista de novos territórios a fim de colonizá-los".[96] Somente em 1926 mudou de ideia e declarou que "não era mais um entusiasta" da emigração, repetindo acusações de teor marxista que fizera no passado ao condenar a exploração que inevitavelmente sacrificava quem deixava seu país.[97] Sua nova posição foi consequência não tanto de suas próprias crenças de natureza ideológica, mas de iniciativas mais restritivas das sociedades contra os emigrantes italianos, especialmente nos Estados Unidos. Mesmo nessa oportunidade Mussolini preferiu agir com prudência. Quando ficaram agressivos demais, os *fasci all'estero* foram repreendidos tal como tinham sido os fascistas radicais dentro do país. Novos estatutos aprovados em 1928 estabeleceram que os *fasci all'estero* não podiam infringir as leis dos países em que operavam.[98] Em consequência, os recursos providos pelo governo passaram a ser empregados normalmente para o pagamento da propaganda fascista entre os imigrantes e, por meio de organizações como os clubes *dopolavoro* [depois do trabalho] e enquanto o fascismo venceu suas guerras, aumentaram as adesões a suas fileiras. Todavia, o fascismo nunca resolveu o dilema fundamental que estava na raiz de qualquer política exterior da Itália, fosse totalmente nacionalista ou mesmo racista, que procurasse realmente nacionalizar as massas de emigrantes. Se de fato a Itália queria imitar a Alemanha nazista e aspirar trazer de volta todos os italianos para seu *Reich*, era preciso planejar a urgente conquista de Nova York, Buenos Aires e muitas outras cidades do Novo Mundo. Em vez disso, foi buscar vantagens na Etiópia e na Líbia, territórios africanos já com populações expressivas e pouco atraentes para qualquer emigrante italiano mais sensato. Mesmo em seus momentos mais audaciosos, a Itália fascista se comportou como potência do século XIX, repetindo a forma como as grandes potências daquela época tratavam a África. Nem Mussolini e tampouco qualquer outro fascista italiano obteve sucesso na busca de uma forma de expandir a "massa populacional" e, portanto, a Itália fascista nunca demonstrou, em suas iniciativas, a determinação homicida (e a notoriedade) de seu aliado nazista.

É possível identificar algumas ironias nessa situação. Os piores campos de extermínio da Itália fascista estavam dentro de seu império, muitos nos territórios herdados de seus antecessores liberais, constituindo apenas um pequeno capítulo do domínio europeu no mundo que ia além da Europa. Sob vários aspectos, a Itália não era a menos e tampouco a mais atrasada das potências imperiais europeias. As contingências historiográficas e os condicionantes do poder mundial em 1945 se combinaram para esconder esse capítulo da história fascista e a posição de Mussolini nesse episódio. Não obstante, trata-se de uma história triste e esclarecedora, que vale a pena recordar.

Em 1922, um decreto italiano tratou constrangidamente das colônias da Eritreia e da Somália, adquiridas na década de 1880, e dos territórios da Tripolitânia, da Cirenaica e do vilarejo de Fezzan, no deserto, conquistados durante o conflito com a Turquia entre 1911 e 1912 e renomeados em conjunto, em clássica referência romana, como Líbia. A Itália também governava as ilhas do Dodecaneso, ocupadas durante a guerra e mantidas sob seu poder a partir de então, apesar de intensa pressão internacional para que a população grega fosse colocada sob governo grego. A parte mais significativa desse arenoso império era a Líbia. Durante a participação da Itália na Primeira Guerra Mundial os governos liberais pouco tinham feito para manter o que sempre fora uma frágil conquista do país naquela região. Em 1921, 89 lotes que totalizavam 2,5 mil hectares respondiam pela agricultura italiana nas colônias.[99] Entretanto, nessa época o governo liberal estava decidido a "reconquistar" a Líbia sob a direção de Giuseppe Volpi, governador da Tripolitânia, a partir de julho de 1921, e de Giovanni Amendola, ministro das Colônias que viria a ser um "mártir" do fascismo, a partir de fevereiro de 1922. Por trás de tudo havia a premissa, manifestada em 1911 por Maffeo Pantaleoni, coeditor de *La Vita Italiana*, de que "a degenerada população local se compunha de uma repulsiva mistura de raças, que devia ser repelida, eliminada e substituída pelo puro sangue italiano".[100] O imperialismo italiano se revelou inevitavelmente similar ao que levaria, ou já tinha levado, à dizimação dos povos nativos em muitos territórios anexados pela vontade de um poder central.

Quando pensaram em sacramentar a conquista da Líbia, nem o contemporizador Volpi nem o liberal democrata Amendola hesitou em recomendar *firmeza*, palavra cujo significado prático muitas vezes era assassinar. Assim, o governo fascista proporcionou uma descontinuidade apenas parcial, e a linha adotada por Mussolini para o império foi resumida por seu principal historiador como "vaga, volúvel e às vezes contraditória".[101] Volpi, que permaneceu como governador até agosto de 1925 e contava com o apoio de Federzoni e Scalea, ministros nacionalistas, e, menos diretamente, do Duce, tentou implantar um desenvolvimento capitalista, preferindo investimentos a ideias que defendiam a imigração de natureza mais populista. Volpi se dedicou à produção de informações sobre o desenvolvimento nas colônias, mas salientando suas próprias habilidades e depreciando as de outros, com exceção das vitórias militares do jovem Rodolfo Graziani,[102] militar enviado por ele para o interior.[103] Logo ficou claro que Graziani acreditava que a melhor forma de vencer era agir com crueldade e isso significava eliminar velhos, mulheres e crianças, assim como "rebeldes" armados e dispostos a contestar a autoridade italiana. Seguindo o modelo romano, Graziani normalmente definia os líbios como *barbari* [bárbaros]. Em sua mente, eram pessoas sem direitos e sem futuro.[104]

Volpi foi substituído por Emilio de Bono, cuja nomeação devia ser interpretada como novo esforço para implantar o fascismo em todo o império. Mussolini efetuou uma amplamente anunciada visita a Trípoli em abril de 1926, pouco depois da tentativa de seu assassinato por Violet Gibson. À indicação de De Bono seguiu-se a nomeação de Attilio Teruzzi para governador da Cirenaica, enquanto outro antigo integrante do quadrunvirato, Cesare Maria De Vecchi, passou a governar a Somália a partir de 1923 (De Vecchi foi protagonista de uma fanfarronice envolvendo suas duvidosas realizações na Somália ao imitar Júlio César no uso da terceira pessoa quando relatava suas campanhas militares.)[105] A mais célebre nomeação de um fascista pelo império durante o regime foi a de Italo Balbo para governador de toda a Líbia em janeiro de 1934. Enquanto isso, em novembro de 1936, De Vecchi passou a ser governador das ilhas do Dodecaneso e, com sua conhecida e agressiva incompetência, logo conseguiu minar[106] a relativa satisfação com o governo imperial fascista até então existente, pelo menos entre os habitantes mais pobres.[107]

A conquista da Etiópia em 1935-1936 resultou em ampla expansão do império italiano e em nova tentativa de implantar o fascismo, que será comentada adiante. De qualquer modo, o número de mortos durante a guerra, embora lamentável, nunca chegou ao ocorrido na Líbia durante a campanha de pacificação que durou de 1928 a 1933. Este período coincidiu com a nomeação do marechal Pietro Badoglio para governador da Tripolitânia e Cirenaica. Parte da história envolve lutas internas. Badoglio era rival de Graziani, que passou a ser vice-governador da Cirenaica em março de 1930. Ambos odiavam De Bono, que foi ministro das colônias de setembro de 1929 a janeiro de 1935. Graziani procurava demonstrar seu compromisso com o fascismo e Badoglio não menos, de modo que os dois acordaram em adotar, a partir de junho de 1930, uma política de limpeza étnica que eliminou uma população de 100 mil habitantes no interior.[108] Badoglio endossava uma política de total brutalidade, afirmando que seus homens deviam ser "cruéis e implacáveis", expulsando todas as famílias que encontrassem.[109] Os refugiados eram conduzidos para uma série de campos de concentração perto da costa e frequentemente morriam de fome (o governo fascista matou cerca de 90% do rebanho que pertencia à população da Cirenaica) e em consequência de doenças.[110] Quando os campos foram desativados em setembro de 1933, somente metade dos refugiados originais tinha sobrevivido.[111]

Até sua captura e execução depois de um julgamento de fachada em setembro de 1931 (foi publicamente enforcado como se fosse um bandido),[112] Omar al-Mukhtar chefiava uma revolta local. Obrigados a lutar contra as obstinadas forças de Omar al-Mukhtar, os italianos não hesitaram em bombardear seus inimigos com gás venenoso,[113] iniciativa de certo modo admitida por Italo Balbo em 1927 quando, como vice-ministro da Aviação, aprovou o "casamento natural entre as armas químicas e o céu".[114] Um dos alvos do ataque de gás na Cirenaica foi a "cidade santa" de Cufra,[115] quando os italianos revelaram a mesma disposição características de muitas potências imperiais para apagar pelos métodos mais cruéis possíveis qualquer versão da história daquela região que pudesse questionar a sua própria. O gás também seria brutalmente empregado na Etiópia.

Após 1945, historiadores oficiais italianos tiveram muita dificuldade para admitir esses crimes, embora estivessem a serviço de uma república, e não de um ditador fascista.[116] O silêncio permanece (tal como aconteceu com a liquidação de muitos povos de colônias nas mãos de seus mestres "civilizados"). Na literatura sobre a Alemanha nazista, Omer Bartov e outros autores têm sido convincentes ao argumentar que uma inimaginável "barbarização da guerra" na frente oriental foi uma realização do tradicional Exército alemão tanto quanto dos fanáticos nazistas.[117] Ian Kershaw sugere que foi mais uma consequência da determinação dos alemães de defender seu Führer. A violência homicida na guerra do império italiano levanta uma questão semelhante, mas produz resposta diferente. Talvez as condutas mais atrozes sempre tenham sido aprovadas por Mussolini quando lhe foram relatadas. Mas foram Badoglio, Graziano e outros que tomaram a iniciativa, e não o Duce. Provavelmente, em certo grau, foram influenciados por "uma velada presunção" de que a nova selvageria era aprovada pelo fascismo e presente na personalidade de Mussolini. Entretanto, Badoglio era um oficial do Real Exército da Itália e tinha plena consciência disso. Sua noção de império era mais tradicional do que "mussoliniana". Ademais, houve quem criticasse a limpeza étnica e os campos de concentração, principalmente De Bono e Roberto Cantalupo, jornalista ex-nacionalista, então embaixador italiano no Cairo.[118] A causa dessa crítica era mais pessoal (sobretudo no caso de De Bono) e tática (Cantalupo estava tentando se reaproximar dos nacionalistas egípcios) do que étnica. Fascistas ou não, as elites italianas davam poucas indicações de que viam os habitantes nativos de seu império como seres humanos iguais (qualquer que fosse a atitude de italianos mais humildes que tinham experiência de vida naquela região).[119] Contudo, imitavam mais os colonizadores franceses e ingleses do século XIX do que os nazistas dos anos que se aproximavam.

Se, em 1932, tanto Mussolini quanto seus fiéis súditos ainda sonhavam com um império, seu país dispunha de um modesto, porém mais compensador modo de se conectar com o mundo: o turismo. Parece uma contradição a existência de estados totalitários abertos à ampla visitação por estrangeiros independentes (e é bem conhecida a suspensão das ações visivelmente mais severas do regime da Alemanha nazista durante os Jogos Olímpicos de 1936, em Berlim). A Itália, porém, a bela, artística e "histórica" Itália era realmente um tesouro, um local procurado para as viagens de não italianos. Os fascistas discutiam como tratar a questão, principalmente porque os nacionalistas seguidamente alegavam que turistas, em busca de provas da Renascença e de mocinhas atraentes, na verdade degradavam a Itália daqueles dias. Como sempre, Marinetti tinha uma opinião radical e absurda, propondo que Veneza e Florença fossem arrasadas, a melhor forma de que dispunham os italianos para comprovar que avançavam em busca da modernidade e da grandiosidade. Tal hostilidade irritou os economistas modernos, que assinalavam o fato de o turismo ser a mais florescente indústria da Itália. Qual seria a opinião de Mussolini nesse assunto?

Qualquer tentativa de responder essa pergunta fica complicada pelo fato de a administração do turismo ter sido questionada por diversas organizações, algumas delas significando a continuidade do passado liberal, enquanto outras eram mais especificamente "fascistas".[120] O Estado corporativo acolheu o turismo, mas o fez com certo grau de ambiguidade. Com a leniente aprovação do Duce, foi criada uma nova organização, a *Direzione Generale del Turismo*, que admitiu em seus quadros personagens que alimentavam antigas rivalidades ainda não totalmente resolvidas. Durante a Segunda Guerra Mundial, os funcionários de maior importância envolvidos com o turismo relutaram em deixar seus cargos para servir na frente de combate. Preferiram continuar sonhando com hotéis luxuosos, mesmo nos dias sombrios entre os anos de 1942 e 1943. A organização do turismo no governo de Mussolini continuou sendo tanto liberal quanto fascista, mas, sobretudo, burocrática.

Uma das agências que começou a funcionar nos tempos dos liberais e que sobreviveria até depois de 1945 foi o *Touring Club Italiano*, com sua magnífica sede em Milão e, de certa forma, a organização ideal para a classe média italiana (e decidida a nacionalizá-la, embora cometendo um equívoco).[121] Sua história durante a ditadura é reveladora. O TCI enfrentou a intervenção fascista, que culminou em 1937 com a forçada "italianização" de seu nome. Esperava-se que se tornasse mais fascista sob o título *Consociazione Turistica Italiana*. O TCI/CTI conseguiu, não obstante, resistir à pressão para transferir sua sede para Roma, a "capital imperial". Além disso, quando lhe foi perguntado, Mussolini declarou para o diretor do CTI que tudo que desejava dessa organização era que continuasse com o patriótico trabalho que sempre fora sua finalidade.[122] Aproveitou para ressaltar que outros, mais radicais e menos realistas do que ele próprio, eram os responsáveis pelos aborrecimentos que os valiosos diretores do TCI tinham enfrentado. Estava disposto a trabalhar em prol do TCI e aprovar sua *mentalité*, assim como desejava que exibisse a fachada do fascismo radical.

O grande evento turístico de então, sem dúvida alguma o momento-chave da fascistização da sociedade italiana nos primeiros anos da década de 1930, foi o *Decennale*, comemoração do décimo aniversário da Marcha sobre Roma, planejada para 1932. O Duce orgulhosamente declarou que a inevitável fascistização da Europa resultava da luz que sempre emanava de Roma.[123] Todavia, Mussolini estava bem ciente de que não era o único protagonista da herança de Roma. O Tratado de Latrão podia ter sido assinado, mas os desentendimentos com a Igreja não tinham terminado. Para complicar, a versão da história da religião defendida por Mussolini tinha uma tendência irreverente que ficou evidente quando, em maio de 1929, ele disse na Câmara dos Deputados que o cristianismo "tinha surgido na Palestina e se tornara católico em Roma". Se não tivesse a sorte de chegar a Roma, prosseguiu agressivamente, provavelmente continuaria sendo "uma obscura seita local como a dos essênios" e "teria desaparecido sem deixar traços históricos".[124] As negociações lateranas, concluiu deixando transparecer um pensamento conscientemente menos ímpio a respeito da nação, aconteceram porque o atual papa era "realmente italiano", um típico *lombardo* no sentido exato da palavra, disposto a tomar a iniciativa.

Ao longo dos dois anos seguintes, ocorreu uma série de briguinhas entre a Igreja e o Estado em torno da ampliação do controle fascista sobre a educação, que se tornou objeto de intenso debate. Pio XI muitas vezes tinha se autodefinido como o "papa da ação católica" e certamente tinha um interesse pastoral especial nas atividades espirituais e assistenciais na rede de associações da *Azione Cattolica*.[125] Associações e clubes católicos não viam com bons olhos a ideia de um estado totalitário (embora a *Critica Fascista* se dispusesse a considerar, de modo desconcertante, que, à sua maneira, a Igreja também era totalitária).[126] Diante de seu obstinado adversário, Mussolini dava vazão a suas habituais misantropia e malícia, características que alimentavam a irritante sensação de que na verdade não detinha o verdadeiro poder. Ouvindo rumores de que tinha sido diagnosticado um câncer de próstata no pontífice, Mussolini perguntou a De Vecchi, então seu embaixador no Vaticano, se era verdade que na Capela Sistina tinha sido colocado um dispositivo para recolher a urina do papa enquanto celebrava missa.[127]

Em maio de 1931 o regime fascista baniu as organizações de jovens da Ação Católica e Pio XI reagiu com uma severa encíclica com o significativo título *Non abiamo bisogno* [Não precisamos]. De acordo com seu mais recente historiador, "as relações entre a Itália e o Vaticano tinham atingido o ponto mais baixo em todos os tempos".[128] Entretanto, talvez a divergência fosse mais superficial e não tão profunda quanto parecia, uma vez que o papa Pio XI, Mussolini e seus assessores sabiam que o Tratado de Latrão tinha sido um bom negócio tanto para a Igreja quanto para o Estado. No fim do verão chegaram a um acordo e Mussolini admitiu que "reconhecia que a Igreja desempenhava papel importante na estrutura do regime".[129] Pacelli, secretário de estado do papa que seria o papa Pio XII em 1939 e já era visto por De Vecchi como prelado promissor que merecia atenção, ficou radiante ao tomar conhecimento da notícia.[130] A despeito do temor de que estivesse "indo para Canossa", ou pior, desse a impressão de ir a Canossa,[131] em fevereiro de 1932 Mussolini fez uma visita formal ao Vaticano. Embora alguns membros da Igreja e outros tantos fascistas ficassem mais desconfiados do que outros, Mussolini e Pio XI concordaram que a melhor política continuava sendo a convergência de opiniões do Estado e da Igreja quanto à ordem cultural e social no país e no pertinente à Malta, à URSS e a várias outras questões externas. O fascismo, afirmou o papa, defendia "ordem, autoridade e disciplina, e nenhum desses preceitos contrariava o pensamento católico".[132]

O Partido e seu papel na construção do Estado corporativo era outra matéria que mantinha o Duce ocupado, já que as disputas entre seus subordinados estavam longe de acabar.[133] À queda de Turati seguiu-se curioso interlúdio que se estendeu de outubro de 1930 a dezembro de 1931, durante o qual a secretaria do Partido ficou sob a direção de Giovanni Giuriati.[134] O novo secretário era oriundo do nacionalismo da fronteira.[135] Juntara-se aos fascistas em 1921 depois de ser eleito deputado. Inteligente e ativista, Giuriati mais tarde alegou que fora prejudicado pelo crescente isolamento de Mussolini e sua evidente superficialidade. Giuriati não se impressionou quando Mussolini afirmou que lia 35 jornais todos os dias (ou pelo menos as manchetes e as conclusões dos editoriais).[136] Também achava irritante o fato de Mussolini querer "que o povo acreditasse que ele não só regia a orquestra, mas também tocava os principais instrumentos",[137] mesmo que, em conversas privadas, fosse muito cuidadoso ao se ver diante do mais recente escândalo que envolvesse um fascista.[138] Mussolini deve ter gostado quando ouviu o grampo telefônico que interceptou uma conversa entre Farinacci e o general Ottavio Zoppi, do Ministério da Guerra, que chegou a suas mãos em outubro de 1932:

> Farinacci: Tenho um irmão que vai prestar exame para ser promovido a capitão...
> Zoppi: Seu irmão não corre nenhum risco. Deixe comigo. Vou resolver.
> Farinacci: Temos que ver isso imediatamente, Zoppi, o exame já está começando.
> Zoppi: Vou resolver isso.
> Farinacci: Obrigado.[139]

Essa quase indecorosa constatação de escândalos demonstra a vulnerabilidade política de então (tal como denunciara Lusignoli em 1927). Quando Giuriati preparou um sério expurgo de corruptos e descrentes do PNF,[140] Mussolini lhe disse cinicamente: "Vou erguer um monumento em sua homenagem se conseguir se livrar de 10 mil membros do Partido".[141] Giuriati também viu frustrada sua tentativa de estender o controle do Partido às Forças Armadas.[142] Em diversos pontos ele teve que enfrentar a obstrução do Duce a seu plano de dar um "choque de realidade" na revolução fascista e afirmou ter ficado satisfeito ao ver sua renúncia aceita.[143] Certamente não foi um dos fascistas que mais tarde voltaram ao governo.

Giuriati foi substituído por Achille Starace, sulista que, segundo se dizia, uma geração após a guerra ainda era saudado em sua cidade natal Galípoli como "don Achille".[144] De modo geral, a notoriedade de Starace se devia ao fato de Mussolini ter comentado com Arpinati que se fixara no nome de Starace porque ele "era idiota, mas obediente".[145] Não há dúvida de que Starace era mais um fascista cuja família, particularmente seus irmãos, segundo se dizia, se aproveitavam de sua posição para enriquecer com negócios ilícitos. Gabava-se de grande desempenho militar na Etiópia em 1935-1936,[146] mas sua crueldade espantava seus colegas fascistas mais dignos. Falava-se que tinha assassinado prisioneiros descontroladamente, atirando ora nos genitais, ora no coração.[147] De modo geral os historiadores que seguem a linha de De Felice têm sido menos críticos a seu respeito e destacam, por exemplo, sua experiência no Partido (foi subsecretário nos períodos 1921-1923 e 1926-1931) e sua proximidade com os menos moderados, mas fiéis fascistas de Milão, cuja figura mais popular era Arnaldo Mussolini.[148] Starace teve dificuldade para se livrar de Farinacci e disse para Mussolini que o *ras* de Cremona criticava aspectos do governo do Duce e "tinha perdido a cabeça".[149] Starace tornou o Partido mais populista e, no outono de 1931, Mussolini chegou a declarar que chegara o momento de "se voltar decisivamente para o povo".[150] Starace ampliou significativamente o número de membros do Partido (de 825 mil, em 1931, para 2 milhões, em 1937)[151] e entendeu perfeitamente as manobras do regime e o intenso esforço para separar a imagem do Duce do que acontecia na realidade. Em 12 de dezembro de 1931 criou o ritual de *Saludo al Duce* [Saudação ao Duce], que deveria haver no início de todas as reuniões.[152]

A criação de uma nova e reverente (e absurda) liturgia coincidiu com uma tragédia na família de Mussolini. Em 21 de dezembro Arnaldo morreu subitamente aos 46 anos, vítima de um derrame. Vinha sofrendo muito desde a morte por leucemia de Sandro, seu filho mais velho, em agosto de 1930.[153] Em Roma, Mussolini, que recebeu o estímulo moral de respeitosa visita do Mahatma Gandhi,[154] partiu rapidamente para o leito de morte de seu irmão, onde passou a noite de 22 de dezembro velando o corpo e derramando o que ele próprio afirmou serem copiosas lágrimas de tristeza.[155] Logo em seguida, redigiu um solene registro da vida do irmão.[156] O livro e Arnaldo foram devidamente exaltados pela imprensa. Mesmo *La Vita Italiana*, agora diretamente ligada aos interesses de Farinacci no jornal,[157] se preocupou em elogiar Arnaldo, jornalista competente, fascista de ação e irmão perfeito.[158]

Na verdade, Arnaldo também desempenhou um outro papel na vida do Duce. Como declarou em maio de 1930, recebia "uma infinidade de pessoas em busca de favores, ajudas financeiras e recomendações que me pediam".[159] No *Il Popolo d'Italia* e em Milão, cidade da bolsa de valores, Arnaldo era o homem dos negócios do irmão. Pouco antes de sua morte, Arnaldo endossou a escolha de Starace para a secretaria do Partido, por considerá-lo "franco, direto e leal [...] um soldado que sabe obedecer sem pensar duas vezes", um fascista bem-visto em Milão, e isso era importante.[160] Mussolini sentiu muito a morte do irmão e, a despeito do elogio recebido, Starace mostrou que não reunia condições para substituí-lo.

Embora um populismo inconsequente fosse admitido como norma naquela década, na *Critica Fascista* Bottai continuou defendendo que o debate não tinha sido proscrito na Itália fascista. "Mussolini", assinalou, "era o responsável pelas grandes realizações do regime, mas não era o protagonista de todos os feitos, iniciativas e opiniões que surgiram dentro do fascismo",[161] Em artigo posterior explicou que não havia contradição entre a disciplina e a discussão, desde que esta não fosse de natureza abstrata.[162] A própria *Critica Fascista* estimulou o debate sobre o significado da arte. Em sua apreciação sobre a URSS e com enorme potencial de radicalismo, o jornalista Bruno Spampanato afirmou que o Estado precisava ser interpretado com a "lucidez fascista" e não ser simplesmente demonizado.[163] Bottai, que no passado defendera que o fascismo devia ser "uma revolução permanente",[164] ainda acreditava que o Partido Fascista deveria evoluir e fazê-lo de forma criativa.[165]

É questionável se Mussolini se deixava impressionar por tais elucubrações. Não foi nessa época que ele afirmou que Bottai tinha a mentalidade de quem "lia livros demais"?[166] Afinal, quem poderia superar Mussolini? Na verdade, em 1932 Mussolini publicou na nova enciclopédia do país, sob seu nome, mas com a ajuda do filósofo Giovanni Gentile, uma inserção resumindo a "Doutrina do Fascismo".[167] Os autores destacaram a "espiritualidade" do fascismo e defenderam a ideia de que somente lutando o "ser humano" se aperfeiçoava. O objetivo totalitário foi reafirmado. Liberdade individual não passava de ilusão. A realidade consistia na dedicação ao Estado. O fascismo era tão antiliberal quanto fora antissocialista. Defendiam a ideia de que a guerra fortalecia a grandeza da nação e proclamavam que a Itália devia continuar se expandindo. Era necessário construir um império. Em resumo, o fascismo era "a doutrina apropriada para nosso tempo". O futuro lhe pertencia.

Aproximando-se o *Decennale*, o que mais precisamente revelou o pensamento do Duce foi uma série de entrevistas que Mussolini concedeu em março-abril de 1932 ao jornalista Emil Ludwig (que acabou sendo chamado "judeu desprezível e pretensioso", depois que Mussolini tardiamente revelou não ter gostado do que Ludwig tinha noticiado).[168] Ludwig afirmou que "conversando,

Mussolini é a pessoa mais natural do mundo",[169] e o Mussolini com quem conversara falou em tom mais pessoal e menos intelectual do que o Mussolini do artigo da enciclopédia. Impressionou Ludwig, que o considerou um grande estadista, bem-humorado e mestre nos detalhes.[170] Talvez pensando no *Decennale*, Mussolini abordou uma nova liturgia fascista:

> Toda revolução cria novas formas, novos mitos, novos ritos, e o processo revolucionário, embora respeitando velhas tradições, precisa atualizá-las. Deve criar novas comemorações, novas atitudes, novas formas.[171]

Não obstante, a síntese do fascismo feita por Mussolini não era complicada e tampouco pretensiosa: "Quando, há pouco tempo um pensador finlandês me pediu para resumir em uma frase o significado do fascismo, afirmei: 'A vida não pode ser levada em meio a facilidades'".[172] Como fazia frequentemente e tentando facilitar a conversa com seu interlocutor, Mussolini negou que existisse um problema de raças e alegou que, de qualquer modo, "o orgulho nacional não precisa do delírio racial".[173] Argumentou com propriedade que um bom governante deve agir com certo grau de compaixão com seres humanos mais fracos e corrompidos.[174] Ludwig notou que, solicitado para falar sobre assuntos mais pessoais, Mussolini mudava de assunto, não indo além de afirmar que "basicamente sempre estive sozinho".[175]

Não foi a Ludwig nem aos leitores da enciclopédia, mas a um velho amigo, que Mussolini confessou achar que os italianos eram irremediavelmente "contraditórios".[176] Será que esse povo poderia realmente ser convencido a aderir a uma nova, politizada e totalitária religião, principalmente quando seu líder continuava sendo basicamente cético? Esta indagação deu margem ao surgimento de algumas incertezas sobre o que o Duce pensava a respeito da natureza do poder. As evidentes dúvidas que Mussolini ainda alimentava sugeriam que o *Decennale* era um evento que podia ser interpretado sob mais de um ângulo. Havia cerimônias capazes de satisfazer qualquer estudioso de eventos mais significativos e quem acreditasse na relevância das palavras e imagens.[177] Entretanto, também havia algo deliberadamente superficial envolvendo a grande comemoração. Outros regimes sabiam muito bem fazer uso do "pão e circo". O mundo progressista do capitalismo e do consumismo compreendia muito melhor a influência preponderante da propaganda do que Mussolini. Na verdade, a situação financeira da Itália não andava bem. Havia pelo menos um milhão de desempregados, os salários reais estavam achatados, o Estado corporativo continuava em grande parte sendo mera teoria[178] e os especialistas começavam a questionar o grau de interferência do Estado na economia.[179] Todavia, o *Decennale* não era o momento propício para analisar o que o fascismo tinha realizado e o que deveria fazer. Ao contrário, devia ser uma homenagem ao Duce e apenas a ele. Como um dos mais tarimbados jornalistas do regime resumiu a mensagem dos dez anos de governo fascista, "a nova Itália se chama Mussolini", em referência a seu "chefe infalível". "A imagem da revolução é ele, Mussolini."[180] Outro destacado escritor do tempo do regime declarou que "em nossos dias um Mussolini imaginário age sobre as mentes e os corações do povo tanto quanto os fatos". "O nome Mussolini", acrescentou à sua explicação, "é conhecido por toda parte... é sinônimo de poder e perfeição."[181] Mussolini, disse um comentarista mais provinciano, hoje em dia está "onipresente" no mundo.[182]

As frequentes manifestações, os ardorosos elogios e a aparente solidariedade interna e externa ao regime pareciam suficientes para entusiasmar qualquer político. Entretanto, a satisfação e a euforia continuaram iludindo Mussolini. A linha entre poder e impotência permanecia incerta. Além disso, havia a morte de Arnaldo. A correspondência com Edda depois do casamento dela em 14 de abril de 1930 — evento muito alardeado, embora a cerimônia propriamente dita tenha sido realizada na modesta San Giuseppe, na igreja da paróquia perto de Villa Torlonia[183] —, o nascimento de Fabrizio, seu primeiro neto, em 1º de outubro de 1931,[184] e a mudança de sua irmã Edvige para Roma em setembro de 1932[185] significavam apenas uma modesta compensação. Perto de seu 50º aniversário, os cabelos que embranqueciam lembraram Mussolini de que a maioria dos Mussolini tinha vida longa e, evitando qualquer discussão sobre sua idade na imprensa, praticamente contornou o problema.[186] Somente a propaganda do regime escondeu o fato de que o Duce estava enfrentando a crise da meia-idade. Em 1933 entrariam em sua vida a improvável dupla Adolf Hitler e Claretta Petacci, para nunca mais deixá-la, até sua morte.

12
O DESAFIO DE ADOLF HITLER, 1932-1934

EM 30 DE JANEIRO DE 1933, ADOLF HITLER, Führer do Partido Nacional-Socialista dos Trabalhadores Alemães (NSDAP), se tornou chanceler da Alemanha. Foi um acontecimento importante. Por mais vulgares que fossem suas ideias e mais tediosa que fosse sua personalidade e errática sua conduta, o fato de Hitler ocupar esse cargo mudou de imediato as premissas que, embora não explícitas, caracterizavam a vida na Europa e a forma como as questões diplomáticas eram conduzidas no continente. Uma pessoa drasticamente afetada pela mudança na chefia da Alemanha foi Benito Mussolini.

Como tem sido comentado, perto do fim de sua vida Mussolini deve ter questionado se um Duce constitucional teria conseguido governar por dez ou até quatorze anos.[1] Como muitos outros políticos calejados, sem vontade de renunciar a um mandato inexpressivo, a um título e até a um imaginário poder, Mussolini optou por um período mais longo. Entretanto, se tivesse pensado um pouco mais, talvez tivesse preferido dois mandatos de cinco anos para o Duce. Afinal, se esta regra tivesse sido aplicada em seu caso, ele teria se afastado do poder em 28 de outubro de 1932, certamente com maiores e menores fracassos de uma ditadura em seu currículo, inclusive a repressão à liberdade social e política, além do terrível ônus de mortes na Líbia a serem explicadas. A responsabilidade pela tirania e pelos infortúnios ocorridos durante seu regime não tinha sido exclusivamente sua. Talvez entrasse na história como uma pessoa de alguma lucidez e certa maldade, como um homem que pouco beneficiara seu povo em geral, mas que, pelo menos, governara por uma década sem cometer muitos crimes imperdoáveis. A partir de 1933 as coisas seriam diferentes. As relações da Itália fascista com a Alemanha nazista viriam a ser a principal razão para a tempestade que castigaria o Duce entre 1943 e 1945, como também a mais óbvia, se não a mais poderosa, justificativa para sua condenação[2] pela historiografia subsequente.

Em nossos dias não ideologizados, alguns analistas tendem a não levar em consideração o modelo fascista. Rejeitam a interpretação de que no período entre as guerras houve realmente uma ligação entre os regimes nazista e fascista, cada um visto como uma versão particular de "socialismo nacionalista" especialmente projetada para se opor ao apelo socialista e internacionalista do marxismo. Renzo De Felice abriu o caminho para a aprovação da tese de que fascismo e nazismo eram regimes que social e culturalmente diferiam radicalmente, até em questões de política exterior. Em sua opinião, os fascistas sempre olharam para o futuro impulsionados por um indispensável otimismo, que não existia entre os nazis.[3] Pode ser que essa visão esteja certa, embora seja difícil acreditar que o fascista Mussolini fosse de alguma forma um otimista. Porém, o que interessa é constatar que, reexaminando os últimos doze anos de sua permanência no poder, a partir de 1933 Mussolini cada vez menos escondeu que havia uma ligação entre sua Itália e a nova Alemanha. No mundo além das fronteiras das duas ditaduras, seus contemporâneos praticamente admitiam que fascismo e nazismo eram sistemas semelhantes.

Por sua vez, inevitavelmente esta premissa despertava uma nova incerteza quanto ao fascismo italiano e seu lugar no mundo. Aborrecimentos, imitações, evasivas, tudo isso marcou o relacionamento entre a Itália de Mussolini e a Alemanha hitlerista. A única coisa que não pode ser ignorada é o fato de haver indícios de que o regime de Roma influenciou Berlim e, com o passar dos dias, ter ficado mais evidente que os nazistas, mais ativos e radicais, estavam dispostos a fazer o que os fascistas apenas prometiam realizar, e fazê-lo de imediato. No curso da década de 1930, o brilho do sucesso nazista iluminou o edifício fascista e, para um observador mais atento, expôs as falhas na construção administrada por Mussolini.

Havia coisas mascarando esta realidade. Uma delas, bastante importante, foi o próprio estilo de Hitler. Desde o início de sua carreira política, Hitler admirava o Duce italiano e ficava contente quando os comentaristas comparavam os dois,[4] sempre na esperança de que Mussolini se dignasse oferecer um conselho ou marcar um encontro.[5] Já havia alguma ligação entre os dois movimentos antes da Marcha sobre Roma e, logo depois, disseram a Mussolini que o plano nazista era:

> [...] em grande parte copiado do *fascio* italiano. Consistia em restaurar a autoridade do Estado, em abolir greves, corrupção e desperdícios, em eliminar a burocracia. Em outras palavras, restaurar a ordem. Esse era seu programa.[6]

O fracasso da tentativa de *Putsch* na Cervejaria e a consequente prisão de Hitler prejudicaram os planos de fortalecer a colaboração. Na cabeça dos italianos, os nazistas não passavam de um grupo confuso de direitistas europeus em busca de recursos e apoio, que mal conseguia sair do ostracismo e fazer história na forma que os fascistas se orgulhavam de ter feito. Até então, no entendimento de Mussolini não havia motivo para crer que houvesse alguma simpatia pelo jovem NSDAP. Nas páginas da *Critica Fascista*, o famoso comentarista político de Trieste, Attilio Tamaro, separou nitidamente o fascismo italiano de seus supostos admiradores alemães. O movimento antissemita *hakenkreuzler*, alertou, era monarquista, revanchista e pangermânico, e sua obsessão pelos judeus era de mau gosto e politicamente idiota. Hitler podia ter admitido que o Trentino-Alto Ádige (sul do Tirol) podia ser deixado com a Itália, reconheceu Tamaro, mas seus correligionários o tinham hostilizado e acabaram o convencendo do contrário. A verdade nua e crua é: será que esse tipo de direita alemã nunca desistiria de se apossar de território italiano?[7]

A maioria dessa direita, tal como a do movimento nazista a partir de 1933, tinha três motivos para desconfiar da Itália. Sua teoria racista a levava a acreditar que a raça dos italianos era a "mediterrânea", supostamente o terceiro e pior dos grupos sanguíneos que fermentavam na Europa. Levando as ideias ao extremo, Anton Drexler, um dos fundadores do nacional-socialismo, declarou que provavelmente Mussolini era "judeu" e considerou o fascismo um movimento sionista.[8] Não obstante, outros alemães, menos idiotas, admitiam que os italianos, tendo em vista sua deficiência racial, tendiam a ser volúveis e fúteis, corruptíveis e corruptores. Na opinião dessas pessoas, esses deploráveis atributos tinham se confirmado plenamente nos episódios da Primeira Guerra Mundial. Nessa oportunidade, a Itália, embora comprometida com a Tríplice Aliança, traíra seus parceiros alemães para lutar ao lado da Entente. Ser italiano equivalia a ser traidor. Além disso, os italianos eram, basicamente, maus soldados, defeito que lamentavelmente tinham revelado em Caporetto (tal como acontecera durante o Risorgimento, quando tinham se apossado de território administrado pelos alemães). Por fim, a Itália, mais um dos ambiciosos vitoriosos em Versalhes, tinha se apoderado de solo genuinamente alemão no sul do Tirol, assim como do porto de Trieste, cidade que a geopolítica demonstrava ser o acesso alemão aos mares do sul. Juntando um motivo a outro, os nacionalistas alemães tinham razões suficientes para tramar a queda da Itália, assim como tinham que planejar a conquista da Tchecoslováquia e da Polônia. Apenas Hitler pensava de modo diferente. Fanaticamente movido pelo antissemitismo, pelo anticomunismo e pelo antieslavismo, não tinha entre seus preconceitos o anti-italianismo. Disposto a adorar o "incomparável" Mussolini[9] e, simultaneamente, admirar artisticamente (à distância) os "céus azuis" e a herança cultural da Itália, o Führer do NSDAP não era um nacionalista comum, vulgar.

Assim sendo, em boa parte da década de 1920, o entusiasmo por uma aproximação entre o fascismo e o nacional-socialismo interessava a Hitler, e só a Hitler. Na origem do Eixo as personalidades individuais prevaleciam, e é fácil entender que Hitler vem a ser a primeira explicação para Itália e Alemanha serem aliadas na Segunda Guerra Mundial (embora, como veremos adiante, nenhum dos dois líderes compreendesse o que a guerra significava para o outro). Em *Minha luta* (*Mein Kampf*), por exemplo, Hitler sustenta que a geopolítica mostra que a Itália estava destinada a ser francofóbica e, portanto, aliada potencial da Alemanha.[10] Desmentindo as suspeitas de Tamaro, continuou insistentemente a pressionar seus amigos para admitirem que a "reconquista do sul do Tirol [...] (é) impossível". Os nacionalistas que discordavam, alegou, estavam sendo desencaminhados pelos judeus.[11] Sob todos os aspectos, afirmou, o fascismo estava na linha ideológica certa. Seus ataques à maçonaria, à imprensa internacional e ao marxismo eram diretos, embora "inconscientemente" dirigidos às "três principais armas dos judeus".[12] Praticamente isolado pelos alemães, em 1926-1927 Hitler não reclamou das políticas que "italianizavam" o Alto Ádige, conduzidas com a aprovação pessoal de Mussolini[13] e segundo a orientação preconizada pelo método fascista: "encarar os conflitos que estão surgindo".[14] Em seu *Livro secreto*, redigido em 1928, Hitler reiterou que defendia uma aliança com a Itália. Na verdade, a obra começava com uma declaração sobre a necessidade de concordar com o governo italiano no sul do Tirol, a fim de conseguir uma aliança com a Itália contra a França.[15] A Alemanha Imperial, acrescentou Hitler, cometera um erro fundamental ao fortalecer seus laços com o moribundo Império Habsburgo e, assim, ter ignorado a mais promissora Itália.[16] A situação agora estava muito mais clara, argumentou, com a Itália se beneficiando da orientação desse "brilhante estadista", Benito Mussolini.[17]

Mais tarde, durante a Segunda Guerra Mundial, em palavrório inconsequente conhecido como "conversas à mesa", Hitler admitiu que preparara seu programa em 1919 sem nada saber sobre os *fasci*. Contudo, acrescentou rapidamente:

> Não pensem que os eventos na Itália não exerceram influência sobre nós. Os camisas pardas provavelmente não teriam existido sem os camisas negras. A Marcha sobre Roma em 1922 foi um dos pontos de inflexão da história.[18]

Ian Kershaw associa a conversão de Hitler à consciência de que ele era o Führer ao período seguinte à Marcha sobre Roma e acredita que a imagem do Duce foi, em parte, plagiada pelo líder do então ainda minúsculo e dividido NSDAP.[19]

A recomendação de Hitler para seus companheiros acabou alertando especialistas italianos. Em 1927 um diplomata italiano servindo em Munique chamou a atenção de seus superiores para a forma como Hitler se comportava perante a direita alemã, elogiando a Itália.[20] Hitler, informou o diplomata, "chegou a afirmar que, diante de uma França petulante e agressiva, Itália e Alemanha deviam permanecer indissoluvelmente unidas".[21] Em consequência, Hitler se encontrou na mansão de sua grande amiga *frau* Bechstein, em Berlim, com um jornalista italiano que ouvira o Führer predizer que o NSDAP, que parecia ter enfraquecido politicamente quando o regime de Weimar progrediu em prosperidade e estabilidade, estava destinado a, em futuro próximo, ocupar o centro do palco. Uma nova crise, profetizou Hitler, castigaria a Alemanha e sua hora chegaria.[22]

Não há dúvida de que a partir de 1928 os nazistas começaram a crescer como sérios competidores nas preferências eleitorais em Weimar e os italianos passaram a perceber esse fenômeno (embora seus contatos mais diretos com o paramilitar *Heimwehr* na Áustria,[23] que defendia o anticomunismo, o antissocialismo e o antiparlamentarismo, pudessem assegurar sem medo de errar que um direitista austríaco acabaria, um dia, adotando uma política irredentista em relação à Itália idêntica à que adotaria alguém da direita alemã). Mussolini disse ao príncipe Starhemberg, chefe aristocrata daquela organização, que a juventude austríaca podia ser atraída pela repetição de certos "slogans simples", como "Deus, povo e nação", e o avanço do comunismo poderia, dessa forma, ser contido. "Particularmente, não sou amigo dos judeus", acrescentou o Duce, mas o estilo nazista de tratar o antissemitismo "desmerece uma nação europeia."[24] Não obstante, em maio de 1929 o correspondente do *Il Popolo d'Italia*, em Viena, esteve com Hitler e ficou impressionado com o Führer, chegando a crer que o movimento nazista tinha moderado seu antissemitismo. Os nazis se limitariam a rever os direitos civis dos judeus sionistas, antecipou. Por seu lado, Hitler tinha defendido sua determinação de "desenvolver no povo alemão uma simpatia por Mussolini e pela Itália". Atento ao que considerava errado nas prioridades italianas, o Führer aproveitou a ocasião para afirmar que considerava o *Heimwehr* "burguês demais." O jornalista ficou impressionado e informou Roma: "Hitler está muito longe de ser um farsante desprezado por seus inimigos". A paixão e a convicção que demonstra sugerem que "é um homem em condições de conquistar as massas".[25]

As notícias dando conta de que os nazistas estavam se tornando o partido de maior expressão da direita alemã foram devidamente registradas pelo governo fascista. Com a aproximação das eleições que seriam realizadas em setembro de 1930, os representantes italianos — principalmente o major Giuseppe Renzetti, então presidente da Câmara Italiana de Comércio em Berlim e que mais tarde seria introduzido no serviço diplomático como fascista de confiança — predisseram que a direita avançaria, embora sem distinguir inicialmente entre Alfred Hugenberg, Stahlhelm e os nazistas.[26] *Gerarchia*, o jornal que falava pelo Duce, informou, sob a manchete "Triunfo de Hitler", que os nazis tinham conquistado 107 assentos e afirmou que o Führer era "em parte fascista", prova de que "a ideia do fascismo estava avançando no mundo". Entretanto, o teor da notícia não foi apenas de comemoração. A ascensão do nazismo significava um "importante alerta" para o mundo, prosseguiu a matéria, uma vez que assinalava o pleno retorno alemão à política de poder. O austríaco Hitler certamente levantaria a questão da *Anschluss*.[27]

Outros contatos sigilosos com os nazis, embora em níveis relativamente inferiores na hierarquia fascista, transmitiram mensagens confusas e semelhantes. Hitler continuava tentando agradar todos os italianos com quem se encontrava. E disse para outro jornalista do *Il Popolo d'Italia* que aceitava o fato de o fascismo não ser de exportação, mas apenas na "acepção técnica", uma vez que "o conceito geral implícito possui valor internacional". Hitler, escreveu o repórter, ousou reconhecer a primazia do fascismo italiano, mas, acrescentou, "o mesmo não se pode dizer de algumas pessoas que o cercam".[28] Os acontecimentos na Alemanha tinham um lado capaz de causar perplexidade. Focalizando o assunto em maio de 1931, Grandi explicou a seu chefe:

> Um dia a *Anschluss* acontecerá. A homogeneidade é a lei que vale para muitas raças, sobretudo para a raça alemã. No que diz respeito à Itália, a questão é postergar ao máximo o desfecho inevitável.

Em "uma geração", raciocinou Grandi, a Itália pode "resolver a questão do Alto Ádige" e fortalecer seu interesse ao longo do Danúbio. Então será possível conviver com uma Alemanha maior.[29]

Porém, a Europa dos anos 1930, tumultuada e estressada, não esperaria uma geração. Mesmo assim, Mussolini, com sua permanente preferência por assuntos internos, em determinada ocasião disse em tom de piada: "O regime fascista quer, se possível, viver em paz com todos os estados, inclusive com a cidade-estado do Vaticano",[30] mas o Duce não podia ignorar Hitler. Berlim era, cada vez mais, o foco de uma tempestade em formação. Simbolizando a natureza incomum de qualquer negociação com os nazistas, agora Giuseppe Renzetti era o elemento de ligação particular e extraordinária de Mussolini com Hitler e Göring. Encontrava-se regularmente com chefes nazistas e informava diretamente o Duce, ignorando os canais normais da diplomacia. Contudo, apesar desse método heterodoxo, a natureza das relações entre o fascismo e o nazismo não se alterou muito. Hitler não deixava de manifestar sua admiração por Mussolini e sua determinação em fazer uma aliança com a Itália.[31] Mussolini aceitava cordialmente as palavras elogiosas do líder alemão e dava conselhos. Em novembro de 1931, por exemplo, alertou Hitler para não admitir parceiros em uma possível coalizão que o desviassem do rigor de suas crenças e políticas.[32] Eram frequentes as notícias a respeito do desejo de Hitler de se encontrar face a face com Mussolini, mas a reunião foi sempre sendo postergada por italianos e alemães.[33] Não obstante, Hitler prometeu cruamente em outubro de 1932, caso assumisse o poder: "A Alemanha nacional-socialista e a Itália fascista serão amigas por dezenas de anos, ou, no mínimo, até eu morrer".[34]

A imprensa italiana aprovava a ascensão nazista, embora não deixasse de fazer críticas. Em uma publicação mensal de assuntos culturais e políticos intitulada *Augustea*, Franco Ciarlantini admitiu que se costumava afirmar que o fascismo não era artigo de exportação, mas criticou quem "não interpretava inteligentemente o pensamento de Mussolini".[35] Afirmou Ciarlantini:

> Considerar, como faziam muitos, que a Itália pode manter sua organização fascista como silencioso exemplo de disciplina estará alimentando uma ilusão e, pior, um desejo antissocial que não aprovamos.[36]

Era verdade que Hitler tinha na *Braunes Haus* em Munique um busto de Mussolini em tamanho real para lhe servir como inspiração, mas, acrescentou, os italianos devem encarar a expansão de seus ideais com alegria, com a perspectiva de disseminar a influência do fascismo "pela Europa e pelo mundo".[37] Outro jornalista concordava que a entrada dos nazistas no governo devia ser aplaudida como se fosse uma vitória italiana, uma demonstração de que o fascismo era, ao mesmo tempo, "a revolução italiana em uma doutrina universal".[38]

Entretanto, muitas das notícias veiculadas deixavam nas entrelinhas uma indicação de vaga preocupação. Até Farinacci insinuou que seria "perigoso" reconhecer automaticamente que os movimentos nazista e fascista eram idênticos, assim como fora um erro aprovar o regime de Primo de Rivera, na Espanha. Por ocasião das eleições de novembro de 1932, quando os nazistas sofreram um temporário revés eleitoral, Farinacci ficou feliz, declarando em tom complacente que não era fácil fazer uma revolução e se deleitando com o fato de os nazis terem tropeçado na última barreira.[39]

Como era de se esperar, outros artigos publicados no *La Vita Italiana* revelavam a satisfação pela ascensão de antissemitas ao poder na Alemanha.[40] Entretanto, a maioria dos comentaristas italianos continuava preocupada com as comprovações do fanatismo nazista na "questão dos judeus". Segundo o chavão em voga, o antissemitismo tinha sido importado do estrangeiro. Em 1932 a *Enciclopedia italiana* falhou redondamente ao endossar as ideias alemãs sobre raça. Alguns comentaristas não hesitaram em afirmar que os alemães estavam indo longe demais e que seu antissemitismo depreciava o que, de uma ou de outra forma, havia de positivo no que acreditavam. Asvero Gravelli, entusiasta da universalidade do fascismo, chamava os fascistas italianos de "os protestantes da religião da raça. Rejeitamos sua fé e preferimos acreditar em fatos reais e não em uma pressuposta realidade que não corresponde à verdade".[41] Posição mais notória foi defendida por Renzetti, que, no *Gerarchia,* explicou que o antissemitismo nazista era um produto de aspectos peculiares da história alemã. Renzetti previu que, uma vez no governo, os nazistas tenderiam a ver com mais moderação a questão de raças, já que teriam muitos outros assuntos complexos para resolver.[42] Logo depois de janeiro de 1933, quando os nazistas começaram a perseguir os judeus, Mussolini, talvez aconselhado por Renzetti, declarou no *Il Popolo d'Italia* que os eventos não deviam ser examinados fora do contexto e sugeriu que se evitasse um falso moralismo.[43] Nenhum país era perfeito, afirmou sabiamente o Duce. Também conteve a tentativa de seu vice-ministro do Exterior, o triestino e germanofóbico Fulvio Suvich, de impedir o trabalho desenvolvido por Renzetti e restringir as relações entre Alemanha e Itália somente ao âmbito diplomático.[44] Ao mesmo tempo, Mussolini escreveu em caráter particular para Hitler o alertando para o "evidente" antissemitismo que estava provocando críticas no exterior e prejudicando o progresso da revolução nazista.[45] Em julho de 1933 também disse a Bottai, com certa convicção, que era hora de os alemães realmente compreenderem o que era "nossa ordem e nossa doutrina". Quando entenderem o fascismo italiano, "ficarão convencidos de que não há nada para ser inventado".[46] Uma rápida avaliação do pensamento do Duce sobre a nova Alemanha mostra que era tão dúbio quanto os diversos comentários da imprensa fascista sobre o assunto.

Então, o que dizer da opinião de Mussolini a respeito de raças, agora que a questão racial estava ficando tão presente nos debates sobre a política na Europa? Realmente, uma garimpagem em seus numerosos discursos e pronunciamentos pode identificar certo grau de antissemitismo.[47] Ademais, ele, censor de tantos jornais, não interrompeu a edição do *La Vita Italiana* nem das críticas de Preziosi atacando os judeus. Nessa época, seu regime parecia alimentar sérias reservas quanto ao sionismo e havia sua alegada exigência de que os judeus italianos deviam "desenvolver dupla lealdade".[48] Do mesmo modo, não ignorava as reclamações sobre o número de judeus (católicos e antifascistas) que frequentavam universidades italianas.[49] Contudo, havia certa evidência de que o Duce tinha, em certos aspectos da questão dos judeus, opiniões que não eram compartilhadas por outros membros da elite dirigente italiana. Ele reafirmava com regularidade seu ceticismo a propósito das teses sobre raças. Na verdade, defendia que "raça é um conceito um tanto vago, diante da numerosa miscigenação que vem ocorrendo ao longo dos séculos".[50] O fato é que, quando o Duce e o papa se reuniram em fevereiro de 1932, foi o pontífice que se mostrou mais abertamente racista. Na opinião de Pio XI, todas as dificuldades enfrentadas pela igreja na URSS, no México e na nova república espanhola eram "provocadas pelo espírito anticristão do judaísmo. Quando estive em

Varsóvia" (como núncio papal, em 1920), prosseguiu, "vi que os comissários homens e mulheres de todos os regimentos bolcheviques eram judeus". Se alguém ficou admirado diante dessa afirmação, que poderia até soar como pensamentos tirados das páginas do *La Vita Italiana*, o papa acrescentou de imediato: "Na Itália, porém, os judeus são exceção".[51]

Realmente, em seu discurso do Dia da Ascensão e em muitas outras ocasiões, Mussolini defendeu a ideia de que a demografia devia se tornar o fulcro dos programas sociais de seu regime (mesmo que a taxa de natalidade no país continuasse caindo).[52] Também não resta dúvida de que ele frequentemente discorria sobre a necessidade de a população fascista ser educada para praticar os valores de tempo de guerra. Apenas um povo firme, sadio, honrado e unido estaria apto para um império. Mussolini se via particularmente como o Duce de "uma só Itália". Contudo, em sua forma de pensar, a união dos italianos teria que ser forjada na vontade de ser italiano e não como consequência dos efeitos invisíveis do sangue. Mussolini nunca seria um racista segundo uma concepção "científica" e provavelmente jamais compreendeu o quanto Hitler e os nazistas eram ignorantes nesse aspecto. Uma razão para essa confusão era o fato de, no fundo de sua mente, haver uma crença de que as pessoas realmente eram diferentes e que algumas eram inquestionavelmente "inferiores". Como a grande maioria dos europeus no período entre as duas grandes guerras,[53] Mussolini no fundo admitia que povos de fora da Europa, especialmente negros e de outras etnias, "não eram civilizados" e estavam num degrau mais baixo em uma hierarquia de realizações e perspectivas de progresso.

Quando se tratava de comentar o mundo que lhe era mais familiar, o racismo de Mussolini ainda era do tipo discutido em muitos clubes, bares e programas de rádio (ele seria um bom apresentador de programas de perguntas e respostas). Era um racismo que, aliado a uma básica presunção de haver conhecimento onde na verdade não há, imediatamente delineava um retrato pouco lisonjeiro do tipo nacional. Para Mussolini, "democracia para os eslavos era como álcool para os negros".[54] Era difícil compreender o "delírio racial" dos nacionalistas alemães, embora eles tivessem a desculpa de isentar muitos "eslavos" em suas fronteiras.[55] Não obstante, disse para um visitante em maio de 1940 que os alemães eram naturalmente "sadistas".[56] A Inglaterra era sombria e deprimente e os ingleses, formais e reprimidos, além de fleumáticos, para seu próprio bem.[57] Os americanos eram larápios e ainda precisavam se civilizar plenamente.[58] O puritanismo capitalista era regido pela hipocrisia.[59] Os franceses eram pérfidos, arrogantes e escravos de seus estômagos.[60] Além disso, tudo estava bem hierarquizado (embora sua noção de hierarquia muitas vezes variasse):

> Com um francês (Mussolini estava conversando com um jornalista francês), nós italianos podemos falar com plena confiança e compreensão. Com um inglês, precisamos nos esforçar para entendermos e sermos entendidos. Com um alemão a diferença vai mais longe, e um verdadeiro abismo nos separa de um russo.[61]

Ao mesmo tempo, a tendência negativa da maior parte desses comentários podia ser invertida com facilidade. Os russos podiam se tornar obstinadamente valentes; os americanos, empreendedores e agradáveis;[62] os franceses, muito cultos.[63] Quanto aos judeus, estava claro que não eram automaticamente bárbaros tal como pareciam ser os negros e árabes. Afinal, eram "europeus". De modo geral, eram boas pessoas, sobretudo se fossem italianos. Como afirmou Mussolini em 1932, os judeus da Itália "sempre se comportaram bem como cidadãos e lutaram com bravura como soldados".[64]

Os judeus não eram os únicos habitantes do país que Mussolini gostava de julgar. Em sua mente, tipos culturalmente estáveis eram mais comuns na Itália do que em outros lugares e era muito fácil observar sua organização. Apesar dos esforços que afirmava estar fazendo para nacionalizar a população italiana e mesmo sabendo que um italiano equivalia a "três" estrangeiros,[65] Mussolini não hesitava em falar em uma "raça" genovesa,[66] em um povo do Piemonte (que ele queria que se reproduzisse mais rapidamente, como afirmou ao se dirigir a um piemontês),[67] e a eterna excelência de seu "próprio povo" da Romanha.[68] Em sua opinião, não valia a pena ser veneziano.[69] Mais ao sul também se podia encontrar grupos étnicos e culturais definidos, embora seu comportamento não fosse muito recomendável. Os "florentinos" eram criadores de caso por natureza. Seu fascismo se voltava para a rebeldia e divergências, só porque eram florentinos.[70] Napolitanos eram fúteis e indisciplinados e nada podia ser feito para corrigir seus defeitos, todos eles de origem.[71] Em 1936, certo dia Mussolini propôs a organização de uma "Marcha para Nápoles", para que se "desse sumiço a violões, bandolins, violinos, cantores populares etc.".[72] Mais uma vez, essas ideias não eram originais. Depois que Carmine Senise substituiu Bocchini como chefe de polícia, Ciano, exagerando na imagem que o italiano do Norte fazia do homem do Sul, definiu resumidamente o chefe de polícia de Nápoles como "um napolitano, mistura esquisita de esperteza e ignorância; segue seus próprios instintos e é um chantagista; de modo geral, é fácil de lidar, um tagarela que exagera nos gestos".[73] Como quase todos os italianos, Mussolini acreditava que nem todas os habitantes de seu país eram tão italianos quanto ele próprio. Esta conclusão é, muito provavelmente, o aspecto mais forte de seu credo "racial". Até então, prosseguiam seus contatos com os nazistas, mas o problema naquele momento era que sua opinião sobre racismo era ao mesmo tempo arbitrária e volúvel, duas ideias que separavam francamente ele e outros italianos da utopia racial planejada pelos terríveis especialistas de Berlim, que tendiam a simplificar tudo e viam a questão unicamente sob a ótica "científica" nazista.

No exercício da diplomacia com a nova Alemanha, a Itália tentou assumir o comando. O plano inicial era conceber um Pacto das Quatro Potências, ou *Patto Mussolini*, como ficou conhecido na Itália,[74] a ser assinado por Inglaterra, França, Alemanha e Itália. Discutido por Mussolini em março de 1933 sucessivamente com autoridades alemãs, francesas e inglesas, o acordo foi assinado em 15 de julho. Entretanto, superado pelos acontecimentos, nunca foi ratificado,[75] apesar dos esforços de Mussolini, que garantiu se tratar de um acordo capaz de assegurar à Europa uma década de tempo para respirar.[76] Desde o princípio os outros participantes do pacto manifestaram dúvidas. Em abril, Mussolini explicara ao embaixador alemão: "A ideia começou como se fosse um menino; os ingleses tentaram transformá-lo em um hermafrodita; nas mãos dos franceses, acabou se tornando uma menina".[77] Para Mussolini, porém, o real problema era o fato de os europeus estarem cada vez mais obcecados pela Alemanha. Sir Ronald Graham, muito simpático embaixador inglês que se afastava, enfatizou para Londres sua admiração pelos "gostos" e "ideias" de Mussolini, manifestou sua crença de que a política exterior do Duce era, "de modo geral, apropriada e útil para a Europa", e transmitiu a certeza de que "aqui não existe uma equivocada preocupação com raças e tampouco se pode falar em antissemitismo".[78] Todavia, nas grandes capitais europeias, a aparente urgência em definir a linha certa de relacionamento com a Alemanha começava a impedir que se desperdiçassem muitas atenções com um ditador de segundo nível.

De qualquer modo, para os democratas liberais o *Patto Mussolini* originava uma série de indagações. Por que somente quatro potências? Qual a razão da omissão de Polônia e URSS (ou EUA e Japão)? Por que, em aparente retorno à política das grandes potências, havia a desagradável perspectiva de se estar repetindo a "nova diplomacia" aprendida com Woodrow Wilson e adorada pelos democratas liberais, se é que não era uma ideia com profundas raízes no coração dos diplomatas franceses e ingleses? Mussolini estaria favorecendo exatamente a ideia de uma Liga das Nações? As implicações do pacto eram que as quatro grandes potências europeias pudessem, a partir de então, se reunir para rever o Tratado de Versalhes e, muito provavelmente, realizar uma revisão do tratado, ou, como tinha feito o Congresso de Berlim em 1878, resolver a "questão oriental". Poderiam, portanto, impor um tratado à Tchecoslováquia, país que Mussolini se dispusera a chamar publicamente de "aborto híbrido",[79] ou à Lituânia, ou à Polônia, sem consultar países de menor expressão. Também poderiam organizar um bloco "anticomunista", contrário à URSS.

O Pacto das Quatro Potências continua com uma imagem positiva na historiografia italiana. Rosaria Quartararo, cuja obra foi constantemente utilizada por De Felice,[80] sustenta que observadores contemporâneos mais sensatos consideraram a proposta "o maior triunfo pessoal do Duce".[81] Apenas políticas e posições obtusas ou contrárias à Itália condenam o plano que, afirma Quartararo, nunca foi totalmente abandonado por Mussolini e seus assessores. Querendo, com razão, que a Itália fosse o *peso determinante* [fator decisivo][82] em uma Europa tumultuada que se aproximava dos anos 1940, eles alimentavam certa esperança de que sua visão realista contaminasse a dos outros.[83] Esta conclusão contrasta francamente com a interpretação inglesa, que considerou o pacto questão de menor importância, ou até prova de maldoso e prematuro desejo do Duce de abrir caminho para um acordo ao estilo Munique que favorecesse a Alemanha.[84]

Entretanto, é preciso reconhecer que existe muito de tipicamente "italiano" no Pacto das Quatro Potências. O que poderia ser mais característico da diplomacia da menos expressiva das quatro potências do que um plano que estabelecia fronteiras que levavam a Itália a ser aceita como uma das quatro?[85] Ademais, havia provas suficientes de que a ideia não era um prenúncio do Eixo. Na verdade, foi durante os meses de elaboração do acordo que Mussolini assumiu o papel de defensor de Engelbert Dollfuss, o diminuto chanceler socialista cristão da Áustria (um homem que desejava optar por uma forma de fascismo clerical, mas confiável oponente dos nazistas austríacos).[86] Em abril de 1933, Dollfuss e Mussolini se reuniram, e o Duce concluiu: "Dollfuss, embora baixinho, é um homem criativo, dotado de forte vontade. Combinadas, suas qualidades causam boa impressão".[87] De forma alguma Mussolini aceitava que a *Anschluss* fosse inevitável e havia motivos para acreditar que, como asseverou

Suvich, o Pacto das Quatro Potências tivesse como objetivo conter a Alemanha por meio dos métodos usuais e eficazes da diplomacia, e não segundo um objetivo belicista e "fascista".[88] Suvich também se lembrou que Mussolini lhe dissera naquela época que achava as ideias racistas dos nazistas "uma piada colossal"[89] (exatamente o que pensava Suvich).

Em 1933-1934 o problema austríaco já não era apenas uma questão internacional que a Itália procurava abordar de forma *realista*, no sentido tradicional da palavra. Um tema recorrente na retórica de Mussolini (e não só dele no século XX), que mencionava a torto e a direito, era o anticomunismo. Muitos admiradores e imitadores do Duce achavam que ele estava realizando uma cruzada contra o bolchevismo, e também o fascismo continuava proclamando que ele conduzia essa cruzada com total sucesso. Essa guerra ideológica, entretanto, de forma alguma prejudicou o relacionamento bilateral entre a Itália fascista e a URSS. Um novo acordo comercial entre os dois países foi assinado em setembro de 1933.[90] Tampouco a Itália fascista rejeitou a ideia de comércio de armamento com a URSS e, em 1931-1932, por exemplo, os dois países acertaram lucrativa venda de aviões[91] e mais tarde foram aceitos contratos para construir embarcações soviéticas em estaleiros italianos, a despeito da possibilidade de acabarem atirando em fascistas italianos na Espanha ou em algum outro lugar.[92] Jornalistas italianos de modo algum estavam convencidos de que a URSS era um inimigo natural da Itália e chegavam a especular se Stalin não estava se tornando fascista.[93] É bem sabido que, durante as derradeiras fases da Segunda Guerra Mundial, em diversas ocasiões Mussolini tentou convencer Hitler de que devia ser celebrada uma paz em separado com a URSS, para que o Eixo pudesse se concentrar no combate à ameaça dos "anglo-saxões" no Mediterrâneo. Embora tomada a sério por De Felice,[94] foi uma ideia lunática apresentar tal proposta aos nazistas, nessa ocasião tão voltados para o objetivo de liquidar comunistas e eslavos quanto para a "solução final" na questão judaica. Portanto, o anticomunismo de Mussolini podia ser comparado a seu racismo. Na cabeça do Duce, nenhuma ideia era tão poderosa que o cegasse para a existência de um outro caminho melhor, com melhores perspectivas. Não surpreende o fato de Mussolini ter dito em junho de 1933, como em outras oportunidades, que estava relendo Maquiavel.[95]

E havia as potências fora da Europa, particularmente os Estados Unidos, onde Franklin Roosevelt tinha assumido a presidência poucas semanas antes de Hitler se tornar chanceler da Alemanha. A imprensa fascista comentava com frequência o New Deal,[96] e Mussolini chegou a afirmar, em junho de 1933, que Roosevelt detinha poderes ditatoriais maiores que os seus.[97] Surgiam repetidamente comentários de que também os Estados Unidos caminhavam para o fascismo.[98] O Japão, em contrapartida, no pensamento de Mussolini não era um aliado natural. Ao contrário, em janeiro de 1934, alertou para a crescente penetração japonesa na China (onde seu genro[99] e sua filha representavam a Itália e nessa condição transmitiam a firme simpatia da Itália por Chiang Kai-shek e outros nacionalistas chineses.[100] Será que eles também eram fascistas de coração?).[101]

Enquanto analisava as perspectivas do cenário internacional, Mussolini, que comemorara seu 50ª aniversário quinze dias depois da assinatura do Pacto das Quatro Potências e cada vez mais tentava contornar os efeitos da idade,[102] conheceu sua amante. Em setembro de 1933 ele escrevera para Edda dizendo que "em sua adolescência, às vezes você foi difícil, mas era e continua sendo especial, a minha favorita".[103] Na verdade, nessa época Edda já tinha uma competidora, Claretta Petacci, nascida em 28 de fevereiro de 1912, vinda da confortável burguesia de Roma (sua mãe alegava ser parente distante de Pio XI, em cujo serviço médico trabalhava Francesco Saverio Petacci, pai de Claretta).[104] Os Petacci moravam em uma casa convenientemente perto de Villa Torlonia. A jovem de 21 anos era dois anos mais velha do que Edda, embora suas atenções fossem muito mais valiosas para os desejos da carne de Mussolini do que para sua alma. Os dois se encontraram, pelo menos é o que conta a história, em 8 de setembro de 1933. Petacci, cuja família tinha recursos suficientes para presentear a filha com um carro esporte em seu 18º aniversário,[105] foi à praia em Ostia, onde encontrou o Duce, ele próprio dirigindo um carro praticamente sem escolta. A jovem aproveitou a oportunidade para murmurar, quase sem poder respirar, que "sonhava" poder ver de perto seu líder e que lhe enviara uma poesia, da qual Mussolini fingiu se lembrar.[106]

Três dias depois o predatório Duce já estava telefonando para a casa dela, falando inicialmente com sua mãe, que parecia ter seus próprios instintos predatórios. A ambição da família Petacci era bem conhecida. Quando Claretta chegou ao telefone, Mussolini lhe perguntou educadamente se gostaria de continuar sua conversa. Em caso positivo, um passe para entrar no Palazzo Venezia estaria à sua disposição. Ela foi na manhã seguinte e se encontrou com o Duce no pequeno aposento em que ele costumava tirar um cochilo, bem ao lado da Sala del Mappamondo.[107] Provavelmente não fizeram sexo imediatamente.[108] e De Felice afirma que somente em outubro de 1936 começaram um relacionamento regular.[109] Nessa época Claretta tinha um apartamento no Palazzo Venezia e se tornara uma espécie de *maîtresse en titre*. Chegava às duas da tarde, fumava um pouco (escondendo esse hábito, que o Duce desaprovava), e se aprontava para receber seu amante.[110] Seu telefone começou a ser grampeado pela atenta polícia,[111] providência que ela provavelmente desconhecia. Normalmente voltava para casa dos pais em torno das oito da noite. Em 1936 era a *signora* e não mais a *signorina*, já que em junho de 1934 casara com Riccardo Federici, oficial que foi enviado para Tóquio em 1936 como adido da força aérea, onde permaneceu até 1945.[112] O casamento fora realizado com toda solenidade e o casal tinha sido abençoado por Pio XI.

Os grampos telefônicos não pararam de gravar as conversas de Mussolini com sua jovem amiga. Seu palavrório amoroso era sempre trivial:

> Eu a amo tanto, tanto! Não sei como consigo amar tanto. Só sei que a amo! O perfume de seus beijos me atordoa, me deixa louco. Quando vejo seus olhos vejo o fundo de sua alma! É como se o mundo não existisse e me esqueço de todos e de tudo.

Além disso, era ciumento, pois achava que um homem devia ser: "O que você fez hoje?".[113] Em outra ocasião, a forte relação entre os dois foi reforçada quando Claretta prometeu a "Ben" um beijo por cada presente que recebera, e consta que disse: "Não exagere. O que já me deu é mais do que suficiente".[114] Seu diário, recentemente publicado, mostra que ela enumerava obsessivamente as infidelidades do Duce e suas desanimadoras e previsíveis alegações de que sua mulher não o admirava nem o amava bastante, e que perdera toda a atração sexual por ele.[115] A sociedade de Roma começou a comentar o caso. Mussolini se esquivava dos curiosos que gostavam de fofocas e se encharcava de colônia (preferia essa forma de combater o cheiro de corpo a tomar banho nos novos chuveiros).[116] Quando aparecia em público, Claretta sofria sob a severa avaliação das damas da alta sociedade com seus olhos invejosos. Como alguém assinalou maldosamente:

> A senhorita Petacci, seu mais recente caso amoroso, embora tenha belas pernas e pés inacreditavelmente pequenos como seus ancestrais, não parece ser a companhia mais adequada para um chefe de Estado. Eu a vi

uma vez na ópera e achei que, de certa forma, é muito atraente. Seu cabelo é muito cacheado[117] e sua maquiagem, muito pesada, não é natural. Seu casaco de vison era grande demais e suas joias, muito chamativas, mas não se pode negar que ela chamava a atenção.[118]

Petacci deve ter comprovado que, apesar de estar envelhecendo e de continuar sofrendo com dores no estômago, Mussolini não tinha perdido o apetite sexual.[119] No começo de 1934, um observador o achou mais gordinho (consequência provavelmente do consumo de leite em sua dieta), mas cheio de vigor.[120] Continuava com suas atividades esportivas e, em janeiro de 1934, foi muito fotografado esquiando no novo resort de Terminillo, no alto dos Apeninos, perto de Roma[121] (local que reapareceria em sua vida em 1943). Contudo, quando à noite voltava para casa na Villa Torlonia, para Rachele, a vida e os filhos, a vida lhe parecia monótona. Convidados reparavam o mobiliário fora de moda e pesado,[122] a forma como o Duce insistia em ir para o cinema que tinha sido instalado e, noites a fio, assistia comédias americanas (como muita gente de seu tempo, gostava de Mack Sennett, Charlie Chaplin e o Gordo e o Magro).[123] Os visitantes também recordavam seu constante desejo de se esquivar dos aborrecimentos familiares. Era um pai distante dos dois filhos mais velhos que, como indicavam os boletins escolares e policiais, costumavam faltar às aulas e gostavam de esportes, carros velozes e mulheres de fama duvidosa.[124] Causou surpresa quando certa vez apareceu inesperadamente para ver Bruno jogando basquetebol (o rapaz tinha sido promovido a capitão de seu time).[125] Talvez fossem ligeiras concessões. Fabrizio Ciano lembra dele, que no fundo mais parecia pertencer à alta burguesia, o chamando como se fosse uma criancinha para conversar, lhe dava ordem para ficar em posição de sentido e lhe dava uns tapinhas na cara antes de continuar a conversa.[126]

Continuava insatisfeito com sua vida pública e privada. O sexo com uma mulher muito mais nova só servia para confirmar a clássica opinião de Mussolini de que as mulheres é que realmente desfrutavam o ato sexual. A "voluptuosidade", dizia, "exalta a mulher, a preenche, a satisfaz". Sua pobre amante, por outro lado, ficava "vazia e decepcionada".[127] De qualquer modo, como confidenciou a um companheiro, em geral os homens matam quem eles mais amam.[128]

Esse desconsolo contrastava francamente com o projeto populista de Starace para o Partido Fascista e com o ambiente agitado que se tornara elemento permanente do regime fascista. Entretanto, a repetida reiteração da ubiquidade, da onisciência e às vezes da imanência própria dos deuses que se atribuía ao Duce escondiam seu isolamento cada vez mais profundo. Às vezes ele se via obrigado a reconhecer as limitações de seu "poder" carismático, sempre que reparava que sua autoridade absoluta o aprisionava. Chegava a confessar que havia ocasiões em que dava ordens somente porque se esperava que fizesse isso e não em consequência de uma expectativa de que alguma coisa precisasse ser feita.[129] Cada vez menos ele se preocupava em convocar o Grande Conselho, que se reuniu 106 vezes entre 1923 e 1929, 56 vezes entre 1930 e 1936 e apenas 23 entre 1937 e 1943.[130] Da metade até o fim dos anos 1930, quando o conselho se reunia, quase sempre Mussolini se limitava a fazer suas arengas. Alimentar discussões cada vez mais parecia traição.

Nesse ambiente, os que pensavam com mais independência entre os seguidores de Mussolini ficavam em má situação, especialmente quando Starace determinava a diretriz política. Balbo, na melhor das hipóteses um analista errático em qualquer assunto, mas, mesmo que por inveja, nem sempre passivo na presença do Duce, para sua tristeza foi castigado com a transferência para Trípoli em janeiro de 1934.[131] Entretanto, a principal vítima desse período foi Leandro Arpinati, subitamente tirado de seu cargo de vice-ministro do Interior em maio de 1933 (seu substituto foi Guido Buffarini Guidi, toscano que viria a ser um dos remanescentes na última década do regime e titular do Ministério do Interior durante a República de Salò). Em julho de 1934 Arpinati foi preso,[132] expulso do Partido[133] e condenado ao *confino*, onde permaneceu até 1940.[134] A queda de Arpinatti, obra de Starace[135] com o suposto apoio de Giacomo Suardo, de A. S. Benni e do mundo dos negócios,[136] foi uma forte indicação do que se passava no Partido Fascista em meados dos anos 1930.

Starace disse a Mussolini que Arpinati, que não esquecera sua juventude radical, tinha ostensivamente atacado o corporativismo e o socorro concedido pelo governo aos bancos e indústrias que estavam em dificuldades em consequência da Depressão. Arpinati contribuíra para que o número de assinantes do *Il Popolo d'Italia* na província de Bolonha ficasse reduzido a 36, apesar da campanha oficial para arrebanhar 100 mil. Disse que ele era corrupto, culpado de nepotismo e coisas piores.[137] Seus amigos eram viciados em cocaína, exploravam prostitutas, corrompiam menores, jogavam em excesso e depreciavam as realizações fascistas.[138] Tinha afirmado em público que o PNF não passava de "um bando de farsantes". Acrescentou que Arpinati não se importava em ser visto como o "papa negro", ou, talvez, o "Stalin do fascismo". Pior ainda, tinha atacado abertamente os discursos do próprio Mussolini.[139]

Starace prosseguiu obstinadamente com o expurgo, insinuando ser um potencial Andrey Vyshinsky ou Genrikh Yagoda do regime fascista. Assim como a história oficial da URSS retirou de Bukharin e outras vítimas do expurgo de 1937 o direito de uso de seus nomes em letras maiúsculas e os reduziu à condição de "insetos da guarda branca", Starace passou a escrever *arpinati*, ou a corruptela *iraci*,[140] esperando que fossem termos definitivamente "eliminados da história".[141] Não se conhece a reação de Mussolini à destruição de seu velho amigo, além do fato de ter assistido e aceitado.[142] Em algum ponto de sua mente pode ter concordado com Farinacci[143], mais uma vez a voz do fascismo, que disse ao Duce que não acreditava nas acusações de Starace e que, afinal, Arpinati era um "cavalheiro".[144] Se isso fosse verdadeiro, a natureza do poder carismático de Mussolini significava que ele teve que pôr de lado dúvidas interiores até que a onda de patriotismo desencadeada no fim da guerra lhe permitisse resgatar Arpinati do rebaixamento que lhe fora imposto na ilha de Lipari.[145] Mussolini soube que rumores que corriam na Emília-Romanha diziam que o fascismo nunca se recuperou da queda de Arpinati.[146] A popularidade do Partido no vale do Pó possivelmente não melhorou com o discurso de Starace em Mântua, quando se gabou de que "nunca dormia e continuava trabalhando na cama", e acrescentou que as mulheres que queriam tentá-lo podiam ficar para depois.[147] Essas dificuldades internas estavam começando a ser tratadas como questões secundárias diante da ameaça que a consolidação do regime de Hitler significava para as relações internacionais.

A etapa inicial das relações nazifascistas atingiu o clímax com três importantes acontecimentos ocorridos no verão de 1934. O primeiro foi a reunião havia muito tempo anunciada entre o Führer e o Duce, realizada em 14 e 15 de junho de 1934, em Veneza, local considerado ideal para satisfazer a veia artística de Hitler. A imprensa fascista anunciou que foi o "encontro de duas revoluções",[148] e veio à luz nova prova do interesse pessoal de Mussolini naquela época pela tradução de *Minha luta* para o italiano. Na verdade, ele admitiu, não tinha conseguido ler "todo aquele volume grosso e monótono". Não obstante, a rápida folheada no livro lhe causou forte impacto e, a partir de 1934, muitos judeus, inclusive Sarfatti, passaram a enfrentar dificuldades para penetrar em seu círculo pessoal.[149] Ademais, embora houvesse indícios de que Mussolini estava se deslumbrando pelo nazismo, havia bons motivos para duvidar que os dois ditadores se admirassem mutuamente. Durante os meses precedentes, Mussolini se opôs ostensivamente à ideia de uma *Anschluss*, afirmando que a "Áustria sabe que pode confiar em nós para defender sua independência como Estado soberano".[150] A imprensa fascista repercutiu as palavras de seu chefe e Farinacci menosprezou os nazistas como "social-nacionalistas", gente que usava "o rótulo fascista mas não possuía conteúdo fascista".[151] Apesar de todo seu apreço pelo que Hitler escrevia, chegando a pensar que a Itália talvez precisasse criar um método próprio para avaliar o racismo, mais uma vez Mussolini não hesitou em se pronunciar contra o antissemitismo nazista: "100% racista, contra tudo e contra todos. Ontem contra a civilização cristã, hoje contra a civilização latina, amanhã, quem sabe, contra a civilização do mundo todo". Tão "obscurantista", "exclusivista", "chauvinista" e "imperialista", uma política impraticável no século xx, concluiu.[152] No *La Vita Italiana* o filósofo racial nazista Alfred Rosenberg foi acusado de ser o "anticristo". Sua ideologia "vazia", escreveu um comentarista, chega a ser "uma pseudofilosofia de origem russa".[153]

Portanto, talvez não tenha causado surpresa o fato de as coisas andarem mal em Veneza. A primeira reunião na mansão em Stra, no passado ocupada por Napoleão, estava tomada pelos mosquitos. Um historiador afirmou que eram do tamanho de uma codorna.[154] A seguinte, no Golfe Clube de Veneza, inaugurado poucos anos antes por Volpi e Henry Ford,[155] não agradou muito aos dois ditadores. Ambos (ao contrário de Franco) eram muito tradicionais para compreender que golfe e diplomacia caminhavam juntos. Entre as duas reuniões, Hitler foi levado para visitar a exposição de arte *Biennale*, onde, para sua tristeza, descobriu que o fascismo não proibia a exibição de pinturas modernistas (em sua opinião degeneradas) e havia salões inteiros com essas pinturas.[156] Nessa oportunidade, Hitler, que foi em traje civil e parecia, segundo Mussolini, "um encanador em uma capa de chuva", falou o tempo todo em alemão, irritando o Duce com suas críticas, ou talvez simplesmente para confundi-lo, pois Mussolini gostava que acreditassem que entendia alemão sem dificuldade.[157] Porém, naquela oportunidade, tal como ocorreria em futuras ocasiões, a loquacidade do Führer servia para testar a compreensão do Duce.[158]

Como tantas vezes acontece, os observadores da época procuravam ver na reunião justamente aquilo que desejavam. Renzetti relatou que Hitler voltou para casa "radiante", agradavelmente convencido de que alguém como Mussolini nascia apenas uma vez em um país.[159] O Führer salientou que podia discutir com Mussolini assuntos que não tratava nem mesmo com seus mais chegados colaboradores.[160] Suvich escreveu para Dollfuss usando palavras mais ácidas para dizer que Hitler tinha repetidamente se referido à *Weltanschauung* [crença, convicção] que pregava, embora já fosse "mais ou menos conhecida". Não tinha sido convincente a propósito da *Anschluss* e Mussolini não tinha deixado de se opor com firmeza à anexação.[161] O próprio Mussolini disse a De Vecchi, por intermédio de seu extremamente devoto representante no Vaticano, que Hitler parecia um disco quebrado, despejando sua raiva contra o cristo judeu e as nefastas atividades dos católicos alemães. O Duce esperava poder tranquilizar o Führer quanto à política que adotava em relação à Igreja, mas estava contente, assim afirmou, porque a Itália fascista continuava "política e etnicamente" sintonizada com o catolicismo.[162]

Revigorado ou não por seu contato com o Duce, Hitler voltou para casa disposto a agir. Em 30 de junho executou a Noite das Facas Longas, quando Rohm, comandante das SA (*sturmabteilung*, tropa de assalto do NSDAP) e muitos direitistas contrários a Hitler foram assassinados, alguns não intencionalmente, outros em consequência do que fora planejado. Morreram entre 150 e 200 pessoas.[163] Os italianos ficaram chocados com uma violência tão ostensiva e generalizada, sem paralelo em sua própria ascensão. A imprensa mais germanófila até tentou explicar que o regime de Hitler vivia uma "crise psicológica", causada pela fraqueza no esforço de "intelectualização" e o consequente fracasso na tentativa de entender a "lucidez latina" personificada por Mussolini.[164] O próprio Duce aproveitou a ocasião para recomendar aos austríacos que fossem mais rigorosos ao enfrentar o "terrorismo".[165]

Entretanto, seu conselho chegou tarde demais. Em 25 de julho os nazistas austríacos assassinaram Dollfuss em uma fracassada tentativa de golpe e cruelmente o deixaram sangrando até morrer no chão da chancelaria em Viena. Poucas semanas antes, o chanceler austríaco tinha escrito para Suvich sobre o prazer que teria em um encontro com Mussolini no resort praiano de Riccione.[166] No dia de sua morte, sua mulher e filhos já estavam gozando férias com a família de Mussolini.[167] O Duce teve a nada invejável missão de transmitir à família o que acontecera.[168] Aplaudido por sua imprensa,[169] Mussolini reagiu com firmeza ao assassinato, chegando a mobilizar quatro divisões e transportar algum equipamento bélico para a fronteira em Brenner.[170] Em âmbito mais pessoal, tudo indica que Mussolini ficou preocupado com o assassinato de um político que via como seu protegido na Áustria. Continuou amparando a senhora Dollfuss até março de 1938, quando a ajudou a ser acolhida pela Suíça.[171] Entrementes, tomou a iniciativa de ordenar a compra de um "Bugatti de brinquedo", um carrinho elétrico, para as crianças Dollfuss[172] e o envio para a viúva do *Portrait of Engelbert Dollfuss*, então em exibição no pavilhão da Áustria na *Biennale* de Veneza.[173]

Agora, o Duce não tinha muitos motivos para refrear sua hostilidade à Alemanha nazista em seus comentários políticos. Os "social-nacionalistas" tinham ideias realmente absurdas, mesmo quando retiradas do "*Novo Testamento de Hitler*", como ironicamente gostava de se referir a *Minha Luta*. Demoraria seis séculos para criar uma raça puramente germânica e, portanto, acrescentou o Duce com sarcasmo, "havia muito tempo para conversar com calma e serenidade a questão".[174] Além disso, os alemães estavam divididos em pelo menos seis raças.[175] Os programas de esterilização eram quase tão lamentáveis quanto o racismo que pregavam. Afinal, escreveu, os alemães eram peritos mundiais em deslealdade e cinismo.[176] Diante de uma audiência em Bari, seu desprezo pelos seus supostos imitadores na Alemanha não teve limites: "Trinta séculos de história nos permitem olhar com desdém certas doutrinas do outro lado dos Alpes esposadas por descendentes de gente analfabeta quando Roma tinha César, Virgílio e Augusto".[177] No outono de 1934, a Alemanha nazista e a Itália fascista de modo algum pareciam aliadas naturais.

Sob certos aspectos, entretanto, os protestos de Mussolini eram exagerados. A Alemanha não era o único país a fomentar o terrorismo na Europa. Repetidamente Mussolini incitou Dollfuss a exercer pressão no campo interno, fosse reprimindo nazistas austríacos, fosse cerceando os social-democratas do país,[178] que tinham sido violentamente agredidos em fevereiro de 1934 (em famosos incidentes, quando foram empregados tanques para disparar contra casas de trabalhadores na cidade de Viena). Mussolini também protegia Gyula Gömbös, primeiro-ministro da extrema direita da compulsivamente revisionista Hungria e sempre tentou convencê-lo a adotar uma organização mais "fascista" da vida dos húngaros.[179] A república espanhola também figurava entre os inimigos da Itália fascista. A imprensa italiana abria espaço para as ideias nebulosas de Ernesto Giménez Caballero, à sua moda um chefe fascista espanhol em potencial. Todavia, as negociações mais objetivas da liderança fascista eram com generais e monarquistas dissidentes. A Itália proveu armas e ajuda para a tentativa de golpe do general José Sanjurjo em 1932.[180] Dois anos mais tarde, Mussolini e Balbo se reuniram com o general Emilio Barrera e outros expoentes da direita e mais uma vez prometeram recursos financeiros e a cessão de fuzis, metralhadoras e granadas a serem secretamente enviadas através de Trípoli, com vistas a mais uma tentativa de golpe. "Quando ajudo alguém," gabava-se Mussolini, "realmente ajudo, e a Áustria sabe muito bem disso."[181]

Embora o Duce continuasse se irritando com a "italofobia" que o nacionalismo croata sempre trazia à tona,[182] os fascistas não cessaram de proteger Pavelić e seu movimento *Ustasha*. Em 9 de outubro de 1934, um fascista croata treinado na Itália assassinou o rei Alexandre da Iugoslávia e o ministro do Exterior francês, Louis Barthou, que tinham se reunido em Marselha.[183] O fato ocorreu em mau momento para a diplomacia italiana, que tinha inúmeras razões para desejar uma reaproximação com a França. Não obstante, Mussolini disse desafiadoramente a Gömbös que certamente não afirmaria publicamente que lamentava o acontecido, preferindo encará-lo com indiferença.[184] Informou a Kurt von Schuschnigg, sucessor de Dollfuss, que não tencionava concordar com a extradição de Pavelić e seus auxiliares (e em seguida pressionou o chanceler austríaco para apressar a organização de seu país segundo o modelo fascista).[185]

Em 1934 a Itália com certeza não apoiava francamente o *status quo* na Europa. Um bom número de dissidentes, tanto da direita moderada quanto da extrema direita, recebia dinheiro fascista e, em troca, normalmente exagerava nas manifestações de gratidão dirigidas a Mussolini.[186] Obviamente, a Itália não era o único país na história do mundo que apoiava francamente personalidades estrangeiras (antes de 1914, diplomatas liberais tinham imaginado um futuro em que a generosidade do país poderia convencer estrangeiros a aderir à causa italiana, esperando, desta forma, se igualar aos arrogantes franceses).[187] O problema é que quanto mais fraca a potência envolvida, maior a desconfiança do protegido e mais provável se comportar de forma que potências mais fortes considerariam inaceitável.

De qualquer modo, no fim de 1934 a política fascista afastava os olhos da Europa e os voltava para seu alvo de longa data, a Etiópia. O "planejamento" da ação fascista estava novamente em andamento, questão que ia e vinha desde quando Laval e Guariglia a levantaram em 1931-1932.[188] O problema era que — como já fora salientado para Mussolini pelas partes interessadas, como De Bono,[189] ministro das Colônias — o regime fascista pouco fizera para sair da indolência com que via a questão das colônias Eritreia e Somália, no leste africano, regiões pouco compensadoras na visão dos imperialistas mais entusiastas ou simplórios. No fim de 1932, De Bono insistiu em uma política mais atuante para a Etiópia (e um orçamento reforçado para sua pasta),[190] pelo menos porque, como ministro, tinha que defender alguma coisa.

No princípio de fevereiro de 1934, Mussolini estava bem mais seduzido pela ideia do que estivera no passado[191] e colocou em prática um certo grau de preparação militar, embora não fossem estabelecidos prazos. Em maio, Badoglio ainda estava convicto de que um conflito seria "tremendamente inoportuno" e prudentemente alertou que, na maioria das colônias, o esforço para a conquista não valeria a pena.[192] O assassinato de Dollfuss também agiu como freio, e Mussolini declarou em agosto que a situação na Europa era muito incerta para que a Itália se voltasse para uma aventura na África.[193] Entretanto, agora estava evidente a relutância das democracias liberais em resistir com firmeza à Alemanha. Era um caso para se buscar uma conciliação, assim parecia. Para a Itália, não. Depois do assassinato de Dollfuss e quando as tropas italianas se deslocaram para Brenner, na imprensa inglesa, como era de se prever, o *The Scotsman* lembrou seus leitores que o "intratável" Mussolini já tinha atacado brutalmente Corfu. Em termos morais, concluiu o jornal, "não há como fazer uma escolha entre Itália e Alemanha"[194] e, portanto, a Itália não pode esperar algum tipo de apoio se acontecer um conflito com a Alemanha. Além disso, na cabeça de Mussolini e de seus colegas da liderança fascista, havia amplas razões para pensar que a situação europeia devia se deteriorar ainda mais, uma vez que a Alemanha nazista dava poucos sinais de moderar suas intenções revisionistas. Os anos de estabilidade tinham acabado, e se a Itália, a menos expressiva das grandes potências, esperasse algum tipo de recompensa, teria que agir de imediato e, muito provavelmente, de forma implacável. Em circunstâncias semelhantes em 1911, três anos antes da eclosão da Primeira Guerra Mundial, Giolitti tinha se apoderado da Líbia, satisfazendo uma antiga ambição italiana. Em 1935, quatro anos antes da Segunda Guerra Mundial, a Etiópia passava a ser o objetivo nacional.

Em 30 de dezembro de 1934, Mussolini expediu uma diretriz sobre a questão etíope. O primeiro parágrafo era bem claro:

> O problema das relações entre a Itália e a Abissínia passou recentemente para novo nível. Deixou de ser uma questão diplomática e agora é de emprego das armas. Um problema "histórico" precisa ser resolvido pelo único meio capaz de solucioná-lo, o emprego da força.

O Duce prosseguiu explicando que o imperador Haile Selassie tinha se saído melhor do que o esperado na organização do que se podia considerar um estado centralizado na Etiópia. Seu sucesso significava que "o tempo trabalha contra nós". Quanto mais a Itália esperasse, mais consistente seria a resistência etíope. "Portanto, devemos resolver a questão o mais rápido possível, ou seja, quando nossos preparativos puderem nos assegurar a vitória." "Tendo optado pela guerra, o objetivo só pode ser a destruição das Forças Armadas etíopes e a conquista total da Etiópia", prosseguiu Mussolini. "Não se constrói um império de outra forma." O procedimento da França com Abd el-Krim no Marrocos tinha indicado o caminho a seguir. Nessa ocasião, os franceses "tinham se aproveitado de um momento em que a Alemanha ainda estava desarmada, ou quase". A Itália precisava de uma Europa "tranquila", acreditando que poderia confiar em uma paz que persistisse até 1937, mas não após esse ano. As relações da Itália com a França, que tinham melhorado, permitiriam administrar as ambições alemãs na Áustria durante esse período. A Itália precisava construir urgentemente uma supremacia militar maciça e, "seguindo o modelo japonês, não será necessário declarar guerra. Podemos simplesmente argumentar que estamos agindo em nossa defesa". "Ninguém na Europa levantará dificuldades", alegou, "desde que a situação militar seja resolvida rapidamente." De qualquer forma, a Itália tem acordos negociados com a Inglaterra e a França a respeito da Etiópia e deixaria bem claro que não pensa em violar os interesses desses países. Algum problema com a Liga das Nações seria insignificante.[195] Acabou a longa espera da Itália para governar a Etiópia. Embora em grande parte reproduzindo a história da Itália e do leste da África, assim como refletindo o ambiente de então das relações internacionais, Mussolini tinha decidido desencadear a primeira de "suas" guerras.

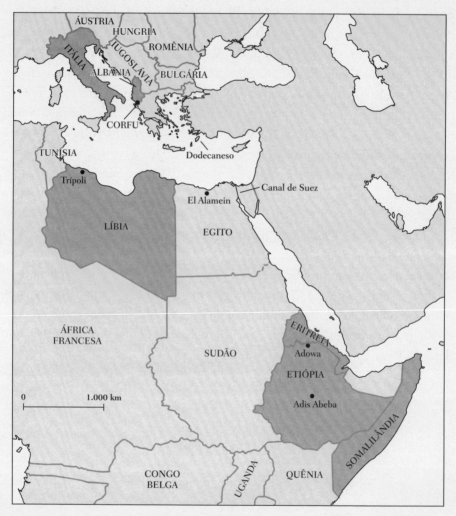

Mapa 3: O império fascista

13
Império na Etiópia, 1935-1936

No último parágrafo de sua diretriz de 30 de dezembro, Mussolini voltou sua atenção para a situação interna da Itália e a avaliação que fez da opinião do povo foi singular. "São os refugos do Velho Mundo", escreveu, "e temem o que chamam de aventura porque acham que a guerra vai acontecer na forma como imaginam. Mas estão errados", acrescentou, "e, de qualquer forma, nada significam política ou socialmente." Mesmo assim, era uma guerra para se apossar da "única região da África que não estava sob domínio europeu",[1] e seria, como explicou o Duce, de especial importância como oportunidade para a "nova geração" demonstrar sua superioridade perante os mais velhos e revelar o *élan* que tinham adquirido como filhos da revolução fascista. Aos olhos de um observador realista, o imperialismo na África poderia parecer coisa do passado, uma repetição no século XX de hábitos do liberalismo do século XIX. Não obstante, uma guerra travada sob a égide de um Duce fascista seria interpretada como nova e "fascista". Como logo foi possível perceber, seria uma guerra dos camisas negras. Como, então, estava se saindo a revolução fascista? Como Mussolini avaliava seu progresso e as perspectivas no começo de 1935? Qual tinha sido o resultado de sua política de "se aproximar do povo"? E o homem que escolhera, Achille Starace, como estava se portando como secretário do Partido? Os homens fascistas, com o apoio interno de mulheres fascistas, estavam dispostos a servir e triunfar como intrépidos legionários de um império fascista e das leais coortes de seu Duce?

Um assunto deliberadamente omitido em 30 de dezembro foi o orçamento para a guerra. Demonstrando entusiasmo, Mussolini recomendou o emprego de uma força esmagadora, envolvendo armamento, transporte e suprimentos para "pelo menos 300 mil homens", mas nem mesmo ventilou o custo do empreendimento. A fala oficial assegurava que o Duce era um gênio em economia, "tanto teórica quanto praticamente, uma combinação perfeita entre pensamento e ação".[2] Dizia-se que era o próprio "criador da economia", um "economista" em letras maiúsculas, único entre os estadistas de então com experiência na matéria e inigualável capacidade para administrar as finanças nacionais.[3] Em caráter privado, os subordinados a Mussolini mostravam menos convicção a propósito de tais alegações. Suvich foi um dos que lembrou que o Duce normalmente pouco se interessava por detalhes financeiros e econômicos, e no máximo, como acontecia com outros assuntos, apenas fazia algumas observações, mas sem definir claramente uma diretriz.[4] Entretanto, a divergência entre o que diziam e o que reconheciam como verdade não parece ter importância porque, depois da flutuação do valor da lira, o Duce de modo geral passou a aceitar os conselhos de seus tecnocratas e raramente interferia em suas atividades rotineiras.

Todavia, em meados dos anos 1930 a situação econômica voltou a ser importante pano de fundo para os eventos políticos porque, embora tardiamente, a Itália fascista estava sentindo os efeitos da Grande Depressão. As dificuldades começaram a aparecer em várias frentes. O mercado de ações perdeu um terço de seu valor entre 1929 e 1932.[5] O sistema bancário cambaleou e o ouro fugiu do país.[6] Produção e exportação caíram e o desemprego continuou perigosamente elevado em um regime que se gabava da atenção que dedicava a seus trabalhadores[7] — em 1935, os números oficiais acusavam mais de 750 mil desempregados.[8] Os salários reais caíram.[9] O turismo, mais importante dos bens imateriais da Itália, mostrava fraco desempenho, a despeito de o Vaticano ter promovido, entre a Páscoa de 1933 e a de 1934, um Ano Santo extremamente compensador sob o ponto de vista financeiro.[10] Remessas feitas por emigrantes, outro fator econômico que tradicionalmente ajudava a sustentar a economia nacional, diminuíram mais da metade entre 1929 e 1932.[11] Em termos relativos, o desempenho da Itália também foi ruim e sua participação na produção da Europa Ocidental declinou de 8,2% em 1929 para 8% em 1937[12] (de 1922 a 1938 o fascismo conseguiu uma taxa de crescimento de apenas 1,9% ao ano, abaixo dos 2,7% da Itália liberal entre 1897 e 1913. No período entre as guerras o país também não conseguiu igualar o desempenho da Inglaterra, 2,2%, da Alemanha, 3,8% e da Suécia, 4,1%).[13]

Mesmo submetido a uma avaliação generosa, o gerenciamento da economia por Mussolini não foi brilhante, justamente na época em que a situação internacional ameaçava impor à nação exigências sem precedentes (e realmente a partir de 1934 os gastos do país subiram em uma espiral,[14] a ponto de um tecnocrata comentar ironicamente que as finanças nacionais tinham entrado na "fase das medidas heroicas").[15] Mussolini deixara o destino da Itália nas mãos de dois tecnocratas, Guido Jung, figura singular, siciliano e judeu (foi ministro das Finanças de julho de 1932 a janeiro de 1935), e de Alberto Beneduce. Normalmente os deixava fazer seu trabalho sem interferir. Foi com a participação dos dois que, com aprovação de Mussolini, foi criado em janeiro de 1933 o *Istituto per la Ricostruzione Industriale* [Instituto de Reconstrução Industrial, IRI].[16] Essa organização, em tese "provisória" até 1937, quando Beneduce passou a ser seu presidente, resultou em considerável intromissão do Estado na economia, com os principais bancos e diversos outros interesses industriais sendo subsidiados pelo dinheiro público. O IRI foi o símbolo do que mais tarde ficou conhecido como política "autônoma", ou seja, a Itália voltando as costas para o comércio internacional e se propondo a desenvolver uma economia exclusivamente nacional (mesmo que a dependência do turismo e as remessas de dinheiro vindas de emigrantes contradissessem essa disposição). Em seus discursos, Mussolini definia essa independência como uma importante linha da então radicalizada revolução fascista.[17] No entanto, a maioria dos historiadores considera que o IRI, mesmo no fim dos anos 1930, continuou sendo manipulado por interesses privados e na verdade nunca se dispôs a ser instrumento de controle totalitário. Um analista concluiu sardonicamente que a independência econômica significava o controle sobre tudo, menos sobre os lucros.[18]

Em vez de alterar drasticamente a forma de funcionamento dos negócios, Mussolini preferiu, como fazia frequentemente, utilizar o controle e a "autoridade" de que dispunha pessoalmente para colecionar fofocas sobre a elite industrial e financeira. Seu secretariado colheu, por exemplo, a informação de que Giovanni Agnelli, da Fiat, tencionava impedir que o IRI se transformasse em instrumento para os ricos, como ele próprio, emprestarem dinheiro ao governo. Agnelli também manifestara preferência por fazer reserva em dólares e não em liras.[19] Informações sobre ceticismos e ambições, por sua vez, confirmaram a forma como habitualmente Mussolini via o mundo. Em 1937 ele assinalou que os quinze anos no cargo o tinham ensinado que "nossos financistas se desgastam tentando fraudar o Estado e impedir que alguém, a não ser eles próprios, ganhe dinheiro".[20] Essa indignada misantropia pode servir de consolo para quem fica repetindo para si mesmo (como faria qualquer outro fascista de verdade) que era um "subversivo nato",[21] mas isso não leva a nada. Agnelli, por exemplo, continuava sendo o verdadeiro chefão em Turim e nenhuma revolução fascista conseguira arranhar seu prestígio e poder.[22] Como admitiu Mussolini em momento de franqueza, em dezembro de 1934:

> Nenhum Estado é mais totalitário e autoritário do que o fascista. Nenhum Estado é mais cioso de sua soberania e seu prestígio. Porém, é precisamente por isso que o Estado fascista não sente necessidade de interferir em assuntos além de sua competência e estranhos à sua natureza.[23]

Embora nunca fosse declarada oficialmente, esta limitação ao pleno exercício do fascismo para conceder poder a grandes empresários e aos grandes financistas nunca foi devidamente compreendida durante o governo de Mussolini. O controle político poderia estar nas mãos do Duce, mas o poder econômico e social continuava difuso.

Deixando de lado a nata do setor financeiro, o estímulo ao crescimento industrial nos setores mais modernos da economia se ajustava surpreendentemente ao "corporativismo" populista que, de acordo com o que propalava a propaganda do regime, constituía o fundamento do governo fascista. Nas páginas de sua revista *Critica Fascista*, Bottai abriu caminho defendendo o apoio ao corporativismo. Tratava-se, como disse ele, de "uma revolução dentro da revolução". Era o que fazia a "revolução fascista perene, permanente e inesgotável".[24] Mussolini também evocava um corporativismo no presente e no futuro. Em novembro de 1933 chegou a anunciar a morte do capitalismo: "Hoje em dia se pode afirmar que a produção do sistema capitalista foi ultrapassada, assim como a teoria do liberalismo econômico que o tem orientado e defendido". "O corporativismo", prosseguiu Mussolini, "derrotou não somente o socialismo, mas igualmente o liberalismo, e está criando uma nova teoria." Por enquanto, a Itália precisava tolerar certos hábitos capitalistas anacrônicos, reconheceu. Afinal, ele não governava um Estado absolutista, mas um "país natural e humano, que deseja se manter ligado à realidade da vida". Não obstante, o corporativismo era a estrada que conduzia ao século XXI.[25] O Estado totalitário, que exige a existência de "um povo de moral elevada e competência intelectual", conseguiria "sepultar o liberalismo econômico".[26] Os empresários fascistas aprenderiam a se tornar "empresários companheiros".[27]

Como se quisesse demonstrar sua determinação para impor o controle do Estado sobre a economia, o regime fascista se comprometera a elaborar planos que assegurassem bem-estar e desenvolvimento. Seriam pontos que marcariam o governo de Mussolini e motivo para serem lembrados depois de 1945 por um público nem sempre ingrato.[28] Uma das mais elogiadas áreas da ação governamental foi o *dopolavoro*, ou seja, a organização que tratava de ocupações após o trabalho, voltada para atividades de lazer do trabalhador que valessem a pena, fossem saudáveis e, em teoria, garantissem maior identificação com o regime. O plano original não foi ideia do Duce, mas copiado de setores mais modernos do mundo americano de negócios.[29] O conceito foi adotado por Rossoni e seus amigos sindicalistas para comprovar seu compromisso com a melhoria do bem-estar dos trabalhadores e, portanto, que o fascismo continuava sendo a legítima "terceira via". A mais conhecida contribuição de Mussolini para o sistema foi a propaganda — as diversas formas do *dopolavoro*, como afirmou o Duce, estavam "entre as mais vitais e importantes instituições do regime" — e a atribuição de encargos administrativos.[30] Ele também conteve objetivos mais ambiciosos dos sindicalistas delegando ao moderado Turati, enquanto secretário do PNF, o controle específico do *dopolavoro*. Turati foi sutil ao desfazer o sonho sindicalista de dar à organização uma conotação socialmente radical.[31] Mesmo assim, o número de membros que aderiram às atividades de lazer do Partido cresceu rapidamente e 2.376 mil se inscreveram em 1935, o equivalente a cerca de 20% da força de trabalho da indústria e 7% do setor rural.[32]

O valor irrisório deste último percentual (como também, até certo ponto, a relativa carência de campos de esporte e outras estruturas essenciais em todo o sul do país) revelou mais uma contradição da revolução fascista. Um país que estava na iminência de ter que se envolver em uma guerra, que se proclamava absolutamente moderno diante dos "bárbaros" e "atrasados" etíopes, também era o país em que o Duce gostava de falar sobre a necessidade de "voltar às origens no campo". Os camponeses, ele costumava declarar, eram pessoas que "detestavam os que estufavam o peito, cheios de ideias complicadas na cabeça", filosóficas ou tecnológicas. Embora em seu regime todas as localidades dispusessem de "eletricidade, telefone, cinema, rádio e estradas condizentes",[33] os camponeses eram importantes para a nação e seu povo em razão de seu vigor natural e amor ao trabalho. A modernidade fascista podia não ser suficientemente "reacionária", mas, tal como os nazistas,[34] os fascistas, inclusive Mussolini, oscilavam entre o entusiasmo pelo progresso científico e as repetidas referências a um mundo rural que caminhava para o fim.

Os mais alardeados programas rurais foram os que se relacionavam com a dragagem do Pontino e outros pântanos, e com a implantação de um modelo de estabelecimento agrícola como o de Littori (hoje em dia Latina) ao sul de Roma, ou o Mussolínia, uma "cidade-jardim para os camponeses" da Sicília.[35] A propaganda do regime adorava declarar que os projetos tinham resultado de inspiração do Duce. Ele era o autor do slogan: "resgatar a terra, e com a terra, o homem, e com o homem, a raça"[36] — mas o verdadeiro idealizador foi Arrigo Serpieri, tecnocrata herdado do passado liberal.[37] Além disso, um estudo de caso envolvendo famílias do Vêneto transferidas para área na periferia de Roma concluíra que o negócio todo era uma "fraude", pelo menos para o homem do campo, que ao se mudar para o Sul nem prosperou nem viu reduzidas as incertezas da vida rural.[38] Relatórios sobre uma campanha desenvolvida simultaneamente, a batalha contra a malária, chegou a conclusões semelhantes. Iniciado pelos liberais, o esforço desenvolvido após 1922 para eliminar o mal que castigava a área rural obteve sucesso apenas episódico porque o processo agia de cima para baixo e de forma autoritária, sendo manipulado com facilidade para favorecer as pessoas mais ricas do local, embora fosse confuso e oneroso para os realmente afetados pela doença. De qualquer modo, depois de 1935, quando o regime teve que pagar o preço de aventuras no exterior, os gastos com assistência médica foram imediatamente reduzidos.[39] Em consequência dos cortes de despesas e da guerra que envolveu a península italiana, em 1945 a malária reapareceu na maior parte das regiões de onde o regime alegava tê-la erradicado.

Em resumo, com toda essa conversa sobre retorno à terra (e apesar dos esforços de Rachele para se afirmar como proprietária científica e moderna na *Villa Carpena*), o Duce fracassou na tentativa de superar o tradicional abismo em riqueza, influência, prestígio e competência que havia entre a cidade e o campo. Nas regiões mais remotas, a vida continuou tão árdua quanto antes, como se o fraco e distante governo em Roma fosse irrelevante para a vida em geral.[40] Tal como tinham feito seus pais em 1915, os camponeses das montanhas do Piemonte achavam que tinham entrado no paraíso quando foram convocados em 1935 porque, afinal, as rações militares incluíam carne.[41] No Norte, nos Alpes, os que ficaram em casa disseram na década de 1970 a alguém que os entrevistou: "O fascismo não nos trouxe benefícios e tampouco prejuízos. Foi como se nunca tivesse existido".[42]

O principal agente da atividade — ou inatividade — do governo durante a ditadura foi, como quase sempre aconteceu, a burocracia estatal do Partido Fascista. A própria atitude de Mussolini em relação aos funcionários da administração pública oscilava. Podia ser hostil, declarando que um dos mais importantes objetivos do regime era acabar com o Estado liberal corrupto, ineficiente e fraco, o substituindo por outro mais ágil e comprometido com o pensamento fascista. Em 1928 anunciou que "o regime deve solucionar de uma vez por todas o problema da burocracia",[43] e dez anos mais tarde voltou a insinuar que pessoalmente era "por definição, contrário à burocracia".[44] Entretanto, quando Alberto de' Stefani, um economista confuso, apareceu com um plano para uma drástica mudança nos critérios de seleção e nos métodos de trabalho da burocracia, Mussolini lhe disse que não tinha sensibilidade política. O regime fascista não poderia, explicou o Duce, correr o risco de alienar a classe média do Sul do país. onde a "fome por intelectuais" era "a mais difícil de aplacar".[45] Com frequência cada vez maior, Mussolini voltava às suas antigas teses, louvando o conhecimento, a eficiência e a probidade de seus burocratas, superiores a seus correspondentes em outros países. "No grande exército da burocracia italiana", asseverou, "são raras as ovelhas negras."[46] Os funcionários não precisam ser submetidos a drásticas alterações em seus hábitos e em sua mentalidade. À medida que os anos 1930 se passavam, e principalmente por causa da autonomia de que dispunham, multiplicou-se o grupo de semiestatais, cujos funcionários podiam afirmar mais prontamente que se dedicavam à revolução com mais empenho do que os estritamente profissionais. De acordo com um historiador que estudou os servidores da administração pública, de modo geral a mistura de políticas e atitudes fascistas não promoveu a depuração nem a modernização do aparelho burocrático. Ao contrário, serviu para deixá-lo "confuso, abatido e preconceituoso", acreditando melancolicamente que sua missão era aplicar regras em um mundo onde elas na verdade não existiam.[47]

Em certa ocasião Farinacci comentou que Mussolini gostava de bajular os "professores": "Eu os levo até a porta, mas você se ajoelha diante deles. Os professores o matam e você ainda agradece". "Quem", prosseguiu o *ras* de Cremona com sua habitual fanfarronice, "se importa com a cultura fascista?"[48] O objetivo dessas palavras era irritar e perturbar o homem que dava valor a seu título "professor Mussolini". O Duce nunca deixou de se exibir abordando temas filosóficos. Na verdade, quase deu a entender que gostaria de ter uma contemplativa vida acadêmica, quando disse para um admirador: "Quem realmente se dedica a estudar deve evitar fazer muitos negócios com os homens comuns".[49] Apesar da agenda sempre carregada pelos compromissos políticos, ele adorava demonstrar seu conhecimento sobre Platão, Kant, Nietzsche, Emerson, William James[50] e Maquiavel, embora vez ou outra salientasse o quanto admirava suas obras com um conselho mais pé no chão: "Hoje em dia, a filosofia devia ser praticada ao longo da vida diária".[51]

Não há dúvida de que foram anos em que se exaltava os cuidados fascistas com a educação. Em 1936 a doutrina fascista passou a ser matéria obrigatória em todos os cursos de filosofia.[52] Nessa época, dizia-se obsessivamente para os italianos que a mente de Mussolini podia se igualar à dos maiores sábios do passado.[53] Como assinalou um admirador, embora com certa dose de opacidade: "seu pensamento se chamava Itália".[54] Outro observador mais simplório afirmou que, embora não tivesse escrito obra alguma sobre pedagogia, o Duce era o mais destacado pedagogo.[55] Outro mais exagerado insistiu que Mussolini possuía a competência de Leonardo da Vinci, atributo que demonstrava sobretudo com suas ideias a respeito do corporativismo.[56] Louvações à sua superioridade eram uma coisa, mas não era intenção do fascismo administrar um mercado livre da inteligência. Em outubro de 1931 os professores universitários tinham sido obrigados a jurar obediência ao regime (apenas uns poucos se recusaram). Em 1933 os novos professores dos níveis secundário e terciário foram compelidos a aderir ao Partido e no ano seguinte foi expedido decreto exigindo que os professores usassem o uniforme de alguma instituição fascista em eventos oficiais. Estudantes universitários deviam se matricular na *Gioventù Universitaria Fascista* [Juventude Fascista Universitária], como forma de iniciar uma carreira e para desfrutar as consequentes vantagens de então, que incluíam diversas atividades esportivas,[57] meia-entrada em todos os cinemas e, se o membro integrasse a milícia correspondente, a isenção imediata do serviço militar e três meses de redução nas exigências decorrentes de uma convocação.[58] De Vecchi, ministro da Educação de janeiro de 1935 a novembro de 1936, fez comentários a respeito do *bonifica* [resgate] da cultura realizado pelo fascismo,[59] usando a mesma metáfora utilizada por ocasião dos projetos de recuperação de terras nos pântanos Pontine.

Mais orientada para as massas e organizada desde 1934 como uma Subsecretaria de Imprensa, Propaganda e Turismo, a cultura geral foi elevada ao nível de ministério em junho de 1935 e nas duas oportunidades foi entregue a Galeazzo Ciano (até o verão de 1936). Em maio de 1937 essa estrutura foi ampliada e passou a ser o Minculpop (Ministério da Cultura Popular).[60] Os slogans, empregados extensivamente na década de 1920, voltaram a ser usados, e até Mussolini, em maio de 1932, lançou a frase *meglio vivere un giorno da leone che cento anni da pecora* [melhor viver um dia como leão do que cem anos como uma ovelha], afirmando que no passado essa frase fora uma senha (embora muito longa) na Batalha do Piave em 1918.[61] Consta que o slogan mais amplamente conhecido — *credere, obbedire, combattere* [acreditar, obedecer, lutar] — foi criação de Starace, mas o Duce dele se apropriou quando, em 1932, declarou: "O Partido Fascista é um exército, ou, se preferir, uma ordem. Só pode fazer parte dele quem estiver disposto a servir e obedecer".[62]

Também se batia na tecla de que o fascismo devia inspirar a juventude, que seria capaz de renová-lo. Os dois filhos mais velhos de Mussolini fizeram dezoito anos em 1934 e 1936. No *Decennale*, Mussolini falara na necessidade de "na segunda década do fascismo abrirmos espaço para os jovens. Precisamos dos jovens", repetia, "para empunharem nossa tocha, alimentarem nossa fé, ficarem alertas e comprometidos com nossas obras".[63] Para apoiar essa doutrinação havia diversas organizações paramilitares do regime. Uma delas era o mais elitista Colégio da Mística Fascista, sediado em Milão a partir de 1930 e com a evidente vantagem de ter como seu primeiro presidente Vito Mussolini, o filho sobrevivente de Arnaldo.[64] O historiador que tratou dessa organização concluiu que exerceu influência "relativamente pequena" sobre a população em geral.[65] Quase sempre era fácil identificar contradições na política cultural do regime. Uma área em que isso obviamente ocorria era a do cinema, forma de comunicação cada vez mais popular, como ficava demonstrado no hábito do Duce de ver filmes todas as noites (embora os filmes americanos que ele adorava começassem a ser oficialmente depreciados).[66] Em 1938, foram vendidos 343 milhões de tíquetes para os apreciadores italianos de cinema. Com a guerra, esse total subiu para 469 milhões em 1942.[67] Durante a segunda metade dos anos 1930, Vittorio, da família de Mussolini, tentou fazer carreira por conta própria na indústria e passou a liderar os ricos e aristocratas, ainda que de má fama, que promoviam o cinema nacional. Entre os líderes fascistas, Bottai era o mais entusiasmado com os filmes, antecipando, já em 1926, que se tornaria "a mais fascista" de todas as artes.[68] Entretanto, relutava em implantar um controle total, assinalando que o público ia ao cinema para se distrair e que eles, fascistas, seriam repudiados se fossem imprudentes e tentassem usá-lo para propaganda.[69]

A crise econômica e as limitadas opções políticas durante a década de 1930 aos poucos levaram a controles estatais mais rígidos (e maior esforço do Vaticano para impor sua própria censura), mas a Itália fascista nunca se intrometeu, como aconteceu na Alemanha nazista, na produção e distribuição de filmes. Em 1936, voltando ao país depois de uma viagem internacional, Vittorio Mussolini aconselhou o que muitos antigos figurões da indústria cinematográfica já vinham pregando, que a Itália devia evitar "a mão pesada" dos métodos alemães e, ao contrário, optar pela "virtuosidade técnica e a narrativa fluida à moda de Hollywood".[70] Mussolini, com seus velhos desejos nunca totalmente satisfeitos e querendo compreender o amplo mundo que existia além de Predappio (ou Roma), demonstrava vontade de poder ver filmes estrangeiros, desde que expressassem alguma coisa sobre hábitos sociais de outros países.[71] Por natureza, ele também era um censor rigoroso.

Na década de 1990, uma especialista em assuntos culturais sugeriu que tinha sido a "cultura totalitária original" do fascismo que levara Mussolini e seu regime a "descarregar sua energia no solo africano" em 1935.[72] "O espetáculo do fascismo destilava guerra e prognosticava o desfecho imperialista dos objetivos do Estado",[73] conclui a autora do trabalho. Em imagem menos forçada e mais aceitável, Emilio Gentile declarou que nos anos 1930 "o povo e a nação estavam enredados em uma densa rede de símbolos".[74] Foram eles, se pode perguntar — ou mais adequadamente se perguntaria a um biógrafo — que compeliram Mussolini, em função do cargo que ocupava, a adotar uma iniciativa imperialista, fosse ou não programada pela cultura fascista? Invadiria a Etiópia não tanto para reverenciar professores de filosofia, mas para satisfazer as ambições quase insuportavelmente intensificadas pelas massas influenciadas por uma cultura fascista militante? Afinal, a propaganda do regime afirmava ousadamente: "O Duce guia seu povo totalitário (para a guerra) com irresistível entusiasmo interior, praticamente explodindo em uma expansão colonial".[75]

Claro que as palavras sempre importam até certo ponto, mas o meio-termo não era a única posição na Itália fascista. Mesmo nos campos da cultura e da propaganda nem tudo era como parecia. As ideias de patrocinador e cliente, por exemplo, não tinham sido expurgadas do pensamento dos italianos, apesar de estar no ar a mística nacional e, mais adiante, a de unidade racial. Realmente, os anos 1930 foram uma década de oportunidades para os que costumavam ser chamados "empresários culturais do Estado",[76] em outras palavras, os homens que conquistaram por esforço próprio a chance de distribuir as benesses do Estado para atores e artistas em geral. Ao que parece, as premissas por trás desse papel pouco mudaram em face das pretensões fascistas de impor uma nova moralidade. Por exemplo, em 1934 Mussolini recebeu um relatório policial sobre o sempre inconveniente compositor Pietro Mascagni, que gostava de se ver como corajoso líder da indústria musical do país. Tinham ouvido Mascagni explicando que se tornara fascista voluntariamente por causa do incentivo espiritual que recebera de "um homem que amo e sempre amarei". Entretanto, qual o sentido dessa vassalagem ao Duce?, nos perguntamos. Em Cremona, por exemplo, todos os espetáculos musicais eram controlados por Farinacci, que estava cometendo a imprudência de comemorar o aniversário de Amilcare Ponchielli com a exibição da *Carmen*, de Bizet. "Uma obra estrangeira para homenagear um maestro italianíssimo? E ninguém protesta! Meu Deus, que vergonha. E eu, aluno de Ponchielli, fora da cerimônia!"[77] Ao ler essas frases, Mussolini teve mais uma oportunidade para constatar que vaidade, oportunismo e ganância — imperfeições humanas, não há dúvida — não tinham sido varridas pela revolução cultural fascista. Não obstante, como que para provar a complacência do líder, embora de má vontade, em outubro de 1934 Mussolini se dispôs a, pela primeira vez em uma década, visitar Cremona.[78]

Será que durante os jantares em casa o Duce ouvia as mesmas conversas sobre imperfeições humanas? Sabe-se que Vittorio Mussolini disse a um colega adolescente que tentava, com a esperança e ambição da juventude, encontrar o caminho para uma radical transformação social que planejava para ser adotada pelo "fascismo": "É inútil. O fascismo não passa de um *bluff*. Papai não conseguiu fazer nada do que queria. Os italianos são fascistas por covardia e não dão a mínima bola para a revolução".[79] Não há dúvida de que Vittorio estava de certa forma exagerando e expondo ideias de revolta filial e tentando se exibir diante de amigos, tal como faziam outros adolescentes. Todavia, o evidente sentimento natural e de família, a masculinidade (embora suas palavras indicassem que em casa Vittorio ouvia mais a mãe do que o pai) e o esforço para se destacar usando em suas conversas palavras em inglês mostram que Vittorio Mussolini era mais um italiano que não submetera sua mente à limpeza totalitária.

Uma geração atrás, De Felice especulara se teriam sido os problemas domésticos que levaram Mussolini a atacar a Etiópia. Em sua opinião, foram as falhas internas do fascismo, e não os sucessos, sua maior força propulsora. Contudo, basicamente, afirma De Felice, a Etiópia foi um evento externo em um contexto fundamental da política exterior e colonial do fascismo e da Itália.[80] Uma "mordida italiana na África" na verdade não fazia parte da revolução cultural fascista. Na opinião de De Felice, o detalhamento dos parágrafos da diretriz de 30 de dezembro de 1934 sobre a situação internacional foi a verdadeira chave para ter sido planejada a guerra na Etiópia. Convencer a nação a aceitar o conflito pode ter sido a consequência natural e entusiasmada do exercício de influência. Porém, revendo os eventos de 1935, a história da política exterior não deveria ter se submetido em todas as frentes à história da propaganda.

Todavia, antes de abordar a crise internacional, vale a pena levantar uma questão. Uma guerra imperialista entre uma potência metropolitana e povos colonizados, ainda que apenas parcialmente concentrados em um moderno "Estado-Nação" sob a chefia de Haile Selassie, era radicalmente diferente do conflito racial nazista. Em grande parte, Mussolini buscava no leste da África apenas "Glória, Deus e Fortuna", tal como seus antecessores em outros países europeus, em um mundo que em séculos anteriores ia além de seu continente. A ênfase na demografia,[81] que permitiria aos italianos colonizar as terras altas etíopes, servia, naquela época, para dar uma conotação de modernidade. Entretanto, a campanha de 1935-1936 não guardava semelhança com a guerra mundial ou europeia lançada em larga escala pelos nazistas somente em 1941. Foi quando os alemães quiseram conquistar o *Lebensraum* (espaço vital) contíguo ao Estado-Nação já existente, resgatando o "sangue" germânico radicado no leste e, ao mesmo tempo, exterminando judeus, eslavos e comunistas. Os italianos queriam somente pintar o mapa de verde (ou com a cor que os geógrafos quisessem assinalar o império fascista). Em 1935 os espíritos de Baden-Powell, de Teddy Roosevelt e do Marechal Lyautey eram tão poderosos para a motivação das forças italianas quanto o de Adolf Hitler.

Existirá outra comparação que faça mais sentido quando se examina o contexto em que Mussolini governava? E o que dizer do ataque do liberal Giolitti à Líbia otomana em 1911-1912? Nessa ocasião a campanha italiana foi muito criticada nas chancelarias europeias e pelos "melhores e mais esclarecidos órgãos" da imprensa inglesa, que a consideraram "imoral". Não obstante, Giolitti não perdeu tempo tentando fazer concessões. Enviou tropas para Trípoli antes mesmo de declarar guerra à Turquia (e acabou se valendo de uma questão bombasticamente discutida para justificar o ataque). Tão logo suas forças desembarcaram no território, rapidamente decretou sua anexação ao país. Depois de assumir essa posição independente, Giolitti se manteve firme diante de outros tímidos companheiros de seu governo que achavam que ele tinha ido longe demais.[82] Sob diversos ângulos se poderia argumentar que em 1911-1912 Giolitti tinha revelado mais disposição e visão em suas decisões do que o Duce fascista, exceto quando o primeiro-ministro liberal buscou a vitória não tanto no campo de batalha (não se esforçou para ocultar sua opinião de que os soldados eram uns idiotas) ou no campo das relações públicas, quanto nas mesas da diplomacia. Sua Itália acabou triunfando depois que o frágil império turco ficou destroçado com a eclosão das guerras nos Balcãs, até certo ponto graças ao apoio militar e financeiro prestado pela Itália aos "terroristas", ou nacionalistas, sérvios, gregos, búlgaros e romenos, iniciando a perversa "limpeza étnica" nos Balcãs. Ao conquistar novas terras para o império, claro que Mussolini não relacionaria essa realização com a dos liberais "antifascistas", que faziam o tipo de política ineficaz e corrompida que o fascismo jogara na lata de lixo da história. Porém, para dizer a verdade, a guerra italiana de 1935-1936 teve muito em comum com a guerra italiana de 1911-1912.

Mussolini começou o novo ano se esforçando para prevalecer nas mesas de discussão da diplomacia. A campanha na Etiópia poderia ser vencida, esperava ele, sem provocar o afastamento das "potências de Locarno" e de antigos aliados em outras guerras, como a Inglaterra e a França. No princípio de janeiro Pierre Laval, ministro do Exterior francês, foi a Roma. Por ocasião de um brinde com espumante (o Duce bebeu apenas um gole), Mussolini saudou a visita como "indício concreto de reaproximação", então evidente entre as duas nações. Laval respondeu com mais cautela, declarando que "todos que são impulsionados por um ideal de paz hoje em dia voltam seus olhos para Roma".[83] Ao longo de toda a década anterior as relações ítalo-francesas tinham sido muitas vezes tensas, e logo voltariam a ser,[84] mas Mussolini e seus assessores diplomáticos afirmavam que não tinham passado de simples divergências superficiais. O ativismo da Alemanha nazista estava atuante como nunca fora antes de 1933, e a ameaça de *Anschluss* e de outras perturbações revisionistas significavam que a Itália e a França deviam perdoar e esquecer seus atritos do passado, assim como acontecimentos dramáticos como o recente assassinato de Barthou (um ministro do Exterior que realmente via a Itália com simpatia).

Fiéis a suas palavras, Mussolini e Laval não tiveram dificuldade para chegar a um acordo em uma série de assuntos, inclusive a delicada e recorrente questão envolvendo a Tunísia, e Mussolini teve o cuidado de assegurar a seu colega francês que a Itália tinha encerrado sua interferência. Foi comentado o rearmamento alemão e Mussolini observou, com sua habitual preferência por dizer claramente o que outros preferiam não verbalizar: "Não podemos voltar atrás. Existe uma única maneira de acabar como o rearmamento, a via material, por meio de uma guerra".[85] De acordo com as atas italianas, nas discussões de 5 e 6 de janeiro Mussolini levantou a questão do *désistement* francês pela Etiópia e nessa ocasião fez questão de prometer que, nessa e em futuras oportunidades, a ação italiana não conflitaria com os interesses franceses. O comunicado final, pelo menos conforme o que Mussolini anunciou no *Il Popolo d'Italia*, foi bastante claro: "A amizade deve ser perpetuada nos protocolos diplomáticos, mas deve ser atuante na vida real". "O crucial novo ano", prosseguiu, "começa com os promissores acordos franco-italianos."[86] Mussolini acreditava ter assegurado apoio ao que seria quase uma aliança com a França,[87] mas por trás disso estava sua intenção de contar com a aprovação francesa para uma investida na África Oriental. Confirmando esta interpretação está o fato de durante os meses seguintes ter encorajado Badoglio a intensificar cada vez mais o intercâmbio militar com os franceses, indicando claramente que aprovava a ideia de um amplo pacto militar antigermânico.[88] Simultaneamente liberou 60 milhões de liras para setores mais venais da imprensa francesa, na esperança de assim conseguir uma opinião pública que apoiasse a pretensão italiana.[89]

E quanto à Inglaterra? Ao contrário da França, durante o regime fascista imperava com esse país uma "amizade tradicional" e sem maiores problemas. Mas Mussolini sentia-se inseguro.[90] Assim, passou a adotar uma política de panos quentes que, como sabemos hoje em dia, deve ser vista como a grande responsável pelo afastamento de um aliado de longa data e pela virada da Itália rumo a seu destino de "infame subordinada" da Alemanha durante a guerra. Os ingleses também têm uma parcela de responsabilidade pelo estremecimento das relações anglo-italianas. Embora passassem a maior parte dos anos 1935 e 1936 alardeando as virtudes da Liga das Nações, no fundo muitos tories, que na época dominavam o assim chamado governo nacional, como também os diplomatas do Foreign Office,[91] tanto quanto Mussolini não gostavam do "genebrismo". Ademais, ao contrário da crença na segurança coletiva que alegavam, os ingleses estavam começando a adotar uma política unilateral de conciliação com a Alemanha, atitude que, aos olhos da Itália, parecia uma combinação de *realpolitik*, fraqueza e hipocrisia. A Inglaterra recuaria quando novamente a Alemanha usasse a *Anschluss*?

Provavelmente. Afinal, o que significavam a visita do ministro do Exterior John Simon a Hitler em março de 1935, o acordo anglo-germânico naval de junho de 1935 e a aceitação pela Inglaterra da remilitarização da Renânia pelos alemães em março de 1936? Se estivesse próxima uma negociação com a Alemanha para rever os termos do Tratado de Versalhes, por que a Inglaterra não poderia conceder à pobre Itália, por exemplo, algo como a Etiópia, "na verdade" apenas mais uma fatia da África, uma migalha de um império em que o sol nunca se punha? Acontece, porém, que um conflito total com a Inglaterra seria um sério problema. Como disseram as autoridades navais a Mussolini em março de 1935, isso significaria que a Itália se tornaria uma potência "marginal", e não mais faria parte da Entente, que dirigia a Europa.[92] Uma guerra na África poderia ser um salto fascista no escuro, que só poderia encontrar apoio em Berlim.

As perguntas surgiam e as respostas eram bem conhecidas, mas não ventiladas abertamente. Era, sem dúvida, a prova de que Mussolini sabia que, insistindo na aventura na Etiópia, estaria correndo alto risco. A falta de um planejamento detalhado também comprovava a inconveniência e o perigo de um processo decisório (ou para não decidir) de natureza carismática. Em 1935 havia muitos pontos cruciais muito mal avaliados e não existia mecanismo para apreciá-los com mais profundidade. O Grande Conselho não foi consultado, os ministros não cooperavam entre si[93] e se evitava qualquer ideia de sintonizar os processos político e militar. Enquanto isso, o rei se limitava a ser apenas um espectador e continuava calado, sem deixar transparecer a forma sombria como vira o "ímpeto" do Duce durante a crise.[94] Falava-se que Margherita Sarfatti estava tentando conter seu antigo amante, mas a influência que exercia, sexual e intelectual, havia muito tempo se dissipara.[95] O tal "plano" de guerra então elaborado foi entregue a Mussolini e a seu homem entendido no assunto, o complicado sujeito de barba branca, meio soldado e meio fascista, Emilio De Bono.[96] Em nenhum momento houve uma previsão pormenorizada sobre o que fazer com o território a ser conquistado, não importa o que acontecesse[97] (a esse respeito Giolitti tinha sido igualmente reticente em 1911-1912).

Um exemplo da linha de conduta e do método do Duce pode ser identificado em um telegrama que enviou em 25 de janeiro para seu embaixador em Londres e para seu frequente interlocutor na elaboração de políticas, o mefistofélico Dino Grandi. Mussolini assegurou a Grandi que os franceses tinham aprovado a intenção italiana de "solucionar o problema etíope pela via radical, fosse impondo um governo direto, fosse por meio de alguma outra forma indicada pela evolução dos acontecimentos". Era hora, escreveu o Duce, de sondar mais diretamente os ingleses a respeito desse assunto. Logicamente Simon não ficaria a par de todo o planejamento militar italiano, mas saberia o suficiente sobre o provável futuro, para que para seu país não tentasse "bloquear" a Itália e, ao contrário, manifestasse sua "simpatia". Simon, alertou Mussolini, deveria ser informado que a intransigência da Etiópia impediria uma solução moderada e forçaria a Itália a agir de "forma efetiva, no interesse geral e em nosso próprio interesse".[98]

Grandi logo informou a Roma sobre seus esforços para induzir Simon e seus auxiliares a reconhecerem a verdade dos fatos e garantirem que ninguém ousaria se pronunciar em contrário. Será que Simon entendeu a mensagem que Grandi tentou transmitir sobre a diferença entre uma nação europeia civilizada e um país africano bárbaro?[99] Será que ficou impressionado quando Laval apareceu em Londres para receber Grandi com a saudação fascista quando se encontraram em um jantar no Savoy e o ouviu dizer que ficara maravilhado durante seus dias com Mussolini em Roma?[100] Lamentavelmente a única resposta plausível era não. "Esses ingleses imbecis", escreveu Grandi com palavras destinadas a agradar seu chefe e que não estavam longe de realidade. Os ingleses estavam ao mesmo tempo satisfazendo os caprichos de seus eleitores e marchando para Berlim. "Sua política é tão difícil de definir quanto seu 'fog'", comentou.[101] Eram notícias agourentas, mas não desencorajaram o Duce. Em 8 de março Mussolini disse a De Bono, que estava na Eritreia organizando o desembarque de homens e equipamentos, que devia ficar em condições de comandar uma força invasora de 300 mil homens em setembro ou outubro daquele ano.[102]

Em abril surgiu a última oportunidade para preservar uma frente anglo-franco-italiana. Entre 11 e 13 de abril Mussolini devia se reunir com Laval, Simon e os primeiros-ministros inglês e francês, Pierre-Étienne Flandin e James Ramsay MacDonald na encantadora região de Villa Borromeo, em Stresa.[103] Em seu jornal Mussolini tentou mais uma vez dar ao evento o tom de seus próprios termos e apresentou uma pequena agenda. Era necessário:

> 1- Definir o que representa a Alemanha; 2 - A França deve levar em conta a amizade italiana; 3 - A Inglaterra deve rapidamente absorver o estado de espírito da Europa continental.[104]

A despeito do tempo primaveril, a neblina não se dissipou em Stresa. A resolução final da reunião de estadistas defendeu a paz e um compromisso com a Liga das Nações, e Mussolini a assinou com os demais. Mais tarde, alegou que inserira a expressão "na Europa" na sentença sobre apoio à segurança coletiva e que o fizera em um piscar de olhos e com a clara intenção de que essa louvável prática não vigorasse para a "África".[105] Todavia, mais uma vez os ingleses se fizeram de desentendidos.[106] Diante dessa premeditada indiferença a suas necessidades e intenções, Mussolini foi ficando irritado, a ponto de preocupar seus mais cautelosos assessores, como Suvich e Guariglia.[107] Em 18 de maio o Duce telegrafou para De Bono informando que a França estava agindo "com correção, embora com reservas", e que a Inglaterra estava "inquieta". Não obstante, declarou, pensava em prosseguir "a qualquer custo, mesmo que redundasse em rompimento com a Inglaterra e na hipótese extrema de guerra contra esse país".[108] De Bono devia estar pronto "em outubro", com estoques de suprimentos para três anos e planos inclusive para a possibilidade de o canal de Suez ser bloqueado.

As palavras eram drásticas, mas deveriam ser tomadas ao pé da letra? Afinal, Mussolini estava tentando obrigar o nem sempre eficiente De Bono a agir. Teria o Duce realmente decidido, sem qualquer possibilidade de voltar atrás, concretizar sua intenção de conquistar toda a Etiópia por meio de uma ação militar? Historiadores convencidos de sua "astúcia" maldosa (convém lembrar a retidão moral de suas próprias sociedades)[109] respondem que sim, era isso que se devia esperar de um "terrorista" fascista. Mussolini certamente fez parecer que apenas a guerra poderia contentá-lo. Insatisfeito com a reunião de Stresa, instruiu Grandi para dizer a Simon que não havia como a Itália aceitar a arbitragem de Genebra na questão da Etiópia e deixar bem claro que "continuamos com a firme intenção de não permitir que os interesses coloniais da Itália sejam contrariados por fatores externos".[110] Em discurso na Câmara dos Deputados, alertou o governo francês para não esperar que a Itália "permanecesse imóvel como uma pedra" em Brenner e se esquecesse do resto do mundo.[111] Internamente, a máquina da propaganda do fascismo trabalhou arduamente para demonizar os etíopes e exaltar a cobiça italiana por um império, referindo-se repetidamente às humilhações sofridas no passado e à necessidade de vingá-las.[112] O fascismo estava fazendo tudo que podia para mostrar a si mesmo, à Inglaterra e ao mundo que a guerra fascista na África seria terrível.[113]

Porém, ainda há razões para questionar essa noção de que Mussolini queria provocar uma guerra a qualquer custo. No fim das contas, os esforços para acalmar o Duce e o país foram muito débeis. Em 1935, a precária posição da Itália como potência, à beira do *banimento* (termo empregado por Mussolini mais de uma vez) do convívio da liga das grandes potências, nunca fora tão evidente. Da Áustria, o serviço secreto informara que naquele país os italianos eram, de modo geral, odiados e que o futuro do apoio italiano ao regime de Viena parecia sombrio.[114] O cenário geral era desanimador. Como declarou um diplomata americano, embora a generalização do conceito deva ser atribuída à Inglaterra: a "aventura" de Mussolini na Etiópia foi "encarada como mero detalhe", enquanto a Alemanha "continuava sendo a chave para toda a situação europeia".[115] O general francês Maurice Gamelin achava o mesmo: "Para nós a Itália é importante, mas a Inglaterra é essencial".[116] A estrutura das relações internacionais, ameaçada por causa da atuação dos nazistas em Berlim, simplesmente se recusou a adotar o modelo destinado a beneficiar a Itália e satisfazer Mussolini. Em junho de 1935, foi tomada uma iniciativa para acalmar o ditador fascista, embora realmente ridícula.

O encarregado da negociação foi Anthony Eden, o elegante, jovem e ambicioso, embora petulante, embaixador inglês junto à Liga das Nações, posto recentemente criado e que provavelmente não foi aplaudido em Roma. A proposta consistia em uma troca de território, em que a Itália ficaria com as terras no deserto de Ogaden, e a Etiópia teria uma saída para o mar em Zeila, na Somália Britânica.[117] Tinha certa relação com um plano ventilado em 1913 para uma expansão do controle italiano, inglês e francês na região,[118] embora reduzindo os benefícios para os italianos. Quando expôs o plano, Eden se viu diante de um Duce inflamado. Analisando hoje em dia, a reação do ditador italiano não chega a surpreender,[119] mas Eden não fora preparado para lidar com a situação. Com premeditada intransigência, Mussolini confirmou que, se a questão era preservar a paz, a Itália exigia todo o território não amárico ocupado pelo império etíope ao longo do século anterior, além do "controle *de facto* do núcleo restante". Se era para haver guerra, anunciou brutalmente, "isso significaria a total eliminação da Etiópia do mapa".[120] O Duce prosseguiu afirmando, enquanto acenava com um papel com as estatísticas, que a Itália já contava com 680 mil homens armados e que mais um milhão logo estaria à sua disposição.[121] Não disse, e talvez não tivesse notado, que entre seus documentos estava uma nota de Renzetti que acabara de se reunir privadamente com Hitler. O Führer manifestara sua confiança em que as relações ítalo-germânicas recuperariam seu antigo vigor. Afirmou que Hitler tinha dito que nunca pensara em anexar a Áustria.[122]

Na briga envolvendo a Itália, a Inglaterra e a Liga, não havia como voltar atrás. A imprensa inglesa manifestou sua revolta diante dos acontecimentos e o jornal *The Times* argumentou que "a questão da paz e o futuro da Liga estão em jogo".[123] Grandi garantiu a Mussolini que Eden acabaria sendo obrigado a recuar depois da "chinelada" que o Duce lhe dera em Roma.[124] Entretanto, a crise foi se agravando à medida que o verão se escoava e, indiferente à sua imagem internacional, Mussolini se manteve ostensivamente firme.

Com sua aguda sensibilidade, Eden ficou com a impressão de que Mussolini era "um gângster completo", um "Anticristo",[125] imagem que nunca esqueceu e, em 1956, transferiu para outro intransigente personagem "mediterrâneo", Gamal Abdel Nasser.[126] De modo geral, a iminência da guerra na Etiópia e sua concretização encerraram o caso de amor entre os jornalistas estrangeiros e Mussolini (se é que algum dia realmente existiu). No passado, um cargo em Roma era muito desejado, e o gabinete de Mussolini vivia cercado por estrangeiros querendo entrevistas.[127] Agora, alguns jornalistas mais críticos estavam sendo sumariamente expulsos,[128] e os editores descobriram um ótimo mercado para livros que "expunham" os pecados do fascismo. Entre as diversas obras, uma com título mais atraente e de mais duradoura influência foi *Sawdust Caesar*,* de George Seldes. O tema do trabalho era audacioso: "Ditadores reacionários não têm ética, nem um ideal realmente humanitário tampouco um programa econômico de algum valor para suas nações ou para o mundo".[129] Eram, acima de tudo, "gângsteres".[130] Líderes políticos estrangeiros tinham a tendência de ver os italianos como indignos e insignificantes. Naqueles dias, a imagem que em geral se fazia de Mussolini era a de um criminoso barbado, o mais e o menos conciliador dos ditadores. No *Evening Star* de Londres, David Low havia bastante tempo usava em suas caricaturas um terrier de nome Musso latindo, para comentar a política italiana. Em outubro o cão enviou um telegrama para o Duce: "Estou pensando em mudar meu nome para Haile Selassie quando você mudar o seu para Spot ou Rover".[131] Em julho o coronel Blimp já tinha reclamado: "Devemos oferecer a África central a Mussolini, desde que ele fique por lá".[132]

---

* Poderia ser traduzida como *Um César de fachada*. (N. T.)

Para melhorar essa imagem que se deteriorava, os italianos financiaram jornalistas amigos. Em Londres, Grandi teve *carte blanche* para pagar explicações favoráveis à agressão imperialista da Itália à Etiópia. O principal subsidiado pelo embaixador era o comentarista de extrema direita Edward Polson Newman, desde a década de 1920 favorável a uma aproximação com a Itália.[133] Entre agosto e outubro de 1935, Newman viajou para África Oriental com todas as despesas pagas e, ao voltar, justificou a causa fascista e condenou abertamente a "barbárie" dos etíopes.[134] Sua influência foi nula. Grandi se viu forçado a reconhecer que as únicas pessoas que podia reunir nas palestras pró-Itália que promovia eram as "velhas viúvas e senhoras desatentas" de sempre, que havia muito tempo alimentavam a esperança de dar uma fatia de bolo de tomilho para o Duce.[135] Mussolini reclamou com Grandi que a hostilidade inglesa estava levando a Itália a se afastar da Liga e comprometer a causa global da raça branca.[136]

Vendo o mundo lhe fechar as portas, a última esperança que restava para a diplomacia mussoliniana era a França, onde Laval continuava escorregadio, embora, no fundo, sem dúvida quisesse ceder a Etiópia e até mais à Itália, desde que este país ocupasse Brenner. Em uma série de reuniões com o embaixador francês Charles de Chambrun, Mussolini reafirmou que sua posição inicial nas negociações era aquela que expusera para Eden, ou seja, anexação de grande parte da região fronteiriça da Etiópia, tal como acontecera no Marrocos, no Egito, no Iraque e, tomando como referência mais recente e intimidante, no Manchukuo.[137] Muitas vezes Laval deu a impressão de desejar uma acomodação, mas, como confessou em metáfora destinada a ter ampla repercussão, afirmou em apreciação final que a política francesa "estava vinculada ao eixo da Liga das Nações".[138]

A sessão da Liga das Nações aberta em 9 de setembro fechou mais portas para a Itália. Samuel Hoare, ministro do Exterior da Inglaterra, desmentindo o "realismo" de seu serviço secreto e seu passado imperialista, defendeu categoricamente, embora em tom monocórdio,[139] a segurança coletiva. Houve concordância quanto à necessidade de impor sanções se a Itália invadisse a Etiópia. Mesmo com Grandi parecendo desanimado,[140] o Duce minimizou o efeito potencialmente devastador de sua decisão para a economia do país e, por outro lado, reafirmou sua crença de que o que precisava ser feito devia ser executado rapidamente. Em 29 de setembro, De Bono soube que a data para o desencadeamento das operações seria 3 de outubro,[141] e na madrugada desse dia as tropas italianas cruzaram a fronteira. A aviação imediatamente começou a bombardear Adowa, assentamento do qual a Itália se retirara em 1896.[142] A Itália fascista se engajou em uma guerra colonialista. Como destacou Mussolini em seu "discurso de mobilização", não se tratava apenas de um exército se movimentando, mas de todo um povo, 44 milhões de pessoas.[143]

Seria uma guerra colonialista e pessoal de Mussolini, a causa de "um só homem"? Obviamente o Duce não cedeu durante os meses da crise. Ao contrário, alguns meses antes dissera para si mesmo que a condução da política era, acima de qualquer outra coisa, uma questão de ordem psicológica. Um homem determinado como Napoleão ou ele mesmo (ou Giolitti, que não merecia ser lembrado),[144] estavam destinados a triunfar. Muitos de seus amigos mais íntimos estavam menos convictos. Um intelectual fascista do porte de Agostino Lanzillo[145] e um empresário tão proeminente quanto Alberto Pirelli[146] tinham a certeza de que as limitadas reservas em ouro da Itália despencariam, sobretudo quando as sanções começassem a funcionar. O habitualmente bajulador Volpi chegou a comentar que o Duce tinha enlouquecido.[147] Nem o rei nem Badoglio escondiam suas dúvidas sobre a aventura colonial. Tudo bem que evocasse Crispi e os mortos de Dogali e Adowa,[148] mas a maioria dos italianos recordava esses fracassos do passado mais com medo do que com espírito revanchista. Também era de se prever que Bottai defendesse que a guerra era um evento espiritual e revolucionário e, portanto, não podia ser medida em termos monetários.[149] Embora soubesse que algumas dívidas teriam que ser pagas, em dezembro de 1935 Mussolini nomeou o astuto e independente economista burguês Felice Guarneri para o novo cargo de subsecretário de controle de câmbio, reportando-se diretamente ao Duce. De forma um tanto estranha, o ditador tentou agradar seu novo agente com a previsão de que o turismo reviveria e cobriria eventual falta de recursos.[150]

Na verdade, sempre circularam notícias de que a intransigência de Mussolini poderia ser atenuada se surgisse uma proposta razoável. Após a tomada inicial de Adowa e algumas outras localidades na fronteira, o avanço italiano diminuiu seu ritmo, e tanto De Bono quanto Graziani, em sua base na Somália, começaram a demonstrar cautela e inação, típico dos comandantes italianos desde o desastre de 1896, mas Mussolini deu a entender que era inimaginável qualquer tipo de concessão. Apesar das bravatas que deixava escapar em tom de ironia (inclusive, por exemplo, as improváveis ameaças de enfrentar a esquadra inglesa no Mediterrâneo),[151] ele nunca deixou de insinuar que a sua Itália era parceira natural da Inglaterra e da França na Europa, e se comprometia a bloquear qualquer perturbação provocada por Berlim.[152] Além disso, Laval continuava disposto a conversar.[153] Mussolini soube que o papa, como "bom italiano", tinha abençoado o Duce e concordado com a necessidade de território para expansão da Itália, que fora tratada injustamente em Versalhes, mas também sugerira que houvesse novas negociações com a França.[154] Mussolini exigiu que De Bono se apressasse e ocupasse território, porque usaria essa posse como argumento quando negociasse,[155] mas indicando que estava aberto a propostas. Enquanto isso, Suvich, que tentava convencer seu vice-ministro de Relações Exteriores a acatar a posição antes aconselhada pelo secretário-geral, lembrava a Mussolini o potencial do então vigente Pacto das Quatro Potências. Em sua opinião, ainda era a mais "sólida, racional e realista" forma de enfrentar a crise na Europa.[156]

O recado de Roma foi ouvido e compreendido tanto em Paris quanto em Londres. Inicialmente, os "especialistas" Hoare e Laval começaram a esboçar um plano. Mussolini encorajou essa possibilidade, recomendando a Grandi fazer um "máximo" de exigências (apresentadas aos franceses em setembro), mas admitindo que seria possível aceitar menos do que esse máximo.[157] Os franceses começaram a pressionar Haile Selassie para concordar com algo semelhante a um mandato italiano em seu país.[158]

Entretanto, nada resultou dessas cogitações. Em Paris, o plano vazou para a imprensa. Hoare quebrou o nariz esquiando na Suíça, atrasou seu retorno a Londres e foi tímido em seu pronunciamento na Câmara dos Comuns, quando se referiu à violação da solidariedade na Liga. A imprensa agiu violentamente e o *The Times* escolheu a sexta-feira, 13 de dezembro, para anunciar que "a reputação" da Inglaterra estava correndo risco no Pacto Hoare-Laval, que condenou alguns dias mais tarde como plano para comprar o nobre Selassie com uma "caravana de camelos".[159] Low, cujo cão terrier da caricatura agora era o próprio Selassie, colocou o acordo anglo-francês "na galeria das traições".[160] Embora em duas outras ocasiões ao longo dos meses seguintes Mussolini voltasse a admitir que não estava fora de questão algum tipo de compromisso, a Itália fascista não estava a fim de negociar o fim de sua guerra na Etiópia. Ao contrário, desprezando ameaças inconsistentes de Genebra de impor "sanções militares" ao agressor, a Itália preferiu partir para uma vitória militar esmagadora.

Implacável, inexorável, inflexível eram palavras que Mussolini usava seguidamente se referindo à campanha africana.[161] Em novembro substituiu

De Bono por Badoglio, e em 5 de maio o militar de carreira passou a comandar as tropas que avançavam para Addis Abeba. As baixas italianas já superavam a casa de mil. Em contrapartida, a Etiópia era devastada por bombardeios e massacres.[162] Badoglio tomou a iniciativa de usar gás venenoso a despeito dos tratados que obrigavam a Itália a evitar seu emprego, mas contou com o devido apoio de Mussolini.[163] Graziani adotou a frase: "O Duce conquistará a Etiópia com ou sem os etíopes, conforme lhe convier".[164] Mais sinistramente, Indro Montanelli, jovem fascista que viria a ser famoso comentarista conservador na república italiana após 1946,[165] escreveu sobre o total desprezo de camaradas soldados pelos etíopes. Não obstante, alertou, os italianos precisavam aumentar seu senso de "dignidade racial".[166] Claro que seu racismo não seria como o dos "louros do outro lado dos Alpes". Ainda mais, concluiu, "nunca seremos conquistadores se não tivermos a exata consciência de nossa superioridade. Não confraternizaremos com os negros. Não podemos. De modo algum".[167]

Os membros da família de Mussolini também escutavam esse evangelho racista e suas mentes sofriam a influência de conceitos que, em toda a África governada por países europeus, estavam levando ao Apartheid. Vittorio e Bruno (com dezessete anos) Mussolini integravam as forças italianas. Seu pai costumava lhes enviar telegramas os cumprimentando por sua notável bravura (e lembrando que não esquecessem de escrever para a mãe).[168] Depois do triunfo Vittorio publicou seu machista *Voli sulle Ambe* [Voando sobre o Ambe], que completou com uma desbotada fotografia do herói visivelmente escondendo sua barriga gorducha e nada militar. O filho do Duce admitiu que estava um pouco decepcionado com os primeiros bombardeios aéreos de que participou porque esperava provocar explosões como as que via nos filmes americanos. Lamentavelmente, os frágeis abrigos etíopes desmoronavam logo que eram atingidos pelas bombas que lançava.[169] Admitiu também uma atração pelas altas, esguias e belas mulheres locais, pelo seu sex appeal (usou o termo inglês). Todavia, afirmou com improvável pureza, essa atração desaparecia quando as via de perto.[170]

A arrogância, crueldade e alienação de Vittorio Mussolini e Montanelli só eram vistas nos velhos chefes fascistas, enviados por seu líder para participar da guerra. Bottai foi o que viu os eventos sob um ângulo mais filosófico,[171] e Farinacci o que menos encarou dessa forma, embora perdesse uma mão enquanto pescava matando peixes com uma granada em um lago perto de

Dessie.[172] A frente interna era a mais importante. Por mais que existissem, as incertezas eram rapidamente mitigadas por uma série de manchetes alardeando vitórias, as mínimas perdas de vidas italianas e as hesitações dos que, em Genebra, exigiam sanções. Embora fosse intenso o estardalhaço fascista, muitos italianos viam a guerra na Etiópia e a proclamação de um império como um triunfo nacional. Diversos antifascistas intransigentes, de Orlando a Croce, colaboraram com o país, oferecendo suas medalhas e joias em resposta aos apelos do regime, que preparava um plano para reagir às sanções e que seria explorado pela propaganda como iniciativa patriótica. A campanha de "ouro para a pátria" surgiu dentro do Partido Fascista e foi implementada apesar das dúvidas de Mussolini, talvez em consequência de um automático sentimento sexista de que as mulheres não eram confiáveis, apesar da eventual atração sexual que exercessem.[173] Em um acontecimento de forte carga emocional realizado em Roma pouco antes do Natal de 1935, a rainha Elena ofereceu seu anel de casamento para a causa nacional e imperial.

Todavia, o verdadeiro vencedor na Etiópia, líder de uma nação unida e vitoriosa, foi Benito Mussolini. De Felice não exagerou quando disse que, à medida que o Exército avançava para Addis, o Duce ficava "extraordinariamente exaltado".[174] O intimidado embaixador inglês em Roma se limitou a dizer para Eden que Mussolini "não é o tipo de homem a quem se possa pedir uma entrevista para passar tempo. Ele espera que o visitante diga logo o que deseja e em seguida responde", mas sempre procurando aproveitar a oportunidade para "atacar os diplomatas que tomam seu tempo".[175] Quanto à elite italiana, era mais fácil encontrar uma expressão mais apropriada. O filósofo Giovanni Gentile destacou que o retorno do império às "predestinadas colinas de Roma" significava o começo de "uma nova história da Itália". E prosseguiu: "Hoje em dia, Mussolini não somente fundou o império na Etiópia. Fez algo mais. Criou uma nova Itália". Amparados pela mágica combinação de "pensamento e ação", agora os italianos poderiam se transformar em um povo com "novo estilo, em uma nova gente".[176] Na mente de muitos, a vitória em Addis Abeba — poucos notaram que dois terços do vasto império etíope ainda precisavam ser ocupados e o restante mal estava pacificado[177] — significava que o Duce dominava como ninguém o fizera no passado e, assim, impunha a que podia ser considerada "uma revolução mussoliniana".

Em alguns pontos os historiadores modernos concordam. Embora a questão possa parecer controversa, De Felice considerou a conquista do império "a obra-prima de Mussolini", acrescentando que foi mais saboreada porque o Duce acreditava nesse projeto mais do que em outros conduzidos durante seu regime.[178] Excetuando o custo psicológico que envolveu sua concretização, não há dúvida de que Mussolini tivera um ano compensador. Um adversário que em setembro de 1935 dispunha somente de 371 bombas e onze lentos aviões (dos quais três não podiam decolar),[179] não tinha como enfrentar o poder militar fascista. Os generais do Duce brigavam entre si, enquanto criticavam abertamente a notória vaidade,[180] venalidade e tendência para o nepotismo de Badoglio[181] e comentavam que o Duce detestava militares críticos, mas se deixava intimidar facilmente por eles.[182] Seus subordinados do Partido continuavam tentando se sobrepor uns aos outros,[183] mas nem sempre foram tão corajosos quanto prometiam em suas palavras.[184] Pode ser que seu genro Ciano tenha tentado moldar a imagem de Mussolini como um hipócrita profano, burguês e descrente do mundo, mas talvez essa não fosse a imagem mais apropriada para o aparente líder da nova geração de fascistas.[185] Talvez não existissem planos para o que realmente viesse a acontecer no território a conquistar. A marcante crueldade dos italianos antes e durante a crise — a contagem de nativos mortos durante a conquista italiana e seu governo deve ter excedido 400 mil[186] — talvez tenha tornado a imagem da ditadura fascista a pior que jamais tivera. As ligações com a Alemanha nazista estavam aumentando,[187] e começava a ficar evidente que a Itália era um poder marginal e Mussolini podia estar associando seu nome a ideias de *rapprochement* com outro "Estado fascista".[188] Os gastos militares e do governo[189] podem ter alimentado o que um economista inovador chamaria um modelo insustentável. Contudo, ficou evidente que o cargo de Mussolini envolvia pouco mais do que apenas fazer os discursos inflamados que fazia de tempos em tempos para defender a Itália e incentivar seus soldados a continuar avançando. Pelo menos em curto prazo, exaltar um triunfo imperialista era a mais fácil das tarefas.

Em novembro de 1935 Mussolini estivera com Bottai, antes da partida do ministro para a frente de combate. O Duce irrompera "ofegante" em seu gabinete, como se tivesse subido correndo a escada, a fisionomia, notou Bottai, de um gordo que emagreceu artificialmente, o estômago retesado. Detalhes, disse o Duce de repente, não me interessam. "Raciocínios demais! Em vez disso, vamos nos concentrar no que o instinto nos diz! Meu instinto diz que se trata de uma guerra revolucionária. E isso basta!"[190] Não há dúvida de que suas palavras tinham sido premeditadas a fim de impressionar o crédulo Bottai.

Não obstante, durante os anos de 1935 e 1936 Mussolini fechou os olhos para muitas coisas e conquistou a vitória. Agora, nem mesmo o fantasma de seu pai seria capaz de negar que seu filho era maior do que Crispi. Em 9 de maio de 1936, tendo a seu lado o rei-imperador Vítor Emanuel esboçando um sorriso e para alegria geral do povo italiano, o Duce pôs de lado seu habitual desprezo pelo mundo que o cercava e proclamou, com certa ansiedade, que finalmente a "Itália tinha seu império: um império fascista, um império de paz, um império humano e civilizado".[191] Nessa época não podia saber que estava fadado a nunca pôr os pés na Etiópia e que a revolução fascista apenas arranharia seu solo imemorial. Mussolini se tornara o Duce de um dos mais passageiros impérios da história.

14
Crise na Europa, 1936-1938

Na Itália, a proclamação do império por Mussolini elevou sua reputação ao nível de um deus. Surgiram os aduladores que o louvavam, oscilando entre aclamação a seu apostolado[1] ou a sua divindade. Como resumiu Asvero Gravelli, um jornalista frustrado, em seu estudo sobre "interpretações espirituais de Mussolini", "Homero, era sublime na arte, Jesus, sublime na vida e Mussolini, sublime na ação".[2] Ou seria o Duce uma espécie de Apolo? As comparações foram se tornando cada vez mais sincréticas. "O sorriso de Mussolini", escreveu Gravelli, "é como um raio do deus sol [sic] esperado e necessário porque produz saúde e vida."[3] "A quem pode ser comparado? A ninguém. A simples comparação com políticos de outras terras o desmerece [sic]."[4] Da mesma forma, outros defensores do Duce não se continham: "Ele está sempre solitário, como todos que criam uma religião. O nome dessa religião é Itália".[5] Ele foi chamado de "infalível", "insubstituível", um "titã", um "gênio", "divino".[6] Olhar para ele era como olhar para o sol, o homem podia ser visto como "um imenso feixe de radiantes vibrações vindas do espaço celeste".[7]

Embora os aplausos fossem suficientes para saciá-lo e acalmá-lo,[8] pessoalmente Mussolini logo sentiu o brilho do triunfo na Etiópia se esvaindo e viu reaparecer seu habitual pessimismo sobre o sentido da vida. Em junho de 1936, soube que sua filha mais nova, Anna Maria, com apenas seis anos, contraíra poliomielite. Sua morte pareceu iminente por mais de uma semana e Mussolini deixou seu gabinete para ficar ao lado dela.[9] Em 10 de junho, maldito 12º aniversário do assassinato de Matteotti, a menina parecia estar à beira da morte. Acredita-se que Rachele tentou usar na criança uma "medicação de curandeirismo bem conhecida na Romanha por seus efeitos milagrosos". Fosse ou não consequência dessa medicação, o fato é que no começo de julho ficou claro que Anna Maria sobreviveria.[10] Alessandro Lessona, o novo ministro das Colônias (de junho de 1936 a novembro de 1937) lembrava-se de ter encontrado certa manhã seu Duce na Villa Torlonia com "aparência cansada, barbado, olhos vermelhos, usando um velho casaco por cima de uma camisa amarrotada".[11] Para quem o visse como o Júlio César de Shakespeare, aquele deus estava abalado.

As relações com outros membros da família estavam longe de serem perfeitas. Em julho de 1936, depois de pretensiosas tentativas de se destacar como jovem jornalista,[12] Vittorio passou, com o famoso cineasta e diretor do setor de notícias do *Istituto Luce*, Luciano De Feo, a ser coeditor de um novo jornal especializado de nome *Cinema*.[13] Momentaneamente, o pai se orgulhou de Vittorio.[14] Entretanto, o filho mais velho do Duce tinha dificuldade para se concentrar no trabalho e, ao lado de seu irmão mais novo Bruno, passava boa parte de seu tempo em bordéis de alta classe.[15] Bruno também teve que se livrar da acusação de uma pobre moça romana que alegava ter sido seduzida e abandonada por ele.[16] Em um dia chuvoso de fevereiro de 1937, Vittorio casou com uma burguesa de Milão, Orsola Bufali, na igreja de São Pedro, na mesma cerimônia de casamento de seu primo Vito (que casou com Silvia Tardini), e o evento recebeu tratamento de cerimônia da realeza pela imprensa italiana.[17] Esse tratamento de celebridade não escondeu o fato de Vittorio ser uma nulidade em política. O mesmo ocorria com Bruno, cujo amor por carros velozes explicava a morte de Teresa Velluti, uma velha senhora que atravessava uma rua em Roma (embora o relatório oficial do incidente concluísse prudentemente que a culpa era totalmente da vítima).[18] Bruno, cuja carreira como piloto era celebrada pela imprensa, em outubro de 1938 casou-se com Gina Ruberti, filha de um inspetor escolar e neta de um ministro das Finanças católico e fascista.[19] Logo o casal teve uma filha e pouco depois Bruno aceitou a presidência da Federação Italiana de Boxe.[20]

Quando estava em Roma, Rachele ficava na Villa Torlonia, preservando sua imagem de mulher caseira. Falava-se que ela nunca esteve na Sala del Mappamondo[21] e os visitantes mais exigentes procuravam evitar ter que comer a comida mal preparada[22] servida na mesa de Rachele.[23] Sexualmente, Mussolini começara seu relacionamento com Claretta Petacci, embora ela nem sempre estivesse feliz. Ela reclamava de seu corpo, seus dentes, sua saúde, do tamanho de seus seios e, sempre que podia,[24] ficava o dia inteiro na cama comendo chocolate. Mussolini, preocupado com a diferença de idade entre os dois, pedia a Claretta que confirmasse se ele tinha o mais belo corpo da Itália e, em sombria predição, dizia que teria apenas mais uns poucos anos de vida.[25] Quem logo ficou famoso, pelo menos pelos escândalos que causou, foi o irmão mais velho de Claretta, com o eufônico nome Marcello Cesare Augusto Petacci, nascido em 1910, uma questionável personificação das expectativas imperiais da burguesia romana.[26]

A única estrela na família de Mussolini era Galeazzo Ciano, marido de Edda, promovido em 11 de junho de 1936 a ministro de Relações Exteriores da Itália. Tinha, então, 33 anos, de longe o mais jovem em tal posto na Europa. Ciano era uma figura extremamente paradoxal para ser conduzido à antessala do poder e, ao que tudo indicava, ungido como *o fascista* da nova geração. Não era propriamente um filho da revolução, mas um *figlio di papa* em todos os sentidos do termo em italiano, inadequadamente traduzido como "filhinho de papai". Seu pai, Costanzo, almirante e nacionalista, fora ministro das Comunicações de Mussolini entre 1924 e 1934, o mais longo mandato ininterrupto de um ministro fascista (exceto Mussolini). Entre os muitos interesses da família em Livorno, o patriarca Ciano era proprietário de um importante e relativamente independente jornal, *Il Telegrafo*.[27] Desde o começo responsável pelas finanças do fascismo,[28] em 1925 Costanzo foi elevado à nobreza como conde de Cortelazzo. O título permitiu que seu filho também se anunciasse como "conde".

Galeazzo foi um jovem brilhante que em 1921 se formou em segundo lugar entre os estudantes de primeiro grau em âmbito nacional.[29] Com sua habilidade, na condição de ministro do Exterior contrastava francamente com o excêntrico Eden, o tristonho Halifax, o astuto Georges-Étienne Bonnet e os terríveis Joachim von Ribbentrop e Viatcheslav Molotov. Na juventude, sua ambição era compor poesias, e podia ser encontrado no *Caffè Aragno*, em Roma, refúgio dos aspirantes a literatos. Entre os trabalhos de sua juventude havia uma peça com o título *La Felicità di Amleto* [A felicidade de Hamlet]. Até certo ponto relutante, Ciano fez os exames para entrar no serviço diplomático em 1924 e entrou para o Ministério do Exterior no ano seguinte, como 27º em

35 candidatos aprovados.[30] Contemporâneos mais exigentes e alguns historiadores o descrevem como "esnobe",[31] homem para quem o supérfluo era a única alegria e o único propósito. Também criticam, com certa inveja, seu "casamento aberto". Edda dizia a todos que lhe perguntavam que realmente teve amantes, mas que garantia que os filhos eram de Ciano.[32]

Como ministro do Exterior, mais do que em sua mesa de trabalho, o genro do Duce era facilmente encontrado no bar do elegante clube de golfe Acquasanta, quartel-general do *crème de la crème* da sociedade de Roma. Lá e onde estivesse, ficava batendo papo no meio que Bottai chamava depreciativamente de seu *circoletto* (círculo de amizades).[33] Também seguia os hábitos do pai juntando recursos financeiros e apostando na indústria petrolífera da Albânia,[34] e foi evidentemente beneficiado pela invasão da Itália naquele país, sua antiga marionete, em abril de 1939. Alguém que com ele conviveu nas Forças Armadas foi rigoroso ao descrevê-lo como "troncudo", "meio balofo", "pele morena", "cabeleira negra brilhante", com pinta de frequentador de clubes noturnos. "Ciano", prosseguiu a descrição, "possuía o caráter e a moral de um gigolô profissional... Era fútil e leviano, totalmente encantado consigo mesmo, com sua importância e com o próprio sucesso."[35] Todavia, talvez naquela época Ciano pudesse ser visto com olhos mais complacentes. Certamente seu famoso diário[36] continua sendo a melhor fonte primária sobre a Itália de Mussolini e muitas outras coisas. Está impregnado de testemunhos conscientes e interpretações não tão conscientes.

Mas quem era essa pessoa por trás de um jovem que aparentemente estava sendo preparado para ser o sucessor do rude e vigoroso *animale poco socievole*, o Duce? Se o fascismo era uma revolução destinada a expulsar a burguesia de nichos de poder e destruir seu vergonhoso apego a uma vida confortável e tranquila, como Ciano poderia personificá-la? Haveria alguém mais burguês do que ele? A evidente contradição que cercava Ciano jamais foi solucionada. Ele morreu aos quarenta anos por ser a "sombra de Mussolini",[37] mas também por ser, aos olhos dos nazistas e dos que realmente acreditavam em uma revolução fascista universal, quem significou uma grotesca distorção de tudo que o Duce representava. Mesmo assim, o jovem pode ter desempenhado importante papel para o Duce, no fim dos anos 1930 cada vez mais rigorosamente confinado diante da necessidade de parecer "solitário". Pelo menos no que dizia respeito ao ego do Duce, a contrapartida a certo exagero na deificação com que o identificavam vinha através de *alter ego*, como o mundano Ciano e o vulgar Farinacci. Rachele, sempre criticando seu presunçoso e esnobe genro, que gostava de jogar golfe, repetia em casa muitas posições e "verdades" que Farinacci denunciava no cenário político. Apesar de sua marcante, embora dissimulada, incoerência, de alguma forma Mussolini conseguia preservar seu senso de humor[38] e uma existência independente como ser humano. Podia sobreviver a seu próprio carisma, sabendo que nos limites de sua personalidade havia um Farinacci ou um Ciano. Podia ser qualquer um deles, mas, na verdade, não era nenhum.

Mesmo dispondo dessa via psicológica de fuga, para Mussolini sempre foi complicado ser o Duce. Como confessou em momento de depressão em 1938, se tornara prisioneiro de si mesmo, "dos outros, dos acontecimentos, das esperanças e ilusões". Hoje em dia, prosseguiu, em palavras que normalmente ocorrem a políticos, mas que provavelmente deveriam ser evitadas por um Duce:

> Muitas vezes penso no que não digo e digo o que não penso. Sim, existe um abismo entre os dois Mussolinis, às vezes profundo e terrível. Talvez, um dia um dos dois peça um armistício, quebre sua espada e se submeta ao outro. Ainda não sei qual deles fará isso.[39]

Entretanto, parte de seu trabalho era falar como se o tempo todo estivesse absolutamente confiante. Em fevereiro-março de 1937 concedeu entrevistas "pessoais" a Ward Price, do *Daily Mail*, e Webb Miller, da United Press, disposto a não revelar muita coisa. Sua dieta, assinalou, consistia em um pequeno pedaço de carne, embora em raras ocasiões, e muitas frutas frescas e legumes. Suas duas refeições diárias eram à "moda camponesa". Não bebia nem chá nem café durante essas refeições e apenas de vez em quando bebia um gole de vinho, embora "como o último burguês amante da paz", gostasse de um chá de camomila todas as tardes. Fazia de trinta a 45 minutos de exercícios diários e dormia com facilidade de onze da noite às sete da manhã. Trabalhava de doze a quatorze horas todos os dias e conseguia ler setenta livros por ano, preferindo "romances e livros de história, clássicos e eventuais romances". Também gostava de se manter atualizado pelas publicações mais recentes. "Leio em francês, alemão e também inglês", afirmou. Apreciava Verdi, Wagner e Rossini, como também jazz, sobretudo quando podia dançar. Aparentemente não se preocupava muito com o fato de "ritmos negros" serem racialmente degradantes, como Hitler poderia achar. A chave de sua vida como governante estava na "precisão e diligência": "Posso me gabar de ser um burocrata de primeira categoria. Afasto todos os colaboradores que são desorganizados, confusos e que perdem tempo". Era, como concluiu, um trabalhador como o preconizado por Taylor.

> Tenho organizado minha atividade por meio da divisão de trabalho, lutando contra a dispersão de energia e a perda de tempo. Isso explica o volume de trabalho que enfrento e o fato de nunca me cansar. Transformei meu corpo em um motor constantemente revisado e controlado, e que, portanto, funciona com absoluta regularidade.[40]

Claro que, na verdade, as coisas não eram bem assim, embora a forma como sublinhasse seus documentos e o inconfundível M rabiscado na página para indicar que havia lido e absorvido a informação nela contida mostrassem que, ao contrário de Hitler, era um executivo dedicado, ainda que essa dedicação dependesse do hábito, cada vez mais frequente, de "trabalhar" na presença de Claretta, não obstante as relações sexuais e os cochilos que vinham em seguida. Mussolini compartilhava com seu colega alemão uma excelente memória,[41] principalmente para detalhes. Teria contado a um amigo sua atenção para as "pequenas coisas", assuntos que, como disse, eram "como moscas que o obrigavam a coçar a cabeça".[42] Se você não reparasse nessas coisas, aconteceria o pior. Seu gosto em receber visitantes continuou consumindo seu tempo, como reconheceu na época.[43] Para o Duce, era conveniente estar bem preparado para cada nova entrevista. Bastava o ditador conhecer o título de seus últimos livros[44] para jovens intelectuais ficarem impressionados. Todos os visitantes ficavam muito felizes quando se despediam depois de obterem aprovação para alguma coisa a ser feita, ainda que depois tivessem que batalhar para ver como realmente poderiam realizá-la. Mas também havia outros perigos, especialmente se o lado "sacramental" do fascismo se tornasse mais misterioso e intrusivo. Starace acabara com o aperto de mão por considerá-lo muito afetado, burguês e inglês, mas Mussolini sempre apertava a mão de um visitante.[45] Em seu uniforme, discursando de uma sacada para uma grande multidão, Mussolini fazia o Duce parecer um militante. Em sua sala de trabalho, mastigando uma maçã,[46] vestindo um surrado terno azul[47] ou em mangas de camisa[48] e frivolamente retirando os óculos quando um visitante se aproximava,[49] o chefe fascista parecia um homem comum na casa dos cinquenta anos. Como disse um visitante decepcionado ao ver Mussolini envolvido em sua rotina de trabalho, se sentiu enganado ao não ver confirmada a "imagem mística do Duce que esperava ver".[50]

Como legítimo instrumento para explorar o carisma, a prática de "o show tem que continuar", "manter o povo na janela para ver a parada"[51] tinha seu lado traiçoeiro, mas Mussolini às vezes gostava de se envolver mais na formulação de políticas e menos em relações públicas. A propósito, os meses seguintes à vitória na Etiópia mostraram a complexa natureza da política internacional no fim da década de 1930. Em 1934, Mussolini acreditava que a Europa permaneceria tranquila até 1937, mas essa previsão se revelou muito otimista. Em 17 de julho de 1936, os generais do Exército espanhol desfecharam um golpe contra o governo democrático. Contrariando a expectativa desses líderes, vieram os três anos de guerra civil, conflito visto por muitos contemporâneos como uma luta direta entre esquerda e direita. Era a causa do socialismo, do comunismo ou da democracia liberal travando sangrenta batalha contra os ideais da Igreja, do Exército e do fascismo internacional. O maior participante estrangeiro na Guerra Civil Espanhola foi a Itália de Mussolini. Como isso aconteceu?

A resposta, pelo menos no que se refere às causas imediatas, pode ser objeto de um estudo de caso sobre o acontecimento e as limitações de um processo decisório com base em carisma. A partir do momento em que a monarquia foi derrubada em 1931, a Itália fascista se tornou protetora dos inimigos da república espanhola. Desde o começo Mussolini depreciou o novo regime:

> A república espanhola não é uma revolução, mas uma farsa. Uma farsa que chega com 150 anos de atraso. Criar uma república parlamentarista hoje em dia significa usar uma lamparina na era da luz elétrica.[52]

A partir de então muitos dissidentes de direita passaram a contar com subsídios vindos de Roma. Funcionários do Estado como Guariglia, embaixador em Madri em 1932-1935, e chefes fascistas como Balbo puderam financiar estrangeiros necessitados e agradecidos. A iniciativa nessa matéria raramente partia diretamente de Mussolini,[53] que dava poucos sinais de ver a Espanha como algo mais do que um país atrasado e distante, de pouca expressão para a causa internacional fascista ou para o interesse do país.[54] Além disso, José Antonio Primo de Rivera, filho do ex-ditador e "poeta fascista" *jefe* da minúscula Falange, em 1933 era um dos extremistas que preferiam o novo modelo de Berlim à velha ditadura de Roma, outrora tão defendida por seu pai.[55] Guariglia encorajou Primo de Rivera (o filho) a se encontrar com Mussolini, mas os dois nunca se aproximaram. Não obstante, em junho de 1936 José Antonio ficou com parte do modesto fundo mensal de mil pesetas que o novo embaixador Orazio Pedrazzi distribuía para os amigos da Itália.[56]

Embora no verão de 1936 tivessem sido alertados para um provável levante contra o aguerrido governo republicano,[57] os diplomatas italianos não tinham ligações com Franco, comandante do Exército espanhol no Marrocos e homem destinado, em grande parte por acidente, a emergir como o *caudillo* de uma "nova" Espanha. O assassinato do político de direita José Calvo Sotelo em 13 de julho estimulou Pedrazzi, que se retirara para a residência de verão no moderno resort de San Sebastián, a predizer que um *pronunziamiento* era iminente.[58] Entretanto, o levante, quando aconteceu, surpreendeu os italianos, apesar de Pedrazzi ter telegrafado para seu novo embaixador em Roma para informar que tinha certeza de que uma ditadura militar teria "uma natureza claramente corporativa e altamente antissubversiva".[59]

Foi Franco quem apelou para Roma, enviando seu representante Luis Bolín em 19 de julho, além de falar com o agente italiano em Tânger sobre o empréstimo de aviões a fim de dar cobertura ao transporte de suas tropas através do estreito de Gibraltar, rumo à Espanha continental.[60] O exilado rei Alfonso XIII — os monarquistas espanhóis mantinham excelentes contatos na Itália — também apelou diretamente para Mussolini.[61] Para tristeza de Franco — que lamentou a "miopia política" de Roma[62] —, as autoridades italianas inicialmente rejeitaram os pedidos de ajuda,[63] embora o inexperiente Ciano flertasse com a ideia de prover algum auxílio.[64]

Falando com representantes italianos, Franco ressaltou sua determinação de estabelecer um governo do "tipo fascista".[65] Convencido ou não por esse apelo obviamente atraente, Ciano concordou em conceder aviões, mas exigiu pagamento pelo emprego deles na frente de combate.[66] Paralelamente acionou seus agentes na Espanha para avaliar as probabilidades de sucesso da revolta.[67] Contudo, antes de fechar totalmente o negócio, chegou a crucial informação de que os franceses permitiriam a exportação de armas e suprimentos para o governo republicano, que seria uma "Frente Popular" como a que então governava a França.[68] Consta que Léon Blum, primeiro-ministro francês, ao ouvir a sugestão para fazer ligação com Mussolini, disse bruscamente: "Recusarei qualquer negociação com o assassino de Matteotti".[69] Em resposta, Mussolini usou o *Il Popolo d'Italia* para acusar asperamente Blum de ser "um judeu que não tinha o dom da profecia".[70]

Os aviões decolaram de aeroportos na Sardenha para o que hoje pode ser encarada como uma viagem bem curta até o Marrocos espanhol. Todavia,

Roma logo recebeu a notícia de que apenas nove dos doze que decolaram chegaram ao destino.[71] Um caiu no mar e dois no Marrocos francês, onde os pilotos foram presos e, covardemente, logo confessaram a missão que estavam cumprindo. A imprensa francesa, convencida pelo que acontecera na Etiópia de que Mussolini era um transgressor internacional, ficou enfurecida. A imprensa italiana respondeu à altura e a ela se juntaram os jornais católicos, sempre hostis à república. O *Osservatore Romano* julgava que na Espanha teria que fazer a escolha entre "quem era a favor e contra a humanidade".[72] Sem um processo decisório claro e sem avaliação alguma de custos e implicações financeiras, políticas e econômicas, a Itália fascista estava se permitindo interferir em uma guerra civil estrangeira, ação desaconselhada por quase toda a história diplomática, e à qual os assessores militares também se opuseram. Em 21 de julho o general Mario Roatta fez uma judiciosa apreciação para seu chefe: "A Espanha é como areia movediça. Se lhe esticar a mão, o resto do corpo vai atrás. Se as coisas derem errado, vão dizer que somos os culpados. Se tudo der certo, nos esquecerão".[73] Não obstante, esse conselho se dissipou no ar. No princípio de agosto especialistas italianos e alemães se reuniram para o exame de detalhes, como suprimento de petróleo para as forças revoltosas comandadas por Franco.[74] Em outubro, tropas italianas já estavam reforçando as forças de Franco quando começaram um fracassado ataque a Madri.[75] No começo de 1937, quase 50 mil "voluntários" serviam na Espanha no assim denominado *Corpo Truppe Volontarie*, ou CTV, apoiado por amplos e caros suprimentos de material bélico.[76] A liderança italiana se deixara levar e a Itália se tornou a maior contribuinte de poder militar para a amarga vitória de Franco, que se concretizou em março de 1939. Números italianos oficiais admitiram 3.819 mortos, cerca de 12 mil feridos e 157 tanques perdidos, a um custo de 8,5 bilhões de liras.[77]

A participação italiana na guerra na Espanha se transformou em mais um elo na cadeia que aos poucos foi reduzindo inexoravelmente a liberdade de manobra de Mussolini no cenário internacional, à medida que foi descobrindo motivos cada vez mais convincentes para se aliar a seus amigos alemães.[78] Um fator que contribuiu foi a Batalha de Guadalajara em março de 1937, estimulada pela pretensão de que, com um pequeno reforço das forças fascistas, Madri cairia. Na verdade, o avanço italiano foi contido e repelido. A derrota, embora parcial, imediatamente trouxe à memória Caporetto e o generalizado estereótipo que mostrava os italianos como maus combatentes. Lloyd George comentou espirituosamente "a desabalada fuga italiana".[79] Comentaristas menos rigorosos disseram que o interrogatório de prisioneiros deixava "absolutamente claro que as tropas italianas englobavam não apenas a milícia fascista, mas também unidades regulares do Exército italiano",[80] fato que contraria a versão oficial italiana de que o país não estava intervindo oficialmente na Espanha. Como ocorrera no caso da Etiópia, os atos fascistas confirmavam a fama da Itália como o país mais agressor daquela época. Dizia-se que a própria população espanhola costumava afirmar que CTV significava *Cuando Te Vas?* [Quando vão embora?].[81] Gonzalo Queipo de Llano, general espanhol, já comentara: "Os alemães agem com dignidade e evitam se exibir. Os italianos são agressores briguentos e prepotentes".[82] Mussolini, que viu a derrota como humilhação pessoal,[83] ao que consta no fim de março de 1937 assegurou a Grandi: "Não existe a possibilidade de eu retirar nenhum soldado da Espanha até que o fracasso militar de Guadalajara seja vingado"[84] e cruelmente falou em ordenar que todos os prisioneiros "vermelhos" italianos fossem fuzilados.[85] O fato é que, na verdade, a Itália sofreu uma irreparável perda na propaganda. Para impressionar sua jovem amante, frisou em uma de suas típicas bravatas que Franco era um "idiota" e o povo espanhol era "indolente e passivo, e que há muito de árabe nos espanhóis".[86]

Entre as tropas republicanas vitoriosas na periferia de Madri havia membros italianos da Brigada Garibaldi, antifascistas que tinham se aliado à causa esquerdista e, escolhendo um nome que contrariava a versão fascista da história, ligaram o herói do Risorgimento à sua causa. Mais tarde, historiadores totalizaram 3.354 voluntários italianos na luta contra Franco.[87] Eram animados por um lema: "Hoje na Espanha. Amanhã na Itália",[88] criado pelo socialista democrata e patriota Carlo Rosselli, líder de um movimento antifascista baseado em Paris conhecido como *Giustizia e Libertà* [Justiça e Liberdade].[89] Na Itália, a oposição organizada ao regime, vigiada de perto por Bocchini, ainda era débil e estava insatisfeita com o apoio da nação à intervenção na Etiópia, além disso, estava, mais do que nunca, dividida em várias facções ideológicas que brigavam entre si. O radical sardo Emilio Lussu estava certo ao assinalar que os italianos inimigos do fascismo tinham mais motivos para ir para a Espanha do que a república espanhola para os acolher.[90] Entretanto, Mussolini, sempre supersensível à mera menção de antifascismo no povo,[91] entendeu a mensagem anunciando que ainda havia oposição e realmente temia essa possibilidade.

Seguiram-se outros fatos. Em 9 de junho de 1937 Rosselli e seu irmão Nello foram detidos quando dirigiam na Normandia e brutalmente esfaqueados e mortos por *cagoulards*, membros de um dos muitos grupos fascistas existentes na França.[92] Após a guerra, uma série de investigações provou que o assassinato fora patrocinado por Ciano e seu assistente e amigo íntimo Filippo Anfuso. Algumas testemunhas negaram o envolvimento direto de Mussolini, mas é difícil deixar de lhe atribuir alguma parcela de responsabilidade.[93] De certa forma, o assassinato dos irmãos Rosselli resultou do recrudescimento da forma fascista de eliminar inimigos, bastante comum antes de o regime instalar o "Estado totalitário". Por outro lado, demonstrou que o desgastado mundo burguês, que já durava trinta anos e ocupava prematuramente o "poder", podia planejar assassinatos com a mesma frieza de qualquer esquadrista. Ademais, o acontecimento indicou que a selvageria estava latente, não muito longe da superfície do pensamento daqueles que se julgavam estar "trabalhando em prol de seu Duce".

Entretanto, tudo era relativo. Em 1937, um personagem um tanto suspeito informou que, entre outros pecados, os espanhóis eram invulgarmente cruéis. Pouco antes da Batalha de Guadalajara, Roberto Farinacci chegou à Espanha, encarregado por Mussolini de se reunir com Franco e conversar sobre o conflito civil. Ficou de certa forma desapontado com o que viu. Achou Franco "tímido" e visivelmente "sem as qualidades de um verdadeiro *condottiero*". Pior, o *caudillo* era ideologicamente despreparado:

> Ele não tem uma ideia precisa do que Espanha deve ser no futuro. Está interessado apenas em vencer a guerra e, em seguida, ver como vai implantar um governo autoritário, ou melhor, ditatorial para expurgar a nação daqueles que, de certa forma, tiveram alguma relação, direta ou indireta, com os vermelhos.

Franco não entendia o corporativismo e não queria aceitar a classe trabalhadora. Sua amizade com a Itália muito provavelmente não era sincera e, na verdade, não abandonara uma repulsa residual aos ingleses. Como combatentes, as forças revoltosas tinham pressa e eram indiferentes ao assustador número de mortos todos os dias. "Para dizer a verdade, a barbárie é igual por parte de vermelhos e de nacionalistas. É uma competição de massacres com conotação quase esportiva." Afinal, era essa crueldade que esperava dos espanhóis, concluiu Farinacci. O general Emilio Mola, aparentemente mais lúcido do que

Franco, falava tranquilamente sobre a eliminação de "um milhão de vermelhos", tão logo chegasse à vitória.[94] A Itália, temia o *ras* de Cremona, tinha sido arrastada para um mundo odioso e imprevisível, com valores próprios.[95]

Outra razão para Mussolini ficar tão irritado com o revés em Guadalajara foi o fato de, durante a batalha, ele estar envolvido na que deveria ser uma viagem triunfante à Líbia, sua segunda visita à colônia e a última que realizaria em seu império antes que desmoronasse. Em 18 de março de 1937, em cerimônia em Trípoli, o Duce desembainhou a "Espada do Islã" e prometeu que o fascismo defenderia seus súditos islamitas e os conduziria a dias grandiosos.[96] O que, então, estava acontecendo com o império fascista desde a queda de Addis Abeba?

Em julho de 1936, Mussolini recomendara ao marechal Graziani, nomeado "vice-rei da Etiópia", que adotasse uma sistemática política de terror e extermínio de rebeldes e habitantes que os protegessem.[97] Seis meses mais tarde, o Duce se sentiu em condições de anunciar a "ocupação integral" da Etiópia: "A fantástica operação italiana", alardeou, "tinha sido uma obra-prima de entusiasmo, competência militar e habilidade política", que finalmente levou à vitória.[98] Porém, mais uma vez Mussolini foi infeliz na escolha do momento. Em 19 de fevereiro de 1937, guerrilheiros etíopes lançaram dez ou mais granadas em um grupo de oficiais que comemoravam o aniversário do príncipe-herdeiro Umberto. Pelo menos trinta pessoas ficaram feridas, entre elas Graziani. Em reação, o chefe fascista local, Guido Cortese, disse a seus homens que tinham três dias para "destruir e matar etíopes como bem entendessem".[99] Estimativas da carnificina que ocorreu em seguida variam entre 3 mil e 30 mil mortos,[100] sendo que a história do colonialismo sugere que o número menor está subestimado. Os fascistas também cuidaram de matar os monges no mosteiro de Debra Lebranos, "sagrado para a nação", e de queimar todos os arquivos da história da Etiópia que lá eram guardados.

O genocídio parecia ser o passo seguinte. Graziani pensou nisso, mas o Duce o desencorajou.[101] Na verdade, a explosão de fúria foi seguida por um período de calma. Em dezembro de, 1937 Graziani foi substituído, até certo ponto uma surpresa, por Amadeo, duque de Aosta, chefe do ramo mais novo da dinastia real.[102] Aosta era conhecido por ser a favor de maior aproximação com as colônias inglesas vizinhas[103] e certamente emprestava ao governo imperial italiano um tom mais inglês e militar do que de fanático fascista. Alguns funcionários que o acompanharam também desejavam deixar bem clara a decência que caracterizava a carreira que escolheram e faziam questão de se distinguir "dos fascistas", que consideravam corruptos, brutais e incompetentes.[104] Mussolini, como era de seu feitio, deixava as coisas correrem.

Para falar a verdade, os tempos não eram propícios para o "desenvolvimento" da Etiópia. Em 1941, apenas 3,2 mil camponeses italianos estavam instalados lá e, a despeito de aumentarem as restrições a despesas, o governo fascista estava deficitário. Funcionários coloniais mais honestos logo notaram que os locais conheciam muito mais o que acontecia em cada assentamento do que seus "patrões" coloniais".[105] Em regiões remotas da Etiópia, com comunicações precárias com as cidades vizinhas e piores ainda com Roma, os servidores do império fascista, como tantos outros funcionários em cidades encravadas no coração da África, procuravam fazer o que podiam naquele mundo caótico.

Mais uma vez Farinacci foi a fonte mais direta e honesta com que Mussolini contou para saber os pontos fracos do novo império. Em dezembro de 1938 Farinacci apresentou a seu chefe um devastador relatório de dez páginas sobre a visita que fizera à *Africa Orientale Italiana* (AOI), como eram conhecidas as colônias unidas da Eritreia, Somália e Etiópia. Começou dizendo que havia um assustador abismo entre a promessa do império e os homens que para lá eram enviados. Entre os chefes, a única atividade séria era recriminar, e cada um deles costumava dizer: "Se ao menos Mussolini soubesse ou visse o que está acontecendo". Desperdício e corrupção eram endêmicos. "Muitas pessoas e muitas empresas ficam mamando nas tetas da *madre patria*." Os funcionários viviam em meio ao luxo, enquanto imigrantes e militares comuns se viam obrigados a morar em cabanas com os etíopes. "No que dizia respeito a questões financeiras, tenho a impressão de que por lá ninguém compreende ou quer compreender coisa alguma." Sugeriu que pessoas realmente conhecedoras do assunto, como Volpi e Cini, deviam receber a missão de resolver o problema. Não obstante, não há razão para ser otimista. "Se alguém continuar lhe dizendo que tudo está correndo bem, na verdade essa pessoa está cometendo a maior traição a você e a toda sua incansável obra."[106] Acreditando-se no que disse Farinacci, a construção de um império respeitável onde as legiões romanas nunca tinham pisado antes estava começando muito mal.

As informações de Farinacci sobre corrupção, exploração e lutas internas não deviam surpreender Mussolini. Quem procurou se dar bem à custa do império foi Ferdinando Boattini, de Predappio. Relatórios da polícia sobre suas atividades informaram que Boattini só aderira ao partido em 1936 e logo depois fora para a AOI. Lá organizou um comércio de peles, aproveitando facilidades proporcionadas por Rachele Mussolini e Edda Ciano. Presenteou cada uma delas em abril de 1937 com peles de leopardo de primeira qualidade, em troca do direito de comprar quatro caminhões Fiat para suprir suas necessidades de transporte no império.[107] Falava-se que Boattini lucrara três milhões de liras com esse negócio, retendo 500 mil para si mesmo e distribuindo o restante por seus contatos, úteis, mas gananciosos.[108] Quando a guerra começou, Boattini também soube como levar a vida. Convocado em 3 de janeiro de 1941, em cinco dias conseguiu se instalar confortavelmente em um hospital de Bolonha[109] e obteve a dispensa definitiva do serviço em 18 de janeiro. Preservou suas ligações com Rachele, que foram novamente úteis no verão de 1942, quando foi preso pelos *carabinieri* que irromperam em um antro de jogatina ilegal em Predappio. "Sua excelência donna Rachele" interveio em seu favor, e o zeloso oficial que o prendera foi imediatamente transferido de Forli para um posto distante em Cefalù, perto de Palermo.[110] O pobre policial realmente teve muito azar.

Histórias de corrupção estavam sempre chegando à mesa do Duce. Em 1937, uma delas, de maior repercussão pública, provocou violenta polêmica entre De Bono e Lessona, ambos ex-ministros das colônias. Lessona, que se destacara na Itália fascista em meio a histórias de negócios duvidosos e devassidão,[111] também mantinha ligações com círculos próximos à monarquia. Ao que parece, pressionou Mussolini para afastar De Bono do comando da Etiópia a fim de substituí-lo por Badoglio.[112] Os ataques ostensivos de Lessona a De Bono levaram este último a apelar para Mussolini, a fim de expor abertamente a natureza das relações entre protetores e protegidos durante o regime fascista. A questão mais discutida foi a aprovação do contrato para construção de uma estrada entre Massawa e Asmara, que Lessona alegava ter sido desonesta. De Bono ficou furioso e afogou Mussolini com cartas reiterando sua probidade e exigindo que o Duce interviesse em seu favor. Em fevereiro de 1937 Mussolini respondeu declarando:

> Tenho a certeza de que o marechal da Itália De Bono está acima de qualquer suspeita. Desde logo aviso que punirei quem ousar caluniá-lo. Se a estrada de Massawa para Asmara foi contratada sem as adequadas formalidades burocráticas, isso aconteceu em consequência de ordens minhas, porque julguei necessário apressar a construção a fim de vencer a guerra.

Se houve custos adicionais, acrescentou, isso deveria ser julgado pelas "autoridades competentes".[113] Em outras palavras, ficaria por conta das clássicas verificações burocráticas que em nada resultam.

Entretanto, a discussão não terminou com a prudente intervenção de Mussolini. Em julho de 1937, De Bono, que era o chefe de polícia quando aconteceu o assassinato de Matteotti, não poupou palavras em mais uma carta que dirigiu a seu chefe. Esperara, esperara, mas acabou explodindo, e disse: "Estou cheio de ser tratado como um idiota e agora é tu (De Bono usou a forma familiar "tu" ao se dirigir ao Duce e enfatizou os principais pontos de seu texto) que está me considerando um idiota, abusando de minha benevolência". E continuou:

> Considerando minha irrestrita e afetuosa devoção a ti, em quem confio totalmente, contive meus sentimentos. Mas agora meu copo transbordou e estou no limite de minha paciência. Tenho bebido *religiosamente* óleo de oliva, o que me causou inflamação intestinal. Basta!

Era de se esperar que descrevesse Lessona como alguém muito "vil, cruel e sinistro". Porém, talvez Mussolini não esperasse a afirmação:

> Em minhas veias não há uma só gota de sangue servil e tampouco em meu coração ou em minhas fibras existe um só grão de medo. Repito mais uma vez o que já disse e escrevi: *Não tenho medo de nada e de ninguém.* Também estou pronto para qualquer coisa e não se espante com o que posso fazer.

Tinha muitos inimigos. Balbo e De Vecchi manipulavam os cordões por trás de Lessona. Entretanto, lembrando-se do caso Matteotti, Mussolini se concentrou em De Bono.

> *É você* que tem *a obrigação* de zelar por mim, eu que sempre realmente fui *um de seus homens.* Portanto, se nada fizer, vou sozinho em busca de justiça na forma que julgar mais segura e conveniente. É bom que você não tenha dúvida quanto a isso. Vou agir quando achar oportuno e o farei tendo em vista unicamente meus interesses.[114]

Como reiterou em outra carta, se as coisas não melhorassem, Mussolini logo saberia o quanto o *"bom"* De Bono podia ser *"mau"*.[115]

Por mais vazias que fossem (Mussolini disse para alguém de suas relações que De Bono era um velho amargo e rude[116]), as ameaças produziram algum efeito. Lessona foi obrigado a deixar o ministério e passou a ser um simples professor de ciência política em uma universidade de Roma. Seu pleito para integrar a nobreza foi rejeitado e sua esposa, cujo telefone estava grampeado, teve interceptada uma conversa em que dizia que a família tinha sido obrigada a dispensar a empregada e a cozinheira, e estava vivendo na penúria.[117] Embora protestasse diretamente com o Duce, Lessona não voltaria a ocupar cargo no governo.[118]

Enquanto o conflito chegava ao auge, uma informação da polícia dava conhecimento a Mussolini de que o caso era visto pela elite da sociedade com "desagrado e espanto".[119] Para o Duce, porém, não passava de mais uma prova da natureza fraca e pecadora do ser humano. Afinal, ele sempre acreditara que o mundo estava dividido entre "amigos" e inimigos. Em conversas espontâneas, muitas vezes definia certos homens como "amigos", e nessa elástica categoria incluía o duque de Pistoia, Preziosi, E. M. Gray, Volpi, o pintor Mario Sironi, Ezra Pound e muitos outros.[120] Informações da polícia continuaram a lembrar Mussolini que nem todos seus "amigos" eram confiáveis e realmente leais. Por exemplo, ouviram dizer que Balbo, que viera temporariamente da Líbia e estava hospedado nas opulentas instalações do Hotel Excelsior, em Roma, reclamara desde a série de violências fascistas na Espanha à inviabilidade do Estado corporativo, que, segundo ele, na prática era neutralizado pelos burocratas cuja mentalidade estava muito distante do que pensavam os verdadeiros trabalhadores. Balbo acrescentou que, em sua opinião, o erro estava no fato de os funcionários serem indicados pela cúpula. "Vou ser franco, prefiro eleições por inúmeras razões, inclusive de ordem pública. Eleições são um termômetro, medem a temperatura da opinião pública."[121] Tudo indicava que o governador da Líbia, uma alternativa a Ciano para sucessor do Duce, se convertera em liberal e, se tais palavras significavam alguma coisa, já não parecia o homem com a faca nos dentes dos tempos da revolução fascista. Ao contrário, parecia alguém que se afastava do pensamento de seu Duce. Tendo diante de si esta e outras informações,[122] e com as reuniões quase diárias com o premeditadamente hipócrita Arturo Bocchini, não causa surpresa o fato de Mussolini reforçar sua visão de que "o homem é um animal incoerente"[123] e que escolher um homem correto era como ganhar na loteria.[124] Também não surpreende o hábito de se recolher à sua rotina administrativa, particularmente pondo em dúvida se o regime modificara os padrões de procedimento e as atitudes de seus súditos. Lidar com assuntos externos, por mais complexos e sensíveis que fossem, era um alívio em comparação com a tarefa de impor a doutrina do totalitarismo fascista aos italianos.

Como prometera em sua diretriz de 30 de dezembro de 1934, tão logo o império fosse conquistado Mussolini mais uma vez voltaria sua atenção para a Europa e a crise internacional que novamente envolvia o continente.[125] Enquanto a Etiópia e a Espanha ocupavam as manchetes, o que estava acontecendo com a *Anschluss* e com a Alemanha, a Alemanha nazista? E quanto ao "fascismo universal"? O modelo italiano seria realmente o sistema político que dominaria o século xx, como Mussolini alardeava que devia acontecer?

Quanto a esta última hipótese, havia alguns elementos superficiais alimentando o otimismo. Ditaduras de direita já não se limitavam à Itália. De fato, em 1938-1939, a traição na Tchecoslováquia eliminaria o último estado europeu que, com exceção da Inglaterra e da orla atlântica da França à Suécia guardavam alguma semelhança com uma democracia liberal. Um novo ditador assumira o poder na Grécia, onde, em agosto de 1936, o general Ioannis Metaxas, eliminara, com aprovação real, o que restava de constitucionalismo liberal. Mussolini rapidamente manifestou sua aprovação ao golpe e, com seu fraseado característico, pressionou Metaxas para, o mais rápido possível:

1. Organizar um governo de partido único;
2. Criar uma única organização da juventude grega;
3. Criar uma única organização de patrões e empregados, reconhecida em lei e envolvendo contratos coletivos de trabalho e com apoio legal;
4. Criar um dopolavoro segundo o modelo italiano.[126]

Surgiram muitas tentativas complexas, para não dizer extravagantes, de definir "fascismo", mas, em 1936, essa simples fórmula (mais o papel do ditador-duce) poderia ser razoavelmente aceita como o entendimento de Mussolini do que sua ideologia e a correspondente "revolução" significavam.

Mussolini também propôs que as recomendações contidas nessa lista fossem adotadas na Áustria, onde, todavia, Schuschnigg nunca manifestou pela Itália a mesma simpatia demonstrada por Dollfuss e onde o regime "autoritário" que a Itália preconizava não conseguiu se afirmar.[127] Até Suvich, sabidamente antigermânico, em uma de suas últimas tentativas de resumir as opções diplomáticas da Itália antes de deixar o cargo em julho de 1936, admitiu que a situação na Áustria era "difícil".[128] No princípio de junho de 1936, Mussolini se reuniu com Schuschnigg em *Rocca delle Caminate* e lhe assegurou que "a posição da Itália em relação à Áustria é imutável". Salientou que conversas amistosas e preocupantes entre partidários de Schuschnigg e simpatizantes austríacos dos nazistas estavam *modus moriendi*.[129] Do mesmo modo, disse para os ingleses que não deviam se preocupar com o que poderia parecer um reaquecimento das relações ítalo-germânicas, possivelmente sugerida pelos acontecimentos. Entretanto, o tom nas relações entre os dois ditadores estava mudando, e logo depois da reunião com Schuschnigg, Mussolini recomendou a seu embaixador em Berlim, mudando radicalmente as imagens que costumava utilizar, que "em grande parte" ele agora era favorável a que a Áustria estabelecesse um *modus vivendi* com a Alemanha.[130] Também parece que tinha chegado a tal conclusão, porque em 11 de julho as duas potências germânicas tinham chegado a um acordo, indicando, pelo menos, que Schuschnigg aceitara o destino que levaria seu país a se acomodar cada vez mais obviamente na órbita nazista.

Diante da perspectiva e da renitente relutância no alto escalão inglês, especialmente por parte de Eden, em aceitar a conquista da Etiópia pela Itália,[131] Mussolini moderou seus esforços no sentido de manter uma frente antigermânica. "Os dois primores", como um burocrata chamava o Duce e o Führer,[132] estavam penetrando nos campos de poder um do outro. É verdade que Mussolini continuou assegurando a quem quisesse ouvi-lo que a absorção da Etiópia era a tarefa que estava à disposição dos italianos, que podiam, portanto, entrar na lista dos "povos satisfeitos".[133] Entretanto, praticamente ao mesmo tempo, convencia os companheiros fascistas de que era preciso "levar adiante, tanto quanto possível, nossa política de autonomia econômica".[134] Em setembro de 1936, Mussolini declarou para o ministro do Exterior da Áustria que as relações ítalo-germânicas tinham melhorado acentuadamente, já que os alemães tinham se recusado a integrar o bloco das sanções contra a Itália. Agora existia entre as duas nações uma "identidade" crescente no plano internacional. Quanto duraria? Isso, disse Mussolini, dependeria da Inglaterra, uma vez que a crise interna na França tornara impossível, por enquanto, qualquer diálogo com esse país. A Itália estava interessada em que Inglaterra e Alemanha chegassem a algum tipo de acordo. Porém, acontece que a Espanha também estava fortalecendo a *identidade* (Mussolini repetiu o termo) de pontos de vista entre Roma e Berlim. "Alemanha e Itália estão agindo em acordo na Espanha, ambas apoiando a revolução franquista."[135] No fim do mês, essas percepções ficaram ainda mais sólidas. Seria bom para Mussolini fazer uma visita oficial à Alemanha, como propunham os nazistas. Esse acontecimento, declarou, "terá grande repercussão. Significará o encontro dos chefes de dois movimentos e filosofias similares". Deve ser cuidadosamente preparado porque "sinalizará não somente a solidariedade entre os dois regimes, mas também (a adoção de) uma política comum nos dois Estados, que deverá definir com clareza suas posições perante leste, oeste, sul e norte".[136]

O primeiro a visitar a Alemanha foi Ciano, que, naquela fase de sua carreira, defendia ardorosamente laços de amizade mais sólidos com a Alemanha. Em 24 de outubro Ciano se reuniu com Hitler em Berchtesgaden e os dois concordaram amplamente que os ingleses eram desleais. Ciano levou um dossiê preparado pelo serviço secreto italiano comprovando a iniquidade de Londres em relação ao regime nazista e a necessidade de combater o bolchevismo. Com a aparente aprovação de Ciano, Hitler declarou que já era hora de Itália e Alemanha "serem mais proativas" e "passar ao ataque" nas negociações com Estados liberal-democratas. Disse:

> O Mediterrâneo é um mar italiano. Qualquer modificação no equilíbrio de poder nessa área deve favorecer a Itália. Então, a Alemanha deve ter liberdade de ação no Oriente e no Báltico. Orientando o esforço dos dois países em direções exatamente opostas evitaremos qualquer conflito de interesses entre Itália e Alemanha.[137]

Ciano, inexperiente e, apesar de sua pose de desencanto com o mundo, ficou fascinado e foi longe demais. Entretanto, não foi censurado pelo sogro. Ao contrário, em 1º de novembro, em discurso que proferiu em um palanque à frente do *Duomo* de Milão, Mussolini pronunciou palavras que ficaram famosas: A "entente" alcançada por Alemanha e Itália "não era uma divisória, mas um eixo em torno do qual todos os países europeus, animados pelo desejo de colaboração e paz, podem trabalhar. A Inglaterra, acrescentou, deve reconhecer que, embora o Mediterrâneo seja seu caminho para a Índia, para os italianos é "a própria vida". A Itália não podia continuar sufocada nessa região. Mussolini aproveitou a ocasião para reafirmar a determinação revolucionária do fascismo. Anticomunismo e anticapitalismo foram seus lemas: "Não somos daqueles que ficam embalsamando o passado. Somos os que antecipam o futuro". O fascismo estava construindo "a verdadeira civilização do trabalho", em que o sistema corporativo logo alcançaria sua "realização definitiva".[138]

Os historiadores divergem na interpretação do que estava acontecendo no fim de 1936 na política externa da Itália, ou seja, mussoliniana. Os que estudam a diplomacia italiana tendem a ser influenciados pelo nacionalismo, antigo ou novo, que muitas vezes defende que a conciliação entre Alemanha e Itália resultou do "realismo" e refletiu a busca da satisfação dos interesses nacionais mais do que foi fruto de semelhança ideológica ou vontade dos ditadores.[139] MacGregor Knox, ao contrário, vê o Eixo como "um objetivo que Mussolini perseguiu ativamente" a partir de janeiro de 1936, se não antes, como parte de seu ambicioso propósito se "acabar com o equilíbrio europeu" e estabelecer "uma aliança revolucionária ítalo-germânica contra o Ocidente".[140]

Entretanto, as provas demonstram que esses dois pontos de vista são exagerados. É verdade que a Itália fascista, então envolvida no *rapprochement* com a Alemanha nazista, era um Estado que, de tempos em tempos, contrariava o *status quo*. Em 1937-1938, Mussolini e Ciano subsidiaram com todo prazer os rexistas* fascistas da Bélgica[141] e os nacionalistas contrários aos ingleses em Malta,[142] no Egito[143] e em outras partes distantes do império Britânico.[144] Continuaram apoiando os terroristas croatas na Iugoslávia e começaram a pensar em transformar a Albânia de Estado-Satélite — em 1936 Mussolini definiu a Albânia como "uma província italiana sem um prefeito nomeado[145] — a outro sob subordinação direta ao governo italiano.[146] Conversavam abertamente entre si sobre como a Suíça poderia ter um futuro promissor, graças à composição totalmente italiana do Ticino.[147] Riram juntos quando Mussolini declarou que os ingleses eram um povo "que pensava com a bunda" e que os Estados Unidos eram um "país de negros e judeus", com os quais algum tipo de acordo mútuo estava fora de questão.[148] Também concordavam que os italianos só podiam ser mantidos sob controle se estivessem constantemente envolvidos em brigas[149] e que os capitalistas locais prefeririam proteger seus lucros a se engajar heroicamente em uma guerra.[150]

Todavia suas manifestações não se limitavam a essas conversas. Apesar de reiterados rumores sobre a morosidade, a ingratidão[151] e a crueldade[152] de Franco, a Itália continuou sendo a potência mais envolvida com a Espanha. Em consequência dessa e de outras atividades, entre 1935 e 1938 a Itália, como a Alemanha, gastou boa parte de seu produto nacional bruto em despesas militares, cerca do dobro dos gastos correspondentes da Inglaterra e da França.[153] Entre 1934 e 1940, os orçamentos militar e colonial absorveram

---

* Os rexistas são os membros de uma organização revolucionária da Bélgica na primeira metade do século XX com ideais semelhantes aos dos fascistas italianos e dos falangistas espanhóis. (N. T.)

51% das despesas do governo italiano.[154] Além disso, em diversas ocasiões Mussolini realçou sua decisão de evitar *giri di valzer* [meia-volta na valsa],[155] termo que ficara associado à inconstância diplomática da Itália liberal na Europa anterior a 1914.

Não obstante, em algum ponto por trás desse ardoroso palavreado, a oscilação continuava. A Itália se tornara fanaticamente anticomunista? Talvez. Certamente, quando tratando com os alemães, Mussolini, Ciano e outros integrantes da liderança fascista não se esqueciam de dizer isso. Além disso, os expurgos levaram Mussolini a condenar a URSS como lugar de "fome e terror", que só um cretino seria capaz de admirar.[156] Como que desejando provar seu novo compromisso com o anticomunismo internacional, em 6 de novembro de 1937 a Itália se aliou à Alemanha e ao Japão no Pacto Anticomintern e esfriou suas relações bilaterais com a União Soviética, relativamente amistosas até 1936.[157] Cessaram os elogios na imprensa fascista, que, até alguns meses antes, se mostrava curiosa, querendo saber se a URSS caminhava em uma direção nacionalista, corporativa e fascista.[158] Todavia, sob a superfície continuava viável um *rapprochement* entre Itália e União Soviética. O curioso é que, quando Ribbentrop foi a Roma para conseguir a adesão italiana ao Pacto Anticomintern, Mussolini conversou com ele menos sobre a URSS do que sobre a Espanha, a Áustria e o Mediterrâneo. Foram razões práticas, e não somente a ideologia, que levaram a Itália fascista a se tornar membro da aliança anticomunista.[159]

Será que, paralelamente, a Itália tinha se transformado em inimiga declarada da Inglaterra e seu império? Com Mussolini exercendo sua influência sobre Ciano, tudo indicava que a Itália estava "inevitavelmente" se aliando ao bloco antibritânico, e essa influência tinha a vantagem adicional de cada um poder ser mais severo do que o outro com o embaixador Grandi, que, conforme o que ambos alegavam, estava se tornando meio inglês.[160] Em abril de 1936, Mussolini já dissera a Grandi que a campanha de sanções instilara nos italianos profundo ódio pela Inglaterra: "Agora já demos a partida e vamos destruir quem tentar nos deter, pela força ou pela diplomacia".[161] O Eixo mostrou onde a diplomacia podia levar. Do mesmo modo, a rixa com Eden continuou pessoal e profunda (em ambos os lados) e Mussolini e seus companheiros festejaram quando, pouco antes da *Anschluss*, o ministro do Exterior inglês caiu. Tratar com Neville Chamberlain, primeiro-ministro da Inglaterra que assumiu o cargo em maio de 1937, era outra coisa. Grandi, Ciano e o Duce estavam dispostos a ouvir as sondagens sobre conciliação com a Itália partidas de representantes pessoais como Adrian Dingli, um advogado, e sir Joseph Ball, um membro Tory.[162] De acordo com Grandi, Chamberlain manifestara o desejo de uma solução "totalitária" para as divergências entre Itália e Inglaterra.[163] O próprio primeiro-ministro escreveu diretamente para o Duce expondo sua disposição para um acordo e invocando em seu favor o fantasma de seu irmão Austen, que, como disse, sempre vira em Mussolini "uma boa pessoa, com quem se podia negociar."[164]

Respondendo, Mussolini se mostrou disposto a reconhecer que os interesses dos dois países não estavam necessariamente em choque "no Mediterrâneo ou um qualquer outra região".[165] Naquela oportunidade não houve acordo e tampouco se excluiu a possibilidade de haver um,[166] mas a Itália prosseguiu sendo a potência mais arrogante entre as envolvidas na Espanha, onde o equivocadamente conhecido como "acordo de cavalheiros" assinado em janeiro de 1937 por Inglaterra e Itália foi ostensivamente ignorado por esta última nação. Ademais, em dezembro a Itália anunciou sua intenção de se desligar da Liga das Nações, e Mussolini acusou "o sinédrio de Genebra de se deixar manobrar por forças ocultas que trabalhavam contra a Itália e sua revolução".[167] As palavras do Duce foram ficando cada vez mais arrogantes e, tudo indicava, mais nazificadas, embora, como sempre, nada fosse tão definitivo que realmente separasse os outrora "amigos tradicionais". O relacionamento no futuro dependeria não tanto de seus próprios atos, mas do que a Alemanha nazista faria na Europa nos meses e anos seguintes.

A prova mais contundente do novo rumo seguido pela política exterior italiana surgiu durante a visita oficial de Mussolini à Alemanha entre 25 e 29 de setembro de 1937. A viagem culminou com um discurso que Mussolini proferiu na Alemanha, em Berlim, debaixo de um aguaceiro e até certo ponto hesitante, diante de uma multidão de cerca de 800 mil pessoas (um verdadeiro mar de pessoas que nem o Vaticano, e muito menos o regime fascista seria capaz de reunir na Itália). Abordou as semelhanças entre os sistemas fascista e nazista e afirmou que na verdade eram "as maiores e mais autênticas democracias do mundo nos dias atuais".[168] Os alemães fizeram de tudo para agradar o ditador italiano[169] e obtiveram sucesso. Não obstante, o Duce não assumiu compromissos definitivos e restou a Goebbels assinalar que todos deviam "aguardar e ver" as consequências em longo prazo das relações ítalo-germânicas.[170] Por outro lado, Mussolini voltou para casa declarando que estava mais seguro que nunca de que "o futuro da Europa será fascista".[171]

Qual era, então, o exato pensamento da Itália em relação à Áustria no fim de 1937? Afinal, a questão que Mussolini e seus assessores havia muito tempo consideravam fundamental para a diplomacia italiana era a *Anschluss*. Em novembro de 1936 o Duce ressaltou para seu gabinete a natureza "implacável" e "histórica" do ódio austríaco pela Itália.[172] Tratava-se de um país que jamais seria capaz de mostrar gratidão. Tentando de alguma maneira reagir, em abril de 1937, ao se encontrar novamente com Schuschnigg, emitiu a contraditória mensagem de que "a Itália continua observando uma clara política de manutenção da independência e integridade da Áustria, sincronizando e harmonizando essa posição com o Eixo Roma-Berlim". A Europa, acrescentou, estava "marcada pela existência política de dois blocos que surgem naturalmente como fruto de visões ideológicas comuns" e do trabalho que conduzem juntos na Espanha. Entretanto, ciente do clericalismo austríaco, explicou, em outra reviravolta em sua argumentação, que os dois estados totalitários se diferenciavam na questão religiosa: "Somos católicos, orgulhosos e respeitosos de nossa religião. Não aceitamos teorias raciais, sobretudo quando acarretam consequências legais. Nem mesmo nossas economias são semelhantes". O que a Itália fascista e a Alemanha nazista realmente compartilhavam eram "os inimigos comuns".[173]

Normalmente Mussolini procurava encontrar palavras capazes de sensibilizar seus ouvintes. Entretanto, esta última frase pode ter sido reveladora. Não significava que a amizade ítalo-germânica fosse apenas acidental, uma vez que o antifascismo internacional tinha sido em grande parte provocado pela violência e atitude agressiva da Alemanha nazista, da Itália fascista e de movimentos fascistas de menor expressão que ainda tentavam chegar ao poder. Porém, isso não queria dizer que Mussolini e os demais líderes italianos não endossassem a *Anschluss*. Não a encaravam como uma limpeza na área que permitisse algum tipo de agressão mútua. Ao contrário, a questão das relações austro-germânicas era, para Mussolini, mais um caso para fechar os olhos e esperar que, de alguma forma, o pior não acontecesse. Assim, em 1938 disse a Ciano que a união entre Áustria e Alemanha era inevitável, mas que preferia que fosse adiada.[174] Em 27 de fevereiro, revendo uma série de fatores importantes que envolviam a questão austríaca, Mussolini se convenceu de que "é do interesse da Itália que a Áustria permaneça independente". Esse interesse, acrescentou, não era tão grande que justificasse ser defendido militarmente ou impor "uma reversão completa de nosso relacionamento político com a Alemanha". Como a Itália não tinha poder suficiente para impedir a *Anschluss* — Mussolini continuava impressionado com as informações sobre a esmagadora germanofilia na Áustria[175] —, a Itália deve cuidar para que não sofra com a união Austro-Alemã. Lamentavelmente, observou, "a massa de alemães fará a diferença no Brenner e a situação pode gerar ramificações contrárias".[176] A despeito do Eixo, a diplomacia italiana continuava trabalhando em mais de uma direção. Ciano ouvia a repercussão vinda do novo homem forte da Iugoslávia, Milan Stojadinovic, e salientava inteligentemente que a Itália podia perfeitamente estabelecer um "Eixo vertical" para equilibrar o então existente "horizontal".[177]

Todavia, os acontecimentos viriam a contrariar essas considerações. Embora Göring, entre outros, tivesse prometido que a Alemanha jamais agiria na Áustria sem prévio acordo com a Itália,[178] em 10 de março de 1938 Hitler decidiu que era hora de invadir aquele país. A força invasora cruzou a fronteira no sábado, 12 de março. No dia anterior, Hitler enviou para Mussolini uma nota manuscrita explicando que a situação tinha ficado incontornável e que o Duce não agiria de forma diferente, "se o destino dos italianos estivesse em jogo". O Brenner, alegou Hitler, era a fronteira permanente entre os dois países — "esta é uma conclusão a que cheguei em 1938, mas logo após o fim da Primeira Guerra Mundial nunca escondi esta intenção".[179] Como a Itália não reagiu, Hitler emitiu uma mensagem mais curta afirmando simplesmente: "Mussolini, nunca me esquecerei".[180] No dia seguinte, Mussolini respondeu polidamente que sua tolerância representava a amizade existente entre os dois países, "comprometidos com o Eixo".[181] Seus companheiros notaram que ele estava visivelmente contrariado com os acontecimentos.[182] Seu discurso para a Câmara, explicando o ato como "obra do destino", foi embaraçoso, principalmente quando assinalou que "para nós, fascistas, todas as fronteiras são sagradas. Não podem ser discutidas, são defendidas".[183] Para Ciano confessou que a *Anschluss*, embora "inevitável", não lhe agradava e logo ocorreria uma agressão alemã à Tchecoslováquia, à Suíça e à Bélgica, nessa ordem.[184] Recomendaram a Claretta Petacci que ficasse quieta e não incomodasse seu amante quando ele estivesse examinando "preocupado" documentos do governo.[185] A Itália teria que adaptar sua política a um futuro conturbado, embora potencialmente compensador. Nesse ínterim, Mussolini determinou que acelerassem a construção de fortificações na fronteira nordeste da Itália.[186] Ciano registrou que ele e seu sogro estavam sendo bombardeados com cartas anônimas deplorando a *Anschluss* e sua covarde aceitação pela Itália.[187] Mais tarde, comentaristas concluíram que em março de 1938 a Itália perdeu sua independência e a história do "verdadeiro" fascismo chegou ao fim.[188]

O ritmo das relações internacionais continuou acelerando à medida que ocorria uma crise após outra, com a Alemanha nazista sempre sendo a potência que causava perturbação. Era um sinal dos tempos, e o embaixador americano William Phillips informou que Mussolini estava se afastando dos ingleses[189] e seu mundo cada vez mais girava em torno de Berlim. Parece que em abril o Duce reclamou do recrudescimento do nacionalismo alemão no Alto Ádige, ressaltando que, se esse movimento fosse apoiado por Hitler, poderia "toldar o horizonte do Eixo". Talvez tenha até comentado a possibilidade de acomodação com os ingleses.[190] Alguns jornalistas continuaram assinalando que, mesmo que a *Anschluss* fosse um desdobramento "lógico", a Itália fascista e a Alemanha nazista de modo algum eram regimes idênticos.[191] Todavia, soluções sutis estavam cada vez menos disponíveis para Mussolini e seu regime.

A crise seguinte veio logo depois da *Anschluss*. No começo de maio, Hitler fez sua segunda visita à Itália fascista e foi muito mais festejado do que fora em 1934.[192] É bem verdade que a viagem tinha seu lado negativo. Como chefe de Estado constitucional, o rei Vítor Emanuel III foi obrigado a fazer companhia ao Führer mais vezes do que o desejado por ambos. Comentou-se que o rei perguntou a Hitler quantas tachinhas poderiam ser encontradas nas botas da infantaria alemã e em seguida exibiu pedantemente seu conhecimento de detalhes ao explicar que na italiana havia 74 (22 no calcanhar e 52 na sola).[193] Em 1942 Hitler ainda lembrava que "nunca vira nada pior" do que os medonhos cortesãos que encontrara.[194] O Vaticano também ficou incomodado com a visita, e Ciano concordou em retirar a Via della Conciliazione, próxima à praça de São Pedro, do itinerário do desfile em homenagem a Hitler, já que Pio XI criara muitos obstáculos para festejar alguém que condenava como "o maior inimigo de Cristo e da Igreja nos tempos modernos".[195] Enquanto isso, sabendo que os alemães riram ao ver um desfile militar em Nápoles em que o número de quadrúpedes superava amplamente o de tanques,[196] Bocchini aproveitou a ocasião para sondar os nazistas sobre quem eles achavam que sabia a exata natureza das relações de Hitler com Eva Braun. Quando se tratou de assuntos mais importantes, os alemães ficaram mais tranquilos ao perceberem a possibilidade de criação de uma aliança militar em larga escala com seu "parceiro" do Eixo.[197]

Regressando da visita à Itália, Hitler, como em 1934, sentiu-se estimulado a agir, desta vez tendo como vítima a Tchecoslováquia. O Exército alemão tinha um plano pronto para a invasão, mas, desta vez, a Alemanha viu sua intenção frustrada quando os tchecos se mostraram dispostos a resistir. Mussolini disse a Ciano que percebera, por ocasião da visita do Führer, que o líder alemão usava rouge vermelho nas faces para disfarçar sua habitual palidez e os dois concordaram que a reunião com Ribbentrop tinha sido uma experiência irritante.[198] Mussolini também afirmou que, se a guerra eclodisse por causa dos tchecos, ele "entraria imediatamente no conflito ao lado dos alemães".

Claro que a manifestação foi apenas verbal e, durante o verão de 1938, os italianos não se concentraram na interminável guerra fria entre os amigos alemães e a Tchecoslováquia. Em 19 de agosto Ciano ficou alarmado ao ouvir que os nazistas estavam se preparando para uma ação militar, provavelmente no mês seguinte.[199] Embora Mussolini falasse mal de "tchecos, alemães, poloneses, húngaros, rutenos, romenos, eslovacos",[200] quando reapareceu no cenário internacional durante as fases finais da crise de Munique estava reduzido à condição de "segundo" de Hitler. Confidenciou a Ciano que, se a guerra pusesse a Alemanha de um lado e URSS, França e Tchecoslováquia de outro, ele permaneceria neutro, mas ele entraria em conflito se a Inglaterra entrasse na história, advertiu, se houvesse um conflito ideológico total, a "Itália fascista não poderia se manter neutra".[201] Com total incapacidade de sugerir uma solução para a questão, chegou a dizer que veria com bons olhos uma intervenção japonesa em uma crise geral, envolvendo ou não os Estados Unidos.[202] Ao mesmo tempo, de acordo com o novo conceito de *Blitzkrieg*, Alberto Pariani, vice-ministro da guerra, se manifestou em certa medida favorável ao "emprego de gás em larga escala", mesmo contra fortificações modernas, embora ele e seus companheiros militares não tentassem avaliar a repercussão provavelmente militar e, mais ainda, política de tal iniciativa. Felizmente para Mussolini e para o resto da liderança fascista, a crise de Munique não desaguou em guerra.[203] Ao contrário, o Duce, pela última vez parecendo um estadista de expressão global, foi o canal para o "plano" que finalmente solucionou pacificamente a conferência, embora Ciano percebesse que seu chefe estava de mau humor durante as derradeiras discussões em Munique, "entediado com o ar vagamente parlamentar"[204] das negociações.

Noticiando o regresso de Mussolini de Munique, as fotografias nos jornais fascistas mostraram um Duce "salvador da Europa" e entre as multidões que o receberam havia fiéis seguidores segurando cartazes que diziam: "Duce, você é o pai da humanidade".[205] Mussolini discursou dizendo que voltava para casa trazendo "paz e justiça", e assegurou para Claretta Petacci que ele era realmente o grande pacificador.[206] Os italianos comemoraram como nunca, desde que tinham conquistado Addis Abeba. A aclamação a seu líder foi tão extraordinária que Mussolini acabou reagindo contra ela.[207] Em fevereiro, novamente adotou formalmente o passo de ganso,[208] frisando que:

> [...] é um passo que os sedentários, os gordos, os idiotas e os assim chamados baixinhos (os que o escutavam identificaram uma indelicada referência ao rei Vítor Emanuel III) nunca conseguirão executar. É por isso que gostamos desse passo. Nossos adversários afirmam que esse passo quando desfilamos é uma autêntica demonstração de militarismo. Isso nos deixa felizes.[209]

Não obstante, em outubro de 1938 a massa do povo italiano demonstrava que desejava, antes de tudo, a preservação da paz em seu tempo. Ao que parece Mussolini teria que encontrar outra forma de sensibilizar seu povo para que emergissem homens e mulheres com um novo espírito. Como nunca no passado, chegara a hora de a Itália ser racista.

15
A APROXIMAÇÃO DE UMA SEGUNDA GUERRA MUNDIAL, 1938-1939

EM JULHO DE 1938 MUSSOLINI ESTEVE com o proeminente antropólogo italiano Guido Landra[1] e aproveitou a ocasião para expor alguns de seus pontos de vista. Os Mussolini, afirmou o Duce, eram "nórdicos". Nada tinham em comum com os franceses, ao contrário, tinham muitos pontos em comum com ingleses e alemães. Para comprovar sua afirmação, mencionou o casamento de Edda com um "toscano" e de Vittorio com uma "lombarda". Essas escolhas, destacou o Duce, revelavam a "permanente intuição de sua família (para se juntar) a pessoas mais puras sob o ponto de vista racial". Prosseguiu dizendo que essa conversa sobre ser "latino" ou "mediterrâneo" devia acabar na Itália e passar a privilegiar o "ariano". A *romanità*, porém, continuaria sendo uma característica da nova Itália fascista.[2]

Boa dose de ironia cercava essa tentativa do ditador italiano de ver a história de sua família em termos raciais. Afinal, não havia muito tempo desde que Mussolini considerara ridículo o "disparate anticientífico" dos alemães, mas aproveitou para destacar que essas ideias se baseavam nas teorias do "francês Gobineau".[3] Nessa ocasião, disse exaltado para pessoas mais próximas que Hitler era um "sujeito de cabeça confusa. Estava cheia de ideias filosóficas e políticas absolutamente incoerentes".[4] Depois das palavras vieram as ações, e nos primeiros anos da perseguição nazista, o Duce permitiu que cerca de

3 mil judeus alemães se refugiassem na Itália.⁵ Em 1936, ainda foi capaz de intervir pessoalmente a fim de apoiar judeus que considerava "amigos". O historiador George Mosse, membro de rica e distinta família judia alemã com amplos interesses em editoras e periódicos, ainda lembrava que naquela época Mussolini telefonara para sua mãe em Florença a fim de garantir que ela e sua família "não seriam incomodadas e [...] poderiam lá permanecer por quanto tempo quisessem".⁶

Não obstante, nos últimos anos Mussolini vinha se referindo de forma cada vez mais depreciativa aos judeus. Em novembro de 1936 sugeriu a seu gabinete que chegara a hora de introduzir a questão racial no discurso e na doutrina do fascismo.⁷ Um fator que influenciou decisivamente foi a hostilidade da imprensa estrangeira à guerra na Etiópia. O Duce começou a notar a grande incidência de judeus entre esses comentaristas. Como disse para Paul Einzig, economista que ainda simpatizava com o regime fascista: "O mundo judeu está cometendo um erro ao se aliar à campanha de sanções antifascistas dirigida contra um país europeu que, pelo menos até hoje, não defendeu e não praticou o antissemitismo".⁸ Em 1935, a demolição pela polícia de uma célula do *Giustizia e Libertà* em Turim já tinha revelado a presença de muitos judeus em seus quadros, enquanto, em Paris,⁹ Carlo Rosselli continuava exercendo combativa liderança na ala não comunista da causa antifascista.

Rosselli foi assassinado durante a Guerra Civil Espanhola, e esse conflito que opôs as forças da "ordem" contra as da "subversão" deu um impulso extra à apreciação do papel dos judeus nos movimentos revolucionários esquerdistas, começando com o próprio Marx. A constante sensibilidade de Mussolini ao que acontecia na França, país que outrora fora seu ideal e jamais deixara de ser seu modelo para comparações, ficou ainda mais exacerbada pela liderança¹⁰ exercida por Léon Blum sobre a Frente Popular Antifascista e pela proeminência, ao menos pelo que propalava a imprensa fascista, dos esquerdistas franceses no apoio à facção republicana. Cada vez mais chegado a Claretta Petacci, Mussolini implicava com a imprensa francesa e ficava furioso com as críticas à Itália e a ele próprio.¹¹ Não se tratava somente de suas atitudes e reações. Afinal, a revista jesuíta *Civiltà Cattolica*, influenciada pelo compromisso assumido com a causa franquista, elogiava a legislação antissemita até então adotada pela Alemanha e aprovava a ajuda do Eixo à "cruzada" dos insurgentes.¹² Naqueles dias, para muitos europeus havia somente duas opções em política. Se os judeus eram identificados na esquerda, automaticamente o antissemitismo pendia para a direita. Em praticamente todos os cenários da época havia questões importantes — o cada vez mais grave conflito com os ingleses sobre o Mediterrâneo,[13] a Espanha,[14] a repercussão das agressões aos judeus na Alemanha e o surgimento mais ostensivo do antissemitismo na Polônia, Romênia, Hungria (cada um destes países mantendo relações amistosas com a Itália fascista) — exigindo que Mussolini encarasse mais atentamente o problema racial.

Uma preocupação tipicamente italiana resumia a situação. Após a guerra na Etiópia, a jovem historiadora Emilia Morelli insinuou que a verdadeira mensagem que se tentava passar para os italianos era "unir-se contra um único inimigo, o estrangeiro",[15] mas a conquista de um império criara mais um problema, que ia além da simples xenofobia. Mussolini não foi o primeiro a levantar essa questão, mas, como reclamou com Ciano em janeiro de 1938: "O comportamento de muitos de nossos homens está fazendo com que os nativos percam o respeito pelo homem branco".[16] Dois meses antes recomendara firmemente ao duque de Aosta a imposição de uma "disciplina racial" aos italianos residentes no império,[17] embora o duque duvidasse seriamente da possibilidade de conseguir separar italianos e nativos, uma vez que, como assinalou em tom aristocrático para um inglês, os italianos que lá chegavam equivaliam "aos piores tipos que se podia encontrar no East End".[18] O sentimento de hostilidade racial para com os "negros" podia ser tema de uma longa história, tanto na Itália quanto em diversos outros países. Repousava em "uma percepção maciça", muito mais profunda do que no caso do antissemitismo.[19] Nos anos seguintes a 1936, houve muita discussão sobre as ramificações raciais do Império e a legislação discriminatória que começou a ser criada (ainda que nem toda ela fosse por iniciativa direta de Mussolini).[20] Embora alimentada pelas ideias que imperavam naqueles dias, as questões envolvendo uma legislação racial específica entraram na agenda italiana em Addis Abeba, mesmo que as consequências para a ditadura fossem bastante complexas. Um levantamento realizado constatou que Teruzzi, De Bono, Lessona, Graziani, Volpi e muitas destacadas personalidades do teatro e do cinema importavam empregados negros do Império, aparentemente convencidos de que suas presenças davam um destaque especial a suas casas na metrópole.[21]

Em março de 1937 Mussolini aproveitou sua visita à Líbia para anunciar uma política positiva para os habitantes árabes de seu império e todos seus primos étnicos, cujo nacionalismo "pan-arábico" os tornava antibritânicos e, portanto, pró-italianos, de acordo com o princípio de que o inimigo de meu inimigo é meu amigo. Essa política, embora implantada de forma um tanto errática, tinha suas próprias implicações, já que os judeus constituíam mais de um quarto da população de Trípoli quando aconteceu a ocupação italiana[22] e depois de 1922, com Mussolini, os judeus locais continuaram sendo ricos e influentes. Se relacionaram muito bem com Balbo desde quando ele chegou em janeiro de 1934 como governador e com a intenção de por em execução um amplo plano de imigração de camponeses italianos e modernizar a colônia em geral. Embora adeptos da modernidade, os judeus líbios desconfiavam do nacionalismo árabe,[23] e, em consequência, a fórmula que levara Mussolini a falar em amizade com os árabes locais trazia implicações potencialmente perigosas para os judeus locais.

No fim de 1937, ainda se podia duvidar de uma conversão total da Itália ao racismo antissemita. Ciano contou em seu diário que os judeus da Itália temiam que os nazistas o tivessem convencido a persegui-los. "Errado", comentou.

> Os alemães nunca levantaram essa questão comigo. Nem acredito que devamos desencadear uma campanha antissemita na Itália. Em poucas palavras, esse problema não existe aqui. Os judeus são poucos e, com algumas exceções, bons. Além disso, nunca foi uma boa ideia perseguir os judeus só por serem judeus, já que essa iniciativa despertará a solidariedade de todos os judeus do mundo. Eles podem ser manobrados por diversos outros instrumentos. Porém, repito, não existe o problema dos judeus. Talvez, em pequena escala, a sociedade precise dos judeus, tal como o pão precisa de fermento.[24]

Pode ser que Ciano estivesse tentando explicar em detalhes que seu sogro não gostava dos judeus, mas também que esse fato não o transformava automaticamente em um antissemita atuante.[25] Demonstrando a coerência entre os dois, em fevereiro de 1938 Mussolini repetiu praticamente as palavras de seu genro ao afirmar que não queria criar problemas onde não existiam. Nessa oportunidade, porém, havia um tom de ameaça no fim de seus comentários. Sua intenção era jogar água fria nos fanáticos inflamados pelo antissemitismo e afirmou, "mas sem deixar o fogo se extinguir".[26] O Duce estava quase convencido de que o poder de mobilização do racismo, demonstrado de maneira cada vez mais cabal pela Alemanha nazista, poderia ajudá-lo e à sua causa. Em outubro de 1937 Mussolini pedira a um dos jovens assistentes de Landra para preparar um resumo absolutamente acadêmico sobre os judeus da Itália segundo o ponto de vista da "ciência racial".[27] Ainda sem condições de imitar a Alemanha nazista, Mussolini estava, não obstante, emitindo sinais, bem mais significativos do que no passado, de que acabaria se convencendo da possibilidade e necessidade de alguma forma de antissemitismo na Itália.

Para levantar a questão, publicou anonimamente no *Informazione diplomatica* um artigo que, como disse a Ciano, era "uma obra-prima de propaganda antissemítica".[28] Começava negando mais uma vez que a Itália estivesse "a ponto de adotar uma política antissemítica".[29] Prosseguia alegando que a melhor solução seria a criação de um "Estado judeu", mas acrescentando que não poderia ser na Palestina, conclusão antissionista apoiada por Ciano já que, de outra forma, o jovem ministro do Exterior não poderia "preservar as boas relações com os árabes".[30] Todavia, foi no último parágrafo de seu artigo que Mussolini realmente pisou em outro terreno. O regime fascista, afirmou, não queria que a influência dos judeus, sobretudo dos imigrantes judeus, chegasse a níveis "desproporcionais".[31] Por enquanto, deixou para a imaginação dos leitores dimensionar esse desproporcional excesso.

À medida que a crise diplomática deslocava seu epicentro da Áustria para a Tchecoslováquia, a oratória de Mussolini foi se tornando mais estridente ao tratar de diversos aspectos do relacionamento da Itália com o mundo. Em 14 de maio de 1938, falando para os italianos em Gênova de um palanque construído para fazer lembrar a proa de um encouraçado, Mussolini aludiu a mais um dos lemas dos derradeiros anos do regime, *Chi si ferma è perduto* [Quem fica parado está perdido]. Para entusiasmar seu povo e fazendo uso do vocabulário xenófobo que inicialmente fora marca registrada dos nacionalistas e agora era muito mais popular, bateu na tecla de que os "estrangeiros" não compreendiam a Itália ao não reconhecerem a grandeza de seu passado. Ao contrário, um verdadeiro amigo da Itália devia estar atento para a atual realidade de "armas e ação".[32] Em 4 de julho, antes de um encontro na "nova cidade" de Aprilia, condenou o que chamou rudemente "as grandes demoplutocracias". E acrescentou secamente, "os inimigos da Itália".[33] O tom da exasperação em suas palavras preocupou os membros do establishment italiano, mas Mussolini, dando mais um passo audacioso, disse a Ciano, em particular, que a burguesia "derrotista" precisava ser corrigida por uma "terceira onda" de fascismo. Afirmou que estava determinado a criar uma rede de "campos de concentração" onde a vida dos que lá estivessem internados fosse mais dura do que a daqueles então submetidos ao *confino*. Para ficarem bem marcados, prosseguiu truculentamente, esses campos seriam iluminados por "uma fogueira de trabalhos escritos por judeus, maçons e francófilos". "Escritores e jornalistas judeus" seriam banidos. "A revolução", afirmou pausadamente, "agora deve deixar sua marca nos hábitos dos italianos." Os fascistas deviam parar de ser "bonzinhos" e começar a ser implacáveis, detestáveis. Em outras palavras: agir como os mandachuvas.[34]

Pela primeira vez o Duce não estava falando da boca para fora. Em 14 de julho o regime publicou o documento que ficou conhecido como "Manifesto dos Cientistas Raciais", para cuja redação o próprio Mussolini contribuíra.[35] Ademais, o fato de escolher o dia da Queda da Bastilha para lançar esse documento, que rejeitava boa parte do iluminismo que defendia com otimismo o potencial de fraternidade da humanidade, foi mais uma flagrante tentativa do Duce de enfrentar a superioridade moral e intelectual que, como sempre admitira, Paris desfrutava. À maneira de Mussolini, o documento foi organizado segundo uma lista de dez pontos, um conjunto de preceitos gerais sobre a questão das raças. Entre as principais frases estavam as que declaravam que "o povo da Itália tem origem ariana e sua civilização é ariana" e que "os judeus não pertencem à raça italiana" (e tampouco são "orientais" ou "africanos"). Apesar da esmagadora evidência da rica diversidade histórica dos italianos — tese normalmente admitida por Mussolini no passado e que nem sempre seria negada no futuro — ele agora afirmava que sempre existira "uma pura raça italiana" e que a grande maioria de sua linhagem habitava na península italiana "havia milhares de anos". Em artigo posterior no *Il Popolo d'Italia*, Mussolini voltou a insistir em seus temas:

> Nos reconhecermos como arianos significa declarar que pertencemos a um grupo historicamente definido como raça. (Pertencemos) ao grupo indo-europeu, responsável pela civilização que hoje vemos no mundo. Sem uma clara, reconhecida e onipresente consciência racial, não se pode defender impérios. Esta é a razão de alguns problemas que, outrora deixados nas sombras, adquiriram grande relevância desde 3 de outubro de 1935 (data da invasão da Etiópia).[36]

Certamente influenciadas por essas opiniões, a imprensa fascista rapidamente demonstrou seu apoio ao Duce. Em *La Vita Italiana*, Preziosi aproveitou a oportunidade para lembrar que ele sempre seguira esse caminho e apresentou uma lista de citações comprovando que, pelo menos desde 1921, Mussolini já se sensibilizava com o problema de raças.[37] Para demonstrar sua aprovação a essa reinterpretação de sua história de vida, Mussolini abandonou a anterior antipatia e recebeu formalmente Preziosi, e este, em significativa homenagem, presenteou o Duce com uma coleção completa de seu jornal.[38] Como era de seu feitio, Giuseppe Bottai tentou intelectualizar a nova política. O racismo italiano envolvia mais do que apenas "ciência", escreveu. Rejeitando o materialismo, poderia atualizar a corrente do pensamento humanista que vinha dos tempos de Maquiavel e Mazini e chegava aos dias de Mussolini. "A real base do racismo italiano é e deve ser eminentemente espiritual, ainda que, felizmente, resulte de fatores puramente biológicos." O racismo deve ser empregado para resistir aos judeus ("o quartel-general do antifascismo internacional") e aos africanos.[39] Poderia simultaneamente eliminar a "idiota e criminosa pseudoliteratura, principalmente a estrangeira", (Bottai também gostava de usar palavreado nacionalista, agora renovado) que definia os italianos como "sentimentalistas, indisciplinados, indolentes, acomodados no *dolce far niente*". A inteligência fascista, insistiu Bottai, poderia se mobilizar para difundir essa questão desde os Alpes até as ilhas.[40] O regime abraçara uma nova causa e seu esforço devia começar nas escolas, se estendendo para todos os setores da educação fascista.[41]

Quando abandonou a abordagem superficial e houve uma tentativa de entrar em pormenores, a teoria racista segundo o fascismo continuou confusa. Ninguém podia esclarecer o que significava o racismo espontâneo e o quanto dessa espontaneidade poderia se acomodar na história da alegada primazia racial italiana. Do mesmo modo, os dilemas de um governo imperial, a repulsa à miscigenação no império e o antissemitismo interagiam frequentemente, mas sem explicação ou justificação. A afirmativa de que o fascismo sempre fora racista não convencia ninguém, a não ser admitindo a percepção de que todas as sociedades europeias, e certamente as liberais da Inglaterra e da França, tinham potencial para se revelarem francamente racistas. A insistente reiteração da ideia de que a Itália agia independentemente e não procurava imitar a Alemanha, sua parceira do Eixo — alegação em que o povo não acreditava, não importando o que a imprensa dissesse[42] — e a afirmação de que os italianos precisavam passar por um novo processo de radicalização para que a revolução fascista pudesse finalmente se concretizar, estavam igualmente marcadas por contradições. A própria e inquietante proposta de Mussolini de criação de "campos de concentração" espalhados pela Itália — decisão pouco executada na prática[43] — era mais uma prova de que ele invejava cada vez mais o outrora iniciante "fascismo" de Berlim e procurava obrigar sua Itália a se igualar a seu vizinho (mais ou menos como o desejo de Crispi e muitos personagens da era liberal, querendo que a Itália adotasse políticas que convertessem o país em verdadeira "grande potência"). Até os nazistas se surpreenderam com a súbita adoção de ideais racistas pela Itália[44] (e ficaram intimamente espantados ao ver um povo racialmente tão corrompido passar a ser tão audacioso), mas a influência nazista estava de fato penetrando lentamente na Itália.

Fosse qual fosse a real influência exercida pelo modelo alemão, em agosto--setembro de 1938, enquanto a crise de Munique envolvia a Europa, a atenção de Mussolini estava voltada sobretudo para o campo interno, na prática de um proselitismo que favorecia sua "revolução" racista. No país, a incoerência (como também a desumanidade) das ideias estimulava a oposição e havia poucas coisas que irritassem Mussolini mais do que as críticas ostensivas. De volta de uma viagem oficial à Líbia, Balbo aproveitou a oportunidade para se queixar com Ciano a propósito da aliança com a Alemanha e do que Starace estava fazendo com a Itália e com o Partido Fascista. Quando seu genro rápida e maliciosamente tratou de levar para o Duce, então gozando férias em Riccione, as notícias sobre essas tão prejudiciais atitudes, Ciano ouviu um sermão do sogro. Se Balbo "movesse um dedo", Mussolini jurou que o prenderia. Entretanto, Balbo não era o único problema que incomodava o Duce. A autoridade precisava ser exercida com mais "intransigência". A monarquia era um peso incômodo para o regime. A família real precisava ser eliminada e a oportunidade viria com a vitória na Espanha. "A Itália nunca será suficientemente prussianizada", concluiu o Duce (a escolha dessa palavra provava que não compreendia o nazismo de então). "Nunca deixarei os italianos em paz, mesmo quando estiver seis palmos debaixo da terra", concluiu com uma agressividade que chegou a impressionar Ciano.[45]

E ainda havia o papa, que havia muito tempo criticava severamente a Alemanha nazista e agora não mais tolerava o antissemitismo italiano. "Um aceno meu" gabava-se Mussolini, "e posso fazer funcionar o anticlericalismo do povo, que tem dificuldade para engolir um Deus judeu." É por esta razão, continuou o Duce, obviamente maravilhado com o som de suas palavras, que "sou católico, mas anticristão".[46] Algumas semanas mais tarde, mais uma vez tentando provar sua dureza, sugeriu a Ciano que os judeus deviam ser despachados para uma concessão na Somália, região "com muitos recursos naturais que poderiam ser explorados pelos judeus. Além disso, há uma indústria de pesca de tubarões que vem a calhar porque muitos judeus podem ser engolidos".[47]

Além dos comentários grosseiros que fazia em seu gabinete, havia os discursos para o povo. Em meados de setembro Mussolini viajou para a fronteira nordeste. Nessa área, ainda não tinham cicatrizado as feridas de seus súditos consequentes da Primeira Guerra Mundial e do conflito do Risorgimento, e a hostilidade contra a Alemanha contava com base popular (e fora um fundamental estímulo para o "fascismo da fronteira"). Mussolini fez seu principal discurso em Trieste, e a despeito dos esforços para manter a imparcialidade, um observador esloveno reparou como tinha sido "irresistivelmente eletrizante" a presença de Mussolini no meio da multidão.[48] Após comentar o passado histórico, Mussolini justificou em alto e bom som a aliança com a Alemanha. Se a crise na Tchecoslováquia desaguasse em um conflito armado, a "posição da Itália já estava definida, ao lado dos alemães", afirmou o Duce. Depois de optar tão imprudentemente pela guerra, Mussolini passou a comentar o principal assunto da conjuntura interna, o problema da raça. A "questão racial", defendeu, não surgiu de repente. Ao contrário, tinha sido um tema importante para o governo imperial, uma vez que a raça envolvia uma série de implicações bem conhecidas. Porém, acrescentou bruscamente, a questão dos judeus estava no âmago do problema. Se o fascismo baixasse a guarda, o judaísmo, um bando de piratas, estaria sempre pronto para atacar o navio do Estado italiano e saqueá-lo. Era preciso fazer alguma coisa. Portanto, o regime estava caminhando para uma "política de separação", embora houvesse exceções para judeus com "inquestionáveis serviços militares ou civis" prestados à Itália e ao fascismo.[49]

Na prática, o processo legal de exclusão dos judeus da vida italiana já começara em 3 de agosto com o banimento de judeus das escolas.[50] A paz em Munique não deteve a campanha. Ao contrário, serviu para apressá-la. Ao perceber que em Munique não tinha realmente comprovado ser o "grande pacificador" e que era possível descrever Hitler como um "grande urso de pelúcia", um *sentimentalone* que "realmente gosta de mim", as conversas enigmáticas de Mussolini com Claretta ficaram mais amargas. "Ele destruiria todos os judeus", afirmava bombasticamente, "mataria todos, um por um." Também "exterminaria 4 milhões" de italianos que, agora reconhecia, eram degenerados raciais ao longo de "cinquenta gerações", trazendo o sangue corrupto de antigos escravos e libertos romanos.[51]

Dirigindo-se ao Grande Conselho ao retornar de viagem à Alemanha,[52] Mussolini insistiu mais do que o fazia no passado na necessidade de um ataque combinado à burguesia e aos judeus. Conversando com Bottai disse que vinha pensando na questão dos judeus desde 1908 (e assim, com a habitual autoconfiança, adaptando sua própria história).[53] Mussolini argumentou que os melhores romanos da antiguidade tinham sido, sem exceção, racistas. Toda a história italiana, prosseguiu, precisava ser entendida como a história de uma raça "ariana do ramo mediterrâneo, totalmente pura". Estava "matematicamente comprovado" (e essa frase predileta quase sempre significava imprecisão estatística), explicou, que ingleses e franceses não defenderiam a Tchecoslováquia porque no fundo se sentiam limitados por suas declinantes taxas de natalidade e porque estavam racialmente exaustos. Os italianos, em contrapartida, podiam ser ainda mais "militarizados" e assim aconteceria.[54] Em 12 de novembro, quando chegou a notícia sobre a *Kristallnacht* (Noite dos Cristais), Mussolini disse para Ciano que "aprovava incondicionalmente" o massacre promovido pelos nazistas. "Ele afirmou que se estivéssemos em situação semelhante, faríamos a mesma coisa."[55] Entretanto, no dia seguinte (talvez ao tomar conhecimento de que o episódio na Alemanha desagradara à opinião pública italiana),[56] ele recuou um pouco e definiu a multa imposta pelo governo alemão aos judeus como "absurda" e manifestou preocupação com a tendência do regime alemão de comprar briga com a Igreja Católica. O Eixo, alertou, não sobreviveria se os nazistas agissem contra os católicos alemães com a mesma ferocidade com que atacavam os judeus.[57]

Era comum se ouvir explicações de que Mussolini não aprovava a natureza do racismo alemão. Contudo, a Itália fascista continuava seguindo em frente com sua própria versão de guerra contra os judeus. Em 17 de novembro foi promulgada lei ao estilo das de Nuremberg.[58] A primeira cláusula dizia: "É proibido o casamento de pessoa italiana da raça ariana com pessoa de outra raça". Seguiram-se medidas detalhadas que resultavam na exclusão de judeus de atividades militares, educacionais,[59] bancárias e securitárias, de funções no governo e como membros do Partido, além de outras atividades de menor importância nas áreas dos negócios e da agricultura. De certa forma, esses banimentos foram atenuados por uma série de exceções admitidas nos casos de indivíduos que tinham prestado serviços ao país e ao fascismo, e suas famílias. A campanha pela imprensa prosseguiu. Telesio Interlandi,[60] rival de Preziosi como mais renitente racista e defensor da ideia de que no país "a lógica intrínseca do fascismo" era racista,[61] passou a editar a publicação quinzenal *La Difesa della Razza* [A defesa da raça]. Atraiu para seus quadros jovens fascistas como Giorgio Almirante, homem que nos anos do pós-guerra viria a ser o chefe do neofascista MSI (Movimento Social Italiano).[62] A Itália realmente se tornara racista e, em certa medida, assim permaneceria até a queda do fascismo.

Assim como os argumentos tão furiosamente defendidos pelo Duce e por outras pessoas se desgastavam pela hipocrisia e confusão que os caracterizavam, a prática do antissemitismo e outras formas de racismo na Itália nunca revelou sólida consistência. O caminho da Itália para Auschwitz era não somente sinuoso, mas também cheio de desvios. Até 1943 os judeus italianos foram perseguidos de forma jamais imaginada por eles, já que, em sua grande maioria, tinham apoiado o fascismo. Entretanto, não foram mortos. Em agosto de 1938 Farinacci tentou convencer seu chefe a analisar as razões que estavam por trás da política racial. Com seu estilo inimitável, começou amaciando o Duce com o divertido rumor de que a mãe do papa era judia. Seria engraçado se fosse verdade, comentou Farinacci com uma gargalhada. Bastava um aceno do Duce para que ele desencadeasse uma campanha pela imprensa de Cremona que faria o Vaticano corar de vergonha.[63] Na verdade, Farinacci tinha outros assuntos mais sérios em mente. O que o racismo realmente significava para a Itália? "Para ser franco," afirmou:

> Nunca fiquei convencido pela linha antropológica da questão racial. Ao contrário, se trata de uma questão eminentemente política. Na verdade, estou mais convicto que nunca de que, quando os cientistas se metem em assuntos políticos, só conseguem complicar a situação. Nas áreas de filosofia e ciência sempre é possível argumentar, mas quando se trata de razões de Estado, é preciso agir e vencer.[64]

Farinacci não alegava correr sangue ariano nas veias dos membros de sua família. Ao contrário, ele preferia a abordagem pragmática (alegando que era fascista por natureza).

Na verdade, havia um complicador em sua tosca e obstinada compreensão de teoria racial. Como muitos italianos, Farinacci tinha "sua judia", uma leal secretária de nome Jole Foà. O *ras* de Cremona se opunha à ideia de removê-la de seu escritório. Explicou, sem embaraço algum, que ela tinha cerca de cinquenta anos, uma solteirona que cuidava de uma irmã. Era competente e eficiente, uma excelente funcionária. Demiti-la sumariamente causaria má impressão. "Sou favorável ao extermínio de todos os judeus", escreveu em seu costumeiro estilo, "mas antes de condenar humildes e inocentes, devemos começar por aqueles que estão na cúpula."[65]

Essa ideia de ser complacente com uma extensa lista de casos especiais penetrou com facilidade no pensamento dos italianos,[66] talvez como parte do que era conhecido como "irrelevância dos bem-comportados".[67] Não há dúvida de que a possibilidade de haver exceções e isenções foi o lado oposto do conselho de Farinacci para que se tratasse taticamente a questão do racismo e não à luz do fanatismo da "crença científica". Apesar de todas suas elucubrações sobre a qualidade de sangue ariano possuído pelos Mussolini, o Duce realmente não demonstrava certezas, ou não o fazia de modo consistente. A despeito do ardor de suas palavras em 1938, não se tornara um acólito do racismo à moda alemã. Ao contrário, sua visão de vida continuava complexa, mesmo na intimidade da Villa Torlonia. No fim de 1941, enquanto os alemães impunham a solução final nos territórios que tomaram da URSS, Mussolini admitia em sua própria casa:

> Meus filhos protegem firmemente seus amigos judeus. Ameaçam lhes assegurar um lugar para dormir em suas próprias casas, a menos que lhes seja permitido emigrar ou poder, legal e definitivamente, encontrar um local onde possam morar na Itália.

De qualquer modo, tentando justificar uma condescendência paternal que não seria muito bem vista na frente oriental, ele pensava que um pouco de sangue judeu não faria mal aos italianos do futuro. Ademais, "nunca poderia esquecer que quatro dos sete fundadores do nacionalismo italiano eram judeus".[68] A inveja do sucesso militar germânico e a humilhação do fracasso militar italiano alimentavam, sem dúvida, a forma sempre depreciativa com que avaliava Hitler nos círculos privados, mas foi o fanatismo do Führer com sua ideologia racial que levou Mussolini a vê-lo como homem de "cérebro confuso", que lembrava um daqueles "filósofos charlatães que subiam em banquinho na praça".[69] Além disso, ao defender os judeus, seus filhos podiam estar dando um aviso. Afinal, o Duce não procedera como eles e tal como queria Farinacci? Em novembro de 1938 Margherita Sarfatti sumiu da Itália e mais tarde, por interferência direta e acolhendo o conselho de seu velho amante, foi levada de seu refúgio em Portugal para os Estados Unidos.[70] Mussolini pode ter defendido o racismo e até com particular veemência enquanto tentava convencer a si mesmo e a outros que a Itália se convertera em decidido irmão de armas da Alemanha nazista. Todavia, após a onda de legislação antissemita em 1938, que em menor dose se estendeu a 1939,[71] o ritmo da perseguição desacelerou na Itália. Acrescentando que na questão de raças e outras mais, a linha oficial adotada na "Itália legal" nem sempre se refletiu na "Itália real". Não importa o que acontecia entre os alemães, o fato é que os italianos não davam sinais de desejarem ser "algozes voluntários" de judeus.[72]

É absurdo querer absolver Mussolini de qualquer responsabilidade pelo holocausto, como tentaram alguns fascistas nostálgicos.[73] Vê-lo como um antissemita filosoficamente convicto ou como algum tipo de "fundamentalista" racista[74] é igualmente implausível. Como revelou a visão de Farinacci, o racismo fascista foi mais produto de oportunismo do que de fanatismo. Foi tão sem sentido quanto outros aspectos do governo de Mussolini.

Essa inconsistência ficou cada vez mais evidente à medida que a década de 1930 caminhou para um desfecho sangrento. Starace, um dos poucos fascistas que sempre tentaram trabalhar em prol do que julgava serem as ideias de seu Duce e que fora um inovador secretário do Partido, introduziu uma série de medidas destinadas a radicalizar a população. Em junho de 1936, o *Sabato Fascista*, ou Sábado Fascista, prometeu uma manifestação motivadora e um evento esportivo semanais. No ano seguinte foi aprovada legislação estabelecendo que qualquer função no governo só poderia ser ocupada por um candidato que fosse membro do PNF.[75] Starace tentou modificar os hábitos linguísticos proibindo o uso de um termo cortês *lei* (ele, ela), o condenando um tanto ironicamente por ser um apêndice de origem espanhola e exigindo que em seu lugar fosse usada a segunda pessoa do plural *voi*.[76] Foi apoiado por ex-nacionalistas como o notável geógrafo Giotto Dainelli, de ampla visão e de certa forma mais conhecido entre os linguistas puristas franceses que reagiam contra nomes "estrangeiros" de hotéis e outras influências prejudiciais vindas de fora. Produziu alguns resultados. O presidente do Touring Club tentou argumentar que a origem do termo de sua organização eram as palavras latinas *globus* e *tornus*.[77] Os proprietários do *Hotel Anglo-Americano* em Florença enfrentaram uma tarefa digna de Sísifo. Em 1940 mudaram o nome do hotel para *Albergo America*, em 1941 para *Regina*, em 1943 para *Mercurio* e em 1944 voltaram para *Hotel Anglo-Americano*.[78]

Em suas brigas com o que dizia, o principal papel de Mussolini era explorar ao máximo os lemas que Starace tentava transformar em equivalente político dos anúncios que já vinham anestesiando as mentes, em vitórias universais do consumismo. Mussolini, o líder que estava sempre certo, convencera seu povo de que estaria perdido se parasse. Deviam viver como leões e não desperdiçar mansamente um século. Acima de tudo seu povo devia acreditar, obedecer e lutar. *Con libro e moschetto, fascista perfetto* [Com o livro e o fuzil, o fascista perfeito]. Era preciso proclamar: *Noi tireremo diritto* [Devemos seguir em frente]. Estimulado por esses slogans, o Duce, pelo menos verbalmente, optou pela linha mais "totalitária" na maioria dos temas. Starace à parte, seu auxiliar mais entusiasta era Bottai, que em novembro de 1936 substituíra o turbulento De Vecchi como ministro nacional de Educação. Bottai apareceu com um slogan de sua própria autoria, embora não fosse o mais convincente. "A escola", declarou, "é o termômetro da vida moral da nação."[79] Para reviver e fortalecer ainda mais esse interesse no controle dos italianos por meio de palavras, em 1939 Bottai publicou *La carta della scuola* [carta da educação],[80] e este título fez lembrar o tom solene da *Carta del Lavoro* da década anterior. A educação, declarou, continuava sendo um reduto da "burguesia", mas agora, finalmente, seria tirada de suas mãos e colocada sob o controle do Estado fascista e do povo.[81] Tal como a política racial, explicou, essa mudança era a consequência natural da vitória do império.[82] A educação era um instrumento essencial para a preparação dos homens e mulheres do novo império. Permitiria a Mussolini ser o líder de uma "revolução permanente".[83]

Apesar das palavras tão arrebatadas, de certa forma a luta para criar uma cultura fascista estava esmorecendo. A nova geração de jovens de melhor nível assistia filmes e lia romances americanos,[84] e, tanto quanto podiam, consumiam à maneira americana. Edda Ciano, modelo extremamente contraditório para as jovens que chegavam à alta sociedade, na época em que acompanhou o marido em Xangai aprendeu que era chique beber Coca-Cola.[85] Todavia, na área rural o analfabetismo continuava sendo a regra.[86] As primeiras diretrizes educacionais para superar essa reconhecida limitação foram insuficientes quando comparadas com as adotadas na URSS, por exemplo. A visão mais realista tentada por Starace, que tanto aborreceu alguns setores da elite ainda convencidos de sua supremacia intelectual, era muito complexa para ser entendida por muitos camponeses, cuja cultura pouco evoluíra ao longo de duas décadas de "revolução" fascista. Na alta, como na baixa camada, o esforço fascista estava fracassando. Como o Duce reagiu ao grande número de fatos que comprovavam o abismo entre a teoria e a prática fascistas?

Um membro do Grande Conselho lembra de como aumentou a "irritação" de Mussolini durante aqueles anos.[87] Esse desconforto sempre foi visível na forma como o Duce reagia perante os fatos da vida, agora reforçado pela frustração que sentia diante da evidência no plano interno (inclusive na própria família), mas também e principalmente nas relações com a Alemanha, de que ele não estava sendo o homem de ferro capaz de moldar entes humanos.[88] "Não sou um ditador, sou um escravo", disse para Claretta em maio de 1938. "Não sou o chefe dentro da minha própria casa." E continuou, "estou cheio, cheio de tudo, de casa, de Forlì, de viver neste mundo. Preciso de um novo mundo que eu mesmo possa construir".[89] Porém, algumas pessoas, alvos de seu constante rancor, não se impressionavam. Vito Panunzio, filho de importante ideólogo fascista, lembra como, em 1938-1939, ele e seus amigos universitários costumavam reclamar inconformados de Starace e da aliança com a Alemanha. Também ficavam aborrecidos com o evidente desprezo de Mussolini pela humanidade e, em sua rebeldia, conjecturavam se o fascismo "deles" não seria melhor do que o "dele".[90] A polícia ainda funcionava bem, com grande eficiência, e havia poucas indicações de possibilidade de renascimento do antifascismo,[91] mas, à medida que se aprofundava a crise de Danzig, crescia a sensação de que o regime estava perdendo gás. Essa frouxidão era atribuída principalmente aos "fascistas" (em especial ao nada simpático Starace) e não a Mussolini.[92] Entretanto, na intimidade de seu diário, um intelectual recordou os rumores de que o Duce procurava diariamente os médicos para verificar sua saúde e de que sua competência como nadador era bem menor do que anunciava oficialmente.[93] Embora a propaganda oficial sobre o "físico bronzeado", os "músculos bem trabalhados" do Duce e seu regime de trabalho fosse cada vez mais intensa,[94] na cabeça de muita gente já crescia a impressão de que aquele deus tinha pés de barro.

Na verdade, não eram apenas as habilidades esportivas de Mussolini que eram contestadas. Tendo completado 55 anos em julho de 1938, o Duce se permitia pequenos pecados sexuais, bem sabidos por alguns. Para os que conheciam a questão, o problema com os Petacci estava ficando incômodo. Durante os agradáveis verões de 1938 e 1939, a família residia em uma região que tinha como cenário o maravilhoso Grand Hotel em Rimini (que o diretor Federico Fellini tornaria famoso com o magnífico filme *Amarcord*). Nessa encantadora região, os Petacci tinham convenientemente se instalado perto da casa de veraneio do Duce em Riccione, à beira do Adriático, e logo começaram a circular rumores sobre a euforia com que Claretta reagia quando seu amante lhe telefonava.[95] Em suas valiosas recordações dos dias que passou na prisão em 1943, ela lembrou um amanhecer em que os dois estavam juntos em uma praia deserta no Adriático e ele a chamou *baby*, dizendo que a amava, que a adorava. "Você é a parte mais linda de minha vida, você me faz sentir mais jovem", lembrava a frase que ele lhe dissera.[96] Pior que as manifestações sentimentais de Claretta eram as malandragens de seu irmão Marcello, que descaradamente abriu caminho para seu sucesso em provas de cirurgia por meio de "recomendações" consideradas indiscutíveis graças a suas relações com o Duce. Foi tão insensível no trato dessa questão que foi aprovado por professores covardes especificamente escolhidos para examiná-lo e mereceu comentários irônicos dos funcionários que facilitaram e registraram os procedimentos da prova.[97] Seu grosseiro comportamento em Roma também serviu para lhe granjear notoriedade. Um incidente em que seu cão mordeu a orelha de um jornalista foi publicado no *Il Messaggero* sem indicar o culpado.[98] O ambiente de "corrupção" nunca ficou longe da Itália fascista e, à medida que o regime e o Duce duravam, a venalidade e a devassidão se propagavam.

Se o controle sobre o que pensava o povo já não era total, o que dizer dos fundamentos legais do regime e sua pretendida revolução permanente? A crise do fim dos anos 1930 gerou nova avaliação da própria Constituição do Estado Fascista. Estaria precisando ser emendada? A resposta oficial era sim, a revolução precisava de um novo impulso, sob todos os aspectos. De fato, a partir de setembro de 1924, por ordem de Mussolini, um burocrático grupo de comissões começou a examinar a estrutura institucional do fascismo.[99] Seus relatórios foram seguidamente ignorados. Somente em março de 1939 aconteceu algo realmente positivo, quando a Câmara dos Deputados foi abolida e substituída por uma *Camera dei Fasci e delle Corporazioni* [Câmara de Organizações e Corporações Fascistas]. Entretanto, seus membros continuaram tão indiferentes quanto antes e, curiosamente tratado com mais transigência, o Senado sobreviveu sem sofrer alteração. Definir a nova estrutura como "verdadeira democracia"[100] não convencia ninguém, tanto quanto o comentário de Mussolini que, tentando justificar as modificações, afirmou que "o Senado é romano, mas a Câmara é anglo-saxônica".[101] A versão do Duce para a revolução permanente era cada vez mais modesta. Mais parecia uma prova de sua imutável percepção de que o resto da humanidade não era afeito à sua imagem (atitude arrogante que em parte traduzia a consciência de suas próprias imperfeições e o temor básico de que o fascismo nunca atingisse o vigor intelectual do socialismo que ele há tanto tempo abandonara).

A posição do rei era outro tópico a ser discutido, e Mussolini particularmente depreciava o monarca como símbolo do caráter pusilânime dos italianos e por sua aversão ao Eixo. Em diversas ocasiões Vítor Emanuel se manifestou contrário ao Eixo,[102] principalmente com base no clássico argumento de velho soldado de que os aliados da última guerra o seriam para sempre. Em março de 1938, a rixa entre o monarca e o Duce ficou mais séria quando subitamente foi informado por Costanzo Ciano de que Mussolini seria proclamado *Primo Maresciallo dell'Impero* [primeiro-marechal do Império], posto sem precedente e com implicações de natureza real, pelo menos em potencial.[103] Mussolini passaria a ser o comandante supremo das Forças Armadas italianas em tempo de guerra, cargo até então privativo do rei.

Vítor Emanuel deixou claro seu desagrado com essa perda de prerrogativa real e levou Galeazzo Ciano e Starace a imprudentemente aventarem a necessidade de, em algum momento no futuro, criar uma república fascista.[104] Obviamente foi com justo e malicioso prazer que Mussolini transmitiu ao rei o parecer de um jurista fascista justificando a legalidade do novo cargo que "eu, embora não seja advogado, acho que liquida a questão".[105] Satisfeito como costumava ficar quando tomava uma iniciativa como essa, o Duce logo permitiu que seu relacionamento com o rei voltasse à antiga rotina. Anos antes ele afirmara que os dois podiam ficar no mesmo quarto de dormir, mas em camas separadas.[106] Foi uma definição bastante precisa de como até então tinham sido e continuavam sendo suas relações. Ambos se refugiavam em uma misantropia e misoginia que se aprofundaram com o passar do tempo. Mussolini deve ter concordado quando ouviu dizer que o rei acreditava que as mulheres "só serviam para remendar meias e serem levadas para a cama"[107] e que o monarca achava que o chefe do Estado-Maior geral, Badoglio, era homem com "cérebro de passarinho em corpo de elefante".[108] Talvez Bottai tenha pensado que ele chegara a uma definição precisa ao descrever Vítor Emanuel como "rei de um estado totalitário, arcabouço de um povo organizado",[109] mas cada um dos dois, o monarca e o Duce, continuava achando que, como tudo que a humanidade produz, as palavras não surtiam efeito.

Ambos, tanto o Duce quanto o imperador, não gostavam de padres. Nos últimos anos do pontificado de Pio XI, que morreu em 10 de fevereiro de 1939, houve alguma tensão entre o Estado e a Igreja. Em sua encíclica *Mit brennender Sorge*, de janeiro de 1937, Pio XI atacou o regime nazista, o acusando de ser quase igual ao infeliz comunismo da Rússia em termos de estado, ideologia e moralidade. O fascismo sempre ficou fora dessa acusação. A cúpula da Igreja não endossava o "modelo fascista", mas Pio XI renegava a campanha racista, não confiava no Eixo e não escondia de Mussolini essas objeções. Em contrapartida, o Duce frequentemente deixou seu desagrado chegar ao conhecimento do pontífice e se recusou veementemente a manifestar seu pesar pela morte do papa. O Vaticano, afirmou, era insignificante demais para fazer jus ao reconhecimento por parte de um guerreiro granítico como ele.[110] Não obstante, a entronização de Pio XII foi bem recebida pela liderança fascista,[111] aliás como deveria ser, tendo em vista o passado da família do novo papa nas altas rodas financeiras da Itália, seu ardoroso anticomunismo[112] e sua preferência pelo fascismo a outras ideologias modernas que escravizavam a pecadora espécie humana. Apesar de outros pequenos atritos com Mussolini, Pio XII, sentado no trono papal, não deu origem a ruptura alguma na convivência entre Igreja e Estado na Itália fascista.

Em 1939, as falas do Duce refletiam as reclamações que circulavam sobre insuficiente fervor revolucionário fascista no plano interno. O campo internacional, todavia, dominava as manchetes e era, obviamente, a prioridade de Mussolini como executivo. A esse respeito, os meses seguintes a Munique foram agitados por novas exigências fascistas de retribuições e pagamentos. O alvo era a França e os objetos ambicionados eram Nice, Córsega, Savoia, Túnis e Djibouti.[113] Foi nesse momento que Mussolini disse a Clara Petacci que os franceses eram o tipo de povo sempre tentando lhe armar ciladas e que deviam pagar por sua habitual perfídia.[114] Mas até que ponto era realmente séria a chantagem fascista para com a França? Não muito, uma vez que os preparativos militares contra o vizinho do noroeste da Itália eram basicamente de natureza defensiva e os planos para operações italianas contra a Córsega ou Túnis não passavam de imaginação. Muito pelo contrário, as conversas do Duce com Ciano revelam as limitações de um governo carismático e demonstram que para Mussolini quase tudo era negociável. Savoia,[115] pensava ele, poderia ser trocada pelo Ticino.[116] Mas até onde o Duce iria por Djibouti? Ou será que o verdadeiro objetivo da campanha era, como na época Mussolini alardeava, servir astuciosamente como cortina de fumaça para um próximo ataque italiano à Albânia? Não obstante, mesmo para esse evento tão ambicionado, os preparativos estavam em estágio primitivo.[117] Talvez a apreciação mais esclarecedora sobre o atrito com a França fosse a feita pelo rei, quando comentou, feliz, que o "destino" poderia colocar a Córsega nas mãos do poder italiano, especialmente em meio a uma "grande crise".[118] A ambição do monarca revela que não era preciso ser um fascista convicto para um líder italiano alimentar desejos de se apossar de um território onde nem Ciano admitia existir um irredentismo corso.[119]

No ano-novo, a censura à França repercutiu na imprensa, mas a política italiana voltou sua atenção para a Inglaterra. Neville Chamberlain e seu ministro do Exterior, lorde Edward Halifax, foram a Roma em janeiro de 1939. Mussolini achou este último uma pessoa sombria, que espalhava melancolia por onde passava.[120] O primeiro-ministro inglês, que ficara impressionado com os modos "tranquilos e reservados" do Duce em Munique,[121] tentou aproveitar os bons ofícios do ditador italiano para obter do enigmático Hitler o que considerava a última tentativa de conciliação. Chamberlain manteve seu otimismo, facilmente seduzido por pequenos gestos como, por exemplo, o fato de Mussolini aparecer para um banquete em traje a rigor, e não de uniforme.[122] O Duce, contou Chamberlain, parecia "muito bem", possuía "forte senso de humor e um sorriso sedutor", e sua conversa era muito "agradável". Não obstante, "se manteve absolutamente leal a Hitler".[123] Menos generoso, Ciano resumiu as conversas afirmando que "não levaram a nada".[124] Chamberlain nada trouxera de concreto para os italianos.

De qualquer forma, antes e durante a visita, a real atenção de Mussolini e Ciano esteve voltada para os sempre diligentes alemães. Ribbentrop sugerira que o Pacto Anticomintern fosse convertido em uma aliança plena, e os líderes italianos gostaram da ideia.[125] Entretanto, mais uma vez esse entusiasmo foi limitado. Em janeiro-fevereiro de1939, Mussolini rejeitou propostas dos chefes militares para formalizar um tratado militar com a Alemanha. O Duce não compartilhava o temor dos militares de uma invasão francesa.[126] Ele tentou contemporizar com os alemães e, em 10 de março, disse a Ciano que o povo italiano estava militarizado, mas que não era guerreiro. Basta dar aos italianos "linguiça, manteiga, cerveja e um carro popular", declarou Mussolini, e eles param de perturbar o mundo.[127]

Não foi a primeira vez que Mussolini externou sentimentos particularmente impertinentes. Em 15 de março, Hitler se apoderou da "corcunda" do território tcheco, alegando que estava protegendo o padre Jozef Tiso, que inesperadamente se tornou governador clerical-fascista da Eslováquia. Não houve tentativa de avisar à cúpula italiana, que foi surpreendida pelos acontecimentos. Um decepcionado Mussolini resmungou: "Os italianos vão rir de mim. Toda vez que toma um país Hitler me manda uma mensagem".[128] Na Villa Torlonia, Ciano encontrou o Duce taciturno, cansado, envelhecido e convencido de que ninguém seria capaz de impedir que os alemães assumissem a hegemonia na Europa.[129] Pouco depois, o Grande Conselho analisou a questão. Por enquanto os ingleses tinham decidido se opor à Alemanha nazista se a Polônia fosse seu objetivo seguinte e, assim, criasse condições para a próxima "batalha por Danzig", a primeira das que seriam travadas na Segunda Guerra Mundial. A descrição que Bottai fez do que aconteceu no Grande Conselho é reveladora. Os membros do conselho começaram revendo análises da situação internacional feitas pela imprensa, mas Mussolini assumiu a direção da reunião e desabafou o que sentia: "ironia, revolta, desgosto, aborrecimento, desprezo". A emoção tomou conta de todo o conselho. Como era iminente uma reação mal-humorada às demoplutocracias, em tom menos inflamado o Duce começou a examinar o poder germânico. Sob esse aspecto, os dados eram instigantes. Os alemães eram militar e demograficamente muito mais fortes. "Oitenta milhões" de alemães superavam os 45 milhões de italianos, disse Mussolini secamente. De qualquer modo, repetiu uma expressão que estava se tornando sua ideia fixa: não poderia haver mais *giri di valzer*.[130] Gostasse ou não, a Itália fascista estava condenada a ficar ao lado dos alemães por razões ideológicas e práticas.[131]

Um aspecto da superioridade alemã ao qual Mussolini se referiu com singular concisão foi a economia. A produção industrial alemã, assinalou, superava a italiana em doze para um. Mussolini adorava proclamar, como informou um destacado industrial em 1937, que "uma questão econômica nunca detivera a história".[132] Contudo, nos anos mais recentes os processos em curso estavam cada vez mais vinculando o comércio de bens e homens da Itália ao rolo compressor nazista, tendência que se confirmou quando um novo tratado comercial foi assinado pelos dois estados totalitários em fevereiro de 1939.[133] De grande importância para a propaganda foi a transferência de 500 mil "operários convidados" italianos para a Alemanha.[134] A história desses imigrantes oriundos de um país, que afirmava ter banido a palavra *migração* de seu vocabulário, para outro, que alegava ter se tornado racialmente puro, foi muito impactante. Mas também houve outras consequências práticas, as mais inquietantes. Sob vários aspectos, os italianos na Alemanha eram potenciais reféns. O regime fascista, que anunciava com estardalhaço estar enviando trabalhadores para o exterior, teria condições para impor uma reviravolta nesse processo e, para dizer a verdade, em qualquer outro aspecto da política do Eixo? O que isso significaria para a ditadura italiana se os trabalhadores não regressassem? Exportando seus recursos humanos, a Itália não estaria se transformando no primeiro satélite[135] da Alemanha nazista?

Mais uma vez os pesadelos povoavam o pensamento dos italianos. Como brilhantemente definiu um diplomata romeno:

> Mussolini desafiara o destino por tempo demais para não perceber a possibilidade de uma sempre possível reviravolta. Como o ingênuo Polícrates, alertado por sombrios prognósticos, pareceu ansioso por escapar a seu destino. Sua associação com Hitler, que podia dispor de forças infinitamente superiores, tinha características preocupantes. Ele viu-se violentamente arrastado ao longo da estrada que abrira, prisioneiro do sistema que criara e das paixões que desencadeara, em busca de um objetivo que por fim lhe pareceu incerto. Tendo provocado o vento, temeu o redemoinho que se aproximava sem controle. Ainda ficou esperando que sua energia fosse capaz de livrá-lo das pedras do caminho. Seu instinto, ao contrário do de Hitler, não o levava a enfrentar frontalmente os obstáculos. Preferia contorná-los, mas sua percepção do perigo iminente não evitou as manifestações que dele tomaram conta: antigos rancores, violentas irritações e constantes explosões de autoestima. Diante dos infortúnios cuja aproximação de alguma forma percebia, sua preocupação diária era ser cada vez mais enfático.

Além disso, a sensação de constante desconforto estava cada vez mais relacionada com o ameaçador cenário internacional. Mussolini, conclui a apreciação, "tolerava a seu lado esse lúcido e jovem libertino (Ciano) como se fosse um alerta de que o poder estava escapando de suas mãos".[136]

Para afastar qualquer cogitação que traduzisse humilhação, o regime de Mussolini resolveu invadir e absorver a Albânia. E o fez da maneira mais violenta possível, atacando na Sexta-Feira Santa,[137] no dia seguinte àquele em que Geraldine, a rainha albanesa, tinha dado à luz um filho. Para dizer a verdade, o rei Zog não era um modelo de virtude e, ao fugir do país, levou consigo, segundo se dizia, cem sacolas de ouro, tesouro que permitiu que se instalasse com numeroso séquito no Ritz Hotel de Londres.[138] A possibilidade de a Itália obter um protetorado sem um ato de força foi descartada por Mussolini[139] e ele deixou os preparativos a cargo de Ciano e seu pessoal. Não foram bem-sucedidos. Apesar da ausência de oposição política, a população albanesa de modo algum se entregou de corpo e alma ao mando italiano, sabendo, melhor do que os sicilianos, que os regimes passam, mas a rotina de vida continua. Vítor Emanuel conquistou mais um reino para sua coroa e logo foi organizado um Partido Fascista Albanês, embora o governo fascista permanecesse superficial e dispendioso. Ainda que a Albânia ficasse na Europa, a agressão fascista ganhou o contorno sinistro do nazismo, e o território logo assumiu o caráter de mais um posto avançado do Império, mal absorvido pelo Estado "totalitário" e deixado à míngua em seu tradicional "atraso".

Talvez o Duce já estivesse acostumado com a ideia de triunfos amargos, mas a Albânia alimentou um ataque de rabugice. Um plano de paz proposto por Roosevelt, assinalou Mussolini maliciosamente, era fruto da "paralisia galopante".[140] Quis com isso dizer que os distantes americanos pouca influência exerciam. A ininterrupta crise e as evidentes deficiências surgidas quando as forças italianas desembarcaram na Albânia — observadores militares comentaram o "amadorismo infantil"[141] que lá demonstraram — acabou provocando uma reavaliação do poder militar do país. Depois da agressão alemã a Praga, Mussolini tinha declarado: "A ordem do dia é esta: mais canhões, mais navios, mais aviões. A qualquer custo. Não importam os meios".[142] Entretanto, seis semanas mais tarde Ciano admitiu que o poder militar italiano era um "trágico blefe". Não havia reservas e até o equipamento para defesa era antiquado ou, na verdade, não existia. O Duce alegou com tristeza que tinha sido enganado pelos militares.[143] Não muito depois, Felice Guarneri apresentou informações igualmente preocupantes sobre a balança comercial da Itália.[144] O ministro do comércio havia muito tempo desconfiava da capacidade do país para suportar grandiosas iniciativas na área da política exterior e aconselhara o Duce, que considerava "tirânico", a "se abrir para a realidade".[145] Qualquer pretensão de império, advertiu Guarneri, simplesmente "engoliria a Itália" diante dos custos envolvidos.[146] As leis raciais e as sucessivas crises diplomáticas, por exemplo, eram ruins para o turismo, verdadeiro tesouro nacional que, segundo sua estimativa, caíra 60% ao longo dos seis primeiros meses de 1939.[147] Em resumo, a economia da Itália era "precária"[148] e não podia suportar mais choques. Não seria capaz de fazer frente a um conflito internacional.

Havia uma enorme diferença entre palavras e fatos, difícil de ser negada pela cúpula fascista, e os acontecimentos se sucederam. Mussolini continuava falando belicosamente na "inevitabilidade" da guerra, mas, com palavras cuidadosas, tentava dar a entender que a Itália precisava de "três" anos ou mais de paz (o número era o menos importante, pois era grande a probabilidade de ser estendido).[149] Enquanto isso, Ciano viajava para se encontrar com Ribbentrop em Milão e, obedecendo a ordens diretas de Mussolini, em 7 de maio assinou a aliança com a Alemanha nazista, que ficou conhecida como o Pacto de Aço.[150]

Dado esse importante passo, ficou consumada a escolha de lado. O rei alertou que, tão logo percebessem que não precisavam mais da Itália, os alemães mostrariam "os canalhas que são".[151] Reagindo a previsão tão desalentadora, Mussolini comentou irritado: "Sou como um gato, sensível e prudente. Mas quando salto, sei perfeitamente onde quero chegar". Teria chegado o momento, ponderou o Duce, de acabar com a casa de Savoia?[152] Porém, ainda não se julgava pronto para dar tal passo. Em 30 de maio enviou para Hitler um circunstanciado relato das razões que o levavam, apesar de considerar a guerra "inevitável", a adiá-la até "o fim de 1942". A Itália ainda tinha algumas metas a cumprir, admitiu — a consolidação na Líbia e na Albânia, a pacificação da Etiópia, a transferência das indústrias de material bélico do vale do Pó para o sul do país. Precisava de mais seis encouraçados, melhorar os meios de artilharia, elevar o moral (a este respeito, assinalou, em derradeira tentativa de mostrar independência, que os alemães deviam ser mais sensíveis e melhorar suas relações com o Vaticano). Essa afirmação de independência foi mais longe. Quem sabe, sugeriu, nas primeiras fases de uma futura guerra, em 1942 talvez, a Itália possa contribuir com homens, se a Alemanha se dispuser a prover os meios.[153]

Hitler não se opôs e respondeu polidamente que gostaria de se encontrar novamente com o Duce. Assim, a Europa foi passando o último verão em paz, com a liderança italiana pouco fazendo para mudar de atitude e corrigir as gritantes deficiências do processo de modernização, tanto da máquina militar quanto da sociedade. O embaixador italiano em Berlim informou que Stalin não pensava em "apagar o fogo" ateado pelos outros e que o líder soviético via com crescente impaciência a lentidão com que caminhavam as tentativas anglo-francesas de chegar a um acordo com a URSS.[154] Ocorreram amistosas conversas com o vitorioso Franco, que não escondia sua opinião de que, "nas atuais circunstâncias, a Espanha não pode enfrentar uma guerra na Europa".[155] Respondendo, Mussolini, ansioso por demonstrar sua superioridade a todos que considerava inferiores, pressionou o *caudillo* a "se voltar decisivamente para o povo" e convidou Franco para visitar Roma quando lhe conviesse.[156] Em seguida, veio a questão da Polônia. No caso de Danzig, Mussolini confiava piamente que se poderia chegar a um acordo tal como acontecera em Munique, embora, claro, jurasse que a Itália interviria se a Inglaterra provocasse uma guerra generalizada.[157] Todavia, aos olhos italianos tudo parecia suficientemente calmo na fronteira norte e Ciano anotou em seu diário observações irônicas sobre o "alarmismo" dos diplomatas que o assessoravam.[158]

Ao se reunir em 11 de agosto, em Salzburg, com Ribbentrop, Ciano descobriu o quanto estava equivocado em seu otimismo. Lá chegou com uma mensagem do Duce afirmando que uma guerra generalizada seria "desastrosa para todos".[159] Em contrapartida, Ribbentrop, como Hitler e toda a cúpula alemã, estavam "determinados".[160] Intermináveis dez horas de discussões com Ribbentrop e uma reunião com o Führer não mudaram um metro sequer as mentes dos alemães, ou alteraram sua decisão de que era o melhor momento para uma guerra. Não importava que a Itália discordasse e que os alemães tivessem dito no passado que esperariam alguns anos antes de deflagrar uma guerra generalizada. Ciano regressou a Roma convencido, com certa petulância, de que tinha sido "traído" e de repente se transformou em germanófobo.[161] Até sua ambição ficou em perigo. Somente um terrível medo dos nazistas justificaria a sobrevivência do Eixo. A política exterior fascista, pelo menos na forma como era conduzida por seu genro, desabara.

Mas, e Mussolini? Em 13 de agosto, quando Ciano foi vê-lo no Palazzo Venezia, o Duce:

> [...] teve reações diversas. Inicialmente concordou que eu estava certo. Depois disse que a honra o obrigava a se aliar aos alemães. Finalmente defendeu que fazia questão de ter sua parcela na conquista da Croácia e da Dalmácia.[162]

Embora Ciano não comentasse, o fato de Mussolini mencionar esses territórios era de certa forma irônico, uma vez que essa escolha parecia significar a criação de um bastião para defender a fronteira nordeste da Itália contra a expansão alemã.[163] Durante os dias seguintes, enquanto seu pensamento variava de uma possibilidade para outra, o Duce tinha dificuldade para dominar "o medo da ira de Hitler". O que fazer, perguntou Mussolini a Ciano, se a discordância da Itália induzisse os nazis a desistir da Polônia e a "acertar as contas" com a Itália?[164]

Não há dúvida de que naqueles dias de crise extrema o processo decisório, ou sua falta, era matéria simples em um regime carismático. Alguns meses antes, Mussolini se gabara que os ministros de seu governo eram o mesmo que "lâmpadas que eu acendo e apago como quero".[165] Agora, não havia forma de poder iluminar e revisar devidamente a situação internacional, não havia como ir ao encontro do futuro a não ser tropeçando nele. Destacados membros do *entourage* do Duce continuavam sem saber o que estava acontecendo em Danzig, embora o supostamente inteligente Bottai ficasse especulando se surgira um conflito entre o espírito "dionisíaco e nietzschiano" de Berlim e a essência "formal e jurídica" de Roma.[166]

Quando Mussolini e Ciano se reuniam, suas discussões seguiam um padrão que continuou vigorando por meses. Ciano, furioso com a má-fé alemã, rejeitava a ideia de se aliar a eles em uma guerra. Mussolini, apesar de suas idas e vindas, não via alternativa, a não ser aceitar a aliança com os alemães.[167] Expôs para Hitler uma situação confusa, ao afirmar que a Itália não estava em condições de se lançar a uma guerra total provocada pela invasão da Polônia pelos alemães, mas que, se a Alemanha fosse levada a tal iniciativa depois do fracasso de negociações por causa da "intransigência de outros", a "Itália interviria ao lado dos alemães".[168] Na prática, a Alemanha nazista reservava outras surpresas para seu infeliz aliado. Em 21 de agosto foi anunciado o Pacto Molotov-Ribbentrop (assinado dois dias depois), mais uma vez sem informação prévia a Roma.[169] Vittorio Mussolini mais tarde declarou que, quando viu a notícia no *Il Resto del Carlino*, achou que devia ser um erro tipográfico.[170] Ciano considerou o acordo um "golpe de mestre, sem dúvida alguma", que virou de cabeça para baixo a situação na Europa. Em seu entendimento, o valor das ações do Eixo subira um pouco. Esperava não ser preciso adotar outras iniciativas precipitadas, mas agora também ficara ansioso por "ganhar seu quinhão na Croácia e na Dalmácia".[171]

Ideias mais realistas foram então revividas, à medida que os chefes militares ressaltavam o absoluto despreparo do país. Também o rei manifestou sua preferência pela "neutralidade" (mas sem esquecer de reivindicar um comando militar para seu filho, caso houvesse guerra).[172] Coube a Mussolini explicar a Hitler que "aprovava totalmente" o Pacto Molotov-Ribbentrop e concordava com a posição alemã de que a intransigência polonesa não podia ser tolerada para sempre, mas ressalvando que a Itália só poderia intervir imediatamente se a Alemanha enviasse rapidamente grande quantidade de "material bélico e matérias-primas". Esse material seria indispensável, acrescentou Mussolini com certa ingenuidade, para que a Itália "possa resistir ao choque com a França e a Inglaterra que será dirigido diretamente contra nós".[173] Ironicamente Ciano comentou que, se os alemães concordassem com a lista de pedidos da Itália,[174] o translado exigiria 17 mil trens para transportar 170 milhões de toneladas de bens e disse que ficaria realmente espantado se os alemães pensassem em enfrentar a Inglaterra e a França no momento em que suas próprias reservas eram tão insignificantes.[175]

Em 26 de agosto Mussolini escreveu novamente para Hitler pedindo encarecidamente que imaginasse seu "estado de espírito ao se ver forçado pelas circunstâncias e contra sua vontade", a se manter fora do grande conflito.[176] Respondendo, Hitler pediu mais trabalhadores imigrantes e se esforçou para conseguir o "apoio psicológico" do Duce para quando a crise se aprofundasse.[177] Mussolini se esforçou para induzir os alemães a buscarem uma solução pacífica na questão de Danzig.[178] Talvez sonhasse em assumir o papel que desempenhara em Munique.[179] Ciano continuava acompanhando com preocupação suas mudanças de espírito, um dia aceitando os acontecimentos, no outro querendo reagir.[180] O Duce se manteve inflexível na negação da palavra *neutralidade*, que tanto efeito causara em 1914 durante a política exterior liberal. Não obstante, a Itália fascista também não estava destinada a entrar na Segunda Guerra Mundial desde seu início. Como anunciava sua propaganda, Mussolini gostava de fazer os trens correrem no horário previsto, mas tudo indicava que guerras era outro assunto.

Bocchini informou ao Vaticano ter dito a seu chefe que "*todos os italianos são contrários à guerra* e o povo não quer lutar por causa dos alemães".[181] Entre os demais fascistas, apenas Starace era favorável ao ingresso imediato na guerra, embora recuasse quando, para seu espanto, descobriu que o plano de racionamento, que tanto anunciara poder aplicar em curto prazo, na verdade não existia.[182] Franco e Salazar, o ditador português simpático ao clero, aprovavam a decisão italiana de permanecer à margem.[183] Influenciado por essas opiniões, Mussolini se rendeu diante do inevitável. Como descreveu Ciano na noite de 2 de setembro:

> O Duce está convencido da necessidade de se manter neutro, embora isso não lhe agrade. Sempre que pode se refere à possibilidade de termos que agir. Os italianos, ao contrário, estão plenamente satisfeitos com as decisões que foram tomadas.[184]

Dois dias depois, com a Inglaterra, a França e a Alemanha oficialmente em guerra, Mussolini mais uma vez mencionou o "destino comum" que, tinha certeza, ligavam nazismo e fascismo.[185] O conflito era, estava claro, uma estranha disputa que colocara os nazistas contra as relutantes potências ocidentais, uma guerra bem definida por todos como "falsa", exceto para os sofredores poloneses tão brutalmente esmagados pela *Blitzkrieg* nazi. Seria a não beligerância (como era forçadamente denominada para evitar a palavra *neutralidade*) italiana igualmente falsa? Ou seriam o fascismo e o Duce-ditador os verdadeiros impostores? Uma geração antes, os nacionalistas tinham defendido com entusiasmo a necessidade do liberalismo da Itália se submeter ao "teste" da Primeira Guerra Mundial e atraído o "professor Mussolini" para seu lado. Como o regime fascista poderia sobreviver ao teste de um novo conflito? Poderia, ou deveria, buscar as vantagens oferecidas por este ou aquele lado? Ou era inevitável para a Itália fascista se aliar à Alemanha nazista no apoio à sinistra causa do fascismo universal?

16
Ignóbil "segundo" da Alemanha, 1939-1941

Logo após a reunião em Salzburg, Ciano tentou convencer o Duce a adotar uma posição antigermânica e o advertiu que tinha se transformado em um *secondo poco brillante* de Hitler [um auxiliar secundário nada brilhante].[1] Referia-se a um comentário que o kaiser Wilhelm II fizera a respeito de seu aliado austríaco na Primeira Guerra Mundial. A intenção dessa expressão fora manifestar amizade, mas acabou sendo imediatamente interpretada como depreciativa. Ciano recorria a essa frase quando seu sogro, como acontecia com frequência, demonstrava a preocupação de que a Itália fascista repetisse o balé diplomático que a Itália liberal aceitara, quando fizera triste figura com seu vergonhoso *giri di valzer*. Naqueles dias, Mussolini e Ciano não foram os únicos a perceber que a história estava se repetindo, e desde então todos os historiadores deviam ficar atentos às implicações estruturais de possíveis repetições. Em setembro de 1939 eclodiu uma (espécie de) guerra mundial. A Itália não entrou no conflito. Em 1914, começara uma guerra mundial e a Itália também ficara de fora até maio de 1915 e, quando entrou na guerra, seus inimigos eram a Alemanha e a Áustria-Hungria, países seus aliados na Tríplice Aliança (e em uma série de outros acordos militares) até julho de 1914. Nessa época os interesses ideológicos e econômicos devem ter ligado a Itália à França e à Inglaterra, mas, durante os nove meses do *intervento*, era possível imaginar a Itália se aliando a qualquer um dos dois blocos que se enfrentavam (ou se abstendo totalmente de se envolver no conflito).

Aconteceria o mesmo em 1939-1940? Claro que a resposta é não. Entretanto, teria a Itália entrado em 10 de junho de 1940 na Segunda Guerra Mundial por razões fundamentais que tinham a ver com sua posição, pelo menos perante as grandes potências? Ou, ao contrário, Mussolini se aliou a Hitler pelo que tinham em comum em fanatismo ideológico e paixão pela guerra? Ou será que tudo foi decidido pelos acontecimentos? Causas de longo prazo versus curto prazo, papel do indivíduo diante da sociedade e da *mentalité,* são questões ligadas ao envolvimento da Itália na Segunda Guerra Mundial e clássicas no estudo da causalidade histórica.

A entrada da Itália no conflito também levanta indagações sobre o valor da documentação disponível, tendo em vista o importante papel do *Diário* de Ciano na reconstituição da história. Ciano faz um nítido retrato da situação. De um lado o Duce, que, como afirmou outro autor de diário, "queria uma guerra como uma criança quer a Lua".[2] Do outro, Ciano, um jovem "Laocoonte" grego da guerra de Troia, fazendo o possível para conter o sogro e fazê-lo resistir à atração fatal de Hitler e suas forças nazistas. Talvez esse épico conflito tenha realmente ocorrido. Não obstante, o analista precisa ser cuidadoso para não ser sufocado pelas palavras e imagens de Ciano. Ao longo da história do fascismo, nem sempre houve preocupação em usar uma retórica simples e objetiva. Não há dúvida de que entre setembro de 1939 e junho de 1940 Mussolini e Ciano estavam em posições antagônicas e despejavam argumentos que se chocavam. Entretanto, cada um era, à sua maneira, um *alter ego*. Encarnavam as duas faces do fascismo italiano. De qualquer modo, quando não estavam preocupados com a formulação de frases de efeito, cada um acompanhava e vigiava o campo de batalha. Os anos de beligerância verbal e oral de Mussolini e a ligação de seu status e personalidade com a ideia da revolução fascista realmente importavam, mas também estavam em jogo a questão de avaliar quem venceria a guerra, onde e quando isso aconteceria, com o mínimo e risco e as maiores vantagens para a Itália.

Um novo cenário foi emergindo durante os primeiros dias de não beligerância. A opinião pública italiana ficou contente com a decisão de seu país ficar fora do conflito.[3] Após uma rápida corrida aos bancos,[4] o mercado de ações subiu vertiginosamente.[5] O Vaticano ficou satisfeito.[6] Bocchini, Bottai e Federzoni não esconderam seu alívio pelo fato de Mussolini não optar pela guerra.[7] Lanzilli escreveu emotivamente sobre o encanto de uma "serena neutralidade".[8] Farinacci, por seu lado, investiu contra os "hipócritas" adversários do

Eixo e se opôs firmemente à ideia de entrar na guerra contra a Alemanha defendendo uma causa que descreveu como a do "antifascismo internacional, dos desertores e dos judeus". Todavia, ele próprio admitia que uma avaliação cuidadosa do que não passava de um "exército de brinquedo" da Itália levava à conclusão de que não era possível um engajamento imediato em uma guerra.[9] Franco e Metaxas enviaram mensagens menos enfáticas de aprovação da posição italiana.[10] Nem mesmo a maioria dos alemães demonstrava entusiasmo, como afirmou Massimo Magistrati, cunhado de Ciano que servia na embaixada em Berlim: "Com exceção da questão do corredor polonês, trata-se de uma guerra travada com objetivos essencialmente negativos e perigosa para todos".[11] Parece que apenas Mussolini se mantinha tenso, como sempre se irritando quando se comentava o paralelo com 1914-1915.[12] Não se deixava convencer pelos esforços de Ciano — o filho que nunca foi — para convencê-lo de que uma guerra seria longa, árdua e seria vencida pelos ingleses.[13] Ciano se empenhava em fazer e ser visto fazendo alguma coisa. O que pensariam os alemães, perguntou Mussolini antes de tentar persuadir Hitler (e a si próprio) de que "a posição da Itália, que na verdade não era neutra, é mais útil do que uma real intervenção". Se a Itália entrasse no conflito desde o começo e fosse imediatamente atacada por todo o poder militar da Inglaterra e da França, raciocinou Ciano, o problema resultante seria "a provável anulação dos efeitos do triunfo alemão na Polônia".[14]

Na mesma carta, mais adiante Mussolini assinalou que a Itália poderia, pelo menos, evitar que os Balcãs fugissem ao controle e ressaltou que naquele momento preservava "certa liberdade de ação nas áreas política e diplomática que poderia ser muito benéfica para a Alemanha".[15] Em outras palavras, Mussolini queria ver se a fórmula que usara em Munique podia ser revivida,[16] mesmo depois da eclosão da guerra. Explicando para o Führer seu pensamento e seu método, continuou esperando que Hitler logo anunciasse uma importante iniciativa pela paz.[17] Mais uma vez estava errado, e tampouco o plano de Ciano para um bloco balcânico neutro foi muito longe,[18] principalmente porque o ministro de Relações Exteriores, e supostamente o Duce, continuavam farejando a possibilidade de "saquear" a Croácia. Ingenuamente, Ciano pensava em obter a aprovação anglo-francesa, acreditando que Inglaterra e França compreenderiam que a Itália estava impedindo um avanço alemão rumo ao sudeste do continente.[19] Tudo bem que Mussolini dissesse aos principais líderes partidários que era hora de agir com "o mais implacável realismo político. Acabara a era de ajudar os outros. O mundo começa e acaba em nós mesmos".[20] Porém, o problema continuava sendo definir a melhor política para a Itália, para o fascismo e para o próprio Mussolini.

A esse respeito, Ciano viu se abrirem interessantes possibilidades quando, em 30 de novembro, forças soviéticas desencadearam sua Guerra do Inverno contra a Finlândia. A súbita e inexplicável assinatura do Pacto Molotov-Ribbentrop continuou amargurando a Itália, onde, mais uma vez evocando o anticomunismo, Ciano podia ser visto tanto como um bom fascista quanto um bom burguês. Até Mussolini admitiu a contragosto que a invasão da Polônia pelos alemães servia apenas para facilitar o serviço de Stalin.[21] Os amigos de Ciano do clube de golfe acreditavam que a pobre e diminuta Finlândia estava sendo alvo de um ataque bárbaro, e os universitários abastados também ficaram, segundo se dizia, muito sensibilizados pelo destino dos finlandeses.[22] Assim, no começo de dezembro, Ciano admitiu a possibilidade de enviar cinquenta aviões italianos para os finlandeses por intermédio da Alemanha e chegou a haver uma conversa sobre o envio de "voluntários" fascistas para Helsinque.[23] Esses planos em nada resultaram e Ciano, embora relutando, rendeu-se à desaprovação dos alemães ao empréstimo dos aviões,[24] mas continuou evocando o longo compromisso ideológico dos fascistas italianos com o anticomunismo.[25] Como que tentando justificar uma importante iniciativa contra a URSS (como substituta do verdadeiro inimigo, a Alemanha nazi), Ciano pediu a seu embaixador Augusto Russo para avaliar a política exterior de Stalin, tentar definir até onde iria sua amizade com a Alemanha e avaliar a motivação do "expansionismo soviético".[26] Respondendo, Russo apresentou o sábio argumento de que era o interesse nacional russo que alimentava seus compromissos ideológicos.[27] Porém sua mais importante reação foi assinalar, com certo amargor, que, pela primeira vez em três anos em seu posto, lhe tinham feito perguntas inteligentes e requisitado especificamente sua colaboração na formulação da política exterior.[28] Nas entrelinhas de sua resposta estava claro que ele era mais um que temia a juventude de Ciano, muito inexperiente na realidade mundial, e sabia que Mussolini não levava a sério os diplomatas profissionais.

Para justificado desagrado de embaixadores, a mais importante relação bilateral da Itália continuou sendo com a Alemanha. A este respeito, a guerra serviu para acelerar os esforços para resolver o problema das populações de língua alemã que viviam no Alto Ádige. Mussolini e seu regime tinham frequentemente salientado a necessidade de "italianizar" essa região fronteiriça e podiam alegar que, desde 1866, Mazzini estabelecera a bacia do Brenner como fronteira entre italianos e alemães.[29] Em 1939 estimava-se que 95% dos cargos públicos na área eram ocupados por italianos, embora os alemães respondessem por 75% da população.[30] Com exceção de Hitler, os nacionalistas alemães eram, em relação a esse problema, pelo menos tão intransigentes quanto os fascistas, já que o próprio presidente Hindenburg tinha saudado "nossos concidadãos além da fronteira indissoluvelmente ligados a nós".[31]

A propósito dessa questão, Göring, logo depois da *Anschluss*, lançou a ideia de preservar o Eixo por meio de uma "transferência de população," uma iniciativa que atualmente seria chamada limpeza étnica.[32] Em maio de 1939, Heinrich Himmler elaborou um plano para reassentar até 200 mil habitantes do sul do Tirol no Reich nazista, afirmando que "talvez seja uma providência historicamente única e generosa".[33] Inicialmente Mussolini ficou um tanto embaraçado diante da ideia de expulsar parte da população, e os alemães, apesar de Hitler assegurar pessoalmente que o Brenner era italiano "para sempre", reagiram lentamente.[34] Todavia, a ideia de transferência racial ser encarada de forma "científica" (uma "solução final" para o problema do Tirol) se ajustava perfeitamente à *mentalité* nazista. Os alemães e o Alto Ádige se transformaram em protótipo das planejadas transferências maciças de populações, parcialmente concretizadas pelos nazis quando começou a guerra.[35] Em 21 de outubro, depois de muitas negociações de pormenores, chegou-se a um acordo. Em plebiscito realizado posteriormente, em que, segundo se propalou, os propagandistas alemães ameaçaram os habitantes de língua alemã afirmando que, se não optassem pela mudança para a Alemanha, poderiam ser imediatamente mandados para a Albânia ou para a Sicília, cerca de 185 mil escolheram o Reich, enquanto 82 mil continuaram onde estavam.[36] A execução do plano, porém, não foi fácil, e em setembro de 1943 apenas 130 mil tinham realmente assumido a cidadania alemã e 52 mil continuavam na Itália.[37]

Ciano ficou afastado desses eventos por causa da doença e morte de sua irmã Maria. Entretanto, em 25 de outubro ficou aborrecido ao saber que o Duce estava tendo outro surto de germanofilia e:

> [...] se dispunha a escrever uma carta para Hitler declarando que, na conjuntura de então, a Itália poderia atuar como reserva moral e econômica da Alemanha, mas que mais adiante também poderia assumir um encargo militar.

Mussolini, constatou apreensivo seu genro, mais uma vez queria "fazer alguma coisa", ao salientar que "o Eixo e o Pacto de Aço continuam em vigor e funcionam perfeitamente".[38]

Ainda assim, o valor das ações de Ciano parecia subir a cada dia. Em 31 de outubro Mussolini concordou com o que gostava de chamar "mudança da guarda", ou seja, reformular seu governo. O grande perdedor nessa reorganização foi Starace, substituído por Ettore Muti, político desconhecido de 37 anos, como secretário do Partido (cargo que desde 1937 tinha o status de ministro).[39] De passado modesto em Ravena, Muti casara com a filha de um construtor de navios e se tornou pessoa de destaque no local.[40] Para Mussolini, Muti tinha a virtude de ser um *romagnole*. Para Ciano, parecia animador o fato de ser contra a Alemanha, alguém que "me seguirá como uma ovelha".[41] Starace recebeu de imediato um cargo na MVSN,[42] mas foi logo afastado de vez e continuou lamentando seu destino em seguidas e não respondidas cartas que dirigiu a seu Duce. Mussolini se recusou terminantemente a ver seu velho companheiro. Starace, sem o amparo do carisma em que, mais que qualquer italiano, genuinamente acreditava, se transformou em figura patética, importunado pelos amigos que lhe restaram e definitivamente sem um propósito de vida.[43] Enquanto isso, Muti logo se sentia à vontade no novo cargo. Em janeiro de 1940 comentou, em memorando secreto, o fracasso da propaganda do Partido na tentativa de criar no povo uma "consciência política adequada" e a oposição à entrada da guerra particularmente das mulheres italianas, ressentidas com a retenção do suprimento de óleo, feijão, arroz e sabão.[44] Logo depois um novo relatório identificou o aumento, por toda parte, do comparecimento às missas e da fé católica, em consequência do medo de uma guerra longa e da possibilidade de a Itália entrar no conflito.[45]

Fora a ascensão de Muti, a mudança mais importante no governo foi a nomeação de Alessandro Pavolini para ministro da Cultura Popular, que assim começou sua afirmação como fanático defensor do fascismo revolucionário. Em 1939, porém, ainda era visto como contrário à aliança com a Alemanha[46] e integrante do círculo de Ciano. A notável vaidade do ministro do Exterior foi estimulada pela descrição do novo governo como "o gabinete de Ciano", que notou, com satisfação, que o pessoal em busca de emprego recorria a ele.[47] Três outras mudanças no governo que valem a pena mencionar foram a substituição de Guarneri pelo economista fascista Raffaello Riccardi[48] e a nomeação dos generais Ubaldo Soddu[49] e Francesco Pricolo[50] como subsecretários da guerra e do ar. Cada uma dessas três mudanças indicava uma injeção de entusiasmo na preparação para a guerra.

A verdade é que a frustação de Mussolini continuava crescendo enquanto via a Itália ser repetidamente excluída dos "grandes acontecimentos".[51] Bocchini ousou expor ostensivamente sua opinião de que os ataques de impaciência do Duce eram consequência da sífilis que o acometera na juventude.[52] Entretanto, essa forma de abordar a questão não contribuía para uma análise judiciosa da situação que envolvia a guerra, sempre ameaçadora. Observadores italianos na Alemanha admitiam abertamente que "odiavam" os alemães, mas, não obstante, acreditavam que Hitler venceria a guerra.[53] A paz seria outro assunto a ser considerado, porque, como relatou o embaixador Bernardo Attolico, o "terror" alemão na Polônia tinha sido tão sangrento que levaria pelo menos uma geração para reparar os males causados.[54] Todos os caminhos capazes de levar a uma paz ideal pareciam bloqueados. Diante da chegada de notícias contraditórias e alarmantes, Mussolini não era o único integrante da elite cujas opiniões oscilavam. Por exemplo, o rei, pequenino e formal, podia tentar convencer Ciano de que era um "neutralista" convicto, mas, logo depois, confessava também não gostar dos franceses.[55] O monarca era um reflexo do eterno problema da menos importante das grandes potências: como administrar uma crise para beneficiar a Itália, em má situação financeira, sem qualquer ônus para o país?

Mussolini, reconhecidamente mais determinado do que os demais, via apenas uma resposta para o dilema nacional da Itália, ou seja, a Alemanha. Para desagrado de Ciano, convencido de que entrar na guerra ao lado dos alemães seria "um crime e uma verdadeira idiotice" que não deveria acontecer,[56] no ano-novo Mussolini enviou alentada carta para seu "amigo", o Führer. Procurando uma brecha, começou com longa interpretação do Pacto Molotov-Ribbentrop e a forma como fora recebido na Espanha, na Inglaterra, na Finlândia e em diversos outros países. O fortalecimento das relações entre soviéticos e nazistas, advertiu, poderia ter "repercussões catastróficas na Itália, onde o antibolchevismo era uma unanimidade, sobretudo nas hostes fascistas, onde era total, sólido e indiscutível". Contrariando a posição que adotaria entre 1942 e 1943, naqueles dias Mussolini não vacilou e disse para Hitler: "A solução para seu *Lebensraum* [espaço vital] é a Rússia e não há outro lugar". Também considerou que certa dose de antissemitismo deveria agradar a seu colega e aproveitou para lembrar Hitler que o nazismo jamais deveria baixar sua "bandeira antibolchevique e antissemita". Aprovava plenamente a ideia de depurar a Polônia de seus judeus e elogiou "seu plano de reunir todos eles em um grande gueto em Lublin". Que tal um pouco de realismo na questão da Polônia?, pediu. Não seria possível restabelecer uma Polônia "modesta e desarmada", de modo a permitir o retorno à paz? Os Estados Unidos (outro caso em que Mussolini se mostrou francamente errático ao longo dos anos) jamais permitiriam a "derrota total das democracias", alertou. Quanto aos preparativos italianos, não havia como acelerar o ritmo, mas o Führer podia ficar certo de que a entrada da Itália no conflito ocorreria "no momento mais vantajoso e decisivo".[57] Escolhendo palavras para o que deve ter considerado uma excelente cartada italiana, Mussolini enviou para Ciano um breve resumo com seis pontos. A conclusão principal, escreveu o Duce, era que, "a menos que a Alemanha cometa erros irreparáveis, não devemos recusar a aliança". Não havia como defender os interesses italianos passando para o outro lado. No verão seguinte, os preparativos italianos precisavam chegar a um nível que assegurasse "uma influência decisiva".[58]

Apesar dessas indicações de ações futuras, as notícias continuaram muito desestimulantes e impediam que qualquer líder definisse um papel de destaque para a Itália. Ciano estava convicto de que, em vez de se preparar militarmente, a Itália estava ficando cada vez mais imprudente, tendência que parecia "irreversível".[59] Badoglio,[60] escolhendo uma data futura e distante o suficiente para ser considerada inexpressiva, alegava, ao contrário, que a Itália estaria pronta em "1942" e, em meados de janeiro, até Mussolini admitiu a debilidade militar da Itália.[61] Bocchini, cuja fama de glutão talvez o tenha levado a ficar particularmente atento a tal questão, achava que até os alimentos básicos estavam escasseando.[62] Riccardi manifestou sua apreensão, achando que a Itália logo esgotaria o que restava de suas reservas monetárias[63], mas nem todos seus companheiros ficaram convencidos quando Mussolini declarou para o gabinete que "para os estados, não existem problemas financeiros. Estados crescem, mas desaparecem depois de derrotas em guerras ou em consequência de desintegração interna". Quando Paolo Thaon di Revel, ministro das Finanças, tentou levar a discussão para o precedente histórico da Revolução Francesa e a desastrosa emissão de papel-moeda, Mussolini respondeu: "Uma revolução precisa agir com inteligência. No fim, a Revolução Francesa deixou de agir com inteligência". Entretanto, para tristeza de Bottai, o Duce não foi adiante e não explicou qual seria o método ideal para financiar o esforço de guerra fascista.[64] Para demonstrar seu fervor fascista, Thaon di Revel escandalizou Ciano ao se referir favoravelmente à forma como a Itália sempre poderia superar dificuldades em sua balança de pagamentos por meio de uma liquidação da enorme quantidade de suas obras de arte de valor inestimável e, para não se deixar superar em matéria de cinismo, Mussolini comentou que seu ministro apresentara uma boa ideia.[65]

A opinião pública podia variar, mas o real problema ainda era a Alemanha e continuava sendo muito difícil entender as intenções de Berlim. O que significava o fato de Hitler, Ribbentrop e Göring terem se trancado por cinco horas para discutir a carta de Mussolini, mas mesmo assim não terem respondido formalmente?[66] Se, como alertou Attolico, Hitler "não era um chefe normal, mas, ao contrário, era atípico", até onde seus caprichos o levariam, especialmente agora, quando seus assessores não hesitavam em ver a Itália com profunda apreensão?[67] E o que estava acontecendo no front? O que aconteceria, como comentou o rei com Ciano, se a primavera chegasse com avanços e vitórias alemãs?[68] E quanto à "recompensa" esperada? Deveria a Itália ignorar as intrigas armadas por Pavelić, chefe fascista na Croácia, cujas palavras elogiosas festejavam o sucesso italiano em Kosovo, a união plena da Croácia "católica" com a Itália e o consequente bloqueio da penetração alemã na fronteira nordeste italiana?[69]

Diante deste e de outros problemas, não é de admirar que Mussolini mais uma vez começasse a reclamar de dores no estômago[70] e a atacar o povo italiano. Disse asperamente para Ciano, usando palavras que mascaravam seus próprios e óbvios sentimentos (como também os de seu genro): "O povo deve se manter disciplinado e unido, desde o amanhecer até o anoitecer, e, apesar de um ou outro tropeço, seguir em frente".[71]

Vivendo essa delicada conjuntura, Sumner Welles, como representante pessoal do presidente dos Estados Unidos, visitou a cúpula do governo italiano em "missão de paz" no fim de fevereiro de 1940. Foi recebido por um amistoso Ciano, que declarou: "Nenhum país quer a Alemanha como vizinho. Neste momento a Itália a tem como vizinha e precisamos fazer todo o possível para lidar com esse país".[72] Segundo Welles, Mussolini estava visivelmente abatido. Em sua opinião,

> Ele parecia quinze anos mais velho do que sua idade, 56 anos. Estava mais ponderado e acomodado, sem energia. Movia-se lentamente, como um elefante. Cada passo parecia exigir grande esforço. Era corpulento para sua

altura e seu rosto, quando relaxado, mostrava uma sucessão de dobras na pele. Seu cabelo, bem rente, era branco como neve.[73]

Acreditando-se na descrição de Welles, o Duce sofria visivelmente com o fardo de chefiar uma Itália não beligerante, em um beco sem saída. Segundo seus próprios relatos, na verdade pensava o mesmo a respeito de Welles e seu presidente, e dava pouco valor à troca de opiniões com seu visitante. Como afirmou em um de seus tipicamente breves resumos, os americanos eram sempre superficiais, enquanto os italianos examinavam profundamente as questões.

Depois de sua viagem a Roma, Welles visitou outras capitais europeias e só retornou à Itália em meados de março. Desta vez encontrou Mussolini física e psicologicamente recuperado,[74] conversando com desembaraço, mas se referindo vagamente a uma reativação do Pacto das Quatro Potências.[75] Nesse ínterim, o Duce recebera outro visitante, Ribbentrop, odiado por Ciano, que o manteve afastado de seu campo de golfe. Porém, ao menos dessa vez, foi bem recebido pelo Duce. Para alívio de Mussolini, Hitler finalmente respondeu sua carta de 5 de janeiro e o fez em tom amistoso. O flerte da Alemanha com a URSS tinha limites, como percebeu Mussolini ao ler três vezes a nota. O Führer afirmou que considerava Mussolini e a Itália verdadeiros amigos. Na verdade, nada mudara. Alemanha e Itália ainda eram os "estados totalitários" gêmeos que França e Inglaterra tinham resolvido destruir. O Eixo continuava firme. A Alemanha seria útil para conseguir suprimentos de carvão e as negociações com a Inglaterra em nada contribuíram para resolver a eterna necessidade da Itália de assegurar a importação de matéria-prima para produção de energia.[76]

No curso de demoradas reuniões em 10 e 11 de março, Ribbentrop reforçou o que já vinha afirmando, mas acrescentou a assustadora notícia de que era iminente uma iniciativa militar da Alemanha. Hitler desejava se encontrar o mais rápido possível com o Duce, quando poderia acrescentar mais alguma coisa. Foi acertada uma reunião para a semana seguinte em algum local importante na antiga fronteira com a Áustria. Aliviado ao constatar que não havia razão para se preocupar com um rompimento da aliança e uma eventual perda de importância da Itália em comparação com a URSS, Mussolini declarou, em seu segundo encontro com o ministro do Exterior alemão, que era "praticamente impossível manter a Itália fora do conflito. No momento exato entrará na guerra e o fará ao lado dos alemães, mas por via paralela, uma vez que a Itália tinha problemas a resolver". A Itália, acrescentou, "deve ter livre acesso ao oceano (Atlântico)" e sua guerra seria no Mediterrâneo. A confiança do Duce revivera o suficiente para levá-lo a fazer irônica referência à "lentidão" diplomática dos japoneses e assegurar que a ilha de Pantelleria, posto avançado da Itália nos estreitos da Sicília, era "inexpugnável".[77] Mais tarde, naquela mesma noite, procurou se consolar telefonando para Claretta Petacci e admitindo que "saíra das reuniões extremamente cansado". Aproveitou para dizer que "agora os dados foram lançados". Sem dúvida satisfeito por estar impressionando alguém, previu que a Alemanha estava apta a vencer graças a seu poder, à preparação de seus militares e a suas "aterradoras armas", cuja poder de destruição logo seria revelado.[78]

Seria essa uma decisão final, e, mais que isso, significava a disposição da Itália para travar uma guerra paralela particular?[79] Talvez sim, mas provavelmente não. Tão logo Ribbentrop deixou os Alpes, Mussolini voltou a ser vítima dos próprios "nervos". Afinal, o que ele realmente dissera? O rei também ficou refletindo a respeito e, pela primeira vez desde 1925, sentiu que poderia haver um futuro sem o Duce.[80] Em 16 de março Mussolini reduziu seu compromisso a uma "solidariedade potencial" com os nazistas. Por enquanto, declarou, não entraria na guerra.[81] Todavia, essa decisão foi tão equivocada quanto tantas outras.

Em 18 de março o Duce foi para a fronteira no Brenner, onde, ao contrário do tempo primaveril de Roma, estava nevando. O Führer chegou e desde logo dominou as conversas (como de costume). A Alemanha venceria a guerra, estava certo disso. "Os destinos da Itália e da Alemanha estavam indissoluvelmente ligados", acrescentou. O pacto com a URSS era apenas um ato da boa política e, de qualquer modo, a Rússia estava pensando em um "eixo eslavo-moscovita e se afastando do bolchevismo judeu-internacionalista". A Mussolini restou apenas concordar e afirmar que fora o primeiro a querer negociar com a URSS em bases realistas.[82] De acordo com Ciano, o Duce também admitiu estar "encantado com o líder nazi".[83] Mas o fato é que voltou para Roma sem se comprometer de forma definitiva. Em 31 de março disse a Ciano, ao rei e aos chefes militares que a situação corrente ainda era "extremamente fluida". Novamente estava errado, ao ignorar a iminente probabilidade de uma ofensiva alemã. Se não quisesse acabar como a Suíça, a Itália teria que finalmente entrar na guerra e logicamente seria ao lado dos nazistas, tendo em vista que, se o país passasse para o outro bloco, seria atacado pelos alemães e teria que resistir sozinho. O que a Itália realmente queria, e Mussolini concluiu com palavras que já tinham sido empregadas por líderes liberais antes de 1922 e praticamente por todos os políticos italianos desde Cavour, era participar de uma guerra curta, desde que sua entrada no conflito provasse ser decisiva.[84]

Com o princípio da primavera, a cerração da guerra começou a se dissipar. Em 1º de março Hitler expediu ordens para que preparassem a invasão da Noruega e em 9 de abril foi lançado o ataque. Nas semanas seguintes, desembarques ingleses em vários portos finlandeses no mar do Norte foram infrutíferos. Estimulado pelas fáceis vitórias, Hitler escreveu imediatamente para seu colega italiano festejando o triunfo e augurando "um grande sucesso para nossa causa comum".[85] A reação inicial de Mussolini diante da notícia foi de reserva, mais uma vez sinalizando discretamente que o Duce agia influenciado por seu compromisso com o fascismo universal (embora no começo de abril fizesse outra tentativa para coordenar sua desejada orientação política com a de Franco).[86] Em vez de perder tempo se congratulando com os nazis, o Duce preferiu se concentrar na mudança que agora percebia na opinião pública italiana. O povo era como "uma prostituta", concluiu sombriamente, que vive correndo atrás de um "macho vencedor".[87] Quando essa ideia foi transmitida em carta respondendo ao Führer, a situação da opinião pública de então foi transformada em uma "firme *stimmung* [disposição] contrária aos Aliados".[88] No começo de maio, Vito, sobrinho de Mussolini, e outros radicais de Milão anunciaram que "estavam absolutamente dispostos a eliminar o que chamavam sociedade civil, a fim de assegurar sua vitória".[89]

Não havia dúvida de que as vitórias alemãs estavam produzindo efeito nos italianos de todos os níveis e nos políticos. Embora em 23 de maio Carlo Favagrossa, que seria nomeado subsecretário da produção de guerra (reportando-se diretamente ao Duce), alertasse que a Itália não tinha feito preparativos sérios, a não ser que fosse para curtas campanhas,[90] os ministros encarregados das finanças do país, como Muti, se alinhavam com os alemães.[91] Mussolini, o mais controlado de todos, disse em 22 de abril que a Itália entraria na guerra em 1941[92] e, três dias mais tarde, afirmou que o fascismo participaria do conflito, mas somente quando tivesse "a certeza matemática de vencer".[93] Ciano estava rapidamente se sentindo isolado no que restava de oposição à Alemanha. Em conversas particulares com seus companheiros do clube de golfe, foi indiscreto o bastante para admitir que talvez chegasse a hora de ter que prender seu sogro.[94] Em 17 de abril deixou Bottai estupefato ao insinuar que Mussolini era uma figura secundária, principalmente se comparado com Hitler. Como registrou Bottai em seu diário com palavras que parecem tiradas do manual de religião de um estudante (e talvez com a intenção de que chegassem ao Duce):

> Fiquei calado. Não ouso confessar a dor que senti intimamente. Nossa geração deve tudo a Mussolini. Trata-se de Mussolini. Não se pode avaliá-lo sem nos considerar. (Isso só é possível admitindo que) Ele está em nós, assim como nós estamos nele.[95]

Enquanto Bottai, à sua maneira ingênua, se atrelava a uma ideologia fascista e a algum sistema de fé, os acontecimentos empurravam a nação para um momento de decisão. Com a pouco questionada ocupação da Noruega pelos nazistas, o rei e Badoglio começaram a reverter sua posição, a "negar sua tendência "antigermânica",[96] e o que restava de suas apreensões foi liquidado pelo que aconteceu em seguida no front. Em 10 de maio as forças alemãs invadiram os Países Baixos e a França, e Hitler informou seu colega italiano, com palavras dignas de um César, que o avanço significava "atravessar o Rubicão".[97] A intervenção italiana ficou praticamente inevitável, mas mesmo assim Mussolini continuou indeciso. Em 10 de maio achou que os alemães tinham vencido. No dia 11, que seria melhor a Itália esperar.[98] Também pôde saborear algumas divagações, atacando o papado ao dizer para Ciano que ele era "um câncer que corroía a vida nacional". Tudo que precisava fazer, afirmou em uma de suas explosões retóricas, era convocar os homens das "sete cidades" da sua Romanha para que o rei e o papa fossem eliminados de uma vez por todas.[99] Esse comentário tinha sido fora do contexto e sem nenhuma indicação de que estivesse relacionado com a guerra, a questão então em jogo. Em 17 de maio Mussolini outra vez salientou a necessidade de manter a calma (e a inação de então).[100] Entretanto, no dia anterior ele fizera um discurso mencionando o castigo de ver a Itália relegada à posição de "potência de segundo nível" se não entrasse no conflito.[101]

O fato é que as opções dos italianos estavam reduzidas praticamente a zero. Como forma de escapar de seu passado recente, Ciano escapuliu para seu feudo virtual, a Albânia,[102] onde foi saudado com aclamações — "Viva o Duce! Viva Ciano!" —, que Bottai maliciosamente disse ter ouvido "Duce Ciano!".[103] Em algum ponto do confuso processo decisório da Itália fascista estava sendo tomada uma decisão. Em 29 de maio Mussolini se reuniu com Badoglio e outros chefes militares depois de informar o chefe do Estado-Maior geral que tinha a certeza de que a guerra estaria terminada em setembro e que a Itália precisava arranjar "alguns milhares de mortos para justificar sua presença como beligerante na conferência de paz".[104] No ambiente mais formal da reunião, o Duce invocou o apoio do rei, insistindo que a Itália não podia ficar fora do conflito. Ordenando involuntariamente seus pensamentos, Mussolini salientou que "de forma alguma podemos evitar a guerra, não podemos ficar ao lado dos Aliados, só podemos combater ao lado dos alemães". A Alemanha possuía esmagadora supremacia terrestre e aérea, que nem mesmo uma posição adversa dos Estados Unidos poderia comprometer. Quanto ao Exército italiano, sua preparação podia não ser a ideal, mas daria conta do recado. A guerra começaria "em todas as frentes" em 5 de junho.[105]

No dia seguinte, Hitler recebeu essas informações e Mussolini declarou: "Assumirei o comando de todas as forças armadas".[106] Badoglio e Favagrossa não estavam convencidos da conveniência de participar de combates mais intensos[107] e, com aprovação dos alemães, a entrada na guerra foi adiada por mais cinco dias. Finalmente, no fim da tarde de 10 de junho Mussolini falou da sacada do Palazzo Venezia para a multidão apressadamente reunida, pois a ordem aprovando a manifestação fora expedida somente na véspera.[108] "O destino", anunciou o Duce, decretara guerra. "Vamos entrar no conflito contra as democracias plutocratas e reacionárias do Ocidente que insistem em bloquear o progresso e até ameaçam a existência do povo italiano." "Nossa consciência", acrescentou, "está absolutamente limpa." "A honra, os interesses próprios e o futuro" não podem ser ignorados. Combinando metáforas, explicou: "queremos romper as correntes territoriais e militares que nos sufocam em nossos mares. Uma população de 45 milhões de almas não pode realmente ser livre sem livre acesso ao oceano". Ademais, continuou o Duce, combinando as retóricas do fascismo e do nacionalismo,

> A gigantesca luta é apenas uma etapa da evolução lógica de nossa revolução. É a luta de um povo pobre contra os que desejam nos matar de fome, retendo todas as riquezas e o ouro do mundo. É a luta de povos jovens e fecundos contra povos estéreis, a caminho da decadência. É a luta entre dois séculos, entre duas ideias.[109]

Franco enviou da Espanha sua calorosa aprovação, prometendo que mudaria imediatamente a posição de seu país em relação à guerra para a de "não beligerante", com o implícito compromisso da Espanha de que isso significava um ponto de partida para a entrada no (vitorioso) Eixo.[110] Mais emocionalmente, Ciano anotou em seu diário sua reação à evolução dos acontecimentos: "Estou triste, muito triste. Começou a aventura. Que Deus ajude a Itália".[111] Com visão mais ampla, um diplomata aposentado, liberal e nacionalista escreveu: "Por mais estranho que possa parecer, o sentimento geral é de alívio. Acabou o período de incertezas. Os dados foram lançados, para o bem ou para o mal".[112] Ou o presságio mais significativo seria o fato de 10 de junho de 1940 ser o 16º aniversário do assassinato de Giacomo Matteotti? Mussolini optara pela entrada em uma guerra perigosa com a nódoa de um crime que ainda manchava de sangue suas mãos. Sangue realmente clamaria por mais sangue.

Seis meses depois da entrada da Itália na guerra, Winston Churchill, primeiro-ministro da Inglaterra, declarou, com evidentes objetivos táticos, que "um único homem" era o responsável pela escolha italiana. Essa frase ecoou em toda a historiografia, sobretudo porque atribuir a "culpa" a Mussolini satisfazia ao interesse pessoal e à ideologia de amplo espectro de historiadores (cuja interpretação foi facilitada pelos pormenores que constam do *Diário* de Ciano). Como o esforço de guerra logo se revelou desastroso e culminou com o embaraçoso e cínico *sauve qui peut* [salve-se quem puder] das antigas elites dirigentes em 8 de setembro de 1943, quando Badoglio e o rei Vítor Emanuel complicaram as coisas em uma tentativa de mudar de lado, havia suficientes motivos para os italianos resolverem atribuir a culpa a Mussolini. Na verdade, é difícil encontrar um historiador italiano que não aceite a teoria de que a intenção do "grande homem" foi decisiva nessa questão. Por exemplo, De Felice, um revisionista, considera que "um homem sozinho", levou a Itália à guerra, embora, em sua opinião, a motivação de Mussolini possa em parte ser perfeitamente atribuída à desconfiança que alimentava quanto à Alemanha nazista e a um desejo de, de alguma forma, limitar sua hegemonia.[113]

Todavia, há motivos para colocar em dúvida a amplitude e as peculiaridades do poder de Mussolini, como indicou meu relato das guinadas da linha política do Duce no período de não beligerância. Apesar do desconforto verbal que Mussolini demonstrava a propósito da manutenção da paz, na verdade o ditador só entrou na guerra quando ela realmente parecia vencida por seu temível aliado alemão. Matematicamente falando (adotando metáfora preferida de Mussolini), a Itália fascista analisou a frente com mais prudência do que a Itália liberal fizera em 1914-1915. Será que, se pode perguntar, algum líder italiano, acreditando no mito de que a Itália era ou devia ser uma grande potência, esperaria tanto quanto Mussolini para entrar no conflito? É difícil contestar os fatos históricos. Não obstante, essa indagação continua sendo importante, sobretudo porque existem muitas provas de que outros italianos, mais ou menos importantes,[114] acabaram resolvendo suas dúvidas sobre a entrada na guerra e dominando sua aversão pela Alemanha nazi nas semanas da queda da França. Em junho de 1940, até a Igreja Católica se reconciliou com a ideia de uma breve participação da Itália em uma guerra vitoriosa.[115] Em outras palavras, existem muitas razões para se acreditar que, principalmente nas circunstâncias vividas em meados de junho de 1940, muito pouca gente se opôs à "decisão" de Mussolini.

Entretanto, é inegável que a entrada tão apressada na guerra foi um terrível erro. Uma "análise" da situação relativamente periférica e indulgente da Itália na Segunda Guerra Mundial demonstra as limitações do fascismo e a superficialidade da pretendida revolução de Mussolini, tanto quanto evidencia a insensatez das ambições de grandeza internacional que tomaram conta das mentes de destacados membros da nação italiana desde o Risorgimento. Poucas nações tiveram a debilidade de suas crenças políticas e ideológicas francamente expostas pela guerra. A França derrotada e a devastada Polônia são exemplos típicos. Porém, nenhum participante deixou à mostra um abismo tão grande entre ambição e realidade do que a Itália fascista. Por esta falha desastrosa, o Duce, Benito Mussolini, deve arcar com a maior parte da culpa histórica.

Ainda assim, a historiografia precisa ser examinada com cuidado. Fossem quais fossem suas origens ideológicas, alguns relatos sobre as falhas militares, sociais e políticas da Itália na guerra podem servir para comparar o desempenho da Itália com os "melhores". As três sociedades que se portaram mais "heroicamente" foram, no lado perdedor, a Alemanha nazista e o Japão imperial, e, no lado vencedor, a URSS stalinista.[116] Será realmente possível aceitar sem discussão que a história deve lamentar a inabilidade da Itália, ou da "revolução" fascista, ou mesmo de Mussolini para chegar ao nível daqueles países? Embora muitos historiadores militares possam reagir à ideia, perder uma guerra talvez nem sempre seja a pior opção.

Más notícias sobre derrotas chegaram quase imediatamente à Itália. No Mediterrâneo, alertado para as manobras da Marinha fascista pela inteligência inglesa, que havia alguns meses tinha decifrado os códigos italianos, o HMS *Decoy* atacou um submarino italiano duas horas antes da declaração formal de guerra.[117] A partir de 11 de junho aviões aliados bombardearam cidades do

Norte, como Turim e Gênova, deixando a população decepcionada com a total incapacidade — como alertara Favagrossa antes da entrada no conflito — da defesa antiaérea do país.[118] A opinião pública se reanimou somente quando correu o rumor de paz iminente.[119] As Forças Armadas italianas avançaram relutante e tardiamente para a fronteira com a França e, quando entraram em combate, tiveram que se retirar vergonhosamente.[120] Na Líbia, em 28 de junho Italo Balbo foi a primeira baixa de expressão na guerra italiana, atingido pelo tiro disparado acidentalmente por um de seus próprios homens quando sobrevoava Tobruk.[121] Poucos meses antes Mussolini, como costumava fazer, deu a entender que seu velho companheiro era um enigma com "muitos defeitos", além de ser vítima de um bando de "idiotas e aproveitadores inúteis". Com palavras aparentemente conciliadoras, reduziu o *ras* de Ferrara a mais um "amigo" que podia ser facilmente esquecido.[122]

Por trás dos acontecimentos e das atitudes nos primeiros meses da Itália na guerra está a enorme falha estrutural da modernização pretendida pelo fascismo nas Forças Armadas e na sociedade. Apesar de toda a imprudente conversa de Mussolini sobre "8 milhões de baionetas" e um povo totalmente militarizado, o corpo de oficiais do Exército continuava sendo uma casta, desligada do restante da população. Seus oficiais eram leais a si mesmos e talvez à instituição monárquica. O resto da nação estava além de seu horizonte. A cultura dos oficiais era totalmente distinta da de seus soldados. Tendo em vista a sobrevivência dos dialetos de preferência da maioria dos italianos, muitas vezes os oficiais falavam literalmente outra língua.[123] As diferenças de classes eram evidentes por toda parte, e a esmagadora maioria dos universitários da burguesia italiana de modo geral era dispensada do serviço militar.[124] As exigências para prestação desse serviço eram flexíveis para certos grupos sociais e muitos italianos, amparados por amigos e recomendações, conseguiam escapar da convocação ou ignorá-la.[125] Em setembro de 1940 o Ministério da Guerra ainda fechava na hora do almoço, para permitir que seus funcionários gozassem a sesta, enquanto no mesmo mês milhares de camponeses convocados eram desmobilizados a fim de realizar sua tradicional tarefa de fazer a colheita.[126] Essa retrógrada *mentalité* agrária ajuda a explicar a razão de o Exército resistir obstinadamente a privilegiar a mobilidade, como exigia a guerra moderna. Por diferentes motivos, oficiais e soldados preferiam cavalos e mulas a caminhões.

A força aérea, em muitos países um reduto da mais moderna tecnologia, na Itália continuava rudimentar. Não primava pela precisão matemática e, nas avaliações, seus oficiais notoriamente multiplicavam por dez a disponibilidade de seus aviões, até que, em 1939, ficou evidente o verdadeiro número de aeronaves disponíveis. Uma vez iniciada a guerra, a produção aeronáutica da Itália continuou irrisória. Em 1942, os Estados Unidos conseguiam que suas fábricas produzissem em uma semana mais do que a indústria italiana conseguia em um ano, proporção que poderia levar a um só resultado na batalha entre os dois países.[127]

Em termos comparativos, a Marinha poderia ser considerada mais eficiente, mas o destruidor ataque aéreo a três encouraçados em Taranto em novembro de 1940 e a perda de três cruzadores e dois destróieres em cabo Matapan em março de 1941 convenceram o comando naval da Itália que era melhor agir com precaução. A partir de então, a Marinha fascista evitou ao máximo um confronto mais decisivo com forças navais inglesas ou de outros aliados.[128] Por fim, não houve tentativa alguma de coordenar as diferentes armas — os chefes da Marinha rejeitavam e condenavam o emprego convencional de porta-aviões —, e Mussolini sempre se mostrou ciumentamente contrário a qualquer envolvimento em discussões que significassem estar sendo contornado. Mesmo durante a guerra, a estrutura de comando continuou fracionada, com intervenções erráticas do Duce, mas suficientes para satisfazê-lo e convencê-lo de que ainda era ele que comandava. No comando do norte da África, Graziani lembrava ter sido recebido por seu comandante em chefe com um "bem conhecido meio sorriso" e ter saído da entrevista sem saber qual a diretriz a ser seguida.[129] Em seu diário, Bottai descreveu um líder de tempo de guerra cujo governo foi ficando mais pessoal. O Duce, "homem que gostava das manchetes", agora se aborrecia com detalhes e discussões, e preferia "deixar as coisas correrem naturalmente".[130] Enquanto isso, os chefes militares se envolviam em briguinhas e conspiravam uns contra os outros, preocupados em não ceder espaço e em intermináveis disputas por status e reconhecimento. Em dezembro de 1941, um relatório deu a entender que "toda a vida nacional está dominada por um conflito de egoísmos pessoais",[131] e certamente essa generalização era verdadeira no que se refere àqueles que deviam organizar o esforço de guerra da nação. Mussolini, incapaz de estabelecer prioridades para os sistema econômico e militar, sem saber como coordenar as necessidades militares com a indústria, que continuava produzindo lentamente (inclusive armas químicas),[132] preferia gastar tempo em lições de idiomas, preocupado em traduzir para o alemão o alentado livro *I promessi sposi*, do Risorgimento.[133] Será que ele esperava que o consequente domínio da língua alemã o ajudaria a intervir com mais eficiência em futuras reuniões com o tagarela Führer?

O método de trabalho de Mussolini como comandante das Forças Armadas em nada contribuía para superar as insuficiências da nação. Habitualmente reunia os chefes militares e fazia uma apreciação superficial da situação. A reunião normalmente terminava com algumas sugestões para melhorar a situação italiana, como, por exemplo, aumentar a produção de aviões para 500 por mês, mas sem indicação alguma de como se conseguiria alcançá-la e desprezando informações estatísticas, imprecisão que sempre fizera parte da retórica do Duce (já que matemática não fora sua melhor matéria como estudante).[134]

Apesar de pequenas e ocasionais estocadas do ditador, a frente interna italiana também se mostrou incapaz de se adaptar à situação de guerra total. No princípio de 1941, se dizia que os trabalhadores continuavam sendo admiradores do Duce, mas acreditavam que "a guerra era um problema particular dos fascistas", classe da qual não faziam parte.[135] No outono de 1940, milhares de italianos continuavam desempregados, mesmo em cidades industriais como Gênova, Milão e Bolonha, a despeito da alegada organização promovida pela economia de guerra.[136] A disponibilidade de alimentos era errática e irregular. Entre 1941 e 1943, a ração familiar era igual à da Polônia sob ocupação alemã.[137] O funcionário que, depois de junho de 1940, foi encarregado por Mussolini de organizar o racionamento, recorda ter começado procurando algum local onde pudesse se instalar, mas sendo impedido por um ou outro burocrata excessivamente zeloso.[138] Mesmo na abastada Veneza, o prefeito Benigni informou, em março de 1941, que as classes mais pobres estavam ficando sem alimentos básicos como pão, massa e óleo.[139] As reservas de suprimentos militares continuavam insuficientes. A produção de aço estava muito aquém do que precisava uma legítima grande potência, e um historiador a considerou "ridícula".[140] Sem contar com os combatentes envolvidos nas operações, a Itália não conseguiu elevar seu PIB entre 1940 e 1942 e, em consequência, a produção caiu.[141] Em janeiro de 1941 os alemães estimaram que a indústria italiana estava trabalhando com apenas 25% de sua já limitada capacidade.[142] O material bélico italiano era antiquado ou mal projetado. Durante toda a guerra os italianos não conseguiram fabricar um tanque de boa qualidade.[143]

Em resumo, o usualmente crédulo Bottai reconheceu durante as primeiras semanas da guerra que tudo estava comprometido pelo "fracasso dos preparativos" e pela "improvisação".[144] O próprio Mussolini estava prisioneiro de seu mito e do fato de cada pequeno assunto ter que passar por seu escrutínio. Pelo menos até outubro de 1940 ele se manteve apegado à ilusão de que a guerra seria curta, autorizando os subordinados fascistas a planejar alegremente as atividades no período pós-guerra, em vez de se concentrar nos problemas enfrentados pela Itália e pelo regime fascista.[145] Bottai reclamou porque, com o planejamento comprometido por confusão generalizada, a reação do Duce era "se as coisas corressem bem, ficar com o crédito, mas se saíssem errado, botar a culpa nos outros". Esse fato, concluiu Bottai, era a verdadeira essência da fórmula "Mussolini está sempre certo".[146] Um militar resumiu a situação em uma única palavra. O esforço de guerra italiano era uma total *anarquia*.[147] Tudo indicava que a ditadura estava tão fraca que ao primeiro embate da guerra não haveria quem fosse capaz de controlá-la.

Rumores sobre traições e descontentamentos eram tão frequentes que houve a promoção de um evento esportivo para demonstrar que o Duce estava realmente em excelente forma, que era a viril personificação da raça italiana e que estava em condições de fazer exercícios em público. Entretanto, essa demonstração não obteve o sucesso esperado, a despeito da presença de um grupo de 23 correspondentes estrangeiros que se reuniram nos jardins da Villa Torlonia. Inicialmente Mussolini, vestindo uma camiseta branca tipo regata, se exibiu saltando obstáculos com seu cavalo. Para impressionar, o instrutor de hipismo e esgrima expôs aos jornalistas detalhes da preferência de Mussolini por massa com manteiga, alho e queijo, e o quanto gostava de brócolis e abobrinha.[148] Em seguida, veio o tênis. Um observador americano então presente lembrou:

> O ditador, usando uma camisa polo branca e calção que permitia ver a cicatriz do ferimento que sofrera na coxa na Primeira Guerra Mundial, estava jogando duplas. Sacava "por baixo" como um iniciante e violava todas as regras e tradições do tênis ao se adiantar dois passos da linha de base para sacar. Mesmo assim, os dois atletas que jogavam contra ele — Mario Belardinelli, destacado tenista profissional de Roma, e Eraldo Monzeglio, integrante da equipe italiana de futebol — devolviam com aparente dificuldade os saques inofensivos de Mussolini. Sempre que devolviam, a bola vinha bem devagar, de tal forma que até um homem manco e com braço quebrado era capaz de devolvê-la. O Duce jogava um *lobby*, "esmachava" e sorria, feliz com seu sucesso.

Não obstante, alguns pontos e alguns games não puderam ser evitados e os jornalistas viram que Mussolini e seu parceiro Lucio Savorgnan perderam os três sets que assistiram. Por isso, ficaram decepcionados quando Alessandro Pavolini, apesar de tudo, afirmou que o resultado final fora 7 x 5 a favor do Duce.[149]

Todavia, nem essa propaganda foi capaz de esconder a verdadeira catástrofe que estava a caminho. Em 28 de outubro de 1940, depois de quinze dias de preparativos militares,[150] as forças italianas tentaram realizar uma *Blitzkrieg* à moda alemã contra a Grécia, usando a Albânia como ponto de partida. O resultado foi desastroso. A ordem de Mussolini em 10 de novembro para que todas as cidades gregas com mais de 10 mil[151] habitantes fossem arrasadas foi mais um exemplo de sua crescente impotência do que de sua habitual e negligente crueldade. Atenas não apenas não caiu em poucos dias como esperavam Mussolini e os demais líderes do regime, mas logo em seguida as forças gregas contra-atacaram, cruzaram a fronteira com a Albânia e ameaçaram jogar os italianos no mar Adriático. Um oficial encarregado de identificar as deficiências militares descobriu uniformes que se desintegravam sob chuva, absoluta falta de apoio logístico, médico e mecânico, além do moral baixo entre oficiais e soldados.[152] Na Itália, em dezembro de 1940 correu a informação de que as imagens do Duce mostradas nos noticiários no cinema eram assistidas em crítico silêncio.[153] Seis semanas após o que se esperava que fosse um passeio para a vitória, tudo indicava que a Itália logo seria vista como mais fraca do que a Grécia, e que a ditadura de Mussolini não era capaz de se impor ao periclitante e reacionário governo do general Metaxas.

Durante os meses anteriores a Grécia vinha sendo objeto de idas e vindas nas cogitações dos italianos.[154] Mais uma vez sem o estímulo étnico e racial que orientava as iniciativas alemãs, a Itália não alimentava pretensões irredentistas na Grécia (embora suas marionetes albanesas as tivessem). Na verdade, a existência de habitantes que falavam *grico* (um dialeto grego) na Puglia e na Calábria poderia fazer da Itália um alvo do "grande projeto" nacionalista grego, se o governo da Grécia fosse suficientemente audacioso. Na prática, a Grécia foi selecionada para ser atacada porque em agosto os aliados alemães convenceram os italianos a desistir da Iugoslávia,[155] e os políticos franceses de Vichy tinham sido habilmente convencidos pelos vitoriosos alemães de que não deviam ceder muita coisa aos ambiciosos italianos — a conquista da Savoia, de Nice, da Córsega, de Túnis e de Djibouti continuaria sendo uma quimera[156] —, e também porque, pelo menos de acordo com De Felice, a forma como Mussolini previa o futuro o convencera de que o grande conflito estava perto de acabar.[157]

Certamente a ideia de uma "guerra paralela" no Mediterrâneo não passou de imaginação. Apenas nove dias após e entrada da Itália no conflito, Ribbentrop disse a Ciano que Hitler acreditava firmemente que "o império britânico é um elemento de estabilidade e ordem social no mundo e, portanto, de grande utilidade. Na atual conjuntura, seria impossível substituí-lo".[158] Do mesmo modo, os alemães demonstravam pouco interesse no que todos os historiadores, com exceção de De Felice, viam como exagerados, ou seja, os planos italianos de conquista do Iraque e outras regiões do mundo árabe em prol da causa do Eixo.[159] Continuava sendo improvável conciliar os objetivos de guerra alemães com os italianos, caso estes últimos permanecessem tão ambiciosos. Mussolini começara a anunciar que a Itália atacaria em "cinco" frentes e, na Grécia, parecia ansioso por aumentar esse número.[160] Todavia, a pulverização do esforço de guerra servia apenas para esconder a fragmentação do planejamento. Os militares italianos andavam em círculos, mas nenhum, e com certeza nem Mussolini, sabia o que fazer.

Assim, em 15 de outubro foi tomada a decisão oficial de atacar a Grécia.[161] O marco para o desencadeamento da ação foi o súbito envio de uma missão alemã para a Romênia, que Mussolini entendeu como sendo uma ocupação. "Hitler está sempre me colocando diante de um *fait accompli*", reclamou em conversa com Ciano. "Desta vez, vou dar o troco. Ele vai saber pelos jornais que ocupei a Grécia e assim ficaremos quites."[162]

A derrota na Grécia foi seguida por outras. Na Líbia, desde o fim de outubro as forças do general Graziani, que timidamente vinham ignorando a insistência cada vez maior de Mussolini para atacarem, foram rapidamente repelidas pelas tropas inglesas. Foi nessa ocasião que Eden comentou sarcasticamente que "nunca tantos se renderam a tão poucos".[163] As forças do Eixo na Líbia só se recuperaram depois que passaram a contar com o apoio das tropas alemãs comandadas pelo general Erwin Rommel, em fevereiro de 1941. A tão festejada conquista da Somalilândia inglesa[164] foi logo sucedida por derrotas italianas.[165] Addis Abeba voltou para as mãos do imperador Haile Selassie em abril de 1941. Não há dúvida de que a superficialidade e talvez a complacência durante os cinco fugazes anos de domínio italiano na Etiópia ficam demonstradas pelo fato de apenas 56 italianos terem sido assassinados por vingança.[166] O império italiano na África, tão comemorado por todos os italianos em 1936, desabara praticamente sem protestos.

Esses reveses tiveram como consequência algumas substituições. No começo de dezembro, após longo processo que durou quase um mês e foi provocado por Farinacci — que afirmou que o povo estava "estarrecido" com os acontecimentos na Grécia e que, na URSS, um punhado de generais teria sido imediatamente executado[167] —, Badoglio finalmente renunciou ao cargo de chefe de Estado-Maior e foi substituído por Ugo Cavallero, também oficial de carreira.[168] Em seu diário, publicado postumamente, Cavallero declarou que em 1º de dezembro Mussolini o encarregou de organizar um Estado-Maior baseado em "proveitosa colaboração", em vez do "manter as aparências à moda muçulmana", fórmula adotada por seu antecessor. Para mantê-lo sob controle, o Duce se comprometeu a ver diariamente seu chefe de Estado-Maior.[169] A Badoglio fora dita a mesma coisa (ele entendeu que o comentário de natureza militar do Duce era para ser interpretado de forma "geral" e não "específica").[170] Todavia, pelo que se sabia os militares já estavam resmungando que Mussolini passava "todas as tardes" com Claretta Petacci e quase sempre era impossível entrar em contato com ele.[171]

No campo interno as mudanças já vinham ocorrendo há mais tempo e Muti foi dispensado em 30 de outubro. De acordo com informações da polícia, o secretário do Partido tinha se manifestado a favor da "desmobilização" do PNF, alegando que, depois de dezenove anos, ser fascista e ser italiano eram duas posições inseparáveis.[172] Na *Critica Fascista*, Bottai, de certa forma redundante, também tinha sustentado que a guerra devia ser "uma forma de vida para toda a nação, em todos os aspectos, em todos os setores, em todas as organizações", mas logo se contradisse afirmando que combater era "um ato religioso" que deveria ser amparado pelo "poder místico de nossa fé fascista".[173] Menos enfático em suas considerações, Mussolini nunca deixou de acreditar na identificação do Partido com o povo. Uma das evidentes falhas do esforço de guerra de seu regime foi a inabilidade para conciliar, na mente do povo, a nação italiana com a ideologia fascista. No outono de 1940, certamente corriam muitos rumores sobre corrupção endêmica, e ao próprio Mussolini foi contada a piada de que a melhor forma de ajudar Hitler a vencer a Inglaterra era lhe mandar "uma dúzia de chefes do Partido". Estavam tão sedentos que seriam capazes de lamber o canal da Mancha até secá-lo.[174] Obviamente o substituto de Muti tinha uma árdua tarefa pela frente. Contudo, o novo secretário, Adelchi Serena, era um inexpressivo burocrata do Partido que já tinha sido o *podestà* [prefeito] de L'Aquila e ministro de Obras Públicas. Provou ser um administrador competente, mas pouco fez para conter o declínio do Partido durante o ano seguinte.

Para dizer a verdade, a lista de membros do Partido, de modo geral com nomes inexpressivos, continuou aumentando — em 1942 o número de membros chegou a 4,77 milhões.[175] Entretanto, um ano antes De Bono definira o PNF como "o maior inimigo da Itália",[176] e até Mussolini se esforçava para se desligar das evidentes debilidades do Partido. Em janeiro de 1941 anunciou a mobilização de seus ministros na frente albanesa, provocando o que Ciano acidamente descreveu como consternação na sala de espera do Palazzo Venezia.[177] Nessa ocasião, até a crença de Bottai em seu "implacável" líder desmoronou. "Uma solidão terrível. Algo que por mais de vinte anos fazia meu coração bater parou de repente. Uma adoração, uma fé, uma dedicação. Agora estou sozinho, sem meu chefe."[178]

Mussolini também se deixou dominar por uma crise psicológica e disse a Cavallero que, "tendo em vista nossa trágica situação [...] A única coisa a fazer é deixar tudo nas mãos de Hitler, porque somos incapazes de fazer qualquer coisa".[179] Seus companheiros notaram sua palidez e que sofria de insônia.[180] Era um chefe cujo estado físico estava declinando e desabando diante do peso do cargo e das evidências de que estava fracassando. Em 1941, Mussolini, como o fascismo e o mito da Itália como grande potência, estava murchando, ao longo de um processo que, vez ou outra, sofreria breve interrupção, mas que já não podia ser revertido. A iniciativa agora estava em outras mãos. Mussolini, que ainda admitia ser ignorante em assuntos econômicos e que os militares conheciam melhor seu próprio mundo,[181] esperava um dia poder novamente fazer uso de seu conhecimento na "área política". Porém, continuou sendo um mistério para ele e seus companheiros onde poderia encontrar espaço para manobrar.

Não obstante, 1941 foi um ano de triunfos do Eixo, época em que a aliança chefiada por Hitler esteve perto de vencer a Segunda Guerra Mundial. Em março-abril desse ano as forças combinadas do Eixo chegaram à fronteira entre Egito e Líbia, e sitiaram Tobruk (que caiu em junho de 1942), em uma sequência de vitórias que só foi revertida na Batalha de El Alamein, em outubro-novembro de 1942. Em abril-maio de 1941, as tropas nazistas invadiram a Iugoslávia e a Grécia. Em junho, destruíram as últimas defesas inglesas em Creta. Em abril, Pavelić já tomara conta do poder em Zagreb e, a reboque dos alemães, os italianos assumiram o papel principal no governo na Eslovênia (onde a província "Lubiana" foi anexada à Itália, apesar de um censo realizado em julho de 1942 ter registrado que 93,8% da população eram de eslovenos e apenas 0,1% de italianos — 458 pessoas),[182] na Croácia, em Montenegro e na Grécia. Em 22 de junho, os nazistas lançaram a Operação Barbarossa contra os soviéticos. Mussolini, de folga, descansando em Riccione, foi acordado bem cedo e informado da decisão do Führer.[183] Seguiram-se sucessivas vitórias e os nazistas chegaram às portas de Leningrado e Moscou, até serem bloqueados pelo inverno. Em 7 de dezembro de 1941, o grande conflito se estendeu ao Pacífico, quando o Japão atacou os Estados Unidos em Pearl Harbor e, logo em seguida, expulsou os infelizes ingleses de Singapura, ameaçando destruir os impérios da Inglaterra, da França e da Holanda na área Ásia-Pacífico.

Envolvido nesse gigantesco conflito global, vez ou outra Mussolini anunciava pequenas vitórias italianas, embora em julho de 1943 o sacrifício italiano em todas as frentes de combate se resumisse a 205 mil militares e 25 mil civis mortos, correspondendo a cerca de um terço dos 650 mil italianos mortos na Primeira Guerra Mundial. As baixas sofridas pela Itália tampouco se aproximavam das catastróficas perdas humanas em países como URSS, Iugoslávia, Polônia, Alemanha, China e Japão (e entre judeus em toda a Europa).[184] É bem verdade que de vez em quando um lampejo do carisma do Duce ressurgia no meio da liderança fascista e da população italiana.[185] Contudo, o fracasso na Grécia e o óbvio insucesso do esforço de guerra fascista deixaram a grande maioria dos italianos e provavelmente o próprio Mussolini convictos de que o país e a "revolução" não mais poderiam aspirar ser únicos e grandiosos, e que, no máximo, poderiam ser os (ignóbeis) caudatários dos alemães nazistas.

Os não italianos concordavam. A relativa "suavidade" da guerra para a Itália fascista conspirava para alimentar o desprezo que seu parceiro alemão sentia por todos os italianos. Em junho de 1941, Goebbels comentou insatisfeito que "temos os piores aliados que se possa imaginar",[186] acrescentando que "os italianos são o povo mais odiado em toda a Europa".[187] Inicialmente os generais italianos pediam ao Duce para convencer os alemães a não os tratarem como meros auxiliares,[188] mas logo deixaram de lado suas ideias de autonomia e, na maioria das frentes, se subordinaram aos alemães com a contumaz má vontade de um soldado convocado. Em contrapartida, os comandantes alemães consideravam os italianos "negligentes", parecendo "um bando de... crianças" que ficavam "satisfeitas se tivessem café, cigarros e mulheres". Os nazistas ficavam contentes sempre que se viam livres de seus aliados quando estes se viam diante de perigo, como seguidamente acontecia, principalmente na frente oriental.[189] Até Hitler, que via com simpatia os italianos, ficou em dúvida quando, em novembro de 1940, afirmou que Mussolini era "o único verdadeiro homem" da Itália.[190] No princípio do mês seguinte, concordou com Goebbels quando este afirmou que os italianos não passavam de um "bando de sujeitos que estavam sempre rindo" e acrescentou, com preocupação até certo ponto surpreendente, que "agora já não pode haver dúvida sobre quem deve liderar a Europa, se Hitler ou se Mussolini".[191] Como faziam até então, os dois ditadores continuaram a se corresponder regularmente e houve algumas reuniões para troca de opiniões. Todavia, Hitler assumiu posição dominante nas discussões[192] e não havia razão para que a cedesse a partir de então. Tudo que Mussolini podia fazer era apresentar extraoficialmente rancorosas observações para algum submisso italiano disposto a ouvir seus comentários a respeito da "inevitabilidade" de um eventual choque entre Itália e Alemanha. Mencionava, por exemplo, a possibilidade de um conflito entre os dois países no Alto Ádige antes que pudesse ser evitado, por causa do risco de, caso houvesse um enfrentamento, os italianos poderem se ver na contingência de se renderem.[193]

A incompreensão mútua também era evidente entre as tropas italianas e seus cruéis "amigos" croatas, apesar dos esforços de Pavelić para agradar Roma na questão do triunfo da "política mussoliniana".[194] Aimone de Savoia, escolhido para ser o rei Tomislav II da nova Croácia, mas rejeitado por Mussolini, que o considerava "mentalmente incapaz",[195] foi impedido de ser coroado em Zagreb por conta de "inaceitáveis" atrocidades da *Ustasha*.[196] Aimone foi suficientemente inteligente para permanecer na Itália, conquistando o fascinante título de "o rei que nunca foi".[197] Os acontecimentos nos Balcãs serviram para confirmar a cegueira de Mussolini em seu entendimento da humanidade. Cada habitante da ex-Iugoslávia, disse para Cavallero em março de 1942, devia ser encarado como inimigo.[198] Deu ordem a Ciano para que fossem fuzilados dois habitantes locais para cada italiano ferido e vinte para cada morto, mas, como comentou seu genro em tom conciliador, "ele não vai exigir o cumprimento dessa ordem".[199] Na verdade, ele tanto exigiu quanto não exigiu. A conduta italiana nessas áreas da Iugoslávia sob ocupação fascista foi relativamente suave. Mais tarde o general Roatta foi acusado de crimes de guerra nessa região, e dezenas de milhares de "eslavos" morreram, grande número em consequência de massacres que envolveram mulheres e crianças, além da destruição de vilarejos inteiros. Ao contrário do que ocorrera na Líbia uma década antes, agora os assassinos agiam tanto como membros do Exército do rei quanto obedecendo ordens de seu Duce. A responsabilidade de Mussolini resultou mais da forma como endossava a violência e a brutalidade do que de uma ordem específica.

A amizade com a Espanha, que levou Franco a pensar em entrar na guerra no verão de 1940, começou a esfriar em consequência da calamitosa situação em que se encontrava seu país e do fato de as tropas ainda estarem ocupadas fuzilando seus inimigos republicanos. O ataque Italiano à Grécia coincidiu com uma reunião do *caudillo* com Hitler em Hendaye, quando o Führer se convenceu de que era pouco provável que os espanhóis entrassem no conflito.[200] Visita subsequente de Franco e Ramón Serrano, seu ministro do Exterior, à Itália em fevereiro de 1941 não foi além, e Mussolini se sentiu embaraçado ao tentar explicar as derrotas italianas, enquanto Franco procurava ressaltar a recente má colheita e a pobreza em seu país.[201]

A partir de junho de 1941, a "verdadeira" guerra foi obviamente aquela travada na frente oriental entre os alemães e os soviéticos. Na carta em que explicava a ofensiva nazista, Hitler dissera a Mussolini que se sentia "libertado" diante do passo que os alemães estavam dando.[202] Finalmente, tinha a guerra que sempre desejara. A resposta de Mussolini foi à primeira vista igualmente entusiástica. A campanha contra o comunismo contentava muita gente na Itália — a Igreja em especial[203] —, e a ideologia fascista poderia ser reavivada. Os americanos eram um estorvo, mas não poderiam deter essa cruzada. "A *stimmung* [disposição] do povo italiano", concluiu, agora "é realmente muito forte." Estavam prontos para marchar ao lado de seu aliado alemão "até o fim". Nas entrelinhas da carta parecia haver uma ponta de dúvida. Um conflito com a Rússia significava uma "luta por espaços," alertou o Duce. Não havia dúvida de que os aviões e os tanques alemães seriam capazes de conquistar a vastidão do território russo, acrescentou logo em seguida. Não havia razão para preocupações.[204] Ou havia? Em novembro de 1941, quando Mussolini tentou insinuar que a chave da vitória estava nas batalhas contra a Inglaterra na fronteira egípcia,[205] não houve reação receptiva de Berlim. Tampouco os interesses da nação italiana ou a ideologia fascista — depois da invasão da Rússia, Mussolini voltou a comentar como faria uma "verdadeira" revolução se a vitória fosse sua[206] — fizeram muita diferença diante da titânica batalha ideológica em curso na frente oriental.

Nessa atmosfera de crescente fuga à realidade ficou fácil ver com bons olhos o ataque japonês que induziu os americanos a entrarem na guerra.[207] Com seu passado de emigração, a Itália tinha mais motivos do que a maioria dos países para avaliar o poder econômico dos Estados Unidos. Enquanto Hitler era um alemão *petit bourgeois* de uma província alemã, cujo mundo mental pouco entendia da sociedade como um todo, no passado o "professor Mussolini" almejara ser conhecido universalmente. Nada disso importou quando a Itália também declarou guerra ao governo e ao povo americanos.[208] Em maio de 1941, Mussolini já depreciara Roosevelt como estadista: "Nunca na história", disse para seu genro, "um povo foi governado por um paralítico. Já houve reis carecas, gordos, simpáticos e idiotas, mas nunca um rei que quando quer ir ao banheiro ou jantar tem que pedir a ajuda de outros homens."[209] Foi uma explosão tipicamente cruel. Contudo, no fim de 1941, Mussolini já permitira que a subdesenvolvida economia italiana e a frágil e dividida sociedade italiana submergissem diante dos EUA e da URSS. Nessa competição desigual, foi Benito Mussolini quem aprendeu o significado (e o custo) da paralisia. E a própria Itália sofreria o dano colateral desse processo de aprendizagem.

17
Primeira queda e ressurreição efêmera, 1942-1943

As vitórias japonesas deveriam ser comemoradas efusivamente (principalmente se houvesse a possibilidade de despertar a inveja alemã).[1] Todavia, o Natal de 1941 não foi motivo de alegria para Benito Mussolini. Ao contrário, mais uma vez viu sua misantropia aumentar ainda mais. Da Alemanha chegou a notícia do afastamento repentino do general Walther von Brauchitsch, indicando que os soviéticos não tinham sido riscados do mapa.[2] Será que a frente oriental mostraria que Hitler era um *coglione* [imbecil]? Ciano deve ter adorado recorrer a essa palavra, embora a atribuísse a um diplomata alemão.[3] Porém, por mais descarada que fosse, naquele momento a ironia não foi capaz de fazer seu sogro sorrir. Pelo contrário, Mussolini aproveitou uma reunião para revelar o amargor que contaminava sua alma. Em vez de insistir na necessidade de politizar o Exército (mais um desejo totalmente infrutífero), passou a hostilizar o Natal. Disse que estava admirado porque os alemães ainda não o tinham abolido. A festividade "apenas celebrava o nascimento de um judeu que apresentou ao mundo teorias que enfraqueciam e castravam". Cristo, reclamou, satisfazia particularmente a Itália por causa da "habilidade do papa para dividir a sociedade italiana". Para eliminar essa influência perniciosa, anunciou o Duce, tinha proibido os jornais italianos de mencionar o nascimento de Jesus.[4] Foi uma iniciativa inútil. Bastava olhar pela janela da Sala del Mappamondo, comentou Ciano em seu diário, para ver o povo nas ruas movimentadas, "celebrando (o

Natal) e ainda adorando as comemorações". Mussolini, conclui-se, via frustradas até suas pretensões de ser um desmancha-prazeres.

Talvez alguns membros mais fiéis do Partido adiassem suas celebrações até a *Befana fascista* (Epifania, 6 de janeiro, o "último dia do Natal", ocasião em que tradicionalmente se troca presentes na Itália, de acordo com uma interpretação fascista no tempo da ditadura). Certamente sabiam que nessa ocasião o Duce guardava uma surpresa de Natal para seus assessores, para o Partido e para a nação. Em 26 de dezembro foi anunciado que Adelchi Serena deixara seu cargo e seria substituído por Aldo Vidussoni. Ciano ficou espantado e anotou que tinha sido nomeado:

> [...] um tal de Vidussoni, que foi condecorado com uma medalha militar de ouro por atos de bravura (na Espanha) e tem 26 anos, formado em direito. Além disso, não sei o que dizer. Claro que estamos falando de uma experiência audaciosa e esperemos que desta vez a sorte acompanhe a coragem. Não conheço o homem, nem mesmo sei a sua aparência.[5]

No dia seguinte, Ciano notou o susto causado pela notícia, que surpreendeu desde o mais humilde carregador de tacos do clube de golfe até o distinto Giuseppe Volpi, conde de Misurata, então presidente da *Confindustria* e da Comissão Econômica Ítalo-Croata.[6] Todos os italianos se referiam à escolha em tom de deboche. Nem mesmo o relacionamento da nova estrela no firmamento político foi capaz de conter o espanto. Quando Vidussoni falou para "aquele ambiente de velhas prostitutas que constitui (naqueles dias) o Partido", Ciano lembrou mordazmente que o novo secretário deveria ter "suado sangue". Parecia um entusiasta, um verdadeiro crente e supostamente voltado para o bem, mas muitos o viam como alguém que "viera da cabeça do Duce", tal como "Minerva surgiu da cabeça de Júpiter".[7]

Uma semana mais tarde Ciano teve a oportunidade de entender a mente dessa pessoa que representava a nova geração de fascistas. Vidussoni foi ao Ministério do Exterior discutir a questão dos Balcãs e a instabilidade que continuava a inquietar a fronteira nordeste da Itália, onde a guerrilha que se opunha ao governo fascista estava se alastrando. As ideias de Vidussoni eram bem claras. A Itália devia eliminar todos os eslovenos. Ciano, no papel de estadista e burguês, "não deixou de ressalvar que se tratava de mais de um milhão de eslovenos". "Não importa", veio a resposta imediata. "Devemos proceder com eles como os *ascari* (tropas coloniais negras da Itália na Eritreia e na Somália) fazem com seus inimigos, simplesmente os exterminam."[8] Tudo indica que o jovem tinha realmente incorporado o espírito que então prevalecia no Eixo (embora o fato de usar os negros como exemplo indicasse que ele também não compreendia perfeitamente o significado de "racismo científico").

De Felice defende que a nomeação foi uma derradeira tentativa de Mussolini de organizar o Partido à sua maneira,[9] mas a escolha de Vidussoni foi vista especialmente como um gesto desesperado em um momento de angústia. Talvez o Duce tenha dito ao Partido que os jovens deviam ter sua vez (acrescentando em sua defesa que o secretário tinha na verdade 28 anos e não 26).[10] Vidussoni poderia ser seu "aprendiz". Ao que parece Mussolini exigiu a concentração na formulação de "políticas" no novo governo, dando a entender que se tratava da educação e da doutrinação do povo e não das "atividades políticas", que ele considerava caberem ao "Estado". Talvez tivesse concluído que uma guerra longa poderia ser vantajosa desde que obrigasse todos os italianos a ir moralmente ao fundo do poço, até conseguirem vencer desafios nos campos interno e externo.[11] Porém, nem Vidussoni e tampouco Mussolini podiam ocultar as fraturas que já tomavam conta do edifício do fascismo.

Quanto mais examinava a questão, mais a velha elite fascista se irritava com as mudanças. Todos que se viam como reflexos especiais do Duce, de certa forma seus *alter ego*, se viram forçados a reconhecer sua própria inutilidade e impotência. Farinacci,[12] Ciano,[13] Bottai,[14] cada um deles via um "cretino", um "imbecil" subitamente transformado em seu competidor ou superior.[15] Pior, seu julgamento estava correto. Correu o rumor de que o novo secretário exibia sua juventude, virilidade e submissão sempre correndo para cobrir a distância que separava a porta do gabinete de Mussolini no Palazzo Venezia até a mesa do Duce.[16] Vidussoni era capaz de pronunciar alguns slogans fascistas, mas, como instrumento do "misticismo" fascista, o novo secretário era mais uma prova do fracasso do governo na tentativa de conquistar corações de homens e mulheres, demonstrando que fazer carreira no governo exigia certa preparação. Em fevereiro de 1943 um relatório da polícia resumiu o desastre que era a administração de Vidussoni, principalmente por causa de sua "incapacidade de organização que enfraquece continuamente o que resta da essência do Partido". "O trabalho de Vidussoni", prosseguiu acidamente o comentarista, "se restringe a visitar os feridos no hospital e comparecer a jogos de futebol e lutas de boxe." Após quatorze meses no cargo, Vidussoni não estabeleceu relações adequadas com as figuras mais notáveis do Partido e tampouco chegou a compreender o comportamento de seus parceiros. Pessoas mais interessadas continuavam perguntando o que estava fazendo o secretário e por que cargas d'água o Duce o tirara do nada para ser sua eminência parda.[17] Em outras palavras, em vez de ele próprio assumir a paternidade do PNF, ao nomear Vidussoni, Mussolini alienou completamente seus mais próximos seguidores. Quando Vidussoni finalmente deixou o cargo em abril de 1943, a queda de Mussolini já era iminente.

No discurso pronunciado em janeiro de 1942, quando apresentou Vidussoni a seus colegas, Mussolini declarara: "após vinte anos do regime, há duas gerações disputando o governo. Uma em seu ocaso e a outra despontando". Cada grupo, acrescentou Mussolini, com palavras recheadas do darwinismo que dominava a compreensão do mundo, luta contra seu antecessor.[18] Porém, eram percepções perigosas. Mussolini assumira o cargo aos 39 anos. Em 1943 completaria sessenta. Em sua maioria, seus companheiros eram mais novos, alguns em dez anos ou mais, enquanto Ciano ainda nem chegara aos quarenta. Seria a "nova geração",[19] destinada a expulsar a velha? Os encarregados da propaganda ainda escreviam que "ninguém é jovem para sempre e eterno como Ele. Nem todos nasceram para fazer parte da história, da política, das ideias como Ele", acrescentando que o povo precisava "Dele", tal como precisava de "pão e ar".[20] Todavia a crença na juventude eterna do Duce estava se desintegrando.

A cada dia que passava, *velho* era a palavra que melhor descrevia o Duce. À sua maneira, Bottai fez uma descrição de seu envelhecido chefe depois de vê-lo em outubro de 1942. Mussolini estava em visível decadência, "as faces pálidas, suas bochechas enrugadas, a boca nitidamente caída", como se estivesse sentindo dores na úlcera ou alguma coisa o estivesse incomodando. "O fato é", anotou Bottai em seu diário, "que o homem não está apenas cansado, desanimado, triste, mas já não consegue superar a idade." A situação era desanimadora "para as pessoas que gostavam dele e que, a despeito de tudo, ainda o amam. Se ao menos ele pudesse apertar nossas mãos e conversar francamente conosco... Mas ele está matando o homem que foi no passado". Entre seus assessores, admitiu Bottai com tristeza, agora Mussolini era zombeteiramente chamado Provolone, por causa de sua cabeça careca "que no passado costumava irradiar seu encanto pessoal". "O homem que estava sempre certo agora está quase sempre errado", declarou Bottai com a habitual intenção de encontrar significados filosóficos nos acontecimentos diários. "Outrora, eventuais realizações e méritos eram atribuídos a ele. Agora, ele é acusado por tudo que sai errado, mesmo quando não é sua culpa. É a lei das compensações."[21]

O que dizer, então, da saúde do Duce entre 1942 e 1943? Até onde ele era um líder de tempo de guerra cujos fracassos no exercício do comando coincidiam com a crescente debilidade física? Desde a primeira manifestação em 1925, Mussolini vinha sofrendo com uma úlcera no duodeno.[22] Mesmo assim, o cumprimento quase contínuo de uma cuidadosa dieta (embora alguns médicos, sabendo que úlceras são infecções por bactérias, confiassem demais em leite e outros laticínios), que evitava carnes, álcool e cigarros, conseguiu mantê-lo em razoável forma, mesmo enquanto seus cabelos embranqueciam em seus cinquenta anos e era vendida a imagem oficial de um "super-homem" eternamente jovem, viril na cama e um ás em todos os esportes que se pudesse imaginar. Sob a tensão de uma guerra, entretanto, o nadador, o corredor, o cavaleiro Duce cedeu espaço para um Mussolini cuja saúde era frequentemente precária e às vezes o deixava prostrado.

Em agosto de 1941, os Mussolini sofreram uma baixa na própria família, com a morte de Bruno quando o bombardeiro em que era piloto de teste caiu na Toscana.[23] A viúva de Bruno se esforçou para recolher os lençóis e travesseiros usados por seu marido na última noite que passou em um hotel de Pisa e os deu para sua pesarosa sogra.[24] Mussolini nunca fora muito chegado a seus filhos mais velhos, embora se dissesse que depois da morte de Bruno ele tentasse passar mais tempo do que no passado com Vittorio.[25] Tal como acontecera com *Vita di Arnaldo*, obra em que lamentara a morte de Arnaldo, ele agora escreveu um pequeno livro intitulado *Parlo con Bruno* [Falo com Bruno]. Como o trabalho anterior, era uma obra curiosa, que misturava o rigor fascista com a emoção familiar.[26] Também está marcada pela hipocrisia endeusando Bruno, ao considerá-lo um dos muitos comprometidos com a vitória. Do mesmo modo, Mussolini ressaltou a privacidade do relacionamento pai-filho e do túmulo, distribuindo para o público cópias com bravatas da propaganda fascista. No herói fascista, então descrito de forma um tanto inconsistente, os relacionamentos pouco importavam para o "tímido, introvertido", inibido e calado Bruno que conheciam.[27]

Embora nunca ficassem abandonados, os Mussolini da Villa Torlonia e de *Rocca delle Caminate*, com sua habitual rudeza, nunca contribuíram para aliviar a tensão que dominava a vida do Duce. A satisfação extraconjugal tampouco contribuía. O caso com Claretta Petacci continuava. Ciano e outros membros da cúpula fascista fofocavam abertamente censurando as "paixões senis" de seu Duce,[28] e Arpinati, voltando do *confino*, disse que Claretta estava agindo corruptamente em Rimini, tal como outras "mulheres de Mussolini" faziam no resto da Romanha.[29] Embora a idade fizesse com que o Duce ficasse cada vez mais gorducho, em Roma Claretta decorava profusamente seu quarto de dormir com espelhos e mármore negro no banheiro da suíte. Um comentário mais severo o comparou ao "cenário de um filme americano, mas de muito mau gosto".[30] Depois de um dia de trabalho árduo em seu gabinete, o Duce tinha o costume de telefonar à noite para sua amante, geralmente para reclamar de sua carga de trabalho e da insônia, mas se acalmava com uma conversinha amorosa barata. Foram gravadas, por exemplo, as conversas à meia-noite ou até mais tarde em 9 de junho de 1940 e 22 de junho de 1941. Nesta última, Mussolini previu que a ofensiva alemã contra a URSS resultaria em fracasso. Os nazistas, afirmou nessa ocasião, poderiam vencer muitas batalhas, mas perderiam a guerra.[31] Frequentemente Claretta estava doente. Em 1940 parecia estar sofrendo com uma gravidez extrauterina.[32] Também correram rumores sobre um aborto e, em dezembro de 1941, ela foi grampeada dizendo ao Duce que tinha sido engravidada por ele, afirmativa que provocou manifestações de prazer do Duce, embora não nascesse bebê algum.[33] Em troca, Claretta se preocupava com os problemas de saúde de seu amante, pressionando os médicos em busca de garantias de próximas melhoras.[34] A melancolia se misturava com a hipocondria, é como se pode descrever a situação, uma questão alimentando a outra.

Marcello Petacci era outra fonte de aborrecimentos. Chamou atenção ao entrar publicamente em choque com uma condessa de Veneza a propósito de alguma propriedade.[35] No verão de 1942 também circularam rumores sobre tráfico ilegal de ouro, que deu margem ao comentário de Riccardi em que lamentou a humilhação do Duce ao ser forçado a admitir que o peculato estava sendo cometido por membros de sua "família" alternativa.[36] Em fevereiro de 1943, Petacci levou sua imaturidade a um ponto extremo ao enviar para o Duce um plano geral para vencer a guerra. Era um plano fantástico, envolvendo ataques surpresa organizados e coordenados pela Espanha contra as forças anglo-americanas em Marrocos, pela Turquia contra a URSS e pela China na Sibéria (a atenção dos japoneses seria distraída para a Índia e a Austrália), tudo com o apoio do Vaticano. Se esse plano fosse julgado impraticável, acrescentou Petacci para espanto geral, ele chegaria diretamente a Stalin por intermédio de um amigo não identificado ou aos ingleses por meio de sir Samuel Hoare. Alguns ajustes teriam que ser feitos, já que, como Petacci reconhecia, as forças anglo-americanas já concentradas eram dez vezes mais poderosas do que as italianas.[37]

A vida de Maria, irmã mais jovem de Claretta, nascida em 1923, nunca esteve longe dos escândalos. Em 1940 ela já iniciara uma carreira como cantora, um tanto prejudicada por sua voz limitada. Passou a se arriscar em alguns papéis em filmes usando o nome artístico Miriam di San Servolo. Em junho de 1942 descobriu uma forma de *sistemazione* [acomodação] se casando com um conde, ainda que não se esperasse isso de uma mulher fascista.[38] Resta pouca dúvida de que a notoriedade dos Petacci ajudou a denegrir o carisma do Duce. No fim de 1942 Bottai chegou a comentar: "O regime está se 'pompadourizando'... e com que tipo infeliz de madame de Pompadour!".[39]

Ao que parece, o prazer sexual tinha seu preço. Além disso, em 1942 Claretta tinha uma temível competidora na datilógrafa e estudante de filosofia de dezenove anos Elena Curti. A questão de seus estudos agradava especialmente ao Duce.[40] Mussolini se acostumara a passar pelo apartamento de Curti para uma conversa durante a tarde,[41] ansioso pela recompensa psicológica de ser admirado por uma jovem mulher (mesmo pagando o preço das cenas de ciúme de Claretta). A busca desse consolo por Mussolini traduzia, sem dúvida, sua terrível aversão à convivência social, à qual tantas vezes se referia quando estava em seu gabinete. Nessa busca de uma forma suave de escapar da cruel opinião pública, Mussolini estava fazendo exatamente o que um executivo com cerca de cinquenta anos fazia no passado e faz no presente. No papel de paizinho sentimental e carinhoso com Elena e Claretta, conseguia se livrar da pilha de documentos em cima de sua mesa e esquecer a falta de conteúdo humano nas relações que mantinha com seus companheiros. Lá ele podia ressuscitar um "verdadeiro" Mussolini e esquecer por um momento o ônus de seu carisma.

Essas distrações certamente agradavam a Mussolini, mas ele continuava enfrentando problemas de saúde. Em 1941, as atenções voltadas para o esforço de guerra já eram perturbadas por preocupações com a saúde. Em maio de 1942 contraiu uma gripe, e seus contemporâneos começaram a notar sua crescente vulnerabilidade a resfriados e indisposições passageiras. Em julho voltou de uma viagem à Líbia com dores recorrentes, e durante os meses seguintes elas pioraram. A família e os médicos discutiram se eram causadas pela úlcera ou por alguma infecção consequente do calor tropical em alguma parte do império. Em novembro os espasmos ficaram frequentes. O famoso queixo protuberante do Duce, notou um médico, murchara, e Mussolini ficara "pálido, com as faces enrugadas e o pescoço caído".[42] O declínio de seu estado de saúde era tão evidente que ele se viu obrigado a aceitar os conselhos médicos de outras pessoas, como

Giacomo Paulucci di Calboli, seu velho conhecido de Forli, que lhe prescreveu um remédio baseado em "suco de batata", capaz de rejuvenescê-lo.[43]

Mussolini era paciente com os médicos que então o tratavam, tomando as pílulas prescritas e sendo cuidadoso com sua dieta. Mesmo adoentado e preso a uma cama gostava de ler filosofia, apesar de estar cercado por pilhas de jornais pelos quais, segundo dizia um médico, passava os olhos por prazer e senso de dever. Lápis na mão, gostava de localizar erros que podia comentar, exaltado e sarcástico.[44] Em julho de 1943 foi vaidoso o suficiente para requisitar os serviços de uma manicure.[45] Alguém notou que o *portiere* e o zelador da Villa Torlonia eram ambos da Romanha,[46] e um jovem visitante mais cioso das convenções sociais do que um simples médico lembrou o choque que sofreu ao ver o empregado usando sapatos surrados e camisa aberta.[47] Como sempre, na casa do Duce imperava uma atmosfera desagradável e, para quem observava, não era um lugar aconchegante. Ciano caçoava de um jantar na Villa Torlonia em que o Duce tentou impressionar Vittorio com a promessa de "em cinco anos" fazer com que os italianos "realmente mudassem", enquanto Rachele, uma voluntariosa rainha vermelha fascista das províncias, interferia, insistindo para seu marido "fazer algumas cabeças rolarem".[48]

Depois de um breve interlúdio em que se sentiu bem — foi quando Bottai percebeu lágrimas nas faces do ditador depois de falar para seguidores com o mesmo entusiasmo com que fazia suas antigas bravatas[49] —, o Duce decaiu novamente, e em dezembro de 1942 foi obrigado a mandar seu genro substituí-lo em uma visita agendada a Hitler. Seus médicos informaram que ele perdera um quarto de seu peso em poucos meses.[50] Embora lhe fossem aplicadas injeções diárias para resolver suas complicações estomacais, o peso continuou caindo, e a pressão arterial também seguiu visível tendência de queda. A equipe médica, entretanto, parecia em dúvida se estava tratando uma condição física ou psicológica. O Duce estava evidentemente em depressão.[51] Na época entre o Natal e Ano Novo de 1942-1943, passou a maioria dos dias na cama. Faltava-lhe disposição para ser novamente um *grinch*. Em meados de janeiro um médico sugeriu que ele podia estar com um câncer em estágio avançado.[52] Os fatos mostraram que esse diagnóstico era exagerado e, entre fevereiro e julho de 1943, a saúde de Mussolini sofreu uma reversão, passando a ser razoável na maior parte dos dias, embora ele ainda fosse vítima frequente de severas dores estomacais. A insônia também o perseguia. Apesar da dieta muitas vezes líquida, Mussolini precisava combater a tendência de vomitar após se alimentar, e seu peso continuou variando. Constataram que estava anêmico e astênico.[53] Um político húngaro que o visitou percebeu que parecia "muito doente. Estava careca, a pele amarelada, falando afobadamente e com gestos nervosos".[54] Durante viagem à Alemanha em abril de 1943, Mussolini teve outra crise de saúde, e em maio, em uma noite em *Rocca delle Caminate*, a dor foi tão forte que rolou pelo chão tentando aliviá-la.[55] Até seu ferimento de guerra interferia.[56] Mais uma vez a crise foi debelada, e o Duce retomou a carga usual de trabalho, mas o costume de afrouxar a cintura da calça e pressionar o estômago com as mãos passou a ser um reflexo rotineiro.[57] Na correspondência com Hitler havia frequentes trocas de comentários médicos, e cada um dos ditadores, Mussolini em especial, confessava estar sentindo os efeitos desgastantes da guerra.[58]

Além do sofrimento físico e psicológico havia a agonia política. Exceto pela conversa sobre a abertura do Atlântico à penetração italiana, Mussolini e o regime na verdade nunca definiram com clareza seus objetivos de guerra. Afinal, até o revés sofrido na Grécia tinham se deixado dominar pela ilusão de uma guerra de curta duração e, após essa derrota, o reconhecimento de que o regime dependia da Alemanha tornou irrealista e fútil qualquer tentativa de atribuir aos italianos vitórias obtidas. Em diversos discursos e trabalhos escritos Mussolini teve que se esforçar para explicar as vantagens decorrentes da guerra. Em outubro de 1941, por exemplo, mencionou que a vontade superior das forças do Eixo assegurava que "dentro de poucos anos o mundo será fascista".[59] Em janeiro de 1942 a questão de raça passou a ser a mais importante. A guerra estava permitindo que a fusão de províncias fosse acelerada de modo que em um período de talvez de um século, os italianos certamente seriam "uma pura raça italiana". "Livre acesso ao oceano" de certa forma facilitaria esse processo e o grande ideal da unidade italiana (e também permitiria evitar o *giri di valzer*).[60] Evitando esses pecados do passado liberal e marchando ao lado de alemães e japoneses "até o fim", argumentou, a Itália estava merecendo uma nota alta no "teste" da guerra. Nesse exame, algumas nações caíram e outras subiram, mas a Itália podia ser incluída nesta última categoria.[61] O tipo mais cruel de darwinismo mereceu o endosso do Duce:

> Lutar está na raiz de tudo, porque a vida está cheia de contrastes. Existe amor e ódio, branco e preto, dia e noite, bem e mal. Até esses contrastes se equilibrarem, a luta estará sempre na essência da natureza humana e será seu destino supremo.[62]

Mas o que dizer do problema a cada dia mais evidente de a Itália, o fascismo e Mussolini pertencerem à categoria dos perdedores históricos?

A acomodação da burguesia, defeito ao que parece facilmente identificável em todo o povo, continuava sendo alvo de cruéis críticas do Duce. Os italianos, disse ele talvez um tanto inconscientemente em reunião com membros do Partido no Vêneto e no Alto Ádige — ou seja, as regiões limítrofes com o supereficiente mundo germânico —, devem aprender a ser pontuais. Devem cumprir horários em suas vidas. "Quando nove é a hora marcada, tem que ser às nove e não quinze minutos depois das nove." "Precisamos buscar obstinadamente nos transformar em um povo sério", acrescentou com palavras que denunciavam seu desespero. Os preguiçosos e os apáticos devem ser expulsos do Partido Fascista, "enquanto apostamos resolutamente nos jovens, ou seja, nas novas gerações".[63] Os *federali* da Emília foram alvo da semelhante peroração: "Devemos acostumar os italianos a serem mais precisos na linguagem, nas declarações, nos fatos". "Os estrangeiros", prosseguiu Mussolini, "nos veem como um povo que nunca chega na hora, sempre vago no que diz e no que pretende fazer, que é e não é, que gosta de um *giri di valzer*" (mais uma vez, a embaraçosa frase da Primeira Guerra Mundial).[64]

Essa pregação era quase sempre infrutífera. Os italianos não lhe davam atenção. Em maio de 1942 Mussolini repreendeu o diretório do Partido por causa dos problemas que enfrentava na frente interna. Via "indisciplina, sabotagem e resistência passiva em toda parte". Os fascistas estavam acumulando às escondidas "peças de couro, bebidas e peras cozidas" (estas últimas parecendo uma referência inconsciente à sua própria dieta). Nos anos de 1915 a 1918 — novamente aquela inquietante sensação ao comparar a guerra travada pelos fascistas com a outra que envolveu os liberais — os italianos tinham realmente compreendido o significado de autossacrifício. Agora, era preciso viver em condições de "absoluta barbárie". Era necessário reclamar particularmente dos homens de negócios, por causa de suas velhas manobras e por nunca terem aderido à revolução fascista.[65] Conversando com um industrial, porém, o Duce afirmou que a reclamação era dirigida realmente aos "pequenos negociantes e donos de hotéis". Não tinham sido convenientemente fascistizados.[66] Fazia uma acusação atrás da outra, mas sem definir a direção a seguir e sem explicar o motivo da reclamação, já que o regime estava no poder havia vinte anos, com tão pífias realizações. A esse respeito, Mussolini cometia as mais grotescas contradições. Diante de uma reunião de jornalistas fascistas, o Duce disse em palavras que inibiram qualquer discussão: "Durante as duas décadas no governo, o fascismo deu ampla resposta a todos os problemas que atualmente perturbam nossa consciência". Não havia o mínimo problema com a teoria, advertiu Mussolini. Era na prática que os italianos decepcionavam.[67]

Todo esse palavreado de nada servia para resolver os muitos problemas gerados pela guerra. Uma terrível questão era o destino dos judeus europeus. Com o passar do tempo, chegaram a Roma as notícias sobre o genocídio. Em dezembro de 1941 Slavko Kvaternik, ministro da Guerra croata, disse a Ciano, "com um sorriso significativo", que o número de judeus sob seu governo tinha diminuído em mais de dois terços por meio de um "processo de emigração" que não permitia seu retorno.[68] A liderança italiana continuou muito desapontada com algo que o próprio Mussolini definiu: a forma como a Alemanha esmagou a Croácia nas atividades econômica, militar e política do país.[69] A desproporção com que Pavelić procedia com os dois aliados apenas confirmava o que Mussolini sentia pela ingratidão de amigos que supostamente seguiam seu modelo. Também costumava criticar diretamente Pavelić por seu fanatismo, não apenas "desumano", mas também "um erro, um grave erro político".[70] Por outro lado, para Hitler o Duce quase nada dizia, e simplesmente insistia em palavras que julgava agradarem ao Führer. Afirmava que as forças de ocupação na ex-Iugoslávia deviam adotar medidas "extremas" para neutralizar qualquer oposição à presença do Eixo.[71]

Notícias ainda piores sobre a frente oriental e a URSS começavam a chegar. Em março de 1942 um diplomata italiano que voltava de Berlim disse a colegas no Ministério do Exterior que estavam acontecendo "coisas horrorosas na Polônia ocupada e em território russo", envolvendo "massacres sistemáticos, assassinato de mulheres e crianças, prostituição forçada, envio de freiras para bordéis etc".[72] Em maio-junho o Vaticano recebeu informações detalhadas sobre "antissemitismo extremamente radical" nos territórios ocupados pelo Eixo, com "milhões" de mortos[73], embora, simultaneamente, Pavelić dissesse ao papa Pio XII que na área católica dessa zona "o povo croata quer que sua legislação e seu comportamento sejam absolutamente inspirados pelo catolicismo".[74] Em resposta, o papa manteve o mesmo silêncio ambíguo característico de sua maneira de lidar com as tragédias da guerra. Entretanto, no verão e no outono de 1942, os funcionários italianos na Iugoslávia, na França e em Túnis, além de cidadãos italianos vivendo em toda parte, salvariam judeus da barbárie alemã,[75] iniciando uma curiosa tentativa fascista de se opor à "solução final" e evitá-la.[76] Empregaram contra os alemães a arte da dissimulação e procrastinação, que sempre fizera parte de seus instrumentos burocráticos e que o "rigor" fascista não conseguira eliminar.

Na Itália, continuava confusa a política racial de tempo de guerra. A imprensa antissemítica prosseguia em sua campanha. Em artigo visivelmente paranoico escrito em setembro de 1942, Preziosi insistiu em uma "solução para o problema judeu", alegando que a Itália estava muito mais infiltrada por judeus do que até então se imaginava. "Criptojudeus", tinha a certeza, pululavam na Ação Católica e no resto da igreja, sendo também responsáveis por "apadrinhar nossa burguesia". É preciso urgentemente fazer um exame criterioso do sangue que corre nas veias dos italianos, afirmou. Só então o país e a revolução conseguiriam progredir.[77] Também Farinacci, embora mais vagamente, declarou, em discurso que fez em Milão, que a questão dos judeus precisava ser resolvida com "firmeza e inteligência cirúrgica". "Os judeus querem nos destruir. Nós vamos destruí-los."[78] Outros propagandistas atacaram a alegada submissão dos judeus aos Estados Unidos e a seu líder, "o criminoso que está na Casa Branca",[79] enquanto os racistas mais radicais tranquilamente sugeriam que "21 milhões" de judeus fossem mortos para resolver um problema que exigia "medidas extremas".[80]

Apesar dessas palavras tão radicais, que só podiam ser ditas com aprovação oficial (o jornal *Gerarchia*, que teoricamente refletia o pensamento de Mussolini, que nele já trabalhara com Margherita Sarfatti, também costumava publicar diatribes sobre os judeus[81]), a prática do antissemitismo durante o regime fascista foi relativamente benigna. Até julho de 1943, de modo geral as autoridades na fronteira costumavam permitir que fugitivos judeus que escapavam dos horrores recorrentes por toda parte atravessassem a fronteira italiana em busca de refúgio.[82] Se a guerra, como um raio X, expusesse a realidade de uma sociedade (e certamente o conflito trouxe à tona a crueldade do regime nazista), a leniência na prática racial em territórios italianos e o ceticismo que dominava a mente da maioria dos italianos em relação à teoria racial indicavam que o racismo de então era apenas um apêndice do fascismo, mas não um ponto essencial. Mas será que isso era verdadeiro para o Duce, um italiano que, afinal, estava sempre em contato com os alemães e também era o homem que em inúmeras ocasiões afirmou ser o único "verdadeiro amigo" que restava para Hitler?[83] Qual era a real posição de Mussolini a propósito da "solução final"?

A resposta é que, em suas atitudes e reações, ele não diferia muito do que pensavam muitos italianos. Se os alemães o pressionassem, ele obedecia. Quando, por exemplo, em agosto de 1942, exigiram à queima-roupa o direito de se aliar aos croatas na zona de ocupação italiana para fazer uma varredura contra os judeus e forçar o apoio militar italiano que até então não acontecera, o Duce manifestou sua aprovação. Nada, escreveu, atrapalharia essa colaboração.[84] Pouco fez para dar continuidade aos esforços italianos para retardar e frustrar os alemães. Em troca, os chefes nazistas não o mantinham plenamente informado. Em outubro, por exemplo, Himmler se reuniu com Mussolini no Palazzo Venezia e deu uma explicação apenas em parte verdadeira. Os judeus, reconheceu, estavam sendo deportados para leste e, na Rússia, "um bocado deles", inclusive mulheres e crianças, tinha sido fuzilado porque, se assim não fosse, ajudariam os guerrilheiros. Em resposta, Mussolini anuiu, afirmando "é a única solução possível". Himmler alongou seu relato para dizer que muitos judeus tinham morrido nessa região porque estavam totalmente desacostumados com o trabalho braçal. Os nazistas, ele se apressou em completar de forma mentirosa, mantiveram os judeus mais velhos vivendo com algum conforto em Terezin ou em hospitais em Berlim, Viena e outras cidades. Os que sobraram tentaram passar para o lado soviético e as tropas russas os fuzilaram, "mostrando claramente que (os soviéticos) também não querem os judeus".[85]

Embora não apresentasse a seu aliado italiano um relato completo sobre os medonhos detalhes da solução final, Himmler confirmou que estavam acontecendo assassinatos de judeus, mas Mussolini o deixou continuar em suas divagações, sem objeções ou questionamentos mais sérios. Algumas semanas mais tarde, Vidussoni voltou de uma viagem à frente oriental (se gabou de ter insistido em viajar em um vagão ferroviário da terceira classe adaptado) com semelhante mistura de informação e desinformação. Os judeus, explicou, estavam sendo tratados pelos alemães "com absoluto rigor", ou seja, sendo massacrados ou submetidos a trabalhos forçados até a morte. "Os italianos", acrescentou, estão "impressionados com os métodos empregados na matança" e com a resignação demonstrada pelas vítimas. O senso moral e a capacidade de exposição de Vidussoni impediram que fosse além, e ele passou a comentar outros assuntos, como o desagrado com que os militares italianos viam os alemães, além de sua própria admiração por Hitler e pelo mundo nazista.[86] Entretanto, Vidussoni não contou tudo que certamente sabia sobre o que estava acontecendo e que seria capaz de abater seu complicado Duce. Nesse ponto, como tantas vezes acontecia, era mais fácil ser hipócrita. Em novembro de 1942 Mussolini descartou reclamações do industrial Alberto Pirelli a respeito da política de ocupação adotada pelos alemães no leste. Pirelli afirmou: "Eles estão obrigando (os judeus) a emigrar para outro mundo".[87] Poucas semanas depois, Mussolini disse ao Parlamento fascista que "não há como fazer guerra sem odiar o inimigo", e os italianos, acusou, devem se livrar do "falso sentimentalismo".[88] Todavia, não aproveitou a ocasião para condenar os judeus. Em sua opinião, pode-se concluir, os massacres na frente oriental eram apenas uma faceta terrível da guerra e da aliança com os alemães, mas o que podia ele, ou o fascismo, ou a Itália, fazer? Até julho de 1943 Mussolini conseguiu se comportar como um Pôncio Pilatos em relação aos assassinatos de judeus. Depois de setembro de 1943 já não havia como deles se desligar.

Quando 1942 se aproximava do fim, já era fácil constatar a inferioridade do Eixo quando comparado com a poderosa coalizão aliada. Na frente secundária da África do Norte, a ajuda dos alemães não evitou o segundo grande avanço aliado e a Cirenaica foi perdida em novembro. No mesmo mês as forças americanas desembarcaram no Marrocos francês e resolveram atacar na direção de Túnis, rapidamente ocupada pelo Eixo. Agora, realmente começava a inimaginável batalha entre a insignificância da Itália e a pujança dos Estados Unidos. Pior que isso, na frente oriental Hitler teimava em manter seu VI Exército resistindo, cercado em Stalingrado. A rendição final do marechal Von Paulus em janeiro de 1943 cobrou alto custo em vidas alemãs em uma única batalha,[89] quase igualando o total de vidas de italianos sacrificados entre 1940 e julho de 1943.[90] Nessa terrível confrontação no leste, até Hitler censurou a ajuda recebida de seus aliados italianos. As tropas fascistas, afirmou, eram piores do que as romenas (ainda que, como bom austríaco, o Führer achasse que os húngaros eram os piores).[91] Do mesmo modo, aumentavam as informações[92] sobre o desprezo alemão pelos trabalhadores italianos convidados. Mais 229 mil deles tinham ido para o Reich em 1941 e 81 mil em 1942.[93] Um estudo "científico" conduzido por especialistas alemães em tempos e movimentos concluiu que os trabalhadores italianos eram inferiores em produtividade e disciplina, piores até do que os prisioneiros de guerra soviéticos. Indisciplinados e ineficazes, como seria de se esperar de uma "raça sulista", passavam muito tempo de olho em mulheres e jogando cartas.[94] De qualquer modo, os italianos pareciam ser aliados que não satisfaziam, e na primavera de 1942 Mussolini mencionou, irritado, um comentário que diziam ser um ditado alemão: "Vamos vencer a guerra em dois meses contra a Rússia, em quatro contra a Inglaterra e em quatro dias venceremos a Itália".[95]

Se a parceria no Eixo já não funcionava bem na Europa, no norte da África os aliados espremeram as forças conjuntas ítalo-germânicas por leste e oeste. A Líbia, maior conquista da Itália liberal, foi perdida. Em fevereiro de 1943 Rommel tentou concentrar as forças do Eixo no lado tunisiano da fronteira com a Tripolitânia, ocupando uma linha defensiva preparada pelos franceses nos anos 1930. Uma tentativa de rompimento dessa linha foi frustrada após os americanos sofrerem suas primeiras baixas. Todavia, em maio o Grupo de Exércitos África, envolvido por um movimento em pinça das forças inglesas que vinham de Trípoli e das tropas americanas vindas de Túnis, capitulou. Os aliados fizeram cerca de 225 mil prisioneiros de guerra italianos e alemães. O passo seguinte na agenda dos Aliados passou a ser a invasão da Itália.

Mussolini não tinha respostas para essa sequência de desastres militares. Suas reuniões com o Führer seguiam o modelo habitual em que Hitler era quem mais falava, quase sempre tentando justificar o curso do conflito no leste (disse para o Duce em abril de 1942 que os meteorologistas, como os teólogos, eram os responsáveis pelo mau assessoramento que recebia).[96] Quando chamava a atenção para os problemas italianos — como por exemplo quando pediu ajuda para bombardear Malta até a ilha se render[97] — Mussolini era repelido. Em outras regiões, era difícil perceber algum progresso. No íntimo, Serrano Suñer podia continuar sendo fascista, mas a situação militar o convenceu de que a Espanha devia manter sua neutralidade.[98] Em fevereiro de 1943 Mussolini ficou com a missão de alertar Franco que os aliados "não farão diferença entre fascismo, falangismo e nacional-socialismo", e estavam mais interessados em apoiar "os vermelhos".[99] Depois de o país ser totalmente ocupado pelo Eixo em novembro de 1942, a França de Vichy também dava poucos sinais de querer agradar aos italianos. Mussolini fez sérias sondagens e grandes esforços para atenuar a obsessão de Hitler pelo leste e convencê-lo de que "os anglo-saxões" eram seus verdadeiros inimigos, o que não devia causar surpresa tendo em vista que, seguindo a ideologia de Hitler, os nazistas e a maior parte dos alemães se mostravam fascinados pela titânica batalha racial-ideológica contra o "judaísmo e o bolchevismo".[100]

Na primavera de 1943 o desespero começou a ficar evidente, inclusive no campo interno. Em fevereiro Mussolini fez mais uma de suas súbitas e drásticas mudanças no gabinete. Desta vez afastou Bottai, Riccardi e Ciano, mas este último foi nomeado embaixador junto ao Vaticano, dando uma pista de que a face burguesa do fascismo poderia escapar de seu destino fazendo algum tipo de negociação por intermédio da Igreja. Como se refletindo esta intrigante possibilidade, Ciano fez uma breve e maliciosa anotação em seu diário: "Os caminhos que a Providência escolhe às vezes são realmente misteriosos".[101] Bottai, mais ingênuo, confessou estar tentando aparentar indiferença diante da perda do Ministério da Educação, já que "o chefe" tinha se mantido absolutamente impassível quando se encontraram.[102]

Mussolini voltou a assumir o cargo de ministro do Exterior, mas agora tendo como vice-ministro Giuseppe Bastianini, que em 1939-1940 substituíra Grandi como embaixador em Londres, onde deixara bom conceito.[103] Retomando a prática adotada por Suvich, Bastianini tentou convencer Mussolini a definir seus objetivos de guerra e, para ajudá-lo, apresentou uma lista com sete pontos,[104] na expectativa de se contrapor à Carta do Atlântico, que acabava de ser anunciada por Churchill e Roosevelt.[105] Bastianini considerava que os italianos estavam combatendo em defesa do princípio da "unidade étnica". Todos os países, escreveu, deviam poder persegui-la (Mussolini trocou o termo *homogeneidade* e limitou os países aos "europeus"), deviam ter direito à soberania plena e à independência (mais uma vez, Mussolini, obviamente marcado pelo conflito no império africano da Etiópia e pelo desentendimento envolvendo Stresa, preferiu limitar a questão à Europa), a adotar seu próprio sistema interno de governo, a ter acesso aos recursos econômicos mundiais (eliminado por Mussolini), a assegurar a seus povos a justiça social (também eliminado). Declarava que a paz só podia ser alcançada por meio de "legítima colaboração" nos campos econômico e social (Mussolini acrescentou que devia ser no âmbito da Europa e "sob a liderança do Eixo") e que devia haver liberdade dos mares (retirado pelo Duce). Tratava-se de uma lista que dificilmente seria aprovada pelos fanáticos nazistas. Além disso, as correções introduzidas por Mussolini fizeram com que a lista parecesse mais um *sacro egoismo*, nada menos do que uma explosão de um fascismo arrebatado. Não surpreende o fato de naqueles dias o Duce ter afirmado que "todas as guerras fascistas tinham sido inevitáveis" e que ele próprio acabara se envolvendo nelas.[106]

Em abril de 1943, finalmente Vidussoni perdeu seu cargo de secretário do Partido, sendo substituído por Carlo Scorza, um velho fascista nascido em 1897.[107] Ficara provado que insistir nos mais jovens não tinha produzido efeitos compensadores. Scorza foi mais um que prometeu revitalizar o Partido Fascista

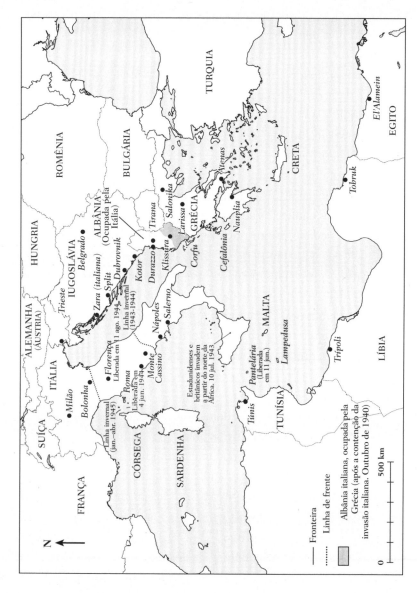

Mapa 4: Mapa da Itália durante a Segunda Guerra Mundial

e, embora talvez já fosse tarde demais, aumentar seu controle sobre a sociedade. Elevado ao cargo de vice-secretário do PNF no dezembro anterior, logo em seguida Scorza passou a defender que a partir de então as diferenças de classe na Itália precisavam ser eliminadas e que o Partido deveria ser purgado, embora fosse cuidadoso ao propor que "a arma mais poderosa" com que o país poderia contar era "a figura, o pensamento, a pessoa, a ação do Duce".[108] Uma vez no cargo de secretário e a despeito de ameaçadora afirmação de Mussolini de que não gostava de subordinados muito independentes e ativistas,[109] Scorza continuou fazendo declarações que repercutiam pelo país e, em 7 de junho, apareceu com um relatório devastador.

Depois de uma introdução em que ressaltava estar apenas tentando ser "um subordinado clarividente" e assinalava ter notado que Mussolini desejava "dar uma direção totalmente nova à vida da nação", Scorza apresentou a seu chefe uma análise das classes existentes no país (apesar de toda a conversa sobre unidade fascista, as categorias apresentadas faziam mais sentido). Nos níveis mais elevados da sociedade, alertou Scorza, "o antifascismo e o antimussolinismo" só eram "contidos pelo temor" de que uma guerra resultasse em colapso social e "bolchevismo". Nas classes médias, entre os profissionais e o funcionalismo em geral, a hostilidade era menos visível, mas continuava sendo difícil identificar "fascistas comprometidos". Somente na *petite bourgeoisie* e em outras camadas de pessoas mais modestas restavam verdadeiros fascistas e fiéis seguidores do Duce, e eram eles que deviam constituir a base de reconstrução política. O Partido propriamente dito estava profundamente enfermo, prejudicado pelo crescimento descontrolado, pela corrupção e pelas divergências internas. Só os mais jovens ainda acreditavam nele. Ademais, a burocracia do Estado interferia em todos os aspectos da vida, inclusive aqueles que eram real responsabilidade do Partido e, particularmente nos níveis mais elevados, a corrupção era maior. Economicamente as coisas também caminhavam mal. A fome por um lado e o mercado negro por outro eram desenfreados. O despotismo com que agia um número cada vez maior de organizações semigovernamentais também gerava preocupantes superposições e confusões. Era urgente fazer cortes. O Exército era culpado por "falhas de planejamento, falta de preparação, incompetência e irresponsabilidade". Havia cinco organizações "proeminentes" conduzindo a guerra e nenhuma delas funcionava a contento. Os italianos desconfiavam de seus aliados alemães e precisavam ser supridos com mais e melhores informações a respeito deles e da causa que defendiam. Os generais mais antigos deviam ser imediatamente afastados. Mussolini precisava se fazer presente em todas as áreas, atuando e mostrando que estava agindo. Apenas o resgate do espírito fascista no país em geral poderia revigorar o regime e vencer a guerra.[110]

Um telegrama de Edda em maio relatando os efeitos de um bombardeio em Palermo produziu efeitos potenciais, não só pelo próprio conteúdo, como também pela repercussão que podia exercer. "Aqui", disse ela, "os civis se sentem abandonados" pelas autoridades militares e fascistas. "Estive na Albânia e na Rússia, mas nunca vi tanto sofrimento e dor." E acrescentou em palavras que ecoam na história da Itália sempre que um italiano do Norte visita o Sul: "Em geral, tenho a impressão de ter sido jogada em algum lugar a pelo menos mil milhas da pátria e da civilização". Médicos, roupas, pão, massa, falta tudo.[111]

Algumas expressões mais populistas de Scorza podiam ser postas de lado, mas seu relato e o de Edda mostraram claramente a decadência da Itália fascista e de seu Duce diante do desafio da guerra. Estava bem claro que já era tarde demais para fazer alguma coisa e Mussolini, diante de tal informação, tentou subestimar a crítica exposta no documento.[112] Em 10 de julho as forças aliadas desembarcaram com sucesso na Sicília, depois de bombardear severamente e ocupar as "inexpugnáveis" ilhas de Pantelleria[113] e Lampedusa, onde os invasores sofreram apenas uma baixa, um homem mordido por um burro.[114] A seus pedidos de apoio aéreo alemão para conter a invasão,[115] Mussolini recebeu como resposta palavras pouco mais do que corteses, e em 14 de julho lhe restou apenas pedir pateticamente ao general Ambrosio para salvar a Sicília caso os Aliados penetrassem na ilha, obviamente, se ainda houvesse algum plano nesse sentido.[116] O Duce devia saber que não havia.

Havia pelo menos seis meses que se falava na possibilidade de Mussolini ser derrubado. Desde o fim de 1942, Eden e a Special Operation Executive (SOE) inglesa vinham recebendo sondagens supostamente partidas de Badoglio.[117] Ciano, que havia muito tempo dizia para quem quisesse ouvir que a guerra estava perdida,[118] sabia que a monarquia,[119] o papado,[120] os líderes do empresariado[121] e a Polícia[122] estavam dispostos a ouvir qualquer plano que tirasse a Itália da guerra. Pior, em março-abril os trabalhadores italianos entraram corajosamente em greve, a primeira dentro da "nova ordem" nazifascista.[123] Mussolini se preocupou com o fato, de certa forma assustado diante do que parecia confirmar que o socialismo que ele condenara no passado ainda era capaz de inflamar os trabalhadores,[124] embora Volpi tentasse consolá-lo dizendo que os protestos não passavam de "um fenômeno econômico".[125]

Perturbado por esse e outros fantasmas, Mussolini, como repararam seus contemporâneos, ficou reduzido a uma posição *micawberish*,* totalmente sem novas ideias, mas de certa forma esperando que acontecesse alguma coisa positiva.[126] Para o restante da elite do país, a solução era mais complicada. Como se livrar de Mussolini e sair da guerra sem despertar contra si a nação e a fúria alemãs, que dificilmente se limitaria a represálias pessoais e poderia ir mais além, provocando a perda de grandes áreas na Itália setentrional? Em 19 de julho, apesar do estado deplorável de sua saúde física e mental, ele próprio pilotou o avião em parte do trajeto a fim de se encontrar com Hitler em uma casa perto de Feltre, para um derradeiro debate sobre a situação da guerra. Bastianini preparara para o Duce um documento em tom de desespero, atribuindo a sucessão de derrotas militares italianas à insuficiência de meios fascistas e pedindo apoio maciço.[127] Nessa ocasião, Mussolini mal pôde dizer algumas palavras nos intervalos da fala de Hitler, que discorreu sobre a guerra em geral, particularmente na frente oriental, e finalizou dizendo categoricamente para seu colega italiano que ele devia produzir armas mais modernas e elevar o moral de seus oficiais.[128]

Enquanto o Duce se envolvia em tarefas tão infrutíferas, as forças aliadas bombardeavam sua capital e infligiam graves danos à área em que morava a classe trabalhadora perto da ferrovia, praticamente destruindo San Lorenzo, uma das sete basílicas de Roma. Nessa e em guerras posteriores os bombardeios produziram variadas consequências, mas o ataque a Roma assinalou o fim de Mussolini. Falou-se na época que 150 mil romanos deixaram a cidade,[129] e de modo geral a população passou a confiar mais na Igreja (e nos anglo-americanos) e não mais no fascismo. Durante a semana seguinte, Foggia e Bolonha sofreram violentos ataques aéreos. Os camponeses na área rural, pouco contaminados pelo entendimento fascista de uma guerra dominada pela tecnologia, viam os bombardeios como mais uma prova de que todos os americanos eram milionários. Quem mais seria capaz de destruir tantas coisas com tamanha tranquilidade?[130]

O ato final da ditadura de Mussolini aconteceu por ocasião da 187ª reunião do Grande Conselho na noite de 24 para 25 de julho de 1943.[131] O conselho era mais uma organização do Estado fascista que com o tempo emperrou. Seus membros não se reuniam desde que a guerra começou. Sob a direção do arguto

---

* Uma posição baseada na personagem de Charles Dickens, Micawber, que era irresponsavelmente otimista. (N. T.)

Dino Grandi, a maioria do conselho, incluindo Ciano, Bottai e outros quinze membros, aprovou uma moção que restituía o comando das Forças Armadas ao rei. A maior parte dos presentes compreendeu que isso implicava na perda de considerável poder pelo Duce, embora não ficasse claro quantos perceberam que isso contribuiria para a queda dele e do regime fascista.

A reunião começou às 17h15 de uma tarde de verão em Roma. O ambiente no salão estranhamente denominado *Sala del Pappagallo* [Sala do papagaio] no Palazzo Venezia era opressivo. O asmático Giacomo Suardo respirava com dificuldade,[132] influenciado pela tensão que dominava aquele suarento grupo de políticos maduros. Marinelli era surdo demais para entender o que estava acontecendo, mas, em sua triste situação, optou por votar com a maioria.[133] Mussolini,[134] que, segundo se comentou, chegou à reunião com a recomendação de Rachele para "prender todos" ecoando em seus ouvidos, abriu os trabalhos com longo e incoerente relato da situação da guerra. Em peroração que durou mais de duas horas, teve que fazer uma pausa de tempos em tempos para pressionar o estômago por causa das dores.[135] Não obstante, talvez tentando convencer a si mesmo, se gabou de ainda possuir uma "memória de ferro".[136] Então começaram os ataques, em geral constrangidos e inseguros, tentando abordar tangencialmente os assuntos. Por exemplo, De Bono, respondendo a comentários de Mussolini, defendeu o Exército. Farinacci, que não estava entre os dezenove, reconheceu que era "um soldado e cidadão decepcionado" e, talvez lembrando Vidussoni, reclamou que Mussolini nunca dera muita atenção a "nós, os velhos companheiros".[137]

Como geralmente acontecia, a reunião foi avançando aos trancos e barrancos. À meia-noite Mussolini pensou em suspendê-la, mas Grandi se opôs e foi aprovada uma pausa de meia hora. Quando as discussões foram retomadas, Bastianini declarou em eloquente metáfora que "a nação entrara em greve contra o Partido".[138] Finalmente foi realizada a votação. Dezenove a favor, sete contra e Suardo se absteno. Farinacci anunciou que só votaria em uma moção de sua própria autoria.[139] Eram três da madrugada quando os exaustos chefes fascistas finalmente se decidiram. Mussolini comentara com Grandi: "Sou homem na casa dos sessenta (seu aniversário seria quatro dias depois) e sei muito bem onde essas questões vão acabar". Ao fim da votação, também declarou: "Senhores, acabam de abrir uma crise no regime". Entretanto, nada fez para encorajar seus partidários, como Scorza ou Enzo Galbiati, da MVSN,[140] que talvez estivessem dispostos a interferir com firmeza em sua defesa. Também ignorou sugestão de Galbiati para que fosse à Alemanha "consultar" Himmler.[141]

Mussolini voltou para casa, onde certamente teve que ouvir as censuras de Rachele e sofrer com insônia e depressão. Na manhã seguinte voltou prontamente para o trabalho, esteve com Scorza às 10h30 e recebeu o embaixador japonês ao meio-dia (com quem voltou a abordar a necessidade de convencer Hitler a aceitar a ideia de uma paz em separado com a URSS).[142] Às cinco da tarde, cumprindo seu tradicional encontro bissemanal com o rei, chegou a Villa Savoia vestindo um terno azul amarrotado.[143] Vítor Emanuel III, ao contrário, como um maduro *re soldato*, estava de uniforme. Se comportando como se fosse uma fantasmagórica repetição das práticas de um gabinete liberal diante de uma crise, Mussolini informou o rei sobre a aprovação da moção proposta por Grandi. Respondendo depois de breve referência ao tempo quente, Vítor Emanuel aumentou a depressão de Mussolini ao afirmar que o Duce tinha se transformado no "homem mais odiado na Itália". Diante disso, o rei declarou ter decidido que Badoglio devia assumir a chefia do governo.[144] Findo o encontro, Mussolini se dirigiu para seu carro, mas o capitão Paolo Vigneri o interceptou e ele foi preso e conduzido para um hospital militar.[145] A rainha Elena, a montenegrina, temeu que isso significasse uma violação da hospitalidade real. Nada de bom, ela profetizou, poderia resultar da descortesia para com um convidado da casa real.[146] Em 27 de julho o almirante Franco Maugeri escoltou Mussolini para o que na prática correspondia a um *confino* na ilha de Ponza. Tal como Maugeri recompôs a cena, Mussolini "usava um terno de sarja azul muito largo, surrado e amarrotado; parecia que tinha dormido com ele por vários dias e provavelmente isso acontecera". O "deus" de algumas horas antes agora parecia "um estranho, triste e até patético palhaço".[147] Assim, — pelo menos pela primeira vez — caíram o fascismo e seu Duce.

Em Ponza, Pietro Nenni e Tito Zaniboni, antifascistas intransigentes, ainda esperavam sua libertação, mas Mussolini foi posto em uma casa arruinada, longe da localidade, onde no passado estivera preso o *ras* Imru, da Etiópia. Todavia, Ponza era militarmente insegura, e em 7 de agosto Mussolini foi levado para a base naval em La Maddalena, na Sardenha. Sua permanência nesse local também foi breve, e em 28 de agosto foi transferido para o sintomaticamente chamado *Campo Imperatore*, um resort para esquiadores no Gran Sasso, a 2 mil metros de altitude, friamente definido por Mussolini como "a mais alta prisão do mundo".[148] Por trás dessa peregrinação estava o temor das novas autoridades italianas de interferência alemã. Os nazistas estavam realmente empenhados na caçada ao Duce, um presságio patético da busca absurda pelo cadáver de Mussolini em 1946.[149] Himmler contratou um astrólogo para que o aconselhasse e ajudasse a descobrir o paradeiro de Mussolini,[150] mas os métodos ortodoxos do serviço secreto nazista foram mais bem-sucedidos e conseguiram descobrir onde o velho aliado do Eixo estava detido. Os alemães botaram em execução os planos para libertá-lo.

No tempo em que esteve confinado em Ponza, Mussolini deu sinais de fé católica (embora talvez o padre local fosse a única pessoa razoavelmente tolerável com quem pudesse conversar e o Duce tivesse longa tradição de dizer a seus interlocutores o que eles queriam ouvir). Ainda encarnando, embora parcialmente, o "professor Mussolini", se dispôs a traduzir *Odi barbare*, de Carducci, para o alemão.[151] Em La Maddalena, recebeu (atrasado), o presente de Hitler por seu 60º aniversário, um conjunto completo dos 24 volumes da obra de Nietzsche, mas Mussolini alegou já ter lido quatro deles antes dos recentes acontecimentos.[152] O ex-Duce também escreveu para sua família, primeiro para pedir a Rachele roupas de baixo limpas e "alguns livros",[153] e mais tarde para lhe dizer que tinha a consciência "limpa": "Trabalhei 21 anos sem interrupção, sem qualquer interesse pessoal e com absoluta lealdade".[154] A correspondência com sua irmã foi mais reveladora e assegurou a Edvige que se considerava um "defunto", "um monte de pele e ossos em processo de decomposição orgânica". Queria um enterro católico, mas pediu, um tanto desnecessariamente nas circunstâncias de então, que não houvesse honras oficiais.[155]

A saúde de Mussolini continuou piorando durante seu cativeiro. Em Ponza, onde comemorou melancolicamente seu 60º aniversário, padeceu com fortes dores de estômago, embora melhorasse um pouco depois de ser medicado com novos remédios.[156] Os fatos sugeriam que ele era um morto que ainda caminhava.[157] Em La Maddalena também lamentou o quanto sua saúde estava se deteriorando, reclamando que estava sendo arruinada pelo clima da Sardenha.[158] Depois da transferência para *Campo Imperatore*, estava letárgico, preferindo jogar *scopone* [variação da escopa] a ler, jantando cedo às sete da noite e se animando um pouco quando podia discorrer sobre sua condição física.[159] Correram rumores de que pensava em cortar os pulsos para não cair nas mãos dos Aliados,[160] embora seu gosto por declarações bombásticas nos faça duvidar de sua disposição para cometer suicídio.[161]

Enquanto Mussolini se concentrava em si mesmo, o governo de Badoglio e o rei se complicavam na tentativa de sair do que agora alegava ser uma "guerra fascista". Em 3 de setembro fez um acordo com os negociadores Aliados e cinco dias mais tarde a rendição foi oficializada.[162] Seguiu-se o desastre, tendo em vista que desde julho, e até antes desse mês, os alemães já vinham ampliando seu controle *de facto* sobre a maior parte do território italiano. No começo da manhã de 9 de setembro, temendo por suas vidas e sem se preocupar com o povo que governava, Vítor Emanuel e seu governo saíram de Roma, deixando a capital e toda a Itália central e setentrional nas mãos dos nazistas. Em meio a esses caóticos eventos, em 12 de setembro Mussolini foi resgatado por um grupo da ss em planadores, comandado pelo coronel austríaco Otto Skorzeny, que logo após 25 de julho recebera pessoalmente de Hitler esta missão.[163] Por cinco dias os carcereiros nada tinham ouvido de Roma e, quando aconteceu, não houve tentativa de impedir a ação dos alemães. Mussolini foi espremido em um dos aviões de apenas um lugar, que decolou com dificuldade e o levou para um aeroporto sob controle alemão em Pratica di Mare. De lá foi levado de avião para Munique, onde se encontrou com sua família, que escapara para o santuário nazista por diferentes rotas, e se reuniu com Hitler. Em 18 de setembro já estava suficientemente recuperado para fazer uma transmissão radiofônica de Munique noticiando que estava vivo e anunciando sua determinação de punir o rei e seus auxiliares. "Somente o sangue", declarou Mussolini, "pode eliminar página tão humilhante da história da pátria." A guerra continuava. Traidores de todos os tipos deviam ser "eliminados". A "plutocracia parasita" deve enfrentar seu destino. Camponeses, trabalhadores e a *petite bourgeoisie* precisavam se unir pela causa de um fascismo revigorado.[164] Coerente com sua declaração, mais tarde Mussolini publicou nos jornais, que entre julho e setembro, tinha passado por "um calvário e uma ressureição".[165]

A metáfora pode ter parecido vulgar, mas os simpatizantes fascistas afirmaram logo depois de 1945[166] que reagindo aos acontecimentos de 8 de setembro, o Duce heroicamente decidira sacrificar sua vida em prol do povo italiano, para livrá-lo da que poderia ser uma terrível vingança dos alemães por sua "traição". Sob esse ponto de vista, o novo Estado republicano criado sob a direção de Mussolini era "a república que o momento reclamava".[167] Depois da queda do muro de Berlim, esta teoria foi resgatada por historiadores de renome que surfavam a onda do revisionismo do passado fascista que se estende até nossos dias.[168] A ideia de um líder se submetendo aos nazistas a fim de proteger seu povo do terror e do pânico é comum, claro, na literatura sobre Philippe Pétain e a França de Vichy. Não obstante, continua não convencendo na França e na Itália. Não há dúvida de que Mussolini aceitou os acontecimentos que o evolveram, tanto a prisão quanto a libertação, com mentalidade de um sonâmbulo. Se não havia a possibilidade de suicídio, o que poderia fazer a não ser concordar com eles? Contudo, essa passividade não pode ser confundida com planejamento ou sacrifício. Mussolini aceitou a liderança da RSI (República Social Italiana) não apenas porque nada havia a fazer, mas também porque ainda tinha ambições políticas, era realmente fascista e "amigo do Führer" e preferia cooperar com os alemães nazistas a se opor ativamente a eles. O medo comum também influiu nessa escolha. Mussolini comentava com eloquência como os ingleses o trancariam na Torre de Londres ou o manteriam preso em uma ilha deserta.[169] A comparação com o grande Napoleão francês brotava automaticamente à sua mente. Todavia, por trás dessas palavras havia simplesmente o medo do julgamento, da humilhação e da execução. Melhor ficar com os alemães do que com os anglo-saxões, é o que podia imaginar. Melhor para Mussolini e o resto que se dane.

Não há dúvida de que o Duce levado para o norte do país por quem o resgatou era uma "ruína física",[170] no mínimo psicologicamente abatido. Agora contava com a assistência de médicos alemães sob a supervisão do dr. Theodor Morell, excêntrico médico do Führer. Um deles, Georg Zachariae, escreveu suas memórias. Ao chegar à Alemanha, lembrou Zachariae, o Duce foi submetido a uma bateria de exames clínicos. Mostraram que ele realmente sofria de uma úlcera duodenal que, por sua vez, se expandira e envolvera seu fígado, bloqueando parcialmente os intestinos. Sem o uso de laxantes, sua digestão já não funcionava direito. Não havia evidências de câncer e o coração e as artérias funcionavam perfeitamente, mas a pressão sanguínea estava um tanto baixa. Um neurologista também examinou o Duce, mas não encontrou nada anormal. Não havia sintomas de sífilis e, quando perguntado, Mussolini negou vigorosamente ter sido acometido por essa doença.[171]

Não obstante, voltando à Itália, Mussolini novamente sofreu crises de enjoo, depressão e insônia. O novo secretário de seu gabinete notou na primeira reunião realizada em outubro de 1943 que o Duce se sentava com o cinto desafivelado e durante as conversas, se recostava para aliviar a dor.[172] O próprio Zachariae veio da Alemanha e ficou preocupado com a saúde do ditador italiano. Encontrou-o afundado em um divã, usando uma camisa e um robe muito sujo. Ao recebê-lo, Mussolini resmungou: "Bem, veja só o estado em que estou".[173] Seu paciente passou a relatar que vinha sofrendo havia "vinte anos" com a úlcera, mas que desde "1940" vinha piorando. "Nas duas ou três horas após uma refeição e à noite padecia com câimbras, sentindo como se alguém estivesse socando seu estômago com toda força." Não conseguia dormir e passara a ter medo da chegada da noite. Estava sempre constipado e o bloqueio dos intestinos só era aliviado por meio de fortes laxantes. Na opinião do médico alemão, alimentava-se muito pouco e o que comia certamente não era suficiente para aguentar a carga de trabalho. Em resumo, era uma "ruína humana, à beira do túmulo".[174] Talvez fosse verdade que a maneira irritada com que habitualmente se referia ao mundo e à humanidade fosse responsável pela dificuldade de Mussolini para digerir.

Os médicos italianos de Mussolini o submeteram a um regime de chá, pão torrado, um pouco de frutas cozidas e leite. Ultimamente também bebia diariamente dois litros de água devidamente fervida. Entretanto, essa dieta serviu apenas para piorar a constipação. Zachariae, de opinião diferente e certamente pupilo de Morell, optou pelos benefícios que poderiam advir de vitaminas (embora em suas memórias do pós-guerra negasse ter seguido plenamente os conselhos de Morell).[175] A julgar pelo que contou Zachariae, a ingestão de vitaminas e a eliminação do leite da dieta trouxeram benefícios imediatos para o eminente paciente. Realmente, de acordo com o médico alemão, no princípio de 1944 o Duce tinha praticamente recuperado sua forma e já era capaz de comer alguma carne e peixe, limitando o açúcar às habituais porções de frutas cozidas. Mussolini também precisou tomar vitamina B e C em considerável dosagem, em pílulas ou injeções. Ganhou peso e cor. Começou a andar de bicicleta e podia jogar tênis por hora e meia todas as manhãs. Zachariae lembrava de Mussolini agradecendo quando lhe apontavam seus erros em línguas estrangeiras.[176] Estaria voltando ao passado e querendo ser o Mussolini cuja ambição era ser professor de línguas? Porém, a não ser pela contínua vulnerabilidade a resfriados e um cansaço persistente,[177] o Duce continuou gozando boa saúde até fevereiro de 1945, quando entrou em novo declínio, com perda de peso, dores estomacais, uma depressão que quase chegava à apatia e, finalmente, "uma séria crise de nervos, um verdadeiro colapso".[178] Ao ver Mussolini pela primeira vez, Zachariae suspeitou que a saúde do ditador era tão precária que devia estar afetando suas decisões, provavelmente desde 1940.[179] Em 1945, parecia novamente estar reduzido a um cadáver ambulante.

Para um Duce que tentava se recuperar, a família o deixava em uma situação desconfortável. É verdade que funcionários do governo se preocupavam em assegurar que a Villa Feltrinelli dispusesse de café suficiente, que três carroças carregadas de livros lá fossem entregues, que a quadra de tênis fosse arrumada com sacos de "areia vermelha" e que a manicure continuasse atendendo seu augusto cliente,[180] mas o ambiente na família de Mussolini estava cada vez mais desagradável. Rachele estava terminantemente decidida a se vingar dos que tinham "traído" seu marido em julho e voltou sua maior animosidade contra seu genro, o golfista yuppie.[181] Havia problemas inclusive com o jovem Romano, pianista de jazz iniciante. Talvez fugindo de seus insucessos escolares — em 1942 seus professores tinham sugerido que ele precisava de atenção médica para superar seu déficit de atenção[182] — ele insistiu em tocar *boogie-woogie* para seus anfitriões alemães ouvirem, ignorando sua evidente desaprovação. Pior ainda, declarou publicamente que seu pai estava falando bobagens quando o Duce afirmou que era capaz de ler citações em grego das obras de Nietzsche.[183] Mesmo em casa, era difícil fugir das pequenas e grandes mentiras do fascismo. Por mais que tentasse se manter afastada, a família decidiu nada fazer para aumentar a tolerância de Mussolini para com seus parceiros políticos. Em outubro de 1943 disse para alguém que eles não passavam de "insetos", "criaturas que cresciam no corpo de um grande animal".[184] Quase como ato reflexo, Mussolini retomou suas costumeiras obrigações administrativas e passou a dispensar muito mais tempo às "audiências". Um dia chegou a se reunir com um grupo de companheiros em sessões de quinze a trinta minutos,[185] mas as ilusões que envolviam muitas das discussões consequentes pouco contribuíam para levantar o ânimo de Mussolini e afastar sua misantropia.

Portanto, não surpreende o fato de a rsi (República Socialista Italiana) ser um estado movido por contradições, corrupção e incompetência, mas ao mesmo tempo ser uma organização disposta a tolerar a violência e a praticá-la na forma mais bárbara. Foi nessa conjuntura que a "trivialidade do bem" perdeu seu poder e os fascistas italianos se tornaram participantes diretos da solução final. Cerca de 7,5 mil judeus foram reunidos, geralmente por italianos, e despachados para enfrentar seu destino no Oriente. Seiscentos e dez sobreviveram.[186] Em novembro, partidários do novo estado em Verona redigiram um manifesto em que assinalaram cruelmente, embora com uma ponta de confusão residual: "Quem é da raça judia é estrangeiro. Durante esta guerra fazem parte de uma nacionalidade inimiga".[187] Enquanto isso, um decreto expedido sob a chancela do ministro do Interior, Guido Buffarini Guidi, ordenava a reunião de todos os judeus em campos de concentração e o sequestro de todos os seus bens.[188]

O fato de Mussolini não assumir ele próprio o Ministério do Interior indicava não somente a fragilidade de seu mito e poder na RSI, mas também, e mais uma vez, o fracasso na definição das relações entre o Estado e o Partido. Membros realmente fiéis ao Partido (por interesse próprio) como Farinacci anunciaram suas exigências de que o Partido se livrasse das amarras que tolhiam um governo que adotava o modelo que imaginavam ter sido o fascismo de 1919 e as práticas da Alemanha nazista. Pressionado por esse conflito, mais uma vez Mussolini recorreu às palavras, argumentando que certos "homens" tinham falhado para com ele no passado e que nada havia de errado na ideia do fascismo, que apenas precisava ser mais refinado (será que o professor Mussolini, o filósofo, mereceria ser melhor avaliado pela história do que o guerreiro e ditador?).[189] Existe muita conversa sobre "ampliação e aperfeiçoamento da socialização",[190] ideia que no passado Mussolini ridicularizara,[191] mas que agora satisfazia a um populismo desesperado que precisava contar com o apoio à sua liderança, então em fase de recuperação. A defesa de um nivelamento drástico tinha a vantagem adicional, certamente compreendida por Mussolini, que intimamente saboreava a perspectiva de vingança póstuma, de deixar as *mine sociali* [armadilhas sociais] sobreviverem na sociedade italiana,[192] com a possibilidade de abalar e aterrorizar qualquer Estado que sucedesse a ditadura fascista.

Alguns italianos se deixaram atrair pelo novo regime, de modo geral em consequência de uma mistura de patriotismo inflamado pelos eventos de 8 de setembro, um senso de aventura juvenil, um comprometimento mais perverso com uma Europa fascista e um tradicional e ardente desejo de ser um líder militar ou um mal-acostumado defensor de um deles (cada um desses motivos podia, às vezes, se manifestar por meio de uma remanescente adoração pelo Duce).[193] Outros italianos, em contrapartida, já fugiam para as montanhas a fim de se aliarem às primeiras organizações da resistência armada antifascista. A grande maioria da população não pertencia a nenhum dos dois lados e de certa forma esperava que a tragédia geral ocasionada por uma guerra não desabasse sobre suas vidas. Os eventos de 1943 serviram como lição para quase todos: "Aqui, ninguém acredita em nada",[194] era a mensagem que no novo milênio ainda se podia encontrar gravada na alma dos italianos.

Para Mussolini, o principal dilema passara a ser uma questão relativamente simples, como viver consigo mesmo e com a dimensão de seu fracasso, tentando encontrar uma terceira via política que permitisse a nacionalização das massas populares e uma incontestável ascensão da nação italiana ao grupo das verdadeiras grandes potências. Raramente exerceu seu poder sem se valer de uma dose de manipulação e sem estar consciente da necessidade de cobrir uma possível retirada. Agora, tudo indicava que nem ele nem qualquer outro italiano poderia pensar em desenvolver uma política independente. A invejosa admiração por Hitler ainda o levava a dizer a seus companheiros que o Führer era "um místico à frente de um Estado grandioso e moderno. Que destino feliz o da Alemanha!".[195] Porém, ao mesmo tempo voltava a lamentar as deficiências dos italianos como combatentes. Farinacci, que até então tolerava seu companheiro insinuante e fanfarrão, em setembro tentou atrair os alemães para sua própria causa — chefiar a nova Itália — mas constatou que Hitler, difícil de contentar, não gostava dele.[196] Tinham se esgotado os dias em que Farinacci podia dizer uma série de verdades para o Duce. Mussolini, que a ele se referiu sarcasticamente como "O *Gauleiter*" (chefe de distrito na Alemanha nazista), o dispensou.[197] Uma vez estabelecido em Gargnano, Mussolini encontrou para substituí-lo um derradeiro amigo, Nicola Bombacci, que como ele renegara o socialismo, mas o fizera à última hora, e era alguém que nunca abandonara totalmente os ideais socialistas.[198] Em suas conversas rotineiras, talvez Mussolini pudesse se convencer de que também ele nunca tinha realmente se deixado envolver com a burguesia.

Na última década a face burguesa do fascismo foi mais especificamente representada diante de Mussolini por seu genro Ciano. Ao longo dos sucessos e esforços do regime, formaram um par estranho e, ao contrário do que se poderia supor, os dois conseguiam se associar politicamente. Todavia, Ciano, o "traidor de julho", alvo mais à mão, era odiado pelos alemães e por outros líderes da RSI, mais intensamente por Pavolini, secretário do reconstituído Partido Fascista Republicano. Paradoxalmente, já que até julho seus passados e suas posições tinham sido tão similares, Pavolini estava absolutamente determinado a matar seu velho amigo. Rachele também exigia a execução de seu genro. Mussolini tentou hesitantemente repelir as críticas, afirmando para seu secretário de governo que na verdade Ciano não era melhor ou pior do que ninguém. O ex-ministro do Exterior, comentou criteriosamente, era alvo de tudo porque não podiam acusar o próprio Duce.[199] As falhas de Ciano, reconheceu, tinham sido as suas próprias.

Na verdade, Mussolini era culpado de cada um dos pecados cometidos por ação ou omissão e que podiam ser atribuídos a Ciano ou a Farinacci. Pregara uma revolução que não conseguiu destruir nem a propriedade privada e tampouco a família e as estruturas a ela associadas. Tentara ser ao mesmo tempo católica e não católica, *romagnole*, italiana e universal, populista e elitista, economicamente ortodoxa e defensora do bem-estar social, racista e realista. Por algum tempo, ou melhor, por longo tempo, o embuste funcionou. Foi alvo de uma adulação hoje em dia restrita somente a estrelas dos esportes e às "indústrias" do entretenimento. Mussolini desfrutara um carisma sem limites. Criara um "Império Italiano", mas, por algum motivo e apesar das aclamações, a satisfação pessoal nunca foi alcançada. Rachele e Edda contribuíram para aumentar seu desconforto no lar. Eventualmente Claretta aliviava seu corpo, mas não sua mente. As dores no estômago o incomodavam. Agora, nesse arremedo de nova república, tinha que viver nos ares cinzentos dos lagos do norte e fingir que tinha poder, quando todos sabiam que estava reduzido, como ele próprio dizia, a ser um subalterno "prefeito de Gargnano",[200] embora tentando "se manter ereto, mas pisando em areia movediça".[201] Mesmo ao fazer essa comparação, estava se enganando. Em 1943-1944 Mussolini já se tornara um "ditador marionete", um chefe de uma nação em guerra sem um verdadeiro Exército, um fascista cuja ideologia fora sequestrada por seu "místico" parceiro do Norte e era, enfim, nada mais do que um paradoxo histórico. Agora, toda aquela conversa fiada fascista sobre a própria natureza mística do regime e sua ardorosa militância cobrava seu preço. Esse Mussolini fracassado era aquele mesmo que em janeiro de 1944 deixou covardemente seu genro ser morto em seu lugar e depois disso presidiu a pior fase da participação da Itália na guerra, embora fosse apenas uma questão menos relevante quando comparada com o inferno que aconteceu no leste, mas, ainda assim, matando mais de 200 mil italianos. Em abril de 1945, de modo benevolente, a Segunda Guerra Mundial finalmente terminou também para ele. Para esse homem, que fora o primeiro de sua classe, que sempre contara com uma singular inteligência e sofrera o ônus do ceticismo e do darwinismo, as únicas ideias que realmente sobreviveram na confusão de sua mente foram desonra e morte.

18
O FANTASMA DE BENITO MUSSOLINI, 1945-2010

DEPOIS DE FUZILADOS EM MEZZEGRA, os corpos de Mussolini, sua amante e seus companheiros de fim de jornada, como Nicola Bombacci, Alessandro Pavolini, Paolo Zerbino e o secretário pessoal do Duce, Luigi Gatti, foram levados na carroceria de um caminhão que, na calada da noite, percorreu os cerca de sessenta quilômetros que separam o lago di Como de Milão. De acordo com Sergio Luzzatto, historiador contemporâneo: "Diante dos portões da Villa Belmonte di Giulino, na tarde de 28 de abril de 1945 foi virada uma página da história, a do Duce vivo. Outra história começou, a de seu cadáver".[1] Em Milão, os corpos de Mussolini e seus companheiros foram juntados ao de Farinacci,[2] morto quando fugia com uma amante aristocrata, e Starace. Este último vivia as dificuldades próprias de um aposentado em Milão, jantando na *mensa di guerra* [um refeitório público] e mal deixando transparecer o que restava de seu entusiasmo fascista ao andar pelas ruas, onde era ignorado ou evitado por todos e não conseguia compreender o que estava acontecendo com o regime, com o país e consigo mesmo.[3] O ponto de encontro dos partisans na capital da Lombardia era a piazzale Loreto, perto da estação central de trens, uma praça de subúrbio como outra qualquer, com um conjunto de depósitos de gasolina em um dos lados. Hoje eles desapareceram, substituídos por um malcuidado monumento homenageando a Resistência, mas os adeptos de *il fast* [*fast food*] podem aplacar seus apetites no segundo andar de um McDonalds, de onde se vê toda a área e se pode contemplar os "verdadeiros" vencedores de todas as batalhas da Segunda Guerra Mundial.

A piazzale Loreto não fora escolhida ao acaso. Na manhã de 10 de agosto de 1944, quinze partisans que tinham sido aprisionados foram fuzilados nessa praça pelo comando alemão em represália pelos bombardeios Aliados e pelas incursões executadas pela Resistência. Para repulsa dos habitantes locais, os corpos foram expostos na praça, e algumas mulheres, segundo se dizia, movidas por compaixão, colocaram flores junto aos restos mortais. As autoridades da RSI tentaram, pública e privadamente, se eximir de culpa pela selvageria. Um representante da cúpula do governo explicou que crueldade tão ostensiva só servia para ajudar os Aliados.[4] Consta que em Salò, distante dos acontecimentos, Mussolini resmungou: "Vamos pagar um alto preço pelo sangue derramado na piazzale Loreto".[5] Um comentário como este tão especial depois do que aconteceu não pode ser lido tão literalmente. Os nazistas estavam presentes em Milão como amigos e aliados do Estado fascista e não havia razão para o Duce e seus companheiros se surpreenderem com a disposição dos nazis para realizar as represálias que julgassem convenientes. De qualquer modo, a piazzale Loreto não foi o único local na Itália em que os nazistas exibiram publicamente o terror, mas foi onde os italianos realmente tiveram duplo motivo para sempre recordar.

O segundo terrível momento vivido na piazzale Loreto seria diferente do primeiro. Se é fato que estereótipos nacionais desempenham algum papel na história, então se trata de um acontecimento mais "italiano" do que "alemão". O caminhão transportando os corpos de Mussolini e seus camaradas chegou a Milão nas primeiras horas da manhã de 29 de abril, sem que os chefes da Resistência concluíssem o que deveriam fazer com aquilo que, para alguns, eram os sagrados restos mortais do ditador. Os partisans procedentes do lago di Como tinham uma ideia mais definida sobre o que fazer e rumaram para a piazzale Loreto. Lá, penduraram os corpos de cabeça para baixo sobre a poeira da praça, em frente a uma fileira de descascados cartazes sobre eventos em cinemas e teatros locais.[6] Logo correu a notícia de que havia um novo tipo de espetáculo.

Em uma manhã de primavera, os moradores das vizinhanças, cujas vidas tinham sido tão tumultuadas e afetadas pela guerra, começaram a se reunir espontaneamente. Chegara o momento em que poderiam mostrar o que pensavam sobre a tirania de Mussolini, a catástrofe da guerra, a política nacional e, mais especificamente, a queda de um ditador. Morto, pelo menos Mussolini podia ser castigado impunemente. A turba não apenas proferiu violentas imprecações contra seu ex-líder e cuspiu em seus restos mortais, como também bateram no cadáver com pedaços de pau e com as próprias mãos. Pelo que se disse na época, as mulheres urinaram no morto. Os quinze executados em 1944 estavam vingados. Fizeram do fim do ditador um evento humilhante e vergonhoso. Foi fotografado quase em cima de sua amante tendo nas mãos uma espécie de cetro, um *gagliardetto* [galhardete] fascista. Nessa imagem, por um momento ele parece um rei morto ou deposto empunhando, raivosa e irredutivelmente, um inútil (e fálico) cetro do poder. Quando, com certa compaixão, foi amarrado perto dos depósitos de gasolina, seu corpo estava coberto por detritos. Massa encefálica saía das feridas profundas no lado direito da cabeça de Mussolini. Ao lado do Duce balançava o cadáver de Claretta Petacci, com sua usual credulidade, fiel a seu "Ben" até o fim. Um "homem de respeito" ou, como afirmaram alguns, um padre caridoso, amarrou sua saia para que, pendurada de cabeça para baixo, boa parte de seus encantos não ficasse exposta para o rancoroso e implacável público.

 Sergio Luzzatto tem feito comentários moralistas a respeito da natureza macabra dessa cena, assinalando que foi "um festival da morte" que deixou uma herança negativa para a República Italiana.[7] Interpretando desta forma os acontecimentos, Luzzatto está seguindo a linha do Partido. A atual historiografia conservadora está engajada em uma campanha de "desideologizar" o passado a fim de também poder desideologizar o mundo presente em que todos vivemos ou precisamos viver depois do "fim da história". Em 1945, ex-fascistas mais conscientes também ficaram perplexos com a "terrível ferocidade" demonstrada pelo povo,[8] sem dúvida pensando que lá estavam pela graça de Deus. Entretanto, é possível uma interpretação oposta do evento da piazzale Loreto. Na verdade, o fim de Mussolini naquela praça faz muito sentido. O garoto de Dovia abriu seu caminho para Predappio, Forli, Milão, Roma e de volta a Milão, a cidade lombarda onde seu irmão trabalhara e morrera. Antes de 1914 já fora sua importante base de poder. Seus banqueiros e empresários o tinham ajudado sempre que necessário e abandonado totalmente o Duce quando a guerra estava claramente perdida. Em 1943-1945 Mussolini esperava que Milão fosse a capital da RSI.[9] Talvez a arquitetura local fosse um pouco germânica demais, fizesse lembrar os dias de domínio Habsburgo e fosse muito parecida com o Trentino para a satisfação do fantasma do Duce. Por outro lado, estava mais próxima da Europa central, de Paris e, assim, do grande mundo que o jovem Mussolini se imaginava descobrindo. Roma, África e o resto não passaram de ilusões. Milão era o lugar apropriado para Mussolini morrer (ou ter sua morte anunciada).

O "espetáculo" da piazzale Loreto também não foi tão infeliz quanto pensa Luzzatto. Os acontecimentos de 29 de abril realmente não são uma repetição dos desfiles e discursos da piazza Venezia em Roma.[10] Ao contrário, os ritos fúnebres do Duce são aqueles aos quais tiranos fracassados ficam muitas vezes expostos na história. As reações populares foram inegavelmente violentas, mas, quando comparadas com o que o regime fascista fizera com os italianos, suas famílias e tantas vítimas, não foram demasiadamente cruéis. A diferença mais visível está nos eventos que cercaram a morte de Hitler em seu abrigo. Giuseppe Prezzolini, que fora um guru para Mussolini, ficou à espera da Segunda Guerra Mundial em Nova York, mas, preservando sua usual habilidade para interpretar de forma errada a história, em 5 de maio anotou em seu diário que "Hitler morreu com decência e mistério, como deve um deus dos Nibelungos. Parece o oposto do que aconteceu com Mussolini, morto como se tivesse sido em uma briga de rua".[11] Não há dúvida de que o Führer chegou ao fim em meio ao fogo e à tecnologia da guerra que o cercava, em uma espécie de *Götterdämmerung*, deixando os dentes como única reminiscência de seu corpo. A morte de Mussolini foi mais convencional e aparente, de natureza menos "moderna", perfeitamente condizente com um homem que cometeu atos extremamente cruéis, mas que não traiu tão brutalmente a humanidade.

Ademais, em sua espontânea e violenta revolta, o povo não foi o único grupo que quis acertar as contas com o Duce morto. Depois de ficar o dia inteiro na piazzale Loreto, seu corpo foi removido para o hospital (*Istituto di Medicina Legale*) da Universidade de Milão.[12] Lá foi piedosamente limpo e medido. Ao morrer, Mussolini pesava 72 quilos e media 1,66 de altura.[13] Também foi submetido a invasiva autópsia. As autoridades militares americanas exigiram, por assim dizer, fazer sua parte. Apesar da multidão de italianos que continuavam se espremendo para ver o corpo no hospital, os médicos americanos removeram uma parte do cérebro do Duce e a enviaram para seu país a fim de ser examinada. Preocupados com a ideia de que ninguém se disporia a negar a magnanimidade de seus ideais, estavam convencidos de que Mussolini estava "louco". Acreditavam que a insanidade resultara do longo tempo sofrendo de sífilis (embora até então não pensassem em fazer algum tipo de psicanálise do

Duce *in absentia*, como alguns de seus "especialistas" tinham realizado com Hitler durante a guerra).[14] Agora, preferiam recorrer à ciência médica para ver se sua hipótese estava correta.

Entretanto, os Estados Unidos logo passaram a ter uma Guerra Fria para enfrentar e administrar, e Mussolini deixou de ser figura importante em sua demonologia. De qualquer forma, ficou mais uma vez confirmado que ele não sofria de sífilis. A ciência comum não tinha resposta para sua atuação política. Resolvida essa questão, ou melhor, terminado o exame dos restos de Mussolini, os pedaços do cérebro foram preservados durante anos no hospital psiquiátrico St. Elizabeth, em Washington. Porém, finalmente e talvez em consequência do desejo de fazer uma limpeza, resolveram se livrar deles. Em 25 de março de 1966 os restos de matéria cerebral foram devolvidos a Rachele "em seis tubos dentro de uma caixa de madeira, com os cumprimentos do embaixador americano em Roma".[15] Comenta-se que a etiqueta em inglês colada na caixa mencionava restos mortais de "um tal Mussolini".[16]

Livre dessa jornada americana, o que restava do corpo de Mussolini tinha sido levado do *Istituto di Medicina Legale* para um apressado e anônimo sepultamento no cemitério Musocco, fora da cidade de Milão.[17] O túmulo, teoricamente com o número 384, permaneceu sem a numeração.[18] Não permitiram que a família de Mussolini, imediatamente afastada, velasse o corpo. Todavia, o corpo ainda não teria descanso. À meia-noite de 22 de abril de 1946, Domenico Leccisi, fascista nostálgico, invadiu o cemitério pretendendo, com a ajuda de dois amigos, roubar o corpo. Segundo ele próprio conta, Leccisi reconhece que sua carreira como ladrão de cadáveres teve um lado patético. Em meio à confusão, só chegaram ao túmulo verdadeiro às duas e meia da madrugada. O solo era duro como pedra, cavar era difícil e barulhento, de modo que precisaram de hora e meia para começar a descobrir o corpo do Duce. Por fim, Leccisi pulou para dentro do buraco que ele e seus amigos tinham cavado e abriram o caixão, mas viram apenas a cabeça de Mussolini em decomposição e, como pareceu a Leccisi, sorrindo tristemente.[19] O corpo do ex-ditador estava envolto em um lençol e foi muito difícil desembrulhá-lo. Além de difícil, foi complicado. Como levá-lo pelos amplos espaços do cemitério? O amanhecer se aproximava e os conspiradores tentaram resolver o problema procurando um carrinho de mão do jardineiro onde pudessem colocar seu tesouro. Leccisi lembra de sua preocupação porque, à medida que o carrinho era empurrado apressadamente pelos corredores do cemitério, a cabeça de Mussolini pendia para o lado de fora.[20] Por questão de fé ou fanatismo, Leccisi esperava que sua fuga com o corpo lembrasse a ressureição da Páscoa e pensava em deixar o cemitério com a solenidade e o ritual de um funeral. Na verdade, tiveram que acelerar a saída, e alguns pedaços de pele e ossos do defunto ficaram espalhados no muro de dois metros do cemitério.[21] Além disso, um ajudante de Leccisi tropeçou ao pular o muro e caiu, com o corpo do morto tombando em cima dele. Recompondo-se e arrumando seu Duce o melhor que podiam, Leccisi e seus amigos enfiaram sua presa no banco de trás de seu carro e caíram fora enquanto amanhecia.[22] Um pouco mais de acordo com o planejado, eles se lembraram de deixar para trás algum material de propaganda do *Partito Fascista Democrático* [Partido Democrático Fascista], pequeno grupo liderado por Leccisi. Também saiu uma notícia na imprensa dizendo "Musocco — os mortos ganharam asas".[23] É verdade que durante os últimos estágios da guerra um pregador americano identificara Mussolini como o anticristo (a saudação *Viva il Duce*, anunciou, ocultava o número 666, a marca da besta) e predissera sua ressureição,[24] mas não previu o método adotado por Leccisi para sumir com Mussolini.

Apesar do que conseguiram fazer como ladrões de cadáveres, o destino de Leccisi e seus amigos positivamente não era chegar ao poder. Não obstante, o desaparecimento de um defunto como Mussolini produziu um impacto na mídia italiana, que então discutia apaixonadamente o próximo referendo que, em 2 de junho, decidiria sobre a expulsão da dinastia Savoia e, por fim, a transformação da Itália em república. Em ridícula repetição dos trágicos acontecimentos de 1924 que envolveram Matteotti, os rumores sobre o destino do corpo caíram no domínio público. Em uma busca que fez lembrar cenas de *Keystone Cops*,* a polícia e outras autoridades judiciárias levaram cem dias para localizar o corpo, enquanto corriam os boatos, cada vez mais intensos, sobre seu destino. Havia quem acreditasse que o cadáver de Mussolini seria exposto no "Altar da Pátria" em Roma, assinalando o primeiro aniversário do fim da guerra. Outros temiam que Churchill, cujo nome, muitas vezes associado ao de Mussolini, ocupou o imaginário do pós-guerra, desse ordem para que o corpo fosse levado através do canal da Mancha para algum fim desconhecido. Superestimando seus adversários, a polícia, como era previsível, tinha a certeza

---

* Personagens de uma série cômica do cinema mudo. (N. T.)

de que os sequestradores eram especialistas em necrologia e medicina, além de contarem com substancial financiamento.[25]

Apesar dessas decepções, as autoridades logo penetraram nas frágeis e inexperientes fileiras do *Partito Fascista Democratico* e efetuaram algumas prisões.[26] O que não conseguiram, entretanto, e apesar da aproximação da data do referendo, foi localizar o corpo. Somente em 31 de julho Leccisi foi surpreendido e preso em Milão, mas durante o interrogatório não cedeu. Finalmente, em 11 de agosto, dois padres simpáticos aos fascistas, um de nome engraçado, o padre Zucca (padre Abóbora), e o padre Alberto Parini, irmão de Piero Parini, conhecido fascista de Salò, confessaram terem ajudado a esconder os restos mortais de Mussolini. Inicialmente o corpo tinha sido levado para Valtellina. Mais uma vez muitas histórias irônicas cercaram a retardada chegada do Duce ao lugar que algumas vezes ele exaltara dizendo ser o último reduto do fascismo. Entretanto, o corpo passou apenas poucas semanas escondido antes de ser levado de volta para Milão, onde, com a ajuda de padres piedosos, ficou escondido por algum tempo na igreja de Sant'Angelo.[27] De lá foi retirado e, durante as semanas seguintes, o que restou do Duce foi preservado na conhecida e bonita região do mosteiro *Certosa di Pavia*, um dos mais famosos centros religiosos da Itália. Todavia, a beleza do local não contribuiu para melhorar as condições do cadáver. Estava grosseiramente embrulhado em tecido plástico e espremido em uma caixa escondida em um armário embutido na cela de um monge no primeiro piso do Certosa.[28]

Sergio Luzzatto, que contou a história desses grotescos eventos, tende a ver com simpatia Leccisi, que considera "uma pessoa autêntica, sinceramente devotada ao culto do Duce e à causa do neofascismo". Luzzatto critica a reação do governo italiano que, segundo ele, tratou o assunto como se fosse uma brincadeira de estudante. Leccisi recebeu uma pena suave de seis meses de prisão por falsificar dinheiro (alguns maços foram encontrados na busca feita no *Partito Fascista Democratico*) e escapou de condenação por sequestro de cadáver.[29] Por outro lado, se pode alegar que tal complacência resultou de excelente tática usada pelas autoridades no sentido de que todo o assunto fosse tratado com o menosprezo que merecia. Desfazer-se do corpo de ditadores pode exercer alguma atração, mas era necessário não permitir que o corpo de Mussolini distraísse os italianos de votar na república e perturbasse o início de um processo que, ao longo de décadas, proporcionasse ao povo da península muitas reformas extremamente necessárias.

Enquanto a história de república seguia um curso indefinido, Mussolini era novamente sepultado, desta vez na capela dos capuchinhos em Cerro Maggiore, nas vizinhanças de Milão. Seus restos mortais, sem as amostras do cérebro e os pedaços de pele e ossos, foram, nessa oportunidade, sepultados em cerimônia cristã, como recomendava a compaixão católica. Os padres Zucca e Parini tinham exigido essa concessão antes de revelarem o esconderijo do corpo em Certosa di Pavia.[30]

Contudo, ainda restava escrever mais um capítulo da saga do corpo de Mussolini. Em 1957 mais uma vez mudou de pouso, quando foi transportado, dessa vez para seu destino final em sua cidade de origem, o cemitério San Cassiano, em Predappio, perto de onde Rachele voltou a morar e, de acordo com seus admiradores, voltou humildemente a fazer sopa de ervilhas para os amigos que restaram e parentes.[31] O responsável por essa transferência final foi o primeiro-ministro democrata cristão Adone Zoli, advogado então baseado em Florença e católico antifascista. Importante notar que Zoli vinha da mesma família em cuja propriedade Rachele nascera,[32] e que aconselhara e convencera Rosa Maltoni a mandar seu filho para os salesianos em Faenza.[33] Além disso, a família fora proveitosa benfeitora dos Mussolini.[34] Naturalmente, Adone mantivera contatos tanto com a administração de Predappio quanto com os membros sobreviventes da família Mussolini. Ademais, na primeira metade dos anos 1950, o idoso padre de Predappio deve tê-lo pressionado para ser condescendente. Esse caridoso sacerdote era dom Pietro Zoli, que se lembrava dos benefícios que colhera com a educação recebida na escola de Rosa Maltoni antes da Primeira Guerra Mundial.[35]

Portanto, não causou surpresa o fato de Adone Zoli ter expedido a necessária autorização do governo que permitiu, em 31 de agosto de 1957, que Mussolini fosse sepultado com certa solenidade no jazigo da família em sua cidade natal.[36] Revendo o evento, uma autoridade inglesa comentou que "os italianos respeitam profundamente os mortos e os sentimentos dos familiares do defunto, fato que até os comunistas precisaram considerar ao criticarem o governo". E admitiu condescendente:

> De qualquer modo, a despeito dos crimes cometidos contra a nação italiana, a memória do Duce não mais desperta sentimentos violentos na maioria dos italianos. Ainda que seus delitos sejam lembrados, suas realizações anteriores e seus esforços contribuíram para dar ao povo uma consciência de nacionalidade.[37]

O espírito de Mussolini talvez não pudesse compartilhar essa serenidade. Embora evitasse pensar especificamente nesse assunto enquanto dirigia o governo, é razoável concluir que, se morresse no exercício do poder, o ditador seria sepultado em um túmulo grandioso em Roma, o verdadeiro coração da nação. Talvez o bairro EUR, ícone da monumental arquitetura fascista, fosse o local mais apropriado para a cripta. Porém, o fato é que o local de descanso final do Duce foi o cemitério de San Cassiano. O sepultamento nesse local foi uma grande ironia, remetendo profundamente à história simples do *paese* [vilarejo] camponês e dos *paesani* [aldeões] de Predappio. O destino de Mussolini era ser enterrado no mundo dos itálicos e não no de um Império Romano reconstituído. Mesmo postumamente, fracassou sua ambição de se exibir, triunfante e grandioso, para todo o mundo.

Claro que pouca gente em Predappio via os eventos desta forma. Ao contrário, lembravam que, sob o regime, seu *paese* tinha progredido, mas na verdade modestamente. A transformação mais importante na localidade tinha sido a mudança do centro de gravidade, que desceu a encosta na direção do rio Rabbi, de Dovia e da *Casa Natale del Duce*. Predappio *vecchio* [antiga Predappio] ficou nas encostas, restrita à íngreme pracinha com o formato de uma pizza, com suas duas igrejas rivais e as casas em tons pastel, olhando para o mundo como se fosse o cenário do *Barbeiro de Sevilha*. Predappio *nuovo* (nova Predappio) era um tipo diferente de arquitetura, transmitindo uma mensagem diversa e mais expressiva. Em meados da década de 1920 a nova Predappio já era alvo de peregrinações. Uma área com colunas antigas assinalava o centro da localidade. De lá, os extasiados visitantes fascistas voltavam o olhar para leste e viam *Rocca delle Caminate*, o castelo-residência da família Mussolini. Para oeste, logo acima das colunas, podiam admirar o prédio da velha escola de Varano, local de nascimento do Duce, inevitavelmente um lugar sagrado. Pela área central, onde também funcionava prosaicamente um mercado, passava a corso Benito Mussolini, que na verdade não era uma grande rua como fazia supor o nome, mas a artéria principal da cidade. No limite sul havia outra praça, dominada pela nova, imponente, mas horrorosa igreja de Sant'Antonio e uma torre um pouco mais simpática, a *Casa del Fascio*. Ao longo do corso ficava um novo quartel (para a guarda pessoal do Duce) e uma nova escola com o nome Rosa Maltoni, um novo hospital e, talvez com maior utilidade, um novo banco. Durante os anos 1930, em um terreno plano perto do rio foi construída uma fábrica Caproni para produção de aviões e um aeroporto cuja pista foi aberta nas encostas dos Apeninos (embora se diga que os aviões nunca decolaram dessa pista). Alguns anos antes, a florescente comunidade de Predappio fora autorizada a anexar a *paese* próxima de Fiumana, sem dúvida em uma modesta versão de *Weltpolitik*.[38]

Em outras palavras, o regime fascista tinha sido bom para Predappio, embora de forma não muito usual. O chefe do sindicato fascista, Edmondo Rossoni, fora responsável pelos desperdícios nas despesas do vilarejo de sua origem, Tresigallo di Ferrara. Em Predappio e suas redondezas, na verdade o Mussolini mais famoso não era Benito, mas Rachele. Era a *padrona* local, a *dura*, a autoritária, e era melhor não cruzar seu caminho. Era a *donna Rachele*, mulher de respeito,[39] embora, como tantas outras pessoas desse tipo, fosse vista como não estando livre de abuso no exercício desse privilégio e talvez da busca de benefícios financeiros ilícitos.[40] Afinal, Rachele crescera adotando o dialeto local como língua de sua preferência até o fim do regime e, portanto, ignorando suas pretensões nacionalizantes.[41] Depois de 1945 voltou a frequentar o local dirigindo a propriedade da família Mussolini na vizinha Villa Carpena e, por algum tempo, administrou um restaurante à sombra de *Rocca delle Caminate*, onde oferecia a seus clientes ricas porções de *tagliatelle alla bolognese*, especialidade da região.[42]

Outras ironias envolveram a história de Predappio após a guerra. Terminado o conflito, a localidade foi logo dominada pela esquerda, com o espírito de Alessandro Mussolini de certa forma se sobrepondo ao de seu filho. Como usualmente acontecia na Emília-Romanha, se transformou em ponto forte do PCI. Escrevendo nos anos 1950, Vittore Querel, simpatizante do fascismo, lamentou esse fato e declarou (com certo exagero) que Predappio era "a mais pobre, a mais abandonada e a mais infeliz cidade de toda a Itália".[43] Também lamentou a forma como a *Casa Natale* tinha sido saqueada pelos partisans no fim da guerra, condenando a degradação que notou ao visitar o cemitério em San Cassiano. Todavia, admitiu que logo depois tinha sido recuperada, permitindo que novamente fosse considerada "um dos lugares mais românticos da Romanha".[44]

Querel abordou outra importante questão, a possibilidade de Predappio, aproveitando o dinheiro levado por turistas, descobrir um papel financeiramente compensador como local de peregrinações e lembrança da história do Duce. Assinalou que já estavam chegando muitos visitantes. Fascistas nostálgicos gostavam de se reunir no *Bar Sport*.[45] Muitos prosseguiam para visitar o jazigo dos Mussolini onde estavam os corpos dos pais do ditador, de Arnaldo, de Bruno e da esposa de Bruno, Gina.[46] O túmulo de Gina Ruberti era o único sem a insígnia fascista,[47] talvez porque sua morte em maio de 1946 tivesse ocorrido em um acidente de barco quando estava sozinha com alguns oficiais ingleses. Circularam rumores escandalosos e maliciosos sobre o que tal companhia significava.[48]

Querel também mencionou a existência no jazigo de um caderno em que "pessoas humildes, soldados e fascistas" podiam deixar registrado seu respeito "pelo homem que tombou, mas cujo corpo ainda não encontrou paz".[49] Logo depois de Querel ter escrito essas linhas, seu implícito desejo foi satisfeito. Os restos de Mussolini foram sepultados junto aos de seus pais. Entretanto, a paz completa ainda não havia chegado ao Duce. Na noite de Natal de 1971, em dias de grande agitação política na Itália, uma bomba misteriosa explodiu na porta da cripta em San Cassiano.[50] De modo geral, a família de Mussolini teve dificuldade para lidar com a herança do Duce, e suas próprias vidas não foram nem felizes nem proveitosas. Anna Maria, que sofrera com poliomielite, fez uma carreira pouco promissora como jornalista neofascista, amparada por uma modesta pensão do governo de 190 mil liras. Em 1960 se casou com um apresentador, Giuseppe Negri, e em 1961 e 1963 teve duas filhas, Silvia e Edda. Durante sua primeira gravidez contou, por meio de sua mãe, com a bênção do padre Pio, o mais famoso homem santo daqueles dias na Itália. Anna Maria morava, então, na Viale Libia, subúrbio de Roma construído durante a ditadura de seu pai e onde as ruas têm nomes ligados ao império nacional perdido. Morreu em 25 de abril de 1968 (ironicamente o Dia da Resistência),[51] de câncer de mama e dos efeitos remanescentes da doença adquirida na infância.

Edda, a filha mais velha, nunca perdoou o pai por haver traído seu marido, e depois de 1945 teve uma vida fútil e mundana. Alguns fascistas puristas ficaram alarmados com a notícia de que ela tomara banho de mar nua em Lipari.[52] Morreu somente em 1995, vítima de uma doença no fígado, talvez consequência dos excessos na bebida. Chegou a ver um de seus filhos, Fabrizio, concorrer sem sucesso a um assento no Parlamento como membro do neofascista MSI (*Movimento Sociale Italiano*). Ele se definira, com visível desconforto, como "filho de um fascista que tomou o caminho errado e pagou por isso". Após sua previsível derrota, emigrou para a Venezuela.[53] Seu outro filho, Marzio, morreu de alcoolismo em 1974.

Vittorio Mussolini, filho mais velho do ditador, também passou muitos anos na América Latina, região do mundo que por algumas gerações foi alvo da emigração de italianos, mas que raramente fora objeto de muita atenção do governo da Itália. Vittorio fugiu para a Argentina em 1946, valendo-se da rede do Vaticano que tanto ajudou fascistas após a guerra. Em Buenos Aires foi bem recebido pelo ditador Juan Perón, admirador havia longo tempo de Mussolini e que valorizava a lembrança da multidão entusiasmada quando, em 1936, Mussolini proclamou o novo Império Romano, logo depois da vitória na Etiópia. Mais tarde Vittorio fez visitas ocasionais à Itália (em geral para "defender" sua "honra" como soldado e a da família), antes de retornar definitivamente em 1968. Seu casamento foi desfeito e em outubro de 1979, com a morte de Rachele, assumiu a chefia da família Mussolini.[54]

Romano, irmão mais jovem de Vittorio, fez carreira depois da guerra como pianista de jazz, atividade de certa forma politicamente incorreta para o filho de um ditador fascista "ariano".[55] Na década de 1950 ele gravava como membro do "Romano Mussolini All Stars" e continuava sendo figura de destaque no circuito internacional de jazz, tendo oportunidade para tocar com os melhores músicos negros americanos. Continuou produzindo até os anos 1990. Como outros membros da família, e supostamente pressionado por jornalistas, Romano publicou algumas memórias sobre o pai em um livro despretensioso e de conteúdo particularmente medíocre.[56] O que o tornou mais famoso na época foi seu casamento com a napolitana Maria Scicolone, irmã da atriz Sophia Loren, embora seu casamento também acabasse em divórcio.[57] Dessa união nasceram duas filhas, Elisabetta e Alessandra, e, do segundo casamento de Romano, nasceu Rachele. Romano Mussolini morreu em fevereiro de 2006, logo depois da publicação de um ainda mais medíocre livro de memórias.[58] Na geração mais nova, a fotogênica Alessandra Mussolini,[59] estrela da família, apareceu nas manchetes ao ser eleita, em 1992, para a Câmara dos Deputados italiana.[60] Mais tarde foi para o Parlamento europeu em Bruxelas, permanecendo como figura de certo destaque na Itália. Rompeu com a Aliança Nacional de Fini em 2003, mas em 2008 voltou ao Parlamento italiano com apoio eleitoral de Berlusconi. Alessandra tem quatro filhos, sendo que os rapazes levam os nomes Romano e Benito. Este último recebeu o sobrenome Mussolini, com Alessandra defendendo sua versão idiossincrática de feminismo fascista e fazendo estrondosa campanha para que todas as crianças tivessem a oportunidade de adotar o nome da mãe se assim desejassem. Pelo menos graças a esse curioso paradoxo, a história da família Mussolini continua viva.

Alessandra Mussolini conquistou sua vitória eleitoral como integrante do MSI. Na década de 1990 esse Partido foi renomeado como *Alleanza Nazionale* (AN), e seu líder, Gianfranco Fini, declarou que se tornara um Partido "pós-fascista". Graças a essa nova denominação, Fini foi sucessivamente vice-primeiro-ministro, ministro do Exterior e presidente da Câmara nos segundo e terceiro governos de Berlusconi. Também ficou amplamente reconhecido por ter se transformado no mais importante e razoavelmente conservador político do país, muitas vezes desaprovando os aspectos mais grosseiros do populismo de seu primeiro-ministro. A atividade política de Alessandra Mussolini, porém, se mostrou um tanto errática. Além disso, as convicções patriarcais de muitos de seus companheiros da *Alleanza* não contribuíram para que ela ascendesse na hierarquia do Partido. Conseguiu, entretanto, cobertura da imprensa para alguns eventos em que se envolveu — um casamento, um batismo, uma comemoração — realizados na igreja "fascista" de Sant'Antonio em Predappio. Ela sempre se esforçou para preservar sua reputação de "fiel admiradora" de seu avô. "Tenho o nome Mussolini", disse à sua maneira usual para alguém que a entrevistou. "Tenho uma clara identidade [...] o povo me adora ou me odeia."[61] Na verdade, o significado dessas frases é absolutamente ambíguo, mas, no que se refere à mídia, Alessandra é o Mussolini da nova geração.

Diante da atividade intensa e atrevida de Alessandra, a previsão de Querel de um futuro de Predappio baseado no turismo se revelou parcialmente correta, embora a permanência de um governo local esquerdista tenha atenuado a ambição de transformar o *paese* em verdadeiro centro da mística fascista. Hoje em dia um visitante ainda pode contemplar a arquitetura local, a cripta e o caderno. Fala-se que a cada seis semanas é substituído por um novo com páginas cheias de afirmações de admiração e respeito pelo Duce, e declarações manifestando a esperança de iminente ressureição de suas ideias. Para tornar a atmosfera mais significativa, uma chama eterna arde diante dos restos mortais do Duce, um busto de mármore reproduzindo suas feições carrancudas, além de relíquias como sua camisa negra e uma bota militar (a outra que formava o par foi perdida durante o sequestro do corpo em 1946) recordam sua militância. Um altar mostra o característico *M*, forma abreviada que Mussolini usava para dizer que compreendera e aprovara um documento. Com o retorno do respeito pelos "pós-fascistas" no governo de Berlusconi, o mausoléu de Mussolini é, mais frequentemente do que ocorria no passado, guarnecido por guardas "voluntários" que podem estar usando uma versão peculiar do uniforme de Mussolini. Na cidade propriamente dita, um turista ou peregrino pode fazer suas escolhas em quatro lojas de recordações. Nelas, fascistas nostálgicos podem comprar a preços razoáveis camisetas com mensagens positivas, imitações de armas, pequenas estatuetas do ditador (e de seus descendentes, de líderes do msi e da an) e cartões postais. As sucessivas juntas esquerdistas de governo de Predappio imaginaram a melhor maneira de estimular a lembrança de seu filho mais ilustre e exaltar sua história, talvez por meio de um "museu-herança" do fascismo e do antifascismo, que desse uma finalidade compatível à outrora sofisticada *Casa del Fascio*. Entretanto, essa esperança fica ameaçada pelo temor de que a história possa ser facilmente transformada em comemorações e notoriedade. Em abril de 2009, o conselho da comunidade, alarmado com tantas cogitações históricas em sua cidade, baniu a venda de recordações nazifascistas, embora a proibição ainda não tenha funcionado. Há muitas razões para que isso aconteça [...] nas ruas de Predappio o fantasma de Benito Mussolini ainda não conseguiu o merecido repouso.

Portanto, fica claro que, até 1957 e mesmo pouco depois, o corpo de Mussolini deteriorando no túmulo pode ter sido um problema. Mas o que dizer de seu espírito, dos ideais do fascismo, da lembrança de toda a experiência fascista? O quanto o fascismo impregnou a Itália republicana? Será que depois de 1945 de alguma forma a alma de Mussolini continua viva?

Politicamente, a resposta a essa pergunta é afirmativa. A Alemanha Ocidental, a Alemanha Oriental, a Áustria, cada país à sua maneira, fizeram o que puderam para disfarçar ou ocultar a popularidade e onipresença do apoio ao nazismo em terras germânicas. Já a Itália seguiu caminho muito mais transparente em relação a seu passado fascista. Em 1944, o partido curiosamente denominado *Uomo Qualunque* [Todos os homens], sob a chefia do comediante de rádio e jornalista Guglielmo Giannini, reuniu simpatizantes do velho regime, principalmente em Roma e no sul do país, sob o lema *Abbaso tutti* [abaixo tudo].[62] Não muito depois, Giannini foi politicamente destruído pela astúcia e truculência de Palmiro Togliatti, líder do pci. Entretanto, o fim político de Giannini já fora decretado pela criação em 26 de dezembro de 1946 do msi, *Movimento Sociale Italiano*, sob a direção de Arturo Michelini.[63] A abrangência do nome "movimento social" foi suficiente para contornar a legislação italiana hostil ao restabelecimento do partido fascista, enquanto o adjetivo *social* traduzia para todos a defesa da natureza e do objetivo da república fascista de 1943-1945. De qualquer modo, quem prestasse atenção logo perceberia o real significado de msi, *Mussolini Sempre Immortale* [Mussolini Sempre Imortal],[64] embora o próprio Duce, homem que gostava de apontar os erros e solecismos dos jornalistas, pudesse se sentir incomodado com o sentido tautológico da expressão.

O MSI logo encontrou espaço no sistema multipartidário italiano, quase sempre conquistando o quarto lugar nas eleições nacionais, logo atrás dos democratas-cristãos, do PCI e dos socialistas. Embora com diversas conotações regionais, na maioria das vezes o partido neofascista conseguiu cerca de 8% dos votos. Tal como seus rivais no Parlamento italiano, o MSI enfrentou dissensões internas. Portanto, sua história se caracterizou por uma sucessão de disputas entre moderados, vivendo uma forma de *trasformismo* dispostos a aceitar o sistema republicano, e os realmente crentes, que se opunham a tal concessão. Giorgio Almirante, líder do Partido durante as décadas de 1970 e 1980, que escrevera na francamente antissemítica publicação *La difesa della razza* e trabalhara com o regime de Salò, nessa época soube tirar proveito dos ventos da política. Todavia, não resta dúvida de que apoiou filósofos que eram irredutíveis adeptos do neofascismo, como Pino Rauti e Julius Evola, este último seu colega no *La difesa della razza*. Ademais, justamente na direita do Partido havia uma constelação de fascistas terroristas. Suas ações continuaram marcando a história da república italiana, mais tragicamente nas bombas que explodiram na piazza Fontana em Milão, em dezembro de 1969, na piazza Loggia em Bréscia, em maio de 1974, e em diversos outros atentados à ferrovia entre Florença e Bolonha. Esses atos culminaram com a destruição da estação ferroviária de Bolonha em agosto de 1980, quando mais de oitenta pessoas morreram.

O terrorismo aconteceu com maior frequência em certas áreas de Roma, Milão e outras cidades, e em campi de universidades que, especialmente durante o agitado período depois das revoltas de 1968, eram do tipo "proibido entrar", patrulhados por assassinos fascistas.[65] No entendimento da juventude italiana o fascismo desempenhava, e ainda desempenha, embora agora de forma um tanto diferente, um papel proeminente. Os fãs do futebol usualmente demonstram sua virilidade sob estandartes fascistas. Sob ponto de vista mais sério, para alguns jovens o fascismo em geral significa uma postura realmente radical, a única posição política "diferente" e disponível em uma sociedade presa a um consenso de mercado e à ordem mundial. Trata-se de uma espécie de fundamentalismo nacional. Uma forma diferente de nostalgia pelo regime é muito comum em muitas regiões do sul da Itália (sempre a maior base eleitoral do MSI) e ainda mais em comunidades italianas espalhadas pelo mundo. Na Austrália, por exemplo, Franco Battistessa, extremista fascista cujo curioso motivo de orgulho é ter fundado o primeiro *fascio* em Bombaim, continua sendo uma figura de destaque na mídia da "comunidade italiana", grupo que por algum tempo manteve o jornal *La Gente d'Italia* (para não reproduzir ostensivamente o nome *Il Popolo d'Italia*, do tempo de Mussolini).[66] Uma relativa falta de instrução é muitas vezes acompanhada pela aprovação sentimental do fascismo, tanto por imigrantes quanto pelos que permanecem no país. Como assinalou Sergio Luzzatto, são os adeptos da cultura popular que durante os anos 1950 e 1960 se preocupavam mais em ler revistas sensacionalistas,[67] do tipo que geralmente ressaltava a "generosidade", a "genialidade" e a grandeza de Mussolini, premeditadamente se recusando a analisar os crimes fascistas (ou italianos). Nesta nova versão do passado recente, o império foi um "paraíso perdido", os soldados italianos tinham sido patriotas e sem sorte, e a população, sempre *brava gente*. O fascismo nada tinha a ver com o demônio do nazismo e do comunismo.[68] Indro Montanelli, jornalista ex-fascista que se tornou conservador radical e independente, satisfez a fome desse tipo de público por livros mais atuais com uma série de histórias sobre o mesmo tema.[69]

Com maior penetração no serviço secreto, no mundo dos negócios e em redes parcialmente ocultas das elites dirigentes, inclusive as prestigiadas pela embaixada americana, de algum modo persistiu certa simpatia pelo fascismo. Anticomunismo, anti-antifascismo e alguma nova versão de fascismo nem sempre eram fáceis de definir. Em 1964 e 1970 ocorreram golpes de direita originados nesses círculos e podem ter havido outros exemplos quando conspiraram contra a república. Além disso, esses grupos "extraparlamentares" sempre mantiveram conexões internacionais, muitas vezes surgindo como defensores de ditadores sul-americanos, do apartheid enquanto durou na África do Sul, de Franco, de Salazar, dos coronéis gregos e, claro, das forças antidemocráticas sempre que eram identificadas.

A grande indagação é se esse neofascismo pode ser creditado ao fantasma de Mussolini. As lembranças dele são muito confusas. Pensador tão profundo e consciente quanto Julius, Evola preferiu o fantasma do romeno Corneliu Codreanu, líder assassinado da "Legião do Arcanjo Miguel", que teve a vantagem de deixar atrás de si um conjunto completo de obras nebulosamente místicas e cujo extremismo verbal nunca se deixou intimidar por eventuais compromissos com os detentores do poder. Raramente os neofascistas foram tão mal aconselhados a ponto de colocar suas ideias em um pedaço de papel, mas muitos secretamente preferiram, na verdade, o sinistro "sucesso" wagneriano de Hitler e da direita germânica, e não o duvidoso totalitarismo de Mussolini. A drástica e humilhante natureza da derrota italiana na Segunda Guerra Mundial foi uma herança pesada demais para ser superada.

Não obstante, de vez em quando os admiradores de Mussolini ressurgiam. Nos anos 1960 o intelectual fascista Giano Accame organizou em Roma uma série de palestras sob o título *Incontri romani della cultura di destra* [Reuniões romanas da cultura de direita]. Entre os palestrantes escolhidos por Accame estava o cientista político americano Anthony James Gregor, naquela época o único acadêmico do mundo anglo-saxão que levava a sério as ideias de Mussolini.[70] Ele continua defendendo descaradamente essa posição argumentando que, "na verdade", o pensamento dos "intelectuais de Mussolini" nada tinha a ver com o nazismo, reconhecendo que a ditadura devia ser vista positivamente em todos os aspectos, com exceção das leis raciais de 1938 e posteriores a essa data. Lamentavelmente, depois dessas leis "o cada vez mais intenso relacionamento com a Alemanha de Hitler fortaleceu a contaminação do fascismo por uma forma de racismo absolutamente estranha à sua ideologia". Contudo, ele ressalva, Mussolini de modo geral "agiu para conter seus excessos".[71] O MSI também podia recorrer à ajuda do editor Giovanni Volpe, filho do mais destacado historiador do tempo do regime, Gioacchino Volpe,[72] intelectual que não se empenhou muito para mudar sua coloração política depois de 1945. Nos anos 1990, Bruno Bottai, filho do ministro fascista, se tornou chefe administrativo do Ministério do Exterior italiano[73] e seus contatos foram aproveitados pela chamada "escola De Felice", na tentativa de moderar as mais recentes condenações ao fascismo.

No mundo de língua inglesa, porém, Mussolini tem sido alvo de avaliações póstumas realmente desfavoráveis na imprensa. Sucessivos historiadores o consideram pouco mais do que uma piada. Alan John P. Taylor, um dos mais brilhantes autores de sua geração, expôs sua interpretação com as mais duras palavras:

> O fascismo nunca possuiu a determinação implacável e muito menos o poder material do nacional-socialismo. Moralmente foi tão corrupto, e talvez mais, por causa de sua desonestidade. Tudo que envolvia o fascismo era uma fraude. O risco social de que teria salvado a Itália foi uma fraude, a revolução que o levou a assumir o poder foi uma fraude. A competência e a política de Mussolini foram fraudes. O governo fascista foi corrupto, incompetente, vazio. Mussolini foi, ele próprio, um embuste, um fanfarrão estouvado sem ideias e sem objetivos.[74]

Não causou muita surpresa o fato de historiadores italianos verem como leviandade e preconceitos a forma radical com que boa parte de sua história foi analisada. A partir dos anos 1960 a reputação do Duce pôde encontrar, se não um protetor, pelo menos um excelente defensor na pessoa de seu biógrafo Renzo De Felice. Em sucessivos volumes o historiador italiano concedeu crescente crédito a Mussolini por suas realizações e seus ideais. Além disso, o trabalho de De Felice repercutiu na Itália, onde, durante a década de 1980, Accame e De Felice colaboraram em uma série se exposições patrocinadas pelo primeiro-ministro socialista Bettino Craxi. Essas exposições exaltaram a marcante originalidade do fascismo, evidente, por exemplo, nos bens que consumia. Os fascistas souberam superar a guerra, a tirania e a derrota.[75] Ao mesmo tempo, De Felice conseguiu convencer pessoas nos Estados Unidos, onde alguns especialistas, talvez influenciados por suas próprias origens em uma comunidade de "emigrantes" e conscientes de suas "raízes", não gostaram do sarcasmo de Taylor e seus amigos.[76]

Os eventos políticos e culturais também favoreciam uma reviravolta na historiografia, enquanto o "apolítico" Clifford Geertz e o "problemático" Michel Foucault brigavam pelo status de guru principal. Nos anos 1990 alguns historiadores italianos e outros personagens mais eruditos assumiram a tarefa um tanto curiosa de descobrir a razão de a nacionalização das massas na Itália ter sido um processo tão inconsistente. Ao longo da busca de uma resposta, seu objetivo usual foram os "partidos", equivale dizer quase sempre, o PCI durante a república. Com o foco nos pecados da esquerda, o fascismo começou a recuperar certa importância. Comentaristas, como De Felice antes de sua morte, passaram a admitir que o regime fascista podia ter seus problemas, mas argumentavam que não eram tão nocivos quanto os da república.[77]

Fato mais significativo foi a nova política globalizada e mercantilizada que favoreceu nitidamente a "pacificação" do passado. A década de 1990 foi a da apologia dos pecados dos antecessores, embora quase sempre de forma genérica e pouco se esforçando na tentativa de investigar o que realmente despertou o demônio hoje tão sincera e calorosamente deplorado. Na Itália, esse processo envolveu a desideologização da história da ditadura fascista e a eliminação de uma postura moral em relação aos acontecimentos do passado, embora relativamente recentes. A disputa entre fascismo e antifascismo então se caracterizava por uma paixão incompreensível, justamente quando um presente mais inteligente poderia com facilidade identificar erros nos dois lados. Tanto fascistas quanto antifascistas mataram concidadãos italianos, era a simples constatação, e, portanto, não havia como distingui-los em uma Itália em que o real problema era uma "lembrança dividida" que evitava que um patriotismo apropriado e um sentimento de nação florescessem na república. De qualquer modo, história e herança estavam se misturando em uma mesma programação. Em suas águas turbulentas, o fascismo tinha a vantagem de parecer fascinante pela variedade de seus desfiles e uniformes. Sua propaganda, embora diminuta diante do consumismo, despertava algum entusiasmo póstumo. A escola de historiadores "culturalistas", especialmente nos Estados Unidos, se satisfazia, embora isso nem sempre ocorresse com seus leitores, com adoráveis e "amplas descrições" de "profundos significados" a serem descobertos nesta ou naquela área da ditadura.

Mussolini serviu apenas como elemento acessório nesses processos, já que os culturalistas de modo geral achavam que estavam focalizando a história de baixo para cima. Como admitissem sua impotência no presente, não viam razão para revisar o exercício do poder no passado. No que diz respeito a eles, Mussolini provavelmente era o detentor desse poder, mas quem se importa quando a missão da história é descrever e não analisar? Portanto, a "pacificação" do passado fascista foi, de modo geral, boa para o Duce. A época de perguntas embaraçosas tinha acabado.[78] Em 2003 Berlusconi reviveu a nostalgia populista dos anos 1950 ao anunciar que Mussolini não era culpado de assassinato algum e acrescentar que a pena do *confino* equivalia a ser enviado para um "acampamento de férias".[79] A combinação de populismo, oportunismo e controle da mídia orquestrada por Berlusconi levou seus críticos mais severos a mostrá-lo como um "segundo Mussolini".[80] É difícil admirar esse homem que, em 2008, obteve mais uma vitória eleitoral na Itália. Não há dúvida de que, sob sua direção, um autoritarismo grosseiro combinado com um racismo igualmente grosseiro prosperou de forma alarmante, repercutindo não somente entre os judeus do país, mas também entre muçulmanos, emigrantes ciganos e oriundos da Europa Oriental. Ainda assim, é difícil imaginar Berlusconi invadindo a Etiópia ou repetindo algum dos aspectos mais condenáveis do fascismo. O atual primeiro-ministro italiano representa mais a natureza da história do país do que as peculiaridades da ditadura.

Na verdade, Berlusconi e seus amigos têm sempre pintado o "comunismo" como responsável pelo mais negro inventário do século xx e culpado de crimes que deixam longe os do nazifascismo, reforçando a que parece ser a permanente postura do catolicismo. Nas províncias, a Itália leal a Berlusconi às vezes se mostra disposta a dar a praças e avenidas o nome do Duce, elevando ostensivamente a ditadura a um patamar histórico merecedor de eterna celebração. Entretanto, tal "lembrança" não pode ser levada muito a sério porque está sempre implicitamente acompanhada pela acomodação materialista e pelo alentador entusiasmo que compõem a mais mirabolante receita de Berlusconi (e de muitos outros políticos contemporâneos) para o presente e para o futuro. Talvez a melhor forma de se resumir as relações entre o regime de Mussolini e os governos de Berlusconi seja a de uma nova versão de "primeiro a tragédia, depois a farsa", onde a tragédia não é sublime e a farsa é cruel, e são reproduzidas regularmente na TV de Berlusconi.

Afinal, já nos anos 1980 a figura majestosamente viril de Mussolini vem sendo usada para anunciar o hotel cinco estrelas Excelsior, em Veneza. Qualquer cliente do conforto e da marca que esse hotel oferece pode confiar que, nesse estabelecimento, *il cliente ha sempre ragione* [o cliente tem sempre razão].[81] Em 1998, um autor de livros sobre o crime na Itália resolveu reproduzir o drama da tentativa de assassinato de Mussolini em 1926, a transformando em uma peça "partidária" apresentada sob o extravagante título *O nariz de Mussolini*.[82] Um autor inglês de livros sobre crimes, embora menos conceituado, já introduzira entre suas obras um personagem de nome Benito Mussolini, um fotógrafo, chantagista e vítima de assassinato, mas que não era mais inteligente do que seu macaco de estimação.[83] Era de se esperar que a figura de Mussolini fosse explorada outras vezes. Ter sua imagem tornada tão vulgar pode ter sido a sina do Duce, mas o fato é que não foi de todo mal recebida, tendo em vista as conclusões negativas que uma análise mais rigorosa de sua vida muito provavelmente exporia.[84]

Ver-se reduzido a um ícone de anúncio certamente não era o que Mussolini imaginara ao embarcar tão pretensiosamente em sua carreira. Hoje em dia, porém, muitas de suas ideias se mostram evidentemente erradas. Em nossa era de laissez-faire, a preferência fascista pelo autoritarismo deve ser descartada como visão econômica fundamentalmente equivocada. Em tempos de globalização, o mesquinho nacionalismo da Itália fascista, que nunca alcançou a pretendida posição entre as "grandes potências" e que fracassou redondamente no "teste" da Segunda Guerra Mundial, parece anacrônico e irrelevante. Com a Europa desejando se unir cada vez mais e com a aceitação da Itália como membro da comunidade sendo acalentada pelos italianos mais do que por parte de outros membros da UE, a expectativa fascista de nacionalização das massas parece igualmente equivocada, a menos que o continente considere a absorção do ex-comunista leste do continente impossível e nociva e, trágica e pateticamente, prefira retornar à rivalidade entre nações e à guerra entre elas. Ainda mais importante, o Estado que existiu desde os dias do nascimento de Mussolini até o fim da década de 1980 e foi um palco confiável para o exercício do poder humano e para a disseminação do bem-estar e da informação esclarecida, agora está desaparecendo na lixeira da história. O grande inimigo da visão que o fascismo tem do Estado não é o que Mussolini geralmente imaginava, uma variante da democracia social, mas o capitalismo ao estilo americano. Hoje em dia as companhias globalizadas desfrutam uma hegemonia tão segura e incontestável, e uma propaganda (muitas vezes audaciosamente apresentada como "informação") tão convincente, que torna a retórica fascista a propósito da construção de um *stato totalitário* onipresente parecer realmente exótica. Nem mesmo uma crise econômica foi capaz de provocar uma revisão séria da fórmula mussoliniana sobre ordem social e econômica.

Mussolini se acostumara a alardear que o fascismo era a ideologia do século XX. Por algum tempo, seus diversos admiradores e outros companheiros de viagem, de Hitler a Franco, Pio XII, Perón e outros líderes de nações do terceiro mundo após a guerra, aparentemente justificaram essa afirmação. Além disso, mesmo depois de 1945 e sobretudo na Itália, a causa do genuíno fascismo de forma alguma estava morta, como podemos constatar. Duas gerações mais tarde, porém, a história provou que Mussolini estava totalmente errado, a despeito de eventuais surgimentos de Haiders, Le Pens e Finis. Na ordem mundial de nossos dias, a única forma de a extrema direita sobreviver ou ser influente é se ajustando ao capitalismo globalizado e, em consequência, deixando em segundo plano a ideologia fascista. Assim, precisa abandonar o que restou do período entreguerras de corporativismo, de autarquia, de antissemitismo e outras formas de teorias de raça, do império, da guerra e do Estado "totalitário" intervencionista. Na Itália, o "pós-fascismo" de Fini se baseia, na verdade, no abandono de todas essas ideias de seu passado, de sua juventude. Em alguns lugares e em determinadas ocasiões, se pode realmente imaginar que haja conciliação entre a extrema direita e o mercado, como no caso de eventual e desesperada tolerância de perdedores históricos ligados ao fundamentalismo nacionalista ou de outras feições. Em nenhuma hipótese, todavia, resultará algo que possamos legitimamente definir como fascismo.

Uma confusa busca de um retorno ao assistencialismo nacionalista (pelo menos por parte de alguns grupos de interesse), uma intimidação patriarcal, uma avidez pelos bens do vizinho (principalmente entre os que já são ricos), uma expectativa social darwinista de sobrevivência dos mais fortes, uma consequente e contraditória inveja do sucesso dos outros, uma implacável determinação de matar e mutilar em guerras (embora não apenas em guerras), um genuíno racismo (dirigido sobretudo contra ciganos, negros, "eslavos" e árabes, mas se estendendo aos judeus), uma determinação de terminar com o poder de sindicatos (ou de canalizá-lo de forma a satisfazer os interesses de grupos especiais), uma tendência a preferir a falsa propaganda, todas essas ideias, enfim, podem sobreviver e prosperar, mas não se pode mais imaginá-las como uma ameaça fascista. Em vez disso, o fascismo mussoliniano deve agora receber o status de um período histórico. Somente uma interminável, embora inacreditável retórica sobre "terceira via" não dependente do mercado, ainda pode ser vista como um projeto fascista, embora os defensores dessa via a ignorem ou rejeitem com firmeza.

Se sua ideologia está desaparecendo nas brumas do passado, mas talvez Mussolini, o político, não esteja. Muito mais do que Hitler, Mussolini tem sido o modelo histórico mais próximo de ditador para países em desenvolvimento, e seu papel e sua mensagem podem ir muito mais longe. Assim como certa vez tentou se apresentar como o mais sábio dos homens, outros líderes eventuais procuraram alardear suas próprias e duvidosas intelectualidades. Se, como tudo indica, a fama de Mussolini não o satisfez e, ao contrário, o tornou cético em relação às mulheres, à família e à nação, seus sucessores continuam se apegando ao poder, mas muitas vezes não são reconhecidos quando as coisas não dão resultado. Realmente, o mito envolvendo o carisma do Duce, para cuja construção o próprio Mussolini tanto contribuiu, pode perfeitamente ter aberto caminho para sua "distorção" no mundo contemporâneo, em que a derradeira e mais prejudicial ambição de qualquer executivo "inteligente" é demonstrar autoconhecimento.[85] Certos aspectos do populismo de Mussolini — sua alegada inclinação por esportes, seus contatos (frequentemente diante de sua mesa de trabalho) com amplos grupos de súditos e admiradores estrangeiros, e até a forma como expulsava o suor — de modo geral passaram a ser regra desde sua morte, mas eram assuntos raramente mencionados na época em que nasceu. Talvez não esteja bem claro o quanto Mussolini realmente acreditava que a aparência era uma forma de se afirmar, mas muitas vezes agiu como se assim fosse, ou devia ser. Como homem que explorava sua imagem, Mussolini pode realmente ter deixado herdeiros.

Em resumo, se pode admitir que Mussolini foi, de certa forma, "tudo isso", um personagem que refletiu sua natureza, sua classe, sua região e sua nação. Foi um tirano, claro, mas não tão nocivo a ponto de a história rejeitá-lo, congelá-lo e o condenar às profundezas do inferno de Dante. Ademais, talvez para seu desgosto, a história de Mussolini na prática tenha sido de "muito barulho por nada", com certa significação histórica para a Itália e a Europa em determinado momento histórico, mas com uma herança final que em grande parte se limita ao superficial. Em uma avaliação final, o problema de Benito Amilcare Andrea Mussolini foi, apesar de todas as suas aspirações no exercício do poder, não ter passado de um intelectual ambicioso e provinciano que acreditava que sua vontade devia prevalecer e pensava, como tantos outros, que ele era o Duce e podia implantar em um país como a Itália uma forma peculiar de modernização. Seus propagandistas declararam que ele estava sempre certo. Entretanto, nas questões mais profundas que interessam ao ser humano, com poucas exceções, ele estava errado.

NOTAS

Prefácio

1. G. Prezzolini, "Diário di guerra" in A. Soffici e G. Prezzolini, Diari 1939-1945, Milão, 1962, p. 246.
2. B. Mussolini, *My autobiography* (traduzido com um prefácio de Richard Washburn Child, embaixador americano na Itália, de maio de 1921 a fevereiro de 1924), Londres, sd. (Minha cópia indica que 47.000 volumes já foram vendidos). Na realidade, a obra foi em grande parte feita por um *ghostwriter* em colaboração com o embaixador e Arnaldo Mussolini, o irmão mais novo do Duce.
3. Para minha resposta à resenha, ver R. Bosworth, "Italian Foreign policy and its historiography" em R. Bosworth e G. Rizzo (eds), *Altro Polo: intelectuais e suas ideias na Itália contemporânea*, Sydney, 1983, pp. 65-86.
4. Tomei emprestada a frase do extraordinário historiador australiano, C. M. H. Clark. Este, em espírito, forjou uma nação ao estilo do século XIX que de alguma forma ainda floresceu na Austrália dos anos 1970, e escrevi com uma referência bíblica e litúrgica que minha preferência tímida pela ironia geralmente evita. Apesar da natureza antiquada de sua escrita histórica, seu fantasma ainda amedronta a direita que, com malevolência duradoura e perplexa, procura censurá-lo nas dignas páginas do *Brisbane Courier Mail* e do *Times Literary Supplement*.

Introdução à primeira edição (2002)

1. Para exemplos, ver B. Mussolini, *Corrispondenza inedita* (ed. D. Susmel), Milão, 1972.
2. G. Dolfin, *Con Mussolini nella tragedia: diario del capo della segreteria particolare del Duce* 1943-1944, Milão, 1949, p. 35.
3. Ver, em geral, Y. De Begnae, *Taccuini mussoliniani*, Bolonha, 1990.
4. Ibid., pág. 321.
5. Archivio Centrale dello Stato (ACS), Roma, Segreteria particolare del Duce, Carteggio riservato (SP-DCR) 1,16 de junho de 1937, Mussolini a Gentile.
6. Y. De Begnae, *Taccuini mussoliniani*, p. 37.
7. Os arquivos indicam que Mussolini podia escrever fluentemente em francês, mas seu inglês era mais duvidoso, por exemplo, com ele em uma ocasião colocando "niews" para notícias e "politice" para prática. Ver SPD Carte della Cassetta di Zinco 7, maio de 1929, nota.

8. Ver B. Mussolini, *Corrispondenza inedita*, pp. 114-16; 120-2; 124-7.
9. SPDCR 107, 26 de janeiro de 1931, Mussolini para Edda.
10. Citado por D. Dulton, *Anthony Eden: a life and reputation*, Londres, 1997, p. 97.
11. Este título foi usado pela primeira vez pelo jornalista democrata G. Seldes, *Sawdust Caesar: the uncount history of Mussolini and Fascism,* Londres, 1936, durante as batalhas de propaganda da guerra da Etiópia.
12. M. Mazower, *Dark continental: Europe's* XX *Century*, Harmondsworth, 1999, p. 26.
13. D. Mack Smith, *Mussolini's Roman empire*, Londres, 1976, p. v.
14. Seu esforço mais estridente foi uma entrevista com Pasquale Chessa do semanário *Panorama* de Berlusconi. Ver R. De Felice, *Rosso e nero* (ed. P. Chessa), Milão, 1995.
15. P. Milza, *Mussolini*, Paris, 1999.
16. Ver, mais especialmente, S. Fitzpatrick, *Everyday Stalinism: ordinary life in extraordinary times: Soviet Russia in the 1930s*, Nova York, 1998.
17. P. Preston, *Franco: a biography*, Londres, 1993, p. xix.
18. Ibid., pág. 275.
19. Ibid.
20. Ibid., pág. 637.
21. I. Kershaw, *Hitler 1936-1945: nemesis*, Londres, 2000.
22. I. Kershaw, *Hitler 1889-1936: hubris*, Londres, 1998, p. xii.
23. R.G.L. Waite, *The psychopathic God: Adolf Hitler*, Nova York, 1977.
24. I. Kershaw, *Hitler 1889-1936: hubris*, p. xxvi.
25. Ibid., pp. xxvi-xxvii.
26. Ibid., pp. xiii, xxix.
27. Ibid., p. 529.
28. Suponho que seja uma história nova. Mas cf. a brilhante evocação de Robert Musil do império austro-húngaro pré-1914 como o lugar onde cada chefe de estação tinha bigodes idênticos aos do imperador Franz Joseph (e vice-versa). Veja R. Musil, *The man without qualities*, Londres. 1968, vol 1.
29. I. Kershaw, *Hitler 1889-1936*, p. 553.
30. C. Petacci, *Mussolini segreto: diari 1932-1938*, Milão, 2009, p. 424

Introdução

1. S. G. Payne, *A history of fascism*, 1914-1945, Madison, 1995, pp. 516-517.
2. S. P. Huntington, *The clash of civilizations and the remaking of the world order*, Nova York, 1996.
3. Ver especialmente R. J. B. Bosworth, *Explaining Auschwitz and Hiroshima: history writing and the Second World War* 1945-1990, Londres, 1993.
4. N. Farrell, *Mussolini: a new life*, Londres, 2003. Outras biografias cf.: a obra realista de M. Clark, *Mussolini*, Harlow, 2005 e a breve obra de P. Neville, *Mussolini,* Londres, 2004; A. Cardoza, *Mussolini: the first Fascist*, Londres, 2005; D. Musiedlak, *Mussolin*i, Paris, 2005. Em italiano, cf. o ensaio "simpático", A. Campi, *Mussolini*, Bolonha, 2001.
5. Para o relato do próprio Farrell sobre sua reunião, ver *Spectator*, 13 de setembro de 2003.
6. Para revisão desta linha, ver R. J. B. Bosworth, "Benito Mussolini: bad guy on the International block?" *Contemporary European History*, 18, 2009, pp. 123-134.
7. R. J. B. Bosworth, *The Italian dictatorship: problems and perspectives in the interpretation of Mussolini and Fascism*, Londres, 1998.
8. Ver C. Petacci, *Mussolini segreto: diari 1932-1938*, Milão, 2009.
9. P. Novick, *The Holocaust in American life*, Boston, 1999.
10. Para uma enunciação dessa visão, ver T. Judt, *Postwar: a history of Europe since 1945*, Londres, 2005.

11. Ver mais na nota de rodapé 53, capítulo 12. É claro que é ainda mais irônico para Levi usar o alemão para expressar esse estereótipo. Vem se desenvolvendo uma literatura a respeito dos crimes de guerra fascistas italianos, mas principalmente como tendo ocorrido nos Balcãs. Em inglês, ver I. Focardi e L. Klinkhammer, "The question of Fascist Italy's war crimes: the building of a self-acquitting myth", *Journal of Modern Italian Studies*, 9, 2004, pp. 330-348. Para uma narração da anistia pós-guerra, ver M. Franzinelli, *L'amnistia Togliatti: 22 giugno 1946, colpo di spugna sui crimini fascisti*, Milão, 2006.
12. Líbero, 21 de maio de 2004.
13. J. Goldberg, *Liberal Fascism: the secret history of the Left from Mussolini to the Politics of meaning*, Nova York, 2007.
14. Em inglês, ver especialmente, M. Knox, *To the threshold of power, 1922/33: origins and dynamics of the Fascist and National Socialist dictatorships* vol. 1, Cambridge, 2008; R. Mallett, *Mussolini and the origins of the Second World War, 1933-1940*, Houndmills, 2003.
15. Em inglês, ver especialmente *Totalitarian movements and political religions*, que começou a ser publicada em 2000. Muitos artigos nela remetem às ideias de Roger Griffin. Para uma discussão mais complexa, ver R. Griffin, *Modernism and fascism: the sense of a begin under Mussolini and Hitler*, Basingstoke, 2007.
16. A esse respeito, o historiador-chave é Emilio Gentile. Um pouco de seu trabalho está disponível em inglês. Ver, por exemplo, E. Gentile, *Politics as religion*, Berkeley, 2006; *God's democracy: American religion after September 11*, Nova York, 2008; *La Grande Italia: the myth of the nation in the twentieth century*, Madison, 2009.
17. D. D. Roberts, *The totalitarian experiment in twentieth-century Europe: understanding the poverty of great politics*, Londres, 2006.

1. As Fúrias e Benito Mussolini, 1944-1945

1. F. Ciano, *Quando il nonno fece fucilare papà*, Milão, 1991. Outro bom relato é o de G. Pisanò, *Gli ultimi cinque secondi di Mussolini*, Milão, 1996, veja nota 118.
2. Para uma descrição do esquadrão, veja R. Montagna, *Mussolini e il processo di Verona*, Milão, 1949, p. 219. Segundo Montagna, as últimas palavras de Gottardi foram *Viva il Duce, Viva l'Italia*, enquanto Pareschi e De Bono optaram apenas por *Viva l'Italia*. Ciano permaneceu calado, assim como Mannelli, que foi levado para execução quase inconsciente de tanto medo (p. 220).
3. Para uma biografia jornalística recente, em inglês, veja R. Moseley, *Mussolini's shadow the double life of Count Galeazzo Ciano*, New Haven, 1999.
4. P. Pisenti, *Una repubblica necessaria (R.S.I.)*, Roma, 1977, p. 93.
5. Para uma biografia moderna, veja A. Santini, *Costanza Ciano: il ganascia del fascismo*, Milão, 1993. Galeazzo Ciano quase não tinha pudores em praticamente reconhecer a corrupção do pai, brincando que os livornenses eram os "australianos da Itália", aqueles que ostentavam sua descendência de criminosos de forma mais obstinada. O. Vergani, *Ciano una lunga confessione*, Milão, 1974, p. 38.
6. A. Santini, *Costanza Ciano*, p. 176
7. Um biógrafo estima que Mussolini teve relações sexuais com 162 mulheres, mas que Ciano excedeu essa marca ao longo dos sete anos que foi ministro das Relações Exteriores. Outros, com igual fragilidade de provas, alegam que Mussolini foi além. Veja G. B. Guerri, *Galeazzo Ciano: una vita 1903-1944*, Milão, 1979, p. 69. Nem mesmo os bosques dos campos de golfe de Acquasanta, ao que parece, foram poupados da lascívia de Ciano.
8. D. Susmel, *Vita sbagliata di Galeazzo Ciano*, Milão, 1962, p. 56.
9. Ibid., p. 46.
10. G. Bottai, *Diario 1935-1944* (ed. por G. B. Guerri), Milão, 1982, p. 167.
11. Para as divagações de Bottai, editadas sob uma luz favorável, de sua experiência como legionário e uma tentativa de ignorar seu histórico no regime fascista, veja G. Bottai, *Diario 1944-1948* (ed. G. B. Guerri), Milão, 1988 e, especialmente, *Quaderno affricano*, Florença, 1995. O renascimento da reputação de Bottai pode ter coincidido com a ascensão de seu filho ao cargo de secretário-geral do Ministério das Relações Exteriores da Itália. Veja suas próprias memórias, B. Bottai, *Fascismo famigliare*, Casale Monferrato, 1997.

A. Santini, *Costanza Ciano*, p. 176

12. Veja C. Senise, *Quando ero Capo della Polizia* 1940-1943, Roma, 1946, p. 234-240, para saber mais sobre a matança e a controvérsia que isso gerou.

13. Para um relato complacente de seus motivos, veja R. De Felice, *Mussolini l'alleato 1940-1945. II: La guerra civile 1943-1945*, Turim, 1997, p. 349-355.

14. Para uma biografia, veja A. Petacco, *Il superfascista: vita e morte di Alessandro Pavolini*, Milão, 1998. O pai de Pavolini era um acadêmico (e nacionalista) proeminente. Seu irmão, Corrado, se casou com uma judia, mas também foi um diligente fascista.

15. V. Cersosimo, *Dall'intruttoria alla fucilazione: storia del processo di Verona*, Milão, 1961, p. 254.

16. Sobre as alegações de que Ciano usava cocaína, veja G. Servadio, *LuchinoVisconti: a biography*, Londres, 1981, p. 31.

17. Com ostentação fascista, eles foram batizados de Fabrizio (jornalistas descobriram referências a *fabbro* ou ferreiro, a Alessandro, pai de Benito) e Marzio ou Marcius, talvez uma influência da breve carreira ditatorial de Coriolano. Edda tinha que aturar um homem que ligava para ela para contar como os bombardeios aéreos eram literalmente experiências orgásticas para ele. Veja D. Susmel, *Vita sbagliata di Galeazzo Ciano*, p. 205. Uma das filhas, Raimonda, nascida em 1933, mais tarde se casou com um homem de família aristocrata que se gabava de descender de Joseph e Lucien Bonaparte.

18. V. Cersosimo, *Dall'istruttoria alla fucilazione*, p. 15.

19. Quando foi preso em agosto de 1943, Mussolini expressou o mesmo desprezo pelos hábitos de Ciano tanto em relação ao golfe quanto à *contessine*. Veja F. Maugen, *From the ashes of disgrace*, Nova York, 1948, p. 146.

20. B. Spampanato, *Contromemoriale*, Roma, 1952, vol. 1, p. 234.

21. *L' Assalto* (Bolonha), 1º de dezembro de 1943. Cf. edição de 23 de março de 1944, na qual Coppola foi ainda mais odioso e racista em relação aos soldados negros servindo nos exércitos americano e francês.

22. Para um relato mais complacente, veja L. Ganapini, *La repubblica delle camicie nere*, Milão, 1999, as p. 453-484 são especialmente dedicadas ao relato da história do "prisioneiro do lago".

23. Para um relato historiográfico, veja R. J. B. Bosworth, *The Italian dictatorship: problems and perspectives in the interpretation of Mussolini and Fascism*, Londres, 1998.

24. L. Bolla, *Perche a Salò: diário della Repubblica Sociale Italiana* (ed. G. B. Guerri), Milão, 1982, p. 158. Seu interlocutor considerou Vittorio "um dos maiores idiotas que já existiram na face da Terra".

25. G. Pini e D. Susmel, *Mussolini: l'uomo e l'opera*, Florença, 1953-1955, vol. 4, p. 336; 343-344.

26. G. Bocca, *La Repubblica di Mussolini*, Bari, 1977, p. 136.

27. G. Dolfin, *Con Mussolini nella tragedia: diario del capo della segreteria particolare del Duce 1943-1944*, Milão, 1949, p. 101.

28. Ibid., p. 82-83. Cf. G. Zachariae, *Mussolini si confessa*, Milão, 1966, p. 34.

29. G. Dolfin, *Con Mussolini nella tragedia*, p. 183.

30. Para o relato dela desse evento, repleto de autopiedade e com total falta de consciência da tragédia que devastava seu país, veja C. Petacci, *Il mio diario*, s.l., 1946. Na prisão ela acompanhava os acontecimentos mundiais pelas páginas da *Gazzetta dello sport* (p. 48). Para uma biografia, veja F. Bandini, *Claretta: profilo di Clara Petacci*, Milão, 1960. A personalidade de Claretta é apresentada com mais clareza em C. Petacci, *Mussolini segreto: diari 1932-1938*, Milão, 2009.

31. R. De Felice, *Mussolini l'alleato 1943-1945*, p. 527-528.

32. G. Pini e D. Susmel, *Mussolini*, vol. 4, p. 413. Em março de 1945, Edda rejeitou uma última tentativa de reconciliação de seu pai (p. 471).

33. Para saber mais sobre esse trabalho, veja B. Mussolini, *Opera omnia* (ed. E. e D. Susmel) 44 vols., Florença, 1951-1960, Roma, 1978-1980 [doravante denominado BMOO], vol. 34, p. 197-268.

34. E. Amicucci, *1600 giorni di Mussolini (dal Gran Sasso a Dongo)*, Roma, 1948, p. 42.

35. R. Montagna, *Mussolini e il processo di Verona*, p. 225-229.

36. G. Pini e D. Susmel, *Mussolini*, vol. 4, p. 383; 390.

37. R. Montagna, *Mussolini e il processo di Verona*, p. 228.

38. G. Pini e D. Susmel, *Mussolini*, vol. 4, p. 391.

39. G. Dolfin, *Con Mussolini nella tragedia*, p. 200. Em sua autopiedade, ele mostrou a carta de reprovação de Edda aos oficiais fascistas, permitindo que eles, de uma forma que jamais teria sido possível antes de julho de 1943, manifestassem seu descontentamento quanto ao destino dele. R. De Felice, "Dalle 'Memorie" di Fulvo Balisti: un dannunziano di fronte alla crisi del 1943 e alla Repubblica Sociale Italiana", *Storia contemporanea*, 17, 1986, p. 490-491.

40. BMOO, XXXII, p. 161.

41. G. Pini e D. Susmel, *Mussolini*, vol. 4, p. 390.

42. Para os relatos mais escabrosos deste último, veja o romance que trata da corrupção disseminada por Nápoles pós-libertação do jugo fascista, C. Malaparte, *The Skin*, Londres, 1952.

43. Para os meninos, veja C. Mazzantini, *I Balilla andarono a Salò: L'armata degli adolescenti che pagò il conto della Storia*, Veneza, 1995; para as meninas, cf. M. Fraddosio, "The Fallen Hero: the myth of Mussolini and Fascist women in the Italian Social Republic (1943-1945)", *Journal of Contemporary History*, 31, 1996, p. 99-124.

44. Veja, por exemplo, R. Vivarelli, *La fine di una stagione*, Bolonha, 2000.

45. De longe o relato mais ameno desses anos (e ainda de cunho antifascista) é C. Pavone, *Una guerra civile: saggio storico sulla moralità nella Resistenza*, Turim, 1991.

46. H. Thomas, *The Spanish Civil War*, Nova York, 1994, p. 926-927. Thomas acredita que as forças de Franco mataram 110 mil republicanos nos fronts de batalha e mais 75 mil fora deles entre 1936 e 1939.

47. G. Gentile, "Questione morale", *Italia e Civiltà*, 8 de janeiro de 1944.

48. Para exemplos, veja SPDCR 14.

49. A. Soffici, "La verità", *Italia e Civiltà*, 8 de janeiro de 1944. Cf. também os textos do jovem Giovanni Spadolini nessa época, futuro primeiro-ministro da Itália e incansável beletrista e historiador do liberal Risorgimento. Ele lamentou o fracasso do regime fascista antes de 1943 em aniquilar seus inimigos como Hitler e Stalin fizeram. G. Spadolini, "Responsabilità", *Italia e Civiltà*, 15 de janeiro de 1944.

50. O relato mais perspicaz da relação do povo italiano e a guerra é R. Absalom, *A strange alliance: aspects of escape and survival in Italy 1943-45*, Florença, 1991.

51. O melhor estudo de caso da experiência de guerra dos italianos comuns é de G. Gribaudi, *Guerra totale: tra bombe alleate e violenze naziste Napoli e il fronte meridionale 1940-44*, Turim, 2005.

52. Veja, por exemplo, SPDCR RSI 50, 25 de janeiro de 1944, Mussolini para os chefes provincianos.

53. D. I. Rusinow, *Italy's Austrian heritage 1919-1946*, Oxford, 1969, p. 300.

54. J. Goebbels, *Final entries, 1945: the diaries of Joseph Goebbels* (ed. H. R. Trevor-Roper), Nova York, 1978, p. 268.

55. R. Graziani, *Ho difeso la patria*, Milão, 1947, p. 461-465; cf. F. W. Deakin, *The last days of Mussolini*, Harmondsworth, 1962, pp. 184-193.

56. Para um relato do destino deles, veja R. Lazzero, *Gli schiavi di Hitler: i deportati italiani in Germania nella seconda guerra mondiale*, Milão, 1996 e, para uma versão mais erudita, B. Mantelli, "Camerati di lavoro": i lavoratori italiani emigrati nel Terzo Reich nel periodo dell'Asse.

57. F. W. Deakin, *The last days of Mussolini*, p. 185.

58. Veja Capítulos 16 e 17 para mais sobre este assunto.

59. E. F. Moellhausen, *La carta perdente: memorie diplomatiche 25 luglio 1943-2 maggio 1945* (ed. V. Rusca), Roma, 1948, p. 292.

60. F. W. Deakin, *The last days of Mussolini*, p. 193.

61. BMOO, XXXII, p. 84-85.

62. BMOO, XXXII, p. 92-94.

63. F. W. Deakin, *The last days of Mussolini*, p. 185.

64. B. Spampanato, *Contromemoriale*, vol II, p. 218.

65. BMOO, XXXII, p. 100-101.

66. R. Graziani, *Ho difeso la patria*, p. 447-448.

67. Para um relato, veja I. Kershaw, *Hitler 1936-1945: nemesis*, Londres, 2000, p. 671-684.

68. E. Dollmann, *The interpreter: memoirs*, Londres, 1967, p. 321; P. Schmitt, *Hitler's interpreter: the secret history of German diplomacy 1935-1945*, Londres, 1951, p. 274-277.

69. B. Spampanato, *Contromemoriale*, vol. 2, p. 232.

70. A. Hitler, *Hitler's table talk 1941-1944* (ed. H. R. Trevor-Roper), Londres, 1953, p. 10, na qual Hitler declara "meu maior desejo seria vagar pela Itália como um pintor desconhecido".
71. F. W. Deakin, *The last days of Mussolini*, p. 215.
72. Veja, por exemplo, BMOO, XLIII, p. 161-165.
73. BMOO, XLIII, p. 103
74. Para um resumo, veja R. De Felice, *Mussolini l'alleato 1943-1945*, p. 378-379.
75. Veja, por exemplo, G. Spadolini, "I nuovi socialisti", *Italia e Civiltà*, 18 de março de 1944.
76. Veja o Capítulo 12.
77. B. Spampanato, *Contromemoriale*, vol. 2, p. 174.
78. V. Costa, *L'ultimo federale*, p. 76; 81.
79. Ibid., p. 148.
80. SPDCR RSI 50, 10 de março de 1944, Mussolini para os chefes provincianos.
81. N. D'Aroma, *Mussolini segreto*, Rocca San Casciano, 1958, p. 303.
82. BMOO, XXXII, p. 112-116.
83. SPDCR RSI 50, 5 de fevereiro de 1944, Mussolini para os chefes provincianos.
84. Para essa disputa, veja R. De Felice, *Mussolini l'alleato 1943-1945*, p. 452-465. Cf. também G. Buffarini Guidi, *La vera verità: i documenti dell'archivio segreto del Ministro degli Interni Guido Buffarini Guidi dal 1938 al 1945*, Milão, 1970, p. 117-145.
85. Veja G. Pansa, *L'esercito di Salò*, Milão, 1970, p. 140.
86. Para um relato, veja R. Lazzero, *La Decima Mas*, Milão, 1984.
87. Ele declarou que só havia encontrado o Duce uma vez, antes de 1943, e na ocasião, em novembro de 1940, Mussolini vestia trajes civis banais e "parecia cansado e aborrecido". J. V. Borghese, *Decima flottiglia Mas: dalle origini all'armistizio*, Roma, 1950, p. 89.
88. G. Bocca, *La Repubblica di Mussolini*, p. 281.
89. Ibid., p. 196-217. Claretta Petacci e Buffarini Guidi também tentaram instigar Mussolini contra Borghese.
90. E. Amicucci, *I 600 giorni di Mussolini*, p. 109-115.
91. B. Spampanato, *Contromemoriale*, vol II, p. 221.
92. Para saber mais sobre este evento e sua memória controversa, veja G. Contini, *La memoria divisa*, Milão, 1997. Cf. a história bastante similar sobre Guardistallo narrada em P. Pezzino, *Anatomia di un massacro: controversia sopra una strage tedesca*, Bolonha, 1997.
93. BMOO, XLIII, p. 162-165.
94. Veja, por exemplo, SPDCR RSI 50, 14 de março de 1944, Mussolini para os chefes provincianos; 23 de maio de 1944, Mussolini para Rahn; 22 de dezembro de 1944, Mussolini para chefes provincianos. D. I. Rusinow, *Italy's Austrian heritage 1919-1946*, Oxford, 1969, p. 300. J. Goebbels, *Final entries, 1945: the diaries of Joseph Goebbels* (ed. H. R. Trevor-Roper), Nova York, 1978, p. 268.
95. B. Mussolini, *Storia di un anno (il tempo del bastone e della carota)* em BMOO, XXXIV, p. 301-444.
96. BMOO, XXXII, p. 126-139.
97. G. Dolfin, *Con Mussolini nella tragedia*, p. 172.
98. V. Costa, *L'ultimo federale*, p. 123.
99. B. Spampanato, *Contromemoriale*, vol. 2, p. 76-77.
100. G. Dolfin, *Con Mussolini nella tragedia*, p. 260 (fevereiro de 1944); BMOO, XXXII, p. 169 (março de 1945).
101. L. Garibaldi (ed.), *Mussolini e il professore: vita e diari di Carlo Alberto Biggini*, Milão, 1983, p. 362.
102. BMOO, XXXII, p. 191.
103. BMOO, XXXII, p. 170. É característico da atração póstuma dos dois ditadores que os cães de Hitler tivessem encontrado um (surreal) narrador, Günter Grass, enquanto os gatos de Mussolini permaneceram praticamente ignorados. Veja G. Grass, *Dog years*, Harmondsworth, 1969. Mas cf. *La mia vita col puzzone. Diario di Tobie il gatto di Mussolini* (ed. F. Perfetti), Florença, 2005.
104. BMOO, XXXII, p. 158.

105. BMOO, XXXII, p. 157-159.
106. BMOO, XXXII, p. 159.
107. BMOO, XXXII, p. 194.
108. BMOO, XXXII, p. 173-174.
109. BMOO, XXXII, p. 178.
110. C. Silvestri, *Matteotti Mussolini e il dramma italiano,* Milão, 1981, p. 30.
111. G. Pini e D. Susmel, *Mussolini,* vol. 4, p. 497-498.
112. Ibid., p. 495.
113. V. Costa, *L'ultimo federale,* p. 220-221.
114. R. Rahn, *Ambasciatore di Hitler a Vichy e a Salò,* Milão, 1950, p. 329. Rahn recordou sentir certa satisfação ao avistar um volume da poesia de Mörike aberto sobre a mesa do Duce, que, em contrapartida, com sua usual malícia, comentou com um amigo que Rahn o lembrava um vendedor de tapetes. Veja N. D'Aroma, *Mussolini segreto,* Rocca San Casciano, 1958, p. 320.
115. G. Zachariae, *Mussolini si confessa,* p. 27-28.
116. L. Garibaldi (ed.), *Mussolini e il professore,* p. 320.
117. G. Pini e D. Susmel, *Mussolini,* vol. 4, p. 468.
118. R. Graziani, *Ho difeso la patria,* p. 494.
119. G. Pisanò, *Io, Fascista,* Milão, 1997, p. 25. Ainda que isso fosse verdade em sua chegada em 20 de abril, Pisanò alega que 8 mil admiradores de Mussolini se reuniram no vale em 27 de abril (p. 53). Os mapas consultados sobre o *Ridotto alpino* foram os elaborados pela organização leiga *Touring Club Italiano.*
120. B. Spampanato, *Contromemoriale,* vol. 2, p. 375.
121. Ibid., vol 2, p. 376.
122. Ibid., vol. 2, p. 377.
123. V. Costa, *L'ultimo federale,* p. 256-258.
124. P. Pisenti, *Una repubblica necessaria,* p. 167. Cf. também Carte B. Spampanato 1, relato de uma conversa com Mussolini, abril de 1945.
125. Em inglês, a melhor reconstrução do período ainda é F. W. Deakin, *The last days of Mussolini,* porém para mais contexto, veja P. Morgan, *The fall of Mussolini: Italy, the Italians and the Second World War,* Oxford, 2007.
126. D. Binchy, *Church and state in Fascist Italy,* Oxford, 1970, p. 432-433.
127. Ibid., p. 131-132.
128. R. De Felice, *Mussolini il duce: I. gli anni del consenso 1929-1936,* Turim, 1974, p. 634-635.
129. D. Binchy, *Church and state in Fascist Italy,* p. 688-689.
130. Ibid., p. 624-625.
131. Veja I. Schuster, *Gli ultimi tempi di un regime,* Milão, 1945.
132. Ibid., p. 162.
133. D. Binchy, *Church and state in Fascist Italy,* p. 624.
134. I. Schuster, *Gli ultimi tempi di un regime,* p. 163. Schuster também recorreu a Arnaldo em seu encontro com Mussolini em 19 de abril (p. 131-132).
135. Ibid., p. 163.
136. Veja, por exemplo, ibid., p. 6-7.
137. Ibid., p. 163-164.
138. Ibid., p. 165.
139. Ibid., p. 166-168.
140. BMOO, XXXII, p. 213.
141. Também presente no Como estava Elena Curti, uma jovem de vinte e poucos anos (veja mais no Capítulo 17). B. Spampanato, *Contromemoriale,* vol. 3, p. 125.
142. SPDCR 78, de 18 de setembro de 1937, contém um relatório policial que afirma que ele ainda não havia "se rendido" ao Fascismo, mas que estava pronto para colaborar com o regime, com o trecho "no interesse da classe trabalhadora" grifado com a caneta vermelha de Mussolini.

143. Para um relato erudito de sua vida, veja G. Salotti, *Nicola Bombata* da *Mosca a Salò*, Roma, 1986.
144. G. Pini, *Itinerario tragico (1943-1945)*, Milão, 1950, p. 164.
145. Para um relato desses eventos, veja U. Lazzaro, *Il compagno Bill: diano dell'uomo che catturò Mussolini*, Turim, 1989, p. 105-106. Em inglês, cf. P. L. Bellini delle Stelle e U. Lazzaro, *Dongo: the last act*, Londres, 1964.
146. E. Amicucci, *I 600 giorni di Mussolini*, p. 52.
147. U. Lazzaro, *Il compagno Bill*, p. 107-109.
148. Ibid., p. 119-120.
149. Ibid., p. 122-125.
150. Ibid., p. 125.
151. Ibid., p. 129; 136.
152. U. Lazzaro, *Dongo: mezzo secolo di menzogne*, Milão, 1993, p. 45-46.
153. Para um relato relativamente neutro, veja A. Petacco, *Dear Benito, Caro Winston: verità e misteri del carteggio Churchill-Mussolini*, Milão, 1985.
154. Notavelmente, porém, um pouco antes de sua morte, Renzo De Felice reacendeu a discussão de que os rumores podiam conter um pouco de verdade. Veja R. De Felice, *Rosso e nero*, Milão, 1995, p. 144-145.
155. W. Audisio, *In nome del popolo italiano*, Milão, 1975, p. 376-379.
156. Ibid., p. 381.
157. Para o relato completo, veja G. Pisanò, *Gli ultimi cinque secondi di Mussolini*, Milão, 1996.
158. U. Lazzaro, *Dongo*, p. 46.
159. H. Woller, *I conti con il fascismo: l'epurazione in Italia 1943-1948*, Bolonha, 1997, p. 8.

2. Primeiro de sua turma: os Mussolini e o jovem Benito, 1883-1902

1. Na terminologia do governo local, Dovia era um *frazione* da *comune* de Predappio.
2. L. Kemechey, *"Il Duce": the life and work of Benito Mussolini*, Londres, 1930, p. 21. Um eulogista italiano também forneceu um horóscopo. Veja A. Gravelli, *Mussolini aneddotico*, Roma, 1951. Isso se deu depois de 1945, e o horóscopo indicava seu nascimento sob os "signos da morte" — com uma conjunção da Lua, Marte, Saturno e Gêmeos.
3. G. Dolcetti, *Le origini storiche della famiglia Mussolini*, Veneza, 1928, p. 41.
4. C. Petrie, *Mussolini*, Londres, 1931, p. 2.
5. G. Pini e D. Susmel, *Mussolini: l'uomo e l'opera*, Florença, 1953-1955, vol. 1, p. 11-13.
6. E. Ortona, *Diplomazia di guerra: diari 1937-1943*, Bolonha, 1993, p. 242. Talvez a escolha da decoração tenha sido feita pela esposa de Mussolini, Rachele, que passava muito mais tempo na *Rocca* do que o marido.
7. I. De Begnac, *Trent'anni di Mussolini 1883-1915*, Roma, 1934, p. 255, traça uma suposta árvore genealógica.
8. V. Proli e S. Moschi (eds.), "Alessandro Mussolini: fabbro-ferraio-uomo politico: raccolta di notizie biografiche", manuscrito não publicado, Predappio, 1999.
9. V. Emiliani, *I tre Mussolini: Luigi, Alessandro, Benito*, Milão, 1997, p. 20.
10. F. Tempera, *Benito: emulo-superiore di Cesare e di Napoleone*, Roma, 1927, p. i. Outro comentarista, tentando explicar o Duce para as crianças italianas, argumentou de forma mais simplista que seu nome na verdade significava "Benedetto" (bendito). Veja V. Perroni, *Il Mussolini dei bimbi*, Roma, 1929, p. 11.
11. Veja, por exemplo, G. Ghersi, *Mussolini: fabbro dello stato*, Milão, 1937. O autor desta hagiografia alegou com toda pompa que a metáfora do "ferreiro político" se originou com Vico (p. 141).
12. Veja, por exemplo, o registro do Archivio di Stato di Forlì, Prefettura, Archivio di Gabinetto (doravante denominado AFPAG), busta 104, fascicolo 106, datado de março de 1882. Ele reúne detalhes sobre um *internazionalisti* local e cita um certo Alessandro Mussolino (também grafado Musolino). A polícia acreditava que ele e seus camaradas visavam "depor o governo e proclamar a Internationale".

Outro relatório, de 19 de abril, definia "Alessandro Mussolini" como "Secretário, Presidente, na verdade, tudo'" do movimento local.
13. R. De Felice, *Mussolini il rivoluzionario 1883-1920*, Turim, 1965, p. 5.
14. R. Hostetter, *The Italian socialist movement*, vol. I *Origins (1860-1882)*, Princeton, 1958, p. 331.
15. Veja a descrição dele feita por C. Rossi, *Personaggi di ieri e di oggi*, Milão, 1960, p. 59.
16. V. Proli e S. Moschi (eds.), "Alessandro Mussolini", p. 18-19.
17. Ibid., p. 11.
18. F. Bonavita, *Il padre del Duce*, Roma, 1933, p. 97.
19. BMOO, III, p. 275.
20. V. Proli e S. Moschi (eds.), "Alessandro Mussolini", p. 26-28.
21. F. Bonavita, *Il padre del Duce*, p. 162.
22. E. Mussolini, *Mio fratello Benito: memorie raccolte e trascritte da Rosetta Ricci Crisolini*, Florença, 1957, p. 16. Cf. R. De Felice, *Mussolini il rivoluzionario*, p. 15, que afirma que a herança teria ocorrido em 1900 e que ela permitiu que o jovem Benito Mussolini começasse a gastar dinheiro com livros. O próprio Mussolini, escrevendo em 1911, acreditava que Alessandro havia desperdiçado a maior parte de sua herança, embora tenha comprado algumas terras. O montante total da herança era uma soma considerável de pelo menos 10 mil liras. Independentemente das dívidas e da imprudência de Alessandro, a propriedade comprada ainda fora avaliada pelo banco em 8 mil liras no final da década. BMOO, XXXIII, p. 241.
23. V. Proli e S. Moschi (eds.), "Alessandro Mussolini", p. 38.
24. Ibid., p. 13.
25. A. Balabanoff, *Il traditore: Mussolini e la conquista del potere*, Roma, 1973, p. 26; G. Pini e D. Susmel, *Mussolini*, vol. 1, p. 146.
26. Seu filho publicou um obituário recordando como a casa em Varano estava sempre cheia tanto de socialistas quanto de republicanos. Veja BMOO, III, p. 274-276.
27. O pai de Luigi morreu aos 30 e tantos anos, a esposa de Luigi aos 40 e poucos anos.
28. A. Pensotti, *Rachele: sessant'anni con Mussolini nel bene e nel male*, Milão, 1983, p. 19.
29. V. Benedetti, *Rosa Maltoni Mussolini*, Bréscia, 1928, p. 141.
30. A. Pensotti, *Rachele*, p. 15.
31. Ibid., p. 12.
32. I. De Begnac, *Trent'anni di Mussolini 1883-1915*, p. 257.
33. Um turista assíduo de Predappio *nuovo*, construído durante o regime Fascista, ainda pode conhecer a pequena igreja de Santa Rosa e admirar seus adornos com uma pintura em azulejos da Madonna com seu filho conhecida como "Madonna del Fascio'" — retratando anjos oferecendo um machado envolto em um feixe de varas para a Rainha do Céu. Esta pintura foi doada para a igreja por um admirador português do Duce na década de 1930. Veja S. Guidi, A. Gulminelli e G. Carduccini, *Predappio: quello che non vi hanno mai raccontato (o che avete dimenticato)*, San Sevino di Predappio, 1997, p. 28.
34. B. Mussolini, *Testamento spirituale con uno studio di Duilio Susmel*, Milão, 1956, p. ix; G. Fanciulli, *Il Duce del popolo italiano*, Roma, 1928, p. 17.
35. A. Gravelli, *Mussolini aneddotico*, p. 9.
36. E. Della Pura, *Lo scolare Benito Mussolini*, Pisa, 1938, p. 67-68.
37. I. De Begnac, *Trent'anni di Mussolini 1883-1915*, p. 258.
38. C. Cucchi em S. Smiles, *Passi scelti del Character con note tolte dai discorsi e dagli scritti del Duce*, Milão, 1938, p. 5-6.
39. V. Emiliani, *I tre Mussolini*, p. 33.
40. I. De Begnac, *Trent'anni di Mussolini 1883-1915*, p. 2.
41. V. Perroni, *Il Mussolini dei bimbi*, p. 11.
42. Para mais detalhes, veja L. Passerini, *Mussolini immaginario: storia di una biografia, 1915- 1939*, Bari, 1991, p. 48-50.
43. Edgardo Sulis, *Imitazione di Mussolini*, Milão, 1932 com citado em Ibid., p. 90. O título do livro evoca com blasfêmia *The Imitation of Christ*.

44. Veja, por exemplo, E. Mussolini, *Mio fratello Benito*, p. 201-202.
45. A. e B. Mussolini, *Vita di Sandro e di Arnaldo*, Milão, 1934, p. 93; E. Bedeschi, *La giovinezza del Duce: ricordi e luoghi: libro per la gioventù italiana*, Turim, 1939, na p. 29 há uma foto da cama. Eles eram pobres demais para ter um colchão.
46. P. Pedrazza, *Giornalismo di Mussolini*, Milão, 1937, p. 113.
47. A. e B. Mussolini, *Vita di Sandro e di Arnaldo*, p. 128.
48. V. Mussolini, *Vita con mio padre*, Milão, 1957, p. 18.
49. G. Megaro, *Mussolini in the making*, Londres, 1938, p. 41.
50. A. e B. Mussolini, *Vita di Sandro e di Arnaldo*, p. 90. A família Mussolini contou em outras ocasiões com a ajuda de empregados domésticos, uma comodidade necessária para a enferma Rosa. Veja D. Mack Smith, *Mussolini*, Londres, 1981, p. 2.
51. Veja, por exemplo, *Il Popolo d'Italia*, 22 de dezembro de 1931.
52. M. Staglieno, *Arnaldo e Benito: due fratelli*, Milão, 2003, p. 59-60.
53. A. e B. Mussolini, *Vita di Sandro e di Arnaldo*, p. 109-110.
54. Y. De Begnac, *Palazzo Venezia: storia di un regime*, Roma, 1950, p. 122.
55. L. E. Gianturco, *Arnaldo Mussolini*, Como, 1934, p. 7.
56. G. S. Spinetti, *Mistica fascista nel pensiero di Arnaldo Mussolini*, Milão, 1936, p. 3.
57. V. Mussolini, *Vita con mio padre*, p. 31.
58. Também é verdade que o regime alimentou essa visão, especialmente depois da morte de Arnaldo. Veja, por exemplo, *Critica fascista*, 10, 1º de janeiro de 1932, editorial p. 1; C. Di Marzio, "Dopo la morte di Arnaldo Mussolini: penombre", p. 3.
59. V. Emiliani, *Il paese dei Mussolini*, Turim, 1984, p. 34.
60. E. Sulis (ed.), *Mussolini e il Fascismo*, Roma, 1941, p. viii.
61. V. Emiliani, *I tre Mussolini*, p. 81.
62. Para um relato da conexão entre a ascensão do Estado Moderno e a ascensão da estatística moderna, veja S. Patriarca, *Numbers and nationhood: writing statistics in nineteenth century Italy*, Cambridge, 1996.
63. Veja T. De Mauro, *Storia linguistica dell'Italia unita*, Bari, 1963, p. 38.
64. Para maiores explanações, veja R. J. B. Bosworth, *Italy, the least of the Great Powers: Italian foreign policy before the First World War*, Cambridge, 1979 e, para uma visão mais geral, meu livro *Italy and the wider world 1860-1960*, Londres, 1996.
65. Citado em R. Petrignani, *Neutralità e alleanza: le scelte di politica estera dell'Italia dopo L'Unità*, Bolonha, 1987, p. 381.
66. Citado em G. Carocci, *Agostino Depretis e la politica interna italiana dal 1876 al 1887*, Turim, 1956, p. 313.
67. F. Bonavita, *Il padre del Duce*, p. 9.
68. I. De Begnac, *Trent'anni di Mussolini 1883-1915*, p. 2.
69. G. Massani, *Duce e popolo*, Milão, 1942; cf. G. Massani, *La Sua terra*, Bérgamo, 1936, p. 8.
70. A. L. Cardoza, *Agrarian elites and Italian Fascism: the province of Bologna 1901-1926*, Princeton, 1982, p. 13.
71. Ibid., p. 54.
72. Para um relato um tanto lisonjeiro do ajuste de contas de Costa com os camponeses da Romanha, veja R. Zangheri, "Andrea Costa e le lotte contadine del suo tempo", em sua obra *Agricoltura e contadini nella storia d'Italia*, Turim, 1977, p. 241-282.
73. BMOO, I, p. 27. O trabalho foi publicado no jornal socialista suíço-italiano *L'Avvenire del Lavoratore* (O Futuro do Trabalhador).
74. Veja, por exemplo, C. Marroni, *Mussolini se stesso*, Roma, 1941, p. 8; cf. a mesma declaração em De Begnac, *Trent'anni di Mussolini 1883-1915*, p. 6.
75. E. Balbo, *Augusto e Mussolini*, Roma, 1937, p. 123. O propósito deste livro foi traçar um paralelo entre Mussolini e Augustus, concluindo que Mussolini foi mais notável.
76. F. Bonavita, *Primavera fascista dall'avvento fascista all'impero africano*, Milão, 1937, p. 47.
77. A. Gravelli, *Mussolini aneddotico*, p. 5.

78. BMOO, III, p. 276.
79. V. Querel, *Il paese di Benito: cronache di Predappio e dintorni*, Roma, 1954, p. 64.
80. I. De Begnac, *Trent'anni di Mussolini 1883-1915*, p. 27.
81. N. D'Aroma, *Mussolini segreto*, Rocca San Casciano, 1958, p. 64.
82. BMOO, XXXIII, p. 222.
83. BMOO, XXXIII, p. 223.
84. BMOO, XXXIII, p. 228-230.
85. Para um relato, veja R. De Felice, *Mussolini il rivoluzionario 1883-1920*, p. 11-13.
86. AFPAG 106/B, preserva o comunicado formal da escola aceitando Mussolini como aluno interno em 6 de setembro de 1894.
87. AFPAG 106/B, relatório de 1900-1901.
88. E. Susmel, *Mussolini e il suo tempo*, Milão, 1950, p. 14.
89. AFPAG 106/B, relatório de 29 de outubro de 1899.
90. AFPAG 106/B, 5 de maio de 1940, Mussolini para o diretor da escola de Forlimpopoli; 18 de outubro de 1932, relatório da visita de Mussolini à "sua escola".
91. R. De Felice, *Mussolini il rivoluzionario 1883-1920*, p. 14. As cerimônias também incluíam duas peças musicais e um solo de flauta, com músicas no dialeto bolonhês animando o intervalo. Veja AFPAG 106/B, do dia 10 de fevereiro de 1901.
92. BMOO, I, p. 244. O nome do bandido calabrês Musolino, famoso na época, sem dúvida alimentou a confusão.
93. AFPAG, 106/B, carta datada de 31 de maio de 1901.
94. BMOO, I, p. 204; XXXIII, p. 239.
95. BMOO, I, p. 205.
96. Y. De Begnac, *Palazzo Venezia: storia di un regime*, p. 129.
97. S. Bedeschi e R. Alessi, *Anni giovanili di Mussolini*, Milão, 1939, p. 24-25; 36; 60-61.
98. BMOO, III, p. 219.
99. BMOO, I, p. 3-4. A peça foi intitulada "Il romanzo russo". Nela Mussolini critica a "subjetividade individualista" dos escritores italianos, o "nacionalismo latente" dos franceses e a metafísica dos alemães, em contraste com a saudável predileção dos russos pela crítica social.
100. R. Mussolini, *The real Mussolini (as told to A. Zarca)*, Farnborough, 1973, p. 66.
101. BMOO, I, p. 205.
102. I. De Begnac, *Trent'anni di Mussolini 1883-1915*, p. 260.
103. A. Marpicati, *Il Duce e le sue opere*, San Remo, 1938, p. 6.
104. I. De Begnac, *Trent'anni di Mussolini 1883-1915*, p. 263-264. Quando ditador, ele não se esqueceu de seu ideal de que os professores deveriam ser livres para escolher suas abordagens de ensino e que as turmas não deveriam ser muito grandes. Y. De Begnac, *Palazzo Venezia: storia di un regime*, p. 363.
105. G. Pini e D. Susmel, *Mussolini*, vol. 1, p. 64.
106. R. De Felice, *Mussolini il rivoluzionario 1883-1920*, p. 20-21.
107. BMOO, I, p. 210.
108. BMOO, XXXIII, p. 247-8. De acordo com outro relato, ele a mordera. Veja F. Castellini, *Il ribelle di Predappio: amori e giovinezza di Mussolini*, Milão, 1996, p. 40.
109. BMOO, I, p. 211.
110. BMOO, I, p. 212.

3. Emigrante e socialista, 1902-1910

1. Para uma introdução, em inglês, aos problemas envolvidos, veja R. J. B. Bosworth, *Italy and the wider world 1860-1960*, Londres, 1996, p. 114-136.
2. G. Rosoli, *Un secolo di emigrazione italiana: 1876- 1976*, Roma, 1976, p. 350.

3. Y. De Begnac, *Palazzo Venezia: storia di un regime*, Roma, 1950, p. 115; G. Pini, *The official life of Benito Mussolini*, Londres, 1939, p. 37. Considerando-se o posterior flerte de Mussolini com a ideia nazista de enviar judeus europeus para Madagascar (sem que ninguém cogitasse perguntar à população local o que pensavam da proposta), há uma profunda ironia nesta proposição.
4. BMOO, XXXVIII, p. 2.
5. R. Mussolini, *The real Mussolini (as told to A. Zarca)*, Farnborough, 1973, p. 9.
6. R. J. B. Bosworth, *Italy and the wider world 1860-1960*, p. 118.
7. R. Murri, "Gl'Italiani nelL'America Latina — impressioni di viaggio", *Nuova Antologia*, f. 991, 1º de abril de 1913, p. 437. Mussolini considerava Murri, um sacerdote posteriormente expulso da igreja e com uma trajetória política bizarra, como "amigo". Veja Y. De Begnac, *Taccuini mussoliniani*, Bolonha, 1990, p. 87.
8. Para uma biografia em inglês, veja J. J. Tinghino, *Edmondo Rossoni from revolutionary syndicalism to Fascism*, Nova York, 1991, p. 50.
9. A. Dumini, *Diciassette colpi*, Milão, 1958, p. 11-13.
10. G. Megaro, *Mussolini in the making*, Londres, 1938, p. 30-32.
11. BMOO, I, p. 10; 213.
12. M. Barbagli, *Educating for unemployment: politics, labor markets, and the school system — Italy, 1859-1973*, Nova York, 1982, p. 18.
13. E. Gentile (ed.), *L'Italia giolittiana: la storia e la critica*, Bari, 1977, p. 154.
14. Citado em M. Barbagli, *Educating for unemployment*, p. 22-23.
15. BMOO, I, p. 9-10.
16. A. Balabanoff, *Il traditore: Mussolini e la conquista del potere*, Roma, 1973, p. 75.
17. O comentarista póstumo mais respeitoso é A. J. Gregor, *Young Mussolini and the intellectual origins of Fascism*, Berkeley, 1979.
18. Para uma análise sobre o assunto, concluindo que Mussolini provavelmente esteve lá, veja R. De Felice, *Mussolini il rivoluzionario 1883-1920*, Turim, 1965, p. 37-38.
19. O. Dinale, *Quarant'anni di colloqui con lui*, Milão, 1953, p. 37.
20. BMOO, I, p. 212.
21. A. Balabanoff, *Il traditore: Mussolini*, p. 24-5; 131.
22. A. Borghi, *Mussolini: red and black*, Londres, 1935, p. 26-27.
23. BMOO, XXXVIII, p. 2. Exagerando sua idade, na mesma carta, Mussolini ponderou sobre como era estranho que um jovem de 20 anos "não sentisse a necessidade de estar apaixonado".
24. BMOO, I, p. 215.
25. BMOO, III, p. 253.
26. O. Dinale, *Quarant'anni di colloqui con lui*, p. 9.
27. BMOO, III, p. 253.
28. BMOO, I, p. 251.
29. BMOO, I, p. 214. Cf. BMOO, XXXV, p. 5. A polícia, com o decoro e atenção da época ao "fato" científico, registrou oficialmente seus detalhes antropométricos. Veja G. Megaro, *Mussolini in the making*, p. 59.
30. BMOO, I, p. 17.
31. BMOO, I, p. 21-22.
32. BMOO, I, p. 31-34.
33. BMOO, I, p. 58-60. Mussolini então escrevia para *L'Avanguardia socialista* (A Vanguarda Socialista), um periódico semanal com ambições mais intelectuais do que aqueles nos quais ele costumava publicar seus artigos.
34. Pode ser encontrado em BMOO, XXXIII, ambiciosamente intitulado *Claudia Particella: l'amante del Cardinale (grande romanzo storico dell'epoca del Cardinale Carlo Emanuele Madruzzo)*, e publicado em Trento em 1910. Surgiu também uma versão em inglês, publicada de forma mal-intencionada após a assinatura do Tratado de Latrão entre o Estado fascista e a Igreja Católica. Veja B. Mussolini, *The Cardinal's mistress*, Londres, 1929. Um admirador britânico atribuiu à prosa ares de Dumas *père*. C. Petrie, *Mussolini*, Londres, 1931, p. 13.

35. BMOO, I, p. 25-26. O título do artigo era "Il natale umano" (O Natal Humano).
36. BMOO, I, p. 37-39.
37. BMOO, XXXV, p. 6.
38. BMOO, XXXVIII, p. 1.
39. G. Megaro, *Mussolini in the making*, p. 91-97; para a pomposa versão do debate publicada pelo próprio Mussolini, veja BMOO, XXXIII, p. 1-31 sob o título de "L'Uomo e la divinità".
40. C. Rossi, *Mussolini com'era*, Roma, 1947, p. 34-35. Será que o público realmente estava tão paciente e fascinado?
41. O estudo clássico é o de E. Weber, *Peasants into Frenchmen: the modernization of rural France, 1870-1914*, Stanford, 1976; em italiano, cf. U. Levra, *Fare gli italiani: memoria e celebrazione nel Risorgimento*, Turim, 1992.
42. BMOO, XXXIII, p. 235.
43. BMOO, XXXIII, p. 248.
44. Veja, por exemplo, seu artigo "Swiss socialism in Switzerland" em *L'Avvenire del Lavoratore*, 22 de novembro de 1902. BMOO, I, p. 23-24.
45. R. De Felice, *Mussolini il rivoluzionario 1883-1920*, p. 33.
46. Veja especialmente A. Balabanoff, *Il traditore Mussolini*; cf. também sua obra *My life as a rebel*, Londres, 1938; *Impressions of Lenin*, Ann Arbor, 1968.
47. A. Balabanoff, *Il traditore: Mussolini*, p. 142.
48. BMOO, XXXIII, p. 257.
49. Y. De Begnac, *Taccuini mussoliniani*, Bolonha, 1990, p. 5.
50. A. Balabanoff, *My life as a rebel*, p. 39.
51. Para um relato em inglês, veja J. J. Roth, *The cult of violence: Sorel and the Sorelians*, Berkeley, 1980.
52. BMOO, XXXIII, p. 254-8; cf. XXXV, p. 6, em que ele critica a forma com que os recrutas de sua cidade partiram cantando para seu dever nacional. Mais educação sobre o socialismo, ele pensava, desencorajaria esse tipo de perversidade.
53. A. e B. Mussolini, *Vita di Sandro e di Arnaldo*, Milão, 1934, p. 99.
54. I. De Begnac, *Trent'anni di Mussolini 1883-1915*, Roma, 1934, p. 265.
55. BMOO, XXXV, p. 205.
56. G. Pini, *The official life of Benito Mussolini*, p. 41.
57. BMOO, XXXV, p. 205.
58. V. Benedetti, *Rosa Maltoni Mussolini*, Bréscia, 1928, p. 141.
59. BMOO, I, p. 216.
60. T. Nanni, *Bolscevismo e fascismo al lume della critica marxista Benito Mussolini*, Bolonha, 1924, p. 151.
61. BMOO, XXXIII, p. 262-263.
62. BMOO, XXXIII, p. 264-265.
63. A. Spinosa, *I figli del Duce*, Milão, 1989, p. 10.
64. A. Borghi, *Mussolini red and black*, p. 31.
65. BMOO, I, p. 265-266. O jornal socialista local, em contraste, pensava que o nome dele era Musolino (p. 266).
66. BMOO, I, p. 105-106.
67. BMOO, I, p. 130.
68. BMOO, I, p. 145-145.
69. BMOO, I, p. 102; 105.
70. BMOO, XXXVIII, p. 4.
71. BMOO, I, p. 159-166.
72. R. De Felice, *Mussolini il rivoluzionario 1883-1920*, p. 56-58.
73. BMOO, I, p. 184.
74. BMOO, I, p. 190-192.
75. G. Megaro, *Mussolini in the making*, p. 142.

76. R. De Felice, *Mussolini il rivoluzionario 1883-1920*, p. 62.
77. A. Balabanoff, *My life as a rebel*, p. 123.
78. Para um exemplo revelador, veja BMOO, II, p. 86-99 e o conto intitulado "Nulla è vero, tutto è permesso" (Nada é verdade, tudo é permitido) que ele publicou em *Vita trentina*. Nesta história que mistura suicídio, sexo, magnatas de empresas marítimas e conspirações maçônicas, o herói morava com sua adorável mãe, enquanto o vilão partia em uma viagem no novíssimo navio *Lusitania*.
79. BMOO, II p. 263-264.
80. Veja, para uma visão geral, C. Schorske, *Fin de siècle Vienna: politics and culture*, Nova York, 1980.
81. Veja I. Kershaw, *Hitler 1889-1936: hubris*, Harmondsworth, 1998, p. 36-60.
82. *Rivista Mensile del Touring Club Italiano*, maio de 1910.
83. Veja, por exemplo, BMOO, II, p. 141; 182-183.
84. BMOO, II, p. 48.
85. BMOO, II, p. 6-7.
86. BMOO, II, p. 5.
87. Veja, por exemplo, D. D. Roberts, *The syndicalist tradition and Italian Fascism*, Manchester, 1979, p. 12-13. Cf. também a coleção de escritos texto de A. O. Olivetti, *Dal sindacalismo rivoluzionario al corporativismo* (ed. F. Perfetti), Roma, 1984.
88. BMOO, II, p. 123-128.
89. BMOO, II, p. 163-164.
90. BMOO, II, p. 248-249.
91. BMOO, II, p. 8.
92. BMOO, II, p. 30-31.
93. BMOO, II, p. 120; 169-170.
94. BMOO, II, p. 119; 238.
95. Veja, em especial, seu relato em "Trentino visto da un socialista", publicado dois anos mais tarde, disponível em BMOO, XXXIII, p. 149-213. Ele sentia especial prazer em denunciar as mentiras e os absurdos de escritores racistas como Gobineau e H. S. Chamberlain (p. 153-158). No entanto, a situação que descreveu era complicada. Ele afirmou, por exemplo, que os "fura-greves" e sua laia eram os únicos falantes de italiano que prontamente abriram mão de sua cultura, enquanto os trabalhadores mais conscientes e politicamente ativos aderiram ao discurso e aos hábitos italianos (p. 207).
96. BMOO, II, p. 21-22.
97. BMOO, II, p. 23.
98. BMOO, II, p. 194-195.
99. Veja G. Prezzolini, *L'Italiano inutile*, Milão, 1983.
100. BMOO, II, p. 259-260.
101. BMOO, II, p. 53-55; XXXVIII, p. 5.
102. BMOO, XXXVIII, p. 6; 10.
103. Na verdade, esse também era o slogan do *Touring Club Italiano*. Veja R. J. B. Bosworth, "The Touring Club Italiano and the nationalisation of the Italian bourgeoisie", *European History Quarterly*, 27, 1997, p. 383.
104. BMOO, XXXVIII, p. 11.
105. BMOO, XXXV, p. 11.
106. BMOO, II, p. 209-210.
107. Para a versão em inglês, veja A. Lyttelton (ed.), *Italian fascisms from Pareto to Gentile*, Londres, 1973, p. 207-221.
108. R. De Felice, *Mussolini il rivoluzionario 1883-1920*, p. 73-75.
109. BMOO, II, p. 319-321.
110. BMOO, II, p. 268.
111. M. Terzaghi, *Fascismo e Massoneria*, Milão, 1950, p. 11.
112. BMOO, II, p. 66.
113. F. Bandini, *Claretta: profi lo di Clara Petacci e dei suoi tempi*, Milão, 1960, p. 55.

114. BMOO, XXXIII, p. 268.
115. A. Pensotti, *Rachele: sessant'anni con Mussolini nel bene e nel male*, Milão, 1983, p. 16.
116. Ibid., p. 21.
117. BMOO, XXXIII, p. 267.
118. A. Pensotti, *Rachele*, p. 14.
119. G. Zachariae, *Mussolini si confessa*, Milão, 1966, p. 48.
120. BMOO, III, p. 5-7.
121. BMOO, XXXIII, p. 269.

4. A LUTA DE CLASSES, 1910-1914

1. Y. De Begnac, *Taccuini mussoliniani* (ed. F. Perfetti), Bolonha, 1990, p. 9.
2. Arnaldo Mussolini buscou refúgio de seus problemas familiares escrevendo poemas religiosos e agrários. Para um exemplo, veja A. e B. Mussolini, *Vita di Sandro e Arnaldo*, Milão, 1934, p. 148-9.
3. L. Preti, *Mussolini giovane*, Milão, 1982, p. 63.
4. G. Pini e D. Susmel, *Mussolini: l'uomo e l'opera*, Florença, 1953-1955, vol. 1, p. 161.
5. F. Bonavita, *Mussolini svelato: origine, sviluppo e fi nalità del pensiero mussoliniano*, Milão, 1927, p. 88.
6. G. Pini e D. Susmel, *Mussolini*, vol. 1, p. 175.
7. G. A. Fanelli, *Cento pagine su Mussolini e un ritratto politico della "prima ora"*, Roma, 1931, p. 78-79; 83.
8. A. Pensotti, *Rachele: sessant'anni con Mussolini nel bene e nel male*, Milão, 1983, p. 44.
9. R. De Felice, *Mussolini il rivoluzionario 1883-1920*, Turim, 1965, p. 57.
10. BMOO, IV, p. 19.
11. BMOO, III, p. 9-10. Era fácil, também, usar a retórica dos republicanos de Ravena contra eles mesmos, quando eles acusavam socialistas extremistas como Mussolini de se comportar de maneira inquisitorial (p. 28-29).
12. F. Bonavita, *Mussolini svelato*, p. 124-127.
13. BMOO, III, p. 14-15.
14. C. Rossi, *Mussolini com'era*, Roma, 1947, p. 50.
15. BMOO, III, p. 23-24.
16. BMOO, III, p. 208-211. Na verdade, a facção revolucionária apoiada por Mussolini não se saiu bem neste congresso e o próprio Mussolini não causou grande impressão. Veja R. De Felice, *Mussolini il rivoluzionario 1883-1920*, p. 95-96.
17. BMOO, III, p. 43-44.
18. BMOO, III, p. 336-340.
19. BMOO, III, p. 122-124.
20. BMOO, III, p. 110.
21. BMOO, III, p. 5-7.
22. BMOO, III, p. 404-405.
23. BMOO, III, p. 187-196 (esses pensamentos foram expressos em dois longos artigos sucessivos em *La Lotta di Classe*).
24. BMOO, IV, p. 7.
25. BMOO, IV, p. 19-21. Mussolini estava escrevendo para o jornal socialista revolucionário de Roma *La Soffitta* (O Sótão), assim batizado, de forma ousada, depois da declaração do primeiro-ministro de que havia "relegado o socialismo aos sótãos".
26. A. Iraci, *Arpinati: l'oppositore di Mussolini*, Roma, 1970, p. 7.
27. BMOO, IV, p. 5-6.
28. BMOO, III, p. 271-272.
29. BMOO, III, p. 280.

30. BMOO, IV, p. 16. Mussolini também atacou a "crueldade sem precedentes" da burguesia americana, aquelas "pessoas cruéis movidas pelo dólar", personificada no emprego da cadeira elétrica e, na verdade, manifesta em cada aspecto de seu sistema de justiça (p. 180-181; 239-241).
31. Veja BMOO, XXXIII, p. 149-213; XXXVIII, p. 18-21.
32. BMOO, III, p. 349.
33. R. De Felice, *Mussolini il rivoluzionario 1883-1920*, p. 99-103.
34. E. Forcella, "Roma 1911: quadri di una esposizione", em G. Piantoni (ed.), *Roma 1911*, Roma, 1980, p. 27.
35. Para um relato convencional, veja M. Abrate, *La lotta sindacale nella industrializzazione in Italia 1906-1926*, Turim, 1967.
36. A. L. Cardoza, *Agrarian elites and Italian Fascism: the province of Bologna 1910-1926*, Princeton, 1982, p. 182.
37. Para uma introdução, veja A. Lyttelton (ed.), *Italian Fascisms from Pareto to Gentile*, Londres, 1973, p. 135-163.
38. BMOO, IV, p. 59.
39. BMOO, IV, p. 61-72.
40. BMOO, IV, p. 75.
41. D. Manetti, *Gente di Romagna: Aldo Oviglio*, Bolonha, 1924, p. 99-100.
42. BMOO, IV, p. 104-107.
43. Para um relato mais completo, veja R. De Felice, *Mussolini il rivoluzionario 1883-1920*, p. 106-111.
44. BMOO, IV, p. 286.
45. BMOO, IV, p. 288.
46. BMOO, IV, p. 289.
47. BMOO, IV, p. 290. O convite custou 2,75 liras (p. 289).
48. BMOO, IV, p. 249.
49. Tal como *The Cardinal's Mistress*, uma edição foi publicada em 1929, em uma tradução bastante literal para o inglês com a intenção de enfraquecer a credibilidade do Tratado de Latrão. Veja B. Mussolini, *John Huss*, Nova York, 1929. Foi reimpresso após 1945. B. Mussolini, *Giovanni Huss il veridico*, Roma, 1948; cf. BMOO, XXXIII, p. 271-327. O texto original foi publicado em 1913 em uma série dedicada aos "mártires do pensamento livre".
50. B. Mussolini, *Giovanni Huss*, p. 7.
51. Ibid., p. 93-124.
52. BMOO, IV, p. 157-160; cf. R. De Felice, *Mussolini il rivoluzionario 1883-1920*, p. 112-136.
53. C. Rossi, *Mussolini com'era*, p. 61.
54. Sobre esse assunto, veja, por exemplo, Z. Bauman, *Modernity and the Holocaust*, Oxford, 1989; *Modernity and Ambivalence*, Oxford, 1991.
55. Na verdade, Mussolini usou o termo mais técnico, fagócito.
56. BMOO, IV, p. 161-170.
57. O historiador veementemente antissoviético Richard Pipes alegou que "nenhum socialista europeu proeminente antes da Primeira Guerra Mundial se assemelhou tanto a Lenin quanto Benito Mussolini". Mas a futura versão de intelectual do Duce dificilmente apresentava a autoconfiança cosmopolita do teórico russo. Veja R. Pipes, *Russia under the Bolshevik regime 1917-1924*, Londres, 1995, p. 245.
58. R. De Felice, *Mussolini il rivoluzionario 1883-1920*, p. 127-128.
59. SPDCR 104, 29 de julho de 1912, Mussolini para o *sindaco* de Crespellano; 20 de junho de 1913, Mussolini para o *sindaco*, tardiamente se retirando da disputa do cargo.
60. BMOO, IV, p. 218-21.
61. G. Bozzetti, *Mussolini: direttore dell'Avanti!*, Milão, 1979, p. 39.
62. G. Pini e D. Susmel, *Mussolini*, vol. 1, p. 194.
63. BMOO, V, p. 5-7; cf. seu típico editorial final em *La Lotta di Classe*, no qual declara ter uma dívida com a "austera terra" da Romanha e sua personificação da "vermelhitude" local (IV, p. 377).

64. P. Valera, *Mussolini*, Milão, 1975, p. 3; 10. Este trabalho foi publicado pela primeira vez em 1924.
65. BMOO, IV, p. 182.
66. BMOO, IV, p. 184-190.
67. BMOO, IV, p. 173-174.
68. BMOO, XXXVIII, p. 22-23.
69. BMOO, XXXVIII, p. 28.
70. Cf., por exemplo, BMOO, IV, p. 259, no qual Mussolini argumenta com veemência com um amigo de infância contra a "profissionalização" do trabalho de jornalista.
71. G. Borsa, *Memorie di un redivivo*, Milão, 1945, p. 420.
72. C. Rossi, *Trentatre vicende mussoliniane*, Milão, 1958, p. 14-16.
73. P. V. Cannistraro e B. R. Sullivan, *Il Duce's other woman*, Nova York, 1993. Os autores afirmam (p. 97) que ela certamente era amante dele no início de 1913. Mussolini, porém, mais tarde garantiu a Claretta Petacci que eles apenas fizeram sexo "durante um ano" entre 1918-1919, e mesmo assim com relutância por parte de Mussolini. C. Petacci, *Mussolini segreto: diari 1932-1938*. Milão, 2009, p. 286; 404-405.
74. A biografia foi traduzida para o inglês, com um prefácio de agradecimento do próprio Mussolini, e amplamente distribuída. Veja M. Sarfatti, *The life of Benito Mussolini*, Londres, 1925. Meu exemplar do livro é da 8ª impressão, publicada em 1934.
75. Entre as inúmeras publicações, veja L. Rafanelli, *Alle madri italiane*, Florença, s.d.; *Lavoratori!* Milão, 1921; *Donne e femmine: novelle*, Milão, 1921; *Incantamento: romanzo*, Milão, 1921 (ela escreveu sob o pseudônimo "Sahra"); *Bozzetti sociali*, Milão, 1921; "Prefazio" para C. Albert, *L'amore libero*, Milão, 1921; *L'eroe della folla*, Milão, 1925; tradução de E. Gamalier, *L'oasi: romanzo*, Milão, 1929; *La "castità" clericale*, Roma, 1946.
76. As cartas foram reunidas em BMOO, XXXVIII.
77. L. Rafanelli, *Una donna e Mussolini*, Milão, 1975.
78. Ibid., p. 8; 13. Rafanelli declarou nunca ter dormido com Mussolini.
79. L. Rafanelli, *Lavoratori!* p. 7; 24.
80. G. Pini e D. Susmel, *Mussolini*, vol. 1, p. 199.
81. L. Rafanelli, *Incantamento*, p. 6-10; 36-38.
82. BMOO, XXXVIII, p. 29.
83. BMOO, XXXVIII, p. 30.
84. BMOO, XXXVIII, p. 30. Ele assina apenas "B".
85. BMOO, XXXVIII, p. 32-33.
86. BMOO, XXXVIII, p. 38.
87. BMOO, XXXVIII, p. 40.
88. L. Rafanelli, *Una donna e Mussolini*, p. 144.
89. BMOO, XXXVIII, p. 42.
90. BMOO, XXXVIII, p. 44. Novamente, ele assina apenas "Tuo B".
91. BMOO, XXXVIII, p. 48.
92. BMOO, XXXVIII, p. 52.
93. BMOO, XXXVIII, p. 53-54.
94. BMOO, XXXVIII, p. 65-66. Escritas durante a crise de julho.
95. BMOO, XXXVIII, p. 68.
96. BMOO, XXXVIII, p. 39.
97. N. D'Aroma, *Mussolini segreto*, p. 180.
98. BMOO, V, p. 355-356; 359-360.
99. BMOO, V, p. 356.
100. BMOO, V, p. 357.
101. G. Bozzetti, *Mussolini: direttore dell'Avanti!*, p. 133; 146.
102. BMOO, XXXVIII, p. 56.
103. R. De Felice (ed.), *Mussolini giornalista*, Milão, 1995, p. v.

104. BMOO, v, p. 46.
105. BMOO, v, p. 119-121.
106. Veja, por exemplo, BMOO, v, p. 75-81.
107. BMOO, vi, p. 87-94.
108. BMOO, v, p. 383.
109. R. De Felice, *Mussolini il rivoluzionario 1883-1920*, p. 185-186.
110. Os artigos de Mussolini podem ser encontrados em BMOO, v-vi. Todas as edições do periódico foram reeditadas por De Felice como B. Mussolini, *Utopia: rivista quindicinale del socialismo rivoluzionario italiano*, Milão, s. d.
111. *Utopia*, i, 22 de novembro de 1913.
112. BMOO, vi, p. 5.
113. BMOO, v, p. 154-155.
114. BMOO, vi, p. 48.
115. R. De Felice, *Mussolini il rivoluzionario 1883-1920*, p. 175-176.
116. BMOO, vi, p. 114-115.
117. F. Anfuso, *Roma Berlino Salò (1936-1945)*, Milão, 1950, p. 85-86.
118. N. D'Aroma, *Mussolini segreto*, Rocca San Casciano, 1958, p. 180.
119. G. Bottai, *Mussolini: costruttore d'impero*, Milão, s.d., p. 5.
120. C. Delcroix, *Un uomo e un popolo*, Florença, 1928, p. 3.
121. Como citado em D. Mack Smith, *Storia di cento anni di vita italiana visti attraverso Il Corriere della Sera*, Milão, 1978, p. 183.
122. Sob o regime, eles eram descritos de forma mistificada. Veja, por exemplo, E. Adami, *La lingua di Mussolini*, Módena, 1939.
123. Veja L. Passerini, *Mussolini immaginario: storia di una biografia 1915-1939*, Bari, 1991, p. 32-34. Nanni inventou o esplêndido termo *specorizzare* (algo como des-ovelhizar).
124. BMOO, iv, p. 209-210; 214; 226.
125. R. De Felice, *Mussolini il rivoluzionario 1883-1920*, p. 201.
126. A. O. Olivetti, *Dal sindacalismo rivoluzionario al corporativismo* (ed. F. Perfetti), Roma, 1984, p. 166.

5. Guerra e revolução, 1914-1919

1. Para uma versão resumida em inglês, veja R. J. B. Bosworth, *Italy and the approach of the First World War*, Londres, 1983, p. 121-141.
2. A. Solmi, "Carteggio tra Salandra e Sonnino nella prima fase della neutralità italiana", *Nuova Antologia*, f. 1510, 16 de fevereiro de 1935, p. 487.
3. R. De Felice, *Mussolini il rivoluzionario 1883-1920*, Turim, 1965, p. 218.
4. Ibid., p. 261. Mussolini escrevia para seu periódico de conteúdo teórico *Utopia*.
5. BMOO, vi; p. 239-240.
6. BMOO, vi, p. 254.
7. BMOO, vi, p. 264.
8. BMOO, vi, p. 285-288.
9. BMOO, vi, p. 297; 305-306; 308.
10. Em 19 de setembro, ele ainda expressava seus medos sobre essa possibilidade. BMOO, vi, p. 364.
11. BMOO, vi, p. 340; cf. p. 316-320.
12. BMOO, vi, p. 335-337.
13. L. Campolonghi, "Il fascismo italiano raccontato dai fascisti: Dall'armistizio alla marcia su Roma", em R. De Felice (ed.), *Benito Mussolini: quattro testimonianze*, Florença, 1976, p. 113.
14. A maior parte dos membros do movimento, porém, permaneceu contrária à guerra. Veja W. Thorpe, "The European syndicalists and war, 1914-1918", *Contemporary European History*, 10, 2001, p. 11-14.

15. BMOO, XXXV, p. 29-34.
16. BMOO, VI, p. 372-373.
17. BMOO, XXXVIII, p. 69.
18. BMOO, VI, p. 393.
19. BMOO, VI, p. 394.
20. BMOO, VI, p. 400.
21. BMOO, VI, p. 402.
22. BMOO, VI, p. 403.
23. Veja R. De Felice, *Mussolini il rivoluzionario 1883-1920*, p. 260-268.
24. Ibid., p. 266-267.
25. BMOO, XXXVIII, p. 71.
26. BMOO, VI, p. 404-408. Cf., por exemplo, A. Borghi, *Mussolini: red and black*, Londres, 1935, p. 73-80, um capítulo intitulado "como ele foi comprado".
27. BMOO, VII, p. 40.
28. BMOO, VI, p. 409-415; 419-423.
29. BMOO, VII, p. 431-434.
30. BMOO, VI, p. 430-432. Mussolini podia ainda se considerar um socialista, mas esta entrevista continha ataques a "Marx, o fomentador da guerra" (p. 431). Essa escolha de linguagem não foi um bom presságio para o retorno de Mussolini à ortodoxia socialista.
31. *Il Popolo d'Italia*, 15 de novembro de 1914.
32. O termo é usado por G. Bozzetti, *Mussolini direttore dell'Avanti!*, Milão, 1979, p. 244.
33. C. Rossi, *Mussolini com'era*, Roma, 1947, p. 67-70.
34. D. Manetti, *Gente di Romagna: Aldo Oviglio*, Bolonha, 1924, p. 265.
35. R. De Felice, *Mussolini il rivoluzionario 1883-1920*, p. 275.
36. M. Girardon, "La chiave del segreto di Mussolini", em R. De Felice (ed.) *Benito Mussolini*, p. 167-168.
37. Ibid., p. 174-180.
38. Para os detalhes, veja P. Preston, *Franco: a biography*, Londres, 1993.
39. W. A. Renzi, "Mussolini's sources of financial support, 1914-1915", *History*, 56, 1971, p. 193-195. Os russos provavelmente também forneceram auxílio.
40. Ibid., p. 205. Cf. C. Andrew, *The defence of the realm: the authorized history of MI5*, Londres, 2009, p. 104-105. Curiosamente, o agente que pagava £100 por semana em nome dos britânicos em Roma era sir Samuel Hoare, então trabalhando para o serviço secreto — posteriormente ministro de Relações Exteriores no início da Guerra da Etiópia e, durante a Segunda Guerra Mundial, embaixador britânico na Espanha no governo de Franco.
41. Para mais contexto, veja R. J. B. Bosworth, *Italy the least of the Great Powers: Italian foreign policy before the First World War*, Cambridge, 1979, p. 82.
42. F. Martini, *Diario 1914-1918* (ed. G. De Rosa), Milão, 1966, p. 162.
43. Ibid., p. 288.
44. Ibid., p. 641.
45. C. Sforza, *L'Italia dal 1914 al 1944 quale io la vidi*, Milão, 1945, p. 129.
46. P. Valera, *Mussolini*, Milão, 1975, p. 26. Ele se animou quando os socialistas de Faenza, ou até mesmo os de Forlì, por um breve período apoiaram suas ideias. Veja BMOO, VI, p. 443-444.
47. G. Pini e D. Susmel, *Mussolini: l'uomo e l'opera*, Florença, 1953-55, vol. 1, p. 264.
48. BMOO, VII, p. 5-7.
49. BMOO, VII, p. 13-15.
50. BMOO, XXXV, p. 207.
51. BMOO, XXXVIII, p. 80.
52. BMOO, VII, p. 25-27.
53. BMOO, VII, p. 94-96.

54. BMOO, VII, p. 424.
55. BMOO, VII, p. 32.
56. Em um duelo com um colega parlamentar. Veja C. Seton Watson, *Italy from Liberalism to Fascism 1870-1925*, Londres, 1967, p. 191.
57. *Il Popolo d'Italia*, 20 de dezembro de 1914.
58. BMOO, VII, p. 489.
59. C. Rossi, *Trentatre vicende mussoliniane*, Milão, 1958, p. 29; 34.
60. BMOO, XXXVIII, p. 72; cf. P. Nello, *Dino Grandi: la formazione di un leader fascista*, Bolonha, 1987, p. 34.
61. BMOO, VII, p. 70-71.
62. BMOO, VII, p. 461-462. Mussolini ainda se deleitava ao zombar de Vítor Emanuel III como "o rei numismático" (p. 235).
63. BMOO, VII, p. 117-119.
64. BMOO, VII, p. 139-141.
65. BMOO, VII, p. 187-188.
66. BMOO, XXXVIII, p. 83.
67. BMOO, VII, p. 197.
68. BMOO, VII, p. 376.
69. BMOO, XXXVIII, p. 85.
70. BMOO, XXXVIII, p. 85 (em uma carta para outro intelectual, Ardengo Soffici). A breve prisão de Mussolini em Roma, em 12 de abril, na companhia de Marinetti, era constantemente relembrada durante o regime, sobretudo quando o futurista [Marinetti] era presunçoso (o que era frequente). Veja F. T. Marinetti, *Futurismo e fascismo*, Foligno, 1924, p. 17.
71. BMOO, VII, p. 356-358.
72. BMOO, XXXV, p. 42.
73. BMOO, VII, p. 418-419.
74. *Il Popolo d'Italia*, 6 de maio de 1915.
75. BMOO, VII, p. 308-310.
76. BMOO, VII, p. 345-348.
77. BMOO, VII, p. 419.
78. Em outubro de 1915, a Itália entrou oficialmente em guerra contra a Turquia.
79. Como prelúdio da historiografia posterior, em 1916 os militares franceses já ridicularizavam as alegações italianas de que as táticas de guerra nas montanhas eram diferentes. Veja N. Brancaccio, *In Francia durante la guerra*, Milão, 1926, p. 31-32.
80. Isso também confirmou todos os preconceitos dos não italianos sobre a inaptidão dos italianos para o combate. Para mais contexto sobre esses estereótipos, veja R. J. B. Bosworth, "Mito e linguaggio nella politica stera italiana". Em R. J. B. Bosworth e S. Romano (eds.), *La politica estera italiana (1860-1985)*, Bolonha, 1991, p. 35-67.
81. P. Melograni, *Storia politica della grande guerra, 1915-1918*, Bari, 1969, p. 423. Os prisioneiros de guerra italianos, em sua grande maioria camponeses, enfrentaram uma dura guerra, sendo que cerca de 20% deles morreram durante a prisão, a maioria de doenças causadas pela fome. Veja G. Procacci, *Soldati e prigionieri italiani nella grande guerra*, Roma, 1993, p. 150-151. Procacci também enfatiza a enorme diferença na experiência de prisão dos oficiais e dos soldados, e a imensa diferença psicológica e de classe entre eles.
82. M. Staglieno, *Arnaldo e Benito: due fratelli*, Milão, 2003, p. 88.
83. P. Melograni, *Storia politica della grande guerra, 1915-1918*, p. 6.
84. Ibid., p. 93; 112. Esses filhos eram numerosos entre aqueles conhecidos, com escárnio, como *imboscati* (indivíduos que tentavam escapar do alistamento, mas literalmente "aqueles que se escondiam na floresta").
85. Ibid., p. 165-166.
86. Para uma biografia em inglês, veja H. Fornari, *Mussolini's gadfly: Roberto Farinacci*, Nashville, 1971.
87. R. Farinacci, *Storia della rivoluzione fascista*, Cremona, 1937, vol. 1, p. 14.

88. Ele escreveu uma carta para um ministro do governo em julho de 1915 reclamando que seu nome não havia sido chamado e ameaçando se voluntariar na França se não fosse recrutado logo. Veja BMOO, XXXVIII, p. 86.
89. BMOO, VIII, p. 195.
90. BMOO, XXXVIII, p. 88.
91. A. Gravelli, *Uno e molti: interpretazioni spirituali di Mussolini*, Roma, 1938, p. 9-10; 16. Para mais contexto, veja L. Passerini, *Mussolini immaginario: storia di una biografia, 1915-1939*, Bari, 1991, p. 15-32.
92. B. Mussolini, *Il mio diario di guerra (1915-1917)*, Milão, 1923.
93. Ibid., p. 13.
94. Ibid., p. 52.
95. Ibid., p. 71; 80-81.
96. Ibid., p. 124.
97. Ibid., p. 97.
98. Ibid., p. 22.
99. Ibid., p. 37.
100. Ibid., p. 14.
101. Ibid., p. 57-58.
102. *Il Popolo d'Italia*, 11 de novembro de 1918.
103. B. Mussolini, *Il mio diario di guerra (1915-1917)*, p. 74.
104. V. Perroni, *Il Mussolini dei bimbi*, Roma, 1929, p. 84.
105. *Il Popolo d'Italia*, 4 de abril de 1917.
106. P. O'Brien, *Mussolini in the First World War: the journalist, the soldier, the Fascist*, Oxford, 2005, p. 121; "Al capezzale di Mussolini: ferite e malattia 1917-1945", *Italia contemporanea*, 226, 2002, p. 5-29.
107. Relatos de jornais da época são divergentes e as duas últimas frases podem ter sido um engrandecimento do evento. B. Mussolini, *Il mio diario di guerra (1915-1917)*, p. 221-222.
108. Ibid., p. 18; 141.
109. Ibid., p. 133.
110. G. Pini e D. Susmel, *Mussolini*, vol. 1, p. 304.
111. Ibid., vol. I, 343. Mussolini trocou correspondências com sua irmã Edvige em diversas ocasiões durante a guerra. Veja BMOO, XXXV, p. 212; 218; 223. Mais tarde, Edvige e Arnaldo ajudaram a distribuir entre seus familiares o dinheiro que Mussolini havia angariado.
112. BMOO, X, p. 445.
113. Para um relato completo do caso, veja M. Zeni, *La moglie di Mussolini*, Trento, 2005.
114. Para um relato picante desses assuntos, veja A. Spinosa, *I figli del Duce*, Milão, 1983, p. 24-25; 98-102. Outro relato jornalístico alega que Mussolini teve um filho com uma certa Fernanda Oss em 1910. O bebê foi chamado de Benito Ribelle (o nome parece bom demais para ser verdade) e, supostamente, morreu logo depois. Veja F. Castellini, *Il ribelle di Predappio: amori e giovinezza di Mussolini*, Milão, 1996, p. 139-140.
115. G. Pini e D. Susmel, *Mussolini*, vol. 2, p. 421. Para sua amante mais recente, ele negou que o filho era dele.
C. Petacci, *Mussolini segreto: diari 1932-1938*, Milão, 2009, p. 475.
116. P. V. Cannistraro e B.R. Sullivan, *Il Duce's other woman*, Nova York, 1993, p. 132-166.
117. R. De Felice, *Mussolini il rivoluzionario 1883-1920*, p. 320.
118. BMOO, VIII, p. 11-15.
119. BMOO, VIII, p. 23-25.
120. BMOO, VIII, p. 55-57.
121. G. Pini e D. Susmel, Mussolini, vol. 2, p. 26.
122. BMOO, VIII, p. 297.
123. R. De Felice, *Mussolini il rivoluzionario 1883-1920*, p. 354-355; 414-415.
124. BMOO, VIII, p. 354-356.

125. Veja E. Settimelli, *Gli animatori: Benito Mussolini*, Piacenza, 1921.

126. BMOO, IX, p. 5-8; 188-189. Ele agora notara a existência de "Lenine", a quem condenou como traidor a serviço dos alemães (p. 74-76).

127. BMOO, IX, p. 126-127.

128. BMOO, IX, p. 82-84.

129. BMOO, IX, p. 116-119.

130. BMOO, IX, p. 307-309. Mussolini pode ter flertado com a ideia de um golpe, no qual ele seria o propagandista para chefes militares como Luigi Cadorna. Veja O. Dinale, *Quarant'anni di colloqui con lui*, Milão, 1953, p. 84-85.

131. BMOO, X, p. 14-16.

132. BMOO, X, p. 23-5.

133. BMOO, X, p. 36-8.

134. BMOO, X, p. 55-7.

135. BMOO, X, p. 67-8.

136. BMOO, X, p. 86-8.

137. R. De Felice, *Mussolini il rivoluzionario 1883-1920*, p. 392.

138. BMOO, X, p. 188.

139. BMOO, X, p. 141.

140. BMOO, X, p. 100.

141. BMOO, X, p. 114-116; 127-129; 430-432.

142. BMOO, XI, p. 88-90.

143. BMOO, XI, p. 384-6.

144. BMOO, XII, p. 100-3; 110-12.

145. *Il Popolo d'Italia*, 17 de outubro de 1918; o efeito desse entusiasmo foi um pouco atenuado pela aclamação das "tradicionais mentiras" que uniam EUA e Europa (15 de novembro de 1918).

146. BMOO, X, p. 392-394.

147. BMOO, XI, p. 8-9.

148. BMOO, XI, p. 33-36.

149. BMOO, XII, p. 286.

150. BMOO, X, p. 140-142.

151. BMOO, X, p. 381-383.

152. BMOO, XI, p. 241-243.

153. BMOO, X, p. 433-435. Embora Fiume (Rijeka) fosse um território "extremamente italiano", ele achava que em breve poderia ser cedido aos Croatas (p. 327-329; 339-341).

154. BMOO, XI, p. 258-261. Ele utilizou a expressão em inglês.

155. BMOO, XI, p. 175-178.

156. BMOO, X, p. 327. "O imperialismo", ele acrescentou em janeiro de 1919, era "a eterna e imutável lei da vida" (XII, p. 100).

157. BMOO, XI, p. 183.

158. BMOO, XI, p. 455-457.

159. BMOO, XI, p. 476.

160. C. Rossi, *Mussolini com'era*, p. 234.

161. BMOO, XII, p. 3-5.

162. BMOO, XII, p. 27-29.

163. BMOO, XII, p. 6-8.

164. BMOO, XII, p. 69.

165. Para a complexa história dessa instituição, fundada em novembro de 1918, veja G. Sabbatucci, *I combattenti nel primo dopoguerra*, Bari, 1974.

166. R. De Felice, *Mussolini il rivoluzionario 1883-1920*, p. 476.

167. BMOO, XII, p. 309-311, anuncia o iminente evento. Em 15 de março, havia anunciado a criação de um jornal, que se chamaria *Ardita* e seria direcionado para uma visão de mundo do ponto de vista da juventude.
168. G. Pini e D. Susmel, *Mussolini*, vol. 1, p. 389.

6. Os primeiros meses do fascismo, 1919-1920

1. S. Maurano, *Ricordi di un giornalista fascista,* Milão, 1973, p. 14.
2. A. Rosato, *Mussolini: colloquio intimo,* Milão, 1923, p. 12-13; 19; 27-31.
3. P. Pedrazza, *Giornalismo di Mussolini,* Milão, 1937, p. 39.
4. Para o relatório completo, veja o apêndice 18 de R. De Felice, *Mussolini il rivoluzionario 1883-1920,* Turim, 1965, p. 725-737.
5. Mussolini enfrentou pelo menos dois duelos, um em 1919 e outro em 1920. Talvez o mais notório naquele ano tenha sido o desafio que fez a um velho conhecido, o historiador Gaetano Salvemini, destinado a ser o mais pertinaz jornalista antifascista. Salvemini havia acusado Mussolini de desviar para benefício próprio o dinheiro arrecadado por D'Annunzio em Fiume. Veja BMOO, XV, p. 143-146. Cf. também *Il Popolo d'Italia,* 12, 13, 17 de agosto de 1920. Nele, com sua costumeira agressividade, Mussolini descreve "Gastone Slavemini" [sic] como um "covarde" que foge do embate. Seus hábitos não eram uma exceção. Um jornalista contemporâneo contabilizou 66 duelos disputados por jornalistas de seu jornal entre 1924 e 1930. Veja S. Maurano, *Ricordi,* p. 51.
6. R. De Felice, *Mussolini il rivoluzionario 1883-1920,* p. 734-735.
7. Ibid., p. 734.
8. Para um exemplo recente, veja P. Milza, *Mussolini,* Paris, 1999, p. 225-236.
9. Para um relato mais completo, veja G. Policastro, *Crispi e Mussolini,* Mântua, 1928.
10. G. Pini e D. Susmel, *Mussolini: l'uomo e l'opera,* Florença, 1953-1955, vol. 2, p. 38.
11. Ibid., vol. 2, p. 110.
12. Para mais contexto, veja R. Wohl, *A passion for wings: aviation and the Western imagination 1908-1918,* New Haven, 1994.
13. P. Milza, *Mussolini,* p. 215.
14. G. Pini e D. Susmel, *Mussolini,* vol. 2, p. 40.
15. Para o contexto, veja R. J. B. Bosworth, *Italy and the wider world 1860-1960,* Londres, 1996, p. 32-35.
16. BMOO, XII, p. 321.
17. N. D'Aroma, *Mussolini segreto,* Rocca San Casciano, 1958, p. 256.
18. F. Vecchi, *Arditismo civile,* Milão, 1920, p. 31.
19. Em *L'Ardito Marinetti* ele argumenta com propriedade que os melhores frutos da guerra foram os incentivos à ciência e ao esporte. Veja F. T. Marinetti, *Futurismo e fascismo,* Foligno, 1924, p. 111.
20. F. Vecchi, *Arditismo civile,* p. 36.
21. Ibid., p. 55-56; 85; 137.
22. Ibid., p. 139.
23. E. Daquanno, *Vecchia guardia,* Roma, 1934, p. 13.
24. R. Giuliani, *Gli arditi: breve storia dei reparti D'assalto della Terza Armata,* Milão, 1926, p. 25-34; 61; 204.
25. M. Carli, *Arditismo,* Roma, 1929, p. 5; 17; 22; 33.
26. F. Vecchi, *Arditismo civile,* p. 54.
27. M. G. Sarfatti, *Acqua passata,* Rocca San Casciano, 1955, p. 98.
28. Para um relato entusiástico dos feitos artísticos de Benedetta, veja L. Panzera (ed.), *La Futurista: Benedetta Cappa Marinetti,* Philadelphia, 1998.
29. F. T. Marinetti, *Futurismo e fascismo,* p. 111. Em outra ocasião incitou a abolição da força policial alegando que a sociedade deveria ser unida o bastante para se defender sozinha (p. 56-73).
30. Ibid., p. 128.

31. Y. De Begnac, *Taccuini mussoliniani* (ed. F. Perfetti), Bolonha, 1990, p. 424.
32. BMOO, XIII, p. 386-388.
33. F. Vecchi, *Arditismo civile,* p. 29.
34. F. T. Marinetti, *Futurismo e fascismo,* p. 167-169.
35. BMOO, XIII, p. 61-63.
36. E. Gentile, *Storia del Partito Fascista 1919-1922: movimento e milizia,* Bari, 1989, p. 26-39.
37. BMOO, XIII, p. 12-13.
38. A. O. Olivetti, *Dal sindacalismo rivoluzionario al corporativismo,* Roma, 1984, p. 184.
39. R. De Felice, *Mussolini il rivoluzionario 1883-1920,* p. 522-523.
40. BMOO, XIII, p. 62-63.
41. BMOO, XIII, p. 72.
42. BMOO, XIII, p. 89.
43. BMOO, XIII, p. 83.
44. BMOO, XIII, p. 124-127; 148.
45. BMOO, XIII, p. 164-165.
46. Um dos alvos de Preziosi em 1918 foi o barão Alberto Fassini, a quem ele acusava de manter negócios escusos com empresários judeus e de falta de patriotismo. A partir de 1922 Fassini seria o hospitaleiro senhorio de Mussolini no Palazzo Tittoni na via Rasella em Roma. Na ocasião e nos anos vindouros, Fassini desempenhou um importante papel na elite financeira do regime. Para saber mais sobre o ataque, veja *La Vita Italiana,* 15 de agosto de 1918.
47. BMOO, XIII, p. 168-170. Ele também se gabou para Claretta de sempre ter sido um antissemita. C. Petacci, *Mussolini segreto: diari 1932-1938,* Milão, 2009, p. 299.
48. Para um relato mais acadêmico, veja M. Michaelis, *Mussolini and the Jews: German-Italian relations and the Jewish question in Italy 1922-1945,* Oxford, 1978, p. 12-13.
49. BMOO, XIII, p. 188-190. Algumas semanas depois, Mussolini desferiu todo seu sarcasmo em relação aos comunistas húngaros, usando a vinda de Béla Kun de Budapeste para dizer aos socialistas italianos que a visão dos húngaros tanto da revolução quanto dos assuntos internacionais era estúpida (p. 276-278).
50. BMOO, XIII, p. 204-205.
51. O. Mosca, *Nessuno volle i miei dollari d'oro,* Nápoles, 1958, p. 189.
52. BMOO, XIII, p. 296.
53. BMOO, XIII, p. 273-5.
54. Veja, por exemplo, BMOO, XIII, p. 391-395; 402; 407-408; 423-425; 429-431; 437-439, que contém diversos artigos de G. M. Serrati e de outros nos quais Mussolini era frequentemente chamado de "o homem sem nome".
55. A. Tasca, *The rise of Italian fascism 1918-1922,* Nova York, 1966, p. 59. Para um relato detalhado da situação econômica da época, com ênfase no fato de as partes mais pobres da sociedade estarem pagando pela guerra, veja D. R. Forsyth, *The crisis of Liberal Italy: monetary and financial policy 1914-1922,* Cambridge, 1993, p. 195-228.
56. Para as palavras exatas, veja G. Vettori (ed.), *Canzoni italiane di protesta (1794-1974),* Roma, 1974, p. 133-134.
57. R. De Felice, *Mussolini il rivoluzionario,* p. 536-539.
58. Veja, por exemplo, BMOO, XIII, p. 17-20; 47.
59. BMOO, XIV, p. 111.
60. N. S. Onofri, *La strage di palazzo D'Accursio: origine e nascita del fascismo bolognese 1919-1920,* Milão, 1980, p. 10-11. Eram eles: o *Fascio liberale,* o *Fascio di resistenza dei movimentisti postali,* o *Fascio libertario bolognese,* o *Fascio socialista comunista,* o *Fascio universitario repubblicano,* o *Fascio universitario del* PPI, o *Fascio dei medici reduci dal fronte,* o *Fascio universitario costituzionale,* o *Fascio dei ferrovieri,* o *Fascio universitario dei partiti nazionalisti,* o *Fascio libertario imolese,* o *Fascio giovanile socialista,* o *Fascio di educazione sociale,* o *Fascio degli studenti delle scuole medie,* o *Fascio di propaganda* e o *Fascio rivoluzionario dei postaltelegrafici.*
61. F. Vecchi, *Arditismo civile,* p. 36.

62. A. J. Rhodes, *The poet as superman: a life of Gabriele D'Annunzio*, Londres, 1959, p. 184.
63. Veja R. De Felice (ed.), *La Carta del Carnaro nei testi di Alceste De Ambris e di Gabriele D'Annunzio*, Bolonha, 1973.
64. A. De Ambris, "Mussolini: la leggenda e!l'uomo", em R. De Felice (ed.), *Benito Mussolini: quattro testimonianze*, Florença, 1976, p. 30; 35; 79.
65. M. A. Ledeen, *D'Annunzio a Fiume*, Bari, 1975, p. 3. Cf. também R. De Felice, *D'Annunzio politico 1918-1938*, Bari, 1978.
66. BMOO, XIV, p. 5.
67. BMOO, XIV, p. 19-20.
68. BMOO, XIV, p. 43-45. A palavra *cagoia* havia sido usada por D'Annunzio para repreender Nitti e parece se originar de uma palavra do dialeto triestino que significa "alguém que só pensa no próprio estômago".
69. BMOO, XIV, p. 127. Para saber como a letra foi modificada para se transformar no hino oficial fascista, veja A. V. Savona e M. L. Straniero (eds.), *Canti dell'Italia fascista (1919-1945)*, Milão, 1979, p. 53-57; 61-63.
70. BMOO, XIV, p. 133.
71. E. Gentile, *Storia del Partito Fascista 1919-1922*, p. 63.
72. R. De Felice, *D'Annunzio politico*, p. 57.
73. G. Giuriati, *Con D'Annunzio e Millo in difesa dell'Adriatico*, Florença, 1954, p. 56.
74. E. Gentile, *Storia del Partito Fascista 1919-1922*, p. 43.
75. BMOO, XIV, p. 136.
76. BMOO, XIV, p. 169.
77. BMOO, XIV, p. 140.
78. R. De Felice, *Mussolini il rivoluzionario 1883-1920*, p. 574-577.
79. Para suas reveladoras memórias, veja E. Conti, *Dal taccuino di un borghese*, Cremona, 1946.
80. *La Vita Italiana*, 15 de fevereiro de 1920, p. 102-112.
81. BMOO, XIV, p. 285.
82. "Volt", *Dal partito allo stato*, Bréscia, 1930, p. 8. Fani Ciotti morreu em 1927.
83. Ibid., p. 15.
84. Ibid., p. 28.
85. BMOO, XIV, p. 231.
86. R. Riccardi, *Pagine squadristiche*, Roma, 1939, p. 32.
87. Ibid., p. 41-3.
88. E. Apih, *Italia: fascismo e antifascismo nella Venezia Giulia (1918-1943)*, Bari, 1966, p. 92, o autor revela que um grupo italiano patriótico autodenominado *Sursum Corda* saía pela cidade armado e vigilante já em 1908.
89. F. Giunta, *Essenza dello squadrismo*, Roma, 1931, p. 5.
90. F. M. Snowden, *Violence and great estates in the south of Italy: Apulia 1900-1922*, Cambridge, 1986, p. 3.
91. BMOO, XIV, p. 379.
92. BMOO, XIV, p. 397.
93. BMOO, XV, p. 57-59.
94. BMOO, XIV, p. 466-471.
95. R. De Felice, *Mussolini il rivoluzionario 1883-1920*, p. 594.
96. E. Gentile, *Storia del partito fascista 1919-1922*, p. 100.
97. P. Spriano, *The occupation of the factories: Italy 1920*, Londres, 1975, p. 97.
98. Ibid., p. 99.
99. BMOO, XV, p. 153.
100. BMOO, XV, p. 182-183.
101. BMOO, XV, p. 152.
102. BMOO, XV, p. 226-228.

103. BMOO, XIII, p. 303. Nessa época, Tullio, irmão do apoiador de longa data de Mussolini, Manlio Morgagni, havia morrido em um acidente aéreo. Veja C. Redaelli, *Iniziando Mussolini alle vie del cielo*, Milão, 1933, p. 60. Os enlutados pelas vítimas de acidentes aéreos eram facilmente cooptados pela crescente apropriação, pelo regime fascista, das mortes na guerra e de seus próprios "mártires" em suas cerimônias de morte e renovação.
104. BMOO, XIV, p. 481
105. BMOO, XV, p. 15.
106. Uma década depois, os jornais fascistas ainda enalteciam os "grandes aviadores internacionais", o que elevou Lindbergh e os australianos Charles Kingsford-Smith e Bert Hinkler ao status de "um de nós". Veja *L'Ala d'Italia*, 22 de maio de 1932.
107. G. Mattioli, *Mussolini aviatore*, Milão, 1942, p. 89.
108. G. B. Guerri, *Italo Balbo*, Milão, 1984, p. 18.
109. G. C. Segrè, *Italo Balbo: a Fascist life*, Berkeley, 1987, p. 16. Para saber mais sobre sua carreira como ministro, veja G. Rochat, *Italo Balbo: aviatore e ministro dell'aeronautica 1926-1933*, Ferrara, 1979.
110. G. Mattioli, *Mussolini aviatore*, p. 16-17.
111. BMOO, XIV, p. 480 (em uma carta para seu seguidor Longoni).
112. G. Mattioli, *Mussolini aviatore*, p. 55.
113. R. Cantagalli, *Storia del fascismo fiorentino 1919-1925*, Florença, 1972, p. 75.
114. C. Redaelli, *Iniziando Mussolini*, p. 27-31. Redaelli, ao menos em 1919, cobrava 100 liras por uma sessão de pilotagem de meia hora (p. 21). Uma instrução formal devia custar mais.
115. Ibid., p. 33; 42.
116. Ibid., p. 21; 42-43; 77.
117. Ibid., p. 86.
118. G. Pini e D. Susmel, *Mussolini*, vol. 4, p. 356.
119. D. Mack Smith, *Mussolini*, Londres, 1981, p. 269.

7. A ASCENSÃO FASCISTA AO PODER, 1920-1922

1. Para mais detalhes, veja M. Franzinelli, *I tentacoli del L'Ovra: agenti, collaboratori e vittime della polizia politica fascista*, Turim, 1999, p. 57-59; 406-407.
2. G. Rizzo, *D'Annunzio e Mussolini: la verità sui loro rapporti*, Rocca San Casciano, 1960, p. 21.
3. Para seu histórico como nacionalista radical e capitão *Alpini*, veja P. Nello, *Dino Grandi: la formazione di un leader fascista*, Bolonha, 1987.
4. R. De Felice e E. Mariano (eds.), *Carteggio D'Annunzio-Mussolini (1919-1938)*, Milão, 1971, p. XXVIII.
5. Ibid., p. XXXII-XXXIV.
6. E. Gentile, *Storia del Partito Fascista 1919-1922: movimento e milizia*, Bari, 1989, p. 639.
7. Os dois continuaram a trocar correspondências que, nas entrelinhas, continham boas amostras de mentiras e hostilidade. Veja R. De Felice e E. Mariano (eds.), *Carteggio D'Annunzio-Mussolini (1919-1938)*.
8. BMOO, XV, p. 55-57.
9. BMOO, XV, p. 70.
10. BMOO, XV, p. 184.
11. BMOO, XV, p. 28-29; 120-122.
12. BMOO, XV, p. 269-270.
13. *La Vita Italiana*, XVI, 15 de agosto de 1920. Veja também seus artigos subsequentes nas edições de 15 de setembro de 1920, XVII, 15 de janeiro de 1921, 15 de abril de 1921. Na edição XIX, de 15 de março de 1922, Preziosi de novo conjecturou que "Loyd George" (*sic*) e o ministro das Relações Exteriores italiano, Carlo Schanzer, eram de origem judaica.
14. C. Rossi, *Mussolini com'era*, Roma, 1947, p. 260.

15. O nacionalista Luigi Federzoni considerava Mussolini especialmente camaleônico antes de 1922. Veja L. Federzoni, *Italia di ieri per la storia di domani*, Milão, 1967, p. 70.
16. BMOO, XVI, p. 17-19.
17. R. De Felice, *Mussolini il rivoluzionario 1883-1920*, Turim, 1965, p. 634-646.
18. BMOO, XVI, p. 5-6.
19. BMOO, XV, p. 38-39.
20. BMOO, XV, p. 214-222.
21. BMOO, XV, p. 226-228.
22. E. Apih, *Italia: fascismo e antifascismo nella Venezia Giulia (1918-1943)*, Bari, 1966, p. 121-123. Cf. os discursos de um representante oficial, mais tarde promovido a ministro das Finanças do regime fascista e mais tarde autor de amenas memórias de justificação. A. Mosconi, *I primianni di governo italiano nella Venezia Giulia: Trieste 1919-1922*, Bolonha, 1924; e sua obra *La mia linea politica*, Roma, 1952.
23. F. Giunta, *Essenza dello squadrismo*, Roma, 1931, p. 50.
24. R. De Felice, *Mussolini il rivoluzionario 1883-1920*, p. 662.
25. A. Roveri, *Le origini del fascismo a Ferrara 1918- 1921*, Milão, 1974, p. 20.
26. P. Corner, *Fascism in Ferrara 1915-1925*, Oxford, 1975, p. 15.
27. A. Roveri, *Le origini del fascismo a Ferrara*, p. 69.
28. P. Corner, *Fascism in Ferrara*, p. 55.
29. Ibid., p. 128 e para um relato mais geral, C. G. Segrè, *Italo Balbo: a Fascist life*, Berkeley, 1987.
30. P. Corner, *Fascism in Ferrara*, p. 151.
31. Ibid., p. 172.
32. I. Balbo, *Diario 1922*, Milão, 1932, p. 11-12.
33. P. Corner, *Fascism in Ferrara*, p. 210.
34. A. L. Cardoza, *Agrarian elites and Italian Fascism: the province of Bologna 1901- 1926*, Princeton, 1982, p. 192.
35. Ibid., p. 273.
36. Ibid., p. 297; T. Nanni, *Leandro Arpinati e il fascismo bolognese*, Bolonha, 1927, p. 104.
37. Para relatos em defesa de Arpinati, veja G. Cantamessa Arpinati, *Arpinati mio padre*, Roma, 1968; A. Iraci, *Arpinati: l'oppositore di Mussolini*, Roma, 1970.
38. BMOO, XVI, p. 25-26.
39. G. Cantamessa Arpinati, *Arpinati mio padre*, p. 26.
40. T. Nanni, *Leandro Arpinati*, p. 113.
41. A. L. Cardoza, *Agrarian elites and Italian Fascism: the province of Bologna*, p. 326.
42. G. Ricci, *Squadrismo forlivese*, Forlì, 1942, p. 42; 130; 139.
43. G. Zibordi, *Critica socialista del fascismo*, Bolonha, 1922, p. 16; 19.
44. G. Bergamo, *Il Fascismo visto da un repubblicano*, Bolonha, 1921, p. 32.
45. Ibid., p. 11.
46. Veja L. Ponziani, *Notabili, combattenti e nazionalisti verso il Fascismo*, Milão, 1988, p. 16-18; 76.
47. Ibid., p. 131-142; 193.
48. Ibid., p. 148; 179.
49. Ibid., p. 177.
50. Para saber mais sobre sua carreira como subsecretário colonianista já antes de 1914, veja R. J. B. Bosworth, *Italy the least of the Great Powers: Italian foreign policy before the First World War*, Cambridge, 1979, p. 26; 54-55.
51. G. Miccichè, *Dopoguerra e fascismo in Sicilia 1919-1927*, Roma, 1976, p. 18. Em 1920 seu *Partito agrario* possuía "esquadras" armadas próprias, determinadas a fazer o que o governo parecia fraco demais para fazer (p. 69-70). Membros da Associação Nacionalista logo estavam se organizando em esquadras sob um nome que remetia à moralidade dos escoteiros, *Sempre Pronti* (Sempre Prontos) (p. 117).
52. Ibid., p. 73.
53. Veja, por exemplo, B. Pace, *L'impero e la collaborazione internazionale in Africa*, Roma, 1938. Este livreto foi publicado com o patrocínio do *Istituto nazionale di cultura fascista*.

54. Para um relato sobre a ambiguidade do termo, veja C. Duggan, *Fascism and the Mafia,* New Haven, 1989, p. 15-19.
55. G. Miccichè, *Dopoguerra e fascismo in Sicilia,* p. 99.
56. M. Vaini, *Le origini del fascismo a Mantova (1914-1922),* Roma, 1961, p. 102.
57. R. Cantagalli, *Storia del fascismo fiorentino 1919-1925,* Florença, 1972, p. 198.
58. R. De Felice, *Mussolini il fascista: 1. La conquista del potere 1921- 5,* Turim, 1966, p. 7.
59. Ibid., p. 87.
60. J. Busoni, *Nel tempo del fascismo,* Roma, 1975, p. 17.
61. A. Roveri, *Le origini del fascismo a Ferrara,* p. 81. Foi nesta época que o homem que se tornaria o principal historiador do fascismo, Gioacchino Volpe, fez seus primeiros contatos com Mussolini, que, impressionado com seu prestígio e ansioso para usufruir do mesmo prestígio, o recebeu calorosamente. Veja BMOO, XVI, p. 22.
62. BMOO, XVI, p. 101.
63. BMOO, XVI, p. 118-121; 126-127.
64. A. Gramsci, *Selections from political writings (1921-1926),* Londres, 1978, p. 374.
65. BMOO, XVI, p. 170.
66. BMOO, XVI, p. 181.
67. BMOO, XVI, p. 186-188.
68. BMOO, XVI, p. 212.
69. BMOO, XVI, p. 283-285.
70. C. Sforza, *L'Italia dal 1914 al 1944 quale io la vidi,* Milão, 1944, p. 97.
71. E. Gentile, *Storia del Partito Fascista 1919-1922,* p. 206.
72. BMOO, XVI, p. 358-362. Usando palavras provavelmente destinadas a, em grande parte, desestabilizar Giolitti, ele acrescentou que cogitariam aderir a um governo liderado por Salandra ou mesmo sob a égide do patriota católico Filippo Meda. Mussolini fez esses comentários em outra de suas entrevistas ao *Il Giornale d'Italia.*
73. BMOO, XVI, p. 373-376.
74. BMOO, XVII, p. 13.
75. BMOO, XVI, p. 351-352.
76. F. Anfuso, *Roma Berlino Salò (1936-1945),* Milão, 1950, p. 9.
77. Para exemplos, veja C. Pavone (ed.), *Dalle carte di Giovanni Giolitti: quarant'anni di politica italiana vol. 3. Dai prodromi della grande guerra al fascismo 1910-1928,* Milão, 1962, p. 158; 371.
78. P. Milza, *Mussolini,* Paris, 1999, p. 285-286. Agora, talvez, já tivesse iniciado um relacionamento com Angela Curti que gerou uma filha, Elena, que daria a Mussolini algum consolo pessoal nos dias sombrios da Segunda Guerra Mundial.
79. M. Vaini, *Le origini del fascismo a Mantova,* p. 143.
80. BMOO, XVII, p. 25-29; 43-46. R. De Felice, *Mussolini il fascista 1921-5,* p. 131-139.
81. BMOO, XVII, p. 67-68.
82. H. Fornari, *Mussolini's gadfly: Roberto Farinacci,* Nashville, 1971, p. 46. Para a versão do próprio Farinacci, cf. R. Farinacci, *Storia della rivoluzione fascista* (2 vols.), Cremona, 1937; *Squadrismo: dal mio diario della vigilia 1919-1922,* Roma, 1933.
83. M. Pantaleoni, "Plutocrazia e bolscevismo sgretolano il fascismo", *La Vita Italiana,* XVIII, 15 de julho de 1921.
84. BMOO, XVII, p. 80-83.
85. E. Corradini, "Costruire lo Stato", *La Vita Italiana,* XVIII, 15 de agosto de 1921, p. 89-91.
86. Para uma introdução, veja F. Piva, *Lotte contadine e origini del fascismo, Padova-Venezia: 1919-1922,* Veneza, 1977.
87. Para uma biografia reverente, veja S. Romano, *Giuseppe Volpi: industria e finanza tra Giolitti e Mussolini,* Milão, 1979.
88. Veja Y. De Begnac, *Taccuini mussoliniani* (ed. F. Perfetti), Bolonha, 1990, p. 505-508. Marsich havia apresentado Volpi a Mussolini em 1919.

89. Citado em F. Piva, *Lotte contadine e origini del fascismo*, p. 212.
90. Citado em E. Gentile, *Storia del Partito Fascista 1919-1922*, p. 283.
91. M. Piazzesi, *Diario di uno squadrista toscano 1919-1922*, Roma, 1981, p. 192-193.
92. Ibid., p. 199.
93. BMOO, XVII, p. 103-105.
94. Veja E. Gentile, "Mussolini's charisma", *Modern Italy*, 3, 1998, p. 222.
95. BMOO, XVII, p. 112-113.
96. BMOO, XVII, p. 157-158.
97. BMOO, XVII, p. 201-203; 431-435.
98. R. De Felice, *Mussolini il fascista 1921-5*, p. 182.
99. P. V. Cannistraro e B.R. Sullivan, *Il Duce's other woman*, Nova York, 1993, p. 252-253.
100. R. De Felice, *Mussolini il fascista 1921-5*, p. 198-199.
101. BMOO, XVII, p. 241.
102. BMOO, XVII, p. 174-178.
103. BMOO, XVII, p. 220.
104. BMOO, XVII, p. 196.
105. BMOO, XVII, p. 318.
106. D. M. Tuninetti, *La vita di Michele Bianchi*, Roma, 1935, p. 34; 48; mas cf. o menos reverente M. Rocca, *Come il fascismo divenne una dittatura*, Milão, 1952, p. 99, que considerava Bianchi fraco e ambicioso.
107. BMOO, XVII, p. 415.
108. E. Gentile, *Storia del Partito Fascista 1919-1922*, p. 387; cf. também R. J. B. Bosworth, "*Per necessità famigliare*: hypocrisy and corruption in Fascist Italy", *European History Quarterly*, 30, 2000, p. 363-365.
109. Mussolini o menosprezava chamando-o de "minha fraqueza", um homem que não conseguia pensar em nada além de sua virilidade e sua barba. Veja N. D'Aroma, *Mussolini segreto*, Rocca San Casciano, 1958, p. 68.
110. M. Rocca, *Come il fascismo divenne una dittatura*, p. 100; R. Montagna, *Mussolini e il processo di Verona*, Milão, 1949, p. 208. Um colega se recorda dele como baixo, gordo, suado e estrábico. Veja A. Turati, *Fuori dell'ombra della mia vita: dieci anni nel solco del fascismo*, Bréscia, 1973, p. 69.
111. V. De Grazia, *How Fascism ruled women: Italy 1922-1945*, Berkeley, 1992, p. 30.
112. E. Gentile, *Storia del Partito Fascista 1919-1922*, p. 417.
113. Ibid., p. 423-426.
114. Ibid., p. 518.
115. Em inglês, veja especialmente E. Gentile, *The sacralization of politics in Fascist Italy*, Cambridge, Mass., 1996.
116. E. Gentile, *Storia del Partito Fascista 1919-1922*, p. 498-499.
117. I. Balbo, *Diario 1922*, Milão, 1932, p. 109-110. Depois desse ataque, Balbo revigorou suas energias em um ousado banho de mar nu nos arredores de Ancona à meia-noite (p. 136).
118. R. De Felice, *Mussolini il fascista 1921-5*, p. 298; 318.
119. F. Giunta, *Un po' di fascismo*, Milão, 1935, p. 93.
120. E. Settimelli, *Gli animatori: Benito Mussolini*, Piacenza, 1922.
121. I. Balbo, *Diario 1922*, p. 86.
122. R. De Felice, *Mussolini il fascista 1921-5*, p. 270-272.
123. BMOO, XVIII, p. 16-18.
124. Em setembro de 1922, ela havia expulsado o principal deputado católico e sindicalista, Guido Miglioli, da cidade. Veja H. Fornari, *Mussolini's gadfly*, p. 60-61.
125. Veja, por exemplo, G. Guidi, *Pius XI*, Milão, 1938, p. 111.
126. G. Acerbo, *Fra due plotoni di esecuzione: avvenimenti e problemi dell'epoca fascista*, Rocca San Casciano, 1968, p. 267-268.
127. Veja, por exemplo, BMOO, XVIII, p. 21-27.

128. BMOO, XVIII, p. 256. Em *La Vita Italiana*, 15 de julho de 1922, Preziosi, em contraste, comemorou o assassinato como uma punição a um dos Sábios de Sião.
129. BMOO, XVIII, p. 104.
130. BMOO, XVIII, p. 96.
131. BMOO, XVIII, p. 95.
132. BMOO, XVIII, p. 508-512; cerca de seis semanas depois, ele participou de um celebrado duelo de 40 minutos com o jornalista Mario Missiroli, uma disputa que perdurou até que Missiroli fosse incapaz de continuar. Os duelistas não se reconciliaram (p. 513-516; 524-526).
133. BMOO, XVIII, p. 179-180; 274-275.
134. BMOO, XVIII, p. 368-370.
135. BMOO, XVIII, p. 389-390.
136. BMOO, XVIII, p. 44.
137. R. De Felice, *Mussolini il fascista 1921-5*, p. 239-240; 245.
138. L. Salvatorelli e G. Mira, *Storia d'Italia nel periodo fascista* (2 vols.), Milão, 1969, vol. 1, p. 230-231.
139. G. Acerbo, *Fra due plotoni di esecuzione*, p. 174-7.
140. M. Rocca, *Come il fascismo divenne una dittatura*, p. 110.
141. C. Pavone (ed.), *Dalle carte di Giovanni Giolitti*, vol. 3, p. 387. Cf. também L. Federzoni, *Italia di ieri per la storia di domani*, p. 70-71.
142. L. Federzoni, *Italia di ieri per la storia di domani*, p. 83.
143. Para um relato clássico, veja A. Repaci, *La marcia su Roma: mito e realtà* (2 vols.), Roma, 1963.
144. G. Albanese, *La marcia su Roma*, Bari, 2006, p. 58.
145. Veja, por exemplo, BMOO, XVIII, p. 138; 321.
146. BMOO, XVIII, p. 416.
147. BMOO, XVIII, p. 405-410. A ingenuidade das massas, sugeriu ele, deixava ainda mais claro que ele e seu partido haviam renunciado ao "grotesco" entusiasmo dos socialistas e democratas pelos princípios de 1789.
148. BMOO, XVIII, p. 443-444.
149. Para um relato em inglês, veja D. Mack Smith, *Italy and its monarchy*, New Haven, 1989, p. 247-254.
150. Para uma duvidosa negação de sua própria responsabilidade, ao passar o cargo para o general Armando Diaz, veja E. Pugliese, *Io difendo l'esercito*, Nápoles, 1946, p. 151-152. Pugliese era de origem judaica.
151. BMOO, XVIII, p. 468-469.
152. G. Salvemini, *Carteggio 1922-1926* (ed. E. Tagliacozzo), Bari, 1985, p. 100.
153. P. V. Cannistraro e B. R. Sullivan, *Il Duce's other woman*, p. 281.

8. No GOVERNO, 1922-1924
1. Veja, por exemplo, M. Sarfatti, *The life of Benito Mussolini*, Londres, 1925, p. 314.
2. Em uma mensagem oficial para Bonar Law e Poincaré, Mussolini declarou que Vítor Emanuel o considerava a personificação do "idealismo nacional por trás de Vittorio Veneto". Veja *I Documenti diplomatici italiani* [doravante denominado DDI], 7. série, vol. 1, 7, 31 de outubro de 1922.
3. A. Turati, *Fuori dell'ombra della mia vita: dieci anni nel solco del fascismo*, Bréscia, 1973, p. 35.
4. I. Kershaw, *Hitler 1889-1936: hubris*, Londres, 1998, p. 73.
5. Veja O. Bartov, *Murder in our midst: the Holocaust, industrial killing and representation*, Nova York, 1996; *Mirrors of destruction: war, genocide and modern identity*, Nova York, 2000.
6. M. Franzinelli, *Squadristi: protagonisti e techniche della violenza fascista, 1919-1922*, Milão, 2003, p. 169.
7. G. Pini e D. Susmel, *Mussolini: l'uomo e l'opera*, Florença, 1953-1955, vol. II, p. 206. Para saber mais sobre A. Volpi, cf. M. Canali, *Il delitto Matteotti: affarismo e politica nel primo governo Mussolini*, Bolonha, 1997, p. 308-309.

8. U. Guspini, *L'orecchio del regime: le intercettazioni telefoniche al tempo del fascismo,* Milão, 1973, p. 28. A ligação telefônica foi grampeada (veja a seguir mais exemplos desse curioso aspecto da vida na Itália fascista).
9. R. Ducci, *La bella gioventù,* Bolonha, 1996, p. 81.
10. BMOO, XIX, p. 187-188.
11. P. V. Cannistraro e B.R. Sullivan, *Il Duce's other woman,* Nova York, 1993, p. 265-271.
12. BMOO, XIX, p. 354. Ele escreveu para o impressionável Bottai.
13. L. Federzoni, *Italia di ieri per la storia di domani,* Milão, 1967, p. 84.
14. De acordo com um historiador, entre outubro de 1920 e outubro de 1922 mais pessoas morreram em decorrência dos "problemas sociais" tradicionais na Sicília Ocidental do que do ônus da ascensão do fascismo. Veja M. Clark, "Squadrismo and contemporary vigilantism", *European History Quarterly,* 18, 1988, p. 35.
15. M. Rocca, *Come il fascismo divenne una dittatura,* Milão, 1952, p. 113; G. Albanese, *La marcia su Roma,* Bari, 2006, p. vii.
16. I. Balbo, Diario 1922, Milão, 1932, p. 163-167.
17. M. Rocca, *Come il fascismo divenne una dittatura,* p. 104.
18. L. Federzoni, *Italia di ieri per la storia di domani,* p. 83-84.
19. Essas cartas e telegramas podem ser consultados em especial nos arquivos reunidos como SPDCR, Autografi del Duce, Carte della Cassetta di Zinco.
20. G. Bastianini, *Uomini cose fatti: memorie di un ambasciatore,* Milão, 1959, p. 23.
21. Para um excelente exemplo, veja os arquivos sobre Edgardo Sulis, autor não totalmente isento de *Imitazione di Mussolini,* Milão, 1934, em Segreteria particolare del Duce, Carteggio ordinario [doravante denominado SPDCO] 590534 e DGPS, Confinati politici 986.
22. C. Rossi, *Mussolini com'era,* Roma, 1947, p. 135-136.
23. Para uma lista destes e das despesas resultantes, veja Carte A. Finzi 1.
24. *La Stampa italiana,* 22 de abril de 1932. Para mais contexto, veja R. J. B. Bosworth, "Luigi Mistrorigo and *La Stampa italiana*: the strange story of a Fascist journalist in Perth", *Studies in Western Australian History,* 12, 1991, p. 61-70. Cf. também R. J. B. Bosworth, "Renato Citarelli, Fascist Vice Consul in Perth: a documentary note", *Papers in Labor History,* 14, 1994, p. 91-96.
25. SPDCO 209446, 18 de dezembro de 1922, Citarelli para Mussolini.
26. R. De Felice, *Mussolini il fascista 1. la conquista del potere 1921-1925,* Turim, 1966, p. 407.
27. M. Salvati, *Il regime e gli impiegati: la nazionalizzazione piccolo-borghese nel ventennio fascista,* Bari, 1992, p. 196. O banimento foi reiterado duas vezes nos dois anos seguintes.
28. P. Dogliani, *L'Italia fascista 1922-1940,* Milão, 1999, p. 108.
29. Nos arquivos, há uma estranha carta de Fassini para Chiavolini requisitando que o *portiere* do Excelsior Hotel, em Nápoles, recebesse o título de *Cavaliere* "por seu trabalho para a causa fascista e sua *italianità*". Veja SPDCO 518/197736, 19 de janeiro de 1931.
30. SPDCO 518/197736, 3 de abril de 1923, Fassini para Mussolini, agradecendo-o por enviar sua fotografia e incitando-o a mais ações patrióticas. Mais tarde Fassini teria uma carreira supostamente bem remunerada no setor turístico fascista. Veja R. J. B. Bosworth, "Tourist planning in Fascist Italy and the limits of a totalitarian culture", *Contemporary European History,* 6, 1997, p. 16-18.
31. N. D'Aroma, *Vent'anni insieme: Vittorio Emanuele e Mussolini,* Rocca San Casciano, 1957, p. 105-106.
32. C. Rossi, *Mussolini com'era,* p. 142-143.
33. G. Pini e D. Susmel, *Mussolini,* vol. III, p. 9.
34. *Carteggio Arnaldo-Benito Mussolini* (ed. D. Susmel), Florença, 1954, p. 9.
35. T. B. Morgan, *Spurs on the boot: Italy under her masters,* Londres, 1942, p. 82.
36. G. Pini, *Filo diretto con Palazzo Venezia,* Milão, 1967, p. 16.
37. R. De Felice, *Mussolini il duce 1. gli anni del consenso 1929-1936,* Turim, 1974, p. 301.
38. Para seu próprio relato de seu rompimento com Mussolini, veja M. Terzaghi, *Fascismo e Massoneria,* Milão, 1950.

39. P. Bruni, *Giuseppe Caradonna e la destra nazionale*, Roma, 1996, p. 71. Este trabalho é típico da década de 1900, com a intenção de dar "voz" a Caradonna e enfatizando, entre outros feitos, sua fervorosa proteção ao Padre Pio (veja p. 108-110).
40. Y. De Begnac, *Taccuini mussoliniani* (ed. F. Perfetti), Bolonha, 1990, p. 569.
41. F. Rosso, *Armando Diaz dopo la Marcia su Roma*, Florença, 1934, p. 82-83.
42. Para alguns exemplos, veja "G. De Frenzi" [um pseudônimo], *Per l'italianità del "Gardasee"*, Nápoles, 1909; *L'Italia nell'Egeo, Roma*, 1913; L. Federzoni, *La Dalmazia che aspetta*, Bolonha, 1915.
43. L. Federzoni, *Presagi alla nazione: discorsi politici*, Milão, 1924, p. 320.
44. SPDCR 82/R, 21 de dezembro de 1922, Federzoni para Mussolini.
45. SPDCR 82/R, fevereiro de 1923, memorando de Rocco.
46. P. Togliatti, *Lectures on Fascism*, Londres, 1976, p. 36. Usando referências clássicas adequadas, ele acreditava que os nacionalistas desempenharam o papel de Atenas no fascismo de Roma.
47. N. D'Aroma, *Mussolini segreto*, Rocca San Casciano, 1958, p. 247.
48. Veja, por exemplo, A. De' Stefani, "Vilfredo Pareto", *Gerarchia*, 2, setembro de 1923, p. 1187-1189.
49. F. Marcoaldi, *Vent'anni di economia e politica. Le Carte De' Stefani (1922-1941)*, Milão, 1986, p. 18.
50. Ibid., p. 86-87; 110-112.
51. BMOO, XIX, p. 163-164.
52. E. P. Bell, *Italy's rebirth: premier Mussolini tells of Fascismo's purposes*, Chicago, 1924, p. 8. Ele acrescentou à sedutora profecia que, um dia, os Estados Unidos "liderariam a civilização nas belas-artes, ofuscando até mesmo as extraordinárias glórias do passado" (p. 10).
53. Para uma apresentação, em inglês, de De' Stefani como economista, veja o relato cheio de nuances de V. Zamagni, *The economic history of Italy 1860-1990*, Oxford, 1993, p. 244-247.
54. Veja, por exemplo, A. M. e E. Nasalli Rocca, *Realismo nazionale: per una coscienza politica dei cattolici italiani*, Roma, 1926, p. 6-7; 15-17; 77.
55. BMOO, XXXVIII, p. 151.
56. G. Salvemini, *Carteggio 1921-1926* (ed. E. Tagliacozzo), Bari, 1985, p. 104.
57. BMOO, XIX, p. 17-18.
58. BMOO, XIX, p. 43.
59. BMOO, XIX, p. 32-34; cf. também p. 74-76.
60. Veja BMOO, XIX, p. 188-189, para saber mais sobre sua visita oficial à sede do patriótico *Touring Club Italiano* em Milão. Antes, ele se lembrara de saudar a superpatriótica Sociedade Dante Alighieri. BMOO, XXXVIII, p. 165.
61. BMOO, XIX, p. 73.
62. BMOO, XIX, p. 71-72.
63. BMOO, XIX, p. 80-81.
64. G. Pini e D. Susmel, *Mussolini*, vol. II, p. 264.
65. BMOO, XIX, p. 71-72.
66. BMOO, XIX, p. 97.
67. A. Lyttelton, *The seizure of power: Fascism in Italy 1919-1929*, Londres, p. 152-153. Para um relato mais detalhado, cf. R. De Felice, "I fatti di Torino del dicembre 1922", como republicado em sua obra *Fascismo, Antifascismo, Nazione: note e ricerche* (ed. F. Perfetti), Roma, 1996, p. 63-104.
68. SPDCR 4, 18 de dezembro de 1922, Mussolini para De Vecchi.
69. SPDCR 4, 19 de dezembro de 1922, De Vecchi para Mussolini.
70. BMOO, XXXVIII, p. 523.
71. Para mais detalhes, veja P. Varvaro, *Una città fascista: potere e società a Napoli*, Palermo, 1990. Cf. SPDCR 47, que tem um arquivo sobre Padovani. Em uma carta típica, Mussolini comentou (22 de outubro de 1923) que ele, também, "tinha um temperamento difícil" e que estava farto de Padovani.
72. Veja o volume de suas memórias destinadas a recuperar postumamente sua "respeitabilidade". C. De Vecchi di Val Cismon, *Tra Papa, Duce e Re: il conflitto tra Chiesa cattolica e Stato fascista nel diario 1930-1931 del primo ambasciatore del regno d'Italia presso la Santa Sede* (ed. S. Setta), Roma, 1998.

73. Veja SPDCR 4, 1º de maio de 1923. Mussolini acusou, de forma direta e até agressiva, De Vecchi de absoluta incompetência.
74. Alguns meses antes, Federzoni, ainda pensando como ministro de um governo liberal, ameaçou renunciar caso De Vecchi fosse nomeado governador de Cirenaica. Veja SPDCR 82R/2, 22 de julho de 1923, Federzoni para Mussolini.
75. Veja, por exemplo, G. Ciano, *Diario 1937-1943* (ed. R. De Felice), Milão, 1980, p. 46-47.
76. Para um relato fascinante baseado em depoimentos, veja L. Passerini, *Fascism in popular memory: the cultural experience of the Turin working class*, Cambridge, 1987. Cf. SPDCR 4, Palmieri (prefeito local) para Mussolini, criticando o mau odor de De Vecchi para pessoas dos círculos sociais de Giovanni Agnelli, dono da Fiat.
77. Para essa fala, veja R. De Felice, *Mussolini il fascista 1921-5*, p. 430-432 e cf. A. Aquarone, *L'organizzazione dello stato totalitario*, Turim, 1965, p. 17-18.
78. BMOO, XIX, p. 254.
79. A. Aquarone, *L'organizzazione dello stato totalitario*, p. 19-21.
80. BMOO, XVIII, p. 466.
81. BMOO, XIX, p. 17-19.
82. *The Times*, 12 de agosto de 1922.
83. BMOO, XIX, p. 3-4.
84. *The Times*, 28 de outubro de 1922. Para um relato mais completo, veja R. J. B. Bosworth, "The British press, the conservatives and Mussolini 1920-34", *Journal of Contemporary History*, 5, 1970, p. 163-182.
85. BMOO, XIX, p. 130.
86. Public Record Office, Londres [doravante denominado PRO], FO 371/9882/C4593/160/19, 17 de março de 1924, Graham para MacDonald.
87. FO 371/9946/C2661/2661/22, 14 de fevereiro de 1924, relatório anual de Graham.
88. PRO, documentos de MacDonald, FO 800/219, 8 de fevereiro de 1924, Graham para MacDonald.
89. E. Di Nolfo, *Mussolini e la politica estera italiana 1919-1933*, Pádua, 1960, p. 48.
90. Veja DDI 7s, 1, 2, 31 de outubro de 1922, Contarini para Sforza, pedindo que uma expressão do discurso do ministro que poderia gerar rejeição dos fascistas fosse evitada.
91. Veja R. J. B. Bosworth, *Italy, the least of the Great Powers: Italian foreign policy before the First World War*, Cambridge, 1979, p. 106.
92. DDI 7s, 1, 38, 2 de novembro de 1922, De Martino para Mussolini.
93. DDI 7s, 1, 50, 3 de novembro de 1922, Rosso para Mussolini.
94. M. Luciolli, *Palazzo Chigi: anni roventi. Ricordi di una vita diplomatica italiana dal 1933 al 1948*, Milão, 1976, p. 53.
95. G. Volpe, "Italiani vicini e lontani: i Corsi", *Gerarchia*, 2, junho de 1923, p. 1018-1028. Em contraste, Mussolini alertou que qualquer atividade patriótica italiana deveria ser conduzida com discrição e sigilo. DDI 7s, I, 427, 29 de janeiro de 1923, Mussolini para De Visart, embora ele tenha proposto, sem sucesso, a Diaz a ideia de uma Legião Estrangeira de Corsos Italófilos mascarados dentro das forças armadas nacionais. 705, 12 de abril de 1923, Mussolini para Diaz. Cf. BMOO, XXXIX, p. 171, no qual Mussolini pede a Volpe, em uma carta datada de 23 de maio de 1924, que mude de opinião em relação à questão da Córsega (também impressa em DDI 7s, III, 212).
96. M. G. Sarfatti, *Tunisiaca*, Milão, 1924, p. 94; 97. Em seu prefácio, Latinus fala de um modo um tanto obscuro da "simplicidade cristalina" da questão em um local em que "a fé italiana" só poderia aumentar (mas não estava claro o que deveria ser feito a respeito).
97. Para mais contexto, veja R. J. B. Bosworth, *Italy, the least of the Great Powers*, p. 299-329.
98. DDI 7s, I, 76, 6 de novembro de 1922, De Bosdari para Mussolini.
99. BMOO, XXXVIII, p. 355.
100. BMOO, XXXVIII, p. 458.
101. DDI 7s, II, 186, 28 de agosto de 1923, Mussolini para Montagna.
102. Para mais contexto, veja E. Di Nolfo, *Mussolini e la politica estera italiana (1919-1933)*, Pádua, 1960, p. 79-86; ou, ainda mais completo, J. Barros, *The Corfu incident of 1923: Mussolini and the League of Nations*, Princeton, 1965.

103. DDI 7s, II, 195, 29 de agosto de 1923, Mussolini para Montagna.
104. DDI 7s, II, 244, 1 de setembro de 1923, Mussolini para seus representantes no exterior.
105. DDI 7s, II, 310, 7 de setembro de 1923, Giuriati para Mussolini. Ele acrescentou, educadamente, que Mussolini era o único juiz adequado para a questão.
106. *The Times*, 8 de setembro de 1923.
107. DDI 7s, II, 239, 1 de setembro de 1923, Mussolini para Della Torretta.
108. J. Barros, *The Corfu incident of 1923*, p. 40. Cf., por exemplo, D. Mack Smith, *Mussolini's Roman empire*, Londres, 1976, p. 5-6.
109. A. Cassels, *Mussolini's early diplomacy*, Princeton, 1970, p. 126.
110. F. Gambetti, *Gli anni che scottano*, Milão, 1967, p. 75, relembrou que a "opinião pública" (na Itália da década de 1920) apoiava a linha do governo.
111. D. Mack Smith, *Storia di cento anni di vita italiana visti attraverso il Corriere della Sera*, Milão, 1978, p. 274-275.
112. R. De Felice, *Mussolini il fascista 1921-5*, p. 562-563.
113. E. Ferrante, "Un rischio calcolato? Mussolini e gli ammiragli nella gestione della crisi di Corfu", *Storia delle relazioni internazionali*, 5, 1989, p. 223; 226.
114. A. Foschini, "A trent'anni dall'occupazione di Corfu", *Nuova Antologia*, f. 1836, dezembro de 1953, p. 401-412. Em 1953, Foschini ainda defendia a ação que, segundo ele, visava apenas tornar a Itália respeitada.
115. Não foi à toa que o patriótico historiador Volpe defendeu a linha do governo. Veja G. Volpe, "A crisi superata: constatazione e previsioni", *Gerarchia*, 2, outubro de 1923.
116. Veja, por exemplo, *Daily Mail*, 8 e 15 de setembro de 1923; *Morning Post*, 5, 6 e 12 de setembro de 1923; *The Observer*, 2, 9, 16 de setembro de 1923.
117. *Headway*, janeiro de 1924.
118. E. Ferrante, "Un rischio calcolato?", p. 235.
119. DDI 7s, II, 397, 23 de setembro de 1923, memorando.
120. DDI 7s, I, 131, 17 de novembro de 1922, A. Tedaldi para Mussolini.
121. DDI 7s, II, 474, 10 de novembro de 1923, Durini di Monza para Mussolini.
122. S. Ben-Ami, *Fascism from above: the dictatorship of Miguel Primo de Rivera in Spain 1923-1930*, Oxford, 1983, p. 131-132.
123. L. Federzoni, *Italia di ieri per la storia di domani*, p. 259.
124. Veja, por exemplo, G. Salvemini, *Carteggio 1921-6*, p. 239. Salvemini descreveu Mussolini como "um mais notável e mais autêntico Giolitti", uma personificação do fato de a "Itália desejar ser governada assim".
125. R. De Felice, *Mussolini il fascista 1921-5*, p. 519-526.
126. Veja, por exemplo, SPDCR 42, 3 de julho e 4 de agosto de 1923, Farinacci para Mussolini.
127. SPDCR 43, 15 de agosto de 1923, Farinacci para Mussolini.
128. G. B. Guerri, *Giuseppe Bottai: un fascista critico: ideologia e azione del gerarca che avrebbe voluto portare l'intelligenza nel fascismo e il fascismo alla liberalizzazione*, Milão, 1976, p. 27.
129. *Critica Fascista*, 1, junho de 1923. O nome do jornal também representou um ataque ao *Critica Sociale*, que por uma geração foi uma das principais fontes de debates do marxismo italiano, especialmente do tipo mais moderado. O jornal ainda é publicado.
130. *Critica Fascista*, 2, 1º de abril de 1924.
131. *Critica Fascista*, 1, 1º de julho de 1923.
132. *Critica Fascista*, 1, 15 de julho de 1923.
133. BMOO, XX, p. 40.
134. *Critica Fascista*, 1, 1º de dezembro de 1923.
135. B. Mussolini, "Preludio al Machiavelli", *Gerarchia*, 3, abril de 1924.
136. BMOO, XX, p. 163-164.
137. *Carteggio Arnaldo-Benito Mussolini*, p. 18.
138. R. De Felice, *Mussolini il fascista 1921-5*, p. 577-583.

139. Ibid., p. 591-613.
140. Para mais detalhes, veja M. Canali, *Il delitto Matteotti*, p. 23-59.
141. G. Matteotti, *Scritti e discorsi scelti*, Parma, 1974, p. 272.
142. M. Canali, *Il delitto Matteotti*, p. 87-303.
143. Ibid., p. 112-127.
144. Ibid., p. 218-219. Gino, irmão de Aldo Finzi, convenientemente trabalhava na Westinghouse, enquanto Finzi conseguiu contatos financeiros por meio de seu casamento com a sobrinha de um cardeal.
145. V. Modigliani, *Esilio* Cernusco sul Naviglio, 1946, p. 8.

9. A IMPOSIÇÃO DA DITADURA, 1924-1925

1. Veja, por exemplo, BMOO, XXXIX, p. 55, carta a E. De Nicola; p. 136, carta a B. Scelsi (agente de V. E. Orlando); p. 156, carta a P. Boselli.
2. BMOO, XXIX, p. 123.
3. BMOO, XXIX, p. 6.
4. Veja, por exemplo, D. Mack Smith, *Mussolini*, Londres, 1981, p. 65.
5. G. Salvemini, *Carteggio 1921-1926* (ed. E. Tagliacozzo), Bari, 1985, p. 238.
6. Para uma análise fundamental desse tema, mas no contexto da Alemanha, veja G. Mosse, *The nationalisation of the masses: political symbolism and mass movements from the Napoleonic wars through the Third Reich*, Nova York, 1975.
7. R. De Felice, *Mussolini il fascista I. La conquista del potere 1921-1925*, Turim, 1966, p. 380-4.
8. Ibid., p. 598-613. De fato, no fim de junho, D'Aragona e Mussolini ainda discutiam se o sindicato socialista, a *Confederazione generale del lavoro*, poderia de alguma forma assessorar o Estado (p. 614-615).
9. Ibid., p. 622-623.
10. M. Canali, *Il delitto Matteotti: affarismo e politica nel primo governo Mussolini*, Bolonha, 1997, p. 412.
11. Ibid., p. 354. Para um relato bem detalhado da estrutura e da atividade da polícia secreta da ditadura, veja M. Canali, *Le spie del regime*, Bolonha, 2004.
12. Alguns de seus discursos estão disponíveis em inglês em G. Matteotti, *The Fascisti exposed: a year of Fascist domination*, Nova York, 1969 (publicado pela primeira vez em 1924).
13. M. Canali, *Il delitto Matteotti*, p. 119.
14. Ibid., p. 318-321.
15. SPDCR 97, 25 de maio de 1929, A. N. Norchi para Mussolini.
16. SPDCR 97, 18 de junho de 1934, Volpi para Mussolini; 19 de junho de 1934, D. Ghetti para Sebastianini.
17. SPDCR 84, novembro de 1939, relatório para Bocchini.
18. SPDCR 84, 19 de dezembro de 1929, Dumini para Mussolini.
19. SPDCR 84, 21 de novembro de 1928, Dumini para sua esposa Bianca.
20. SPDCR 84, 23 de julho de 1932, Jessie Wilson para Mussolini.
21. G. Rossini (ed.), *Il delitto Matteotti tra Viminale e L'Aventino: dagli atti del processo De Bono davanti all'Alta Corte di Giustizia*, Bolonha, 1966, p. 385.
22. Para o relato pós-guerra do próprio Dumini, veja A. Dumini, *Diciassette colpi*, Milão, 1958, p. 79-80.
23. M. Canali, *Il delitto Matteotti*, p. 577-599.
24. Suas ligações telefônicas estavam grampeadas. Veja U. Guspini, *L'orecchio del regime: le intercettazioni telefoniche al tempo del fascismo*, Milão, 1973, p. 46-49.
25. Contarini se esforçou para garantir ao mundo diplomático que Mussolini não estava diretamente envolvido nas mortes. Veja, por exemplo, PRO, documentos de MacDonald, FO 800/219, 17 de junho de 1924, Graham para MacDonald.
26. *The Times*, 21 de junho de 1924.

27. *The Times*, 21 de junho de 1924; cf. comentários do correspondente em Roma de 16, 17 e 18 de junho de 1924.
28. *The Times*, 14 de agosto de 1924, 13 de novembro de 1924, 25 de abril de 1927.
29. Citado em C. Seton Watson, *Italy from Liberalism to Fascism 1870-1925*, Londres, 1967, p. 656.
30. N. D'Aroma, *Vent'anni insieme: Vittorio Emanuele e Mussolini*, Rocca San Casciano, 1957, p. 140-141.
31. Ibid., p. 163.
32. Ibid., p. 167-169.
33. G. Rochat, *L'esercito italiano da Vittorio Veneto a Mussolini (1919-1925)*, Bari, 1967, p. 441-442.
34. P. Melograni, *Gli industriali e Mussolini: rapporti tra Confindustria e Fascismo dal 1919 al 1929*, Milão, 1972, p. 86-87.
35. Ibid., p. 79.
36. Ibid., p. 109.
37. R. De Felice, *Mussolini il fascista 1921-1925*, p. 653.
38. BMOO, XX, p. 326-329.
39. R. De Felice, *Mussolini il fascista 1921-1925*, p. 632.
40. Simultaneamente De Bono, o Chefe de Polícia do regime fascista, deixou o cargo, sendo substituído pelo insosso funcionário público (mas pró-nacionalismo), Francesco Crispo Moncada. Veja R. De Felice, *Mussolini il fascista 1921-1925*, p. 650.
41. A. Gramsci, *Selections from political writings (1921-1926)* (ed. Q. Hoare), Londres, 1978, p. 267-270. Os próprios comunistas tinham abandonado a Aventina apenas uma semana após sua criação.
42. Veja, por exemplo, P. Nenni, *La battaglia socialista contro il fascismo 1922-1944* (ed. D. Zucàro), Milão, 1977, p. 110; 118.
43. S. Colarizi, *I democratici all'opposizione: Giovanni Amendola e L'Unione nazionale (1922- 1926)*, Bolonha, 1973, p. 67.
44. D. Mack Smith, *Storia di cento anni di vita italiana visti attraverso il Corriere della Sera*, Milão, 1978, p. 277-282.
45. J. N. Molony, *The emergence of political catholicism in Italy: partito popolare 1919-1926*, Londres, 1977, p. 185.
46. R. Farinacci, *Andante mosso 1924-25*, Milão, p. 22.
47. Ibid., p. 35.
48. Ibid., p. 48.
49. BMOO, XXXIX, p. 186-189.
50. BMOO, XXI, p. 1-2. Ele foi apoiado pelas seções mais obedientes da imprensa fascista. Bottai escreveu, como de costume, que o homicídio era "o mais cruel, desumano e estúpido dos crimes", que leva a uma "degeneração criminosa do comportamento político". *Critica Fascista*, 2, 15 de junho de 1924.
51. BMOO, XXI, p. 12-17.
52. BMOO, XXI, p. 21-29.
53. BMOO, XXI, p. 56-59.
54. BMOO, XXI, p. 59-65. Em entrevista de Mussolini para o jornal conservador, *Il Giornale d'Italia*.
55. SPDCR 41, 6 de setembro de 1924, Mussolini para Farinacci.
56. R. Farinacci, *Andante mosso*, p. 104-106.
57. Ibid., p. 133.
58. BMOO, XXI, p. 90.
59. BMOO, XXI, p. 100-101.
60. BMOO, XXXIX, p. 280.
61. BMOO, XXXIX, p. 296; XXI, p. 188-189.
62. Veja, por exemplo, BMOO, XXI, p. 105-107; 120-121.
63. BMOO, XXI, p. 194-207.
64. R. Farinacci, *Andante mosso*, p. 164-173.

65. G. Rossini (ed.), *Il delitto Matteotti*, p. 7; 305. Finzi supostamente havia entregado uma carta ao seu irmão, que só deveria ser aberta em caso de sua morte prematura.
66. Ibid., p. 302.
67. R. De Felice, *Mussolini il fascista 1921-1925*, p. 702-704.
68. G. Salotti, *Giuseppe Giulietti: il sindacato dei marittimi dal 1910 al 1953*, Roma, 1982, p. 210.
69. R. Farinacci, *Andante mosso*, p. 165.
70. R. De Felice, *Mussolini il fascista 1921-1925*, p. 711-714.
71. BMOO, XXXIX, p. 319.
72. P. Orano, *Mussolini da vicino*, Roma, 1935, p. 84-88.
73. R. De Felice, *Mussolini il fascista 1921-1925*, p. 717-725.
74. BMOO, XXI, p. 235-241.
75. L. Federzoni, *Italia di ieri per la storia di domani*, Milão, 1967, p. 99.
76. S. Romano, *Giuseppe Volpi: industria e finanza tra Giolitti e Mussolini*, Milão, 1979, p. 197; 249-255 (para a lista das empresas).
77. Veja A. Lessona, *Memorie*, Roma, 1963, p. 82-87; 107; *Un ministro di Mussolini*, Milão, 1973, p. 70-77.
78. SPDCR 87, 11 de abril de 1938, Lessona para Mussolini.
79. BMOO, XXXIX, p. 395-396; 421.
80. Cf. o radical historiador revisionista, G. Pardini, *Roberto Farinacci, ovvero della rivoluzione fascista*, Florença, 2007, que argumenta que Farinacci era puro e rigoroso em seu fascismo em comparação ao inconstante Mussolini.
81. R. De Felice, *Mussolini il fascista II. L'organizzazione dello stato fascista 1925-1929*, Turim, 1968, p. 57.
82. Veja, por exemplo, *La Vita Italiana*, 15 de dezembro de 1924.
83. Para uma combinação de assuntos bem típica, veja, por exemplo, R. Farinacci, *La Chiesa e gli ebrei*, Milão, 1938.
84. Os arquivos pessoais de Mussolini relatam que Farinacci, em 1928, havia duelado com Emilio Settimelli, jornalista fascista responsável pela construção do carisma do Duce, apesar de na época a prática desse tipo de violência pública ser desencorajada pelo regime. Veja SPDCR 42, 6 de janeiro de 1928, Guadagnini para Mussolini.
85. Para esse discurso, veja R. Farinacci, *Il processo Matteotti alle Assise di Chieti: L'arringa di Roberto Farinacci*, [S.l.], 1927. Cf. também a previsivelmente pretensiosa publicação de seus discursos enquanto Secretário do Partido. R. Farinacci, *Un periodo aureo del Partito Nazionale Fascista: raccolta di discorsi e dichiarazioni*, Foligno, 1927.
86. SPDCR 40, 8 de julho de 1926, Farinacci para Mussolini.
87. Os arquivos de Mussolini continham um registro de um grampo telefônico de 1932 em que Farinacci se gabava de ganhar 700 mil liras por ano como advogado. SPDCR 43, nota de outubro de 1932.
88. Veja SPDCR 40, 42, 43.
89. G. Rochat, *L'esercito italiano da Vittorio Veneto a Mussolini*, p. 137.
90. Ibid., p. 295-343.
91. Ibid., p. 407.
92. Ibid., p. 477-478. Cf. Carte A. Finzi 1, 11 de janeiro de 1924, Mussolini para Diaz.
93. G. Rochat, *L'esercito italaino da Vittorio Veneto a Mussolini*, p. 474; 513.
94. P. Pieri e G. Rochat, *Pietro Badoglio*, Turim, 1974, p. 19.
95. S. Cilibrizzi, *Pietro Badoglio rispetto a Mussolini e di fronte alla storia*, Nápoles, s.d., p. 18-52.
96. P. Pieri e G. Rochat, *Pietro Badoglio*, p. 468.
97. Ibid., p. 508-510.
98. Ibid., p. 513.
99. Para um exemplo típico, veja SPDCR 64, 17 de fevereiro de 937, nota.
100. G. Rochat, *L'esercito italiano da Vittorio Veneto a Mussolini*, p. 586; 590.
101. SPDCR 104, 15 de fevereiro de 1925, registros médicos. Mussolini culpou a tensão provocada por todo o caso Matteotti por sua úlcera. Veja C. Petacci, *Mussolini segreto: diari 1932-1938*, Milão, 2009, p. 104.

102. PRO, GFM 36/13, 3 de março de 925, relatório policial.
103. R. Zangrandi, *Il lungo viaggio attraverso il fascismo: contributo alla storia di una generazione,* Milão, 1962, p. 22.
104. Veja, por exemplo, BMOO, XLIV, p. 155-160, entrevista a Alice Rohe do *New York Sun.*
105. SPDCR 113, 15 de outubro de 1928, Mussolini para Edda.
106. G. Pini e D. Susmel, *Mussolini: l'uomo e l'opera,* Florença, 1953-1955, vol. III, p. 5.
107. Veja relatos em *Il Corriere della Sera, The Guardian,* 1° de setembro de 2001.
108. V. J. Bordeux, *Benito Mussolini — the man,* Londres, s.d., p. 287.
109. *Gerarchia,* 4, fevereiro de 1925, p. 69-75.
110. G. Pini e D. Susmel, *Mussolini,* vol. II, p. 361.
111. V. Emiliani, *Il paese dei Mussolini,* Turim, 1984, p. 46-47.
112. M. Staglieno, *Arnaldo e Benito: due fratelli,* Milão, 2003, p. 89-90.
113. V. Emiliani, *paese dei Mussolini,* p. 48-49.
114. SPDCR 106, 12 de outubro de 1926, comunicado à imprensa emitido por Mussolini.
115. C. Ipsen, *Dictating demography: the problem of population in Fascist Italy,* Cambridge, 1996, p. 178-180, estima uma taxa de natalidade de 1,9 para os membros do Grande Conselho em 1937. O próprio Duce tranquilamente foi o mais prolífico.
116. SPDCR 113, 1° de novembro de 1925, Mussolini para o diretor da escola insistindo (de modo não muito convincente) que esperava que Edda fosse tratada exatamente da mesma maneira que as outras alunas.
117. SPDCR 113, 15 de setembro de 1929, relatório policial sobre a viagem dela a Bolonha para encontrar um rapaz inapropriado, quando ela disse que estava indo para Cesenatico para visitar amigos.
118. SPDCR 113, 29 de janeiro de 1929, Mussolini para Edda, afetuosamente lhe dando as boas-vindas de volta ao lar. Cf. 11 de agosto de 1929, Mussolini para Edda, junto com um exemplar de *India e indiani,* uma obra menos densa de Carlo Formichi para incentivar o interesse da filha pelo Oriente.
119. SPDCR 113, 2 de agosto de 1929, Chiavolini para o prefeito de Forli; 12 de agosto de 1929, Mussolini para Chiavolini.
120. A. Gravelli, *Mussolini aneddotico,* Roma, 1951, p. 172.
121. N. D'Aroma, *Mussolini segreto,* Rocca San Casciano, 1958, p. 352.
122. V. Mussolini, *Vita con mio padre,* Milão, 1957, p. 19.
123. Veja, por exemplo, uma nota de Federzoni em janeiro de 1927 dizendo que, ao consultar o Duce sobre uma questão ministerial, Mussolini estava sofrendo com uma dor estomacal "terrível" e mal conseguia falar. L. Federzoni, *1927: diario di un ministro del fascismo* (ed. A. Macchi), Florença, 1993, p. 27.
124. A. Turati, *Fuori delL'ombra della mia vita: dieci anni nel solco del fascismo,* Bréscia, 1973, p. 35.
125. G. Pini, *Filo diretto con Palazzo Venezia,* Milão, 1967, p. 33-34.
126. L. Passerini, *Mussolini immaginario: storia di una biografia 1915-1939,* Bari, 1991, p. 132-135.
127. D. Darrah, *Hail Caesar!,* Boston, 1936, p. 100.
128. G. Pini e D. Susmel, *Mussolini,* vol. III, p. 86.
129. F. Ciarlantini, *Mussolini immaginario,* Milão, 1933, p. 48; 75.
130. Seu biógrafo vai além e sugere que Bottai foi um dos mais inteligentes Ministros de Gabinete a atuar na Itália em todos os tempos. Veja G. B. Guerri, prefácio a G. Bottai, *Diario 1935-1944,* Milão, 1982, p. 18.
131. SPDCR 4, 23 de julho de 1924, Bottai para Mussolini. Cf. também *Critica Fascista,* 3, 15 de janeiro de 1925, no qual Bottai alega que nunca aprovou a adulação excessiva, mas... o "Chefe" era uma personalidade extraordinária.
132. SPDCR 82R, 26 de maio de 1925, Federzoni para Mussolini.
133. SPDCR 42, 22 de outubro de 1925, Farinacci para Mussolini.
134. SPDCR 42, 21 de outubro de 1925, Farinacci para Mussolini.
135. Para alguns exemplos, veja V. De Grazia, *The culture of consent: mass organization of leisure in Fascist Italy,* Cambridge, 1981.
136. C. Dall'Ungaro, *Mussolini e lo sport,* Mântua, 1928, p. 8.

137. Ibid., p. 10; 15.
138. Ibid., p. 26-27.
139. Ibid., p. 28; 36.
140. *Lo sport fascista*, I, junho de 1928; cf. L. Ferretti, *Il libro dello sport*, Roma, 1928, p. 7.
141. G. Seldes, *Sawdust Caesar: the untold history of Mussolini and Fascism*, Londres, 1936, p. 365.
142. E. Sturani, *Otto milioni di cartoline per il Duce*, Turim, 1995, p. 20; 25.
143. Ibid., p. 39.
144. A. Petacco, *L'archivio segreto di Mussolini*, Milão, 1997, p. 127-129.
145. P. Ardali, *San Francesco e Mussolini*, Mântua, 1926.
146. K. Pinkus, *Bodily regimes: Italian advertising under Fascism*, Minneapolis, 1995, p. 17.
147. As mais grandiosas alegações foram feitas bem depois, na era pós-guerra. As memórias do camareiro pessoal de Mussolini escritas por ghostwriters alegam que o Duce se encontrava com uma mulher diferente quase todo dia, mas normalmente demorava apenas dois ou três minutos no ato. Veja Q. Navarra, *Memorie del cameriere di Mussolini*, Milão, 1946, p. 199-200. Os ghostwriters de Navarra foram Indro Montanelli e Leo Longanesi. Veja S. Luzzatto, *Il corpo del Duce: un cadavere tra immaginazione, storia e memoria*, Turim, 1998, p. 122.
148. Veja, por exemplo, E. Settimelli, *Mussolini visto da Settimelli*, Roma, 1929, p. 252.
149. Y. De Begnac, *Palazzo Venezia: storia di un regime*, Roma, 1950, p. 134.
150. Veja, por exemplo, C. Scorza, *Il segreto di Mussolini*, Lanciano, 1933, p. 253.
151. G. Boatti (ed.), *Caro Duce: lettere di donne italiane a Mussolini 1922-1943*, Milão, 1989, p. 61.
152. Citado por J. Ridley, *Mussolini*, Londres, 1997, p. 179.
153. *Il Popolo d'Italia*, 20 de agosto de 1924.
154. DDI 7s, IV, 443, 30 de setembro de 1926, memorando de Mussolini de uma conversa com A. Chamberlain. Mussolini se encontrou em privado com os Chamberlain em pelo menos duas ocasiões nesse período. Veja P. G. Edwards, "The Austen Chamberlain-Mussolini meetings", *Historical Journal*, 14, 1971, p. 153-164. Cf. também SPDCR 100, que contém algumas cartas de Lady Chamberlain para Mussolini.
155. Mussolini, por sua vez, disse a uma visitante aristocrata que admirava Lady Sybil. "Ela era o ideal de Mussolini de uma grande dama com seus cabelos claros e modos serenos." Duquesa de Sermoneta, *Sparkle distant worlds*, Londres, 1947, p. 17.
156. M. G. Sarfatti, *Acqua passata*, Rocca San Casciano, 1955, p. 172-173.
157. Para a aprovação do próprio Mussolini, veja BMOO, XXI, p. 342-344.
158. O. Danese, *Vittorio Emanuele III: il re fascista*, Mântua, 1923, p. 22-23.
159. R. Forges Davanzati, *Il balilla Vittorio: racconto*, Roma, 1938, p. 111.
160. Ibid., p. 92; 96; 181; 287. "Vitório" notou o carisma da princesa herdeira, Maria José (p. 152), mais tarde supostamente antifascista. Cf., também, a tentativa de atribuir uma aura de carisma à rainha Elena. A. Lumbroso, *Elena di Montenegro: regina d'Italia*, Florença, 1935.
161. Uma equiparação dos dois como personagens dotados de grande carisma sobreviveu à Segunda Guerra Mundial. Veja G. De' Rossi dell'Arno, *Pio XI e Mussolini*, Roma, 1954.
162. Veja, por exemplo, *Lo sport fascista*, II, março de 1929. Pio publicou alguns *Scritti alpinistici*, que um crítico observou solenemente que eram repletos de "valores latinos". Não era o caso de Vítor Emanuel, mas outros membros da família real poderiam ser aclamados como autênticos ou potenciais astros do esporte. *Lo sport fascista* de dezembro de 1929 declarou que Maria José era brilhante no tênis e na patinação no gelo e, assim, junto com o príncipe herdeiro Umberto, formava "o mais belo casal esportista do mundo". O Duque dos Abruzzos, desapontado com seu amor por uma milionária judia americana, passou muito tempo explorando e escalando até sua morte em 1933, uma perda que foi apropriada pelo fascismo com certa ambiguidade. Para admiráveis estudos recentes, veja M. Tenderini e M. Shandrick, *The Duke of the Abruzzi: an explorer's life*, Seattle, 1997; G. Speroni, *Il Duca degli Abruzzi*, Milão, 1991.
163. E. Settimelli, *Mussolini visto da Settimelli*, p. 289.
164. P. Ardali, *Mussolini e Pio XI*, Mântua, 1926, p. 25.
165. Veja A. R. Fusilli, *Giampaoli*, Roma, 1928.
166. Veja T. Nanni, *Leandro Arpinati e il fascismo bolognese*, Bolonha, 1927.

167. SPDCR 41, 18 de julho de 1925, Mussolini para prefeitos.
168. Para um relato oficial sobre um ataque a Salvemini, veja SPDCR 48, 13 de julho de 1925, Palmieri para Mussolini. O teórico radical fascista, Sergio Panunzio, com suas típicas frases um tanto ambíguas, enviou um telegrama a Mussolini em novembro declarando seu desejo de dissociar "minha Molfetta" de uma declaração antifascista feita por Salvemini, também nascido na cidade (28 de novembro de 1925, Panunzio para Mussolini).
169. Veja M. L. Salvadori, *Gaetano Salvemini*, Turim, 1963, p. 31-34.
170. O principal registro em inglês sobre o antifascismo continua sendo C. F. Delzell, *Mussolini's enemies: the Italian anti-Fascist resistance*, Princeton, 1961 e veja p. 27-29 (Gobetti) e 24-25 (Amendola).
171. Para seu relato, veja A. Rocco, *La trasformazione dello stato: dallo stato liberale allo stato fascista*, Roma, 1927.
172. Para saber mais sobre o acordo, veja A. Aquarone, *L'organizzazione dello stato totalitario*, Turim, 1965, p. 439.
173. SPDCR 79, 21 de junho de 1923, Barella para Mussolini.
174. R. De Felice, *Mussolini il fascista 1925-1929*, p. 138-139.
175. SPDCR 100, 8 de dezembro de 1925, M. Crespi para Mussolini.
176. Veja, por exemplo, SPDCR 82R, 24 de dezembro de 1925, Federzoni para Mussolini sobre o caso *Mattino* em Nápoles.
177. BMOO, XXII, p. 36-37.
178. Veja, por exemplo, DDI 7s, III, 349, 27 de junho de 1924, Mussolini para Romano Avezzana (Paris). Mussolini rapidamente instruíra seus representantes no exterior que seguissem a mesma linha oficial em qualquer comentário sobre o assassinato de Matteotti.
179. DDI 7s, 797, III, 11 de abril de 1925, Mussolini para Farinacci.
180. Veja, por exemplo, DDI 7s, III, 2 de maio de 1924, Mussolini para MacDonald.
181. Para um resumo sobre a continuidade na diplomacia fascista com a Russia, veja G. Petracchi, *Da San Pietroburgo a Mosca: la diplomazia italiana in Russia 1861-1941*, Roma, 1993.
182. M. L. Napolitano, *Mussolini e la conferenza di Locarno (1925): il problema di sicurezza nella politica estera italiana*, Urbino, 1996, p. 200.
183. Veja, por exemplo, DDI 7s, IV, 21, 8 de junho de 1925, Mussolini para seus principais embaixadores.
184. BMOO, XXII, p. 36.
185. Veja R. De Felice, *Mussolini il fascista 1925-1929*, p. 42-44.
186. Para um dos exemplos mais convictos, veja o caso do compositor Pietro Mascagni, que já fora "socialista". SPDCR 102, 24 de junho de 1926, Mascagni para Mussolini. SPDCR 14, o arquivo sobre Ardengo Soffici é um forte concorrente.
187. BMOO, XXI, p. 362-263. Ele então se gabava de nunca em sua vida ter lido uma página escrita por Croce (p. 358).
188. BMOO, XXI, p. 425.

10. O homem da Providência, 1926-1929

1. BMOO, XXXIX, p. 476.
2. V. Perroni, *Il Duce ai Balilla: brani e pensieri dei discorsi di Mussolini, ordinati e illustrati per i bimbi d'Italia*, Roma, 1930, p. 30-31.
3. R. De Felice, *Mussolini il duce: 1. gli anni del consenso 1929-1936*, Turim, 1974, p. 20.
4. F. Anfuso, *Da Palazzo Venezia al Lago di Garda (1936-1945)*, Roma, 1996, p. 71.
5. BMOO, XL, p. 71.
6. BMOO, XL, p. 5.
7. BMOO, XXIII, p. 159. Quando fez esses comentários, Mussolini estava se dirigindo ao Senado (5 de junho de 1928).
8. A. Lyttelton, *The seizure of power: Fascism in Italy 1919-1929*, Londres, 1973, p. 482.

9. SPDCR 43, 16 de novembro de 1925, Mussolini para Farinacci.
10. Veja mais em SPDCR 64.
11. BMOO, XXII, p. 107-110.
12. BMOO, XXII, p. 111.
13. U. Guspini, *L'orecchio del regime: le intercettazioni telefoniche al tempo del fascismo,* Milão, 1973, p. 70.
14. R. De Felice, *Mussolini il fascista: II L'organizzazione dello stato fascista 1925-1929,* Turim, 1968, p. 200.
15. *La Vita Italiana,* 15 de abril de 1926.
16. Veja mais em SPDCR 64.
17. Para uma etnografia esplendorosa e evocativa, veja B. Dalla Casa, *Attentato al duce: le molte storie del caso Zamboni,* Bolonha, 2000.
18. M. L. Salvadori, *Gaetano Salvemini,* Turim, 1963, p. 32.
19. R. De Felice, *Mussolini il fascista 1925-1929,* p. 211-212.
20. C. Rossi, *Personaggi di ieri e di oggi,* Milão, 1960, p. 207.
21. M. Franzinelli, *I tentacoli dell'Ovra: agenti, collaboratori e vittime della polizia politica fascista,* Turim, 1999, p. 27.
22. C. Rossi, *Personaggi di ieri e di oggi,* p. 209.
23. Para um exemplo da aprovação de Mussolini sobre seu trabalho lá, veja BMOO, XXXIX, p. 1.
24. G. Leto, *OVRA: fascismo-antifascismo,* Rocca San Casciano, 1952, p. 31.
25. C. Rossi, *Personaggi di ieri e di oggi,* p. 219.
26. E. Dollmann, *The interpreter: memoirs,* Londres, 1967, p. 180.
27. C. Rossi, *Personaggi di ieri e di oggi,* p. 245-246.
28. Ibid., p. 244.
29. M. Franzinelli, *I tentacoli dell'Ovra,* p. 28.
30. Ibid.
31. Veja *Carteggio Arnaldo-Benito Mussolini* (ed. D. Susmel), Florença, 1954, p. 53 para a reclamação de Arnaldo em novembro de 1926 sobre essa questão.
32. G. Leto, *OVRA,* p. 162.
33. D. Carafoli e G. Bocchini-Padiglione, *Il Vice Duce: Arturo Bocchini, capo della polizia fascista,* Milão, 2003, p. 219.
34. G. Leto, *OVRA,* p. 211-212; M. Franzinelli, *I tentacoli dell'Ovra,* p. 374.
35. G. Leto, *OVRA,* p. 200; M. Franzinelli, *I tentacoli dell'Ovra,* p. 376.
36. D. R. Gabaccia, *Italy's many diasporas,* Seattle, 2000, p. 65.
37. M. Franzinelli, *I tentacoli dell'Ovra,* p. 4.
38. BMOO, XXII, p. 371.
39. BMOO, XXII, p. 371-380.
40. Veja o Capítulo 1. Bocchini foi sucedido por Carmine Senise, um napolitano de atitudes, práticas e classe social bastante similares, era subalterno e um velho protegido de Bocchini. Eles haviam trabalhado juntos no Departamento de Imprensa durante a Primeira Guerra Mundial. Para seu próprio relato, veja C. Senise, *Quando ero Capo della Polizia 1940-1943,* Roma, 1946.
41. M. Franzinelli, *I tentacoli dell'Ovra,* p. 63.
42. C. M. Fiorentino, "Spie di Mussolini all'ombra di San Pietro: l'attività informatica fascista in Vaticano", *Nuova Storia Contemporanea,* 2, 1998, p. 73.
43. R. Zangrandi, *Il lungo viaggio attraverso il fascismo: contributo alla storia di una generazione,* Milão, 1962, p. 36.
44. M. Frazinelli, *I tentacoli dell'Ovra,* p. 388.
45. Um *confinato* recordou em suas memórias que as remotas ilhas haviam sido usadas para propósitos similares pelos Bourbon desde 1752. Segundo ele, os banheiros eram escassos e porcos selvagens perambulavam pelo local, frequentemente dormindo com seus donos. Veja J. Busoni, *Nel tempo del fascismo,* Roma, 1975, p. 138-140. Dumini também passou um tempo em Tremiti, lamentando amarguradamente sobre a perda da civilização que isso acarretou.

46. Ibid., p. 150. Cf. M. Giua, *Ricordi di un ex-detenuto politico 1935-1943*, Turim, 1945, p. 53. O relato clássico da falta de compreensão entre o mundo dos camponeses e o mundo político é o de C. Levi, *Christ stopped at Eboli: the story of a year*, Nova York, 1947.
47. Para mais contexto, veja Q. Navarra, *Memorie del cameriere di Mussolini*, Milão, 1946.
48. DGPS, Confinati politici 598, caso de Don Francesco Malalan.
49. Carte Volpi 2/15, 2 de junho de 1927, Mussolini para Volpi.
50. M. Franzinelli, *I tentacoli dell'Ovra*, p. 627.
51. C. F. Delzell, *Mussolini's enemies: the Italian anti-Fascist resistance*, Princeton, 1961, p. 40.
52. Ainda o melhor resumo, em inglês, de suas ideias e sua vida é o de J. Joll, *Gramsci*, Glasgow, 1977.
53. Para mais contexto, veja G. Fiori, *Vita di Antonio Gramsci*, Bari, 1973, p. 334-337.
54. Para o debate sobre Gramsci, veja G. Liguori, *Gramsci conteso: storia di un dibattito 1922-1996*, Roma, 1996.
55. BMOO, XXII, p. 92. Mussolini estava discursando sobre uma lei para ratificar o papel social dos sindicatos fascistas.
56. BMOO, XXII, p. 30.
57. Para um exemplo em inglês, veja D. D. Roberts, *The syndicalist tradition and Italian Fascism*, Manchester, 1979, p. 309. A interpretação ainda é aceita pela maioria da escola de De Felice.
58. BMOO, XXII, p. 287.
59. Rocco era um dos que estava sempre pronto a educadamente atestar o "instinto infalível" de seu líder. Veja A. Rocco, *La trasformazione dello stato: dallo stato liberale allo stato fascista*, Roma, 1927, p. 9.
60. R. De Felice, *Mussolini il fascista 1925-1929*, p. 267-274.
61. Em seu discurso do Dia da Ascensão ele afirmou que o "estado corporativo" já existia e em seguida, ignorando a evidente contradição, continuou a discutir os processos pelos quais ele seria instaurado. Veja BMOO, XXII, p. 388-389.
62. Veja, por exemplo, BMOO, XXII, p. 270-271; 281-283.
63. Para o texto, veja A. Aquarone, *L'organizzazione dello stato totalitario*, Turim, 1965, p. 477-481.
64. R. De Felice, *Mussolini il fascista 1925-1929*, p. 293.
65. A. Aniante, "Imitare la maniera di vita di Mussolini", *Critica fascista*, 5, 15 de maio de 1927.
66. G. Bottai, "Significato della 'Carta del Lavoro'", *Gerarchia*, 7, maio de 1927, p. 322-324.
67. R. De Felice, *Mussolini il fascista 1925-1929*, p. 295-296.
68. J. J. Tinghino, *Edmondo Rossoni*, Nova York, 1991, p. 208-209.
69. Veja os arquivos em SPDCR 91.
70. SPDCR 91, relatório de 26 de abril de 1937.
71. SPDCR 41, 9 de agosto de 1925, Mussolini para o prefeito de Cremona; BMOO, XL, p. 71.
72. R. De Felice, *Mussolini il fascista 1925-1929*, p. 230.
73. G. G. Migone, *Gli Stati Uniti e il fascismo: alle origini dell'egemonia americana in Italia*, Milão, 1980, p. 105.
74. Ibid., p. 130-151.
75. BMOO, XXXIX, p. 479.
76. DDI 7s, IV, 387, 8 de agosto de 1926, Mussolini para Volpi.
77. Ibid. Também em BMOO, XL, p. 110-118.
78. BMOO, XXII, p. 196-198.
79. BMOO, XXIII, p. 82-84. Para uma análise crítica em inglês, veja R. Sarti, "Mussolini and the Italian industrial leadership in the battle for the lira 1925-1927", *Past and Present*, 47, 1970, p. 97-112; J. S. Cohen, "The 1927 revaluation of the lira: a study in political economy", *The Economic History Review*, 25, 1972, p. 642-654; V. Zamagni, *The economic history of Italy 1860-1990*, Oxford, 1993, p. 251-252.
80. Para um exemplo típico de um esforço dos industriais para distrair o Duce com elogios, veja Carte Volpi, 6/46, 4 de junho de 1927, Pirelli para Volpi.
81. G. G. Migone, *Gli Stati Uniti e il fascismo*, p. 189-190.
82. R. Sarti, "Mussolini and the industrial leadership", p. 111.

83. W. G. Welk, *Fascist economic policy: an analysis of Italy's economic experiment*, Cambridge, Mass., 1938 (republicado, Nova York, 1968), p. 164.
84. Em inglês, veja especialmente, A. J. Gregor, *Italian Fascism and developmental dictatorship*, Princeton, 1979.
85. Para uma análise, veja J. Morris, "Retailers, Fascism and the origins of social protection of shopkeepers in Italy", *Contemporary European History*, 5, 1996, p. 285-318; "The Fascist 'Disciplining' of the Italian retail sector, 1922-1940", *Business History*, 40, 1998, p. 138-164. A legislação fascista era tão branda e os lojistas estavam tão felizes com as instituições fascistas que tanto as leis quanto as organizações foram mantidas na República.
86. V. Castronovo, *Storia di una banca: La Banca Nazionale del Lavoro e lo sviluppo economico italiano 1913-1983*, Turim, 1983, p. 167-195.
87. Os relatórios policiais iniciais que Mussolini recebeu sobre ele, como esperado, retornaram negativos. Veja SPDCR 11, 24 de fevereiro de 1926, Pericoli para Mussolini.
88. V. Castronovo, *Storia di una banca*, p. 98-108.
89. Ibid., p. 108.
90. Com sua típica rispidez, Farinacci tentou defender Osio depois de sua demissão. Veja SPDCR 11, 20 de fevereiro de 1942, Farinacci para Mussolini.
91. V. Castronovo, *Storia di una banca*, p. 231. Sua partida facilitou sua conversão ao antifascismo a partir de 1943.
92. J. P. Morgan era educado o suficiente para enviar uma mensagem dizendo que lamentava a notícia. ACS, Carte Volpi 2/20/2, 12 de julho de 1928, J. P. Morgan para Volpi.
93. A. Mosconi, *La mia linea politica*, Roma, 1952, p. 17-19; 23-24.
94. G. Belluzzo, "L'Italia è povera di materie prime?", *Gerarchia*, 7, janeiro de 1927, p. 4-11.
95. G. Carocci, *Italian Fascism*, Harmondsworth, 1975, p. 115.
96. BMOO, XXI, p. 38.
97. BMOO, XXI, p. 356. For the background, cf. R. De Felice, *Mussolini il fascista 1925-1929*, p. 80-82.
98. BMOO, XXII, p. 366-367.
99. ACS, Ministério do Interior, Direzione Generale di Pubblica Sicurezza (doravante denominada DGPS), 8/64, 10 de junho de 1922, superintendente Adinolfi para o subsecretário do Interior.
100. DGPS 1/8, 30 de março de 1923, Porro para Mussolini.
101. C. G. Chapman, *Milocca: a Sicilian village*, Londres, 1973, p. 4. Cf., por exemplo, o relatório exatamente igual de um oficial de polícia sobre o fascismo em Catanzaro em 1925. DGPS 1/119, 10 de julho de 1925, relatório.
102. C. G. Chapman, *Milocca*, p. 155.
103. Ibid., p. 155-156.
104. Ibid., p. 218.
105. SPDCR 4, 18 de setembro de 1924, Acerbo para Mussolini.
106. SPDCR 4, 11 de novembro de 1924, Acerbo para Mussolini.
107. Carte M. Bianchi, 1/2, 16 de junho de 1924, Bianchi para Mussolini.
108. SPDCR 100, 17 de agosto de 1929, relatório. A morte de Bianchi em 1930 o elevou ao panteão fascista e lhe rendeu um elogio que, um tanto contraditório a essas acusações, enfatizou sua total inflexibilidade moral, bem como seu apreço inabalável à sua terral natal, a Calábria. Veja D. M. Tuninetti, *La vita di Michele Bianchi*, Roma, 1935.
109. Veja, por exemplo, Carte M. Bianchi, 1/8; 1/7, 2 de abril de 1924, Maraviglia para Bianchi.
110. C. Mori, *Con la Mafia ai ferri corti*, Milão, 1932, p. 230.
111. Ibid., p. 81; 242.
112. C. Duggan, *Fascism and the Mafia*, New Haven, 1989, p. 85.
113. Ibid., p. 266.
114. BMOO, XXVIII, p. 239-242.
115. D. Detragiache, "Le fascisme féminin de San Sepolcro à l'affaire Matteotti", *Revue D'histoire moderne et contemporaine*, 30, 1983, p. 368-372.

116. Veja, por exemplo, BMOO, XIII, p. 17.
117. BMOO, XIX, p. 215; 226-228.
118. BMOO, XIX, p. 357.
119. O melhor estudo geral do assunto é V. De Grazia, *How Fascism ruled women: Italy 1922-1945*, Berkeley, 1992.
120. Para a legislação pertinente, veja A. Aquarone, *L'organizzazione dello stato totalitario*, p. 412-415.
121. V. De Grazia, *How Fascism ruled women*, p. 7-8; 60-69.
122. BMOO, XXII, p. 363-365.
123. V. De Grazia, How Fascism ruled women, p. 43.
124. A. Turati, *Il partito e i suoi compiti*, Roma, 1928, p. 189.
125. Cf. V. De Grazia, *How Fascism ruled women*, para ver a forma com que as mulheres italianas de fato aproveitaram a oportunidade desse espaço.
126. Y. De Begnac, *Palazzo Venezia: storia di un regime*, Roma, 1950, p. 134.
127. N. D'Aroma, *Mussolini segreto*, Rocca San Casciano, 1957, p. 28.
128. E. Ludwig, *Talks with Mussolini*, Londres, 1932, p. 115; 168.
129. M. Ostenc, "Una tappa della fascistizzazione: la scuola e la politica del 1925 al 1928", *Storia contemporanea*, 4, 1973, p. 497-498.
130. T. M. Mazzatosta, *Il regime fascista tra educazione e propaganda (1935-1943)*, Bolonha, 1978, p. 94.
131. R. Cantalupo, "La classe dirigente e il suo Duce", *Gerarchia*, 6, janeiro de 1926, p. 3-13.
132. SPDCR 81, 8 de janeiro de 1928, Mussolini para Bodrero. Mussolini acrescentou, em tom apaziguador, que Bodrero poderia dizer que o Duce gostava de filosofia e, especialmente, história da filosofia e acabara de ler Platão.
133. SPD, Carte della Cassetta di Zinco 6, 9 de fevereiro de 1927, nota. Mas, uma década mais tarde, o Duce disse à sua amante que Beethoven na verdade era judeu. C. Petacci, *Mussolini segreto: diari 1932-1938*, Milão, 2009, p. 128.
134. G. Pardini, *Roberto Farinacci ovvero della rivoluzione fascista*, Florença, 2007, p. 226.
135. Veja, por exemplo, Carte R. Farinacci 31, 12 de setembro de 1932, Farinacci para Mussolini, culpando Turati por "cinco anos de perseguição".
136. Carte R. Farinacci 31 contém um arquivo das cartas trocadas com Arnaldo; cf. SPDCR 40, 8 de julho de 1926, Farinacci para Mussolini.
137. SPDCR 40, 10 de julho de 1926, Mussolini para Farinacci.
138. A. Turati, *Il partito e i suoi compiti*, p. 157; 203.
139. Veja A. Turati, *Ragioni ideali di vita fascista*, Roma, 1926.
140. Veja A. Turati e G. Bottai (eds.), *La Carta del Lavoro: illustrato e commentato*, Roma, 1929, p. 59.
141. A. Turati, *Ragioni ideali*, p. 35.
142. A. Turati, *Una rivoluzione e un capo*, Roma, 1927, p. 124.
143. Veja R. De Felice, *Mussolini il fascista 1925-1929*, p. 301-314.
144. SPDCR 43, 16 de janeiro de 1926, Mussolini para Farinacci.
145. "Critica Fascista", "Mussolini, dittatore del partito", *Critica Fascista*, 4, 18 de setembro de 1926, p. 342-344.
146. *Il 1919*, 2, janeiro de 1926.
147. SPDCR 46, 9 de outubro de 1926, A. Mussolini para Giampaoli; 41, 27 de novembro de 1926, A. Mussolini para Farinacci.
148. SPDCR 46, memorando de 30 de setembro de 1927. Cf. 20 de novembro de 1928, A. Mussolini para Giampaoli.
149. SPDCR 46, relatórios policiais, 16 de janeiro e 18 de dezembro de 1928.
150. SPDCR 46, grampo telefônico, 25 de dezembro de 1928.
151. SPDCR 46, nota, 19 de dezembro de 1928. Para o caso de assumir o posto, um arquivo estava sendo elaborado sobre ele, com alegações de uma série de más condutas sexuais, incluindo homossexualidade e estupro, e desvios de caráter como uso de cocaína, amizades maçônicas e ser dominado pela esposa. Veja 94, notas, 13, 16 de outubro de 1928, 12 de outubro de 1932.

152. SPDCR 46, Giampaoli para Sebastiani. Há ainda uma série de cartas de 1929, nas quais Giampaoli, em palavras muito parecidas com as de Dumini durante seu período de atribulações, reclamou sobre seus infortúnios familiares. Ele tinha uma avó doente, alegou que seus cabelos haviam ficado brancos do dia para a noite e que enfrentava problemas financeiros, além de enfatizar seu histórico de lealdade e contribuição à causa.
153. SPDCR 46, nota, 17 de fevereiro de 1940.
154. SPDCR 46, relatórios policiais, 9 de setembro de 1940 e 20 de abril de 1942.
155. SPDCR 46, Giampaoli para Mussolini, 1º de maio de 1943.
156. SPDCR 42, Farinacci para Mussolini, 6 de junho de 1927.
157. SPDCR 43, Farinacci para Mussolini, 3 de maio de 1927.
158. SPDCR 42, Farinacci para Mussolini, 1º de setembro de 1927.
159. Para outro exemplo, veja SPDCR 41, Arnaldo Mussolini para Mussolini, 14 de fevereiro de 1927. Arnaldo havia repreendido Farinacci por seus ataques a Turati e ao *status quo* do Partido ao ser informado de que Volpi e Balbo eram desleais assim como Turati, enquanto Costanzo Ciano e Giuriati eram amigos presentes.
160. Para um exemplo revelador, veja SPDCR 87, relatório sobre F. Lantini, 5 de maio de 1928. A polícia apontou que Lantini tinha o apoio de Turati, mas a oposição de Farinacci, Rossoni, Balbo e Bottai.
161. SPDCR 43, Mussolini para Farinacci, 16 de novembro de 1925.
162. P. Scoppola, *La Chiesa e il Fascismo: documenti e interpretazioni*, Bari, 1971, p. 4-5; 32.
163. Para um exemplo dessa retórica, veja P. Zama, *Fascismo e religione*, Milão, 1923, p. 7-10. Zama foi publicado pela Imperia, a editora do PNF.
164. BMOO, XXII, p. 400-401; cf. C. A. Biggini, *Storia inedita della Conciliazione*, Milão, 1942, p. 72-73.
165. R. De Felice, *Mussolini il fascista 1925-1929*, p. 403.
166. Ibid., p. 403; 422.
167. F. Pacelli, *Diario della Conciliazione con verbali e appendice di documenti* (ed. M. Maccarrone), Città del Vaticano, 1959, p. 113-124.
168. Nogara aproveitou o momento para reavivar uma ideia, discutida antes de 1914, da instituição de um banco nacional de crédito, que poderia se apoiar em iniciativas patrióticas no exterior e, assim, aliar a Igreja e o Estado na causa imperial. Veja DDI 7s, VII, 188, 18 de janeiro de 1929, Nogara para Mussolini.
169. Para um relato do efeito sobre as finanças do Vaticano, veja J. F. Pollard, "The Vatican and the Wall Street crash: Bernardino Nogara and papal finances in the early 1930s", *Historical Journal*, 42, 1999, p. 1077-1091.
170. Para um resumo em inglês, veja J. F. Pollard, *The Vatican and Italian Fascism, 1929-1932: a study in conflict*, Cambridge, 1985, p. 46-47.
171. *Il Popolo d'Italia*, 12 de fevereiro de 1929.
172. J. F. Pollard, *The Vatican and Italian Fascism*, p. 49-50.
173. P. Scoppola, *La chiesa e il fascismo*, p. 196.
174. P. C. Kent, *The Pope and the Duce: the international impact of the Lateran Agreements*, Londres, 1981, p. 193.
175. G. Guidi, *Pio XI*, Milão, 1938, p. 158.
176. SPDCR 6, 13 de fevereiro de 1929, relatório policial.
177. *The Tablet*, 30 de março, 18 de maio e 15 de junho de 1929.
178. *The Times*, 13 de fevereiro de 1929.
179. *The Economist*, 15 junho 1929. As alianças renderam à Rachele Mussolini um efusivo artigo na *Girl's Own Annual* de 1929. Veja I. Phayre, "The romance of Rachele Mussolini: from milkmaid and farmhand to 'Caesar's wife' e 'Cousin of the King'", p. 414-416.
180. C. A. Biggini, *Storia inedita della conciliazione*, p. 9; 411.
181. G. Cresciani, *Fascism, Anti-Fascism and Italians in Australia 1922-1945*, Camberra, 1980, p. 210.
182. R. De Felice, *Mussolini il duce 1929-1936*, p. 3.
183. Para um relato da história, com fotografias impressionantes do castelo reduzido a escombros por um terremoto e os desgastes do tempo antes de ser reconstruído, veja P. Mastri, *La Rocca delle Caminate (Il Castello del Duce)*, Bolonha, 1927.

184. G. Pini e D. Susmel, *Mussolini: L'uomo e L'opera,* Florença, 1953-1955, vol. 3, p. 111.
185. *Carteggio Arnaldo-Benito Mussolini,* p. 30.
186. Por exemplo em seu discurso do Dia da Ascensão, BMOO XXI, p. 370. Depois de 1927, a construção de Predappio como um local sagrado para o fascismo desacelerou.
187. SPDCR 116 contém um extenso arquivo.

11. Mussolini em sua pompa, 1929-1932

1. P. Einzig, *The economic foundations of Fascism,* Londres, 1933, p. vi-vii; 10; 100.
2. Y. De Begnac, *Palazzo Venezia: storia di un regime,* Roma, 1950, p. 353.
3. Seus propagandistas naturalmente concordaram. Veja G. Gennaioli, *Mussolini e Napoleone I,* San Sepolcro, 1926. Mas Mussolini continuou desconfortável com a comparação. Veja C. Petacci, *Mussolini segreto: diari 1932-1938,* Milão, 2009, p. 422; 467.
4. Para um exemplo relativamente moderado, veja G. Volpe, *Storia della Corsica italiana,* Milão, 1939, que observa de modo reticente que foram os franceses, depois de 1815, que tentaram apagar a imagem de Napoleão como italiano (p. 70).
5. Veja, por exemplo, F. Tempera, *Benito: emulo-superatore di Cesare e di Napoleone,* Roma, 1927.
6. G. Viganoni, *Mussolini e i Cesari,* Milão, 1933, p. 237. O autor afirma que viu Mussolini pela primeira vez em outubro de 1932 e foi levado a murmurar espontaneamente: "Ave, Caesar Imperator" (p. 10).
7. Para um texto em inglês, veja B. Mussolini e G. Forzano, *Napoleon: the hundred days,* Londres, 1932.
8. Veja G. Forzano, "Introduzione: la mia collaborazione teatrale con Benito Mussolini", em sua obra *Mussolini: autore drammatico,* Florença, 1954.
9. B. Mussolini e G. Forzano, *Napoleon,* p. 87. Napoleão estava falando de forma profética com a mãe.
10. R. De Felice, *Mussolini il fascista II. L'organizzazione dello stato fascista 1925-1929,* Turim, 1968, p. 438.
11. L. Passerini, *Mussolini immaginario: storia di una biografia 1915-1939,* Bari, 1991, p. 141.
12. Para um relato desses eventos, veja A. Cederna, *Mussolini urbanista: lo sventramento di Roma negli anni del consenso,* Bari, 1979.
13. R. Ducci, *La bella gioventù,* Bolonha, 1996, p. 65-66. Em 1941.
14. L. Passerini, *Mussolini immaginario,* p. 139.
15. Para um relato evocativo e fascinante de sua visita a Mussolini, veja V. Brancati, "La mia visita a Mussolini", *Critica Fascista,* 9, 1º de agosto de 1931, p. 292-293.
16. Em 1935 um comentarista, especializado em arqueologia vocal, conclui que os dois eram a mesma pessoa pois falavam da mesma forma. N. Sigillino, *Mussolini visto da me,* Roma, 1935, p. 24.
17. Veja, por exemplo, V. J. Bordeux, *Benito Mussolini,* Londres, s.d., p. 284.
18. Y. De Begnac, *Palazzo Venezia: storia di un regime,* p. 649.
19. B. Bottai, *Fascismo famigliare,* Casale Monferrato, 1997, p. 17.
20. Veja *L'Illustrazione italiana,* 26 de março de 1933, para uma fotografia de Mussolini grisalho em um momento de descuido.
21. S. Colarizi, *L'opinione degli italiani sotto il regime 1929-1943,* Bari, 1991, p. 25.
22. SPDCR 75, relatório policial, maio de 1927.
23. Y. De Begnac, *Taccuini mussoliniani,* p. 471. Mussolini gostava de afirmar para plateias selecionadas que Turati era inocente das acusações, que haviam sido alardeadas por Farinacci, mas que ele não fez nada nem para salvar o ex-colega nem para dar a ele uma oportunidade de outro cargo no governo.
24. A. Turati, *Fuori dell'ombra della mia vita: dieci anni nel solco del fascismo* (ed. A. Frappani), Bréscia, 1973, p. 37.
25. T. Cianetti, *Memorie dal carcere di Verona* (ed. R. De Felice), Milão, 1983, p. 146-147.
26. Ibid., p. 213.
27. Cf. em E. N. Peterson, *The limits of Hitler's power,* Princeton, 1969.
28. Para os dois exemplos mais diretos, veja G. T. Garratt, *Mussolini's Roman Empire,* Harmondsworth, 1938; D. Mack Smith, *Mussolini's Roman Empire,* Londres, 1976. O título da tradução italiana do livro de Mack Smith é, na verdade, *Le guerre del Duce.*

29. M. Knox, *Common destiny: dictatorship, foreign policy, and war in Fascist Italy and Nazi Germany*, Cambridge, 2000, p. 66.
30. M. Knox, *Hitler's Italian allies: Royal armed forces, Fascist regime, and the war of 1940-1943*, Cambridge, 2000, p. 5.
31. E. Di Nolfo, *Mussolini e la politica estera italiana (1919-1933)*, Pádua, 1960, p. 245-246.
32. P. G. Edwards, "The Austen Chamberlain-Mussolini meetings", *Historical Journal*, 14, 1971, p. 163.
33. Para um relato detalhado de um setor, veja L. Tosi, *Alle origini della FAO: le relazioni tra L'Istituto internazionale di Agricoltura e la Società delle Nazioni*, Milão, 1989.
34. BMOO, XXIII, p. 271.
35. Veja, por exemplo, DDI 7s, VI, 391, 8 de junho de 1928, Mussolini para De Martino.
36. BMOO, XXII, p. 66-67.
37. Entretanto, de acordo com um jovem diplomata, a iniciativa para a mudança foi de Grandi. Veja M. Luciolli, *Palazzo Chigi: anni roventi. Ricordi di vita diplomatica italiana dal 1933 al 1948*, Milão, 1976, p. 51.
38. Veja, por exemplo, DDI 7s, V, 256, 8 de junho 1927, Grandi para Turati, explicando que Mussolini desejava a nomeação de "heróis de guerra" e "fascistas autênticos". Para o anúncio feito por Mussolini sobre a mudança, veja BMOO, XXIII, p. 190-191.
39. L. V. Ferraris, "L'amministrazione centrale del Ministero degli Esteri italiano nel suo sviluppo storico (1848-1954)", *Rivista di studi politici internazionali*, 21, 1954, p. 457. Para mais contexto sobre o ministro liberal, seus padrões sociais e seus apoiadores, veja R. J. B. Bosworth, *Italy, the least of the Great Powers: Italian foreign policy before the First World War*, Cambridge, 1979, p. 95-126.
40. Para um famoso exemplo e a explicação de sua decisão em setembro de 1943, veja L. Bolla, *Perché a Salò: diario della Repubblica Sociale Italiana* (ed. G.B. Guerri), Milão, 1982.
41. H. Fornari, *Mussolini's gadfly: Roberto Farinacci*, Nashville, 1971, p. 175. Franco Farinacci era notavelmente pessimista sobre as chances do Eixo na guerra.
42. Veja *Annuario diplomatico e delle carriere direttive*, Roma, 1980, p. 593.
43. Na década de 1980 Grandi, já idoso, foi abençoado por membros da escola De Felice, que respeitosamente publicaram algumas de suas memórias. Veja D. Grandi, *Il mio paese: ricordi autobiografici* (ed. R. De Felice), Bolonha, 1985; *La politica estera dell'Italia dal 1929 al 1932* (ed. P. Nello), 2 vols., Roma, 1985. Para algumas complicações envolvidas, cf. M. Knox, "I testi 'aggiustati' dei discorsi segreti di Grandi", *Passato e Presente*, 13, 1987, p. 97-117.
44. D. Grandi, *Giovani*, Bolonha, 1941, p. 147; 225.
45. P. Nello, *Dino Grandi: la formazione di un leader fascista*, Bolonha, 1987, p. 250.
46. DDI 7s, VIII, 19, 26 de setembro de 1929, Grandi para Mussolini.
47. O arquivo de Mussolini sobre Grandi, inevitavelmente, incluiu uma acusação, em 1929, de corrupção em negócios imobiliários, descartada pelo subsecretário, que utilizou a ocasião para requerer um aumento de salário de mais que o dobro. Veja SPDCR 14, 17 de junho de 1929, Grandi para Mussolini.
48. Para um relato do reavivamento das ambições por lá antes de 1914 (a derrota em Adowa não havia de modo algum persuadido todos os liberais para ficar longe da Etiópia para sempre), veja R. J. B. Bosworth, *Italy, the least of the Great Powers*, p. 329-336.
49. DDI 7s, IV, 397, 27 de agosto de 1926, Mussolini para seus principais embaixadores.
50. Veja A. Cassels, *Mussolini's early diplomacy*, p. 300-302.
51. Veja, por exemplo, DDI 7s, VI, 186, 26 de março de 1928, Mussolini para Cora, no qual as palavras de Mussolini sugerem que ele pensava que seu representante diplomático poderia se surpreender com a notícia. Sobre o acordo, cf. também G. Cora, "Il trattato italo-etiopico del 1928", *Rivista di studi politici internazionali*, 15, 1948, p. 205-226.
52. G. Cora, "Un diplomatico durante L'era fascista", *Storia e politica*, 5, 1966, p. 88-89.
53. R. De Felice, *Mussolini il duce I. gli anni del consenso 1929-1936*, Turim, 1974, p. 396-397.
54. Para seu próprio relato, veja R. Guariglia, *Ricordi 1922-1946*, Nápoles, 1949.
55. R. De Felice, *Mussolini il duce 1929-1936*, p. 397-400. Guariglia repetiu seu conselho no ano seguinte. Veja DDI 7s, XII, 222, 26 agosto de 1932, Guariglia para Mussolini; 223, 27 de agosto de 1932, Guariglia para Mussolini.

56. A natureza títere do regime de Zog é exemplificada por sua aceitação do comando italiano de suas forças em caso de guerra. Veja DDI 7s, VI, 611, acordos militares de 31 agosto de 1928.

57. Cf. A presunção automática de Grandi de que a presença econômica italiana na Albânia, mesmo em relação à companhia petrolífera estatal A.G.I.P., naturalmente seria à custa do povo italiano. Veja DDI 7s, VIII, 170, 19 de novembro de 1929, Grandi para Bottai. Os empresários envolvidos ficaram satisfeitos em se adaptar a essas atitudes. Veja X, 104, 3 de março de 1931, Giarratana para Grandi. Para um comentário mais geral sobre os subsídios gastos, cf. XII, 60, 25 de maio de 1932, Grandi para Bottai.

58. Veja, por exemplo, DDI 7s, IX, 395, 22 de novembro de 1930, Grandi para Auriti.

59. DDI 7s, IV, 448, 2 de outubro de 1926, Mussolini para Badoglio.

60. Veja, por exemplo, DDI 7s, VI, 641, 11 de setembro de 1928, Mussolini para Rochira.

61. J. J. Sadkovich, *Italy's support for Croatian separatism 1927-1937*, Nova York, 1987, p. 33.

62. R. De Felice, *Mussolini il duce 1929-1936*, p. 515.

63. DDI 7s, VII, 249, 13 de fevereiro de 1929, Auriti para Mussolini. Auriti acrescentou "*sic*" depois de seu relato da sugestão.

64. DDI 7s, VIII, 129, outubro de 1929, Grandi para Mussolini.

65. B. Mussolini, *Corrispondenza inedita* (ed. D. Susmel), Milão, 1972, p. 107.

66. Veja, por exemplo, "Lettera aperta a Bottai di Georges Valois", *Critica Fascista*, 4, 1º de agosto de 1926; A. Pavolini, "Le cose di Francia e l'universalità del fascismo", *Critica Fascista*, 4, 15 de janeiro de 1926, p. 25-27.

67. Veja DDI 7s, V, 48, 4 de março de 1927, Primo De Rivera para Mussolini. O general espanhol expressou sua enorme "admiração pelo grande trabalho de valor mundial em que você está engajado". Cf. VII, 600, 21 de agosto de 1929, Mussolini para Medici, rejeitando o convite de Primo para que o aconselhasse em questões constitucionais.

68. Veja, por exemplo, DDI 7s, VII, 17, 3 de outubro de 1928, Auriti para Mussolini; VIII, 101, 22 de outubro de 1929, Grandi para Auriti (entusiasmado com a ideia de o *Heimwehr* chegasse ao poder).

69. DDI 7s, IV, 551, 18 de dezembro de 1926, Bastianini para Mussolini com a notícia de que o Duce era considerado por eles um "líder espiritual".

70. Vejas as edições de *Critica Fascista*, 3, 1º de abril e 1º de maio de 1925.

71. *La Vita Italiana*, março de 1925, aclamou James Strachey Barnes. Para seus comentários, veja mais em J. S. Barnes, *Io amo l'Italia: memorie di un giornalista inglese*, Milão, 1939.

72. "Il premier australiano è fascista", *Critica Fascista*, 4, 1º de março de 1926, p. 92.

73. Veja J. S. Barnes, *The universal aspects of Fascism*, Londres, 1928. Cf. também sua obra *Fascism*, Londres, 1931.

74. M. G. Sarfatti, "Il fascismo visto Dall'estero', *Gerarchia*, 9, junho de 1929, p. 436-443.

75. BMOO, XXIII, p. 122.

76. A. Mussolini, *Scritti e discorsi*, Milão, 1934, vol. II, p. 18-20.

77. Para sua obra, veja B. Ricci, *Avvisi*, Florença, 1943; *La rivoluzione fascista: antologia di scritti politici* (eds. A. Cucchi e G. Galante), Milão, 1996.

78. Para um relato em inglês, veja M. A. Ledeen, *Universal Fascism: the theory and practice of the Fascist International 1928- 1936*, Nova York, 1972.

79. M. G. Sarfatti, "L'universitalità della politica italiana", *Gerarchia*, 12, janeiro de 1932, p. 39-40.

80. *Le Vie d'Italia*, XXXIV, fevereiro de 1928.

81. A. Pavolini, "Il Rotary", *Critica Fascista*, 7, 15 de janeiro de 1929, p. 22-24.

82. DDI 7s, VII, 348, 2 de abril de 1929, memorando da reunião em Florença.

83. Veja, por exemplo, DDI 7s, VIII, 304, 10 de janeiro de 1930, Mussolini para Grandi; 343, 3 de fevereiro de 1930, Mussolini para Grandi.

84. DDI 7s, VIII, 362, 13 de fevereiro de 1930, Grandi para Mussolini.

85. DDI 7s, X, 174, 28 de abril de 1931, Badoglio para Grandi.

86. BMOO, XXIV, p. 281. Ele então prosseguiu, negando que algum dia tenha dito que o fascismo não era para exportação. Em vez disso, era "espiritualmente" universal (p. 283).

87. DDI 7s, IX, 122, 29 de junho de 1930, Grandi para Mussolini.

88. F. Suvich, *Memorie 1932-1936* (ed. G. Bianchi), Milão, 1984, p. 10.
89. E. Di Nolfo, *Mussolini e la politica estera italiana*, p. 309, conclui que nenhuma posição política relevante havia sido alcançada nesta época, enquanto Fulvio D'Amoja argumenta que tal normalidade continuou em 1933-1934. Veja F. D'Amoja, *Declino e prima crisi dell'Europa di Versailles: studio sulla diplomazia italiana ed europea (1931-1933)*, Milão, 1967, p. 105.
90. A metáfora perdurou durante o fascismo e além. Veja, por exemplo, A. Lessona, *La missione dell'Italia in Africa*, Roma, 1936, p. 9; M. Gianturco, *La guerra degli imperi capitalisti contro gli imperi proletari*, Florença, 1940, p. 6. Gianturco, que já fora colaborador do *La Vita Italiana*, ressurgiu depois de 1945 como consultor governamental sobre emigração.
91. Para os números, veja G. Rosoli (ed.), *Un secolo di emigrazione italiana 1876-1976*, Roma, 1978, p. 346.
92. Veja C.G. Segrè, *Fourth shore: the Italian colonization of Libya*, Chicago, 1974.
93. Veja, por exemplo, *Il Legionario*, 2, 18 de julho de 1925.
94. E. Gentile, "La politica estera del partito fascista. Ideologia e organizzazione dei Fasci italiani all'estero (1920-1930)", *Storia contemporanea*, 26, 1995, p. 897-956.
95. Para um exemplo, veja R. e M. Bosworth, *Fremantle's Italy*, Roma, 1993, p. 87-91.
96. BMOO, XXI, p. 221.
97. BMOO, XXII, p. 150-151.
98. BMOO, XXIII, p. 89-91. Cf. p. 124-125, no qual Mussolini, em uma entrevista para o *Chicago Daily News*, negou qualquer ideia séria de impedir a assimilação de italianos nos EUA.
99. A. Del Boca, *Gli italiani in Libia: Tripoli bel suol d'amore 1860-1922*, Bari, 1986, p. 453.
100. Ibid., p. 153.
101. A. Del Boca, *Gli italiani in Libia dal fascismo a Gheddafi*, Bari, 1988, p. 5.
102. Para as memórias gerais de Graziani, veja R. Graziani, *Ho difeso la patria*, Milão, 1948. Ele também escreveu uma série de relatos de suas vitórias "romanas" na Líbia. Eles estão reunidos em R. Graziani, *Pace romana in Libia*, Milão, 1937.
103. A. Del Boca, *Gli italiani in Libia dal fascismo al Gheddafi*, p. 25-55.
104. Veja, por exemplo, R. Graziani, *Pace romana*, p. 265; 338.
105. C. M. De Vecchi, *Orizzonti d'impero: cinque anni in Somalia*, Milão, 1935.
106. A legislação racial foi ampliada lá em 1938 e escolas ortodoxas foram banidas em 1939. Veja C. Marongiu Buonaiuti, *La politica religiosa del fascismo nel Dodecaneso*, Nápoles, 1979, p. 95-106.
107. Para um relato sobre a perspectiva dos mais pobres, veja N. Doumanis, *Myth and memory in the Mediterranean: remembering Fascism's empire*, Londres, 1997. O predecessor de De Vecchi mais bem respeitado era o ex-nacionalista, Mario Lago.
108. Para um relato completo, veja A. Del Boca, *Gli italiani in Libia dal fascismo al Gheddafi*, p. 174-232.
109. Ibid., p. 180.
110. Ibid., p. 183.
111. Ibid., p. 189.
112. Ibid., p. 207.
113. Ibid., p. 191-197.
114. G. Rochat, "L'impiego di gas nella guerra d'Etiopia 1935-6", *Rivista di storia contemporanea*, 17, 1988, p. 79.
115. A. Del Boca, *Gli italiani in Libia dal fascismo al Gheddafi*, p. 191.
116. Para bons relatos de omissões da historiografia imperial italiana, veja A. Del Boca (ed.), *I gas di Mussolini: il fascismo e la guerra d'Etiopia*, Roma, 1996; A. Del Boca (ed.), *Adua: le ragioni di una sconfitta*, Bari, 1997.
117. Veja, por exemplo, O. Bartov, *The Eastern Front, 1941-45: German troops and the barbarisation of warfare*, Nova York, 1986.
118. A. Del Boca, *Gli italiani in Libia dal fascismo al Gheddafi*, p. 198.
119. Para mais sobre o assunto, veja o Capítulo 14.
120. Para um relato detalhado das disputas burocráticas, veja R. J. B. Bosworth, "Tourist planning in Fascist Italy and the limits of a totalitarian culture", *Contemporary European History*, 6, 1997, p. 1-25.

121. Para mais detalhes, veja R. J. B. Bosworth, "The *Touring Club Italiano* and the nationalisation of the Italian bourgeoisie", *European History Quarterly,* 27, 1997, p. 371-410.
122. R. J. B. Bosworth, "The *Touring Club Italiano*", p. 396.
123. BMOO, XXV, p. 148.
124. BMOO, XXIV, p. 45-90.
125. D. Binchy, *Church and state in Fascist Italy,* Oxford, 1941, p. 496-498.
126. Veja *Critica Fascista,* 9, 15 de julho de 1931, editorial. Cf. o artigo claramente mais crítico de B. Spampanato, "Stato e Chiesa: distanze e funzioni", na mesma edição (p. 264-266).
127. C. M. De Vecchi di Val Cismon, *Tra Papa, Duce e Re: il confl itto tra Chiesa cattolica e Stato fascista nel diario 1930-1931 del primo ambasciatore del Regno d'Italia presso la Santa Sede* (ed. S. Setta), p. 210.
128. J. F. Pollard, *The Vatican and Italian Fascism, 1929-1932,* Cambridge, 1985, p. 145.
129. C. M. De Vecchi di Val Cismon, *Tra Papa, Duce e Re,* p. 294.
130. Ibid., p. 182; 294.
131. Ibid., p. 89.
132. Para o relatório de Mussolini sobre a reunião, veja DDI 7s, XI, 205, 11 de fevereiro de 1932, Mussolini para o rei Vítor Emanuel III.
133. Para uma dessas disputas, veja SPDCR 14, 14 de agosto de 1932, Mussolini para Grandi; 4 e 20 de agosto de 1932, Grandi para Mussolini, no qual Grandi, no final, concorda em simplesmente aceitar que Balbo era "um pobre covarde".
134. Para seu relato, veja G. Giuriati, *La parabola di Mussolini nei ricordi di un gerarca* (ed. E. Gentile), Bari, 1981.
135. Para seus próprios relatos, veja G. Giuriati, *La vigilia (gennaio 1913-maggio 1915),* Milão, 1930; *Con D'Annunzio e Millo in difesa dell'Adriatico,* Florença, 1954.
136. G. Giuriati, *La parabola di Mussolini,* p. 43.
137. Ibid., p. 50.
138. Ibid., p. 51. Para um exemplo, cf. o arquivo sobre a grave corrupção na Faculdade de Medicina da Universidade de Nápoles envolvendo Pietro Castellini. Mesmo assim, na ocasião da morte de Castellini, em 1933, Mussolini enviou uma carta de condolências para o filho dele, elogiando a incansável dedicação de Pietro à ciência e à universidade. Veja SPDCR 38.
139. SPDCR 43, 10 de outubro de 1934.
140. SPDCR 47, 29 outubro de 1930, Giuriati para oficiais do PNF.
141. G. Giuriati, *La parabola di Mussolini,* p. 130. Giuriati também pretendia reinstituir o latim como idioma da diplomacia internacional (p. 150).
142. SPDCR 47, 22 de fevereiro de 1931, Giuriati para Mussolini.
143. G. Giuriati, *La parabola di Mussolini,* p. 156.
144. A. Spinosa, *Starace,* Milão, 1981, p. 292.
145. Ibid., p. 63.
146. Veja A. Starace, *La marcia su Gondar della colonna celere A.O. e le successive operazioni nella Etiopia occidentale,* Milão, 1936.
147. G. Bottai, Diario 1935-1944 (ed. G.B. Guerri), Milão, 1989, p. 102.
148. R. De Felice, *Mussolini il duce 1929-1936,* p. 216-217.
149. SPDCR 40, 6 de fevereiro de 1932, Starace para Mussolini. Em 20 de janeiro de 1932, Farinacci havia enviado ao Duce uma carta de 27 páginas reclamando do tratamento dispensado a ele na época.
150. BMOO, XXV, p. 50.
151. R. De Felice, *Mussolini il duce 1929-1936,* p. 217.
152. Ibid., p. 221.
153. Depois de sua morte, Arnaldo redigiu uma emocionada narrativa do acontecimento, que começava com: "Papai está escrevendo para você". A. e B. Mussolini, *Vita di Sandro e di Arnaldo,* Milão, 1934, p. 11. Entre os remédios utilizados no tratamento de Sandro estava água benta de Lourdes (p. 45).
154. Para um relato, veja G. Sofri, *Gandhi in Italia,* Bolonha, 1988.

155. G. Pini e D. Susmel, *Mussolini: l'uomo e l'opera,* Florença, 1953-1955, vol. III, p. 239-240.
156. A bajuladora romancista Ada Negri, que estava tentando convencer Mussolini a indicá-la para um Prêmio Nobel, costumava escrever para ele para dizer que achou o livro "maravilhoso, belo e puro da primeira à última página, com densidade e pungência, como um golpe direto no coração". Veja SP-DCR 14, 21 de fevereiro 1933, A. Negri para Mussolini.
157. R. Farinacci, "Matrimonio d'amore", *La Vita Italiana,* XXXVIII, 15 de julho de 1931, p. 1-2. Farinacci posteriormente escreveu uma coluna mensal para o jornal.
158. A. Assante, "Arnaldo Mussolini", *La Vita Italiana,* XXXIX, 15 de janeiro de 1932, p. 11-15.
159. *Carteggio Arnaldo-Benito Mussolini* (ed. D. Susmel), Florença, 1954, p. 184.
160. Ibid., p. 216.
161. G. Bottai, "Il cammino segreto", *Critica Fascista,* 7, 15 de setembro de 1929, p. 350. O filósofo fascista radical, Ugo Spirito, alegou que Mussolini, com uma certa contradição, lhe disse para pensar de forma independente. U. Spirito, *Memorie di un incosciente,* Milão, 1977, p. 174.
162. G. Gamberini, "Il dovere di discutere", *Critica Fascista,* 8, 15 de março de 1930, p. 103-104.
163. Veja, por exemplo (Spampanato era insistente nesse assunto), B. Spampanato, "Equazioni rivoluzionarie: dal bolscevismo al fascismo", *Critica Fascista,* 8, 15 de abril de 1930, p. 152-154.
164. G. Bottai, "La rivoluzione permanente: quarto anniversario", *Critica Fascista,* 4, 1º de novembro de 1926, p. 391-392.
165. G. Bottai, "Il partito non è superato", *Critica Fascista,* 9, 15 de setembro de 1931, p. 341.
166. A. Gravelli, *Mussolini aneddotico,* Roma, 1951, p. 206.
167. Foi rapidamente disponibilizado em inglês como B. Mussolini, "The political and social doctrine of Fascism", *Political Quarterly,* 4, 1933, p. 341-356. Veja também BMOO, XXXIV, p. 117-138.
168. N. D'Aroma, *Mussolini segreto,* Rocca San Casciano, 1958, p. 68.
169. E. Ludwig, *Talks with Mussolini,* Londres, 1932, p. 37.
170. Ibid., p. 14; 32; 37.
171. Ibid., p. 70.
172. Ibid., p. 191.
173. Ibid., p. 73-74.
174. Ibid., p. 220.
175. Ibid., p. 217.
176. N. D'Aroma, *Mussolini segreto,* p. 24.
177. Para um relato útil, em inglês, indicando que o povo não era apenas um consumidor passivo do evento e tentava manipulá-lo para sua própria vantagem "corrupta", veja M. Stone, "Staging Fascism: the Exhibition of the Fascist Revolution", *Journal of Contemporary History,* 28, 1993, p. 215-243.
178. Para um resumo de qualidade, veja R. De Felice, *Mussolini il duce 1929-1936,* p. 56-74.
179. Para um exemplo, pregando a retenção do comércio livre e rejeitando a "autarquia", ao mesmo tempo em que elogia a admirável apropriação dos interesses faccionais por parte de Mussolini, veja E. Conti, "Difendiamo il lavoro italiano!", *Gerarchia,* 12, abril de 1932, p. 271-275. Cf. também o artigo semelhante de A. De' Stefani, "Lo Stato e la vita economica", *Gerarchia,* 12, junho 1932, p. 462-468. O ex-ministro argumentou que "nenhum projeto único" poderia resolver o dilema da economia.
180. O. Dinale, *La rivoluzione che vince (1914-1934),* Roma, 1934, p. 143-153.
181. F. Ciarlantini, *Mussolini immaginario,* Milão, 1933, p. 6; 48.
182. G. Cavacciocchi, *Mussolini,* Florença, 1932, p. 65.
183. SPDCR 113 contém um extenso arquivo sobre o casamento, incluindo cartões impressos formalmente para informar que Benito e Rachele Mussolini se sentiram "em casa" em determinadas ocasiões. Os recém-casados foram recebidos, com seus sogros, pelo Vaticano, ocasião em que Mussolini comentou, ingenuamente, que achou o ambiente de lá "muito italiano". C. M. De Vecchi di Val Cismon, *Tra Papa, Duce e Re: il conflitto tra Chiesa cattolica e stato fascista nel diario 1930-1931 del primo ambasciatore del Regno d'Italia presso la Santa Sede* (ed. S. Setta), Roma, 1998, p. 148.
184. Veja BMOO, XLI, p. 467; 473; XLII, p. 2; 8-13; 22. Um mês depois, seu avô conseguiu um cartão de membro honorário da Opera Nazionale Balilla para ele. SPDCR 114, 20 de novembro de 1931, Mussolini para Edda.

185. G. Pini e D. Susmel, *Mussolini*, vol. III, p. 259.
186. C. Rossi, *Trentatre vicende mussoliniane*, Milão, 1958, p. 371-372.

12. O DESAFIO DE ADOLF HITLER, 1932-1934

1. L. Garibaldi (ed.), *Mussolini e il professore: vita e diarii di Carlo Alberto Biggini*, Milão, 1983, p. 361. Cf. o Capítulo 1.
2. Ironicamente, um par de escritores de ficção científica situaram Mussolini literalmente no Inferno, no entanto, tal qual Virgílio, ele se tornou o guia deles, que mais tarde admitiram que, ao contrário de Hitler, ele não era de todo mau, mas um homem originalmente de boas intenções. Afinal, ele não havia servido aos comunistas? Veja L. Niven e J. Pournelle, *Inferno*, Nova York, 1976.
3. Para mais contexto, veja R. J. B. Bosworth, *The Italian dictatorship: problems and perspectives in the interpretation of Mussolini and Fascism*, Londres, 1998, especialmente p. 205-230.
4. I. Kershaw, *Hitler 1889-1936: hubris*, Londres, 1998, p. 131; 183-184.
5. A. Cassels, *Mussolini's early diplomacy*, Princeton, 1970, p. 168-174.
6. DDI 7s, I, 131, 17 de novembro de 1922, Tedaldi para Mussolini.
7. A. Tamaro, "Il fascismo in Germania e nelL'Europa centrale", *Critica Fascista*, 3, 16 de março de 1925, p. 103-105. Cf. notícias no mesmo jornal, em 1926, sobre o movimento de Hitler estar em declínio. O. Randi, "Il fascismo bavarese", *Critica Fascista*, 4, 1º de fevereiro de 1926, p. 48-49.
8. M. Michaelis, *Mussolini and the Jews: German-Italian relations and the Jewish question in Italy 1922-1945*, Oxford, 1978, p. 37-38. O ideólogo nazista Alfred Rosenberg aparentemente acreditou nele (p. 38).
9. Hitler ainda usava essas palavras para descrever Mussolini em abril de 1942. Veja A. Hitler, *Hitler's table talk*, p. 437.
10. A. Hitler, *Mein Kampf* (ed. D. C. Watt), Londres, 1969, p. 566.
11. Ibid., p. 571-574.
12. Ibid., p. 581.
13. Veja, por exemplo, BMOO, XXII, p. 71. Mussolini declarou que os alemães da região "não eram uma minoria nacional, mas um resquício étnico" (p. 73).
14. Veja R. J. B. Bosworth, *Italy and the wider world 1860-1960*, Londres, 1996, p. 43-45.
15. A. Hitler, *Hitler's secret book* (ed. T. Taylor, 1961), p. 3.
16. Ibid., p. 74.
17. Ibid., p. 167.
18. A. Hitler, *Hitler's table talk 1941-1944* (ed. H.R. Trevor-Roper), Londres, 1953, p. 10.
19. I. Kershaw, *Hitler 1889-1936*, p. 182-185.
20. Joseph Goebbels levou um tempo para se render ao carisma de Hitler, pois esse passo envolveria que ele aceitasse a ideia de uma aliança com a Itália (e a Grã-Bretanha). Veja J. Goebbels, *Diaries* (ed. L. P. Lochner), Londres, 1948, p. xx.
21. DDI 7s, V, 206, 17 de maio de 1927, Summonte para Mussolini.
22. DDI 7s, V, 673, 14 de dezembro de 1927, Aldrovandi para Mussolini. Pode-se supor que o adido de imprensa tinha fundos secretos à sua disposição. Para contexto, veja G. Carocci, *La politica estera dell'Italia fascista (1925-1928)*, Bari, 1969, p. 196-197.
23. Veja, por exemplo, DDI 7s, V, 168, 27 de abril de 1927, Ricciardi para Mussolini.
24. E. Rüdiger, príncipe de Starhemberg, *Between Hitler and Mussolini: memoirs*, Londres, 1942, p. 23-24.
25. DDI 7s, VII, 413, 8 de maio de 1929, nota de Morreale.
26. DDI 7s, IX, 193, 4 de agosto de 1930, Fani para Orsini Barone, encaminhando o relatório de 15 de julho de Renzetti para Turati.
27. G. Bevione, "Il trionfo di Hitler", *Gerarchia*, 10, setembro de 1930, p. 705-709.
28. DDI 7s, IX, 289, 4 de outubro de 1930, Morreale para Mussolini (com relatório anexo de reunião de 28 setembro).
29. DDI 7s, X, 287, 23-24 de maio de 1931, Grandi para Mussolini.

30. DDI 7s, x, 305, 1º de junho 1931, nota de Mussolini.
31. Veja, por exemplo, DDI 7s, 56, xI, 23 de outubro de 1931, nota de Sebastiani.
32. DDI 7s, xI, 79, 20 de novembro de 1931; 110, 7 de dezembro, ambos de Renzetti para Mussolini.
33. Por exemplo, veja DDI 7s, xII, 87, 12 de junho; 108, 21 de junho; 324, 11 de outubro de 1932, Renzetti para Mussolini. Nessa última ocasião Hitler, pelo menos de acordo com Goering, havia expressado um desejo de ver os museus e exibições da *Decennale*.
34. DDI 7s, xII, 364, 25 de outubro de 1932, Renzetti para Mussolini.
35. Os artigos de Ciarlantini foram publicados em edições sucessivas de *Augustea* entre agosto e outubro de 1932 e estão reunidos em F. Ciarlantini, *Hitler e il fascismo*, Florença, 1933, p. 10.
36. Ibid., p. 8.
37. Ibid., p. 9; 19.
38. G. Bortolotto, *Fascismo e nazionalsocialismo*, Bolonha, 1933, p. 29. Cf. também P. Solari, *Hitler e il Terzo Reich*, Milão, 1932.
39. Veja R. Farinacci, "Rilievi mensili", *La Vita Italiana*, XL, 15 de setembro e 15 de novembro de 1932.
40. Veja, por exemplo, G. Preziosi, "Hitler", *La Vita Italiana*, XXXVI, 15 de setembro de 1930, p. 209-213; J. Evola, "L'Internazionale ebraica e la profezia della nuova guerra mondiale secondo Ludendorff", *La Vita Italiana*, XL, 15 de novembro de 1932, p. 544-546.
41. Veja, por exemplo, A. Gravelli (ed.), *Razzismo*, Roma, s.d., p. 333.
42. G. Renzetti, "Hindenburg e Hitler'", *Gerarchia*, 12, março de 1932, p. 233-237. Em 1933, Renzetti continuava a escrever com simpatia sobre os nazistas para esse jornal semioficial. Cf. os artigos mais efusivos de autoria de Mario Da Silva em *Critica Fascista*, 10, 15 de maio e 1º de junho de 1932.
43. BMOO, XXXVII, p. 398-399.
44. DDI 7s, XII, 401, [novembro de 1932], rascunho de carta, Suvich para Renzetti. Suvich queria que Renzetti trabalhasse junto ao embaixador italiano em Berlim, Vittorio Cerruti, cuja esposa, assim como a de Renzetti, era judia. Para o relato da esposa sobre esses anos, veja E. Cerruti, *Ambassador's wife*, Londres, 1952.
45. BMOO, XLII, p. 36.
46. BMOO, XLII, p. 58.
47. Veja os Capítulos 6 e 7.
48. Veja, por exemplo, DDI 7s, IV, 476, 5 de novembro de 1926, Grandi para Scalea.
49. SPDCR 1, 17 de fevereiro de 1934, Mussolini para Ercole.
50. BMOO, XXIII, p. 74.
51. DDI 7s, XI, 205, 11 de fevereiro de 1932, Mussolini para o rei Vítor Emanuel III.
52. R. De Felice, *Mussolini il duce I. Gli anni del consenso 1929-1936*, Turim, 1974, p. 155.
53. Primo Levi, o narrador antifascista extraordinariamente honesto sobre Auschwitz afirma, sem maiores explicações, que aqueles de seus colegas sofredores que desistiram da luta e, como zumbis, se prepararam para morrer, eram chamados de *Muselmann* (muçulmanos). Eles eram "os fracos, os ineptos e aqueles condenados ao recrutamento militar". P. Levi, *"If this is a man" e "The truce"* (ed. S. J. Woolf), Harmondsworth, 1979, p. 94. Cf. também o democrata liberal, F. S. Nitti, *The decadence of Europe: the paths of reconstruction*, Londres, 1923, p. 123, no qual ele lastima o envio pelos franceses de tropas negras para a Alemanha, o que resultou em "melodias africanas" sendo tocadas na "terra de Mozart e Beethoven", um país que era "o mais culto do planeta".
54. N. D'Aroma, *Mussolini segreto*, Rocca San Casciano, 1958, p. 128.
55. Ibid., p. 48.
56. L. Frassati, *Il destino passa per Varsavia*, Milão, 1985, p. 139.
57. Veja, por exemplo, BMOO, XXIX, p. 51-52.
58. Para um exemplo descritivo, veja P. V. Cannistraro, "Mussolini, Saccco-Vanzetti, and the anarchists: the transatlantic context", *Journal of Modern History*, 68, 1996, p. 31-62.
59. Carte B. Spampanato 1, diário de 27 de janeiro de 1939.
60. BMOO, XXVI, p. 4. Foram os nacionalistas que começaram a chamar a França de "meia-irmã da Itália", um rótulo que foi reproduzido durante o regime. Veja S. Maurano, *Francia la sorellastra*, Milão, 1939.
61. BMOO, XXIII, p. 74.

62. Um dos visitantes que agradou especialmente a Mussolini foi Jackie Coogan. Veja P. Orano, *Mussolini da vicino*, Roma, 1935, p. 100-102. Cf. também a eloquente opinião de Grandi de que os americanos eram uma mistura de "titãs e crianças", que poderiam ser "aliados" ou "rivais" por "quase nada". DDI 7s, XI, 100, 2 de dezembro de 1931, Grandi para Mussolini.
63. BMOO, XXIII, p. 74.
64. Y. De Begnac, *Palazzo Venezia: storia di un regime*, Roma, 1950, p. 643.
65. L. Frassati, *Il destino passa per Varsavia*, p. 34.
66. BMOO, XXII, p. 138.
67. L. Frassati, *Il destino passa per Varsavia*, p. 35. Cf. Mussolini repetindo praticamente as mesmas palavras para o jornalista Amicucci dez anos antes. BMOO, XXIV, p. 350.
68. Para um exemplo da propaganda do regime a esse respeito, veja G. Massani, *La sua terra*, Bérgamo, 1936.
69. Veja, por exemplo, sua caracterização de Volpi e Giuriati em Y. De Begnac, *Taccuini mussoliniani* (ed. F. Perfetti), Bolonha, 1990, p. 481; 505-508.
70. Ibid., p. 299. Cf. o ponto de vista do radical fascista (toscano), Berto Ricci, de que seu período na Etiópia foi divertido, pois ele serviu junto "às melhores pessoas do mundo — os toscanos". P. Buchignani, *Un fascismo impossibile: L'eresia di Berto Ricci nella cultura del Ventennio*, Bolonha, 1994, p. 277.
71. BMOO, XXIII, p. 304. Cf. XXIII, p. 298, no qual ele disse a Arnaldo que concordava com ele que Nápoles era um local de "muita beleza e pouco conteúdo".
72. G. Bottai, *Diario 1935-1944* (ed. G.B. Guerri), Milão, 1989, p. 115. Cf., em contraste, a afirmação de Mussolini para um jornalista estrangeiro de que ele próprio havia unido por completo os italianos espiritualmente, e que pusera fim a qualquer distinção entre nortistas e sulistas. BMOO, XLIV, p. 101.
73. G. Ciano, *Ciano's diary 1939-1943* (ed. M. Muggeridge), Londres, 1947, p. 392.
74. A edição inteira da *Gerarchia*, 13, junho 1933, foi dedicada a enaltecer o acordo. Entre outros, Oswald Mosley, um pensionista dos fundos secretos do governo italiano, declarou que o pacto era "vigoroso" e uma prova de que o fascismo não intencionava a guerra.
75. Para uma narrativa arquivística completa, veja G. Giordano, *Il patto a quattro nella politica estera di Mussolini*, Bolonha, 1976.
76. BMOO, XXVI, p. 36-38.
77. G. Giordano, *Il patto a quattro*, p. 53.
78. PRO FO371/16800/C7361, 5 de agosto de 1933, Graham para Simon.
79. BMOO, XXVI, p. 19-20.
80. As notas de rodapé de De Felice revelam sua contínua referência ao trabalho da historiadora em ambos os volumes de *Mussolini il duce*.
81. R. Quartararo, *Roma tra Londra e Berlino: la politica estera fascista dal 1931 al 1940*, Roma, 1980, p. 28. Nesse caso, ela estava citando o subsecretário permanente britânico, Robert Vansittart.
82. Para um exemplo da utilização do termo por Grandi, veja DDI 7s, X, 272, 17 de maio de 1931, Grandi para Mussolini.
83. R. Quartararo, *Roma tra Londra e Berlino*, p. 38.
84. Veja, por exemplo, A. J. P. Taylor, *The origins of the Second World War*, Harmondsworth, 1964, p. 107-108.
85. Cf., por exemplo, Mussolini ridicularizando a ideia de que os poderes da Pequena Entente constituíam um "quinto" Grande Poder. BMOO, XXV, p. 221-224.
86. Veja um desses ataques de Mussolini, sarcasticamente intitulado "Adagio con Walhalla", em BMOO, XXVI, p. 6-7.
87. BMOO, XXXVII, 12 de abril de 1933, nota de Mussolini.
88. F. Suvich, *Memorie 1932-1936* (ed. G. Bianchi), Milão, 1984, p. 91-94.
89. Ibid., p. 187.
90. Para mais detalhes, veja F. D'Amoja, *Declino e prima crisi dell'Europa di Versailles: studio sulla diplomazia italiana ed europea (1931-1933)*, Milão, 1967, p. 382-391. Cf. BMOO, XXVI, p. 61-63.
91. R. Quartararo, *Italia-URSS 1917-1941: i rapporti politici*, Nápoles, 1997, p. 125-128.

92. Para um estudo, em inglês, sobre a Marinha Italiana, afirmando que seu propósito era agressivo, veja R. Mallett, *The Italian Navy and Fascist expansionism 1935-1940*, Londres, 1998.
93. Para uma análise dessas ideias, veja P. L. Bassignana, *Fascisti nel paese dei Soviet*, Turim, 2000.
94. R. De Felice, *Mussolini l'alleato 1940-1945 I. l'Italia in guerra 1940-1943*, Turim, 1990, p. 1175; 1256-1271. Cf. Capítulos 1 e 17.
95. BMOO, XXVI, p. 20-21.
96. Para um resumo, veja E. Gentile, "Impending modernity: Fascism and the ambivalent image of the United States", *Journal of Contemporary History*, 28, 1993, p. 7-29.
97. BMOO, XXVI, p. 10.
98. BMOO, XXVI, p. 22-24; 43-45. Cf. também, P. Sacerdoti, "L'America verso il fascismo?", *Gerarchia*, 13, novembro de 1933, p. 933-943; B. De Ritis, "L'America si scopre se stessa: lettera dal America del Nord", *Critica Fascista*, 11, 1º de junho de 1933, p. 212-213; E. Brunetta, "Esperimento di Roosevelt'", *Critica Fascista*, 11, 1º de novembro de 1933, p. 334-335.
99. Para um exemplo da preferência de Ciano pelos chineses, já que ocupava um cargo diplomático na China, aos japoneses, veja DDI 7s, XII, 441, 19 de novembro de 1932, Ciano para Mussolini.
100. BMOO, XXVI, p. 154-6.
101. DDI 7s, XV, 376, 10 de junho de 1934, Mussolini para Boscarelli.
102. T. Cianetti, *Memorie dal carcere di Verona* (ed. R. De Felice), Milão, 1983, p. 278.
103. BMOO, XLII, p. 61.
104. F. Bandini, *Claretta: profilo di Clara Petacci e dei suoi tempi*, Milão, 1960, p. 13-15.
105. M. Petacci, *Chi ama è perduto: mia sorella Claretta*, Gardolo di Trento, 1988, p. 45.
106. F. Bandini, *Claretta*, p. 22-27.
107. Ibid., p. 30-32.
108. Existem rumores sobre um ardente caso com uma jornalista francesa, Magda Fontages. Veja G. D'Aurora, *La maschera e la volta di Magda Fontages*, Milão, 1946. Ela alegou que Mussolini usava seu violino como truque de sedução (p. 15). Um grampo telefônico de junho de 1934 gravou a conversa de Mussolini com outra amante, Cornelia Tanzi. Veja U. Guspini, *L'orecchio del regime: le intercettazioni telefoniche al tempo del fascismo*, Milão, 1973, p. 122. A essa altura, contemporâneos comentavam que Margherita Sarfatti perdera seu posto. Veja C. Alvaro, *Quasi una vita: giornale di uno scrittore*, Milão, 1950, p. 121.
109. R. De Felice, *Mussolini il duce 1929-1936*, p. 803.
110. F. Bandini, *Claretta*, p. 40-42.
111. U. Guspini, *L'orecchio del regime*, p. 143.
112. Sua irmã mais jovem, uma atriz de cinema por um breve período durante o regime, alega que Federici batia na esposa. Veja M. Petacci, *Chi ama è perduto*, p. 89.
113. U. Guspini, *L'orecchio del regime*, p. 143.
114. Ibid., p. 151.
115. C. Petacci, *Mussolini segreto: diari 1932-1938*, Milão, 2009, p. 67; 78.
116. F. Caplan, *Gore Vidal: a biography*, Nova York, 1999, p. 96.
117. Seu biógrafo, em contraste, diz que ela tinha cabelos naturalmente cacheados (e seios fartos). Veja F. Bandini, *Claretta*, p. 11.
118. E. Cerruti, *Ambassador's wife*, p. 224.
119. Em 1934, ele se gabou para um jornalista estrangeiro que mantinha o hábito de nadar ao ar livre por meia hora ou mais até 25 de outubro, apesar do terrível frio. Veja BMOO, XLIV, p. 100.
120. E. Caviglia, *Diario (aprile 1925-marzo 1945)*, Roma, 1952, p. 122.
121. Veja, por exemplo, *Il Popolo d'Italia*, 26 de janeiro de 1934.
122. F. Anfuso, *Roma Berlino Salò (1936-1945)*, Milão, 1950, p. 141. Anfuso também comentou que havia excessivas fotos e outros tipos de reproduções do Duce nos cômodos de uso social, embora Mussolini parecia não as notar (p. 142).
123. V. Mussolini, *Vita con mio padre*, Milão, 1957, p. 41.
124. SPDCR 108 contém relatórios regulares sobre essas questões.
125. S. Petrucci, *In Puglia con Mussolini*, Roma, 1935, p. 32-35.

126. F. Ciano, *Quando il nonno fece fucilare papà*, Milão, 1991, p. 36-37. O neto de Mussolini tinha uma professora particular alemã (p. 31).
127. N. D'Aroma, *Mussolini segreto*, p. 121.
128. Ibid., p. 108.
129. Y. De Begnac, *Palazzo Venezia*, p. 11-13.
130. R. De Felice, *Mussolini il fascista II. L'organizzazione dello stato fascista 1925-1929*, Turim, 1968, p. 313.
131. SPDCR 3, 22 de outubro de 1934, relatório informando que Balbo culpava Starace e estava determinado a reunir um grupo de amigos para tramarem contra ele. Acreditava-se que entre eles estariam os venezianos, Volpi e Giorgio Cini.
132. SPDCR 79, 26 de julho de 1934, D'Andrea para Bocchini.
133. SPDCR 79, 24 de julho de 1934, prefeito de Bolonha para Mussolini.
134. Sua pena foi estendida em cinco anos, em 1939, pois ele se recusou a reconhecer qualquer culpa de sua parte. Veja SPDCR 79, 19 de julho de 1939, Benigni para Mussolini. Existe um arquivo das cartas de Arpinati para sua família em DGPS, Confinati politici 40. Eles omitiram ostensivamente qualquer referência política direta.
135. SPDCR 94, 23 de outubro de 1934, nota.
136. Y. De Begnac, *Palazzo Venezia*, p. 557.
137. SPDCR 49, 3 de maio de 1933, Starace para Mussolini.
138. SPDCR 79, 17 de outubro de 1933, Martignoni para Starace.
139. SPDCR 49, 3 de maio de 1933, Starace para Mussolini.
140. SPDCR 25, 10 de setembro de 1934, Starace para Mussolini.
141. SPDCR 25, 10 de setembro de 1934, Starace para Mussolini; 49, 15 de setembro de 1934, Starace para Mussolini.
142. Starace o alertou sobre o perigo de anistiar Arpinati e seus amigos. SPDCR 49, 15 de setembro de 1934, Starace para Mussolini.
143. Quando começou seu caso com Petacci, Mussolini pode ter se divertido com os relatos regulares que recebia sobre o envolvimento de Farinacci com Gianna Pederzini, uma cantora de ópera, que acabou sendo gravada dizendo que a única coisa que os dois tinham em comum era a cama. Veja SPDCR 40.
144. SPDCR 40, 3 de agosto de 1933, Farinacci para Mussolini.
145. SPDCR 79, 10 de junho de 1940, Arpinati para Mussolini.
146. Até Starace expressou suas dúvidas sobre o estado de espírito em Bolonha. Veja SPDCR 49, 15 de setembro de 1934, Starace para Mussolini.
147. SPDCR 94, 11 de maio de 1933, relatório. Em 1932, Starace havia tentado se safar de uma multa por dirigir em alta velocidade dizendo ao *carabiniero* que o parou que ele era sobrinho do Duce. Starace foi gravado, em uma ligação telefônica, dizendo que os tradicionalmente monarquistas *carabinieri* não passavam de "bandoleiros". Veja SPDCR, 20, 23 de agosto de 1932, relatórios.
148. Veja, por exemplo, *Augustea*, 10, 15 de junho de 1934.
149. G. Fabre, *Il contratto: Mussolini editore di Hitler*, Bari, 2004, p. 62; 93.
150. BMOO, XXVI, p. 188.
151. R. Farinacci, "Rilievi mensili", *La Vita Italiana*, XLIII, 15 de março de 1934, p. 264-269. Cf., por exemplo, M. Sertoli, "L'Austria è una Nazione'", *Critica Fascista*, 12, 1º de fevereiro de 1934, p. 52.
152. BMOO, XXVI, p. 232-3.
153. G. Sommi Picenardi, "Rosenberg, L'Anticristo", *La Vita Italiana*, 43, 15 de junho de 1934, p. 668-677.
154. F. Anfuso, *Roma Berlino Salò (1936-1945)*, p. 42.
155. Veja R. J. B. Bosworth, "Golf and Italian Fascism", em M. R. Farrally e A. J. Cochran (eds.), *Science and Golf III*, Londres, 1999, p. 346-347.
156. E. Cerruti, *Ambassador's wife*, p. 149.
157. A imprensa fascista sempre enalteceu a suposta capacidade do Duce de alternar entre quatro idiomas. Veja *Il Popolo d'Italia*, 9 de setembro de 1927.

158. Para relatos das famosas conversas, veja D. Mack Smith, *Mussolini's Roman Empire,* Londres, 1976, p. 53-54; R. De Felice, *Mussolini il duce 1929-1936,* p. 494-497.

159. DDI 7s, XV, 419, 19-20 de junho de 1934, Renzetti para Mussolini.

160. DDI 7s, 396, 13 de junho de 1934, Renzetti para Mussolini. De modo gentil, Renzetti acrescentou que um auspicioso resultado da reunião seria a chegada de mais turistas alemãs na Itália. 401, 14 de junho de 1934, Renzetti para Mussolini.

161. DDI 7s, XV, 411, 13 de junho de 1934, Suvich para Dollfuss.

162. DDI 7s, XV, 430, 22 de junho 1934, Mussolini para De Vecchi; 469, 2 de julho de 1934, memorando de conversa entre De Vecchi e Mussolini.

163. I. Kershaw, *Hitler 1889-1936,* p. 512-517.

164. *Augustea,* 10, 13 de julho de 1934, p. 385-386.

165. DDI 7s, XV, 528, 15 de julho de 1934, Mussolini para Grazzi.

166. DDI 7s, XV, 458, 27-28 de junho de 1934, Dollfuss para Suvich.

167. SPDCR 71, 1, 2 de julho de 1934, relatórios policiais das preparações para esse evento.

168. R. De Felice, *Mussolini il duce 1929-1936,* p. 499-500.

169. Veja, por exemplo, R. Farinacci, "Rilievi mensili", *La Vita Italiana,* XLIV, 15 de agosto de 1934, p. 137-142, que afirma que Mussolini reagiu de forma tão rápida porque ele entendia o temperamento alemão e, ao fazê-lo, havia "traduzido os pensamentos da Europa civilizada". Estranhamente, Preziosi aproveitou a ocasião para saudar Farinacci como o único entre os chefes fascistas a permanecer cético em relação às "hosanas" aos nazistas por toda a Itália. Veja *La Vita Italiana,* 15 de setembro de 1934, p. 370. Cf. U. Nanni, "La questione dell' 'Anschluss'", *Gerarchia,* 14, setembro de 1934, p. 757-765, que alerta que os "75 milhões" de alemães na fronteira italiana estariam prestes a apontar sua ambição "pangermânica" contra a Itália.

170. R. De Felice, *Mussolini il duce 1929-1936,* p. 501.

171. SPDCR 71, 21 de março de 1938, A. Dollfuss para Mussolini.

172. SPDCR 71, relatório de agosto de 1934.

173. M. Stone, *The patron state: culture and politics in Fascist Italy,* Princeton, 1998, p. 77.

174. BMOO, XXVI, p. 309-310.

175. BMOO, XXVI, p. 327-328.

176. BMOO, XXVI, p. 315.

177. BMOO, XXVI, p. 318-320. Previsivelmente, Mussolini foi apoiado pela imprensa. Veja, por exemplo, G. Selvi, "Il mito della razza", *Gerarchia,* 14, outubro de 1934, p. 803-807. Cf., na mesma edição, N. Goldmann, "La crisi dell'ebraismo", p. 851-854, preocupado com o sionismo, mas enfatizando que a Itália era um lugar onde os judeus detinham "igualdade legal". Com seu usual interesse pessoal por Napoleão, a leitura por Mussolini de um novo estudo de Louis Madelin o convenceu, de forma um tanto paradoxal, de que o imperador havia sido um "italiano de puro sangue". Veja BMOO, XXVI, p. 377.

178. BMOO, XXVI, 1º de julho e 9 de setembro de 1933, Mussolini para Dollfuss; DDI 7s, XV, 180, 3 de maio de 1934, Mussolini para Dollfuss.

179. Para o contexto, veja J. Rothschild, *East Central Europe between the two world wars,* Seattle, 1974, p. 171-176.

180. R. Guariglia, *Ricordi 1922-1946,* Nápoles, 1949, p. 192-203.

181. DDI 7s, XV, 54, 31 de março de 1934, ata da reunião; cf. 100, 14 de abril de 1934, Balbo para Mussolini. Cf. XVI, 16, 3 de outubro de 1934, acordo entre o PNF e o "Partido Nacionalista Persa", no qual os italianos ofereciam dinheiro, armas, munição e treinamento.

182. Veja, por exemplo, DDI 7s, XV, 825, 18 de setembro de 1934, Mussolini para Galli, com um exemplo de um artigo croata que dizia que cem croatas podiam derrotar 10 mil italianos.

183. R. De Felice, *Mussolini il duce 1929-193* 6, p. 514-518.

184. DDI 7s, XVI, 112, 6 novembro de 1934, memorando da reunião entre Mussolini e Gömbös.

185. DDI 7s, XVI, 157, 17 novembro de 1934, memorando da reunião entre Mussolini e Schuschnigg.

186. Para o caso de um ardiloso suíço, veja R. Joseph, "The Martignoni affair: how a Swiss politician deceived Mussolini", *Journal of Contemporary History,* 9, 1974, p. 77-90.

187. R. J. B. Bosworth, *Italy the least of the Great Powers: Italian foreign policy before the First World War,* Cambridge, 1979, p. 119-126.
188. Para o relato de Guariglia, veja R. Guariglia, *Ricordi.*
189. Veja, por exemplo, DDI 7s, x, 329, 11 de junho de 1931, De Bono para Mussolini.
190. DDI 7s, XII, 393, 5 de novembro de 1932, memorando da reunião no Ministério das Colônias; 534, 12 de dezembro de 1932, De Bono para Mussolini.
191. Para uma narrativa do desenrolar dos acontecimentos, veja R. De Felice, *Mussolini il duce 1929-1936,* p. 597-610.
192. DDI 7s, XV, 219, 12 de maio de 1934, Badoglio para De Bono.
193. DDI 7s, XV, 686, 10 de agosto de 1934, Mussolini para De Bono e outros. A nota também está disponível em BMOO, XLII, p. 84-85.
194. *The Scotsman,* 23, 28 de agosto de 1934.
195. DDI 7s, XVI, 358, 30 de dezembro de 1934, diretiva de Mussolini. Também disponível em BMOO, XXXVII, p. 141-143.

13. Império na Etiópia, 1935-1936

1. DDI 7s, XVI, 358, 30 de dezembro de 1934, diretiva de Mussolini.
2. R. Trevisani da Universidade de Trieste em prefácio a E. Ronchi, *Mussolini: economista della rivoluzione,* Roma, 1930.
3. E. Ronchi, *Mussolini: creatore d'economia,* Roma, 1936, p. 10; 15.
4. F. Suvich, *Memorie 1932-1936* (ed. G. Bianchi), Milão, 1984, p. 4-6.
5. A. Aquarone, "Italy: the crisis and the corporative economy", *Journal of Contemporary History,* 4, 1969, p. 38.
6. O. Mosca, *Nessuno volle i miei dollari d'oro,* Nápoles, 1958, p. 252.
7. S. La Francesca, *La politica economica del fascismo,* Bari, 1976, p. 48; 71.
8. R. De Felice, *Mussolini il duce I. gli anni del consenso 1929-1936,* Turim, 1974, p. 63.
9. Ibid., p. 74.
10. R. J. B. Bosworth, "Tourist planning in Fascist Italy and the limits of a totalitarian culture", *Contemporary European History,* 6, 1997, p. 17. As finanças do próprio Vaticano passavam por dificuldades, e uma solução só foi encontrada mais tarde, na década de 1930, por meio de uma maior dependência dos EUA. Essa mudança nos investimentos do Vaticano teve um potencial devastador para a economia italiana. Veja J. F. Pollard, "The Vatican and the Wall Street crash: Bernardino Nogara and papal finances in the early 1930s", *Historical Journal,* 42, 1999, p. 1086-1091.
11. S. La Francesca, *La politica economica del fascismo,* p. 48.
12. Ibid., p. 77.
13. C. S. Maier, *In search of stability: explorations in historical political economy,* Cambridge, 1987, p. 91.
14. Para uma tabela, veja V. Zamagni, *The economic history of Italy 1860-1990,* Oxford, 1993, p. 246.
15. F. Guarneri, *Battaglie economiche fra le due guerre* (ed. L. Zani), Bolonha, 1988, p. 457.
16. R. De Felice, *Mussolini il duce 1929-1936,* p. 175-6.
17. BMOO, XXVII, p. 241-248.
18. S. La Francesca, *La politica economica del fascismo,* p. 85.
19. SPDCR 4, 6 de fevereiro de 1933, 10 de março de 1934, ambos de Mussolini para Jung.
20. N. D'Aroma, *Mussolini segreto,* Rocca San Casciano, 1958, p. 120.
21. Y. De Begnac, *Taccuini mussoliniani* (ed. F. Perfetti), Bolonha, 1990, p. 241.
22. Veja L. Passerini, *Fascism in popular memory: the cultural experience of the Turin working class,* Cambridge, 1987, p. 195.
23. BMOO, XXVI, p. 401.
24. G. Bottai, "La rivoluzione nella Rivoluzione", *Critica Fascista,* 11, 15 de dezembro de 1933, p. 461-462.

25. Para um relato otimista por um chefe de sindicato fascista convencido de que o progresso social estava de fato acontecendo, veja P. Capoferri, *Venti anni col fascismo e con i sindacati,* Milão, 1957.
26. BMOO, XXVI, p. 89-96.
27. BMOO, XXVI, p. 362.
28. Por exemplo, veja M. Isnenghi (ed.), *I luoghi della memoria* (3 vols.), Bari, 1996-1997.
29. V. De Grazia, *The culture of consent: mass organization of leisure in fascist Italy,* Cambridge, 1981, p. 24.
30. Ibid., p. 91.
31. Ibid., p. 37-39.
32. Ibid., p. 54-55.
33. BMOO, XXVI, p. 16-18.
34. O principal analista é J. Herf, *Reactionary modernism: technology, culture and politics in Weimar and the Third Reich,* Cambridge, 1986.
35. *Il Popolo d'Italia,* 6 de maio de 1924.
36. C. Langobardi, *Land-reclamation in Italy: rural revival in the building of a nation,* Londres, 1936, p. IV. O outro novo centro principal nas Pontinas foi chamado, após acordo com os fascistas, Sabaudia, em homenagem à dinastia governante.
37. R. De Felice, *Mussolini il duce 1929-1936,* p. 142-147.
38. O. Gaspari, *L'emigrazione veneta nell'Agro Pontino durante il periodo fascista,* Bréscia, 1985, p. 21.
39. F. M. Snowden, "'Fields of death': malaria in Italy, 1861-1962", *Modern Italy,* 4, 1999, p. 25-57.
40. Para um relato da vida nos Alpes da Toscana, onde o poder do governo fascista mal alcançava, veja R. Sarti, *Long live the strong: a history of rural society in the Apennines mountains,* Amherst, 1985.
41. N. Revelli, *Il mondo dei vinti: testimonianze di vita contadina,* Turim, 1977, vol. II, p. 98.
42. Ibid., vol. I, p. 47.
43. M. Salvati, *Il regime e gli impiegati: la nazionalizzazione piccolo-borghese nel ventennio fascista,* Bari, 1992, p. 134.
44. Y. De Begnac, *Palazzo Venezia: storia di un regime,* Roma, 1950, p. 394.
45. A. De' Stefani, *Una riforma al rogo,* Roma, 1963, p. 9-12.
46. BMOO, XXIV, p. 119.
47. M. Salvati, *Il regime e gli impiegati,* p. 215.
48. Y. De Begnac, *Taccuini mussoliniani,* p. 436.
49. Y. De Begnac, *Palazzo Venezia,* p. 116.
50. Veja, por exemplo, BMOO, XXIII, p. 291-292; XXIV, p. 329.
51. BMOO, XXIV, p. 108-109. Em discurso na abertura da Sétima Conferência Nacional de Filosofia.
52. T. M. Mazzatosta, *Il regime fascista tra educazione e propaganda (1935-1943),* Bolonha, 1978, p. 23.
53. Em 1939, o pensamento de Mussolini era supostamente tão difundido que um empreendedor fascista publicou um dicionário com esses pensamentos, oferecido ao mercado "como um manual de genuína utilidade prática para toda questão individual e empresarial". Veja B. Biancini (ed.), *Dizionario mussoliniano: mille affermazioni e definizioni del Duce,* Milão, 1939. Em 1941, uma bibliografia dos estudos sobre o pensamento de Mussolini continha 81 páginas. Veja E. Sulis (ed.), *Mussolini e il Fascismo,* Roma, 1941.
54. A. Lodolini, *La storia della razza italiana da Augusto a Mussolini dedicata agli italiani di Mussolini e specialmente ai giovani e alle scuole,* Roma, 1939, p. 312.
55. O. Tesini, *Il grande educatore dell'Italia nuova,* Palermo, 1931, p. 9.
56. N. Mezzetti, *Mussolini e la questione sociale,* Roma, 1931, p. 100.
57. Para ver o típico entusiasmo a respeito disso, veja F. Mezzasoma, *Essenza del GUF,* Cremona, 1937.
58. F. Gambetti, *Gli anni che scottano,* Milão, 1967, p. 118.
59. Veja o extenso e tipicamente pomposo C. De Vecchi di Val Cismon, *Bonifica fascista della cultura,* Milão, 1937.
60. Para uma história sobre essa organização, veja P. V. Cannistraro, *La fabbrica del consenso: fascismo e mass media,* Bari, 1975, p. 101-166.
61. BMOO, XXV, p. 104.

62. BMOO, XXV, p. 143.
63. BMOO, XXV, p. 136.
64. D. Marchesini, "Un episodio della politica culturale del regime: la scuola di mistica fascista", *Rivista di storia contemporanea*, 1, 1972, p. 92. Cf. também D. Marchesini, *La scuola dei gerarchi: mistica fascista: storia, problemi, istituzioni*, Milão, 1976.
65. D. Marchesini, "Un episodio della politica culturale del regime", p. 91.
66. Y. De Begnac, *Taccuini mussoliniani*, p. 375-376.
67. G. P. Brunetta, *Storia del cinema italiano 1895-1945*, Roma, 1979, p. 297.
68. Ibid., p. 242.
69. Ibid., p. 308.
70. V. De Grazia, "Mass culture and sovereignty: the American challenge to European cinemas", *Journal of Modern History*, 61, 1989, p. 73.
71. J. Hay, *Popular film culture in Fascist Italy: the passing of the* Rex, Bloomington, 1987, p. 96.
72. S. Falasca-Zamponi, *Fascist spectacle: the aesthetics of power in Mussolini's Italy*, Berkeley, 1997, p. 7; 148.
73. Ibid., p. 148.
74. E. Gentile, *The sacralization of politics in Fascist Italy*, Cambridge, Mass., 1996, p. IX.
75. P. Orano, *Mussolini, fondatore dell'impero*, Roma, 1936, p. 14.
76. M. Stone, *The patron state: culture and politics in Fascist Italy*, Princeton, 1998, p. 54.
77. SPDCR 102, 12 de junho de 1934, carta de Mascagni.
78. G. Pardini, *Roberto Farinacci ovvero della rivoluzione fascista*, Florença, 2007, p. 360.
79. R. Zangrandi, *Il lungo viaggio attraverso il fascismo: contributo alla storia di una generazione*, Milão, 1964, p. 15. Para um artigo maravilhosamente autointeressado, pedindo a intervenção do governo para oferecer mais empregos para intelectuais (como ele), veja R. Zangrandi, "Un giovane per i giovani: il problema della disoccupazione intellettuale", *Gerarchia*, 18, outubro de 1937, p. 706-708.
80. R. De Felice, *Mussolini il duce 1929-1936*, p. 610-614.
81. Uma das obras mais importantes dessa época foi F. Marconcini, *Culle vuote: il declino delle nascite in Europa: sviluppo-cause-rimedi*, Como, 1935. O espírito do império poderia encher as "camas vazias".
82. Para uma narrativa dessas questões, veja R. J. B. Bosworth, *Italy, the least of the Great Powers: Italian foreign policy before the First World War*, Cambridge, 1979, p. 127-195.
83. BMOO, XXVII, p. 3.
84. Para um relato desse desgaste, altamente crítico aos franceses, veja D. Bolech Cecchi, *Non bruciare i ponti con Roma: le relazioni fra l'Italia, la Gran Bretagna e la Francia dall'accordo di Monaco allo scoppio della seconda guerra mondiale*, Milão, 1986.
85. DDI 7s, XVI, 391, 5 de janeiro; 399, 6 de janeiro de 1935, conversas entre Mussolini e Laval.
86. BMOO, XXVII, p. 9. Para os acordos reais, veja DDI 7s, XVI, 403, 7 de janeiro de 1935. Com seu amor pela filosofia, Mussolini aproveitava o momento para atacar o místico nacionalista alemão, Ernst Jünger, por seu sarcasmo sobre o esforço italiano na Primeira Guerra Mundial, BMOO, XXVII, p. 9-10).
87. Para um desmentido do lado francês, veja G. Bonnet, *Quai d'Orsay*, Douglas, 1965, p. 118-119. Do lado italiano, Guariglia estava convencido de que Mussolini acreditava que havia conquistado o apoio total dos franceses. R. Guariglia, *Ricordi 1922-1946*, Nápoles, 1949, p. 220-221.
88. R. Quartararo, *Roma tra Londra e Berlino: la politica estera fascista dal 1931 al 1940*, Roma, 1980, p. 118-131.
89. C. A. Micaud, *The French Right and Nazi Germany 1933-1939: a study of public opinion*, Nova York, 1964, p. 10.
90. R. De Felice, *Mussolini il duce 1929-1936*, p. 615.
91. O exemplo mais bem conhecido foi o germanófobo subsecretário permanente, Robert Vansittart, que achava que Roma merecia uma missa. Para seu próprio relato rebuscado, veja R. Vansittart, *The mist procession: autobiography*, Londres, 1958. Para uma análise, cf. A. L. Goldman, "Sir Robert Vansittart's search for Italian co-operation against Hitler 1933-36", *Journal of Contemporary History*, 9, 1974, p. 93-130.
92. DDI 7s, XVI, 694, 4 de março de 1935, Cavagnari para Mussolini.

93. G. Rochat, *Militari e politici nella preparazione della campagna d'Etiopia: studio e documenti 1932-1936,* Milão, 1971, p. 129.
94. E. Caviglia, *Diario (aprile 1925-marzo 1945),* Roma, 1952, p. 133.
95. P. V. Cannistraro e B. R. Sullivan, *Il Duce's other woman,* Nova York, 1993, p. 467.
96. Para seu próprio relato grandiloquente, também disponível em inglês, veja E. De Bono, *Anno XIIII* [sic]: *the conquest of an empire,* Londres, 1937. Sob o ponto de vista de De Bono, apenas ele e seu Duce sabiam o que aconteceria (p. 13).
97. G. Rochat, *Militari e politici nella preparazione della campagna d'Etiopia,* p. 269.
98. DDI 7s, XVI, 492, 25 de janeiro de 1935, Mussolini para Grandi.
99. DDI 7s, XVI, 523, 1º de fevereiro de 1935, Grandi para Mussolini.
100. DDI 7s, XVI, 545, 4 de fevereiro de 1935, Grandi para Mussolini.
101. DDI 7s, XVI, 626, 20 de fevereiro de 1935, Grandi para Mussolini. Nessa época, Mussolini escreveu de forma cortês a seus embaixadores em Washington, Moscou e Tóquio, assegurando aos governos dos EUA, URSS e Japão que a Itália não lhes planejava nenhum mal. Veja, por exemplo, 659, 676, 682.
102. DDI 7s, XVI, 770, 8 de março de 1935, Mussolini para De Bono.
103. Um relato italiano, entretanto, sugere que havia algumas desvantagens em operar nas províncias. MacDonald quebrou seu único par de óculos na chegada à Stresa e eles só conseguiram substituí-lo em Milão. Assim, ele perambulou pela reunião em aturdimento míope. Veja P. Quaroni, *Diplomatic bags: an ambassador's memoirs,* Londres, 1966, p. 8.
104. BMOO, XXVII, p. 53.
105. A frase *la paix de l'Europe* de fato constou da resolução. Veja DDI 7s, XVI, 922, 14 de abril de 1935, resolução de Stresa.
106. A. J. P. Taylor, *The origins of the Second World War,* Harmondsworth, 1964, p. 120.
107. R. Guariglia, *Ricordi,* p. 229.
108. DDI 8s, I, 247, 18 de maio de 1935, Mussolini para De Bono.
109. Veja, por exemplo, D. Mack Smith, *Mussolini's Roman empire,* Londres, 1976, p. 59-71.
110. DDI 8s, I, 60, 20 de abril de 1935, Mussolini para Grandi.
111. BMOO, XXVII, p. 78.
112. Para um exemplo clássico, veja o livro de A. Lavagetto, *La vita eroica del capitano Bottego (1893-1897),* Milão, 1934.
113. Para um endosso de que este era de fato o propósito de Mussolini, veja R. Mallett, "Fascist foreign policy and official Italian views of Anthony Eden in the 1930s", *Historical Journal,* 43, 2000, p. 157-187.
114. DDI 8s, I, 114, 30 de abril de 1935, SIM para Mussolini.
115. W. Phillips, *Ventures in diplomacy,* Londres, 1955, p. 80.
116. Citado por G. W. Baer, *Test case: Italy, Ethiopia and the League of Nations,* Stanford, 1976, p. 62.
117. Para um relato detalhado em inglês, veja G. W. Baer, *The coming of the Italian-Ethiopian war,* Cambridge Mass., 1967, p. 190-200.
118. R. J. B. Bosworth, *Italy, the least of the Great Powers,* p. 334.
119. Depois de 1945, Guariglia ainda estava ofendido pela inadequação da proposta britânica. Veja R. Guariglia, *Ricordi,* p. 246.
120. DDI 8s, I, 431, 24 de junho 1935, segunda conversa entre Mussolini e Eden.
121. DDI 8s, I, 433, 25 de junho de 1935, terceira conversa entre Mussolini e Eden.
122. DDI 8s, I, 419, 21 de junho de 1935, Renzetti para Ciano.
123. *The Times,* 5 de julho de 1935.
124. DDI 8s, I, 475, 2 de julho de 1935, Grandi para Mussolini.
125. D. Dutton, *Anthony Eden: a life and reputation,* Londres, 1997, p. 47; 69; 97.
126. Ibid., p. 394.
127. D. Darrah, *Hail Caesar!,* Boston, 1936, p. 100.
128. Para as recordações de Darrah do *Chicago Herald Tribune* a esse respeito, veja ibid., p. 315-321.
129. G. Seldes, *Sawdust Caesar: the untold history of Mussolini and Fascism,* Londres, 1936, p. 381.
130. Ibid., p. 86.

131. *Evening Standard*, 19 de outubro de 1935.
132. *Evening Standard*, 6 de julho de 1935.
133. Veja, por exemplo, E. Polson Newman, *The Mediterranean and its problems,* Londres, 1927.
134. Veja E. Polson Newman, *Ethiopian realities,* Londres, 1936; *Italy's conquest of Ethiopia,* Londres, 1937.
135. L. Goglia, "La propaganda italiana a sostegno della guerra contro L'Etiopia svolta in Gran Bretagna nel 1935-36", *Storia contemporanea,* 15, 1984, p. 845-906.
136. DDI 8s, I, 657, 3 de agosto de 1935, Mussolini para Grandi.
137. DDI 8s, I, 548, 16 de julho de 1935, conversa entre Mussolini e Chambrun.
138. DDI 8s, II, 13, 2 de setembro de 1935, conversa entre Mussolini e Chambrun.
139. G. W. Baer, *The coming of the Italian-Ethiopian war,* p. 327.
140. DDI 8s, II, 146, 19 de setembro de 1935, Grandi para Mussolini.
141. DDI 8s, II, 202, 29 de setembro de 1935, Mussolini para De Bono.
142. Para um artigo bastante típico escrito por um jovem destinado a se tornar tanto um antifascista quanto um historiador patriótico do império, veja C. Zaghi, "Da Assab ad Adua", *Meridiani,* 2, outubro-novembro de 1935, p. 46-52.
143. BMOO, XXVII, p. 159.
144. BMOO, XXXVIII, p. 138.
145. SPDCR 87, 26 de maio de 1935, Lanzillo para Mussolini.
146. A. Pirelli, *Taccuini 1922-1943* (ed. D. Barbone), Bolonha, 1984, p. 133-134.
147. Ibid., p. 147. De' Stefani, em contraste, declarou que a Itália havia sido devastada por sanções durante anos, como demonstrou sua história de emigração. Veja A. De' Stefani, *Garanzie di potenza: saggi economici,* Bolonha, 1936, p. 178.
148. O jornal do establishment, *Nuova Antologia,* oferece infindáveis exemplos.
149. G. Bottai, "Abissinia: impresa rivoluzionaria", *Critica Fascista,* 13, 15 de julho de 1935, p. 357-359.
150. F. Guarneri, *Battaglie economiche,* p. 504.
151. Para uma análise sobre essa questão, veja R. Mallett, *The Italian navy and Fascist expansionism 1935-1940,* Londres, 1998, p. 7-47.
152. Para um exemplo típico, veja a entrevista dele a um jornalista do ultraconservador e pró-Itália *Morning Post* de Londres em BMOO, XXVII, p. 139-141.
153. DDI 8s, II, 331, 13 de outubro de 1935, Mussolini para Cerruti; 357, 16 de outubro de 1935, conversa entre Mussolini e Chambrun.
154. DDI 8s, II, 335, 13 de outubro de 1935, Pignatti para Mussolini.
155. DDI 8s, II, 437, 20 de outubro de 1935, Mussolini para De Bono.
156. DDI 8s, II, 660, 18 de novembro de 1935, Suvich para Mussolini.
157. DDI 8s, II, 795, 4 de dezembro de 1935, Mussolini para Grandi.
158. G. M. Gathorne-Hardy, *A short history of international affairs 1920-1939,* Oxford, 1950, p. 416-417.
159. *The Times,* 13, 16 de dezembro de 1935.
160. *The Evening Standard,* 30 de dezembro de 1935. Outras caricaturas dele invocavam estereótipos de inferioridade italiana. As tropas fascistas foram retratadas (30 de novembro) lastimando a falta de "óleo de cabelo"; enquanto Mussolini aparecia com um macaco e um realejo, implorando caridade para "40 milhões de crianças". (28 de dezembro).
161. Veja, por exemplo, BMOO, XXVII, p. 205-206.
162. Badoglio estimou que as forças etíopes que o confrontaram eram de 350 mil homens. Tipicamente de uma guerra colonial, nem ele nem um historiador tão abrangente como De Felice se preocuparam em estimar o número de mortos etíopes durante a guerra, que deve ter chegado às dezenas de milhares. Até 40% das tropas "italianas" eram de "soldados coloniais", ou seja, negros, principalmente da Eritreia e da Somália. Veja o relato de Badoglio sobre a guerra, com uma tradução subsidiada disponibilizada em inglês como P. Badoglio, *The war in Abyssinia,* Londres, 1937, p. 8-11. O livro foi lançado com um prefácio de Mussolini. Os subalternos de Badoglio elogiaram sua conquista militar efusivamente o elevando ao patamar daqueles que deveriam ser referidos com letras maiúsculas quando

eram mencionados, tal como "Ele" e "O Homem"). Veja Q. Armellini, *Con Badoglio in Etiopia*, Milão, p. 10; 257.

163. A Itália usou 1.597 bombas de gás pesando 317 toneladas. Veja A. Del Boca (ed.), *I gas di Mussolini: il fascismo e la guerra d'Etiopia*, Roma, 1996, p. 20. Mussolini havia autorizado Graziani a usar bombas de gás "como último recurso" em dezembro de 1935. Veja R. De Felice, *Mussolini il duce 1929-1936*, p. 707. Suvich aconselhou que o gás só deveria ser utilizado em caso de "necessidade militar". DDI 8s, III, 36, 10 de janeiro de 1936, Suvich para Mussolini.

164. A. Del Boca, *The Ethiopian war 1935-1941*, Chicago, 1969, p. 113.

165. Para suas primeiras e aduladoras opiniões sobre "fascismo e história", veja *Il Popolo d'Italia*, 22 de maio de 1934.

166. Desencadeou uma ridícula polêmica sobre a canção popular *Faccetta nera* (Pequeno rosto negro), uma cantiga que falava do amor entre um soldado italiano e uma camareira etíope. Em maio de 1936, no entanto, foi decidido, em nome de Mussolini, que a letra era inadequada e a música "estúpida". Veja C. Savoia, "Appunti del buon gusto", *Meridiani*, 2, abril/maio 1936, p. 19-20.

167. I. Montanelli, "Dentro la guerra", *Civiltà Fascista*, 3, janeiro de 1936, p. 38-39.

168. SPDCR 108, 17 de abril de 1936, Mussolini para Vittorio e Bruno.

169. V. Mussolini, *Voli sulle Ambe*, Florença, 1937, p. 27-28.

170. Ibid., p. 147.

171. Os registros em seu diário durante sua permanência na África estão em G. Bottai, *Diario 1935-1944* (ed. G. B. Guerri), Milão, 1989, p. 53-105.

172. Ibid., p. 102-103. Bottai recebera a chegada de Farinacci com algum prazer, já que ele era um homem do povo, mesmo que, Bottai acrescentou ironicamente, sua carreira como advogado o tivesse transformado em um advogado do diabo, e muito bem remunerado. (p. 90). Após seu retorno "ferido" à Itália, Farinacci tirou o sossego de Mussolini com os esforços dos médicos de Bolonha para construir uma "prótese especial" para ele. SPDCR 44, 6 de junho de 1936, Farinacci para Mussolini.

173. P. Terhoeven, *Oro alla patria: donne, guerra e propaganda nella giornata della Fede fascista*, Bolonha, 2006, p. 20.

174. R. De Felice, *Mussolini il duce 1929-1936*, p. 758.

175. Documentos de Anthony Eden, PRO FO 954/13A/IT/36/9, 30 de maio de 1936, Drummond para Eden.

176. G. Gentile, "Dopo la fondazione dell'impero", *Civiltà Fascista*, 3, maio de 1936, p. 321-334.

177. A. Del Boca, *The Ethiopian war*, p. 212.

178. R. De Felice, *Mussolini il duce 1929-1936*, p. 642.

179. G. W. Baer, *Test case*, p. 79.

180. Foi nessa época que ele foi nomeado duque de Addis Abeba. Ao saber que ele também havia obtido um doutorado honorário, Farinacci se perguntou se também poderia ser nomeado cônego ou cardeal. SPDCR 67, 22 de janeiro de 1937, Farinacci para Mussolini.

181. G. Bottai, *Diario 1935-1944*, p. 78-79.

182. Ibid., p. 61.

183. Ibid., p. 66, fornece um exemplo de Bottai e seus amigos convencidos de que a vitória de Badoglio sobre De Bono havia sido tramada por Balbo e Lessona.

184. O caso clássico foi o do filósofo do fascismo universal, Asvero Gravelli. Veja ibid., p. 77.

185. Veja ibid., p. 90 sobre seu *circoletto*.

186. A. Del Boca, *L'Africa nella coscienza degli italiani: miti, memorie, errori, sconfitte*, Bari, 1992, p. 113.

187. Em janeiro de 1936, Suvich reportou que vinha fabricando rumores de que a Itália pretendia mudar para o lado alemão para impressionar diplomatas estrangeiros. DDI 8s, III, 131, 29 de janeiro de 1936, Suvich para Mussolini. Hitler declarou a Suvich que tinha certeza da vitória dos italianos. 241, 17 de fevereiro de 1936, conversa entre Suvich e Hassell.

188. Veja, por exemplo, DDI 8s, III, 564, 2 de abril; 763, 26 de abril de 1936, os dois de Mussolini para Attolico.

189. Para os detalhes, veja F. Minniti, "Il problema degli armamenti nella preparazione militare italiana dal 1935 al 1943", *Storia contemporanea*, 9, 1978 e resumido em R. Mallett, *The Italian navy*, p. 60. Os gastos em 1936-1937 foram quase quatro vezes maiores que os de 1934-1935.

190. G. Bottai, *Diario 1935-1944*, p. 57.
191. BMOO, XXVII, p. 268.

14. Crise na Europa, 1936-1938

1. P. Orano, *Mussolini, fondatore dell'impero*, Roma, 1936, apêndice de textos mussolinianos sob o título *pagine apostoliche*.
2. A. Gravelli, *Uno e molti: interpretazioni spirituali di Mussolini*, Roma, 1938, p. 55.
3. Ibid., p. 106.
4. Ibid., p. 31.
5. A. Lodolini, *La storia della razza italiana da Augusto a Mussolini dedicata agli italiani di Mussolini e specialmente ai giovani e alle scuole*, Roma, 1939, p. 290.
6. U. Burani, *Ineluttabilità mussoliniana*, Roma, 1939, p. 43; 71; 78.
7. G. Villaroel, *Realtà e mito di Mussolini*, Turim, 1938, p. 192.
8. Retornando da operação militar na Etiópia, Bottai se viu recebido por "uma estátua e não um homem". Veja G. Bottai, *Diario 1935-1944* (ed. G. B. Guerri), Milão, 1989, p. 109-110.
9. Para uma narrativa, veja A. Spinosa, *I figli del Duce*, Milão, 1983, p. 115-117. Nos arquivos particulares de Mussolini, a carta mais pessoal de tristeza pela doença foi escrita por Farinacci. SPDCR 43, 10 de julho de 1936, Farinacci para Mussolini.
10. L. Baratter, *Anna Maria Mussolini: l'ultima figlia del Duce*, Milão, 2008, p. 25-27.
11. A. Lessona, *Un ministro di Mussolini racconta*, Milão, 1973, p. 174.
12. Veja, por exemplo, V. Mussolini (ed.), *Anno XIII-Ludi Iuvenalis*, Roma, 1935.
13. A. Spinosa, *I figli del Duce*, p. 155.
14. Y. De Begnac, *Taccuini mussoliniani* (ed. F. Perfetti), Bolonha, 1990, p. 423.
15. G. Ansaldo, *Il giornalista di Ciano: diarii 1932-1943*, Bolonha, 2000, p. 121.
16. SPDCR 109, 12 de outubro de 1938, relatório policial.
17. Veja, por exemplo, *L'Illustrazione italiana*, 14 de fevereiro de 1937.
18. SPDCR 109, 6 de abril de 1938, relatório policial.
19. SPDCR 109, 7 de novembro de 1936, relatório policial sobre Gina. Para imagens do casamento, veja a cobertura completa em *L'Illustrazione italiana*, 6 de fevereiro de 1938.
20. SPDCR 109, nota de 12 de janeiro de 1940. Marina Mussolini nasceu em 6 de março de 1940.
21. G. Pini e D. Susmel, *Mussolini: l'uomo e l'opera*, Florença, 1953-1955, vol. III, p. 183.
22. Com certa ironia, um nostálgico livro de receitas do Duce foi publicado em 1988, evidenciando o renascimento da reputação de Mussolini na Itália. Veja V. Luchinat e G. F. Borelli (eds.), *Le ricette del Duce*, Módena, 1988. Muitas das receitas não teriam sido aprovadas pelos médicos do Duce.
23. N. D'Aroma, *Mussolini segreto*, Rocca San Casciano, 1958, p. 45.
24. F. Bandini, *Claretta: profilo di Clara Petacci e dei suoi tempi*, Milão, 1960, p. 21.
25. C. Petacci, *Mussolini segreto: diari 1932-1938*, Milão, 2009, p. 99; 235.
26. M. Petacci, *Chi ama è perduta: mia sorella Claretta*, Gardolo di Trento, 1988, p. 32.
27. Para contexto, veja os diários de Giovanni Ansaldo, às vezes antifascista, outras vezes fascista e, com mais frequência, confuso, além de editor, a partir de 1936, editor de *Il Telegrafo*: G. Ansaldo, *L'antifascista riluttante: memorie del carcere e del confino 1926-1927*, Bolonha, 1992; *Diario di prigionia* (ed. R. De Felice), Bolonha, 1993; *Il giornalista di Ciano*.
28. G. B. Guerri, *Galeazzo Ciano: una vita 1903-1944*, Milão, 1979, p. 18.
29. D. Susmel, *Vita sbagliata di Galeazzo Ciano*, Milão, 1962, p. 18.
30. G. B. Guerri, *Galeazzo Ciano*, p. 34-35; 41.
31. A. Lessona, *Un ministro di Mussolini*, p. 135.
32. R. Ducci, *La bella gioventù*, Bolonha, 1996, p. 144. Fabrizio e Marzio chamavam o avô de *nonno-duce*. Veja O. Vergani, *Ciano: una lunga confessione*, Milão, 1974, p. 40.

33. G. Bottai, *Diario 1935-1944*, p. 90. Ironicamente, mas típico de sua fraqueza, Bottai frequentemente era um dos membros.
34. Havia rumores de que ele detinha 40% das ações da *Azienda Italiana Petroli Albanesi*. F. Bojano, *In the wake of the goose-step*, Londres, 1944, p. 110.
35. F. Maugeri, *From the ashes of disgrace*, Nova York, 1948, p. 89.
36. A melhor publicação é G. Ciano, *Diario 1937-1943* (ed. R. De Felice), Milão, 1980.
37. Peguei emprestado o título de R. Moseley, *Mussolini's shadow: the double life of Galeazzo Ciano*, New Haven, 1999.
38. Ele contou a um amigo que desprezava a afetação e a falta de humor das hierarquias inferiores do Partido. Veja N. D'Aroma, *Mussolini segreto*, p. 119. Seu filho diz que ele amava Rossini, um compositor mais inclinado a zombar dos tediosos deuses do que, digamos, Wagner. Veja V. Mussolini, *Vita con mio padre*, Milão, 1957, p. 43.
39. Y. De Begnac, *Palazzo Venezia: storia di un regime*, Roma, 1950, p. 567.
40. BMOO, XXVIII, p. 136-9; XLIV, p. 199.
41. Y. De Begnac, *Palazzo Venezia*, p. 650.
42. BMOO, XLIV, p. 67-70.
43. Ele também superestimou o número, estimando-o em centenas de milhares! Veja Y. De Begnac, *Palazzo Venezia*, p. 651. Um comentarista antifascista acreditava que os constantes encontros eram a base de seu governo. Veja C. Berneri, *Mussolini: psicologia di un dittatore* (ed. P. C. Masini), Milão, 1966, p. 58.
44. Para um exemplo, veja U. Spirito, *Memorie di un incosciente*, Milão, 1977, p. 173.
45. Veja, entre outras fontes, Q. Navarra, *Memorie del cameriere di Mussolini*, Milão, 1946, p. 55. Na década de 1920, quando a questão já poderia estar mais disciplinada, uma jornalista francesa alegou que precisou fazer cinco saudações romanas até chegar na porta do escritório de Mussolini e então mais uma para ele. Veja V. J. Bordeux, *Benito Mussolini – the man*, Londres, s.d., p. 279-282.
46. A. Lessona, *Un ministro di Mussolini*, p. 179.
47. V. Panunzio, *Il "secondo fascismo" 1936-1943: la reazione della nuova generazione alla crisi del movimento e del regime*, Milão, 1988, p. 63. Panunzio afirmou que o Duce estava se mantendo informado sobre o progresso militar na Espanha, assinalando um mapa fornecido pela grande organização turística, o *Touring Club Italiano*.
48. A. Lessona, *Un ministro di Mussolini*, p. 179.
49. Q. Navarra, *Memorie*, p. 60-61.
50. V. Panunzio, *Il 'secondo fascismo'*, p. 63.
51. Como o próprio Mussolini reclamou em agosto de 1939. Veja Y. De Begnac, *Palazzo Venezia*, p. 651.
52. Citado em J. F. Coverdale, *Italian intervention in the Spanish Civil War*, Princeton, 1975, p. 38.
53. Veja, por exemplo, o relato de Guariglia de suas instruções ao ser alocado para Madri. R. Guariglia, *Ricordi 1922-1946*, Nápoles, 1949, p. 193-199.
54. Mesmo depois do levante, seu costume de grifar extensamente os documentos diplomáticos não abrangia os relatórios sobre a Espanha; é bem provável que ele não os lesse.
55. R. Guariglia, *Ricordi*, p. 203.
56. J. F. Coverdale, *Italian intervention in the Spanish Civil War*, p. 55.
57. O cônsul de San Sebastian atraiu a ira de Pedrazzi ao reportar um mês antes o levante de Sanjurjo e do Exército. Veja DDI 8s, IV, 341, 22 de junho de 1936, Paternò para Ciano; 414, 30 de junho de 1936, Pedrazzi para Ciano.
58. DDI 8s, IV, 516, 13 de julho de 1936, Pedrazzi para Ciano.
59. DDI 8s, IV, 565, 18 de julho de 1936, Pedrazzi para Ciano.
60. DDI 8s, IV, 570, 20 de julho de 1936, Luccardi para o ministro da Guerra.
61. DDI 8s, IV, 577, 20 de julho de 1936, Alfonso XIII para Mussolini.
62. DDI 8s, IV, 596, 23 de julho de 1936, Luccardi para o ministro da Guerra.
63. DDI 8s, IV, 582, 21 de julho de 1936, Roatta para Ciano.
64. J. F. Coverdale, *Italian intervention in the Spanish Civil War*, p. 70-72.

65. DDI 8s, IV, 599, 23 de julho de 1936, De Rossi (cônsul em Tangiers) para Ciano.
66. J. F. Coverdale, *Italian intervention in the Spanish Civil War,* p. 73-74.
67. DDI 8s, IV, 610, 24 de julho de 1936, Ciano para De Rossi.
68. DDI 8s, IV, 634, 27 de julho de 1936, SIM para Mussolini.
69. G. Bonnet, *Quai D'Orsay,* Douglas, 1965, p. 156.
70. BMOO, XXVIII, p. 191.
71. DDI 8s, IV, 661, 31 de julho de 1936, De Rossi para Ciano.
72. R. De Felice, *Mussolini il duce II. lo stato totalitario 1936-1940,* Turim, 1981, p. 376.
73. Ibid., p. 364.
74. DDI 8s, IV, 685, 5 de agosto de 1936, SIM para o ministro de Relações Exteriores.
75. Muito tipicamente, os primeiros relatórios italianos sugeriam que a capital cairia rapidamente e atribuiu a vitória iminente às armas e à bravura italianas. Veja DDI 8s, V, 363, 6 de novembro de 1936, Anfuso para Ciano.
76. R. De Felice, *Mussolini il duce 1936-1940,* p. 390-391.
77. Ibid., p. 465.
78. Veja, por exemplo, DDI 8s, V, 546, 6 de dezembro de 1936, relatório da reunião de Mussolini com Ciano, seus subsecretários militares e Canaris.
79. M. Knox, *Mussolini unleashed 1939-1941: politics and strategy in Fascist Italy's last war,* Cambridge, 1982, p. 6.
80. Duquesa de Atholl, *Searchlight on Spain,* Harmondsworth, 1938, p. 147.
81. G. Jackson, *The Spanish republic and the civil war 1931-1939,* Princeton, 1967, p. 352.
82. J. F. Coverdale, *Italian intervention in the Spanish Civil War,* p. 255.
83. Veja o arquivo completo em SPDCR 72.
84. BMOO, XLII, p. 184.
85. R. De Felice, *Mussolini il duce 1936-1940,* p. 421.
86. C. Petacci, *Mussolini segreto,* p. 124.
87. E. Santarelli, prefácio a S. Trentin, *Dieci anni di fascismo in Italia: Dall'istituzione del Tribunale speciale alla proclamazione delL'Impero (1926-1936),* p. 13.
88. Veja, por exemplo, Trentin em ibid., p. 232.
89. Para uma boa introdução em inglês de sua vida e pensamento, veja S. G. Pugliese, *Carlo Rosselli: socialist heretic and Antifascist exile,* Cambridge, Mass., 1999.
90. E. Lussu, *Emilio Lussu e "Giustizia e Libertà",* Cagliari, 1976, p. 155.
91. Para uma avaliação da situação na Itália, veja R. De Felice, *Mussolini il duce 1936-1940,* p. 156-168.
92. Para um relato detalhado, veja S. G. Pugliese, *Carlo Rosselli,* p. 221-222.
93. Ibid., p. 223-226.
94. SPDCR 44, 5 de março de 1937, Farinacci para Mussolini. Mesmo bem no início da guerra, Mussolini, paramentado como um estadista, tentou persuadir Franco a não romper todas as relações com os bascos. Veja DDI 8s, V, 667, 26 de dezembro de 1936, Mussolini para Roatta.
95. Cf. também P. Quilici, *Spagna,* Roma, 1938. O célebre autor desse manual, publicado pelo *Istituto nazionale di cultura fascista,* estava pronto a acreditar que a Espanha era naturalmente cruel: "o espanhol sempre tem a sensação de andar sobre túmulos" (p. 62). Cf. também M. M. Morandi, "Contro il terrore", *Critica Fascista,* 15, 1º de março de 1937, p. 133-135, que, ecoando Farinacci, lamentou o terror que ocorria tanto na URSS como na Espanha, contrastando tais lugares com a Itália "civilizada", onde a revolução de 1921-1922 custou apenas "mil mortes".
96. BMOO, XXVIII, p. 145-146. Para um exemplo típico do propagandista desse evento, veja E. M. Gray, *Il Duce in Libia: che cosa ha detto, che cosa ha visto,* Milão, 1937.
97. R. De Felice, *Mussolini il duce 1936-1940,* p. 336.
98. BMOO, XXVIII, p. 92.
99. A. Mockler, *Haile Selassie's war: the Italian-Ethiopian campaign 1935-1941,* Nova York, 1984, p. 175.
100. A. Sbacchi, *Ethiopia under Mussolini: Fascism and the colonial experience,* Londres, 1985, p. 192.
101. R. De Felice, *Mussolini il duce 1936-1940,* p. 336.

102. Para uma biografia, veja E. Borra, *Amedeo di Savoia: terzo duca d'Aosta e vicerè d'Etiopia,* Milão, 1985.

103. Ibid., p. 66, com a alegação, também, de que havia sido escolha de Alessandro Lessona. Quando garoto Aosta passou alguns meses em uma escola escocesa, mas não gostava da comida, dos banhos quentes e do rúgbi (p. 16).

104. L. Calabrò, *Intermezzo africano: ricordi di un Residente di Governo in Etiopia (1937-1941),* Roma, 1988, p. 89. Ele foi especialmente mordaz em relação ao subsecretário e então ministro das Colônias, Attilio Teruzzi, um homem que Mussolini também considerava um vigarista hipersexual, incapaz de "pensar em algo mais que sua barba e sua virilidade". N. D'Aroma, *Mussolini segreto,* p. 68; Cf. também P. M. Masotti, *Ricordi d'Etiopia di un funzionario coloniale,* Milão, 1981, p. 23.

105. L. Calabrò, *Intermezzo africano,* p. 38. Eles eram, portanto, como a população da Sicília.

106. SPDCR 44, 25 de dezembro de 1938, Farinacci para Mussolini.

107. SPDCR 98, 21 de julho de 1942, relatório.

108. SPDCR 98, 12 de junho 1942, relatório sobre Boattini.

109. Cf. o relato do historiador e então antifascista Corrado Zaghi, cujos amigos médicos o acomodaram em confortáveis alojamentos hospitalares por oito meses e meio, em 1943, sob a alegação de que ele tinha problemas nos olhos. C. Zaghi, *Terrore a Ferrara durante i 18 mesi della repubblica di Salò,* Bolonha, 1992, p. 16.

110. SPDCR 98, 3 de agosto de 1942, relatório policial.

111. SPDCR 87, 24 de junho de 1930, relatório policial. Lessona não se juntou ao partido até 1923, mas teve a data de sua filiação alterada. Veja relatório de 27 de dezembro de 1927, bem como de 15 de setembro de 1937, Lessona para Starace.

112. Para os relatos de Lessona sobre si mesmo, veja A. Lessona, *Memorie,* Roma, 1963; *Un Ministro di Mussolini racconta.*

113. SPDCR 3, 28 de fevereiro de 1937, memorando de Mussolini.

114. SPDCR 3, 8 de julho de 1937, De Bono para Mussolini.

115. SPDCR 3, 4 de setembro de 1937, De Bono para Mussolini.

116. N. D'Aroma, *Mussolini segreto,* p. 68. (Em discurso de dezembro de 1933.)

117. SPDCR 87, 2 de dezembro de 1937, grampo telefônico; 19 de novembro de 1938, nota.

118. Veja, por exemplo, SPDCR 87, 15 de setembro de 1938, Lessona para Mussolini, reclamando que De Bono continuava a buscar vingança contra ele.

119. SPDCR 87, 28 de fevereiro de 1937, relatório.

120. Y. De Begnac, *Taccuini mussoliniani,* p. 426; 446; 497; 507; 617.

121. SPDCR 38, 11 de fevereiro de 1937, relatório policial.

122. Notável entre eles foi a evidência da corrupção e da vaidade de Badoglio e sua família. O general foi inflexível quanto à necessidade de se tornar duque de Addis Abeba e também conseguiu uma doação de 3 milhões de liras de várias instituições governamentais, a fim de financiar uma casa palaciana em Roma. Veja SPDCR 67, 2 de julho de 1936, Fedele para Mussolini; 5 de abril de 1937, Lessona para Colonna; 28 de julho de 1937, segundo o qual a fonte dos rumores mais maliciosos seriam De Bono e seus amigos. Para uma comparação com a corrupção muito mais politicamente adaptada de Hitler de seus principais generais, cf. N. J. W. Goda, "Black marks: Hitler's bribery of senior officers during World War II", *Journal of Modern History,* 72, 2000, p. 413-452. Cf. também evidências de que Starace estava tentando impor ao *dopolavoro* a compra compulsória de sua *Marcia su Gondar,* o relato grandiloquente e pouco confiável dos supostos triunfos militares do secretário do Partido na Etiópia. SPDCR 94, 7 de janeiro de 1937, grampo telefônico.

123. N. D'Aroma, *Mussolini segreto,* p. 217.

124. Ibid., p. 33.

125. SPDCR 4, 17 de fevereiro de 1936, Acerbo para Mussolini, em uma carta de quatorze páginas, na qual lembrou ao Duce o quanto era premente a questão de firmar a Itália como uma Grande Potência na Europa.

126. DDI 8s, IV, 805, 28 de agosto de 1936, Mussolini para Boscarelli. Cf. V, 154, 4 de outubro de 1936, Mussolini para De Rossi, da mesma forma, exortando Franco a garantir que seu regime "autoritário" também fosse "popular e social".

127. DDI 8s, IV, 55, 15 de maio de 1936, Mussolini para Salata.

128. DDI 8s, IV, 37, 14 de maio de 1936, Suvich para Mussolini.
129. DDI 8s, IV, 192, 5 de junho de 1936, relatório de reunião entre Mussolini e Schuschnigg.
130. DDI 8s, IV, 208, 7 de junho de 1936, Mussolini para Attolico.
131. Cf. DDI 8s, IV, 503, 11 de julho de 1936, relatório de reunião entre Mussolini e Hassell, no qual Mussolini repetiu sua frase sobre aplaudir um *modus vivendi*, mas tentou adiar o reconhecimento unilateral alemão da Etiópia italiana. Cf. v, 101, 23 de setembro de 1936, relatório de conversa entre Mussolini e Frank, na qual o Duce, de forma um pouco menos abrupta, ainda aconselhou os alemães a não fornecerem o reconhecimento precipitadamente.
132. Churchill College, Cambridge, documentos de Vansittart, 2/29, 17 de maio de 1936, minuta de Vansittart.
133. BMOO, XXVIII, p. 25 em uma entrevista a H. R. Knickerbocker da Hearst Press. Cf. p. 5, na qual ele repete suas palavras a um correspondente do *Daily Telegraph*, de Londres.
134. BMOO, XLIV, p. 188.
135. DDI 8s, V, 67, 15 de setembro de 1936, relatório de conversa entre Mussolini e Schmidt.
136. DDI 8s, V, 101, 23 de setembro de 1936, relatório de reunião entre Mussolini e Frank. Mussolini aproveitou a ocasião para exortar os nazistas a diminuir seu fervor anticatólico, pois, advertiu ele, guerrear contra a religião era como guerrear contra o nevoeiro.
137. DDI 8s, V, 277, 24 de outubro de 1936, relatório de conversa entre Ciano e Hitler (e resumo do dossiê anexo).
138. BMOO, XXVIII, p. 67-72.
139. Veja, por exemplo, P. Pastorelli em R. De Felice (ed.), *L'Italia fra tedeschi e alleati: la politica estera fascista e la seconda guerra mondiale*, Bolonha, 1973, p. 103.
140. M. Knox, *Common destiny: dictatorship, foreign policy and war in Fascist Italy and Nazi Germany*, Cambridge, 2000, p. 142-143.
141. G. Ciano, *Diario 1937-1943*, p. 35.
142. Ibid., p. 175.
143. Ibid., p. 82-83.
144. Para um estudo detalhado do contexto, veja R. De Felice, *Il Fascismo e l'Oriente: arabi, ebrei e indiani nella politica di Mussolini*, Bolonha, 1988.
145. G. Bottai, *Diario 1935-1944*, p. 115.
146. G. Ciano, *Diario 1937-1943*, p. 28, vangloriou-se de ter extraído fundos secretos de 60 milhões liras para financiar o processo.
147. Ibid., p. 135. Anteriormente, eles discutiram a quebra da neutralidade suíça para atacar a França (p. 99-100).
148. Ibid., p. 34; 116-117.
149. Ibid., p. 56-57.
150. Ibid., p. 96.
151. Veja, por exemplo, DDI 8s, VIII, 87, 2 de fevereiro de 1938, Mussolini para Franco.
152. G. Bottai, *Diario 1935-1944*, p. 115.
153. M. Knox, *Mussolini unleashed 1939-1941*, p. 15.
154. Ibid., p. 30-31.
155. Veja, por exemplo, G. Ciano, *Diario 1937-1943*, p. 54. Cf. BMOO, XXIX, p. 251.
156. BMOO, XXVIII, p. 154-156.
157. R. Quartararo, *Italia-URSS, 1917-1941: i rapporti politici*, Nápoles, 1997, p. 198.
158. Veja, por exemplo, A. Nasti, "L'Italia, il bolscevismo, la Russia", *Critica Fascista*, 15, 15 de março de 1937, p. 162-163.
159. G. Ciano, *Diario 1937-1943*, p. 54-55, perguntava-se se poderia ser ampliado para incluir Espanha, Brasil e Polônia, este último país que provavelmente não seria bem recebido pela Alemanha nazista como membro de tal grupo. Em 15 de fevereiro de 1938, Mussolini teve a brilhante ideia de que a Áustria deveria aderir e assim demonstrar sua independência (p. 99).
160. Ibid., p. 67; 256.

161. DDI 8s, III, 598, 6 de abril de 1936, Mussolini para Grandi.
162. Veja, por exemplo, DDI 8s, VII, 85, 16-17 de julho de 1937, relatório de conversas entre Ciano e Dingli.
163. DDI 8s, VII, 127, 27 de julho de 1937, Grandi para Ciano.
164. DDI 8s, VII, 136, 28 de julho de 1937, N. Chamberlain para Mussolini. Com menos habilidade, Chamberlain recordou agradáveis férias na Itália em sua juventude.
165. DDI 8s, VII, 155, incluindo 31 de julho de 1937, Mussolini para N. Chamberlain.
166. Veja, por exemplo, uma declaração de abertura contínua a um acordo "totalitário" em DDI 8s, VIII, 105, 8 de fevereiro de 1938, Ciano para Grandi; Cf. também 203, 22 de fevereiro de 1938, Grandi para Ciano.
167. BMOO, XXIX, p. 33.
168. BMOO, XXVIII, p. 252. Em algumas seções da imprensa fascista, no entanto, brotaram esperanças de um renascimento do Pacto das Quatro Potências. Veja P. Solari, "Ritorno al Patto a Quattro", *Critica Fascista,* 15, 15 de outubro de 1937, p. 411-413. Bottai ainda estava nostálgico em um editorial publicado após a *Anschluss. Critica Fascista,* 16, 15 de abril de 1938, p. 188-189.
169. Para um relato, veja I. Kershaw, *Hitler 1936-1945: nemesis,* Londres, 2000, p. 44-45.
170. Ibid., p. 45.
171. BMOO, XXIX, p. 1.
172. G. Bottai, *Diario 1935-1944,* p. 115.
173. DDI 8s, VI, 500, 22-23 de abril de 1937, relatório de conversa entre Mussolini e Schuschnigg. Cf. VII, 27, 6 de julho de 1937, Mussolini para Bossi, no qual o Duce tentou persuadir Franco a ser misericordioso com os bascos após a sua rendição, dado que eram "católicos que erraram, mas são, quase em sua totalidade, pessoas que poderiam ser recuperadas para a Sua Espanha".
174. G. Ciano, *Diario 1937-1943,* p. 98.
175. O líder húngaro, István Bethlen, havia dito ao Duce em janeiro que 80% dos austríacos eram nazistas e o restante também apoiava uma *Anschluss.* DDI 8s, VIII, 15, 5 de janeiro de 1938, relatório de conversas entre Mussolini e Bethlen.
176. DDI 8s, VIII, 235, 27 de fevereiro de 1938, memorando de Mussolini.
177. G. Ciano, *Diario 1937-1943,* p. 100.
178. DDI 8s, VII, 393, 4 de outubro de 1937, Mussolini para Vítor Emanuel III.
179. DDI 8s, VIII, 296, 11 de março de 1938, Hitler para Mussolini.
180. DDI 8s, VIII, 312, 13 de março de 1938, Hitler para Mussolini.
181. DDI 8s, VIII, 316, 14 de março de 1938, Mussolini para Hitler.
182. F. Anfuso, *Roma Berlino Salò,* p. 65.
183. BMOO, XXIX, p. 71.
184. G. Ciano, *Diario 1937-1943,* p. 112.
185. C. Petacci, *Mussolini segreto,* p. 246-247.
186. R. De Felice, *Mussolini il duce 1936-1940,* p. 471.
187. G. Ciano, *Diario 1937-1943,* p. 113-114.
188. A. Lessona, *Un ministro di Mussolini,* p. 217.
189. W. Phillips, *Ventures in diplomacy,* Londres, 1955, p. 119.
190. G. Ciano, *Diario 1937-1943,* p. 120.
191. B. Spampanato, *1938: l'anno decisivo,* Nápoles, 1938, p. 111; 122.
192. Com alguma ambiguidade, Bottai explicou que o Eixo era unido porque foi construído não tanto por afinidade ideológica, mas por uma comunhão de interesses. Veja seu editorial, "L'Asse Roma-Berlino e L'Europa", *Critica Fascista,* 16, 15 de maio de 1938, p. 210-211.
193. A. Petacco, *Regina: la vita e i segreti di Maria José,* Milão, 1997, p. 132.
194. A. Hitler, *Hitler's table talk 1941-1944* (ed. H. Trevor-Roper), Londres, 1953, p. 267.
195. DDI 8s, VIII, 461, 7 de abril de 1938, Pignatti para Ciano.
196. E. Dollmann, *The interpreter: memoirs,* Londres, 1967, p. 110.
197. R. De Felice, *Mussolini il duce 1936-1940,* p. 479.
198. G. Ciano, *Diario 1937-1943,* p. 131-133.

199. Ibid., p. 166.
200. BMOO, XXIX, p. 156.
201. G. Ciano, *Diario 1937-1943*, p. 179.
202. Ibid., p. 184.
203. Ibid.
204. Ibid., p. 188. Mais cedo, ele havia brincado com seu genro sobre o ridículo hábito inglês de ser gentil com os animais (p. 187).
205. *L 'Illustrazione italiana*, 9 de outubro de 1938.
206. C. Petacci, *Mussolini segreto*, p. 413-417.
207. R. De Felice, *Mussolini il duce 1936-1940*, p. 530-550.
208. Era chamado de *passo romano* sob alegação de que os gansos salvaram o Capitólio dos gauleses e, portanto, eram pássaros claramente romanos.
209. BMOO, XXIX, p. 53.

15. A aproximação de uma Segunda Guerra Mundial, 1938-1939

1. Para uma avaliação detalhada da contribuição da "ciência" social e médica italiana para o racismo italiano veja G. Israel e P. Nastasi, *Scienza e razza nell'Italia fascista*, Bolonha, 1998.
2. G. Bottai, *Diario 1935-1944* (ed. G.B. Guerri), Milão, 1989, p. 125.
3. BMOO, XLIV, p. 72. Palavras de Mussolini em outubro de 1933.
4. F. Bojano, *In the wake of the goose-step*, Londres, 1944, p. 41.
5. R. De Felice, *Storia degli ebrei italiani sotto il fascismo*, Turim, 1961, p. 158.
6. G. Mosse, *Confronting history*, Londres, 2000, p. 108-109.
7. G. Bottai, *Diario 1935-1944*, p. 115.
8. DDI, 8s, III, 715, 20 de abril de 1936, Mussolini para Grandi. Preziosi aproveitou para afirmar que as críticas à Itália durante a guerra da Líbia também foram patrocinadas pelos judeus. Veja G. Preziosi, *Giudaismo-bolscevismo plutocrazia massoneria*, Milão, 1941, p. 228.
9. Para as humilhantes circunstâncias, veja S. G. Pugliese, *Carlo Rosselli: socialist heretic and Antifascist exile*, Cambridge, Mass., 1999, p. 194.
10. Enquanto isso, Preziosi martelava a ideia de que Blum era "possuído de uma concepção do mundo totalmente judaica". Veja seu editorial em *La Vita Italiana*, 49, 15 de abril de 1937, p. 486.
11. C. Petacci, *Mussolini segreto: diari 1932-1938*, p. 384.
12. G. Miccoli, "Santa Sede e chiesa italiana di fronte alle leggi antiebraiche del 1938", *Studi storici*, 29, 1988, p. 851. Para um estudo mais desenvolvido, cf. sua obra *I dilemmi e i silenzi di Pio XII*, Milão, 2000.
13. Um comentarista de *La Vita Italiana* havia, como de costume, sustentado que o elemento racial predominante no infeliz caráter "moral e religioso" dos ingleses era o judeu. Veja G. Pisitello, "Il fondamento etico-religioso della politica inglese", *La Vita Italiana*, 47, 15 de janeiro de 1936, p. 16-24. Na mesma edição, Ezra Pound, "Moneta fascista" (p. 33-37), entusiasmou-se com a resistência fascista aos bancos generalistas e, por dedução, outras empresas capitalistas judaicas por trás de Genebra e das sanções.
14. Veja, por exemplo, o argumento do filósofo racista Julius Evola, de que a "bolchevização" da Espanha nas mãos de judeus e maçons pretendia ser universal. J. Evola, "Sulla storia segreta della rivoluzione spagnola", *La Vita Italiana*, 52, 15 de julho de 1938, p. 30-37.
15. E. Morelli, "Giuseppe Mazzini e Antonio Gallenga", *La Vita Italiana*, 48, 15 de julho de 1936, p. 49.
16. G. Ciano, *Diario 1937-1943* (ed. R. De Felice), Milão, 1980, p. 86.
17. V. D. Segre, *La guerra privata di tenente Guillet: la resistenza italiana in Eritrea durante la seconda guerra mondiale*, Milão, 1993, p. 146.
18. SPD, Carte della Cassetta di Zinco 10, 18 de novembro de1937, Mussolini para o duque de Aosta.
19. L. Goglia, "Note sul razzismo coloniale fascista", *Storia contemporanea*, 19, 1988, p. 1231-1232.

20. Veja mais em L. Goglia, "Una diversa politica razziale coloniale in un documento inedito di Generale Pollena del 1937", *Storia contemporanea*, 16, 1985, p. 1071-1091. Goglia afirma que, entre os racistas mais convictos do império, estavam aqueles que se consideravam os menos "fascistas".
21. B. Sorgoni, *Parole e corpi: antropologia, discorso giuridico e politiche sessuali interrazziali nella colonia Eritrea (1890-1941)*, Nápoles, 1998, p. 189.
22. R. De Felice, *Ebrei in un paese arabo*, Bolonha, 1978, p. 21-22.
23. Ibid., p. 111.
24. G. Ciano, *Diario 1937-1943*, p. 64-65.
25. N. D'Aroma, *Mussolini segreto*, Rocca San Casciano, 1958, p. 86. O Duce falava em novembro de 1934.
26. G. Ciano, *Diario 1937-1943*, p. 95.
27. G. Bottai, *Diario 1935-1944*, p. 125.
28. G. Ciano, *Diario 1937-1943*, p. 99. Outro indício foi a publicação de P. Orano, *Gli ebrei in Italia*, Roma, 1937.
29. M. Michaelis, *Mussolini and the Jews: German-Italian relations and the Jewish question in Italy 1922- 1945*, Oxford, 1978, p. 141.
30. G. Ciano, *Diario 1937-1943*, p. 99.
31. M. Michaelis, *Mussolini and the Jews*, p. 142.
32. BMOO, XXIX, p. 99-102.
33. BMOO, XXIX, p. 120-121.
34. G. Ciano, *Diario 1937-1943*, p. 156.
35. Uma tradução para o inglês pode ser encontrada em C. Delzell (ed.), *Mediterranean fascism 1919-1945*, Nova York, 1970, p. 174-176.
36. BMOO, XXIX, p. 125-126.
37. G. Preziosi, "Era mussoliniana", *La Vita Italiana*, 52, 15 de agosto de 1938, p. 133-136.
38. *La Vita Italiana*, 52, 1º de setembro de 1938, p. 374, nota editorial.
39. O tema imperial foi desenvolvido de forma mais completa por um anônimo em "Historicus", "Razzismo e giudaismo nell'Europa moderna", *Civiltà Fascista*, 5, setembro de 1938, p. 784-803, no qual se argumenta que o anglo-saxão era tradicionalmente o mais racista dos povos e que esse racismo se adequava ao imperialismo. Em pouco tempo, um importante jornalista acusava Roosevelt de ser um "superjudeu", atacando os fascistas por terem flertado com seu New Deal e colocando os EUA entre os inimigos raciais da Itália. Veja E. Canevari, "Rivendicazioni italiane e isterismi americani", *La Vita Italiana*, 53, 15 de janeiro de 1939, p. 7-13.
40. [G. Bottai], "Politica fascista della razza", *Critica Fascista*, 16, 1º de agosto de 1938, p. 210-211.
41. Bottai reiterou esses assuntos em uma sucessão de edições de seu jornal. Veja *Critica Fascista*, 16, 15 de agosto de 1938, p. 306-307; 1º de setembro de 1938, p. 322-323; 15 de setembro de 1938, p. 338-339; 15 de outubro de 1938, p. 370-371; 15 de dezembro de 1938, p. 50-51.
42. S. Colarizi, *L'opinione degli italiani sotto il regime 1929-1943*, Bari, 1991, p. 242.
43. Para relatos ambíguos da história nos campos de concentração italianos durante a guerra, veja C. S. Capogreco, *Ferramonti: la vita e gli uomini del più grande campo d'internamento fascista (1940 -1945)*, Florença, 1987 e K. Voigt, *Il rifugio precario: gli esuli in Italia dal 1933 al 1945* (2 vols.), Florença, 1996. Cf. J. Walston, "History and memory of the Italian concentration camps", *Historical Journal*, 40, 1997, p. 169-183. Walston mostra que as políticas mais punitivas eram aplicadas contra os eslovenos, os "verdadeiros" inimigos da Itália e do fascismo de uma forma que nenhum outro povo era.
44. R. Pommerin, "Le controversie di politica razziale nei rapporti dell'Asse Roma-Berlino (1938-1943)", *Storia contemporanea*, 10, 1979, p. 925-940.
45. G. Ciano, *Diario 1937-1943*, p. 149.
46. Ibid., p. 163.
47. Ibid., p. 170.
48. W. Skof Newby, *Tra pace e guerra: una ragazza slovena nell'Italia fascista*, Bolonha, 1994, p. 85.
49. BMOO, XXIX, p. 145-146.
50. E. Momigliano, *Storia tragica e grottesca del razzismo fascista*, Milão, 1946, p. 67.

51. C. Petacci, *Mussolini segreto*, p. 413-424.
52. Lá, de acordo com Ciano, Balbo, De Bono e Federzoni se opuseram à nova linha, mas Bottai a apoiou firmemente. Veja G. Ciano, *Diario 1937-1943*, p. 193. Acerbo era outro velho líder que não gostava da adoção de políticas raciais. Veja G. Acerbo, *Fra due plotoni di esecuzione: avvenimenti e problemi dell'epoca fascista*, Rocca San Casciano, 1968, p. 284-285.
53. G. Bottai, *Diario 1935-1944*, p. 136.
54. BMOO, XXIX, p. 185-196.
55. G. Ciano, *Diario 1937-1943*, p. 211.
56. S. Colarizi, *L'opinione degli italiani sotto il regime*, p. 256.
57. G. Ciano, *Diario 1937-1943*, p. 212.
58. Também foi disponibilizado em inglês em C. Delzell (ed.), *Mediterranean fascism*, p. 178-183.
59. Para um relato da maneira com que a maioria dos acadêmicos não judeus apoiaram, ao menos passivamente, a exclusão de seus colegas judeus, veja R. Finzi, *L'università italiana e le leggi antiebraiche*, Roma, 1997.
60. Para seus pontos de vista, veja T. Interlandi, *Pane bigio: scritti politici*, Bolonha, 1927; *Contro Judaeos*, Roma, 1938.
61. T. Interlandi, *Contra Judaeos*, p. 132.
62. Para algumas de suas divagações, veja G. Almirante, "Una razza alla conquista di un continente", *La difesa della razza*, 2, 5 de novembro de 1938, p. 20-21; "Giornalismo", 5 de julho de 1939, p. 24-27; "Storia razziale della zona di Arsia", 3, 5 de maio de 1940, p. 38-41. Guido Landra, o antropólogo, sabia em termos científicos que tanto os corsos quanto os malteses tinham sangue ariano. Veja as edições de 20 de novembro de 1938, p. 8-10; 5 de janeiro de 1939, p. 8-10. Além do apoio de importantes intelectuais, o jornal recebeu com satisfação a publicidade de importantes empresas como Fiat, Shell e os principais bancos nacionais. Cf. também P. Orano (ed.), *Inchiesta sulla razza*, Roma, 1939, no qual proeminentes jornalistas como Giorgio Pini se juntaram para expressar pensamentos racistas. Pini argumentou que a Roma clássica havia se deteriorado e ruído por ter se tornado racialmente impura (p. 192). Virginio Gayda estava convencido da natureza imperial da questão, instando que, por razões raciais, "devemos dar aos italianos na África mulheres italianas" (p. 118).
63. SPDCR 44, 3 de agosto de 1938, Farinacci para Mussolini.
64. SPDCR 44, 5 de agosto de 1938, Farinacci para Mussolini.
65. SPDCR 44, 6 de junho de 1938, Farinacci para Mussolini.
66. Veja, por exemplo, Ciano sobre o assunto no auge da campanha de 1938. G. Ciano, *Diario 1937-1943*, p. 211.
67. Veja J. Steinberg, *All or nothing: the Axis and the Holocaust 1941-1943*, Londres, 1990.
68. Y. De Begnac, *Palazzo Venezia: storia di un regime*, Roma, 1950, p. 643.
69. N. D'Aroma, *Mussolini segreto*, p. 250. Palavras de Mussolini em abril de 1942.
70. P. V. Cannistraro e B. R. Sullivan, *Il Duce's other woman*, Nova York, 1993, p. 518; 528.
71. M. Michaelis, *Mussolini and the Jews*, p. 254-255, observa que as proibições foram estendidas no verão de 1939 a jornalistas e notários judeus, e que disposições de herança mais duras também foram aplicadas. No entanto, outra lei dava ao Duce o direito de "arianizar" quem ele quisesse, minando assim de uma só vez qualquer conceito de que a "raça judaica" pudesse ser definida cientificamente.
72. Cf. D. Goldhagen, *Hitler's willing executioners: ordinary Germans and the Holocaust*, Nova York, 1996.
73. Veja, o clássico, G. Pisanò, *Mussolini e gli ebrei*, Milão, 1967.
74. Os ciganos não eram bem-vistos na Itália fascista da década de 1920, mas eram tratados como um problema "criminal". Veja G. Boursier, "La persecuzione degli zingari nell'Italia fascista", *Studi storici*, 37, 1996, p. 1065-1082.
75. L. Salvatorelli e G. Mira, *Storia d'Italia nel periodo fascista*, Milão, 1969, vol. 2, p. 318.
76. R. De Felice, *Mussolini il duce: lo stato totalitario 1936-1940*, Turim, 1981, p. 101. Em seu discurso em 25 de outubro de 1938, Mussolini deu a essa mudança seu imprimátur. Veja BMOO, XXIX, p. 189-190.
77. Arquivos (Milão), *Touring Club Italiano*, 100/1, 19 de julho de 1937, rascunho de carta de Bonardi.
78. Para esse exemplo e mais contexto, veja R. J. B. Bosworth, *Italy and the wider world 1860-1960*, Londres, 1996, p. 177.

79. R. De Felice, *Mussolini il duce 1936-1940*, p. 120.
80. G. Bottai, *La carta della scuola*, Milão, 1939.
81. Ibid., p. 33.
82. Ibid., p. 94.
83. G. Bottai, "Concetto mussoliniano della 'rivoluzione permanente'", *Critica Fascista*, 19, setembro de 1939, p. 592-599.
84. Para o estudo mais completo desses assuntos complexos, veja R. Ben-Ghiat, *Fascist modernities: Italy, 1922-1945*, Berkeley, 2001.
85. A. Spinosa, *I figli del Duce*, Milão, 1989, p. 88. O primeiro anúncio da Coca-Cola apareceu em *Il Popolo d'Italia* (e no resto da imprensa) em 30 de julho de 1930. Cf. D. Forgacs, *Italian culture in the industrial era 1880-1980: cultural industries, politics and the public*, Manchester, 1990, p. 76.
86. Em termos reais, ainda atinge quase metade da população do Sul e das ilhas. Veja M. Knox, *Hitler's Italian allies: royal armed forces, Fascist regime, and the war of 1940-1943*, Cambridge, 2000, p. 23. Em 1931 estima-se que 3% dos alunos de universidades na Itália vinham da classe trabalhadora (um número que vinha caindo desde 1911). Veja M. Barbagli, *Educating for unemployment: politics, labor markets, and the school system — Italy 1850-1973*, Nova York, 1982, p. 138.
87. G. Acerbo, *Fra due plotoni di esecuzione*, p. 386.
88. M. Barbagli, *Educating for unemployment*, p. 180, relata que, apesar de uma baixa taxa de produção de engenheiros, pelo menos para uma potência industrial séria, estima-se que 50% deles estavam desempregados em 1935.
89. M. Petacci, *Mussolini segreto*, p. 331.
90. V. Panunzio, *Il "secondo fascismo" 1936-1943: la reazione della nuova generazione alla crisi del movimento e del regime*, Milão, 1988, p. 52-6; 132-133.
91. O *Tribunale Speciale* condenou 310 antifascistas em 1938 e 365 em 1939, números mais altos do que entre 1932 e 1937, mas menor do que na década de 1920. Veja R. De Felice, *Mussolini il duce 1936-1940*, p. 45-46.
92. P. Melograni, *Rapporti segreti della polizia fascista*, Bari, 1979, p. 35.
93. C. Alvaro, *Quasi una vita: giornale di uno scrittore*, Milão, 1950, p. 204; 215.
94. Para outro exemplo, veja G. Pini, "Ritratto di Mussolini", *Gerarchia*, 19, abril de 1939, p. 249-255. Pini também observou que Duce tinha mãos e orelhas pequenas.
95. F. Bandini, *Claretta: profilo di Clara Petacci e i suoi tempi*, Milão, 1960, p. 48.
96. C. Petacci, *Il mio diario*, [S.l.], 1946, p. 63-64.
97. Veja o aquivo em SPDCR 103 e R. J. B. Bosworth, "*Per necessità famigliare*: hypocrisy and corruption in Fascist Italy", *European History Quarterly*, 30, 2000, p. 369.
98. SPDCR 103, 14 de agosto de 1939, relatório.
99. Para um relato detalhado dessas questões, veja F. Perfetti, *La Camera dei fasci e delle corporazioni*, Roma, 1991, p. 7-233.
100. Ibid., p. 208.
101. G. Bottai, *Diario 1935-1944*, p. 125.
102. N. D'Aroma, *Venti anni insieme: Vittorio Emanuele e Mussolini*, Rocca San Casciano, 1957, p. 244.
103. Para uma descrição detalhada da proclamação e sua recepção, veja R. De Felice, *Mussolini il duce 1936-1940*, p. 23-38.
104. Ibid., p. 39.
105. SPDCR 105, 2 de abril de 1938, memorando de S. Romano e nota anexa, Mussolini para Vítor Emanuel III.
106. N. D'Aroma, *Vent'anni insieme*, p. 155.
107. A. Petacco, *Regina: la vita e i segreti di Maria José*, Milão, 1997, p. 83.
108. C. M. De Vecchi di Val Cismon, *Il quadrumviro scomodo: il vero Mussolini nelle memorie del più monarchico dei fascisti*, Milão, 1983, p. 116.
109. R. De Felice, *Mussolini il duce 1936-1940*, p. 40.
110. G. Ciano, *Diario 1937-1943*, p. 250-251.

111. Ibid., p. 259. No entanto, um acordo entre o PNF e a Ação Católica em julho de 1938 foi avaliado por De Felice como um sucesso para a Igreja. Veja R. De Felice, *Mussolini il duce 1936-1940*, p. 145.

112. Um escritor o considerou um inimigo do "ciclone judaico-bolchevique". Veja G. Aureli, "Pio XII", *La Vita Italiana*, 53, 15 de março de 1939, p. 273-287.

113. G. Ciano, *Diario 1937-1943*, p. 209. Entre aqueles que agora descreviam a suposta perfídia francesa estava o ilustre historiador Ettore Rota. Veja sua obra *Italia e Francia davanti alla storia: il mito della Sorella Latina*, Milão, 1939.

114. U. Guspini, *L'orecchio del regime: le intercettazioni telefoniche al tempo del fascismo*, Milão, 1973, p. 157.

115. De acordo com Rachele Mussolini, o rei ficou magoado com a relativa falta de interesse de Mussolini em "reconquistar" Savoy. Veja R. Mussolini, *The real Mussolini (as told to A. Zarca)*, Farnborough, 1973, p. 185.

116. G. Ciano, *Diario 1937-1943*, p. 218-219.

117. Ibid., p. 221.

118. Ibid., p. 296.

119. Ibid., p. 228. Pelo menos um jovem diplomata afirmou estar profundamente alienado pela natureza grosseiramente manipuladora da campanha. Veja E. Ortona, *Diplomazia di guerra: diari 1937-1943*, Bolonha, 1993, p. 55. A opinião pública em Milão também não se impressionou com as críticas contra a França. Veja P. Melograni, *Rapporti segreti*, p. 23-24.

120. N. D'Aroma, *Mussolini segreto*, p. 25.

121. P. Stafford, "The Chamberlain-Halifax visit to Rome: a reappraisal", *English Historical Review*, 98, 1983, p. 64.

122. Ibid., p. 91. De acordo com Ciano, os olhos de Chamberlain ficaram enevoados quando a colônia inglesa irrompeu cantando "For he's a jolly good fellow" [Ele é um bom companheiro] em sua cerimônia de partida em Roma, enquanto Mussolini se voltava para Grandi e perguntava beligerantemente que música era aquela. G. Ciano, *Diario 1937-1943*, p. 240.

123. PRO FO 371/23784/R502, 18 de janeiro de 1939, relatório do gabinete.

124. G. Ciano, *Diario 1937-1943*, p. 239.

125. Ibid., p. 233; 237; 241.

126. R. De Felice, *Mussolini il duce 1936-1940*, p. 581.

127. G. Ciano, *Diario 1937-1943*, p. 262.

128. Ibid., p. 265.

129. Ibid., p. 266-267.

130. Cf., por exemplo, BMOO, XXIX, p. 251.

131. G. Bottai, *Diario 1935-1944*, p. 142-144.

132. R. De Felice, *Mussolini il duce 1936-1940*, p. 266.

133. Para os detalhes, veja M. Toscano, *The origins of the Pact of Steel*, Baltimore, 1967, p. 127-128.

134. Para a história deles, veja B. Mantelli, "*Camerati del lavoro*": *i lavoratori italiani emigrati nel Terzo Reich nel periodo dell'Asse 1938-1943*, Florença, 1992. Ou, para um resumo em inglês, B. Mantelli, "Italians in Germany, 1938-1945: an aspect of the Rome-Berlin Axis", em R. J. B. Bosworth e P. Dogliani (eds.), *Italian Fascism: history, memory and representation*, Londres, 1999, p. 45-63.

135. Veja B. Mantelli, "*Camerati del lavoro*", p. 54 para uma utilização do termo.

136. G. Gafencu, *The last days of Europe: a diplomatic journey in 1939*, Londres, 1947, p. 128.

137. Como uma espécie de exemplo, a Itália liberal invadiu a ilha de Saseno no dia de Natal, 1914.

138. G. Ciano, *Diario 1937-1943*, p. 277. Para mais contexto, veja as memórias do ministro italiano em Tirana (amigo próximo e parceiro de negócios de Ciano), F. Jacomoni di San Savino, *La politica dell'Italia in Albania*, Rocca San Casciano, 1965.

139. B. J. Fischer, *Albania at war, 1939-1945*, (Londres, 1999), p. 106.

140. G. Ciano, *Diario 1937-1943*, p. 284.

141. F. Anfuso, *Roma Berlino Salò (1936-1945)*, Milão, 1950, p. 115.

142. BMOO, XXIX, p. 252-253.

143. G. Ciano, *Diario 1937-1943*, p. 290.
144. Ibid., p. 305.
145. F. Guarneri, *Battaglie economiche fra le due guerre*, Bolonha, 1988, p. 97.
146. Ibid., p. 749.
147. Ibid., p. 910.
148. Ibid., p. 847.
149. R. De Felice, *Mussolini il duce 1936-1940*, p. 617-618.
150. De Felice argumenta que a decisão foi tomada de repente e só depois de Ribbentrop ter falado de um período considerável de paz (p. 621-625).
151. G. Ciano, *Diario 1937-1943*, p. 301.
152. Ibid., p. 306.
153. DDI 8s, XII, 59, 30 de maio de 1939, Mussolini para Hitler.
154. DDI 8s, XII, 403, 29 de junho de 1939, Rosso para Ciano.
155. DDI 8s, XII, 480, 5 de julho de 1939, Viola para Ciano.
156. DDI 8s, XII, 488, 6 de julho de 1939, Mussolini para Franco. Ciano conheceu Franco e ficou alarmado ao encontrar suas forças ainda executando "250 por dia em Madri, 150 em Barcelona e 80 em Sevilha", uma crueldade, ele supôs, que expressava "a mentalidade espanhola". Ainda assim, Franco declarara, de maneira insinuante, que era um convertido à fórmula mussoliniana de vincular o povo ao seu regime. 611, 19 de julho de 1939, relatório da reunião entre Ciano e Franco.
157. DDI 8s, XII, 505, 7 de julho de 1939, Mussolini para Ciano. Cf. também 662, 24 de julho de 1939, Mussolini para a embaixada em Berlim por meio de Magistrati.
158. G. Ciano, *Diario 1937-1943*, p. 324.
159. Ibid., p. 326.
160. Ibid., p. 327.
161. Veja DDI 8s, XIII, 1, 1 e 4, ambos de 12 de agosto de 1939, relatórios de Ciano.
162. G. Ciano, *Diario 1937-1943*, p. 328.
163. Eles, portanto, se encaixam no argumento dos felicianos de que sua política permaneceu estimulada principalmente pelo medo da Alemanha. A posição extrema é a de Rosaria Quartararo, que argumentou que foi a Grã-Bretanha que deliberadamente converteu a crise de Danzig em guerra. Veja R. Quartararo, *Roma tra Londra e Berlino: la politica estera fascista dal 1931 al 1940*, Roma, 1980, p. 500.
164. G. Ciano, *Diario 1937-1943*, p. 330.
165. E. Canevari, *Graziani mi ha detto*, Roma, 1947, p. 149.
166. G. Bottai, *Diario 1935-1944*, p. 152.
167. Veja, por exemplo, G. Ciano, *Diario 1937-1943*, p. 331-332.
168. DDI 8s, XIII, 136, 21 de agosto de 1939, Mussolini para Hitler.
169. Em 25 de agosto, chegou uma explicação de Hitler. Veja DDI 8s, XIII, 245, 25 de agosto de 1939, Hitler para Mussolini.
170. V. Mussolini, *Vita con mio padre*, Milão, 1957, p. 99. A liderança antifascista no exílio ficou igualmente chocada e horrorizada com a notícia. Veja, por exemplo, P. Spriano, *Storia del partito comunista italiano*, Turim, 1970, vol. 3, p. 312.
171. G. Ciano, *Diario 1937-1943*, p. 332.
172. Ibid., p. 333. Mussolini disse formalmente ao rei que "pelo menos na primeira fase do conflito", a Itália "se limitará a uma atitude puramente demonstrativa". DDI 8s, XIII, 209, 25 de agosto de 1939, Mussolini para o rei Vítor Emanuel III.
173. DDI 8s, XIII, 250, 25 de agosto de 1939, Mussolini para Hitler. 293, 26 de agosto de 1939, Mussolini para Hitler, contém detalhes sobre os materiais requisitados.
174. Na verdade, Hitler se ofereceu para atender alguns, mas não todos, os pedidos italianos. Veja DDI 8s, XIII, 298, 26 de agosto de 1939, Hitler para Mussolini.
175. G. Ciano, *Diario 1937-1943*, p. 335.
176. DDI 8s, XIII, 304, 26 de agosto de 1939, Mussolini para Hitler.
177. DDI 8s, XIII, 329, 27 de agosto de 1939, Hitler para Mussolini.

178. Veja, por exemplo, DDI 8s, XIII, 414, 29 de agosto de 1939, Ciano para Attolico.
179. G. Ciano, *Diario 1937-1943*, p. 336.
180. Ibid., p. 337.
181. *Records and documents of the Holy See relating to the Second World War* (ed. G. Noel), Dublin, 1968, p. 245.
182. G. Bottai, *Diario 1935-1944*, p. 153-154.
183. Veja DDI 8s, XIII, 128, 21 de agosto de 1939, Roncalli para Ciano: 485, 31 de agosto de 1939, Mameli para Ciano.
184. G. Ciano, *Diario 1937-1943*, p. 341.
185. Ibid., p. 342.

16. Ignóbil "segundo" da Alemanha, 1939-1941

1. G. Ciano, *Diario 1937-1943* (ed. R. De Felice), Milão, 1980, p. 328.
2. G. Ansaldo, *Il giornalista di Ciano: diari 1932-1943*, Bolonha, 2000, p. 230. Foi Ciano quem lhe relatou essa frase.
3. G. Ciano, *Diario 1937-1943*, p. 341.
4. M. Legnani, "Guerra e governo delle risorse: strategie economiche e soggetti sociali nell'Italia 1940-1943", *Italia contemporanea,* 179, 1990, p. 239.
5. G. Ciano, *Diario 1937-1943*, p. 343.
6. DDI 9s, I, 6, 4 de setembro de 1939, Ciano para Pignatti; 650, 7 de outubro de 1939, Pignatti para Ciano.
7. G. Ciano, *Diario 1937-1943*, p. 343.
8. SPDCR 87, 9 de setembro de 1939, Lanzillo para Mussolini.
9. SPDCR 44, 13 de setembro de 1939, Farinacci para Mussolini. A carta, como de costume, tinha treze páginas.
10. Veja, por exemplo, DDI 9s, I, 60, 6 de setembro de 1939, Grazzi para Ciano; 85, 7 de setembro de 1939, Gambara para Ciano.
11. DDI 9s, I, 22, 4 de setembro de 1939, Magistrati para Ciano.
12. G. Ciano, *Diario 1937-1943*, p. 347.
13. Ibid., p. 341; 347.
14. DDI 9s, I, 138, 10 de setembro de 1939, Mussolini para Attolico.
15. Ibid.
16. O jornal *La Vita Italiana* estava naturalmente convencido de que a guerra era culpa dos judeus, mas também previa a paz em breve. Veja, por exemplo, E. Canevari, "La guerra giudaica", *La Vita Italiana,* 54, 15 de setembro de 1939.
17. G. Ciano, *Diario 1937-1943*, p. 356-357.
18. Veja F. Marzari, "Projects for an Italian-led Balkan bloc of neutrals, September/October 1939", *Historical Journal,* 13, 1970, p. 767-788; H. Cliadakis, "Neutrality and war in Italian policy 1939-40", *Journal of Contemporary History,* 9, 1974, p. 171-190.
19. G. Ciano, *Diario 1937-1943*, p. 358-359.
20. BMOO, XXIX, p. 316.
21. DDI 9s, I, 523, 30 de setembro de 1939, Mussolini para o rei Vítor Emanuel III. Em contraste, um escritor do *Gerarchia* justificou a política de "esterilização" nazista, alegando que ela incluía muitas salvaguardas e implicava muitas consultas públicas. Veja L. Cipriani, "Le scienze antropologiche nella Germania hitleriana", *Gerarchia,* 19, dezembro de 1939, p. 787-791.
22. P. Melograni, *Rapporti segreti della polizia fascista,* Bari, 1979, p. 46.
23. Veja, por exemplo, DDI 9s, II, 443, 4 de dezembro de 1939, Bonarelli para Ciano. Cf. I, 817, 20 de outubro de 1939, Ciano para Attolico.

24. DDI 9s, II, 633, 17 de dezembro de 1939, Ciano para Bonarelli.
25. DDI 9s, II, 646, 18 de dezembro de 1939, Anfuso para Ciano.
26. DDI 9s, I, 796, 18 de outubro de 1939, Anfuso para Rosso.
27. DDI 9s, II, 207, 13 de novembro de 1939, Rosso para Anfuso.
28. DDI 9s, II, 208, 13 de novembro de 1939, Rosso para Anfuso.
29. M. Toscano, *Storia diplomatica della questione dell'Alto Adige,* Bari, 1967, p. ix. Toscano, um judeu, nacionalista e patriótico "historiador diplomático à moda antiga", é um estudo de caso no continuum da vida acadêmica italiana do fascismo até a República.
30. A. E. Alcock, *The history of the South Tyrol question,* Genebra, 1970, p. 38.
31. Ibid., cf. também o relato ácido e crítico de um emigrante, E. Reut-Nicolussi, *Tyrol under the axe of Italian Fascism,* Londres, 1930. Ele condenou o regime italiano por perseguir os falantes de alemão ao retirar nomes alemães de lápides (p. 264), tentar proibir a árvore de Natal (p. 228-229) e corromper as mulheres germânicas locais por meio da defesa de práticas sexuais "avançadas", uma acusação que parece provar que todas as questões são relativas (p. 211).
32. M. Toscano, *Storia diplomatica delL'Alto Adige,* p. 145-146.
33. G. Aly, *"Final Solution": Nazi population policy and the murder of the European Jews,* Londres, 1999, p. 25.
34. R. De Felice, *Il problema delL'Alto Adige nei rapporti italo-tedeschi Dall' Anschluss alla fi ne della seconda guerra mondiale,* Bolonha, 1973, p. 15-29.
35. G. Aly, *"Final Solution",* p. 25-26.
36. R. De Felice, *Il problema dell'Alto Adige,* p. 54.
37. Ibid., p. 57.
38. G. Ciano, *Diario 1937-1943,* p. 362.
39. R. De Felice, *Mussolini il duce II. lo stato totalitario 1936-1940,* Turim, 1981, p. 705.
40. SPDCR 12, 8 de outubro de 1927, relatório policial.
41. G. Ciano, *Diario 1937-1943,* p. 363. Infelizmente, no final de dezembro, Ciano reclamava que Muti estava seguindo seu próprio curso, acreditando que tinha o apoio de Mussolini (p. 379).
42. Logo após a queda de Starace, Mussolini defendeu o trabalho ao estilo fascista do secretário do Partido para Bottai e afirmou que seria um legado duradouro. Veja G. Bottai, *Diario 1935-1944* (ed. G. B. Guerri), Milão, 1989, p. 168.
43. Veja SPDCR 94, por exemplo, de 24 de dezembro de 1941, Starace para Mussolini, no qual ele falou sobre ainda andar a cavalo porque o Duce preferia isso como um esporte, mesmo que o desempregado Starace não pudesse mais se dar ao luxo de uma atividade de classe alta. Ou em 28 de outubro de 1942, Starace para Mussolini, em que Starace confessa estar espiritualmente abatido, esperando algum reconhecimento por ainda ser o "velho legionário" do Duce.
44. P. Melograni, *Rapporti segreti,* p. 50. Cf., em comparação, os típicos esforços de Bottai para elogiar o PNF ainda como uma organização totalmente "intransigente". [G. Bottai], "Il Partito quindici anni dopo il 3 gennaio", *Critica Fascista,* 18, 1º de janeiro de 1940.
45. P. Melograni, *Rapporti segreti,* p. 51.
46. A. Petacco, *Il superfascista: vita e morte di Alessandro Pavolini,* Milão, 1998, p. 87.
47. G. Ciano, *Diario 1937-1943,* p. 364.
48. Veja, por exemplo, R. Riccardi, *Economia fascista: sanzioni, commercio estero, autarchia,* Roma, 1939. Relatórios secretos mais tarde afirmaram que Riccardi (outro "amigo" de Ciano) era notoriamente corrupto na concessão de licenças de importação e exportação. Além disso, dizia-se que ele jogava tênis regularmente com Osio da *Banca Nazionale del Lavoro* valendo uma maleta com 1.000 liras e Osio fazia tudo para perder. Veja SPDCR 91, 28 de janeiro de 1943, relatório. Supostamente, ele também não tinha escrúpulos em continuar a trabalhar com Oscar Morpurgo, um judeu falido.
49. Soddu forneceu um esplêndido aforismo sobre como sobreviver à vida militar: "Quando você tem um bom prato de macarrão garantido por toda a vida e um pouco de música, não precisa de mais nada". Parecia indicar uma conversão incompleta à austeridade fascista. Veja M. Knox, *Mussolini unleashed 1939-1941: politics and strategy in Fascist Italy's last war,* Cambridge, 1982, p. 57.

50. Por seu esforço posterior de autojustificação, veja F. Pricolo, *Ignavia contro eroismo: L'avventura italo-greca,* Roma, 1946.
51. G. Ciano, *Diario 1937-1943,* p. 371.
52. Ibid., p. 378.
53. Ibid., p. 355.
54. DDI 9s, II, 118, 6 de novembro de 1939, Attolico para Ciano.
55. G. Ciano, *Diario 1937-1943,* p. 374.
56. Ibid., p. 380.
57. DDI 9s, III, 33, 5 de janeiro de 1940, Mussolini para Hitler. Também em BMOO, XXIX, p. 423-427.
58. DDI 9s, III, 40, 6 de janeiro de 1940, Mussolini para Ciano.
59. G. Ciano, *Diario 1937-1943,* p. 380.
60. Uma escuta telefônica confirmou a oposição de Badoglio em relação à entrada na guerra e sua crescente desconfiança em relação ao Partido Fascista. Veja SPDCR 67, 29 de dezembro de 1939, relatório para Sebastiani.
61. G. Ciano, *Diario 1937-1943,* p. 385-386.
62. Ibid., p. 400.
63. Ibid., p. 386; 395.
64. G. Bottai, *Diario 1935-1944,* p. 174. Uma certa fantasia ficou evidente em uma discussão no *Gerarchia* por volta dessa época sobre os frutos gerados pelo turismo para a economia nacional. Veja F. Pullé, "Turismo e finaziamento", *Gerarchia,* 20, janeiro de 1940, p. 25-30. Bottai também tentou se esquivar dos problemas da época sugerindo que, embora a guerra moderna dependesse da economia, não era apenas a produção, mas a "organização" que realmente importava e, nesse sentido, a Itália fascista era um modelo. Veja [G. Bottai], "Guerra e economia", *Critica Fascista,* 17, 1º de outubro de 1939, p. 362-363.
65. G. Ciano, *Diario 1937-1943,* p. 401-402.
66. DDI 9s, III, 78, 10 de janeiro de 1940, Attolico para Ciano, anexando um relatório de Magistrati.
67. DDI 9s, III, 137, 16 de janeiro de 1940, Attolico para Ciano.
68. G. Ciano, *Diario 1937-1943,* p. 391.
69. DDI 9s, III, 194, 23 de janeiro de 1940, relatório de conversa entre Ciano e Pavelić.
70. G. Ciano, *Diario 1937-1943,* p. 387.
71. Ibid., p. 394. Ciano acrescentou um tanto na defensiva: "Ele não distingue uma classe da outra, mas, sim, classifica como 'pessoas' todos aqueles que preferem viver como um vegetal".
72. S. Welles, *The time for decision,* Londres, 1944, p. 81.
73. Ibid., p. 84-85. Para a versão em italiano, veja DDI 9s, III, 395, 26 de fevereiro de 1940, relatório de conversa entre Mussolini e Welles.
74. S. Welles, *The time for decision,* p. 135-143.
75. DDI 9s, III, 570, 16 de março de 1940, relatório de conversa entre Mussolini e Welles.
76. DDI 9s, III, 492, 8 de março de 1940, Hitler para Mussolini.
77. DDI 9s, III, 524, 11 de março de 1940, relatório de conversa entre Mussolini e Ribbentrop. Cf. também 512, 10 de março de 1940, relatório de conversa entre Mussolini e Ribbentrop.
78. A. Petacco, *L'archivio segreto di Mussolini,* Milão, 1997, p. 152-153.
79. Para uma análise dessa visita, veja M. Knox, *Mussolini unleashed,* p. 81-86.
80. G. Ciano, *Diario 1937-1943,* p. 406. Ou assim Ciano pensou ter entendido de uma conversa no clube de golfe Acquasanta com o duque Pietro Acquarone, ministro da Casa Real.
81. Ibid., p. 407.
82. DDI 9s, III, 578, 18 de março de 1940, relatório de conversa entre Mussolini e Hitler.
83. G. Ciano, *Diario 1937-1943,* p. 408.
84. DDI 9s, III, 669, 31 de março de 1940, Mussolini para o rei Vítor Emanuel III e outros. Também em BMOO, XXIX, p. 364-367.
85. DDI 9s, IV, 16, 9 de abril; 31, 10 de abril; 130, 18 de abril; 218, 26 de abril de 1940, todos de Hitler para Mussolini.

86. DDI 9s, III, 700, 4 de abril e 726, 8 de abril de 1940, Mussolini para Franco.
87. G. Ciano, *Diario 1937-1943*, p. 417-418.
88. DDI 9s, IV, 37, 11 de abril de 1940, Mussolini para Hitler.
89. A. Grandi, *Gli eroi di Mussolini: Niccolò Giani e la Scuola di Mistica fascista*, Milão, 2004, p. 110.
90. G. Ciano, *Diario 1937-1943*, p. 416.
91. Ibid., p. 326.
92. Ibid., p. 419.
93. Ibid., p. 421.
94. E. Ortona, *Diplomazia di guerra: diari 1937-1943*, Bolonha, 1993, p. 83.
95. G. Bottai, *Diario 1935-1944*, p. 187.
96. G. Ciano, *Diario 1937-1943*, p. 426.
97. DDI 9s, IV, 348, 9 de maio de 1940, Hitler para Mussolini. Cf. 353, 10 de maio de 1940, Mussolini para Hitler, no qual o Duce ainda enfatizava que apenas a Marinha Italiana estava de fato pronta.
98. G. Ciano, *Diario 1937-1943*, p. 428-429.
99. Ibid., p. 429-430. Cf. também DDI 9s, IV, 189, 24 de abril de 1940, Pio XII para Mussolini; 232, 28 de abril de 1940, Mussolini para Pio XII, no qual o Papa ainda buscava alguma forma de acordo de paz.
100. G. Ciano, *Diario 1937-1943*, p. 432.
101. BMOO, XXIX, p. 393-395. No início de maio, Mussolini havia repreendido seu prefeito em Cremona (e, sem dúvida, também, Farinacci) com reclamações sobre o lento crescimento demográfico que deixou a Itália com apenas "45 milhões" contra "250 milhões de eslavos" e "100 milhões de alemães". O comentário é prova tanto da imprecisão estatística habitual do Duce quanto de seu persistente medo de que o epicentro da guerra não seria realmente o Mediterrâneo. Veja BMOO, XLIII, 3 de maio de 1940, Mussolini para o prefeito de Cremona.
102. Ele relatou que os colaboradores albaneses gostaram da ideia da guerra, pois poderia lhes render Kosovo (e partes do norte da Grécia). Veja G. Ciano, *Diario 1937-1943*, p. 433.
103. G. Bottai, *Diario 1935-1944*, p. 191.
104. P. Badoglio, *Italy in the Second World War: memoirs and documents*, Londres, 1948, p. 15. Badoglio afirmou que alertou que isso equivaleria a "suicídio".
105. DDI 9s, IV, 642, 29 de maio de 1940, relatório de reunião de Mussolini com chefes militares. Também em BMOO, XXIX, p. 396-398.
106. DDI 9s, IV, 680, 30 de maio de 1940, Mussolini para Hitler.
107. Veja DDI 9s, IV, 694, 1º de junho de 1940, Badoglio para Mussolini; 829, 9 de junho de 1940, Favagrossa para Mussolini.
108. R. De Felice, *Mussolini il duce 1929-1936*, p. 839.
109. BMOO, XXIX, p. 403-405.
110. DDI 9s, IV, 847, 10 de junho de 1940, Franco para Mussolini.
111. G. Ciano, *Diario 1937-1943*, p. 442.
112. D. Varè, *The two imposters*, Londres, 1949, p. 217.
113. Veja R. De Felice, *Mussolini il duce 1936-1940*, p. 843-844.
114. Para um relato do ponto de vista milanês confirmando essa opinião, veja P. Melograni, *Rapporti segreti*, p. 65-92. Para relatos mais gerais, veja a conclusão de S. Colarizi, *L'opinione degli italiani sotto il regime 1929-1943*, Bari, 1991, p. 336-338, discernindo uma mudança geral em "meados de maio". Cf. também A. Padrone, "Le reazioni dell'opinione pubblica italiana all'intervento nella seconda guerra mondiale", *Rivista di storia della storiografi a moderna*, 6, 1985, p. 57-90. O velho historiador fascista, Attilio Tamaro, afirmou depois da guerra que, em 29 de maio, "o momento histórico não poderia ter sido mais favorável" e que a grande maioria dos italianos estava então disposta e pronta para seguir seu Duce. Veja A. Tamaro, *Venti anni di storia 1922-1943*, Roma, 1953, vol. III, p. 409.
115. A. Padrone, "Le reazioni dell'opinione pubblica italiana", p. 83-86.
116. Entre os combatentes menores, o acréscimo natural a esta lista seria comunista e, mais provavelmente, os sérvios, na Iugoslávia, um Estado que acabaria aprendendo que as letras miúdas da história não ofereciam uma "vitória" de longo prazo.

117. F. H. Hinsley, *British intelligence in the Second World War: its influence on strategy and operations*, Londres, 1979, p. 200-205.
118. P. Melograni, *Rapporti segreti*, p. 101; 122.
119. Ibid., p. 102-103.
120. M. Knox, *Mussolini unleashed*, p. 126-133.
121. Para um relato em inglês, veja C. G. Segrè, *Italo Balbo: a Fascist life*, Berkeley, 1987, p. 392-401.
122. N. D'Aroma, *Mussolini segreto*, Rocca San Casciano, 1958, p. 229.
123. Para uma introdução a essas divisões sociais, veja G. Rochat, "Qualche dato sugli ufficiali di complemento dell'esercito nel 1940", *Ricerche storiche*, 23, 1993, p. 607-635.
124. F. Rossi, *Mussolini e lo stato maggiore: avvenimenti del 1940*, Roma, 1951, p. 9.
125. L. Sorrentino, *Da Bel Ami a Lili Marlene: quello che il corrispondente di guerra non scrisse*, Milão, 1980, p. 50. Entre as categorias isentas estavam os esportistas e os atores.
126. M. Knox, *Mussolini unleashed*, p. 159; 193.
127. Veja R. J. B. Bosworth, *Italy and the wider world 1860-1960*, Londres, 1996, p. 71.
128. M. Knox, *Hitler's Italian allies: Royal armed forces, Fascist regime, and the war of 1940-1943*, Cambridge, 2000, p. 17-18.
129. R. Graziani, *Ho difeso la patria*, Milão, 1948, p. 283.
130. G. Bottai, *Diario 1935-1944*, p. 215; 275.
131. M. Legnani, "Guerra e governo delle risorse", p. 245.
132. C. Favagrossa, *Perché perdemmo la guerra: Mussolini e la produzione bellica*, Milão, 1946, p. 69.
133. G. Pini e D. Susmel, *Mussolini: L'uomo e L'opera*, Florença, 1953-1955, vol. IV, p. 159.
134. Para um exemplo típico, veja GFM 36/6, reunião de 1º de outubro de 1942.
135. F. Anfuso, *Roma, Berlino Salò (1936-1945)*, Milão, 1950, p. 146.
136. M. Legnani, "Guerra e governo delle risorse", p. 240.
137. A. Cassels, *Fascist Italy*, Londres, 1969, p. 99.
138. V. Ronchi, *Guerra e crisi alimentare in Italia: 1940-1950 ricordi ed esperienze*, Roma, 1977, p. 26-27.
139. Ibid., p. 51.
140. M. Clark, *Modern Italy 1871-1982*, Londres, 1984, p. 288.
141. A. S. Milward, *War, economy and society 1939-1945*, Harmondsworth, 1987, p. 97.
142. B. Mantelli, *"Camerati del lavoro": i lavoratori italiani emigrati nel Terzo Reich nel periodo dell'Asse 1938-1943*, Florença, 1992, p. 43.
143. M. Knox, *Hitler's Italian allies*, p. 51-67, traz um relato devastador das inadequações italianas a esse respeito, sendo especialmente sarcástico sobre o que ele chama de "tankette" da Itália. Cf. também as memórias de Nuto Revelli, que viria a ser um maravilhoso narrador do horror dos exércitos italianos na Frente Oriental. Ingressante na escola de oficiais em 1939, quando ainda era um fascista convicto, Revelli diz que em seu treinamento nunca viu um tanque. N. Revelli, *La guerra dei poveri*, Turim, 1962, p. 5.
144. G. Bottai, *Diario 1935-1944*, p. 220.
145. R. De Felice, *Mussolini l'alleato 1940-1945 I. L'Italia in guerra 1940-1943*, Turim, 1990, p. 98-99.
146. G. Bottai, *Diario 1935-1944*, p. 211.
147. Q. Armellini, *Diario di guerra: nove mesi al Comando Supremo*, Milão, 1946, p. 52.
148. R. e E. Packard, *Balcony empire: Fascist Italy at war*, Londres, 1943, p. 100-102.
149. Ibid., p. 103. Cf. descrição semelhante em R. G. Massock, *Italy from within*, Londres, 1943, p. 208, novamente enfatizando os solecismos na vestimenta e o saque por baixo de dentro da quadra.
150. Como a liderança do exército italiano nunca deixou de reclamar. Veja, por exemplo, F. Pricolo, *Ignavia contro eroismo*, p. 7-8.
151. J. Steinberg, *All or nothing: the Axis and the Holocaust 1941-1943*, Londres, 1990, p. 19.
152. F. Pricolo, *Ignavia contro eroismo*, p. 38-43.
153. Ibid., p. 80.
154. Para um relato ácido da leviandade da diplomacia italiana em relação à questão, veja E. Grazzi, *Il principio della fine (L'impresa di Grecia)*, Roma, 1945.

155. G. Ciano, *Diario 1937-1943*, p. 458.
156. Veja, por exemplo, DDI 9s, v, 200, 7 de julho de 1940, Ciano para Mussolini.
157. R. De Felice, *L'Italia in guerra 1940-1943*, p. 302-303.
158. DDI 9s, v, 65, 19 de junho de 1940, Ciano para Mussolini.
159. R. De Felice, *L'Italia in guerra 1940-1943*, p. 223-268.
160. Veja, por exemplo, DDI 9s, v, 467, 22 de julho de 1940, diretiva de Mussolini; 753, 19 de outubro de 1940, Mussolini para Hitler, no qual o Duce declara generosamente que estava disposto a abrir mão de Djibouti pois era apenas um "deserto". Mussolini também observou com frivolidade que não havia necessidade de se preocupar com os EUA, uma vez que os americanos já estavam fazendo tudo o que podiam para ajudar seus aliados de fato. Veja 677, 4 de outubro de 1940, relatório de conversa entre Mussolini e Hitler.
161. DDI 9s, v, 728, 15 de outubro de 1940, relatório de reunião de Mussolini com Ciano, Jacomoni e chefes militares.
162. G. Ciano, *Diario 1937-1943*, p. 470.
163. M. Knox, *Mussolini unleashed*, p. 256.
164. Veja, por exemplo, DDI 9s, v, 516, 29 de agosto de 1940, Ciano para Mussolini, transmitindo as congratulações de Hitler.
165. Veja DDI 9s, VI, 107, 14-15 de novembro de 1940, conversa entre Badoglio e Keitel, na qual o italiano, como de costume, disse a seus colegas alemães que não estava preocupado com a situação lá.
166. A. Sbacchi, *Ethiopia under Mussolini: Fascism and the colonial experience*, Londres, 1985, p. 215.
167. SPDCR 44, 9 de novembro de 1940, Farinacci para Mussolini.
168. Para um exemplo das alegações de corrupção que logo seriam direcionadas para ele, veja SPDCR 67, 10 de janeiro de 1942, memorando.
169. U. Cavallero, *Comando supremo: diario 1940-43*, Bolonha, 1948, p. 8.
170. Q. Armellini, *Diario di guerra*, p. 8-12.
171. Ibid., p. 183.
172. No entanto, alguns ávidos intelectuais ainda estavam dispostos a adaptar sua prosa aos tempos. Veja, por exemplo, L. Meneghello, "Razza e traje nella formazione della coscienza fascista", *Gerarchia*, 19, junho de 1940, p. 311-313. Na mesma edição do *Littoriale*, Mario Capuana discorreu detalhadamente sobre "Il contributo dell'impero all'autarchia nazionale".
173. [G. Bottai], "Verità universale del fascismo", *Critica Fascista*, 18, 1º de abril de 1940, p. 178-9; "Guerra di principi", *Critica Fascista*, 18, 1º de junho de 1940, p. 242-243.
174. SPDCR 47, 31 de outubro de 1940, relatório sobre Muti.
175. R. De Felice, *L'Italia in guerra 1940-1943*, p. 969.
176. Ibid., p. 973.
177. G. Ciano, *Diario 1937-1943*, p. 499-500.
178. G. Bottai, *Diario 1935-1944*, p. 246.
179. R. De Felice, *L'Italia in guerra 1940-1943*, p. 369.
180. G. Bottai, *Diario 1935-1944*, p. 245.
181. Conforme admitido por R. De Felice, *L'Italia in guerra 1940-1943*, p. 536-537.
182. D. Rodogno, *Il nuovo ordine mediterraneo: le politiche di occupazione dell'Italia fascista in Europa (1940-1943)*, Turim, 2003, p. 114.
183. G. Ciano, *Diario 1937-1943*, p. 526-527. Quando, no início de junho, Hitler insinuou a seu colega o futuro provável, Mussolini respondeu com a típica esperança invejosa de que os alemães perderiam "muitas penas" ali (p. 522). Na confusão da invasão propriamente dita, Rosso, o embaixador italiano, que soubera das notícias da guerra ouvindo o rádio, passou uma semana trancado em um trem na fronteira. Veja M. Toscano, "L'intervento dell'Italia contro L'Unione Sovietica nel 1941 visto dalla nostra Ambasciata a Mosca (con documenti inediti)", *Nuova Antologia f.*, 1935-1936, março/abril de 1962, p. 299-312; 445-462.
184. M. Knox, *Hitler's Italian allies*, p. 21.
185. De Felice argumenta enfaticamente esse caso em *L'Italia in guerra*, mas ameniza sua credibilidade com um endosso absurdo ao contínuo desejo mussoliniano e italiano de que a guerra tivesse seu

epicentro no Mediterrâneo. Talvez por alguns meses em 1940, fosse possível pensar em uma guerra vencida com a expulsão da Grã-Bretanha do Mediterrâneo, mas, mesmo assim, a guerra "real" dos nazistas estava voltada para o leste, não para o sul ou para o oeste.

186. R. De Felice, *L'Italia in guerra 1940-1943*, p. 566.

187. J. Goebbels, *The Goebbels diaries 1939-1941* (ed. F. Taylor), Londres, 1982, p. 405. Anteriormente, uma carta sobre o "Sul do Tirol" o fizera perder a cabeça (p. 208).

188. Para um exemplo na Grécia, veja S. Pelagalli, "Le relazioni militari italo-germaniche nelle carte del generale Marras addetto militare a Berlino (giugno-settembre 1943)", *Storia contemporanea*, 21, 1990, p. 30.

189. As palavras são do marechal de campo Albert Kesselring, citadas por J. J. Sadkovich, "Of myths and men: Rommel and the Italians in North Africa, 1940-1942", *International History Review*, 13, 1991, p. 311.

190. J. Goebbels, *The Goebbels diaries 1939-1941*, p. 165.

191. Ibid., p. 191.

192. Veja, por exemplo, relatórios da reunião em Berghof em janeiro de 1941 em DDI 9s, VI, 471 e 473, 19 e 20 de janeiro de 1941. Cf. VII, 503, 25 de agosto, 511, 26 de agosto de 1941, reunião sobre o lento progresso na URSS, na qual Mussolini praticamente não acrescentou uma palavra, mas Hitler ficou com os olhos enevoados ao pensar que poderia se retirar para Florença depois que a vitória fosse conquistada.

193. G. Ciano, *Diario 1937-1943*, p. 529; 531.

194. Veja, por exemplo, DDI 9s, VI, 935, 18 de abril de 1941, Pavelić para Mussolini.

195. N. D'Aroma, *Mussolini segreto*, p. 224.

196. G.N. Amoretti, *La vicenda italo-croata nei documenti di Aimone di Savoia (1941-1943)*, Rapallo, 1979, p. 4.

197. S. K. Pavlowitch, "The King who never was: an instance of Italian involvement in Croatia, 1941-1943", *European Studies Review*, 8, 1978, p. 465-487.

198. U. Cavallero, *Comando supremo*, p. 239.

199. G. Ciano, *Diario 1937-1943*, p. 555.

200. Veja DDI 9s, VI, 18, 30 de outubro de 1940, Franco para Mussolini, para o relato espanhol da "amizade" preservada.

201. DDI 9s, VI, 568, 12 de fevereiro de 1941, relatório de conversa entre Mussolini, Franco e Serrano Suñer.

202. DDI 9s, VII, 288, 21 de junho 1941, Hitler para Mussolini.

203. Veja, por exemplo, R. De Felice, *L'Italia in guerra 1940-1943*, p. 749-756.

204. DDI 9s, VII, 299, 23 de junho de 1942, Mussolini para Hitler.

205. DDI 9s, VII, 722, 6 de novembro de 1941, Mussolini para Hitler.

206. R. De Felice, *L'Italia in guerra 1940-1943*, p. 538-539.

207. Veja, por exemplo, DDI 9s, VII, 808, 3 de dezembro de 1941, relatório de conversa entre Mussolini e Horikiri.

208. De acordo com Ciano, o rei também comemorou o ataque. G. Ciano, *Diaries 1937-1943*, p. 564.

209. Ibid., p. 517.

17. Primeira queda e ressurreição efêmera, 1942-1943

1. G. Ciano, *Diario 1937-1943* (ed. R. De Felice), Milão, 1980, p. 595.

2. Para o contexto desse evento, que de fato marcou a mudança de posição de Hitler, veja I. Kershaw, *Hitler 1936-1945: nemesis*, Londres, 2000, p. 450-453.

3. G. Ciano, *Diario 1937-1943*, p. 569.

4. Ibid., p. 570.

5. Ibid., p. 571.

6. Por seus próprios esforços para propagandear o esforço de guerra e a ligação com a Alemanha, veja G. Volpi di Misurata, "L'industria e la guerra", *Civiltà Fascista,* 9, janeiro de 1942 (também publicado em *Nuova Antologia*, f. 1677, 1º de fevereiro de 1942). Volpi pregava a mensagem darwiniana de que, na guerra, algumas forças eram predestinadas a conquistar e outras, a morrer.

7. G. Ciano, *Diario 1937-1943*, p. 572.

8. Ibid., p. 578.

9. R. De Felice, *Mussolini l'alleato 1940-1945 I. L'Italia in guerra 1940-1943*, Turim, 1990, p. 1011.

10. Mas Cianetti se lembrava dele com 25 anos, além de ver prova da profundidade do desprezo de Mussolini por toda a sua comitiva nessa nomeação. Veja T. Cianetti, *Memorie dal carcere di Verona* (ed. R. De Felice), Milão, 1983, p. 349.

11. BMOO, XXX, p. 152-157.

12. Por fim, em novembro de 1942, Farinacci enviou a seu líder uma longa carta alertando-o sobre o descontentamento público e pedindo medidas drásticas. "O Partido", acrescentou ele, "está completamente alheio a tudo"; Vidussoni é "um garoto corajoso, mas é só um garoto".

13. O genro ficou especialmente indignado quando Vidussoni falou, de modo polêmico, sobre o fechamento de campos de golfe durante a guerra, comentando com desgosto que ele parecia um bandido socialista de 1920-1921. Veja G. Ciano, *Diario 1937-1943*, p. 617-618. Ciano ficou igualmente chocado com a ideia de sanções penais pesadas para sonegadores de impostos (p. 628).

14. G. Bottai, *Diario 1935-1944* (ed. G.B. Guerri), Milão, 1989, p. 305, achava que Vidussoni tinha problemas para ler roteiros quando confrontado por seus superiores e sofria de ataques de pânico.

15. R. De Felice, *L'Italia in guerra 1940-1943*, p. 1014-1015.

16. C. Senise, *Quando ero Capo della Polizia 1940-1943*, Roma, 1946, p. 97.

17. SPDCR 50, 16 de fevereiro de 1943, A. Caruso para Mussolini.

18. BMOO, XXX, p. 153.

19. O jornal de Bottai enalteceu Vidussoni de forma um tanto enigmática como a personificação da "geração mais jovem". Veja *Critica Fascista,* 20, 1º de janeiro de 1942.

20. E. Sulis (ed.), *Mussolini e il Fascismo,* Roma, 1941, p. IX.

21. G. Bottai, *Diario 1935-1944*, p. 327-328.

22. Para uma análise dessas questões, veja R. De Felice, *L'Italia in guerra 1940-1943*, p. 1077-1086.

23. Ibid., p. 1076-8.

24. SPDCR 110, agosto de 1941, relatório.

25. F. Anfuso, *Roma Berlino Salò (1936-1945),* Milão, 1950, p. 234.

26. Disponível em BMOO, XXXIV, p. 193-269.

27. N. D'Aroma, *Mussolini segreto,* Rocca San Casciano, 1958, p. 350.

28. A frase foi gravada em um grampo telefônico disponibilizado a Mussolini. Veja U. Guspini, *L'orecchio del regime: le intercettazioni telefoniche al tempo del fascismo,* Milão, 1973, p. 190.

29. G. Ciano, *Diario 1937-1943*, p. 641.

30. R. De Felice, *L'Italia in guerra 1940-1943*, p. 1537.

31. Ibid., p. 189.

32. P. Milza, *Mussolini,* Paris, 1999, p. 796.

33. A. Petacco, *L'archivio segreto di Mussolini,* Milão, 1987, p. 156. Esse assunto foi tratado com especial hipocrisia desde que F. S. Petacci, seu pai e médico papal, publicou em *Il Messaggero* uma peça tipicamente exagerada saudando o fascismo pela maneira como ele purificou a juventude feminina italiana, tanto espiritual quanto fisicamente. Veja SPDCR 104, artigo de 16 de novembro de 1937.

34. G. Zachariae, *Mussolini si confessa,* Milão, 1966, p. 36.

35. SPDCR 103, relatório de 1942.

36. G. Ciano, *Diario 1937-1943*, p. 632-634.

37. SPDCR 103, 21 de fevereiro de 1943, plano de Petacci.

38. F. Bandini, *Claretta: profilo di Clara Petacci e dei suoi tempi,* Milão, 1960, p. 103-111. O caso mais notório do fascismo durante a guerra foi, no entanto, o de Alessandro Pavolini com a atriz de cinema mais bem-sucedida e mais escandalosa, Doris Duranti. Esta última se orgulhava de ser a primeira

a exibir os seios nus em um filme (embora sua afirmação tenha sido contestada). Veja SPDCR 48, 4, 25 de março de 1942, relatórios; 26 de maio de 1942, pró-memória de Pavolini. Cf. a versão dela, D. Duranti, *Il romanzo della mia vita* (ed. G.F. Venè), Milão, 1987 e o relato mais cético de A. Petacco, *Il superfascista: vita e morte di Alessandro Pavolini*, Milão, 1998.

39. G. Bottai, *Diario 1935-1944*, p. 337.
40. SPDCR 117 contém um arquivo das correspondências entre Mussolini e Angela Curti, mãe de Elena.
41. SPDCR 117, 7 de agosto de 1941, E. Curti para Mussolini.
42. A. Pozzi, *Come li ho visti io: dal diario di un medico*, Milão, 1947, p. 116.
43. SPDCR 103, 14 de fevereiro de 1943, Paolucci di Calboli para Mussolini.
44. A. Pozzi, *Come li ho visti io*, p. 118-119.
45. Ibid., p. 164.
46. Ibid., p. 115.
47. E. Ortona, *Diplomazia di guerra: diari 1937-1943*, Bolonha, 1993, p. 182.
48. G. Bottai, *Diario 1935-1944*, p. 376.
49. Ibid., p. 340.
50. SPDCR 104, 29 de novembro de 1942, Frugoni para De Cesare.
51. R. De Felice, *L'Italia in guerra 1940-1943*, p. 1083-1084.
52. Ibid., p. 1085.
53. G. Pini e D. Susmel, *Mussolini: L'uomo e L'opera*, Florença, 1953-1955, vol. IV, p. 221.
54. N. Kallány, *Hungarian premier: a personal account of a nation's struggle in the Second World War*, Londres, 1954, p. 146.
55. G. Pini e D. Susmel, *Mussolini*, vol. IV, p. 227-228.
56. Ibid., vol. IV, p. 227.
57. De Felice, com seu esforço habitual de ser positivo em relação ao Duce, argumenta que sua saúde estava realmente se recuperando em julho de 1943, acrescentando que a melhora demonstra que a causa não era psicossomática. R. De Felice, *L'Italia in guerra 1940-1943*, p. 1086. A medicina moderna identificou úlceras pépticas como produzidas por um germe chamado *Helicobacter pylori* e duvida da capacidade de melhora atribuída à chamada dieta de Sippy, composta de leite, creme e comida cozida, que parece ter sido experimentada em Mussolini. O estresse não é mais considerado a causa direta, mas a exaustão nervosa torna mais difícil para o paciente controlar os sintomas. As outras doenças de Mussolini podem indicar que ele tinha um caso leve de hepatite C, que era comum na Itália. Também o processo de envelhecimento muito provavelmente levou sua úlcera duodenal a se espalhar para o estômago. Finalmente, a depressão evidente pode ter piorado toda a sua condição. Devo esta informação a Barry J. Marshall, do Laboratório do Conselho Nacional de Saúde e Pesquisa Médica da Austrália, vinculado à Universidade da Austrália Ocidental (e ganhador do Prêmio Nobel de Medicina).
58. Veja, por exemplo, DDI 9s, X, 31, 16 de fevereiro de 1943, Hitler para Mussolini; 95, 9 de março de 1943, Mussolini para Hitler. Nesta ocasião, ele minimizou os danos aos seus "nervos" como sendo fruto de "43 anos" de politicagem, assegurando ao Führer: "Pequenos problemas pessoais não são nada comparados com a doença que as demoplutocracias e o judaísmo infligiram à humanidade".
59. BMOO, XLIV, p. 268-269.
60. BMOO, XXXI, p. 5.
61. BMOO, XXXI, p. 16; 21.
62. BMOO, XXXVII, p. 477.
63. BMOO, XXXI, p. 23-26.
64. BMOO, XXXI, p. 32-34. Mussolini arruinou a ênfase em uma unidade dura como ferro, cedendo a um patriotismo local, dizendo ao seu público que as pessoas da região que produziu os Mussolini foram "em todos os tempos, decisivas na história italiana". (p. 33).
65. BMOO, XXXI, p. 71-76.
66. A. Pirelli, *Taccuini 1922-1943* (ed. D. Barbone), Bolonha, 1984, p. 348.
67. BMOO, XLIV, p. 284.
68. DDI 9s, VIII, 26, 15 de dezembro de 1941, relatório de conversa entre Ciano e Pavelić. Cf. 195, 23 de janeiro de 1942, Ambrosio para Cavallero, no qual o Chefe de Estado Maior foi informado sobre

os "crimes" da *Ustasha*; 536, 12 de maio de 1942, Giustiniani para Ciano, declarando que restaram apenas 6 mil dos 40 mil judeus originais sob o regime da *Ustasha*.

69. DDI 9s, VIII, 29, 16 de dezembro de 1941, Lanza D'Ajeta para Farace.

70. DDI 9s, X, 24, 15 de fevereiro de 1943, Casertano para Bastianini.

71. Veja, por exemplo, DDI 9s, VIII, 79, 29 de dezembro de 1941, Mussolini para Hitler.

72. DDI 9s, VIII, 368, 14 de março de 1942, Luciolli para Lanza D'Ajeta. Luciolli então passou a atacar as políticas alemãs em geral, tanto durante a guerra quanto em qualquer paz que se aproximasse. A mensagem que Ciano extraiu dos relatórios de Luciolli foi que um dia "um exército pequeno, mas eficiente" (como o italiano) poderia "decidir os destinos da Europa", ao se engajar em uma campanha curta e mordaz contra os nazistas. Veja G. Ciano, *Diario 1937-1943*, p. 602-603.

73. G. Miccoli, *I dilemma e i silenzi di Pio XII*, Milão, 2000, p. 6-13.

74. Ibid., p. 64.

75. Para um exemplo, veja um esforço de salvar judeus italianos nos Países Bálticos. DDI 9s, X, 20, 14 de fevereiro de 1943, Bastianini para Alfieri.

76. Para os relatos mais recentes e detalhados, veja J. Steinberg, *All or nothing: the Axis and the Holocaust 1941-3*, Londres, 1990; D. Carpi, *Between Mussolini and Hitler: the Jews and the Italian authorities in France and Tunisia*, Hanover, 1994.

77. G. Preziosi, "Per la soluzione del problema ebraico", *La Vita Italiana*, 60, 15 de setembro de 1942, p. 221-224.

78. R. Farinacci, "Il problema giudaico da un punto da vista storico-politico", *La Vita Italiana*, 60, 15 de julho de 1942, p. 3-14.

79. E. Canevari, "All'inizio dell'anno nuovo", *La Vita Italiana*, 61, 15 de janeiro de 1943, p. 3-9; cf., por exemplo, L. Villari, "I profittatori della guerra americana", *La Vita Italiana*, 61, 15 de março de 1943, p. 228-34; "La delinquenza negli Stati Uniti", edição de 15 de maio de 1943, p. 445-451. Cf., também, o jornal *La Svastica*, de maio de 1941, uma publicação conjunta dos ministérios de propaganda dos aliados do Eixo.

80. G. Mastrojanni, *Marte e Israele: perchè si combatte*, Bolonha, 1943, p. 276-278.

81. Veja, por exemplo, R. Pavese, "Il problema ebraico in Italia", *Gerarchia*, 21, junho 1942, p. 256-258.

82. M. Michaelis, *Mussolini and the Jews: German-Italian relations and the Jewish question in Italy 1922- 1945*, Oxford, 1978, p. 303.

83. Para um exemplo de expressão desses sentimentos, veja DDI 9s, VIII, 307, 23 de fevereiro de 1942, Alfieri para Ciano.

84. Para o texto, veja J. Steinberg, *All or nothing*, p. 2.

85. BMOO, XLIV, 11 de outubro de 1942.

86. SPDCR 50, 24 de outubro de 1942, Vidussoni para Mussolini.

87. A. Pirelli, *Taccuini 1922-1943*, p. 364.

88. BMOO, XXXI, p. 130.

89. De acordo com Kershaw, os alemães perderam cerca de 100 mil homens enquanto 113 mil foram feitos prisioneiros, dos quais apenas alguns milhares voltaram para casa. Veja I. Kershaw, *Hitler 1936-1945*, p. 550.

90. Como que para disfarçar a diferença, Bottai escreveu longamente sobre a primazia da contribuição da Itália para o lado social e ideológico do Eixo. As "características raciais", declarou, asseguravam que "os padrões de vitória da Itália não degradavam os povos que derrotamos, mas os engajavam no destino de nosso Império". G. Bottai, "Contributi dell'Italia fascista al 'nuovo ordine'", *Civiltà Fascista*, 8, dezembro de 1941, p. 6-25.

91. I. Kershaw, *Hitler 1936-1945*, p. 549.

92. Veja, por exemplo, DDI 9s, VIII, 429, 4 de abril de 1942, Scorza para De Cesare.

93. B. Mantelli, *"Camerati del lavoro": i lavoratori italiani emigrati nel Terzo Reich nel periodo dell'Asse 1938- 1943*, Florença, 1992, p. 33.

94. E. L. Homze, *Foreign labor in Nazi Germany*, Princeton, 1967, p. 61-62; 242.

95. G. Ciano, *Diario 1937-1943*, p. 606.

96. DDI 9s, VIII, 492, 29 de abril de 1942, relatório de conversa entre Mussolini e Hitler.

97. DDI 9s, VIII, 495, 30 de abril de 1942, relatório de conversa entre Mussolini e Hitler. Cf. também 638, 20 de junho 1942, relatório de conversa entre Mussolini e Hitler.
98. DDI 9s, VIII, 633, 15-19 de junho 1942, relatório de conversa entre Ciano e Serrano Suñer.
99. DDI 9s, x, 21, 14 de fevereiro de 1943, Mussolini para Franco.
100. Para um exemplo, veja DDI 9s, x, 95, 9 de março de 1943, Mussolini para Hitler; 159, 26 de março de 1943, Mussolini para Hitler.
101. G. Ciano, *Diario 1937-1943*, p. 696.
102. G. Bottai, *Diario 1935-1944*, p. 361. Cf. sua defesa sinuosa de seu próprio papel como um "fascista crítico", G. Bottai, "Funzione rivoluzionaria della critica: nostri vent'anni", *Critica Fascista*, 21, 15 de maio de 1943, p. 169-175.
103. Para a continuação dessa simpatia na historiografia, veja O. Chadwick, "Bastianini and the weakening of the Fascist will to fight the Second World War". Em T. C. W. Blanning e David Cannadine (eds.), *History and biography: essays in honour of Derek Beales*, Cambridge University Press, 1996, p. 227-242.
104. DDI 9s, x, 198, 6 de abril de 1943, Bastianini para Mussolini.
105. DDI 9s, x, 185, 3 de abril de 1943, Bastianini para Mussolini.
106. Y. De Begnac, *Taccuini mussoliniani* (ed. F. Perfetti), Bolonha, 1990, p. 551.
107. Para suas próprias interpretações sobre o fascismo, veja C. Scorza, *Il segreto di Mussolini*, Lanciano, 1933. Mais tarde ele escreveu um relato sobre a queda do Duce, C. Scorza, *La notte del Gran Consiglio*, Milão, 1968.
108. SPDCR 50, 9 de fevereiro de 1943, memorando. O dever de escrever DUCE em letras maiúsculas havia sido introduzido por Starace.
109. N. D'Aroma, *Mussolini segreto*, p. 272.
110. SPDCR 49, 7 de junho 1943, Scorza para Mussolini.
111. SPDCR 115, [maio de 1943], Edda para Mussolini.
112. BMOO, XXXI, p. 185-197.
113. Em sua posterior autojustificação, Mussolini escreveu sobre ter ficado especialmente aborrecido com o fracasso militar aqui. B. Mussolini, *Memoirs 1942-1943 with documents relating to the period* (ed. R. Klibansky), Londres, 1949, p. 22-25.
114. Lord Strabolgi, *The conquest of Italy*, Londres, 1944, p. 30.
115. Veja, por exemplo, DDI 9s, x, 499, 12 de julho de 1943, Mussolini para Hitler; 505, 13 de julho de 1943, Hitler para Mussolini.
116. DDI 9s, x, 509, 14 de julho de 1943, Mussolini para Ambrosio.
117. PRO, documentos de Eden, FO 954/13B/It/43-1, 14 de janeiro de 1943, memorando.
118. E. Ortona, *Diplomazia di guerra*, p. 196.
119. Veja, por exemplo, DDI 9s, x, 406, 9 de junho de 1943, relatório de conversa entre Vitetti e Acquarone.
120. Veja, por exemplo, DDI 9s, x, 310, 12 de maio de 1943, Ciano para Mussolini; 382, 1º de junho de 1943, Ciano para Mussolini (nesse caso com a notícia de que o cardeal Montini — mais tarde Paul VI — o havia alertado de que os aliados bombardeariam Roma a menos que algo fosse feito e logo).
121. G. Frediani, *La pace separata di Ciano*, Roma, 1990, p. 127. Para o caso específico de Pirelli, veja G. Ciano, *Diario 1937-1943*, p. 687.
122. C. Senise, *Quando ero Capo della Polizia*, p. 141.
123. Para um relato em inglês, veja T. Mason, "The Turin strikes of March 1943", em T. Mason (ed.), *Nazism, Fascism and the working class*, Cambridge, 1995, p. 274-294.
124. C. Senise, *Quando ero Capo della Polizia*, p. 171-172.
125. E. Ortona, *Diplomazia di guerra*, p. 211.
126. Ibid., p. 237. De Felice argumenta em defesa que Mussolini estava responsavelmente tentando evitar ser um Sansão e derrubar a casa de seu povo. Os alemães, ele estava convencido, nunca aceitariam uma deserção italiana. R. De Felice, *L'Italia in guerra 1940-1943*, p. 1130; 1304.
127. DDI 9s, x, 516, 16 de julho de 1943, Bastianini para Mussolini.
128. DDI 9s, x, 531, 19 de julho de 1943, relatório de conversa entre Mussolini e Hitler.
129. G. Bonacina, *Obiettivo Italia: i bombardamenti aerei delle città italiane dal 1940 al 1945*, Milão, 1970, p. 213.

130. S. Hood, *Carlino,* Manchester, 1985, p. 26.
131. Para o relato completo, veja R. De Felice, *L'Italia in guerra 1940-1943,* p. 1089-1410.
132. C. Scorza, *La notte del Gran Consiglio,* p. 148.
133. E. Galbiati, *Il 25 luglio e la M.V.S.N.,* Milão, 1950, p. 219.
134. P. Milza, *Mussolini,* p. 822.
135. E. Galbiati, *Il 25 luglio e la M.V.S.N.,* p. 219.
136. C. Scorza, *La notte del Gran Consiglio,* p. 23.
137. Ibid., p. 72-73.
138. Ibid., p. 107.
139. Para uma lista completa dos votantes, veja R. De Felice, *L'Italia in guerra 1940-1943,* p. 1382.
140. Ele achou que esses eventos eram um "desastre político". E. Galbiati, *Il 25 luglio e la M.V.S.N.,* p. 9.
141. Ibid., p. 236.
142. DDI 9s, x, 551, 25 de julho de 1943, relatório de conversa entre Mussolini e Hidaka.
143. G. Pini e D. Susmel, *Mussolini,* vol. IV, p. 260.
144. R. De Felice, *L'Italia in guerra,* p. 1397-1400.
145. Para o relato do próprio Mussolini desses e dos eventos subsequentes, veja *Storia di un anno,* disponível em BMOO, XXXIV, p. 301-444.
146. G. Pini e D. Susmel, *Mussolini,* vol. IV, p. 262.
147. F. Maugeri, *From the ashes of disgrace,* Nova York, 1948, p. 129.
148. R. De Felice, *Mussolini l'alleato 1940-1945 II. La guerra civile 1943-1945,* Turim, 1997, p. 14.
149. Veja o Capítulo 18.
150. R. De Felice, *La guerra civile 1943-1945,* p. 7.
151. BMOO, XXXIV, p. 361.
152. BMOO, XXXIV, p. 364.
153. BMOO, XXXI, p. 264.
154. BMOO, XXXI, p. 265.
155. BMOO, XXXI, p. 267-268.
156. G. Pini e D. Susmel, *Mussolini,* vol. IV, p. 284.
157. R. De Felice, *La guerra civile 1943-1945,* p. 19.
158. Ibid., p. 21.
159. F. Iurato, "With Mussolini at the Campo Imperatore", em B. Mussolini, *Memoirs 1942-1943,* p. 247.
160. R. De Felice, *La guerra civile 1943-1945,* p. 26. Cf. também A. Tamaro, *Due anni di storia,* Roma, 1981, vol. I, p. 592.
161. Um jornalista fascista afirmou que, no final de 1944, ele novamente pensou em suicídio. Veja E. Amicucci, *I 600 giorni di Mussolini (dal Gran Sasso a Dongo),* Roma, 1948, p. 729.
162. O evento foi muito debatido na Itália, especialmente nos últimos anos, com os feliceanos o considerando o pior momento da história italiana de guerra. Para um relato patriótico disponibilizado em inglês, veja E. Aga Rossi, *A nation collapses: the Italian surrender of september 1943,* Cambridge, 2000.
163. Para seu próprio relato, veja O. Skorzeny, *Skorzeny's special missions,* Londres, 1957. Skorzeny escreveu que, pessoalmente, nunca havia perdoado os italianos pelo roubo do Tirol do Sul (p. 46). Após o sucesso de sua missão, ele recebeu a honra de um convite para tomar o chá da meia-noite com o Führer (para sua descrição deste evento cerimonial, veja p. 90).
164. BMOO, XXXII, p. 1-5.
165. BMOO, XXXIV, p. 437.
166. Para um exemplo, veja L. Villari, *Affari esteri 1943-1945,* Roma, 1948, p. 35. Ele alega que Mussolini o ordenou a ajudar a "salvar o que era salvável".
167. Veja as memórias de um dos agentes desse Estado exatamente com esse título. P. Pisenti, *Una Repubblica necessaria* (R.S.I.), Roma, 1977.
168. Para mais sobre essa interpretação, veja R. J. B. Bosworth, *The Italian dictatorship: problems and perspectives in the interpretation of Mussolini and Fascism,* Londres, 1998, p. 180-204.

169. Veja G. Dolfin, *Con Mussolini nella tragedia: diario del capo della segreteria particolare del Duce 1943-1944*, Milão, 1949, p. 24.
170. A. Tamaro, *Due anni di storia*, vol. I, p. 591.
171. G. Zachariae, *Mussolini si confessa*, p. 11-12.
172. G. Dolfin, *Con Mussolini nella tragedia*, p. 34. Dentre os objetos encenados no escritório novamente havia obras de Sócrates e Platão, abertas em sua mesa.
173. G. Zachariae, *Mussolini si confessa*, p. 17.
174. Ibid., p. 17-19.
175. Ibid., p. 21-22.
176. Ibid., p. 57.
177. Ibid., p. 123.
178. Ibid., p. 23-28.
179. Ibid., p. 20.
180. SPDCR 105, 19 de dezembro de 1943, Dolfin para Rachele; 2 de janeiro de 1944, Dolfin para o conselheiro alemão; 20 de janeiro de 1944, nota de Dolfin; 4 de agosto de 1944, Dolfin para Ditta Capretti Fausto em Bréscia.
181. E. Amicucci, *I 600 giorni di Mussolini*, p. 81.
182. SPDCR 112, 5 de novembro de 1942, relatório.
183. F. Anfuso, *Da Palazzo Venezia al Lago di Garda (1936-1945)*, Roma, 1996, p. 350.
184. N. D'Aroma, *Mussolini segreto*, p. 278.
185. Listas dessas pessoas foram preservadas em SPDCR RSI.
186. R. De Felice, *Storia degli ebrei italiani sotto il fascismo*, Turim, 1961, p. 524. Para mais informações sobre o antissemitismo de Salò e sobre as atividades de, por exemplo, Giovanni Preziosi, em março de 1944, nomeado chefe do *Ispettorato generale per la razza*, veja L. Ganapini, *La repubblica delle camicienere*, Milão, 1999, p. 132-156.
187. O Manifesto está disponível na íntegra em R. De Felice, *La guerra civile 1943-1945*, p. 610-613.
188. L. Ganapini, *La repubblica delle camicie nere*, p. 136.
189. B. Spampanato, *Contromemoriale*, Roma, 1952, vol. 2, p. 33.
190. Ibid.
191. Y. De Begnac, *Palazzo Venezia: storia di un regime*, Roma, 1950, p. 392.
192. L. Ganapini, *La repubblica delle camicie nere*, p. 453.
193. Para um relato em inglês de algumas dessas mulheres, veja M. Fraddosio, "The Fallen Hero: the myth of Mussolini and Fascist women in the Italian Social Republic (1943-5)", *Journal of Contemporary History*, 31, 1996, p. 99-124.
194. N. Revelli, *La guerra dei poveri*, Turim, 1962, p. 118.
195. B. Spampanato, *Contromemoriale*, vol. 2, p. 130.
196. I. Kershaw, *Hitler 1936-1945*, p. 594-597.
197. V. Cerosimo, *Dall'istruttoria alla fucilazione: storia del processo di Verona*, Milão, 1961, p. 189.
198. G. Pini, *Itinerario tragico (1943-1945)*, Milão, 1950, p. 164. Uma tentativa de reconciliação com Arpinati fracassou (p. 36).
199. G. Dolfin, *Con Mussolini nella tragedia*, p. 29.
200. A. Gravelli, *Mussolini aneddotico*, Roma, 1951, p. 283.
201. G. Dolfin, *Con Mussolini nella tragedia*, p. VII.

18. O fantasma de Benito Mussolini, 1945-2010

1. S. Luzzatto, *Il corpo del duce: un cadavere tra immaginazione, storia e memoria*, Turim, 1998, p. 57.
2. Sobre seu fim, veja H. Fornari, *Mussolini's gadfly: Roberto Farinacci*, Nashville, 1971, p. 214.

3. R. J. B. Bosworth, *"Per necessità famigliare*: hypocrisy and corruption in Fascist Italy", *European History Quarterly*, 30, 2000, p. 364-365.
4. V. Costa, *L'ultimo federale: memorie della guerra civile 1943-1945*, Bolonha, 1997, p. 109.
5. Citado em S. Luzzatto, *Il corpo del duce*, p. 61.
6. Ibid., p. 63-64.
7. Ibid., p. 57.
8. Veja, por exemplo, G. Ansaldo, *Diario di prigionia* (ed. R. De Felice), Bolonha, 1993, p. 361.
9. Veja B. Spampanato, *Contromemoriale*, Roma, 1952, vol. 1, p. 338.
10. S. Luzzatto, *Il corpo del duce*, p. 57; 70. Indo além do tropo retórico, Luzzatto argumenta que os eventos na piazzale Loreto carregavam ecos da crucificação de Cristo (p. 64) e dos sacrifícios judaicos no Holocausto (p. 84).
11. A. Soffici e G. Prezzolini, *Diari 1939-1945*, Roma, 1962, p. 347.
12. S. Luzzatto, *Il corpo del duce*, p. 67-68.
13. G. Pisanò, *Gli ultimi cinque secondi di Mussolini*, Milão, 1996, p. 179-183.
14. Veja W. C. Langer, *The mind of Adolf Hitler*, Londres, 1973.
15. Veja J. P. Diggins, *Mussolini and Fascism: the view from America*, Princeton, 1972, p. xv. Em novembro de 2009, a matéria cerebral sobrevivente do Duce foi brevemente colocada à venda no eBay.
16. A. Pensotti, *Rachele: sessant'anni con Mussolini nel bene e nel male*, Milão, 1983, p. 200.
17. S. Luzzatto, *Il corpo del duce*, p. 84-85.
18. D. Leccisi, *Con Mussolini prima e dopo Piazzale Loreto*, Roma, 1991, p. 247.
19. Ibid., p. 252-261.
20. Ibid., p. 262-263.
21. S. Luzzatto, *Il corpo del duce*, p. 100-101; 103.
22. D. Leccisi, *Con Mussolini prima e dopo Piazzale Loreto*, p. 263-265.
23. Ibid., p. 266.
24. W. S. McBirnie, *What the bible says about Mussolini*, Norfolk, Va, 1944, p. 85; 108. McBirnie, outro autor propenso a certezas matemáticas, sabia que o Duce havia cometido até então 44 dos atos do Anticristo e na devida ordem. Faltavam dez para completar a lista.
25. S. Luzzatto, *Il corpo del duce*, p. 101; 103-104.
26. Ibid., p. 105.
27. D. Leccisi, *Con Mussolini prima e dopo Piazzale Loreto*, p. 294.
28. S. Luzzatto, *Il corpo del duce*, p. 108.
29. Ibid., p. 111.
30. Ibid., p. 120. Após uma breve prisão, os dois sacerdotes foram enviados para trabalhar entre os emigrantes na América do Sul, onde, segundo Leccisi, foram recebidos de braços abertos. Veja D. Leccisi, *Con Mussolini prima e dopo Piazzale Loreto*, p. 326.
31. B. D'Agostini, *Colloqui con Rachele Mussolini*, Roma, 1946, p. 9. Depois da guerra, a família passou uma temporada em uma vila na ilha de Ischia, mas logo voltou para a Villa Carpena.
32. V. Emiliani, *I tre Mussolini*, Milão, 1997, p. 148.
33. BMOO, XXXIII, p. 222.
34. I. De Begnac, *Trent'anni di Mussolini 1883-1915*, Roma, 1934, p. 265-266.
35. Ibid., p. 179.
36. S. Luzzatto, *Il corpo del duce*, p. 212.
37. PRO, FO 371/130456, 9 de setembro de 1957, Burnett para Selwyn Lloyd.
38. V. Emiliani, *Il paese dei Mussolini*, Turim, 1984, p. 38-39; 99.
39. Ibid., p. 52; 76-77.
40. De acordo com relatos do pós-guerra, Arpinati irritou Mussolini ao se opor, em 1933, ao envolvimento de Rachele em contratos no balneário vizinho de Castrocaro Terme. Veja A. Iraci, *Arpinati: L'oppositore di Mussolini*, Roma, 1970, p. 181-182.
41. G. Dolfin, *Con Mussolini nella tragedia: diario del capo della segreteria particolare del Duce 1943-1944*, Milão, 1949, p. 82.

42. V. Emiliani, *Il paese dei Mussolini,* p. 120.
43. V. Querel, *Il paese di Benito: cronache di Predappio e dintorni,* Roma, 1954, p. 22.
44. Ibid., p. 33; 61.
45. Ibid., p. 38-39.
46. G. Zachariae, *Mussolini si confessa,* Milão, 1966, p. 34. Talvez, em meio à família briguenta, ela o lembrasse, em sua banalidade e conformismo pequeno-burguesa, Claretta Petacci.
47. V. Querel, *Il paese di Benito,* p. 74.
48. A. Spinosa, *I figli del Duce,* Milão, 1989, p. 239.
49. V. Querel, *Il paese di Benito,* p. 75.
50. V. Mussolini, *Mussolini: the tragic women in his life,* Londres, 1973, p. 125.
51. L. Baratter, *Anna Maria Mussolini: l'ultima figlia del Duce,* Milão, 2008, p. 136-139; 145; 159-163; para o padre Pio, veja o esplêndido S. Luzzatto, *Padre pio: miracoli e politica nell'Italia del Novecento,* Turim, 2007.
52. Talvez a parte mais grave da acusação fosse que havia homens observando. Veja E. Settimelli, *Edda contro Benito: indagine sulla personalità del Duce attraverso un memoriale autografo di Edda Ciano Mussolini qui riprodotto,* Roma, 1952, p. 64.
53. A. Spinosa, *I figli del Duce,* p. 233.
54. Ibid., p. 244.
55. E um dos quais dizia-se que seu pai havia desaprovado. Veja G. Zachariae, *Mussolini si confessa,* p. 34.
56. Romano Mussolini, *Benito Mussolini: apologia di mio padre,* Bolonha, 1969. Vittorio Mussolini escreveu para ele, como ghostwriter, algumas memórias de cunho comercial. Veja, em inglês, V. Mussolini, *Mussolini, the tragic women in his life,* Londres, 1973.
57. A. Spinosa, *I figli del Duce,* p. 257-267.
58. R. Mussolini, *My Father Il Duce: a memoir by Mussolini's son,* Nova York, 2006.
59. Qualquer interessado pode encontrar registros picantes no site da jovem carreira de Alessandra como modelo, bem como de suas ousadias posteriores, verdadeiras ou não.
60. Um redator no *Times* de Londres sem dúvida gostou de publicar uma história sobre ela com a manchete "Mussolini anuncia candidatura". Veja *The Times,* 23 de novembro de 1993.
61. C. Valentini, "Il mio duce è il Cavaliere", *L'Espresso,* XLV, 24 de fevereiro de 2000.
62. S. Setta, *L'Uomo qualunque 1944-1948,* Bari, 1975, p. 3.
63. P. Ignazi, *Il polo escluso: profilo del Movimento Sociale Italiano,* Bari, 1989, p. 15.
64. S. Luzzatto, *Il corpo del duce,* p. 112.
65. Para uma autobiografia arrependida de um desses bandidos, veja G. Salierno, *Autobiografia di un picchiatore fascista,* Turim, 1976.
66. *Gente* e *popolo* significam povo, embora o primeiro termo seja mais vago. Para saber mais sobre Battistessa antes de 1945, veja G. Cresciani, *Fascism, Anti-Fascism and Italians in Australia 1922-1945,* Canberra, 1980.
67. S. Luzzatto, *Il corpo del duce,* p. 194. Luzzatto acha que essa cultura foi "hegemônica" e, de maneira louvável, floresceu sem subsídio estatal (p. 198).
68. C. Baldassini, *L'ombra di Mussolini: l'Italia moderata e la memoria del fascismo (1945-1960),* Soveria Mannelli, 2008.
69. Veja mais em R. J. B. Bosworth, *The Italian dictatorship: problems and perspectives in the interpretation of Mussolini and Fascism,* Londres, 1998, p. 180.
70. P. Ignazi, *Il polo escluso,* p. 150, nota de rodapé 39.
71. A. J. Gregor, *Mussolini's intellectuals: Fascist social and political thought,* Princeton, 2005, p. 225-226. Cf. também *The search for neofascism: the use and abuse of social science,* Cambridge, 2006.
72. P. Ignazi, *Il polo escluso,* p. 152. G. Volpe publicou o jornal "teórico" do MSI, *La Torre* e também o apêndice de oito volumes dos artigos de Mussolini (BMOO XXXVII-XLIV), publicado em Roma entre 1978 e 1980.
73. Para suas memórias, veja B. Bottai, *Fascismo famigliare,* Casale Monferrato, 1997.
74. A. J. P. Taylor, *The Origins of the Second World War,* Harmondsworth, 1964, p. 84-85. Para mais contexto sobre esse comentário, cf. R. J. B. Bosworth, *The Italian dictatorship,* p. 82-105.

75. Para uma análise desconstrutiva, veja T. Mason, "The great economic history show'", *History Workshop*, 21, 1986; "Italy and modernization: a montage", *History Workshop*, 25, 1988.

76. Na Inglaterra, também, houve o curioso caso de Richard Lamb. Veja sua elogiosa introdução a B. Mussolini, *My rise and fall,* Nova York, 1998, p. xi.

77. Para um exemplo tardio, veja R. De Felice, *Rosso e nero* (ed. P. Chessa), Milão, 1995.

78. Para um exemplo típico da nova moderação, veja P. Milza, *Mussolini,* Paris, 1999.

79. Para uma resposta da esquerda, veja S. Corvisieri, *La villeggiatura di Mussolini: il confino da Bocchini a Berlusconi,* Milão, 2004.

80. Veja, por exemplo, P. Ginsborg, *Silvio Berlusconi: television, power and patrimony,* Londres, 2004.

81. Para uma reprodução da imagem, veja R. J. B. Bosworth, "Italian foreign policy and its historiography" em R. J. B. Bosworth e G. Rizzo (eds.), *Altro polo: intellectuals and their ideas in contemporary Italy,* Sydney, 1983, p. 66.

82. Veja L. Trevisan, *Il naso di Mussolini,* Milão, 1998. De modo semelhante, houve uma breve empolgação na década de 1990 em relação a alguns diários forjados de Mussolini. Veja B. Mussolini, *I diari del mistero,* Milão, 1994. Já em 1950, um autor imaginou um Mussolini vitorioso na Segunda Guerra Mundial depois que se descobriu que o Eixo tinha a Bomba. M. Ramperti, *Benito I Imperatore,* Roma, 1950. É típico, no entanto, que os textos mais comerciais de Robert Harris tenham tratado de Hitler e Stalin, mas não de Mussolini.

83. T. Holme, *The devil and the dolce vita,* Nova York, 1982.

84. Por toda sua dívida com o "revisionismo" contemporâneo, A. Campi, *Mussolini,* Bolonha, 2001 ainda demonstra um pouco de preocupação com a possibilidade de que o fantasma de Mussolini possa atormentar os italianos.

85. Para uma análise notável de sua complexa identidade em impressionante contraste com a maioria dos chefes políticos, veja B. Obama, *Dreams from my father: a story of race and inheritance,* Edimburgo, 2007.

Bibliografia

Arquivos

Archivio Centrale dello Stato (Roma):
Segreteria particolare del Duce: carteggio riservato
Segreteria particolare del Duce: carteggio ordinario (buste selecionado)
Segreteria particolare del Duce: carte della cassetta di zinco
Segreteria particolare del Duce: carte della valigia
Segreteria particolare del Duce: carteggio riservato 1943-1945 (buste selecionado)
Ministero della Cultura Popolare. Direzione Propaganda (buste selecionado)
Ministero dell'Interno. Direzione Generale di Pubblica Sicurezza (buste selecionado)
Ministero dell'Interno: Direzione Generale di Pubblica Sicurezza: Divisione Affari generali e riservati: Confinati politici (buste selecionado)
Carte *M. Bianchi*
Carte *E. De Bono*
Carte *R. Farinacci*
Carte *A. Finzi*
Carte *B. Spampanato*
Carte *G. Volpi*

Archivio di stato di Forlì

Archivio di gabinetto

Archivio del Touring Club Italiano (Milão)

Public Record Office (Londres):
Foreign Office (FO); 371 arquivos sobre a Itália
Arquivos selecionados do FO; 800 arquivos dos documentos de lorde Curzon, lorde Halifax, S. Hoare, R. MacDonald, J. Simon e A. Eden (fo 954)
Documentos de Austen Chamberlain
GFM; 36 arquivos italianos capturados na "maleta de Mussolini" (material também disponível em acs, Roma em arquivos spd)

Churchill College Cambridge
Documentos de R. Vansittart

Documentos públicos oficiais
Documents on British foreign policy 1919-1939, *séries 2 e 3*
Documents on German foreign policy 1918-1945, *séries C e D*
I documenti diplomatici italiani serie 7, 8, 9, 10
Atos e documentos da Santa Sé relativos à Segunda Guerra Mundial

Jornais
L'Ala d'Italia
L'Assalto
Augustea
Civiltà Cattolica
Civilta Fascista
Clio
Critica Fascista
La Difesa della razza
L'Economia nazionale
The Economist
The Evening Standard
I Fasci italiani all'estero (a partir de junho de 1925 intitulado Il Legionario)
Fascismo
Il Gazzettino
Italia contemporanea
Gerarchia
Headway
L'Idea di Roma
L'Illustrazione italiana
Italia e Civilta
Meridiani
Nuova Antologia
Nuova Storia contemporanea

L'Oltremare
Passato epresente
Politico
Il Popolo d'Italia
Ricerche storiche
Rivista d'Albania
Rivista di politico economica
Rivista di storia contemporanea
Rivista di viaggi
Rivista storica italiana
Rivista storica del Risorgimento
Romana
The Scotsman
Lo Sport fascista
Storia contemporanea
Storia delle relazioni internazionali
Studi storici
Survey of International Affairs
La Svastica
The Tablet
The Times
Le Tre Venezia
Le Vie d'Italia
La Vita italiana all'estero

Material bibliográfico sobre Mussolini

ADAMI, E. *La lingua di Mussolini*, Società Tipografica Modenese, Módena, 1939.
ANIENTE, A. *Mussolini*, Grasset, Paris, 1932.
ARDALI, P. *Mussolini e Pio XI*, Edizioni Paladino, Mântua, 1926.
ARDALI, P. *San Francesco e Mussolini*, Edizioni Paladino, Mântua, 1927.
BALABANOFF, A. *Il traditore: Mussolini e la conquista del potere*, Universale Napoleone, Roma, 1973.
BALBO, E. *Augusto e Mussolini*, Casa Editrice Pinciana, Roma, 1937.
BARATTER, L. *Anna Maria Mussolini: l'ultima figlia del Duce*, Mursia, Milão, 2008.
BARZINI, L. B. Mussolini, *Encounter*, 23, 1964.
BEDESCHI, E. *La giovinezza del Duce: ricordi e luoghi mussoliniani: libro per la gioventù italiana*, Società Editrice Internazionale, Turim, 1939.
BEDESCHI, S.; ALESSI, R. *Anni giovanili di Mussolini*, Mondadori, Milão, 1939.
BELL, E. P. *Italy's rebirth: Premier Mussolini tells of Fascismo's purpose*, Chicago Daily News, Chicago, 1924.
BENEDETTI, V. *Rosa Maltoni Mussolini*, Vittorio Gatti editore, Bréscia, 1928.
BERNERI, C. *Mussolini: psicologia di un dittatore* (ed. P. C. Masini), Edizioni Azione Comune, Milão, 1966.
BIANCINI, B. (ed.), *Dizionario mussoliniano: mille affermazioni e definizioni del Duce*, Hoepli, Milão, 1939.
BIONDI, D. Come nacque il mito del Duce, *Nuova Antologia*, f. 1997, 1967.
BITELLI, G. *Benito Mussolini*, G. Paravia, Turim, 1938.
BOATTI, G (ed.) *Caro Duce: lettere di donne italiane a Mussolini 1922-1943*, Rizzoli, Milão, 1989.
BOCCA, G. *Mussolini socialfascista*, Garzanti, Milão, 1983.
BONAVITA, F. *Mussolini svelato: origine, sviluppo e finalità del pensiero mussoliniano*, Sonzogno, Milão, 1927.
BONAVITA, F. *Il padre del Duce*, Casa Editrice Pinciana, Roma, 1933.
BONAVITA, F. *Primavera fascista dall'avvento fascista all'impero africano*, Gontrano Martucci, Milão, 1937.
BOND, J. *Mussolini: the wild man of Europe*, Independent Publishing Company, Washington, D.C., 1929.
BORDEUX, V. J. *Benito Mussolini — the man*, Hutchinson, Londres, s.d.
BORGHI, A. *Mussolini: red and black*, Wishart books, Londres, 1935.
BOTTAI, G. *Mussolini: costruttore d'impero*, Edizioni Paladino, Mântua, s.d.

BOZZETTI, G. *Mussolini: direttore dell'Avanti!*, Feltrinelli, Milão, 1979.
BRANCATI, R. *Il Duce*, Studio Editoriale Moderno, Catania, 1934.
BUONAMICI, M. *Duce nostro*, Nemi, Florença, 1933.
BURANI, U. *Ineluttabilità mussoliniana*, P. Maglione editore, Roma, 1939.
CAMPI, A. *Mussolini*, Il Mulino, Bolonha, 2001.
CANNISTRARO P. V.; SULLIVAN, B. R. *Il Duce's other woman*, William Morrow, Nova York, 1993.
CASTELLINI, F. *Il ribelle di Predappio: amori e giovinezza di Mussolini*, Mursia, Milão, 1996.
CAVACCIOCCHI, G. *Mussolini: sintesi critiche*, Vallecchi, Florença, 1932.
CIARLANTINI, F. *Mussolini immaginario*, Sonzogno, Milão, 1933.
CLARK, M. *Mussolini*, Longmans, Harlow, 2005.
COLLIER, R. *Duce! the rise and fall of Benito Mussolini*, Collins, Londres, 1971.
D'AGOSTINI, B. *Colloqui con Rachele Mussolini*, O. E. T. Edizioni del Secolo, Roma, 1946.
D'ANDREA, U. *Mussolini: motore del secolo*, Hoepli, Milão, 1937.
D'AROMA, N. *Vent'anni insieme: Vittorio Emanuele e Mussolini*, Cappelli, Rocca San Casciano, 1957.
D'AROMA, N. *Mussolini segreto*, Cappelli, Rocca San Casciano, 1958.
D'AURORA, G. *La maschera e il volto di Magda Fontages*, Celes, Milão, 1946.
DE BEGNAC, Y. *Palazzo Venezia: storia di un regime*, Editrice la Rocca, Roma, 1950.
DE BEGNAC, I. [sic] *Trent'anni di Mussolini 1883-1915*, Arte Grafiche Menaglia, Roma, 1934.
DE BEGNAC, Y. *Taccuini mussoliniani* (ed. F. Perfetti), Il Mulino, Bolonha, 1990.
DE BEGNAC, R. *Mussolini il rivoluzionario 1883-1920*, Einaudi, Turim, 1965.
DE FELICE, R. *Mussolini il fascista: I. La conquista del potere 1921-1925*, Einaudi, Turim, 1966.
DE FELICE, R. *Mussolini il fascista: II. L'organizzazione dello stato fascista 1925-1929*, Einaudi, Turim, 1968.
DE FELICE, R.; MARIANO, E. (eds), *Carteggio D'Annunzio-Mussolini (1919-1938)*, Mondadori, Milão, 1971.
DE FELICE, R. *Mussolini il duce: I. Gli anni del consenso 1929-1936*, Einaudi, Turim, 1974.
DE FELICE, R. (ed.) *Benito Mussolini: quattro testimonianze — Alceste De Ambris, Luigi Campolonghi, Mario Girardon, Maria Rygier*, La Nuova Italia, Florença, 1976.
DE FELICE, R. (ed.) *Utopia: rivista quindicinale del socialismo rivoluzionario italiano — direttore Benito Mussolini*, reimpressão Feltrinelli, Milão, 1976.
DE FELICE, R. *Mussolini il duce: II. Lo stato totalitario 1936-1940*, Einaudi, Turim, 1981.
DE FELICE, R.; GOGLIA, L. *Mussolini il mito*, Laterza, Bari, 1983.
DE FELICE, R. *Mussolini l'alleato 1940-1945: I. l'Italia in guerra 1940-1943*, Einaudi, Turim, 1990.
DE FELICE, R. (ed.) *Mussolini giornalista*, Rizzoli, Milão, 1995.
DE FELICE, R. *Mussolini l'alleato 1940-1945: II. La guerra civile 1943-1945*, Einaudi, Turim, 1997.
DE FIORI, V. E. *Mussolini: the man of destiny*, Dent, Londres, 1919.
DEI GASLINI, M. *Mussolini in Africa*, Edizioni Paladino, Mântua, s.d.
DELCROIX, C. *Un uomo e un popolo*, Vallecchi, Florença, 1928.
DELLA PURA, E. *Lo scolare Benito Mussolini*, Edizione Via dell'Impero U. Giardini, Pisa, 1938.
DE RENZIS, R. *Mussolini musicista*, Edizioni Paladino, Mântua, 1927.
DE' ROSSI dell'Arno, G. *Pio XI e Mussolini*, Corso editore, Roma, 1954.
DINALE, O. *Quarant'anni di colloqui con lui*, Ciarrocca, Milão, 1953.
DOLCETTI, G. *Le origini storiche della famiglia Mussolini*, Casa Editrice Pietro Brasolini, Veneza, 1928.
DOMBROWSKI, R. *Mussolini: twilight and fall*, Heinemann, Londres, 1956.
EMILIANI, V. *Il paese dei Mussolini*, Einaudi, Turim, 1984.
EMILIANI, V. *I tre Mussolini: Luigi, Alessandro, Benito*, Baldini e Castoldi, Milão, 1997.
FANCIULLI, G. *Il Duce del popolo italiano*, Segreteria Generale dei Fasci all'Estero, Roma, 1928.
FANELLI, G.A. *Cento pagine su Mussolini e un ritratto politico della "prima ora"*, P. Maglione editore, Roma, 1931.
FARRELL, N. *Mussolini: a new life*, Weidenfeld and Nicolson, Londres, 2003.
FERMI, L. *Mussolini*, University of Chicago Press, 1966.
FISHER, G.; MCNAIR-WILSON, M. *Blackshirt: the decline and fall of a dictator*, Belmont, Nova York, 1961.
FORZANO, G. *Mussolini: autore drammatico con facsimili di autografi inediti: Campo di Marte-Villafranca-Cesare*, G. Barbèra editore, Florença, 1954.
FRANZINELLI, M.; MARINO, E. V. *Il Duce proibito: le fotografie di Mussolini che gli italiani non hanno mai visti*, Mondadori, Milão, 2003.
GALLO, M. *Mussolini's Italy: twenty years of the Fascist era*, Abelard-Schuman, Londres, 1974.
GENNAIOLO, G. *Mussolini e Napoleone I*, Tipografia S. Boncampagni, San Sepolcro, 1926.

GHERSI, G. *Mussolini: fabbro dello stato*, La Tradizione, Milão, 1937.
GHIGNONI, A. *Universalità di Mussolini*, Casa Editrice Ambrosiana, Milão, 1941.
GIANTURCO, L. E. *Arnaldo Mussolini*, Edito della Federazione dei Fasci di Combattimento, Como, 1934.
GRANA, S. *Mussolini spiegato ai bimbi: facili conversazioni sull'opera del Duce di prima o dopo la Marcia su Roma rivolte alle piccole e utili ai grandi*, Paravia, Turim, 1937.
GRAVELLI, A. *Uno e molti: interpretazioni spirituali di Mussolini*, Nuova Europa, Roma, 1938.
GRAVELLI, A. *Mussolini aneddotico*, Casa Editrice Latinità, Roma, 1951.
GRAY, E. M. *Il Duce in Libia: che cosa ha detto, che cosa ha visto*, Il Consultore, Milão, 1937.
GREGOR, A. J. *Young Mussolini and the intellectual origins of Fascism*, University of California Press, Berkeley, 1979.
HIBBERT, C. *Benito Mussolini*, Longmans, Londres, 1962.
JONES, S. *Benito Mussolini: an introduction to the study of Fascism*, Hunter and Longhurst, Londres, 1927.
KEMECHEY, L. *"Il Duce": the life and work of Benito Mussolini*, Williams and Norgate, Londres, 1930.
KIRKPATRICK, I. *Mussolini: study of a demagogue*, Odhams books, Londres, 1964.
LUDWIG, E. *Talks with Mussolini*, George Allen and Unwin, Londres, 1932.
LUDWIG, E. Mussolini: the Italian autocrat. In: *Leaders of Europe*, Ivor Nicholson and Watson, Londres, 1934.
LUZZATTO, S. *Il corpo del Duce: un cadavere tra immaginazione, storia e memoria*, Einaudi, Turim, 1998.
LUZZATTO, S. *L'immagine del duce: Mussolini nelle fotografi e dell'Istituto Luce*, Riuniti, Roma, 2001.
MACARTNEY, M. H. H. *One man alone: the history of Mussolini and the Axis*, Chatto and Windus, Londres, 1944.
MACK SMITH, D. Mussolini: artist in propaganda, *History Today*, 9, 1959.
MACK SMITH, D. *Mussolini*, Weidenfeld and Nicolson, Londres, 1981.
MALAPARTE, C. *Muss: Il grande imbecille*, Luni editrice, Milão, 1999.
MARGA, *Aneddoti e giudizi su Mussolini con lettera*, Bemporad, Florença, 1925.
MARPICATI, A. *Il Duce e le sue opere: conferenza tenuta nel teatro dell'opera del Casino Municipale nell' "Annuale" della Fondazione dei Fasci di Combattimento*, San Remo, 1938.
MARRONI, C. *Mussolini se stesso*, G. B. Palumbo editore, Palermo, 1939.
MARTINELLI, F. *Mussolini ai raggi X*, Giovanni De Vecchi editore, Milão, 1964.
MASCIANGIOLI, L. *Mussolini da lontano*, Stabilimento Tipografico Editoriale Angeletti, Sulmona, 1937.
MASINI, P. C. *Mussolini: la maschera del dittatore*, Biblioteca Franco Serantini, Milão, 1999.
MASSANI, G. *La sua terra*, Istituto Italiano d'Arti Grafiche, Bérgamo, 1936.
MASSANI, G. *Duce e Popolo*, Il Rubicone, Milão, 1942.
MASTRI, P. *La Rocca delle Caminate (Il Castello del Duce)*, Zanichelli, Bolonha, 1927.
MATTIOLI, G. *Mussolini aviatore*, Mondadori, Milão, 1942.
MEGARO, G. *Mussolini in the making*, George Allen and Unwin, Londres, 1938.
MEZZETTI, N. *Mussolini e la questione sociale*, Casa Editrice Pinciana, Roma, 1931.
MICHELI, G. *Mussolini: versi romaneschi*, Casa Editrice Ausonia, Roma, 1930.
MILZA, P. *Mussolini*, Fayard, Paris, 1999.
MONELLI, P. *Mussolini, piccolo borghese*, Garzanti, Milão, 1950.
MONTANELLI, I. *Il buonanimo Mussolini*, Edizioni Riunite, Milão, 1947.
MOSELEY, R. *Mussolini: the last 600 days of Il Duce*, Taylor, Dallas, 2004.
MUSIEDLAK, D. *Mussolini*, Presses de Sciences Po, Paris, 2005.
MUSSOLINI, B. *Il mio diario di guerra (1915-1917)*, Imperia, Milão, 1923.
MUSSOLINI, B. *My autobiography*, Hutchinson, Londres, s.d.
MUSSOLINI, B. *John Huss*, Albert and Charles Boni, Nova York, 1929.
MUSSOLINI, B. *The cardinal's mistress*, Cassell, Londres, 1929.
MUSSOLINI, B. *La dottrina del fascismo: con una storia del movimento fascista di Gioacchino Volpe*, Treves-Treccani-Tuminelli, Roma, 1932.
MUSSOLINI, B.; FORZANO, G. *Napoleon: the hundred days (adapted from the Italian for the English stage by John Drinkwater)*, Sidgwick and Jackson, Londres, 1932.
MUSSOLINI, B. The political and social doctrine of Fascism, *Political Quarterly*, 4, 1933.
MUSSOLINI, B. *Memoirs 1942-1943 with documents relating to the period*, Weidenfeld and Nicolson, Londres, 1949.
MUSSOLINI, B. *Opera omnia* (eds. E. e D. Susmel), 36 vols., La Fenice, Florença, 1951-1962.

MUSSOLINI, B. *Testamento spirituale con uno studio di Duilio Susmel*, Edito a cura di Comitato Repubblica Sociale Italiana, Milão, 1956.
MUSSOLINI, B. *Corrispondenza inedita* (ed. D. Susmel), Edizioni del Borghese, Milão, 1972.
MUSSOLINI, B. *The Corporate state*, H. Fertig, Nova York, 1975.
MUSSOLINI, B. *Opera omnia* (eds E. e D. Susmel) *Appendici I-VIII* (v. 37-44), Giovanni Volpe editore, Florença, 1978-1980.
MUSSOLINI, B. *Scritti politici* (ed. E. Santarelli), Feltrinelli, Milão, 1979.
MUSSOLINI, B. *My rise and fall* (ed. R. Lamb), Da Capo Press, Nova York, 1998.
[MUSSOLINI, B.] *I diari del mistero: piccola antologia di manoscritti attribuiti a Mussolini dalla presa di potere all'entrata in guerra*, Mondadori, Milão, 1994.
MUSSOLINI, E. *Mio fratello Benito: memorie raccolte e trascritte da Rosetta Ricci Crisolini*, La Fenice, Florença, 1957.
MUSSOLINI CIANO, E. *My truth (as told to Albert Zarca)*, Weidenfeld and Nicolson, Londres, 1977.
MUSSOLINI, Rachele *My life with Mussolini*, Robert Hale, Londres, 1959.
MUSSOLINI, Rachele *The real Mussolini (as told to A. Zarca)*, Saxon House, Farnborough, 1973.
MUSSOLINI, Romano *Benito Mussolini: apologia di mio padre*, Collana di studi storici a cura di Rivista Romana, Bolonha, 1969.
MUSSOLINI, Romano *My father Il Duce: a memoir by Mussolini's son*, Kales, Nova York, 2006.
MUSSOLINI, V. *Voli sulle Ambe*, Sansoni, Florença, 1937.
MUSSOLINI, V. *Vita con mio padre*, Mondadori, Milão, 1957.
MUSSOLINI, V. *Mussolini: the tragic women in his life*, NEL, Londres, 1973.
MUSSOLINIANA, *Mussolini e lo sport*, Edizioni Paladino, Mântua, 1928.
NEVILLE, P. *Mussolini*, Routledge, Londres, 2004.
O'BRIEN, P. *Mussolini in the First World War: the journalist, the soldier, the Fascist*, Berg, Oxford, 2005.
ORANO, P. *Mussolini da vicino*, Casa Editrice Pinciana, Roma, 1935.
ORANO, P. *Mussolini: fondatore dell'impero*, Casa Editrice Pinciana, Roma, 1936.
PASSERINI, L. *Mussolini immaginario: storia di una biografia 1915-1939*, Laterza, Bari, 1991.
PEDRAZZA, P. *Giornalismo di Mussolini*, Casa Editrice Oberdan Zucchi, Milão, 1937.
PELLEGRINO, C. *Benito Mussolini e la ricostruzione nazionale per i fanciulli d'Italia*, Società Editrice Dante Alighieri, Milão, 1928.
PENSOTTI, A. *Rachele: sessant'anni con Mussolini nel bene e nel male*, Bompiani, Milão, 1983.
PERRONI, V. *Il Mussolini dei bimbi*, Libreria del Littorio, Roma, 1929.
PERRONI, V. *Il Duce ai Balilla: brani e pensieri dei discorsi di Mussolini, ordinati e illustrati per i bimbi d'Italia*, Libreria del Littorio, Roma, 1930.
PETACCO, A. *Dear Benito, Caro Winston: verità e misteri del carteggio Churchill-Mussolini*, Mondadori, Milão, 1985.
PETACCO, A. *L'archivio segreto di Mussolini*, Mondadori, Milão, 1997.
PETRIE, C. *Mussolini*, Holme Press, Londres, 1931.
PETRIE, C. Mussolini. *In: Great contemporaries*, Cassell, Londres, 1935.
PETRUCCI, S. *In Puglia con Mussolini: cronache e note di un inviato speciale con il testo integrale dei discorsi editi e inediti pronunciati dal Duce nelle giornate pugliesi del settembre XII*, Società Editrice di "Novissima", Roma, 1935.
PIERSON, L. [FOREST, E.] *Mussolini visto da una scrittrice olandese*, Anonimo Tipografico Editoriale Libraria, Roma, 1933.
PINI, G. *The official life of Benito Mussolini*, Hutchinson, Londres, 1939.
PINI, G.; SUSMEL, D. *Mussolini: l'uomo e l'opera*, 4 vols., La Fenice, Florença, 1953-1955.
PISANÒ, G. *Gli ultimi cinque secondi di Mussolini*, Il Saggiatore, Milão, 1996.
POLICASTRO, G. *Crispi e Mussolini*, Edizioni Paladino, Mântua, 1928.
POLICASTRO, G. *Mussolini e la Sicilia*, Edizioni "Mussoliniana", Mântua, 1929.
PRETI, L. *Mussolini giovane*, Rusconi, Milão, 1982.
PROLI, V.; MOSCHI, S. (eds.), Alessandro Mussolini: fabbro ferraio-uomo politico: raccolti di notizie biografiche, manuscrito não publicado, Predappio, 1999.
QUARANTA DI SAN SEVERINO, B. *Mussolini as revealed in his political speeches*, Dent, Londres, 1923.
QUERÈL, V. *Il paese di Benito: cronache di Predappio e dintorni*, Corso editore, Roma, 1954.
RAFANELLI, L. *Una donna e Mussolini* (ed. P. C. Masini), Rizzoli, Milão, 1975.
RAMPERTI, M, *Benito I Imperatore*, Scirè, Roma, 1950.

REDAELLI, C. *Iniziando Mussolini alle vie del cielo,* Fratelli Magnani, Milão, 1933.
RIDLEY, J. *Mussolini,* Cassell, Londres, 1997.
RONCHI, E. *Mussolini: economista della rivoluzione,* Casa Editrice Pinciana, Roma, s.d.
RONCHI, E. *Mussolini: creatore d'economia,* Casa Editrice Pinciana, Roma, 1936.
ROSSATO, A. *Mussolini: colloquio intimo,* Modernissima Casa Editrice Italiana, Milão, 1923.
ROSSI, C. *Mussolini com'era,* Ruffolo editore, Roma, 1947.
ROSSI, C. *Trentatre vicende mussoliniane,* Casa Editrice Ceschina, Milão, 1958.
ROSSI, C. *Personaggi di ieri e oggi,* Casa Editrice Ceschina, Milão, 1960.
ROSSI, F. *Mussolini e lo stato maggiore: avvenimenti del 1940,* Regionale, Roma, 1951.
ROSSI, G. *Al sublime artefice fondatore dell'impero ed agli eroi della gesta gloriosa italiana in Africa Orientale: poesia,* Tipografia Grifani-Donati, Città di Castello, 1937.
ROSSI, G. *Cesira e Benito: storia segreta della governante di Mussolini,* Rubbettino, Soveria Mannelli, 2007.
ROSSI, L. *Uomini che ho conosciuto: Mussolini,* Trevi editore, Roma, 1982.
ROSSI, R. *Mussolini nudo alla meta,* Edizioni "La Rinascita d'Italia", Roma, 1944.
SANDRI, S. *La vita del Duce dall'infanzia fino ad oggi,* Società Tipografica Editrice Siciliana, Catania, s.d.
SANTORO, N. *I cinque giorni del Duce a Milano,* Lettura italiana, Milão, 1937.
SAPORI, F. *L'Arte e il Duce,* Mondadori, Milão, 1932.
SAPORI, F. (ed.) *Il Duce nel mondo: giudizi tradotti e presentati,* Società Editrice di "Novissimo", Roma, 1938.
SARDO, A. *Mussolini: libro dedicato ai giovani,* Società Editrice Dante Alighieri, Milão, 1927.
SARFATTI, M. *The life of Benito Mussolini,* T. Butterworth, Londres, 1934.
SCORZA, C. *Il segreto di Mussolini,* Gino Carabba editore, Lanciano, 1933.
SELDES, G. *Sawdust Caesar: the untold history of Mussolini and Fascism,* A. Barker, Londres, 1936.
SETTIMELLI, E. *Gli animatori: Benito Mussolini,* Società Tipografica Editoriale Porta, Piacenza, 1922.
SETTIMELLI, E. *Mussolini visto da Settimelli,* Casa Editrice Pinciana, 1929.
SETTIMELLI, E. *Edda contro Benito: indagine sulla personalità del Duce attraverso un memoriale autografo di Edda Ciano Mussolini qui riprodotto,* Casa Editrice Libraria Corso, Roma, 1952.
SIGILLINO, N. *Mussolini visto da me,* Edizioni Casa del Libro, Roma, 1935.
SILVESTRI, C. *Matteotti, Mussolini e il dramma italiano,* Cavallotti editori, Milão, 1981.
SMILES, S. *Passi scelti del Character con note tolte dei discorsi del Duce* (ed. C. Cucchi), Società Anonima Editrice Dante Alighieri, Milão, 1938.
SOMMA, L. *Mussolini morto e vivo,* Vito Bianco editore, Nápoles, 1960.
SPECIALE, F. *Augusto fondatore dell'impero romano: Il Duce fondatore dell'impero italiano,* Società Anonima Tipografia Editrice Trevigiana, Treviso, 1937.
SPINETTI, E. *Sintesi di Mussolini: raccolta di brani di scritti e discorsi di Mussolini, ordinati secondo un criterio logico in ordine cronologico,* Cappelli, Rocca San Casciano, 1950.
SPINETTI, G. S. *Mistica fascista nel pensiero di Arnaldo Mussolini,* Hoepli, Milão, 1936.
SPINOSA, A. *I figli del Duce,* Rizzoli, Milão, 1983.
STAGLIENO, M. *Arnaldo e Benito: due fratelli,* Mondadori, Milão, 2003.
SULIS, E. *Imitazione di Mussolini,* Casa editrice "'Novecentesca", Milão, 1934.
SULIS, E. (ed.) *Mussolini e il fascismo,* Istituto nazionale per le relazioni culturali con l'estero, Roma, 1941.
SULIS, E. (ed.) *Mussolini contro il mito di Demos: dagli "Scritti e Discorsi" del Duce,* Hoepli, Milão, 1942.
SUSMEL, D. (ed.) *Carteggio Arnaldo-Benito Mussolini,* La Fenice, Florença, 1954.
SUSMEL, E. *Le giornate fi umane di Mussolini,* Sansoni, Florença, 1937.
SUSMEL, E. *Mussolini e il suo tempo,* Garzanti, Milão, 1950.
SVANONI, G. *Mussolini e gli arditi,* Casa editrice Carnaro, Milão, 1938.
TEMPERA, F. *Benito: emulo-superatore di Cesare e di Napoleone,* Casa Editrice Italia Imperiale, Roma, 1927.
TESINI, O. *Il grande educatore dell'Italia nuova,* Società Editrice I.R.E.S., Palermo, 1931.
TREVISAN, L. *Il naso di Mussolini,* Milão, 1998.
TRIPODI, N. *Il fascismo secondo Mussolini,* Le Edizioni del Borghese, Milão, 1971.
VALERA, P. *Mussolini* (ed. E. Guidetti), Longanesi, Milão, 1975.
VENTURINI, D. *Dante Alighieri e Benito Mussolini,* Casa Editrice "Nuova Italia", Roma, 1927.
VIGANONI, G. *Mussolini e i Cesari,* Edizioni "Ultra", Milão, 1933.
VILLANI, C. *Stile di Mussolini: nella terra e fra la gente del Duce,* S.E.I., Turim, 1939.
VILLAROEL, G. *Realtà e mito di Mussolini,* Edizioni Chiantore, Turim, 1938.
VOLPICELLI, L. *Motivi su Mussolini,* Istituto nazionale fascista di cultura, Roma, 1935.

WEBER, M. *On charisma and institution building: selected papers* (ed. S. N. Eisenstadt), University of Chicago Press, 1968.
ZACHARIAE, G. *Mussolini si confessa,* Garzanti, Milão, 1966.
ZAMBONI, A. *Personalità di Mussolini,* Nistri-Lischi editore, Pisa, 1941.
ZENI, M. *La moglie di Mussolini,* Effe Erre, Trento, 2005.

PUBLICAÇÕES FASCISTAS (E ANTIFASCISTAS)

ALBERTI, M. *L'irredentismo senza romanticismi,* Cavalleri, Como, 1936.
ALVARO, C. *Terra nuova,* Istituto nazionale fascista di cultura, Roma, 1934.
AMICUCCI, E. *La stampa della rivoluzione e della regime,* Mondadori, Milão, 1938.
ANGELL, N. *Peace with the dictators? A symposium and some conclusions,* Hamish Hamilton, Londres, 1938.
APPELIUS, M. *Parole dure e chiare,* Mondadori, Milão, 1942.
ARCUNO, I. *Abissinia ieri ed oggi,* Cooperativa Editrice Libraria, Nápoles, 1934.
ARENA, C. *Italiani per il mondo: politica nazionale dell'emigrazione,* Alpes, Milão, 1927.
ASSOCIAZIONE NAZIONALE VOLONTARI DI GUERRA, *Il Decennale,* Florença, 1929.
AVANCINI, M. *Entità e svolgimento del traffico turistico in Italia: dati e congetture,* Tipografia del Senato, Roma, 1925.
AVANCINI, M. *La pubblicità alberghiera,* Federazione nazionale fascista alberghi e turismo, Roma, 1932.
AVARNA DI GUALTIERI, C. *La politica giapponese del "Nuovo Ordine",* Casa Editrice Giuseppe Principato, Milão, 1940.
BARNES, J. S. *The universal aspects of Fascism,* Williams and Norgate, Londres, 1928.
BARNES, J. S. *Fascism,* T. Butterworth, Londres, 1931.
BARZINI, L. *Il Giappone in armi,* Casa Editrice Apuana, Piacenza, 1935.
BASKERVILLE, B. *What next o Duce?* Longmans, Londres, 1937.
BECKER, W. *Italian Fascism and its great originator: a summary of events, aims, principles and results,* The Continental Weekly, Monte Carlo, 1926.
BELLUZZO, G. *Economia fascista,* Libreria del Littorio, Roma, 1928.
BERGAMO, G. *Il Fascismo visto da un repubblicano,* Cappelli, Bolonha, 1921.
BODRERO, E. *La fine di un'epoca,* Cappelli, Bolonha, 1933.
BOLLATI, A. *La campagna italo-etiopica nella stampa militare estera (previsioni, critiche, riconoscimenti e deduzioni),* Istituto poligrafico dello stato, Roma, 1938.
BOMPIANI, G.; PREPOSITI, C. *Le ali della guerra,* Mondadori, Milão, 1931.
BONOMI, I. *From socialism to Fascism: a study of contemporary Italy,* Martin Hopkinson, Londres, 1924.
BOOTH, C. D.; BOOTH, I.B. *Italy's Aegean possessions,* Arrowsmith, Londres, 1928.
BOTTAI, G. Corporate state and N. R. A., *Foreign Affairs,* 13, 1935.
BOTTAI, G. *La carta della scuola,* Mondadori, Milão, 1939.
BOVOLO, M. *Agricoltura fascista: nozioni di agraria e di computisteria rurale per gli istituti magistrali,* Paravia, Turim, 1942.
BROAD, L.; RUSSELL, L. *The way of the dictators,* Hutchinson, Londres, 1934.
CANEVARI, E. *Il generale Tommaso Salsa e le sue campagne coloniali: lettere e documenti,* Mondadori, Milão, 1935.
CANTALUPO, R. *L'Italia musulmana,* La Voce, Roma, 1928.
CANTALUPO, R. *Fuad: primo re d'Egitto,* Garzanti, Milão, 1940.
CAPPUCCIO, L. *U.R.S.S.: precedenti storici, organizzazione interna, politica estera,* ISPI, Milão, 1940.
CARLI, M. *Arditismo,* Augustea, Roma, 1929.
CASSIUS, *The trial of Mussolini,* V. Gollancz, Londres, 1943.
CASTAGNA, G. C. *L'ora di Giappone,* Libreria Emiliana editrice, Veneza, 1932.

CATALANO, M. C. *L'era del Pacifico: i problemi dell'Estremo Oriente, contributo dell'Italia alla loro soluzione*, Fratelli Bocca, Milão, 1939.
CATALUCCIO, F. *Italia e Francia in Tunisia (1878-1939)*, Istituto nazionale di cultura fascista, Roma, 1939.
CATALUCCIO, F. *La "nostra" guerra: L'Italia nella guerra mondiale*, Istituto nazionale di cultura fascista, Roma, 1940.
CERMELJ, L. *Life and death struggle of a national minority (the Jugoslavs in Italy)*, Jugoslav Union of the League of Nations, Ljubljana, 1936.
CIAN, V. *Luigi Federzoni: profilo*, La Società Tipografi ca Editoriale Porta, Piacenza, 1924.
CIARLANTINI, F. *Hitler e il fascismo*, Bemporad, Florença, 1933.
CIASCA, R. *Storia coloniale dell'Italia contemporanea da Assab all'impero*, Hoepli, Milão, 1938.
CIPPICO, A. *Italy: the central problem of the Mediterranean*, Yale University Press, New Haven, Conn., 1926.
COLLI, R. *Fascismo: dramma di propaganda in 4 atti*, Tipografia Sigheri e Gasperetti, Barga, 1923.
COOTE, C.R. *Italian town and country life*, Methuen, Londres, 1925.
COPPOLA, F. Italy in the Mediterranean, *Foreign Affairs*, 1, 1923.
COPPOLA, F. *Fascismo e Bolscevismo*, Istituto nazionale di cultura fascista, Roma, 1938.
CORA, G. *Il Giappone e la "più grande Asia Orientale"*, Sansoni, Florença, 1942.
CORRADINI, E. *Pagine degli anni sacri*, Treves, Milão, 1920.
CORRADINI, E. *Discorsi politici (1902-1924)*, Vallecchi, Florença, 1925.
CORSELLI, R. *Cadorna*, Corbaccio, Milão, 1937.
CORSI, M. *Il teatro all'aperto in Italia*, Rizzoli, Milão, 1939.
COSTA, A., *Imola 1910-1960: cinquant'anni fa*, La Lotta, Imola, 1960.
CRESSWELL, C. M. *The keystone of Fascism*, Methuen, Londres, 1929.
CURCIO, C. *L'eredità del Risorgimento*, La Nuova Italia, Florença, 1931.
CURREY, M. *Italian foreign policy 1918-1932*, Nicholson and Watson, Londres, 1932.
DANESE, O. *Vittorio Emanuele III: il re fascista*, Franco Paladino, Mântua, 1923.
DAQUANNO, E. *Riscossa artigiana*, Casa Editrice Pinciana, Roma, 1929.
DAQUANNO, E. *Vecchia guardia*, Edizioni Ardita, Roma, 1934.
DE BEGNAC, I. *L'arcangelo sindacalista (Filippo Corridoni)*, Mondadori, Milão, 1943.
DE FALCO, G. *Il Fascismo milizia di classe: commenti alla cronaca*, Cappelli, Bolonha, 1921.
DE FRANCISCI, P. *Augusto e l'impero*, Istituto nazionale di cultura fascista, Roma, 1937.
DE FRANCISCI, P. *Civiltà romana*, Istituto nazionale di cultura fascista, Roma, 1939.
DELCROIX, C. *Il nostro contributo alla vittoria degli alleati*, Vallecchi, Florença, 1931.
DE MICHAELIS, G. *La crisi economica mondiale*, C. Colombo, Roma, 1930.
DE MICHAELIS, G. *Alimentazione e giustizia sociale*, Istituto nazionale di cultura fascista, Roma, 1937.
DE RUGGIERO, G. *Scritti politici 1912-1926* (ed. R. De Felice), Cappelli, Rocca San Casciano, 1963.
DE' STEFANI, A. *Colpi di vaglio: commenti sulla fi nanza del 1927*, Treves, Milão, 1928.
DE' STEFANI, A. *Garanzie di potenza: saggi economici*, Zanichelli, Bolonha, 1936.
DE VECCHI DI VAL CISMON, C. M. *Bonifica fascista della cultura*, Mondadori, Milão, 1937.
DIEHL, L. *"Behold our new empire": Mussolini*, Hurst and Blackett, Londres, 1939.
DINALE, O. *Tempo di Mussolini*, Mondadori, Milão, 1934.
DINALE, O. *La rivoluzione che vince (1914-1934)*, Franco Campitelli, Roma, 1934.
DOBBERT, G. (ed.) *L'economia fascista: problemi e fatti*, Sansoni, Florença, 1935.
DUCCI, G. *Il Pacifico*, La Nuova Italia, Florença, 1939.
EINZIG, P. *The economic foundations of Fascism*, Macmillan, Londres, 1933.
EINZIG, P. Signor Mussolini's dilemma. In: *Bankers, Statesmen and Economists*, Macmillan, Londres, 1935.
ELLIOTT, W. Y. *The pragmatic revolt in politics: a study of syndicalism, fascism and the constitutional state*, Macmillan, Nova York, 1928.
ELWIN, W. *Fascism at work*, Martin Hopkinson, Londres, 1934.
FABIETTI, E. *Cesare Battisti: l'anima, la vita*, Vallecchi, Florença, 1928.

FANI CIOTTI, V. (Volt), *Programma della destra fascista,* Società Anonima Editrice "La Voce", Florença, 1924.
FANI CIOTTI, V. (Volt), *Dal partito allo stato,* Vittorio Gatti editore, Bréscia, 1930.
FARINACCI, R. *Andante mosso 1924-25,* Mondadori, Milão, 1925.
FARINACCI, R. *Il processo Matteotti alle Assise di Chieti: l'arringa di Roberto Farinacci,* [S.l.], s.d.
FARINACCI, R. *Un periodo aureo del Partito Nazionale Fascista: raccolta di discorsi e dichiarazioni* (ed. R. Bacchetta), Franco Campitelli editore, Foligno, 1927.
FARINACCI, R. *Storia della rivoluzione fascista* (2 vols.), Società Editrice "Cremona Nuova", Cremona, 1937.
FARINACCI, R. *La Chiesa e gli ebrei: discorso inaugurale dell'anno accademico 1938-9 XVII della sezione di Milano dell'Istituto nazionale di cultura fascista,* Milão, 1938.
FARINACCI, R. *Realtà storiche,* Società Editrice "Cremona Nuova", Cremona, 1939.
FEDERZONI, L. *Presagi alla nazione: discorsi politici,* Editrice Imperia del PNF, Milão, 1924.
FEDERZONI, L. *Paradossi di ieri,* Mondadori, Milão, 1926.
FEDERZONI, L. Hegemony in the Mediterranean, *Foreign Affairs,* 14, 1936.
FERRETTI, L. *Il libro dello sport,* Libreria del Littorio, Roma, 1928.
FINER, S. H. *Mussolini's Italy,* V. Gollancz, Londres, 1935.
FIORENTINO, A.R. *La corporazione del turismo,* Grafia, Roma, 1932.
FIORENTINO, V. *Renato Ricci,* Casa Editrice Pinciana, Roma, 1928.
FORGES DAVANZATI, R. *Fascismo e cultura,* Bemporad, Florença, 1926.
FORGES DAVANZATI, R. *Il balilla Vittorio: il libro della V classe elementare,* La Libreria dello Stato, Roma, 1939.
FORMIGARI, F. *Rapporto di Mogadiscio,* Istituto nazionale di cultura fascista, Roma, 1938.
FOX, F. *Italy to-day,* H. Jenkins, Londres, 1927.
FRANZERO, C. M. *Inside Italy,* Hodder and Stoughton, Londres, 1941.
FREDO, M. A. *Mussolini and the progress of the Italian state,* Ausonia, Boston, 1935.
FUSILLI, A. R. *Giampaoli,* Casa Editrice Pinciana, Roma, 1928.
GADDA, C. E. *Eros e Priapo (da furore a cenere),* Garzanti, Milão, 1967.
GARRATT, G. T. *Mussolini's Roman Empire,* Penguin, Harmondsworth, 1938.
GAYDA, V. *Italia e Francia: problemi aperti,* Giornale d'Italia, Roma, 1939.
GAYDA, V. *Che cosa vuole l'Italia?* Giornale d'Italia, Roma, 1940.
GIANNINI, A. *I concordati postbellici,* Società Editrice "Vita e Pensiero", Milão, 1929.
GIANNINI, A. *I rapporti italo-inglesi,* Istituto nazionale fascista di cultura, Roma, 1936.
GIANNINI, A. *L'Albania dall'indipendenza all'unione con l'Italia,* ISPI, Milão, 1940.
GIANNINI, A. *L'ultima fase della questione orientale (1913-1939),* ISPI, Milão, 1941.
GIANNINI, A. *Uomini politici del mio tempo,* ISPI, Roma, 1942.
GIANTURCO, M. *La guerra degli imperi capitalisti contro gli imperi proletari,* Le Monnier, Florença, 1940.
GIANTURCO, M. *Costituzione della Camera dei Fasci e delle Corporazioni,* Edizioni IRCE, Roma, 1940.
GIGLIO, C. *The triumph of Barabbas,* Angus and Robertson, Sydney, 1937.
GIULIANI, R. *Gli arditi: breve storia dei rapporti dei reparti d'assalto della Terza Armata,* Treves, Milão, 1926.
GIULIANI, S. *Le 19 provincie create dal Duce: la ricostruzione di Reggio e di Messina,* Tipografia Popolo d'Italia, Milão, 1928.
GIUNTA, F. *Essenza dello squadrismo,* Libreria del Littorio, Roma, 1931.
GIUNTA, F. *Un po' di fascismo,* Consalvo editore, Milão, 1935.
GOAD, H. *The making of the corporate state: a study of Fascist development,* Christophers, Londres, 1932.
GOAD, H. The Corporate State, *International Affairs,* 12, 1933.
GOAD, H. E.; CURREY, M. *The working of the corporate state (a study of national cooperation),* Ivor Nicolson and Watson, Londres, 1934.
GODDEN, G. M. *Mussolini: the birth of a new democracy,* Burns Oates and Washbourne, Londres, 1923.
GONELLA, G. *Verso la seconda guerra mondiale: cronache politiche: "Acta Diurna", 1933-1940* (ed. F. Malgeri), Laterza, Bari, 1979.

GORGOLINI, P. *The Fascist movement in Italian life,* T. Fisher Unwin, Londres, 1923.
GRAMSCI, A. *The modern prince and other writings,* International publishers, Nova York, 1959.
GRAMSCI, A. *Selections from the Prison notebooks* (ed. Q. Hoare e G. Nowell Smith), Lawrence and Wishart, Londres, 1971.
GRAMSCI, A. *Letters from prison* (ed. L. Lawner), Harper and Row, Nova York, 1973.
GRAMSCI, A. *Selections from political writings* (ed. Q. Hoare), Lawrence and Wishart, Londres, 1978.
GRAMSCI, A. *Selections from cultural writings* (ed. D. Forgacs and G. Nowell Smith), Lawrence and Wishart, Londres, 1985.
GRAMSCI, A. *Pre-prison writings* (ed. R. Bellamy), Cambridge University Press, 1994.
GRAVELLI, A. *Verso l'internazionale fascista,* Nuova Europa Libreria editrice, Roma, 1932.
GRAVELLI, A. (ed.) *Razzismo,* Nuova Europa, Roma, 1933.
GRAVELLI, A. *Panfascismo,* Casa Editrice "Nuova Europa", Roma, 1935.
GRAY, E. M. *Il turismo aereo: relazione al IV congresso internazionale di navigazione aerea,* C.I.T., Roma, 1927.
GRAY, E. M. *Crescendo di certezze,* Casa Editrice Pinciana, Roma, 1930.
GRAY, E. M. (ed.) *Il Duca d'Aosta: cittadino della riscossa italica,* Ente Autonomo Stampa, Milão, 1931.
GRAY, E. M. *I problemi dell'italianità nel mondo,* Palazzo di Firenze, Roma, 1932.
GRAY, E. M. *Credenti nella patria,* Mondadori, Milão, 1935.
GRAY, E. M. *L'Italia ha sempre ragione,* Mondadori, Milão, 1936.
GRAY, E. M. *La chiesa anglicana contro Roma fascista e cristiana,* Casa Editrice Il Consultore, Milão, 1937.
GRAY, E. M. *Noi e tunisi: come perdemmo Tunisi, come costruimmo la Tunisia,* Mondadori, Milão, 1939.
GRAY, E. M. *La loro civiltà,* Edizioni della Gazzetta del Popolo, Turim, 1941.
GRAY, E. M. *Ramazza: cronache dette e non dette,* Mondadori, Milão, 1942.
GRAY, E. M. *Il filo di Arianna,* Rizzoli, Milão, 1942.
GRAY, E. M. *Lecturae Ducis: tre commenti,* Edizioni Latium, Roma, 1942.
GRAY, E. M. *Dopo vent'anni: il fascismo e l'Europa,* PNF, Roma, 1943.
GRAY, E. M. *Chi è colonello Poletti,* Edizioni della Gazzetta del Popolo, Turim, 1944.
GUALCO, S. *La bonifica della razza e l'alimentazione ittica,* Ufficio Stampa Grande Pesca, Roma, 1940.
GUERIN, D. *Fascism and big business,* Anchor, Nova York, 1973.
GUIDI, G. *Pio XI,* Tipografia Editoriale Lucchi, Milão, 1938.
GUIDI, M. *Aspetti e problemi del mondo islamico,* Istituto nazionale di cultura fascista, Roma, 1937.
HAMBLOCH, E. *Italy militant,* Duckworth, Londres, 1941.
HAYEK, F. A. *The road to serfdom,* University of Chicago Press, 1944.
HENTZE, M. *Pre-Fascist Italy: the rise and fall of the parliamentary regime,* George Allen and Unwin, Londres, 1939.
HOLLIS, C. *Italy in Africa,* Hamish Hamilton, Londres, 1941.
HOWARD, M. W. *Fascism: a challenge to democracy,* F. H. Revell, Nova York, 1928.
INTERLANDI, T. *Pane bigio: scritti politici,* L'Italiano editore, Bolonha, 1927.
INTERLANDI, T. *Contro Judaeos,* Tumminelli editori, Roma, 1938.
ISTITUTO COLONIALE FASCISTA, *Nozioni coloniali per le organizzazioni femminili del Partito Nazionale Fascista,* Castaldi, Roma, s.d.
ISTITUTO NAZIONALE DI CULTURA FASCISTA (ed.) *Ragioni di questa guerra,* Roma, 1941.
ISTITUTO PER GLI STUDI DI POLITICA INTERNAZIONALE, *Albania,* ISPI, Milão, 1940.
JONES, S. A. *Is Fascism the answer? Italy's law of unions compared with the N.R.A.* Hamish Hamilton, Ottawa, 1933.
LABRIOLA, A. *Polemica antifascista,* Ceccoli, Nápoles, 1925.
LANGOBARDI, C. *Land-reclamation in Italy: rural revival in the building of a nation,* P. S. King, Londres, 1936.
LANTINI, F. *Il metodo corporativo per raggiungere l'autarchia,* Società italiana per il progresso delle scienze, Roma, 1939.
LAVAGETTO, A. *La vita eroica del capitano Bottego (1893-1897),* Mondadori, Milão, 1934.
LE BON, G. *The crowd: a study of the popular mind,* T. Fisher Unwin, Londres, 1922.

LESSONA, A. *Scritti e discorsi coloniali,* Editoriale "Arte e Scienza", Milão, 1935.
LESSONA, A. *La missione dell'Italia in Africa,* Istituto nazionale fascista di cultura, Roma, 1936.
LISCHI, D. *Alessandro Lessona,* Casa Editrice Pinciana, Roma, 1929.
LODOLINI, A. *La storia della razza italiana da Augusto a Mussolini dedicato agli italiani di Mussolini e specialmente ai giovani e alle scuole,* Unione Editoriale d'Italia, Roma, 1939.
LUMBROSO, A. *Elena di Montenegro: Regina d'Italia,* Edizioni de "La Fiamma Fedele" e di "Fiamme Gialle d'Italia", Florença, 1935.
LUPI, D. *Nel solco dell'idea,* Libreria del Littorio, Roma, 1928.
MANCINI, A. *La donna fascista nell'irrobustimento della razza,* V. Ferri, Roma, 1937.
MANETTI, D. *Gente di Romagna: Aldo Oviglio,* Cappelli, Bolonha, 1924.
MARCONINI, F. *Culle vuote: il declino delle nascite in Europa: sviluppo-cause-rimedi,* Casa Editrice Emo Cavalleri, Como, 1935.
MARINETTI, F. *Futurismo e fascismo,* Franco Campitelli editore, Foligno, 1924.
MARIOTTI, A. *L'industria del forestiero in Italia,* Zanichelli, Bolonha, 1923.
MARIOTTI, A. *L'importanza economica del turismo,* Edizioni AESTI, Florença, 1931.
MARIOTTI, A. *Corso di economia turistica,* De Agostini, Roma, 1933.
MARIOTTI, A. *Lezioni di economia turistica per gli studenti della Facoltà di economia e commercio,* Società Editrice Nuovissima, Roma, 1941.
MARIOTTI, G. *Il turismo fra le due guerre,* Edizioni Mercurio, Roma, 1941.
MARTELLI, G. *Italy against the world,* Chatto and Windus, Londres, 1937.
MASTROJANNI, G. *Marte e Israele: perchè si combatte,* Cappelli, Bolonha, 1943.
MAURANO, S. *Francia la sorellastra,* Casa Editrice Ceschina, Milão, 1939.
MAZZUCCONI, R. *La giornata di Adua (1896),* Mondadori, Milão, 1935.
MCBIRNIE, W. S. *What the Bible says about Mussolini,* McBirnie publications, Norfolk, Virginia, 1944.
MEENAN, J. *The Italian corporative system,* Cork University Press, 1944.
MEZZASOMA, F. *Essenza del G.U.F.,* GUF, Genoa, 1937.
MICHELS, R. *L'imperialismo italiano: studi politico-demografici,* Società Editrice Libraria, Milão, 1914.
MINISTERO DELLE COLONIE, *Le colonie italiane di diretto dominio,* Ministero delle Colonie, Roma, 1929.
MINISTERO DELLA CULTURA POPOLARE, *Che cosa hanno fatto gli inglesi in Cirenaica,* Ministero della Cultura Popolare, Roma, 1941.
MISEROCCHI, M. *Australia: continente minorenne,* Garzanti, Milão, 1940.
MISSIROLI, M. *Date a Cesare: la politica religiosa di Mussolini con documenti inediti,* Libreria del Littorio, Roma, 1929.
MISSIROLI, M. *L'Italia d'oggi,* N. Zanichelli, Bolonha, 1932.
MISSIROLI, M. *Italia e Germania nelle relazioni culturali,* Stabilimento Tipografico F. Canello, Roma, 1941.
MONDAINI, G. *La legislazione coloniale italiana nel suo sviluppo storico e nel suo stato attuale (1881-1940),* 2 vols., ISPI, Milão, 1941.
MONTEMAGGIORI, A. *Dizionario della dottrina fascista,* Paravia, Turim, 1934.
MOORE, M. *Fourth shore: Italy's mass colonization of Libya,* George Routledge, Londres, 1940.
MORAN, H. M. *Letters from Rome: an Australian's view of the Italo-Abyssinian question,* Angus and Robertson, Sydney, 1935.
MORGAN, T. B. *Spurs on the boot: Italy under her masters,* Harrap, Londres, 1942.
MOSCA, O. *Volpi di Misurata,* Casa Editrice Pinciana, Roma, 1928.
MUNRO, I. S. *Through Fascism to world power: a history of the revolution in Italy,* Alexander Maclehose, Londres, 1933.
MUSSOLINI, A. *Forlì,* Edizioni Tiber, Roma, 1929.
MUSSOLINI, A. *Ammonimenti ai giovani e al popolo,* Libreria del Littorio, Roma, 1931.
MUSSOLINI, A. *Terra di Romagna,* Treves-Treccani-Tuminelli, Roma, 1932.
MUSSOLINI, A. *Scritti e discorsi* (3 vols.), Hoepli, Milão, 1934.
MUSSOLINI, A. *Tripolitania,* Istituto coloniale fascista, Roma, s.d.

MUSSOLINI, V. *Anno XIII — Ludi Iuvenalis,* Tipografia Luzzatti, Roma, 1935.
NANNI, T. *Bolscevismo e fascismo al lume della critica marxista Benito Mussolini,* Cappelli, Bolonha, 1924.
NANNI, T., *Leandro Arpinati e il fascismo bolognese,* Edizioni "Autarchia", Bolonha, 1927.
NASALLI ROCCA, A. M.; NASALLI ROCCA, E. *Realismo nazionale: per una coscienza politica dei cattolici italiani,* G. Marino editore, Roma, 1926.
NEWMAN, E. P. *The Mediterranean and its problems,* Philpott, Londres, 1927.
NICEFORO, A. *Il movimento dei forestieri in Italia,* Tipografia del Senato, Roma, 1923.
OCCHINI, P. L. *La lotta di classe delle nazioni,* Le Monnier, Florença, 1929.
OLIVETTI, A. O. *Dal sindacalismo rivoluzionario al corporativismo* (ed. F. Perfetti), Bonacci, Roma, 1984.
ORANO, P. *Gli ebrei in Italia,* Casa Editrice Pinciana, Roma, 1937.
ORANO, P. (ed.) *Inchiesta sulla razza,* Pinciana, Roma, 1939.
PACE, B. *L'impero e la collaborazione internazionale in Africa,* Istituto nazionale di cultura fascista, Roma, 1938.
PADELLARO, N. *Giovinezza nel mondo,* Istituto nazionale fascista di cultura, Roma, 1936.
PADELLARO, N. *Fascismo educatore,* Cremonese, Roma, 1938.
PAGLIARI, E. *Ferrovie e alberghi d'Italia nell'industria turistica,* Echi e commenti, Roma, 1931.
PALADINI, V. *Arte nella Russia dei Soviets: il padiglione dell'URSS a Venezia,* Edizioni de "La Bilancia", Roma, 1925.
PANUNZIO, S. *Lo stato fascista,* Cappelli, Bolonha, 1925.
PARETO, V. *Trasformazione della democrazia* (ed. F. Perfetti), Giovanni Volpe editore, Roma, 1975.
PARETI, L. *I due imperi di Roma,* Vincenzo Miglio editore, Catania, 1938.
PARETI, L. *Tre secoli di ingerenze inglesi,* Edizioni Latium, Roma, 1941.
PARINI, P. (ed.) *Sole d'Italia: letture classe quinte,* Libreria dello Stato, Roma, 1931.
PARTITO NAZIONALE FASCISTA, *Il Gran Consiglio nei primi anni dell'era fascista,* Libreria del Littorio, Roma, 1927.
PARTITO NAZIONALE FASCISTA, *Dizionario politico* (4 vols.), Istituto della Enciclopedia Italiana, Roma, 1940.
PASCAZIO, N. *La crisi sociale dell'impero britannico: studio compiuto in Inghilterra,* Garzanti, Milão, 1941.
PAVOLINI, A. *Disperata,* Vallecchi, Florença, 1937.
PEGOLOTTI, B. *Corsica Tunisia Gibuti (dal taccuino di un "inviato speciale"),* Vallecchi, Florença, 1939.
PENTAD, *The remaking of Italy,* Penguin, Harmondsworth, 1941.
PETRIE, C. *Lords of the inland sea: a study of the Mediterranean powers,* Lovat Dickson, Londres, 1937.
PETTINATO, C. *La Francia vinta,* ISPI, Milão, 1941.
PHILLIPS, P. *The "Red Dragon" and the Black Shirts: how Fascist Italy found her soul: the true story of the Fascisti movement,* Carmelite House, Londres, 1923.
PIAZZA, G. *La fiamma bilingue: momenti del dissidio ideale 1913-1923,* Edizioni "Corbaccio", Milão, 1924.
PIRELLI, A. *Economia e guerra* (2 vols.), ISPI, Milão, 1940.
PITIGLIANI, F. *The Italian Corporative State,* P. S. King, Londres, 1933.
PO, G. *Il Grande Ammiraglio Paolo Thaon di Revel,* S. Lattes, Turim, 1936.
POR, O. *Fascism,* Labour, Londres, 1923.
POR, O. *Materie prime ed autarchia,* Istituto nazionale di cultura fascista, Roma, 1937.
POUND, E. *Jefferson and/or Mussolini: l'idea statale. Fascism as I have seen it,* S. Nott, Londres, 1935.
PRETI, L. *Gli inglesi a Malta: una politica errata, la cui fi ne contribuirebbe a migliorare i rapporti anglo--italiani,* Fratelli Bocca, Milão, 1934.
PREZIOSI, G. *Giudaismo bolscevismo plutocrazia massoneria,* Mondadori, Milão, 1941.
PREZZOLINI, G. *Fascism,* Methuen, Londres, 1926.
QUARANTA, F. *Ethiopia: an empire in the making,* P. S. King, Londres, 1939.
QUARTARA, G. *L'Italia tradita,* Fratelli Bocca, Milão, 1941.
QUILICI, N, *Spagna,* Istituto nazionale di cultura fascista, Roma, 1938.
RAFANELLI, L. *Alle madri italiane,* Libreria Editrice G. Nerbia, Florença, s.d.

RAFANELLI, L. *Lavoratori!* Tipografia Appiano, Turim, 1959 (primeira publicação por Libreria Editrice Sociale, Milão, 1921).
RAFANELLI, L. *Donne e femmine: novelle,* Casa Editrice Sociale, Milão, 1921.
SAHRA (L. Rafanelli) *Incantamento: romanzo,* Casa Editrice Italiana "Modernissima", Milão, 1921.
RAFANELLI, L. "Prefazio" a C. Albert, *L'amore libero,* Casa Editrice Sociale, Milão, 1921.
RAFANELLI, L. *Bozzetti sociali,* Casa Editrice Sociale, Milão, 1921.
RAFANELLI, L. *L'eroe della folla: romanzo,* Casa Editrice Sociale, Milão, 1925.
RAFANELLI, L. tradução de E. Gamalier, *L'oasi: romanzo arabo,* Casa Editrice Monanni, Milão, 1929.
RAFANELLI, L. *La "castità" clericale,* La Rivolta, Roma, 1946.
RAVA, L. *Per la "Dante Alighieri" (trent'anni di propaganda: discorsi e ricordi 1900- 1931),* Società Dante Alighieri, Roma, 1932.
REPACI, A. *La marcia su Roma: mito e realtà* (2 vols.), Canesi, Roma, 1963.
REUT-NICOLUSSI, E. *Tyrol under the axe of Italian Fascism,* George Allen and Unwin, Londres, 1930.
RICCARDI, R. *Economia fascista: sanzioni, commercio estero, autarchia,* Unione Editoriale d'Italia, Roma, 1939.
RICCI, B. *Avvisi,* Vallecchi, Florença, 1943.
RICCI, B. *La rivoluzione fascista: antologia di scritti politici* (eds A. Cucchi e G. Galante), Società Editrice Barbarossa, Milão, 1996.
RICCI, G. *Squadrismo forlivese,* Sezione editoriale "Via Consolare" del GUF di Forlì, Forlì, 1942.
RIDLEY, F. A. *The Papacy and Fascism: the crisis of the twentieth century,* Secker Warburg, Londres, 1937.
RITUCCI-CHINI, F. *Il corporativismo nella storia con speciale riferimento all'Abruzzo,* G. Guzzetti, Vasto, 1932.
ROCCO, A. *La trasformazione dello stato: dallo stato liberale allo stato fascista,* "La Voce" Anonima Editrice, Roma, 1927.
ROMAGNOLI, E. *Nel Decennale della Rivoluzione Fascista,* Zanichelli, Bolonha, 1933.
ROMAGNOLI, E. *Discorsi critici,* Zanichelli, Bolonha, 1934.
ROSSO, F. *Armando Diaz dopo la Marcia su Roma,* Vallecchi, Florença, 1934.
ROTA, E. *Italia e Francia davanti alla storia: il mito della Sorella Latina,* ISPI, Milão, 1939.
ROTARY INTERNATIONAL (ed.), *Terza conferenza regionale Europa-Africa-Asia Minore,* Stamperia Zanetti, Veneza, 1936.
RUINAS, S. *Figure del fascismo sardo,* Cremonese editore, Roma, 1930.
SALATA, F. *Il patto Mussolini: storia di un piano politico e di un negoziato diplomatico,* Mondadori, Milão, 1933.
SALATA, F. *Il nodo di Gibuti,* ISPI, Milão, 1939.
SALVATORELLI, L. *Nazionalfascismo,* Einaudi, Turim, 1977.
SALVEMINI, G. *The Fascist dictatorship in Italy,* H. Holt, Nova York, 1927.
SALVEMINI, G. *Under the axe of Fascism,* V. Gollancz, Londres, 1936.
SALVEMINI, G. Can Italy live at home, *Foreign Affairs,* 14, 1936.
SALVEMINI, G. *Italian Fascism,* V. Gollancz, Londres, 1938.
SALVEMINI, G.; LA PIANA, G. *What to do with Italy,* V. Gollancz, Londres, 1943.
SARFATTI, M. *Tunisiaca,* Mondadori, Milão, 1924.
SCARFOGLIO, C. *Il popolo dei cinque pasti (brindisi a Mr Asquith),* Mondadori, Milão, 1923.
SCHMIDT, C. *The Corporate State in action: Italy under Fascism,* Gollancz, Londres, 1939.
SCHNEIDER, H. W. *Making the Fascist state,* Oxford University Press, Nova York, 1928.
SCHNEIDER, H. W.; CLOUGH, S. *Making Fascists,* University of Chicago Press, 1929.
SCORZA, C. *Tipi..tipi..tipi,* Vallecchi, Florença, 1942.
SEGRÈ, C. *Itinerari di stranieri in Italia,* Mondadori, Milão, 1938.
SENCOURT, R. *Italy,* Arrowsmith, Londres, 1938.
SERTOLI SALIS, R. *Le isole italiane dell'Egeo dall'occupazione alla sovranità,* Vittoriano, Roma, 1939.
SERTOLI SALIS, R. *Italia Europa Arabia,* ISPI, Milão, 1940.
SETTIMELLI, E. *Antinglese,* Casa Editrice Pinciana, Roma, 1936.

SFORZA, C. *Diplomatic Europe since the Treaty of Versailles,* Yale University Press, New Haven, 1928.
SFORZA, C. *European dictatorships,* Libraries Press, Nova York, 1931.
SFORZA, C. *Europe and the Europeans: a study in historical psychology and international politics,* Harrap, Londres, 1936.
SFORZA, C. *Panorama europeo: apparenze politiche e realtà psicologiche,* Einaudi, Turim, 1945.
SFORZA, C. *Costruttori e distruttori,* Donatello da Luigi, Roma, 1945.
SFORZA, C. *Italy and Italians,* F. Muller, Londres, 1948.
SIGHELE, S. *Il nazionalismo e i partiti,* Treves, Milão, 1911.
SILLANI, T. (ed.) *L'Italia di Vittorio Emanuele III,* La Rassegna Italiana, Roma, 1926.
SILLANI, T. (ed.) *What is Fascism and why?* E. Benn, Londres, 1931.
SILLANI, T. (ed.) *La Libia in venti anni di occupazione: studi e documenti,* La Rassegna Italiana, Roma, 1932.
SILLANI, T. (ed.) *L'Italia e il Levante: studi e documenti,* La Rassegna Italiana, Roma, 1934.
SILLANI, T. (ed.) *L'Italia e L'Oriente medio ed estremo: studi e documenti,* La Rassegna Italiana, Roma, 1935.
SILVA, P. *Il Mediterraneo dall'unità di Roma all'unità d'Italia,* Mondadori, Milão, 1927.
SILVA, P. *Italia-Francia-Inghilterra nel Mediterraneo,* ISPI, Milão, 1936.
SILVA, P. *Figure e momenti di storia italiana,* ISPI, Milão, 1939.
SIRACUSA CABRINI, E. *Da Zeila alle frontiere del Kaffa (Antonio Cecchi),* Paravia, Turim, 1930.
SOFFICI, A. *Battaglia fra due vittorie,* Società Anonima Editrice "La Voce", Florença, 1923.
SOLARI, L. *Marconi nell'intimità e nel lavoro,* Mondadori, Milão, 1940.
SOLARI, P. *Hitler e il Terzo Reich,* Casa Editrice Giacomo Agnelli, Milão, 1932.
SOLARO DEL BORGO, V. *Giornate di guerra del re soldato,* Mondadori, Milão, 1931.
SOLMI, A. *Discorsi sulla storia d'Italia,* La Nuova Italia, Florença, 1933.
SOLMI, A. (ed.) *Egitto moderno e antico,* ISPI, Milão, 1941.
SPAMPANATO, B. *Idee e baionette,* Alberto Morano, Nápoles, 1932.
SPAMPANATO, B. *Sguardo all'Europa,* Politica Nuova, Roma, 1935.
SPAMPANATO, B. *1938: l'anno decisivo,* Politica Nuova, Nápoles, 1938.
STARACE, A. *La marcia su Gondar della colonna celere A.O. e le successive operazioni nella Etiopia occidentale,* Mondadori, Milão, 1936.
STARACE, A. *Gioventù italiana del Littorio,* Mondadori, Milão, 1939.
STEINER, H. A. *Government in Fascist Italy,* McGraw-Hill, Nova York, 1938.
STURZO, L. *Italy and Fascismo,* Faber and Faber, Londres, 1926.
STURZO, L. *Italy and the new world order,* Macdonald, Londres, 1944.
SULIS, E. (ed.) *Processo alla borghesia,* Edizioni Roma, Roma, 1939.
SULIS, E. *Rivoluzione ideale,* Vallecchi, Florença, 1939.
TAMARO, A. *La lotta delle razze nell'Europa danubiana,* Zanichelli, Bolonha, 1923.
TASCA, A. *The rise of Italian Fascism 1918-1922,* H. Fertig, Nova York, 1966.
TITTONI, T. *International economic and political problems of the day and some aspects of Fascism (1919-1926),* Simpkin, Marshall, Hamilton, Kent and Co., Londres, 1926.
TITTONI, T. *Questione del giorno,* Treves, Milão, 1928.
TOGLIATTI, P. *Lectures on Fascism,* Lawrence and Wishart, Londres, 1976.
TORRE, A. *Alla vigilia della guerra mondiale 1914-1918,* ISPI, Milão, 1942.
TRAVERSI, L. *l'Italia e l'Etiopia da Assab a Ual-ual,* Cappelli, Bolonha, 1935.
TREVELYAN, G. M. *The historical causes of the present state of affairs in Italy,* Oxford University Press, Londres, 1923.
TRUFFI, R. (ed.) *Precursori dell'Impero Africano: lettere inedite,* Edizioni Roma, Roma, 1936.
TUNINETTI, D.M. *La vita di Michele Bianchi,* Casa Editrice Pinciana, Roma, 1935.
TURATI, A. *Ragioni ideali di vita fascista,* Casa Editrice G. Barbutti, Roma, 1926.
TURATI, A. *Una rivoluzione e un capo,* Libreria del Littorio, Roma, 1927.
TURATI, A. *Un popolo, un'idea, un uomo,* Istituto fascista di cultura, Milão, 1927.

TURATI, A. *Il partito e i suoi compiti*, Libreria del Littorio, Roma, 1928.
TURATI, A. *Un anno di vita del partito*, Libreria d'Italia, Milão, 1929.
TURATI, A.; BOTTAI, G. (eds) *La Carta del Lavoro: illustrata e commentata,* Edizioni del Diritto del Lavoro, Roma, 1929.
TURCOTTI, E. (ed) *Fascist europe/Europa fascista: an Anglo-Italian symposium,* Istituto nazionale di cultura fascista di Pavia, Milão, 1939.
VANNUTELLI, G. *Il Mediterraneo e la civiltà mondiale dalle origini all'impero fascista della Nuova Italia,* Cappelli, Bolonha, 1936.
VARÈ, D. British foreign policy through Italian eyes, *International Affairs,* 15, 1936.
VECCHI, F. *Arditismo civile,* Libreria Editrice de l'Ardito, Milão, 1920.
VILLA, C. *L'ultima Inghilterra,* Casa editrice Oberdan Zucchi, Milão, 1936.
VILLARI, L. *The Fascist experiment,* Faber and Gwyer, Londres, 1926.
VILLARI, L. *The expansion of Italy,* Faber and Faber, Londres, 1930.
VILLARI, L. The economics of Fascism. In: G. S. Counts (ed.) *Bolshevism, Fascism and capitalism: an account of the three economic systems,* Yale University Press, New Haven, 1932.
VILLARI, L. *On the roads from Rome,* A. Maclehose, Londres, 1932.
VILLARI, L. *The war on the Italian front,* Calder-Sanderson, Londres, 1932.
VILLARI, L. Italian foreign policy, *International Affairs,* 14, 1935.
VILLARI, L. *Storia diplomatica del conflitto italo-etiopico,* Zanichelli, Bolonha, 1943.
VOLPE, G. *Guerra dopoguerra fascismo,* La Nuova Italia, Veneza, 1928.
VOLPE, G. *L'Italia in cammino: l'ultimo cinquantennio,* Treves, Milão, 1928.
VOLPE, G. *Pacifi smo e storia,* Istituto nazionale fascista di cultura, Roma, 1934.
VOLPE, G. *L'Italia nella Triplice Alleanza 1882-1915,* ISPI, Milão, 1939.
VOLPE, G. *Storia della Corsica italiana,* ISPI, Milão, 1939.
VOLPE, G. *Vittorio Emanuele III,* ISPI, Milão, 1939.
VOLPE, G. *Il popolo italiano tra la pace e la guerra (1914-1915),* ISPI, Milão, 1940.
VOLPI, G. Italy's financial policy, *International Conciliation,* 234, novembro de 1927.
VOLPI, G. *Finanza fascista: Anno VII,* Libreria del Littorio, Roma, 1929.
VOLPI, G. *Economic progress of Fascist Italy,* Usila, Roma, 1937.
VOLPI, G. *Venezia antica e moderna,* ATENA, Roma, 1939.
WARD, B. *Italian foreign policy,* Clarendon, Oxford, 1941.
WEIL, L. *Orrori e miserie della schiavitù in Abissinia,* Edizioni SACSE, Milão, 1935.
WELK, W. G. *Fascist economic policy: an analysis of Italy's economic experiment,* Russell and Russell, Nova York, 1968.
ZAGHI, C. *Le origini della colonia Eritrea,* Cappelli, Bolonha, 1934.
ZAMA, P. *Fascismo e religione,* Imperia Casa Editrice del PNF, Milão, 1923.
ZANETTE, G. *Tempeste sulle alpi albanesi,* Casa Editrice Pinciana, Roma, 1942.
ZAPPA, P. *Singapore: porto del Pacifico,* Corbaccio, Milão, 1941.
ZIBORDI, G. *Critica socialista del fascismo,* Cappelli, Bolonha, 1922.
ZINGARELLI, I. *I paesi danubiani e balcanici,* ISPI, Milão, 1938.

Memórias

ACCIARINI, F. *Autobiografia di un socialista (da Torino a Mauthausen),* Silva editore, Roma, 1970.
ACERBO, G. *Fra due plotoni di esecuzione: avvenimenti e problemi dell'epoca fascista,* Cappelli, Rocca San Casciano, 1968.
ACTON, H. *Memoirs of an aesthete,* Methuen, Londres, 1948.
AGNELLI, S. *We always wore sailor suits,* Weidenfeld and Nicolson, Londres, 1975.
ALFIERI, D. *Dictators face to face,* Elek, Londres, 1954.

ALLASON, B. *Memorie di una antifascista 1919-1940*, Edizioni Avanti!, Milão, 1961.
ALMIRANTE, G. *Autobiografi a di un "fucilatore"*, Edizioni del Borghese, Milão, 1974.
ALVARO, C. *Quasi una vita: giornale di uno scrittore*, Bompiani, Milão, 1950.
AMENDOLA, G. *Una scelta di vita*, Rizzoli, Milão, 1976.
AMICUCCI, E. *I 600 giorni di Mussolini (dal Gran Sasso a Dongo)*, Edizioni "Farò", Roma, 1948.
ANFUSO, F. *Roma Berlino Salò (1936-1945)*, Garzanti, Milão, 1950.
ANFUSO, F. *Da Palazzo Venezia al Lago di Garda (1936-1945)*, Settimo Sigillo, Roma, 1996.
ANSALDO, G. *L'Antifascista riluttante: memorie del carcere e del confi no 1926-1927* (ed. M. Staglieno), Il Mulino, Bolonha, 1992.
ANSALDO, G. *Diario di prigionia* (ed. R. De Felice), Il Mulino, Bolonha, 1993.
ANSALDO, G. *Il giornalista di Ciano: diari 1932-1943*, Il Mulino, Bolonha, 2000.
ANTONGINI, T. *D'Annunzio*, Heinemann, Londres, 1938.
ARMELLINI, Q. *Con Badoglio in Etiopia*, Mondadori, Milão, 1937.
ARMELLINI, Q. *Diario di guerra: nove mesi al Comando Supremo*, Garzanti, Milão, 1946.
ARPINATI, G. *Malacappa: diario di una ragazza* (ed. B. Dalla Casa), Il Mulino, Bolonha, 2004.
ASOR ROSA, A. *L'alba del mondo nuovo*, Einaudi, Turim, 2002.
ASSOCIAZIONE DEGLI INDUSTRIALI NEL 40 ANNIVERSARIO DI PORTO MARGHERA E DEL ROTARY CLUB DI VENEZIA NEL 35 ANNIVERSARIO DELLA SUA FONDAZIONE (eds), *Giuseppe Volpi: ricordi e testimonianze*, Veneza, 1959.
AUDISIO, W. *In nome del popolo italiano*, Teti editore, Milão, 1975.
BADOGLIO, P. *The war in Abyssinia*, Methuen, Londres, 1937.
BADOGLIO, P. *Italy in the Second World War*, Oxford University Press, 1948.
BALABANOFF, A. *My life as a rebel*, Hamish Hamilton, Londres, 1938.
BALBO, I, *Stormi in volo sull'oceano*, Mondadori, Milão, 1931.
BALBO, I. *Diario 1922*, Mondadori, Milão, 1932.
BARNES, G. S. *Io amo l'Italia: memorie di un giornalista inglese*, Garzanti, Milão, 1939.
BASTIANINI, G. *Uomini cose fatti: memorie di un ambasciatore*, Vitagliano, Milão, 1959.
BASTIANINI, G. *Volevo fermare Mussolini: memorie di un diplomatico fascista*, RCS, Milão, 2005.
BELLINI DELLE STELLE, P. L.; LAZZARO, U., *Dongo: the last act*, MacDonald, Londres, 1964.
BENUZZI, F. *No picnic on Mount Kenya*, W. Kimber, Londres, 1953.
BENZONI, G. *La vita ribelle: memorie di un'aristocratica italiana fra belle époque e repubblica*, Il Mulino, Bolonha, 1985.
BERMANI, C. *Novara 1922: battaglia al fascismo*, Nuove Edizioni Operaie, Roma, 1978.
BERNOTTI, R. *Cinquant'anni nella Marina Militare*, Mursia, Milão, 1971.
BIGGINI, C.A. *Storia inedita della Conciliazione*, Garzanti, Milão, 1942.
BISACH, G. *Pertini racconta: gli anni 1915-1945*, Mondadori, Milão, 1983.
BLASETTI, A. *Scritti sul cinema* (ed. A. Aprà), Marsilio, Veneza, 1982.
BOBBIO, N. *Autobiografi a* (ed. A. Papuzzi), Laterza, Bari, 1997.
BOJANO, F. *In the wake of the goose-step*, Cassell, Londres, 1944.
BOLLA, L. *Perché a Salò: diario della Repubblica Sociale Italiana* (ed. G. B. Guerri), Bompiani, Milão, 1982.
BONNET, G. *Quai d'Orsay*, Times Press, Douglas Isle of Man, 1965.
BORGHESE, J.V. *Decima Flottiglia Mas: dalle origini all'armistizio*, Garzanti, Roma, 1950.
BORSA, M. *Memorie di un redivivo*, Rizzoli, Milão, 1945.
BOTTAI, B. *Fascismo famigliare*, Piemme, Casale Monferrato, 1997.
BOTTAI, G. *Vent'anni e un giorno (24 luglio 1943)*, Garzanti, Milão, 1977.
BOTTAI, G. *Diario 1935-1944* (ed. G. B. Guerri), Rizzoli, Milão, 1982.
BOTTAI, G. *Diario 1944-1948* (ed. G. B. Guerri), Rizzoli, Milão, 1988.
BOTTAI, G. *Quaderno affricano*, Giunti, Florença, 1995.
BOTTAI, G. *Quaderni giovanili 1915-1920*, Fondazione Arnaldo e Alberto Mondadori, Missaglia, 1996.
BOTTAI, G.; DE LUCA, G. *Carteggio 1940-1957* (ed. R. De Felice and R. Moro), Edizioni di storia e letteratura, Roma, 1989.
BOVA SCOPPA, R. *Colloqui con due dittatori*, Ruffolo editore, Roma, 1949.
BRIGNOLI, P. *Santa messa per i miei fucilati: le spietate rappresaglie italiane contro i partigiani in Croazia dal diario di un cappellano*, Longanesi, Milão, 1973.
BUCHANAN, M. *Ambassador's daughter*, Cassell, Londres, 1958.

BUFFARINI GUIDI, G. *La vera verità,* Sugar, Milão, 1970.
BUITONI, G. *Storia di un imprenditore,* Longanesi, Milão, 1972.
BULLOTTA, A. *La Somalia sotto due bandiere,* Garzanti, Milão, 1949.
Calabrò, L. *Intermezzo africano: ricordi di un Residente di Governo in Etiopia (1937-1941),* Bonacci, Roma, 1988.
CANEVARI, E. *Graziani mi ha detto,* Magi-Spinetti editore, Roma, 1947.
CAPELLO, L. *Caporetto, perché?: la seconda armata e gli avvenimenti dell'ottobre 1917,* Einaudi, Turim, 1967.
CAPOFERRI, P. *Venti anni col fascismo e con i sindacati,* Gastaldi editore, Milão, 1957.
CARBONI, G. *Memorie segrete 1935-1948: "Più che il dovere",* Parenti editore, Florença, 1955.
CASTELLANO, G. *Come firmai l'armistizio di Cassibile,* Mondadori, Milão, 1945.
CAVALLERO, U. *Comando supremo: diario 1940-43 del Capo di S.M.G.,* Cappelli, Bolonha, 1948.
CERSOSIMO, V. *Dall'istruttoria alla fucilazione: storia del processo di Verona,* Garzanti, Milão, 1961.
CERUTTI, E. *Ambassador's wife,* George Allen and Unwin, Londres, 1952.
CHIESA, E. *La mano nel sacco e altri scritti editi e inediti* (ed. M. T. Chiesa), Tarantella editore, Milão, 1946.
CHILD, R. W. *A diplomat looks at Europe,* Duffield, Nova York, 1925.
CHURCHILL, W. S. *The gathering storm,* Penguin, Harmondsworth, 1962.
CIANETTI, T. *Memorie del carcere di Verona* (ed. R. De Felice), Rizzoli, Milão, 1983.
CIANO, F. *Quando il nonno fece fucilare papà* (ed. D. Cimagalli), Mondadori, Milão, 1991.
CIANO, G. *Ciano's diary 1937-1938* (ed. A. Mayor), Methuen, Londres, 1952.
CIANO, G. *Ciano's diary 1939-1943* (ed. M. Muggeridge), Heinemann, Londres, 1947.
CIANO, G. *Diplomatic papers* (ed. M. Muggeridge), Odhams, Londres, 1948.
CIANO, G. *Diario 1937-1943* (ed. R. De Felice), Rizzoli, Milão, 1980.
COLOMBI, A. *Nelle mani del nemico,* Riuniti, Roma, 1971.
CONTI, E. *Dal taccuino di un borghese,* Garzanti, Milão, 1946.
CORA, G. Un diplomatico durante l'era fascista, *Storia e Politica,* 5, 1966.
CORVO, M. *The O.S.S. in Italy 1942-1945: a personal memoir,* Praeger, Nova York, 1990.
COSTA, V. *L'ultimo federale: memorie della guerra civile 1943-1945,* Il Mulino, Bolonha, 1997.
CROCE, B. *Croce, the King and the Allies: extracts from a diary July 1943-June 1944,* George Allen and Unwin, Londres, 1950.
CROCE, B. *Scritti e discorsi politici (1943-1947),* Laterza, Bari, 1963.
DALL'ORA, F. *Intendenza in A.O.,* Istituto Nazionale Fascista di Cultura, Roma, 1937.
DARRAH, D. *Hail Caesar,* Flint, Boston, 1936.
DE BONO, E. *Nell'esercito nostro prima della guerra,* Mondadori, Milão, 1931.
DE BONO, E. *La guerra come e dove l'ho vista e combattuta io,* Mondadori, Milão, 1935.
DE BONO, E. *Anno XIIII: the conquest of an empire,* Cresset Press, Londres, 1937.
DE DAMPIERRE, Dix années de politique française a Rome (1925-1935), *Revue des Deux Mondes,* 21, 1953.
DE ROSA, G. (ed.) *Giolitti e il fascismo in alcune sue lettere inedite,* Edizioni di storia e letteratura, Roma, 1957.
DE' STEFANI, A. *Baraonda bancaria,* Le edizioni del Borghese, Milão, 1960.
DE' STEFANI, A. *Una riforma al rogo,* Giovanni Volpe editore, Roma, 1963.
DE VECCHI, C. M. *Orizzonti d'impero: cinque anni in Somalia,* Mondadori, Milão, 1935.
DE VECCHI, C. M. *Il Quadrumviro scomodo: il vero Mussolini nelle memorie del più monarchico dei fascisti* (ed. L. Romersa), Mursia, Milão, 1983.
DE VECCHI, C. M. *Tra Papa, Duce e Re: il conflitto tra Chiesa Cattolica e Stato fascista nel diario 1930-1931 del primo ambasciatore del Regno d'Italia presso la Santa Sede* (ed. S. Setta), Jouvence, Roma, 1998.
DEVOTO, G. *La parentesi: quasi un diario,* La Nuova Italia, Florença, 1974.
DI NOLFO, E. *Le paure e le speranze degli italiani (1943-1953),* Mondadori, Milão, 1986.
DOLFIN, G. *Con Mussolini nella tragedia: diario del capo della segreteria particolare del Duce 1943-1944,* Garzanti, Milão, 1949.
DOLLMANN, E. *The interpreter: memoirs,* Hutchinson, Londres, 1967.
DUCCI, R. *La bella gioventù,* Il Mulino, Bolonha, 1996.
DUMINI, A. *Diciassette colpi,* Longanesi, Milão, 1958.
DURANTI, D. *Il romanzo della mia vita* (ed. G. F. Venè), Mondadori, Milão, 1987.
EDEN, A. *Memoirs* (3 vols.), Cassell, Londres, 1960-1965.
FANELLI, G.A. *Agonia di un regime (gennaio-luglio 1943),* Giovanni Volpe editore, Roma, 1971.
FARINACCI, R. *Squadrismo: dal mio diario della vigilia 1919-1922,* Edizioni Ardita, Roma, 1933.

FAVAGROSSA, C. *Perché perdemmo la guerra: Mussolini e la produzione bellica,* Rizzoli, Milão, 1946.
FEDERZONI, L. *Italia di ieri per la storia di domani,* Mondadori, Milão, 1967.
FEDERZONI, L. *1927: Diario di un ministro del fascismo* (ed. A. Macchi), Passigli, Florença, 1993.
FERRARIS, E. *La Marcia su Roma veduta dal Viminale,* Edizioni Leonardo, Roma, 1946.
FOSCHINI, A. A trent'anni dall'occupazione di Corfu, *Nuova Antologia,* f. 1836, 1953.
FRAGNITO, G. I miei debutti nella carriera, *Rivista di studi politici internazionali,* 39, 1972.
FRASSATI, L. *Il destino passa per Varsavia,* Bompiani, Milão, 1985.
FREDIANI, G. *La pace separata di Ciano,* Bonacci, Roma, 1990.
GAFENCU, G. *The last days in Europe: a diplomatic journey in Europe,* Frederick Muller, Londres, 1947.
GALBIATI, E. *Il 25 luglio e la M.V.S.N.,* Editrice Bernabò, Milão, 1950.
GALLI, C. Jugoslavia tragica (1928-1934), *Nuova Antologia,* f. 1830, 1953.
GAMBETTI, F. *Gli anni che scottano,* Mursia, Milão, 1967.
GARIBALDI, L. (ed.), *Mussolini e il professore: vita e diarii di Carlo Alberto Biggini,* Mursia, Milão, 1983.
GIUA, M. *Ricordi di un ex-detenuto politico 1935-1943,* Chiantore, Turim, 1945.
GIURIATI, G. *La vigilia (gennaio 1913-maggio 1915),* Mondadori, Milão, 1930.
GIURIATI, G. *Con D'Annunzio e Millo in difesa dell'Adriatico,* Sansoni, Florença, 1954.
GIURIATI, G. *La parabola di Mussolini nei ricordi di un gerarca* (ed. E. Gentile), Laterza, Bari, 1981.
GOEBBELS, J. *Diaries* (ed. L. P. Lochner), Hamish Hamilton, Londres, 1948.
GOEBBELS, J. *Final entries 1945: diaries* (ed. H. Trevor-Roper), Putnam, Nova York, 1978.
GOEBBELS, J. *The Goebbels diaries 1939-1941* (ed. F. Taylor), Hamish Hamilton, Londres, 1982.
GRANDI, D. *Giovani,* Zanichelli, Bolonha, 1941.
GRANDI, D. Il diario della marcia su Roma, *Epoca,* 15 de outubro de 1972.
GRANDI, D. *Il mio paese: ricordi autobiografici* (ed. R. De Felice), Il Mulino, Bolonha, 1985.
GRANDI, D. *La politica estera dell'Italia dal 1929 al 1932* (2 vols.) (ed. P. Nello), Bonacci, Roma, 1985.
GRAZIANI, R. *Pace romana in Libia,* Mondadori, Milão, 1937.
GRAZIANI, R. *Ho difeso la patria,* Garzanti, Milão, 1947.
GRAZZI, E. *Il principio della fi ne (L'impresa di Grecia),* Editrice Faro, Roma, 1945.
GUARIGLIA, R. *Ricordi, 1922-1946,* Edizioni scientifi che italiane, Nápoles, 1950.
GUARIGLIA, R. *Primi passi in diplomazia e rapporti dall'ambasciata di Madrid 1932-1934* (ed. R. Moscati), Edizioni scientifiche italiane, Nápoles, 1972.
GUARIGLIA, R. *Scritti "storico-eruditi" e documenti diplomatici (1936-1940),* Edizioni scientifiche italiane, Nápoles, 1981.
GUARNERI, F. *Battaglie economiche fra le due guerre* (ed. L. Zani), Il Mulino, Bolonha, 1988.
HITLER, A. *Hitler's table talk 1941-1944* (ed. H. Trevor-Roper), Weidenfeld and Nicolson, Londres, 1953.
HITLER, A. *Hitler's secret book* (ed. T. Taylor), Grove Press, Nova York, 1961.
HITLER, A. *Mein Kampf* (ed. D. C. Watt), Hutchinson, Londres, 1972.
HOARE, S. *Nine troubled years,* Collins, Londres, 1954.
JACOMONI DI SAN SAVINO, F. *La politica dell'Italia in Albania,* Cappelli, Rocca San Casciano, 1965.
KALLAY, N. *Hungarian premier: a personal account of a nation's struggle in the Second World War,* Londres, 1954.
KIRKPATRICK, I. *The inner circle,* Macmillan, Londres, 1959.
LAZZARO, U. *Il compagno Bill: diario dell'uomo che catturò Mussolini,* Società Editrice Internazionale, Turim, 1989.
LECCISI, D. *Con Mussolini prima e dopo Piazzale Loreto,* Edizioni Settimo Sigillo, Roma, 1991.
LESSONA, A. *Verso l'impero: memorie per la storia politica del confl itto italo-etiopico,* SANSONI, Florença, 1939.
LESSONA, A. *Memorie,* Edizioni Lessona, Roma, 1963.
LESSONA, A. *Un ministro di Mussolini racconta,* Edizioni Nazionali, Milão, 1973.
LETO, G. OVRA: *fascismo-antifascismo,* Cappelli, Rocca San Casciano, 1952.
LEVI, C. *Christ stopped at Eboli: the story of a year,* Cassell, Londres, 1948.
LEVI, P. *If this is a man,* New English Library, Londres, 1969.
LONGO, L. *Un popolo alla macchia,* Riuniti, Roma, 1965.
LUCIOLLI, M. *Palazzo Chigi: anni roventi. Ricordi di vita diplomatica italiana dal 1933 al 1948,* Rusconi, Milão, 1976.
LUSSU, E. *Enter Mussolini: observations and adventures of an Anti-Fascist,* Methuen, Londres, 1936.

LUSSU, E. *Essere a sinistra: democrazia, autonomia e socialismo in cinquant'anni di lotte*, Mazzotta, Milão, 1976.
LUSSU, E. *Il cinghiale del diavolo e altri scritti sulla Sardegna*, Einaudi, Turim, 1976.
MAGISTRATI, M. L'Anschluss austro-tedesco visto da Berlino, *Rivista di studi politici internazionali*, 15, 1948.
MAGISTRATI, M. *L'Italia a Berlino (1937-1939)*, Mondadori, Milão, 1956.
MAGISTRATI, M. *Il prologo del dramma: Berlino 1934-1937*, Mursia, Milão, 1971.
MALAPARTE, C. *Kaputt*, A. Redman, Londres, 1948.
MARCHESI, L. *Come siamo arrivati a Brindisi*, Bompiani, Milão, 1969.
MARCOALDI, F. (ed.), *Vent'anni di economia e politica. Le carte De' Stefani (1922-1941)*, Franco Angeli, Milão, 1986.
MARTINI, F. *Diario 1914-1918* (ed. G. De Rosa), Mondadori, Milão, 1966.
MASOTTI, P. M. *Ricordi d'Etiopia di un funzionario coloniale*, Pan, Milão, 1981.
MASSOCK, R. G. *Italy from within*, Macmillan, Londres, 1943.
MATTEOTTI, G. *The Fascisti exposed: a year of Fascist domination*, H. Fertig, Nova York, 1969.
MATTEOTTI, G. *Scritti e discorsi scelti*, Guanda editore, Parma, 1974.
MAUGERI, F. *From the ashes of disgrace*, Reynal and Hitchcock, Nova York, 1948.
MAUGERI, F. *Ricordi di un marinaio: la marina italiana dai primi del Novecento al secondo dopoguerra nelle memorie di uno dei suoi capi*, Mursia, Milão, 1980.
MAURANO, S. *Ricordi di un giornalista fascista*, Casa editrice Ceschina, Milão, 1973.
MOELLHAUSEN, E. F. *La carta perdente: memorie diplomatiche 25 luglio 1943-2 maggio 1945* (ed. V. Rusca), Sestante, Roma, 1948.
MONTAGNA, R. *Mussolini e il processo di Verona*, Edizioni Omnia, Milão, 1949.
MORAN, H. M. *In my fashion: an autobiography of the last ten years*, P. Davis, Londres, 1946.
MORI, C. *Con la Mafi a ai ferri corti*, Mondadori, Milão, 1932.
MOSCA, O. *Nessuno volle i miei dollari d'oro*, E. Scarfoglio, Nápoles, 1958.
MOSCONI, A. *I primi anni di governo italiano nella Venezia Giulia: Trieste 1919-1922*, Cappelli, Bolonha, 1924.
MOSCONI, A. *La mia linea politica*, Studio Tipografi co De Biase, Roma, 1952.
MUSMANNO, M. A. *La guerra non l'ho voluta io*, Vallecchi, Florença, 1947.
NATTA, A. *L'altra Resistenza: i militari italiani internati in Germania*, Einaudi, Turim, 1997.
NAVARRA, Q. *Memorie del cameriere di Mussolini*, Longanesi, Milão, 1946.
NENNI, P. *Ten years of tyranny in Italy*, George Allen and Unwin, Londres, 1932.
NENNI, P. *Storia di quattro anni (1919-1922)*, G. Einaudi, Roma, 1946.
NENNI, P. *La battaglia socialista contro il fascismo 1922-1944* (ed. D. Zucàro), Mursia, Milão, 1977.
NEWBY, E. *Love and war in the Apennines*, Hodder and Stoughton, Londres, 1971.
NEWBY, W. *Peace and war: growing up in Fascist Italy*, Collins, Londres, 1991.
NICHOLSON, H. *Some people*, Oxford University Press, Londres, 1983.
NITTI, F. S. *Peaceless Europe*, Cassell, Londres, 1922.
NITTI, F. S. *The decadence of Europe: the paths of reconstruction*, T. Fisher Unwin, Londres, 1923.
NOBILE, U. *With the "Italia" to the North Pole*, George Allen and Unwin, Londres, 1930.
NOBILE, U. *My polar flights: an account of the voyages of the airships "Italia" and "Norge"*, F. Muller, Londres, 1961.
ORTONA, E. L'esodo da Londra dell'ambasciata italiana nel 1940, *Storia contemporanea*, 21, 1990.
ORTONA, E. *Diplomazia di guerra: diari 1937-1943*, Il Mulino, Bolonha, 1993.
PACELLI, F. *Diario della Conciliazione con verbali e appendice di documenti* (ed. M. Maccarrone), Libreria Editrice Vaticano, Città del Vaticano, 1959.
PACKARD, R.; PACKARD, E. *Balcony empire: Fascist Italy at war*, Chatto and Windus, Londres, 1943.
PAJETTA, G. *Douce France: diario 1941-1942*, Riuniti, Roma, 1971.
PAJETTA, G. *Ricordi di Spagna: diario 1937-1939*, Riuniti, Roma, 1977.
PAJETTA, G. *Il ragazzo rosso va alla guerra*, Mondadori, Milão, 1986.
PANUNZIO, V. *Il "secondo fascismo" 1936-1943: la reazione della nuova generazione alla crisi del movimento e del regime*, Mursia, Milão, 1988.
PAOLUCCI, R. *Il mio piccolo mondo perduto*, Cappelli, Bolonha, 1947.
PAVESE, C. *This business of living*, World Distributors, Londres, 1964.
PERTINI, S. *Sei condanne, due evasioni* (ed. U. Faggi), Mondadori, Milão, 1978.

PESCE, G. *And no quarter: an Italian partisan in World War II,* Ohio University Press, Columbus, 1972.
PETACCI, C. *Il mio diario,* Editori Associati, [S.l.], 1946.
PETACCI, C. *Mussolini segreto: diari 1932-1938,* (ed. M. Suttora) Rizzoli, Milão, 2009.
PETACCI, M. *Chi ama è perduto: mia sorella Claretta* (ed. S. Corvaja), Luigi Reverdito editore, Gardolo del Trento, 1988.
PHILLIPS, W. *Ventures in diplomacy,* J. Murray, Londres, 1955.
PIAZZESI, M. *Diario di uno squadrista toscano 1919-1922,* Bonacci, Roma, 1981.
PINI, G. *Itinerario tragico (1943-1945),* Edizioni Omnia, Milão, 1950.
PINI, G. *Filo diretto con Palazzo Venezia,* Edizioni FPE, Milão, 1967.
PINTOR, G. *Doppio diario 1936-1943* (ed. M. Serri), Einaudi, Turim, 1978.
PIRELLI, A. *Taccuini 1922-1943* (ed. D. Barbone), Il Mulino, Bolonha, 1984.
PISANÒ, G. *Io, Fascista,* Il Saggiatore, Milão, 1997.
PISENTI, P. *Una repubblica necessaria (R.S.I.),* G. Volpe editore, Roma, 1977.
PIZZONI, A. *Alla guida del CLNAI: memorie per i figli,* Il Mulino, Bolonha, 1995.
POZZI, A. *Come li ho visti io: dal diario di un medico,* Mondadori, Milão, 1947.
PREZZOLINI, G. *L'Italiano inutile,* Rusconi, Milão, 1983.
PRICOLO, F. *Ignavia contro eroismo: l'avventura italo-greca: ottobre 1940-aprile 1941,* Nicola Ruffolo editore, Roma, 1946.
PUGLIESE, E. *Io difendo l'esercito,* Rispoli editore, Nápoles, 1946.
QUARONI, P. *Diplomatic bags: an ambassador's memoirs,* Weidenfeld and Nicolson, Londres, 1966.
RAHN, R. *Ambasciatore di Hitler a Vichy e a Salò,* Garzanti, Milão, 1950.
RENZI, R. *Da Starace ad Antonioni: diario critico di un ex balilla,* Marsilio, Pádua, 1964.
RICCARDI, R. *Pagine squadristiche,* Unione Editoriale d'Italia, Roma, 1939.
RIDOMI, C. *La fine dell'ambasciata a Berlino 1940-1943,* Longanesi, Milão, 1952.
ROATTA, M. *Otto milioni di baionette: l'esercito italiano in guerra dal 1940 al 1944,* Mondadori, Milão, 1946.
ROCCA, M. (Tancredi, L.) *Come il fascismo divenne una dittatura,* ELI, Milão, 1952.
ROMUALDI, P. *Fascismo repubblicano* (ed. M. Viganò), SugarCo, Varese, 1992.
RONCHI, V. *Guerra e crisi alimentare in Italia: 1940-1950 ricordi e esperienze,* Vittorio Ronchi, Roma, 1977.
ROSSI, E. *Miserie e splendori del confino di polizia: lettere da Ventotene 1939-1943* (ed. M. Magini), Feltrinelli, Milão, 1981.
ROSSONI, G. (ed.) *Il delitto Matteotti tra il Viminale e l'Aventino: dagli atti del processo De Bono davanti all'Alta Corte di Giustizia,* Il Mulino, Bolonha, 1966.
SACERDOTI, G. *Ricordi di un ebreo bolognese: illusioni e delusioni 1929-1945* (ed. R. De Felice), Bonacci, Roma, 1983.
SALVADORI, M. *The Labour and the wounds: a personal chronicle of one man's fight for freedom,* Pall Mall Press, Londres, 1958.
SALVEMINI, G. *Memorie di un fuoruscito,* Feltrinelli, Milão, 1960.
SALVEMINI, G. *Carteggio 1921-1926* (ed. E. Tagliacozzo), Laterza, Bari, 1985.
SAPELLI, A. *Memorie d'Africa (1883-1906),* Zanichelli, Bolonha, 1935.
SAPORI, A. *Mondo finito,* Leonardo, Roma, 1946.
SARFATTI, M. *Acqua passata,* Cappelli, Rocca San Casciano, 1955.
SCHUSTER, I. *Gli ultimi tempi di un regime,* La Via, Milão, 1945.
SCARONI, S. *Con Vittorio Emanuele III,* Mondadori, Milão, 1954.
SCOF NEWBY, W. *Tra pace e guerra: una ragazza slovena nell'Italia fascista,* Il Mulino, Bolonha, 1994.
SCORZA, C. *La notte del Gran Consiglio,* Palazzi editore, Milão, 1968.
SEGRE, D. V. *Memoirs of a fortunate Jew: an Italian story,* Paladin, Londres, 1987.
SENISE, C. *Quando ero capo della polizia 1940-1943,* Ruffolo, Roma, 1946.
SFORZA, C. *L'Italia dal 1914 al 1944 quale io la vidi,* Mondadori, Milão, 1944.
SILVA, P. *Io difendo la monarchia,* De Fonseca, Roma, 1946.
SIMONI, L. *Berlino ambasciata d'Italia 1939-1943,* Migliaresi, Roma, 1946.
SOFFICI, A.; PREZZOLINI, G. *Diari 1939-1945,* Le edizioni del Borghese, Milão, 1962.
SOGNO, E. *La Franchi: storia di un'organizzazione partigiana,* Il Mulino, Bolonha, 1996.
SOLERI, M. *Memorie,* Einaudi, Roma, 1949.
SPAMPANATO, B. *Contromemoriale* (3 vols.), Edizione di "Illustrato", Roma, 1952.
SPIRITO, U. *Memorie di un incosciente,* Rusconi, Milão, 1977.
STRABOLGI, Lord *The conquest of Italy,* Hutchinson, Londres, 1944.

STUPARICH, G. *Un anno di scuola e ricordi istriani*, Einaudi, Turim, 1961.
SUVICH, F. *Memorie 1932-1936* (ed. G. Bianchi), Rizzoli, Milão, 1984.
TAMARO, A. *Venti anni di storia 1922-1943* (3 vols.), Editrice Tiber, Roma, 1953.
TAMARO, A. *Due anni di storia*, Giovanni Volpe editore, Roma, 1981.
TERZAGHI, M, *Fascismo e Massoneria*, Editrice Storica, Milão, 1950.
TOEPLITZ, L. *Il banchiere: al tempo in cui nacque, crebbe e fiorì la Banca Commerciale Italiana*, Edizioni Milano Nuovo, Milão, 1963.
TOEPLITZ, L. *Ciak a chi tocca*, Edizioni Milano Nuovo, Milão, 1964.
TRABUCCHI, A. *I vinti hanno sempre torto*, Francesco De Silva, Turim, 1947.
TRENTIN, S. *Dieci anni di fascismo totalitario in Italia: dall'istituzione del Tribunale speciale alla proclamazione dell'Impero (1926-1936)*, Riuniti, Roma, 1975.
TREVES, P. *What Mussolini did to us*, Gollancz, Londres, 1940.
TRIPODI, N. *Italia fascista in piedi! Memorie di un littore*, Le Edizioni del Borghese, Roma, 1960.
TRIPODI, N. *Fascismo così: problemi di un tempo ritrovato*, Ciarrapico editore, Roma, 1984.
TURATI, A. *Fuori dell'ombra della mia vita: dieci anni nel solco del fascismo* (ed. A. Frappani), Centro Bresciano di iniziative culturali, Bréscia, 1973.
VAILATI, V. *Badoglio risponde*, Rizzoli, Milão, 1958.
VALIANI, L. *Dall'antifascismo alla Resistenza*, Feltrinelli, Milão, 1959.
VALIANI, L. *Sessant'anni di avventure e battaglie: riflessioni e ricordi* (ed. M. Pini), Rizzoli, Milão, 1983.
VALIANI, L. *Tutte le strade conducono a Roma* (ed. N. Matteucci), Il Mulino, Bolonha, 1983.
VANSITTART, R. *The mist procession*, Hutchinson, Londres, 1958.
VARÈ, D. *Laughing diplomat*, J. Murray, Londres, 1938.
VARÈ, D. *The two impostors*, J. Murray, Londres, 1949.
VARÈ, D. *Ghosts of the Spanish steps*, J. Murray, Londres, 1955.
VERGANI, O. *Ciano: una lunga confessione*, Longanesi, Milão, 1974.
VICENTINI, R.A. *Il movimento fascista veneto attraverso il diario di uno squadrista*, Società Stamperia Zanetti, Veneza, 1935.
VISCONTI PRASCA, S. *Io ho aggredito la Grecia*, Rizzoli, Milão, 1946.
VIVARELLI, R. *La fine di una stagione: memoria 1943-1945*, Il Mulino, Bolonha, 2000.
VOLPE, G. *Ritorno al paese (Paganica): memorie minime*, AGE, Roma, 1963.
VOLPI, G. *Ricordi e orizzonti balcanici*, *Rassegna di politica internazionale*, 4, 1937.
VON HASSELL, U. *The Von Hassell diaries 1938-1944*, Hamish Hamilton, Londres, 1948.
WARD-PRICE, G. *I know these dictators*, Harrap, Londres, 1937.
WATERFIELD, L. *Castle in Italy: an autobiography*, J. Murray, Londres, 1961.
WELLES, S. *The time for decision*, Hamish Hamilton, Londres, 1944.
ZAGHI, C. *Terrore a Ferrara durante i 18 mesi della repubblica di Salò*, Istituto regionale "Ferruccio Parri" per la storia del movimento di liberazione e dell'età contemporanea in Emilia-Romagna, Bolonha, 1992.
ZANGRANDI, R. *Il lungo viaggio attraverso il fascismo: contributo alla storia di una generazione*, Feltrinelli, Milão, 1964.
ZANIBONI, T. *Testamento spirituale: ricominciamo a vivere (se vi pare)*, Baldini and Castoldi, Milão, 1949.
ZUCARO, D. *Lettere di una spia*, Sugar, Milão, 1977.

Fontes secundárias selecionadas

Livros

ABRATE, M. *Ricerche per la storia dell'organizzazione sindacale dell'industria in Italia dalle origini al patto di Palazzo Vidoni*, Scuola d'amministrazione industriale dell'università di Torino, Turim, 1966.
ABRATE, M. *La lotta sindacale nella industrializzazione in Italia 1906-1926*, F. Angeli, Turim, 1967.
ABSALOM, R. *A strange alliance: aspects of escape and survival in Italy 1943-45*, Olschki, Florença, 1991.
ADDIS SABA, M. *Gioventù italiana del littorio: la stampa dei giovani nella guerra fascista*, Feltrinelli, Milão, 1973.

ADAMSON, W. L. *Avant-garde Florence from modernism to Fascism,* Harvard University Press, Cambridge, Mass., 1993.
ADLER, F. H. *Italian industrialists from liberalism to fascism: the political development of the industrial bourgeoisie 1906-1934,* Cambridge University Press, 1995.
AGAROSSI, E.; SMITH, B. F. *La resa tedesca in Italia,* Feltrinelli, Milão, 1980.
AGAROSSI, E. *L'Italia nella sconfitta: politica interna e situazione internazionale durante la seconda guerra mondiale,* Edizioni scientifiche italiane, Nápoles, 1985.
AGAROSSI, E. *Una nazione allo sbando: l'armistizio italiano del settembre 1943,* Il Mulino, Bolonha, 1993.
ALATRI, P. *Le origini del fascismo,* Riuniti, Roma, 1962.
ALBANESE, G. *La marcia su Roma,* Laterza, Bari, 2006.
ALCOCK, A.E. *The history of the South Tyrol question,* Michael Joseph, Genebra, 1970.
ALLIO, R. *L'organizzazione internazionale del lavoro e il sindacalismo fascista,* Il Mulino, Bolonha, 1973.
ALVAZZI DEL FRATE, P., Andreini, R. and Bellini, V. et al. *La ricerca storica: teorie, techniche, problemi,* Università degli studi di Roma, Roma, 1981.
AMBRI, M. *I falsi fascismi,* Jouvence, Roma, 1980.
AMENDOLA, G. *Fascismo e movimento operaio,* Riuniti, Roma, 1975.
AMENDOLA, G. *Intervista sull'antifascismo* (ed. P. Melograni), Laterza, Bari, 1976.
AMORETTI, G. N. *La vicenda italo-croata nei documenti di Aimone di Savoia (1941-1943),* Editrice Ipotesi, Rapallo, 1979.
APIH, E. *Italia fascismo e antifascismo nella Venezia-Giulia (1918-1943),* Laterza, Bari, 1966.
AQUARONE, A. *L'organizzazione dello stato totalitario,* Einaudi, Turim, 1965.
ARGENTIERI, M. Baldassare, A. and Crainz, G. et al. *Fascismo e antifascismo negli anni della repubblica,* F. Angeli, Milão, 1986.
ARLACCHI, P. *Mafia, peasants and great estates: society in traditional Calabria,* Cambridge University Press, 1983.
ARNALDI, G., CARACCIOLO, A.; CARANDINI, A. et al. *Incontro con gli storici,* Laterza, Bari, 1986.
ASANTE, S. K. B. *Pan-African protest: West Africa and the Italo-Ethiopian crisis 1934-1941,* Longmans, Londres, 1977.
BAER, G. W. *The coming of the Italo-Ethiopian war,* Harvard University Press, Cambridge Mass., 1967.
BAER, G. W. *Test case: Italy, Ethiopia and the League of Nations,* Hoover Institution Press, Stanford, 1976.
BALDASSINI, C. *L'ombra di Mussolini: l'Italia moderata e la memoria del fascismo (1945-1960),* Rubbettino, Soveria Mannelli, 2008.
BALDOLI, C. *Exporting Fascism: Fascists and Britain's Italians in the 1930s,* Berg, Oxford, 2003.
BANDINI, F. *Claretta: profilo di Clara Petacci e dei suoi tempi,* Sugar editore, Milão, 1960.
BARKER, A. J. *The civilizing mission: the Italo-Ethiopian war 1935-6,* Cassell, Londres, 1968.
BARROS, J. *The Corfu incident of 1923: Mussolini and the League of Nations,* Princeton University Press, 1965.
BASSIGNANA, P. L. *Fascisti nel paese dei Soviet,* Bollati Boringhieri, Turim, 2000.
BASSO, L. *Fascismo e Democrazia Cristiana: due regimi del capitalismo italiano,* Mazzotta, Milão, 1975.
BATTAGLIA, R. *Storia della resistenza italiana (8 settembre 1943-25 aprile 1945),* Einaudi, Turim, 1953.
BEN-GHIAT, R. *Fascist modernities: Italy, 1922-1945,* University of California Press, Berkeley, 2001.
BEREZIN, M. *Making the Fascist self: the political culture of interwar Italy,* Cornell University Press, Ithaca, 1997.
BERNABEI, A. *Esuli ed emigrati italiani nel Regno Unito 1920-1940,* Mursia, Milão, 1997.
BERSELLI, A. *L'opinione pubblica inglese e l'avvento del fascismo (1919-1925),* F. Angeli, Milão, 1971.
BERSELLINI, G. *Il riscatto 8 settembre-25 aprile: le tesi di Renzo De Felice: Salò – La Resistenza — L'identità della nazione,* F. Angeli, Milão, 1998.
BERTOLDI, S. *Vittorio Emanuele III,* UTET, Turim, 1970.
BESSEL, R. (ed.) *Fascist Italy and Nazi Germany: comparisons and contrasts,* Cambridge University Press, 1996.
BINCHY, D.A. *Church and state in Fascist Italy,* Oxford University Press, Londres, 1970.
BOCCA, G. *La repubblica di Mussolini,* Laterza, Bari, 1977.
BOLECH CECCHI, D. *Non bruciare i ponti con Roma: le relazioni fra l'Italia, la Gran Bretagna e la Francia dall'accordo di Monaco allo scoppio della seconda guerra mondiale,* Giuffrè, Milão, 1986.
BOLLA, N. *Il segreto di due re,* Rizzoli, Milão, 1951.

BONACINA, G. *Obiettivo Italia: I bombardamenti aerei delle città italiane dal 1940 al 1945*, Club degli editori, Milão, 1970.
BONSAVER, G.; GORDON, R. S. C. (eds.), *Culture, censorship and the state in twentieth century Italy*, Legenda, Leeds, 2005.
BONSAVER, G. *Censorship and literature in Fascist Italy*, Toronto University Press, 2007.
BORRA, E. *Amedeo di Savoia: terzo Duca d'Aosta e Vicerè d'Etiopia*, Mursia, Milão, 1985.
BORTOLOTTI, L. *Storia della politica edilizia in Italia: proprietà, imprese edili e lavori pubblici dal primo dopoguerra ad oggi (1919-1970)*, Riuniti, Roma, 1978.
BOSWORTH, R. J. B. *Italy, the least of the Great Powers: Italian foreign policy before the First World War*, Cambridge University Press, 1979.
BOSWORTH, R.; RIZZO, G. (eds), *Altro polo: intellectuals and their ideas in contemporary Italy*, F. May Foundation, Sydney, 1983.
BOSWORTH, R. J. B. Italy's historians and the myth of Fascism. In: R. Langhorne (ed.), *Diplomacy and intelligence during the Second World War; essays in honour of F. H. Hinsley*, Cambridge University Press, 1985.
BOSWORTH, R. J. B.; ROMANO, S. (eds.) *La politica estera italiana (1860-1985)*, Il Mulino, Bolonha, 1991.
BOSWORTH, R. J. B. *Italy and the wider world 1860-1960*, Routledge, Londres, 1996.
BOSWORTH, R. J. B. *The Italian dictatorship: problems and perspectives in the interpretation of Mussolini and Fascism*, Arnold, Londres, 1998.
BOSWORTH, R. J. B.; DOGLIANI, P. (eds.), *Italian fascism: history, memory and representation*, Macmillan, Londres, 1999.
BOSWORTH, R. J. B. *Mussolini's Italy: life under the dictatorship*, Allen Lane, Londres, 2005.
BOSWORTH, R. J. B. (ed.) *Oxford handbook of fascism*, Oxford University Press, 2009.
BRACALINI, R. *Il re "vittorioso": la vita, il regno e l'esilio di Vittorio Emanuele III*, Feltrinelli, Milão, 1980.
BRAVO, A.; BRUZZONE, A. M. *In guerra senza armi: storie di donne 1940-1945*, Laterza, Bari, 1995.
BRUNETTA, G. P. *Storia del cinema italiano 1895-1945*, Riuniti, Roma, 1979.
BRUNI, P. *Giuseppe Caradonna e la destra nazionale*, Serarcangeli editore, Roma, 1996.
BRUZZONE, A. M. Women in the Italian Resistance. In: P. Thompson (ed.) *Our common history: the transformation of Europe*, Pluto Press, Londres, 1982.
BUCHIGNANI, P. *Un fascismo impossibile: l'eresia di Berto Ricci nella cultura del Ventennio*, Il Mulino, Bolonha, 1994.
BURDETT, C. *Journeys through Fascism: Italian travel writing between the wars*, Berghahn, Nova York, 2007.
BURGWYN, H. J. *Il revisionismo fascista: la sfida di Mussolini alle grandi potenze nei Balcani e sul Danubio 1925-1933*, Feltrinelli, Milão, 1979.
BURGWYN, H. J. *Italian foreign policy in the interwar period 1918-1940*, Praeger, Westport, Conn., 1997.
BUSONI, J. *Nel tempo del fascismo*, Riuniti, Roma, 1975.
CAGNETTA, M. *Antichisti e impero fascista*, Dedalo, Bari, 1979.
CAMBRIA, A. *Maria José*, Longanesi, Milão, 1966.
CANALI, M. *Il dissidentismo fascista: Pisa e il caso Santini 1923-1925*, Bonacci, Roma, 1983.
CANALI, M. *Il delitto Matteotti: affarismo e politica nel primo governo Mussolini*, Il Mulino, Bolonha, 1997.
CANALI, M. *Le spie del regime*, Il Mulino, Bolonha, 2004.
CANNISTRARO, P. V. *La fabbrica del consenso: fascismo e mass media*, Laterza, Bari, 1975.
CANNISTRARO, P. V. (ed.) *Historical dictionary of Fascist Italy*, Greenwood Press, Westport, Conn., 1982.
CANTAGALLI, R. *Storia del fascismo fiorentino 1919-1925*, Vallecchi, Florença, 1972.
CANTALUPO, R. *Vita di Salvatore Contarini*, Sesante, Roma, 1947.
CANTAMESSA ARPINATI, G. *Arpinati mio padre*, Casa Editrice Il Sagittario, Roma, 1968.
CAPOGRECO, C. S. *Ferramonti: la vita e gli uomini del più grande campo d'internamento fascista (1940-1945)*, La Giuntina, Florença, 1987.
CAPOGRECO, C. S. *I campi del Duce: l'internamento civile nell'Italia fascista (1940-1943)*, Einaudi, Turim, 2004.
CARACCIOLO, N. *Gli ebrei e l'Italia durante la guerra 1940-1945*, Bonacci, Roma, 1986.
CARAFOLI, D.; BOCCHINI, G. *Il Vice Duce: Arturo Bocchini, capo della polizia fascista*, Mursia, Milão, 2003.
CARDOZA, A. *Agrarian elites and Italian Fascism: the province of Bologna 1901-1926*, Princeton University Press, 1982.
CARDOZA, A. *Aristocrats in bourgeois Italy: the Piedmontese nobility 1861-1930*, Cambridge University Press, 1997.

CARLOTTI, A. L. *Storia del partito fascista sammarinese,* Celuc, Milão, 1973.
CAROCCI, G. *La politica estera dell'Italia fascista (1925-1928),* Laterza, Bari, 1969.
CAROCCI, G. *Italian Fascism,* Penguin, Harmondsworth, 1975.
CAROLEO, A. *Le banche cattoliche dalla prima guerra mondiale al fascismo,* Feltrinelli, Milão, 1976.
CARPI, D. *Between Mussolini and Hitler: the Jews and the Italian authorities in France and Tunisia,* Brandeis University Press, Hanover, 1994.
CARSTEN, F. L. *The rise of fascism,* Batsford, Londres, 1967.
CASALI, A. *Storici italiani fra le due guerre: La "Nuova Rivista Storica" 1917-1943,* Guida, Nápoles, 1980.
CASSELS, A. *Fascist Italy,* Routledge and Kegan Paul, Londres, 1969.
CASSELS, A. *Mussolini's early diplomacy,* Princeton University Press, 1970.
CASTRONOVO, V. *Giovanni Agnelli: la Fiat dal 1899 al 1945,* Einaudi, Turim, 1977.
CASTRONOVO, V. *Storia di una banca: La Banca Nazionale del Lavoro e lo sviluppo economico italiano 1913-1983,* Einaudi, Turim, 1983.
CAVAZZA, S. *Piccole patrie: feste popolari tra regione e nazione durante il fascismo,* Il Mulino, Bolonha, 1997.
CEDERNA, A. *Mussolini urbanista: lo sventramento di Roma negli anni del consenso,* Laterza, Bari, 1979.
CEPLAIR, L. *Under the shadow of war: Fascism, Anti-Fascism and Marxists 1918-1937,* Columbia University Press, Nova York, 1987.
CERVELLI, I. *Gioacchino Volpe,* Guida, Nápoles, 1977.
CERVI, M. *The hollow legions: Mussolini's blunder in Greece 1940-1941,* Doubleday, Nova York, 1971.
CHABOD, F. *A history of Italian Fascism,* Weidenfeld and Nicolson, Londres, 1963.
CHADWICK, O. *Britain and the Vatican during the Second World War,* Cambridge University Press, 1986.
CHAPMAN, G. C. *Milocca: a Sicilian village,* George Allen and Unwin, Londres, 1973.
CHIARETTI, T., DRUDI DEMBY, L.; MINGOZZI, G. *Gli ultimi tre giorni: 1926. Attentato Zamboni: un'occasione per le leggi speciali,* Cappelli, Bolonha, 1977.
CILIBRIZZI, S. *Pietro Badoglio rispetto a Mussolini e di fronte alla storia,* Conte, Nápoles, s.d.
CLARKE, J. Calvitt III, *Russia and Italy against Hitler: the Bolshevik-Fascist rapprochement of the 1930s,* Greenwood Press, Westport, Conn., 1991.
COLARIZI, S. *Dopoguerra e fascismo in Puglia (1919-1926),* Laterza, Bari, 1971.
COLARIZI, S. *I democratici all'opposizione: Giovanni Amendola e l'Unione nazionale (1922-1926),* Il Mulino, Bolonha, 1973.
COLARIZI, S. *L'opinione degli italiani sotto il regime 1929-1943,* Laterza, Bari, 1991.
CONSIGLIO, A. *Vita di Vittorio Emanuele III,* Rizzoli, Milão, 1950.
CONTI, G. *Una guerra segreta: il Sim nel secondo confl itto mondiale,* Il Mulino, Bolonha, 2009.
CONTINI, G. *La memoria divisa,* Rizzoli, Milão, 1997.
CONTINI, M. *Maria José: la regina sconosciuta,* Eli, Milão, 1955.
CORNER, P. *Fascism in Ferrara 1915-1925,* Oxford University Press, Londres, 1975.
CORVAJA, S. *Hitler and Mussolini: the secret meetings,* Enigma, Nova York, 2001.
CORVISIERI, S. *La villeggiatura di Mussolini: il confino da Bocchini a Berlusconi,* Baldini Castoldi Dalai, Milão, 2004.
COVERDALE, J. F. *Italian intervention in the Spanish Civil War,* Princeton University Press, 1975.
CRAIG, G. A.; GILBERT, F. (eds), *The diplomats 1919-39,* Oxford University Press, Londres, 1953.
CRESCIANI, G. *Fascismo, antifascismo e gli italiani in Australia 1922-1945,* Bonacci, Roma, 1979.
DALLA CASA, B. *Attentato al duce: le molte storie del caso Zamboni,* Il Mulino, Bolonha, 2000.
DAMIANI, C. *Mussolini e gli Stati Uniti 1922-1935,* Cappelli, Bolonha, 1980.
D'AMOJA, F. *Declino e prima crisi dell'Europa di Versailles: studio sulla diplomazia italiana ed europa (1931-1933),* Giuffrè, Milão, 1967.
DA ROLD, E. *Turismo e sport nella provincia di Belluno durante il fascismo: economia, ideologia, società e consenso,* Istituto Bellunese di ricerche sociali e culturali, Belluno, 1994.
DAVIS, J. A. *Gramsci and Italy's passive revolution,* Croom Helm, Londres, 1979.
DEAKIN, F. W. *The brutal friendship: Mussolini, Hitler and the fall of Fascism,* Penguin, Harmondsworth, 1966.
DEAKIN, F. W. *The last days of Mussolini,* Penguin, Harmondsworth, 1966.
DE FELICE, R. *Storia degli ebrei sotto il fascismo,* Einaudi, Turim, 1961 (ed. rev., 1988).
DE FELICE, R. *Le interpretazioni del fascismo,* Laterza, Bari, 1969 (versão em inglês *Interpretations of Fascism,* Harvard University Press, Cambridge, Mass., 1977).

DE FELICE, R. (ed.) *La Carta del Carnaro nei testi di Alceste De Ambris e di Gabriele D'Annunzio*, Il Mulino, Bolonha, 1973.
DE FELICE, R. *Il problema dell'Alto Adige nei rapporti italo-tedeschi dall'Anschluss alla fine della seconda guerra mondiale*, Il Mulino, Bolonha, 1973.
DE FELICE, R. (ed.) *L'Italia fra tedeschi e alleati: la politica estera fascista e la seconda guerra mondiale*, Il Mulino, Bolonha, 1973.
DE FELICE, R. *Intervista sul fascismo* (ed. M. Ledeen), Laterza, Bari, 1975 (versão em inglês *Fascism: an informal introduction*, Transaction Books, New Brunswick, N. J., 1977).
DE FELICE, R. (ed.) *Antologia sul fascismo: il giudizio storico*, Laterza, Bari, 1976.
DE FELICE, R. (ed.) *Antologia sul fascismo: il giudizio politico*, Laterza, Bari, 1976.
DE FELICE, R. *D'Annunzio politico 1919-1938*, Laterza, Bari, 1978.
DE FELICE, R. (ed.) *Autobiografi a del fascismo: antologia di testi fascisti 1919-1945*, Minerva Italica, Bérgamo, 1978.
DE FELICE, R. *Ebrei in un paese arabo*, Il Mulino, Bolonha, 1978 (versão em inglês *Jews in an Arab land*, University of Texas Press, Austin, 1985).
DE FELICE, R. Italian Fascism and the middle classes. In: S. U. Larsen et al. (eds), *Who were the fascists: social roots of European fascism*, Univerzitetsforlaget, Bergen, 1980.
DE FELICE, R.; GOGLIA, L. *Storia fotografica del fascismo*, Laterza, Bari, 1982.
DE FELICE, R. *Intellettuali di fronte al fascismo: saggi e note documentarie*, Bonacci, Roma, 1985.
DE FELICE, R. (ed.) *Futurismo, cultura e politica*, Fondazione G. Agnelli, Turim, 1988.
DE FELICE, R. *Il fascismo e l'Oriente: arabi, ebrei e indiani nella politica di Mussolini*, Il Mulino, Bolonha, 1988.
DE FELICE, R. (ed.) *Bibliografi a orientativa del fascismo*, Bonacci, Roma, 1991.
DE FELICE, R. *Rosso e nero* (ed. P. Chessa), Baldini e Castaldi, Milão, 1995.
DE FELICE, R. *Fascismo, Antifascismo, Nazione: note e ricerche*, Bonacci, Roma, 1996.
DE FELICE, R. *Intervista sul fascismo* (ed. M. Ledeen), ed. rev., Laterza, Bari, 1997.
DEGL'INNOCENTI, M. *Il socialismo italiano e la guerra di Libia*, Riuniti, Roma, 1976.
DE GRAND, A. J. *The Italian Nationalist Association and the rise of Fascism in Italy*, University of Nebraska Press, Lincoln, 1978.
DE GRAND, A. J. *Italian Fascism: its origins and development*, University of Nebraska Press, Lincoln, 1982.
DE GRAND, A. J. *Fascist Italy and Nazi Germany: the "fascist" style of rule*, Routledge, Londres, 1995.
DE GRAZIA, V. *The culture of consent: mass organization of leisure in Fascist Italy*, Cambridge University Press, 1981.
DE GRAZIA, V. *How Fascism ruled women: Italy 1922-1945*, University of California Press, Berkeley, 1992.
DEL BOCA, A. *The Ethiopian war 1935-1941*, Univeristy of Chicago Press, 1969.
DEL BOCA, A. *Gli italiani in Africa orientale dall'unità alla marcia su Roma*, Laterza, Bari, 1976.
DEL BOCA, A. *Gli italiani in Africa orientale: la conquista dell'impero*, Laterza, Bari, 1979.
DEL BOCA, A. *Gli italiani in Africa orientale: la caduta dell'impero*, Laterza, Bari, 1982.
DEL BOCA, A. *Gli italiani in Africa orientale: nostalgia delle colonie*, Laterza, Bari, 1984.
DEL BOCA, A. *Gli italiani in Libia: Tripoli bel suol d'amore 1860-1922*, Laterza, Bari, 1986.
DEL BOCA, A. *Gli italiani in Libia dal fascismo al Gheddafi*, Laterza, Bari, 1988.
DEL BOCA, A., LEGNANI, M.; ROSSI, M. G. (eds.), *Il regime fascista: storia e storiografia*, Laterza, Bari, 1995.
DEL BOCA, A. (ed.) *I gas di Mussolini: il fascismo e la guerra d'Etiopia*, Riuniti, Roma, 1996.
DEL BUONO, O. *Eia, Eia, Eia, Alalà: la stampa italiana sotto il fascismo 1919-43*, Feltrinelli, Milão, 1971.
DEL CARRIA, R. *Proletari senza rivoluzione: storia delle classi subalterne italiane dal 1860 al 1950*, Edizioni Oriente, Milão, 1966.
DE LUNA, G. *Donne in oggetto: l'antifascismo nella società italiana 1922-1939*, Bollati Boringhieri, Turim, 1995.
DELZELL, C. F. *Mussolini's enemies: the Italian anti-Fascist resistance*, Princeton University Press, 1961.
DELZELL, C. F. (ed.) *Mediterranean fascism 1919-1945*, Harper and Row, Nova York, 1970.
DE MARCO, M. *Il Gazzettino: storia di un quotidiano*, Marsilio, Veneza, 1976.
DIGGINS, J. P. *Mussolini and Fascism: the view from America*, Princeton University Press, 1972.
DI NOLFO, E. *Mussolini e la politica estera italiana 1919-1933*, Cedam, Pádua, 1960.
DI NOLFO, E., Rainero, R. H. and Vigezzi, B. (eds) *L'Italia e la politica di potenza in Europa (1938-1940)*, Marzorati editore, Milão, 1986.
DI NUCCI, L. *Fascismo e spazio urbano: le città storiche dell'Umbria*, Il Mulino, Bolonha, 1992.

DOGLIANI, P. *L'Italia fascista 1922-1940,* Sansoni, Milão, 1999.
DOGLIANI, P. *Il fascismo degli italiani: una storia sociale,* UTET, Turim, 2008.
DOMENICO, R. P. *Italian Fascists on trial 1943-1948,* University of North Carolina Press, Chapel Hill, 1991.
DOUMANIS, N. *Myth and memory in the Mediterranean: remembering Fascism's empire,* Macmillan, Londres, 1997.
DUGGAN, C. *Fascism and the Mafia,* Yale University Press, New Haven, 1989.
DUNNAGE, J. *The Italian police and the rise of Fascism: a case study of the province of Bologna 1897-1925,* Praeger, Westport, Conn., 1997.
EATWELL, R. *Fascism: a history,* Chatto and Windus, Londres, 1995.
ERCOLANI, A. *La fondazione del fascio di combattimento a Fiume tra Mussolini e D'Annunzio,* Bonacci, Milão, 1996.
EVOLA, J. *Il fascismo: saggio di una analisi critica dal punto di vista della Destra,* Giovanni Volpe editore, Roma, 1964.
FABRE, G. *Il contratto: Mussolini editore di Hitler,* Dedalo, Bari, 2004.
FALASCA-ZAMPONI, S. *Fascist spectacle: the aesthetics of power in Mussolini's empire,* University of California Press, Berkeley, 1997.
FERRAROTTO, M. *L'Accademia d'Italia: intellettuali e potere durante il fascismo,* Liguori, Nápoles, 1977.
FESTORAZZI, R. *Starace: il mastino della rivoluzione fascista,* Mursia, Milão, 2002.
FINALDI, G. *Mussolini and Italian Fascism,* Pearson, Harlow, 2008.
FINZI, R. *L'università italiana e le leggi antiebraiche,* Riuniti, Roma, 1997.
FOCARDI, F. *La Guerra della memoria: la Resistenza nel dibattito politico italiano dal 1945 a oggi,* Laterza, Bari, 2005.
FOGU, C. *The historic imaginery: politics of history in Fascist Italy,* University of Toronto Press, 2003.
FOLEY, C. *Commando extraordinary,* Pan, Londres, 1954.
FORGACS, D. (ed.) *Rethinking Italian Fascism: capitalism, populism and culture,* Lawrence and Wishart, Londres, 1986.
FORNARI, H. *Mussolini's gadfly: Roberto Farinacci,* Vanderbilt University Press, Nashville, 1971.
FORGACS, D. *Italian culture in the industrial era 1880-1980: cultural industries, politics and the public,* Manchester University Press, 1990.
FORGACS, D.; GUNDLE, S. *Mass culture and Italian society from Fascism to the Cold War,* Indiana University Press, Bloomington, 2007.
FORSYTH, D. *The crisis of Liberal Italy: monetary and financial policy 1914-1922,* Cambridge University Press, 1993.
FRANCINI, M. *Primo dopoguerra e origini del fascismo a Pistoia,* Feltrinelli, Milão, 1976.
FRANZINELLI, M. *Il riarmo dello spirito: i cappellani militari nella seconda guerra mondiale,* Pagus edizioni, Pádua, 1991.
FRANZINELLI, M. *I tentacoli dell'Ovra: agenti, collaboratori e vittime della polizia politica fascista,* Bollati Boringhieri, Turim, 1999.
FRANZINELLI, M. *Squadristi: protagonisti e techniche della violenza fascista 1919-1922,* Mondadori, Milão, 2003.
FRANZINELLI, M. *RSI: la Repubblica del duce 1943-1945,* Mondadori, Milão, 2007.
FRANZINELLI, M. *Il delitto Rosselli: 9 giugno 1937: anatomia di un omicidio politico,* Mondadori, Milão, 2007.
FRIEDRICH, C. J; BRZEZINSKI, Z. *Totalitarian dictatorship and autocracy,* Harvard University Press, Cambridge, Mass., 1956.
FULLER, M. *Moderns abroad: architecture, cities and Italian imperialism,* Routledge, Londres, 2007.
GABACCIA, D. R. *Italy's many diasporas,* University of Washington Press, Seattle, 2000. GAETA, F. *Nazionalismo italiano,* Edizioni scientifi che italiane, Nápoles, 1965.
GAETA, F. (ed.) *La stampa nazionalista,* Cappelli, Rocca San Casciano, 1965.
GALLI DELLA LOGGIA, E. *La morte della patria: la crisi dell'idea della nazione tra Resistenza, antifascismo e Repubblica,* Laterza, Bari, 1996.
GANAPINI, L. *La Repubblica delle camicie nere: i combattenti, i politici, gli amministratori, i socializzatori,* Garzanti, Milão, 1999.
GASPARI, O. *L'emigrazione veneta nell'Agro Pontino durante il periodo fascista,* Morcelliana, Bréscia, 1985.
GAT, M. *Britain and Italy, 1943-1949,* Sussex Academic Press, Brighton, 1996.
GENTILE, E. *Le origini dell'ideologia fascista (1918-1925),* Laterza, Bari, 1975.

GENTILE, E. *Il mito dello stato nuovo dall'antigiolittismo al fascismo*, Laterza, Bari, 1982.
GENTILE, E. *Storia del Partito Fascista 1919-1922: movimento e milizia*, Laterza, Bari, 1989.
GENTILE, E. *Il culto del littorio: la sacralizzazione della politica nell'Italia fascista*, Laterza, Bari, 1993.
GENTILE, E. *La via italiana al totalitarismo: il partito e lo stato nel regime fascista*, La Nuova Italia Scientifica, Roma, 1995.
GENTILE, E. *The sacralization of politics in Fascist Italy*, Harvard University Press, Cambridge, Mass., 1996.
GENTILE, E. *La Grande Italia: ascesa e declino del mito della nazione nel ventesimo secolo*, Mondadori, Milão, 1997.
GENTILE, E. *The struggle for modernity: nationalism, futurism and fascism* Praeger, Westport, 2003.
GENTILE, E. *Renzo De Felice: lo storico e il personaggio*, Laterza, Bari, 2003.
GENTILE, E. *Fascismo di pietra*, Laterza, Bari, 2007.
GENTILONI SILVERI, U. and Carli, M. *Bombardare Roma: gli alleati e la "città aperta" (1940-1944)*, Il Mulino, Bolonha, 2007.
GERMINO, D. *The Italian Fascist party in power: a study in totalitarian rule*, University of Minnesota Press, Minneapolis, 1959.
GHIRADO, D. *Building new communities: New Deal America and Fascist Italy*, Princeton University Press, 1989.
GIANERI, E. *Il piccolo re: Vittorio Emanuele nella caricatura*, Fiorini, Turim, 1946.
GILLETTE, A. *Racial theories in Fascist Italy*, Routledge, Londres, 2002.
GIORDANO, G. *Il patto a quattro nella politica estera di Mussolini*, Forni, Bolonha, 1976.
GIUSTI, M. T. *I prigionieri italiani in Russia*, Il Mulino, Bolonha, 2003.
GLEASON, A. *Totalitarianism: the inner history of the Cold War*, Oxford University Press, Nova York, 1995.
GOGLIA, L.; GRASSI, F. *Il colonialismo italiano da Adua all'Impero*, Laterza, Bari, 1981.
GOGLIA, L. *Storia fotografica dell'Impero fascista 1935-1941*, Laterza, Bari, 1985.
GOLSAN, R. J. (ed.) *Fascism, aesthetics and culture*, University of New England Press, Hanover, 1992.
GOOCH, J., *Mussolini and his generals. The Armed Forces and Fascist foreign policy, 1922-1940*, Cambridge University Press, 2007.
GRANDI, A. *I giovani di Mussolini: Fascisti convinti, fascisti pentiti, antifascisti*, Baldini and Castoldi, Milão, 2001.
GRANDI, A. *Gli eroi di Mussolini: Niccolò Giani e la scuola di mistica fascista*, BUR, Milão, 2004.
GREGOR, A. J. *The ideology of fascism: the rationale of totalitarianism*, The Free Press, Nova York, 1969.
GREGOR, A. J. *The fascist persuasion in radical politics*, Princeton University Press, 1974.
GREGOR, A. J. *Interpretations of fascism*, General Learning Press, Morristown, N.J., 1974.
GREGOR, A. J. *Sergio Panunzio: il sindacalismo ed il fondamento razionale del fascismo*, Giovanni Volpe editore, Roma, 1978.
GREGOR, A. J. *Italian Fascism and developmental dictatorship*, Princeton University Press, 1979.
GREGOR, A. J. *Phoenix: Fascism in our time*, Transaction, New Brunswick, 1999.
GREGOR, A. J. *Mussolini's intellectuals: Fascist social and political thought*, Princeton University Press, 2005.
GREGOR, A. J. *The search for neofascism: the use and abuse of social science*, Cambridge University Press, 2006.
GRIBAUDI, G. *Guerra totale: tra bombe alleate e violenze naziste: Napoli e il fronte meridionale 1940-1944*, Bollati Boringhieri, Turim, 2005.
GRIFFIN, R. *International fascism: theories, causes and new consensus*, Arnold, Londres, 1998.
GRIFONE, P. *Il capitale fi nanziario in Italia*, Einaudi, Turim, 1971.
GRINER, M. *La "pupilla" del Duce: la legione autonoma mobile Ettore Muti*, Bollati Boringhieri, Turim, 2004.
GUDERZO, G. *L'altra guerra: neofascisti, tedeschi, partigiani, popolo in una provincia padana, Pavia, 1943-1945*, Il Mulino, Bolonha, 2002.
GUERRI, G. B. *Giuseppe Bottai, un fascista critico: ideologia e azione del gerarca che avrebbe voluto portare l'intelligenza nel fascismo e il fascismo alla liberalizzazione*, Feltrinelli, Milão, 1976.
GUERRI, G. B. *Galeazzo Ciano: una vita 1903-1944*, Bompiani, Milão, 1979.
GUERRI, G. B. *L'arcitaliano: vita di Curzio Malaparte*, Bompiani, Milão, 1980.
GUERRI, G. B. *Italo Balbo*, Garzanti, Milão, 1984.
GUERRI, G. B. *Fascisti: gli italiani di Mussolini, il regime degli italiani*, Mondadori, Milão, 1995.
GUIDI, S., GULMINELLI, A.; CARDUCCINI, G. *I percorsi della memoria: Predappio — quello che non vi hanno mai raccontato (o che avete dimenticato)*, Società Eco Più, San Savino di Predappio, 1997.
GUSPINI, U. *L'orecchio del regime: le intercettazioni telefoniche al tempo del fascismo*, Mursia, Milão, 1973.

HALPERIN, S. W. *Mussolini and Italian Fascism*, Van Nostrand, Nova York, 1964.
HAMILTON, A. *The appeal of Fascism: a study of intellectuals and Fascism*, Anthony Blond, Londres, 1971.
HARDIE, F. *The Abyssinian crisis*, Batsford, Londres, 1974.
HARRIS, B. *The United States and the Italo-Ethiopian crisis*, Stanford University Press, 1964.
HARRIS, H. S. *The social philosophy of Giovanni Gentile*, University of Illinois Press, Urbana, 1960.
HAY, J. *Popular film culture in Fascist Italy: the passing of the Rex*, Indiana University Press, Bloomington, 1987.
HAYES, P. M. *Fascism*, George Allen and Unwin, Londres, 1973.
HOEPKE, K-P. *La destra tedesca e il fascismo*, Il Mulino, Bolonha, 1971.
HORN, D. *Social bodies: science, reproduction and Italian modernity*, Princeton University Press, 1994.
HOSTETTER, R. *The Italian Socialist Movement*, Van Nostrand, Princeton, 1958.
HUGHES, H. S. *The United States and Italy*, W. W. Norton, Nova York, 1968.
HUGHES, H. S. *Prisoners of hope: the silver age of the Italian Jews 1924-1974*, Harvard University Press, Cambridge, Mass., 1983.
HUGHES, S. Men of steel: dueling, honor and politics in Liberal Italy. In: P. Spierenburg (ed.), *Gender, honor, and rituals in Modern Europe and America*, Ohio University Press, Columbus, 1998.
IACOVETTA, F., PERIN, R.; PRINCIPE, A. (eds), *Enemies within: Italian and other internees in Canada and abroad*, University of Toronto Press, 2000.
IGNAZI, P. *Il polo escluso: profilo del Movimento Sociale Italiano*, Il Mulino, Bolonha, 1989.
IMBRIANI, A. M. *Gli italiani e il Duce: il mito e l'immagine di Mussolini negli anni del fascismo (1938-1943)*, Liguori, Nápoles, 1992.
INNOCENTI, M. *I gerarchi del fascismo: storia del ventennio attraverso gli uomini del Duce*, Mursia, Milão, 1992.
IPSEN, C. *Dictating demography: the problem of population in Fascist Italy*, Cambridge University Press, 1996.
ISNENGHI, M. *Il mito della grande guerra da Marinetti a Malaparte*, Laterza, Bari, 1973.
ISNENGHI, M. *L'educazione dell'italiano: il fascismo e l'organizzazione della cultura*, Cappelli, Bolonha, 1979.
ISNENGHI, M. *Intellettuali militanti e intellettuali funzionari: appunti sulla cultura fascista*, Einaudi, Turim, 1979.
ISNENGHI, M. *Le guerre degli italiani: parole, immagini, ricordi 1848-1945*, Mondadori, Milão, 1989.
ISNENGHI, M. (ed.) *I luoghi della memoria: simboli e miti dell'Italia unita*, Laterza, Bari, 1996.
ISNENGHI, M. (ed.) *I luoghi della memoria: strutture ed eventi dell'Italia unita*, Laterza, Bari, 1997.
ISNENGHI, M. (ed.) *I luoghi della memoria: personaggi e date dell'Italia unita*, Laterza, Bari, 1997.
IRACI, A. *Arpinati: l'oppositore di Mussolini*, M. Bulzoni editore, Roma, 1970.
ISRAEL, G.; NASTASI, P. *Scienza e razza nell'Italia fascista*, Il Mulino, Bolonha, 1998.
JACOBELLI, J. *Il fascismo e gli storici oggi*, Laterza, Bari, 1988.
KALLIS, A. A. *Fascist ideology: territory and expansionism in Italy and Germany, 1922-1945*, Routledge, Londres, 2000.
KELIKIAN, A. A. *Town and country under Fascism: the transformation of Brescia 1915-26*, Clarendon, Oxford, 1986.
KENT, P. C. *The Pope and the Duce: the international impact of the Lateran Pacts*, Macmillan, Londres, 1981.
KERSHAW, I. *Hitler 1889-1936: hubris*, Allen Lane, Londres, 1998.
KERSHAW, I. *Hitler 1936-1945: nemesis*, Allen Lane, Londres, 2000.
KITCHEN, M. *Fascism*, Macmillan, Londres, 1976.
KNOX, M. *Mussolini unleashed 1939-1941: politics and strategy in Fascist Italy's last war*, Cambridge University Press, 1982.
KNOX, M. Fascist Italy assesses its enemies. In: E. R. May (ed.), *Knowing one's enemies: intelligence assessment before the two world wars*, Princeton University Press, 1984.
KNOX, M. *Common destiny: dictatorship, foreign policy and war in Fascist Italy and Nazi Germany*, Cambridge University Press, 2000.
KNOX, M. *Hitler's Italian allies: Royal Armed Forces, Fascist Regime, and the war of 1940-1943*, Cambridge University Press, 2000.
KNOX, M. *To the threshold of power, 1922/33: origins and dynamics of the Fascist and National Socialist dictatorships*, Cambridge University Press, 2007.

KOON, M. *Believe, obey, fight: the political socialization of youth in Fascist Italy 1922-1943*, University of North Carolina Press, Chapel Hill, 1985.
LABANCA, N. *Oltremare: storia dell'espansione coloniale italiana*, Il Mulino, Bolonha, 2002.
LA FRANCESCA, S. *La politica economica del fascismo*, Laterza, Bari, 1972.
LAJOLO, L. *Gramsci: un uomo sconfitto*, Rizzoli, Milão, 1980.
LAMB, R. *War in Italy: a brutal story*, J. Murray, Londres, 1993.
LAMB, R. *Mussolini and the British*, J. Murray, Londres, 1997.
LANDY, M. *Fascism in film: the Italian commercial cinema 1931-1943*, Princeton University Press, 1986.
LAQUEUR, W. (ed.) *Fascism: a reader's guide: analysis, interpretations, bibliography*, Penguin, Harmondsworth, 1979.
LA ROVERE, L. *Storia dei Guf: organizzazione, politica e miti della gioventù universitaria fascista 1919-1943*, Bollati Boringhieri, Turim, 2003.
LA ROVERE, L. *L'eredità del fascismo: gli intellettuali, i giovani e la transizione al postfascismo 1943-1948*, Bollati Boringhieri, Turim, 2008.
LASANSKY, D. M. *The Renaissance perfected: architecture, spectacle and tourism in Fascist Italy*, Pennsylvania State University Press, University Park, 2004.
LAZZARO, C.; CRUM, R. J. (eds), *Donatello among the Blackshirts: history and modernity in the visual culture of Fascist Italy*, Cornell University Press, Ithaca, 2005.
LAZZARO, U. *Dongo: mezzo secolo di menzogne*, Mondadori, Milão, 1993.
LAZZERO, R. *La Decima Mas*, Rizzoli, Milão, 1984.
LAZZERO, R. *Gli schiavi di Hitler: i deportati italiani in Germania nella seconda guerra mondiale*, Mondadori, Milão, 1996.
LEDEEN, M. *Universal Fascism: the theory and practice of the Fascist International 1928-1936*, H. Fertig, Nova York, 1972.
LEDEEN, M. *D'Annunzio a Fiume*, Laterza, Bari, 1975.
LOMBARDI, P. *Il Ras e il dissidente: Cesare Forni e il fascismo pavese dallo squadrismo alla dissidenza*, Bonacci, Roma, 1998.
LUBASZ, H. (ed.) *Fascism: three major regimes*, John Wiley, Nova York, 1973.
LUDOVICI, M. (ed.) *Fascismi in Emilia Romagna*, Società Editrice "il Ponte Vecchio", Cesena, 1998.
LUZZATTO, S. *Sangue d'Italia: interventi sulla storia del Novecento*, Manifestolibri, Roma, 2008.
LYTTELTON, A. (ed.) *Italian fascisms from Pareto to Gentile*, Jonathan Cape, Londres, 1973.
LYTTELTON, A. *The seizure of power: Fascism in Italy 1919-1929*, Weidenfeld and Nicolson, Londres, 1973.
MACK SMITH, D. Anti-British propaganda in Fascist Italy. In: *Inghilterra e Italia nel 1900: atti del convegno di Bagni di Lucca ottobre 1972*, La Nuova Italia, Florença, 1973.
MACK SMITH, D. *Mussolini's Roman empire*, Longmans, Londres, 1976.
MACK SMITH, D. *Storia di cento anni di vita italiana visti attraverso il Corriere della Sera*, Rizzoli, Milão, 1978.
MACK SMITH, D. *Italy and its monarchy*, Yale University Press, New Haven, Conn., 1989.
MAIER, C. S. *Recasting bourgeois Europe: stabilization in France, Germany and Italy in the decade after World War I*, Princeton University Press, 1975.
MALLETT, R. *The Italian navy and Fascist expansionism 1935-1940*, F. Cass, Londres, 1998.
MALLETT, R. *Mussolini and the origins of the Second World War, 1933-1940*, Palgrave Macmillan, Houndmills, 2003.
MANN, M. *Fascists*, Cambridge University Press, 2004.
MANTELLI, B. *"Camerati del lavoro": i lavoratori italiani emigrati nel Terzo Reich nel periodo dell'Asse 1938-1943*, La Nuova Italia, Florença, 1992.
MARCHESINI, D. *La scuola dei gerarchi: mistica fascista: storia, problemi, istituzioni*, Feltrinelli, Milão, 1976.
MARONGIU BUONAIUTI, *La politica religiosa del Fascismo nel Dodecanneso*, Giannini Editore, Nápoles, 1979.
MARTIN, S. *Football and Fascism: the national game under Mussolini*, Berg, Oxford, 2004.
MASELLA, L. *Tra corporativismo e modernizzazione: le classi dirigenti pugliesi nella crisi dello stato liberale*, Milella, Lecce, 1983.
MASON, T. *Nazism, Fascism and the working class* (ed. J. Caplan), Cambridge University Press, 1995.
MAYDA, G. *Il pugnale di Mussolini: storia di Amerigo Dumini, sicario di Matteotti*, Il Mulino, Bolonha, 2004.
MAZZANTINI, C. *I balilla andarono a Salò: l'armata degli adolescenti che pagò il conto della Storia*, Marsilio, Veneza, 1995.
MAZZATOSTA, T. M. *Il regime fascista tra educazione e propaganda (1935-1943)*, Cappelli, Bolonha, 1978.

MAZZATOSTA, T. M.; VOLPI, C. L'Italietta fascista (lettere al potere 1936-1943), Cappelli, Bolonha, 1980.
MELDINI, P. Sposa e madre esemplare: ideologia e politica della donna e della famiglia durante il fascismo, Guaraldi, Florença, 1975.
MELDINI, P. (ed.), Un monumento al Duce? Contributo al dibatto sul fascismo, Guaraldi, Florença, 1976.
MELOGRANI, P. Storia politica della grande guerra 1915-1918, Laterza, Bari, 1969.
MELOGRANI, P. Gli industriali e Mussolini: rapporti tra Confi ndustria e Fascismo dal 1919 al 1929, Longanesi, Milão, 1972.
MELOGRANI, P. Rapporti segreti della polizia fascista 1938-1940, Laterza, Bari, 1979.
MENICONI, A. La "Maschia Avvocatura": istituzioni e professione forense in epoca fascista (1922-1943), Il Mulino, Bolonha, 2006.
MICCICHÈ, G. Dopoguerra e fascismo in Sicilia 1919-1927, Riuniti, Roma, 1976.
MICCOLI, G. I dilemmi e i silenzi di Pio XI, Rizzoli, Milão, 2000.
MICHAELIS, M. Mussolini and the Jews: German-Italian relations and the Jewish question in Italy 1922-1945, Clarendon, Oxford, 1978.
MIGONE, G. G. Gli Stati Uniti e il fascismo: alle origini dell'egemonia americana in Italia, Feltrinelli, Milão, 1980.
MILZA, P. L'Italie fasciste devant l'opinion française 1920-1940, Colin, Paris, 1967.
MINERBI, S. I. The Vatican and Zionism: confl ict in the Holy Land 1895-1925, Oxford University Press, Nova York, 1990.
MISSORI, M. Gerarchi e statuti del PNF: Gran Consiglio, Direttorio nazionale, Federazioni provinciali: quadri e biografie, Bonacci, Roma, 1986.
MOCKLER, A. Haile Selassie's war: the Italian-Ethiopian campaign 1935-1941, Random House, Nova York, 1984.
MOLA, A. A. Storia della Massoneria italiana dall'unità alla Repubblica, Bompiani, Milão, 1976.
MOLONY, J. N. The emergence of political catholicism in Italy: partito popolare 1919-1926, Croom Helm, Londres, 1977.
MOMIGLIANO, E. Storia tragica e grottesca del razzismo fascista, Mondadori, Milão, 1946.
MORGAN, P. Italian Fascism 1919-1945, St. Martin's Press, Nova York, 1995.
MORRIS, J. The political economy of shopkeeping in Milan 1886-1922, Cambridge University Press, 1993.
MOSELEY, R. Mussolini's shadow: the double life of Count Galeazzo Ciano, Yale University Press, New Haven, Conn., 1999.
MUREDDU, M. Il Quirinale del re, Feltrinelli, Milão, 1977.
MUSIEDLAK, D. Lo stato fascista e la sua classe politica 1922-1943, Il Mulino, Bolonha, 2003.
MUSSOLINI, C. La parentesi: 1914-1924 dall'entrata in guerra alla presa di potere: le vie del fascismo: un esame di bibliografia comparata, Baldini and Castoldi, Milão, 2002.
NAPOLITANO, M. L. Mussolini e la conferenza di Locarno (1925): il problema della sicurezza nella politica estera italiana, Editrice Montefeltro, Urbino, 1996.
NEGASH, T. Italian colonialism in Eritrea 1882-1941: policies, practice and impact, Almquist and Wiksell, Uppsala, 1987.
NEGLIE, P. Fratelli in camicia nera: comunisti e fascisti dal corporativismo alla CGIL (1928-1948), Il Mulino, Bolonha, 1996.
NELLO, P. L'avanguardismo giovanile alle origini del fascismo, Laterza, Bari, 1978.
NELLO, P. Dino Grandi: la formazione di un leader fascista, Il Mulino, Bolonha, 1987.
NELLO, P. Un fedele disubbidiente: Dino Grandi da Palazzo Chigi al 25 luglio, Il Mulino, Bolonha, 1993.
NERI SERNERI, S. Classe, partito, nazione: alle origini della democrazia italiana 1919-1948, P. Lacaita editore, Manduria, 1995.
NOLTE, E. Three faces of fascism: Action Française, Italian Fascism, National Socialism, Mentor, Nova York, 1969.
NOLTE, E. Marxism, Fascism and Cold War, Van Gorcum, Assen, 1982.
NOVAK, B. C. Trieste 1941-1951: the ethnic, political and ideological struggle, University of Chicago Press, 1970.
NOZZOLI, G. I ras del regime: gli uomini che disfecero gli italiani, Bompiani, Milão, 1972.
ONOFRI, N. S. La strage di palazzo d'Accursio: origine e nascita del fascismo bolognese 1919-1920, Feltrinelli, Milão, 1980.
ONOFRI, N. S. Il triangolo rosso (1943-1947): la verità sul dopoguerra in Emilia-Romagna attraverso i documenti d'archivio, Sapere 2000, Roma, 1994.

ORLANDO, F. *I 45 giorni di Badoglio*, Bonacci, Roma, 1994.
PAINTER, B. W. *Mussolini's Rome: rebuilding the Eternal City*, Palgrave Macmillan, Nova York, 2005.
PANSA, G. *L'esercito di Salò*, Mondadori, Milão, 1970.
PANSINI, A. J. *The Duce's dilemma: an analysis of the tragic events associated with Italy's part in World War II*, Greenvale Press, Waco, Tex., 1997.
PAPA, E. R. *Fascismo e cultura*, Marsilio, Pádua, 1975.
PARDINI, G. *Roberto Farinacci ovvero della rivoluzione fascista*, Le Lettere, Florença, 2007.
PARLATO, G. *La sinistra fascista: storia di un progetto mancato*, Il Mulino, Bolonha, 2000.
PARLATO, G. *Fascisti senza Mussolini: le origini del neofascismo in Italia, 1943-1945*, Il Mulino, Bolonha, 2006.
PASSERINI, L. Work ideology and working class attitudes to Fascism. In: P. Thompson (ed.), *Our common history: the transformation of Europe*, Pluto, Londres, 1982.
PASSERINI, L. *Torino operaio e fascismo: una storia orale*, Laterza, Bari, 1984.
PAULICELLI, E. *Fashion under Fascism beyond the blackshirt*, Berg, Oxford, 2004.
PAVAN, I. *Il podestà ebreo: la storia di Renzo Ravenna tra fascismo e leggi razziali*, Laterza, Bari, 2006.
PAVONE, C. *Una guerra civile: saggio storico sulla moralità nella Resistenza*, Bollati Boringhieri, Turim, 1991.
PAXTON, R. O. *The anatomy of fascism*, Allen Lane, Londres, 2004.
PAYNE, S.G. *A history of fascism 1914-1945*, University of Wisconsin Press, Madison, Wisc., 1995.
PERCO JACCHIA, C. *Un paese, La resistenza: testimonianze di uomini e donne di Lucinico/Gorizia*, Del Bianco editore, Udine, 1981.
PERFETTI, F. *Il nazionalismo italiano dalle origini alla fusione col fascismo*, Cappelli, Bolonha, 1977.
PERFETTI, F. *Fascismo monarchico: i paladini della monarchia assoluta fra integralismo e dissidio*, Bonacci, Roma, 1988.
PERFETTI, F. *La Camera dei fasci e delle corporazioni*, Bonacci, Roma, 1991.
PETACCO, A. *Il superfascista: vita e morte di Alessandro Pavolini*, Mondadori, Milão, 1998.
PETACCO, A. *Regina: la vita e segreti di Maria José*, Mondadori, Milão, 1997.
PETRACCHI, G. *Da San Pietroburgo a Mosca: la diplomazia italiana in Russia 1861- 1941*, Bonacci, Roma, 1983.
PEZZINO, P. *Anatomia di un massacro: controversie sopra una strage tedesca*, Il Mulino, Bolonha, 1997.
PICKERING-IAZZI, R. (ed.) *Mothers of invention: women, Italian Fascism and culture*, University of Minnesotsa Press, Minneapolis, 1995.
PIERI, P.; ROCHAT, G. *Pietro Badoglio*, UTET, Turim, 1974.
PINKUS, K. *Bodily regimes: Italian advertising under Fascism*, University of Minnesota Press, Minneapolis, 1995.
PISANÒ, G. *Mussolini e gli ebrei*, Edizioni FPE, Milão, 1967.
PIVA, F. *Lotte contadine e origini del fascismo, Padova-Venezia 1919-1922*, Marsilio, Veneza, 1977.
PIVA, F. *Contadini in fabbrica: Marghera 1920-1945*, Edizioni lavoro, Roma, 1991.
PIZZIGALLO, M. *Mediterraneo e Russia nella politica estera italiana 1922-1924*, Giuffrè, Milão, 1983.
POLLARD, J. F. *The Vatican and Italian Fascism 1929-1932: a study in conflict*, Cambridge University Press, 1985.
POLLARD, J. F. *Money and the rise of the modern papacy: financing the Vatican, 1850-1950*, Cambridge University Press, 2005.
PONZIANI, L. *Notabili, combattenti e nazionalisti. L'Abruzzo verso il fascismo*, F. Angeli, Milão, 1988.
PORTELLI, A. *The order has been carried out: history, memory and the meaning of a Nazi massacre in Rome*, Palgrave Macmillan, 2003.
POULANTZAS, N. *Fascism and dictatorship: the Third International and the problem of fascism*, NLB, Londres, 1974.
PRESIDENZA DEL CONSIGLIO DEI MINISTRI, *Passato e presente della Resistenza: 50 anniversario della Resistenza e della Guerra di Liberazione*, Dipartimento per l'informazione e l'editoria, Roma, 1994.
PREZIOSI, A. M. *Borghesia e fascismo in Friuli negli anni 1920-1922*, Bonacci, Roma, 1980.
PUGLIESE, S. G. *Carlo Rosselli: socialist heretic and Antifascist exile*, Harvard University Press, Cambridge, Mass., 1999.
QUARTARARO, R. *Roma tra Londra e Berlino: la politica estera fascista dal 1931 al 1940*, Bonacci, Milão, 1980.
QUARTARARO, R. *Italia-URSS 1917-1941: i rapporti politici*, Edizioni scientifi che italiane, Nápoles, 1997.

QUARTARARO, R. *I rapporti italo-americani durante il fascismo (1922-1941)*, Edizioni scientifi che italiane, Nápoles, 1999.
QUARTERMAINE, L. *Mussolini's last republic: propaganda and politics in the Italian Social Republic (R.S.I.) 1943-45*, Elm Book Publications, Exeter, 2000.
QUAZZA, G. *Resistenza e storia d'Italia: problemi e ipotesi di ricerca*, Feltrinelli, Milão, 1976.
QUAZZA, G.; COLLOTTI, E.; LEGNANI, M. et al. *Storiografi a e fascismo*, F. Angeli, Milão, 1985.
QUINE, M. *Italy's social revolution: charity and welfare from liberalism to Fascism*, Palgrave Macmillan, Houndmills, 2002.
RABEL, R. G. *Between East and West: Trieste, the United States and the Cold War 1941-1954*, Duke University Press, Durham, N.C., 1988.
RAUTI, G. *Le idee che mossero il mondo*, Centro editoriale nazionale, Roma, 1965.
RAUTI, G. *L'immane conflitto. Mussolini, Roosevelt, Stalin, Churchill, Hitler*, Centro editoriale nazionale, Roma, 1966.
RAUTI, P.; SERMONTI, R. *Storia del fascismo* (5 vols), Centro editoriale nazionale, Roma, 1976-1977.
REICH, W. *The mass psychology of fascism*, Condor, Nova York, 1970.
REVELLI, N. *La guerra dei poveri*, Einaudi, Turim, 1962.
REVELLI, N. *Il mondo dei vinti: testimonianze di vita contadina* (2 vols.), Einaudi, Turim, 1977.
RIZI, F. F. *Benedetto Croce and Italian Fascism*, University of Toronto Press, 2003.
RIZZO, G. *D'Annunzio e Mussolini: la verità sui loro rapporti*, Cappelli, Rocca San Casciano, 1960.
RIZZO, V. *Attenti al Duce: storie minime dell'Italia fascista*, Vallecchi, Florença, 1981.
ROBERTS, D. D. *The syndicalist tradition and Italian Fascism*, Manchester University Press, 1979.
ROBERTS, D. D. *The totalitarian experiment in twentieth-century Europe: understanding the poverty of great politics*, Routledge, Nova York, 2006.
ROBERTSON, E. M. *Mussolini as empire builder: Europe and Africa 1932-6*, Macmillan, Londres, 1977.
ROCHAT, G. *L'esercito italiano da Vittorio Veneto a Mussolini (1919-1925)*, Laterza, Bari, 1967.
ROCHAT, G. *Militari e politici nella preparazione della campagna d'Etiopia: studio e documenti 1932-1936*, F. Angeli, Milão, 1971.
ROCHAT, G. *Italo Balbo: aviatore e ministro dell'aeronautica 1926-1933*, Italo Bovolenta editore, Ferrara, 1979.
ROCHAT, G. *Guerre italiane in Libia e in Etiopia: studi militari 1921-1939*, Pagus editore, Pádua, 1991.
ROCHAT, G. *L'esercito italiano in pace e in guerra: studi di storia militare*, RARA, Milão, 1991.
RODOGNO, D. *Il nuovo ordine mediterraneo: le politiche di occupazione dell'Italia fascista in Europa (1940-1943)*, Bollati Boringhieri, Turim, 2003.
ROGGER, H.; WEBER, E. (eds), *The European right: a historical profile*, Weidenfeld and Nicolson, Londres, 1965.
ROMANO, S. *Giuseppe Volpi: industria e fi nanza tra Giolitti e Mussolini*, Bompiani, Milão, 1979.
ROMEO, R. *L'Italia unita e la prima guerra mondiale*, Laterza, Bari, 1978.
ROSENGARTEN, F. *The Italian Anti-Fascist press (1919–1945) from the legal opposition press to the underground newspapers of World War II*, Case Western University Press, Cleveland, Ohio, 1968.
ROSSELLI, A. *Italy and Albania: financial relations in the Fascist period*, I. B. Tauris, Londres, 2006.
ROSSI, C. *Il Tribunale Speciale: storia documentata*, Casa editrice Ceschina, Milão, 1952.
ROSSI, E. *Padroni del vapore e fascismo*, Laterza, Bari, 1966.
ROSSINI, G. *Il movimento cattolico nel periodo fascista*, Edizioni cinque lune, Roma, 1966.
ROTH, J. J. *The cult of violence: Sorel and the Sorelians*, University of California Press, Berkeley, 1980.
ROVERI, A. *Le origini del fascismo a Ferrara 1918–1921*, Feltrinelli, Milão, 1974.
RUMI, G. *Alle origini della politica estera fascista (1918–1923)*, Laterza, Bari, 1968.
RUSCONI, G. E. *Resistenza e postfascismo*, Il Mulino, Bolonha, 1995.
RUSINOW, D. I. *Italy's Austrian heritage 1919–1946*, Clarendon, Oxford, 1969.
SABBATUCCI, G. *I combattenti nel primo dopoguerra*, Laterza, Bari, 1974.
SABBATUCCI, G. (ed.) *La crisi italiana del primo dopoguerra*, Laterza, Bari, 1976.
SACHS, H. *Music in Fascist Italy*, W. W. Norton, Nova York, 1988.
SADKOVITCH, J. J. *Italian support for Croatian separatism 1927–1937*, Garland, Nova York, 1987.
SADKOVITCH, J. J. *The Italian navy in World War II*, Greenwood Press, Westport, Conn., 1994.
SALOTTI, G. *Giuseppe Giulietti: il sindacato dei marittimi dal 1910 al 1953*, Bonacci, Roma, 1982.
SALOTTI, G. *Nicola Bombacci da Mosca a Salò*, Bonacci, Roma, 1986.
SALVADORI, M. *Gaetano Salvemini*, Einaudi, Turim, 1963.

SALVATORI, P. *Il governorato di Roma: l'amministrazione della capitale durante il fascismo*, Francoangeli, Milão, 2006.
SALVATI, M. *Il regime e gli impiegati: la nazionalizzazione piccolo-borghese nel ventennio fascista*, Laterza, Bari, 1992.
SALVATORELLI, L.; MIRA, G. *Storia d'Italia nel periodo fascista* (2 vols), Mondadori, Milão, 1969.
SALVEMINI, G. *Prelude to World War II*, V. Gollancz, Londres, 1953.
SALVEMINI, G. *Italian Fascist activities in the United States*, Centre for Migration Studies, Nova York, 1977.
SAMUELS, R. J. *Machiavelli's children: leaders and their legacies in Italy and Japan*, Cornell University Press, Ithaca, 2003.
SANTARELLI, E. *Fascismo e neofascismo: studi e problemi di ricerca*, Riuniti, Roma, 1974.
SANTINI, A. *Costanzo Ciano: il ganascia del fascismo*, Camuria, Milão, 1993.
SANTINON, R. *I fasci italiani all'estero*, Edizioni Settimo Sigillo, Roma, 1991.
SANTORO, C. M. *La politica estera di una media potenza: l'Italia dall'unità ad oggi*, Il Mulino, Bolonha, 1991.
SARTI, R. *Fascism and the industrial leadership in Italy 1919–1940: a study in the expansion of private power under Fascism*, University of California Press, Berkeley, 1971.
SARTI, R. (ed.) *The Ax within: Italian Fascism in action*, New Viewpoints, Nova York, 1974.
SARTI, R. *Long live the strong: a history of rural society in the Apennine mountains*, University of Massachusetts Press, Amherst, 1985.
SASSOON, D. *Mussolini and the rise of Fascism*, Harper, Londres, 2007.
SBACCHI, A. *Ethiopia under Mussolini: Fascism and the colonial experience*, Zed Books, Londres, 1985.
SCHNAPP, J. *18BL and the theater of masses for masses*, Stanford University Press, Stanford, Calif., 1996.
SCOPPOLA, P. *La Chiesa e il fascismo: documenti e interpretazioni*, Laterza, Bari, 1971.
SCOTTO DI LUZIO, A. *L'appropriazione imperfetta: editori, biblioteche e libri per ragazzi durante il fascismo*, Il Mulino, Bolonha, 1996.
SEBASTIAN, P. *I servizi segreti speciali britannici e l'Italia (1940-1945)*, Bonacci, Roma, 1986.
SECHI, S. *Dopoguerra e fascismo in Sardegna: il movimento autonomistico nella crisi dello stato liberale (1918-1926)*, Einaudi, Turim, 1969.
SEGRÈ, C. G. *Fourth shore: the Italian colonization of Libya*, University of Chicago Press, 1974.
SEGRÈ, C. G. *Italo Balbo: a Fascist life*, University of California Press, Berkeley, 1987.
SERRA, M. *La ferità della modernità: intellettuali, totalitarismo e immagine del nemico*, Il Mulino, Bolonha, 1992.
SETON-WATSON, C. *Italy from Liberalism to Fascism 1870-1925*, Methuen, Londres, 1967.
SETTA, S. *Renato Ricci. Dallo squadrismo alla Repubblica Sociale Italiana*, Il Mulino, Bolonha, 1986.
SHORROCK, W.I. *From ally to enemy: the enigma of Fascist Italy in French diplomacy 1920-1940*, Kent State University Press, Kent, Ohio, 1988.
SLAUGHTER, J. *Women and the Italian Resistance 1943-1945*, Arden Press, Denver, Colo., 1997.
SLUGA, G. *The problem of Trieste and the Italo-Yugoslav border: difference, identity, and sovereignty in twentieth-century Europe*, State University of New York Press, 2001.
SMYTH, H. McG. *Secrets of the Fascist era: how Uncle Sam obtained some of the toplevel documents of Mussolini's period*, Southern Illinois University Press, Carbonale and Edwardsville, Ill., 1975.
SNOWDEN, F. M. *Violence and the great estates: Apulia 1900-1922*, Cambridge University Press, 1986.
SNOWDEN, F. M. *The Fascist revolution in Tuscany 1919-1922*, Cambridge University Press, 1989.
SOFRI, G. *Gandhi in Italia*, Il Mulino, Bolonha, 1988.
SORGONI, B. *Parole e corpi: antropologia, discorso giuridico e politiche sessuali interrazziali nella colonia Eritrea (1890-1941)*, Liguori, Nápoles, 1998.
SORRENTINO, L. *Da Bel Ami a Lili Marlene: quello che il corrispondente di guerra non scrisse*, Bompiani, Milão, 1980.
SPERONI, G. *Il Duca degli Abruzzi*, Rusconi, Milão, 1991.
SPINOSA, A. *Starace*, Rizzoli, Milão, 1981.
SPRIANO, P. *The occupation of the factories: Italy 1920*, Pluto, Londres, 1975.
SPRIANO, P. *Antonio Gramsci and the party: the prison years*, Lawrence and Wishart, Londres, 1979.
STARON, J. *Fosse Ardeatine e Marzabotto: storia e memoria di due stragi tedesche*, Il Mulino, Bolonha, 2007.
STEINBERG, J. *All or nothing: the Axis and the Holocaust 1941-3*, Routledge, Londres, 1990.
STILLE, A. *Benevolence and betrayal: five Jewish families under Fascism*, Penguin, Nova York, 1993.
STONE, M. S. *The patron state: culture and politics in Fascist Italy*, Princeton University Press, 1998.
STURANI, E. *Otto milioni di cartoline per il Duce*, Centro Scientifico editore, Turim, 1995.

SUSMEL, D. *La vita sbagliata di Galeazzo Ciano,* Aldo Palazzi editore, Milão, 1962.
TAMAGNA, F. M. *Italy's interests and policies in the Far East,* Institute of Pacific Relations, Nova York, 1941.
TAMARO, A. *La condanna dell'Italia nel trattato di pace,* Cappelli, Rocca San Casciano, 1952.
TANNENBAUM, E. R. *Fascism in Italy: society and culture 1922-1945,* Allen Lane, Londres, 1973.
TAYLOR, A. J. P. *The origins of the Second World War,* Penguin, Harmondsworth, 1964.
TENDERINI, M.; SHANDRICK, M. *The Duke of the Abruzzi: an explorer's life,* The Mountaineers, Baton Wicks, Seattle, Wash., 1997.
TERHOEVEN, P. *Oro alla patria: donne, guerra e propaganda nella giornata della Fede Fascista,* Il Mulino, Bolonha, 2006.
TINGHINO, J. J. *Edmondo Rossoni from revolutionary syndicalism to Fascism,* P. Lang, Nova York, 1991.
TOSCANO, M. Eden's mission to Rome on the eve of the Italo-Ethiopian conflict. In: A. O. Sarkissian (ed.), *Studies in diplomatic history and historiography in honour of G. P. Gooch,* Longmans, Londres, 1961.
TOSCANO, M. *Dal 25 luglio all'8 settembre,* Le Monnier, Florença, 1966.
TOSCANO, M. *Storia diplomatica della questione dell'Alto Adige,* Laterza, Bari, 1967.
TOSCANO, M. *The origins of the Pact of Steel,* Johns Hopkins University Press, Baltimore, Md., 1967.
TOSCANO, M. *Designs in diplomacy: pages from European diplomatic history in the twentieth century,* Johns Hopkins Press, Baltimore, Md., 1970.
TRANFAGLIA, N. *Carlo Rosselli dall'interventismo a "Giustizia e Libertà",* Laterza, Bari, 1965.
TRANFAGLIA, N. (ed.) *L'Italia unita nella storiografi a del secondo dopoguerra,* Feltrinelli, Milão, 1980.
TRANFAGLIA, N. *Labirinto italiano: radici storiche e nuove contraddizioni,* Celid, Turim, 1984.
TRANFAGLIA, N. *Un passato scomodo: fascismo e postfascismo,* Laterza, Bari, 1996.
TREVES, A. *Le migrazioni interne nell'Italia fascista,* Einaudi, Turim, 1976.
TURI, G. *Lo stato educatore: politica e intellettuali nell'Italia fascista,* Laterza, Bari, 2002.
TURNER, H. A. (ed.) *Reappraisals of fascism,* New Viewpoints, Nova York, 1975.
UNGARI, P. *Alfredo Rocco e l'ideologia giuridica del fascismo,* Morcelliana, Bréscia, 1963.
VAINI, M. *Le origini del fascismo a Mantova (1914-1922),* Riuniti, Roma, 1961.
VAJDA, M. *Fascism as a mass movement,* Allison and Busby, Londres, 1976.
VANNONI, G. *Massoneria, fascismo e chiesa cattolica,* Laterza, Bari, 1980.
VARVARO, P. *Una città fascista: potere e società a Napoli,* Sellerio, Palermo, 1990.
VENÈ, G. F. *Mille lire al mese: la vita quotidiana della famiglia nell'Italia fascista,* Mondadori, Milão, 1988.
VENÈ, G. F. *Coprifuoco: vita quotidiana degli italiani nella guerra civile 1943-1945,* Mondadori, Milão, 1989.
VENERUSO, D. *L'Italia fascista 1922-1945,* Il Mulino, Bolonha, 1984.
VIGEZZI, B. (ed.) *1919-1925: dopoguerra e fascismo: politica e stampa in Italia,* Laterza, Bari, 1965.
VILLARI, Lucio *Le avventure di un capitano d'industria,* Einaudi, Turim, 1991.
VILLARI, Lucio *Il capitalismo italiano del novecento,* Laterza, Bari, 1992.
VILLARI, Luigi *Affari esteri 1943-1945,* Magi-Spinetti, Roma, 1948.
VILLARI, Luigi *The liberation of Italy 1943-1947,* C. C. Nelson, Appleton, Wisc., 1959.
VILLARI, Luigi *Italian foreign policy under Mussolini,* Holborn Publishing Company, Londres, 1959.
VIVARELLI, R. *Il dopoguerra in Italia e l'avvento del fascismo (1918-1922) vol. 1 dalla fine della guerra all'impresa di Fiume,* Istituto italiano per gli studi storici, Nápoles, 1967.
VIVARELLI, R. *Il fallimento del liberalismo: studi sulle origini del fascismo,* Il Mulino, Bolonha, 1981.
VIVARELLI, R. *Storia delle origini del fascismo: l'Italia dalla grande guerra alla marcia su Roma,* vol. 2, Il Mulino, Bolonha, 1991.
VIVARELLI, R. *Fascismo e storia d'Italia,* Il Mulino, Bolonha, 2008.
VOIGT, K. *Il rifugio precario: gli esuli in Italia dal 1933 al 1945* (2 vols), La Nuova Italia, Florença, 1996.
VOLPE, G. *Gabriele D'Annuzio: L'Italiano, il Politico, il Comandante,* Giovanni Volpe editore, Roma, 1981.
VOLPE, G. *Nel regno di Clio: (nuovi 'Storici e Maestri'),* Giovanni Volpe editore, Roma, 1977.
WALEY, D. *British public opinion and the Abyssinian war 1935-6,* M. Temple Smith, Londres, 1975.
WARD, D. *Antifascisms: cultural politics in Italy 1943-46: Benedetto Croce and the Liberals, Carlo Levi and the "Actionists",* Farleigh Dickinson University Press, Madison, Wis., 1996.
WATERFIELD, G. *Professional diplomat: Sir Percy Loraine of Kirkharle Bt. 1880-1961,* J. Murray, Londres, 1973.
WATT, D. C. *How war came: the immediate origins of the Second World War 1938-1939,* Heinemann, Londres, 1989.
WEBSTER, R. A. *L'imperialismo industriale italiano 1908-1915: studi sul pre-fascismo,* Einaudi, Turim, 1974.

WEINBERG, G. L. *The foreign policy of Hitler's Germany: diplomatic revolution in Europe 1933-1936*, University of Chicago Press, 1970.
WEINBERG, G. L. *The foreign policy of Hitler's Germany: starting World War II 1937-1939*, Chicago University Press, 1980.
WEISS, J. *The fascist tradition: radical right-wing extremism in modern Europe*, Harper and Row, Nova York, 1967.
WHITAKER, E. D. *Measuring mamma's milk: Fascism and the medicalization of maternity in Italy*, University of Michigan Press, Ann Arbor, 2000.
WHITTAM, J. The Italian General Staff and the coming of the Second World War. In: A. Preston (ed.), *General staffs and diplomacy before the Second World War*, Croom Helm, Londres, 1978.
WHITTAM, J. *Fascist Italy*, Manchester University Press, 1995.
WILHELM, M. de B. *The other Italy: Italian resistance in World War II*, W. W. Norton, Nova York, 1988.
WILLIAMS, M. A. *Mussolini's propaganda abroad: subversion in the Mediterranean and the Middle East, 1935-1940*, Routledge, Londres, 2006.
WILLSON, P. R. *The clockwork factory: women and work in Fascist Italy*, Clarendon, Oxford, 1993.
WILLSON, P. R. *Peasant women and work in Fascist Italy: the Massaie Rurali*, Routledge, Londres, 2002.
WISKEMANN, E. *The Rome-Berlin Axis*, Oxford University Press, Londres, 1949.
WISKEMANN, E. *Fascism in Italy*, Macmillan, Londres, 1969.
WOHL, R. *The generation of 1914*, Weidenfeld and Nicolson, Londres, 1980.
WOHL, R. *A passion for wings: aviation and the Western imagination 1908-1918*, Yale University Press, New Haven, Conn., 1994.
WOLLER, H. *I conti con il fascismo: l'epurazione in Italia 1943-1948*, Il Mulino, Bolonha, 1997.
WOLLER, H. *28 ottobre 1922. L'Europa e la sfi da dei fascismi*, Il Mulino, Bolonha, 2001.
WOOLF, S. J. (ed.) *The nature of fascism*, Weidenfeld and Nicolson, Londres, 1968.
WOOLF, S. J. (ed.) *Fascism in Europe*, Methuen, Londres, 1981.
ZAGHENI, G. *La croce e il fascio: i cattolici italiani e la dittatura*, Edizioni San Paolo, Cinisello Balsamo, 2006.
ZAMAGNI, V. *The economic history of Italy 1860-1990*, Clarendon, Oxford, 1993.
ZANZANAINI, G. *Renato Ricci: fascista integrale*, Mursia, Milão, 2004.
ZANI, L. *Italia libera: il primo movimento antifascista clandestino (1923-1925)*, Laterza, Bari, 1975.
ZANNI ROSIELLO, I. (ed.) *Gli apparati statali dall'unità al fascismo*, Il Mulino, Bolonha, 1976.
ZIMMERMANN, J. D. *Jews in Italy under Fascist and Nazi rule, 1922-1945*, Cambridge University Press, 2005.
ZUCCOTTI, S. *The Italians and the Holocaust: persecution, rescue and survival*, Basic Books, Nova York, 1987.
ZUCCOTTI, S. *Under his very windows: the Vatican and the Holocaust in Italy*, Yale University Press, New Haven, 2002.

Artigos (em inglês)

ABSALOM, R. Hiding history: the Allies, the Resistance and the others in Occupied Italy 1943-1945, *Historical Journal*, 38, 1995.
ADAMSON, W. L. Benedetto Croce and the death of ideology, *Journal of Modern History*, 55, 1983.
ADAMSON, W. L. Fascism and culture: avant-gardes and secular religion in the Italian case, *Journal of Contemporary History*, 24, 1989.
ADAMSON, W. L. Modernism and Fascism: the politics of culture in Italy, 1903-1922, *American Historical Review*, 95, 1990.
ADAMSON, W. L. The language of opposition in early twentieth century Italy: rhetorical continuities between pre-war Florentine avant-gardism and Mussolini's Fascism, *Journal of Modern History*, 64, 1992.
ADAMSON, W. L. The culture of Italian Fascism and the Fascist crisis of modernity: the case of *Il Selvaggio*, *Journal of Contemporary History*, 30, 1995.
ALLARDYCE, G. What fascism is not: thoughts on the deflation of a concept, *American Historical Review*, 84, 1979.
AQUARONE, A. Italy: the crisis of the corporative economy, *Journal of Contemporary History*, 4, 1969.
AZZI, S. C. The historiography of Fascist foreign policy, *Historical Journal*, 36, 1993.

BALDOLI, C. The "Northern Dominator" and the Mare Nostrum: Fascist Italy's "cultural war" in Malta, *Modern Italy,* 13, 2008.
BAXA, P. Piacentini's window: the modernism of the Fascist Master Plan of Rome, *Journal of Contemporary History,* 39, 2004.
BEN-GHIAT, R. Fascism, writing and memory: the realist aesthetic in Italy 1930-1950, *Journal of Modern History,* 67, 1995.
BEN-GHIAT, R. Italian Fascism and the aesthetics of the "third way", *Journal of Contemporary History,* 31, 1996.
BERNARDINI, G. The origins and development of racial Anti-Semitism in Fascist Italy, *Journal of Modern History,* 49, 1977.
BLATT, J. The battle of Turin 1933-1936: Carlo Rosselli, Giustizia e Libertà, OVRA and the origins of Mussolini's Anti-Semitic campaigns, *Journal of Modern Italian Studies,* 1, 1995.
BOSWORTH, R. J. B. The British press, the conservatives and Mussolini 1920-1934, *Journal of Contemporary History,* 5, 1970.
BOSWORTH, R. J. B. Renato Citarelli, Fascist Vice Consul in Perth: a documentary note, *Papers in Labor History,* 14, 1994.
BOSWORTH, R. J. B. Tourist planning in Fascist Italy and the limits of a totalitarian culture, *Contemporary European History,* 6, 1995.
BOSWORTH, R. J. B. The *Touring Club Italiano* and the nationalisation of the Italian bourgeoisie, *European History Quarterly,* 27, 1997.
BOSWORTH, R. J. B. Venice between Fascism and international tourism, 1911-1945, *Modern Italy,* 4, 1999.
BOSWORTH, R. J. B. *Per necessità famigliare*: hypocrisy and corruption in Fascist Italy, *European History Quarterly,* 30, 2000.
BOSWORTH, R. J. B. Imitating Mussolini with advantages: the case of Edgardo Sulis, *European History Quarterly,* 32, 2002.
BOSWORTH, R. J. B. War, totalitarianism and "deep belief" in Fascist Italy, 135-143, *European History Quarterly,* 34, 2004.
BOSWORTH, R. J. B. Everyday Mussolinism: friends, family, locality and violence in Fascist Italy, *Contemporary European History,* 14, 2005.
BOSWORTH, R. J. B. *L'Anno Santo (Holy Year) in Fascist Italy 1933-34, European History Quarterly,* 40, 2010.
BRAUN, E. Expressionism as Fascist aesthetic, *Journal of Contemporary History,* 31, 1996.
BRUNETTA, G. P. The conversion of the Italian cinema to Fascism in the 1920s, *Journal of Italian History,* 1, 1978.
BURDETT, C. Journeys to the *other* spaces of Fascist Italy, *Modern Italy,* 5, 2000.
BURDETT, C. Journeys to Italian East Africa 1936-1941: narrations of settlement, *Journal of Modern Italian Studies,* 5, 2000.
CAMMETT, J. M. Communist theories of Fascism, *Science and Society,* 31, 1967. CANNISTRARO, P. V. Mussolini's cultural revolution, *Journal of Contemporary History,* 7, 1972.
CANNISTRARO, P. V. Fascism and Italian-Americans in Detroit, *International Migration Review,* 9, 1975.
CANNISTRARO, P. V.; ROSOLI, G. Fascist emigration policy in the 1920s: an interpretative framework, *International Migration Review,* 13, 1979.
CANNISTRARO, P. V. Mussolini, Sacco-Vanzetti, and the anarchists: the transatlantic context, *Journal of Modern History,* 68, 1996.
CASSELS, A. Mussolini and German nationalism, *Journal of Modern History,* 35, 1963.
CASSELS, A. Fascism for export: Italy and the United States in the twenties, *American Historical Review,* 72, 1964.
CHAPMAN, J. W. M. Tricycle recycled: collaboration among the secret intelligence services of the Axis states, 1940-41, *Intelligence and National Security,* 7, 1992.
CIRUZZI, R.J. The Federazione universitaria cattolica italiana: Catholic students in Fascist Italy, *Risorgimento,* 3, 1982.
CLARK, M. Italian squadrism and contemporary vigilantism, *European History Quarterly,* 18, 1988.
CLIADAKIS, H. Neutrality and war in Italian policy 1939-1940, *Journal of Contemporary History,* 9, 1974.
COHEN, J. S. The 1927 revaluation of the lira: a study in political economy, *The Economic History Review,* 25, 1972.

COHEN, J. S. Was Italian Fascism a developmental dictatorship? Some evidence to the contrary, *Economic History Review*, 91, 1988.
CORNER, P. Women in Fascist Italy. Changing family roles in the transition from an agricultural to an industrial society, *European History Quarterly*, 23, 1993.
CORNER, P. The road to Fascism: an Italian *Sonderweg*, *Contemporary European History*, 11, 2002.
CORNER, P. Italian Fascism: whatever happened to dictatorship?, *Journal of Modern History*, 74, 2002.
CORNER, P. Everyday Fascism in the 1930s: centre and periphery in the decline of Mussolini's dictatorship, *Contemporary European History*, 15, 2006.
COVERDALE, J. F. The battle of Guadalajara, 8-22 March 1937, *Journal of Contemporary History*, 9, 1974.
CSÖPPUS, J. The Rome pact and Hungarian agricultural exports to Italy (1920-1944), *Journal of European Economic History*, 11, 1982.
DAGNINO, J. Catholic modernities in Fascist Italy: the intellectuals of *Azione Cattolica*, *Totalitarian Movements and Political Religions*, 8, 2007.
DAVIS, J. Remapping Italy's path to the twentieth century, *Journal of Modern History*, 66, 1994.
DE CAPRARIIS, L. Fascism for export? The rise and eclipse of the Fasci Italiani ll'Estero, *Journal of Contemporary History*, 35, 2000.
DE FELICE, R. Fascism and culture in Italy: outlines for further study, *Stanford Italian Review*, 8, 1990.
DE GRAND, A. J. Curzio Malaparte: the illusion of the Fascist revolution, *Journal of Contemporary History*, 7, 1972.
DE GRAND, A. J. Cracks in the facade: the failure of Fascist totalitarianism in Italy 1935-9, *European History Quarterly*, 21, 1991.
DELZELL, C. F. Benito Mussolini; a guide to the biographical literature, *Journal of Modern History*, 35, 1963.
DELZELL, C. F. Mussolini's Italy: twenty years after, *Journal of Modern History*, 38, 1966.
DELZELL, C. F. Pius XII, Italy and the outbreak of war, *Journal of Contemporary History*, 2, 1967.
DOGLIANI, P. Sport and Fascism, *Journal of Modern Italian Studies*, 5, 2000.
EDWARDS, P. G. The Foreign Office and Fascism 1924-29, *Journal of Contemporary History*, 5, 1970.
EDWARDS, P. G. The Austen Chamberlain-Mussolini meetings, *Historical Journal*, 14, 1971.
EVANS, A. R. Assignment to Armageddon: Ernst Jünger and Curzio Malaparte on the Russian front 1941-1943, *Central European History*, 14, 1981.
FOCARDI, F.; KLINKHAMMER, L. The question of Fascist Italy's war crimes: the construction of a self-acquitting myth, *Journal of Modern Italian Studies*, 9, 2004.
FOGU, C. Fascism and *historic* representation: the 1932 Garibaldian celebrations, *Journal of Contemporary History*, 31, 1996.
FOGU, C. *Il Duce taumaturgo*: modernist rhetorics in Fascist representations of history, *Representations*, 57, 1997.
FOOT, J. M. White bosheviks? The catholic left and the socialists in Italy, 1919-1920, *Historical Journal*, 40, 1997.
FOOT, J. The tale of San Vittore: prisons, politics, crime and Fascism in Milan, 1943-1946, *Modern Italy*, 3, 1998.
FRADDOSIO, M. The Fallen Hero: the myth of Mussolini and Fascist women in the Italian Social Republic (1943-5), *Journal of Contemporary History*, 31, 1996.
FULLER, M. Wherever you are, there you are: Fascist plans for the colonial city of Addis Ababa and the colonizing suburb of EUR 42, *Journal of Contemporary History*, 31, 1996.
GANAPINI, L. The dark side of Italian history, 1943-1945, *Modern Italy*, 12, 2007.
GATT, A. Futurism, proto-Fascist Italian culture and the sources of Douhetism, *War and Society*, 15, 1997.
GENTILE, E. The problem of the party in Italian Fascism, *Journal of Contemporary History*, 19, 1984.
GENTILE, E. Fascism in Italian historiography: in search of an individual historical identity, *Journal of Contemporary History*, 21, 1986.
GENTILE, E. Fascism as political religion, *Journal of Contemporary History*, 25, 1990.
GENTILE, E. Impending modernity: Fascism and the ambivalent image of the United States, *Journal of Contemporary History*, 28, 1993.
GENTILE, E. Renzo De Felice; a tribute, *Journal of Contemporary History*, 32, 1997.
GENTILE, E. Mussolini's charisma, *Modern Italy*, 3, 1998.
GENTILE, E. Fascism, totalitarianism and political religion: definitions and critical reflections on criticism of an interpretation, *Totalitarian Movements and Political Religions*, 5, 2004.

GENTILE, E. Political religion: a concept and its critics — a critical survey, *Totalitarian Movements and Political Religion,* 6, 2005.
GENTILE, E. New idols: Catholicism in the face of Fascist totalitarianism, *Journal of Modern Italian Studies,* 11, 2006.
GHIRARDO, D. Città fascista: surveillance and spectacle, *Journal of Contemporary History,* 31, 1996.
GILLETTE, A. The origins of the "Manifesto of the racial scientists", *Journal of Modern Italian Studies,* 6, 2001.
GOLDMAN, A. L. Sir Robert Vansittart's search for Italian cooperation against Hitler 1933-36, *Journal of Contemporary History,* 9, 1974.
GREGOR, A. J. Professor Renzo De Felice and the Fascist phenomenon, *World Politics,* 30, 1978.
GRIFFIN, R. The sacred synthesis: the ideological cohesion of Fascist cultural policy, *Modern Italy,* 3, 1998.
GRIFFIN, R. The primacy of culture: the current growth (or manufacture) of consensus within Fascist studies, *Journal of Contemporary History,* 37, 2002.
GRIFFIN, R. Cloister or cluster? The implications of Emilio Gentile's theory of political religion for the study of extremism, *Totalitarian Movements and Political Religion,* 6, 2005.
GRIFFIN, R. The "Holy Storm": "Classical Fascism" through the lens of modernism, *Totalitarian Movements and Political Religion,* 8, 2007.
GUMBRECHT, H. U. *I redentori della vittoria*: on Fiume's place in the genealogy of Fascism, *Journal of Contemporary History,* 31, 1996.
HARRISON, E. D. R. On secret service for the Duce: Umberto Campini in Portuguese East Africa, 1941-1943, *English Historical Review,* 122, 2007.
HELSTOSKY, C. F. Fascist food politics: Mussolini's policy of alimentary sovereignty, *Journal of Modern Italian Studies,* 9, 2004.
HURST, M. What is fascism?, *Historical Journal,* 11, 1968.
IPSEN, C. The organization of demographic totalitarianism: early population policy in Fascist Italy, *Social Science History,* 17, 1993.
JOSEPH, R. The Martignoni affair: how a Swiss politician deceived Mussolini, *Journal of Contemporary History,* 9, 1974.
KALLIS, A. A. To expand or not to expand? Territory, generic fascism and the quest for an "ideal fatherland", *Journal of Contemporary History,* 38, 2003.
KENT, P. C. A tale of two Popes: Pius XI, Pius XII and the Rome-Berlin Axis, *Journal of Contemporary History,* 23, 1988.
KENT, P. C. Between Rome and Londres: Pius XI, the Catholic Church and the Abyssinian crisis of 1935-1936, *International History Review,* 11, 1989.
KESERICH, C. The British Labour press and Italian Fascism 1922-25, *Journal of Contemporary History,* 10, 1975.
KNOX, M. Conquest, foreign and domestic, in Fascist Italy and Nazi Germany, *Journal of Modern History,* 56, 1984.
KNOX, M. The Fascist regime, its foreign policy and its wars: an Anti-Anti-Fascist orthodoxy?, *Contemporary European History,* 4, 1995.
LABANCA, N. Colonial rule, colonial repression and war crimes in the Italian colonies, *Journal of Modern Italian Studies,* 9, 2004.
LA ROVERE, L. Fascist groups in Italian universities: an organisation at the service of the totalitarian state, *Journal of Contemporary History,* 34, 1999.
LASANSKY, D. M. Tableau and memory: the Fascist revival of the Medieval/Renaissance festival in Italy, *The European Legacy,* 4, 1999.
LEDEEN, M. Italian Fascism and youth, *Journal of Contemporary History,* 4, 1969.
LEDEEN, M. The evolution of Italian Fascist Antisemitism, *Jewish Social Studies,* 37, 1975.
LEDEEN, M. Renzo De Felice and the controversy over Italian Fascism, *Journal of Contemporary History,* 11, 1976.
LEPSCHY, G. C. The language of Mussolini, *Journal of Italian History,* 1, 1978.
LEVY, C. Fascism, National Socialism and conservatives in Europe, 1914-1945: issues for comparitivists, *Contemporary European History,* 8, 1999.
LISENMAYER, W. S. Italian peace feelers before the fall of Mussolini, *Journal of Contemporary History,* 16, 1981.
LOGAN, O. Pius XII: *romanità*, prophesy and charisma, *Modern Italy,* 3, 1998.

LUZZATTO, S. The political culture of Fascist Italy, *Contemporary European History*, 8, 1999.
LYTTELTON, A. Fascism in Italy: the second wave, *Journal of Contemporary History*, 1, 1966.
MACDONALD, C. A. Radio Bari: Italian wireless propaganda in the Middle East and British counter measures 1934-1938, *Middle Eastern Studies*, 13, 1977.
MACK SMITH, D. Benedetto Croce: history and politics, *Journal of Contemporary History*, 8, 1973.
MACK SMITH, D. Mussolini: reservations about Renzo De Felice's biography, *Modern Italy*, 5, 2000.
MALLETT, R. Fascist foreign policy and official Italian views of Anthony Eden in the 1930s, *Historical Journal*, 43, 2000.
MARKS, S. Mussolini and Locarno: Fascist foreign policy in microcosm, *Journal of Contemporary History*, 14, 1979.
MARZARI, F. Projects for an Italian-led Balkan bloc of neutrals September-December 1939, *Historical Journal*, 13, 1970.
MASON, T. The Great Economic History Show, *History Workshop*, 21, 1986.
MASON, T. Italy and modernization: a montage, *History Workshop Journal*, 25, 1988.
MELOGRANI, P. The cult of the Duce in Mussolini's Italy, *Journal of Contemporary History*, 11, 1976.
MICHAELIS, M. Fascism, totalitarianism and the Holocaust: reflections on current interpretations of National Socialist Anti-Semitism, *European History Quarterly*, 19, 1989.
MILLMAN, B. Canada, sanctions and the Abyssinian crisis of 1935, *Historical Journal*, 40, 1997.
MORGAN, P. "I was there too." Memories of victimhood in wartime Italy, *Modern Italy*, 14, 2009.
MORRIS, J. Retailers, Fascism and the origins of the social protection of shopkeepers in Italy, *Contemporary European History*, 5, 1996.
MORRIS, J. The Fascist "disciplining" of the Italian retail sector, 1922-1940, *Business History*, 40, 1998.
MORRIS, J. Traders, taxpayers, citizens: the lower middle classes from liberalism to fascism, *Modern Italy*, 7, 2002.
MOSSE, G. The political culture of Italian Futurism: a general perspective, *Journal of Contemporary History*, 25, 1990.
NERI SERNERI, S. A past to be thrown away? Politics and history in the Italian Resistance, *Contemporary European History*, 4, 1995.
NOETHER, E. P. Italian intellectuals under Fascism *Journal of Modern History*, 43, 1971.
O'BRIEN, A. C. Italian youth in confl ict: Catholic Action and Fascist Italy 1929-1931, *Catholic Historical Review*, 68, 1982.
PAINTER, B. Renzo De Felice and the historiography of Italian Fascism, *American Historical Review*, 95, 1990.
PARSONS, G. Fascism and Catholicism: a case study of the *Sacrario dei caduti fascisti* in the crypt of San Domenico, Siena, *Journal of Contemporary History*, 42, 2007.
PASSERINI, L. Italian working class culture between the wars: consensus to Fascism and work ideology, *International Journal of Oral History*, 1, 1980.
PATRIARCA, S. Italian neopatriotism: debating national identity in the 1990s, *Modern Italy*, 6, 2001.
PAVLOWITCH, S. K. The king who never was: an instance of Italian involvement in Croatia 1941-3, *European Studies Review*, 8, 1978.
PAXTON, R. The five stages of fascism, *Journal of Modern History*, 70, 1998.
PESMAN COOPER, R. Australian tourists in Fascist Italy, *Journal of Australian Studies*, 27, 1990.
PESMAN COOPER, R. "We want a Mussolini": views of Fascist Italy in Australia, *Australian Journal of Politics and History*, 39, 1993.
PETRACARRO, D. The Italian army in Africa 1940-1943: an attempt at historical perspective, *War and Society*, 9, 1991.
PETRACCHI, G. Ideology and *realpolitik*: Italo-Soviet relations 1917-1932, *Journal of Italian History*, 2, 1979.
PEZZINO, P. The German military occupation of Italy and the war against civilians, *Modern Italy*, 12, 2007.
POLLARD, J. F. The Vatican and the Wall Street crash: Bernardino Nogara and papal finances in the early 1930s, *Historical Journal*, 42, 1999.
PROCACCI, G. Italy: from interventionism to fascism 1917-19, *Journal of Contemporary History*, 3, 1968.
PUGLIESE, S. G. Death in exile: the assassination of Carlo Rosselli, *Journal of Contemporary History*, 32, 1997.
REECE, J. E. Fascism, the Mafi a and the emergence of Sicilian separatism (1919-1943), *Journal of Modern History*, 45, 1973.
RENZI, W. A. Mussolini's sources of fi nancial support 1914-1915, *History*, 56, 1971.

ROBERTS, D. D. Croce and beyond: Italian intellectuals and the First World War, *International History Review,* 3, 1981.
ROBERTS, D. D. How not to think about fascism and ideology, intellectual antecedents and historical meaning, *Journal of Contemporary History,* 35, 2000.
ROBERTS, D. D. Myth, style, substance and the totalitarian dynamic in Fascist Italy, *Contemporary European History,* 16, 2007.
ROBERTSON, E. M. Race as a factor in Mussolini's policy in Africa and Europe, *Journal of Contemporary History,* 23, 1988.
ROBERTSON, J. C. The Hoare-Laval pact, *Journal of Contemporary History,* 10, 1975.
ROTH, J. J. The roots of Italian Fascism: Sorel and *Sorelismo, Journal of Modern History,* 39, 1967.
SADKOVITCH, J. J. Aircraft carriers and the Mediterranean 1940-1943: rethinking the obvious, *Aerospace Historian,* 34, 1987.
SADKOVITCH, J. J. Understanding defeat: reappraising Italy's role in World War II, *Journal of Contemporary History* 24, 1989.
SADKOVITCH, J. J. Of myths and men: Rommel and the Italians in North Africa 1940- 1942, *International History Review,* 13, 1991.
SADKOVITCH, J. J. The Italo-Greek war in context: Italian priorities and Axis diplomacy, *Journal of Contemporary History* 28, 1993.
SADKOVITCH, J. J. Italian morale during the Italo-Greek war of 1940-1941, *War and Society,* 12, 1994.
SALVEMINI, G. Pietro Badoglio's role in the Second World War, *Journal of Modern History,* 21, 1949.
SALVEMINI, G. Economic conditions in Italy 1919-22, *Journal of Modern History,* 23, 1951.
SANTARELLI, L. Muted violence: Italian war crimes in occupied Greece, *Journal of Modern Italian Studies,* 9, 2004.
SARTI, R. Fascist modernization in Italy: traditional or revolutionary? *American Historical Review,* 75, 1970.
SARTI, R. Mussolini and the Italian industrial leadership in the battle of the lira 1925-1927, *Past and Present,* 47, 1970.
SCHNAPP, J. T. *18BL*: Fascist mass spectacle, *Representations,* 43, 1993.
SCHNAPP, J. T. Fascinating fascism, *Journal of Contemporary History* 31, 1996.
SCRIBA, F. The sacralization of the Roman past in Mussolini's Italy. Erudition, aesthetics and religion in the exhibition of Augustus' bimillenary in 1937-38, *Storia della Storiografia,* 30, 1996.
SEGRÈ, C. G. Italo Balbo and the colonization of Libya, *Journal of Contemporary History,* 7, 1972.
SEGRÈ, C. G. Douhet in Italy: prophet without honor? *Aerospace Historian,* 26, 1979.
SETTEMBRINI, D. Mussolini and the legacy of revolutionary socialism, *Journal of Contemporary History,* 11, 1976.
SHORROCK, W. I. France and the rise of Fascism in Italy 1919-1923, *Journal of Contemporary History,* 10, 1975.
SLUGA, G. The Risiera di San Sabba: Fascism, anti-Fascism and Italian nationalism, *Journal of Modern Italian Studies,* 1, 1996.
SNOWDEN, F. "Fields of death": malaria in Italy 1861-1962, *Modern Italy,* 4, 1999.
SONNESSA, A. The 1922 Turin massacre (*strage di Torino*): working class resistance and conflicts within Fascism, *Modern Italy,* 10, 2005.
STAFFORD, P. The Chamberlain-Halifax visit to Rome: a reappraisal, *English Historical Review,* 98, 1983.
TRANG, G. B. Imperial dreams: the Mussolini-Laval accords of January 1935, *Historical Journal,* 44, 2001.
STONE, M. Staging Fascism: the exhibition of the Fascist revolution, *Journal of Contemporary History,* 28, 1993.
SULLIVAN, B. R. A fleet in being: the rise and fall of Italian sea power 1861-1943, *International History Review,* 10, 1988.
SULLIVAN, B. R. "A highly commendable action": William J. Donovan's intelligence mission for Mussolini and Roosevelt December 1935-February 1936, *Intelligence and National Security,* 6, 1991.
SUZZI VALLI, R. The myth of *squadrismo* in the Fascist regime, *Journal of Contemporary History,* 35, 2000.
TANNENBAUM, E. R. The goals of Italian Fascism, *American Historical Review,* 74, 1969.
TARQUINI, A. The Anti-Gentilians during the Fascist regime, *Journal of Contemporary History,* 40, 2005.
THORPE, W. The European syndicalists and war 1914-1918, *Contemporary European History,* 10, 2001.
TRIFOKOVIC, S. Rivalry between Germany and Italy in Croatia 1942-1943, *Historical Journal,* 36, 1993.
TURI, G. Giovanni Gentile: oblivion, remembrance, and criticism, *Journal of Modern History,* 70, 1998.

VARSORI, A. Italy, Britain and the problems of a separate peace during the Second World War, *Journal of Italian History*, 1, 1978.
VENTURA, A. Anna Kuliscioff, Filippo Turati and Italian socialism during the postwar crisis (1919-1925), *Journal of Italian History*, 1, 1978.
VERNA, F. P. Notes on Italian rule in Dalmatia under Bastianini 1941-1943, *International History Review*, 12, 1990.
VILLARI, G. A failed experiment: the exportation of Fascism to Albania, *Modern Italy*, 12, 2007.
VISANI, A. Italian reactions to the racial laws as seen through the classified files of the Ministry of Popular Culture, *Journal of Modern Italian Studies*, 11, 2006.
VISSER, R. Fascist doctrine and the cult of *romanità*, *Journal of Contemporary History*, 27, 1992.
VIVARELLI, R. Interpretations of the origins of Fascism, *Journal of Modern History*, 63, 1991.
VON HENNEBERG, K. Imperial uncertainties: architectural syncretism and improvisation in Fascist colonial life, *Journal of Contemporary History*, 31, 1996.
VON HENNENBERG, K. Monuments, public space and the memory of empire in modern Italy, *History and Memory*, 16, 2004.
WALSTON, J. History and memory of the Italian concentration camps, *Historical Journal*, 40, 1997.
WANROOIJ, B. "Il Bo" 1935-1944: Italian students between Fascism and Anti-Fascism, *Risorgimento*, 3, 1982.
WANROOIJ, B. The rise and fall of Italian Fascism as a generational revolt, *Journal of Contemporary History*, 22, 1987.
WATT, D. C. The Rome-Berlin Axis 1936-40: myth or reality, *Review of Politics*, 22, 1960.
WATT, D. C. Hitler's visit to Rome and the May weekend crisis: a study in Hitler's response to external stimuli, *Journal of Contemporary History*, 9, 1974.
WEBER, E. Revolution? Counterrevolution? What revolution?, *Journal of Contemporary History*, 9, 1974.
WHEALEY, R. H. Mussolini's ideological diplomacy: an unpublished document, *Journal of Modern History*, 39, 1967.
WHITTAM, J. Drawing the line: Britain and the emergence of the Trieste question 1941-May 1945, *English Historical Review*, 106, 1991.
WILDGEN, J. K. The liberation of the Valle d'Aosta 1943-1945, *Journal of Modern History*, 42, 1970.
WILDVANG, F. The enemy next door: Italian collaboration in deporting Jews during the German occupation of Rome, *Modern Italy*, 12, 2007.
WILLSON, P. R. Flowers for the doctor: pro-natalism and abortion in Fascist Milan, *Modern Italy*, 1, 1996.
WILLSON, P. R. The fairy tale witch: Laura Marani Argnani and the Fasci femminili of Reggio Emilia, 1929-1940, *Journal of Contemporary History*, 15, 2006.
WOOLF, S. J. Mussolini as revolutionary, *Journal of Contemporary History*, 1, 1966.
YAVETZ, Z. Caesar, Caesarism and the historians, *Journal of Contemporary History*, 6, 1971.
ZAPPONI, N. Fascism in Italian historiography 1986-93: a fading national identity, *Journal of Contemporary History*, 29, 1994.

Este livro, composto na fonte Fairfield,
foi impresso em papel pólen natural 70g/m² na BMF Gráfica e Editora.
Rio de Janeiro, janeiro de 2023.